四書纂疏

㊁

〔宋〕趙順孫 撰
陳静 點校

海峽出版發行集團
THE STRAITS PUBLISHING & DISTRIBUTING GROUP
福建人民出版社

讀論孟集註綱領

後學趙順孫纂録

集註如秤上稱來無異，不高些，不低些，如看得透，存養熟，甚生氣質。朱子語録。○又曰：「某於論孟字字秤等，不教偏些小，學者將註處宜子細看。」

集註添一字不得，減一字不得。語録。○又曰：「不多一箇字，不少一箇字。」

看集註時，不可遺了緊要字。蓋解中有極散緩者，有緩急之間者，有極緊要者。某下一字時，直是秤輕等重，方敢寫出。語録。○又曰：「讀集註只是要看無一字閑，若意裏説做閑字，那箇正是緊要字。」

集註至于訓詁皆子細者，蓋要人字字著意看，字字思索到，莫要只作等閑看便了。語録。○又曰：「要人精粗本末字字爲咀嚼過。」

問：「註或用『者』字，或用『謂』字，或用『猶』字，或直言，其輕重之意如何？」曰：「『者』『謂』，是恁地。直言者，直訓如此。『猶』云者，猶是如此。」語録。○胡氏曰：「『某，某也』，正訓也。『某，猶某也』，無正訓，借彼以明此也。『某之爲言，某也』，前無訓

釋，特發此以明其義也，爲言謂其説如此也，引經傳文以證者，此字義不可以常訓通也。」

集註於正文之下，正解説字訓文義與聖經正意，如諸家之説有切當明白者，即引用而不没其姓名。如學而首章，先尹氏而後程子，亦只是順正文解下來，非有高下去取也。章末用圈，而列諸家之説者，或文外之意，而於正文有所發明，不容略去；或通論一章之意，反覆其説，切要而不可不知也。朱在過庭所聞。○語録曰：「集註内載前輩之説於句下者[二]，是解此句文義。載前輩之説於章後者，是説一章之大旨及反覆此章之餘意。」○胡氏曰：「字義難明者，各有訓釋。一章意義可以分斷者，逐節註之，一章之後又合諸節而通言之。欲學者先明逐字文義，然後明逐節旨意；明逐節旨意，然後通一章之旨意也。每章只發本章之旨者，附註後；或因發聖人言外之意者，别爲一段，以附其後，亦欲學者先明本旨而後及之也。」

集註乃集義之精髓。語録。○又曰：「精義是許多語言，而集註能有幾何言語？一字是一字，其間有一字當百十字底。」○又曰：「前輩解説，恐後學難曉，故集註盡撮其要説出來，不須更於註脚外又添一段説話。只把這箇熟看，自然曉得，莫枉費心去外面思量。」○又曰：「如精義諸老先生説，非不好，只是説得忒寬，易使人向别處去。集註便要人只恁地思量，文義曉得了，只管玩

[二] 句下，原作「下句」，通志堂經解本同，據朱子語類卷四十乙。

味，便見聖人意思出來。」○陳氏曰：「集註，初遍閲諸家説，或一兩段、或一兩句、或一兩字可取，皆抄掇來，續旋旋磨刮，翦繁趨約，是幾百番過。」○又曰：「學者先須專從事集註，爲一定標準，復熟饜飫，胷中已有定見，然後方可將集義來參較，方識破諸家是非得失，了無遁情，益見得集註明潔親切，辭約而理富，義精而味長，信爲萬世不刊之書。」

程先生經解，理皆在解語内。集註只是發明其辭，使人玩味經文，理皆在經文内。語録。○陳氏曰：「集註發明程子之説，或足其所未盡，或補其所未圓，或白其所未瑩，或貫其所未一，其實不離乎程説之中，必如是而後謂有功於程子，未可以優劣較之。」

問：「集註引前輩之説而增損改易本文，其意如何？」曰：「其説有病，不欲更就下面安註脚。」語録。

問：「集註中有兩存者，何者爲長？」曰：「使某見得長底時，豈復存其短底？只爲是二説皆通，故並存之。然必有一説合得聖人之本意，但不可知耳。」復曰：「大率兩説，前一説勝。」語録。○又曰：「集註中有兩説相似而少異者，亦要相資；有説全别者，是未定也。」○又曰：「聖人言語固是旨意歸一，後人看得有未端的處，大率意義長者録在前，有當知而

未甚穩者録在後。」○胡氏曰：「有兩説相似而小異者[二]，彼此相資而義足也；有自相牴牾者，未決而並存之也。」

集註某自三十歲便下工夫，到而今改猶未了，不是草草看者。語録。○黄氏曰：「朱子一部論語直解至死。」○又曰：「朱子於一字未安，一語未順，覃思静慮，更易不置，或一二日而未已。夜坐親見至四鼓，先生曰：『此心已孤，且休矣。』退而就寢，目未交睫，復見遺小吏，持板牌，改數字以見示，則是退而猶未寐也，未幾而天明矣。用心之苦如此。而學者顧以易心讀之，安能得聖賢之意哉？」

集註後來改定處多，遂與或問不相應，又無功夫修得或問，故不曾傳出。今莫若只就正經上玩味，有未通處，參考集註，更自思索爲佳。不可恃此未定之書便以爲是也。朱子文集。○語録曰：「論孟或問是十五年前文字，與今説不類。當時欲修，後來精力衰，那箇工夫大段掉了。」○陳氏曰：「論、孟須以集註爲正，如或問，後來置之不修，未得爲成書。今細觀之，時覺有枯燥處，亦多有不穩處，亦多有失之太甚處，比之大學中庸或問之書大不同。若姑借之以參訂集註之所未詳，則可矣，未可全按之以爲定論也。」○愚按：朱子自以論孟或問爲未定之書，今不敢用大學、中庸例附于章後，惟取其與集註同者疏于各條之下。

[二] 有，原作「自」，據通志堂經解本改。

讀論語孟子法

後學趙順孫纂疏

程子曰：「學者當以論語、孟子爲本。論語、孟子既治，則六經可不治而明矣。程伯子名顥，叔子名頤，河南人。集註以其學同，通稱程子云。○語録曰：「語、孟工夫少，得效多；六經工夫多，得效少。」○輔氏曰：「今之治二書，所患不精耳。果能熟讀精思，使其言皆出於吾之口，使其意皆出於吾之心，脉絡條理始終洞然，而無纖介隱昧不明之處，則六經之言固可以類推而無不明也。」讀書者當觀聖人所以作經之意，與聖人所以用心，聖人之所以至於聖人，而吾之所以未至者，所以未得者，語録曰：「今人讀書，只緣不曾求聖人之意，纔拈得些小，便把自意硬入放裏面，便胡亂説，故教他就聖人意上求看如何。」○輔氏曰：「聖人作經之意，不過欲發明此理以曉人，其所以用心而至爲聖人者，則二書固無不具也。至於吾之所以未至聖人之地，未得聖人之心者，亦惟用心與二書背戾而不合耳。」○陳氏曰：「到經明後，方知得作經之意。識聖人心體，方知他所以用處。」句句而求之，晝誦而味之，中夜而思之，輔氏曰：「學者苟能句句而求之，勿使有一豪苟簡陵躐之意，口誦其言，心味其旨，而又能於深夜反復研思，則智

日益明，理日益得，而聖人之心可漸識，聖人之地可漸造矣。」平其心，易其氣，闕其疑，則聖人之意可見矣。」語録曰：「平其心，只是放教虚平；易其氣，只是放教寬慢；闕其疑，只是莫去穿鑿。今人多要硬把捉教住，如何得？有箇難理會處，便要刻畫百端討出來，枉費心力。少刻只説得自底，那裏見聖人意？」○輔氏曰：「不平其心，則必有蔽陷離窮之病；不易其氣，則必有躁急鹵莽之失；不闕其疑，則又必至於穿鑿附會而反有害於經矣。」○陳氏曰：「平其心者，是虚其心如衡之平〔二〕，不可先立一箇定説。纔先把一説爲主於中，便如秤盤上先加一星了，到秤物時如何得銖兩之正？易其氣者，欲見得聖人真意時，須是和平其氣，雍容和緩，自然而得之，乃能默契。」

程子曰：「凡看文字，須先曉其文義，然後可以求其意。未有不曉文義而見意者也。」語録曰：「讀書須從文義上尋，今人却於文義外尋索。」

程子曰：「學者須將論語中諸弟子問處便作自己問，聖人答處便作今日耳聞，自然有得。雖孔孟復生，不過以此教人。輔氏曰：「若能如此看，則不徒誦其言，必將求其意，不徒求其意，必將見於行，其進於聖賢也不難矣。」若能於語、孟中深求玩味，將來涵養成甚生

〔二〕虚，原作「用」，據通志堂經解本改。

氣質。」輔氏曰：「若能到得後來涵養成就，則氣質變化，可使愚必明，柔必强矣。」

程子曰：「凡看語、孟，且須熟讀玩味，須將聖人言語切己，不可只作一場話説。人只看得此二書切己，終身儘多也。」語録曰：「論、孟不可只道理會文義得了便了，須子細玩味，以身體之，見前後晦明生熟不同，方是切實。」○又曰：「二書若便恁地讀過，只一二日可了。若要將來做切己事，玩味體察，一日多看得數段或一兩段耳。」○又曰：「讀論、孟須是切己，且如『學而時習之』，切己看時，曾時習與否？句句如此求之，則有益矣。」○輔氏曰：「切己之説甚有力，讀書者能將聖人言語切己體察，則定無枉費工夫，一日當有一日之功。若欲只做一場話説，則是口耳之學耳。」

程子曰：「論、孟只剩讀著，便自意足，學者須是玩味。若以語言解著，意便不足。」語録曰：「讀書之法，先要熟讀，須是正看、背看、左看、右看，看得是了，未可便説道是，更須反覆玩味。」○輔氏曰：「學者須是將聖人語言熟讀深思，晝夜玩味，則可以開發吾之知識，日就高明，涵養吾之德性，日就廣大，方始見得聖賢言近而旨遠，故其意思自然猒飫飽足。若以語言解著，則意便死於言下，自然局蹙蹇淺，而有枵虚不足之意。」

或問：「且將語、孟緊要處看，如何？」程子曰：「固是好，但終是不浹洽耳。」語録曰：「莫云論、孟中有緊要底，有汎説底，今且著力緊要底，便是揀别，此最不可。蓋道體至廣至大，

聖人言語有説得粗底，有説得細底，有説得難底，有説得易底，有説得大底，有説得小底，皆著理會透徹。若不盡見，必有窒礙處。」○又曰：「『浹洽』二字宜子細看。凡於聖賢言語思量透徹，乃有所得。譬之浸物於水，水若未入，只是外面稍濕，裏面依然乾燥，必浸之久，則透内皆濕。」○輔氏曰：「人纔只將二書緊要處看，便只是要求近功速效，與天理已不相似。所謂『固是好』者，蓋姑取其向學求道之意耳。正使其有近功速效，亦必至於偏枯蹇澀，豈復有優游厭飫、貫通浹洽之意。」

程子曰：「孔子言語句句是自然，孟子言語句句是事實。」語録曰：「孔子言語一似没要緊説出來，自是包含無限道理，無些滲漏，初不曾著氣力，自是委曲詳盡，説盡道理，更走他底不得。若孟子，便用著氣力，依文按本，據事實説無限言語方説得出。此所以爲聖賢之别。」

程子曰：「學者先讀論語、孟子，如尺度權衡相似，以此去量度事物，便自見得長短輕重。」輔氏曰：「尺度可以量長短，權衡可以稱輕重，理義可以别是非。能知道，則何書不可讀，何理不可究，何事不可處哉。」

程子曰：「讀論語、孟子而不知道，所謂『雖多，亦奚以爲』。」輔氏曰：「讀語、孟而不知道，則是口耳之學，未嘗著心玩味，未嘗至誠涵泳，未嘗切己體察也，故讀雖多，何益於事。」

論語朱子集註序說

後學趙順孫纂疏

史記世家曰：「孔子名丘，字仲尼。其先宋人。父叔梁紇，母顏氏，以魯襄公二十二年庚戌之歲十一月庚子，生孔子於魯昌平鄉陬邑。爲兒嬉戲，常陳俎豆，設禮容。及長，爲委吏，料量平；委吏，本作「季氏史」，索隱云「一本作委吏」，與孟子合，今從之。爲司職吏，畜蕃息。職，見周禮牛人，讀爲樴，義與杙同，蓋繫養犧牲之所。此官即孟子所謂乘田。適周，問禮於老子。語録曰：「問：『何以問禮於老聃？』曰：『老子曾爲柱下史，故知禮節文，所以孔子問之。聃雖知禮，然其意以爲不必盡行，行之反以多事，故欲絶滅之。』」既反，而弟子益進。昭公二十五年甲申，孔子年三十五，而昭公奔齊，魯亂。於是適齊，爲高昭子家臣，以通乎景公。有聞韶、問政二事。公欲封以尼谿之田，晏嬰不可，公惑之。有「季孟」「吾老」之語。○語録曰：「問：『齊景公欲封孔子田，楚昭王欲封孔子地，晏嬰、子西不可。使無晏嬰、子西，則夫子還受之否？』曰：『既仕其國，則須有采地，受之可也。』」孔子遂行，反乎魯。定公元年壬辰，孔子年四十三，而季氏强僭，其臣陽虎作亂專政。

故孔子不仕，而退脩詩、書、禮、樂，弟子彌衆。九年庚子，孔子年五十一。公山不狃以費畔季氏，召孔子，欲往，而卒不行。有答子路「東周」語。○語録曰：「聖人欲往之時，是當他召聖人之時，有這些好意思來接聖人，聖人當時亦接他好意思，所以欲往。然他這箇人終是不好底人，聖人待得重理會過一番，他許多不好又只在，所以終不可去。如陰雨蔽翳，重結不解，忽然有一處罅罅開霽，雲收霧斂，見得青天白日，這些自是好。」定公以孔子爲中都宰，一年，四方則之，遂爲司空，又爲大司寇。十年辛丑，相定公會齊侯于夾谷，齊人歸魯侵地。十二年癸卯，使仲由爲季氏宰，墮三都，收其甲兵。孟氏不肯墮成，圍之，不克。語録曰：「問：『成既不墮，夫子如何別無處置了便休？』曰：『不久夫子亦去魯矣。若使聖人久爲之，亦須別有箇道理。』」十四年乙巳，孔子年五十六，攝行相事，誅少正卯，與聞國政三月，魯國大治。齊人歸女樂以沮之，季桓子受之。郊，又不致膰俎於大夫。孔子行。魯世家以此以上皆爲十二年事。○語録曰：「問：『季桓子纔受女樂，孔子不安，便行。孔子向來相定公，做得許多事業，亦是季桓子聽孔子之所爲方始做得。』曰：『固是。』」○又曰：「當時若致膰俎，孔子去得更從容，惟其不致，故孔子便行。」○問：「設若魯亦致膰於大夫，則夫子果止乎？」曰：「也須去，只是不若此之速，必須別討箇事故去。且如不致膰，亦不是大段失禮處，聖人便因此且求去。」○胡氏曰：「是時政在季氏，夫子攝行相事而已，非爲相

也；與聞國政而已，非爲政也。定公素不能立，季孫既有所惑，其不足與有爲可知也，故不容於不行。」適衛，主於子路妻兄顔濁鄒家。孟子作顔讎由。適陳，過匡，匡人以爲陽虎而拘之。有顔淵後及「文王既没」之語。既解，還衛，主蘧伯玉家，見南子。有矢子路及「未見好德」之語。去，適宋，司馬桓魋欲殺之。有「天生德」語及微服過宋事。又去，適陳，主司城貞子家。居三歲而反于衛，靈公不能用。有「三年有成」之語。晉趙氏家臣佛肸以中牟畔，召孔子，孔子欲往，亦不果。有答子路「堅白」語及荷蕢過門事。○語録曰：「夫子於公山氏之召，却真箇要去做。於佛肸之召，但謂其不能浼我而已。」將西見趙簡子，至河而反，又主蘧伯玉家。靈公問陳，不對而行，復如陳。據論語，則絶糧當在此時。季桓子卒，遺言謂康子「必召孔子」，其臣止之，康子乃召冉求。史記以論語「歸與」之歎爲在此時，又以孟子所記歎詞爲主司城貞子時語，疑不然。蓋語、孟所記本皆此一時語，而所記有異同耳。孔子如蔡及葉。有葉公問答子路不對、沮溺耦耕、荷蓧丈人等事。史記云：「於是楚昭王使人聘孔子，孔子將往拜禮，而陳蔡大夫發徒圍之，故孔子絶糧於陳蔡之閒。」有慍見及告子貢「一貫」之語。按是時陳蔡臣服於楚，若楚王來聘孔子，陳蔡大夫安敢圍之。且據論語，絶糧當在去衛如陳之時。楚昭王將以書社地封孔子，令尹子西不可，乃止。史記云「書社地七百里」，恐無此理。時則有接輿之歌。○愚謂：古者二十五家爲里，里則各立社，書社者，書其人名於

籍。又反乎衛，時靈公已卒，衛君輒欲得孔子爲政。有「魯衛兄弟」及答子貢「夷齊」、子路「正名」之語。而冉求爲季氏將，與齊戰，有功，康子乃召孔子，而孔子歸魯，實哀公之十一年丁巳，而孔子年六十八矣。有對哀公及康子語。然魯終不能用孔子，孔子亦不求仕。語録曰：「問：『孔子當周衰時，可以有爲否？』曰：『聖人無不可爲之事，只恐權柄不入手。』問：『不知聖人有不可爲之時否？』曰：『若時節變，聖人又自處之不同。』問：『孔子豈不知時君必不能用己？』曰：『聖人豈有逆料君能用我與否。到得後來説「不復夢見周公」與「吾已矣夫」，聖人自知其不可爲矣。』」乃敘書傳、禮記，有「杞宋」「損益」「從周」等語。删詩正樂，有語太師及「樂正」等語。序易彖、繫、象、説卦、文言。有「假我數年」之語。弟子蓋三千焉，身通六藝者七十二人。弟子顏回最賢，蚤死，後唯曾參得傳孔子之道。十四年庚申，魯西狩獲麟，有「莫我知」之歎。孔子作春秋。有「知我罪我」等語。論語請討陳恒事，亦在是年。○語録曰：「據陳恒事是獲麟年，那時聖人猶欲有爲也。」明年辛酉，子路死於衛。十六年壬戌四月己丑，孔子卒，年七十三，葬魯城北泗上。弟子皆服心喪三年而去，唯子貢廬於冢上，凡六年。孔子生鯉，字伯魚，先卒。伯魚生伋，字子思，作中庸。子思學於曾子，而孟子受業子思之門人。

何氏曰：「魯論語二十篇。齊論語別有問王、知道，凡二十二篇，其二十篇中章句頗多

於魯論。古論出孔氏壁中，分堯曰下章「子張問」以爲一篇，有兩子張，凡二十一篇，篇次不與齊魯論同。」何氏，名晏，魏南陽人。○或問：「今之論語，其魯論與？」曰：「以何晏所敘篇數考之，則信爲魯論矣。但據釋文，則其文字亦或有不同者，如以『必』爲『瓜』之類。豈何氏亦若鄭註，就魯論篇章而又雜以齊、古之文與？然唐藝文志已不載齊、古篇目，陸氏蓋於諸家説中得之耳。」

程子曰：「論語之書，成於有子、曾子之門人，故其書獨二子以子稱。」或問：「程子之説出於柳宗元，而不著柳説，何也？」曰：「柳氏之言曰：『諸儒皆以論語孔子弟子所記，不然也。孔子弟子，曾參最少，又老乃死，而是書記其將死之言，則去孔子之時甚遠，而當時弟子略無存者矣。吾意孔子弟子嘗雜記其言，而卒成其書者，曾子弟子樂正子、子思之徒也。故是書之記諸弟子必以字，而曾子不然，蓋其弟子之號之云爾。而有子亦稱子者，孔子之殁，諸弟子嘗以其似夫子而師之，後乃叱避而退，則固嘗有師之號矣。』凡此柳氏之言，其論曾子者得之，而有子叱避之説，則史氏之鄙陋無稽，而柳氏惑焉。以孟子考之，當時既以曾子不可而寢其議，有子曷嘗輒據孔子之位而有其號哉。故程子特因柳氏之言，斷而裁之，以爲此説，此所以不著柳説而獨以程子

爲據也。」○胡氏曰：「子者，弟子稱其師之號。此書記有子、曾子之言，皆不曰字而曰子[二]，故知其成於二子門人之手。然夫子没，一時皆以有子之言似夫子；又曾子傳之子思，子思傳之孟子，豈二子之獨以子稱亦以是歟？」

程子曰：「讀論語，有讀了全然無事者，輔氏曰：「不過是尋行數墨之徒耳。」○陳氏曰：「是全未有一字之得，而草率不精之故也。」**有讀了後其中得一兩句喜者，**語録曰：「到這一二句喜處，便是入頭處，如此讀將去，將久自解，踏著他關捩子，倏然悟時，聖賢格言自是句句好。須知道那一句有契於心，著實理會得那一句透，如此推來推去，方解有得。今只恁地包罩説道好，如喫物事相似，事事道好，若問那般較好，其好是如何，却又不知，如此濟得甚事。」○輔氏曰：「是就其性之所進而偶有所感發焉者也，如此則亦可以進矣。」○陳氏曰：「是已入得一線路子開明，是一兩句之精也。」**有讀了後知好之者，**輔氏曰：「好之則知其味矣。如食五穀者，既知其味，則必嗜之也。」○陳氏曰：「是已覺其中有趣味之可嗜，而於書之大義甚精也。」**有讀了後直有不知手之舞之足之蹈之者。」**輔氏曰：「嗜之而飽饜充足，其樂有不可形容者，是以見於手舞足蹈也。」○陳氏曰：「是深有悟夫趣味之無窮，而全書之已精也。然精亦豈容易可至哉？是用

[二] 子，原作「字」，據通志堂經解本改。

多少工夫積累而然。」

程子曰：「今人不會讀書。如讀論語，未讀時是此等人，讀了後又只是此等人，便是不曾讀。」輔氏曰：「程子言雖近而意則切。使讀書者自知所以求益，不至虚費工夫也。須是熟讀涵泳，使之通貫浹洽，然後有日新之功。如是，則氣質變化，月異而歲不同矣。」

程子曰：「頤自十七八讀論語，當時已曉文義，讀之愈久，但覺氣味深長。」語録曰：「所謂深長意味也，别無説，只是涵泳，久自見得。」

論語卷第一

朱子集註　後學趙順孫纂疏

學而第一

此爲書之首篇，故所記多務本之意，語録曰：「此一篇都是先説一箇根本。」○胡氏曰：「此篇首取其切於學者記之，故以爲多務本之意。」乃入道之門，積德之基，學者之先務也。語録曰：「入道之門，是將自家身己入那道理中去，漸漸相親，久之與己爲一。」○輔氏曰：「道者，人之所共由，必有所從入。德，雖我之所自得，必積而後成。凡此篇所論務本之事，乃道所從入之門，而德所積累之基，學者必先務此，然後道可入而德可積矣。」凡十六章。

子曰：「學而時習之，不亦説乎？説、悦同。

學之爲言，效也。或問「學之爲效」。曰：「所謂學者，有所效於彼而求其成於我之謂也。以己之未知，而效夫知者，以求其知；以己之未能，而效夫能者，以求其能，皆學之事也。」○語録

曰：「效字所包甚廣，凡博學、審問、慎思、明辨、篤行，皆學之事。」〇黄氏曰：「集註言學，而或問以知與能並言，言人之效學於人有此二者。先覺之人於天下之理該洽貫通，而吾懵然未有所知也，於是日聽其議論，而向之未知者始知矣；先覺之人於天下之事躬行實踐，而吾倀然未有所能也，於是日觀其作爲，而向之未能者始能矣。」**人性皆善，而覺有先後，後覺者必效先覺之所爲，乃可以明善而復其初也。**或問此一節。曰：「人之所以爲人者，以其受天之命而有是性也。性之所以爲性者，以其具足萬理而無不善之雜也。是以人之有生，則仁義禮智之德無一不根於心，其君臣、父子、兄弟、夫婦、朋友之倫，動作威儀之節，以至天地事物之所以然而當然者，皆不待求於外而知之、能之也。然既有是形，則氣質之稟或不能無所偏，物欲之私或不能無所蔽，是以於性之德有所不明，而觸意妄行，或墮於夷狄禽獸之域。惟聖人則氣稟清明，而物欲不得以蔽之，是以能盡其性，而全其所以爲人之道。若衆人者，既已昧其性矣，而又求夫能盡其性之人問而講焉，以效其所知，觀而法之，以效其所能，則可以明善而復其初矣。若本不失其性，則亦何必效於人以復之乎？」〇黄氏曰：「學問之道固多端，然其歸在於全其本性之善而已。明善，謂明天下之理。復其初，則復其本然之善也。」〇陳氏曰：「所謂『明善而復其初』者，其中極有含蓄，乃兼知行而言，非止知之便是復其初也。學自是兼知行工夫，豈但明此理而已？」〇胡氏曰：「人性皆善，人皆可學也。覺有先後，後覺者必效先覺之所爲，學之端也；乃可以明善而復其初，學之效也。」〇莆田黄氏曰：「人雖由氣以成形，而氣原於理，故曰『人性皆善』也。然氣無定形，升

降上下，往來消息，交互錯糅，易於昏雜而難得清明，故人之受是氣也，亦通者少，蔽者多。通則爲先覺，故曰『覺有先後』也。理寓氣中則未嘗變，惟理不變，故學可勝氣，雖昏蔽之甚者，得先覺覺之，則亦覺焉，故曰『後覺必效先覺之所爲，乃可以明善而復其初也』。必曰『明善』者，蓋不明乎善，則雖欲爲善，而不知其孰爲善，今因先覺之所爲，然後能明其爲善而效之。『復其初』者，又明此善乃吾有生之初元得於天者如此，向也爲氣稟之昏蔽而不知，今始知其善而爲之，非取彼先覺之有以增我所無，亦復其初而已。」○又曰：「先覺之所爲，理之所當爲也。理乃天所同命以爲人者，不如是則不能爲人矣。」○蔡氏曰：「性者，人心所稟之天理，寂然不動之時，萬善具足之名也。由是而之，五常百行無非至善。但人爲氣質所昏，物欲所汩，又不能學以通之，既無以知其本然之善，則亦無以施其存養之功。惟能效夫先覺者之所爲，乃可以明善而復其初。明，以知者言也；復，以能者言也。朱子以明善復其初、以求知求能開示學者，切矣。」**習，鳥數飛也。學之不已，如鳥數飛也。**或問「習爲鳥數飛」。曰：「說文習字從羽從白，月令所謂『鷹乃學習』是也。」○語録曰：「只是這一羕飛，習只是飛了又飛。」○胡氏曰：「學之不已者，學與習非二事也。」**說，喜意也。既學而又時習之，則所學者熟，而中心喜說，其進自不能已矣。**或問：「學而時習，何以說也？」曰：「人既學而知且能矣，而於其所知之理、所能之事又以時反復而溫繹之，如鳥之始學飛者，既已能之而又妻習焉，則其所學者熟而中心悦懌也。蓋

人而不學，則無以知其所以爲人之理，無以能其所以爲人之事，固不足以謂之人矣。然學矣而不習，則表裏扞格，而無以致其學之之道；習矣而不時，則工力閒斷，而無以成其習之之功。是以雖曰知之，而枯燥生澀，無可嗜之味；雖曰能之，而危殆杌隉，無可即之安。如是而求有以勝夫氣稟物欲之私而復其初，亦何自而能得哉？是以聖人之教，使人既學矣，而於其所學又必時時習之，如鳥之始學飛而婁習焉者，則其心與理相涵而所知者益精，身與事相安而所能者益熟。蓋朝夕從容俯仰於道德仁義之中，而凡人之所以爲人，性之所以爲性者，莫不沛然有以自得於心，而知其非由外鑠矣。此其中心油然悦懌之味，雖芻豢之甘於口，亦不足以喻其美也。」〇語録曰：「學只是要一箇習，習熟後自然喜説不能自已。今人學所以便住了，只是不曾習熟，不見得好。」〇又曰：「大抵學到説時已是進一進了，只説後便要住不得。」〇陳氏曰：「時時習之而無閒斷，則所學者熟，趣味源源而出，中心不期悦懌而進進自不能止。」程子曰：「習，重習也。時復思繹，浹洽於中，則説也。」又曰：「學者，將以行之也。時習之，則所學者在我，故説。」或問「程子兩義」。曰：「重複思繹者，以知者言也；所學在我者，以能者言也，學之爲道不越乎兩端矣。」曰：「時習之所以説，諸説孰近？」曰：「夫習而熟，熟而説，脉絡貫通，最爲親切，程子所謂浹洽者是也。」〇胡氏曰：「時復思繹，則習之於心；將以行之，則習之於身，内外交致其力也。」謝氏曰：「時習者，無時而不習。坐如尸，坐時習也；立如齊，立時習也。」

謝氏，名良佐。上蔡人。○語録曰：「學時，是知得坐如尸，立如齊。及做時，坐常是如尸，立常是如齊，此是習之事。」○又曰：「程子、謝氏各只説得一邊，尋繹義理與居處皆當習，可也。」○又曰：「程子意是説習於思，天下事若不先思，如何會行得。謝氏説習於行者，亦不是外於思。思與行亦不可分説。」

有朋自遠方來，不亦樂乎？樂，音洛。

朋，同類也。自遠方來，則近者可知。程子曰：「以善及人而信從者衆，故可樂。」或問：「以善及人而信從者衆，若何而可樂耶？」曰：「聞之張子曰：『性者，萬物之一原，非有我之所得私也。惟大人爲能盡其道，故立必俱立，知必周知，愛必兼愛，成不獨成。彼自蔽塞而不能順吾理者，則亦末如之何矣。』嘗以是言觀之，而朋來之樂其指可知。蓋性之爲性，固物之所同得也，向也以其拘於氣稟、汨於物欲而皆梏亡之。今也吾獨幸知學以復之，而既有以悦諸心矣，彼則未嘗知學而梏亡猶故也。夫以昔之得於天者皆同，而今之得於己者獨異，則亦豈吾之所欲哉。然遽欲推吾之所得以及之，則吾之善未充而無以取信於彼，雖欲求而告之，彼亦且掉頭而不之顧矣，況望其能因吾言以復其初，而與之同其樂耶。惟其有以充諸身而形於外，則彼之聞風而覿德者自將敬信服從之不暇。蓋近者既至，而遠者畢來，以學於吾之所學而求以復其初，凡吾之所得而悦諸心者，彼亦且將有以得而悦之，而無物我之閒，則夫所謂萬物之一原者，信乎其俱立而不獨成矣。是其歡欣交通融怡和樂之意，所以盈於内而達於外者，又豈手舞足蹈之可言哉。且程子

『以善及人而信從者衆』之云，纔九字爾，而無一字之虚設也，非見之明而驗之實，其孰能與於此。」○語録曰：「須是自家有這善，方可及人，無這善，如何及得人？看聖人所言多少氣象寬大。」○又曰：「善不是自家獨有，人皆有之，我自得未能及人，雖説未樂。」○又曰：「信從者衆，足以驗己之有得。然己既有得，何待人之信從始爲可樂？須知己之有得，亦欲他人之皆得，然信從者但一二，亦未能慊吾之意，至於信從者衆，則豈不可樂。」○又曰：「大抵私小底人，或有所見，不肯告人，持以自多。君子存心廣大，己有所得足以及人，今既信從者自遠而至，其衆如是，安得不樂。」○問：「初學將自謀不暇，何以及得人？」曰：「謂如傳師友些好説話、好文字歸與朋友，亦唤做及人。如有好説話、好文字，緊緊藏在籠篋中，如何及得人？」○黄氏曰：「以善及人，原其所以遠來也，信從者衆，實其自遠而來也。」又曰：「説在心，樂主發散在外。」或問：「説、樂皆出於心，而程子有内外之辨。」曰：「非以樂爲在外也，以爲積滿乎中而發越乎外爾，説則方得於内而未能達於外也。」○語録曰：「説是感於外而發於中，樂則充於中而溢乎外。」○輔氏曰：「説是自知自能而自説。及夫樂，則人皆知皆能而始至説，今發散於外，非有他也。」

人不知而不慍，不亦君子乎？」慍，紆問反。

慍，含怒意。語録曰：「但心裏略有些不平意，便是慍了。」○又曰：「慍非悖然而怒之謂，只有些小不快活處便是。」**君子，成德之名。**易本義曰：「成德，已成之德也。」尹氏曰：「學在己，

知不知在人，何愠之有？」尹氏，名焞。河南人。○文集曰：「尹氏最爲的當。蓋如此而言，乃見爲己用心之約處，若以容人爲説，竊恐爲己之心不切，而又涉乎自廣狹人之病，其去道亦遠矣。」○語録曰：「此等句極好，君子之心如一泓清水，更不起些微波。」**程子曰：「雖樂於及人，不見是而無悶，乃所謂君子。」**黄氏曰：「程子之説，是不愠然後君子也，以説樂兩句例之，則須如此説方爲穩當。」**愚謂：及人而樂者順而易，不知而不愠者逆而難，故惟成德者能之。**或問：「人不知而不愠，何以爲君子？」曰：「常人之情，人不知而不能不愠者，有待於外也。若聖門之學，則其本心正以爲己而已矣，初非爲是以求人之知也。人知之，人不知之，亦何加損於我哉？然人雖或聞此矣，而信之有不篤，養之有不厚，守之有不固，則居之不安，而臨事未必果能真不動也。今也人不見知而處之泰然，且略無纖芥含怒不平之意，非成德之士，信之篤而養之厚，守之固而居之安，其孰能之？故必如是，然後可以得夫君子之名，苟自是日進而不已焉，則不怨不尤，下學上達，以馴致於聖人，亦不改塗而至矣。」○語録曰：「問：『不知而不愠者，逆而難。』曰：『人之待己，平平恁地過亦不覺。若被人做箇全不足比數底人看待[二]，心下便不甘，便愠。』」○輔氏曰：「順謂理之順，逆謂理之逆，曰順曰逆，皆理也。但處其順者易，故及

[二] 待，元本漫漶，此據通志堂經解本。

人而樂者猶可及；處其逆者難，故不見是而無悶，非成德之士、安土樂天者不能及也。」○蔡氏曰：「程子謂『不愠然後君子也』，朱子謂『故惟成德者能之』，則是君子然後不愠。朱子非正解本句，特統而論之耳，所以繼於尹氏、程子之後。」**然德之所以成，亦曰學之正、習之熟、説之深而不已焉耳。**黄氏曰：「言君子而復歸於學之正、習之熟、説之深，何也？學而至於成德，又豈有他道哉？其所自來者亦不過是而已，非體之之實，孰能知之？」○輔氏曰：「此章總言爲學始終，三者之序有淺深而無二道也。又慮夫敏者躐等而進，怠者半塗而止，昧者又或離析以求之，或失其正而陷於異端，故復發此義，而使之正其始之所學，然後時習以熟之，則夫説之與樂可以馴致，初不待外求而得也。」○**程子曰：「樂由説而後得，非樂不足以語君子。」**語録曰：「惟樂，後方能進這一步，不樂，則何以爲君子？」○輔氏曰：「不極其至則無以成其德，故又以此説終之。」

○有子曰：「其爲人也孝弟，而好犯上者，鮮矣；不好犯上，而好作亂者，未之有也。弟、好，皆去聲。鮮，上聲，下同。

有子，孔子弟子，名若。魯人。**善事父母爲孝，善事兄長爲弟。**葉氏曰：「善字不可等閑看，且如平常事父母，其誰不能？須知承顔順色，不失其歡心之爲貴；又須知父母有過，下氣怡色，柔聲以諫，必諭父母於道之爲貴。如舜處父母之變，卒致得底豫，方謂之善事。若善處兄弟

尤難，須是思量同受遺體，方不至有二心。」**犯上，謂干犯在上之人。**語録曰：「少有咈意，便是犯。」○又曰：「干犯，便是那小底亂。」**鮮，少也。**文集曰：「鮮，只是少。聖賢之言，大槩寬裕，不似今人蹙迫，便説殺了。」○語録曰：「此鮮字只訓少，與『鮮矣仁』鮮字不同。鮮矣仁，非只是少，直是無了。」○問：「朱子謂鮮是少，則未以爲絶無。孝弟之人，猶有犯上之意邪？」永嘉陳氏曰：「孝弟之人，資質粹美，雖未嘗學問，自是無世俗一等麄暴氣象。縱是有之，終是罕見，到得麄惡太過，可保其決無。言孝弟之人，占得好處多，不好處少。」**作亂，則爲悖逆争鬬之事矣。**輔氏曰：「悖逆，便是程子所謂逆理亂常之事，但就犯上意説，故更添箇争鬬字。」**此言人能孝弟，則其心和順，少好犯上，必不好作亂也。**

君子務本，本立而道生。孝弟也者，其爲仁之本與。」與，平聲。

務，專力也。輔氏曰：「謂專用其力而爲之。」**本，猶根也。仁者，愛之理，心之德也。**或問：「仁何以爲愛之理也？」曰：「人稟五行之秀以生，故其爲心也，未發，則具仁、義、禮、智、信之性以爲之體；已發，則有惻隱、羞惡、恭敬、是非、誠實之情以爲之用。蓋木神曰仁，則愛之理也，而其發爲惻隱；火神曰禮，則敬之理也，而其發爲恭遜；金神曰義，則宜之理也，而其發爲羞惡；水神曰智，則别之理也，而其發爲是非；土神曰信，則實有之理也，而其發爲忠信，是皆天理之固然，人心之所以爲妙也。故以仁爲愛則不可，以仁爲愛之理則可。蓋性情雖爲體用之

殊，然其血脈貫通，則相爲體用而不能以相離也。」曰：「其又爲心之德，何也？」曰：「仁之道大，不可以一言而盡也。程子論乾四德而曰：『四德之元，猶五常之仁，偏言則一事，專言則包四者。』推此而言，則仁雖心德之一體，而心之全德不能外是亦可見矣。蓋人之生也，莫不得夫天地生物之心以爲心，故雖具有五常四端之妙，而其發生之理温然而和粹者實爲之體，以該夫義、禮、智、信之閒，而其怵惕惻隱之端亦行乎羞惡、是非、辭遜之内。是以語心之德，而可以一言以蔽之曰仁，猶夫元之包四德也。故仁之爲義，偏言之則曰愛之理，專言之則曰心之德，其實愛之理所以爲心之德，蓋亦未嘗有二致也。」〇語録曰：「愛非仁，愛之理是仁；心非仁，心之德是仁。」〇又曰：「心之德是統言，愛之理是就仁義禮智上分言，如義者宜之理，禮者遜之理，智者知之理相似。」〇問：「心之德以專言，愛之理以偏言。」曰：「固是。愛之理即是心之德，不是心之德了又别有箇愛之理。偏言、專言，亦不是兩箇仁，小處只在大裏面。」〇又曰：「以心之德而專言之，則未發是體，已發是用；以愛之理而偏言之，則仁便是體，惻隱是用。」〇又曰：「愛是箇動物事，理是箇静物事。」〇又曰：「愛是情，愛之理是仁。仁者愛之理，愛者仁之事。仁者愛之體，愛者仁之用。」〇又曰：「理便是性，緣裏面有這愛之理，所以發出來無不愛。」〇又曰：「理是根，愛是苗。」〇又曰：「耳之德聰，目之德明，心之德仁，且將這意去體認。」〇又曰：「義禮智皆是心之德，只是仁却專是此心之德。」〇黄氏曰：「仁，性也，既曰愛又曰心，何也？天地之大德曰生，天地之所以爲德，語其全體而極其大用，不過生生而已，生之外無他道也。天地以是爲心，而人

得天地之心以爲心，故其所以爲仁者，愛是也。仁固主於愛，然人之一心，有仁有義有禮有智，其所爲德者非一，然仁包四德而貫四端，則凡吾心之全德莫非仁也。論仁之所專主而至切者，則曰愛；論仁之所兼統而至廣者，則曰心，不若是不足以盡其義也。曰愛矣，而又曰愛之理；曰心矣，而又曰心之德，何也？愛自是情，仁自是性，程子言之矣。愛非所以言仁也，曰愛之理則是，仁者乃愛之理而非愛也，蓋指性而言也。合性與知覺有心之名，張子言之矣。言心，則合性、知覺而言。曰心之德，則專指此心所得之理，所謂性也，而凡所具之理皆在其中矣。既曰愛之理、心之德，則釐而爲二矣；又曰其實愛之理所以爲心之德，何也？論其專主而至切者，固曰愛之理。然其兼統而至廣者，亦豈離乎愛之理哉？故春者生意之生也，夏者生意之長也，秋者生意之斂也，冬者生意之藏也，蓋無適而非生意也。方其静也，則一生意足以包四德；及其動也，則一生意足以貫四端，則愛之理、心之德又豈有二事哉？但别而言之，庶其部分位置截然不亂；又合而言之，使其倫理脈絡渾然無間也。」○又曰：「人之一心虚靈洞徹，而所具之理乃所謂德也。指虚靈洞徹而謂之德，固不可；捨虚靈洞徹而謂之德，亦不可。於虚靈洞徹之中而有理存焉，此心之德也，乃所謂仁也。」○又曰：「有子是説仁之用，朱子是説仁之體。所以於此言之者，直以仁道至大，孔門所常言，論語所言仁字乃自此始，故於此發之。」**爲仁，猶曰行仁。**語録曰：「爲仁，只是推行仁愛以及物，不是就這上求仁。」**與者，疑詞，謙退不敢質言也。言君子凡事專用力於根本，**輔氏曰：「『君子務本，本立而道生』，此兩句汎説凡事是如此，與上文自不

相干。下文乃言『孝弟也者，其爲仁之本與』，方是應上面説，故集註下一凡字。」**根本既立，則其道自生。**語録曰：「凡事若是務本時，道便自然生。」**若上文所謂孝弟，乃是爲仁之本，**文集曰：「孝弟乃推行仁道之本。仁字，則流通該貫，不專主於孝弟之一事也，但推行之本自此始耳。」**學者務此，則仁道自此而生也。**語録曰：「仁民愛物都從親親上生去，孝弟也是仁，仁民愛物也是仁，只孝弟是初頭事。」○**程子曰：「孝弟，順德也，故不好犯上，豈復有逆理亂常之事？德有本，本立則其道充大。孝弟行於家，而後仁愛及於物，所謂親親而仁民也。故爲仁以孝弟爲本，論性則以仁爲孝弟之本。」**或問：「孝弟爲行仁之本，論性則以仁爲孝弟之本。」曰：「仁之爲性，愛之理也；其見於用，則事親從兄、仁民愛物，皆其爲之之事也，此論性而以仁爲孝弟之本者然也。但親者，我之所自出，兄者，同出而先我，故事親而孝，從兄而弟，乃愛之先見而尤切。人苟能之，則心順氣和，必有不好犯上作亂之效。若君子以此爲務而力行之，至於行成而德立，則自親親而仁民，自仁民而愛物。其愛有差等，其施有漸次，而爲仁之道生生而不窮矣，又豈特不好犯上作亂而已哉。此孝弟所以爲行仁之本也。」○文集曰：「孝弟行於家，而後仁愛及於物，乃著實指事而言，其言雖近，而旨則遠。」○語録曰：「如義主羞惡，羞惡則有違逆處，惟孝弟則皆是順。程子説順德，直是説得好。」○又曰：「論性則仁是孝弟之本，惟其有這仁，所以能孝弟。仁是根，孝弟是發出來底；仁是體，孝弟是用；仁是性，

孝弟是仁裏面事。」○問：「爲仁以孝弟爲本，這箇仁字，是指其周遍及物者言之；以仁爲孝弟之本，這箇仁字，是指其本體發動處言之否？」曰：「是。道理都自仁裏發出，首先是發出爲愛，愛莫切於愛親，其次便到弟其兄，又其次便到事君，以及於他，皆從這裏出。如水相似，愛是箇源頭，漸漸流出。」○黄氏曰：「有仁，有行仁。仁是性，行仁是行仁之事。有此性，故能愛其親，是仁爲孝弟之本。能愛其親，是仁之事也，充此以仁民愛物，亦仁之事。均是仁之事，然必先能愛親，而後能仁民愛物，故孝弟爲行仁之本。」○輔氏曰：「既曰本猶根也，然則孝弟爲仁之本，仁爲孝弟之本，同乎？否乎？曰本之爲根則同，而其所以爲根則異。行仁以孝弟爲根，以其施於外者言也；論性以仁爲孝弟之根，以其發於内者言也。行仁不以孝弟爲根，則其施無序，而無以極夫仁民愛物之效；論性而不以仁爲孝弟之根，則其發無所，而無以充乎孝親弟長之實。」○蔡氏曰：「仁就性上説，孝弟就事上説。譬如桃仁杏仁中具生理，凡其根榦枝葉，自華而實，無非生理之貫通，此論性以仁爲孝弟之本也；然生理貫通，又必自根榦而枝葉，其發動萌芽，必有其初以至於華而實焉，此謂爲仁以孝弟爲本也。」或問：「孝弟爲仁之本，此是由孝弟可以至仁否？」曰：「非也。謂行仁自孝弟始，孝弟是仁之一事。謂之行仁之本則可，謂是仁之本則不可。蓋仁是性也，孝弟是用也，性中只有箇仁義禮智四者而已，曷嘗有孝弟來？然仁主於愛，愛莫大於愛親，故曰『孝弟也者，其爲仁之本與』。」或問：「性中

有仁義禮智而無孝弟。」曰：「此亦以爲自性而言，則始有四者之名，而未有孝弟之目耳，非謂仁與孝弟自爲別物，孝弟之理不本於性而生於外也。」〇文集曰：「『性中只有仁義禮智，曷嘗有孝弟來』，此語亦要體會得是，若差了，即不成道理。蓋天下無性外之物，豈性外别有一物名孝弟乎？但方在性中，則但見仁義禮智四者而已，仁便包攝了孝弟在其中，但未發出來，未有孝弟之名耳。非孝弟與仁各是一物。性中只有仁而無孝弟也，所包攝不止孝弟，凡慈愛惻隱之心皆所包也。猶天地一元之氣，只有水火木金土，言水而不曰江河淮濟，言木而不曰梧檟樲棘，非有彼而無此也。」〇語録曰：「仁不可言至仁者，義理之言，不是地位之言，地位則可以言至。又不是孝弟在這裏，仁在那裏，便由孝弟可以至仁，無此理。如所謂『何事於仁，必也聖乎』，聖却是地位之言。」問：「仁是性也，仁便是性否？」曰：「如所謂乾卦相似，卦便有乾坤之類，性便有仁義禮智，却不是把性便作仁看。性其理，情其用。孝弟者，性之用也，惻隱、羞惡、是非、辭遜，皆情也。」問：「仁主乎愛，愛便是仁否？」曰：「仁主乎愛者，仁發出來使做那慈愛底事。如燈有光，若把光做燈，又不得。」〇又曰：「仁便是本，仁更無本了。若説孝弟是仁之本，則是頭上安頭，以脚爲頭。伊川所以將爲字屬仁字讀，蓋孝弟是仁裏面發出來底，性中只有箇仁義禮智，何嘗有箇孝弟來？他所以恁地説時，緣是這四者是本，發出來却有許多事，千條萬緒皆只是從這四箇物事裏面發出來。」〇又曰：「仁是理之在心者，孝弟是此心之發見者，孝弟即仁之屬。但方其未發，則此心所存，只是有愛之理而已，未有所謂孝弟名件，故曰何曾有孝弟來。」〇葉氏曰：「須看性

字透方得。性中只具四端之理，無形無影，隨感而見，當其未發，止是愛之理，既發爲孝弟，方是著在事爲上，乃是仁之用，所以止可謂行仁自孝弟始。蓋仁是根本，孝弟是枝葉，若謂孝弟便是仁之本，則是以枝葉爲根本，却顛倒了道理也。」○問：「今人生則知愛其親，長則知敬其兄，皆是心中流出，略無一豪勉强意思，惡知其非性中所有邪？」永嘉陳氏曰：「此不待説。但先儒慮學者以仁從孝弟入，先有孝弟而後有仁，故特轉此語以別之。蓋孝弟乃是仁流出，不是仁從孝弟中入。性只是四者，其它衆善皆四者之支分派別也。仁是性，孝弟是用，用便是情，情便是發出來底。」

○子曰：「巧言令色，鮮矣仁。」

巧，好。令，善也。好其言，善其色，致飾於外，務以悦人，則人欲肆而本心之德亡矣。文集曰：「求以悦人，則失其本心之德矣，不待利己害人然後爲不仁也。」○語録曰：「他自使出了此心在外，如何得仁。」○又曰：「只心在外，便是不仁也，不是別更有仁。」○黄氏曰：「仁，性也，根於人心，惟用心於内，無私而當理者，爲足以存之。致飾謂巧、令也；於外謂言、色也；務以悦人，指其所以巧言令色之本情也。致飾於外，則心不存於内矣；務以悦人，則皆私心而非當理矣。心不存於内，皆私心而非當理，則人欲肆而本心之德亡矣。」**聖人詞不迫切，專言鮮，則絶無可知。**語録曰：「聖人詞不迫切，有含容之意。若云鮮矣仁者，猶有些在，則失

聖人之意矣。」○問：「仁恐未至絶無處否？」曰：「人多解此尚有些箇仁，便粘滯咬不斷了。子細看巧言令色，心皆逐物於外，大體是不仁，縱有些箇仁，亦成甚麽仁。」學者所當深戒也。○**程子曰：「知巧言令色之非仁，則知仁矣。」**或問：「夫子謂鮮仁，程子乃以非仁釋之。」曰：「夫子之言，所謂詞不迫切而意已獨至者也。程子則懼夫讀者之不察，而謂巧言令色未足以甚害夫仁，是以推本聖人之意，直斷其不仁，以解害辭之惑也。」○黄氏曰：「若知心馳於外、務以悦人者之非仁，則反而求之存乎内而無私當理者即仁也。」○愚謂：程子以知爲言，蓋不先知之，則未有能行之者也。人皆知何者爲仁，何者爲非仁，禁其非仁而勉其仁，則庶幾矣。

○曾子曰：「吾日三省吾身：爲人謀而不忠乎？與朋友交而不信乎？傳不習乎？」省，悉井反。爲，去聲。傳，平聲。

曾子，孔子弟子，名參，字子輿。魯人。**盡己之謂忠。**語録曰：「盡己，只是盡自家之心，不要有一豪不盡。如爲人謀一事，須直與他説這事合做與否，若不合做，則直與説這事決然不可爲，不可説道這事恐也不可做，或做也不妨，此便是不盡。」○又曰：「須是盡自家伎倆與他思量，便盡己之心。如烏喙是殺人之藥，須向他道是殺人，不得説道有毒。」○又曰：「須是十分盡得，方始是盡，若七分盡得，三分未盡，也是不忠。」**以實之謂信。**語録曰：「以，用也。」○又曰：「如甲謂之甲，乙謂之乙，信也；以甲爲乙，則非信矣。」○又曰：「有這事説這事，無這事須説

無，便是信。」○或問：「盡己之謂忠，以實之謂信。」曰：「盡己之心而無隱，所謂忠也，以其出乎内者而言也；以事之實而無違，所謂信也，以其驗乎外者而言也。然未有忠而不信，未有信而不出於忠者也。」○陳氏曰：「盡己，是盡自家心裏面，以所存主者而言；以實，是就言上據此實説。忠、信非判然二物，從内面發出無一不盡，是忠；發出外來皆以實，是信。」**傳，謂受之於師。習，謂熟之於己。**黄氏曰：「既傳矣，必熟之，使之該通而無豪髪之窒也。不習，則雖曰傳之，而未嘗實得於心也。」**曾子以此三者日省其身，有則改之，無則加勉，其自治誠切如此，可謂得爲學之本矣。**黄氏曰：「曾子日日以此三者省察其身，是其自治篤實而懇切也。爲學之本在於檢身，曾子之自省如此，是得爲學之本。」○又曰：「曾子此章，固足以見其嚴於自治，而所以自治者又見其皆出於誠。蓋不極乎誠，則凡所作爲無非苟簡滅裂，豈足以盡人事之當然，而合天理之本然哉？」○輔氏曰：「省者，思而有所檢察之謂。曾子以此三事日加省察，有則便與他理會了改之，無則又加勉厲以持守之而不使之竊發，則其終自治工夫可謂至誠懇切矣。」**而三者之序，則又以忠信爲傳習之本也。**語録曰：「人若不忠信，更無可得説，傳箇甚底，習箇甚底。」**○尹氏曰：「曾子守約，故動必求諸身。」**語録曰：「守約，是於朴實頭處用功。」○又曰：「守約不是守那約，言所守者約耳。」○輔氏曰：「曾子資質魯鈍，故其爲學不外鶩，不泛求，凡事只向自己身心上著工夫，檢察脩治。」**謝氏曰：「諸子之學皆出於聖人，其後愈遠而愈**

失其真。獨曾子之學專用心於内，故傳之無弊，觀於子思、孟子可見矣。惜乎其嘉言善行不盡傳於世也，其幸存而未泯者，學者其可不盡心乎？」輔氏曰：「所謂用心於内，故其傳無弊，警策學者尤爲有功。然其所謂用心於内者，亦非息心絶念屏棄外事之謂，但當常存是心不可放失。」

○子曰：「道千乘之國，敬事而信，節用而愛人，使民以時。」道、乘，皆去聲。道，治也。或問「道之爲治」。曰：「道者，治之理也，以爲政者之心而言也。」曰：「然則曷爲不言治？」曰：「治者，政教法令之爲治之事也。夫子之所言者，心也，非事也。」○陳氏曰：「治，其事也，以政言；道，其理也，以爲政者之心言。其目五者，則皆其心之所存而未及爲政，乃所以爲政之本也。」千乘，諸侯之國，其地可出兵車千乘者也。輔氏曰：「古註馬氏曰：『司馬法，六尺爲步，步百爲畝，畝百爲夫，夫三爲屋，屋三爲井，井十爲通，通十爲成，成出革車一乘。然則千乘之賦，其地千成，居地方三百一十六里有畸，唯公侯之封乃能容之。』包氏曰：『千乘之國者，百里之國也。古者井田，方里爲井，井十爲乘。百里之國，適千乘也。』融依周禮，包依王制。」敬者，主一無適之謂。語録曰：「主一，只是心專一，不以他念亂之。無適，只是不走作。」○問：「敬事而信，疑此敬是小心畏謹之謂，非主一無適之謂。」曰：「遇事，臨深履薄而爲之，不敢輕，不敢慢，乃是主一無適。」○陳氏曰：「主一，是心只在此，所主惟一，不二不三。

無適，是心只在此，亦不之東，亦不之西，亦不之南，亦不之北。然主一即是無適，只展轉相解釋，要分明非於主一之外又别有無適之功也。」○詳見大學疏。**敬事而信者，敬其事而信於民也。**輔氏曰：「一國之事多矣，爲其事者，固當主一無適，又當有始有終而使人信之也。」○胡氏曰：「發於我者敬，則施於人者信，故謂之敬其事而信於民也。」○黄氏曰：「信雖在己而驗於外，所行在己而人見其可信，故曰信於民也。」**時，謂農隙之時。**輔氏曰：「左傳『農隙』，杜氏註謂『各隨時事之閒』是也。」**言治國之要在此五者，亦務本之意也。**語録曰：「問：『學而一篇多務本之意，獨此章言及爲政。』曰：『此便是爲政之本，若無此基本，如何做去。』」○黄氏曰：「但言所存而未及治具，故曰務本。」○輔氏曰：「前四章是爲學之本，此五者是治國之本也。」○**程子曰：「此言至淺，然當時諸侯果能此，亦足以治其國矣。聖人言雖至近，上下皆通。此三言者，若推其極，堯舜之治亦不過此。若常人之言近，則淺近而已矣。」**語録曰：「問：『聖人之言兼通上下。』曰：『聖人説得自别，便是大賢説話也自是不及聖人。如這五事，衆人豈不見得？但説時定是别有關竅，決不及聖人也。』」○輔氏曰：「此三語平易明白，無甚高難行之事，而聖人所以治天下之道實不外此。當時諸侯果能奮然用力行之，則國必可治，不必舍己而求人也。又自此而推之，而至於内外兩全，本末具舉，則堯舜之治天下誠不過此矣。」○又曰：「聖人於天下事理洞照無遺，其發而爲言，自然包括得盡，故能小大高下皆宜，而前後左右之不

相悖，所以上下皆通。常人之見，則明於小者或蔽於大，得其一說者不知其又有一說，故其言近時，便則淺近而已矣。此内外之符也，然學者亦不可徒歎聖人之言包括得廣大如此，又須實見得雖堯舜之治亦不過五者之意，方可爾。」**楊氏曰：「上不敬則下慢，不信則下疑，下慢而疑，事不立矣。敬事而信，以身先之也。**易曰：**『節以制度，不傷財，不害民。』蓋侈用則傷財，傷財必至於害民，故愛民必先於節用。然使之不以其時，則力本者不獲自盡，雖有愛人之心，而人不被其澤矣。然此特論其所存而已，未及爲政也。苟無是心，則雖有政，不行焉。」**楊氏，名時。延平人。○語録曰：「楊氏最説得好。須看此五者是要緊，古先聖王所以必如此者，蓋有是五者，而後上之意接於下，下之情方始得親於上，上下相關，方始可以爲治。若無此五者，則君抗然於上，而民不知所向；有此五者，方始得上下交接。」○問：「未及爲政，今觀使民以時，又似爲政。」曰：「孟子説『不違農時』，只言王道之始末，大段是政事。」○輔氏曰：「朱子正解此一句之義，故以敬主於事而言，信主於民而言。楊氏則推言其反此之弊，故曰上不敬則下慢，不信則下疑。兩説相須，其義始備。」○問：「此章似皆就政事上説，集註謂此特論其所存，未及爲政。」永嘉陳氏曰：「治國有刑政、禮樂、紀綱、文章，萬目皆當開張。此條且論他存心處，乃爲政之本，其他未暇及。」**胡氏曰：「凡此數者，又皆以敬爲主。」**胡氏，名寅。建安人。○語録曰：「大事小事皆要敬。若是敬時，方解信與愛人、節用、使

民，若是不敬，則其他都做不得。」○陳氏曰：「敬者，萬事之根本。爲信而不敬，則出令必苟而不能確定矣；節用而不敬，則所節必苟而不以制度矣；愛人而不敬，則所愛必苟而不免姑息矣；使民而不敬，則所使必苟而不復計其勞逸矣。」愚謂：五者反復相因，各有次第，讀者宜細推之。語録曰：「五者相因，只消從上順説。人須是事事敬，方會信；纔信，便當定如此，若恁地慢忽，便没十成，今日恁地，明日不恁地；到要節用，今日儉，明日奢，便不是節用；不會節用，便急征重斂，如何得愛民；既無愛民之心，如何自會使民以時，這是相因之説。又一説，雖則是敬，又須著信於民，只恁地守箇敬不得；雖是信，又須著務節儉；雖會節儉，又須著有愛民之心，終不成自儉嗇而愛不及民；雖則是愛民，又須著課農桑，不奪其時。」

○子曰：「弟子入則孝，出則弟，謹而信，汎愛衆，而親仁。行有餘力，則以學文。」弟子之弟，上聲。則弟之弟，去聲。

謹者，行之有常也。信者，言之有實也。輔氏曰：「謹，謂所行不放縱，不放縱則有常矣。信，謂所言不虚妄，不虚妄則有實矣。」汎，廣也。衆，謂衆人。親，近也。仁，謂仁者。語録曰：「仁者自當親，其他自當汎愛。蓋仁是箇生底物，便具生之理，發出來便是愛，才是交接之際，便須自有箇恩意，如何漠然無情得。聖人説出話，兩頭都平，若不説親仁，則又流於兼愛矣。」餘力，猶言暇日。輔氏曰：「此只是行此數事之外有餘底工夫。」以，用也。文，謂詩

書六藝之文。語録曰：「詩書，是大槩説詩書。六藝，是禮、樂、射、御、書、數。」○黄氏曰：「古人言文，蓋指乎此，非世俗華藻之文。」○**程子曰：「爲弟子之職，力有餘則學文，不脩其職而先文，非爲己之學也。」**輔氏曰：「程子順文解義，可謂得聖人之旨矣。凡説經者，要當如此。」**尹氏曰：「德行，本也。文藝，末也。窮其本末，知所先後，可以入德矣。」**語録曰：「此論本末，先本後末。今人只是先去學文，須是驗平日果能孝弟、恭謹、誠信、愛衆、親仁乎，如此了，方學文。此五句又以孝弟爲本，不孝則不能弟，不孝而能弟，弟亦何用？不孝不弟，縱行謹、言信、愛衆、親仁，亦何用？」○輔氏曰：「孝弟、謹信、愛衆、親仁，所謂德行也。必先行此而有餘力，然後用以學詩書六藝之文，則其文也適足以成其質，其博也適足以養其心。此大學所以貴於能窮其本末，知所先後也。」○又曰：「大學所言體面闊，故曰近道；此但言弟子之職，體面較小，故曰可入德。必能入乎德，然後能近道也。」○又曰：「尹氏推説其言外之意而得其旨。」**洪氏曰：「未有餘力而學文，則文滅其質；有餘力而不學文，則質勝而野。」**洪氏，名興祖，丹陽人。○輔氏曰：「洪氏推説其反此之弊。」**愚謂：力行而不學文，則無以考聖賢之成法，識事理之當然，而所行或出於私意，非但失之於野而已。**語録曰：「問：『六藝如何考究得成法？』曰：『如禮樂，須知所以爲禮樂者，從此上推將去，如何不可考成法。緣今人都無此學，所以無考究處。然今詩書亦可考，或前言往行亦可考，如前輩有可法者，都是。人

須是知得古人之法，方做不錯。若不學文，任意自做，安得不錯。只是不可先學文耳。』」○又曰：「若不學文，則無以知事理之當否。如爲孝爲弟，亦有不當處；如孝於事親，然事父之敬，事母之愛，便別了。」○胡氏曰：「言學文，則能考聖賢之成法，識事理之當然者，固以補洪氏之所未及，亦恐人因是而緩於爲學也。」○愚謂：尹氏以文對德行，有本末先後之分，説得文字輕。洪氏以文對質，而言不可偏勝，説得文字差重。朱子以學文爲致知，與力行爲對，謂所知不明，則所行不當於理，説得文字極重。三者互相發明。蓋但知文之爲輕而不知其爲重，則將有廢學之弊，故不得不交致抑揚之意。然德固不可以一日而不脩，而學亦不可一日而不講也。

○子夏曰：「賢賢易色，事父母能竭其力，事君能致其身，與朋友交言而有信。雖曰未學，吾必謂之學矣。」

子夏，孔子弟子，姓卜，名商。衛人。賢人之賢而易其好色之心，好善有誠也。輔氏曰：「好賢與好色，皆人之本心也。但好賢之心終不若好色之心爲甚。今能賢人之賢而易其好色之心，是爲誠於好賢也。」○愚謂：舊説作變易其顔色，如此却是虚僞，故此説見敬賢無二心。致，猶委也。委致其身，謂不有其身也。語録曰：「一如送這身與他，便看他將來如何使。」○輔氏曰：「死生勞逸，惟君所命，不敢自有其身而爲避就也。」四者皆人倫之大者，而行之必盡其誠，學求如是而已。愚謂：經文只有事父、事君、交友三者爲人倫之目，而集註以四者

言，蓋賢賢亦朋友之倫也。**故子夏言有能如是之人，苟非生質之美，必其務學之至，雖或以爲未嘗爲學，我必謂之已學也。**語録曰：「問：『爲學之道，只要就人倫上做得是當，今既能如此，雖或以爲未學，我必以爲已學。』曰：『畢竟是曾學未學？』曰：『集註所謂「非其生質之美，必其務學之至」。』曰：『是。』」○又曰：「資質好底也會恁地，向學也只是理會許多事。」

○游氏曰：「三代之學，皆所以明人倫也。能是四者，則於人倫厚矣，學之爲道，何以加此。子夏以文學名，而其言如此，則古人之所謂學者可知矣。故學而一篇，大抵皆在於務本。」游氏，名酢。建安人。○輔氏曰：「古人之學，明人倫而已。自舜命司徒以教民，則既有成説矣，此其爲學之本也。人能務此四者，又行之必盡其誠而無一豪勉强不得已之意，則其於人倫既明且篤矣。學之道，豈有過於此者乎？」**吴氏曰：「子夏之言，其意善矣。然詞氣之間，抑揚太過，其流之弊將或至於廢學。必若上章夫子之言，然後爲無弊也。」**吴氏，名棫。建安人。○語録曰：「聖人之言，由本及末，先後有序，其言平正無險絶之意。子夏則其言傾側而不平正，險絶而不和易，狹隘而不廣大，故未免有弊。然子夏之意，欲人務本，不可謂之不是，但以夫子之言比之，則見其偏。」○又曰：「世間也有資禀高會做許多事底，但子夏此兩句被他説殺了，所以謂其言之有弊。」○胡氏曰：「以未學爲生質之美者，人固有得氣之清，而所爲與理暗合，然質之美有限，而學之益無窮，故吴氏又慮其抑揚之有偏也。」

○子曰：「君子不重則不威，學則不固。重，厚重。威，威嚴。固，堅固也。輔氏曰：「厚重以質言，威嚴以見於外者言，堅固以存諸中者言。」輕乎外者，必不能堅乎内，故不厚重則無嚴，而所學亦不堅固也。輔氏曰：「人之資質若不厚重，則見於外者必無威嚴之可畏，存諸中者必不能堅固而不忘，此乃氣志表裏必然之符也。學者當於言行容貌之閒，常自警覺，不可稍有忽易。」

主忠信。

人不忠信，則事皆無實，爲惡則易，爲善則難。輔氏曰：「善所固有，本實而易爲；惡自外來，本虛而難爲。然人不忠信，則事皆無實，故於虛者反易，而於實者反難也。」故學者必以是爲主焉。語録曰：「主字最重，凡事靠他做主。」○陳氏曰：「主與賓相對，賓是外人，出入無常，主人是吾家之主，常存在屋裏。主忠信，是以忠信爲吾心之主，是心中常要忠信，蓋無時而不在是也。心中所主者忠信，則其中許多道理便都實在這裏，若無忠信，則一切道理都虛了。主字下得極有力。」程子曰：「人道唯在忠信，不誠則無物。且『出入無時，莫知其鄉』者，人心也。若無忠信，豈復有物乎？」語録曰：「物只是眼前事物，都喚做物，若誠實方有這物。若口裏説莊敬，肚裏自慢忽；口裏説誠實，肚裏自狡僞，則所接事物還似無一般。須是實見得是，實見得非，截定而不可易，方有這物。且如欲爲善，又有箇爲惡意思；欲爲是，又有箇爲

非意思，這只是不實，如何會有物。」○又曰：「凡應于事物之來，皆當盡吾誠心以應之，方始是有這箇物事。且幹一件事，自家心不在這上，這一事便不成，便是没了這事。如讀書，自家心不在此，便是没這書。」○又曰：「心無形影，惟誠時方有這物事。今人做事，若初閒有誠意，到半截後意思嬾散，謾做將去，便只是前半截有物，到半截後無了。若做到九分，這一分無誠意，便是一分無物。」○輔氏曰：「人有爲人之道。自天地儲精而爲人，則實理具焉，故人道惟在忠信，不誠則無物，言人不忠信，則渾是虚妄，雖有人之形，而無人之實也。」○真氏曰：「論語止言忠信，不言誠，至子思、孟子始言誠，程子於此乃合忠信與誠而並言之。蓋誠指全體而言，忠信指用功處而言，盡得忠與信，即是誠。故孔子雖不言誠，但欲人於忠信上著力，忠信無不盡，則誠在其中矣。孔子教人，大抵只就行處説，行到盡處，自然識得本原。」

無友不如己者。

無、毋通，禁止辭也。友所以輔仁，不如己，則無益而有損。語録曰：「交朋友須求有益，若不如我者，豈能有益？仍是朋友，纔不如我時，便無敬畏之意，而生狎侮之心，如此則無益。」

過則勿憚改。」

勿，亦禁止之辭。憚，畏難也。自治不勇，則惡日長，故有過則當速改，不可畏難

而苟安也。程子曰：「學問之道無他也，知其不善，則速改以從善而已。」語録曰：「最要在速字上著力。過愈深則善愈微，若從今日便改，則善可自此而積。今人只是憚難過了日子。」○真氏曰：「過，雖聖賢不能無，知其爲過而速改，則無矣。蓋無心而誤則謂之過，有心而爲則謂之惡。不待別爲不善方謂之惡，只如過不改，是有心，便謂之惡。」○愚謂：改者，併其通體而更爲之也。○程子曰：「君子自脩之道當如是也。」輔氏曰：「此蓋舉一章言之，所以教學者做工夫，其事密矣。」游氏曰：「君子之道，以威重爲質，而學以成之。學之道，必以忠信爲主，而以勝己者輔之。然或吝於改過，則終無以入德，而賢者亦未必樂告以善道，故以過勿憚改終焉。」輔氏曰：「威由重而後有，先言威者，便文耳。」○又曰：「苟未至於聖人，孰能無過？儻或畏難而苟安，則過益以大，志益以昏，不惟勝己之友將舍我而去，而忠信之德亦無以自進矣，故以過勿憚改終焉。要之，自始學至於成德，唯改過爲最急。」

○曾子曰：「慎終追遠，民德歸厚矣。」

慎終者，喪盡其禮。追遠者，祭盡其誠。語録曰：「是專主喪祭而言。若把得喪祭事重時，亦自不易。只就喪祭上推，亦是多少事。」○輔氏曰：「自殯至葬，附於身與棺者，必誠必信，勿至有悔，以至凡喪親之禮，己所得爲者，舉無違焉，則可謂喪盡其禮矣。自考妣而上及於曾高，自一廟而上至於七廟，推而極於王者之禘祫，必如是而後於心爲無慊，凡己之所得祭者，無不舉

焉，則可謂祭盡其誠矣。」**民德歸厚，謂下民化之，其德亦歸於厚。**葉氏曰：「謂感化於下，風俗醇美，莫不有孝愛之行。」**蓋終者，人之所易忽也，而能謹之；遠者，人之所易忘也，而能追之，厚之道也。故以此自爲，則己之德厚，下民化之，則其德亦歸於厚也。**文集曰：「問：『此章止爲化民，不見有自爲之意。』曰：『謹終追遠，自是人所當然，不爲化民而後爲之也。故己德厚，而民德亦歸趨之，雖不明言，然味其閒，隱然有此意也。』」○黃氏曰：「親之終也，人子悲痛之情切，而於恭敬之意常不足；親之遠也，人子恭敬之意勝，而思慕之情疏，故又以其所不足者言之。謹謂謹而不忽，追謂念而不忘。輕忽遺忘，此薄俗之常情。於人所易忽易忘者，亦未嘗輕忽遺忘焉，則加於人一等矣，是則厚德之人也，民安得不化而趨於厚哉。」

○子禽問於子貢曰：「夫子至於是邦也，必聞其政，求之與？抑與之與？」

之與之與，平聲，下同。

子禽，姓陳，名亢。陳人。**子貢，姓端木，名賜。**衛人。**皆孔子弟子。或曰：「亢，子貢弟子。」未知孰是。**輔氏曰：「或以陳亢爲子貢弟子，此以論語中所載三章推之，蓋兩章問於子貢，一章問於伯魚，皆無請問於夫子之事故也。家語收陳亢在孔子弟子中，而史記七十二子傳却無，故兩存之。」**抑，反語辭。**

子貢曰：「夫子溫、良、恭、儉、讓以得之。夫子之求之也，其諸異乎人之求之

與？」

溫，和厚也。真氏曰：「只和一字，不足以盡溫之義，只厚一字，亦不足以盡溫之義，必兼二字者。和如春風和氣之和，厚如坤厚載物之厚，和不慘暴也，厚不刻薄也。」**良，易直也。**語錄曰：「易，平易和易。直，無屈曲。」○又曰：「易乃坦易之易，直如世人所謂白直之直，無姦詐險詖底心，如所謂開口見心是也。」**恭，莊敬也。**真氏曰：「莊主容貌而言，敬主內心而言。自中而發外，故曰恭。」**儉，節制也。**語錄曰：「儉謂節制，非儉約之謂。只是不放肆、常收斂之意。」○黄氏曰：「節制，只是有界限，不侈縱。」○真氏曰：「節制二字相似而實不同。節乃自然之限節，且如一年有八節、四立、二分、二至是也，四十五日而一換，乃天道自然之界限。制乃用力裁制之意。」**讓，謙遜也。**真氏曰：「謙謂不矜己之善，遜謂推善以及人。」**五者，夫子之盛德光輝接於人者也。其諸，語辭也。人，他人也。**言夫子未嘗求之，但其德容如是，故時君敬信，自以其政就而問之耳，非若他人求之而後得也。語錄曰：「最要看得此五字是如何氣象，體之於我，則見得聖人有不求人而人自來就問底意思。」**聖人過化存神之妙，未易窺測，然即此而觀，則其德盛禮恭而不願乎外亦可見矣。學者所當潛心而勉學也。**黄氏曰：「過謂身所經歷，化謂人無不從，存謂心所存主，神謂意無不達。所謂『立之斯立，道之斯行，綏之斯來，動之斯和』是也。曰存神過化，則不待見於容貌而人服之。又曰德盛禮恭，則

禮之所以恭者，又未嘗無其本也。觀其言，引而不發，味其意，則若有所不足，於子貢之云者，其旨深矣。學者玩味而有得焉，則有以見聖人正大之情，而不流於卑諂之私矣。」○謝氏曰：「學者觀於聖人威儀之閒，亦可以進德矣。若子貢，亦可謂善觀聖人矣，亦可謂善言德行矣。今去聖人千五百年，以此五者想見其形容，尚能使人興起，而況於親炙之者乎？」輔氏曰：「有是德，然後有是威儀，内外之符也，故學者觀於聖人威儀之閒，亦可以進己之德。」○又曰：「世雖有先後，人雖有智愚，然理義之在人心則無閒也，故學者能以是五者想見聖人之形容，則皆興起向慕有不能自已者，況於親見聖人之威儀，親陶聖人之神化，則其成德達才又當如何哉？」○永嘉陳氏曰：「此最善形容處，如畫出一夫子，若張而大之，却與聖人不相似也。」○愚謂：集註「過化存神，未易窺測」之語，與謝氏三「亦」字，皆微寓抑揚意，子貢特舉聖人可親之一節，而未及其全體歟。張敬夫曰：「夫子至是邦必聞其政，而未有能委國而授之以政者。蓋見聖人之儀形而樂告之者，秉彝好德之良心也，而私欲害之，是以終不能用耳。」張氏，名栻。廣漢人。○輔氏曰：「好德之心固有而易發，私欲之害蔽深而難除，此所以『夫子至是邦必聞其政，而未有能委國而授之以政者』也。」

○子曰：「父在，觀其志；父没，觀其行；三年無改於父之道，可謂孝矣。」行，去聲。

父在，子不得自專，而志則可知；父没，然後其行可見，故觀此足以知其人之善惡。語録曰：「父在時，使父賢而子不肖，雖欲爲不肖之事，猶以父在而不敢爲，然雖無甚不肖之行，而其志可知矣。使子賢而父不肖，雖欲爲善事，而父有所不從時，有勉强而從父之爲者，此雖未見其善行，而要其志之所存，則亦不害其爲賢矣。至於父没，則已自得爲於是，其行之善惡可於此而見矣。父在時，子非無行也，而其所主在志；父没時，子非無志也，所主在行。」○永嘉陳氏曰：「舊説父在觀其父之志，父没觀其父之行，若如此説，連下面『三年無改於父之道，可謂孝矣』，説不通。蓋纔説孝，便主子説了，所以上面志與行都就子邊説。」**然又必能三年無改於父之道，乃見其孝，不然，則所行雖善，亦不得爲孝矣。**輔氏曰：「就其事上言，雖可謂之善，就其心上言，則不得爲孝矣。」**○尹氏曰：「如其道，雖終身無改可也；如其非道，何待三年？然則三年無改者，孝子之心有所不忍故也。」游氏曰：「『三年無改』，亦謂在所當改而可以未改者耳。」**或問「尹、游氏之説」。曰：「尹氏得其用心之本，游氏得其制事之宜，二説相須，爲不可易矣。」曰：「必若尹、游之説，則夫子之言得無有所不盡者乎？」曰：「爲人子者，本以守父之道，不忍有改爲之心。至有所遇之不同，則隨其輕重而以義制之耳。三年而改者，意其有爲而言也，其不可改，則終身不改，固不待言。其不可以待三年者，則又非常之變，亦不可預言矣。善讀者推類而求之，或終身不改，或三年而改，或甚不得已則不待三年而改，顧

其所遇之如何。但不忍之心，則不可無耳。」○語録曰：「尹氏説得孝子之心，未説得事，若如其説，則孔子何必更説三年無改？必若游氏説，則説得聖人語意出。」○葉氏曰：「須思當改而可以未改，是多少含容精微意思。若説大段有害於物，不待三年，此是在上位者關繫民物，如元祐欲改新法之類，不容不改。若其他未至於大害，當常存不忍之心可也。」○永嘉陳氏曰：「事變隨宜，雖孝子繼父，豈能無當改處？但方哀戚之中，雖所當改，亦未暇改，蓋哀戚之心有以勝之耳。」

○**有子曰：「禮之用，和爲貴。先王之道斯爲美，小大由之。**

禮者，天理之節文，人事之儀則也。語録曰：「節者，等級也。文，不直回互之貌。」○又曰：「文是裝裹得好，如升降揖遜。」○黄氏曰：「朱子於仁、禮、義之訓，皆以本心未發之體而言，蓋已發則爲惻隱、恭敬、羞惡而不謂之仁、禮、義矣。仁曰心之德，禮曰天理之節文，義曰心之制，此皆即心之體而形容其理也。仁曰愛之理，禮曰人事之儀則，義曰事之宜，此皆因其見於用者以形容其體也。雖若各有二義，其實愛之理所以爲心之德，人事之儀則所以爲天理之節文，事之宜所以爲心之制也。」○又曰：「天理之節文，此是從裏説；人事之儀則，此是從外説。」○又曰：「且如天子十二章，上公九章，各有等數，此是節。若山龍華蟲之類爲飾，此是文。如下不敢僭上，諸侯當用九章則安，用十二章則不安，此是天理自然處。如冠如昏，此是人事。若冠禮裏面有三加揖遜升降處，此是儀。若天子冠禮則當如何，諸侯則當如何，嫡子則如何，衆子則如何，各有則樣，此是則。處則，如曰恰好。」○陳氏曰：「四字相對説，節則無太過；文則無不及；則，定

法也；儀在外有可觀，則在内有可守。」○又曰：「如做事太質無文彩，是失之不及；末節繁文太盛，是流於太過。天理之節文，乃其恰好處，便是理合當如此，更無太過，更無不及。」○又曰：「天理只是人事中之理而具於心者也，天理在中而著見於事，人事在外而根於中，天理其體，而人事其用也。儀謂容儀而形見於外者，有粲然可象底意，與文字相應。則謂法則、準則，是箇骨子，所以存於中者，有確然不易底意，與節字相應。文而後儀，節而後則，必有天理之節文而後有人事之儀則，須兼此二者，意乃圓備。」○胡氏曰：「以其本於性分而言，則曰天理之節文；以其見於日用而言，則曰人事之儀則。節即則，文即儀，隨所寓而互言之也。」○輔氏曰：「節是品節，文是文理；儀是威儀，則是法則。就理上言，故曰節文；就事上言，故曰儀則。天理之節文，是自内説向外；人事之儀則，自外説向内。天理之節文，所以爲人事之儀則也。」**和者，從容不迫之意。**語録曰：「只是説行得自然如此，莫教有牽强底意思，便是從容不迫。那禮中自有箇從容不迫，不是有禮後更添箇從容不迫，若離了禮説從容不迫，便是自恣。」○胡氏曰：「以和爲從容不迫者，無勉强矯拂之態，而有安詳容與之意也。褊急局促，則非和矣，禮中自有從容氣象，非禮之外又加從容也。」**蓋禮之爲體雖嚴，而皆出於自然之理，故其爲用，必從容而不迫，乃爲可貴。**黄氏曰：「禮之體主於嚴者，以其天高地下，萬物散殊，分之一定而不可移也。禮主於嚴，則心不可不敬，貌不可不莊也。所以不和者，恐懼拘迫而無從容之意耳。然禮

之嚴，皆本於自然，則是不容不敬，不容不莊，非有所强而爲之，尚何恐懼拘迫之有？惟不知其出於自然，故若出於人爲而不敢不然者，是以不能從容而不迫也。」○輔氏曰：「天理之節文，人事之儀則，固有截然而不可亂者，是其體之嚴也。然其所以然者，非故爲是以强世矯俗也，蓋亦本於自然之理而已。惟其出於自然之理，故其爲禮，必從容和緩而無急迫勉强勞苦之意，乃可爲貴。」**先王之道，此其所以爲美，而小事大事無不由之也。**

有所不行，知和而和，不以禮節之，亦不可行也。」

承上文而言，如此而復有所不行者，以其徒知和之爲貴而一於和，不復以禮節之，則亦非復理之本然矣，所以流蕩忘反而亦不可行也。黄氏曰：「知其從容而不迫之爲貴矣，而一於和，則心之敬者或怠矣，貌之莊者或慢矣，而吾又不能以禮之本然者約而歸於莊且敬焉，則流蕩放肆，其與恐懼拘迫者，均於不可行也。」○輔氏曰：「體嚴而用和，則禮固可貴而可由矣。然如此而亦有不可行者，蓋以人情便於和而憚於嚴，苟徒知以和爲貴而遂一於用和，逐末忘本而不知以禮節止之，則又失其自然之理而墮於私欲，必至於流蕩而亦不可行也。」○**程子曰：「禮勝則離，故禮之用，和爲貴。先王之道以斯爲美，而小大由之。樂勝則流，故有所不行者，知和而和，不以禮節之，亦不可行。」**語録曰：「問：『既云離與流，則不特謂之勝，禮樂已亡矣。』曰：『不必如此説。正好就勝字上看，只争這些子，禮纔勝些子，便是

離了，樂纔勝些子，便是流了。知其勝而歸之中，即是禮樂之正，不可云禮樂已亡也。』」〇輔氏曰：「此章自舊以『有所不行』一句承上文説，至程子方截得分明，只以『禮勝則離』『樂勝則流』兩句觀之便自可見。程子於本文只添了一箇以字、一箇而字、一箇者字、兩箇故字，而一章之旨自然分明。」〇永嘉陳氏曰：「禮之和處便是樂，所謂行而樂之樂也，故以樂字襯貼和字，非謂禮之外別取一物來解和也。」〇真氏曰：「以其太嚴而不通乎人情，故離而難合；以其太和而無所限節，則流蕩忘返。所以有禮須用有樂，有樂須用有禮，此禮樂且是就性情上説，然精粗本末亦初無二理。」**范氏曰：「凡禮之體主於敬，而其用則以和爲貴。敬者，禮之所以立也；和者，樂之所由生也。若有子可謂達禮樂之本矣。」**范氏，名祖禹。成都人。〇文集曰：「和固不可便指爲樂，然乃樂之所由生。」〇語録曰：「自心而言，則心爲體，敬、和爲用。以敬對和而言，則敬爲體，和爲用。大抵體用無盡時，只管恁地移將去。」〇輔氏曰：「程子論禮樂之𢿘，范氏原禮樂之本。」〇胡氏曰：「程子、范氏以和爲樂，又禮中之樂也。」**愚謂：嚴而泰，和而節，此理之自然，禮之全體也。豪釐有差，則失其中正，而各倚於一偏，其不可行均矣。**輔氏曰：「禮之體則嚴，其用則和，而人之於禮，則當嚴而不失其泰，和而不失其節，不倚於一偏，不昧於全體，則無處而不可行矣。」〇陳氏曰：「禮之體嚴而用和，本非判然不相入。其嚴也無不泰，而所謂和者中已具，豈復有勝而離；其和也無不節，而所謂嚴者未嘗失，豈復有勝而流。必

如是，然後得性情之正而爲禮之全也。若稍過中而流於一偏，則其不可行均矣，豈但和之流然後爲不可行哉？」○蔡氏曰：「有子專以禮之用爲言，朱子兼以禮之體爲言，論禮之用固以和爲貴，論禮之體則禮中本有自然之和。若謂知和而和，不以禮節之，則禮與和成二物矣。此朱子所以因有子言禮之用，而以禮之體發其所未發也。」○真氏曰：「嚴而泰，即禮中有樂。和而節，即樂中有禮。」

○有子曰：「信近於義，言可復也；恭近於禮，遠恥辱也；因不失其親，亦可宗也。」近、遠，皆去聲。

信，約信也。黄氏曰：「前所謂以實之謂信，事之已見而以其實也。此所謂約信，與人期約而求其實者也。故雖皆不出於實，而其言不同，若亦以事之已見者言之，非謹之於始之意也。」○輔氏曰：「此信字本是約信，若只是誠信之信，則信是實理，豈有不近義者哉。」**義者，事之宜也。**語録曰：「事之宜，是指那事物當然之理。」**復，踐言也。恭，致敬也。**胡氏曰：「信爲約信，恭爲致敬，皆指人之行此而言，非信恭之本體也。」**禮，節文也。因，猶依也。宗，猶主也。****言約信而合其宜，則言必可踐矣。**或問此一節。曰：「人之約信，固欲其言之必踐也。然其始也，或不度其宜焉，則所言將有不可踐者矣。以爲義有不可而遂不踐，則失其信；以爲信之所在而必踐焉，則害於義，二者無一可也。若約信之始而必求其近於義者焉，則其言無不可踐，而

無二者之失矣。」○語録曰：「約信而合其宜，只是不妄發。曰：『萬一料事不過，則如之何？』曰：『這却無可奈何，却是自家理不明耳。』」**致恭而中其節，則能遠恥辱矣。**或問此一節。曰：「致敬於人，固欲其遠於恥辱。然不合於節文，則或過或不及，皆所以自取恥辱。惟致恭而必求其近於禮焉，則其可遠恥辱也必矣。」○語録曰：「且如見尊長而拜禮也，我却不拜，被詰問則無以答，這便是爲人所恥辱。有一般人不當拜而拜之，便是諂諛，這則可恥可辱者在我矣。」○問：「合其宜便是義，中其節便是禮，如何是近義、近禮？」曰：「此亦大綱説，如『巧言令色，鮮矣仁』之意，然只得近於義、近於禮亦好，若是便合其宜、中其節更好。」**所依者不失其可親之人，則亦可以宗而主之矣。**或問此一節。曰：「因之爲依，勢之敵而交之淺，若諸葛亮之依劉表是也。宗之爲主，彼尊我賤而以之爲歸，如孔子之於司城貞子、蘧伯玉、顔讎由是也。所依而失其親，若未甚害也，所宗而失其親，則其爲害大矣。然今日依之，則後日有時而宗之，是以君子之有所因也，必求不失其親焉，則異日所宗無失所親之患矣。」○語録曰：「如夫子之於衛，主顔讎由，是則可親之人，若主癰疽與侍人瘠環，便是不可親之人。此是教人接人底道理。」**此言人之言行交際，皆當謹之於始而慮其所終，**語録曰：「問：『恐言是約信，行是致敬，交際是依人。』曰：『大綱如此説，皆交際也，言可復便是行。』」○又曰：「此一章皆是言謹始之意。只如初與人約，便用思量他日行得，方可諾之；若輕諾之，他日言不可復，便害信也。如合當在堂上

却下堂，被人非笑，固是辱；合當堂下却上堂，被人斥罵，亦是辱。如此人不好，初去親時似不害，將來主其人便錯了。須是始初揀擇見得好，方可親他。」○永嘉陳氏曰：「三事皆欲慮終而謹始，不可一時苟且。」**不然，則因仍苟且之閒，將有不勝其自失之悔者矣。**語録曰：「因仍與苟且一樣字，因仍猶因循，苟且是且恁地做。」

○子曰：「君子食無求飽，居無求安，敏於事而慎於言，就有道而正焉，可謂好學也已。」好，去聲。

不求安飽者，志有在而不暇及也。輔氏曰：「食欲飽，居欲安，人情之常也。今食無求飽，居無求安，則是志有在而不暇及此矣。」**敏於事者，勉其所不足。謹於言者，不敢盡其所有餘也。**語録曰：「行常苦於不足，言常苦於有餘。」○又曰：「言底易得多，便不敢盡；行底易得不足，故須敏。」**然猶不敢自是，而必就有道之人以正其是非，則可謂好學矣。**語録曰：「有許多功夫，不能就有道以正其是非，也不得；若無許多功夫，雖欲正，亦徒然。」**凡言道者，皆謂事物當然之理，人之所共由者也。**文集曰：「道即理也，以人所共由則謂之道，以其各有條理而言則謂之理。」**○尹氏曰：「君子之學，能是四者，可謂篤志力行者矣。然不取正於有道，未免有差，如楊墨學仁義而差者也，其流至於無父無君，謂之好學可乎？」**語録曰：「楊墨只是差些子，其末流遂至於無父無君。蓋楊氏以世人營營於名利，埋没其

身而不自知，故獨潔其身以自高，如荷蕢、接輿之徒是也。然使人皆如此潔身而自爲，則天下事教誰理會？此便是無君也。墨氏見世間人自私自利，不能及人，故欲兼天下之人而盡愛之，然不知或有一患難，在君親則當先救之，在他人則當後救之，若君親與他人不分先後，則是待君親猶他人也，此便是無父。」○黄氏曰：「尹氏所謂篤志，爲不求安飽而言也；所謂力行，爲敏事慎言而言也。以是四字而繼之以集註『不敢自是』之言，然後足以盡此章之旨。蓋此章謂之好學，非篤志力行而不自是，亦無以見其所以爲好也。」

○子貢曰：「貧而無諂，富而無驕，何如？」子曰：「可也。未若貧而樂，富而好禮者也。」樂，音洛。好，去聲。

諂，卑屈也。驕，矜肆也。常人溺於貧富之中，而不知所以自守，故必有二者之病。輔氏曰：「爲貧所勝，則氣隨以歉而爲卑屈，故多求而諂；爲富所勝，則氣隨以盈而爲矜肆，故有恃而驕。」無諂無驕，則知自守矣，而未能超乎貧富之外也。語録曰：「無諂無驕，此就貧富裏用功。」凡曰可者，僅可而有所未盡之辭也。語録曰：「聖人只云可也，蓋可也時便也得了，只是比他樂與好禮者，自分明争一等。」樂則心廣體胖而忘其貧。好禮則安處善，樂循理，亦不自知其富矣。語録曰：「若爲貧而樂與富而好禮，便是不能超貧富了。樂自不知有貧，好禮自不知有富。」○輔氏曰：「心廣體胖者，指其樂之之象。安處善、樂循理者，論其好禮之

實。」子貢貨殖，蓋先貧後富而嘗用力於自守者，故以此爲問。而夫子答之如此，語録曰：「問：『先貧後富，則是亦嘗如後世之生産作業矣。』曰：『怕是如此。聖人既説貨殖，須是有些如此，看來子貢初年也是把貧與富煞當事了。』」蓋許其所已能而勉其所未至也。語録曰：「子貢於此煞是用工夫了，聖人更進他上面一節，以見義理不止於此。然亦不止是就貧富上説，凡講學皆如此，天下道理更闊在。」

子貢曰：「詩云：『如切如磋，如琢如磨。』其斯之謂與？」磋，七多反。與，平聲。

詩，衛風淇澳之篇。言治骨角者，既切之而復磋之；治玉石者，既琢之而復磨之，治之已精而益求其精也。或問「切磋琢磨之别」。曰：「古之工事不可考也。以今言之，則治骨角者，切以刀，磋以鑢；治玉石者，琢以錐鑿，而磨以沙石也。大抵切琢成形，磋磨入細。以理觀之，古今當亦不相遠耳。」○真氏曰：「凡製物爲器，須切琢成形質了，方可磋磨。既切琢了，若不磋磨，如何得他精細潤澤。」子貢自以無諂無驕爲至矣，聞夫子之言，又知義理之無窮，雖有得焉，而未可遽自足也，故引是詩以明之。語録曰：「所謂義理無窮者，不是説樂與好禮，自是説切磋琢磨處，精而益精爾。」○黄氏曰：「若謂無諂無驕爲如切如琢，樂與好禮爲如磋如磨，則下文告往知來一句便説不得，切磋琢磨兩句説得來也無精采。只此小小文義間要

用理會。子貢言無諂無驕，孔子但云僅可而已，未若樂與好禮。子貢便知義理無窮，人須就學問上做工夫，不可少有得而遽止。」

子曰：「賜也，始可與言詩已矣，告諸往而知來者。」

往者，其所已言者。來者，其所未言者。黄氏曰：「此章須是見得切磋琢磨在無諂無驕、樂與好禮之外，方曉得所已言、所未言。前之問答蓋言德之淺深，今之引詩乃言學之疏密。」〇葉氏曰：「若淺看切磋琢磨之語，不過形容樂與好禮勝於諂驕而已。既止就此二事説，如何下一往字、一來字？往者是只就貧富二事告之，是所已言。若切磋琢磨，是統形容學問工夫，義理無窮，一節高一節，一步闊一步。此却是夫子未及説出，所以謂之來者所未言，子貢能解悟，所以謂之知來。」〇愚按：此章問答，其淺深高下，固不待辯説而明矣。然不切則磋無所施，不琢則磨無所措。故學者雖不可安於小成，而不求造道之極致；亦不可騖於虛遠，而不察切己之實病也。語録曰：「固是要進，然有第一步方可進第二步。」〇陳氏曰：「若安於無諂無驕，而不求進於樂與好禮，固爲自畫；然諂驕未去，而曰吾欲樂與好禮，則又未免爲虛躐矣。」

〇子曰：「不患人之不己知，患不知人也。」

尹氏曰：「君子求在我者，故不患人之不己知。不知人，則是非邪正或不能辨，故以爲患也。」輔氏曰：「尹氏説已得其意。蓋人不知己，其病在人；己不知人，其病在己。君子之學

爲己，故不暇病人之病，而病己之病耳。」○葉氏曰：「所謂求在我者，此正爲己之學，不係人之知不知也。不能知人，若爲士而取友，則便辟、善柔、便佞者反親之，直、諒、多聞者反疏之；若爲君而擇臣，則巧言令色、逢君之惡者反見愛，守正不阿、責難正救者反見惡，其所關豈不大哉。」

爲政第二

凡二十四章。

子曰：「爲政以德，譬如北辰，居其所而衆星共之。」共，音拱，亦作拱。**政之爲言，正也，所以正人之不正也。**輔氏曰：「此訓政字之義。若三章，政謂法制禁令云者，則指政之實事而言之也。」**德之爲言，得也，得於心而不失也。**語録曰：「德是自家心下得這箇道理，如欲爲忠而得其所以忠，如欲爲孝而得其所以孝。」○又曰：「凡人作好事，只做得一件兩件，亦只是勉强，非是有得。所謂得者，謂其行之熟而心安於此也。」○愚按：舊説「德者，行道而有得於身」，今作「得於心而不失」，不言身而言心，心切於身也。**北辰，北極，天之樞也。居其所，不動也。共，向也，言衆星四面旋繞而歸向之也。**或問「北辰之爲天樞」。曰：「天圓而動，包乎地外，地方而静，處乎天中。故天之形，半覆乎地上，半繞乎地下，而左

旋不息，其樞紐不動之處，則在夫南北之端焉，謂之極者，猶屋脊之謂極也。然南極低入地三十六度，故周回七十二度，常隱不見。北極高出地三十六度，故周回七十二度，常見不隱。北極之星，正在常見不隱七十二度之中，常居其所而不動，其旁則經星隨天左旋，日月五緯右轉，更迭隱見，皆若環繞而歸向之。」○語録曰：「北辰乃天之北極，天如水車，北辰乃軸處，水車動而軸未嘗動。」○又曰：「北辰是那中間無星處，些子不動，是天之樞紐。北辰無星，緣人要取此爲極，不可無箇記認，所以就其旁取一小星謂之極星。天之樞紐，如門簨子相似，又似箇輪藏心，藏在外面動，這裏面心都不動。」問：「極星動否？」曰：「極星也動。只是他近那辰後，雖動而不覺。今人以管去窺那極星，見其動來動去，只在管裏面，不動出去。向來人説北極便是北辰，皆只説北極不動。至本朝人方去推得是北極只在北辰邊頭，而極星依舊動。」**爲政以德，則無爲而天下歸之，其象如此。**語録曰：「不是欲以德去爲政，亦不是塊然全無所作爲。但德脩於己而人自感化，然感化不全在政事上，却在德上。蓋政者，所以正人之不正，豈無所作爲？但人所以歸往，乃以德耳。故不待作爲而天下歸之，如衆星之共北極也。」○**程子曰：「爲政以德，然後無爲。」**語録曰：「此不是全然不爲，但以德，則自然感化，不見其有爲之迹耳。」○輔氏曰：「不能以德爲政，而遽欲無爲，則是怠惰弛廢而已。以德爲政，則非不爲也，循天下之理而行其所無事，所謂法制禁令固在其中矣。」**范氏曰：「爲政以德，則不動而化，不言而信，無爲而**

成。所守者至簡而能御煩，所處者至静而能制動，所務者至寡而能服衆。」輔氏曰：「范氏正推演程子之意，至於曰化、曰信、曰成，及御煩、制動、服衆云者，則又併舉其效而言之。」○蔡氏曰：「按集註凡三言無爲，非是泊然無爲也，蓋爲政以德，人自不見其有爲之迹耳。」

○子曰：「詩三百，一言以蔽之，曰『思無邪』。」

詩三百十一篇，言三百者，舉大數也。蔽，猶蓋也。思無邪，魯頌駉篇之辭。凡詩之言，善者可以感發人之善心，惡者可以懲創人之逸志，其用歸於使人得其情性之正而已。語録曰：「如正風雅頌等詩，可以起人善心。如變風刺淫等詩，極不好，可以使人知戒懼不敢做。大段好詩是士大夫作，一等刺詩只是閭巷小人作。人讀好底詩，固是知勸，若讀不好底詩，便悚然戒懼，知得此心不可如此，其所以如此者，是知心之放。所以讀詩者，便思無邪也，此詩之功用如此。」○又曰：「情性是貼思，正是貼無邪。若好善惡惡皆出於正，便會無邪。若果是正，自無虚僞，自無邪。若有邪也，自入不得。」○胡氏曰：「因詩之言善而善心有所感發，因詩之言惡而逸志有所懲創，非作詩者，乃讀詩者也。或以爲三百篇之詩，其詞旨皆出於思慮之正，雖淫奔之詩，亦以爲刺奔者而作，由此章之義不明故也。蓋好善惡惡，人之至情。爲善而發於歌詠，則令聞益彰；爲惡而發於歌詠，則遺臭益遠。所以讀詩者，因詩之善惡而有感發懲創之心也。」然其言微婉，輔氏曰：「微謂隱微，婉謂委曲。蓋詩人作詩，主於諷詠規諫，故其言不

直截説破，而常有隱微委曲之意。如凱風言孝，但以自責而已，不直言孝之當如何也；北門言忠，但以自嘆而已，不直言忠之當如何也，餘皆可以類推。」**且或各因一事而發，**語録曰：「如淫奔之詩，只刺淫奔之事；如暴虐之詩，只刺暴虐之事。」**求其直指全體，則未有若此之明且盡者。**語録曰：「詩三百篇皆無邪思，然但逐事無邪耳。唯此一言，舉全體言之。」〇又曰：「只是説『思無邪』一語，直截見得詩教之本意，是全備得許多零碎底意。」〇黄氏曰：「直指則非微婉矣，全體則非一事矣。直指故明，全體故盡。就人心之思而言其無邪，故曰直指全體。」**故夫子言詩三百篇，而惟此一言足以盡蓋其義，其示人之意亦深切矣。**黄氏曰：「三百篇之詩亦多矣，而一言足以盡蓋其義，辭約而理盡也。」〇**程子曰：「思無邪者，誠也。」**語録曰：「程子非是不會説，只著此二字，不可不深思。大凡看文字，這般所在須教看得出。『思無邪，誠也』，是表裏皆無邪，徹底無豪髮之不正。世人固有修飾於外，而其中未必能純正。惟至於思亦無邪，斯可謂之誠。」〇輔氏曰：「誠者，天所賦於人之實理，在人則謂之實心，即所謂全體也。惟無一思之邪，則是心無閒斷、無虧闕，而可謂之誠矣。」**范氏曰：「學者必務知要，知要則能守約，守約則足以盡博矣。經禮三百，曲禮三千，亦可以一言蔽之，曰『毋不敬』。」**輔氏曰：「知要，則便從要處做將去，是謂守約。既從要處做去，則所知所行漸漸充拓開去，自然能盡博。此與博聞之博異，博聞是從聞上説去，此是從行上説去。先博聞然後能知要守

約，能知要守約然後能盡博。」

○子曰：「道之以政，齊之以刑，民免而無恥；道，音導，下同。

道，猶引導，謂先之也。輔氏曰：「前章『道千乘之國』，以道爲治者，指爲治者之意思而言也。此以道爲引導者，言以政與德引導乎民爾。音雖同而義則異，不可互也。」政，謂法制禁令也。輔氏曰：「法制禁令者，皆爲政之具也。」齊，所以一之也。道之而不從者，有刑以一之也。免而無恥，謂苟免刑罰而無所羞愧。蓋雖不敢爲惡，而爲惡之心未嘗亡也。語録曰：「道之以法制禁令，是合下有猜疑關防之意，故民不從。又却齊之以刑，民不見德而畏威，但圖目前苟免於刑，而爲惡之心未嘗不在。」

道之以德，齊之以禮，有恥且格。」

禮，謂制度品節也。輔氏曰：「制度品節，謂五禮之秩。」○胡氏曰：「品者，尊卑高下之差。節者，界限等級之分。」格，至也。語録曰：「至是真箇有到處，有勉强做底便是不至。」言躬行以率之，則民固有所觀感而興起矣，而其淺深厚薄之不一者，又有禮以一之，則民恥於不善，而又有以至於善也。語録曰：「淺深厚薄之不一，本謂其閒資稟信向不齊，如此，雖是感之以德，自有不肯信向底，亦有太過底，故齊一之以禮。須令他一齊如此，所謂賢者俯而就，不肖者企而及。」○又曰：「觀感得深而厚者固好，若其淺而薄者，須是有禮以齊之，則民將

視吾之禮，必恥於不善而至於善矣。」一説，格，正也，書曰：「格其非心。」○**愚謂：政者，爲治之具；刑者，輔治之法。**胡氏曰：「政者，爲治之具，治之所不能無也。刑者，輔治之法，刑以助政之所不及也。」**德禮則所以出治之本，而德又禮之本也。**輔氏曰：「禮即德之一端，然以制度品節言之，則與德有内外之辨、本末之分也。」**此其相爲終始，雖不可以偏廢，然政刑能使民遠罪而已，德禮之效，則有以使民日遷善而不自知。故治民者不可徒恃其末，又當深探其本也。**輔氏曰：「政刑、德禮之用，雖有本末先後，而實相終始，不可偏廢。而德禮必以效言者，又當要之以久也。責其應於一日之閒，蓋有不如政刑齊其迹之速者矣。」

○子曰：「吾十有五而志于學，

古者十五而入大學。陳氏曰：「古者八歲入小學，至十五而後入大學。」**心之所之謂之志。**或問「志」。曰：「潛心在是而期於必至者，志也。」○語録曰：「如人要向箇所在處，便是志。」○陳氏曰：「之，猶向也。謂心之正面全向那裏去。」**此所謂學，即大學之道也。**或問「大學之道」。曰：「格物、致知、誠意、正心、脩身、齊家、治國、平天下之道，其説具于大學之篇矣。」**志乎此，則念念在此而爲之不厭矣。**語録曰：「志學，字最有力，須是意念常在於學方得。」○又曰：「今學者誰不爲學，只是不可謂之志于學，果能志于學，則自住不得。如人當寒月自然向有火處去，

當暑月自然向有風處去；事君便從敬上去，事親便從孝上去，直做教徹。」

三十而立，

有以自立，則守之固而無所事志矣。語録曰：「立是心自定了，事物不能動摇，然猶是守住。」○又曰：「志是要求箇道，猶是兩件物事。到立時，便是脚下已踏著了。」○又曰：「志方是趨向，恁去求討未得。到此則志盡矣，無用志了。」○問：「恐未有不惑而能守者。」曰：「此有三節。自志學至於立，是知所向，而大綱把捉得定，守之事也。不惑，是就把捉裏面理會得，知之事也，於此則能進。自不惑至耳順，是知之極也。不踰矩，是不待守而自固者，守之極也。」○陳氏曰：「謂有以自立於斯道之中，已踐及實地而卓然無所跛倚，所守者固而不爲事物摇奪，如『富貴不能淫，貧賤不能移，威武不能屈』是也。至是，則物格知至而意誠心正身脩，蓋已實得之在己而無所事乎志矣。」

四十而不惑，

於事物之所當然皆無所疑，則知之明而無所事守矣。語録曰：「不惑，是隨事物上見這理合是如此。」○又曰：「不惑，則見得事自如此，更不用守。」○陳氏曰：「凡於事事物物之所當然，大如君當止仁，臣當止敬，父當止慈，子當止孝之類，小如坐當如尸，立當如齊，視當思明，聽當思聰之類，皆洞識其綱條品節之實而一無所疑，至此則豁然如大明中覩萬象，所知者益

明而無所事乎守矣。」

五十而知天命，

天命，即天道之流行而賦於物者，乃事物所以當然之故也。知此則知極其精，而不惑又不足言矣。語録曰：「天命處，未消説在人之性，且説是賦與萬物，乃是事物所以當然之故。如父之慈、子之孝，須知父子只是一箇人，慈孝是天之所以與我者。」○又曰：「知天命，是知這道理所以然，如父子之親，須知其所以親，只緣元是一箇人。凡事事物物上須知他本原一線來處，便是天命。」○又曰：「問：『如何是所以當然之故？』曰：『如孝親弟長，此當然之事，推其所以然處，因甚如此。』」○黄氏曰：「天命者，天以其所做底道理而命與人。如雨露，天之仁；霜雪，天之義。天底道理如此，命與人亦如此。只是自人觀之，便且見得仁義是我所當然，久之純熟精到，方知得我所做底與天所命一同。」○陳氏曰：「天命，即天道之流行而賦於物者，蓋專以理言，而事物所以當然之故也。如君之所以當仁，臣之所以當敬，父之所以當慈，子之所以當孝，坐之所以當如尸，立之所以當如齊，視之所以當思明，聽之所以當思聰之類，皆天之命我而非人之所爲者。吾皆知其根原所自來，無復遁情，至此則所知者又極其精，而不惑又不足以言之矣。」

六十而耳順，

聲入心通，無所違逆，知之之至，不思而得也。語録曰：「耳順是不思而得，如臨事迎刃而解，自然中節，不待思索。」○陳氏曰：「聲纔入心即通，是非判然，更不待少致思而後得其理。纔容少思而後得，則是内與外有相扞格違逆，而不得謂之順矣。如夫子聞滄浪之歌，即悟自侮自伐之義，是其順之證也。至此則所知者又至熟而絶無人力矣，即中庸所謂『不思而得』處也。」○輔氏曰：「所知至極而精熟，徹表徹裏，故聲纔入心便通。其貫通神速之妙，不假思惟而自得之也。」○胡氏曰：「耳之所聽，非用力之地。一有聽聞，而是非可否豪髪不能隱遁，不待思惟而了然於胷次，此知之至也。」

七十而從心所欲不踰矩[二]。

從，隨也。矩，法度之器，所以爲方者也。隨其心之所欲，而自不過於法度，安而行之，不勉而中也。語録曰：「左來右去，盡是這天理。」○陳氏曰：「至此則心體瑩徹，純是天理，渾爲一物。凡日用閒隨吾意欲之所之，皆莫非天理大用流行，而自不越乎法度之外，所謂道心常爲此身之主，而人心一聽命矣，即中庸所謂不勉而中地位也。」○輔氏曰：「至此則心體渾淪，全是義理，無查滓可化，無表裏可言，動容周旋從容中禮，喜怒哀樂自然中節，凡所動爲，

[二] 經文下通志堂經解本有小字音注：「從，如字。」

皆隨心之所欲，而莫非準繩規矩之至，此則聖人之道終矣。」〇程子曰：「孔子生而知之也，言亦由學而至，所以勉進後人也。立，能自立於斯道也。不惑，則無所疑矣。知天命，窮理盡性也。耳順，所聞皆通也。從心所欲不踰矩，則不勉而中矣。」或問：「程子於知命，直以窮理盡性言之，何也？」曰：「程子以理、性、命初非二物，而有是言耳。夫三者固非二物，然隨其所在而言，則亦不能無小分別。蓋理以事別，性以人殊，命則天道之全，而性之所以爲性，理之所以爲理者也。自天命者而觀之，則性理云者，小德之川流；自性理者而觀之，則天命云者，大德之敦化也。故自窮理盡性而知天命，雖非有漸次階級之可言，然其言之先後則亦不能無眇忽之閒也。」又曰：「孔子自言其進德之序如此者，聖人未必然，但爲學者立法，使之盈科而後進，成章而後達耳。」輔氏曰：「章，謂文章著見。達者，足於此而通於彼也。」胡氏曰：「聖人之教亦多術，然其要，使人不失其本心而已。欲得此心者，惟志乎聖人所示之學，循其序而進焉。至於一疵不存，萬理明盡之後，則其日用之閒，本心瑩然，隨所意欲莫非至理。蓋心即體，欲即用，體即道，用即義，聲爲律而身爲度矣。」語録曰：「胡氏『不失其本心』一段極好，儘用子細玩味。聖人千言萬語，許多説話，只是要人收拾得箇本心，不要失了。日用閒著力屏去私欲，扶持此心出來。理是此心之所當知，事是此心之所當爲，不要埋没了他，可惜。只如脩身、齊家、治國、平天下，至大至小，皆要此心

爲之。人心皆自有許多道理，不待逐旋安排入來。聖人立許多節目，只要人剔刮將自家心裏許多道理出來而已。」〇黄氏曰：「聖人身便是度，不是以我身做箇權度去教人也。」〇輔氏曰：「一疵不存，謂德性純粹。萬理明盡，謂心體昭融。學至於聖人，則查滓化盡。體用一源，心即是體，欲即是用，體即是道，用即是義。聲即天地中和之聲，自然可以爲律；身即天地正大之體，自然可以爲度也。」〇莆田黄氏曰：「心體、欲用、道義，皆一也。以其渾然在内如有所立而言，則曰體；以其由體而發於外，萬變不窮，則曰用。道便是言所以具是而有是體者，義便是言所以隨事而當於用者。人惟心有所放，則雖有是心，而非其本然之體，非本然之體，則非道矣；欲有所私，則雖未嘗無用，而非其本然之用，非本然之用，則非義矣。故學至於從心所欲不踰矩[二]，則心即其體，欲即其用，體即其道，用即其義，乃言功夫到此，各得其本則也。」又曰：「聖人言此，一以示學者當優游涵泳，不可躐等而進；二以示學者當日就月將，不可半途而廢也。」輔氏曰：「學者之病二，曰亟、曰怠而已。方其亟也，則務强探力取，躐等而進；及其怠也，則又先獲效計功，半途而止。二者皆由等級不明，私意横出，反復相因，此所以終不能有所成也。今聖人爲之明著其次序，而又以身處之，使學者知夫聖人之學，猶且循序而進，有始有卒如此，吾

[二] 矩，原作「距」，據通志堂經解本改。

其可亟乎？吾其可怠乎？亟心亡，則能優游涵泳於義理之中；怠心亡，則能日就月將於緝熙之地，而忽不自知其入於聖賢之域矣。」**愚謂：聖人生知安行，固無積累之漸，然其心未嘗自謂已至此也，是其日用之間，必有獨覺其進而人不及知者。故因其近似以自名，欲學者以是爲則而自勉，非心實自聖而姑爲是退托也。**語録曰：「聖人此語固是爲學者立法，然當初必亦是有這般意思，聖人自覺見有進處，故如此説。」○黄氏曰：「聖人生知安行之資，固無待於學，而其爲學也，亦何待於十年十五年而後一進邪？曰天下之理，惟其知之深，言之篤，而後好之切。常人之所以不切於好學者，以其不知夫學之味也。聖人生知安行，有見夫義理之在人，不啻如飢食渴飲之急，則夫知而必學，學而必好者，此其所以爲聖人也。十年十五年而後一進，亦聖人之心，至此而自信耳。學雖已至，而不敢自信，必其反覆參驗，有以見其必然而無疑，然後有以自信焉。説者以爲聖人立法，謙辭以勉人，則聖人皆是架空虚誕之辭，豈聖人正大之心哉？故集註雖以勉人爲辭，而又以獨覺其進爲説，亦可見矣。」○輔氏曰：「聖人生知安行，豈有積累之漸？今乃云然，則知聖人之意必有爲也。故程子以爲勉進後人，爲學者立法耳。雖是如此，然却不是心實自聖，謂己自不消如此説，姑爲學者設此言，故集註於章末詳言之。」**後凡言謙詞之屬，意皆放此。**

○孟懿子問孝。子曰：「無違。」

孟懿子，魯大夫仲孫氏，名何忌。無違，謂不背於理。輔氏曰：「事物各有箇當然之道理，不可違背。」

樊遲御，子告之曰：「孟孫問孝於我，我對曰『無違』。」

樊遲，孔子弟子，名須。御，爲孔子御車也。孟孫，即仲孫也。夫子以懿子未達而不能問，恐其失指，而以從親之令爲孝，故語樊遲以發之。輔氏曰：「夫子但言無違而已，自非善學通倫類，豈能知其爲不違於理也。懿子既不能問，則將執此二字，不顧義理，唯親意之是徇，唯親令之是從，既陷其親於不義，而又陷其身於不孝矣。樊遲則知學者，其必能問而辨之，故夫子特語之以發其問。」

樊遲曰：「何謂也？」子曰：「生，事之以禮；死，葬之以禮，祭之以禮。」

生事葬祭，事親之始終具矣。禮，即理之節文也。輔氏曰：「理則指前所謂不違於理之理言也。禮則生事葬祭之禮，是先王據事物之理品節以成文，使天下之人行之者也。初言無違，只是統言不可違背道理而已。後舉生事葬祭而言，則先王既有定制矣，故直言以禮也。」人之事親，自始至終，一於禮而不苟，其尊親也至矣。黄氏曰：「若不合禮，便是不以君子之道待其親，便是違悖義理。」○陳氏曰：「須熟究以禮事其親之正意，始終一以禮事其親，則爲敬親之至矣。然若何而爲以禮事其親？其中節文纖悉委曲，多少事皆不可以不講也。」是時三家僭禮，故

夫子以是警之，然語意渾然，又若不專爲三家發者，所以爲聖人之言也。或問：「三家僭禮，其有考乎？」曰：「三家殯而設撥，則其葬也僭而不以禮矣；祭而歌雍，則其祭也僭而不以禮矣。其事生之僭雖不可考，然亦可想而知矣。彼爲是者，其心豈不以爲是足以尊榮其親，而爲莫大之孝。夫豈知一違於禮，則反置其親於僭叛不臣之域，而自陷於莫大之不孝哉。夫子因其問孝，而知其有愛親之心，故以此告之，庶其有所感發而能自改也。雖然，聖人亦豈務爲險語以中人之隱，而脅之以遷善哉。亦循理而言，而物情事變自有所不得而遁焉爾。嗚呼！此其所以爲聖人之言也歟。」○語録曰：「聖人之言，皆是人所通行得底，不比他人説得，只就一人面上做得，其餘人皆做不得。所謂生事葬祭須一於禮，此是人人皆當如此，然其閒亦是警孟氏，不可不知也。」○蔡氏曰：「違禮亦多端，有苟且事親而違禮者，有因儉事親而違禮者，有以僭事親而違禮者，何可勝數。詳味『無違』一語，渾然皆涵蓄於其中，其真聖人之言歟。」**○胡氏曰：「人之欲孝其親，心雖無窮，而分則有限。得爲而不爲，與不得爲而爲之，均於不孝。所謂以禮者，爲其所得爲者而已矣。」**語録曰：「爲其所得爲，只是合得做底。諸侯以諸侯之禮事其親，大夫以大夫之禮事其親，便是合得做底。然此句在人看如何，孔子當初就三家僭禮上説，較精彩，在三家身上又切。當初却未有胡氏説底意思。就今論之，有一般人因陋就簡，不能以禮事其親；又有一般人牽於私意，却不合禮。」

○孟武伯問孝。子曰：「父母惟其疾之憂。」

武伯，懿子之子，名彘。言父母愛子之心無所不至，惟恐其有疾病，常以爲憂也。人子體此，而以父母之心爲心，則凡所以守其身者，自不容於不謹矣，豈不可以爲孝乎？愚謂：集註下一凡字，蓋不獨謹疾而已。舊説：「人子能使父母不以其陷於不義爲憂，而獨以其疾爲憂，乃可謂孝。」亦通。語録曰：「前説佳。後説只説得一截，蓋只照管得不義，不曾照管得疾了。」

○子游問孝。子曰：「今之孝者，是謂能養。至於犬馬，皆能有養；不敬，何以別乎？」養，去聲。別，彼列反。

子游，孔子弟子，姓言，名偃。吴人。養，謂飲食供奉也。犬馬待人而食，亦若養然。言人畜犬馬，皆能有以養之，若能養其親而敬不至，則與養犬馬者何異？甚言不敬之罪，所以深警之也。或問：「父母至尊親，犬馬至卑賤，聖人之言豈若是之不倫乎？」曰：「此設戒之言也，故特以其尊卑懸絶之甚者明之，所以深著夫能養而不敬者之罪也。」○胡氏曰：「世俗事親，能養足矣。狎恩恃愛，而不知其漸流於不敬，則非小失也。子游聖門高弟，未必至此，聖人直恐其愛踰於敬，故以是深警發之也。」輔氏曰：「胡氏發明至

明切。且養則不必乎敬，敬則必不至於不能養也。但以能養爲孝，則亦易流於不敬，私愛或勝而正理失，禮法不足而瀆嫚生，其害有不可勝言者。記曰『仁人事親如事天』，則事親其可徒愛而不知敬乎？」

○子夏問孝。子曰：「色難。有事弟子服其勞，有酒食先生饌，曾是以爲孝乎？」食，音嗣。

色難，謂事親之際，惟色爲難也。語録曰：「人子胷中纔有些子不愛於親之意，便有不順氣象，此所以愛親之色爲難。」食，飯也。先生，父兄也。饌，飲食之也。曾，猶嘗也。蓋孝子之有深愛者必有和氣，有和氣者必有愉色[一]，有愉色者必有婉容，故事親之際，惟色爲難耳。服勞、奉養未足爲孝也。黄氏曰：「事親之道，非貴於聲音笑貌也，而以色爲難者，色非可以勉爲也，非其真有深愛存乎心，惟恐一毫拂其親之意者，安能使愉婉之狀貌見於面顔哉。」舊説：「承順父母之色爲難。」亦通。胡氏曰：「舊説添『承順父母』四字於本文之首，不若專以孝子之容色爲言，則爲依文解義，而意味轉深長也。」○程子曰：「告懿子，告衆人者也；對武伯者，以其人多可憂之事；子游能養而或失於敬；子夏能直義而或少温

[一] 必有愉，元本漫漶，此據通志堂經解本。

潤之色。各因其材之高下與其所失而告之，故不同也。」輔氏曰：「告懿子爲告衆人之言，蓋以其所包者廣，正集註所謂『語意渾然，若不專爲三家發者』是也。武伯之事，於經傳雖無所見，然即其謚『武』，則非有柔嘉之德者亦可見也。子游之資近簡率，觀其論子夏門人及『喪致乎哀而止』，皆有簡略節文之意，則其於敬恐或有未至者。子夏之資近質直，觀其論友所謂『可者與之，不可者拒之』，及孟子論北宮黝似子夏之説，則能直義而少温潤之色政恐其未免有之。才之高下，以資稟言，其失則就所行上言也。」

○子曰：「吾與回言終日，不違如愚。退而省其私，亦足以發。回也不愚。」

回，孔子弟子，姓顔，字子淵。魯人。不違者，意不相背，有聽受而無問難也。語録曰：「是顔子於孔子説話都曉得。」私，謂燕居獨處，非進見請問之時。語録曰：「私字儘闊，與中庸謹獨之獨同。」發，謂發明所言之理。語録曰：「是聽得夫子説話，便能發明於日用躬行之閒。」愚聞之師曰：李氏，名侗，延平人，朱子之師也。「顔子深潛淳粹，輔氏曰：「深潛，謂不淺露而德性淵宏。淳粹，謂無瑕疵而氣質明淨也。」其於聖人體段已具。語録曰：「問：『體段二字，只是言箇模樣否？』曰：『然。』」○莆田黃氏曰：「具體段，只是聖人所知所到處，顔子亦皆能知能到也。而微，則比聖人猶有些充拓未盡處耳。」其聞夫子之言，默識心融，觸處

洞然，自有條理。語録曰：「顔子聞夫子之言，自原本至條目，一一理會得，所以與夫子意不相背。」○又曰：「融字，如消融相似，如雪在湯中。若不融，一句只是一句，在肚裏如何發得出來。如人喫物事，若不消，只生在肚裏，如何能滋益體膚。」○問：「心融，恐是功深力到。」曰：「固是。亦是天資高，顔子自是鄰於生知者也。」○輔氏曰：「默識，是不待言説而自喻其意。心融，是不待思惟而自與之爲一。觸處洞然，自有條理者，謂如行自己家庭中，蹊徑曲折，器用安頓，條理次序，曉然在吾心目之閒也。」**故終日言，但見其不違如愚人而已。及退省其私，則見其日用動静語默之閒，皆足以發明夫子之道，**語録曰：「集註已説得分明。蓋與之言，顔子都無可否，似箇愚者。及退而觀其所行，皆夫子與之言者，一一做得出來不差，豈不是足以發明得夫子之道。其語勢只如此。恰如今人説與人做一器用，方與他説箇尺寸高低形製，他聽之全然似不曉底，及明日做得來，却與昨日所説底更無分豪不似。」**坦然由之而無疑。**語録曰：「是他真箇見得，真箇便去做。」○陳氏曰：「只是見得此理明，甚坦然，平步進去，更無阻礙耳。」○莆田黄氏曰：「坦然，是直截在前無疑礙之意。」**然後知其不愚也。**」陳氏曰：「延平發得固明白，亦須自體認得灑落，方見趣味。蓋聖人言語，皆從大本中流出，雖一言半句，若常談，而莫非妙道精義所形見，他人聞之，只如平常，豈曾識破顔子工夫？至到見識明睿，其於夫子之言，耳纔聞得，口不待説而心中了了，如冰之融釋，隨入隨化，此理洞然

呈露，自成條理[二]，不復疑礙，所以雖終日言，而意旨相契，不相違背。此於聖人耳順地位，雖未幾及，而已同是一般趣味矣。」

○子曰：「視其所以，

以，爲也。爲善者爲君子，爲惡者爲小人。 語録曰：「大綱且看這一箇人，是爲善底人，是爲惡底人。」○黄氏曰：「兼君子、小人而視之。」

觀其所由，

觀，比視爲詳矣。由，從也。事雖爲善，而意之所從來者有未善焉，則亦不得爲君子矣。 語録曰：「若是爲善底人，又須觀其意之所從來。若是本意以爲己事所當然，無所爲而爲之，是乃爲己。若以爲可以求知於人而爲之，則是其所從來處已不善了。」○黄氏曰：「前之爲小人者，不復觀之矣，所觀者，君子也。」○胡氏曰：「有名爲君子而意實不然者，故又觀其意之所從來。」**或曰：「由，行也。謂所以行其所爲者也。」** 語録曰：「行其所爲，只是就事上子細看過，不如意之所從來，只就他心術上看。」

察其所安。

[二] 自，原作「曰」，據通志堂經解本改。

察，則又加詳矣。安，所樂也。所由雖善，而心所樂者不在於是，則亦僞耳，豈能久而不變哉？語録曰：「若是所從來處既善，又須察其中心樂與不樂。安，是中心樂於爲善，自無厭倦之意，則有日進之益。若是中心所樂不在是，便或作或輟，未免於僞。」○又曰：「安，大率是他平日存主習熟處。他本心愛如此，雖所由偶然不如此，終是勉强，畢竟所樂不在此，次第依舊又從熟處去。平日愛踞傲，勉强教他恭敬，一時亦能恭敬，次第依舊自踞傲了，心方安。」○黄氏曰：「君子所由之未善者，亦不復察，察其所由之善，而欲知其安不安也。」○陳氏曰：「意是發端處，心是全體處。」

人焉廋哉？人焉廋哉[二]**？」**

焉，何也。廋，匿也。重言以深明之。○程子曰：「在己者能知言窮理，則能以此察人如聖人也。」蔡氏曰：「此章不惟可以知人，亦當以此自考。如吾之所爲者雖善，而意之所從來者果有未善否乎？所由者雖善，而心之所樂者果有不在於是否乎？以其觀人者反以自觀，以其察人者反以自察，庶乎可矣。」

○子曰：「温故而知新，可以爲師矣。」

[二] 經文下通志堂經解本有小字音注：「焉，於虔反。廋，所留反。」

温，尋繹也。故者，舊所聞。新者，今所得。黄氏曰：「温故，謂昔所已知者今復温繹也。知新，謂昔所未知者今則通曉也。温故者，學之篤；知新者，識之明。」**言學能時習舊聞而每有新得，則所學在我，而其應不窮，故可以爲人師。**語録曰：「道理只這一箇道理，理會得了，時時温習，覺滋味深長，自有新得。」○又曰：「新者只是故中底道理，時習得熟，漸漸發得出來。且如一理，看幾箇人來問。只就此一理上，一人與説一箇理，都是自家就此理上推究出來，所以其應無窮。非可以淺近求，亦非可以苟簡得也。然天下事物之理，具於人心，其纖微曲折，粲然而甚明。人心之靈，通乎事物者，其纖微曲折，亦炯然而不昧。然人之生也，未免於氣稟之昏，物欲之雜，其於學也，往往先得其粗而不能盡究其纖微，先舉其略而不能盡通其曲折。小有所得而遽止焉，則亦不過於小有所見。若夫加温習之功，而每有新益焉，則非用功之深不能也。故學者必當盡用其心，實用其力。學之博，則倫類無不通；思之精，則淵微無不照；體之實，則切近而易知；積之久，則純熟而易辨。能如此，則其温故也，蓋不容以自已；其知新也，亦莫知其所以然而然也。」**若夫記問之學，則無得於心而所知有限，故學記譏其「不足以爲人師」，正與此意互相發也。**語録曰：「若温習舊聞，則義理日通，無有窮已。若記問之學，雖是記得多，雖是讀得多，雖是千卷萬卷，只有千卷萬卷，未有不窮。」○又曰：「記問之學不足爲人師，只緣這箇死殺了。若知新，則引而伸之，觸類而長之，則常活不死殺。」○又曰：

「且如記問之學，記得一事只説得一事，更推第二事不去，記得十事便説十一事不出，所以不足爲人師。」○黄氏曰：「記問之學，所謂學而不思者也。學於人而不思，則所學不在我，而無得於心也。因其所聞見而有得，則所知有限，而其應易窮也。」○永嘉陳氏曰：「於温故中知識又長一格，乃不竭矣。此與記問之學正相反，記問雖多，是死底，知新是生底。」

○子曰：「君子不器。」

器者，各適其用而不能相通。黄氏曰：「以物而言，舟不可以爲車之類是也。以人而論，『優於趙魏老，不可爲滕薛大夫』之類是也。」**成德之士，體無不具，故用無不周，非特爲一才一藝而已。**語録曰：「所謂體無不具，人心元有這許多道理充足，若慣熟時，自然看要如何無不周徧。子貢瑚璉，只在廟中可用，移去别處便用不得。如原憲只是一箇喫菜根底人，邦有道，出來也做一事不得；邦無道，也不能撥亂反正。夷清、惠和，亦只做得一件事。」○黄氏曰：「用無不周，見君子之不器；體無不具，原君子之所以不器也。蓋萬物皆備於我，反身而誠，樂莫大焉。人具是性以生，則萬事萬物之理無一不具於此性之中，顧爲氣質所拘，物欲所蔽，故偏暗而不通耳。惟夫格物致知、誠意正心，使天下之理無不明、無不實，則心之全體無所不具，而措之於用者宜其無不周也，又豈可以器言哉。」

○子貢問君子。子曰：「先行其言而後從之。」

周氏曰：「先行其言者，行之於未言之前；而後從之者，言之於既行之後。」周氏，名孚先，毗陵人。○輔氏曰：「行之於未言之前，則其行專而力；言之於既行之後，則其言實而信，正君子進德脩業之道也。」**○范氏曰：「子貢之患，非言之艱，而行之艱，故告之以此。」**語録曰：「只爲子貢多言，故告之如此。若只要自家行得，説都不得，亦不是道理。聖人只説『敏於事而慎於言』『敏於行而訥於言』『言顧行，行顧言』，何嘗教人不言。」○又曰：「此爲子貢而發。其實有德者必有言，若有此德，其言自足以發明之，無有説不出之理。」

○子曰：「君子周而不比，小人比而不周。」輔氏曰：「比，必二反。此處偶失音，當添入。」

周，普徧也。比，偏黨也。皆與人親厚之意，但周公而比私耳。語録曰：「周者，大而徧之義。比便小，所謂兩兩相比。無一人使之不得其所，這便是周。但見同於己者與之，不同於己者惡之，這便是比。君子非是全無惡人處，但好善惡惡皆出於公。用一善人於國，則一國享其治；用一善人於天下，則天下享其治；於一邑一鄉之中去一惡人，則一邑一鄉受其安，豈是不周。小人之心，一切反是。」○又曰：「周是徧，人前背後都如此，心都一般，不偏滯在一箇。如『老者安之，朋友信之，少者懷之』，亦是周徧。如這一箇人合當如何待，那一箇人又合如何待，自家只看理，無輕重厚薄，便是周徧。周是公底比，比是私底周，周是無所不比也。如爲臣則

忠，爲子却不能孝，便是偏比不周徧，只知有君而不知有親。」○又曰：「君子心公而大，所以周普；小人心狹而常私，便親厚也只親厚得一邊。」○又曰：「君子小人皆是與人親厚，但君子意思自然廣大。小人與人相親時，便生計較，與我善底做一般，不與我善底做一般。周與比相去不遠，要須分別得大相遠處。」○又曰：「君子與人相親，也有輕重厚薄，但意思自是公。」○**君子小人所爲不同，如陰陽晝夜，每每相反。然究其所以分，則在公私之際，豪釐之差耳。**語録曰：「問『豪釐之差』。曰：『君子也是如此親愛，小人也是如此親愛，君子公，小人私。』」○輔氏曰：「君子小人所爲，善惡相反，真不啻如陰陽晝夜，然天理人欲同行異情，公即是理，私即是欲，其所差直豪釐而已。」**故聖人於周比、和同、驕泰之屬，常對舉而互言之，欲學者察乎兩閒，而審其取舍之幾也。**語録曰：「問：『取舍之幾，當在思慮方萌之初，與人交際之始，於此審決之否？』曰：『致察於思慮，固是，但事上亦須照管。覺得思處失了，便著去事上看，便舍彼取此。須著如此方得。』」

○子曰：「學而不思則罔，思而不學則殆。」

不求諸心，故昏而無得。不習其事，故危而不安。或問：「既曰昏且危矣，而又繫以無得、不安之説，不已贅乎？」曰：「罔者其心昏昧，雖安於所安，而無自得之見；殆者其心危迫，雖得其所得，而無可即之安。此固兼夫內外始終而言，而後足以盡夫罔殆之義也。昏以心言，無得

者，無得於理，而卒於罔也；危以心言，不安者，不安於理，而卒於殆也。」○黄氏曰：「昏而無得，危而不安，合心與理而言。心昏而於理無得，心危而於理不安。」○輔氏曰：「學之義廣矣，雖不專謂習其事，然此之謂學則指習事而言耳。徒學而不求諸心，則内外不協，外雖勉强而中無意味，故昏而無得；徒思而不習其事，則理事爲二，理雖若有所得，事則扞格而無可即之安，故危而不安。」○胡氏曰：「學之一字，前既以效爲言矣，然專言之，則思在其中，程子以時習爲時復思繹是也。分言之，則思自爲思，後章所謂思不如學是也。此章思與學對説，故學但爲習其事。然不能思，則不明於心，未免於行之不著，習矣不察，故昏而無得；至於思者專求於心而未見於行事，則身與事不能帖泰，故危而不安，要必兼二者而後可也。」○程子曰：「博學、審問、謹思、明辨、篤行，五者廢其一，非學也。」語録曰：「凡學字便兼行字意思。如講明義理，學也，纔效其所爲，便有行意。」○輔氏曰：「此學字却不專主於習其事。」

○子曰：「攻乎異端，斯害也已。」

范氏曰：「攻，專治也，故治木石金玉之工曰攻。輔氏曰：「此周禮冬官所謂攻木之工。」異端，非聖人之道，而别爲一端，如楊墨是也。輔氏曰：「物必有端有末，端爲始，末爲終。單言端，則可以該其末矣，故常言一事一件，皆謂之一端。異端，謂非聖人之道，而别自爲一件道理也。楊氏以爲我爲義，而非聖人之所謂義；墨氏以兼愛爲仁，而非聖人之所謂仁，此其

所以爲異端也。」其率天下至於無父無君，專治而欲精之，爲害甚矣。」語録曰：「不惟說不可專治之，便略去理會他也不得。若是自家學有定止，去看他病痛却得，也是自眼目高方得。若只恁地，便也奈他不得。」○程子曰：「佛氏之言，比之楊墨尤爲近理，所以其害爲尤甚。學者當如淫聲美色以遠之，不爾則駸駸然入於其中矣。」語録曰：「問：『爲我、兼愛，其禍已不勝言，佛氏如何又却甚焉？』曰：『楊墨只是硬恁地做。佛氏最有精微動得人處。』問：『佛氏所以差。』曰：『從他劈初頭便錯了，如天命之謂性，他把這箇便都做空虛說了，吾儒見得都是實。』」○又曰：「楊、墨爲我、兼愛，做來也淡，却不能惑人。只爲釋氏能惑人。初見他說出來，自有道理，從他說愈深，愈是害人。」○問：「何以言佛而不言老子？」曰：「老便只是楊氏。」

○子曰：「由，誨女知之乎？知之爲知之，不知爲不知，是知也。」女，音汝。

由，孔子弟子，姓仲，字子路。魯人。子路好勇，蓋有彊其所不知以爲知者，語録曰：「子路粗暴，見事便自說是曉會得。如正名一節，便以爲迂，故和那箇知處也不知了。」故夫子告之曰：「我教女以知之之道乎？但所知者則以爲知，所不知者則以爲不知。如此則雖或不能盡知，而無自欺之蔽，亦不害其爲知矣。」輔氏曰：「己所不知而强以爲知，則是自欺也，豈得謂知？若夫知之爲知之，不知爲不知，則是於事理雖有不知，而其心則無自欺之蔽，故不害其爲知也。」況由此而求之，又有可知之理乎？蔡氏曰：「集註發出求知一節，且

使人不安於其所不知，然後上不失於自欺，下不失於自晝，而經意方備。」

○子張學干禄。

子張，孔子弟子，姓顓孫，名師。陳人。干，求也。禄，仕者之奉也。

子曰：「多聞闕疑，慎言其餘，則寡尤；多見闕殆，慎行其餘，則寡悔。言寡尤，行寡悔，禄在其中矣。」行寡之行，去聲。

吕氏曰：「疑者，所未信。殆者，所未安。」吕氏，名大臨，藍田人。○黄氏曰：「言有未曉，故疑而未敢信，行則無疑矣，而察之事理，於心或不安。」程子曰：「尤，罪自外至者也。悔，理自内出者也。」語録曰：「出言或至傷人，故多尤；行有不至，己必先覺，故多悔。然此亦以其多少言之耳。言而多尤，豈不自悔；行而多悔，亦必至於傷人。」愚謂：多聞見者，學之博；闕疑殆者，擇之精；謹言行者，守之約。語録曰：「此章是三截事，若人少聞寡見，則不能參考得是處，故聞見須要多；若聞見已多而不能闕其疑殆，則胡亂把不是底也將做是了；既能闕其疑殆，而不能謹言行其餘，則必有尤悔。」○輔氏曰：「學不博，則無以致詳；擇不精，則無以知要；守不約，則無以自得，此又爲學始終之序。」○蔡氏曰：「學之博，擇之精，守之約，三語已極明切。但人皆知擇精守約之爲重，而於多聞多見者或輕易讀過，殊不知此亦正是學者要緊用功處。聖人所以好古敏求，多聞擇善，多見而識者，皆欲求其多也，不然則聞見孤陋，亦且

何所據以爲擇精守約之地邪？」凡言在其中者，皆不求而自至之辭。語録曰：「如『耕也，餒在其中』，耕何嘗要求餒，而自有餒在其中。『學也，禄在其中』，學何嘗要求禄，而自有禄在其中。又如『父子相隱，直在其中』，本只是相爲隱，何嘗理會直，然直却亦自在其中。如此等類，皆當如此看。」言此以救子張之失而進之也。語録曰：「孔子不教他干，但云得禄之道在其中，正是欲抹殺了他干字。」○程子曰：「修天爵則人爵至，君子言行能謹，得禄之道也。子張學干禄，故告之以此，使定其心而不爲利禄動，若顔閔則無此問矣。或疑如此亦有不得禄者，孔子蓋曰『耕也，餒在其中』，惟理可爲者爲之而已矣。」語録曰：「修天爵而人爵自至，説得重了。此章重處，只在言行。若言行能謹，便自帶得禄來。」○輔氏曰：「聖人之言，理而已矣。謹言行而得禄，理之常也；其或不然，則理之變也。君子處順而安常，不計利以爲善，亦惟其理所當爲者爲之而已矣。」

○哀公問曰：「何爲則民服？」孔子對曰：「舉直錯諸枉，則民服；舉枉錯諸直，則民不服。」

哀公，魯君，名蔣。凡君問，皆稱「孔子對曰」者，尊君也。錯，捨置也。諸，衆也。程子曰：「舉錯得義，則人心服。」輔氏曰：「義者，天理之所宜，而人心之所同得者也。合於義，則上當天理，下愜人心，民焉有不服者哉。」○謝氏曰：「好直而惡枉，天下之至情

也。順之則服，逆之則去，必然之理也。然或無道以照之，則以直爲枉、以枉爲直者多矣，是以君子大居敬而貴窮理也。」語録曰：「若不居敬，如何窮理，如何識人？爲舉直錯枉之本。」○又曰：「須是居敬窮理，自做工夫，方解照得人破。若心不在焉，則視之而不見，聽之而不聞，以枉爲直，以直爲枉矣。」○陳氏曰：「好惡，情也；好直而惡枉，則情之由性而發者也，不可無辨。謝氏居敬窮理之云，乃因而及之其實。此二者，聖學之要訣，大有工夫在，未可以易視之。」○輔氏曰：「居敬者，窮理之本；窮理者，居敬之效，二者蓋互相發。」

○季康子問：「使民敬忠以勸，如之何？」子曰：「臨之以莊則敬，孝慈則忠，舉善而教不能則勸。」

季康子，魯大夫季孫氏，名肥。莊，謂容貌端嚴也。臨民以莊，則民敬於己。孝於親，慈於衆，則民忠於己。善者舉之，而不能者教之，則民有所勸而樂於爲善。語録曰：「莊只是一箇字，上能端莊，則便尊敬。至於孝慈，則是兩件事，孝是以躬率之，慈是以恩結之，如此，人方忠於己。舉善而教不能，若善者舉之，不善者便去之、誅之、罰之，則民不解便勸。惟是舉其善者，而教其不能者，所以皆勸。」○張敬夫曰：「此皆在我所當爲，非爲欲使民敬忠以勸而爲之也。然能如是，則其應蓋有不期而然者矣。」輔氏曰：「聖人之言與事凡若此者，皆當以此説例之，雖大學誠意正心以治國平天下，亦不過如此而已，豈有謀利計功

之心於其先哉？」○葉氏曰：「張氏謂此乃在上當爲之事，非因欲彼而後爲此。欲彼而爲此，則或作或輟，一暴十寒，非感人動物之誠也。」○愚謂：是數者，皆上之人所當爲，不可有責效於下之心也。一有責效之心，則本原之地虧矣。

○或謂孔子曰：「子奚不爲政？」

定公初年，孔子不仕，故或人疑其不爲政也。愚謂：聖人未嘗不仕，惟定公初年，季氏彊僭，陽虎作亂，聖人退而修詩書禮樂，故知其爲是時也。

子曰：「書云孝乎：『惟孝，友于兄弟，施於有政。』是亦爲政，奚其爲爲政？」

書，周書君陳篇。書云孝乎者，言書之言孝如此也。善兄弟曰友。書言君陳能孝於親，友於兄弟，又能推廣此心以爲一家之政。孔子引之，言如此則是亦爲政矣，何必居位乃爲爲政乎？語録曰：「推廣此心以爲一家之政，緣下面有箇『是亦爲政』，故知不是國政。」又云：「在我者孝，則人皆知孝；在我者弟，則人皆知弟，豈不行於一家？」蓋孔子之不仕，有難以語或人者，故託此以告之，要之至理亦不外是。或問：「聖人未嘗忘天下，今不爲政而其言如此，將不爲獨善之私邪？」曰：「聖人未嘗不欲仕，而亦不求仕也，況定公之初，陽虎用事，又非可仕之時乎。然此意有難以告或人者，故特告之以此。」

○子曰：「人而無信，不知其可也。大車無輗，小車無軏，其何以行之哉？」輗，五兮反。軏，音月。

大車，謂平地任載之車。輗，轅端横木，縛軛以駕牛者。小車，謂田車、兵車、乘車。軏，轅端上曲，鉤衡以駕馬者。車無此二者，則不可以行，人而無信，亦猶是也。黄氏曰：「車譬，則事也；輗軏之譬，則信也。大車小車，無輗軏則不行；大事小事，無信則不行也。欺罔不實，人不吾信，其何以行之哉？」

○子張問：「十世可知也？」

陸氏曰：「也，一作乎。」陸氏，名元朗，唐蘇州人。○王者易姓受命爲一世。胡氏曰：「世有以三十年爲一世者，『必世後仁』是也。有以易姓受命爲一世者，此章所舉是也。」子張問自此以後，十世之事可前知乎？

子曰：「殷因於夏禮，所損益，可知也；周因於殷禮，所損益，可知也；其或繼周者，雖百世，可知也。」

馬氏曰：「所因，謂三綱五常。所損益，謂文質三統。」馬氏，名融，東漢扶風人。愚按：三綱，謂君爲臣綱，父爲子綱，夫爲妻綱。五常，謂仁、義、禮、智、信。文質，

謂夏尚忠，商尚質，周尚文。語録曰：「忠，只是渾然誠確。質與文對，質便自有文了，但文未盛；比之文，則此箇質耳。」○又曰：「忠，只是樸實頭白直做將去；質，則漸有形質制度而未及于文采；文，則就制度上事事加文采。然亦天下之勢自有此三者，非聖人之欲尚忠、尚質、尚文也。夏不得不忠，商不得不質，周不得不文。彼時亦無此名字，後人見得如此，故命此名。」○又曰：「質朴則未有文，忠則混然無質可言矣。」**三統，謂夏正建寅爲人統，商正建丑爲地統，周正建子爲天統。**語録曰：「問『三正之建不同』。曰：『天開於子，地闢於丑，人生於寅。蓋天運至子始有天，故曰天正；至丑始有地，故曰地正；至寅始有人，故曰人正。』」**三綱五常，禮之大體，三代相繼，皆因之而不能變。其所損益，不過文章制度小過不及之間，而其已然之迹，今皆可見。則自今以往，或有繼周而王者，雖百世之遠，所因所革亦不過此，豈但十世而已乎？**語録曰：「所因之禮，是天做底，萬世不可易；所損益之禮，是人做底，故隨時變更。」○又曰：「三綱五常，亘古亘今不可易。至於變易之時與其人，雖不可知，而其勢必變易，可知也。蓋有餘必損，不及必益，雖百世之遠，可知也。猶寒極生暖，暖甚生寒，雖不可知，其勢必如此，可知也。」○又曰：「綱常，千萬年磨滅不得。只是盛衰消長之勢自不可已，盛了又衰，衰了又盛，其勢如此。聖人出來，亦只是就這上損其有餘，益其不足。聖人做得來自是恰好，不到有悔憾處。三代以下做來不恰好，定有悔憾。雖做得不盡善處，要亦是

損益前人底。雖是人謀，要是大勢不得不出此。但這綱常自要壞滅不得。」聖人所以知來者蓋如此，非若後世讖緯術數之學也。○胡氏曰：「子張之問，蓋欲知來，而聖人言其既往者以明之也。夫自脩身以至於爲天下，不可一日而無禮。天敘天秩，人所共由，禮之本也。商不能改乎夏，周不能改乎商，所謂天地之常經也。若乃制度文爲，或太過則當損，或不足則當益。益之損之，與時宜之，而所因者不壞，是古今之通義也。因往推來，雖百世之遠，不過如此而已矣。」輔氏曰：「胡氏説尤得聖人之意。蓋時雖有古今之異，而理則一而已矣。不言三綱五常，而但言禮與天敘天秩者，蓋三綱五常即天敘之典、天秩之禮也。至所謂天地之常經，古今之通義，尤更發明得所因所損益之義分曉。」

○子曰：「非其鬼而祭之，諂也。

非其鬼，謂非其所當祭之鬼。語録曰：「如天子祭天地，諸侯祭山川，大夫祭五祀，士庶人祭其先，上得以兼乎下，下不得以兼乎上。士庶人而祭五祀，大夫而祭山川，諸侯而祭天地，皆所謂非其鬼也。」○問：「尋常人家所當祭者，只是祖先否？」曰：「然。」問：「土地、山川之神，人家所在不當祭否？」曰：「山川之神，季氏祭之尚以爲僭，況士庶乎？如土地之神，人家却可祭之。禮云：『庶人立一祀，或立户，或立竈。』户、竈亦可祭也。」○問：「士庶祭其旁親遠族，亦是非其鬼否？」曰：「是。又如今人祭甚麽廟神，都是非其鬼。」問：「如旁親遠族不當祭，若無後者，

則如之何？」曰：「若是無人祭，只得爲他祭。」〇永嘉陳氏曰：「今世淫祀，若浮屠、老子之類，皆係非鬼之數。若先聖先師，則所當祭而祭者。」**諂，求媚也。**

見義不爲，無勇也。」

知而不爲，是無勇也。胡氏曰：「義者，事之宜也。不知則已，既知之矣，猶不能爲，志不能勝氣也，故以爲無勇。」

論語卷第一

論語卷第二

朱子集註　後學趙順孫纂疏

八佾第三

凡二十六章。通前篇末二章，皆論禮樂之事。

孔子謂季氏，「八佾舞於庭，是可忍也，孰不可忍也」？佾，音逸。

季氏，魯大夫季孫氏也。胡氏曰：「古者有姓有氏，三家爲桓公之後，皆姬姓，又自以仲叔季分爲三氏也。」**佾，舞列也。天子八，諸侯六，大夫四，士二。每佾人數如其佾數，或曰「每佾八人」，未詳孰是。**或問：「有謂通以八人爲佾者。」曰：「是不可考矣。然以理意求之，舞位必方，豈有佾少而人多如此哉？」○胡氏曰：「每佾人數本春秋左氏傳文，人如佾數，本杜預註文；每佾八人，疏所引服虔之説也。」**季氏以大夫而僭用天子之樂，孔子言其此事尚忍爲之，則何事不可忍爲。**語録曰：「爲人臣子，只有一箇尊君敬上之心，方能自安其分，不忍少萌一豪僭差之意。今季氏以陪臣而僭天子之佾，尚忍爲之，則是已絶滅天理，雖悖逆作亂之

事，亦必忍爲之矣。」**或曰「忍，容忍也」，蓋深疾之之辭。**語録曰：「問：『後説恐未安，聖人氣象似不如此暴露。』曰：『聖人亦自有大段叵耐人處，如孔子作春秋，亦大段叵耐忍不得處。』」○愚謂：忍之一字，有敢忍之忍，春秋傳所謂「忍人」也；有容忍之忍，春秋傳所謂「君其忍之」是也。二義皆通，而敢忍之説爲長，故集註以容忍之説居後。○**范氏曰：「樂舞之數，自上而下，降殺以兩而已，故兩之間，不可以豪髮僭差也。孔子爲政，先正禮樂，則季氏之罪不容誅矣。」謝氏曰：「君子於其所不當爲、不敢須臾處，不忍故也。而季氏忍此矣，則雖殺父與君，亦何所憚而不爲乎？」**黄氏曰：「范氏説忍字，義似主後説，而反在謝氏正説之前，豈以范氏所言『降殺以兩』乃全章之意，而謝氏特爲『是可忍也』一句而發邪。」○輔氏曰：「謝氏先論人心之本然，以見季氏之忍心僭逆；次又推極其忍心僭逆之害，使讀之者惕然有警於其心而防微謹獨之意，自有不容已者。」○愚謂：范氏就制度上説，故以容忍爲義，言不可容忍之甚也。謝氏就心上説，故以敢忍爲義，言其心既敢於此，則雖極天下之大惡，亦敢爲之矣。

○三家者以雍徹。子曰：「『相維辟公，天子穆穆』，奚取於三家之堂？」徹，直列反。相，去聲。

三家，魯大夫孟孫、叔孫、季孫之家也。胡氏曰：「三家皆魯桓公庶子，初以仲叔季爲氏，其

後加以孫字。公子之子稱公孫也。仲改爲孟者，庶子自爲長少，不敢與莊公爲伯仲叔季，公孫不敢祖諸侯也，故自以庶長爲孟。詳見疏文。至杜預作公子譜則云：『仲慶父殺君，故改爲孟。』恐或然也。」**雍，周頌篇名。徹，祭畢而收其俎也。天子宗廟之祭，則歌雍以徹，是時三家僭而用之。相，助也。辟公，諸侯也。穆穆，深遠之意，天子之容也。此雍詩之詞，孔子引之，言三家之堂非有此事，亦何取於此義而歌之乎？譏其無知妄作，以取僭竊之罪。**語録曰：「天子宗廟之祭，歌舞雍詩以徹其俎。今三家亦歌此以祭，聖人但舉雍詩之辭以譏之曰：『汝之祭，亦有諸侯之助乎？亦有天子穆穆深遠之容乎？既無此事，奚用此詩？』」**○程子曰：「周公之功固大矣，皆臣子之分所當爲，魯安得獨用天子禮樂哉？成王之賜，伯禽之受，皆非也。其因襲之弊，遂使季氏僭八佾，三家僭雍徹，故仲尼譏之。」**語録曰：「當初成王不賜，伯禽不受，則後人雖欲僭，亦無樣子，他也做不成。」○胡氏曰：「按禮記明堂位云：『成王以周公有大勳勞於天下，命魯公世世祀周公以天子之禮樂。』祭統又云：『成王、康王追念周公之所以勳勞者，而欲尊魯，故賜之以重祭。外祭則郊社是也，內祭則大嘗禘是也。』禮運又曰：『魯之郊禘，非禮也，周公其衰矣。』魯用天子之制，三家僭魯，遂至於僭天子。以是知非特三家之僭，魯亦僭矣。程子所以謂『成王之賜，伯禽之受，皆非也』。周公立爲經制，辨君臣上下之分於豪釐閒，如天地之不可易。今也祀于周公之廟而倒行逆施如此，豈非周

公之衰乎？是亦程子之意也。」○真氏曰：「無父母則無此身，我因父母而有此身，則事親自合盡孝；無君上則無此爵位，我因君而有此爵位，則事君自合盡忠。此只是盡其本分當爲之事，非過外也。」

○子曰：「人而不仁，如禮何？人而不仁，如樂何？」

游氏曰：「人而不仁，則人心亡矣，其如禮樂何哉？」言雖欲用之，而禮樂不爲之用也。語録曰：「人既不仁，自是與那禮樂不相管攝。禮樂雖是好底事，心既不在，自是呼喚他不來，他亦不爲吾用矣。心既不仁，便是都不醒了，自與禮樂不相干。」○又曰：「不仁之人，渾是一團私意，自不奈那禮樂何。禮樂，須是中和温厚底人，便行得。若不仁者，與禮樂自不相關了，安得爲之用。」○又曰：「禮樂不爲之用也，是不爲我使，我使他不得[一]。雖玉帛交錯，不足以爲禮；雖鍾鼓鏗鏘，不足以爲樂。雖有禮而非禮，雖有樂而非樂。」○輔氏曰：「仁者心之德，不仁則心無其德矣，無德則雖謂之心亡可也，心亡則無以管攝衆理，故無如禮樂何也。」**○程子曰：「仁者天下之正理，失正理，則無序而不和。」**語録曰：「仁只是正當底道理。」○又曰：「程子説固好，但少疏，不見得仁。仁者本心之全德，人若本然天理之良心存而不失，則所

[一] 使，原作「得」，據通志堂經解本改。

作爲自有序而和。若此心一放，只是人欲私心做得出來，安得有序，安得有和？」○黄氏曰：「集註置游氏説於前，置程子説於後。仁者心之德，心之全德即仁也，故游氏『人心亡矣』於仁字之義最親切，人心亡則無適而可，不但無序不和而已。程子『正理』之云，則於仁字之訓爲稍緩，『無序不和』固切於『如禮樂何』之義，然人心亡則又將無所不至也。」○又曰：「將『正理』字頓在『人心』裏面，方説得箇仁字全。」○輔氏曰：「仁義禮智，皆正理也。此獨以仁言者，蓋謂『專言之而包四者』之仁也。失其正理，則自然無序而不和，無序則無禮，不和則無樂。」○陳氏曰：「仁者，此心天理之全體也。程子『正理』之説，雖寬而實切，却見得仁與禮樂相關甚密處，然須更兼游氏『人心』之説乃圓，所以集註並言之。」**李氏曰：「禮樂待人而後行，苟非其人，則雖玉帛交錯，鐘鼓鏗鏘，亦將如之何哉？然記者序此於八佾、雍徹之後，疑其爲僭禮樂者發也。」**李氏，名郁，昭武人。○語録曰：「問：『游氏言心，程子主理，李氏謂待人而後行。蓋心具是理，而所以存是心者，則在乎人也。』曰：『得之。』」○輔氏曰：「此章之意，正指鐘鼓玉帛而言，故以李氏説斷之。」○又曰：「游氏兼禮樂之體用而言，程子專指禮樂之體在内者，李氏專指禮樂之用在外者。三説備，然後體用全，内外備，仁與禮樂相資以行之義可見矣。」

○林放問禮之本。

林放，魯人。見世之爲禮者專事繁文，而疑其本之不在是也，故以爲問。

子曰：「大哉問！

孔子以時方逐末，而放獨有志於本，故大其問。語録曰：「當時習於繁文，人但指此爲禮，更不知有那實處，故放問而夫子大之，想是此問大段契夫子之心。」蓋得其本，則禮之全體無不在其中矣。語録曰：「問『禮之全體』。曰：『兼文質本末言之。』問：『後面只以質爲禮之本，如何又説文質皆備？』曰：『有質則有文，有本則有末。徒文而無質，如何行得。譬如木，必有本根，則自然有枝葉華實；若無本根，則雖有枝葉華實，隨即萎落矣。』」

禮，與其奢也，寧儉；喪，與其易也，寧戚。」易，去聲。

易，治也。孟子曰：「易其田疇。」在喪禮，則節文習熟，而無哀痛慘怛之實者也。戚則一於哀，而文不足耳。語録曰：「易字訓治，不是慢易、簡易之易。若是慢易、簡易之易，聖人便直道不好了，如何更下得『與其』字？只此可見。」○又曰：「治田者，須是經犂經耙治得無窒礙，方可言熟。若居喪而習熟於禮文，行得皆無窒礙，則哀戚必不能盡。」○又曰：「易，只是習得來熟，似歡喜去做，做得來手輕脚快，都無那惻怛不忍底意思。」禮貴得中，語録曰：「品節斯之謂禮，蓋自有箇得中恰好處。」奢易則過於文，儉戚則不及而質，二者皆未合理。輔氏曰：「二者一過一不及，皆未合乎理之中。」然凡物之理，必先有質而後有文，則質乃禮之本也。輔氏曰：「無其質，則文安所施？以是觀之，則質乃禮之本也。」○范氏曰：「夫祭，與

其敬不足而禮有餘也，不若禮不足而敬有餘也；喪，與其哀不足而禮有餘也，不若禮不足而哀有餘也。禮失之奢，喪失之易，皆不能反本而隨其末故也。禮，奢而備，不若儉而不備之愈也；喪，易而文，不若戚而不文之愈也。儉者物之質，戚者心之誠，故爲禮之本。」輔氏曰：「祭與喪皆禮也。而『與其』『不若』之言，正與夫子所謂『寧』字義相宜，故引之爲説。禮失之奢，喪失之易，皆不能反本而流於末者，此常情之弊也。物，事也。禮而儉，則是事之未有文飾也；喪而戚，則是心之誠實自然也，故爲禮之本。」楊氏曰：「禮始諸飲食，故汙尊而抔飲，爲之簠簋籩豆罍爵之飾，所以文之也，則其本儉而已。喪不可以徑情而直行，爲之衰麻哭踊之數，所以節之也，則其本戚而已。周衰，世方以文滅質，而林放獨能問禮之本，故夫子大之，而告之以此。」輔氏曰：「范氏止以祭爲禮，其説未全，故又取楊氏説以足之。人生之初，便資乎飲食，而飲食不可無器用，故汙尊而抔飲，此禮之始而儉也。爲之簠簋籩豆罍爵之數，所以飾之而已。喪之初，若徑情而直行，則毀或至於滅性，此喪之始而戚也，爲之衰麻哭踊之數，所以節之而已。此儉與戚所以爲禮與喪之本。」

〇黄氏曰：「本之説有二。其一曰：『仁義禮智根於心，則性者禮之本也，故曰中者天下之大本。』其一曰：『禮之本謂禮之初也，凡物有本末，初爲本，終爲末，所謂夫禮始諸飲食者是也。』二説不同，集註乃取後説，以儉戚爲本，而又引『禮始諸飲食』以證之矣。然『大哉問』之下有曰『得其

本』，則禮之全體無不在其中，似又指性而言，何也？禮之初，始於儉與戚，苟得儉戚之理，則質與文、實與華皆在其中。蓋文之與華，亦因質與誠而生也，有本則有末，末固具於本矣。集註之説蓋本諸此，而其意則因『大哉』之言而發，以全體之具而見問之人，非指性而言也。」

〇子曰：「夷狄之有君，不如諸夏之亡也。」吳氏曰：「亡，古無字，通用。」程子曰：「夷狄且有君長，不如諸夏之僭亂，反無上下之分也。」〇尹氏曰：「孔子傷時之亂而歎之也。亡，非實亡也，雖有之，不能盡其道爾。」語録曰：「問：『程子似責在下者陷於無君之罪，尹氏似責在上者不能盡爲君之道。』曰：『只是一意，皆是説上下僭亂，不能盡君臣之道，如無君也。』」

〇季氏旅於泰山。子謂冉有曰：「女弗能救與？」對曰：「不能。」子曰：「嗚呼！曾謂泰山不如林放乎？」女，音汝。與，平聲。旅，祭名。愚謂：祭山曰旅。周禮大宗伯「旅四望」，鄭云：「旅，陳也。陳其事以祈焉，禮不如祀之備也。」泰山，山名，在魯地。禮，諸侯祭封内山川。語録曰：「只緣是他屬我，故我祭得他。若不屬我，則氣便不與之相感，如何祭得他。」季氏祭之，僭也。冉有，孔子弟子，名求，魯人。時爲季氏宰。救，謂救其陷於僭竊之罪。嗚呼，歎辭。言神不享非禮，欲季氏知其無益而自止，又進林放以厲冉有也。輔氏曰：「有是理則有是神，有是神

則享是禮。神者，禮之主也，豈享非禮之祭哉？故夫子言林放猶能問禮之本，泰山寧享非禮之祭？蓋欲季氏知其無益而自止，又進林放以厲冉有也。聖人之言，廣大流通，遏惡揚善，包函無所不盡如此。」○范氏曰：「冉有從季氏，夫子豈不知其不可告也，然而聖人不輕絶人。盡己之心，安知冉有之不能救、季氏之不可諫也。既不能正，則美林放以明泰山之不可誣，是亦教誨之道也。」輔氏曰：「聖人以人待人，不逆人以爲不能而輕棄之，盡己之心，述事之宜而順導之。能不能雖在彼，而教誨之道則未嘗不行乎其閒也。」

○子曰：「君子無所争，必也射乎！揖讓而升，下而飲，其争也君子。」飲，去聲。

揖遜而升者，大射之禮，耦進三揖而後升堂也。胡氏曰：「大射之禮，司射作三耦射，三耦出次西面揖，當階北面揖，及階揖，所謂三揖而後升堂也。」下而飲，謂射畢揖降，以俟衆耦皆降，胡氏曰：「卒射，北面揖，揖如升射，適次反位。三耦卒，射亦如之，所謂射畢揖降，以俟衆耦皆降也。」勝者乃揖不勝者升，取觶立飲也。胡氏曰：「司射命設豐于西楹西，勝者之弟子洗觶，酌奠于上。勝者不勝者出，揖如升射。及階，勝者先升堂，不勝者進坐，取豐上之觶，興，立卒觶，坐奠于豐下，興，揖，先降。所謂勝者乃揖不勝者，取觶立飲也。」言君子恭遜不與人争，惟於射而後有争。然其争也，雍容揖遜乃如此，則其争也君子，而非

若小人之争矣。輔氏曰：「恭與遜，皆禮之發也。恭主容，遜主事，争則恭遜之反也。君子恭遜則自無所争，獨於射則皆欲中鵠以取勝，故不能無争。然其争也，升降揖遜，雍容和緩乃如此，是則所謂禮樂未嘗斯須去身者。其争也君子，謂其異於小人之争也。以是觀之，則信乎君子之真無所争矣。」

○子夏問曰：「『巧笑倩兮，美目盼兮，素以爲絢兮。』何謂也？」倩，七鍊反。盼，普莧反。絢，呼縣反。

此逸詩也。或問：「此詩蓋衛風碩人之篇。『素以爲絢兮』云者，夫子删而去之也。」曰：「删詩者，去其不合於義理者耳。今此章之義，夫子方有取焉，而反見删，何哉？且碩人詩四章，而章皆七句，不應此章獨多一句而見删，又不應因删此句而并及他章，例損一句以取齊也。蓋不可知其爲何詩矣。」倩，好口輔也。愚按：服虔云：「輔，上頷車也。」是牙外之皮膚，頰下之别名也。盼，目黑白分也。素，粉地，畫之質也。絢，采色，畫之飾也。言人有此倩盼之美質，而又加以華采之飾，如有素地而加采色也。子夏疑其反謂以素爲飾，故問之。

子曰：「繪事後素。」繪，胡對反。

繪事，繪畫之事也。後素，後於素也。考工記曰：「繪畫之事後素功。」謂先以粉地爲質，而後施五采，猶人有美質，然後可加文飾。

曰：「禮後乎？」子曰：「起予者商也，始可與言詩已矣。」

禮必以忠信爲質，猶繪事必以粉素爲先。起，猶發也。起予，言能起發我之志意。語録曰：「聖人胷中雖包藏許多道理，若無人叩擊，則終是無以發揮於外。一番説起，則一番精神。」謝氏曰：「子貢因論學而知詩，子夏因論詩而知學，故皆可與言詩。」輔氏曰：「子貢因論『好禮與樂』之學，而知切磋琢磨之詩爲自治益精之意。子夏因論『素以爲絢』之詩，而知人之學禮當以質爲先，故皆可與言詩也。」○楊氏曰：「『甘受和，白受采，忠信之人可以學禮。苟無其質，禮不虛行。』此『繪事後素』之説也。孔子曰『繪事後素』，而子夏曰『禮後乎』，可謂能繼其志矣。非得之言意之表者能之乎？商、賜可與言詩者以此。若夫玩心於章句之末，則其爲詩也固而已矣。所謂起予，則亦相長之義也。」輔氏曰：「楊氏説最明切。讀書者不可死於章句之下，而學詩者尤貴有得於言意之表，不然則局於章句訓詁，而詩之教益於人者鮮矣。固，如高叟之固。相長，則是斅學相長之義也。」

○子曰：「夏禮吾能言之，杞不足徵也；殷禮吾能言之，宋不足徵也。文獻不足故也，足則吾能徵之矣。」

杞，夏之後。宋，商之後。徵，證也。文，典籍也。獻，賢也。言二代之禮，我能言之。黄氏曰：「夫子所謂能言，不但能言其制作之意，其制度文爲之實迹，必有可以一一數者

矣。」○胡氏曰：「夏商之禮，夫子能言之者，併其本數末度皆能言之也。聖人以聰明天縱之資，加之以旁參博採，故知之也。」**而二國不足取以爲證，以其文獻不足故也。**胡氏曰：「所謂文獻不足，非典籍與賢者全不可考也，特有闕耳。」**文獻若足，則我能取之以證吾言矣。**輔氏曰：「典籍所以載是禮，而賢者又禮之所從出。典籍不足，則無以考驗其事實；賢者不足，則無以質問其得失也。」

○子曰：「禘自既灌而往者，吾不欲觀之矣。」禘，大計反。

趙伯循曰：「禘，王者之大祭也。王者既立始祖之廟，又推始祖所自出之帝，祀之於始祖之廟，而以始祖配之也。」伯循，名匡，唐河東人。○或問：「禘禮之説獨取趙氏，何也？」曰：「先儒以禘爲合祭於太廟，上及其祖之所自出，而下及毁廟、未毁廟之主。祫則各祭於太廟，而不及祖之所自出也。惟趙伯循引曾子問、春秋傳以明祫之爲合。如諸儒之説，禘則直祭其祖之所自出，而以其祖配之，但設兩位而不兼羣廟之主，爲其尊遠不敢褻也。此説最爲得之，而其具於春秋纂例者詳矣。」**成王以周公有大勳勞，賜魯重祭，故得禘於周公之廟，以文王爲所出之帝，而周公配之。然非禮矣。**語録曰：「周禘帝嚳，以后稷配之。王者有禘有祫，諸侯只有祫而無禘，此魯所以爲失禮也。」**灌者，方祭之始，用鬱鬯之酒灌地以降神也。**或問「鬱鬯」。曰：「禮家以爲釀秬爲酒，煮鬱金香草和之，其氣芬芳而條鬯也。」○輔氏曰：

「郊特牲謂：『周人尚臭，灌用鬯臭，鬱合鬯，臭陰達於淵泉。灌以圭璋，用玉氣也。既灌，然後迎牲，致陰氣也。蕭合黍稷，臭陽達於牆屋，故既奠，然後焫蕭合羶薌。凡祭謹諸此。魂氣歸于天，形魄歸于地，故祭，求諸陰陽之義也。』蓋周之祭禮，先以鬱鬯灌地，求神於陰，既奠，然後取其血膋合之黍稷，實於蕭以燔之，以求神於陽也。」**魯之君臣，當此之時，誠意未散，猶有可觀，自此以後，則浸以懈怠而無足觀矣。**語録曰：「方灌時，誠意在焉，即有其祭祀之事物。及其誠意一散，則雖有升降威儀，已非所以爲祭祀之事物矣。」**蓋魯祭非禮，孔子本不欲觀，至此而失禮之中又失禮焉，故發此歎也。**輔氏曰：「僭祭之罪雖大，而其來已久，且國惡當諱。懈怠之失雖小，然却是當時主祭者切己之實病，不可不有以箴之。蓋聖人於人既往之失常有覆護之意，而於人方起之病常有拯救之心，此乃天地之心也。」**○謝氏曰：「夫子嘗曰：『我欲觀夏道，是故之杞，而不足證也；我欲觀商道，是故之宋，而不足證也。』又曰：『我觀周道，幽厲傷之，吾舍魯何適矣。魯之郊禘非禮也，周公其衰矣。』考之杞宋已如彼，考之當今又如此，孔子所以深歎也。」**輔氏曰：「謝氏蓋併前章通釋之，以見此二章或夫子一時之言，或記者以類次之也。」

○或問禘之說。子曰：「不知也。知其說者之於天下也，其如示諸斯乎。」指其掌。

先王報本追遠之意，莫深於禘。非仁孝誠敬之至，不足以與此，非或人之所及也。語録曰：「所禘者無廟無主，便見聖人追遠報本之意無有窮已。」○黄氏曰：「祀先之禮，無非報本也，無非追遠也。子孫不敢忘其所自來，而祀以報之，是謂報本。思其祖父亡矣，遠矣，不可復見矣，而追以祀之，是謂追遠。報本追遠而至於及其祖之所自出，是其用意甚深，而非淺近之思也。然此豈私意常情之所可及哉。根於天理之自然者謂之仁，形於人心之至愛者謂之孝，真實無妄者謂之誠，主一無適者謂之敬。仁孝誠敬，凡爲祭者皆然。交於神明者愈遠，則其心愈篤。報本追遠之深，則非仁孝誠敬之至者莫能知，莫能行也。」○輔氏曰：「仁者孝之本，孝者仁之發；誠者敬之體，敬者誠之用。仁孝誠敬有所未至，則豈足以知禘禮爲聖人報本追遠之極致哉？」○蔡氏曰：「禘是報本中又報本，追遠中又追遠者。如祖考與吾之身心未相遼絶，祭祀之理固自易通，至於祭始祖，已甚闊遠，難盡其感格之道。今又推其始祖所自出之帝而祀之，苟非察理精微，而仁孝誠敬之至，安能與於此哉。」○真氏曰：「禘者，祭始祖所自出之帝也。祭祀之禮遠及於始祖之所自出，無乃太遠乎？蓋萬物本乎天，人本乎祖。我之有此身，出於父母也，父母又出於祖，祖又出於始祖，始祖又出於厥初得姓受氏之祖，雖年代悠遠，如自根而榦，自榦而枝，其本則一而已矣。故必推始祖之所自出而祭之，則報本反始之義無不盡矣。若非仁孝誠敬之極至，豈能知此禮而行之乎。蓋凡人於世之近者，則意其精神未散，或嘗逮事而記其聲容，必起哀敬之心而不敢忽；若世之遠者，相去已久，精神之存與否不可得而知，人素不識其聲容，則有易忽之

意。故禘禮非極其仁孝、極其誠敬者，不能知其禮，不能行其事。」○又曰：「惟仁孝之深者能知此身之所自來，惟誠敬之至者能知我之精神即祖考之精神。」**而不王不禘之法，又魯之所當諱者，故以不知答之。**輔氏曰：「禮，不王不禘。而魯僭爲之，是當爲之諱也。傳曰：『諱國惡，禮也。』或以其意之或怠而不欲觀，或以其義之難知而不欲鑿，其大意則皆爲魯諱也。」**示，與視同。指其掌，弟子記夫子言此而自指其掌，言其明且易也。**輔氏曰：「言如視此掌之明白而容易也。」**蓋知禘之説，則理無不明，誠無不格，而治天下不難矣。**語録曰：「天地、陰陽、生死、晝夜、鬼神，只是一理。若明祭祀鬼神之理，則治天下之理豈有外於此。」○陳氏曰：「此是最大節目。難明處既有以明之，則其他無有不可明者矣；最疏遠難格處既有以格之，則其他無有不可格者矣。所以於治天下不難也，亦猶『至誠感神，矧兹有苗』之意。」○輔氏曰：「推報本之理至於始祖所自出之帝，則理無不明矣；推追遠之誠至於始祖所自出之帝，則誠無不格矣。理無不明，則心盡而無一理之或蔽；誠無不格，則性存而無一誠之不通。由是以治天下，何難之有哉。」**聖人於此，豈真有所不知也哉？**

○祭如在，祭神如神在。

程子曰：「祭，祭先祖也。祭神，祭外神也。祭先主於孝，祭神主於敬。」語録曰：「孔子當祭祖先之時，孝心純篤，雖死者已遠，因時追思，若聲容可接，得以竭盡其孝心以祀之也。

祭外神，謂山林陵谷之神，能興雲雨者，此孔子在官時也。雖神明若有若亡，聖人但盡其誠敬，儼然如神明之來格，得以與之接也。」○又曰：「祭神，如天地、山川、社稷、五祀之類。」**愚謂：此門人記孔子祭祀之誠意。**語録曰：「此是孔子弟子平時見孔子祭祖先及祭外神之時，致其孝誠以交鬼神也。」○黄氏曰：「祭先祭神固主於孝敬，然其祭之也，真如見其在焉，此足以見其盡孝敬之誠也。集註以『誠意』二字發程子之所不及，其義精矣。」

子曰：「吾不與祭，如不祭。」與，去聲。

又記孔子之言以明之。言己當祭之時，或有故不得與，而使他人攝之，則不得致其如在之誠。故雖已祭，而此心缺然，如未嘗祭也。語録曰：「聖人萬一有故而不得與祭，雖使人代之，若其人自能極其恭敬，固無不可，然我這裏自欠少了，故如不祭。」○輔氏曰：「有故，謂疾病或不得已之事。己既不克與，而時又不可失，則必使他人攝之，然不得致其如在之誠，故雖已祭，而此心缺然，與未嘗祭等也。此心缺然處，便是誠有未慊處也。」○**范氏曰：「君子之祭，七日戒，三日齋，必見所祭者，誠之至也。是故郊則天神格，廟則人鬼享，皆由己以致之也。有其誠則有其神，無其誠則無其神，可不謹乎？吾不與祭，如不祭，誠爲實，禮爲虚也。」**語録曰：「誠者，實也。有誠則萬事都有，無誠則凡事都無。如祭祀，有誠意則幽明便交，無誠意便都不相接。」○又曰：「神明不可見，惟是此心盡其誠敬，

專一在於所祭之神，便見得『洋洋然，如在其上，如在其左右』。然則神之有無，皆在於此心之誠與不誠，不必求之恍惚之閒也。」○又曰：「鬼神之理，即是此心之理。」○問：「恐是自心裏以爲有便有，以爲無便無。」曰：「若只據自家以爲有便有，無便無，如此却是私意了。這箇乃是自家欠了他底，蓋是自家空在這裏祭，誠意却不達於彼，便如不曾祭相似。」○輔氏曰：「郊廟，所以極言乎外神與先祖也。」○又曰：「非言凡禮皆虛也，特指攝祭之禮而言耳。誠爲實，則指如在之意言也。雖使人攝祭，而不得自致其如在之誠，則雖已祭，如未嘗祭。是誠爲實，禮爲虛也。」○胡氏曰：「祭先之所以感通者，吾身即所祭先之遺也；祭神之所以感通者，吾身即所祭神之主也。因其遺，因其主，而聚其誠意，則自然感格，所謂有其誠則有其神。」○愚謂：范氏語意是説，有此誠時，方始有此神，若無此誠，即并此神無了，不特説神來格不來格也。

○王孫賈問曰：「與其媚於奧，寧媚於竈。何謂也？」

王孫賈，衛大夫。媚，親順也。室西南隅爲奧。竈者，五祀之一，夏所祭也。凡祭五祀，皆先設主而祭於其所，然後迎尸而祭於奧，略如祭宗廟之儀。如祀竈，則設主於竈陘，祭畢，而更設饌於奧以迎尸也。或問：「祀竈之禮何所據？」曰：「月令『夏三月，其祀竈』，而鄭註云爾也。蓋凡祭五祀，户、竈、門、行、霤，皆先設席於奧，而設主奠俎於其所祭之處，已，乃設饌迎尸於奧。而孔疏以爲逸禮中霤之文。蓋唐猶有其書，而今亡之也。」○語

録曰：「問：『五祀皆設主而祭於其所，然後迎尸而祭於奧。』曰：『譬如祭竈，初設主於竈陘。陘非可做好安排，故又祭於奧以成禮。凡五祀皆然。』」○問：「祀竈以誰爲尸？」曰：「今亦無可考者。但如墓祭則以冢人爲尸，以此推之，則祀竈之尸恐是膳夫之類，祀門之尸恐是閽人之類，又如祀山川則是虞衡之類。」○問：「竈可祭否？」曰：「人家飲食所繫，亦可祭。」○又曰：「竈陘，想見是竈門外平正可頓柴處。」○愚謂：五祀，先設主而祭於其所，親之也；再迎尸而祭於堂奧，尊之也。只祭於其所而不祭於奧，則近於褻；祭於奧而不祭於其所，則恐奧非神所常棲之地，未必來享。故兩祭之，以盡其求神之道。**故時俗之語，因以奧有常尊，而非祭之主；竈雖卑賤，而當時用事。**胡氏曰：「五祀皆於祭俎之後設饌于奧，故云『奧有常尊，而非祭之主』。竈不如奧，而夏祭主之，故云『竈雖卑賤，而當時用事』也。」**喻自結於君，不如阿附權臣也。賈，衛之權臣，故以此諷孔子。**語録曰：「賈，庸俗人，見孔子在衛，將謂有求仕之意，欲孔子附己，故有媚奧與媚竈之言。彼須亦聞孔子之聖，但其氣習卑陋，自謂有權可以引援得孔子也。」

子曰：「不然。獲罪於天，無所禱也。」

天，即理也。語録曰：「天之所以爲天者，理而已。天非有此道理不能爲天，故蒼蒼者即此道理之天。」○又曰：「天下只有一箇正當道理，循理而行，便是天。」**其尊無對，非奧竈之可比**

也。輔氏曰：「凡物必有對，惟天則無所不包，惟理則無所不在，故尊而無對。」逆理，則獲罪於天矣，豈媚於奥竈所能禱而免乎？語録曰：「天下之至尊至大者，莫如這箇道理。若是違此道以干進，乃是得罪於至尊至大者，可畏之甚，豈媚時君與媚權臣所得而免乎。此是遜辭以拒王孫賈，亦使之得聞天下有正理也。」言但當順理，非特不當媚竈，亦不可媚於奥也。○謝氏曰：「聖人之言，遜而不迫。使王孫賈而知此意，不爲無益；使其不知，亦非所以取禍。」真氏曰：「使賈知此意，則必惕然自省，平日所爲咈理，得罪於天者已多，是乃開其悔悟之機也；如不知此意，亦不至觸之以招禍。其言渾然，圭角不露，此所以爲聖人之言。」

○子曰：「周監於二代，郁郁乎文哉！吾從周。」郁，於六反。

監，視也。二代，夏、商也。言其視二代之禮而損益之。郁郁，文盛貌。○尹氏曰：「三代之禮，至周大備，夫子美其文而從之。」輔氏曰：「先王之制，與氣數相爲始終，而前後相爲損益，固非一人一日之所能致也。三代之禮，至周大備，則以氣數至此極盛；而前後相承，互爲損益，至此而始集其大成也。夫子美其文而從之，豈苟云乎哉。」

○子入大廟，每事問。或曰：「孰謂鄹人之子知禮乎？入大廟，每事問。」子聞之，曰：「是禮也。」大，音泰。鄹，側留反。

大廟，魯周公廟。此蓋孔子始仕之時，入而助祭也。或問：「何以知其爲始仕時？」曰：

「以所稱鄹人之子者觀之，則其爲少賤之時無疑矣。」鄹，魯邑名。孔子父叔梁紇，嘗爲其邑大夫。孔子自少以知禮聞，故或人因此而譏之。孔子言是禮者，敬謹之至，乃所以爲禮也。○尹氏曰：「禮者，敬而已矣。雖知亦問，謹之至也，其爲敬莫大於此。謂之不知禮者，豈足以知孔子哉？」陳氏曰：「此章須於聖人敬謹之至處玩聖人氣象。」○蔡氏曰：「聖人聰明睿知，固無所不知，然亦但知其理而已。若夫制度器數之末，掌之有司者，聖人前此未之見，安得而盡知之？若已經講論討究，知禮之器物與夫登降拜跪之節，及今方見之，亦須復問，然後爲審也。」

○子曰：「射不主皮。爲力不同科，古之道也。」爲，去聲。

射不主皮，鄉射禮文。爲力不同科，孔子解禮之意如此也。皮，革也，布侯而棲革於其中以爲的，所謂鵠也。科，等也。古者射以觀德，但主於中，而不主於貫革，蓋以人之力有强弱，不同等也。語録曰：「射之本意，也是要得貫革。只是大射之禮主於觀德，却不全是裸股肱決射御底人。只要『内志正，外體直』，取其中，不專取其力爾。」○黄氏曰：「主於中而不主於貫革，則古人射但求其中鵠而已，雖矢不没而墜於地，亦不害其爲中也。曰如此，則古人之射但爲文具而已乎？曰非也。射者固所以觀德，而亦所以禦侮也。男子之生，桑弧蓬矢以射天地四方，則射者，凡人之皆有事焉者也。射於百步之外，而力足以至之，亦豈非力

哉？不主於皮，亦未嘗以貫革爲非也，取其中，而貫與不貫不論耳。若主於貫革，則惟有力者可與於射，而無力者不得與，則世之善射者亦寡矣。不主於貫革，則人人皆可射，其强有力者足以貫革，其力不足者雖不能貫革於百步之外，亦豈不能貫革於數十步之内哉。如是則不惟足以觀德，而亦可以禦侮也。」記曰：「武王克商，散軍郊射，而貫革之射息。」正此謂也。周衰禮廢，列國兵争，復尚貫革，故孔子歎之。輔氏曰：「時平則射以觀德，世亂則射主貫革，二者固各有所宜。然貫革之射可暫而不可常，武王之事是也。此可見聖人之仁心。周衰禮廢，列國兵争，貫革之射遂將習以爲常，此夫子所以嘆之。」〇楊氏曰：「中可以學而能，力不可以强而至。聖人言古之道，所以正今之失。」

〇子貢欲去告朔之餼羊。去，起吕反。告，古篤反。餼，許氣反。告朔之禮：古者天子常以季冬頒來歲十二月之朔于諸侯，諸侯受而藏之祖廟，月朔則以特羊告廟，請而行之。語録曰：「特羊，乃專特之特，非牛也。特牲、用特，皆是特用一牛，非指特爲牛也。」〇輔氏曰：「諸侯受天子所頒之朔而藏於祖廟，所以敬天子也。月朔則以特羊告廟，請而行之，所以敬先祖也。」餼，生牲也。魯自文公始不視朔，而有司猶供此羊，故子貢欲去之。

子曰：「賜也，爾愛其羊，我愛其禮。」

愛，猶惜也。子貢蓋惜其無實而妄費。然禮雖廢，羊存，猶得以識之而可復焉；若并去其羊，則此禮遂亡矣，孔子所以惜之。語録曰：「常人只是屑屑惜那小費，聖人心却將那小費不當事，所惜者是禮。」○楊氏曰：「告朔，諸侯所以稟命於君親，禮之大者。魯不視朔矣，然羊存，則告朔之名未泯，而其實因可舉。此夫子所以惜之也。」

○子曰：「事君盡禮，人以爲諂也。」

黄氏曰：「孔子於事君之禮，非有所加也，如是而後盡爾。時人不能，反以爲諂。故孔子言之，以明禮之當然也。」黄氏，名祖舜，三山人。○愚謂：禮只是儀節，如「拜下，禮也；今拜乎上，泰也。雖違衆，吾從下」。如此等處，聖人必至禮而止，故曰盡。豈於禮之外又有加益哉。當時君弱臣强，事上簡慢，反以爲諂爾。○程子曰：「聖人事君盡禮，當時以爲諂。若他人言之，必曰『我事君盡禮，小人以爲諂』。而孔子之言止於如此，聖人道大德宏，此亦可見。」

○定公問：「君使臣，臣事君，如之何？」孔子對曰：「君使臣以禮，臣事君以忠。」

定公，魯君，名宋。二者皆理之當然，各欲自盡而已。○吕氏曰：「使臣不患其不

忠，患禮之不至；事君不患其無禮，患忠之不足。」尹氏曰：「君臣以義合者也，故君使臣以禮，則臣事君以忠。」或問「呂、尹氏之説」。曰：「呂氏以君臣各盡其道而言，言之正也。尹氏則爲君而言之爾，若爲臣而言，則曰：『君之使臣雖不以禮，而臣之事君亦豈可以不忠也哉。』」○語録曰：「尹氏就人君而言，則如此説，但道理亦是如此。自是人主不善遇之，則下面人不盡心。如孟子所謂『君之視臣如手足，則臣視君如腹心』，道理是如此。」○愚謂：呂氏患不患之説，所以明君臣當各盡其分，而不可有交相責之意也。尹氏以『則』字介乎其閒，似若舉一而廢一。然夫子之言因定公而發，恐亦有此意，專以警爲君者也。

○子曰：「關雎，樂而不淫，哀而不傷。」樂，音洛。

關雎，周南國風，詩之首篇也。淫者，樂之過而失其正者也。傷者，哀之過而害於和者也。輔氏曰：「失其正，以理言也。害於和，以氣言也。」○黄氏曰：「樂氣盈，哀氣鬱。盈而過則濫溢，故淫；鬱而深則哀怨，故傷。發於天理之公，則盈而不淫，鬱而不傷；發於人欲之私，則淫而傷矣。」關雎之詩，言后妃之德，宜配君子。求之未得，則不能無寤寐反側之憂；求而得之，則宜其有琴瑟鐘鼓之樂。蓋其憂雖深而不害於和，其樂雖盛而不失其正，故夫子稱之如此。欲學者玩其辭，審其音，而有以識其性情之正也。語録曰：「憂止於展轉反側，是不傷也，若憂愁哭泣，則傷矣。樂止於琴瑟鐘鼓，是不淫也，若沉湎淫

泆，則淫矣。是得性情之正。」○問：「詩人之情性如此，抑詩之辭意如此？」曰：「也是有那情性，方有那辭氣聲音。」○輔氏曰：「哀樂，情之發也，心不宰焉，則流於傷與淫而不自知矣。關雎之詩，感於性，發於情，而宰於心者也。其形於聲詩，播諸音樂，皆得其和且正焉，故學者能玩其辭，審其音，則可以識其性情之正。後世音雖不傳，學者能玩其辭而有得焉，則詩之教猶爲不廢也。」○胡氏曰：「觀詩之法，原其情性，玩其詞語，審其聲音而已。今情性難知，聲音不傳，惟詞語可以玩味耳。詩集傳以關雎爲宮中人所作，蓋其欲得賢妃以配文王。方其未得也，寤寐反側以致其憂，思之深矣，然未至於悲怨，則不傷也。及其得之也，琴瑟鐘鼓以宣其和，樂之至矣，然未至於沈湎，則不淫也。因其詞語，即可以知其情性，至於播於長言，被之筦弦，則聲音亦可以略見矣。」

○哀公問社於宰我。宰我對曰：「夏后氏以松，殷人以柏，周人以栗，曰使民戰栗。」

宰我，孔子弟子，名予。魯人。**三代之社不同者，古者立社，各樹其土之所宜木以爲主也。**語録曰：「問：『不知以木造主，還便以樹爲主？』曰：『看古人意思，只以樹爲社主，使神依焉，如今人説神樹之類。』」○輔氏曰：「此註疏説也。孔安國註云：『凡建邦立社，各以其所宜之木。』孔穎達正義云：『夏都安邑，宜松；商都亳，宜柏；周都豐鎬，宜栗，謂用其木以爲社主。』而朱子又嘗取沙隨程氏説云：『古者社以木爲主，今以石爲主，非古也。愚按以石易木，不

知其所從始，然地道敏樹，則植木爲主宜也。想後世以木有榮枯，故易用石耳。』」○胡氏曰：「周禮大司徒『設其社稷之壝，各以其野之所宜木』。此章之解，因周制而知夏商之亦然也。」戰栗，恐懼貌。宰我又言周所以用栗之意如此，豈以古者戮人於社，故附會其說與？輔氏曰：「書甘誓云：『弗用命，戮於社。』蓋古者建國，宗廟在左，社稷在右。左陽也，右陰也，陰主殺。行軍則載社主以行，弗用命，則戮之於社也。」

子聞之，曰：「成事不説，遂事不諫，既往不咎。」

遂事，謂事雖未成，而勢不能已者。輔氏曰：「微子之不諫商紂、百里奚之不諫虞公近之，蓋知其勢之不能已，諫之終無益也。」孔子以宰我所對，非立社之本意，又啓時君殺伐之心，而其言已出，不可復救，故歷言此以深責之，欲使謹其後也。○尹氏曰：「古者各以所宜木名其社，非取義於木也。宰我不知而妄對，故夫子責之。」輔氏曰：「莊子書有櫟社，漢書有枌榆社，皆是以木名社也。後既易之以石，則不復名之矣。」○又曰：「宰我在言語之科，然觀此戰栗之對，則失於鑿、流於妄者或不能免。大凡己所未曉之事，而妄言以語人，不惟無益，而失己欺人之弊有不可勝言者，又況導人以殺戮之事哉。此夫子所以深責之也。」

○子曰：「管仲之器小哉。」

管仲，齊大夫，名夷吾，相桓公霸諸侯。器小，言其不知聖賢大學之道，故局量褊

淺，規模卑狹，不能正身脩德以致主於王道。語録曰：「局量褊淺，是他容受不去了。容受不去，則富貴能淫之，貧賤能移之[二]，威武能屈之矣。規模，是就他施設處説。」○又曰：「局量，是言其資質。規模，是言其所爲。」○黄氏曰：「局量，指其心之蘊蓄而言。規模，指其事之發見而言。心者，器之體；事者，器之用。褊淺卑狹，一體一用，無非小也。不能正身脩德，則心之所向可知；不能致主於王道，則事之所就可知。局量褊淺，則規模必卑狹，未有不能正身脩德而能致主於王道也。」○輔氏曰：「其所以不能正身脩德以致主於王道者，蓋以其局量褊淺、規模卑狹故也。而其所以局量褊淺、規模卑狹者，又以其不知聖賢大學之道，局於資稟，梏於物欲，而不能盡此心之量、此性之體故也。」○陳氏曰：「局量是就身上言，局是格局其所存處，量是度量其所蘊處。規模是就事業言，其所施設處局量褊淺，故不能正身脩德，好奢而犯禮，規模卑狹，故不能致主於王道，僅相桓公霸諸侯而已。二者蓋兼内外體用平説，以爲器小之證，亦略有先後，但不可分開了。」○胡氏曰：「局量、規模以器言，褊淺、卑狹以小言。不知聖賢大學之道，所以器小也，本之不立也。不能正身脩德以致主於王道，器小之驗也，效之不至也。無是本則無是效矣。」○又曰：「初以局量爲度量，後因學者有問而欲更度爲識，今定作局。豈以局有器之義而

[二] 能，原作「皆」，據通志堂經解本改。

識爲疏邪？一字之精巖如此，學者豈可疏略而觀之哉。」

或曰：「管仲儉乎？」曰：「管氏有三歸，官事不攝，焉得儉？」焉，於虔反。

或人蓋疑器小之爲儉。三歸，臺名，事見説苑。或問「三歸之爲臺名」。曰：「説苑謂『管仲築三歸之臺』，而韓非亦曰『桓公使管仲有三歸之家』，是其證也。」曰：「舊説婦人謂嫁曰歸，三歸云者，一娶三姓而備九女，如諸侯之制也。且雖臺名，安知不以處是人而名之乎？」曰：「若此則爲僭上失禮，與塞門、反坫同科矣。今夫子但以爲不儉，則亦但爲極臺觀之侈，而未至於僭也。」攝，兼也。家臣不能具官，一人常兼數事。管仲不然，皆言其侈。

「然則管仲知禮乎？」曰：「邦君樹塞門，管氏亦樹塞門；邦君爲兩君之好，有反坫，管氏亦有反坫。管氏而知禮，孰不知禮？」好，去聲。坫，丁念反。

或人又疑不儉爲知禮。或問：「或人聞小器而以爲儉，則似矣，聞其不儉而遽以爲知禮，何哉？」曰：「世方尊管仲之功，而不敢議其失，故以爲凡管仲之所爲，則是禮之所存矣。又方文勝，故徒知儉而不及者之爲非禮，而不知奢而過者之尤失禮也。」屏謂之樹。塞，猶蔽也。設屏於門，以蔽内外也。愚謂：古者人君別内外，於門樹屏以蔽塞之，蓋小牆當門中也。禮，天子外屏，諸侯内屏，大夫以簾，士以帷。好，謂好會。坫，在兩楹之間，獻酬飲畢則反爵於其上。愚謂：古者諸侯與鄰國爲好會，主君獻賓，賓筵前受爵，飲畢，反此虚爵於坫上，

於西階上拜，主人於阼階上答拜；賓於坫取爵，洗爵，酌以酢主人，主人受爵，飲畢，反此虛爵於坫上，主人阼階上拜，賓答拜。是賓主飲畢，反爵於坫上也，大夫則無之。此皆諸侯之禮，而管仲僭之，不知禮也。○愚謂：孔子譏管仲之器小，其旨深矣。輔氏曰：「器小兩字該括盡管仲所爲，故言其旨深。」或人不知而疑其儉，故斥其奢以明其非儉。或又疑其知禮，故又斥其僭以明其不知禮。蓋雖不復明言小器之所以然，而其所以小者於此亦可見矣。故程子曰：「奢而犯禮，其器之小可知。蓋器大，則自知禮而無此失矣。」此言當深味也。輔氏曰：「器大，則天下之物不足以動其心，而唯吾義理之是行，自然不至於奢而犯禮也。蓋奢而犯禮，便是他裏面著不得，見此些小功業，便已驚天動地，所以肆然犯禮，無所忌也。」○胡氏曰：「奢者，其器之小而盈也。犯禮者，其器之盈而溢也。」蘇氏曰：「自脩身正家以及於國，則其本深，其及者遠，是謂大器，揚雄所謂『大器猶規矩準繩，先自治而後治人』者是也。管仲三歸、反坫，桓公內嬖六人，而霸天下，其本固已淺矣。管仲死，桓公薨，天下不復宗齊。」蘇氏，名軾，眉山人。○語録曰：「只爲他本領淺，只做得九合諸侯、一匡天下之功，三歸、反坫等用處皆小。」楊氏曰：「夫子大管仲之功而小其器。蓋非王佐之才，雖能合諸侯、正天下，其器不足稱也。道學不明，而王霸之略混爲一途。故聞管仲之器小，則疑其爲儉，以不儉告之，則又疑其知禮。蓋世方以詭遇爲

功，而不知爲之範，則不悟其小宜矣。」語録曰：「恐『混爲一途』之下少些曲折。蓋當時人但見有箇管仲，更不敢擬議他，故疑器小之爲儉，又疑不儉之爲知禮。」○輔氏曰：「大其功，所以從衆而揚其善也；小其器，所以即事而名其實也。」○又曰：「才與器皆生於氣質，其所能爲者謂之才，其所能受者謂之器。仲之才，雖足以合諸侯、正天下，而其器之小不能大，其受局於氣，奪於欲，是以奢而犯禮，苟免幸濟，而其所成就者亦如此之卑也。使仲而嘗學於聖人之門，知大學之道而從事焉，則其器之小者可以大，而其才之能爲者亦將光明盛大，雖伊周事業可以坐致矣。」○又曰：「以器小爲儉，退一步以求其美也；以不儉爲知禮，進一步以求其美也，一進一退而終欲成仲之美。蓋當時道學不明，功利是騖，人已眩惑於管仲之功，而不敢議其失矣。」○陳氏曰：「如蘇氏説得不知大學本領，所以局量褊淺處，楊氏説得不能致主於王道，所以規模卑俠處，須兼二説通看，乃備其義。」

○子語魯大師樂，曰：「樂其可知也：始作，翕如也；從之，純如也，皦如也，繹如也，以成。」語，去聲。大，音泰。從，音縱。

語，告也[二]。大師，樂官名。時音樂廢闕，故孔子教之。翕，合也。胡氏曰：「樂作而

[二]「語告也」下通志堂經解本有小字注：「胡氏曰：『不待其問而告之也。』」

不合，則不備。」從，放也。純，和也。陳氏曰：「純則相濟，如一而和。」〇胡氏曰：「翕合則易至於迫蹙，故放之而欲其和。」皦，明也。陳氏曰：「皦則節奏分明而不相陵奪。」〇胡氏曰：「既和而不明，則無別。」繹，相續不絶也。胡氏曰：「既別而不相連續，則無貫通之妙。」成，樂之一終也。胡氏曰：「翕而純，純而皦，皦而繹，其次第如此，周而復始，故謂之一成。」〇謝氏曰：「五音六律不具，不足以爲樂，『翕如』言其合也。五音合矣，清濁高下如五味之相濟而後和，故曰『純如』。合而和矣，欲其無相奪倫，故曰『皦如』。然豈宮自宮而商自商乎？不相反而相連，如貫珠可也，故曰『繹如也，以成』。」輔氏曰：「夫子之言樂，首尾具舉，節目分明，非其心通默會，何以及此？又得謝氏發明之詳，可不玩其説以求樂之義哉？」

〇儀封人請見，曰：「君子之至於斯也，吾未嘗不得見也。」從者見之。出曰：「二三子何患於喪乎？天下之無道也久矣，天將以夫子爲木鐸。」請見、見之之見，賢遍反。從、喪，皆去聲。

儀，衛邑。封人，掌封疆之官，胡氏曰：「封人，周官名，掌爲畿封而殖之。左氏傳所謂潁谷封人、祭封人、蕭封人，皆典封疆在邊邑者也。」蓋賢而隱於下位者也。胡氏曰：「封人有請見之心，則非若沮溺之狷介自高矣。自言其得見君子之多，則所聞已不淺狹矣。雖其見聖人而請問之辭不傳，然意象和平，進退從容，既出而語門人之語，亦深得其大致，則賢者而隱於下位者

也。」君子，謂當時賢者。至此皆得見之，自言其平日不見絶於賢者，而求以自通也。見之，謂通使得見。喪，謂失位去國，禮曰「喪欲速貧」是也。或問：「諸家皆以喪爲斯文之喪，子獨以爲失位之喪，何也？」曰：「此劉侍讀之説，而蘇氏因之，得其指矣。蓋封人亦曰『何患於喪』而已，固未有以知其爲斯文之喪。且當是時，夫子固無恙也，二三子又何患於斯文之喪乎？」木鐸，金口木舌，施政教時所振以警衆者也。胡氏曰：「明堂位言：『振木鐸于朝。』」言亂極當治，天必將使夫子得位設教，不久失位也。封人一見夫子而遽以是稱之，其所得於觀感之閒者深矣。語録曰：「儀封人與夫子説話皆不可考，但此人辭氣最好，必是箇賢有德之人，一見夫子，其觀感之閒必有所見，故爲此言。」○輔氏曰：「聖人德容之盛，觀之者固當知所敬愛矣。然封人之贊夫子，則因所見以驗所聞，即其已然而得其將然，不惟有以見聖人之當乎天，而又有以知天之不能違乎聖人也。其得於觀感之際可謂深矣，豈他人所能及哉。」或曰：「木鐸所以徇于道路，言天使夫子失位，周流四方以行其教，如木鐸之徇于道路也。」輔氏曰：「本説意實而味長，後説意巧而味短。」

○子謂韶，「盡美矣，又盡善也」。謂武，「盡美矣，未盡善也」。

韶，舜樂。武，武王樂。美者，聲容之盛。善者，美之實也。語録曰：「美如人生得好，善則其中有德行耳。以樂論之，其聲音節奏與功德相稱可謂美矣，善則是那美之實。」○又曰：

「實是美之所以然處，且如織出絹與布，雖皆好，然布終不若絹之好。」○輔氏曰：「聲容，言樂之聲，舞之容也。美之實，則謂其聲容之所以美。」○陳氏曰：「美以功言，善以德言，集註已分明。」○胡氏曰：「美者善之著，善者美之實。」**舜紹堯致治，武王伐紂救民，其功一也，故其樂皆盡美。**胡氏曰：「盡美者，韶、武各盡其美，蓋韶盡揖遜繼紹之美，武盡發揚蹈厲之美。」**然舜之德，性之也，又以揖遜而有天下；武王之德，反之也，又以征誅而得天下，故其實有不同者。**語録曰：「性之、反之，也要尋他本身上來，自是不同。使舜當武王時，畢竟更强似大武；使武王當舜時，必不及韶樂好。」○又曰：「舜之德如此，又撞著好時節；武王德不及舜，又撞著不好時節。」○又曰：「德有淺深，有幸不幸。舜性之，武王反之，自有淺深。舜以揖遜，武以征伐，征伐雖是應天順人，自是有不盡美處。今若要强説舜、武同道，也不得；必欲美舜而貶武，也不得。舜、武不同，正如孟子言伯夷、伊尹之於孔子不同。至謂『得百里之地而君之，皆能以朝諸侯、有天下；行一不義、殺一不辜而得天下，不爲。是則同也』。舜、武同異正如此。故武王之德雖比舜有淺深，而治功亦不多争。韶、武之樂正是聖人一箇影子，要得因此以觀其心。」○又曰：「舜之德性之，武王反之，是他身上事與揖遜、征伐不相干，但舜處武王時，畢竟又別。」○陳氏曰：「揖遜、征伐，乃所遇之時不同，非干性、反之故。」○問：「性、反與樂何相干？」曰：「樂雖由外作，却與本人意思相合，便是德之影子，不可謂不相干也。」○蔡氏曰：「或

疑性之、反之之説頗遠於樂，殊不知樂觀其深矣，若不原其性之、反之之異，亦何以觀其深。」○程子曰：「成湯放桀，惟有慙德，武王亦然，故未盡善。堯舜、湯武，其揆一也。征伐非其所欲，所遇之時然爾。」語録曰：「問：『使舜遇湯武之時，不知如何？』曰：『只怕舜盛德，人自歸之。若是大段負，固不得已，也須征伐，如伐苗是也。』」○輔氏曰：「舜、武王之樂，雖其實有不同者，然聖人至公無我之心，順天應人之舉，則其揆一也。故成湯之德爲有慚，武王之樂未盡善，皆所遇之時然耳。」

○子曰：「居上不寬，爲禮不敬，臨喪不哀，吾何以觀之哉？」居上主於愛人，故以寬爲本。爲禮以敬爲本。臨喪以哀爲本。既無其本，則以何者而觀其所行之得失哉？語録曰：「有其本，方可就其本上看他得失厚薄。若無其本，更看箇甚麽。」○又曰：「如寬便有過不及，哀便有淺深，敬便有至不至。須是有上面這箇物事，方始就這箇見得他得失。」○陳氏曰：「觀字有辨明兩件底意。此三者是根本切要處，可以觀人之得失。若無其本，則其他末處無可以觀其得失矣。」

里仁第四

凡二十六章。

子曰：「里仁爲美。擇不處仁，焉得知？」處，上聲。焉，於虔反。知，去聲。

里有仁厚之俗爲美。語録曰：「如今有箇鄉村人淳厚，便是那鄉村好。」**擇里而不居於是焉，則失其是非之本心，而不得爲知矣。**或問：「孟子嘗引以明擇術之意，今直以擇鄉言，何也？」曰：「以文義考之，則擇云者，不復指言所擇，而特因上句以爲文，恐聖人本意止於如此，而孟子姑借此以明彼耳。」○黄氏曰：「道無精粗，凡所當然，無非道也。居必擇鄉，居之道也。薰陶染習以成其德，賙卹保愛以全其生，此豈細故哉。學者不可以擇里爲粗，而必欲以擇術之言爲精也。」

○子曰：「不仁者不可以久處約，不可以長處樂。仁者安仁，知者利仁。」

樂，音洛。知，去聲。

約，窮困也。利，猶貪也，蓋深知篤好而必欲得之也。輔氏曰：「知者之於仁，猶小人之貪利，皆深喻篤好，故必欲得之。蓋天理人欲同行而異情，小人能移爲惡之心以爲善，則何有哉。」**不仁之人，失其本心，久約必濫，久樂必淫。**語録曰：「問：『既是失其本心，則便解濫淫，而必以久言之，何故？』曰：『也有時下未肯恁地做底，聖人説話穩。而今説道他不仁，則約便濫，樂便淫，也有不便恁地底。』」○黄氏曰：「本心者，天理之公。失其本心，則人欲之私爲之主矣。徇人欲之私，豈能久處約、長處樂乎？」○輔氏曰：「濫謂濫溢爲非，淫謂淫佚自失。不

仁之人，失其本心，則以物爲我，逐物變遷，好惡生於瞬息之閒，欣厭起於不旋踵之後，曰濫曰淫，蓋有不期然而然者。」**惟仁者則安其仁而無適不然，知者則利於仁而不易所守，蓋雖深淺之不同，然皆非外物所能奪矣。**輔氏曰：「仁者安其仁而無適不然，如地之安靜而無物不體，無時不然。知者利於仁而不易所守，則所謂『知而弗去』者是也。知者知而不去，仁者常而不已。」○陳氏曰：「仁者智者之能處約樂，只於安利處便見。蓋仁者安其仁而無適不安，久處約亦安，長處樂亦安。如舜飯糗茹草，若將終身，及被袗鼓琴，若固有之，殊不以約樂爲事，視外事若無有也。知者貪仁如嗜利而不易所守，在富貴不能淫，在貧賤不能移，故久處約，長處樂，皆確然不爲外物所奪。」○蔡氏曰：「仁知雖皆非外物所能奪，然人之資稟亦自不同，有得仁之深者，有得知之深者，加學問之功，則知者亦可以至於仁。然欲至於仁，亦未有不由於知也。」○愚謂：安仁者心與仁爲一，故曰其。知者心與仁猶二也，故曰於。**○謝氏曰：「仁者心無内外、遠近、精粗之閒，非有所存而自不亡，非有所理而自不亂，如目視而耳聽，手持而足行也。知者謂之有所見則可，謂之有所得則未可。有所存斯不亡，有所理斯不亂，未能無意也。安仁則一，利仁則二。安仁者非顔閔以上，去聖人爲不遠，不知此味也。諸子雖有卓越之才，謂之見道不惑則可，然未免於利之也。」**語録曰：「問『遠近、精粗之閒』。曰：『亦只是内外意思。吾心渾然一理，無内外、遠近、精粗，這段分別極通透。謝氏此

説，他人所不到。』」○又曰：「利仁，貪利爲之，未要做遠底，且就近底做；未要做精底，且就粗底做。」○問：「安仁者非顔閔以上不知此味，便是聖人之事乎？」曰：「是。到顔閔地位知得此味，猶未到安處也。」○陳氏曰：「内外以身分别，内是裏面，外是外面。遠近以所在言，近是目前處，遠是千里之外極天所覆處。精粗以事言，精是入細底事，粗是至粗鄙底事。仁者之心，日用間渾是天理流行，無一處不該，無一物不貫，何有内外、遠近、精粗之間？若見得仁分明，此等處自曉然矣。」○輔氏曰：「仁體事而無不在，故心無内外、遠近、精粗之異，我固有之，自然而然。非有所存而自不亡，言其體也；非有所理而自不亂，言其用也。其動以天，不待於使，故如目視而耳聽，手持而足行，此安仁之事，非顔閔以上去聖人不遠者，不知此味也。知者之知，足以知夫仁，然未能得之於己也。有所操存，則其體斯不亡；有所經理，則其用斯不亂。此意少懈，則不能不失之。此利仁之事，所謂『諸子雖有卓越之才，謂之見道不惑則可，然未免於利之也』。諸子，蓋指孔門羣弟子，由賜以下諸人也。」○又曰：「安仁則純乎義理，仁即我也，我即仁也，故一。利仁則心知欲仁，守而勿失，於仁猶有間也，故二。」○莆田黄氏曰：「仁者心存，隨處皆仁，如源清看如何流出皆清也，更不待計較安排，其體常存，其用各當，如目視耳聽，手持足行，動著便自然相應。」

○子曰：「惟仁者能好人，能惡人。」好、惡，皆去聲。

惟之爲言，獨也。蓋無私心，然後好惡當於理，輔氏曰：「仁者心之德，純是義理，才有

纖毫私欲便是不仁。不仁，則其好惡自然與義理相違悖矣。」○胡氏曰：「好其所是，惡其所非，人之至情也。然有一私意雜乎其間，則憎而不知其善，愛而不知其惡者有矣。故好惡當理，惟仁者能之。仁者之心渾然天理，無一豪私意，其心之所好，理之所當好，其心之所惡，理之所當惡也。」程子所謂「得其公正」是也。或問「公正」之説。曰：「公者，心之平也；正者，理之得也。一言之中，體用備矣。」○語録曰：「惟公然後能正。公是箇廣大無私意，正是箇無所偏主處。」○又曰：「程子只著箇『公正』兩字解這處，怕人理會不得，故以『無私心』解公字，『好惡當於理』解正字。有人好惡當於理，而未必無私心；有人無私心，而好惡又未必當於理。惟仁者既無私心，而好惡又當於理。」○又曰：「而今人多連看『公正』二字，其實公自是公，正自是正，這兩箇字相少不得。公是心裏公，正是好惡得來當理。苟公而不正，則其好惡必不能皆當乎理；正而不公，則切切然於事物之閒求其是，而心却不公。所以此兩字不可少一。」○黄氏曰：「謂之得其公正，則是一好一惡皆有以得夫至公至正而非私非邪，所以爲能好惡也。仁者無私欲，所以見於好惡者，得其公；仁者皆天理，所以見於好惡者，得其正。」○陳氏曰：「二字固須兼盡，然亦相因，非截然二物。更須知雖無私心，苟不合正理，乃私也；雖或當理，苟未能無私心，亦未得爲當理也。」○輔氏曰：「公以心言，正以事言。心公，則所好所惡之事皆得其正。」○胡氏曰：「公者，即無私心之謂；正者，即好惡當於理之謂。無私心，體也；好惡當於理，用也。有是體則有是用也。」○游氏曰：「好善而惡惡，天下之同情，然人每失其正者，心有所繫而不能自克

也。惟仁者無私心，所以能好惡也。」輔氏曰：「好善惡惡，雖天下之同情，然人每失其正者，不能致知誠意而有所累于心故也。方其好善也，而有不好者拒之於內，方其惡惡也，而有不惡者引之於中，所以卒至於倒行逆施，好其所惡，惡其所好，而無所不至矣。」

○子曰：「苟志於仁矣，無惡也。」惡，如字。

苟，誠也。胡氏曰：「苟字有二義：有以苟且爲言者，苟合、苟美之類是也；有以誠實爲言者，此章及『苟子不欲』之類是也。」志者，心之所之也。其心誠在於仁，則必無爲惡之事矣。語録曰：「纔志仁時，便無惡，若閒斷不志仁時，惡又生。」○黄氏曰：「人心不可兩用，志於此必遺於彼，所患者無其志耳。况仁者，此心之全德，誠志於仁，則必先存此心天理之公，而去其人欲之私，惡念何自而生乎？」○永嘉陳氏曰：「此是君子小人分路，猶向東行，人一心向東去，無復有回轉向西之理，西行人亦然。」○楊氏曰：「苟志於仁，未必無過舉也，然而爲惡則無矣。」通書解義曰：「有心悖理謂之惡，無心失理謂之過。」○語録曰：「惡是誠中形外，過是偶然過差。」○輔氏曰：「過舉，謂或用意過當，或資質之偏，或氣壹之動志。無惡，則志爲之主也。志在於仁，則思慮自不到於惡上矣，又安得志於爲惡哉？」

○子曰：「富與貴是人之所欲也，不以其道得之，不處也；貧與賤是人之所惡也，不以其道得之，不去也。惡，去聲。

不以其道得之，謂不當得而得之。或問：「君子而有非道以得富貴者，何也？」曰：「是亦一時不期而得之，非語其平日之素行也。蓋如『孔子主我，衛卿可得』『行一不義、殺一不辜而得天下』之類耳。」○黄氏曰：「世之得貧賤之道多矣，如不守繩檢、博弈鬬狠、奢侈縱肆者，所以取貧賤之道。不以其道者，謂無此等事，而爲水火、盜賊、陷於刑戮之類以致貧賤，皆非以得貧賤之道而得之。」**然於富貴則不處，於貧賤則不去，君子之審富貴而安貧賤也如此。**語録曰：「得富貴，須是審，苟不以其道，決是不可受他底。得貧賤，却要安，我雖是不當得，不可於上面計較，云我不當得貧賤，有汲汲求去之心。」○又曰：「今人大率於利，雖不當得，亦瞑然受之；若有害，則必以爲不當得，而求去之，便不是。君子則於富貴之來，須是審而處之；於貧賤，則不問當得與不當得，但當安而受之，不求去也。」

君子去仁，惡乎成名？惡，平聲。

言君子所以爲君子，以其仁也。輔氏曰：「君子者，成德之名，而仁者，心之全德也，故惟仁然後可以名君子。」**若貪富貴而厭貧賤，則是自離其仁而無君子之實矣，何所成其名乎？**輔氏曰：「貪字正與審字相悖，厭字正與安字相反。審富貴而安貧賤，則義理勝而物欲不行。必如是，然後可以爲仁。不然，則是自離其仁而無君子之實矣，尚何以成君子之名乎？」○胡氏曰：「仁者，君子之實，無其實，則何以成其名哉。」

君子無終食之間違仁，造次必於是，顛沛必於是。」造，七到反。沛，音貝。

終食者，一飯之頃。造次，急遽苟且之時。顛沛，傾覆流離之際。語録曰：「問：『苟且莫只就人情上説否？』曰：『苟且是時暫處，苟可以坐，苟可以立，令此心常存，非如大賓大祭時也。』問：『曾子易簀，莫是苟且時否？』曰：『此正是顛沛之時，那時已不可扶持，要如此生也不能得。』」蓋君子之不去乎仁如此，不但富貴、貧賤取舍之間而已也。○言君子爲仁，自富貴、貧賤取舍之間，以至於終食、造次、顛沛之頃，無時無處而不用其力也。語録曰：「聖人之意，不獨是教人於富貴、貧賤處做工夫，須是到終食、顛沛、造次都用功方可。」○輔氏曰：「道理無處不有，無時不然，君子爲仁豈可不無時無處而用其力哉？」然取舍之分明，然後存養之功密；存養之功密，則其取舍之分益明矣。輔氏曰：「取舍之分在外，所謂審富貴而安貧賤是也，而實有助於内。存養之功在内，所謂無終食、造次、顛沛之違是也，而實有益於外。故取舍之分明，則存養之功愈精密而無違闕之處；存養之功密，則取舍之分愈明白而無疑似之差。」○蔡氏曰：「審富貴、安貧賤，是立大根本處；終食不違，造次、顛沛必於是，是入細存養處。學者固不可不加存養之功，然若不先立此根本，則亦無以爲存養之地也。」

○子曰：「我未見好仁者、惡不仁者。好仁者，無以尚之；惡不仁者，其爲仁矣，不使不仁者加乎其身。好、惡，皆去聲。

夫子自言未見好仁者、惡不仁者。問：「好仁者必惡不仁，惡不仁者必好仁，二者並行而不相悖，聖人必於好惡上分輕重，何也？」永嘉陳氏曰：「性各有偏重。顏子正是好仁之人，豈不能惡不仁？孟子正是惡不仁，豈不能好仁？只緣惡不仁意思勝如好仁。故各於偏重處成就。」**蓋好仁者真知仁之可好，故天下之物無以加之；**語録曰：「既是好仁，便知得他無以加此。若是説我好仁，又却好財好色，物皆有好，便是不曾好仁。若果好仁，便須天下之物皆無以過之。」**惡不仁者真知不仁之可惡，故其所以爲仁者，必能絶去不仁之事，而不使少有及於其身。**語録曰：「惡不仁如惡惡臭，唯恐惡臭之及吾身也，其真箇惡他如此，非是且如此惡他後又却不惡他也。」**此皆成德之事，故難得而見之也。**胡氏曰：「好仁而知天下之善無以加，則所行皆仁矣；惡不仁而使天下之惡不相及，則所行無不仁矣，故皆得爲成德之事。」○蔡氏曰：「好仁者天資温和寬厚，惟知仁之可好，舉天下之物無以尚之；惡不仁者天資剛毅勁直，真知不仁之可惡，惟恐不仁者得以加其身。若論資質，則惡不仁者不如好仁者之渾然；若論工夫，則好仁者不如惡不仁者之有力。要之皆成德之事，本無優劣，此夫子所以嘆其未見也。」

有能一日用其力於仁矣乎？我未見力不足者。

言好仁、惡不仁者，雖不可見，然或有人果能一旦奮然用力於仁，則我又未見其力有

不足者。輔氏曰：「此以理言，所以開人進善之路也。」蓋爲仁在己，欲之則是，而志之所至，氣必至焉。語録曰：「志如大將一般，指揮一出，三軍皆隨。只怕志不立，若能立志，氣自由我使。人出來恁地萎萎衰衰，恁地柔弱，亦只是志不立。志立，自是奮發敢爲，這氣便生。志在這裏，氣便在這裏。」故仁雖難能，而至之亦易也。

蓋有之矣，我未之見也。」

蓋，疑辭。有之，謂有用力而力不足者。蓋人之氣質不同，故疑亦容或有此昏弱之甚，欲進而不能者，但我偶未之見耳。語録曰：「問：『既曰用力，亦安有昏弱欲進而不能者？』曰：『有這般人，其初用力非不切至，到中閒自是欲進不能。夫子所謂「力不足者，中道而廢」，正説此等人。』」○輔氏曰：「此以事言，所以決人用力之機也。既言『有能一日用其力於仁矣乎，我未之見也』，又曰『蓋有用力而力不足者，但我偶未見之耳』，其言抑揚磨厲，反復嘆嗟，言有盡而意無窮，所以勉學者之爲仁至矣。」蓋不敢終以爲易，而又歎人之莫肯用力於仁也。語録曰：「聖人只是甚言用力者之難得。用力之好者固未之見，到資稟昏弱、欲進而不能者，亦未之見，可見用力者之難得也。」○此章言仁之成德，雖難其人，然學者苟能實用其力，則亦無不可至之理。但用力而不至者，今亦未見其人焉，此夫子所以反覆而歎惜之也。胡氏曰：「此章三言未見，而意實相承。初言成德者之難得，次言用力者之難得，末又言用

力而力不足者亦難得也。語意反復，無非欲學者因是以自警而用其力焉耳。」

〇子曰：「人之過也，各於其黨。觀過，斯知仁矣。」

黨，類也。程子曰：「人之過也，各於其類。君子常失於厚，小人常失於薄；君子過於愛，小人過於忍。」文集曰：「程子止是舉一隅耳，若『君子過於廉，小人過於貪；君子過於介，小人過於通』之類皆是，亦不止於四者而已。」〇語録曰：「君子過於厚與愛，雖然是過，然亦是從那仁中來，血脉未至斷絶。若小人過於薄與忍，則與仁之血脉已是斷絶，謂之仁可乎？」〇又曰：「厚與愛，必竟是仁上發來，其苗脉可見。」〇黄氏曰：「人之有過，必有其類者，氣質心術之不同也。因其所過之類而觀之，則其人之氣質心術可見，故雖有過，而不害其爲仁也。非謂必欲伺人之過而觀其仁，蓋以人雖有過，不可以其過而忽之，於此而觀其類，乃所以得其用心之微也。」〇問：「不知合君子小人之過觀之則可以知仁，還是君子小人各自於其過處觀之？」永嘉陳氏曰：「過於厚處，即其仁可知；過於薄處，即其不仁可知。觀其人之過，可以知其仁不仁矣。中含不仁字。」**尹氏曰：「於此觀之，則人之仁不仁可知矣。」**黄氏曰：「觀其所入是何黨類，而仁不仁可知。」〇輔氏曰：「此章但謂仁者之過，若不仁之過，又何觀哉？故引尹氏之説以結之。」〇蔡氏曰：「經只説知仁，尹氏乃以仁不仁言，蓋推程子之説也。詳味程子之意，似非專指一人而言，乃是通論人之所以有過，皆是隨其所偏，或厚或薄，或愛或忍，就其發處之偏而觀之，則

過於厚、過於愛者固可以知仁，而過於薄、過於忍者亦可以因其不仁而知仁矣。細玩聖經，渾涵宏博，但曰『人之過也，各於其黨』，而厚薄愛忍自無不包；但曰『觀過』，而觀人自觀自無不備；但曰『斯知仁』，而仁與不仁皆在其中矣。蓋聖人就人隱微偏過處指以示人，欲使求仁之功愈密而愈無滲漏，是雖因此可以知仁，而亦非謂必如此而後可以知仁也。」○吴氏曰：「後漢吴祐謂『掾以親故，受汙辱之名，所謂觀過知仁』是也。」愚按：此亦但言人雖有過，猶可即此而知其厚薄，非謂必俟其有過而後賢否可知也。輔氏曰：「人情於人之過失多不致察，故夫子發此『觀過知仁』之説耳，却非是説欲知人賢否，必須俟其有過而後可觀也。」

○子曰：「朝聞道，夕死可矣。」

道者，事物當然之理。苟得聞之，則生順死安，無復遺恨矣。語録曰：「道只是事物當然之理，只是尋箇是處。大者易曉，於細微曲折人須自辨認取。若見得道理分曉，生固好，死亦不妨。不然，生也不濟事，死也枉死。」○又曰：「問：『雖死亦安，無有遺恨。』曰：『死亦是道理。』」○黄氏曰：「事物當然之理，即道也；合事物當然之理而總言之，亦道也。口耳誦説，即聞也；物無不格而理無不通，亦聞也。此所謂聞，物無不格，理無不通之謂也。」○輔氏曰：「父子有親，則於父子之閒順矣；君臣有義，則於君臣之閒順矣；夫婦有別，則夫婦順矣；長幼有序，則長幼順矣；朋友有信，則朋友順矣。推而至於應事接物之際，各得其理，則無適而非順矣，豈

復有不足之憾哉？生盡其順，則死得其安，如曾子易簀是也，不如是則不安矣。」○胡氏曰：「夫子但以夕死爲可，而今兼生順言之者，惟其生順而後死安也。果能朝有所聞，必不肯置身於一豪不順之地，生既能順，則雖死可也。」**朝夕，所以甚言其時之近。**○程子曰：「**言人不可以不知道，苟得聞道，雖死可也。**」語録曰：「此聞是知得到，信得及，方是聞道，故雖死可也。若以聽人之説爲聞道，若如此便死，亦可謂枉死了。」○又曰：「所謂聞道，亦不止知得一理，須是知得多，有箇透徹處，至此雖便死也不妨。」**又曰：「皆實理也，人知而信者爲難。死生亦大矣，非誠有所得，豈以夕死爲可乎？」**或問：「朝聞夕死，得無近於釋氏之説？」曰：「吾之所謂道者，君臣、父子、夫婦、昆弟、朋友當然之實理也。彼之所謂道，則以此爲幻爲妄而絶滅之，以求其所謂清淨寂滅者也。人事當然之實理，乃人之所以爲人而不可以不聞者，故朝聞之而夕死，亦可以無所憾。若彼之所謂清淨寂滅者，則初無所效於人生之日用，其急於聞之者，特懼夫死之將至，而欲倚是以敵之耳。是以爲吾之説者，行法俟命而不求知死；爲彼之説者，坐亡立脱，變見萬端，而卒無補於世教之萬分也。程子專以實理爲説，其旨亦深切矣。」○語録曰：「知後須要得，得後方信得篤。」

○**子曰：「士志於道，而恥惡衣惡食者，未足與議也。」**

心欲求道，而以口體之奉不若人爲恥，其識趣之卑陋甚矣，何足與議於道哉？或問：

「恥惡衣惡食者，其爲未免於求飽求安之累者乎？」曰：「此固然也。然求飽與安者，猶有以適乎口體之實也，此則非以其不可衣且食也，特以其不美於觀聽而自恧焉。蓋其識致卑凡，又在求飽與安者之下矣。志於道而猶不免乎是焉，則其志亦何足言哉。」○輔氏曰：「士志於道，則舉天下之物不足以動其心，所知日高明，所造日廣大，與之議道，則足以發其精微，盡其曲折。若猶以口體之奉不若人爲恥，則其識趣之卑陋可知矣，尚何足與議夫道哉。」○程子曰：「志於道而心役乎外，何足與議也？」語録曰：「程子只於本文添一兩字，看著似平淡，若是子細去窮究，其味深長。」○陳氏曰：「志方求而未真有得，安保其無外役以分之。」○葉氏曰：「心一而已，役於物則害於道，篤於道則忘於物。天理人欲消長之機，聖人之所深辨，而學者之所當加察也。」

○子曰：「君子之於天下也，無適也，無莫也，義之與比。」適，丁歷反。比，必二反。

適，專主也。春秋傳曰「吾誰適從」是也。莫，不肯也。比，從也。○謝氏曰：「適，可也。莫，不可也。無可無不可，苟無道以主之，不幾於猖狂自恣乎？此佛老之學所以自謂心無所住而能應變，而卒得罪於聖人也。聖人之學不然，於無可無不可之閒，有義存焉。然則君子之心，果有所倚乎？」語録曰：「聖人不説道可，不説道不可，但看義如何耳。佛老則皆不睹是，我要道可便是可，我要道不可便是不可，只由在我説得。」○又

曰：「君子之心果有所倚乎？只是把心去看是與不是。」○輔氏曰：「適爲專主，莫爲不肯主也。謝氏以適爲可者，謂其專主於可也，適與莫相反，既以適爲可，故以莫爲不可也。」○又曰：「道是體，義是用，義是就事上言。前且總言之，故以體言而曰道；又析言之，故以用言而曰義。」○又曰：「聖人之學以道爲主，而隨事應變，有義存焉，則雖若有倚，而實無所倚。蓋道義變動不居，未嘗有所倚著故也。」○又曰：「君子之心果有所倚乎？此是活句，蓋欲學者深思而自得之也。大抵無適無莫而不主於義，則猖狂妄行；無適無莫，義之與比，則步步著實，自然無倚也。」○胡氏曰：「適既釋爲專主矣，與謝氏可也之義甚不類。然適與莫對，以適爲心之所專主，則莫非所主矣。主之者必意之所可，則不主者必所不可矣。字訓雖殊，而義則相通。」

○子曰：「君子懷德，小人懷土；君子懷刑，小人懷惠。」

懷，思念也。懷德，謂存其固有之善。懷土，謂溺其所處之安。懷刑，謂畏法。懷惠，謂貪利。君子小人趣向不同，公私之間而已矣。輔氏曰：「懷德，謂存乎是心固有之善。懷土，謂溺乎此身所處之安。懷刑，謂畏法，如管仲所謂『畏威如疾』，禮記所謂『畏法令』者，皆是也。人能如此，亦可謂善，有違條礙貫底事能不做，亦大段好了。懷惠，謂貪利苟得，而不復知有所謂義理者也。」**○尹氏曰：「樂善惡不善，所以爲君子；苟安務得，所以爲小人。」**或問「懷刑之爲惡不善」。曰：「樂善、惡不善，猶曰好仁、惡不仁也。必以刑爲言，則猶管

仲所謂『畏威如疾』，申公巫臣所謂『慎罰，務去之之謂』耳。」○語録曰：「此是君子小人相對說，尹氏之說得之。若一串說底，便添兩箇則字，惠字下又著添字。」○輔氏曰：「樂善惡不善，心之公也。苟安務得，欲之流也。」

○子曰：「放於利而行，多怨。」放，上聲。

孔氏曰：「放，依也。多怨，謂多取怨。」孔氏，名安國，西漢人，孔子十一世孫。**○程子曰：「欲利於己，必害於人，故多怨。」**輔氏曰：「凡事須要自家安利，則自然不恤它人，故必至於害人而多取怨。」

○子曰：「能以禮讓爲國乎？何有？不能以禮讓爲國，如禮何？」

遜者，禮之實也。語録曰：「問：『辭遜之端發於本心之誠然，故曰遜是禮之實。』曰：『是。玉帛交錯，固是禮之文；擎跽曲拳，升降俛仰，只是禮之文，皆可以僞爲。惟是辭遜，方是禮之實，這却僞不得。』」○又曰：「遜者，譬如凡事寧就自家身上抉出些箇辭尊居卑、辭多受少底意思，方是禮之實。」○黄氏曰：「禮有實有文，以所有而遜與人，此非虚文，乃實事也。實字只當如此看。」○陳氏曰：「此一句最切要，乃以心言。真能如此，則自足以興起國人之心矣。」**何有，言不難也。言有禮之實以爲國，則何難之有，不然，則其禮文雖具，亦且無如之何矣，**輔氏曰：「若無其實而徒相與於繁文末節之間，則亦無如禮何矣。」○蔡氏曰：「集註言遜者禮之

實，又言禮文雖具，蓋實字與文字相對。發於辭遜之心，見於辭尊居卑、辭多受少者，禮之實也。從事乎繁文末節，而形於跪拜俯伏者，特禮之文耳。以禮之實爲國，則一國興遜，其爲國也何有？若徒從事於繁文末節之閒，亦僞而已矣，其如禮何哉？」而況於爲國乎？

○子曰：「不患無位，患所以立；不患莫己知，求爲可知也。」

所以立，謂所以立乎其位者。可知，謂可以見知之實。○程子曰：「君子求其在己者而已矣。」黄氏曰：「所以立乎位之道，有可知之實，求諸己也；患無位、患莫己知，求諸人也。求諸己，而在人者有不得，在我無憾矣；求諸人，而在己者有不足，祇足以自愧而已。」○輔氏曰：「人情惟患無位耳，君子則以立乎其位者爲患；人情惟患莫己知耳，君子則以無可知之實爲患，此正爲己之學也。」

○子曰：「參乎！吾道一以貫之。」曾子曰：「唯。」參，所金反。唯，上聲。

參乎者，呼曾子之名而告之。胡氏曰：「以『子出，門人問』觀之，當時侍坐必非一人，獨呼曾子而語之，蓋唯曾子爲能達此也。」貫，通也。唯者，應之速而無疑者也。愚謂：禮曰：「先生召無諾，唯而起。」所以唯爲應之速。聖人之心渾然一理，而泛應曲當，用各不同。胡氏曰：「此一章之大旨也。渾然一理者，純亦不已，無豪髮之閒斷，在學者則爲忠，在夫子則爲一，在天地則爲至誠無息也。泛應曲當者，酬酢萬變，無不合乎理，在學者則爲恕，在夫子則

爲貫，在天地則爲萬物各得其所也。」**曾子於其用處，蓋已隨事精察而力行之，但未知其體之一爾。**語録曰：「問：『曾子未知其體之一。』曰：『它逐件去理會。問喪禮，到人情委曲處，無不講究。其初見一事只是一事，百件事是百件事。得夫子一點醒，百件事只是一件事，許多般様，只一心流出。曾子至此，方信得是一箇道理。』」○又曰：「曾子先於孔子之所以教者，日用之常，禮文之細，莫不學來，惟未知其本出於一貫耳。」○又曰：「它只見得一事一理，不知只是一理。」○又曰：「問：『曾子未知體之一處，恐但能行其粗而未造其精。』曰：『聖人所以發用流行處，皆此一理，豈有精粗？政如水相似，田中也是此水，池中也是此水，溝中也是此水，海中也是此水。不成説海中水是精，它處水是粗，豈有此理？緣它見聖人用處，皆能隨事精察力行，不過但見得聖人之用不同，而不知實皆此理流行之妙。且如事君忠是此理，事親孝也是此理，交朋友信也是此理，以至精粗小大之事，皆此一理貫通之。』」○胡氏曰：「一即體，貫即用，體隱而用顯。故用可見，學者之所能知。體不可見，非學之至者不能知也。」**夫子知其真積力久，將有所得，是以呼而告之。曾子果能默契其指，即應之速而無疑也。**或問：「一貫之指，夫子不俟曾子之問而呼以告之，曾子無所問辯而唯焉以對，何也？」曰：「曾子之學主於誠身，其於聖人一言一行之際，蓋無不詳視審記而力行之也。至是，則其積之久，行之熟，日用之間所以應物處事者，各有條理而無不盡矣。所未達者，特未知反求其本，而得夫衆理之所自來，然其下學

之功亦至，而將有以上達矣。夫子於此，蓋得之眉睫之閒也，故不俟其問而呼以告之。若曰吾之所謂道者，雖有精粗、小大、内外、本末之殊，然其所以爲道者，則一而已矣。曾子之心於是豁然，而有以得夫衆理之所自來者，故無所復疑而直應曰唯，蓋不惟無待於問辯，而亦不容有所稱贊也。」○輔氏曰：「曾子平日於聖人應事接物處一一精察而力行之，然其所以未知體之一者，想見聖人只教他去事事物物上做工夫，而曾子之心思亦未嘗到那上，只是著實踐履將去。至此而真積力久，亦將融會貫通，自有所得，故夫子才略提省他，他便自能默契其指也。」

子出。門人問曰：「何謂也？」曾子曰：「夫子之道，忠恕而已矣。」

盡己之謂忠，推己之謂恕。文集曰：「盡己、推己，皆是賢人之事[二]，但以二者自相對待，便見體用之意。盡己是體上工夫，推己是用上工夫。」○語録曰：「忠者，盡己之心，無少僞妄；恕者，推己及物，各得其所欲。」○陳氏曰：「忠是就心説，是盡己之心無不真實者；恕是就待人接物處説，只是推己心之所真實者以及人物而已。」**而已矣者，竭盡而無餘之詞也。**胡氏曰：「所以止其妄意高遠之弊，非姑爲假託之辭也。」**夫子之一理渾然而泛應曲當，譬則天地之至誠無息而萬物各得其所也。自此之外，固無餘法，而亦無待於推矣。**語録曰：「自此

[二] 賢，原作「門」，據通志堂經解本改。

之外，固無餘法，便是那竭盡無餘之謂。聖人只是箇忠，只是箇恕，更無餘法。學者則須推之。聖人則不消如此，只是箇至誠無息，萬物得所是也。」○問：「推，只是推己之推否？更無餘法，是一理之外更無其他否？」曰：「聖人之忠恕自别，不可將做尋常忠恕字看。」問：「恕必須是推，若不須推便是仁了。」曰：「聖人本不可説是忠恕，曾子假借來説。要之，天地是一箇無心底忠恕，聖人是一個無爲底忠恕，學者是一箇著力底忠恕。學者之忠恕，方正定是忠恕。」○陳氏曰：「詳集註所謂『自此之外，更無餘法，而亦無待於推矣』，繫之『天地至誠無息而萬物各得其所』之下，則『更無餘法』是言已盡之意，應『至誠無息』句，『亦無待於推』是應『萬物各得其所』意。」○輔氏曰：「一理渾然而泛應曲當者，聖人之體用也。至誠無息而萬物各得其所者，天地之體用也。聖人之體用與天地爲一，則至矣、盡矣、不可以有加也，故曰『自此之外，固無餘法』。皆自然而然，莫之爲而爲，莫之致而致，故曰『亦無待於推矣』。」**曾子有見於此而難言之，故借學者盡己、推己之目以著明之，欲人之易曉也。**語録曰：「一貫譬是天然底花，爲是天然底，難説，故把忠恕來説，恰如把做底花形容那天然底花。」**蓋至誠無息者，道之體也，萬殊之所以一本也；萬物各得其所者，道之用也，一本之所以萬殊也。以此觀之，一以貫之之實可見矣。**語録曰：「忠恕只是體用，猶形影，要除一箇不得。」○又曰：「以其必於此而本焉，故曰道之體；以其必由是而之焉，故曰道之用。」○問：「若把做體用説，恐成兩截。」曰：「説體用，便

只是一物。如人渾身便是體，口裏説話便是用，不成説話底是箇物事，渾身又是一箇物事。萬殊便是這一本，一本便是那萬殊。」○又曰：「忠者一理也，恕便是條貫萬殊，皆自此出來。雖萬殊，却只一理，所謂貫也。」○又曰：「一本是統會處，萬殊是流行處。在天道言之，一本則是元氣之於萬物，有日月、星辰、昆蟲、草木之不同，而只是一氣之所生；萬殊則是日月、星辰、昆蟲、草木之所得而生，一箇自是一箇模樣。在人事言之，則一理之於萬事，有君臣、父子、兄弟、朋友，動息、洒掃、應對之不同，而只是此理之所貫；萬殊則是君臣、父子、兄弟、朋友之所當於道者，一箇是一箇道理，其實只是一本。」○又曰：「而今不是一本處難認，是萬殊處難認，如何就萬殊處見得皆有恰好處。」○又曰：「到這裏只見一本萬殊，不見其他。」○輔氏曰：「此又獨舉天地之體用而釋之也，雖不言聖人之體用，而聖人之體用亦在其中矣。故直言道之體、道之用而已，亦不復明言天地也。萬殊之所以一本者，指用之出於體，謂萬殊之實出於一本也；一本之所以萬殊者，指體之散於用，謂一本之實散於萬殊也。指用之出於體，指體之散於用，則一以貫之之實可見矣。」或曰：「**中心爲忠，如心爲恕。」於義亦通。**語録曰：「此語見周禮疏。」○又曰：「如，比也。比自家心推將去。」○輔氏曰：「中心爲忠，謂中心所存，本無一豪之不盡也。如心爲恕，謂如我之心而推之於外，無彼此之閒也。心存於中則自無不盡，如心而推則自然及物。」○**程子曰：「以己及物，仁也；推己及物，恕也，違道不遠是也。忠恕一以貫之：忠者天道，恕**

者人道；忠者無妄，恕者所以行乎忠也；忠者體，恕者用，大本達道也。此與『違道不遠』異者，動以天爾。」或問：「天道亦盡己之心而推以及物乎？」曰：「此以天道著人事，取其理之屬乎是者而分之耳。若天之自然而無外，則又何己之盡而有待乎推以及物邪？亦曰其本體之無妄者，在人則謂之忠；由是而生物者，在人則謂之恕耳。」曰：「推程子動以天之云者，則聖人之忠恕爲動以天，而賢人之忠恕爲動以人矣，而又以忠爲天道，恕爲人道，何邪？且盡己、推己均有涉乎人爲，又何以有天人之分邪？」曰：「彼以聖賢而分也，此以内外而分也。盡己雖涉乎人爲，然爲之在己而非有接於物也[二]。從横錯綜，見其並行而不相悖者焉，則於此無所疑矣。」○語録曰：「以己，是自然流出。乾道變化，各正性命，是太極自然流出來，不待安排布置。老者安之，朋友信之，少者懷之，是聖人心上自然流出來，與天一般。推己，却要著力。」○又曰：「以己及物，是大賢以上聖人之事。聖人是因我這裏有那意思，便去及人。如未饑，未見得天下之饑；未寒，未見得天下之寒。因我之饑寒，便見得天下之饑寒，自然恁地去及他，便是以己及物。如賢人以下，知得我是要恁地，想人亦要恁地，而今不可不教他恁地，三反五折，便是推己及物，只是争箇自然與不自然。」○又曰：「天道是體，人道是用。動以天之天，只是自然。」○又

[二] 在，原作「有」，據通志堂經解本改。

曰：「忠是自然，恕是隨事應接，略假人爲，所以有天人之辨。」○又曰：「此天却是與人對之天，若言動以天也，天即是理之自然。」○又曰：「集註中舉程子第一段甚好，非明道不能得到。自『忠恕一以貫之』以後，至『違道不遠，動以天』住，乃説『一以貫之』之忠恕。其曰『此與「違道不遠」異者，動以天爾』，何也？蓋此數句乃動以天爾。如『推己及物，違道不遠』，則動以人爾。」問：「如此則有學者之忠恕。」曰：「聖人不消言恕，故集註云『此借學者之事而言』。」○又曰：「曾子忠恕與子思忠恕不同，曾子忠恕是天，子思尚是人在。」○又曰：「論著忠恕名義，自合依子思『忠恕違道不遠』是也。曾子所説，却是移上一階，説聖人之忠恕。到程子又移上一階，説天地之忠恕。其實只一箇忠恕，須自看教有許多等級分明。」○黄氏曰：「今且把『違道不遠』之忠恕來看，便分曉，聖人之忠恕，天道也，學者便是人道也。如何又説忠是天道，恕是人道？以聖人去比學者，聖人之忠是天之天，聖人之恕是天之人；學者之忠是人之天，學者之恕是人之人。畢竟忠唤做體，便是近那未發處，故雖學者亦有箇天；恕唤做用，便是推出外去了，雖聖人亦有箇人。忠只是盡自家心，便較易；恕是逐一去做，便著力。」○又曰：「既以天人分忠恕，後獨言『動以天』者，蓋忠則全是天，恕字則有些子人，所以言『忠，天道；恕，人道』。學者之忠恕皆人，聖人之忠恕皆天，所以言『動以天』。」○輔氏曰：「違道不遠者，學者之忠恕也；動以天者，聖人之忠恕也。曾子一貫之忠恕，雖借學者之事而言，其所以異者，只是動以天爾。所謂『動以天爾』者，蓋於忠上已全盡了，不待推而自然及物也。如所謂『以己及物，仁也』，此則夫子之一貫，所謂動以天

也。」○陳氏曰：「程子説忠恕，以大本達道爲言，只是借中庸四字言之爾，其意自不同。蓋中之爲大本，是專指未發處言之。此忠之爲大本，則是就心之存主處、真實無妄處言，徹首徹尾，無間於已發、未發也。」○永嘉陳氏曰：「仁者，己私銷盡，中無障礙，故説己，即人便在，不待以類而推，所謂『以己及物』也。恕者，方欲滌除己私，尚有障礙，因己而後及人，必待以類而推，所謂『推己及物』也。仁恕用心，皆是與物公共意思，但仁者見得快，恕者見得遲耳。」○又曰：「忠恕是對立道理，故以體用言。其體無妄，故言天；其用推行，故言人。天人之分，體用之謂也。」○愚謂：程子欲人識得恕字之本義，故先言仁恕之别，蓋仁是恕之充極而至者。以己及物，聖人之事，一以貫之之恕也，即所謂仁也；推己及物，學者之事，違道不遠之恕也，只可謂之恕。**又曰：「維天之命，於穆不已，忠也；乾道變化，各正性命，恕也。」**語録曰：「維天之命，於穆不已，此是不待盡而忠也；乾道變化，各正性命，此是不待推而恕也。」○又曰：「維天之命，於穆不已，亦只是以這實理流行，發生萬物，牛得之而爲牛，馬得之而爲馬，草木得之而爲草木。」○又曰：「各正性命，各得其性命之正。」○黄氏曰：「不已，便是盡底意；各正，便是推底意。天下雷行，物與無妄，是一箇物與它一箇無妄，皆是恕底意。但他自然恁地流行不息，在學者却須是盡；他是自然恁地箇箇恰好，不費力，在學者却須是推。」○輔氏曰：「只是一箇道理，但天地聖人是自然，學者是勉强而然。若合天人而言之，則維天之命，於穆不已，忠也，有少私意便是已，便是有不盡也。乾道變化，各正性命，恕也，有少差錯便是不正，便是不恕也。」○陳

氏曰：「天豈能盡己、推己？此只是言其理都一般耳。維天之命，元而亨，亨而利，利而貞，貞而復元，萬古循環，無一息之停，只是一箇真實無妄道理。而萬物各具此以生，洪纖高下，各正其所賦受之性命，此天之忠恕也。」又曰：「**聖人教人，各因其才，吾道一以貫之，唯曾子爲能達此，孔子所以告之也。曾子告門人，曰：『夫子之道，忠恕而已矣。』亦猶夫子之告曾子也。中庸所謂『忠恕違道不遠』，斯乃下學上達之義。**」或問「下學上達之義」。曰：「此謂中庸之言，欲學者之下學乎忠恕，而上達乎道也。若此章之云，則聖人之事，而非有等級之可言矣。」○語録曰：「忠恕違道不遠，此乃略下教人之意，下學而上達也。」○輔氏曰：「聖賢之於人，雖有教無類，然其爲教也，不陵節而施，必因其才而篤焉。故夫子之告曾子，與曾子之告門人，其意一也。然曾子聞夫子之言則曰『唯』，門人聞曾子之言則不領也。是則夫子、曾子之告則同，而曾子、門人之聞則異也。」

○子曰：「君子喻於義，小人喻於利。」

喻，猶曉也。或問「喻之義」。曰：「心解通達，則其幾微曲折無不盡矣。」○胡氏曰：「喻者，精微曲折不待思惟而曉然於胷中也。人之一心至虛至靈，萬物皆備，無所不通者，即其本體也。雖至昏至愚，蔽其本體，隨其意之所趨，亦有所通曉焉。此君子、小人所以皆有所喻也。」**義者，天理之所宜。利者，人情之所欲。**陳氏曰：「天理所宜者，只是當然而然，無所爲

而然也。人情所欲者，只是不當然而然，有所爲而然也。」○輔氏曰：「天理之所宜，謂義理之所當然。人情之所欲，謂人情之所欲得。」○程子曰：「君子之於義，猶小人之於利也。唯其深喻，是以篤好。」語録曰：「君子之於義，見得委曲透徹，故自樂爲。小人之於利，亦是於曲折纖悉間都理會得，故亦深好之。」楊氏曰：「君子有舍生而取義者。以利言之，則人之所欲無甚於生，所惡無甚於死，孰肯舍生而取義哉？其所喻者義而已，不知利之爲利故也。小人反是。」輔氏曰：「楊氏説最明切。夫死生亦大矣，自人情之所欲言之，則孰肯舍生而取義哉？彼君子之所以獨能如是者，蓋其心唯知義之不可違，而不知利之爲可欲故也。不知利之爲利者，則以其平日心只在義上，未嘗到利上，是以不知其爲可欲耳。夫如是，然後能舍生以取義，不然，天理人欲方交戰而並行，乃欲臨時而加決擇焉，則終亦必亡而已矣。」

○子曰：「見賢思齊焉，見不賢而內自省也。」省，悉井反。

思齊者，冀己亦有是善。內自省者，恐己亦有是惡。語録曰：「問：『見人之賢者，知其德行之可尊可貴，則必思我亦有是善，天之所賦未嘗虧欠，何以不若於人？必須勇猛精進，求其必至於可尊可貴之地。見不賢者，則知彼是情欲汩没所以至此，必須惕然省察，恐己亦有是惡潛伏於內，不自知覺，將爲小人之歸。此言君子當反求諸身如此。』曰：『然。』」○胡氏曰：「見人

之善惡不同而無不反諸身者，則不徒羨人而甘自棄，不徒責人而忘自責矣。」輔氏曰：「羨人而甘自棄，則不復勉於善；責人而忘自責，則不復改其惡。不勉其善，不改其惡，則終必爲小人而已。大抵人心之明賢否，固有所不能遁，然徒見之而不反諸身，以致其思齊内省之誠，則無益於我，非所謂爲己之學，近思之方也。」

〇子曰：「事父母幾諫。見志不從，又敬不違，勞而不怨。」

此章與内則之言相表裏。幾，微也。微諫，所謂「父母有過，下氣、怡色、柔聲以諫」也。語録曰：「幾，微也。只是漸漸細密諫，不恁峻暴，硬要闌截。」〇胡氏曰：「子之事親主於愛，雖父母有過，不容不諫，然必由愛心以發乃可，故下氣、怡色、柔聲，皆深愛之形見者也。所以謂幾微而諫，不敢顯然直遂其己意也。」見志不從，又敬不違，所謂「諫若不入，起敬起孝，悦則復諫」也。語録曰：「不違，是主那諫上説，敬已是順了，又須委曲，作道理以諫，不違去了那幾諫之意也。」〇又曰：「又敬不違者，上不違微諫之意，恐唐突以觸父母之怒；下不違欲諫之心，務欲致父母於無過之地，其心心念念只在於此。若見父母之不從，恐觸其怒，遂止而不諫者，非也；務欲必諫，遂至觸其怒，亦非也。」勞而不怨，所謂「與其得罪於鄉黨州閭，寧熟諫。父母怒，不悦，而撻之流血，不敢疾怨，起敬起孝」也。語録曰：「問：

『集註舉内則將來説『勞而不怨』，禮記説勞字似作勞力説，如何？』曰：『諫了又諫[二]，被撻至於流血，可謂勞矣。所謂父母喜之，愛而不忘；父母惡之，勞而不怨，勞只是一般勞。』」

○子曰：「父母在，不遠遊。遊必有方。」

遠遊，則去親遠而爲日久，定省曠而音問疏；不惟己之思親不置，亦恐親之念我不忘也。遊必有方，如己告云之東，即不敢更適西，欲親必知己之所在而無憂，召己則必至而無失也。輔氏曰：「詳味其言，非身歷之不能盡其精微曲折之意如此，事親者宜深體而力行之。」范氏曰：「子能以父母之心爲心，則孝矣。」輔氏曰：「父母在，爲子者遠遊固不可，而近遊亦當有方。遠遊與無方，皆非父母之所欲於其子者。子能以父母之心爲心，則自不到如此矣。」○胡氏曰：「遠遊，特事之至淺近者耳，惟能即是而推之，則可以貽親之憂者皆不敢爲矣，故范氏之説深得其旨。」

○子曰：「三年無改於父之道，可謂孝矣。」

胡氏曰：「已見首篇，此蓋復出而逸其半也。」愚謂：所謂逸其半者，必兼「觀志」「觀行」二語，而後可以究其義。

[二] 又，原作「反」，據通志堂經解本改。

○子曰：「父母之年，不可不知也。一則以喜，一則以懼。」

知，猶記憶也。胡氏曰：「謂念念在此而不能忘也。」常知父母之年，則既喜其壽，又懼其衰，而於愛日之誠自有不能已者。語録曰：「只是這一事上，既喜其壽，又懼其來日之無多。微差些，却是兩事矣。」○胡氏曰：「所謂愛日，正恐其日之不足，而事親之道欲無所不盡其至也。」

○子曰：「古者言之不出，恥躬之不逮也。」

言古者，以見今之不然。逮，及也。行不及言，可恥之甚。古者所以不出其言，爲此故也。語録曰：「此章緊要在恥字上。若是無恥底人，未曾做得一分，便説十分矣。」○范氏曰：「君子之於言也，不得已而後出之，非言之難，而行之難也。人唯其不行也，是以輕言之。言之如其所行，行之如其所言，則出諸其口必不易矣。」語録曰：「范氏説最好。只緣胡亂輕易説了，便把行不當事。非踐履到底，烏能言及此？」

○子曰：「以約失之者鮮矣。」鮮，上聲。

謝氏曰：「不侈然以自放之謂約。」文集曰：「約有收斂近裏著實之意，非徒簡而已。」○輔氏曰：「約與放正相反，約則守於規矩之中，放則逸乎規矩之外。且天理有則而不流，人欲横流而無止，故以約失之者少。」尹氏曰：「凡事約則鮮失，非止謂儉約也。」語録曰：「凡事要約，

約底自是少失。或曰：『恐失之吝嗇，如何？』曰：『這約字又不如此，只是凡事自收斂。若是吝嗇，又當放開。這箇要人自稱量。』」

○子曰：「君子欲訥於言而敏於行。」行，去聲。

謝氏曰：「放言易，故欲訥；力行難，故欲敏。」語録曰：「問：『凡事言時易，行時難。言懼其易，故欲訥，訥者，言之難出諸口也。行懼其難，故欲敏，敏者，力行而不惰也。』曰：『然。』」○胡氏曰：「自『吾道一貫』至此十章，疑皆曾子門人所記也。」輔氏曰：「曾子之學主於誠身，又以孝聞於聖門，而此十章皆反身切己爲孝之道，是以疑其然也。」

○子曰：「德不孤，必有鄰。」

鄰，猶親也。德不孤立，必以類應，故有德者必有其類從之，如居之有鄰也。語録曰：「有如此之德，必有如此之類應。」

○子游曰：「事君數，斯辱矣；朋友數，斯疏矣。」數，色角反。

程子曰：「數，煩數也。」胡氏曰：「事君諫不行，則當去；導友善不納，則當止。至於煩瀆，則言者輕，聽者厭矣。是以求榮而反辱，求親而反疏也。」文集曰：「胡氏説盡人情。」○語録曰：「問：『胡氏似專主諫而言，恐交際之間，如諂媚之類，亦是數，不止是諫。』曰：『若説交際處煩數，自是求媚之人，則索性是不好底事了，更不消説。以諫而數者，却是意

善而事未善耳，聖人特言之以警學者。」范氏曰：「君臣、朋友皆以義合，故其事同也。」

論語卷第二

論語卷第三

朱子集註　後學趙順孫纂疏

公冶長第五

此篇皆論古今人物賢否得失，蓋格物窮理之一端也。愚謂：他人之是否，若非切己之實然，借是以分辨形似，剖析毫釐，在人者既明，則在己者亦明矣，所以爲格物窮理之一端。凡二十七章。胡氏以爲疑多子貢之徒所記云。愚謂：子貢方人，故疑此篇多其徒所記，然無左驗，故止爲疑詞而無決詞云。

子謂公冶長，「可妻也。雖在縲絏之中，非其罪也」。以其子妻之。妻，去聲，下同。縲，力追反。絏，息列反。

公冶長，孔子弟子。魯人，一云齊人。妻，爲之妻也。縲，黑索也。絏，攣也。古者獄中以黑索拘攣罪人。長之爲人無所考，而夫子稱其可妻，其必有以取之矣。又言其人雖嘗陷於縲絏之中，而非其罪，則固無害於可妻也。夫有罪無罪，在我而已，

豈以自外至者爲榮辱哉？」輔氏曰：「所貴於無罪者，謂在我無得罪之道也；所慮於有罪者，謂在我有得罪之事也。在我無得罪之道，而不幸罪有自外來，何足以爲辱？在我有得罪之事，雖或幸免其罪於外，何足以爲榮？故君子有隱微之過於暗室屋漏之中，則其心愧恥，若撻于市；不幸而遇無妄之灾，則雖市朝之刑，裔夷之竄，皆安之而無惡也。」

子謂南容，「邦有道，不廢；邦無道，免於刑戮」。以其兄之子妻之。南容，孔子弟子，居南宮。名縚，又名括，字子容，謚「敬叔」，孟懿子之兄也。不廢，言必見用也。以其謹於言行，故能見用於治朝，免禍於亂世也。語録曰：「觀其三復白圭，便是能謹其言行者。邦有道，是君子道長之時，必不廢棄；邦無道，是小人得志以陷害君子之時，能謹其言行，必不陷於刑戮。」○愚謂：南容三復白圭，其所謹者言耳，而集註稱其謹於言行，蓋言行相爲表裏，能謹其言，亦謹行之大端也。事又見第十一篇。○或曰：「公冶長之賢不及南容，故聖人以其子妻長，而以兄子妻容，蓋厚於兄而薄於己也。」程子曰：「此以己之私心窺聖人也。凡人避嫌者，皆内不足也，聖人自至公，何避嫌之有？况嫁女必量其才而求配，尤不當有所避也。若孔子之事，則其年之長幼、時之先後皆不可知，唯以爲避嫌則大不可。避嫌之事，賢者且不爲，况聖人乎？」語録曰：「聖人正大，道理合做處便做，何用避嫌。程子所謂『年之長幼，時之先後』，正是解或人之説，

未必當時如此。大抵二人都是好人，可託。或先是見公冶長，遂將女妻他；後來見南容亦是箇好人，又把兄之女妻之。看來文勢，恐是孔子之女年長，先嫁；兄之女少，在後嫁，亦未可知。」○問：「若是有一項合委曲而不可以直遂者，這不可以爲避嫌。」曰：「自是道理合如此。如避嫌者却是又怕人道如何，這却是私意。」○輔氏曰：「凡嫁女必量其才以求配，婦人亦當以才言乎？曰才生於氣，凡能有爲者，才也。婦人亦有所當爲之事，苟能爲之，豈獨不可以才言乎？」○又曰：「古謂妻爲夫配者多矣，而夫亦可以言配乎？曰配，合也；妻，齊也，夫婦固皆可以配言矣。」

○子謂子賤，「君子哉若人！魯無君子者，斯焉取斯」？焉，於虔反。

子賤，孔子弟子，姓宓，名不齊。魯人。上斯，斯此人。下斯，斯此德。子賤蓋能尊賢取友以成其德者。輔氏曰：「子賤爲單父宰，所父事者三人，所兄事者五人，所友者十一人，皆教子賤以治人之事，則其能尊師取友以成其德者可知矣。」故夫子既嘆其賢，而又言若魯無君子，則此人何所取以成此德乎？因以見魯之多賢也。○蘇氏曰：「稱人之善，必本其父兄師友，厚之至也。」愚謂：稱人之善，已可言厚；又推本其父兄師友之善，則是厚之又厚，故曰厚之至。

○子貢問曰：「賜也何如？」子曰：「女器也。」曰：「何器也？」曰：「瑚璉

也。」女，音汝。瑚，音胡。璉，力展反。

器者，有用之成材。胡氏曰：「器者各適其用而不相通，此以爲有用之成材者，因下文瑚璉而加重其詞耳。」夏曰瑚，商曰璉，周曰簠簋，皆宗廟盛黍稷之器而飾以玉，器之貴重而華美者也。輔氏曰：「一等是器，而瑚璉爲宗廟之器，是器之貴重者也；而又飾以玉，是器之華美者也。」子貢見孔子以君子許子賤，故以己爲問，而孔子告之以此。然則子貢雖未至於不器，其亦器之貴者歟？或問：「集註言器者有用之成材，又言未至於不器，然則夫子『女器』之言，抑揚之不同如此，何也？」曰：「當時答問，本稱其可用之實，今較其輕重，則誠與稱子賤者有等差耳。」○語録曰：「子貢是器之貴者，可以爲貴用，與賤者之器不同，然畢竟只是器，非不器也。」○問：「子貢得與器之貴者，而未至於不器，不知是合下無規模，抑是後來欠工夫？」曰：「是合下稟得偏了。」

○或曰：「雍也仁而不佞。」

雍，孔子弟子，姓冉，字仲弓。魯人。佞，口才也。語録曰：「佞只是捷給便口者。」仲弓爲人重厚簡默，輔氏曰：「仲弓從事於敬恕以求仁，又在德行之科，而夫子稱其可使南面。今或者又以不佞爲嫌，則決非務外而事口者，故以爲重厚簡默也。」而時人以佞爲賢，輔氏曰：「人情徇外而不事內，求名而不務實，故以佞爲賢。」故美其優於德，而病其短於才也。

子曰：「焉用佞？禦人以口給，屢憎於人。不知其仁。焉用佞？」焉，於虔反。禦，當也，猶應答也。胡氏曰：「禦，如禦人於國門之禦，故云當也。」給，辨也。憎，惡也。言何用佞乎？佞人所以應答人者，但以口取辦而無情實，徒多爲人所憎惡爾。語録曰：「是他説得大驚小怪，被他驚嚇者豈不惡之？」○輔氏曰：「佞人恃口以禦人，浮淺躁妄，發言成文雖若可聽，然其情實則未必如此，心口既不相副，自然招尤而取憎也。」我雖未知仲弓之仁，然其不佞乃所以爲賢，不足以爲病也。再言「焉用佞」，所以深曉之。○或疑仲弓之賢，而夫子不許其仁，何也？曰：「仁道至大，非全體而不息者，不足以當之。」語録曰：「所謂全體者，合下全具此心，更無一物之雜。不息，則未嘗休息而置之無用處。全體似箇卓子，四脚，若三脚便是不全。不息，是常用他。或置之僻處，又被别人將去，便是息。此心具十全道理在，若只見得九分，亦不是全了。所以息，是私欲閒之。無一毫私欲，方是不息。」○黄氏曰：「集註言仁，曰『愛之理，心之德』，深味六字，則仁之道無餘藴矣。至此言盡仁之道，而又曰『非全體而不息者，不足以當之』，深味四字，則學而求至於仁，其所至之標的又昭然而可見矣。或曰：『集註於他章引師説曰「當理而無私心」，與此章所謂「全體而不息」者，有以異乎？』曰：『後章據所聞於師者而言也，此章即己之所見而言也。此章「全體」二字，已足以該後章五字之義，加之以「不息」二字，則又後章五字未盡之旨，蓋亦因其所已聞而發其所獨得

歟。』」○輔氏曰：「全體，言其無物不體；不息，言其無時不然，此兩語足以盡仁之體用。蓋私意一萌，物我横生，則體便有虧；天理間斷，則用便有息也。」○陳氏曰：「仁，惟此心純是天理之公，絶無一豪人欲之私以間之，乃可以當其名。集註所謂『全體』云者，非指仁之全體而言，乃所以全體之也。」○蔡氏曰：「全體，是天理渾然無一毫之雜。不息，是天理流行無一念之間。『愛之理，心之德』六字，所以訓仁之義爲甚切；『全體不息』四字，所以盡仁之道爲甚大。只此十字之約，不惟諸儒累十百言所莫能盡，而前後聖賢所論仁字，普博精深，千條萬緒，莫不總會於此十字之中。吁，妙矣哉！」○真氏曰：「仁者，兼該萬善，無所不備，如人之頭目、手足皆具然後謂之人也。不息者，如天地一元之氣運行於六合之間，無頃刻止息，所以生成萬物，無有已時。」○又曰：「心之活，便能運轉不息，凡處人倫事物之間，此心周流無碍，處處皆到；心死，則便如鐵石，凡處人倫事物之間，皆窒塞了。」如顏子亞聖，猶不能無違於三月之後，況仲弓雖賢，未及顏子，聖人固不得而輕許之也。」

○**子使漆雕開仕。對曰：「吾斯之未能信。」子説。**説，音悦。

漆雕開，孔子弟子，字子若。魯人。**斯，指此理而言。**語録曰：「斯，只是這許多道理見於日用之間。」○蔡氏曰：「此理字宏闊，恐不止是誠意正心之事，凡其日用之間，事君以忠，事父以孝，無非此理也。」**信，謂真知其如此，而無毫髮之疑也。**語録曰：「信，是於這箇道理

上見得透，全無些子疑處。」**開自言未能如此，未可以治人，故夫子悦其篤志。**語録曰：「開能指此理而言，便是心目之間已有所見；未能信者，未能真知其實。方欲進進不已，又要真知到真實無妄之地，此夫子所以悦其篤志也。」○**程子曰：「漆雕開已見大意，故夫子説之。」**語録曰：「大意便是本初處，若不見得大意，如何下手作工夫？若已見得大意，而不下手作工夫，亦不可。」○又曰：「斯者，非大意而何？若推其極，只是性，蓋『帝之降衷』便是。」○又曰：「是他見得大了，便小殺合不得。」○又曰：「規模小底易自以爲足，規模大則功夫卒難了，所以自謂未能信。」○黄氏曰：「大意即是大體，他是見得這大體恁地了，便是有一二節目處未盡得。譬如白盤中一點黑，黑盤中一點白，不是全盤不是。又如人學字，且要識得一箇模樣，那一點一畫未是却有商量。」○胡氏曰：「得其大而不局於其小也。」**又曰：「古人見道分明，故其言如此。」**或問：「漆雕開未能自信，而程子以爲已見大意，見道分明，何也？」曰：「人惟不見其大者，故安於小。惟見之不明也，故若存若亡，一出一入，而不自知其所至之深淺也。今開之不安於小也如此，則固非有以見乎其大不能矣。卒然之閒，一言之對，若目有所見而手有所指者，且其驗之於身又如此其切而不容自欺也，則其所見之明又爲如何哉。然曰見大意，則於其細微容或有所未盡；曰見道分明，則固未必見其反身而誠也。」○輔氏曰：「人惟見道不分明，故所言含糊不決。今開斷然以爲未能信，未可以仕而治人，故知其見道分明也。」○胡氏曰：「謂之見道分明

者，凡豪釐之未信，皆自知之也。」謝氏曰：「開之學無可考。然聖人使之仕，必其材可以仕矣。至於心術之微，則『一豪不自得，不害其爲未信』。此聖人所不能知，而開自知之。其材可以仕，而其器不安於小成，他日所就，其可量乎？夫子所以説之也。」

黄氏曰：「謝氏説『一豪不自得，不害爲未信』，似指心之所存者而言。集註言『真知如此而無豪髮之疑』，則專指所知而言。安知未信之言非兼知行而言邪？曰觀斯宁之義，則指斯道而爲言，非指此心之志於道而言，故但可以知爲言也。然謂之真知，則是心理相契，無復疑礙，安有所存所行之未實乎？故但言知，而謝氏之意在其中矣。」○輔氏曰：「謝氏不言理而言心者，心即理之所寓也，心有一豪不自得，便是於理有所未信也。」○又曰：「材見於用者，心存諸中者，有諸中必形於外。聖人明睿所照，亦何有不知者？但其未信之實，意味曲折，不若開自知之精耳。」○又曰：「器，言其志量也。所見者大，所知者明，則其志量自然不肯安於小成。其進進不已之意，不至於大而化、化而不知之神不止也，則他日所就，果可量乎？」○胡氏曰：「謝氏以材器爲言，似與程子小異。然所謂心術之微，聖人有所不能知，則其説精矣。」○愚謂：材如木料，器是材之成就者。

○子曰：「道不行，乘桴浮于海。從我者其由與？」子路聞之喜。子曰：「由也好勇過我，無所取材。」桴，音孚。從、好，並去聲。與，平聲。材，與裁同，古字借

用。

桴，筏也。愚謂：桴，竹木所編小筏也。**程子曰：「浮海之嘆，傷天下之無賢君也；子路勇於義，故謂其能從己，皆假設之言耳。子路以爲實然，而喜夫子之與己，故夫子美其勇，而譏其不能裁度事理以適於義也。」**輔氏曰：「聖人欲浮于海，豈有憤世長往之意哉？其憂時憫道之心蓋有不能自己者，故程子下一嘆字，又下一傷字，且斷以爲假設之辭，則聖人哀矜惻怛之仁藹然見於言意之表。」○又曰：「夫子謂子路之能從我，正以其勇於義耳。子路聞之喜，使夫子而果行，則子路必能從之矣，故夫子以爲好勇過我，蓋深美之。至於裁度事理以適於義，則子路有所未能。蓋不惟今日遂以夫子爲必行而喜其與己，而其平日之所爲多傷於剛果而不能裁以適義，如率爾之對，迂也之言，皆是也，夫子所以教之。」○胡氏曰：「得時行道，使天下無不被其澤，此聖人之本心。世衰道否，至於無所容其身，豈聖人之得已？乘桴浮海，雖假設之辭，然傷時之不我用也。如子路之勇於義，不以流離困苦而二其心，故謂其能從我，是皆憂深思遠而形於言也。子路不知夫子之本心，而喜夫子之與己，可謂直情徑行而無所忖度，故稱其勇，而譏其不能審於義也。」

○孟武伯問：「子路仁乎？」子曰：「不知也。」

子路之於仁，蓋日月至焉者。或在或亡，不能必其有無，故以不知告之。輔氏曰：「諸

子之於仁，蓋亦勉焉而未能有諸己也，故或日一至焉，或月一至焉，能造其域而不能久耳。方其志氣清明，存養不懈，則是心存而有其仁；及私意横生，一有閒斷，則是心亡而無其仁矣。將以爲有，則有時而無；將以爲無，則有時而有。既不能必其有無，則以不知告之。」

又問。子曰：「由也，千乘之國，可使治其賦也。不知其仁也。」乘，去聲。賦，兵也。古者以田賦出兵，故謂兵爲賦，春秋傳所謂「悉索敝賦」是也。言子路之才，可見者如此，仁則不能知也。輔氏曰：「才以其可以有爲者言，仁則心德之全而人道之備也。」

「求也何如？」子曰：「求也，千室之邑，百乘之家，可使爲之宰也。不知其仁也。」千室，大邑。百乘，卿大夫之家。宰，邑長家臣之通號。

「赤也何如？」子曰：「赤也，束帶立於朝，可使與賓客言也，不知其仁也。」朝，音潮。赤，孔子弟子，姓公西，字子華。魯人。

○子謂子貢曰：「女與回也孰愈？」女，音汝，下同。

愈，勝也。

對曰：「賜也何敢望回。回也聞一以知十，賜也聞一以知二。」

一，數之始。十，數之終。二者，一之對也。胡氏曰：「十者，數之終，以其究極之所至而言。二者，一之對，以其彼此之相形而言。」顔子明睿所照，即始而見終；子貢推測而知，因此而識彼。「無所不説」「告往知來」，是其驗矣。語録曰：「『顔子明睿所照』『子貢推測而知』兩句，當玩味見得優劣處。顔子是真箇見得徹頭徹尾，子貢只是臆度想象，恰似將一物來比並相似，只能聞一知二。顔子雖是資稟淳粹，亦得學力，所以見得理分明。」〇又曰：「明睿所臨，如箇明鏡在此，物來畢照。推測而知者，如將些子火光，逐些子照去推尋。」〇問：「聞一知十，是明睿所照。若孔子，則如何？」曰：「孔子又在明睿上了，耳順心通，無所限際。」〇問：「推測而知，亦是格物窮理否？」曰：「然。若不格物窮理，則推測箇甚底？」〇輔氏曰：「顔子不假思惟，如鑑照物，纖豪莫遁，故能即始以見終。子貢須用思索，循序而進，以類而達，故能因此以識彼。聞一知十，不是知一件限定知得十件，只是知得周遍，始終無遺。聞一知二，亦不是聞一件限定知得二件，只是知得通達，無所執泥。知得周遍，始終無遺，故無所不説。知得通達，無所執泥，故告往知來。然思與睿亦非兩事，但有生熟之異，始則思而通，久則明睿生，而物無遺照矣。」〇或疑始終只是一事，彼此則是兩事，如此則子貢所知反似多於顔子。愚謂：子

貢必待告往而後知來，若顏子無所不説，則不待告往而來無不知矣。

子曰：「弗如也，吾與女弗如也。」

與，許也。○胡氏曰：「子貢方人，夫子既語以『不暇』，又問其『與回孰愈』，以觀其自知之如何。聞一知十，上知之資，生知之亞也。聞一知二，中人以上之資，學而知之之才也。子貢平日以己方回，見其不可企及，故喻之如此。夫子以其自知之明，而又不難於自屈，故既然之，又重許之。此其所以終聞性與天道，不特聞一知二而已也。」輔氏曰：「惟是生知之聖人，則全體昭著，不待推廣。若夫學而知之者，則須居敬窮理，漸漸開明，固不能無淺深之異也。」○又曰：「子貢雖好方人，然亦非專用心於此者，其反身自省之誠，蓋不能無也。故其平日以己方回，見其不可企及，而喻之如此。」○又曰：「自屈生於自知，自知之明，則不容於不自屈也。且自知之明，則不安於已知；不難於自屈，則不畫於已至。此夫子所以許之，而子貢亦得以終有所聞也。至於聞性與天道，則其知亦亞於顏子矣。」

○宰予晝寢。子曰：「朽木不可雕也，糞土之牆不可杇也。於予與何誅？」

朽，許久反。杇，音污。與，平聲，下同。

晝寢，謂當晝而寐。朽，腐也。雕，刻畫也。杇，鏝也。愚謂：鏝，一名杇，塗工之作具也。杇是塗之所用，因謂泥牆爲杇。言其志氣昏惰，教無所施也。輔氏曰：「玩理以養心，

則志不昏；以志而帥氣，則氣不惰。志不昏，氣不惰，則有受教之地，而聖人之教可得而施也。朽木不可雕，糞土之牆不可杇，正以喻其志氣昏惰，而教無所施耳。」○真氏曰：「志謂心志，氣謂血氣。學者若能立志以自强，則氣亦從之，不至於怠惰。如將帥之統卒，有紀律有號令，則士卒雖欲惰而不可得。苟心志不立，則未免爲氣血所使。孟子曰：『志者，氣之帥也。』蓋志强則氣亦强，志惰則氣亦惰。如將勇則士亦勇，將惰則士亦惰也。學者欲去昏惰之病，必以立志爲先。」與，語辭。誅，責也。言不足責，乃所以深責之。輔氏曰：「聖人之責人，大抵意愈深則言愈緩如此。」

子曰：「始吾於人也，聽其言而信其行；今吾於人也，聽其言而觀其行。於予與改是。」行，去聲。

宰予能言而行不逮，故孔子自言於予之事而改此失，亦以重警之也。輔氏曰：「宰予以言語稱於聖門，而孟子亦以爲善爲説辭。然論喪則欲其短，語仁則病其愚，對社則失其義，問五帝德則夫子以爲非其人。至此則又深責之，且自言於予之事而改此失，則能言而行不逮可見矣。」胡氏曰：「『子曰』疑衍文，不然，則非一日之言也。」○范氏曰：「君子之於學，惟日孜孜，斃而後已，惟恐其不及也。宰予晝寢，自棄孰甚焉，故夫子責之。」輔氏曰：「『惟日孜孜』，古者自始學至成德無不皆然，但有勉强、自然之異耳，故以爲『斃而後已，惟恐其

不及』也。」胡氏曰：「宰予不能以志帥氣，居然而倦，是宴安之氣勝，儆戒之志惰也。古之聖賢未嘗不以懈惰荒寧爲懼，勤勵不息自彊，此孔子所以深責宰予也。聽言觀行，聖人不待是而後能，亦非緣此而盡疑學者。特因此立教以警羣弟子，使謹於言而敏於行耳。」輔氏曰：「懈意一生，便是爲氣所使。古之聖賢必以懈惰荒寧爲懼，勤勵不息自彊者，只要這箇道理常在，非是别有所作爲也，要之只在收放心而已。」○又曰：「明睿所照，不假於外，故不待是而後能。至誠與人，不逆於詐，故非緣此而盡疑學者。仁以體物，教人不倦，故因此立教以警羣弟子也。」○蔡氏曰：「學者誠能立志以自彊，則氣亦從之，不至於昏惰，何有於晝寢？故學莫先於立志。」

○子曰：「吾未見剛者。」或對曰：「申棖。」子曰：「棖也慾，焉得剛？」焉，於虔反。

剛，堅强不屈之意，語録曰：「壁立千仞，便是剛。」最人所難能者，故夫子歎其未見。申棖，弟子姓名。魯人。慾，多嗜慾也。多嗜慾，則不得爲剛矣。○程子曰：「人有慾則無剛，剛則不屈於慾。」輔氏曰：「程子兩語斷置得剛慾兩字分曉。」謝氏曰：「剛與慾正相反。能勝物之謂剛，故常伸於萬物之上；爲物揜之謂慾，故常屈於萬物之下。自古有志者少，無志者多，宜夫子之未見也。棖之慾不可知，其爲人得非悻悻自好者

乎？故或者疑以爲剛，然不知此其所以爲慾爾。」語録曰：「凡人纔要貪這一件物事，便被這物事壓得頭低了。申棖想只是悻悻自好底人，故當時以爲剛。然不知悻悻自好只是客氣，如此便有以意氣加人之意，只此便是慾也。」○又曰：「剛者，外面退然自守，而其中不屈於慾，所以爲剛。悻悻者，外面有崛强之貌，便是有計較勝負之意，此便是慾。」○又曰：「若耳之欲聲，目之欲色之類，皆是慾。纔有些被他牽引去，此中便無所主，焉得剛？或者以申棖爲剛，必是外面悻悻自好。聖人觀人，直從裏面看出，見得他中無所主，只是色莊，要人道好，便是欲了，安得爲剛？」○輔氏曰：「人苟逐慾，則物便大，己便小。己小，則便爲物所揜，己爲物所揜，則自然常屈於萬物之下。惟剛則能全其天德，能全其天德，則自然常伸於萬物之上。是則無欲故能剛，有志故能勝欲，此謝氏所以嘆自古有志者少，無志者多，宜夫子之未見也。」○胡氏曰：「剛則己大物小，凡天下之可欲者，皆不足以動之，所謂『伸於萬物之上』是也。慾則己小物大，隨其意之所貪，俯首下氣以求之，所謂『屈於萬物之下』是也。所以相對而相反，有此則無彼也。」○又曰：「孟子集註：『悻悻，怒意。自好，自愛其身也。』謝氏以其類乎剛而知之。然自好未必如孟子之意，正謂其自以爲是耳。剛者，平居未必不退然自守，而臨事則不可易。悻悻者，則常有忿怒之意，至臨利害，則趨利而避害矣，此其所以爲慾也。」○真氏曰：「所謂勝物者，謂立志堅强，不爲外物所奪，凡榮辱得喪，禍福死生，皆不足以動之。如孟子所謂『富貴不能淫，貧賤不能移，威武不能屈』，此之謂勝物，非剛暴恃氣求以勝人之謂也。爲物揜之謂慾，言陷溺於物欲之中，

不能自克，如爲物遮覆揜遏而不能出也。」

○子貢曰：「我不欲人之加諸我也，吾亦欲無加諸人。」子曰：「賜也，非爾所及也。」

子貢言我所不欲人加於我之事，我亦不欲以此加之於人。此仁者之事，不待勉强，故夫子以爲非子貢所及。語録曰：「子貢謂此等不善底事，我欲無以加於人，此意可謂廣大。然夫子謂『非爾所及』，蓋是子貢工夫未到此田地。學者只有箇恕字，要充廣此心，漸漸勉力做向前去。如今便説『欲無加諸人』，無者，自然而然，此等地位是本體明淨，發處盡是不忍之心，不待勉强，乃仁者之事。子貢遽作此言，故夫子謂『非爾所及』，言不可以躐等。」○程子曰：「我不欲人之加諸我，吾亦欲無加諸人，仁也；施諸己而不願，亦勿施於人，恕也。恕則子貢或能勉之，仁則非所及矣。」語録曰：「此是程子晚年看得如此分曉，説出得如此明白。此兩句所以分仁恕者，只是生熟難易之閒耳。」○又曰：「熟底是仁，生底是恕。自然底是仁，勉强底是恕。無計較、無覩當底是仁，有計較、有覩當底是恕。」愚謂：無者自然而然，勿者禁止之謂，此所以爲仁恕之别。語録曰：「異處在『無』字與『勿』字上。」

○子貢曰：「夫子之文章，可得而聞也；夫子之言性與天道，不可得而聞也。」

文章，德之見乎外者，威儀、文辭皆是也。輔氏曰：「威儀，以德之見於容貌者言；文辭，以德之見於言語者言也。」○蔡氏曰：「謂之德，則有本；謂之見乎外，則自有不容掩；謂之威儀、文辭皆是也，則夫子之粲然有文，蔚然有章者，雖不外乎威儀、文辭，而亦不專在乎威儀、文辭矣。蓋其動静語默，焕乎文章，隨寓發著，自無隱乎爾。」○真氏曰：「文章二字非止於言語詞章而已，聖人盛德藴於中而輝光發於外，如威儀之中度，語言之當理，皆文也。孔子稱堯曰『焕乎其有文章』，子貢曰『夫子之文章』，皆此之謂也。至於二字之義，則五色錯而成文，黑白合而成章；文者燦然有文之謂，章者蔚然有章之謂，章猶條也。六經、論語之言文章，皆取其自然形見者，後世始以筆墨著述爲文，與聖賢之所謂文者異矣。」**性者，人所受之天理；天道者，天理自然之本體，其實一理也。**語録曰：「性便是自家底，天道便是上面腦子，上面有腦子，下面便有許多物事，徹底如此。」○又曰：「譬如一條長連底物事，其流行者是天道，人得之者爲性。乾之元亨利貞，天道也，人得之則爲仁義禮智之性。」**言夫子之文章，日見乎外，固學者所共聞；至於性與天道，則夫子罕言之，而學者有不得聞者。蓋聖門教不躐等，子貢至是始得聞之而嘆其美也。**輔氏曰：「夫子之德，著見於外，如所謂威儀、文辭者，固羣弟子所共聞所共學也。至於性與天道，則所罕言，必學者真積力久，將有所得，然後告之，豈有陵節躐等之教哉？」○陳氏曰：「文章固是性、天道之發，然聖人教不躐等，平時只是教人以文章，

到後來地位高，方語以性、天道爾。」○程子曰：「此子貢聞夫子之至論而歎美之言也。」

○子路有聞，未之能行，唯恐有聞。

前所聞者既未及行，故恐復有所聞，而行之不給也。語録曰：「子路急於爲善，惟恐行之不徹。譬如人之飲食，珍羞異饌羅列在前，須是喫得盡方好，若喫不盡，也徒然。子路不急於聞，而急於行。今人惟恐不聞，既聞得，寫在策子上便了，不解自去著工夫。」○范氏曰：「子路聞善，勇於必行，門人自以爲弗及也，故著之。若子路可謂能用其勇矣。」輔氏曰：「人之有勇，用於非所當用者多矣。而子路之勇，乃獨用之於力行夫善，可不謂之能用其勇乎。」

○子貢問曰：「孔文子何以謂之『文』也？」子曰：「敏而好學，不恥下問，是以謂之『文』也。」好，去聲。

孔文子，衛大夫，名圉。凡人性敏者多不好學，位高者多恥下問，故謚法有以「勤學好問」爲文者，蓋亦人所難也。孔圉得謚爲文，以此而已。○蘇氏曰：「孔文子使太叔疾出其妻而妻之。疾通於初妻之娣，文子怒，將攻之。訪於仲尼，仲尼不對，命駕而行。疾奔宋，文子使疾弟遺室孔姞。其爲人如此而謚曰文，此子貢之所以疑而問也。孔子不没其善，言能如此，亦足以爲文矣，非『經天緯地』之文也。」語録曰：

「問：『孔文子，孔姞之事如此不好，便敏而好學，不恥下問，濟得甚事。而聖人取之，何也？』曰：『古人謚法甚寬，所謂「節以壹善」，言只有一善亦取之。節者，節略而取其一善也。孔文子固是不好，只敏學下問，亦是他好處。』」○又曰：「經天緯地，是有文理。一横一直，皆有文理，故謂之文。孔文子之文是其小者。」

○子謂子産，「有君子之道四焉：其行己也恭，其事上也敬，其養民也惠，其使民也義」。

子産，鄭大夫公孫僑。恭，謙遜也。敬，謹恪也。輔氏曰：「首篇已釋恭爲莊敬，而此又釋爲謙遜者，恭敬、謙遜，皆禮之端。緣此下有『其事上也敬』一句，故以謙遜釋恭字，謹恪釋敬字。蓋謙遜乃恭之實，而於行己爲切；謹恪乃敬之實，而於事上爲宜也。」惠，愛利也。使民義，如都鄙有章，上下有服，田有封洫，廬井有伍之類。語録曰：「義字有剛斷之義。其養民則惠，及使民則義。惠字與義字相反，便見得子産之政不專在於寬。就都鄙有章處看，見得義字在子産上，不在民上。」○又曰：「有章，是一都一鄙各有規矩。有服，是衣冠服用皆有等級高卑。」○輔氏曰：「田有封洫，謂封疆也，洫溝也。廬井有伍，謂廬舍也，九夫爲井，使五家相保。」○吴氏曰：「數其事而責之者，其所善者多也，『臧文仲不仁者三，不知者三』是也。數其事而稱之者，猶有所未至也，『子産有君子之道四焉』是也。今或以一言蓋

一人，一事蓋一時，皆非也。」輔氏曰：「文仲、子産非有優劣，所善者多，即是『君子之道四焉』；猶有未至，即是『不仁三，不知三』。」〇又曰：「以一言蓋一人，一事蓋一時，此最學者之病，蓋心麄氣暴使然也。大凡人言，亦有説得是者，亦有説得非者；事亦有做得是者，亦有做得非者。儻或性情不治，心麄氣暴，則悦其是者，遂不知其非；惡其非者，遂不察其是。唯聖人之心，如明鏡、如止水，妍醜不相掩，而好惡適其平，所論孔文子與子産兩章皆當如此。」

〇子曰：「晏平仲善與人交，久而敬之。」

晏平仲，齊大夫，名嬰。程子曰：「人交久則敬衰，久而能敬，所以爲善。」輔氏曰：「人之常情，交際之初，誰獨無是恭敬之心哉？但久而褻狎，則慢易生，而敬心漸漸衰息矣。惟平仲之與人交，雖久而敬心不衰，故夫子以爲善。」

〇子曰：「臧文仲居蔡，山節藻棁，何如其知也？」棁，章悦反。知，去聲。

臧文仲，魯大夫臧孫氏，名辰。居，猶藏也。蔡，大龜也。節，柱頭斗拱也。藻，水草名。棁，梁上短柱也。蓋爲藏龜之室，而刻山於節，畫藻於棁也。愚謂：刻山於節者，謂刻鏤柱頭爲斗拱形如山也。畫藻於棁者，謂畫梁上短柱爲藻文也。當時以文仲爲知，孔子言其不務民義，而諂瀆鬼神如此，安得爲知？春秋傳所謂「作虚器」，即此事也。語録曰：「山節藻棁，恐只是華飾，不見得其制度如何。今夫子只譏其不知，便未是僭，所謂『作

虚器』而已。『大夫不藏龜』，禮家乃因此立説。」○又曰：「如臧文仲，人皆以爲知，聖人便説道他既惑於鬼神，安得爲知。蓋卜筮之事，聖人固欲使民信之。然藏著龜之地，須自有箇合當底去處。今文仲乃爲山節藻梲以藏之，便是他箇心一向倒在卜筮上面了，如何得謂之知。古説多道他是僭，若是僭，則不止謂之不知，便是不仁了。聖人今只説他不知[二]，便是只主不知而言也。」○**張子曰：「山節藻梲爲藏龜之室，祀爰居之義，同歸於不知宜矣。」**張子，名載，長安人。○輔氏曰：「傳譏文仲不知者三，祀爰居其一。今山節藻梲爲藏龜之室，即是祀爰居之義，故同歸於不知也。」

○子張問曰：「令尹子文三仕爲令尹，無喜色；三已之，無慍色；舊令尹之政，必以告新令尹。何如？」子曰：「忠矣。」曰：「仁矣乎？」曰：「未知，焉得仁？」知，如字。焉，於虔反。

令尹，官名，楚上卿執政者也。子文，姓鬬，名穀於菟。其爲人也，喜怒不形，物我無閒，知有其國而不知有其身，其忠盛矣，故子張疑其仁。黄氏曰：「喜怒不形，釋三仕三已；物我無閒，釋舊政告新；知有其國而不知有其身，通釋上兩節。」**然其所以三仕三已**

[二] 知，原作「是」，據通志堂經解本改。

而告新令尹者，未知其皆出於天理而無人欲之私也，是以夫子但許其忠，而未許其仁也。語録曰：「三仕三已所以不得爲仁，蓋不知其事是如何：三仕之中，是有無合當仕否？三已之中，又不知有無合當已否？」○問：「三仕無喜，三已無愠，分明全無私欲。何以識破他有私處？」曰：「也不曾識破。但是夫子既不許之以仁，必是三仕三已之閒猶或有未善也。」

「崔子殺齊君，陳文子有馬十乘，棄而違之。至於他邦，則曰『猶吾大夫崔子也』，違之。之一邦，則又曰『猶吾大夫崔子也』，違之。何如？」子曰：「清矣。」曰：「仁矣乎？」曰：「未知，焉得仁？」乘，去聲。

崔子，齊大夫，名杼。齊君，莊公，名光。陳文子，亦齊大夫，名須無。十乘，四十匹也。違，去也。文子潔身去亂，可謂清矣。然未知其心果見義理之當然，而能脱然無所累乎；抑不得已於利害之私，而猶未免於怨悔也。故孔子特許其清，而不許其仁。○愚聞之師曰：「當理而無私心，則仁矣。」語録曰：「有人好惡當理而未必無私心，有人無私心而好惡又未必當於理，惟仁者既無私心而好惡又當於理。」○黄氏曰：「當理而無私心，合分作兩句看。事雖當理，有一豪私意雜乎其閒，則是雖無私心而非理之正。事皆當理，又無私心，則可謂之仁人。」○輔氏曰：「當理以事言，無私心以心言。事當於理，而心無或私，則體用一源，内外無閒，如天道流行，而物生咸遂，此所以謂之仁。其先言當理而後言無私心

者，蓋又指其事而言之也。」○陳氏曰：「仁，一也，而言之不同。以理言，則心德之全而天理之公也；以心言，則此心純是天理之公而無一豪人欲之私者是也；以事言，則當理而無私心之謂。若顔子、仲弓、子路、冉有、公西華及憲問等章之所謂仁，則以此心純是天理之公而無一豪人欲之私者言之；若三仁、夷齊與子文、文子等章之所謂仁，則以當理而無私心者言之。然以心言者，是以平日統體言之也；以事言者，是於臨事變中因以觀其心體之云爾，非姑指一事而言其實，亦非有二義也。」**今以是而觀二子之事，雖其制行之高若不可及，然皆未有以見其必當於理而真無私心也。**語録曰：「子文之無喜慍，是其心固無私，而於事則未盡善。陳文子潔身去亂，其事善矣，然未能保其心之無私也。仁須表裏、心事一皆中理乃可。」**子張未識仁體，而悦於苟難，遂以小者信其大者，夫子之不許也宜哉。讀者於此，更以上章「不知其仁」、後篇「仁則吾不知」之語，并與三仁、夷齊之事觀之，則彼此交盡，而仁之爲義可識矣。**或問「夷齊、三仁」。曰：「此五人者，考事察言，以求其心，則其中洞然無復一豪私欲之累，其亦異乎二子之爲矣，故程子以爲『比干之忠，見得時便是仁』，亦此意。」○語録曰：「若比干、伯夷之忠、清，是就心上説。若論心時，比干、伯夷已是仁人，若無遜國、諫紂之事，亦已是仁人，蓋二子忠清元自仁中出。若子文、文子，夫子當時只見此兩件事是清與忠，不知其如何得仁也。」○又曰：「夷齊之忠清，是有本底忠清，忠清裏依舊有仁。子文、文子之忠清，只得喚做忠清。」○輔氏

曰：「以『不知其仁』『仁則吾不知』之語觀之，則知仁之難能，而聖人不輕以許人；以三仁、夷齊之事觀之，又見仁之可至，而聖人不輕以絶人。不輕許人，則人不敢以爲易而自怠；不輕絶人，則人不至以爲難而自絶。」○陳氏曰：「仁者，心德之全，其道至大，非可指一事而言。若三仁、夷齊之仁，是於大變中做事，見其當理而全無私心之謂。若子張之問子文、文子，則又但以一事之小者而欲信其大者，則不可也。」○胡氏曰：「不知其仁，謂非全體不息者不足以當之也。仁則吾不知，謂仁則天理渾然，自無克伐怨欲之累，不行不足以言之也。殷有三仁，謂三人同出於至誠惻怛之意，故不咈乎愛之理，而有以全其心之德也。夷齊之仁，謂皆求以合乎天理之正，而即乎人心之安也。夫全體者，无虧欠也。不息者，無閒斷也。至於外若無虧欠閒斷，而中之私意根萌猶在焉，亦不得謂之仁。必其見於事者皆當於理，而發於心者皆無所私，然後可以謂之仁也。」今以他書考之，子文之相楚，所謀者無非僭王猾夏之事。文子之仕齊，既失正君討賊之義，又不數歲而復反於齊焉，則其不仁亦可見矣。

○季文子三思而後行。子聞之，曰：「再，斯可矣。」三，去聲。

季文子，魯大夫，名行父。每事必三思而後行，若使晉而求遭喪之禮以行，亦其一事也。斯，語辭。程子曰：「爲惡之人，未嘗知有思，有思則爲善矣。然至於再則已審，三則私意起而反惑矣，故夫子譏之。」或問「程子之説」。曰：「天下之事，以義理斷之，

則是非當否，再思而已審；以私意揣之，則利害得喪，萬變而無窮。思至於再者，欲人之以義制事，而不汩於利害之私也。」○又曰：「凡事初看尚未定，再察則已審矣，便用決斷始得。若更加三思焉，則私意起，而非義理之本然矣。」○永嘉陳氏曰：「大凡應事，一思底已是，再思則親切，三思則計較起，私意反生，將前箇真底失了。若夫爲學之道，則不厭思。只爲應事言。」○愚按：季文子慮事如此，可謂詳審而宜無過舉矣。而宣公簒立，文子乃不能討，反爲之使齊而納賂焉，豈非程子所謂私意起而反惑之驗與？是以君子務窮理而貴果斷，不徒多思之爲尚。輔氏曰：「不能窮理則無以審其是，不能果斷則無以決其疑，如是而展轉思慮，則私意起而反惑也決矣。」○陳氏曰：「理之明，則是非判；斷之果，則從違決。此又工夫最切處。」○愚謂：窮理是思時事，果斷是思後事。

○子曰：「甯武子邦有道則知，邦無道則愚。其知可及也，其愚不可及也。」知，去聲。

甯武子，衛大夫，名俞。按春秋傳，武子仕衛，當文公、成公之時。文公有道，而武子無事可見，此其知之可及也。成公無道，至於失國，而武子周旋其閒，盡心竭力，不避艱險。凡其所處，皆智巧之士所深避而不肯爲者，而能卒保其身以濟其君，此其愚之不可及也。語録曰：「甯武子當文公有道之時，不得作爲，然他亦無事可見。至成公無

道失國，若智巧之士，必且去深僻處隱避，不肯出來。武子竭力其閒，至誠懇惻，不避艱險，却能擺脱禍患，卒得兩全。非他能沉晦，何以致此。若比以智自免之士，武子却似箇愚底人，但其愚得來好。若使別人處之，縱免禍患，不失於此則失於彼。」〇又曰：「他人於邦無道之時，要正救者不能免患，要避患者又却偷安。若甯武子之愚，既能韜晦以免患，又自處不失其正，此所以爲不可及。」〇又曰：「愚有兩般，有一般愚而冒昧向前底，少閒都做壞了事。如甯武子，雖他冒昧向前，不露圭角，只猝猝地做將去，然少閒事又都不做壞了。」〇問：「衛之無道，武子却不明進退之義，而乃周旋其閒，不避艱險，如何？」曰：「武子九世公族，與國同休戚，却與尋常無干涉人不同。若無干涉，要去也得，住也得。若要去時，須早去始得。到那艱險時節却要去，是甚道理。」**〇程子曰：「邦無道能沉晦以免患，故曰不可及也。亦有不當愚者，比干是也。」**語録曰：「世閒事做一律看不得。聖人不是要人皆學甯武子，但如甯武子亦自可爲法。然比干却是父族，微子既去之後，比干不容於不諫。諫而死，乃正人也。當武子之時則爲武子，當比干之時則爲比干，執一不得也。」〇又曰：「若比干諫而死，看來似不會愚底人。然他於義却不當愚，只得如此處，又與武子不同。」

〇子在陳曰：「歸與！歸與！吾黨之小子狂簡，斐然成章，不知所以裁之。」與，平聲。斐，音匪。

此孔子周流四方，道不行而思歸之歎也。吾黨小子，指門人之在魯者。狂簡，志大而略於事也。輔氏曰：「唯狂故簡，唯志大故略於事。大凡學者易得有狂簡之病，非篤志爲己者不能免也，雖琴張、曾點猶或墮於此失。」**斐，文貌。**語録曰：「斐，只是有文采。」**成章，言其文理成就有可觀者。**語録曰：「成章，是做得成片段有文理可觀。蓋他狂也是做得箇狂底人成，不是做得一上又放掉了。狷也是他做得這箇狷成，不是今日狷明日又不狷也。如孝真箇是做得孝成，忠真箇是做得忠成。子貢之辯，子路之勇，都真箇做得成了。不是半上落下，今日做得明日休也。」○輔氏曰：「成章，謂隨其所習而有首有尾、有條理、有文章可觀者。雖異端亦有成章而可觀者矣。此則指門人之性行而言也。」**裁，割正也。**語録曰：「如物之不正，須裁割令正。」**夫子初心，欲行其道於天下，至是而知其終不用也。於是始欲成就後學，以傳道於來世。又不得中行之士，而思其次，以爲狂士志意高遠，猶或可與進於道也。但恐其過中失正，而或陷於異端耳，故欲歸而裁之也。**語録曰：「如狂簡底人，不裁之則無所收檢，而流入於異端。蓋這般人，只管是要他身高，都不理會事，所以易入於異端。大率異端皆是遯世高尚底人，素隱行怪之人，其流弊爲佛老。且如孟之反不伐，是他自占便宜處，便如老氏所謂『不爲天下先』底意思。子桑户死，琴張弔其喪而歌，是不以生死芥蔕，便如釋氏。如此等人，雖是志意高遠，然非聖人有以裁正之，則一向狂去，更無收殺，便全不濟事了。」○輔氏曰：

「志意高遠，即所謂志大也。過中失正，即其略於事者是也。大凡人之志意高遠，則勢利拘絆他不住，故或可與進於道。然溺於高遠，則又有脱略世故之敝，故過中失正，而或陷於異端，是以不可不有以裁制之，而使歸於中正也。」〇蔡氏曰：「士不幸而狂獧，與其獧也，寧狂。蓋狂士志意高遠，資質粗勁，做事亦徹頭徹尾，文理成就可觀，尚可裁節，使歸中道。彼獧者巽懦怯弱，氣息奄奄，無一事可爲，亦無下手脚裁截處。學者其深戒之。」

〇子曰：「伯夷、叔齊不念舊惡，怨是用希。」

伯夷、叔齊，孤竹君之二子。孟子稱其「不立於惡人之朝，不與惡人言。與鄉人立，其冠不正，望望然去之，若將浼焉。」其介如此，宜若無所容矣。然其所惡之人，能改即止，故人亦不甚怨之也。黄氏曰：「君子之於人，苟非大不平者，自不應有所怨。若以爲己怨用希，則是夷齊胷中常有憤憾之意，而亦何足以爲夷齊哉？故集註以人怨爲是。」〇蔡氏曰：「夷齊不念舊惡，是其心中渾然以理爲主，略與不遷怒相似，蓋不是惡其人，只是惡其惡耳。若其人昨日爲善今日爲惡，則惡之；若昨日爲惡今日爲善，則好之而不惡矣，所以人亦怨之者希也。聖賢之心皆是如此，但伯夷平日以清隘聞，故特明之。」〇**程子曰：「不念舊惡，此清者之量。」**語録曰：「伯夷之清，他却是箇介僻底人，宜其惡惡直是惡之。然能不念舊惡，却是他清之好處。」**又曰：「二子之心，非夫子孰能知之？」**

○子曰：「孰謂微生高直？或乞醯焉，乞諸其鄰而與之。」醯，呼西反。

微生姓，高名，魯人，素有直名者。醯，醋也。人來乞時，其家無有，故乞諸鄰家以與之。夫子言此，譏其曲意徇物，掠美市恩，不得爲直也。輔氏曰：「己所無有，不以實告，乃乞諸鄰以與之，是爲曲意徇物。其與之也，不告以其所從得，是爲掠美市恩。大凡平心順理以應物則爲直，若有一毫計較作爲，則不得爲直。知乞醯以應人之求爲不直，則知所以爲直也。」○程子曰：「微生高所枉雖小，害直爲大。」語録曰：「醯至易得之物，尚委曲如此，若臨大事如何？當有便道有，無便道無。才枉其小，便害其大，此皆不誠實也。」○輔氏曰：「人心非公則私，非天理即人欲，非自然即計較。有一豪計較便非自然，便是私與人欲，才出此便入彼，無閒可容息也。故乞醯之事雖若微末，然迹其曲意徇物，掠美市恩，爲委曲計較，故程子以爲『所枉雖小，害直爲大』。」范氏曰：「是曰是，非曰非，有謂有，無謂無，曰直。聖人觀人於其一介之取予，而千駟萬鍾從可知焉，故以微事斷之，所以教人不可不謹也。」語録曰：「問：『范氏言「千駟萬鍾從可知焉」，莫是説「以非義而予，必有非義而取」否？』曰：『不是説如此予必如此取。只看他小事尚如此，到處千駟萬鍾亦只是這模樣。』」○輔氏曰：「范氏釋直字之義尤明白，而又發聖人觀人即小以知大之説，所以教人謹微窒欲之意尤更精切。」

○子曰：「巧言、令色、足恭，左丘明恥之，丘亦恥之；匿怨而友其人，左丘

明恥之，丘亦恥之。」足，將樹反。**足，過也。**語録曰：「所謂足者，謂本當只如此，我却以爲未足而添足之，故謂之足。若本當如此，而但如此，則自是足了，乃不是足。凡制字如此類者，皆有兩意。」○輔氏曰：「既已滿足其分，而猶爲之不已，曰足。」**程子曰：「左丘明，古之聞人也。」**或問：「左丘明非傳春秋者邪？」曰：「未可知也。啖、趙、陸氏辨之於纂例詳矣。鄧著作名世考之氏姓書曰：『此人蓋左丘姓而明名，傳春秋者乃左氏耳。』」**謝氏曰：「二者之可恥，有甚於穿窬也。左丘明恥之，其所養可知矣。夫子自言『丘亦恥之』，蓋『竊比老彭』之意。又以深戒學者，使察乎此而立心以直也。」**輔氏曰：「巧言、令色、足恭以取人之悦，藏匿其心所怨而外與之爲友，雖與穿窬之事不類，然其心陰巧譎詐，以取悦求媚，則有甚於穿窬之人也。左丘明以是二者爲恥，則其平日之所養廣大正直之意可知已。夫子所謂『德愈盛而心愈下，不自知其言之謙』者也。」○又曰：「學者於『察』字『立』字不可不加功，不察則或不知二者之可恥，不卓然立起此心則無緣會得直。」○陳氏曰：「穿窬者之志，不過陰取貨財而止。若此二者，過諂以事人，匿怨而面交，其所包藏豈止於取貨財之謂邪？故可恥有甚於穿窬也。」○愚謂：穿窬之人，暮夜爲盜而日閒陽爲好人，中心不直者何以異此。

○顔淵、季路侍。子曰：「盍各言爾志？」盍，音合。

盍，何不也。

子路曰：「願車馬，衣輕裘，與朋友共，敝之而無憾。」衣，去聲。

衣，服之也。裘，皮服。敝，壞也。憾，恨也。

顏淵曰：「願無伐善，無施勞。」

伐，誇也。善，謂有能。施，亦張大之意。勞，謂有功，易曰「勞而不伐」是也。語録曰：「問：『善自其平生之所能言，勞以其一時之功勞言。』曰：『亦是。勞是就事業上説。』」或曰：「勞，勞事也。勞事非己所欲，故亦不欲施之於人。」亦通。愚謂：如前説，則於勞字爲順；如後説，則於施字爲順。

子路曰：「願聞子之志。」子曰：「老者安之，朋友信之，少者懷之。」

老者養之以安，朋友與之以信，少者懷之以恩。一説：「安之，安我也；信之，信我也；懷之，懷我也。」亦通。黄氏曰：「前説是作用，後説是效驗。後説固説得自然，前説亦未嘗不自然。後説與『綏斯來，動斯和』意思相類，自是聖人地位，但前説却有仁心自然、物各付物，有天地發生氣象。況顏子、子路皆是就作用上説，故前説爲勝。」○程子曰：「夫子安仁，顏淵不違仁，子路求仁。」語録曰：「問：『孔子安仁，固無可言。顏子不違仁，乃是已得之，

故不違，便是克己復禮底事。子路方有與物共之志，故曰求仁。』曰：『然。』」○又曰：「他人於微小物事尚戀戀不肯舍，仲由能如此，其心廣大而不私己矣，非其意在於求仁乎？」○愚謂：仁本固有，而未免於求，猶與仁爲二也。不違，則身已居仁，而常使之不相去耳。安仁，則心即仁，仁即心矣。又曰：「子路、顏淵、孔子之志，皆與物共者也，但有小大之差爾。」語録曰：「子路、顏淵、夫子言志，都是不私己，但有小大之異爾。子路只車馬衣裘之閒，所志已狹。顏子將善與衆人公共，何伐之有？施諸己不願，亦勿施於人，何施勞之有？却已是煞展拓。然不若聖人，分明是天地氣象。」又曰：「子路勇於義者，觀其志，豈可以勢利拘之哉？亞於浴沂者也。顏子不自私己，故無伐善；知同於人，故無施勞。其志可謂大矣，然未免出於有意也。至於夫子，則如天地之化工，付與萬物而己不勞焉，此聖人之所爲也。今夫羈靮以御馬而不以制牛，人皆知羈靮之作在乎人，而不知羈靮之生由於馬，聖人之化亦猶是也。先觀二子之言，後觀聖人之言，分明天地氣象。凡看論語，非但欲理會文字，須要識得聖賢氣象。」語録曰：「問：『曾點事煞高，子路只此一事，如何便解亞得他？』曰：『子路是箇資質高底人，要不做底事便不做。雖是做工夫處麄，不如子貢、子夏之細密，然其資質却自甚高。若見得透，便不干事。』」○又曰：「子路是不以外物累其心，方剥得外面一重麄皮子去。顏淵却又高一等，便是又剥得一重細底皮去，然猶在軀殼子裏。若聖人則超然

與天地同體矣。」○問：「聖人之化，猶天地之化工，付與萬物。又云覊靮以御馬而不以制牛，這箇只是天理，聖人順之而已。」曰：「這只是天理，自合如此。如老者安之，是他自帶得安之理來；朋友信之，是他自帶得信之理來；少者懷之，是他自帶得懷之理來。聖人爲之，初無形迹。季路、顏淵便先有自身了，方做去。如穿牛鼻，絡馬首，都是天理如此，恰似他生下便自帶得此理來。」○輔氏曰：「子路雖有曾點氣象，而其實亦有不同。曾點是知之事，子路是行之事。浴沂之知崇，共敝之行實。」○又曰：「子路從事上説，顏子從心上説，固自有淺深之不同。然二子皆有願云者，則是各有所對待而言也，子路是對著箇有憾底柱，顏子是對著箇矜伐底柱。孔子則無所對也，理當然而已矣，此天地之事也。」○胡氏曰：「以氣象觀之，子路則發於意氣者也，顏子則循其性分者也，夫子則渾然天理者也。子路所以亞於浴沂者，以其胷次灑落，非勢利所得而拘使，無所滯礙，即曾晳之所至矣。聖人固不可企及，顏子地位亦高。誠能先於貨利之閒思子路之勇決，而袪其吝嗇之心，則於求仁之方亦庶幾矣，未可以其粗厲而忽之也。」

○子曰：「已矣乎！吾未見能見其過而内自訟者也。」

已矣乎者，恐其終不得見而嘆之也。内自訟者，口不言而心自咎也。黄氏曰：「自訟而見於言，不若自責於心之爲深切也，非謂諱過而不敢言也。」○輔氏曰：「真有意於行者，口不言；真知其非者，心自咎。」**人有過而能自知者鮮矣，知過而能内自訟者爲尤鮮。能内自**

訟，則其悔悟深切而能改必矣。輔氏曰：「口不言而心自咎者，最改過之機，蓋悔悟深切，則誠意所蓄根深力固。纔説出來，意思便消散了，況説與人，道我將改者乎？若此者，其不能改必矣。」夫子自恐終不得見而嘆之，其警學者深矣。

〇子曰：「十室之邑，必有忠信如丘者焉，不如丘之好學也。」焉，如字，屬上句。好，去聲。

十室，小邑也。忠信如聖人，生質之美者也。輔氏曰：「此言生質之美者固或有同乎聖人之忠信，非謂聖人之質全與衆人無異也。且夫子之言亦曰『必有忠信如丘者』耳，非謂事事皆如己也。」夫子生知而未嘗不好學，故言此以勉人。言美質易得，至道難聞，學之至則可以爲聖人，不學則不免爲鄉人而已。可不勉哉？輔氏曰：「美質易得，所禀然也。至道難聞，非學則莫至此也。此蓋夫子不以聖人自居，而勉人爲學之辭。」

雍也第六

凡二十九章。胡氏曰：「凡二十八章。舊以首句自爲一章，今以二章合之，而仍其元數，失於改也。又按下章子華使齊、原思爲宰，亦合爲一章，今考之雖皆聖人用財之事，然恐記

者以類相從，未必一時之言也。前篇此類頗多，不應爲一章。篇首二章雖相承，亦與『賜也何如』相似，若析爲二章，不害其爲相通也。如此則當爲凡三十章。」**篇内第十四章以前，大意與前篇同。**胡氏曰：「此篇前有半與上篇大意同，而八佾論禮樂之事亦與爲政篇末相接，大抵記聖人之言多以其類，而卷袠之分特以竹簡之編既盡而止，其篇目則聊舉其首二字以爲之别耳。」

子曰：「雍也可使南面。」

南面者，人君聽治之位。言仲弓寬洪簡重，有人君之度也。黄氏曰：「前篇之不佞，後章之居敬，但可見其簡重。觀前篇或人稱其爲仁，則可見其有寬洪之德。」○輔氏曰：「惟寬故洪，惟簡故重。寬則有容，故洪；簡則守要，故重。寬與簡，御衆臨下之道也，故有人君之度而可以南面。度，以德量言也。」○胡氏曰：「謂仲弓可以居君位者，當時小國諸侯皆君也。」

仲弓問子桑伯子。子曰：「可也簡。」

子桑伯子，魯人，胡氏以爲「疑即莊周所稱子桑户」者是也。或問「子桑伯子」。曰：「莊子所稱子桑户，與孟子反、子琴張爲友者，蓋老氏之流。」**仲弓以夫子許己南面，故問伯子如何。**輔氏曰：「仲弓簡默，務内不務外，其性行有與伯子略相似者，故仲弓因以爲問也。」**可者，**

僅可而有所未盡之辭。輔氏曰：「非是斷然許之之辭。」簡者，不煩之謂。語録曰：「煩是煩擾。」

仲弓曰：「居敬而行簡，以臨其民，不亦可乎？居簡而行簡，無乃大簡乎？」大，音泰。

言自處以敬，則中有主而自治嚴，如是而行簡以臨民，則事不煩而民不擾，所以爲可。輔氏曰：「中有主，則一。自治嚴，則收斂固。事不煩，則無鑿出之事。民不擾，則無不得所之民。」若先自處以簡，則中無主而自治疏矣，而所行又簡，豈不失之太簡而無法度之可守乎？輔氏曰：「中無主，則二三。自治疏，則滲漏多。大簡，則率易。無法度之可守，則或不免於猖狂妄行矣。」家語記伯子不衣冠而處，夫子譏其欲同人道於牛馬。然則伯子蓋大簡者，而仲弓疑夫子之過許與？

子曰：「雍之言然。」

仲弓蓋未喻夫子可字之意，而其所言之理有默契焉者，故夫子然之。輔氏曰：「伯子蓋亦知要者，但其所主守工夫則有未至也，故雖可取而未盡善。仲弓只添一敬字，説内外本末便自曲盡，非其平日踐履工夫之熟，何能然邪？然夫子所謂可者已具此意了，仲弓雖未喻可是僅可而未盡之義，然其所言正有合於夫子之意，故夫子以爲然也。」○程子曰：「子桑伯子之簡，雖

可取而未盡善，故夫子云可也。仲弓因言内主於敬而簡，則爲要直；内存乎簡而簡，則爲疏略，可謂得其旨矣。」輔氏曰：「要、直二字，要看要字從知上説，直字從行上説。疏略，則謂於事理有所脱遺也。」又曰：「居敬則心中無物，故所行自簡；居簡則先有心於簡，而多一簡字矣，故曰大簡。」輔氏曰：「中主於敬，則内欲不萌，外物不入，故心中無物而所行自簡。夫簡者，乃理之自然也。若先有心於簡，則是其心中先自多一箇字了，故曰大簡。」

○哀公問：「弟子孰爲好學？」孔子對曰：「有顔回者好學，不遷怒，不貳過，不幸短命死矣。今也則亡，未聞好學者也。」好，去聲。亡，與無同。遷，移也。貳，復也。怒於甲者，不移於乙；過於前者，不復於後。語録曰：「只是見得箇道理透，故怒於甲時，雖欲遷於乙，亦不可得而遷也。見得道理透，則既知有過，自不復然。如人錯喫烏喙，纔覺了自不復喫。」顔子克己之功至於如此，語録曰：「怒與過，皆自己上來。不遷不貳，皆自克己上來。如『無伐善，無施勞』，是他到處；『不遷怒，不貳過』，也是他到處。」○問：「『不遷怒貳過』，是顔子克己工夫到後方如此，却不是以此方爲克己工夫否？」曰：「夫子説時，也只從他克己效驗上説，但克己工夫未到時，也須照管。不成道我工夫未到那田地，而遷怒貳過只聽之邪？」○黄氏曰：「顔子不遷不貳，蓋其存養之深，省察之明，克治之力，持守之堅。故其未怒之初，鑑空衡平；既怒之後，冰消霧釋。方過之萌，瑕纇莫逃；既知之後，根株悉

拔。此其所以爲好學，而集註以爲克己之功也。」○輔氏曰：「顔子不遷不貳，乃終身學力之所就，固非一旦收其放心便能如此，亦非是學者克己之事。故集註以爲，克己之功必其平日遇怒則克，不使之流蕩於外以過於物；遇過則克，不使之伏藏於内以爲之根。怒不過物則久，久自然不遷；過蹙其根則久，久自然不貳。」可謂真好學矣。輔氏曰：「真字須子細看。」短命者，顔子三十二而卒也。既云「今也則亡」，又言「未聞好學者」，蓋深惜之，又以見真好學者之難得也。○程子曰：「顔子之怒，在物不在己，故不遷。有不善未嘗不知，知之未嘗復行，不貳過也。」語録曰：「顔子自無怒，因物之可怒而怒之，又安得遷？」○又曰：「有不善未嘗不知，知之未嘗復行。直是顔子天資好，如至清之水，纖芥必見。」又曰：「喜怒在事，則理之當喜怒者也，不在血氣則不遷。若舜之誅四凶也，可怒在彼，己何與焉？如鑑之照物，妍媸在彼，隨物應之而已，何遷之有？」輔氏曰：「聖人遇事之當喜者則喜，遇事之當怒者則怒，方其未與事接，則是心初無喜怒也。故若舜之誅四凶，可怒在彼，己何與焉？又如鑑之照物，因物賦形，何遷之有？」○胡氏曰：「既云怒在物而不在己，又云不在血氣則不遷，蓋不在己者，非謂其怒不怒也，乃因物之可怒而發也；不在血氣者，非謂怒於心而不形於色也，發於義理而不發於血氣也。」又曰：「如顔子地位，豈有不善。所謂不善，只是微有差失。才差失便能知之，才知之便更不萌作。」語録曰：「萌作，只是萌動。」○輔氏曰：「顔子存得

天理分數全了，明睿所照，文理密察，纔有微微差失，便自知之。既知之，自然存著不得，便自消融了，豈復至於萌作哉？便能知之者，是物格知至之事。更不萌作者，是意誠心正之事。」○蔡氏曰：「不遷怒，朱子謂『怒於甲者不移於乙』，程子謂『在物不在己』；不貳過，朱子謂『過於前者不復於後』，程子謂『只是微有差失便能知之，纔知之便更不萌作』，若不同矣。然程子是就怒初發、念初萌而直言之也，朱子是就怒已發、念已萌而横言之也。其理則一，必兼之方盡其義。」張子曰：「慊於己者，不使萌於再。」語録曰：「慊於己，只是略有些子不足於心，便自知之，即隨手消除，更不復萌作。」○輔氏曰：「正説有顔子地位若聖人分上，則又使不著使字也。」或曰：「詩書六藝，七十子非不習而通也，而夫子獨稱顔子爲好學。顔子之所好，果何學歟？」程子曰：「學以至乎聖人之道也。」「學之道奈何？」曰：「天地儲精，語録曰：「儲，儲蓄。精，精氣。精氣流過，若生物時攔定。」○又曰：「天地儲蓄得二氣之精聚，故能生出人物。」得五行之秀者爲人，語録曰：「只説五行而不言陰陽者，蓋做這人須是五行方做得成，然陰陽便在五行中。」其本也真而静。文集曰：「真静兩字亦自不同，真則指本體而言，静則但言其初未感物時耳。」○語録曰：「本是本體，真是不雜人僞。」其未發也五性具焉，曰仁義禮智信。語録曰：「五性便是真，未發便是静時，只是疊説。」形既生矣，外物觸其形而動於中矣。輔氏曰：「緣人是箇活物，故外物觸之而動。動静者，闔闢之機。上既言其本静，故於此復

動也。」**其中動而七情出焉，曰喜怒哀懼愛惡欲。**輔氏曰：「古所謂七情，喜怒哀樂愛惡欲也。今程子以懼字易樂字，蓋嫌喜樂二者相似，而不及於懼也，其義精矣。」○陳氏曰：「喜愛欲三字有淺深，喜方見於顔色，愛則心中好之，然未有取之之意，欲則貪意直注於彼，必欲挐將來矣。」**情既熾而益蕩，其性鑿矣。**語録曰：「性固不可鑿，但人不循此理，任意妄作，去傷了他耳。鑿，與孟子所謂鑿一般。」**故覺者約其情使合於中，正其心，養其性而已。**語録曰：「覺者約其情使合於中，正其心，養其性，方是大綱説。」○輔氏曰：「覺是心之靈，故能約其情而使之合乎中。」**然必先明諸心，知所往，然後力行以求至焉。**語録曰：「這一般緊要處只在先明諸心上。蓋先明諸心了，方知得聖之可學，有下手處，方就這裏做工夫。若不就此，如何地做？」○又曰：「明諸心，知所往，窮理之事也。力行求至，踐履之事也。窮理非是專要明在外之理，如何而爲孝弟，如何而爲忠信，推此類通之，求處至當，即窮理之事也。」**若顔子之非禮勿視聽言動，不遷怒貳過者，則其好之篤而學之得其道也。然其未至於聖人者，守之也，非化之也。假之以年，則不日而化矣。**語録曰：「聖人無怒，何待於不遷？聖人無過，何有於不貳？所以不遷不貳[一]，猶有意存焉，與『願無伐善，無施勞』之意同。猶今人所謂願得不

[一] 貳，原作「怒」，據通志堂經解本改。

如此，是固嘗如此，而今且得其不如此也。此所謂『守之，非化之也』。」〇又曰：「聖人則都無這箇，顏子則疑於遷貳與不遷貳之閒。」〇輔氏曰：「學未至於聖人者，雖見道明，用心剛，然必有所存，斯不亡，必有所理，斯不亂。持守之功一息或廢，則其理便閒斷矣。惟至於聖，則氣質消盡，渾是義理，無處不有，無時不然。此大而化之之事也。顏子未達聖人一閒耳，故假之以年，則不日而化也必矣。」今人乃謂聖本生知，非學可至，而所以爲學者，不過記誦文辭之閒，其亦異乎顏子之學矣。」

〇子華使於齊，冉子爲其母請粟。子曰：「與之釜。」請益。曰：「與之庾。」冉子與之粟五秉。使、爲，並去聲。

子華，公西赤也。使，爲孔子使也。輔氏曰：「或使於他邑，或使於外國，不可知也。大夫無私交，此未必爲大夫時事。又孔子將之楚，先之以子路，申之以冉有，皆使之類也，又如蘧伯玉使人於孔子。大夫雖無私交，若此類，則無害也。」釜，六斗四升。庾，十六斗。秉，十六斛。愚按：左傳晏子云：「齊舊四量，豆、區、釜、鍾。四升爲豆，各自其四以登於釜。」杜註云：「四豆爲區，區斗六升，四區爲釜，釜六斗四升是也。」又按：聘禮記云：「十斗曰斛，十六斗曰籔，十籔曰秉。」鄭註云：「秉，十六斛。今江淮之閒，量名有爲籔者。今文籔爲逾。」是庾、逾、籔，其數同也。

子曰：「赤之適齊也，乘肥馬，衣輕裘。吾聞之也，君子周急不繼富。」衣，去聲。

乘肥馬，衣輕裘，言其富也。急，窮迫也。周者，補不足。繼者，續有餘。

原思爲之宰，與之粟九百，辭。

原思，孔子弟子，名憲。魯人。孔子爲魯司寇時，以思爲宰。愚謂：魯司寇，大夫也，必有采邑，故以思爲采邑之宰。粟，宰之禄也。九百，不言其量，不可考。輔氏曰：「量謂五量，龠、合、升、斗、斛也。但此言九百而已，不可考知其爲斗爲斛也。」

子曰：「毋。以與爾鄰里鄉黨乎。」

毋，禁止辭。五家爲鄰，二十五家爲里，萬二千五百家爲鄉，五百家爲黨。言常禄不當辭，有餘自可推之以周貧乏，蓋鄰里鄉黨有相周之義。輔氏曰：「先王制爲井田之法，使鄉田同井，出入相友，守望相助，疾病相扶持，則鄰里鄉黨有貧乏者，於義固當相周也。」○程子曰：「夫子之使子華，子華之爲夫子使，義也。而冉子乃爲之請，聖人寬容，不欲直拒人，故與之少，所以示不當與也，請益而與之亦少，所以示不當益也。求未達而自與之多，則已過矣，故夫子非之。蓋赤苟至乏，則夫子必自周之，不待請矣。原思爲宰，則有常禄，思辭其多，故又教以分諸鄰里之貧者，蓋亦莫非義也。」

輔氏曰：「聖人能通天下之志，而於物無遺照，故雖不徇人之情以咈吾之理，然亦不行吾之義而不察人之情。使赤誠有所乏，則夫子自當知之而自有以處之矣，又何待求之請哉？」張子曰：「於斯二者，可見聖人之用財矣。」語録曰：「這是見得聖人於小處也區處得恁地盡，這便是一以貫之處，聖人做事都著地頭。」○黄氏曰：「冉子之與粟不害其爲惠，原思之辭粟不害其爲廉。自常人觀之，皆善行也。聖人處事，如化工生物，洪纖高下，各適其宜，又豈但可見其用財而已哉？」

○子謂仲弓，曰：「犂牛之子騂且角，雖欲勿用，山川其舍諸？」犂，利之反。騂，息營反。舍，上聲。

犂，雜文。騂，赤色。周人尚赤，牲用騂。角，角周正，中犧牲也。永嘉陳氏曰：「以其角中程度也，祭天地之牛，角繭栗；宗廟之牛，角握；社稷之牛，角尺。」**用，用以祭也。山川，山川之神也。言人雖不用，神必不舍也。**輔氏曰：「犂牛雜文，雖不堪作犧牲，然其所生之子，其色則騂，其角則正，則必將取以爲犧牲用矣。固不可以其母之犂而廢其子之騂也。雖欲勿用，人之私意也。山川其舍諸，理之所不容廢也。」**仲弓父賤而行惡，故夫子以此譬之。**胡氏曰：「父賤而行惡，本疏文。家語亦言其生於不肖之父。」**言父之惡不能廢其子之善，如仲弓之賢，自當見用於世也。然此論仲弓云爾，非與仲弓言也。**文集曰：「如子謂顔

淵『未見其止』，亦非與顏淵言也。」○范氏曰：「以瞽叟爲父而有舜，以鯀爲父而有禹。古之聖賢不係於世類，尚矣。子能改父之過，變惡以爲美，則可謂孝矣。」胡氏曰：「范氏之説可以勉人爲子，故有取焉。」

○子曰：「回也，其心三月不違仁，其餘則日月至焉而已矣。」

三月，言其久。語録曰：「三月，只是言久爾，非謂三月後必違也。」○愚謂：三月，姑借以言其久；日月，亦借以言其暫。仁者，心之德。心不違仁者，無私欲而有其德也。或問：「『仁，人心也』，則心與仁宜一矣；而又曰『心不違仁』，則心之與仁又若二物。」曰：「孟子之言，非以仁訓心也，蓋以仁爲心之德也，人有是心，則有是德矣。然私欲亂之，則或有是心，而不能有是德，此衆人之心，所以每至於違仁也。克己復禮，私欲不萌，則即是心而是德存焉，此顏子之心，所以不違於仁也。故所謂違仁者，非有兩物而相去也；所謂不違者，非有兩物而相依也。深體而默識於言意之表，則庶乎其得之矣。」○語録曰：「仁與心本是一物。被私欲一隔，仁便違去，却爲二物。若私欲既無，則心與仁便不相違，合成一物。心猶鏡，仁猶鏡之明。鏡本來明，被塵垢一蔽，遂不明，若塵垢一去，則鏡明矣。」日月至焉者，或日一至焉，或月一至焉，能造其域而不能久也。語録曰：「日至，是一日一次至此；月至，是一月一次至此，言其疏也。閑時都思量别處。」○真氏曰：「詳集註之意，謂自顏子之外，自餘門弟子，有一日全不違仁，

有一月全不違仁者。語録以爲，或一日中一次不違仁，一月中一次不違仁。二説不同，當以集註爲正[二]。」○程子曰：「三月，天道小變之節，言其久也，過此則聖人矣。不違仁，只是無纖豪私欲。少有私欲，便是不仁。」輔氏曰：「一氣分爲四時，三月而一變，故三月爲天道小變之節。」尹氏曰：「此顔子於聖人未達一閒者也，若聖人則渾然無閒斷矣。」輔氏曰：「閒，隙也。三月之後，少有違仁處，便閒隙也。」○永嘉陳氏曰：「顔子不遠復，才有閒斷處，依舊又接續了。若聖人，則自生至死，滿腔子都是仁，無少閒斷。顔子所以未達一閒者，正以此耳。」張子曰：「始學之要，當知『三月不違』與『日月至焉』内外賓主之辨，使心意勉勉循循而不能已，過此幾非在我者。」或問「内外賓主」。曰：「不違仁者，仁在内而我爲主也；日月至者，仁在外而我爲客也。誠知此辨，則其不安於客而求爲主於内必矣，故曰『使心意勉勉循循而不能已』也。其曰『過此幾非在我者』，則豈以爲用功至此而極哉，過此以往則必德盛仁熟而自至，而非吾力之所能與也。」○語録曰：「仁猶屋，心猶我，常在屋中則爲主，出入不常則爲客也。三月不違者，心常在内，雖閒或有出時，然終是在外不穩便，纔出即便入，蓋心安於内，所以爲主。日月至焉者，心常在外，雖閒或有入時，然終是在内不安，纔入即便出，蓋心安

[二] 正，原作「證」，據通志堂經解本改。

於外，所以爲賓。」○又曰：「不違仁者，仁在内而爲主，然其未熟，亦有時而出於外。日月至焉者，仁在外而爲賓，雖有時入於内，而不能久也。」○又曰：「那客亦是主人，只以其多在外，故謂之客。」○又曰：「學者只要勉勉循循而不能已，纔能如此，便後面雖不用大段著力也自做去。如推箇輪車相似，纔推得轉了，他便滔滔自去。」○又曰：「不能已，是爲了又爲，爲得好後只管爲，如『欲罷不能』相似。過此，則自家著力不得，待他自長進去，如水漲舡行，更無著力處。」○又曰：「前頭事皆不由我，我也不知前面之分寸，我也不知前面之淺深，只理會這裏工夫，使外内賓主之辨常要分曉，使心意勉勉循循不已。只如此而已。」○黄氏曰：「内外賓主之語，語録有數條，大略以屋爲喻，而在内者爲主，在外者爲賓。然有二説：其一以仁爲屋，而以心之出入爲賓主；其一以軀殻爲屋，而以仁之存亡爲賓主。以文義言，則前説勝；以義理言，則後説勝。以文義言，則心自是心，仁自是仁；以義理言，則心即仁也，仁即心也。前説因孔子所言而爲文，後説則言心在便爲仁，不在便爲不仁，其旨尤切當。兩存而並觀之。」○陳氏曰：「如内外賓主之辨，初學便當知此。然天理人欲相爲勝負之幾，最未易判也。若到天理決然常在内而爲主，人欲決然不隨之追逐於外而爲賓，非真知而足目俱到者不能到此田地，則主勢日伸，賓勢日屈，其進自不能止。過此，方如車輪運轉不停，非是放下全不用力，前頭限量不由我，非吾力所能料，雖欲輟不用力，而力自不能輟矣，此即日進無疆地位也。然此等皆學者所未到之處，非可以臆度想像，而識須臨境而後知味也。」○胡氏曰：「勉勉者，用力而不已也。循循者，謹守而不變也。

二者，學者睎顔之方也。」○永嘉陳氏曰：「先儒提出此語，正欲學者捫心猛省，若是爲客，乍入復出，則爲無家之人，將來必大可哀。」

○季康子問：「仲由可使從政也與？」子曰：「由也果，於從政乎何有？」曰：「賜也可使從政也與？」曰：「賜也達，於從政乎何有？」曰：「求也可使從政也與？」曰：「求也藝，於從政乎何有？」與，平聲。

從政，謂爲大夫。胡氏曰：「由、求仕於季氏久矣，若爲家臣，豈至此方問其可不可邪？以冉子退朝而夫子有政與事之辨參之，知其謂爲大夫也必矣。」果，有決斷。達，通事理。藝，多才能。輔氏曰：「子路資禀剛勇，故能有決斷。子貢知識高明，故通達事理。冉求雖進道不力，然在政事之科，故多才能。」○程子曰：「季康子問三子之才可以從政乎，夫子答以各有所長。非惟三子，人各有所長。能取其長，皆可用也。」黄氏曰：「程子言人各有所長，意則大矣。然如三子之果、達、藝而可以從政，則恐亦非凡人所可能也。」○輔氏曰：「聖人於天下無棄才，無遺善，聖人不作，天下人才有多少用不盡處。」

○季氏使閔子騫爲費宰。閔子騫曰：「善爲我辭焉。如有復我者，則吾必在汶上矣。」費，音祕。爲，去聲。汶，音問。

閔子騫，孔子弟子，名損。魯人。費，季氏邑。汶，水名，在齊南魯北竟上。閔子不欲臣季氏，令使者善爲己辭。言若再來召我，則當去之齊。輔氏曰：「閔子心雖不欲臣季氏，而不遽形於言，姑令使者善爲己辭焉，此與人爲善之意也。又言若再來召我，則當去之齊，以示其必不從之意。其與人、處己，兩盡其道如此。」○程子曰：「仲尼之門，能不仕大夫之家者，閔子、曾子數人而已。」謝氏曰：「學者能少知內外之分，皆可以樂道而忘人之勢。況閔子得聖人爲之依歸，彼其視季氏不義之富貴不啻犬彘，又從而臣之，豈其心哉？在聖人則有不然者，蓋居亂邦，見惡人，在聖人則可；自聖人以下，剛則必取禍，柔則必取辱。閔子豈不能早見而豫待之乎？如由也不得其死，求也爲季氏附益，夫豈其本心哉？蓋既無先見之知，又無克亂之才故也。然則閔子其賢乎。」語録曰：「謝氏説得麄，亦可以警那懦底人。若常常記得這樣在心，不至倒了。今倒了底却多。」○輔氏曰：「謝氏説由求之事，曰『是豈其本心哉』，却説得好。『剛者必取禍』謂子路，『柔者必取辱』謂冉求。聖人道全德備，應用無窮，其於先見之知，克亂之才，蓋兼有之，故於天下無不可爲之時，亦無不可爲之事。若未至於聖人，而欲早見豫待以擬方來之變，則於轇轕紛沓之際，未有不失其本心者。此閔子所以爲賢也。」

○伯牛有疾，子問之，自牖執其手，曰：「亡之，命矣夫！斯人也而有斯疾

也，斯人也而有斯疾也！」夫，音扶。

伯牛，孔子弟子，姓冉，名耕。魯人。**有疾，先儒以爲癩也。**或問「伯牛之癩」。曰：「以淮南子而言耳，其信否不可知。」**牖，南牖也。禮，病者居北牖下，君視之，則遷於南牖下，使君得以南面視己。**黄氏曰：「『北牖』見儀禮記[二]，若喪大記則云『北牖』。西南隅既謂之奥，則北面不當有牖。當攷。」○胡氏曰：「此説見鄉黨疏文。按寢廟制無北牖，然北方有少牖，謂之扉，因天光漏入而得屋漏之名，恐北牖指此也。室西南隅曰奥，奥南有牖。」**時伯牛家以此禮尊孔子，孔子不敢當，故不入其室，而自牖執其手，蓋與之永訣也。**輔氏曰：「不入其室，以避過奉之禮，義也；自牖執其手，以致永訣之意，仁也，此聖人從容中禮處。」**命，謂天命。**或問「命」。曰：「有生之初，氣質之禀，蓋有一定而不可易者，孟子所謂『莫之致而至者』也。」○語録曰：「命之正者出於理，命之變者出於氣質，要之皆天所付予。但當自盡其道，則所值之命皆正命也。」○又曰：「問：『此命是天理本然之命否？』曰：『此只是氣禀之命。富貴、死生、禍福、貴賤，皆禀之氣而不可移易者。』」**言此人不應有此疾，而今乃有之，是乃天之所**

[二] 儀禮注疏卷第四十既夕禮第十三記「寢東首于北墉下」，孔疏：「云『墉下』者，墉謂之牆，喪大記謂之『北牖下』。」北牖，疑當作「北墉」。

命也。然則非其不能謹疾而有以致之，亦可見矣。輔氏曰：「伯牛非有致疾之道有以致疾，則非正命矣，伯牛非其不能謹疾而有以致之，故夫子嘆其『命矣夫』。然天既與之以是德，而復使之有是疾，則於栽培之理蓋亦不得其常者矣。」○胡氏曰：「夫子於顔、冉之死，皆以命言，然則雖斯人不應有斯疾，其死也亦謂之考終命也歟。」○侯氏曰：「伯牛以德行稱，亞於顔、閔，故其將死也，孔子尤痛惜之。」侯氏，名仲良，河東人。○輔氏曰：「侯氏深見聖人愛惜人才而切於傳道之心，其至誠惻怛有不能自已者。」

○子曰：「賢哉，回也！一簞食，一瓢飲，在陋巷，人不堪其憂，回也不改其樂。賢哉，回也！」食，音嗣。樂，音洛。

簞，竹器。食，飯也。瓢，瓠也。顔子之貧如此，而處之泰然，不以害其樂，故夫子再言「賢哉回也」以深嘆美之。○程子曰：「顔子之樂，非樂簞瓢陋巷也，不以貧窶累其心而改其所樂也，故夫子稱其賢。」語録曰：「顔子胷中自有樂，故雖貧窶之中，而亦不以累其心，不是將那『不以貧窶累其心』底做樂。」又曰：「簞瓢陋巷非可樂，蓋自有其樂爾，其字當玩味，自有深意。」語録曰：「其字是元有此樂。」又曰：「昔受學於周茂叔，每令尋仲尼顔子樂處，所樂何事？」語録曰：「問：『尋孔顔所樂處，蓋他自有其樂，然求之亦甚難。』曰：『先賢到樂處，已自成就向上去了，非初學所能求。況今之師非濂溪之師，所謂友者非

二程之友，所以説此事却似莽廣，不如且就聖賢著實用工處求。如克己復禮，致謹於視聽言動之間，久久自會純熟，充達向上去。』」○又曰：「要尋樂處，只是自去尋，尋到那極苦澀處，這便是好消息來，尋到那意思不好處，這便是樂底意來，却無不做工夫自然樂底道理。而今做工夫，只是平常恁地理會，不要把做差異了去做。」**愚按：程子之言，引而不發，蓋欲學者深思而自得之。今亦不敢妄爲之説，學者但當從事於博文約禮之誨，以至於欲罷不能而竭其才，則庶乎有以得之矣。**輔氏曰：「博文者，致知格物之事；約禮者，克己復禮之事。聖人教人，唯此二者。誠能從事於此，使知與行互相發，所造日深，其味日永，雖欲已之，自不能已，而求之至於才力竭盡，則庶乎有以得之矣。此指示學者自得之路，而使之循序以進，皆有可據之實也。」○真氏曰：「集註所引程子三説，皆不説出顏子之樂是如何樂，其末却令學者於博文約禮上用功。博文約禮，亦有何樂？似若有所隱而不以告人者。其實無所隱，而告人之深也。博文者，言以天下之理無不窮究，而用功之廣也；約禮者，言以禮檢束其身，而用功之要也。内外精粗二者並進，則此身皆與爲一，從容游泳於天理之中，雖簞瓢陋巷不知其爲貧，萬鍾九鼎不知其爲富，此乃顏子之樂也。程子全然不露，只使人自思而得之。朱子又恐人無下手處，特説出『博文約禮』四字，令學者從此用力，真積力久，自然有得，至於欲罷不能之地，則顏子之樂可以庶幾矣。」○又曰：「欲罷不能者，言人之於學，若能實用其工，則自然見得。循理則樂，不循理則不樂；由乎禮則安，不由乎禮則危。不待父兄師友之檢約，自然欲止而不能，此方是真有所得

也。」

○冉求曰：「非不説子之道，力不足也。」子曰：「力不足者，中道而廢。今女畫。」説，音悦。女，音汝。

力不足者，欲進而不能。畫者，能進而不欲。輔氏曰：「欲進而不能者，心欲進而力有所不及也。能進而不欲者，力能進而心有所不肯也。」謂之畫者，如畫地以自限也。輔氏曰：「畫地以自限，自不踰耳，非力有所不能踰也。」○愚謂：畫則先有不敢當之意，如畫地自限，非有險阻不可進而不前也。○胡氏曰：「夫子稱顔回不改其樂，冉求聞之，故有是言。然使求悦夫子之道，誠如口之説芻豢，則必將盡力以求之，何患力之不足哉？畫而不進，則日退而已矣，此冉求之所以局於藝也。」輔氏曰：「道若大路，人病不求。使其説聖人之道，誠如口之説芻豢，則將盡心竭力以求之。仁與道，豈遠乎哉？固不患力之不足也，畫而不進，此所以日退而局於藝焉耳矣。」

○子謂子夏曰：「女爲君子儒，無爲小人儒[二]。」

[二] 經文下通志堂經解本有小字音注：「女，音汝。」

儒，學者之稱。輔氏曰：「此所謂學，亦專言之學也。若周官『儒以道得民』，則學之已成者也。然凡有意於學，亦可謂之儒，故但以儒爲學者之稱，此所以有君子小人之辨。」程子曰：「君子儒爲己，小人儒爲人。」語録曰：「若不就爲己分上做工夫，只要説得去，以此欺人，便是小人儒。」○謝氏曰：「君子小人之分，義與利之閒而已。然所謂利者，豈必殖貨財之謂？以私滅公，適己自便，凡可以害天理者，皆利也。子夏文學雖有餘，然意其遠者大者或昧焉，故夫子語之以此。」輔氏曰：「謝氏極言爲利之害，可以警學者用心之微。蓋凡人日用之閒，發心措慮未嘗不在利上，如所謂『以私滅公，適己自便者』皆是。學者能謹察而明辨之，則於檢身之際自不至於滲漏矣。」○又曰：「子夏資質純固，但欠遠大之見，而有近小之蔽，恐或溺於私與利也，故以是告之。然此必子夏始見時事，至其言『切問近思，仁在其中』之説，『聖人之道，有始有卒』之説，則必不至此矣。」

○子游爲武城宰。子曰：「女得人焉爾乎？」曰：「有澹臺滅明者，行不由徑，非公事未嘗至於偃之室也。」女，音汝。澹，徒甘反。

武城，魯下邑。胡氏曰：「言魯下邑，非大夫之采邑也。」澹臺姓，滅明名，字子羽。徑，路之小而捷者。公事，如飲、射、讀法之類。或問：「公事者何事？」曰：「以士民之分言之，則凡飲酒、讀法而羣至乎有司者，公事也。以邑宰之知己而訪問焉，則凡一邑之閒，利病休戚之

所同，而當以告于有司者，亦公事也。」〇胡氏曰：「飲，謂鄉飲。周禮，鄉大夫賓賢能，飲國中賢者、能者，州長習射，黨正蜡祭，皆行鄉飲酒禮。射，謂鄉射。周禮，鄉大夫以五物詢衆庶，州長春秋以禮會民，皆行鄉射禮。讀法，則州長於正月之吉，黨正於四時孟月吉日，族師於月吉，閭胥於既比，皆行讀法禮。以是知爲邑宰者亦然也，其他則凡涉乎公家者皆是也。」**不由徑，則動必以正而無見小欲速之意可知。非公事不見邑宰，則其有以自守而無枉己徇人之私可見矣。**胡氏曰：「言其動必以正，則非但於行路而已；言其有以自守，則非但不私謁而已，故又以可知可見總言之。因小以明大，因兩端以見其全體也。」〇楊氏曰：「**爲政以人才爲先，故孔子以得人爲問。如滅明者，觀其二事之小，而其正大之情可見矣。後世有不由徑者，人必以爲迂；不至其室，人必以爲簡。非孔氏之徒，其孰能知而取之？**」語録曰：「問：『爲政以人才爲先。如子游爲武城宰，縱得人，將焉用之？』曰：『古者士人爲吏，吏爲政，而得人講論，此亦爲政之助。』」〇問：「觀其二事之小，而正大之情可見。」曰：「看這氣象，便不恁地猥碎。」問：「非獨見滅明如此，亦見得子游胷懷也恁地開廣，故取得這般人。」曰：「子游意思高遠，識得大體。」**愚謂：持身以滅明爲法，則無苟賤之羞；取人以子游爲法，則無邪媚之惑。**輔氏曰：「持身者，不以苟賤爲羞，則捨己徇欲，無所不至。取人者，苟爲邪媚所惑，則賢否短長，皆不復能有所辨矣。」

○子曰："孟之反不伐。奔而殿，將入門，策其馬，曰：『非敢後也，馬不進也。』"殿，去聲。

孟之反，魯大夫，名側。胡氏曰："反即莊周所稱孟子反者是也。"或問"孟之反"。曰："莊子所謂孟子反，蓋聞老氏懦弱謙下之風而悦之者也。"伐，誇功也。奔，敗走也。軍後曰殿。策，鞭也。戰敗而還，以後爲功，反奔而殿，故以此言自揜其功也。語録曰："軍敗以殿爲功，殿於後，則人皆屬目其歸，他若不恁地説，便是自承當了這箇殿後之功。"事在哀公十一年。○謝氏曰："人能操無欲上人之心，則人欲日消，天理日明，而凡可以矜己誇人者，皆無足道矣。然不知學者欲上人之心無時而忘也，若孟之反，可以爲法矣。"語録曰："欲上人之心，便是私欲。聖人四方八面提起向人説，只要去得私欲。孟之反其他事不可知，只此一事，便可爲法也。"

○子曰："不有祝鮀之佞而有宋朝之美，難乎免於今之世矣。"鮀，徒河反。

祝，宗廟之官。鮀，衛大夫，字子魚，有口才。朝，宋公子，有美色。言衰世好諛悦色，非此難免，蓋傷之也。

○子曰："誰能出不由户？何莫由斯道也？"

言人不能出不由户，何故乃不由此道邪？怪而歎之辭[二]。輔氏曰：「道者，人所共由之路也。出必由户，行必由道，宜也。而一然一否何哉？夫子怪而歎之，而人亦可以自反矣。」○又曰：「前章是傷而歎之之辭，此章是怪而歎之之辭。以類記之也。」○洪氏曰：「人知出必由户，而不知行必由道。非道遠人，人自遠爾。」輔氏曰：「此説尤可以警悟學者。道即在人，行之則是，但人自遠之而不肯踐行耳。道無遠人之理，人有遠道之私。」

○子曰：「質勝文則野，文勝質則史。文質彬彬，然後君子。」野，野人，言鄙略也。史，掌文書，多聞習事，而誠或不足也。輔氏曰：「史，如周官大史、小史之屬。太史掌邦之六典，小史掌邦國之志，所謂多聞也。大史、小史皆掌喪祭、賓客、會同、朝覲、軍旅之事，所謂習事也。先王盛時，雖多聞習事，而誠實固無不足者。世衰道微，習於外者多遺其内，故多聞習事之史，或有誠實不足者。下一或字，其義備矣。」彬彬，猶班班，物相雜而適均之貌。言學者當損有餘，補不足，至於成德，則不期然而然矣。輔氏曰：「質勝文則野，則質有餘而文不足。文勝質則史，則文有餘而質不足。學者能於其不足者補之，於其有餘者損之，至於成德，則文質班班然相雜而適相稱，有不期然而然者，夫然後可以謂之君

[二]「之」下通志堂經解本重一「之」字。

子。」○楊氏曰：「文質不可以相勝。然質之勝文，猶之甘可以受和，白可以受采也。文勝而至於滅質，則其本亡矣。雖有文，將安施乎？然則與其史也，寧野。」輔氏曰：「文質不可以相勝，一定之理也。文質彬彬，盡善之道也。與其史也，寧野，彼勝於此之辭也。凡物必先有質而後有文，則質乃文之本也。文勝而至於滅質，則其本亡矣。如繢畫之事，使無素地，則五采何所施乎？與其史也，寧野，野近本而史徇末故也。」○愚謂：楊氏之説雖非本章之正意，亦足以明二者之輕重。

○子曰：「人之生也直，罔之生也幸而免。」

程子曰：「生理本直。罔，不直也，而亦生者，幸而免爾。」或問「程子之説」。曰：「上生字爲始生之生，下生字爲生存之生，雖若不同，而義實相足。蓋曰天之生是人也，實理自然，初無委曲，彼乃不能順是，而猶能保其生焉，是其免特幸而已爾。」○語録曰：「生理本直，不待人去循之而後得名。若至大至剛以直之直，亦氣之本然，不待人以直善之而後得此名也。」○又曰：「生理本直，順理而行，便是合得生；若不直，便是不合得生，特幸而免於死耳。」問：「如何是生理本直？」曰：「如父子便本有親，君臣便本有義。」○又曰：「只玩味『生理本直』四字便自有味。如見孺子入井，便有怵惕之心，只便是直；纔有内交要譽之意，便曲了。」○又曰：「人之生元來都是直理，罔便是都背了直理。當仁而不仁，當義而不義，皆是背了直理。既如此，合是死；若

不死時，便是幸而免。」○又曰：「天地生生之理，不直則是枉天理，宜自夭折也；而亦得生，是幸而免耳。如木方生，被人折了，便不直，多應是死；到得不死，幸然如此。」○陳氏曰：「只是秉彝中許多道理，本甚坦直，何嘗有一豪迂折。」

○子曰：「知之者不如好之者，好之者不如樂之者。」好，去聲。樂，音洛。

尹氏曰：「知之者，知有此道也。好之者，好而未得也。樂之者，有所得而樂之也。」○張敬夫曰：「譬之五穀，知者知其可食者也，好者食而嗜之者也，樂者嗜之而飽者也。知而不能好，則是知之未至也；好之而未及於樂，則是好之未至也。此古之學者所以自强而不息者與？」輔氏曰：「尹氏之說即張氏之說也。食而知其味，故嗜之，嗜即所謂好也。然其未至於樂者，則雖嗜之，而未能得飽滿饜足，蓋猶有嗜好之意焉。至於樂，則飽滿饜足，自得於心，有不可以語人者矣。張氏以人之食五穀爲喻，其曉人尤更明切，故具載之。然則知而不能好，未能知其味也。好之而未能樂，未能與之爲一也。纔到樂處，則無息無二。學者苟未至於樂，則當益鞭其後，自强不息以求之，必期至於自得而樂之之地，則自不能已耳。」

○子曰：「中人以上，可以語上也；中人以下，不可以語上也。」以上之上，上聲。語，去聲。

語，告也。言教人者當隨其高下而告語之，則其言易入而無躐等之弊也。○張敬夫

曰：「聖人之道，精粗雖無二致，但其施教則必因其材而篤焉。蓋中人以下之質，驟而語之太高，非惟不能以入，且將妄意躐等而有不切於身之弊，亦終於下而已矣。故就其所及而語之，是乃所以使之切問近思而漸進於高遠也。」真氏曰：「張氏説至精密。道德性命者，理之精也。事親事長、洒掃應對之屬，事之粗也。然道德性命只在事親事長之中，苟能盡其事親事長之道，則道德性命不外乎此矣。但中人以下之資質，若驟然告之以道德性命，彼將何所從入？想像臆度，反所以害道。不若且從分明易知處告之，如事親事長、洒掃應對之屬，皆人所易知也。如此則可以循序而用力，不期而至於高遠之地，此聖門教人之要法也。」○又曰：「切問，謂以切己之事問於人也。近思，謂不馳心高遠，就其切近者而思之也。外焉問於人，內焉思於心，皆先其切近者，則一語有一語之益，一事有一事之功，不比汎然馳鶩於外，而初無補於身心也。」

○樊遲問知。子曰：「務民之義，敬鬼神而遠之，可謂知矣。」問仁。曰：「仁者先難而後獲，可謂仁矣。」知、遠，皆去聲。

民，亦人也。獲，謂得也。專用力於人道之所宜，而不惑於鬼神之不可知，知者之事也。或問此一節。曰：「人道之所宜，近而易知也，非達於事理，則必忽而不務，而反務其所不當務者矣。鬼神之理，幽而難測也，非達於事理，則其昧者必至於慢，惑者必至於瀆矣。誠能

專用其力於人道所宜而易知者，而不昧不惑於鬼神之難測者，則是所謂知也。」○語録曰：「常人之所謂知，多求知人所不知；聖人之所謂知，只知其所當知而已。自常人觀之，若不足以爲知。若果能專用力於人道之宜，而不惑於鬼神之不可知，却真箇是知。」○又曰：「人道之宜，如孝與弟之類。」**先其事之所難，而後其效之所得，仁者之心也。**或問此一節。曰：「爲是事者必有效，是亦天理之自然也。然或先計其效而後爲其事，則其事雖公，而意則私，雖有成功，亦利仁之事而已。若仁者，則先爲其事而不計其效，知循天理之自然，而無欲利之私心也。」○語録曰：「事，便是就事上説；心，便是就裏面説。務民之義，敬鬼神而遠之，這是事；先難後獲，這是仁者處心如此。事也是心裏做出來，但心是較近裏説，如一間屋相似，説心底是那房裏，説事底是那廳上。」○蔡氏曰：「知者以事言，仁者以心言。蓋務民義，敬鬼神，是就事上説；先難後獲，是就心上説。仁字較近裏，知字較近外。」**此必因樊遲之失而告之。○程子曰：「人多信鬼神，惑也。而不信者又不能敬。能敬能遠，可謂知矣。」**輔氏曰：「凡人之信鬼神者，皆其知不足以知其理，故惑於其所不知而信之耳。而不信者，又直以爲無是理而不之信，故慢易之心生焉。能敬，則知人與鬼神二而一之不可斁；能遠，則知人與鬼神一而二之不可褻。是可不謂之知乎？」**又曰：「先難，克己也。以所難爲先，而不計所獲，仁也。」**語録曰：「問：『既曰仁者，則安得有己私而更須克己耶？恐仁者二字非指仁人而言，其語脉猶曰所謂仁云

者，必先難後獲，乃可謂之仁。』曰：『仁人者，正其誼不謀其利，明其道不計其功，語意正如此。仁者雖己無私，然安敢自謂己無私乎？』」○輔氏曰：「此其於所難之中，又特舉其甚者言之。蓋克己最難，而求仁之功莫先焉，能於此而致其先難之力，不計其獲，則一日克己而天下歸仁矣。非顔子之剛明疇克爾哉？」呂氏曰：「當務爲急，不求所難知；力行所知，不憚所難爲。」文集曰：「本欲只用呂説，後見其後獲意未備，故别下語。又惜其語非他説所及，故存之於後。」

○子曰：「知者樂水，仁者樂山；知者動，仁者静；知者樂，仁者壽。」知，去聲。樂，上二字並五教反，下一字音洛。

樂，喜好也。知者達於事理而周流無滯，有似於水，故樂水；輔氏曰：「知者通達，故周旋委曲，隨事而應，各當其理，未嘗或滯於一隅。其理與氣皆與水相似，故心所喜好者水。」仁者安於義理而厚重不遷，有似於山，故樂山。輔氏曰：「仁者安仁，故渾厚端重，外物不足以遷移之，其理與氣皆與山相似，故心所喜好者山。」動静以體言。語録曰：「以體言，是就那人身上説。」○又曰：「仁者雖有動時，其體只自静；智者雖有静時，其體只自動。」○輔氏曰：「知者隨事處宜，無所凝滯，故其體段常動；仁者心安於理，無所歆羡，故其體段常静。」○愚謂：此體字乃形容仁知之體段，非體用之體。樂壽以效言也。輔氏曰：「效謂功效。」動而不括故樂，静而有常故壽。輔氏曰：「此所以言其功效也。括，結礙也，動而無所結礙，故其效

樂；常，悠久也，静而悠久不變，故其效壽。」○程子曰：「非體仁知之深者，不能如此形容之。」語録曰：「此語極好看，儘用玩味。」

○子曰：「齊一變，至於魯；魯一變，至於道。」

孔子之時，齊俗急功利，喜夸詐，乃霸政之餘習。魯則重禮教，崇信義，猶有先王之遺風焉，但人亡政息，不能無廢墜爾。道，則先王之道也。言二國之政俗有美惡，故其變而之道有難易。輔氏曰：「廢其法而衰替者易，復更其法而富强者難。變俗以政，革政以道。協政有美惡，故俗有醇疵。至於變而之道，則盡善盡美而無以復加矣。」○程子曰：「夫子之時，齊彊魯弱，孰不以爲齊勝魯也？然魯猶存周公之法制。齊由桓公之霸，爲從簡尚功之治，太公之遺法變易盡矣，故一變乃能至魯。魯則修舉廢墜而已，一變則至於先王之道也。」語録曰：「齊、魯初來氣象已自不同，看太公自是與周公别，到桓公、管仲出來，又不能遵守齊之初政，却全然變易了，一向盡在功利上。魯却只是放倒了，畢竟先世之遺意尚存。如哀公用田賦，猶使人來問孔子，他若以賦爲是，更何暇問？惟其知得前人底是，所以來問。若桓公、管仲，却無這意思，自道他底是了，一向做去不顧。」愚謂：二國之俗，唯夫子爲能變之而不得試，然因其言以考之，則其施爲緩急之序亦略可見矣。語録曰：「如齊功利之習所當變，便是急處；魯紀綱所當振，便是急處。」○又曰：「如齊功利之習若不速革而便

欲行王化，魯之不振若不與之整頓而却理會甚功利之習，便是失其緩急之序。」

○子曰：「觚不觚。觚哉！觚哉！」觚，音孤。

觚，稜也，或曰酒器，或曰木簡，皆器之有稜者也。語録曰：「古人之器多有觚，如酒器，便如今花瓶中間有八角者。木簡似界方而六面，即漢所謂『操觚之士』者也。古人所以恁地方時，緣是頓得穩。」不觚者，蓋當時失其制而不爲稜也。觚哉觚哉，言不得爲觚也。輔氏曰：「觚不觚，上觚字指其器，下觚字語其制也。不觚，謂失其觚之制而不得爲觚也。」○程子曰：「觚而失其形制則非觚也，舉一器，而天下之物莫不皆然。故君而失其君之道則爲不君，臣而失其臣之職則爲虛位。」范氏曰：「人而不仁則非人，國而不治則不國矣。」輔氏曰：「實必稱其名然後成是物，天下之物皆然也。程子以君臣言，蓋舉夫人倫之首而言之，范氏又推之以及人與國，則其義益廣，而其意益切矣。」

○宰我問曰：「仁者，雖告之曰『井有仁焉』，其從之也？」子曰：「何爲其然也？君子可逝也，不可陷也；可欺也，不可罔也。」

劉聘君曰：「有仁之仁，當作人。」今從之。劉氏，名勉之，建安人。從，謂隨之於井而救之也。文集曰：「謂赴井以救人爲仁耳，以下文『可逝不可陷』觀之可見。」宰我信道不篤，而憂爲仁之陷害，故有此問。語録曰：「宰我見聖人之行，聞聖人之言，却尚有這般疑，是

怎生地？緣自前無人説箇物事，到夫子方説出來，所以時下都討頭不著。」逝，謂使之往救。陷，謂陷之於井。欺，謂誑之以理之所有。罔，謂昧之以理之所無。或問「欺、罔之別」。曰：「欺者，乘人之所不知而詐之也。罔者，掩人之所能知而愚之也。」蓋身在井上，乃可以救井中之人；若從之於井，則不復能救之矣。此理甚明，人所易曉，仁者雖切於救人而不私其身，然不應如此之愚也。輔氏曰：「好仁而不好學，其蔽也愚，此固有所不免，然宰我之問則又甚矣。夫子語之，則正理也。夫仁者，以天地萬物爲一體，雖切於救人而不私其身，然以人體公，我與理一，表裏瑩徹，略無間斷，豈容以非理罔之哉？」

○子曰：「君子博學於文，約之以禮，亦可以弗畔矣夫。」夫，音扶。

約，要也。黄氏曰：「以博對約，則約當爲要。然約而謂約之，以訓要不順，若顔子所謂約我則要我，尤非文理。或以約爲束，則於文義順矣，而又非博約相對之意。故嘗思博約之義。博謂泛而取之以極其廣，約謂反而束之以極其要，則於文義庶乎得之。且如仁字，凡洙泗所言皆不可不講，是博學於文也；及其反而束之以求其要，則不過存此心而已，能存此心，即所謂禮也。」畔，背也。君子學欲其博，故於文無不考；守欲其要，故其動必以禮，如此則可以不背於道矣。語録曰：「考究時自是頭項多，到得行時却只是一理。若博學而不約之以禮，安知不畔於道？徒知要約而不博學，則所謂約者，未知是與不是，亦或不能不畔於道也。」○程子曰：

「博學於文而不約之以禮，必至於汗漫。博學矣，又能守禮而由於規矩，則亦可以不畔道矣。」語録曰：「博文而不約禮，只是徒看得許多，徒記得許多，無歸宿處。」

○子見南子，子路不説。夫子矢之曰：「予所否者，天厭之！天厭之！」説，音悦。否，方九反。

南子，衛靈公之夫人，有淫行。孔子至衛，南子請見，孔子辭謝，不得已而見之。或問「孔子之見南子」。曰：「按史記，孔子至衛，南子使人謂孔子曰：『四方之君子不辱欲與寡君爲兄弟者，必見寡小君。寡小君願見。』孔子辭謝，不得已而見之。」蓋古者仕於其國，有見其小君之禮。而子路以夫子見此淫亂之人爲辱，故不悦。語録曰：「子路性直，只是心中以爲不當見，便不説。」矢，誓也。或問「矢之爲誓」。曰：「矢、誓聲相近，盤庚所謂矢言，亦憤激之言，而近於誓者也。」所，誓辭也，如云「所不與崔慶者」之類。語録曰：「問：『若作誓説，何師生不相信如此？』曰：『只爲下三句有似古人誓言，如左氏言「所不與舅氏」之説，故有誓氣象。』」否，謂不合於禮，不由其道也。厭，棄絶也。聖人道大德全，無可不可。其見惡人，固謂在我有可見之禮，則彼之不善，我何與焉？輔氏曰：「道大則善惡無所不容，德全則雖磨涅而不能使之磷緇也，故無可無不可，義之與比而已。彼人雖惡，然在我或當見之，則亦行吾之義而已，豈懼彼之能汙我哉？」○真氏曰：「居亂邦，見惡人，惟聖人爲可。蓋聖人道

大德宏，可以轉亂而爲治，化惡而爲善，故孔子於南子則見之，於陽貨亦見之，於公山不狃、佛肸之召皆欲往焉。若大賢以下，則危邦不入，亂邦不居，小人則遠之。蓋就之未必能有所濟，而或以自污，顔閔終身不仕，蓋以此也。」**然此豈子路所能測哉？故重言以誓之，欲其姑信此而深思以得之也。**輔氏曰：「聖人之行，非常情所能測識。子路學識不足以知聖人，又以其平日剛勇率然之態觀之，想其於所不悦必有過甚之辭，故夫子重言以誓之曰：『我之所爲若不合於禮、由於道，則天必厭之而棄絶我矣。』是其至誠惻怛之意，所以感切子路者至矣。蓋欲啓子路之信以致其思，而使之自有所得於心耳。」

〇子曰：「中庸之爲德也，其至矣乎！民鮮久矣。」鮮，上聲。

中者，無過無不及之名也。輔氏曰：「集註初本併不偏不倚言中，後去之而專言無過不及者，喜怒哀樂未發謂之中，至子思而始著於書，而程子因以發『中一名而含二義』之説。若孔子之教，只是即事以明理，故集註直以無過不及言中，又況已有程子不偏之説於後乎，宜其去之也。」**庸，平常也。**語録曰：「庸是依本分不爲怪異之事。」**至，極也。**輔氏曰：「惟中爲至極，過此則爲過，不及此則爲不及。」**鮮，少也。言民少此德，今已久矣。〇程子曰：「不偏之謂中，**文集曰：「不偏者，明道體之自然，即無所倚著之意也。」**不易之謂庸。**陳氏曰：「謂萬古常然而不可易。」**中者天下之正道，庸者天下之定理。**語録曰：「問：『正道、定理，恐道是揔括之

名，理是道裏面有許多條目，如天道有日月星辰、陰陽寒暑之條理，人道有仁義禮智、君臣父子之條理。』曰：『緊要在正字與定字上。中只是箇恰好道理，爲見不得是亘古今不可變易底，故更著箇庸。』自世教衰，民不興於行，少有此德久矣。」

○子貢曰：「如有博施於民而能濟衆，何如？可謂仁乎？」子曰：「何事於仁，必也聖乎？堯舜其猶病諸。施，去聲。

博，廣也。仁以理言，通乎上下。聖以地言，則造其極之名也。語録曰：「仁以道理言，聖以地位言，自是不同。如博施濟衆爲仁，而利物愛人小小者亦謂之仁。仁是直看，直上直下，只一箇道理。聖字便横看，有衆人，有賢人，有聖人，便有節次。」○又曰：「仁以理言，是箇徹頭徹尾物事，如一元之氣。聖以地言，也不是離了仁而爲聖，聖只是行仁到那極處。仁便是這理，聖便是充這理到極處，不是仁上面更有箇聖。博施濟衆，是做到極處，功用如此。」○輔氏曰：「理謂天理，仁即天理之全也。自上聖至下愚，皆所固有，有一事而合乎仁，則亦可謂之仁，故曰通乎上下。地謂學者所造之地位也，聖則其所造地位極致之稱。至於聖，則至矣，盡矣，不可以有加矣。」乎者，疑而未定之辭。病，心有所不足也。言此何止於仁，必也聖人能之乎？則雖堯舜之聖，其心猶有所不足於此也。或問：「必聖人而後能之乎？」曰：「不然，此正謂雖聖人亦有所不能爾。『必也聖乎』蓋以起下文『堯舜病諸』之意，猶『必也射乎』而後

言『射之有争』也。」○語録曰：「聖是行仁極致之地，言博施濟衆之事何止於仁，必是行仁極致之人亦有不能盡。」○又曰：「博施濟衆，是無盡底地頭，堯舜也做不了。蓋仁者之心雖無窮，而仁者之事則有限，自是無可了之理。」○輔氏曰：「博施濟衆，乃仁者之極致，故雖聖人，其心猶有所不足於此。」以是求仁，愈難而愈遠矣。語録曰：「若必待博施而後爲仁，則有終身不得仁者矣。」

夫仁者，己欲立而立人，己欲達而達人。夫，音扶。

以己及人，仁者之心也。於此觀之，可以見天理之周流而無閒矣。輔氏曰：「天理周流，自無人己之閒。」狀仁之體，莫切於此。陳氏曰：「仁者之心，廓然大公，無所不愛，其體自如此，非姑指其及物處爲然也，但不可偏靠此爲言爾。」

能近取譬，可謂仁之方也已。」

譬，喻也。方，術也。近取諸身，以己所欲譬之他人，知其所欲亦猶是也，然後推其所欲以及於人，則恕之事而仁之術也。或問「仁恕之别」。曰：「凡己之欲，即以及人，不待推以譬彼而後施之者，仁也。以己之欲，譬之於人，知其亦必欲此而後施之者，恕也。此其從容勉强固有淺深之不同，然其實皆不出乎常人一念之閒。學者亦反求諸己而已矣，豈必博施濟衆，務爲聖人之所不能者，然後得之乎？」○語録曰：「己欲立而立人，己欲達而達人，是以己及

人，仁之體也。能近取譬，是推己及人，仁之方也。」○又曰：「以己及物，是自然及物，己欲立便立人，己欲達便達人。推己及物，則是要逐一去推出，如我欲恁地，便推出去人也合恁地，方始有以及之。如喫飯相似，以己及物底，便是我要喫，自是教別人也喫，不待思量；推己及物底，便是我喫飯，思量別人也合當喫，方始與人喫。」○又曰：「當初只做一統看，後來看上面説『夫仁者』，下面説『可謂仁之方也已』，却相反，方分作兩段説。」○又曰：「若以爲衮説，則既曰『夫仁者』矣，不當以『可謂仁之方』結之也。」**於此勉焉，則有以勝其人欲之私，而全其天理之公矣。**輔氏曰：「此强恕求仁之事，蓋恕則當勉强而行，仁則自然無所用其力也。若能勉力於此，則人欲之私自無所容，而天理之公已得而體之矣。」○**程子曰：「醫書以手足痿痺爲不仁，此言最善名狀。仁者以天地萬物爲一體，莫非己也。認得爲己，何所不至；若不屬己，自與己不相干。如手足之不仁，氣已不貫，皆不屬己。故博施濟衆，乃聖人之功用。仁至難言，故止曰『己欲立而立人，己欲達而達人。能近取譬，可謂仁之方也已』。欲令如是觀仁，可以得仁之體。」**語録曰：「問：『痿痺不仁，莫是把四肢喻萬物否？』曰：『不特喻萬物，只是頃刻不相應，便是不仁，如病風人，一肢不仁，兩肢不仁，爲其不省悟也。』」○問：「仁者以萬物爲一體，如事至物來，皆有以處之；如事物未至，不可得而體者如何？」曰：「只是不在這裏，然此理也在這裏，若來時，便以此處之。」○問：「即人物初生時驗之，

均受天地之氣而生，所以同一體，惟仁者其心公溥，實見此理，固能以天地萬物爲一體否？」曰：「不須問他從初生時，只今便是一體。猶之水然，江河池沼溝渠皆是此水。如以兩椀盛得水來，不成教去尋討這一椀是那裏酌來，那一椀是那裏酌來。既都是水，便是同體，更何待尋問所從來。」○又曰：「認得爲己，何所不至。認得箇什麼？夫仁者，己欲立便立人，己欲達便達人，此即仁之體也。能近取譬，則是推己之恕，故曰可謂仁之方。『夫仁者』與『可謂仁之方』正相對說。欲令如是觀仁，可以得仁之體，這處極好看仁。」○問：「程子作一統說，集註作三段說，如何？」曰：「程子之說如大屋一般，某說如在大屋之下分別廳堂、房室一般，初無異也。」○黄氏曰：「或以爲痿痺者，不識痛痒之謂也，如此則覺者爲仁，仁可以覺言乎？曰所謂仁者，當於『氣已不貫』一句之上求之。手足之所以痿痺者，以吾之氣不貫乎手足耳。手足之譬，則人物也。痿痺則吾之心不屬乎彼，彼雖有疾痛，頑然而莫之知也。氣無不貫，則一身無痿痺之處。此心無不達，則天下無疾痛莫覺之人。故論仁者當觀諸其心。」又曰：「論語言『堯舜其猶病諸』者二。

夫博施者，豈非聖人之所欲？然必五十乃衣帛，七十乃食肉，聖人之心非不欲少者亦衣帛食肉也，顧其養有所不贍爾，此病其施之不博也。濟衆者，豈非聖人之所欲？然治不過九州，聖人非不欲四海之外亦兼濟也，顧其治有所不及爾，此病其濟之不衆也。推此以求，修己以安百姓，則爲病可知。苟以吾治已足，則便不是聖

人。」黄氏曰：「博施二語當與濟衆異。今言五十衣帛，少者不衣帛，則依舊是所濟未衆也。博施，當如減田租之半不若盡除田租，賜帛一疋不如十疋，方爲博施。此雖文義之至細者，然亦不可以不知。」〇輔氏曰：「堯舜其猶病諸，此一句說得聖人之心最切，此是聖人不能爲天地之所爲處。然在常人觀之，淺者固不足以知，其味深者又必墮於虚無滉漾之域。惟程子能推其實，如說自己事，自非深有得於聖人之心，何能如此。」呂氏曰：「子貢有志於仁，徒事高遠，未知其方。孔子教以於己取之，庶近而可入，是乃爲仁之方。雖博施濟衆，亦由此進。」輔氏曰：「呂氏發明得子貢病痛與聖人之教子貢意思皆切，蓋子貢徒知仁道之大，而不知其具足於吾心，務其大則雖堯舜猶以爲病，若反諸心則可以得仁之體矣。」

論語卷第三

論語卷第四

朱子集註　後學趙順孫纂疏

述而第七

此篇多記聖人謙己誨人之辭及其容貌行事之實。凡三十七章。

子曰：「述而不作，信而好古，竊比於我老彭[一]。」

述，傳舊而已。作，則創始也。故作非聖人不能，而述則賢者可及。輔氏曰：「因舊而傳，明者能之，故賢者可及。自我創始，則非聖人之神明莫測而變通不窮，有所不能也。」竊比，尊之之辭。我，親之之辭。老彭，商賢大夫，見大戴禮，蓋信古而傳述者也。胡氏曰：「包氏謂商賢大夫。大戴禮虞戴德篇有商老彭之語。」孔子删詩書，定禮樂，贊周易，修春秋，皆傳先王之舊，而未嘗有所作也，故其自言如此。語録曰：「如删詩書，定禮樂，

[一] 經文下通志堂經解本有小字音注：「好，去聲。」

皆述他見在底，不是别自創意做出。春秋雖云孔子作，如曰『其事則齊桓、晉文，其文則史』，亦只是寫出魯史，只是中間略有改更。」蓋不惟不敢當作者之聖，而亦不敢顯然自附於古之賢人，蓋其德愈盛而心愈下，不自知其辭之謙也。然當是時，作者略備，夫子蓋集羣聖之大成而折衷之，其事雖述，而功則倍於作矣，此又不可不知也。輔氏曰：「作者略備，觀於六藝可見；集羣聖之大成而折衷之，亦於六藝見之。然羣聖之所作，因事制宜，以成一代之制者也；夫子集其成而折衷之，參互發明，以垂萬世之法者也，此夫子之所以賢於堯舜者在是。」

○子曰：「默而識之，學而不厭，誨人不倦，何有於我哉？」識，音志，又如字。識，記也。默識，謂不言而存諸心也。一說：「識，知也，不言而心解也。」前説近是。陳氏曰：「謂口雖不言而歷歷記在心也。」或問「默識二義」。曰：「不言而得其理者，不待問辨而無疑也。不言而存諸心者，拳拳服膺而弗失也。二義皆通，蓋皆聖人之所不居也。」何有於我，言何者能有於我也。三者已非聖人之極至，而猶不敢當，則謙而又謙之辭也。語録曰：「此必因人稱聖人有此，聖人謙辭承之，後來記者却失上面一節，只做聖人自話記了。」○輔氏曰：「『猶不敢當』四字，寫出聖人心來。」

○子曰：「德之不脩，學之不講，聞義不能徙，不善不能改，是吾憂也。」

尹氏曰：「德必脩而後成，學必講而後明，見善能徙，改過不吝，此四者日新之要也。苟未能之，聖人猶憂，況學者乎？」輔氏曰：「能如是，則一日有一日之功，故尹氏以爲日新之要。」

○子之燕居，申申如也，夭夭如也。

燕居，閒暇無事之時。楊氏曰：「申申，其容舒也。夭夭，其色愉也。」輔氏曰：「燕居，閒暇無事之時，故其容儀得以遂其舒緩而無迫遽之意，其顏色得以全其愉怡而無勃如之變。申申、夭夭，聖人燕居容色自然之符也。」○胡氏曰：「申有展布之意，夭有和悦之意。惟一身可以言舒布，故知以容言；惟顔貌可以言愉悦，故知以色言。」○程子曰：「此弟子善形容聖人處也，爲『申申』字説不盡，故更著『夭夭』字。今人燕居之時，不怠惰放肆，必太嚴厲。嚴厲時著此四字不得，怠惰放肆時亦著此四字不得，唯聖人便自有中和之氣。」胡氏曰：「程子以怠惰放肆對嚴厲而言，於嚴厲之上特加太字。蓋嚴厲亦不可無，若太嚴厲則不可耳。」○蔡氏曰：「申申、夭夭，此聖人得於天、自然中和之氣象也。若學者於燕居私處之際，有心於舒泰，則易入於放肆；有心於收束，則易入於矜持。將若何而用工邪？聞之師云：『亦須稍嚴厲方可，不然則無下手處矣。』蓋收斂身心，則自然和樂，然亦非别有一箇和樂也。能整肅，則自然和樂。」

○子曰：「甚矣吾衰也！久矣吾不復夢見周公！」復，扶又反。

孔子盛時，志欲行周公之道，而夢寐之間如或見之。至其老而不能行也，則無復是心，而亦無復是夢矣，輔氏曰：「此一句斷置得極分明。」故因此而自歎其衰之甚也。○程子曰：「孔子盛時，寤寐常存行周公之道；及其老也，則志慮衰而不可以有爲矣。蓋存道者心，無老少之異；而行道者身，老則衰也。」語録曰：「問：『孔子寤寐常存行周公之道，恐涉於心動否？』曰：『心是箇動物，怎生交他不動得？夜之夢猶晝之思也，思亦是心動處，但無邪思可矣。夢得其正何害？心存這事，便夢這事。常人便胡亂夢。』」

○子曰：「志於道，

志者，心之所之之謂。道，則人倫日用之間所當行者是也。語録曰：「道是君臣、父子、夫婦、兄弟之道。」○又曰：「道是日用常行合做底。」○愚謂：道者，古今人物所共由之路也。日用二字已足以該之矣，又曰人倫者，舉其重而先之也。知此而心必之焉，則所適者正，而無他岐之惑矣。語録曰：「這須知是箇生死路頭，這一邊是死路，那一邊去是生路；這去便善，那去便惡。知得此路是了，只管向此路去，念念不忘。處己也在是，接人也在是，講論也在是，思索也在是。」○胡氏曰：「謂之知此者，不先知之，則所志未必不差也。」○又曰：「道，猶路也，故適字、岐字皆以路言。」

據於德，

據者，執守之意。德者，得也，得其道於心而不失之謂也。或問「據」之説。曰：「既已得之而謹守不失者，據也。」語録曰：「德，是自家心下得這箇道理，如欲爲忠而得其所以爲忠，如欲爲孝而得其所以爲孝。」〇愚謂：德字之訓，爲政篇云「得於心而不失」，是統釋德字；此云「得其道於心而不失」，是從志道上來。得之於心而守之不失，則終始惟一，而有日新之功矣。語録曰：「德者，得之於身。然既得之，守不定，亦會失了，須當照管，不要失了。」〇輔氏曰：「若爲父子而得乎仁，則謹守乎仁；爲君臣而得乎義，則謹守乎義。得寸守寸，得尺守尺，不始鋭而終怠，不或作而或輟。執而據之，無少閒斷，則將隨其所得而篤實、輝光，日進於又新之域矣。」〇胡氏曰：「言得，復言不失，所以見其得之固。」

依於仁，

依者，不違之謂。語録曰：「如依乎中庸之依，相依而不捨之意。」〇黄氏曰：「依者，隨之而不離。」仁，則私欲盡去而心德之全也。輔氏曰：「仁者，本心之全德，非有一豪人欲之私以雜之。」功夫至此而無終食之違，則存養之熟，無適而非天理之流行矣。語録曰：「依於仁，則是此心常在，不令少有走作。」〇又曰：「依於仁，則無物欲之累而純乎天理。道至此亦活，德至此亦活。」

游於藝。」

游者，玩物適情之謂。語録曰：「游者，從容潛玩之意。」○胡氏曰：「玩物本非美辭，然以六藝爲物而玩之，非喪志之物也。」藝，則禮樂之文，射御書數之法，皆至理所寓，而日用之不可闕者也。或問「六藝之目」。曰：「五禮，吉、凶、軍、賓、嘉也。六樂，雲門、大咸、大韶、大夏、大濩、大武也。五射，白矢、參連、剡注、襄尺、井儀也。五馭，鳴和鸞、逐水曲、過君表、舞交衢、逐禽左也。六書，象形、會意、指事、轉注、假借、諧聲也。九數，方田、粟米、衰分、少廣、商功、均輸、方程、贏不足、旁要也。是其名物度數，皆有至理存焉，又皆人所日用而不可無者。」○胡氏曰：「藝亦日用之不可無者，乃是理之妙散於日用之閒，苟有未通，亦可以爲全體之累。」○愚謂：凡登降上下，聲言節奏，皆有自然之準則，移易不得，即是至理之所寓。朝夕游焉，以博其義理之趣，則應務有餘，而心亦無所放矣。語録曰：「游乎此，則心無所放，而日用之閒本末具舉，而内外交相養矣。」○此章言人之爲學當如是也。蓋學莫先於立志，志道，則心存於正而不他；據德，則道得於心而不失；依仁，則德性常用而物欲不行；游藝，則小物不遺而動息有養。輔氏曰：「德性常用而物欲不行者，天理人欲不兩勝，一盛則一衰也。小物不遺而動息有養者，不外物以求理，而常玩物之理以養性也。」學者於此有以不失其先後之序、輕重之倫焉，則本末兼該，内外交養，日用之間無少閒隙，而涵泳從

容，忽不自知其入於聖賢之域矣。輔氏曰：「先後之序，謂道德仁藝之序；輕重之倫，謂志據依游之倫。先者重而後者輕也，本與内謂道、德、仁，末與外謂藝。在彼之序雖有先後，在我之倫雖有重輕，而未嘗偏廢，所謂兼該而交養也。日用之閒如是用功，無少閒隙，涵泳從容於義理事物之閒，則將優游饜飫，而忽不知其入於聖賢之域矣。」○陳氏曰：「初學須循四者之序而不可亂，到成德後，日用閒四通八達，穿穴玲瓏，方有更相爲用處。」○胡氏曰：「總而論之，道、德、仁，所當先者也；藝，可以少後焉。志、據、依，所當重者也；游，可以少輕焉。務本而不廢其末，事内而不忽乎外。以其輕重先後之倫序而言，固不無差別，以其本末兼該、内外交養而言，則又未嘗不相資也。」○問：「古者八歲即教以六藝之事，明爲學之所當先也。今於此章末言之，而朱子復以爲學者於此，當求其先後之序，輕重之倫，似以藝爲可後。」永嘉陳氏曰：「教之六藝，小學之初事；游於藝，成德之餘功。小學之初習其文，成德之游適於意，生熟滋味迥别。」

○子曰：「自行束脩以上，吾未嘗無誨焉。」

脩，脯也。十脡爲束。古者相見，必執贄以爲禮，束脩其至薄者。胡氏曰：「周官膳夫：『凡祭祀之致福者，受而膳之，以贄見者亦如之。』賤之事貴，少之事長，當有以奉之也，然在禮無以束脩爲贄，惟記檀弓曰：『束脩之問不出境。』少儀曰：『其以乘壺酒、束脩、一犬。』春秋穀梁傳曰：『束脩之肉不行竟中。』則是亦有以此爲禮，不但婦人用棗脩矣。然比羔、鴈、雉、鶩爲

薄，故云至薄也。」蓋人之有生，同具此理，故聖人之於人，無不欲其入於善。但不知來學，則無往教之禮，故苟以禮來，則無不有以教之也。輔氏曰：「聖人之教，雖不輕棄人，亦不苟受人，仁義並行而不相悖也。但聖人之心，其愛人也終無窮已，而其責人也終不至於太甚爾。」○胡氏曰：「人之有生，同具此理，雖以氣稟物欲之累而趨於惡，然皆可反而之善。聖人仁天下之心，曷嘗不欲啓其爲善之塗哉？惟自暴自棄，在聖人亦無如之何，故有不往教之禮。執贄而來，禮雖至薄，意則可取，故未嘗不教之也。」

○子曰：「不憤不啓，不悱不發，舉一隅不以三隅反，則不復也。」憤，房粉反。悱，芳匪反。復，扶又反。

憤者，心求通而未得之意。輔氏曰：「心求通而未得通，則其意憤然而不能自已。憤者，有鬱滯之意。」悱者，口欲言而未能之貌。輔氏曰：「口欲言而未能言，則其貌悱悱然而不能自伸。悱者，屈抑之貌。」啓，謂開其意。發，謂達其辭。物之有四隅者，舉一可知其三。反者，還以相證之義。或問「還以相證」。曰：「如易所謂『原始反終』者也。」復，再告也。上章已言聖人誨人不倦之意，因并記此，欲學者勉於用力，以爲受教之地也。○程子曰：「憤悱，誠意之見於色辭者也。待其誠至而後告之，既告之，又必待其自得乃復告爾。」語録曰：「憤悱，便是誠意到。不憤悱，便是誠不到。」又曰：「不待憤悱而發，則知

之不能堅固；待其憤悱而後發，則沛然矣。」輔氏曰：「不待其憤悱而發，則是彊聒之，政使其有所知，亦必不能深切而堅固。待其憤悱而發，則如水之流壅閼於此，有以決之，則沛然而往，莫之能禦矣。此『沛然』與孟子『躍如』二字相似，此謂學者因有所決而進，彼謂學者因有所覺而躍。非受教於人而身履其事，施教於人而親收其效者，不能言此也。」

○子食於有喪者之側，未嘗飽也。

臨喪哀，不能甘也。語録曰：「有食不下咽之意。」

子於是日哭，則不歌。

哭，謂弔哭。一日之内，餘哀未忘，自不能歌也。○謝氏曰：「學者於此二者，可見聖人情性之正也。能識聖人之情性，然後可以學道。」輔氏曰：「二者在聖人分上，皆自然而然，不知其所以然，此所以爲情性之正。聖人之情性，莫非道也，故識之者可以學道。」○愚謂：情之正者，發於本然之性；情之不正者，發於氣質之性。

○子謂顔淵曰：「用之則行，舍之則藏，惟我與爾有是夫。」舍，上聲。夫，音扶。

尹氏曰：「用舍無與於己，行藏安於所遇，命不足道也。顔子幾於聖人，故亦能之。」語録曰：「用舍是由在别人，不由得我；行藏是由在那人，用舍亦不由得我。」○又曰：「常人用之

則行，乃所願；舍之則藏，非所欲。舍之則藏，是自家命恁地不得已、不奈何。聖人無不得已底意思。聖人用我便行，舍我便藏，無不奈何底意思，何消更得言命[一]。」○又曰：「只看義理如何，都不問那命了。雖使前面做得去，若義去不得，也只不做，所謂『殺一不辜、行一不義而得天下，有所不爲』。若中人之情，則見前面做得，他定不肯已，所謂『不得已而安之若命』者也。此固賢於世之貪冒無恥者矣，然實未能無求之之心也。聖人更不問命，只看義如何，貧富貴賤，惟義所在，所謂安於所遇也。如顏子之安於陋巷，他那曾計較命如何。」○輔氏曰：「用舍在時，何與於己？行藏無必，安於所遇，道合則從，不合則去，樂則行之，憂則違之，在我而已，不必言命也。顏子龍德而隱，幾於聖人，故亦能之。」○胡氏曰：「用舍無與於己，在人者不必過而問也。行藏安於所遇，在我者未嘗不自得也。命不足道者，中人以上以義處命，中人以下以命處義。命處義者，未免有不得已之意；義處命，則義所可爲，然後爲之。」

子路曰：「子行三軍，則誰與？」

萬二千五百人爲軍，大國三軍。子路見孔子獨美顏淵，自負其勇，意夫子若行三軍，必與己同。輔氏曰：「此便是子路學未到處。大凡人有才能，而學問之功未到，義理之趣未深，

[一] 得，元本漫漶，此據通志堂經解本。

則遇事必發見，便有較量人己、矜眩所長之意。」○胡氏曰：「子路有勇，不能自遏，故有是問。是乃舍之而不知藏者也。」

子曰：「暴虎馮河，死而無悔者，吾不與也。必也臨事而懼，好謀而成者也。」馮，皮冰反。好，去聲。

暴虎，徒搏。馮河，徒涉。黄氏曰：「暴固徒搏，馮固徒涉，然所謂暴與馮者，皆有慢侮欺陵之意。」**懼，謂敬其事。成，謂成其謀。**輔氏曰：「敬其事，則無忽心，無惰氣，如此則凡事必能有所戒懼，非謂怯弱而恐懼也。成其謀，則不妄動，不亟取，如此則凡事必有一定之謀。既成而不愆于素，自無僥倖速成之弊也。」**言此皆以抑其勇而教之，然行師之要實不外此，子路蓋不知也。**輔氏曰：「行三軍固不可以無勇，然子路之勇猶未離乎血氣也。若夫臨事而能有所戒懼，好謀而能必要其成，其深沉厚重之意，蓋義理之所爲，所謂大勇也，故爲行師之要。夫子言此以抑子路血氣之勇，而教之義理之勇。子路初年於此蓋有所未知也。若夫子云『我戰必克』，亦不過敬其事而成其謀耳。」**○謝氏曰：「聖人於行藏之間，無意無必，其行非貪位，其藏非獨善也。若有欲心，則不用而求行，舍之而不藏矣。是以惟顔子爲可以與於此。子路雖非有欲心者，然未能無固必也，至以行三軍爲問，則其論益卑矣。夫子之言，蓋因其失而救之。夫不謀無成，不懼必敗，小事尚然，而況於行三軍乎？」**黄

氏曰：「用之、舍之存乎人，則行、則藏應乎己，則無意無我可見矣。用之行矣，至舍之則藏；舍之藏矣，至用之則行，則無必無固可見矣。謝氏引無意無必者得之，惜乎其文之不具也。又以非有欲心者言之，則非所以言孔顔也。」○輔氏曰：「聖人行非貪位，義所當行也；藏非獨善，義所當止也。無適無莫，義之與比，而天與命有不能違也。一有欲心，則便違於義；才違於義，則便以人咈天。不用則必欲求行，舍之則不肯退藏，子路之病正如此也。故惟顔子而後可以與於此，子路雖非有欲心，然未能無固必，便是欲，固必是欲之細微處。子路資禀之高，又已受教於夫子，則其於欲之大者固無之矣，至於細微處則猶有所不能免，故不知不覺發出『行三軍』之問。夫學者於行軍之外有多少合進脩處，今遽及此，故以爲其論益卑。然却不是聖人不屑爲行軍之事，觀其所謂『臨事而懼，好謀而成』，則行軍之事聖人固非不屑爲也。但子路之勇，雖使之行三軍，未保其能必濟也，故不惟有以抑之，又以是教之。」

○**子曰：「富而可求也，雖執鞭之士，吾亦爲之。如不可求，從吾所好。」**

好，去聲。

執鞭，賤者之事。胡氏曰：「執鞭之士，周禮秋官條狼氏，以下士爲之，王出入則趨走而辟去道路行者。自王公以下至子男，皆有職是者焉，所以謂之賤役。太史公謂『假令晏子尚在，願爲之執鞭』者，本此也。」**設言富若可求，則雖身爲賤役以求之，亦所不辭。然有命焉，非**

求之可得也，則安於義理而已矣，何必徒取辱哉？○蘇氏曰：「聖人未嘗有意於求富也，豈問其可不可哉？爲此語者，特以明其決不可求爾。」楊氏曰：「君子非惡富貴而不求，以其在天，無可求之道也。」輔氏曰：「蘇氏發得此章語脉分明，楊氏又説得聖賢所以不求富貴之理確實，二説相須，其義始備。」

○子之所慎：齊、戰、疾。齊，側皆反。

齊之爲言，齊也，將祭而齊其思慮之不齊者，以交於神明也。誠之至與不至，神之饗與不饗，皆決於此。輔氏曰：「齊，謂一也，二三則不齊矣。思慮一，則誠之至而神饗之[二]；思慮二三，則誠不至而神亦不之饗矣。故鬼神之德，誠而已。故有其誠則有其神，無其誠則無其神也。」戰，則衆之死生、國之存亡繫焉。疾，又吾身之所以死生存亡者。皆不可以不謹也。輔氏曰：「戰與疾，皆危殆之事，雖有小大親疏之殊，然其爲利害則同也，故皆不可以不謹。」尹氏曰：「夫子無所不謹，弟子記其大者耳。」輔氏曰：「聖人之心，不待操而常存，固豈容有不謹之時、不謹之事哉？特於此三事謹之又謹，故弟子記之以垂教後世。」

○子在齊聞韶，三月不知肉味，曰：「不圖爲樂之至於斯也。」

[二] 饗，元本漫漶，此據通志堂經解本。

史記「三月」上有「學之」二字。不知肉味，蓋心一於是而不及乎他也。輔氏曰：「凡人至誠做一事，猶有耳無所聞、目無所見者。況聖人之誠，則心一於是而口不知味，亦宜也。」曰不意舜之作樂至於如此之美，則有以極其情文之備，而不覺其歎息之深也，蓋非聖人不足以及此。輔氏曰：「聲謂文也，情謂實也。夫子之學韶樂，非但有以極其聲容節奏而已，併當與大舜無不幬載之德，當時雍熙平成之治，所謂盡善盡美之實而得之，不翅如身有其事，親歷其時也，則其誠感之深而見於歎息者如此。誠非聖人，不足以及是，固非常情之所能測。」○范氏曰：「韶盡美又盡善，樂之無以加此也，故學之三月，不知肉味，而歎美之如此。誠之至，感之深也。」

○冉有曰：「夫子爲衛君乎？」子貢曰：「諾。吾將問之。」爲，去聲。

爲，猶助也。衛君，出公輒也。靈公逐其世子蒯聵。公薨，而國人立蒯聵之子輒。於是晉納蒯聵而輒拒之。時孔子居衛，衛人以蒯聵得罪於父，而輒嫡孫當立，故冉有疑而問之。輔氏曰：「世俗知其一不知其二，見其一節之或得，而於其大義之乖則不之察也。蒯聵固得罪於父矣，而以輒言之，則子獨可以拒父乎？輒嫡孫固在所當立矣，然上不禀於天王，下不受命於君父，又豈可以擅有其國乎？是故爲國家者不可無君子之論，而世俗之說未可遽以爲信也。」諾，應辭也。

入曰：「伯夷、叔齊何人也？」曰：「古之賢人也。」曰：「怨乎？」曰：「求仁而得仁，又何怨？」出曰：「夫子不爲也。」

伯夷、叔齊，孤竹君之二子。其父將死，遺命立叔齊。父卒，叔齊遜伯夷。伯夷曰「父命也」，遂逃去。叔齊亦不立而逃之，國人立其中子。其後武王伐紂，夷齊扣馬而諫。武王滅商，夷齊恥食周粟，去，隱于首陽山，遂餓而死。怨，猶悔也。君子居是邦，不非其大夫，況其君乎？故子貢不斥衛君，而以夷齊爲問。夫子告之如此，則其不爲衛君可知矣。蓋伯夷以父命爲尊，叔齊以天倫爲重。文集曰：「問：『伯夷何以只知有父命而不知有天倫？叔齊何以只知有天倫而不知有父命？恐在伯夷，則其兄弟繫於己，而父命繫於公，以二者權之，則父命爲尊而兄弟爲卑；在叔齊，則其父子繫於己，而天倫繫於公，以二者權之，則天倫爲重而父子爲輕否？』曰：『以天下之公義裁之，則天倫重而父命輕；以人子之分言之，則又不可分輕重，但各認取自家不利便處，退一步便是，伯夷、叔齊得之矣。』」其遜國也，皆求所以合乎天理之正，而即乎人心之安。既而各得其志焉，則視棄其國猶敝蹝爾，何怨之有？輔氏曰：「必合乎天理之正，然後可以得吾心之安，此即伯夷之所求所得也。理得而心安，則外物之去來何與於我？豈復有所怨悔哉？」若衛輒之據國拒父而唯恐失之，其不可同年而語明矣。語録曰：「一箇是父子爭國，一箇是兄弟遜國，此是則彼非可

知。」〇程子曰：「伯夷、叔齊遜國而逃，諫伐而餓，終無怨悔，夫子以爲賢，故知其不與輒也。」胡氏曰：「程子兼諫伐而言，所以驗其不悔之實。」

〇子曰：「飯疏食，飲水，曲肱而枕之，樂亦在其中矣。不義而富且貴，於我如浮雲。」飯，符晚反。食，音嗣。枕，去聲。樂，音洛。

飯，食之也。疏食，麤飯也。聖人之心渾然天理，雖處困極，而樂亦無不在焉。語録曰：「聖人表裏精粗無不昭徹，其形骸雖是人，其實只是一團天理，如何不快活。」其視不義之富貴，如浮雲之無有，漠然無所動於其中也。〇程子曰：「非樂疏食飲水也，雖疏食飲水，不能改其樂也。不義之富貴，視之輕如浮雲然。」又曰：「須知所樂者何事。」語録曰：「問：『程子之説以無甚異於論顏子者，集註載之，何邪？』曰：『孔顏之樂亦不必分。不改，是從這頭説入來；在其中，是從那頭説出來。』」〇陳氏曰：「『樂在其中』與『不改其樂』誠有閒，但程子於此却用『不改』字，主意全别。其添一『能』字而又繫之『疏食飲水』之下者，是雖疏食飲水，亦不能改聖人之樂，便見本然渾然之樂，元不曾動。比之顏子『不改』繫之『回也』之下，是回不爲簞瓢陋巷所改，語意輕重自不同矣。」〇又曰：「若欲知樂之實味，須到萬理明徹、私欲淨盡後，胷中洒然無纖豪窒礙而無入不自得處，方庶幾其有以得之矣。」

〇子曰：「加我數年，五十以學易，可以無大過矣。」

劉聘君見元城劉忠定公，名安世，大名人。**自言嘗讀他論，「加」作「假」，「五十」作「卒」。蓋「加」「假」聲相近而誤讀，「卒」與「五十」字相似而誤分也。愚按：此章之言，史記作「假我數年，若是我於易則彬彬矣」，「加」正作「假」，而無「五十」字。蓋是時孔子年已幾七十矣，「五十」字誤無疑也。**語録曰：「問：『集註舉史記云孔子年已及七十，欲贊易，故發此語。少年不學易，到老方學易乎？』曰：『作彖、象、文言以爲十翼，不是方讀易也。」**學易，則明乎吉凶消長之理，**胡氏曰：「吉凶消長，以卦體言。」○真氏曰：「以陰陽對而言之，則陽爲善爲吉，陰爲惡爲凶。獨言陽，則陽亦有吉有凶，蓋陽得中則吉，不中則凶。陰亦有吉有凶，陰得中則吉，不中則凶。」○又曰：「陽長則陰消，自十一月爲復，一陽生則一陰消，至四月成六陽，爲乾，則六陰盡消；陰長則陽消，自五月爲遇，一陰生而一陽消，至十月成六陰，爲坤，而六陽盡消。一消一長，天之道也。」**進退存亡之道，**胡氏曰：「進退存亡，以人事言。」○真氏曰：「以天道言，則爲消息盈虛；以人事言，則爲存亡進退。蓋消則虛，長則盈，如日中則昃，月盈則虧，暑極則寒，寒極則暑，此天道所不能已也。人能體此，則當進而進，當退而退，當存而存，當亡而亡，如此則人道得而與天合矣。」**故可以無大過。**語録曰：「所謂大過，如當潛而不潛，當見而不見，當飛而不飛，皆是過。」**蓋聖人深見易道之無窮，而言此以教人，使知其不可不學，而又不可以易而學也。**輔氏曰：「易道無窮，皆自然而然，非年高

德邵，心與理叶，默識神會，未易學也。不然者必失之鑿。而人之處世，履于憂患之塗，又不可以不學易，故抑揚其辭以垂教如此。學者察乎二者之閒，則知易固不可不學，且以夫子之德與年，而尚欲假之以數年，則又見其不可以輕易而學耳。」○胡氏曰：「教人以不可不學者，欲人知聖人至老而猶學也。不可以易而學者，欲人知聖人雖老而猶欲卒學也。」

○子所雅言，詩、書、執禮，皆雅言也。

雅，常也。執，守也。詩以理情性，書以道政事，禮以謹節文，皆切於日用之實，故常言之。輔氏曰：「詩所以吟詠情性，故誦之者可以理情性，理猶治也。書所以紀載政事，故誦之者可以道政事，道猶述也。禮所以著天理之節文，故執之者可以謹節文，謹謂豪釐有所必計也。情性，在內者。政事、節文，在外者。政事、節文雖在外，而又有廣狹之殊，然皆切於日用之實，故夫子常言之。」禮獨言執者，以人所執守而言，非徒誦説而已也。輔氏曰：「詩、書雖假誦讀，然後能知其義而達諸用。禮則全在人執守而行之，故禮獨言執也。然詩、書始雖假於誦讀，然終亦必須見於所行。禮固在於執守而行之，然始亦不可不講讀之也。」○程子曰：「孔子雅素之言止於如此，若性與天道，則有不可得而聞者，要在默而識之也。」輔氏曰：「聖人教人，莫非日用常行之事。每即事以明理，不泥理而遺事，言雖近而指則遠，務使學者力加踐履以自得其味。其於性與天道，未數數然也，故學者有所不得聞。要在默而識之者，謂不言

而自得之也。」謝氏曰：「此因學易之語而類記之。」

○葉公問孔子於子路，子路不對。葉，舒涉反。

葉公，楚葉縣尹沈諸梁，字子高，僭稱公也。輔氏曰：「楚君僭稱王，縣尹僭稱公。」葉公不知孔子，必有非所問而問者，故子路不對。抑亦以聖人之德，實有未易名言者與？輔氏曰：「此是兩說，一以葉公之智不足以知夫子，其所問者或有乖謬，故子路不答；一以夫子之德實有未易名言者，故子路不敢答。雖是兩說，其意皆所以尊夫子也。」

子曰：「女奚不曰，其爲人也，發憤忘食，樂以忘憂，不知老之將至云爾。」

未得則發憤而忘食，已得則樂之而忘憂，以是二者俛焉日有孳孳，而不知年數之不足，文集曰：「問：『發憤忘食，是始者著力去求之時；樂以忘憂，是後來有得而安之時。二者先後自不同，而氣象亦自不相並。集註意是二者齊著力到老，如何？』曰：『忘食忘憂，是逐事上說。一憤一樂，循環代至，非謂終身只此一憤一樂也。逐事上說，故可遂言不知老之將至，而爲聖人之謙辭；若作終身說，則憤短樂長，不可并連下句，而亦不見聖人自貶之意矣。』」○語録曰：「聖人未必有未得之事，且如此說，設有未得，便發憤做將去。」○輔氏曰：「俛焉，謂刺著頭了做向前去。逐日孳孳然，更無少息時，亦不計年數之短長，但一息尚存，此志不容少懈，直至

斃而後已，豈復計夫老之將至哉？聖猶如此，況學者乎？一息間斷，則便成自棄也。」但自言其好學之篤耳。然深味之，則見其全體至極，純亦不已之妙，有非聖人不能及者。輔氏曰：「全體至極，言始終無虧也。純亦不已，言至誠不息也。此其所以爲妙，而非聖人不能及也。」○愚謂：憤與樂相反，如陰陽寒暑然。聖人發憤至忘食，樂卒忘憂，是兩邊各盡其極，如寒到寒之極處，暑到暑之極處，故曰全體至極。兩者循環不已，所以不知老之將至。此是聖人之心純乎天理，別無他嗜好，故曰純亦不已。蓋凡夫子之自言類如此，學者宜致思焉。輔氏曰：「凡聖人之自言，非是嫌其不遜，慮其或過，而固爲是謙抑之辭也。德盛仁熟，肆口而言，愈近愈下，而其意味愈深愈長，故凡夫子之自言類如此。而學者所當深思其所以然，而詳玩其義理之實也。」

○子曰：「我非生而知之者，好古敏以求之者也。」好，去聲。

生而知之者，氣質清明，義理昭著，不待學而知也。輔氏曰：「聖人稟得天地五行之氣清明純粹，故能全得天地五行之理自然昭著，不待學而後知，故謂之生知也。」敏，速也，謂汲汲也。○尹氏曰：「孔子以生知之聖，每云好學者，非惟勉人也，蓋生而可知者義理爾，若夫禮樂名物、古今事變，亦必待學而後有以驗其實也。」語録曰：「聖人雖是生知，然也事事理會過，這道理不是只就一件事上理會見得便了，學時要無所不學。」○輔氏曰：「孔子

以生知之聖，每云好學者，諸家多以爲勉人之辭。故尹氏辨之，以爲生而可知者，自然昭著之義理耳，若夫禮樂名物、古今事變，亦必待學而後有以驗其實也。」○又曰：「好古敏求，非生知者不能。既知其義理，則自然敏於學以驗其實也。故生而知之者，義理也；好古敏求者，事實也。理與事一貫，知與行相資。」

○子不語：怪、力、亂、神。

怪異、勇力、悖亂之事，非理之正，固聖人所不語。鬼神，造化之迹，雖非不正，然非窮理之至，有未易明者，故亦不輕以語人也。輔氏曰：「怪異，非常也。勇力，非德也。悖亂，非治也。三者皆非正理，而聖人之心廣大光明，隱惡揚善，自然不語及此。至於鬼神，雖非不正，然乃造化之迹，二氣之良能，其理幽深，非格物知至者而驟以語之，則反滋其惑，故亦不輕以語人。然能知所以爲人，則知所以爲鬼神矣。」○謝氏曰：「聖人語常而不語怪，語德而不語力，語治而不語亂，語人而不語神。」

○子曰：「三人行，必有我師焉。擇其善者而從之，其不善者而改之。」

三人同行，其一我也。彼二人者，一善一惡，則我從其善而改其惡焉，是二人者皆我師也。語録曰：「人若以自脩爲心，則舉天下萬物凡有感乎前者，無非足以發吾義理之正。善者固可師，不善者這裏便恐懼修省，恐落在裏面去，是皆師也。」○尹氏曰：「見賢思齊，見

不賢而内自省，則善惡皆我之師，進善其有窮乎？」

○子曰：「天生德於予，桓魋其如予何？」魋，徒雷反。

桓魋，宋司馬向魋也，出於桓公，故又稱桓氏。魋欲害孔子，孔子言天既賦我以如是之德，則桓魋其奈我何？言必不能違天害己。或問：「孔子何以知天之生德於己？」曰：「天之生我而使之氣質清明，義理昭著，則是天生德於我矣，豈其不自知哉？」○語録曰：「天生德於聖人，桓魋如何害得？故知其不能違天害己也。」○問：「聖人見其事勢不可害己，還以理度其不能害邪？」曰：「若以勢論，則害聖人甚易，唯聖人自知其理，有終不能害者。」

○子曰：「二三子，以我爲隱乎？吾無隱乎爾。吾無行而不與二三子者，是丘也。」

諸弟子以夫子之道高深不可幾及，故疑其有隱，輔氏曰：「程子以夫子之道爲高遠，而集註易之以高深。言高則見其不可企及，言深則見其不可窺測。言遠則恐人求之於遠而不切於人倫日用之實，故以深易遠也。」而不知聖人作止語默無非教也，故夫子以此言曉之。與，猶示也。○程子曰：「聖人之道猶天然，門弟子親炙而冀及之，然後知其高且遠也。使誠以爲不可及，則趨向之心不幾於怠乎？故聖人之教常俯而就之如此，非獨使資質庸下者勉思企及，而才氣高邁者亦不敢躐易而進也。」輔氏曰：「聖人之道如天然者，止以

其高遠而不可及言之乎？」曰：「非但以其高遠也，蓋言其至誠無息，自然體用一源，顯微無閒，如天之不言，而四時自爾行，百物自爾生耳，固非勉力用意者之可到也。」○又曰：「聖人之道固如天矣，然自不知學者而觀之，則天自天，聖自聖，我自我，道自道，判然不相連。」○又曰：「惟夫二三子親炙而冀及之，盡其力、竭其才以求焉，然後有知夫仰之彌高，窮之益遠，既以爲不可及，故疑其有隱也。然其所謂道，亦非虛無冥漠之謂，不過人倫日用所當行者耳。但聖人由之，則從容而中，無適不然，而真有如天之實耳。」○又曰：「使學者求之而力盡才竭，自以爲不可及，則懈怠之意乘之，而趨向之心息矣。故聖人之道，雖曰如天之不可及，而其教人則每每俯而就之。」○又曰：「人之才品不同，固自有高下，然以爲學論之，則資質庸下者多失之不及，易得懈怠而止；才氣高邁者多失之過，易得陵躐而進。懈怠而止者，固無可望矣；陵躐而進者，亦惡保其能終乎？懈怠而止者，病在苦其難；陵躐而進者，病在忽其易。今夫子自以爲無隱，且曰吾無行而不與二三子，則資質庸下者不至病其難，而必有以發其勉思企及之志；才高氣邁者不敢忽其易，而必有以致其謹重密察之功。在我者一施之，在彼者各以其資質高下而有益焉，此又聖道如天之一證也。」○陳氏曰：「如性與天道，是深隱高遠處；日用人事，是淺近卑顯處。然深隱高遠之理，實流行乎淺近卑顯之中；而淺近卑顯之事，實根源於深隱高遠之處。其分不同，而其理則一而已。由其理之一，所以夫子無行而不與二三子，作止語默，無非教也；由其分之殊，故學者當循序而漸進，不可躐等而頓造也。」**呂氏曰：「聖人體道無隱，與天象昭然，莫非至**

教。常以示人，而人自不察。」輔氏曰：「天有四時，春秋冬夏、風雨霜露，無非教也；地載神氣，神氣風霆，風霆流形，庶物露生，無非教也；聖人體道無隱，作止語默，亦無非教也，但人自不察耳。」

○子以四教：文、行、忠、信。行，去聲。

程子曰：「教人以學文脩行而存忠信也。忠信，本也。」語録曰：「文便是窮理，豈可不見於行？然既行矣，又恐行之未有誠實，故又教之以忠信。所以程子言以忠信爲本，蓋非忠信，則所行不成耳。」○陳氏曰：「須知學文所以窮理，脩行所以體是理於身，而存忠信又所以萃是理於心者也。」

○子曰：「聖人，吾不得而見之矣，得見君子者斯可矣。」

聖人，神明不測之號。陳氏曰：「聖與神無甚分別。合而言之，只一套事。分而言之，神只是聖人不可知，非於聖人之上又别有一等神人也。所謂神明不測者，自其底藴言之，則淵而不可測；自其施爲言之，則妙而不可測，不可以偏重也。」君子，才德出衆之名。語録曰：「有德而有才，方見於用。如有德而無才，則不能爲用，亦何足爲君子。」

子曰：「善人，吾不得而見之矣，得見有恒者斯可矣。恒，胡登反。

「子曰」字疑衍文。輔氏曰：「此只是一章，不應重出『子曰』字，故疑其爲衍文也。」恒，常久

之名。輔氏曰：「訓恒爲常爲久，皆未盡，蓋兼有常久之意也。」張子曰：「有常者，不貳其心。輔氏曰：「人之所以無常者，以其有貳心故也。心一於是，則能有常矣。」善人者，志於仁而無惡。」語録曰：「善人是資質自好底人，要做好事而自然無惡者也。」

亡而爲有，虚而爲盈，約而爲泰，難乎有恒矣。」亡，讀爲無。

三者皆虚夸之事，凡若此者，必不能守其常也。語録曰：「正謂此皆虚夸之事，不可以久，是以不能常，非謂此便是無常也。」○又曰：「此三病皆受於無常之前。」○黄氏曰：「亡爲有，虚爲實，約爲泰，三者夸大欺妄之意，不實之謂也。人惟實也，則始終如一，故能有常。今其人不實如此，又豈敢望其有常哉？」○張敬夫曰：「聖人、君子以學言，善人、有恒者以質言。」輔氏曰：「學至於聖人，則造乎極而無以復加矣。君子雖未及乎聖人，然其才德超出於衆，則其爲學亦已成矣。善人雖未必知學，然其資質之美，自然志於善而不志於惡。至於有恒者，則資質又不及善人，但亦純固而不務虚夸，守其一端則終身不易者也。」愚謂：有恒者之與聖人，高下固懸絶矣，然未有不自有恒而能至於聖者也，故章末申言有恒之義，輔氏曰：「有恒者無二心，有特操，雖視聖人等級高下爲懸絶，然未有不自有恒而能至於聖者。故夫子於章末申言無恒者之虚夸，以見有恒者之篤實。」其示人入德之門，可謂深切而著明矣。

○子釣而不綱，弋不射宿。射，食亦反。

綱，以大繩屬網，絶流而漁者也。弋，以生絲繫矢而射也。宿，宿鳥。○洪氏曰：「孔子少貧賤，爲養與祭，或不得已而釣弋，如獵較是也。然盡物取之，出其不意，亦不爲也。此可見仁人之本心矣。待物如此，待人可知；小者如此，大者可知。」輔氏曰：「洪氏之説，於事實義理，備盡無餘矣。但常人之情，漁者必有求多之意，弋者必有幸中之心，然聖人之事止於如此，則可見其從心不踰矩之一端矣。不曰聖人之心而曰仁人之本心者，據此事只可謂之仁，然曰本心，則雖聖人亦不能加豪末於此矣。」

○子曰：「蓋有不知而作之者，我無是也。多聞，擇其善者而從之，多見而識之，知之次也。」識，音志。

不知而作，不知其理而妄作也。輔氏曰：「作，爲也。一事必有一理，爲其事而不循其理，則是妄作也。」孔子自言未嘗妄作，蓋亦謙辭，然亦可見其無所不知也。輔氏曰：「夫子言，此雖是謙辭，然於無所不通之聖自有不可掩者。」識，記也。所從不可不擇，記則善惡皆當存之，以備參考。如此者雖未能實知其理，亦可以次於知之者也。

○互鄉難與言，童子見，門人惑。見，賢遍反。

互鄉，鄉名。其人習於不善，難與言善。惑者，疑夫子不當見之也。

子曰：「與其進也，不與其退也。唯何甚。人潔己以進，與其潔也，不保其往也。」

疑此章有錯簡。「人潔」至「往也」十四字，當在「與其進也」之前。潔，修治也。與，許也。往，前日也。言人潔己而來，但許其能自潔耳，固不能保其前日所爲之善惡也；但許其進而來見耳，非許其既退而爲不善也。蓋不追其既往，不逆其將來，以是心至，斯受之耳。「唯」字上下疑又有闕文，大抵亦不爲已甚之意。輔氏曰：「以往爲往前之事，然後見聖人不追其既往，不逆其將來之意。末乃以『不爲已甚』結之。然『唯何甚』一句亦不明白，故又疑上下必有闕文。」○愚謂：人前日不善而今日向善，未可知；今日向善後日又爲不善，亦未可知。若追其既往，又逆其方來，則已甚矣，故夫子云然。○程子曰：「聖人待物之洪如此。」

○子曰：「仁遠乎哉？我欲仁，斯仁至矣。」

仁者，心之德，非在外也。放而不求，故有以爲遠者；反而求之，則即此而在也，夫豈遠哉？輔氏曰：「仁者，心之德，我固有之，非在外也。如手之執，足之履，目之視，耳之聽，不假外求，欲之則至，何遠之有？而人不知反求而病其遠，此夫子所以發此論也。」○蔡氏曰：「仁者，心之德，纔一收斂，則此心便在。」○程子曰：「爲仁由己，欲之則至，何遠之

有？」輔氏曰：「程子最得其文意之曲折，讀之者自當有所發。」

○陳司敗問：「昭公知禮乎？」孔子曰：「知禮。」陳，國名。司敗，官名，即司寇也。胡氏曰：「左氏傳註：『陳楚名司寇爲司敗。』」昭公，魯君，名稠，習於威儀之節，當時以爲知禮。故司敗以爲問，而孔子答之如此。

孔子退。揖巫馬期而進之，曰：「吾聞君子不黨，君子亦黨乎？君取於吴爲同姓，謂之吴孟子。君而知禮，孰不知禮？」取，七住反。巫馬姓，期字，孔子弟子，名施。魯人。司敗揖而進之也。相助匿非曰黨。禮不娶同姓，而魯與吴皆姬姓。謂之吴孟子者，諱之使若宋女子姓者然。輔氏曰：「婦人稱姓，周女曰姬，宋女曰子，齊女曰姜，楚女曰芈是也。」

巫馬期以告。子曰：「丘也幸，苟有過，人必知之。」孔子不可自謂諱君之惡，又不可以娶同姓爲知禮，故受以爲過而不辭。輔氏曰：「自言諱君之惡又不可，以娶同姓爲知禮，則又顛倒是非而有害於義理也。」○吴氏曰：「魯蓋夫子父母之國，昭公魯之先君也。司敗又未嘗顯言其事，而遽以知禮爲問，其對之宜如此也。及司敗以爲有黨，而夫子受以爲過，蓋夫子之盛德，無所不可也。然其受以爲

過也，亦不正言其所以過，初若不知孟子之事者，可以爲萬世之法矣。」輔氏曰：「世之褊心狹量者，雖一身無非過惡，然人一以過歸之，則拂然固拒而不受。惟聖人之盛德，無所不可，故受以爲過而不辭也。」○又曰：「聖人本無過也，而其所以過者，爲君諱也。若正言之，則卒成彰君之惡矣，故只曰『丘也幸，苟有過，人必知之』，初若不知孟子之事者。其誠意懇惻，從容中道，盡己而不責人之心，真可以爲萬世之法矣。且以有過而人知爲幸，又以垂教以警夫護疾而忌醫者。」○陳氏曰：「吴氏之説甚精甚密，最發得聖人盛德之言，隨觸而應，自然從容中節，而不失乎人情事理之宜，真可爲萬世法矣。」

○子與人歌而善，必使反之，而後和之。和，去聲。

反，復也。必使復歌者，欲得其詳而取其善也。而後和之者，喜得其詳而與其善也。輔氏曰：「詳，謂首尾節奏之備也。取其善者，取人之善也。與其善者，與人爲善也。此兩句已説盡孔子當時之意。」**此見聖人氣象從容，誠意懇至，而其謙遜審密，不掩人善又如此。**或問「謙遜審密，不掩人善」。曰：「聖人天縱多能，其於小藝，不待取於人而後足，而必欲得其詳如此，其謙遜審密可知也。然若不俟其曲終而遽和之，則亦幾於伐己之能以掩彼之善矣。故必俟其曲終，以盡見其首尾節奏之善，然後使人復歌而始和之，則既不失其與人爲善之意，而又不掩其善也。然此亦聖人動容周旋自然中禮，非有意於爲之也，抑又見其從容不迫，不輕信而易悦

之意。」○語録曰：「他歌既善，使他復歌，聖人未遽和以攙雜之，如今人見人説得一話好，未待人了，便將話來攙他底，則是掩善。」○輔氏曰：「自『氣象從容』以下，乃集註推言事外之意也。氣象從容，則在我謙遜而無攙言勦入之事；誠意懇至，則臨事審密而無苟簡率略之爲；謙遜者，禮之實；審密者，知之用；不掩人善，又仁者之心也。」○胡氏曰：「氣象從容，誠意懇至者，歌而反，反而和，好善篤而取之不厭也；謙遜者，一藝之長領會不暇也；審密者，不輕聽易悦也；不掩人善者，不矜己而忽人也。」蓋一事之微，而衆善之集有不可勝既者焉，永嘉陳氏曰：「必使復歌者，既欲彰其善之實，又欲暢其歌之情。而後和之者，示我樂善之無倦，詠歎而淫泆之也。只一歌詩耳，而意思綢繆容與若此，豈非衆善之集乎。」讀者宜詳味之。

○子曰：「文，莫吾猶人也。躬行君子，則吾未之有得。」

莫，疑辭。語録曰：「猶今人云『莫是如此否』。」猶人，言不能過人，而尚可以及人。未之有得，則全未有得。皆自謙之詞，而足以見言行之難易緩急，欲人之勉其實也。輔氏曰：「教人者務盡其辭，多不謙下，惟聖人則不然，雖其言之謙下，而教亦自行於中，此所以爲不可及也。文雖不能過人，而尚可及人，則見文之在人不難爲，而不必於求工之意。躬行君子，全未有得，則見行之在人有難爲之實，當勉而求之，不可有半塗而廢之失。且勉人以爲其實，而亦不廢其文，但有先後緩急之序。合而觀之，又見其雖不遜其能，而亦不失其謙，一言之中，指

意反覆，更出互見，曲折淵永，非聖人而能若是哉。」○謝氏曰：「文，雖聖人無不與人同，故不遜；能躬行君子，斯可以入聖，故不居，猶言『君子道者三，我無能焉』。」

○子曰：「若聖與仁，則吾豈敢？抑爲之不厭，誨人不倦，則可謂云爾已矣。」公西華曰：「正唯弟子不能學也。」

此亦夫子之謙辭也。聖者，大而化之。仁，則心德之全而人道之備也。輔氏曰：「德極其大而滓查渾化，泯然無復可見之迹，斯謂之聖。仁之一字，偏言之則一事，專言之則包義禮智信四者。此對聖而言，則是專言之也。故以爲心德之全，人道之備。」○胡氏曰：「心德，内也；人道，外也。全與備，皆極至之謂也，兼内外限量而極言之。」爲之，謂爲仁聖之道。誨人，亦謂以此教人也。語録曰：「他也不曾説是仁聖，但爲之，畢竟是箇甚麽？誨人，畢竟是以甚麽物事誨人？這便知得是『爲之』是爲仁聖之道，『誨人』是以仁聖之道誨人。」然不厭不倦，非己有之則不能，輔氏曰：「爲之不厭者，仁聖之實。誨人不倦者，仁聖之施。非在己有仁聖之德，豈能如是？」所以弟子不能學也。○晁氏曰：「當時有稱夫子聖且仁者，以故夫子辭之。苟辭之而已焉，則無以進天下之材，率天下之善，將使聖與仁爲虚器，而人終莫能至矣。故孔子雖不居仁聖，而必以『爲之不厭，誨人不倦』自處也。可謂云爾已矣者，無他之辭也。公西華仰而歎之，其亦深知夫子之意矣。」晁氏，名説之，清豐

人。○輔氏曰：「晁氏於辭意尤更明備，若非當時有稱夫子聖且仁者，則夫子何爲而自爲謙辭如此哉？既爲謙辭而不居仁聖矣，若非慮其所終而爲勉進後世學者之計，則又何爲而復以『爲之不厭，誨人不倦』之說繼其後哉？則可謂云爾已矣者，極言其無復他說，而使學者致其思也。公西華便能仰而嘆曰『正唯弟子不能學也』，蓋即其『爲之不厭，誨人不倦』二事而見夫子實全仁聖之德，非學者所能企及也。然則華之學識蓋亦亞於子夏矣。」

○子疾病，子路請禱。子曰：「有諸？」子路對曰：「有之。誄曰：『禱爾于上下神祇。』」子曰：「丘之禱久矣。」誄，力軌反。

禱，謂禱於鬼神。有諸，問有此理否。誄者，哀死而述其行之詞也。胡氏曰：「哀死者，憂其或不可救也。述其行者，恐其行有未至也。」上下，謂天地。天曰神，地曰祇。文集曰：「只是引此古語以明有禱之理，非謂欲禱于皇天后土也。」禱者，悔過遷善以祈神之佑也。或問此一節。曰：「禱雖臣子之禮，而其詞則固述其君父悔過遷善之詞，以解謝鬼神之譴怒也。」無其理則不必禱，既曰有之，則聖人未嘗有過，無善可遷。其素行固已合於神明，故曰「丘之禱久矣」。文集曰：「聖人固有不居其聖時節，又有直截擔當、無所推遜時節。」又士喪禮，疾病行禱五祀，蓋臣子迫切之至情，有不能自已者，初不請於病者而後禱也。故孔子之於子路，不直拒之，而但告以無所事禱之意。或問：「行禱五祀，著於禮經，今

子路請之而夫子不從，何也？」曰：「以理言之，則聖人之言盡矣；以事言之，則禱者臣子至情迫切之所爲，非病者之所與聞也。病而與聞乎禱，則是不安其死，而諂於鬼神，以苟須臾之生，君子豈爲是哉。」曰：「然則聖人直以爲無事於禱，何也？」曰：「是蓋有難言者，然以理言，則既兼舉之矣。蓋祈禱卜筮之屬，皆聖人之所作，至於夫子而後教人一決諸理，而不屑於冥漠不可知之間，其所以建立人極之功，於是爲備。」○文集曰：「疾病行禱者，臣子之於君父各禱於其所當祭，士則五祀是也。子路所欲禱，必非淫祀，但不當請耳，故孔子不以爲非，而但言不必禱之意。」○輔氏曰：「疾病而行禱，乃臣子迫切之至情，在周公猶爲之。然周公則可，武王則不可。子路則可，夫子則不可。領子路之至情，明在己之正理，夫子之心即天地鬼神之心也。」

○子曰：「奢則不孫，儉則固。與其不孫也，寧固。」孫，去聲。

孫，順也。固，陋也。奢儉俱失中，而奢之害大。輔氏曰：「奢則不孫以犯上，儉則固陋而已。不孫之害，其流無窮；固之害，止此而已。」○晁氏曰：「不得已而救時之敝也。」輔氏曰：「道以中爲至，奢儉皆非理之中。夫子此言出於不得已，以救時奢靡之失耳。」

○子曰：「君子坦蕩蕩，小人長戚戚。」

坦，平也。蕩蕩，寬廣貌。程子曰：「君子循理，故常舒泰；小人役於物，故多憂戚。」輔氏曰：「惟平故寬廣，惟險故多憂。天理常平，人欲常險。」○胡氏曰：「程子以循理、役於

物分言，乃蕩蕩、戚戚之所由生也。理者本乎自然，人能循其自然而行之，則上下四旁不相侵越，故坦然而平。平則仰不愧，俯不怍，此所以舒泰也。役於物者，爲物所役也。求名者役於名，求利者役於利，凡意之所發不與理合者，皆役於物也。行險僥倖，患得患失，此所以憂戚也。」○程子曰：「君子坦蕩蕩，心廣體胖。」輔氏曰：「心廣體胖，所以指言坦蕩蕩之氣象。」

○**子温而厲，威而不猛，恭而安。**

厲，嚴肅也。人之德性本無不備，而氣質所賦鮮有不偏。輔氏曰：「德性，指無極之真而言也。理之在人，固無所不備矣。氣質，指陰陽五行之氣而言也。氣之在人，則有厚薄昏明之異，故鮮有不偏者。」**惟聖人全體渾然，陰陽合德，故其中和之氣見於容貌之閒者如此。**輔氏曰：「陰陽合德，指氣而言。中者，性也。和者，氣也。而曰中和之氣者，併性與氣而言之。」○陳氏曰：「自陽根陰而言，則温者陽之和，厲者陰之嚴，威者陽之震，不猛者陰之順，恭者陽之主，安者陰之定。自陰根陽而言，則温者陰之柔，厲者陽之剛，威者陰之慘，不猛者陽之舒，恭者陰之肅，安者陽之健。蓋渾然無適而非中和之極，不可得而偏指也。」○胡氏曰：「全體渾然者，非一氣之偏也。陰陽合德者，兼乎二氣乃得中也。」○愚謂：全體渾然，應上文德性而言；陰陽合德，應上文氣質而言，所以言全體渾然於陰陽合德之上。**門人熟察而詳記之，亦可見其用心之密矣。**輔氏曰：「用心不密，則見其温而不見其厲，見其威而不見其不猛，見其

恭而不見其安。」抑非知足以知聖人而善言德行不能記，故程子以爲曾子之言，學者所宜反復而玩心也。

泰伯第八

凡二十一章。

子曰：「泰伯，其可謂至德也已矣！三以天下讓，民無得而稱焉。」

泰伯，周大王之長子。至德，謂德之至極無以復加者也。三遜，謂固遜也。無得而稱，其遜隱微，無迹可見也。或問「三遜之爲固遜」。曰：「古人辭遜，以三爲節，一辭爲禮辭，再辭爲固辭，三辭爲終辭。古註但言三遜，而不解其目也。今必求其事以實之，則亦無所據矣。」曰：「何以言其遜於隱微之中也？」曰：「泰伯之遜，無揖遜授受之跡，人但見其逃去不反而已，不知其遜者；見其遜國而已，而不知所以使文武有天下者，實由於此，則是以天下遜也。」曰：「其爲至德何也？」曰：「遜之爲德既美，至於三，則其遜誠矣；以天下遜，則其所遜大矣；而又隱晦其迹，使民無得而稱焉，則其遜也非有爲名之累矣，此其德所以爲至極而不可以有加也。」蓋大王三子，長泰伯，次仲雍，次季歷。大王之時，商道寖衰，而周日彊大。季

歷又生子昌，有聖德。大王因有翦商之志，而泰伯不從，語録曰：「問：『大王有翦商之志，果如此否？』曰：『詩裏分明説「實始翦商」。』問：『恐詩是推本得天下之由如此。』曰：『若推本説，不應下「實始翦商」。』」〇又曰：「大王翦商，自是他周人恁地説，若無此事，他豈肯自誣其祖？左氏分明説泰伯不從，不知不從是不從甚麽事。」**大王遂欲傳位季歷以及昌。泰伯知之，即與仲雍逃之荆蠻。**語録曰：「泰伯只見大王有翦商之志，自是不合他意，便掉了去。」〇問：「泰伯固足以遂其所志，其如父子之情何？」曰：「到此却顧卹不得。父子、君臣一也，大王見商政日衰，知其不久，是以有翦商之意，亦至公之心也。至於泰伯，則知君臣之義截然不可犯，是以不從。二者各行其心之所安，聖人未嘗説一邊不是，亦可見矣。」**於是大王乃立季歷，傳國至昌，而三分天下有其二，是爲文王。文王崩，子發立，遂克商而有天下，是爲武王。夫以泰伯之德，當商周之際，固足以朝諸侯有天下矣，乃棄不取而又泯其迹焉，則其德之至極爲如何哉！**文集曰：「至德之論論語中只有兩處，一爲文王而發，則是對武王誓師而言；一爲泰伯而發，則是對大王翦商而言。若論其志，則文王固高於武王，而泰伯所處，又高於文王；若論其事，則泰伯、王季、文王、武王皆處聖人之不得已，而泰伯爲獨全其心，表裏無憾也。」**蓋其心即夷齊扣馬之心，而事之難處有甚焉者，**語録曰：「夷齊處君臣間，道不合則去；泰伯處父子之際，又不可露形迹，只得不分不明且去。某書謂大王有疾，泰伯採藥

不返，疑此時去也。」宜夫子之歎息而贊美之也。泰伯不從，事見春秋傳。

○子曰：「恭而無禮則勞，慎而無禮則葸，勇而無禮則亂，直而無禮則絞。

葸，絲里反。絞，古卯反。

葸，畏懼貌。絞，急切也。語録曰：「絞，如繩兩頭絞得緊，都不寬舒，則有證父攘羊之事矣。」無禮則無節文，故有四者之弊。輔氏曰：「禮者，天理之節文，所以防其過而使之中也。恭、慎，柔德也。勇、直，剛德也。四者雖皆美德，然無禮以爲之節文，則過而爲四者之弊。故恭而無禮以節文之，則巽在牀下，故勞而不安；謹而無禮以節文之，則臨事懾怯，故葸而多懼；勇而無禮以節文之，則尚氣任力而必至於作亂；直而無禮以節文之，則率情徑行而必至於絞訐。惟有禮以爲之節文，則中焉止矣，寧有弊哉？」

君子篤於親，則民興於仁；故舊不遺，則民不偷。」

君子，謂在上之人也。愚謂：前一節言在己之德而已，後一節則其效下及於民，故知君子在上之人也。興，起也。偷，薄也。○張子曰：「人道知所先後，則恭不勞，謹不葸，勇不亂，直不絞，民化而德厚矣。」○吴氏曰：「『君子』以下當自爲一章，乃曾子之言

也。」愚按：此一節與上文不相蒙，而與首篇慎終追遠之意相類[一]，吴説近是。胡氏曰：「張子通解爲一章者，以六句皆以『則』爲轉語。上四則字，其弊也；下二則字，其效也。弊亦效之不善者也。謂人道知所先後者，上四句以有禮爲先也，下二句以篤親、不遺故舊爲先也。然析而觀之，前四句反説，後二句正説，各爲一類。故吴氏疑爲兩章，又疑爲曾子之言者，固與慎終追遠之意同[二]。而下文五章亦皆曾子事，或者以類相從也。」

○曾子有疾，召門弟子，曰：「啓予足，啓予手。詩云：『戰戰兢兢，如臨深淵，如履薄冰。』而今而後，吾知免夫。小子！」夫，音扶。

啓，開也。曾子平日以爲身體受於父母，不敢毁傷，故於此使弟子開其衾而視之。詩，小旻之篇。戰戰，恐懼。兢兢，戒謹。臨淵，恐墜。履冰，恐陷也。曾子以其所保之全示門人，而言其所以保之之難如此；至於將死，而後知其得免於毁傷也。語録曰：「曾子奉持遺體，無時不戒謹恐懼，直至啓手足之時，方得自免。」○又曰：「君子未死之前，此心常恐。」小子，門人也。語畢而又呼之，以致反復丁寧之意，其警之也深矣。

[一] 慎，通志堂經解本作「謹」。
[二] 慎，通志堂經解本作「謹」。

○程子曰：「君子曰終，小人曰死。君子保其身以没，爲終其事也，故曾子以全歸爲免矣。」輔氏曰：「君子曰終，小人曰死，此檀弓所載子張將死之言也。終者所以成其始之辭，而死則澌盡無餘之義。君子平日以保身爲事，故於將没而以爲終也，如曾子所謂免者是也。」尹氏曰：「父母全而生之，子全而歸之，曾子臨終而啓手足，爲是故也。非有得於道，能如是乎？」輔氏曰：「父母全而生之，子全而歸之，此祭義所載曾子述孔子之言也。今若此，可謂非苟知之，亦允蹈之矣。曾子平日見道明，信道篤，故能始終不息如此，非謂一旦有得於道，便能超脱生死而不怛不怖，如釋氏之説。」范氏曰：「身體猶不可虧也，况虧其行以辱其親乎？」輔氏曰：「范氏警切學者於德性上做工夫，尤爲切至。」○胡氏曰：「范氏正恐學者但以曾子不虧其身而已，則將有僥倖苟免之意，故又特以不虧其行申言之，所以厲中人也。」

○曾子有疾，孟敬子問之。

孟敬子，魯大夫仲孫氏，名捷。問之者，問其疾也。

曾子言曰：「鳥之將死，其鳴也哀；人之將死，其言也善。

言，自言也。胡氏曰：「禮，自言曰言，答述曰語。」鳥畏死，故鳴哀；人窮反本，故言善。輔氏曰：「人性本善。凡爲惡者，役於氣，動於欲，而陷溺焉耳，非其本性然也。至於將死，氣消矣，欲息矣，則反本而言善，乃理之宜。」此曾子之謙辭，欲敬子知其所言之善而識之

也。

君子所貴乎道者三：動容貌，斯遠暴慢矣；正顏色，斯近信矣；出辭氣，斯遠鄙倍矣。籩豆之事，則有司存。」遠、近，並去聲。

貴，猶重也。陳氏曰：「此章主意最重在貴字上。」容貌，舉一身而言。暴，粗厲也。慢，放肆也。語録曰：「如人狠戾，固是暴；稍不温恭，亦是暴。如人倨肆，固是慢；稍或怠緩，亦是慢。」○又曰：「粗，不精細也。」信，實也。正顏色而近信，則非色莊也。文集曰：「此言持養久熟之功。正其顏色，即近於信，蓋表裏如一，非但色莊而已。以上下兩句考之，可見非謂正顏色即是近信也，若非持養有素，則正顏色而不近信者多矣。」○語録曰：「信是信實。色有色厲而内荏者，色莊者，色取仁而行違者，苟不近實，安能表裏如一乎？」問：「正是著力之辭否？」曰：「亦著力不得。若不到近實處正其顏色，但見作僞而已。」○又曰：「這須是裏面正後，顏色自恁地正，方是近信。」辭，言語。氣，聲氣也。鄙，凡陋也。倍，與背同，謂背理也。語録曰：「今人議論，有見得雖無甚差錯只是淺近者，此是鄙。又有説得甚高而實背於理者，此是倍。」○又曰：「鄙便是説一樣卑底説話，倍是逆理。」籩，竹豆。豆，木豆。言道雖無所不在，然君子所重者在此三事而已，是皆脩身之要，爲政之本，學者所當操存省察，而不可有造次顛沛之違者也。文集曰：「脩身之要、爲政之本二句最宜玩味，但莊敬誠實涵養

亦非動容貌、正顏色、出辭氣之外別有一段工夫，只是就此持守著力，至其積久純熟，乃能有此效而不費力耳。」○黄氏曰：「容貌、顏色、辭氣，見於外者也，欲正其外，亦不過致謹於言動之閒而已。今集註以爲操存省察，則反用力於其內，未有不正其內而能正其外者也。況夫暴慢也、信也、鄙倍也，皆心術之所形見者也，不正其內，安能使其外之無不正乎？有諸中以形諸外，制於外以養其中，則心可正，理可明，敬可存，誠可固。脩身之要，孰有急於此者乎？」○陳氏曰：「集註舊本以爲脩身之驗，非莊敬誠實涵養有素者不能，則平時涵養之説也。今本以爲脩身之要，學者所當操存省察而不可有造次顛沛之違，則臨事持守之説也。舊説雖有根原，然却在三言之外起意，其工夫全在目前，而目下則疏闊，任其自爾。不若今本工夫縝密親切，既可以包平日涵養在內，又從目今臨事，以至於將死一息未絶之前，皆無有頃刻之違，其所謂操存則在上三句，所謂省察則在下三句，本末不偏，終始兼貫，其義爲長。」**若夫籩豆之事，器數之末，道之全體固無不該，然其分則有司之守，而非君子之所重矣。**語録曰：「籩豆之事雖亦道之所寓，然自有人管了，君子只脩身而已。」○又曰：「人於身己上事都不照管，却只去理會那籩豆等小事，便不得。只這箇自有有司，但責之有司便得。若全不曉，如何解任那有司？若籩裹盛有汁底物事，豆裹盛乾底物事，自是不得。也須著曉始得，但所重者是上面三事耳。」**○程子曰：「動容貌，舉一身而言也，周旋中禮，暴慢斯遠矣；正顏色則不妄，斯近信矣；出辭氣，**

正由中出，斯遠鄙倍。三者正身而不求外，故曰『籩豆之事，則有司存』。」語録曰：「明道之言，簡約明白，意旨深遠。」尹氏曰：「養於中則見於外，曾子蓋以脩己爲爲政之本。若乃器用事物之細，則有司存焉。」語録曰：「尹氏温淳易直，故有得於平日涵養之原。」

○曾子曰：「以能問於不能，以多問於寡，有若無，實若虚，犯而不校，昔者吾友嘗從事於斯矣。」

校，計校也。友，馬氏以爲顔淵是也。胡氏曰：「今從之者，非顔子不足以當之也。」顔子之心，唯知義理之無窮，不見物我之有間，故能如此。胡氏曰：「唯知義理之無窮者，自脩之念不已也，故雖能而常若不能，雖多而常若寡，雖有且實而常若無若虚焉。不見物我之有間者，視人猶己也，故人雖有侵犯於我，在我不起計校之心焉。」○謝氏曰：「不知有餘在我，不足在人；不必得爲在己，失爲在人，非幾於無我者不能也。」語録曰：「問：『顔子已是無我，集註如何下幾字？』曰：『聖人全是無我，顔子却但是不以我去壓人，却尚是有箇人與我相對在，聖人便和人我都無了。』」○輔氏曰：「『不知有餘在己，不足在人』，以理言也，所以釋『以能問於不能』至『實若虚』四句也。『不必得爲在己，失爲在人』，以事言也，所以釋『犯而不校』一句也。」

○曾子曰：「可以託六尺之孤，可以寄百里之命，臨大節而不可奪也。君子

人與？君子人也。」與，平聲。

其才可以輔幼君，攝國政，其節至於死生之際而不可奪，可謂君子矣。語録曰：「托六尺之孤，謂輔幼主。寄百里之命，謂攝國政。」○又曰：「託六尺之孤，寄百里之命，才者能之。至於臨大節而不可奪，則非有德者不能也。」○又曰：「如霍光擁昭立宣，可謂有才，而其妻毒許后事不能制，便不是臨大節不可奪。」○又曰：「問：『此本是兼才節説，然緊要處却在節操上。』曰：『不然。三句都是一般説，須是才節兼全，方謂之君子。若無其才，是徒有其節，雖死何益？如受人託孤之責，自家雖無欺之之心，却被別人欺了，也是自家不了事，不能受人之託矣。如受人百里之寄，自家雖無竊之之心，却被別人竊了，也是自家不了事，不能受人之寄矣。自家徒能臨大節而不可奪，却不能了得他事，雖能死，也只是箇枉死，濟得甚事？如晉之荀息是也。所謂君子者，豈是斂手並脚底村人？既曰君子，須是事事理會得方可，若但有節而無才，也喚做好人，只是不濟得事耳。』」○輔氏曰：「才者德之用，節者德之守，而君子則成德之名也。」○胡氏曰：「周禮疏云『六尺，年十五』，故知爲幼君也。孟子曰『公侯皆方百里』，故知爲國政也。輔幼君，攝國政，言其可者，度其能也，故云才。臨大事，言其不可奪者，論其操也，故云節。才者德之用，節者德之守，二者不可偏廢。有其節無其才，雖無欺人之心，而未必足以託，恐不免爲他人所欺也；雖無竊之之心，而未必足以寄，恐不免爲他人所竊也。爲人欺竊而徒死，無益也，荀息之徒是也。有其才無其節，則大者不足觀矣，霍光奪於妻子之愛是也。二者雖若並言，而節

爲之本，上二句皆云『可以』，下一句乃所以承上文也，謂既能爲彼而又所守如此，始決然可謂之君子。」與，疑詞。也，決詞。設爲問答，所以深著其必然也。○程子曰：「節操如是，可謂君子矣。」愚謂：集註既以才與節並言，而復引程子節操之說，蓋其重在節也。

○曾子曰：「士不可以不弘毅，任重而道遠。

弘，寬廣也。語録曰：「弘是寬廣耐事，事事都著得。道理也著得多，人物也著得多。若著得這一箇，著不得那一箇，便不是弘。」○又曰：「弘雖是寬廣，却被人只把做度量寬容看了，便不得。且如執德不弘，便是此弘字，謂如人有許多道理，及至學來，下梢却做得狹窄了，便是不弘。」○又曰：「若容民蓄衆底事，也是弘，但是外面事。而今人説弘字，多做容字説了，則這弘字裏面無用工夫處。」○又曰：「弘字只對隘字看便見得。如看文字相似，只執一説，見衆説皆不復取，便是不弘。若是弘底人，便包容衆説，又非是於中無所可否，包容之中又爲判别，此便是弘。」○胡氏曰：「寬則容受之多，廣則承載之闊也。」**毅，彊忍也。**語録曰：「毅，是立脚處堅忍彊厲，擔負得去底意。」○又曰：「毅是忍耐持守，著力去做。」○又曰：「毅却是發處勇猛，行得來彊忍。」○胡氏曰：「彊則執持之堅，忍則負荷之久也。」**非弘不能勝其重，非毅無以致其遠。**語録曰：「弘乃能勝得箇重任，毅便是能擔得遠去。弘而不毅，雖勝得重任，却恐去前面倒了。」○輔氏曰：「寬廣，故能容受；能容受，然後能勝其重。彊忍，故能堅決；能堅決，然後能致其

遠。」○胡氏曰：「惟弘然後能任重，不以一善而自足也。惟毅然後能道遠，不以半塗而自廢也。」

仁以爲己任，不亦重乎？死而後已，不亦遠乎？」

仁者，人心之全德，而必欲以身體而力行之，可謂重矣。一息尚存，此志不容少懈，可謂遠矣。輔氏曰：「仁包四者，無物不體，以爲己任，可謂重矣，非寬洪容受，何以勝其任？且曰『必欲身體而力行之』，則異乎説仁而但欲知之者矣。與生俱生，無有間斷，死而後已，可謂遠矣，非强忍堅決，何以致其遠？且曰『此志不容少懈』，則信乎求仁者不可有造次顛沛之違矣。」

○程子曰：「弘而不毅，則無規矩而難立；毅而不弘，則隘陋而無以居之。」語録曰：「弘而不毅，如近世楊氏之學者，其流與世之常人無以異。毅而不弘，如胡氏門人，都恁地撐腸拄肚，少間都没頓著處。」○陳氏曰：「如柳下惠是弘底人，其流失之不恭，則無規矩而難立，然惠却不以三公易其介，是弘而能毅也。伯夷是毅底人，其流失之隘，則是隘陋而無以居之，然夷却不念舊惡，是毅而能弘也。弘而能毅，則和而不流，而有規矩矣；毅而能弘，則中立而不倚，而有以居之矣。」又曰：「**弘大剛毅，然後能勝重任而遠到。**」輔氏曰：「此又釋先弘而後毅之義也。譬如重擔子必先擔得起，然後可論其所行之遠近。」○胡氏曰：「程子初言弘毅不可以偏廢，再言必弘毅而後可以任重而道遠也。」

○子曰：「興於詩，

興，起也。詩本性情，有邪有正，胡氏曰：「如二南之正始爲正，鄭衛之淫奔爲邪也。」**其爲言既易知，**胡氏曰：「詩之辭明白洞達也。」**而吟詠之閒，抑揚反復，其感人又易入。**輔氏曰：「吟咏，謂詠歌其詩。抑揚，謂詠嘆之聲或高或下。反復，謂詠歌之不一而足。」○胡氏曰：「吟詠者，歌永言也。抑揚者，聲音高下也。反復者，前後重複也。」**故學者之初，所以興起其好善惡惡之心而不能自已者，必於是而得之。**胡氏曰：「詩之正，可以感發其善心；詩之邪，可以懲創其逸志，所以興也。」

立於禮，

禮以恭敬辭遜爲本，而有節文度數之詳，胡氏曰：「恭主一身而言，敬主一心而言，處己之道也。辭者，解使去己；遜者，推以與人，接物之方也。節文，品節文章也；度數，制度數目也。既有以爲處己接物之本，而周旋曲折又能合悉如此。」**可以固人肌膚之會，筋骸之束。**胡氏曰：「人之肌膚本有所會，筋骸本有所束，至此又愈堅固。」**故學者之中，所以能卓然自立而不爲事物之所摇奪者，必於此而得之。**輔氏曰：「禮雖本於恭敬辭遜，然規矩森嚴，節目明備，外足以固人之肌膚筋骸，而内足以禁人之非心逸志。學者之中於此固執而允蹈焉，則足踏實地，卓然自立，而外物不足以摇奪之。」

成於樂。」

樂有五聲十二律，更唱迭和，以爲歌舞八音之節，語録曰：「『聞樂有五聲十二律，更唱迭和，恐是迭爲賓主否？』曰：『書所謂「聲依永，律和聲」。蓋人聲自有高下，聖人制五聲以括之。宮聲洪濁，其次爲商，羽聲輕清，其次爲徵，清濁洪纖之中爲角，此五聲之别以括人聲之高下。聖人又制十二律以節五聲，中又各有高下，每聲又分十二等。謂如以黄鐘爲宮，則是太蔟爲商，姑洗爲角，林鐘爲徵，南吕爲羽。還至無射爲宮，便是黄鐘爲商，太蔟爲角，中吕爲徵，林鐘爲羽。然而無射之律只長四寸六七分，而黄鐘長九寸，太蔟長八寸，林鐘長六寸，則宮聲槩下面商角羽三聲不過。故有所謂四清聲，夾鐘、大吕、黄鐘、太蔟是也。蓋用其半數，謂如黄鐘九寸只用四寸半，餘三律亦然。如此則宮聲可以槩之，其聲和矣。看來十二律皆有清聲，只説四者，意其取數之甚多者言之。』」○又曰：「人以五聲十二律爲樂之末，若不是五聲十二律，如何見得這樂？便是無樂了。五聲十二律皆有自然之和氣。古樂不可見，然今之歌曲亦有所謂五聲十二律方做得曲，亦似古樂一般。如彈琴亦然。只他底是邪，古樂是正，所以不同。」**可以養人之性情，而蕩滌其邪穢，消融其查滓。**語録曰：「查滓，是他勉强用力，不出於自然，而不安於爲之之意，聞樂則可以融化了。」○胡氏曰：「邪穢，隱惡之未去者也。查滓，病根之未除者也。」**故學者之終，所以至於義精仁熟而自和順於道德者，必於此而得之，是學之成也。**語録曰：「問：『五聲十二律，作者非一人，不知如何能和順道德？』曰：『如金石絲竹匏土革木，雖是

有許多，却打成一片。清濁高下長短小大，更唱迭和，皆相應渾成一片，有自然底和氣，不是各自爲節奏，歌者歌此而已，舞者舞此而已。所以聽之可以和順道德者，須是先有興詩、立禮工夫，然後用樂以成之。」○輔氏曰：「樂雖始於詩歌，而聖人依之以五聲，和之以十二律，更唱迭和而以爲歌舞八音之節，所以合天人之和，以養人之耳目，説人之情性，蕩滌其邪穢而使之不存，消融其查滓而使之盡化。學者於此涵泳而優游焉，則能至義精仁熟之地，而於道德各極其和順，而無一豪彊勉拂戾之意也。興則起，立則不反，成則渾全，此三節其間甚闊，學者於此真積而力久焉，則自當知之。」**○按內則，十歲學幼儀，十三學樂誦詩，二十而後學禮。則此三者，非小學傳授之次，乃大學終身所得之難易、先後、淺深也。**語録曰：「這處是大學終身之所得。如十歲學幼儀，十三學誦詩，從小時皆恁地學一番了，做一箇骨子在這裏，到後來方得他力。禮小時所學，則是學事親事長之節，乃禮之小者。年到二十，所學乃是朝廷宗廟之禮，乃禮之大者。到立於禮時，始得禮之力。樂小時亦學了，到成於樂時，始得樂之力，不是大時方去學。詩却是初間便得力，説善説惡却易曉，可以勸，可以戒。禮只捉住在這裏，樂便難精。詩有言語可讀，禮有節文可守。樂是他人作，與我有甚相關？如人唱曲好底，凡有聞者，人人皆道好。樂雖作於彼，而聽者自然竦動感發，故能義精仁熟而和順道德。」○輔氏曰：「少儀謂幼少奉事長上之禮，禮之小者也。樂則六樂之器，鐘鼓管磬之屬，樂之一物耳。先禮而後樂，亦宜也。學詩反在其後者，凡樂之器，皆所以節夫詩之音律，須以漸習之，而未可以一旦盡能也，故先學

樂而後誦詩。二十而後學禮，此則禮之大者，如六禮之屬，三千三百之大全也，故成而後學焉。此蓋小學傳授之次。而此章所記，乃大學終身所得之難易、先後、淺深焉，詩易於禮，禮易於樂，興者淺，立者深，成則又其深者也，故其先後之序如此，此三者之序所以不同也。而小學於學禮之後，亦終之以舞大夏。大夏，禹樂，樂之文武備者也，是亦所以終於樂也。」○永嘉陳氏曰：「此章先禮而後樂，內則先樂而後禮，此章非爲學之序，乃論其終身所得之先後也。學之序當如內則，至其將來得力處，其先善心興起，是於詩上得力；其次操守植立，是於禮上得力；至末梢德性純熟，是於樂上得力。」程子曰：「天下之英才不爲少矣，特以道學不明，故得有所成就。夫古人之詩，如今之歌曲，雖閭里童稚，皆習聞之而知其說，故能興起。今雖老師宿儒，尚不能曉其義，況學者乎？是不得興於詩也。古人自洒掃應對以至冠昏喪祭，莫不有禮，今皆廢壞，是以人倫不明，治家無法，是不得立於禮也。古人之樂，聲音所以養其耳，采色所以養其目，歌詠所以養其性情，舞蹈所以養其血脉，今皆無之，是不得成於樂也。是以古之成材也易，今之成材也難。」胡氏曰：「程子以爲今皆無此，蓋因世變而傷歎焉。學者則當因其尚存者而深考之，不可以自畫也。」○真氏曰：「自周衰，禮樂崩壞，然禮書猶有存者，制度文爲尚可考尋。樂書則盡闕不存，後之爲禮者，既不能合先王之制，而樂尤甚焉。今世所用，大抵鄭衛之音，雜以夷狄之聲而已，適足以蕩人心，壞風

俗，何能有補乎？然禮樂之制雖亡，而禮樂之理則在，故樂記又謂：『致禮以治身，致樂以治心。外貌斯須不莊不敬，而嫚易之心入之矣；中心斯須不和不樂，則鄙詐之心入之矣。』莊敬者，禮之本也，和樂者，樂之本也，學者誠能以莊敬治其身，和樂養其心，則於禮樂之本得之矣，是亦足以立身而成德也。三百篇之詩雖云難曉，今諸老先生發明其義，了然可知，如能反復涵泳，直可以感發其性情，則所謂興於詩者亦未嘗不存也。」

○子曰：「民可使由之，不可使知之。」

民可使之由於是理之當然，而不能使之知其所以然也。或問此一節。曰：「理之所當然者，所謂民之秉彝、百姓所日用者也，聖人之爲禮樂刑政，皆所以使民由之也。其所以然，則莫不原於天命之性，雖學者有未易得聞者，而況於庶民乎？蓋不能使之知，非不使之知也。」○陳氏曰：「理之當然，如父慈子孝之類，亦是大綱；說其纖悉曲折，乃是中間慈孝節目，如內則許多事件之類，皆日用常行當然底。非謂其所以然者，所以然乃根原來歷，是性命之本處。」○程子曰：「聖人設教，非不欲人家喻而户曉也，然不能使之知，但能使之由之爾。若曰聖人不使民知，則是後世朝四暮三之術也，豈聖人之心乎？」輔氏曰：「所謂聖人不使民知者，乃老氏愚民、莊子以智籠愚之說。朝三暮四，朝四暮三，詭譎不誠，聖人而肯爲是哉？使民家喻而户曉者，聖人之本心；不能使之知之，但能使之由之者，聖人之不得已也。」○真氏曰：

「朝四暮三，出列子：『狙公賦芧，曰「朝三暮四」，衆狙皆怒，曰「朝四暮三」，衆狙皆喜。』猿狙無知而易誑，亦如愚民不知義理，輕爲喜怒也。聖人之教，惟恐不能開明下民之心。如申韓斯鞅之徒，所以治其國者，專用愚黔首之術，不知民可欺以暫，不可欺以久，故卒以此亡。可不戒哉！」

○子曰：「好勇疾貧，亂也。人而不仁，疾之已甚，亂也。」好，去聲。好勇而不安分，則必作亂。惡不仁之人而使之無所容，則必致亂。輔氏曰：「亂，謂害理傷道、争鬬悖逆之事。好勇則有作亂之資，不安分則有作亂之理，此其亂在我。惡不仁之人而使之無所容，事窮勢迫，則必有不肖之心應之，此其亂在人。」二者之心，善惡雖殊，然其生亂一也。輔氏曰：「好勇疾貧，則其心固惡矣。若夫惡不仁之心，則本善也，但疾之已甚，則亦流於不仁矣。故好勇疾貧之亂，乃不知義者之所爲。疾不仁已甚之亂，乃不依仁者之所致。使其心終於善，則亦何由致亂哉？」

○子曰：「如有周公之才之美，使驕且吝，其餘不足觀也已。」才美，謂智能技藝之美。輔氏曰：「凡能有爲者，皆才也，然有美有惡。若周公之智能技藝，則又才之美者也，金縢之書，周公自言其多才多藝，勝於武王；又觀其作周禮一書，天下細微之事，蓋無不知無不能也，其智能技藝之美可見。」驕，矜夸。吝，鄙嗇也。○程子曰：「此

甚言驕吝之不可也。蓋有周公之德，則自無驕吝；若但有周公之才而驕吝焉，亦不足觀矣。」輔氏曰：「德出於理，才出於氣。世固有優於德而短於才者，然德極其盛，則才亦無不足。若但有其才而無其德，則雖有智能技藝之美，必不能居廣居，立正位，行大道，爲向上一著事。」**又曰：「驕，氣盈。吝，氣歉。**」文集曰：「吝之所有，乃驕之所恃也。故驕而不吝，無以保其驕；吝而不驕，無所用其吝。此盈於虛者所以必歉於實，而歉於實者所以必盈於虛也。」○愚謂：矜夸、鄙嗇，所以釋字義；氣盈、氣歉，則又推原矜夸、鄙嗇之所由生也。**愚謂：驕吝雖有盈歉之殊，然其勢常相因。蓋驕者吝之枝葉，吝者驕之本根。故嘗驗之天下之人，未有驕而不吝、吝而不驕者也。**語録曰：「驕却是枝葉發露處，吝却是根本藏蓄處。如説道理，這自是世上公共底物事，合當大家説出來。世上自有一般人，自恁地吝惜，不肯説與人，他只怕人都識了，却没差異，所以吝惜在此。獨有自家會，别人都不會，自家便驕得他，便欺得他。如貨財，也只是公共底物事，合使便著使。若只恁地吝惜，合使不使，只怕自家無了，别人却有，無可强得人，所以吝惜在此。獨是自家有，别人無，自家便做大，便欺得他。」○胡氏曰：「驕其張王，吝其收縮也。姑以驕吝於財者觀之，方其吝也，收縮閉藏，惟恐人知；及其驕也，張王矜夸，惟恐人不知。其迹若相背而馳者，然其所以閉藏者，乃欲資以矜夸也，其所以矜夸者，即前日閉藏者爲之地也。譬之枝葉本根，相爲貫通也。集註特發此義以曉人，欲人知其病根

而藥之。驕之證，發於外；吝之證，藏於內。發者易見，而藏者難知。學者欲翦其枝葉，又當先拔其本根也。」○永嘉陳氏曰：「朱子是主驕説，故以吝爲本根，驕爲枝葉；若主吝説，則驕亦吝之本根，吝亦驕之枝葉。如此看，方著得下兩句『未有驕而不吝、吝而不驕』。但吝是氣，斂藏在內，驕則發見在外，有夸滿盈溢之意。立辭只可以吝爲本根，驕爲枝葉，到下兩句方見得相爲用。」

○子曰：「三年學，不至於穀，不易得也。」易，去聲。

穀，禄也。至，疑當作志。胡氏曰：「穀之訓不一，舊説皆訓善。不易得，謂善之難成也。然善之與惡，在人所向，特反覆開耳，何至於三年之久而無成？亦非所以勉人也。惟『邦有道、無道，穀』之穀，正指爲禄，以此例之，則前後相應。以至爲志，則其義益精，或聲同而字誤也。」爲學之久而不求禄，如此之人不易得也。輔氏曰：「後世之士，求禄之志皆在爲學之先，不然則不學矣。」○楊氏曰：「雖子張之賢，猶以干禄爲問，況其下者乎？然則三年學而不至於穀，宜不易得也。」

○子曰：「篤信好學，守死善道。好，去聲。

篤，厚而力也。愚謂：篤信者，言信得深厚牢固，不走作也。不篤信則不能好學，然篤信而不好學，則所信或非其正。不守死則不能以善其道，然守死而不足以善其道，則

亦徒死而已。蓋守死者，篤信之效；善道者，好學之功。或問：「四者更相爲用，何也？」曰：「非篤信則不能好學，非守死則無以善道。然徒篤信而不能好學，徒守死而不足以善道，則又君子之所不取也。蓋能守死者，篤信之效；而能善道者，好學之力。然雖曰篤信，而未能至死不變，則其信亦不篤矣；雖曰好學，而不能推以善道，則其學亦無用矣。此四者之所以更相爲用，而不可一有闕焉者也。」○胡氏曰：「不篤信則不能好學，不守死則不能善道，順而言之也。不好學則所信或非其正，不善道則所死或失其所，逆而推之也。守死者，篤信之效；善道者，好學之功，互而求之也。」

危邦不入，亂邦不居。天下有道則見，無道則隱。見，賢遍反。

君子見危授命，則仕危邦者無可去之義，在外則不入可也。亂邦未危，而刑政紀綱紊矣，故潔其身而去之。語録曰：「危邦不入，是未仕在外，則不入。亂邦不居，是已仕在內，見其紀綱亂，不能從吾之諫，則當去之。」○問：「危邦固是不可入，但或有見居其國，則當與之同患難，豈復可去？」曰：「然，到此無可去之理矣。然其失則在於不能早去，當及其方亂未危之時，去之可也。」**天下，舉一世而言。無道，則隱其身而不見也。**語録曰：「天下無道，譬如天之將夜，雖未甚暗，然自此只向暗去。知其後來必不可支持，亦須見幾而作可也。」○胡氏曰：「以一國言，猶可視時而出入；通天下言，當與斯道相爲隱顯，此去就之大義也。」**此惟篤信**

好學、守死善道者能之。輔氏曰：「篤信好學，守死善道，此士之先務，必如此，然後其本立。去就出處，乃其末節爾。且夫好學以善道，則見道明矣；篤信以守死，則信道篤矣。見道明，信道篤，雖生死猶不能使之變，况出處去就之際，宜乎其優爲之矣。」

邦有道，貧且賤焉，恥也；邦無道，富且貴焉，恥也。」

世治而無可行之道，世亂而無能守之節，碌碌庸人，不足以爲士矣，可恥之甚也。輔氏曰：「所貴於士者，謂其進而用，則有可行之道，退而藏，則有能守之節，故退不失己，進不失義。若咸無焉，則是碌碌庸人，而不足以爲有亡矣。冒士之名而無士之實，豈不可恥之甚哉？」[二]○晁氏曰：「有學有守，而去就之義潔，出處之分明，然後爲君子之全德也。」輔氏曰：「好學善道者，有學也。篤信守死者，有守也。不入不居、則見則隱者，去就之義潔也。以有道而貧賤、無道而富貴爲恥者，出處之分明也。必如是，然後知與行相應，始與終無虧，可謂君子之全德。」

○子曰：「不在其位，不謀其政。」

[二] 通志堂經解本此還有一條疏語：○胡氏曰：「邦有道，則賢者必見用，苟猶貧賤，是無可行之道也；邦無道，則賢者當知退，苟居富貴，是無能守之節也。以是爲恥，則世治必能有爲，世亂必能有守。」

程子曰：「不在其位，則不任其事也，若君大夫問而告者則有矣。」輔氏曰：「不在其位而謀其政，不義而不可爲也。君大夫問而不以告，不仁而不可爲也。」

○子曰：「師摯之始，關雎之亂，洋洋乎盈耳哉！」摯，音至。雎，七余反。師摯，魯樂師名摯也。亂，樂之卒章也。胡氏曰：「國語云『以那爲首，其輯之亂曰，自古在昔』，正指篇末。古賦『亂曰』，皆卒章也。樂記又『亂以武』，復有總結之意」。史記曰：「關雎之亂，以爲風始。」語録曰：「自『關關雎鳩』至『鐘鼓樂之』，皆是亂。想其初必是已作樂，只無此辭，到此處便是亂。」洋洋，美盛意。孔子自衛反魯而正樂，適師摯在官之初，故樂之美盛如此。」胡氏曰：「論語論正樂者四，語魯太師當在先，此章次之，樂正又次之，適齊最後。蓋此章與樂正章意一也。」

○子曰：「狂而不直，侗而不愿，悾悾而不信，吾不知之矣。」侗，音通。悾，音空。侗，無知貌。語録曰：「侗，是愚模樣，不解一事底人。」愿，謹厚也。悾悾，無能貌。語録曰：「悾悾，是拙模樣，無能爲底人。」吾不知之者，甚絶之之辭，亦不屑之教誨也。輔氏曰：「狂者多率直，無知者多謹厚，無能者不解作僞，今乃不然，非常理也。事出非常，則非聖人之所知。此雖是甚絶之之辭，然天地無棄物，聖人無棄人，故又知其爲不屑之教誨也。」○蘇

氏曰：「天之生物，氣質不齊。其中材以下，有是德則有是病，有是病必有是德，故馬之蹄齧者必善走，其不善者必馴。有是病而無是德，則天下之棄才也。」輔氏曰：「天之生物，氣質不齊。中才已上，則有德而無病，此固善也。中才以下，則有是德必有是病，有是病亦必有是德，此猶可取也。智以照之，道以御之可也。若夫有是病而無是德，則又下之下者，是天下之棄才也。以是三者品量天下之才，則無餘藴矣。」

○子曰：「學如不及，猶恐失之。」

言人之爲學，既如有所不及矣，而其心猶竦然，惟恐其或失之，警學者當如是也。黄氏曰：「爲學之勤，若有所追逐，然惟恐不及。其用心如此，猶恐果不可及而竟失之，況可緩乎？」○程子曰：「學如不及，猶恐失之，不得放過。才説姑待明日，便不可也。」陳氏曰：「此章大意説爲學用工如此之急。程子不得放過，又發明恐失之義，纔放過待明日，便緩便失了。」○愚謂：纔放過時，即是閒斷。

○子曰：「巍巍乎！舜禹之有天下也，而不與焉。」與，去聲。

巍巍，高大之貌。不與，猶言不相關，言只不以位爲樂也。語録曰：「不與，只是不相干之義。言天下自是天下，我事自是我事，不被那天下來移著。」

○子曰：「大哉堯之爲君也！巍巍乎！唯天爲大，唯堯則之。蕩蕩乎！民無

能名焉。

唯，猶獨也。則，猶準也。輔氏曰：「準者，五則之一，所以準乎高下也，故以準訓則。」蕩蕩，廣遠之稱也。言物之高大，莫有過於天者，而獨堯之德能與之準。故其德之廣遠，亦如天之不可以言語形容也。輔氏曰：「堯非有意於則之也，與天同德，而自不能不則之也。」

巍巍乎其有成功也！煥乎其有文章！」

成功，事業也。煥，光明之貌。文章，禮樂法度也。堯之德不可名，其可見者此爾。語録曰：「堯與天爲一處，民無能名，所能名者，事業、禮樂法度而已。」○尹氏曰：「天道之大，無爲而成。唯堯則之以治天下，故民無得而名焉，所可名者，其功業文章巍然煥然而已。」陳氏曰：「尹氏説當與前合作一意看。無爲而成，是大裏面事；準則之以治天下，亦是德裏面事。」

○舜有臣五人而天下治。治，去聲。

五人，禹、稷、契、皋陶、伯益。

武王曰：「予有亂臣十人。」

書泰誓之辭。馬氏曰：「亂，治也。」輔氏曰：「荀卿子曰：『治亂謂之亂，猶治污謂之污也。』則亂之訓治，其來久矣。」十人，謂周公旦、召公奭、太公望、畢公、榮公、太顛、閎夭、散宜生、南宫适，其一人謂文母。劉侍讀以爲子無臣母之義，蓋邑姜也。九人治外，邑姜治内。或曰：「亂，本作乿，古治字也。」

孔子曰：「才難，不其然乎？唐虞之際，於斯爲盛。有婦人焉，九人而已。

稱孔子者，上係武王君臣之際，記者謹之。才難，蓋古語，而孔子然之也。輔氏曰：「詳味夫子之言，便使人有敬重愛惜人才之意。」才者，德之用也。輔氏曰：「德出於性，才出於氣。程子論性與氣，以爲二之則不是，則以才爲德之用宜也。」唐虞，堯舜有天下之號。際，交會之間。言周室人才之多，惟唐虞之際乃盛於此。語録曰：「問：『集註此句恐將「舜有五人」一句閑了。』曰：『寧可將上一句存在這裏。若從元註説，則是亂臣十人却多於前；於今爲盛，却是舜臣五人不得如後來盛。』」降自夏商，皆不能及，然猶但有此數人爾，是才之難得也。

三分天下有其二，以服事殷。周之德，其可謂至德也已矣！」

春秋傳曰：「文王率商之畔國以事紂。」蓋天下歸文王者六州，荆梁雍豫徐揚也。惟青

兖冀尚屬紂耳。范氏曰：「文王之德，足以代商。天與之，人歸之，乃不取而服事焉，所以爲至德也。孔子因武王之言而及文王之德，且與泰伯皆以至德稱之，其指微矣。」語録曰：「孔子稱至德只二人，皆可爲而不爲者也。」或曰：「宜斷『三分』以下，別以『孔子曰』起之，而自爲一章。」

〇子曰：「禹，吾無閒然矣。菲飲食，而致孝乎鬼神；惡衣服，而致美乎黻冕；卑宫室，而盡力乎溝洫。禹，吾無閒然矣！」閒，去聲。菲，音匪。黻，音弗。洫，呼域反。

閒，罅隙也，謂指其罅隙而非議之也。菲，薄也。致孝鬼神，謂享祀豐潔。衣服，常服。黻，蔽膝也，以韋爲之；語録曰：「韋，熟皮也。有虞氏以革，夏后氏以山，殷火，周龍章。祭服謂之黻，朝服謂之韠。左氏：『帶裘韠舄。』」冕，冠也，胡氏曰：「冕，冠上版，前低後高[二]，因俛而得名。」皆祭服也。溝洫，田閒水道，以正疆界、備旱潦者也。或問「溝洫之制」。曰：「見於周禮遂人、匠人之職詳矣。蓋禹既平水患，又治田閒之水道，使無水旱之

[二] 低，原脱，據通志堂經解本補。

災，所謂『濬畎澮距川』是也。」○胡氏曰：「周禮匠人職云：『九夫爲井，井閒有溝。十里爲成，成閒有洫。洫深廣皆八尺，溝半之。』夏制當不甚異也。既用以定經界，又旱則瀦水，潦則泄水也。」**或豐或儉，各適其宜，所以無罅隙之可議也，**胡氏曰[二]：「言禹之自奉常薄，而宗廟朝廷之禮、百姓衣食之源，則未嘗不盡心，所以不容於非議也。」**故再言以深美之。○楊氏曰：「薄於自奉，而所勤者民之事，所致飾者宗廟朝廷之禮，所謂有天下而不與也，夫何閒然之有？」**

論語卷第四

[二] 胡氏，通志堂經解本作輔氏。

論語卷第五

朱子集註　後學趙順孫纂疏

子罕第九

凡三十章[一]。

子罕言利與命與仁。

罕，少也。程子曰：「計利則害義，命之理微，仁之道大，皆夫子所罕言也。」文集曰：「問：『計利則害義，害義則勿道可矣，罕言何也？』曰：『有自然之利，如云「利者，義之和」是也。但專言之，則流於貪欲之私耳。』」○語録曰：「命只是一箇命，有以理言者，有以氣言者。天之所以賦與人者，是理也；人之所以壽夭窮通者，是氣也。理精微而難言，氣數又不可盡委之而至於廢人事，故聖人罕言之也。仁之理至大，數言之，不惟使人躐等，亦使人有玩之之

[一] 凡，原脱，據通志堂經解本補。

心。蓋舉口便説仁，人便自不把當事。」〇輔氏曰：「義者，天理之公也；利者，人欲之私也。天理人欲不兩立，計於彼則害於此矣。」〇又曰：「命乃天之所賦予萬物者，以理言之，則聲臭俱無，以氣言之，則雜糅難辨，是其理爲甚微。仁乃五性之首，所以包乎四德而無物不體，是其道爲甚大。理之微，則人有所難識，知未及而驟語之，則反滋其惑，且使之棄人事而不脩。道之大，則人有所難盡，德未至而强語之，則反起其妄，且或使之忽庸行而不謹。此夫子所以罕言。」

〇達巷黨人曰：「大哉孔子！博學而無所成名。」

達巷，黨名。其人姓名不傳。博學無所成名，蓋美其學之博而惜其不成一藝之名也。

子聞之，謂門弟子曰：「吾何執？執御乎？執射乎？吾執御矣。」

執，專執也。射、御皆一藝，而御爲人僕，所執尤卑。言欲使我何所執以成名乎？然則吾將執御矣。聞人譽己，承之以謙也。輔氏曰：「承之以謙者，庸行也。禮之發也，唯聖人之發，則從容閎肆如此，非若常人之暫見而旋隱，勉繼而力充之也。」〇尹氏曰：「聖人道全而德備，不可以偏長目之也。達巷黨人見孔子之大，意其所學者博，而惜其不以一善得名於世，蓋慕聖人而不知者也。故孔子曰：『欲使我何所執而得爲名乎？然則吾將執御矣。』」文集曰：「達巷黨人本不知孔子，但嘆美其博學而惜其無所成名，謂不以一善得名也。此言至爲淺近，然自察邇言者觀之，則於此便見聖人道德純備，不可以一善名。愚夫愚婦可

以與知，而其所以然者，聖人有所不知也。故孔子不欲以黨人之所稱者自居，而曰：『必欲使我有所執而成名，則吾當執御矣，何不以是見名乎？』」

○子曰：「麻冕，禮也；今也純，儉。吾從衆。

麻冕，緇布冠也。胡氏曰：「麻，績麻爲布也。冕，冠上版也。謂之緇布冠者，染布爲赤黑色，因以爲名也。冠者，首服之總名。冕者，冠中之別號。」純，絲也。儉，謂省約。緇布冠，以三十升布爲之，升八十縷，則其經二千四百縷矣。細密難成，不如用絲之省約。語録曰：「八十縷爲一升，四十抄也。古尺一幅只闊二尺二寸，如深衣十五升布，似如今極細絹一般，這處升數又曉未得。古尺又短於今尺，若盡一千二百縷，須是一幅闊不止二尺二寸方得如此。」○胡氏曰：「禮，朝服十五升，冠倍之。鄭注：『八十縷爲升，升字當爲登，登，成也。』前漢書食貨志：『周布幅廣二尺二寸。』程子言：『古尺當今五寸五分弱。』則五分有奇，爲經一百一十縷，故細密難成，而謂用絲爲功省也。」

拜下，禮也；今拜乎上，泰也。雖違衆，吾從下。」

臣與君行禮，當拜於堂下。君辭之，乃升成拜。輔氏曰：「按燕禮，君燕卿大夫之禮也。公坐，取大夫所酧觶，興以酬，賓降西階下，再拜稽首。公命小臣辭，賓升成拜。鄭註：『升成拜，復再拜稽首也。』又覲禮，天子賜侯氏以車服，侯氏拜賜，禮亦如之。」泰，驕慢也。○程

子曰：「君子處世，事之無害於義者，從俗可也；害於義，則不可從也。」輔氏曰：「君子之於世俗，或從或違，無適無莫，一於義而已。以是而違俗，則人亦不得以爲異也。」○愚謂：制度節文之細，猶可以隨時。至於繫乎三綱五常者，歷萬世而不容易也。

○子絶四：毋意，毋必，毋固，毋我。

絶，無之盡者。毋，史記作無，是也。或問：「聖人從容中道，而有所絶、有所毋，何也？」曰：「絶非屏絶之絶，蓋曰無之盡云爾。毋、無古蓋通用，故論語作毋，而史記作無。然經傳多以無爲有無之稱，毋爲禁止之辭，則當以史記爲正。」○文集曰：「此絶字不是絶而不復萌，猶曰無爾，然必言絶而不言無者，見其無之甚也。」意，私意也。語録曰：「意，是私意始萌。」○胡氏曰：「理本於天，意出於己。大學以誠意爲言[二]，蓋好善惡惡一有不實，則所謂意者爲私意。意不可以孤行，必根於理而後可。此獨以意言，即私心之發也。」必，期必也。語録曰：「必，是期要必行。」固，執滯也。語録曰：「固，是滯而不化。」我，私己也。語録曰：「我，是但知有我，不知有人。」四者相爲終始，起於意，遂於必，留於固，而成於我也。語録曰：「意是始，我是終，必、固在中間，亦是一節重似一節也。」○又曰：「意是絲豪，我是成一山嶽也。」○又

[二] 大，原作「夫」，據通志堂經解本改。

曰：「意是爲惡先鋒，我是爲惡成就。正如四德，貞是好底成就處，我是惡底成就處。」**蓋意、必常在事前，**語録曰：「凡起意作一事，便有必期之望。」○又曰：「必，是事之未來處。」○胡氏曰：「二者在方有所作爲之先，故曰常在事前。」**固、我常在事後，**語録曰：「固，是事之已過處。」○又曰：「如做一件事不是了，即管固執是我做得是。」○胡氏曰：「二者在已有作爲之後，故曰常在事後。」**至於我又生意，則物欲牽引，循環不窮矣。**語録曰：「意、必、固三者，只成就一箇我。及至我之根源愈大，少間三者又從這裏生出。我生意，意又生必，必又生固，又歸宿於我。正如元亨利貞，元了亨，亨了又利，利了又貞，循環不已。」○愚謂：四者分之則各爲一事，合之則相爲終始。**○程子曰：「此毋字非禁止之辭，聖人絶此四者，何用禁止？」**輔氏曰：「絶四，是聖人事，不思不勉者也。」**張子曰：「四者有一焉，則與天地不相似。」**語録曰：「人之爲事，亦有其初未必出於私意，而後來不能化去者。若曰絶私意則四者皆無，則曰『子絶一』便得，何用更言『絶四』？以此知四者又各有一病也。」○輔氏曰：「天理一貫，無意必固我之鑿。」**楊氏曰：「非知足以知聖人，詳視而默識之，不足以記此。」**

○子畏於匡，

畏者，有戒心之謂。輔氏曰：「聖人非若常人，妄有畏懼，但臨危涉險，則戒備之心自不可無。」**匡，地名。史記云：「陽虎曾暴於匡，夫子貌似陽虎，故匡人圍之。」**

曰：「文王既没，文不在兹乎？

道之顯者謂之文，蓋禮樂制度之謂。不曰道而曰文，亦謙辭也。兹，此也，孔子自謂。輔氏曰：「文即道也，故夫子自謙，故曰文耳。其實文王既没，則道在夫子也。」

天之將喪斯文也，後死者不得與於斯文也；天之未喪斯文也，匡人其如予何？」喪、與，皆去聲。

馬氏曰：「文王既没，故孔子自謂後死者。語録曰：「後死者，是對上文文王言之，如曰未亡人之類，此孔子自謂也。」言天若欲喪此文，則必不使我得與於此文；今我既得與於此文，則是天未欲喪此文也。天既未欲喪此文，則匡人其奈我何？言必不能違天害己也。」輔氏曰：「此夫子以道自任，而與天爲一也。不因匡人之難，也不説到這上。天既以斯文付夫子，則決非庸人所能害，道理必不如此。至於微服過宋，戒畏於匡，則又以盡其理之當然。其詳已見第七篇『其如予何』章。但彼以德言，而此以道言也。」

○大宰問於子貢曰：「夫子聖者與？何其多能也？」大，音泰。與，平聲。

孔氏曰：「大宰，官名。或吳或宋，未可知也。」或問：「何以言或吳或宋？」曰：「當時惟二國有是官。鄭氏以爲吳，而邢疏曰：『左傳，魯哀公會于橐皋，吳子使大宰嚭請尋盟，公使子

貢辭焉。子貢又嘗適吴。此鄭氏所據也。』洪氏曰：『宋大宰也。列子稱商大宰見孔子，曰：「丘聖者與？」宋，商後，又都商丘是也。』二説未知孰是，故兩存之。但列子多寓言，恐或不足據耳。」與者，疑辭。大宰蓋以多能爲聖也。輔氏曰：「太宰與黨人其論聖人雖不同，而其智不足以知聖人則一也。惜其無所成名者，望聖人之全也；疑以多能爲聖者，待聖人之淺也。」

子貢曰：「固天縱之將聖，又多能也。」

縱，猶肆也，言不爲限量也。語録曰：「天放縱他作聖得恁地，不去限量他。」將，殆也，謙若不敢知之辭。語録曰：「殆，庶幾也，如而今説將次。」〇胡氏曰：「將，猶相將，不定之辭。」聖無不通，多能乃其餘事，故言又以兼之。輔氏曰：「聖人氣質清明，義理本自昭著，而又加以學問之功，其於天下之事，巨細精粗，始終本末，蓋無一而不洞曉也。多能誠爲餘事，故子貢言『又』以兼之。」

子聞之，曰：「大宰知我乎。吾少也賤，故多能鄙事。君子多乎哉？不多也。」

言由少賤故多能，而所能者鄙事爾，非以聖而無不通也。輔氏曰：「以少賤故多能，固謙辭也。而所能者又鄙事，則謙而又謙之辭也。雖不居其聖，而聖人之實則有不可揜者矣。」且多能非所以率人，故又言君子不必多能以曉之。輔氏曰：「以多能率人，則人將徇末而忘本，

尚才而不務德，卒無以入於聖賢之域矣。」

牢曰：「子云：『吾不試，故藝。』」

牢，孔子弟子，姓琴，字子開，一字子張。衛人。試，用也。言由不爲世用，故得以習於藝而通之。語録曰：「想見聖人事事會，但不見用，所以人只見他小小技藝。若使其得用，便做出大功業來，不復有小小技藝之可見矣。」〇吳氏曰：「弟子記夫子此言之時，子牢因言昔之所聞有如此者，其意相近，故并記之。」

〇子曰：「吾有知乎哉？無知也。有鄙夫問於我，空空如也，我叩其兩端而竭焉。」叩，音口。

孔子謙言己無知識，但其告人，雖於至愚，不敢不盡耳。叩，發動也。愚謂：叩乃叩擊之叩，故有發動之意。兩端，猶言兩頭。言終始、本末、上下、精粗，無所不盡。語録曰：「兩端，猶言頭尾也。竭兩端，言徹頭徹尾都盡也。問：『此是一言而盡這道理否？』曰：『有一言而盡者，有數言而盡者。如樊遲問仁，曰「愛人」，問知，曰「知人」。此雖一言而盡，推而遠之，亦無不盡。如子路正名之論，直説到「無所措手足」。如子貢問政、哀公問政，皆累言而盡。但只聖人之言，上下、本末、始終、小大，無不兼舉。』」〇輔氏曰：「終始以事言，本末以物言，上下以道器言，精粗以事理言，必言如是，而後該括得盡。夫子之告人，必發動其兩頭而盡告之

耳。」○程子曰：「聖人之教人，俯就之若此，猶恐衆人以爲高遠而不親也。聖人之道，必降而自卑，不如此則人不親；賢人之言，則引而自高，不如此則道不尊。觀於孔子、孟子則可見矣。」語録曰：「聖人極其高大，人自難企及，若更不俯就，則人愈畏憚而不敢進。賢人有未熟處，人未甚信服，若不引而自高，則人將必以爲淺近不足爲。不是要人尊己，蓋使人知斯道之大，庶幾竦動著力去做。孔子嘗言：『如有用我者，期月而已可也。』又言：『吾其爲東周乎。』只作平常閑説。孟子言：『如欲平治天下，當今之世，捨我其誰？』便説得廣，是勢不得不如此。」尹氏曰：「聖人之言，上下兼盡。即其近，衆人皆可與知；極其至，則雖聖人亦無以加焉，是之謂兩端。如答樊遲之問仁智，兩端竭盡無餘蘊矣。若夫語上而遺下，語理而遺物，則豈聖人之言哉？」輔氏曰：「聖人之言，非有意於上下兼盡也，蓋其所得之道，本末兼該，表裏如一，言之所發，自不能不盡也。又以聖人所以告樊遲者明之，程子所謂此是徹上徹下語，聖人元無二語者，皆所謂竭兩端之教也。語上而遺下，語理而遺物者，異端之教也。程子論佛氏之學如管闚天，只見上去，不見四旁者，是語上而遺下也；又曰言焉無不周遍，實則外於倫理者，是語理而遺物也。」

○子曰：「鳳鳥不至，河不出圖，吾已矣夫！」夫，音扶。

鳳，靈鳥，舜時來儀，文王時鳴於岐山。蔡氏曰：「來儀者，來舞而有容儀也。」河圖，河

中龍馬負圖，伏羲時出。易啓蒙曰：「河圖者，伏羲氏王天下，龍馬出河，遂則其文以畫八卦。」皆聖王之瑞也。已，止也。○張子曰：「鳳至圖出，文明之祥。伏羲、舜、文之瑞不至，則夫子之文章，知其已矣。」輔氏曰：「聖人之道行，則文章著見於外，禮樂制度之類也。故鳳至圖出，以兆文明之祥，鳳以其文采，圖以其卦畫。文明之祥不至，則夫子之道不行，故知其文章已矣。」

○子見齊衰者、冕衣裳者與瞽者，見之，雖少必作；過之，必趨。齊，音咨。衰，七雷反。少，去聲。

齊衰，喪服。冕，冠也。衣，上服。裳，下服。冕而衣裳，貴者之盛服也。瞽，無目者。作，起也。趨，疾行也。語録曰：「作與趨，固是敬，然敬心之所由發則不同。見冕衣裳者，敬心生焉而因用其敬。見齊衰者與瞽者，則哀矜之心動於中而自加敬也。」或曰：「少，當作坐。」○范氏曰：「聖人之心，哀有喪，尊有爵，矜不成人。其作與趨，蓋有不期然而然者。」尹氏曰：「此聖人之誠心，内外一者也。」輔氏曰：「二説互相發。聖人之心，寂感自然，内外如一。方其未感也，如止水，如明鏡；一有所感，則隨感而應。哀有喪、尊有爵、矜不成人之心感於内，而作趨之容見於外，皆自然而然，不知其所以然也。」

○顔淵喟然嘆曰：「仰之彌高，鑽之彌堅；瞻之在前，忽焉在後。喟，苦位

切。鑽，官反。

喟，嘆聲。仰彌高，不可及。鑽彌堅，不可入。在前在後，恍惚不可爲象。此顏淵深知夫子之道，無窮盡、無方體，而歎之也。輔氏曰：「無窮盡，言道之體高廣而無量也。無方體，言道之用神妙而不測也。惟其體之高廣無量，故竭誠以慕之，則苦其彌高而不可及；盡力以研之，則苦其彌堅而不可入。惟其用之神妙不測，故瞻之則若恍然而在前，就之則又忽焉而在後，無影象之可求，無處所之可執。此蓋顏子竭誠盡力而求聖人之道，而反苦其未甚端的，故喟然以嘆其體用之高妙如此也。」

夫子循循然善誘人，博我以文，約我以禮。

循循，有次序貌。誘，引進也。博文約禮，教之序也。言夫子道雖高妙，而教人有序也。輔氏曰：「上既言夫子之道高妙，而己之不可及、不可入矣，故此復言夫子之教人則循循然有次序，善於誘己之進，此古人所以貴親炙之也。」侯氏曰：「博我以文，致知格物也。約我以禮，克己復禮也。」語録曰：「博我以文，是要四方八面都見得周匝無遺。至於約我以禮，又要逼向身己上來，無一豪之不盡。」○又曰：「問：『格物致知，是教顏子就事物上理會；克己復禮，却是顏子有諸己。』曰：『格那物，致吾之知也，便是會有諸己。』」○輔氏曰：「致知格物，知之事也；克己復禮，行之事也。所行即是所知，非於知之外別有所行也。」○蔡氏曰：「顏子不説

窮理，又不説格物，只説箇博文。蓋文字，上該乎理，而比之理則尤顯；下該乎物，而比之物則尤精。」○又曰：「顔子不説理，只説禮，便是與復禮之禮同。此禮字，便有檢束，便有規矩準繩，若只説理，便泛了。」程子曰：「此顔子稱聖人最切當處，聖人教人，唯此二事而已。」輔氏曰：「所謂二事，亦不過知與行而已。」

欲罷不能，既竭吾才，如有所立卓爾。雖欲從之，末由也已。」

卓，立貌。末，無也。此顔子自言其學之所至也。蓋悦之深，而力之盡，所見益親，而又無所用其力也。輔氏曰：「悦之深，欲罷不能也。力之盡，既竭吾才也。所見益親，如有所立卓爾也。而又無所用其力，雖欲從之，末由也已也。此顔子受聖人教誘以後之所造所得也。」

吴氏曰：「所謂卓爾，亦在乎日用行事之閒，非所謂窈冥昏默者。」黄氏曰：「顔子之見，固非後學所可窺測。然以其不可窺測也，故言之者往往流於怳惚無所據依之地。敢於爲言者，反借佛老之説以議聖人；其不敢者，則委之於虛無不可測識之域。惟吴氏以爲亦在日用行事之閒者，最爲切實。夫聖人之道，固高明廣大不可幾及，然亦不過情性之閒，動容之際，飲食起居、交際應酬之務，君臣、父子、兄弟、夫婦之常，出處去就、辭受取舍以至於政事施設之閒，無非道之寓。其所謂高堅前後者，他人於此，或未能無纖豪之私，或未能達義理之正，或未能通權變之宜，或未能及從容之妙。故仰之但見其高，鑽之但見其堅，或前或後而無定所也。顔子用力，亦

不過於博文約禮之間而竭其力，則見益精，行益熟，而於聖人情性動容以至政事施設之類，皆有以見其當然之則，卓然立乎其間耳，初非有深遠不可窮詰之事也。」**程子曰：「到此地位，功夫尤難，直是峻絶，又大段著力不得。」**語録曰：「所以著力不得，緣聖人不勉而中，不思而得了。賢者若著力要不勉不思，便是思勉了，此所以説『大段著力不得』。今日勉之，明日勉之，勉而至於不勉；今日思之，明日思之，思而至於不思。自生而至熟，正如寫字一般，會寫底固是會，初寫底須學他寫，今日寫，明日寫，自生而至熟，自然寫得。」○又曰：「顔子到這裏也不是大段著力，只他自覺得要著力自無所容其力。」○輔氏曰：「地位，指『既竭吾才，如有所立卓爾』之地位也。至此地位，則其理爲至精至微，非淺智浮識之所能知，疾趨大步之所能至也。惟寬以居之，勿忘勿助長，則不日而化矣[二]。夫能爲之謂才，竭其才，則是盡其所能爲之才也。既已盡其所能爲之才，則其工夫蓋非才所能及矣，此其所以著力不得也。」○陳氏曰：「前此猶可以用力，到此其自大而趨於化。自思勉而之不思不勉，介乎二者之境，所未達者一間，非人力所能爲矣。但當據其所已然，從容涵養，勿忘勿助，至於日深月熟，則亦將忽不期而自到，而非今日之所預知也。」**楊氏曰：「自可欲之謂善，充而至於大，力行之積也。大而化之，則非力行所**

[二] 不，原作「今」，據通志堂經解本改。

及矣，此顔子所以未達一閒也。」輔氏曰：「力行之積，是才之所能爲也。非力行所及，則非才之所能爲也。」○程子曰：「此顔子所以爲深知孔子而善學之者也。」輔氏曰：「嘆其道之高妙，言其教之有序，所謂深知夫子也。博文約禮，欲罷不能，既竭吾才，如有所立卓爾，雖欲從之，末由也已，所謂善學夫子也。」胡氏曰：「無上事而喟然嘆，此顔子學既有得，故述其先難之故，後得之由，而歸功於聖人也。高堅前後，語道體也；仰鑽瞻忽，未領其要也。惟夫子循循善誘，先博我以文，使我知古今，達事變；然後約我以禮，使我尊所聞，行所知。如行者之赴家，食者之求飽，是以欲罷而不能，盡心盡力，不少休廢。然後見夫子所立之卓然，雖欲從之，末由也已，是蓋不怠所從，必欲至乎卓立之地也。抑斯嘆也，其在『請事斯語』之後、『三月不違』之時乎？」語録曰：「問：『程子言「到此大段著力不得」，胡氏又曰「不怠所從，必欲至乎卓立之地」，何也？』曰：『末由也已，不是到此便休了不用力，但工夫用得細，不似初閒用許多粗氣力。』」○輔氏曰：「或問謂胡説最爲全備，但『歸功聖人』一句未安。蓋此非有所歸功，但述其所學之本末，而嘆其不能遽至聖人之地耳。然集註卒不去此一句者，顔子雖無歸功之言，然其所以言，則亦歸功之意也[二]。」○又

[二]「亦」下通志堂經解本有「有」字。

曰：「古今事變，非博文則不知；尊所聞，行所知，非約禮則不能。行者之赴家，食者之求飽，形容得欲罷不能之意出。盡心盡力，不少休廢，然後見夫子所立之卓然，是釋『既竭吾才，如有所立卓爾』。不怠所從，必欲至乎卓立之地，是釋『雖欲從之，末由也已』。蓋顔子言此，非是於可從而不從，蓋於其不可從而必欲從之也。」○愚謂：此嘆之上，初無某事，非若夫子因曾點而發嘆，故曰『無上事』。先難之故，是指仰鑽瞻忽。後得，是指如有所立卓爾。由字，是指夫子循循博約處。

○子疾病，子路使門人爲臣。

夫子時已去位，無家臣。子路欲以家臣治其喪，其意實尊聖人，而未知所以尊也。輔氏曰：「子路之意，以夫子之聖，其喪不可以俯同衆人，必當有以尊異之。而夫子嘗爲大夫，有家臣矣，故欲爲家臣治其喪以尊異之也。然不知聖人之喪，豈以家臣之有無爲輕重也哉！」

病閒，曰：「久矣哉，由之行詐也，無臣而爲有臣。吾誰欺？欺天乎？閒，如字。

病閒，少差也。病時不知，既差乃知其事。輔氏曰：「病時不知，非謂其病而懵也，蓋侍御者見夫子之病而不以告也。既差，則必有可見之迹，因而詢之以得其實也。」故言我之不當有家臣，人皆知之，不可欺也。而爲有臣，則是欺天而已。人而欺天，莫大之罪。引以

自歸，其責子路深矣。輔氏曰：「既斥子路以行詐，而又自謂其欺天，蓋以見義理之不可犯也如此。」

且予與其死於臣之手也，無寧死於二三子之手乎？且予縱不得大葬，予死於道路乎？」

無寧，寧也。輔氏曰：「猶詩傳不顯之爲顯也。」大葬，謂君臣禮葬。死於道路，謂棄而不葬。又曉之以不必然之故。○范氏曰：「曾子將死，起而易簀，曰：『吾得正而斃焉，斯已矣。』子路欲尊夫子，而不知無臣之不可爲有臣，是以陷於行詐，罪至欺天。君子之於言動，雖微不可不謹。夫子深懲子路，所以警學者也。」楊氏曰：「非知至而意誠，則用智自私，不知行其所無事，往往自陷於行詐欺天而莫之知也。其子路之謂乎？」

○子貢曰：「有美玉於斯，韞匵而藏諸？求善賈而沽諸？」子曰：「沽之哉，沽之哉，我待賈者也。」韞，紆粉反。匵，徒木反。賈，音嫁。

韞，藏也。匵，匱也。沽，賣也。子貢以孔子有道不仕，故設此二端以問也。孔子言固當賣之，但當待賈而不當求之耳。輔氏曰：「固當賣之，所以釋兩言『沽之哉』也。但當

待賈，而不當求之，所以釋『我待賈者也』。詳味『沽之哉，沽之哉』之辭，則見其理固當沽，而意則不亟也。我待賈者也，又言其實以教子貢，所以長其善而救其失者至矣。此亦子貢始時事，觀後來答叔孫武叔、陳子禽之問，必不尚以孔子出處爲疑也。」○范氏曰：「君子未嘗不欲仕也，又惡不由其道。士之待禮，猶玉之待賈也。若伊尹之耕於野，伯夷、太公之居於海濱，世無成湯、文王，則終焉而已，必不枉道以從人，衒玉而求售也。」

○子欲居九夷。

東方之夷有九種。欲居之者，亦乘桴浮海之意。

或曰：「陋，如之何？」子曰：「君子居之，何陋之有？」

君子所居則化，何陋之有？輔氏曰：「聖人能必居夷之化，而不能使其道行於中國，則天也。」

○子曰：「吾自衛反魯，然後樂正，雅、頌各得其所。」

魯哀公十一年冬，孔子自衛反魯。是時周禮在魯，然詩樂亦頗殘闕失次。孔子周流四方，參互考訂，以知其說。輔氏曰：「夫子既以斯文爲己任，則其周流四方也，必當有以參互考訂而知其說。」○胡氏曰：「聖人雖生知，然於聲音節奏必考而後詳，必驗而後信。在齊聞韶，學之三月，亦其事也。」晚知道終不行，故歸而正之。

〇子曰：「出則事公卿，入則事父兄，喪事不敢不勉，不爲酒困，何有於我哉？」

説見第七篇。黄氏曰：「指『發憤忘食』之註而言。」〇輔氏曰：「與述而篇第二章之旨同。」然此則其事愈卑而意愈切矣。輔氏曰：「此章所以警學者，使自察於踐履之閒，不忽於卑近，不違於微小之意，益深切矣。」

〇子在川上曰：「逝者如斯夫，不舍晝夜。」夫，音扶。舍，上聲。

天地之化，往者過，來者續，無一息之停，乃道體之本然也。語録曰：「道體只是道之骨子。」〇黄氏曰：「言道之體段往來不窮如此也。」然其可指而易見者，莫如川流。故於此發以示人，欲學者時時省察，而無豪髮之閒斷也。語録曰：「天理流行之際，如少有私欲以閒之，便如水被些障塞，不得恁滔滔地流去。」〇又曰：「才不省察，便閒斷。」〇輔氏曰：「天理流行，無處不然，無時或已，但隱於人心者，不若形於川流者易見。人能即此而有發焉，則當自彊於體察，致力於謹獨，使之無一息之閒斷，則庶幾乎不虧其本體矣。」〇程子曰：「此道體也。天運而不已，日往則月來，寒往則暑來，水流而不息，物生而不窮，皆與道爲體，運乎晝夜，未嘗已也。是以君子法之，自强不息，及其至也，純亦不已焉。」語録曰：「道本無體，此四者非道之體也，但因此則可以見道之體耳。那無聲無臭，便是道。但尋從

那無聲無臭處去，如何見得道？因有此四者，方見得那無聲無臭底，所以説與道爲體。」○又曰：「日往月來，寒往暑來，水流不息，物生不窮，未是道。然無這道，便無這箇了。有這道，方始有這箇，既有這箇，就上面便可見得道，是與道做箇骨子，故言與道爲體也。若説天只如此高，地只如此厚，便也無説了。須看其所以如此者如何。」○問：「道無形體，却是這物事盛，載那道出來，故可見。與道爲體，言與之爲體也，這體字較粗，如此則與本然之體微不同。」曰：「也便在裏面。後面與道爲體之體，又説出那道之親切底骨子。恐人説物自物，道自道，所以指物以見道。其實這許多物事湊合來，便都是道之體，便在這許多物事上，只是水上較親切易見。」○又曰：「與道爲體，與那道爲形體，這體字却粗，只是形體之體。問：『猶云「性者，道之形體」否？』曰：『然。』」○黄氏曰：「此言體質之體也，謂物之可見者皆爲道之體質也。夫子所云，蓋合道器、兼體用而言之也。」○輔氏曰：「自彊不息者，所謂彊仁，學者之事也。純亦不已者，所謂安仁，聖人之事也。學者須是自彊不息，不息則久，久則天，然後可以至於純亦不已之地。不然或作或輟，若有若亡，坐談性命，而於知與行不加功焉，則没世窮年，終不足以窺聖人之事矣。」○胡氏曰：「夫子因所見之一物而言，程子因夫子之説舉四者而言。夫道體可見，固不專於水，亦不專於四者，大而造化之流行，近而口鼻之呼吸，莫不皆然。」又曰：**「自漢以來，儒者皆不識此義。此見聖人之心，純亦不已也。純亦不已，乃天德也。有天德，便可語王道，其要只在謹獨。」**文集曰：「川流不息，天運也。純亦不已，聖人之心也。謹獨所以爲不

已，學者之事也。」○語録曰：「有天德，則便是天理，便做得王道。無天德，則是私意，是計較處多。無天德，所以做王道不成。」○又曰：「人多於獨處間斷。」○又曰：「纔不謹獨，便去隱微處間斷了。」○又曰：「能謹獨，則無間斷，而其理不窮。若不謹獨，便有欲來參入裏面，便間斷了，如何却會如川流底意。」○輔氏曰：「人心即天德，所寓天地之道，常久而不已也，則純亦不已非天德而何？聖人之心，則全具得此天德者也，即是而推之，便是王道。人心、天德、王道，只是一理。」愚按：自此至篇終，皆勉人進學不已之辭。

○子曰：「吾未見好德如好色者也。」好，去聲。

謝氏曰：「好好色，惡惡臭，誠也。好德如好色，斯誠好德矣，然民鮮能之。」輔氏曰：「好色、惡臭與好德皆出於性，然人之常情，於好色、惡臭則誠實好之、惡之，至於好德則多虚僞不實，故謝氏有此説，而又言民鮮能之。大凡至誠而好，則内外表裏一如，而心志容色皆應，有不可揜者。」○史記：「孔子居衛，靈公與夫人同車，使孔子爲次乘，招摇市過之。孔子醜之，故有是言。」語録曰：「招摇，如翶翔。」

○子曰：「譬如爲山，未成一簣，止，吾止也；譬如平地，雖覆一簣，進，吾往也。」簣，求位反。覆，芳服反。

簣，土籠也。書曰：「爲山九仞，功虧一簣。」夫子之言蓋出於此。言山成而但少一

簣，其止者，吾自止耳；平地而方覆一簣，其進者，吾自往耳。蓋學者自彊不息，則積少成多；中道而止，則前功盡棄。其止、其往，皆在我而不在人也。輔氏曰：「止者，非有尼之者也，乃吾自止耳。其進者，非有趣之者也，乃吾自往耳。反觀内省而自彊不息，則畏與忽之妄意不萌，而爲學之始終蓋不待外求而得之矣。」

○子曰：「語之而不惰者，其回也與。」語，去聲。與，平聲。

惰，懈怠也。范氏曰：「顔子聞夫子之言而心解力行，造次顛沛未嘗違之，如萬物得時雨之潤，發榮滋長，何有於惰？此羣弟子所不及也。」輔氏曰：「心解，謂知得透徹，聞一知十事也。力行，謂行得至到，既竭吾才事也。造次顛沛未嘗違之者，知得透徹，行得至到，則非有意於不違而自有所不能違也，故譬如萬物得時雨之潤，發榮滋長，自不知其所以然，豈復有懈怠之意哉？此羣弟子所不及，而顔子所獨到，故夫子稱之。」○愚謂：解者，散也，涣然冰釋之意。惟其心解，所以力行。時雨，謂及時之雨也。萬物正要雨時，却得此雨來滋潤，自然發榮滋長。

○子謂顔淵，曰：「惜乎！吾見其進也，未見其止也。」

進止二字，説見上章。顔子既死，而孔子惜之，言其方進而未已也。

○子曰：「苗而不秀者有矣夫。秀而不實者有矣夫。」夫，音扶。

穀之始生曰苗，吐華曰秀，成穀曰實。蓋學而不至於成，有如此者，是以君子貴自勉也。

○子曰：「後生可畏，焉知來者之不如今也？四十、五十而無聞焉，斯亦不足畏也已。」焉知之焉，於虔反。

孔子言後生年富力彊，足以積學而有待，其勢可畏，安知其將來不如我之今日乎？然或不能自勉，至於老而無聞，則不足畏矣。言此以警人，使及時勉學也。輔氏曰：「年富則進學有餘日，力彊則進學有餘功，故足以積學而有待。年少而德進業脩，則未易量而可畏；已老而實隕名銷，則不足畏而可哀。集註謂『警人，使及時勉學』，盡之矣。」曾子曰「五十而不以善聞，則不聞矣」，蓋述此意。胡氏曰：「舊説以聞爲聞道，此説以聞爲名聞於世，故引曾子之言以證之。」○尹氏曰：「少而不勉，老而無聞，則亦已矣。自少而進者，安知其不至於極乎？是可畏也。」愚謂：此章前兩句是勉厲之，後兩句是警戒之。尹氏先釋後兩句，却轉來釋前兩句，見勉厲之意重也。

○子曰：「法語之言，能無從乎？改之爲貴。巽與之言，能無説乎？繹之爲貴。説而不繹，從而不改，吾末如之何也已矣。」

法語者，正言之也。巽言者，婉而導之也。繹，尋其緒也。法言人所敬憚，故必從；然不改，則面從而已。語録曰：「如漢武帝見汲黯之直，深所敬憚，至帳中可其奏，可謂從矣。然武帝内多慾而外施仁義，豈非面從？」**巽言無所乖忤，故必説；然不繹，則又不足以知其微意之所在也。**語録曰：「如孟子論好色、好貨，齊王豈不悦？若不知繹，則徒知古人所謂好色[一]，不知其能使内無怨女，外無曠夫；徒知古人所謂好貨，不知其能使居者有積倉，行者有裹糧。」**○楊氏曰：「法言，若孟子論行王政之類是也。巽言，若其論好貨、好色之類是也。語之而未達，拒之而不受，猶之可也。其或喻焉，則尚庶幾其能改繹矣。從且説矣，而不改繹焉，則是終不改繹也已，雖聖人其如之何哉？」**輔氏曰：「從法語説巽言，秉彝之性也。從而不改者，物欲堅彊而不能屈就於理。説而不繹者[二]，志氣昏惰而不能反求諸心耳。學之不進，德之不脩，家之不齊，國之不治，皆由是基之[三]。若此之人，雖聖人亦莫如之何也已。」

[一] 知，原作「如」，據通志堂經解本改。
[二] 繹，原作「懌」，據通志堂經解本改。
[三] 是，原作「是是」，衍一「是」字，據通志堂經解本删。

○子曰：「主忠信，毋友不如己者，過則勿憚改。」重出而逸其半。

○子曰：「三軍可奪帥也，匹夫不可奪志也。」侯氏曰：「三軍之勇在人，匹夫之志在己。故帥可奪而志不可奪，如可奪，則亦不足謂之志矣。」輔氏曰：「以三軍之勇而衛一人，宜若不可奪也，然其可奪者，勇非在我也。以匹夫而守其志，宜若可奪也，然其不可奪者，志非在外也。」○又曰：「志與意不同，意是發動處，志是存主處。夫子所謂『志士仁人，有殺身以成仁，無求生以害人』，其可得而奪乎？如可奪，則豈足以爲志哉。」

○子曰：「衣敝緼袍，與衣狐貉者立，而不恥者，其由也與。衣，去聲。緼，紆粉反。貉，胡各反。與，平聲。敝，壞也。緼，枲著也。袍，衣有著者也，蓋衣之賤者。語録曰：「袍是夾衣，有綿作胎底[二]。」○愚謂：纊爲繭，謂今之新綿。緼爲袍，謂今纊及舊絮也。云枲著者，雜用枲麻以著袍也。狐貉，以狐貉之皮爲裘，衣之貴者。子路之志如此，則能不以貧富動其心，而可

[二] 作，原作「在」，據通志堂經解本改。

以進於道矣，故夫子稱之。

『不忮不求，何用不臧？』」忮，之豉反。

忮，害也。求，貪也。臧，善也。言能不忮不求，則何爲不善乎？愚謂：忮者，嫉人之有而欲害之也；求者，恥己之無而欲取之也，是皆爲外物之所累者也。能於外物一無所累焉，則何往而不善哉。此衛風雄雉之篇，孔子引之以美子路也。吕氏曰：「貧與富交，彊者必忮，弱者必求。」

子路終身誦之。子曰：「是道也，何足以臧？」

終身誦之，則自喜其能，而不復求進於道矣，故夫子復言此以警之。語録曰：「所謂終身誦之，亦不是他矜我，只是將這箇做好底事終身誦之，要常如此，便别無長進矣。」〇輔氏曰：「子路因夫子之言而深得其味，故終身誦之。此一句乃後人追書之辭。義理無窮，此特一事之善，若遽自以爲喜，則不復求進於道。蓋喜心生於自足，而怠心生於自喜，故夫子又言此以警之」〇謝氏曰：「恥惡衣惡食，學者之大病。善心不存，蓋由於此。子路之志如此，其過人遠矣。然以衆人而能此，則可以爲善矣；子路之賢，宜不止此。而終身誦之，則非所以進於日新也，故激而進之。」輔氏曰：「夫子嘗言：『士志於道，而恥惡衣惡食者，未足與議也。』正以其善心不有而以外物爲重也，故謝氏以爲學者之大病。學者須先去得此病，然後可以

有進。夫『不忮不求，何用不臧』，詩人賦之，夫子取之，非不善也。但衆人能此，則足以爲善。若向上一等人，如子路之剛決，强於進道，當曰日新又日新可也，而遽以此自足焉，則未盡善也。又激而進之。」

○子曰：「歲寒，然後知松柏之後凋也。」

范氏曰：「小人之在治世，或與君子無異。惟臨利害，遇事變，然後君子之所守可見也。」輔氏曰：「小人在治世，或被化而强於爲善，或畏威而覬其免罪，故其迹或與君子無異也。臨利害，遇事變，則强於爲善者或汩於欲而忘其勉强之心，則惟利之趨；覬於免罪者或乘其變而以爲罪之未必及己，則放僻邪侈，故其真情發露而不可揜。唯成德之君子，則素其位而行，雖造次顛沛，未嘗違也，故其所守然後可見。」○胡氏曰：「小人在治世，或與君子無異者，猶春夏之交，萬物青葱，雖有堅脆之不齊，然未可辨也。及事變之來，小人則隨時變遷，君子則所守不易，非死生禍福可得而移。亦猶重陰沍寒，生意憔悴，而松柏獨蒼然不變。」**○謝氏曰：「士窮見節義，世亂識忠臣，欲學者必周于德。」**輔氏曰：「物之受於天者獨正，故能不凋於歲寒；人之得於天者必周，故能不變於邪世。」○愚謂：臨利害，遇事變，此是兩事。士窮見節義，以利害言；世亂識忠臣，以事變言。

○子曰：「知者不惑，仁者不憂，勇者不懼。」

明足以燭理，故不惑；語録曰：「直是見得分曉，故不惑。」**理足以勝私，故不憂；**語録曰：「仁者通體是理，無一點私心，事之來者雖無窮，而此之應者各得其度，何憂之有？」○胡氏曰：「理公而欲私，迭爲勝負，公理而不能勝私欲，則憂患多端，亦或未免。惟仁者至公無私，與理爲一，理所當然，則貧賤、夷狄、患難，皆素其位而行，無往而不自得，兹其所以不憂也。」**氣足以配道義，故不懼。**語録曰：「孟子説：『配義與道，無是，餒也。』今有見得道理分曉而反懾怯者，氣不足也。」○胡氏曰：「勇而謂『氣足以配道義』者，配則合而有助之意，如陰配陽也。有義理之勇，有血氣之勇，氣本麄厲，惟配乎道義，則爲道義之助而可以言勇。所謂不懼者，非悍然不顧也，主乎義理而言，故以配道義明之。」**此學之序也。**輔氏曰：「仁、智、勇，德之序也；智、仁、勇，學之序也。仁者，智之統體，故論德則以仁爲先；智者，仁之根柢，故論學則以智爲首；勇，則仁智之發也，故皆在後言之。未能仁智而勇，則血氣之爲耳，子路之勇猶未免此，故夫子常抑之。若曾子之勇，是乃仁智之發也。蓋學之序，不惑而後不憂，不憂而後不懼。德之序，不憂則自然不惑，不惑則自然不懼。」

○子曰：「可與共學，未可與適道；可與適道，未可與立；可與立，未可與權。」

可與者，言其可與共爲此事也。程子曰：「可與共學，知所以求之也。可與適道，知

所往也。可與立者，篤志固執而不變也。權，稱錘也，所以稱物而知輕重者也。可與權，謂能權輕重使合義也。」輔氏曰：「知所求，然後有所往。知所往，然後有所立。立則自家已到那裏，在上面立地了，事物不足以摇奪之，然後可以用權。不然則所謂權者，是乃無忌憚者之所爲耳。所謂篤志固執而不變者，亦非是彊勉著意者之所爲，乃知得深，行得到，立得定，自然而然也。」○又曰：「權與物鈞而生衡，而銖兩斤鈞皆著於衡，物加於衡之首，而權移於衡之尾，故能知其輕重也。」○又曰：「學至於可與立，則足踏實地，而物欲利害不足以轉移之，其應經事固無留難矣。至於遇變事，則又須審度輕重以處之，雖千變萬化而不失乎時措之宜，然後爲可與權也。」○楊氏曰：「知爲己，則可與共學矣；學足以明善，然後可與適道；信道篤，然後可與立；知時措之宜，然後可與權。」文集曰：「問：『篤信是好學以前事，既篤信，然後能好學也。今此於既學、適道之後，却言篤信，何也？恐信字徹首徹尾，不可分先後。知篤信而後好學者，方只信得箇大槩，既學之後而又信道篤者，是真知而信之，所信意味自不同。其言各有主，而此章所引篤字，又應立字爲切否？』曰：『信道篤三字，誠有未盡善者。』」○輔氏曰：「學本爲己，故知爲己，則可與共學矣。學而能明乎善，則可與適道。信道篤，即用程子前説意，蓋見得那正當底道理分明了，信得篤實而不爲事物所遷惑，故可與立。至於能立，然後可與之用權。」洪氏曰：「易九卦，終於巽以行權。權者，聖人之大用。未能立而言

權，猶人未能立而欲行，鮮不仆矣。」輔氏曰：「洪氏甚言夫用權之難，未能立而欲行之喻，雖若寬而實切。苟未至於可與立，而欲權以應變，未有能免者也。」○永嘉陳氏曰：「舉易一語，見權者聖人之終事。易之陳九卦，凡二十七節道理，最末梢一語方以權終之，見得不可驟語也。」

程子曰：「漢儒以反經合道爲權，故有權變、權術之論，皆非也。權只是經也。自漢以下，無人識權字。」語録曰：「權與經固是兩義，然論權而全離乎經則不是。蓋權是不常用底物事。如有人之病，熱病者當服涼藥，冷病者當服熱藥，此是常理。然有時有熱病而却用熱藥去發他熱病者，亦有冷病却用冷藥發他冷病者，此皆是不可常用者，然須是下得是方可。若有豪氂之差，便至於殺人。不是則劇，然若用得是，便是少他不得，便是合用這箇物事。既是合用，茲權也茲所以爲經也。大抵漢儒説權，是離了箇經説。伊川説權，便道權只在經裏面。」○又曰：「權者，乃是到這田地頭，道理合恁地做，故雖異乎經，而實亦經也。且如冬月便合著綿向火，此是經；忽然一日煖，則亦須使扇當風，此便是權。伊川謂『權只是經』，意亦如此，但説經字太重，若偏了。漢儒『反經合道』之説，却説得經權兩字分曉；他説權，遂謂反了經，一向入於變詐，則非矣。」○又曰：「程子將經做箇大底物事，經却包得那箇權。此説本好，只是據聖人説『可與立，未可與權』，須是還他是兩箇字。經自是經，權自是權，若如伊川説，便用廢了那權字始得。只是雖是權，依舊不離那經，權只是經之變。須是曉得孔子説，又曉得伊川説，方得。」**愚**

按：先儒誤以此章連下文「偏其反而」爲一章，故有反經合道之説。程子非之，是矣。然以孟子「嫂溺援之以手」之義推之，則權與經亦當有辨。語録曰：「經自經，權自權，但經有不可行處而至於用權，此權所以合經也，如湯武事、伊周事、嫂溺則援事。常如風和日暖，固好，變如迅雷烈風，若無迅雷烈風，則都旱了，不可以爲常。」○黄氏曰：「程子言『權只是經』，集註云『權經亦當有辨』，是各有所發明也。權，變也。常者一定之理，變者隨時之宜。遇事之常，則但當守一定之理；遇事之變，則不得不小有移易以就夫權。此權經不可無辨，集註之説然也。然天下之理，惟其當然而已。當經而經，當然也；當權而權，亦當然也。則權雖異於經，而以其當然，則亦只是經，此程子之説然也。有集註之説，則經權之義始明；有程子之説，則經權之義始正。先儒明道之力，至是而始備矣。」

○「唐棣之華，偏其反而。豈不爾思，室是遠而。」棣，大計反。

唐棣，郁李也。文集曰：「論語及詩召南作唐棣。小雅作常棣。無作棠者，而小雅常字亦無唐音。爾雅又云：『唐棣，棣。常棣，栘。』則唐棣、常棣自是兩物。而夫子所引，非小雅之常棣矣。」**偏，晉書作翩。**或問「偏之爲翩」。曰：「非獨晉史爲然也，角弓之詩固有『翩其反矣』之句矣，而漢武之賦，所謂『偏何姍姍其來遲』，説者以姍姍爲行貌，則亦以翩爲偏字也。」**然則反亦當與翻同，言華之搖動也。**語録曰：「言其花有翩反飛動之意。」**而，語助也。此逸詩也，於六**

義屬興。上兩句無意義，但以起下兩句之辭耳。其所謂爾，亦不知其何所指也。

子曰：「未之思也，夫何遠之有？」夫，音扶。

夫子借其言而反之，蓋前篇「仁遠乎哉」之意。輔氏曰：「此篇自『子在川上』章以後，皆勉人進學之意。此章借詩人之言而反之，雖不明言其所謂，是亦勉人進學之意必矣。而聖門論學，大率以仁爲本，故知其與『仁遠乎哉』之意同也。」○程子曰：「聖人未嘗言易以驕人之志，亦未嘗言難以阻人之進，但曰『未之思也，夫何遠之有』。此言極有涵蓄，意思深遠。」輔氏曰：「『是理之在人，以爲易知乎？則精深微妙，未易可知也。以爲難知乎？則其天然之理，本自不隱也。若言其易，則驕人之志，而不肯下堅苦之功。若言其難，則阻人之進，而遂生其怠惰之意。但曰『未之思也，夫何遠之有』，則只是平鋪地道著，無一豪助長益生之意，所以極有涵蓄，意思深遠。極有涵蓄者，該道體之微顯，進學者之工夫，皆寓其中。意思深遠者，令人涵泳之，但覺意味淵永，無有窮盡也。非聖人之言，疇克爾哉？」

鄉黨第十

楊氏曰：「聖人之所謂道者，不離乎日用之閒也，故夫子之平日一動一静，門人

皆審視而詳記之。」胡氏曰：「道有體有用，體常隱而不見，用常見而不隱。所謂體者，大本大原是也；所謂用者，大而治國平天下，小而見於一身者是也。然大本大原，在學者真積力久，然後能默識而心解；至於治國平天下，又必得時得位而後可見；惟容色言動，凡見於一身者，乃日用之常，可以詳視審記而爲入道之端也。此記録之詳所以爲善學歟？聖人自體而達諸用，由乎内以應乎外也；學者因用以全其體，制乎外以養其内也，及其成功一也。此夫子一動一静，所當深體也。楊氏所謂『道不離日用』，正夫子所謂『吾無行而不與二三子』者，學者能於用處致謹，則功夫實，而全體可以由是而得。苟未識其用而妄意全體，則徒起料想臆度之意，終無所益也。」尹氏曰：「甚矣孔門諸子之嗜學也！於聖人之容色言動，無不謹書而備録之，以貽後世。今讀其書，即其事，宛然如聖人之在目也。**雖然，聖人豈拘拘而爲之者哉？蓋盛德之至，動容周旋，自中乎禮耳。學者欲潛心於聖人，宜於此求焉。**」輔氏曰：「聖人之道，無精粗，無本末。大而平天下、治國家、立經陳紀、制禮作樂，小至於容貌辭色、一動一静，皆自此廣大心中流出。但愈細則愈密，愈近則愈實，故鄉黨一篇記聖人之容貌辭色如是之詳且悉者，正所以示聖學之正傳，以垂教於後世也。若夫語上而遺下，語理而遺物，窮高極遠，馳心於無爲之際，而於吾身之言動、事物之倫理懵不加察焉，則是異端之學，豈聖人之道哉？」**舊説凡一章，今分爲十七節。**

孔子於鄉黨，恂恂如也，似不能言者。恂，相倫反。

恂恂，信實之貌。或問「恂恂」。曰：「以詩書訓詁考之，宜爲信實，然亦有温恭之意。」似不能言者，謙卑遜順，不以賢知先人也。輔氏曰：「似不能言者，所以形容信實之意。大凡人才信實，則言自簡默，況聖人之表裏如一者乎？謙卑遜順，不以賢智先人，即温恭之意也。」鄉黨，父兄宗族之所在，故孔子居之，其容貌詞氣如此。

其在宗廟朝廷，便便言，唯謹爾。朝，直遥反，下同。便，旁連反。

便便，辯也。輔氏曰：「便便，其言明正之意，故以爲辯。」宗廟，禮法之所在；輔氏曰：「古人行禮多在宗廟之中，而典籍亦藏於是焉故也。」朝廷，政事之所出，言不可以不明辯。故必詳問而極言之，胡氏曰：「在宗廟而明辯，則可以識制度文物之精微，升降揖遜之委折；在朝廷而明辯，則上之所布者不悖於理，下之所受者不被其害。」但謹而不放爾。胡氏曰：「聖人雖不容不言，亦未嘗輕言也。」○此一節，記孔子在鄉黨、宗廟朝廷言貌之不同。

○朝，與下大夫言，侃侃如也；與上大夫言，誾誾如也。侃，苦旦反。誾，魚巾反。

此君未視朝時也。胡氏曰：「以下文『君在』互觀之，知爲君未視朝時也。既視朝，則不當與大

夫言矣。」**王制，諸侯上大夫卿，下大夫五人。**胡氏曰：「禮記王制：『上大夫卿。』又云：『大國三卿，下大夫五人。』今合此二節以爲上大夫、下大夫之别也。按夫子初仕，爲中都宰，由宰爲司空，又爲大司寇，皆上大夫也。則上大夫其同列也，下大夫在己下者。」**許氏説文：「侃侃，剛直也。**輔氏曰：「謂能守理義而無所回屈。」**誾誾，和悦而諍也。」**語録曰：「和悦則不失事上之恭，諍則又不失在我義理之正。」○又曰：「和悦終不成一向放倒了[二]，到合辨别處須辨别始得。」○陳氏曰：「先言和悦後言諍，和悦者，事長順也，諍則不詭隨矣。」

君在，踧踖如也，與與如也。踧，子六反。踖，子亦反。與，平聲，或如字。

君在，視朝也。踧踖，恭敬不寧之貌。輔氏曰：「二字皆從足，蓋心懼而立不安也。」**與與，威儀中適之貌。**輔氏曰：「踧踖雖是恭敬不寧，與與又却威儀中適，此所以爲聖人也。若作去聲讀，則禮易失於離。」○胡氏曰：「中者不至於過，適者當其可。」**張子曰：「與與，不忘向君也。」亦通。**輔氏曰：「恭敬不寧如此，而意又不忘向君，亦非聖人不能也。」**○此一節，記孔子在朝廷事上接下之不同也。**

○君召使擯，色勃如也，足躩如也。擯，必刃反。躩，驅若反。

[二] 向，原作「句」，據通志堂經解本改。

擯，主國之君所使出接賓者。輔氏曰：「此見儀禮。所以接賓者，盡人主之禮意，而欲賓之無違於禮也。」**勃，變色貌。躩，盤辟貌。皆敬君命故也。**輔氏曰：「勃如，顏色之變。躩如，容止之變也。心敬于中，則容變於外，自然之符也。聖人固未嘗不敬，但君命之臨，則敬心愈至耳。」○陳氏曰：「盤辟，乃盤旋曲折之意。」

揖所與立，左右手。衣前後，襜如也。襜，赤占反。

所與立，謂同爲擯者也。擯用命數之半，如上公九命，則用五人以次傳命。語録曰：「古者擯介之儀甚煩，如九命，擯五人，介則如命數，是九人。賓主相見，自擯以下列兩行，行末相近。如主人説一句，主人之擯傳許多擯者訖，又交過末介，傳中介，直至賓之上介，方聞之賓。」○輔氏曰：「此亦見儀禮。」**揖左人則左其手，揖右人則右其手。**語録曰：「揖右人，傳命出也。揖左人，傳命入也。」○輔氏曰：「如賓自南而北，則居東者在賓之右，而賓在其左，故用左手以揖賓。居西者在賓之左，而賓在其右，故用右手以揖賓。如此，然後兩相向也。」**襜，整貌。**輔氏曰：「言其衣之前後襜如其齊整也。」

趨進，翼如也。

疾趨而進，張拱端好，如鳥舒翼。輔氏曰：「凡人疾走，則手易散，臂易掉。今疾趨而進，而張拱端好，如鳥舒翼，所謂造次不違是也。」

賓退，必復命曰：「賓不顧矣。」

紓君敬也。語録曰：「古者賓退，主人送出門外，設兩拜賓，更不顧而去。國君於列國之卿大夫亦如此。」○**此一節，記孔子爲君擯相之容。**黄氏曰：「色勃、足躩，被命之初也；揖也、趨進也，行禮之際也；賓退，禮畢之後也，皆天理之節文所當然也。至於揖之左右，衣之前後，手之翼如，皆禮文之至末者，聖人於此動容周旋無不中禮。盛德之至，從心所欲不踰矩也。」

○入公門，鞠躬如也，如不容。

鞠躬，曲身也。公門高大而若不容，敬之至也。輔氏曰：「高大則宜無所不容矣，今以眇然之身入之而如不容焉，則心小而敬謹可知矣。」

立不中門，行不履閾。閾，于逼反。

中門，中於門也。謂當棖闑之閒，君出入處也。或問「中門之説」。曰：「疏：『門中有闑，兩旁有棖。中門，謂棖闑之中。』然則門之左右扉各有中，所謂『闔門左扉，立于其中』是也。」○語録曰：「棖，如今衮頭相似。闑，當中礙門者，今城門有之。古人常揜左扉。人君多出在門外見人，當闑棖之閒爲君位。」○胡氏曰：「中門，右扉之中也。君出入則由右扉棖闑之中，故亦謂之中也。」**閾，門限也。禮，士大夫出入君門，由闑右，不踐閾。**語録曰：「只是自外入右邊門，中乃君出入之所。闑如一木柱門，如今人多用石墩當兩門中。臣傍闑右邊出入。此右字，自

内出而言。」謝氏曰：「立中門則當尊，行履閾則不恪。」輔氏曰：「當尊、不恪，皆非敬之事也。」

過位，色勃如也，足躩如也，其言似不足者。

位，君之虚位。輔氏曰：「不言君，但言位，則知爲君之虚位矣。」○胡氏曰：「言過，則虚可知矣。」**謂門屏之間，**語録曰：「如今人廳門之内，屏門之内，似周禮所謂外朝也。」○又曰：「屏者，乃門間蕭牆也，今殿門亦如之。」**人君宁立之處，所謂宁也。**語録曰：「古者朝會，君臣皆立。」**君雖不在，過之必敬，不敢以虚位而慢之也。言似不足，不敢肆也。**

攝齊升堂，鞠躬如也，屏氣似不息者。齊，音咨。

攝，摳也。齊，衣下縫也。禮，將升堂，兩手摳衣，使去地尺，恐躡之而傾跌失容也。或問：「升堂攝齊，則手無所執與？」曰：「古者君臣所執，五玉、三帛、二生、一死，皆以爲贄而已。笏則搢之用以記事而已，不執以爲儀也。宇文周復古，乃不修贄而執笏，於是攝齊鞠躬之禮廢，升堂而蹴齊者多矣。」○語録曰：「攝齊者，是畏謹恐上階時踏著裳，有顛仆之患。」○愚謂：古者諸侯之堂七尺，尺一級，使裳之齊去地尺，則升階不躡也。**屏，藏也。息，鼻息出入者也。近至尊，氣容肅也。**輔氏曰：「鼻息出入，人所不能無也，但心敬則氣肅，其息微細，自不覺其出入，壹似不息者耳。」

出，降一等，逞顔色，怡怡如也。没階趨，翼如也。復其位，踧踖如也。陸氏曰：「趨下本無進字，俗本有之，誤也。」或問：「何以知無進字？」曰：「降而盡階，則爲趨而退矣，不得復有進字也。」○等，階之級也。逞，放也。漸遠所尊，舒氣解顔。輔氏曰：「升則肅，降則舒，氣之有張弛也。」怡怡，和悦也。没階，下盡階也。趨，走就位也。復位踧踖，敬之餘也。語録曰：「若衆人到末梢便撒了，聖人則始乎敬，終乎敬，故到末梢又整頓。」○輔氏曰：「敬謹乃聖人之庸德，豈以事之訖而遽忘哉？」○胡氏曰：「初則身如不容，次則言似不足，又次則氣似不息，君愈近則敬愈加也。至於舒氣解顔，若少放矣，而踧踖餘敬，久猶未忘，則聖人之所以存心也可知矣。」○此一節，記孔子在朝之容。黄氏曰：「此記在朝之容，有五節。入門，事之始也。門，君之門也，望其門如見君焉。鞠躬，不中門，不履閾，卑巽之至也。位，君之位，則真若君在矣。色勃、足躩，言似不足，恭敬之至也。升堂，則君之堂也，則其卑巽如入門；升而見君也，則其恭敬甚於過位。既見而下階也，則且喜且幸，而氣少舒矣。没階而將復己之位，則爲之修容焉。其復位也，追思其見君也，慊然若有過焉，則又不容於不盡其敬也。」

○執圭，鞠躬如也，如不勝。上如揖，下如授。勃如戰色，足蹜蹜，如有循。勝，平聲。蹜，色六反。

圭，諸侯命圭。聘問鄰國，則使大夫執以通信。或問「命圭」。曰：「古者諸侯受封，天子授之以圭，以爲瑞節。」○語録曰：「圭自是贄見通信之物，只是捧至君前。」○胡氏曰：「聘禮之『賓襲，執圭』，『公側襲，受玉于中堂』，此聘必執圭也。」**如不勝，執主器，執輕如不克，敬謹之至也。**輔氏曰：「一圭之重能有幾何，豈有不勝之理？但敬謹之至，容儀壹似不勝者耳。」**上如揖，下如授，謂執圭平衡，手與心齊，高不過揖，卑不過授也。**或問「上如揖，下如授」。曰：「儀禮有『受如争，承下如送』之意與此同。禮有執國君之器則平衡之説，而左氏記子貢譏哀公、邾子執玉高卑，容有俛仰。故以器但爲奉之平衡、不高不卑之意，於義爲安也。」○文集曰：「問：『既曰平衡，而又有上下，莫是心與手齊，如步趨之閒，其手微有上下，但高不至過揖，下不至過授否？』曰：『得之』。」○語録曰：「舊説謂上，階之上；下，階之下。但此方説升堂時其容如此，既升堂，納圭於君前，則不復執之以下堂矣，所以只用平衡之説。」**戰色，戰而色懼也。蹜蹜，舉足促狹也。**輔氏曰：「色懼而足狹，亦容儀之相應也。」**如有循，記所謂舉前曳踵。言行不離地，如緣物也。**語録曰：「問：『若有贄及執圭，則升堂有不必摳衣，但防其不及攝齊否？』曰：『執圭而升，則足蹜蹜，如有循，自不至攝齊矣。』」○又曰：「緣手中有圭，不得攝齊，亦防顛仆也。」

享禮，有容色。

享，獻也。既聘而享，用圭璧，有庭實。語録曰：「聘但以圭，至享則更用圭璧、庭實。」有容色，和也。儀禮曰：「發氣滿容。」語録曰：「聘是初見時，故其意極於恭肅。既聘而享，則用圭璧以通信，有庭實以將意，比聘時漸紓也。」

私覿，愉愉如也。

私覿，以私禮見也。語録曰：「聘有享禮，乃其君之信。私覿，則聘使亦有私禮物與所聘之國君及其大臣。」愉愉，則又和矣。輔氏曰：「執圭，則身容手足各有其則。享則既和，而私覿又和焉，聖人之動無不時也。」○此一節，記孔子爲君聘於鄰國之禮也。黄氏曰：「此言出使有三節，執圭禮之正也，享禮則稍輕，私覿則又輕矣，故其容節不同如此。」晁氏曰：「孔子定公九年仕魯，至十三年適齊，其閒絶無朝聘往來之事。疑使擯、執圭兩條，但孔子嘗言其禮當如此爾。」語録曰：「問：『夾谷之會，孔子相，恐即擯相之相。』曰：『相自是相，擯自是擯。相是相其禮儀，擯是傳道言語。擯用命數之半，是以次傳説。』」

○君子不以紺緅飾。紺，古暗反。緅，側由反。

君子，謂孔子。紺，深青揚赤色，齊服也。語録曰：「紺，即今深底鵶青色。」○又曰：「揚，浮也。」緅，絳色。語録曰：「絳是淡紅色。」三年之喪，以飾練服也。飾，領緣也。文集曰：「齊服用絳，三年之喪既朞而練其服，以緅爲飾。」○語録曰：「問：『練服是小祥後喪服，

如何用絳色以爲飾？』曰：『便是不可曉，此箇制度差異。』」

紅紫不以爲褻服。

紅紫，閒色不正，或問「色有正閒」。曰：「青赤黃白黑，五方之正色也。以木克土，則青黃合而成綠；以金克木，則白青合而成碧；以火克金，則赤白合而成紅；以水克火，則黑赤合而成紫；以土克水，則黃黑合而成騮。此五方之閒色也。」且近於婦人女子之服也。語録曰：「問：『古人婦人女子多以紅紫爲服否？』曰：『此亦不可知，但據先儒如此說耳。』」褻服，私居服也。言此則不以爲朝祭之服可知。輔氏曰：「朝祭之服，禮服也。」

當暑，袗絺綌，必表而出之。

袗，單也。葛之精者曰絺，麤者曰綌。表而出之，謂先著裏衣，表絺綌而出之於外，欲其不見體也。輔氏曰：「袗絺綌，爲暑也。乃又爲裏服表之，使出於外，不欲見其體膚。聖人處事大抵如此，與直情徑行、惟欲是徇者，豈直天淵之不同哉？」詩所謂「蒙彼縐絺」是也。詩傳曰：「蒙，覆也。縐絺，絺之蹙蹙者。」

緇衣羔裘，素衣麑裘，黃衣狐裘。麑，研奚反。

緇，黑色。羔裘，用黑羊皮。麑，鹿子，色白。狐，色黃。衣以裼裘，欲其相稱。胡氏曰：「古者衣裘不欲其文之著，必加單衣以覆之，然亦欲其色之相稱。玉藻所謂『羔裘緇衣以裼

之』是也。」○愚謂：裘之上，必加衣爲裼。緇衣羔裘，是諸侯君臣日視朝之服。素衣麑裘，視朔之服，卿大夫士亦然，受外國聘享亦然。黄衣狐裘，則大蜡之祭服也。

褻裘長，短右袂。

長，欲其温。短右袂，所以便作事。愚謂：此私家所著之裘。長之者，主温也。袂是裘之袖，短右袂者，作事便也。

必有寢衣，長一身有半。長，去聲。

齊主於敬，不可解衣而寢，又不可著明衣而寢，故别有寢衣，其半蓋以覆足。程子曰：「此錯簡，當在『齊，必有明衣，布』之下。」愚謂：如此則此條與「明衣」「變食」既得以類相從，而「褻裘」「狐貉」亦得以類相從矣。

狐貉之厚以居。

狐貉，毛深温厚，私居取其適體。愚謂：此在家接賓客之裘，居家主温，故厚爲之。

去喪，無所不佩。去，上聲。

君子無故，玉不去身。觿礪之屬，亦皆佩也。輔氏曰：「凡佩玉，所以比德，固不可舍。其他如觿礪之屬，亦所當有事而不可闕者，故唯居喪則可去。去喪，則無所不佩也。」○蔡氏曰：「按玉藻云：『古之君子必佩玉，右徵角，左宫羽。凡帶必有佩玉，唯喪則否。佩玉有衝牙。君子

無故，玉不去身，君子於玉比德焉。孔子佩象環五寸而綦組綬。』此是明去喪則佩。但曰無所不佩，則又不止於玉耳。又按内則：『子事父母，左右佩用。左佩紛帨、刀、礪、小鑴、金燧，右佩玦、捍、管、遰、大鑴、木燧。』鑴，貌如錐，以象骨爲之。礪，礱也。皆所以備尊者使令也。此是明無所不佩。但去喪之時，恐不同子事父母之時耳。」

非帷裳，必殺之。 殺，去聲。

朝祭之服，裳用正幅如帷，要有襞積，而旁無殺縫。 文集曰：「帷裳如今之裙是也，襞積即是摺處爾。」○輔氏曰：「禮服取其方正，故裳用正幅如帷也。裳用正幅，而人身之要爲小，故於要之兩旁爲襞積，即今之衣褶也。」**其餘若深衣，要半下，齊倍要，則無襞積而有殺縫矣。** 文集曰：「問：『襞積，恐若今裙製，近要有殺也。要半下，謂近要者狹，半放下面齊也。齊倍要，謂向下者闊，倍於上面要也。不知旁無殺縫如何。恐是深衣之制，裳下面是裁布爲之，近要者殺從其小，以就半下之法[二]，所以旁有殺縫也。』曰：『帷裳如今之裙是也，襞積即是摺處耳，其幅自全，安得謂近要者有殺縫邪？』」○輔氏曰：「其餘則舉其最重者，如深衣，則他可知矣。衣半下，齊倍要，衣半當要而窄小則束身，故不必作摺，下齊倍要，則當有殺縫也。」○胡氏

[二] 就，原作「打」，據通志堂經解本改。

曰：「裳之如帷者，上衣之裳皆然。惟深衣則以布幅斜裁而易置之，下齊倍於要三之一，不爲襞積。」○愚謂：「要半下」是一句，取深衣篇「要縫半下」之語；「齊倍要」是一句，取玉藻「縫齊倍要」之語。

羔裘玄冠不以弔。

喪主素，吉主玄。弔必變服，所以哀死。輔氏曰：「誠於哀死，故内外如一也。」○胡氏曰：「吉凶異服，故色之黑者不以弔。」

吉月，必朝服而朝。

吉月，月朔也。孔子在魯致仕時如此。輔氏曰：「若未致仕之時，此乃常禮，有不必記焉。」

○此一節，記孔子衣服之制。胡氏曰：「齊服，練服之色，不以爲飾，惡其雜也。閒色，雖常服不用，惡其不正也。暑服，亦必有裏衣，懼其褻也。衣裘同色，欲其稱也。褻裘長短，狐貉溫厚，取其適也。喪除而佩，復其常也。裳有所殺，循其舊也。吉凶異服，欲其别也。事君之禮不可廢也。衣，身之章也，細微必謹，聖人之常也。」**蘇氏曰：「此孔氏遺書，雜記曲禮，非特孔子事也。」**

○齊，必有明衣，布。齊，側皆反。

齊，必沐浴，浴竟即著明衣，所以明潔其體也，以布爲之。語録曰：「明衣，即是箇布

衫，長一身有半，欲以蔽足耳。」此下脱前章「寢衣」一簡。

齊，必變食，居必遷坐。

變食，謂不飲酒，不茹葷。語録曰：「葷是不食五辛。」○又曰：「今致齊有酒，非也，但禮中亦有飲不至醉之説。」遷坐，易常處也。○此一節，記孔子謹齊之事。楊氏曰：「齊所以交神，故致潔、變常以盡敬。」輔氏曰：「變食以致潔，遷坐以易常，君子致敬無所不用其至也，豈簡細故、一思慮而已哉？」

○食不厭精，膾不厭細。食，音嗣。

食，飯也。精，鑿也。語録曰：「是插教那米白著。」牛羊與魚之腥，聶而切之爲膾。食精則能養人，膾麄則能害人。不厭，言以是爲善，非謂必欲如是也。輔氏曰：「以是爲善，理也；必欲如是，欲也。循理者無過求，徇欲則無所不至矣。」

食饐而餲，魚餒而肉敗，不食。色惡，不食。臭惡，不食。失飪，不食。不時，不食。食饐之食，音嗣。饐，於冀反。餲，烏邁反。飪，而甚反。

饐，飯傷熱濕也。餲，味變也。魚爛曰餒。肉腐曰敗。色惡、臭惡，未敗而色臭變也。飪，烹調生熟之節也。不時，五穀不成、果實未熟之類。此數者皆足以傷人，故

不食。輔氏曰：「言此以例其餘也。失烹調生熟之節，則是人力有所未至也。五穀不成、果實未熟，則是天時有所未至也。失烹調生熟之節而不食，則凡人力有所未至者皆不可食可知矣。五穀不成、果實未熟而不食，則天時有所未至者皆不可食可知矣。」

割不正，不食。不得其醬，不食。

割肉不方正者不食，造次不離於正也。漢陸續之母，切肉未嘗不方，斷葱以寸爲度，**蓋其質美，與此暗合也。食肉用醬，各有所宜，不得則不食，惡其不備也。**文集曰：「如魚鱠不得芥醬，麋腥不得醓醬，則不食，謂其不備或傷人也。」**此二者，無害於人，但不以嗜味而苟食耳。**輔氏曰：「『食饐而餲』以下數者之不食，不使害於身也。此二者不食，不使慊於心也。不正、不備而食焉，則是嗜味而苟食也。」

肉雖多，不使勝食氣。惟酒無量，不及亂。食，音嗣。量，去聲。

食以穀爲主，故不使肉勝食氣。輔氏曰：「食以穀爲主，肉爲輔，不使肉氣勝穀，理之宜也，而徇欲者常失之。聖人肉雖多，而不使勝食氣，安於禮節，不待勉彊而然也。」**酒以爲人合懽，故不爲量，但以醉爲節，而不及亂耳。**輔氏曰：「酒以爲人合懽，而人之飲量各不同，故不預爲之量，而以醉爲節。雖以醉爲節，而又不及於亂，此亦聖人從心所欲不踰矩之一端。」**程子曰：「不及亂者，非唯不使亂志，雖血氣亦不可使亂，但浹洽而已可也。」**輔氏曰：「志

壹則動氣，氣壹則動志，故二者皆不可使亂。不知其秩，志亂也；屢舞躚躚，氣亂也；至於沉湎淫佚，則志與氣交亂也。」

沽酒市脯不食。

沽、市，皆買也。恐不精潔，或傷人也。與不嘗康子之藥同意。輔氏曰：「聖人衛生之嚴也。」

不撤薑食。

薑，通神明，去穢惡，故不撤。輔氏曰：「聖人養生之周也。」

不多食。

適可而止，無貪心也。輔氏曰：「當食者不去，可食者不多，惟理是從，所欲不存也。」

祭於公，不宿肉。祭肉不出三日，出三日，不食之矣。

助祭於公，所得胙肉，歸即頒賜。不俟經宿者，不留神惠也。家之祭肉，則不過三日皆以分賜。蓋過三日，則肉必敗，而人不食之，是褻鬼神之餘也。但比君所賜胙，可少緩耳。文集曰：「若出三日，則人將不食而厭棄之，非所以敬神惠也。」○輔氏曰：「此皆敬鬼神之心，但於其中又自有隆殺耳。公胙宜速均於人，故不敢宿者，慮其壞而然也。家之祭肉雖可少緩，亦不敢久留以致敗。」

食不語，寢不言。

答述曰語。自言曰言。或問：「言、語有别乎？」曰：「食對人，寢獨居，故即其事而言之也。」

范氏曰：「聖人存心不他，當食而食，當寢而寢，言語非其時也。」楊氏曰：「肺爲氣主而聲出焉，寢食則氣窒而不通，語言恐傷之也。」亦通。

雖疏食菜羹，瓜祭，必齊如也。食，音嗣。

陸氏曰：「魯論瓜作必。」○古人飲食，每種各出少許，置之豆閒之地，以祭先代始爲飲食之人，不忘本也。齊，嚴敬貌。孔子雖薄物必祭，其祭必敬，聖人之誠也。或問「瓜之爲必」。曰：「既曰疏食菜羹矣，而又以瓜繼之，則不辭矣。曰必祭，則明無不祭之食也。曰必齊如，則明無不敬之祭也。」○此一節，記孔子飲食之節。黄氏曰：「飲食以養生，故欲其精，然亦能傷生，故惡其敗，至於失節違禮，縱欲敗德，無不致其謹焉。聖人一念之微，莫非天理，學者不可以不戒也。」謝氏曰：「聖人飲食如此，非極口腹之欲，蓋養氣體，不以傷生，當如此。然聖人之所不食，窮口腹者或反食之，欲心勝而不暇擇也。」輔氏曰：「養氣體，不以傷生，聖人飲食之正也。窮口腹以快其欲，常人飲食之流也。」

○席不正，不坐。

謝氏曰：「聖人心安於正，故於位之不正者，雖小不處。」輔氏曰：「形於外者，雖小不正

不處，則存於中者密矣。」

〇**鄉人飲酒，杖者出，斯出矣。**

杖者，老人也。六十杖於鄉，未出不敢先，既出不敢後。輔氏曰：「鄉黨尚齒而敬老，故其出一視老者以爲節。」

鄉人儺，朝服而立於阼階。儺，乃多反。

儺，所以逐疫，周禮方相氏掌之。阼階，東階也。儺雖古禮而近於戲，亦必朝服而臨之者，無所不用其誠敬也。輔氏曰：「儺以驅疫，雖近於戲，然我以爲有則有矣，故必盡其誠敬以臨之。」**或曰：「恐其驚先祖五祀之神，欲其依己而安也。」**語録曰：「問：『子孫之精神即祖考之精神，故祖考之精神依於己。若門庭户竈之屬，吾身朝夕之所出處，則鬼神亦必依己而存。』曰：『一家之主，則一家之鬼神屬焉；諸侯守一國，則一國鬼神屬焉；天子有天下，則天下鬼神屬焉。看來爲天子者，這一箇神明是大小大，如何有些子差忒得。若縱欲無度，天上許多星辰，地下許多山川，如何不變怪。』」〇**此一節，記孔子居鄉之事。**

〇**問人於他邦，再拜而送之。**

拜送使者，如親見之，敬也。語録曰：「古人重此禮，遣使者問人於他邦，則主人拜而送之，從背脊後拜。」〇輔氏曰：「使者所以將我之命往見其人，拜而送之，則如親見其人矣，不以遠而

廢敬也。」

康子饋藥，拜而受之，曰：「丘未達，不敢嘗。」

范氏曰：「凡賜食，必嘗以拜。藥未達，則不敢嘗。受而不飲，則虛人之賜，故告之如此。然則可飲而飲，不可飲而不飲，皆在其中矣。」或問「范氏之説」。曰：「古者賜之車，則乘以拜；賜之衣服，則服以拜；賜之飲食，則嘗而拜之。蓋今未達，故不敢嘗而拜耳。已而達焉，則可飲而飲，不可飲而不飲，皆在其中矣。」楊氏曰：「大夫有賜，拜而受之，禮也。未達不敢嘗，謹疾也。必告之，直也。」胡氏曰：「孟子謂『大夫有賜於士，不得受於其家』，此必拜其賜之禮也。未達者，所用之品、所療之病皆不知也。一有不宜，則疾生焉。聖人謹疾，不敢嘗也，受之以禮，而告之以實。」○此一節，記孔子與人交之誠意。

○廄焚。子退朝，曰：「傷人乎？」不問馬。

非不愛馬，然恐傷人之意多，故未暇問。蓋貴人賤畜，理當如此。

○君賜食，必正席先嘗之；君賜腥，必熟而薦之；君賜生，必畜之。

食恐或餕餘，故不以薦。正席先嘗，如對君也。或問：「聖人席不正不坐矣，豈必君賜食而後正之耶？」曰：「席固正矣，將坐而又正焉，所以爲禮也。曲禮，主人既迎賓，則請入爲席矣，賓既升堂，主人則又跪正席。夫豈先爲不正之席，至此然後正之哉？蓋敬謹之至耳。」言先

嘗，則餘當以頒賜矣。腥，生肉。熟而薦之祖考，榮君賜也。畜之者，仁君之惠，無故不敢殺也。輔氏曰：「所賜既殊，所處亦異，如鑑照形，豪氂不差，此聖人之時中也。」

侍食於君，君祭，先飯。飯，扶晚反。

周禮：「王日一舉，膳夫授祭，品嘗食，王乃食。」故侍食者，君祭，則己不祭而先飯。若爲君嘗食然，不敢當客禮也。輔氏曰：「不祭，不敢行私敬也。先飯，不敢當客禮也。」○胡氏曰：「君臣之分甚嚴，食而使侍，其恩厚矣。君祭亦祭，君食亦食，自處以客，將與爲敵。膳夫嘗食，先食如之，爲臣之卑因以自見，此侍君食之禮也。」

疾，君視之，東首，加朝服，拖紳。首，去聲。拖，徒我反。

東首，以受生氣也。語録曰：「問：『君視之，方東首。常時首當在那邊？禮記有云寢常當東首矣，平時亦欲受生氣，恐不獨於疾時爲然。』曰：『常時多東首，亦有隨意卧時節。如記云：「請席何向，請衽何趾。」這見得有隨意向時節。然多是東首，故玉藻云「居常當户，寢常東首」也。常寢於北牖下，君問疾，則移南牖下。』」病卧不能著衣束帶，又不可以褻服見君，故加朝服於身，又引大帶於上也。輔氏曰：「一息尚存，不敢廢禮，況有疾而君視之乎？朝服拖紳，蓋禮之變，亦禮之宜也。然亦必疾病不能支吾，然後可以如此。」

君命召，不俟駕行矣。

急趨君命，行出而駕車隨之。○此一節，記孔子事君之禮。

○入太廟，每事問。

重出。輔氏曰：「全章見八佾，故集註不以入分節之數。」

○朋友死，無所歸。曰：「於我殯。」

朋友以義合，死無所歸，不得不殯。輔氏曰：「謂於義有不得不然者。」○胡氏曰：「朋友，人倫之一，既以義合，而其死也，無父族、無母族、無妻族、無旁親主之，是無所歸也。爲之朋友者不任其責，則轉於溝壑而已，故曰『於我殯』。此節獨記一曰字者，必嘗有是事，人莫知所處，而夫子有是言也。古者三日而殯，三月而葬。但曰殯而不曰葬，則其親者在遠，必訃告之，葬未及言也。」

朋友之饋，雖車馬，非祭肉，不拜。

朋友有通財之義，故雖車馬之重不拜。輔氏曰：「朋友雖有通財之義，然責之以施者之不可吝者，其意迫；開之以受者之不當拜者，其意深。」祭肉則拜者，敬其祖考，同於己親也。胡氏曰：「禮，祭畢，祝以祭之酒肉嘏于主人，曰致福，謂祖考以是福其子孫也。朋友不敢專有其福，而以爲饋焉，是與受其祖考之福矣，故必拜。」○此一節，記孔子交朋友之義。

○寢不尸，居不容。

尸，謂偃卧似死人也。居，居家。容，容儀。范氏曰：「寢不尸，非惡其類於死也。惰慢之氣不設於身體，雖舒布其四體，而亦未嘗肆耳。輔氏曰：「偃卧似死人，所以釋尸字之義耳。寢之所以不尸，則非是惡其類於死也。聖人之心無乎不敬，故惰慢之氣自然不設於身體，惟是寢而舒布其四肢，然亦未嘗偃卧而肆，有類夫尸也。」居不容，非惰也。但不若奉祭祀、見賓客而已，申申夭夭是也。」輔氏曰：「容儀，謂奉祭祀、見賓客之容貌威儀也。然居家亦自有居家之容，所謂申申夭夭是也，但不若奉祭祀、見賓客之極乎莊敬耳。聖人德盛仁熟，雖寢與居亦有常則也。」

見齊衰者，雖狎，必變。見冕者與瞽者，雖褻，必以貌。

狎，謂素親狎。褻，謂燕見。貌，謂禮貌。餘見前篇。

凶服者式之。式負版者。

式，車前横木。有所敬，則俯而憑之。負版，持邦國圖籍者。式此二者，哀有喪，重民數也。人惟萬物之靈，而王者之所天也，故周禮「獻民數於王，王拜受之」。況其下者，敢不敬乎？

有盛饌，必變色而作。

敬主人之禮，非以其饌也。輔氏曰：「變色而作，謂改容而起，以致敬也。若因饌之盛，則是

動於欲；若因主人之禮，則是行吾敬。天理人欲，同行異情，此可見矣。」〇胡氏曰：「變色而作，以禮非以饌。因禮所以行吾敬，因饌則動於欲矣。」

迅雷風烈，必變。

迅，疾也。烈，猛也。必變者，所以敬天之怒。記曰：「若有疾風、迅雷、甚雨，則必變，雖夜必興，衣服冠而坐。」語録曰：「問：『有終日之雷、終夜大雨，如何得常如此？』曰：『固當常如此。但亦主於疾風、迅雷、甚雨。若平平底雷風雨，也不消如此。』問：『當應接之際，無相妨否？』曰：『有事也只得應。』」〇**此一節，記孔子容貌之變。**

〇升車，必正立執綏。

綏，挽以上車之索也。愚按：車輪高六尺六寸，車逾人高，故升車則挽索以登。**范氏曰：「正立執綏，則心體無不正，而誠意肅恭矣。**輔氏曰：「正立則身不偏倚，執綏則不忘有事。范氏所謂『心體無不正而誠意肅恭』者得之。」**蓋君子莊敬無所不在，升車則見於此也。」**輔氏曰：「莊敬乃心體之本然，君子全此心，故其莊敬無所不在，無時不然，但升車則見其如此耳。」

車中，不内顧，不疾言，不親指。

内顧，回視也。禮曰：「顧不過轂。」語録曰：「立視五巂，式視馬尾。蓋巂是車輪一轉之地，

車輪高六尺，圍三徑，一則闊丈八，五轉則正爲九丈矣。立視雖遠，亦不過此。」○輔氏曰：「蓋車中視物之則也。」**三者皆失容，且惑人。**輔氏曰：「顧謂目視，言謂語言，指該動作。言此三者，則於人身亦略備矣。失容則失己，惑人則亂人，君子成己所以成物，故不失容，則不惑人也。」**○此一節，記孔子升車之容。**

○色斯舉矣，翔而後集。

言鳥見人之顏色不善，則飛去，回翔審視而後下止。人之見幾而作，審擇所處，亦當如此。輔氏曰：「退當見幾，進當審義也。」○真氏曰：「色斯舉矣，去之速也。衛靈公問陳而孔子行，魯受女樂而孔子去。翔而後集者，就之遲也。伊尹俟湯三聘而後幡然以起，太公、伯夷聞文王善養老而後出，後世如漢穆生以楚王戊不設醴而去，諸葛武侯必待先主三顧而後從之，皆有得乎此者也。」**然此上下必有闕文矣。**胡氏曰：「上不知爲何人之言，下不知爲何事而發，故以爲有闕文也。」

曰：「山梁雌雉，時哉！時哉！」子路共之，三嗅而作。共，九用反，又居勇反。嗅，許久反。

邢氏曰：「梁，橋也。時哉，言雉之飲啄得其時。子路不達，以爲時物而共具之。孔子不食，三嗅其氣而起。」邢氏，名昺，濟陰人。**晁氏曰：「石經嗅作戛，謂雉鳴也。」劉**

聘君云：「嗅，當作狊，古闃反，張兩翅也。見爾雅。」愚按：如後兩説，則共字當爲拱執之義。然此必有闕文，不可彊爲之説。姑記所聞，以俟知者。輔氏曰：「邢氏説於文義爲近是，而晁劉二説亦各有據，故併載之。」

論語卷第五

論語卷第六

朱子集註　後學趙順孫纂疏

先進第十一

此篇多評弟子賢否。愚謂：評其賢則能者勸，評其否則不能者勉，無非教也。然此篇所及，其稱賢者蓋三倍於否，亦足以見賢之衆矣。凡二十五章。胡氏曰：「此篇記閔子騫言行者四，而其一直稱閔子，疑閔氏門人所記也。」

子曰：「先進於禮樂，野人也；後進於禮樂，君子也。」

先進、後進，猶言前輩、後輩。野人，謂郊外之民。君子，謂賢士大夫也。程子曰：「先進於禮樂，文質得宜，今反謂之質朴而以爲野人。後進於禮樂，文過其質，今反謂之彬彬而以爲君子。蓋周末文勝，故時人之言如此，不自知其過於文也。」語録曰：「問：『先進、後進，禮樂文質何以不同？』曰：『禮樂只是一箇禮樂，用得自不同。如升降揖遜，古人只是誠實行許多威儀，後人便忒好看；古人只是正容謹節，後人便近於巧言令色。如古樂雖

不可得而見，只如誠實底人彈琴，便雍容平淡，自是好聽；若弄手弄脚，撰出無限不好底聲音，只是繁碎耳。』」

如用之，則吾從先進。」

用之，謂用禮樂。輔氏曰：「言若當職任而用夫禮樂也。」孔子既述時人之言，又自言其如此，蓋欲損過以就中也。黄氏曰：「野人、君子，安知非夫子之言？從先進，安知非損文從質邪？曰聖人用禮樂，當以中爲尚，不得已而遵時王之制，則當以從周爲貴，不應捨君子而從野人也。况前輩於禮樂亦未嘗主於質，後輩於禮樂又安能皆得中邪？」〇輔氏曰：「時俗易得逐流而徇末，聖人常欲損過以就中。聖人之所以轉移風俗者，其過化存神之妙，雖未易窺測，至於損過就中之用，則有不可易者。」

〇子曰：「從我於陳蔡者，皆不及門也。」從，去聲。

孔子嘗戹於陳蔡之閒，弟子多從之者，此時皆不在門，故孔子思之，蓋不忘其相從於患難之中也。

德行：顔淵，閔子騫，冉伯牛，仲弓。言語：宰我，子貢。政事：冉有，季路。文學：子游，子夏。行，去聲。

弟子因孔子之言，記此十人，或問：「何以知門人所記？」曰：「凡稱名者，夫子之辭，弟子

師前相謂之辭；稱字者，弟子自相謂之辭，亦或弟子門人之辭。」**而并目其所長，分爲四科。孔子教人各因其材，於此可見。**或問「四科之目」。曰：「德行者，潛心體道，默契於中，篤志力行，不言而信者也。言語者，善爲辭令者也。政事者，達於爲國治民之事者也。文學者，學於詩書禮樂之文，而能言其意者也。蓋夫子教人，使各因其所長以入於道，然其序則必以德行爲先。誠以躬行實造，具體聖人，學之所貴尤在於此，非若三者爲一事之長而已也。」○黄氏曰：「註云『教人各因其材』，或問云『教人各因所長以入』。教人之法，當先使之切己務内，而今乃因言語、政事而入，何也？曰聖門問答之閒，或及言語，或及政事，皆在所不廢耳，非捨夫切己務内而專事夫言語、政事也。四科之目，蓋亦因其所得而稱之，舉其最優者而爲言也，非言其所學從入之路也。」**○程子曰：「四科乃從夫子于陳蔡者爾，門人之賢者固不止此。曾子傳道而不與焉，故知十哲世俗論也。」**輔氏曰：「夫子之門，如此十人者固高矣，然受業身通者凡七十人，則豈獨此十人可名爲哲哉？故程子引曾子以爲證，而斷十哲爲世俗之論，所以教學者使求於聖人之門，不敢止此十人也。」

○子曰：「回也非助我者也，於吾言無所不説。」説，音悦。

助我，若子夏之起予，因疑問而有以相長也。輔氏曰：「聖人之心，義理昭融，固不因人之問而後有所知，亦不以人之不問而遂有所疑，顧豈有待於學者之助哉？然疑而問，問而益得以

發其精微，若子夏之起予，則亦不能無也。」**顔子於聖人之言，默識心通，無所疑問，故夫子云然。**胡氏曰：「顔子資稟高明，功夫深熟，一聞夫子之言，默識心融，觸處洞然，不待問辨而曉然如見。」**其辭若有憾焉，其實乃深喜之。**胡氏曰：「以非助我而言，似有不足於顔子之意；謂其無所不説，則凡精凡粗、若鉅若細，莫不懽然領受而略無豪髮之疑矣。」○**胡氏曰：「夫子之於回，豈真以助我望之？蓋聖人之謙德，又以深贊顔氏云爾。」**輔氏曰：「胡氏説是矣。然亦非都無事實而但爲是辭也，此又不可不知。」

○**子曰：「孝哉閔子騫！人不閒於其父母昆弟之言。」**閒，去聲。

胡氏曰：「父母兄弟稱其孝友，人皆信之無異詞者，蓋其孝友之實，有以積於中而著於外，故夫子歎而美之。」輔氏曰：「父母昆弟稱其孝友者，固有之矣，然或溺於愛，蔽於私，則誠否未可知也。至於人皆信之[一]，無有閒言，則誠著而德章矣。」○胡氏曰：「按韓詩外傳，閔子父再娶生三子，繼母獨以蘆花衣子騫，父覺之，欲逐其妻。子騫曰：『母在一子寒，母去三子單。』母得免逐。其母聞之，待之均平，遂成慈母。今誦其言，藹然惻怛之意溢於詞表。故内則有以孚其家，外則有以孚於人，自内及外，無有異詞也。」

[一] 信，原作「言」，據通志堂經解本改。

○南容三復白圭，孔子以其兄之子妻之。三、妻，並去聲。

詩大雅抑之篇曰：「白圭之玷，尚可磨也。斯言之玷，不可爲也。」南容一日三復此言，事見家語，蓋深有意於謹言也。語録曰：「不是一旦讀此，乃是日日讀之，玩味此詩而欲謹言也。」○黄氏曰：「三復，謂每誦至此，必再三反復以識之，非謂一次三復，亦非謂一日三次誦之也。」此邦有道所以不廢，邦無道所以免禍，故孔子以兄子妻之。○范氏曰：「言者行之表，行者言之實，未有易其言而能謹於行者。南容欲謹其言如此，則必能謹其行矣。」輔氏曰：「言行，表裏之符也，固未有易其言而能謹於行者。但言出於口而又未遽有實，故人之易其言者常多；行履於身而其失易爲人所指擿，故人之忽於行者差少。南容能謹於人之所易，則於人之所不敢忽者，必能謹之矣。」

○季康子問：「弟子孰爲好學？」孔子對曰：「有顏回者好學，不幸短命死矣。今也則亡。」好，去聲。

范氏曰：「哀公、康子問同而對有詳略者，臣之告君，不可不盡；若康子者，必待其能問乃告之，此教誨之道也。」輔氏曰：「哀公、康子問同而對有詳略，聖人一言之閒，輕重等則有截然不可亂者。」

○顏淵死，顏路請子之車以爲之椁。

顔路，淵之父，名無繇。少孔子六歲，孔子始教而受學焉。椁，外棺也。請爲椁，欲賣車以買椁也。

子曰：「才不才，亦各言其子也。鯉也死，有棺而無椁，吾不徒行以爲之椁。以吾從大夫之後，不可徒行也。」

鯉，孔子之子伯魚也，先夫子卒。言鯉之才雖不及顔淵，然已與顔路以父視之，則皆子也。孔子時已致仕，尚從大夫之列。言後，謙辭。○胡氏曰：「孔子遇舊館人之喪，嘗脱驂以賻之矣。今乃不許顔路之請，何邪？葬可以無椁，驂可以脱而復求，大夫不可以徒行，命車不可以與人而鬻諸市也。且爲所識窮乏者得我，而勉强以副其意，豈誠心與直道哉？語録曰：「禮記言大夫賜命車。」○輔氏曰：「葬之禮，椁周於棺，宜也。然貧不能具，則椁亦可廢。車之制，驂參於服，宜也。然欲輟而用，則驂或可脱。若大夫而徒行，命車而與人使鬻諸市，此義理之必不可者也。若爲所識我者之窮乏而欲得於我，我故勉强而與之以副其意，如此則非誠心與直道也。出於勉强，則非誠心；副人之意，則非直道，此豈安於仁者之事哉？義之所可，則脱驂以賻舊館之喪而不吝；義所不可，則雖於顔子之厚而不從其父爲椁之請，此可見聖人處事之權衡。」或者以爲君子行禮，視吾之有無而已。夫君子之用財，視義之可否，豈獨視有無而已哉？」輔氏曰：「蘇氏於常人之情，每得之，至義理之正

大，則多所不及。非有以辯之，則學者將惑於其説，局於事而不究其理，此非小失也。」

○顏淵死。子曰：「噫！天喪予！天喪予！」喪，去聲。

噫，傷痛聲。悼道無傳，若天喪己也。黄氏曰：「顏子在，則夫子雖死而不亡，以道存也。顏子死，則夫子雖存道既無傳，終亦必亡而已矣，故以顏子之死而爲己之喪也。」

○顏淵死，子哭之慟。從者曰：「子慟矣。」從，去聲。

慟，哀過也。胡氏曰：「過不可有，然此非過也。哭至於慟，發而中節矣。」

曰：「有慟乎？

哀傷之至，不自知也。

非夫人之爲慟而誰爲？」夫，音扶。爲，去聲。

夫人，謂顏淵。言其死可惜，哭之宜慟，非他人之比也。○胡氏曰：「痛惜之至，施當其可，皆情性之正也。」

○顏淵死，門人欲厚葬之。子曰：「不可。」

喪具稱家之有無，貧而厚葬，不循理也，故夫子止之。

門人厚葬之。

蓋顏路聽之。輔氏曰：「此與請車弗從事異而理同。顏路請車爲椁，溺於愛也；夫子不遂許之，裁以義也。夫子止門人之厚葬，蔽以理也；顏路從而聽之，牽於私也。聖庸之所以分，天理人欲之閒而已。」

子曰：「回也視予猶父也，予不得視猶子也。非我也，夫二三子也。」

歎不得如葬鯉之得宜，以責門人也。黄氏曰：「門人違夫子之言而厚葬，尊賢敬友之情厚也。夫子不以情勝理，故以此責之，所謂愛人以德而不以姑息也。」

○季路問事鬼神。子曰：「未能事人，焉能事鬼？」「敢問死。」曰：「未知生，焉知死？」焉，於虔反。

問事鬼神，蓋求所以奉祭祀之意；而死者人之所必有，不可不知，皆切問也。輔氏曰：「祭祀之意，非精義不足以究其説，非體道不足以致其義，此固學者之所當講求也。」○又曰：「有生必有死，其爲變亦大矣。醉生夢死者固不知求，學者其可不求以知之乎？此格物之大者，子路之問可謂切矣。然亦未免傷於剛勇，故於道有强探力取，略其所易知而遽欲求其所難知之病。」**然非誠敬足以事人，則必不能事神；**輔氏曰：「誠則有物，敬則有禮，有物有禮，則内外兩盡矣。此事人事神之大務也。使在我之誠敬，明猶不足以事人，則幽而鬼神其何能事之乎？」**非原始而知所以生，則必不能反終而知所以死。**輔氏曰：「死生者，氣之聚散耳。儻

不能推原於前，而知氣聚故生，則必不能反要於後，而知氣散故死也。」**蓋幽明始終，初無二理，但學之有序，不可躐等，故夫子告之如此。**輔氏曰：「人鬼雖有幽明之分，生死雖有始終之辨，然其理則未嘗有二也。學者當有序，若未能事人而遽求事神，未知其生而遽欲知死，則是躐等，故夫子之告子路者如此。」○**程子曰：「晝夜者，死生之道也。知生之道，則知死之道；盡事人之道，則盡事鬼之道。死生人鬼，一而二，二而一者也。」**語録曰：「有是理則有是氣，有是氣則有是理。氣則二，理則一。」○輔氏曰：「晝夜者氣之明晦也，死生者氣之聚散也，故晝夜之道即死生之道也。明則有晦，聚則有散，理之自然也。一而二者，人鬼死生雖是一理，而有幽明始終之不同。二而一者，雖有幽明始終之不同，而其理則未嘗有二也。」○永嘉陳氏曰：「死生人鬼雖幽明之事，了不相關，然天地間不過聚散、陰陽、屈伸。聚則生，散則死，伸爲人，屈爲鬼。有聚必有散，有伸必有屈，理一而分則殊，分殊而理則一，非微眇不可信之事也。」○蔡氏曰：「人鬼死生，雖二而一，不過一氣之屈伸而已。但屈者幽而不可見，伸者明而易行易知。苟能盡理以事人，及其至也，不可度者亦可得而格之矣。苟能窮察乎其生之所以然，及其至也，不可得而知者亦可從而識之矣。夫子教人，以可見者致其不可見者，非聖人孰能如是乎？」○又曰：「事人事鬼，以心言；知生知死，以理言。然人鬼生死之理雖一，但既是人，便與鬼不同；既是生，便與死不同，故曰一而二。然雖是二，又是一理，故曰二而一。」**或言夫**

子不告子路，不知此乃所以深告之也。

○閔子侍側，誾誾如也；子路，行行如也；冉有、子貢，侃侃如也。子樂。

誾、侃，音義見前篇。行，胡浪反。樂，音洛。

行行，剛强之貌。語録曰：「行行是大，故發露得粗底。」子樂者，樂得英材而教育之。

「若由也，不得其死然。」

尹氏曰：「子路剛强，有不得其死之理，故因以戒之。其後子路卒死於衛孔悝之難。」

蔡氏曰：「子路侍夫子之側，行行如此，於他人可知。故夫子謂其不得其死，庶幾子路知之而能變其氣質也。子路終不能變，果死於孔悝之難，惜哉！」洪氏曰：「漢書引此句，上有曰字。」或云：「上文樂字，即曰字之誤。」輔氏曰：「『子樂』之説雖有意味，然反不若『子曰』之爲協於文勢也。」

○魯人爲長府。

長府，藏名。藏貨財曰府。爲，蓋改作之。

閔子騫曰：「仍舊貫，如之何？何必改作？」

仍，因也。貫，事也。王氏曰：「改作，勞民傷財，在於得已，則不如仍舊貫之善。」

王氏，名安石，臨川人。○輔氏曰：「古人改作，必不得已者也。改作府藏，意必有可已而不已者，故子騫以是諷之。」

子曰：「夫人不言，言必有中。」夫，音扶。中，去聲。

言不妄發，發必當理，唯有德者能之。

○子曰：「由之瑟奚爲於丘之門？」

程子曰：「言其聲之不和，與己不同也。」家語云：「子路鼓瑟，有北鄙殺伐之聲。」蓋其氣質剛勇，而不足於中和，故其發於聲者如此。輔氏曰：「形氣、聲音之相符，自然之理也，凡物皆然，顧人弗之察耳。聖人明睿所照，物無遁情，又烏有不知者哉。」

門人不敬子路。子曰：「由也升堂矣，未入於室也。」

門人以夫子之言，遂不敬子路，故夫子釋之。升堂、入室，喻入道之次第。言子路之學，已造乎正大高明之域，特未深入精微之奧耳，輔氏曰：「升堂、入室，乃入道次第之譬喻。堂以喻夫正大高明之域，室以喻夫精微之奧。子路剛明，其於道之高明正大處固已造之矣，然其麤率之意未除，故於道之精微深奥處則未能有所入耳。觀其結纓而死，與程子謂其有堯舜氣象，則其能造於高明正大之域可知。至於以正名爲迂，而不知食輒之食爲非義之類，是未能深入精微之奧也。」未可以一事之失而遽忽之也。

○子貢問：「師與商也孰賢？」子曰：「師也過，商也不及。」

子張才高意廣，而好爲苟難，故常過中。子夏篤信謹守，而規模狹隘，故常不及。輔氏曰：「子張才高而矯亢，子夏才短而篤實，二子質性正相反。才高，故意廣而好爲苟難，此所以常過乎中。才短，故篤信固守而規模狹隘，此所以常不及乎中。過與不及皆生乎氣稟之偏，而中則指義理之當然處言也。」

曰：「然則師愈與？」與，平聲。

愈，猶勝也。

子曰：「過猶不及。」

道以中庸爲至。賢智之過，雖若勝於愚不肖之不及，然其失中則一也。輔氏曰：「子貢所謂然則師愈與者，以才質言也；夫子所謂過猶不及者，以義理言也。以才質論之，則賢智之過雖若勝於愚不肖之不及，以義理論之，則過與不及皆爲失中，而於道均爲未至也。」○尹氏曰：「中庸之爲德也，其至矣乎！夫過與不及，均也。差之豪釐，繆以千里。故聖人之教，抑其過，引其不及，歸於中道而已。」輔氏曰：「差之豪釐，即謂過與不及也。豪釐過乎中，則爲過；豪釐不及乎中，則爲不及。其初蓋其微也，過而不知所以自反則愈過；不及而不知所以自勉則愈不及，積而久之，則相去不啻千里之遠矣。聖人之心渾然天理，不偏不倚而中持衡

焉，或抑或揚，一進一退，無不使之歸於中。此古人所以貴親炙之也。」

○季氏富於周公，而求也爲之聚斂而附益之。爲，去聲。

周公以王室至親，有大功，位冢宰，其富宜矣。季氏以諸侯之卿而富過之，非攘奪其君、刻剝其民，何以得此？冉有爲季氏宰，又爲之急賦稅以益其富。或問：「冉求學於夫子，於門弟子中亦可謂明達者，今乃爲季氏聚斂，何耶？」曰：「冉求之失，不待於聚斂而後見，自其仕於季氏則已失之矣。蓋當是時之達官重任皆爲公族之世官，其下則尺地一民皆非國君之有，士唯不仕則已，仕則未有不仕於大夫者也。冉求亦豈習於衰世之風而不自知其非與？然使其仕於季氏，而能勸之黜其強僭而忠於公室，則庶乎小貞之吉矣。今乃反爲之聚斂，是使權臣愈強，而公室愈不振也。故孟子以『無能改於其德，而賦粟倍他日』言之，蓋不自知其學之未至，而以從仕爲士之常職，是以漸摩而至於此耳。」曰：「然則夫子曷爲不於其仕季氏而責之也？」曰：「聖人以不仕爲無義，而猶望之以小貞之吉也。」

子曰：「非吾徒也。小子鳴鼓而攻之，可也。」

非吾徒，絕之也。小子鳴鼓而攻之，使門人聲其罪以責之也。聖人之惡黨惡而害民也如此。然師嚴而友親，故已絕之，而猶使門人正之，又見其愛人之無已也。輔氏曰：「師道尊嚴，而朋友親暱，理固然也。聖人愛人終無已，天地之心也，雖絕之而猶不忘乎

愛；雖不忘乎愛而事之當絶者又不但已，此仁之至，義之盡也。」○范氏曰：「冉有以政事之才施於季氏，故爲不善至於如此，由其心術不明，不能反求諸身，而以仕爲急故也。」語録曰：「惟是心術不明，到這般所在都不自知。」又曰：「他只緣以仕爲急，故從季氏。見他所爲如此又拔不出，一向從其惡。」

○柴也愚，

柴，孔子弟子，姓高，字子羔。衛人。愚者，知不足而厚有餘。語録曰：「是一箇謹厚底人，不曾見得道理。」家語記其「足不履影，啓蟄不殺，方長不折。執親之喪，泣血三年，未嘗見齒。避難而行，不徑不竇」之説，可以見其爲人矣。語録曰：「如不徑不竇，只説安平無事時節。若當有寇賊患難，如何專守此以殘其軀，此柴之所以爲愚。聖人微服而過宋，微服是著那下賤人衣服，觀這意如此，只守不徑不竇之説不得。途中萬一遇大盜賊，也須走避，那時如何要不由小徑去得。然子羔也是守得定，若更學到變通處儘好，只緣他學有未盡處。」○輔氏曰：「觀家語所載之事，則其質性之厚可知。然恐或不免於由之而不知者，若知與行俱到，則豈遜於顔閔哉。」

參也魯，

魯，鈍也。輔氏曰：「鈍，謂遲鈍。凡事不能便明了，須用工夫方透。」程子曰：「參也竟以

魯得之。」語録曰：「曾子魯鈍難曉，只是他不肯放，直是捱得到透徹了方住。不似別人，只畧綽見得些小處便休。今一樣敏底見得容易，又不能堅守；鈍底捱得到畧曉得處，便説道理止此，更不深求。惟曾子不肯放舍，若這事看未透，直是捱得到盡處，所以竟得之。」○又曰：「只曾子資質自得便宜了。蓋他以遲鈍之故，見得未透，只得且去理會，終要洞達而後已。若理會不得，便放下了，如何得通透？則是終於魯而已。」○又曰：「只是魯鈍之人，却能守其心專一。明達者每事要入一分，半上落下，多不專一。」又曰：「曾子之學，誠篤而已。聖門學者，聰明才辯不爲不多，而卒傳其道乃質魯之人爾，故學以誠實爲貴也。」輔氏曰：「大抵聰明才辯者，所見雖快，所造則淺，方涉其藩而自謂入其奥者多矣。惟誠則有物，惟篤則有力，曾子之才質魯，於道初若難入，而其求之也不敢有易心，故内盡其誠而無始終之異，外盡其力而無作輟之殊，此所以其造反深也。」尹氏曰：「曾子之才魯，故其學也確，所以能深造乎道也。」

師也辟，辟，婢亦反。

辟，便辟也。謂習於容止，少誠實也。輔氏曰：「子張務外，留意於容儀。」

由也喭。喭，五旦反。

喭，粗俗也。傳稱喭者，謂俗論也。輔氏曰：「子路粗俗，夫子嘗以爲喭。」○楊氏曰：「四者性之偏，語之使知自勵也。」輔氏曰：「愚者知不明，魯者才不敏，便辟則遺乎内，粗

俗則略乎外。遺乎内則内實不足，略乎外則文飾不脩。此四子性質之偏也。夫子所以言之者，欲使之自覺以治其偏而歸于中耳。」○愚謂：四者皆指其所偏，惟曾子能於偏處用工，故後來一貫之唯，至鈍反成至敏。吴氏曰：「章首脱『子曰』字。」或疑下章「子曰」當在章首，通爲一章。輔氏曰：「畢竟前説爲勝。通爲一章固可，但語勢若有不同。」

○子曰：「回也其庶乎，屢空。

庶，近也，言近道也。輔氏曰：「此與易大傳所謂『其殆庶幾』同。」屢空，數至空匱也。不以貧窶動心而求富，故屢至於空匱也。文集曰：「屢空只是空乏之空，古人有簞瓢屢空之語是也。下文以子貢貨殖爲言，正對此相反而言。若曰心空，則聖人平日之言無若此者，且數數而空，亦不勝其間斷矣。此本何晏祖述老莊之言。」言其近道，又能安貧也。文集曰：「問：『又字似作兩截。蓋樂道故能安貧，而安貧所以樂道也。』曰：『世間亦有質美而能安貧者，皆以爲知道可乎？』」

賜不受命，而貨殖焉，億則屢中。」中，去聲。

命，謂天命。輔氏曰：「此言天所賦貧富貴賤之命也。」貨殖，貨財生殖也。輔氏曰：「此蓋順其言而解之，其實則是生殖貨財也。」億，意度也。言子貢不如顔子之安貧樂道，然其才識之明，亦能料事而多中也。輔氏曰：「子貢於事億度而屢中者，固以其才，至於不受命而

貨殖者，以其才爲之累耳。」〇黄氏曰：「夫子之論回、賜，一則言其得道之不同，二則言其處貧富之有異。蓋舉兩事反覆言之，貨殖則不如屢空，億中則不如其庶也。其庶固不專爲屢空，使不能安貧，則亦決不能其庶；不能其庶，則決不能屢空。億中固不專爲貨殖，然使其不貨殖，則決不止於億中；使其不止於億中，則亦決不徇貨殖。天理人欲相爲勝負也。」**程子曰：「子貢之貨殖，非若後人之豐財，但此心未忘耳。然此亦子貢少時事，至聞性與天道，則不爲此矣。」**輔氏曰：「子貢後來所見煞高，所造煞遠，至於聞性與天道，則併與其初心忘之矣。」〇**范氏曰：「屢空者，簞食瓢飲屢絶而不改其樂也。天下之物，豈有可動其中者哉？貧富在天，而子貢以貨殖爲心，則是不能安受天命矣。其言而多中者，億而已，非窮理樂天者也。夫子嘗曰：『賜不幸言而中，是使賜多言也。』聖人之不貴言也如是。」**輔氏曰：「簞食瓢飲，蓋人生之決不可闕者，顔子於此猶屢絶而不改其樂，則凡在外之物，信無有可動其中者矣。貧與富，天之命也，安而受之可也，而子貢乃以貨殖爲心，是將以智力求富，不能安受天命也。世之富人往往得之於自然，非必其才能智術真有以致之也，是有命焉，但人由之而不察耳。」〇又曰：「不受命而貨殖，非樂天也；億則屢中，非窮理也。人能樂天安命，則心與理一，自然發言中理，不待億度。億而後中，雖其才識之明，亦幸而已。其曰屢中，則其不中者固多矣。」

○子張問善人之道。子曰：「不踐迹，亦不入於室。」

善人，質美而未學者也。輔氏曰：「質不美，則不可謂之善人。然質美而好學，則進進不已，雖大與聖，可以循至，又不止爲善人而已也。」程子曰：「踐迹，如言循途守轍。善人雖不必踐舊迹而自不爲惡，然亦不能入聖人之室也。」文集曰：「循塗守轍，猶言循規蹈矩。」○輔氏曰：「善人質美，雖不必循舊塗、守舊轍，而自不敢放肆過越。然學未充，知未致，則局於見在之量，故無自而能入於聖人之室也。此室字，與子路未入於室之室字同，義皆謂聖道之奧耳。」

○張子曰：「善人，欲仁而未志於學者也。欲仁，故雖不踐成法，亦不蹈於惡，有諸己也。由不學，故無自而入聖人之室也。」語録曰：「此只説善人是一箇好底資質，不踐元本子，亦未入於室。須是要學，方入聖賢之域。」○輔氏曰：「欲仁，則質美可知，未有資質不美而欲仁者也。有諸己，則又進於信矣，亦未有不自信而能不踐成法而自不蹈於惡者也。」

○子曰：「論篤是與，君子者乎？色莊者乎？」與，如字。

言但以其言論篤實而與之，則未知其爲君子者乎，爲色莊者乎。言不可以言貌取人也。文集曰：「問：『論篤是與，恐只是説不可以言取人，下文又言不可以貌取也。』曰：『色莊，便是兼著貌字。』」○輔氏曰：「惟夫人言論篤實之是與，疑若可也，然其言雖一，而人品不同。若夫人之爲君子，則言行必無異，與之可也。若夫人之爲色莊，則言行未必相副，遽與之，則傷吾

之明矣。」

○子路問：「聞斯行諸？」子曰：「有父兄在，如之何其聞斯行之？」冉有問：「聞斯行諸？」子曰：「聞斯行之。」公西華曰：「由也問『聞斯行諸』，子曰『有父兄在』；求也問『聞斯行諸』，子曰『聞斯行之』。赤也惑，敢問。」子曰：「求也退，故進之；由也兼人，故退之。」

兼人，謂勝人也。胡氏曰：「言其勇於行，非常人之所可及，與退正相反。」張敬夫曰：「聞義固當勇爲，然有父兄在，則有不可得而專者。若不稟命而行，則反傷於義矣。子路有聞，未之能行，惟恐有聞，則於所當爲，不患其不能爲矣，特患爲之之意或過，而於所當稟命者有闕耳。若冉求之資稟失之弱，不患其不稟命也，患其於所當爲者逡巡畏縮，而爲之不勇耳。聖人一進之，一退之，所以約之於義理之中，而使之無過不及之患也。」胡氏曰：「勇於行者，使之有所稟命，則所行必審。行之不勇者，不專勉其行，則愈流於退縮。專勉其行者，非可以不稟於父兄也，蓋稟命自其所必能而不待於教之耳。」

○子畏於匡，顏淵後。子曰：「吾以女爲死矣。」曰：「子在，回何敢死？」

女，音汝。

後，謂相失在後。何敢死，謂不赴鬭而必死也。愚謂：後爲相失者，因夫子以顔淵爲死而知也。死爲赴鬭而死者，因顔子言何敢死而知也。死生亦大矣，以爲何敢死，則不以死爲重，而以輕於死爲重也。當問答之時，爲師者知弟子必能赴義而已，不疑其重死以求生；爲弟子者亦不以死爲難，但以死而合於義爲難。於死生猶然，他可知已。胡氏曰：「先王之制，民生於三，事之如一，惟其所在，則致死焉。況顔淵之於孔子，恩義兼盡，又非他人之爲師弟子者而已。即孔子不幸而遇難，回必捐生以赴之矣。捐生以赴之，幸而不死，則必上告天子，下告方伯，請討以復讎，不但已也。夫子而在，則回何爲而不愛其死，以犯匡人之鋒乎？」語録曰：「問：『顔路在，顔子許人以死，何也？』曰：『事偶至此，只得死，此與不許友以死之意别。不許以死，在未處難以前乃可。如此處已遇難，却如此説不得。』」○輔氏曰：「『民生於三，事之如一，惟其所在，則致死焉』，此晉語欒共子之辭。三謂父生之，師教之，君食之也。唯其所在，則致死焉，乃人道之宜，一或有闕，則非人道也。」○又曰：「師弟子云者多矣，非惟百工技藝皆有之。雖所謂傳道、辨疑、解惑者，亦自有深淺輕重之不同。唯顔淵之於孔子，蒙博約之教而得聖道之傳，真所謂受罔極之恩者。恩深則義重，信非他人爲師弟子之比也。」○又曰：「『孔子不幸而遇難，回必捐生以赴之。』此致死之義，人道之宜，顔子固優爲之也。」○又曰：「捐生以赴難，死焉宜也，然亦不必皆死，幸而得生者有矣。然義之所在，不但已

者，故胡氏又推極其義以教學者。」○又曰：「孔子遇難，則顏淵有致死之義，孔子免焉，則顏淵無致死之理。今孔子既免，而顏淵相失在後，脱有不知而遂死焉，則非義矣。故其既來，而孔子迎謂之曰『吾以女爲死矣』者，恐其悞也；而顏淵遽復之曰『子在，回何敢死』者，道其實也。其言若相反，而其意則相承。顏淵於孔子雖曰未達一閒，至此等處，則殆相與爲一矣。」○愚謂：弟子何緣有恩於師？胡氏謂「顏淵之於孔子，恩義兼盡」者，恐誤，當作「孔子之於顏淵」可也。

○季子然問：「仲由、冉求可謂大臣與？」與，平聲。

子然，季氏子弟。自多其家得臣二子，故問之。輔氏曰：「二子以聖門高弟而仕於季氏，雖視顏閔爲慊，然其德望才業固非常人比。季氏之家其必知所尊敬矣，故子然以此自多而致問。」

子曰：「吾以子爲異之問，曾由與求之問。

異，非常也。曾，猶乃也。輕二子以抑季然也。輔氏曰：「季然自多其家得臣二子而致問，則其言色之閒必有矜大之意。且大臣既非家臣之可當，而二子又不足以盡大臣之道，故特輕二子以抑之。」

所謂大臣者，以道事君，不可則止。

以道事君者，不從君之欲。不可則止者，必行己之志。輔氏曰：「以道事君，則正其誼不謀其利，明其道不計其功，顧豈肯從君之欲哉？可則行，不可則止，在我而已，故不可則止者，

必行己之志也。此兩句斷盡大臣之道，不然則終不足以大有爲於世。若夫君淫則淫，君奢則奢；説以帝不入則王，説以王不入則霸，乃功利之徒所爲，孟子所謂妾婦之道者，豈足與語大臣之事哉？」

今由與求也，可謂具臣矣。」

具臣，謂備臣數而已。輔氏曰：「是不以道事其君，直備數而已。」

曰：「然則從之者與？」與，平聲。

意二子既非大臣，則從季氏之所爲而已。

子曰：「弑父與君，亦不從也。」

言二子雖不足於大臣之道，然君臣之義則聞之熟矣，弑逆大故必不從之。蓋深許二子以死難不可奪之節，而又以陰折季氏不臣之心也。○尹氏曰：「季氏專權僭竊，二子仕其家而不能正也，知其不可而不能止也，可謂具臣矣。是時季氏已有無君之心，故自多其得人，意其可使從己也，故曰『弑父與君，亦不從也』，其庶乎二子可免矣。」胡氏曰：「方子然欲假由、求以誇人，故夫子極言其失大臣之道。及其欲資由、求以助己，故夫子又極言其有人臣之節。應答之頃，可以存宗國衰微之緒，沮季氏强僭之心，脱由、求不得其死之禍。一抑揚之間，其效如此，所以爲聖人之言也。」

○子路使子羔爲費宰。子路爲季氏宰而舉之也。

子曰：「賊夫子之子。」夫，音扶，下同。賊，害也。言子羔質美而未學，遽使治民，適以害之。輔氏曰：「前章註謂其知不足而厚有餘，此又以爲質美而未學者，蓋質美則厚有餘，未學則知不足。人惟學，然後雖愚必明，若愚而未明，遽使之爲宰，是乃所以賊害之。」

子路曰：「有民人焉，有社稷焉，何必讀書，然後爲學？」言治民、事神，皆所以爲學。

子曰：「是故惡夫佞者。」惡，去聲。治民、事神，固學者事，然必學之已成，然後可仕以行其學。若初未嘗學，而使之即仕以爲學，其不至於慢神而虐民者幾希矣。輔氏曰：「神非可以嘗試事，民非可以苟且治也，故必學之已成，然後可仕以行其所學。若是者，猶恐夫動與靜違，用與體乖，而或有失其宜者。況乎初未嘗學，而遽使之即仕以爲學乎？是將使之事神而先有慢之之意，及其治民則必有虐之之實矣。」子路之言，非其本意，但理屈詞窮，而取辦於口以禦人耳。故夫子不斥其非，而特惡其佞也。輔氏曰：「子路從夫子之久，耳聞目見，豈不知爲學之不可以不讀書？而

其欲舉子羔也，遽以何必讀書復於夫子，蓋其勇率之資，理屈詞窮，不能反就義理，故取辨於口以禦人耳。是以夫子即就其病處箴之曰『是故惡夫佞者』。子路剛明，因夫子之言而自知其取辨於口之失，所以不復有言，若其以前言爲實，則必有辯論矣。」〇范氏曰：「古者學而後入政，未聞以政學者也。蓋道之本在於脩身，而後及於治人，其説具於方册。讀而知之，然後能行，何可以不讀書也？子路乃欲使子羔以政爲學，失先後本末之序矣。不知其過，而以口給禦人，故夫子惡其佞也。」文集曰：「上古未有文字之時，學者固無書可讀，而中人以上固有不待讀書而自得者。但自聖賢有作，則道之載於經者詳矣，雖孔子之聖，不能離是以爲學也。捨是不求，而欲以政學，失之矣，況又責之中材之人乎？然子路本意未必及此，但因夫子之言而託此以自解耳，故夫子以爲佞而惡之。」

〇子路、曾晳、冉有、公西華侍坐。坐，才卧反。

晳，曾參父，名點。

子曰：「以吾一日長乎爾，毋吾以也。長，上聲。

言我雖年少長於女，然女勿以我長而難言。蓋誘之盡言以觀其志，而聖人和氣謙德，於此亦可見矣。輔氏曰：「以少侍長，以卑侍尊，易得有所隱覆，而不敢盡其情。故夫子先爲謙辭以誘之，使之盡言以觀其志。聖人之和氣謙德，即所謂天道之下濟也。」

居則曰『不吾知也』，如或知爾，則何以哉？」

言女平居，則言人不知我，如或有人知女，則女將何以爲用也？

子路率爾而對曰：「千乘之國，攝乎大國之閒，加之以師旅，因之以饑饉，由也爲之，比及三年，可使有勇，且知方也。」夫子哂之。乘，去聲。饑，音機。饉，音僅。比，必二反，下同。哂，詩忍反。

率爾，輕遽之貌。攝，管束也。輔氏曰：「管束，謂介乎兩國之閒而爲大國所攝制也。」二千五百人爲師，五百人爲旅。因，仍也。穀不熟曰饑，菜不熟曰饉。方，向也，謂向義也。民向義，則能親其上，死其長矣。輔氏曰：「方只訓向，然子路之所謂向，則義也。有勇而不向義，則是血氣之勇，犯上作亂者有之；勇而向義，則是義理之勇，夫然後能親其上，死其長也。子路之能使民如此，蓋必有教化存焉。商鞅之使秦民怯於私鬬，勇於公戰，似亦可矣，然特劫之以刑賞耳，固非有以教之，而使民知其必不可不如此也。」哂，微笑也。

「求，爾何如？」對曰：「方六七十，如五六十，求也爲之，比及三年，可使足民。如其禮樂，以俟君子。」

「求，爾何如」，孔子問也，下放此。方六七十里，小國也。如，猶或也。五六十里，則又小矣。足，富足也。俟君子，言非己所能。冉有謙退，又以子路見哂，故其詞益遜。

「赤，爾何如？」對曰：「非曰能之，願學焉。宗廟之事，如會同，端章甫，願爲小相焉。」相，去聲。

公西華志於禮樂之事，嫌以君子自居，故將言己志而先爲遜詞，言未能而願學也。輔氏曰：「求、赤之遜，大抵是因子路被哂而然。深味此時此意，殆有虞朝相遜之氣象，聖人一嚬一笑，而成德達才之效如此。」宗廟之事，謂祭祀。諸侯時見曰會，衆頫曰同。輔氏曰：「周禮春官大宗伯：『時見曰會，殷見曰同。』又曰：『殷頫曰視。』殷即衆也，頫即見也。鄭氏謂：『朝宗覲遇，皆有常期。若時見，則無常期。諸侯有不順服者，王將有征討之事，則既已朝覲，王爲壇於國外，合諸侯而命事焉。十二歲王如不巡守，則六服盡朝。朝禮既畢，王亦爲壇，合諸侯以命政焉。所命之政，如王巡守。殷見，四方四時分來，終歲則徧。』」端，玄端服。輔氏曰：「禮象云：『有玄端而冕，若玉藻「天子龍衮以祭，玄端朝日」「諸侯玄端以祭」是已；有玄端而冠，若「朝玄端，夕深衣」是已；有玄端而章甫，如公西赤「端章甫，願爲小相焉」是已；有玄端而委貌，若「晏平仲端委立于虎門」是已。鄭云：「端，取其正。」謂士之衣袂皆二尺二寸，而屬幅廣袤等

也。」然則玄端之服，古者君臣皆得服之。』」章甫，禮冠。輔氏曰：「章甫，緇布冠也。三禮：『夏曰毋追，商曰章甫，周曰委貌，後代轉以巧意改新而易其名耳。其制相比，皆以漆布爲之。蓋三代常服，行道之冠也。』」相，贊君之禮者。言小，亦謙辭。

「點，爾何如？」鼓瑟希，鏗爾，舍瑟而作，對曰：「異乎三子者之撰。」子曰：「何傷乎？亦各言其志也。」曰：「莫春者，春服既成，冠者五六人，童子六七人，浴乎沂，風乎舞雩，詠而歸。」夫子喟然嘆曰：「吾與點也！」鏗，苦耕反。舍，上聲。撰，士免反。莫、冠，並去聲。沂，魚依反。雩，音于。

四子侍坐，以齒爲序，則點當次對。以方鼓瑟，故孔子先問求、赤而後及點也。或問：「何以知以齒爲序？」曰：「子路少孔子九歲，曾參少孔子四十六歲，而皙，參之父也，則其齒或亞於子路。」希，閒歇也。作，起也。撰，具也。輔氏曰：「具，猶言所具陳者。」春服，單袷之衣。浴，盥濯也，今上巳祓除是也。或問「浴之爲盥濯祓除」。曰：「漢志：『三月上巳，祓除，官民潔於東流水上。』而蔡邕引此爲證是也。韓、李疑夫裸身川浴之非禮，而改浴爲沿，蓋不察乎此爾。」沂，水名，在魯城南。地志以爲有溫泉焉，理或然也。風，乘涼也。舞雩，祭天禱雨之處，有壇墠樹木也。曾點之學，蓋有以見夫人欲盡處，天理流行，隨處充滿，無少欠闕，故其動靜之際，從容如此。語録曰：「曾點見得事事物物上皆是天

理流行，良辰美景，與幾箇好朋友行樂去。他看得那幾箇説底功名事業都不見了，他看見日用之間莫非天理，在在處處莫非可樂。」○黄氏曰：「人稟陰陽五行之氣以生，則莫不均具仁義禮智之性。此理之妙，苟無人欲以間之，則流行不息，隨處充滿。蓋一言語，則言語無非天理也；一舉動，則舉動無非天理也；一好樂，則皆天理之所當好樂也；一趨向，則皆天理之所當趨向也。何往而非天理？亦何處而有欠闕哉？天命之謂性，率性之謂道，未發則爲中，既發則爲和，孰非天理之當然哉？曾皙之學有見乎此，故問未及之也，則不當思而不思，天理也；其及之也，則當思而後思，天理也；其快於心也，則不得不作而對，天理也；其異於人也，則不得不疑而發，天理也；夫子之所問者，吾心所存之志，吾之所答者，吾身日用之常，天理也。春之莫，服之成，可樂之日也，童子冠者之相從，浴沂風詠之得所，可樂之事也，可樂而樂，天理也。曾皙之心舉無一塵之爲累，但見天理之流行，人之所以爲學者，亦不過存此心之天理而已。今吾心之天理流行發用如此，此志之外，又豈復更有他念哉？堯舜以道心精一之傳，發而爲垂拱無爲之治，亦不過曰仁義行而已，豈復有他道哉？回視三子，見事而不見理，則雖有蓋世無前之事業，且不足道，而況其區區者乎。至其與天地萬物同流，各得其所，亦天理流行，其氣象功效自如此耳。」○輔氏曰：「天理人欲不兩立，才有一豪人欲，則天理便沮遏而不得行。須是克盡人欲，全無透漏，到此地位，然後天理自然流行也。天理既遂其流行，則隨事隨處自然充足優裕，不待勉强著力，自無纖豪欠闕處。然唯聖人心與理一，然後能體用兼備，不待勉强，自然而然。若曾皙，則以天

資之高，而於此有見焉耳，固未能如聖人之爲也。故集註著『有以見夫』四字於其首，便自斷置得曾晳所學之分量分曉，與後面程子所謂『曾點狂者，未必能爲聖人之事，而能知夫子之志』之説相應。曾晳之學，唯有見乎此，故其侍坐之時，心平氣和，照顧得到，遂能於動静之際從容如此。」〇胡氏曰：「天理所在，未嘗不流行於日用之間。其在人也，一爲私欲所蔽，則壅遏而不通，然非天理之本體也，故人欲既盡，則天理自若。」〇又曰：「人患爲私欲所蔽耳。其實窮固未嘗不足，達亦未嘗有餘，不假它求也，故隨處充滿，無少欠闕。」**而其言志，則又不過即其所居之位，樂其日用之常，初無舍己爲人之意。而其胷次悠然，直與天地萬物上下同流、各得其所之妙，隱然自見於言外。**或問：「何以言其與天地萬物各得其所？」曰：「莫春之日，生物暢茂之時也；春服既成，人體和適之候也；冠者五六人，童子六七人，長少有序而和也；沂上舞雩，魯國之勝處也；既浴而風，又詠而歸，樂而得其所也。夫以所居之位而言，其樂若止於一身，然以其心論之，則固藹然天地生萬物之心，聖人對時育物之事也，夫又安有物我内外之間哉。」〇輔氏曰：「曾晳所居之地，不過只做得此等事，而浴沂詠歸數語，亦其平時日用之常。夫即其所居之位，則無出位之思；樂其日用之常，則無作意之爲。只此兩句，便又見得曾晳不願乎其外、無入而不自得之意。不過與諸朋友徜徉自適，初不見其有三子之志，而其胷次悠然自適，直與天地萬物上下同流、各得其所之妙，隱然自見於言語之外，是則曾點之所樂也。『初無舍己爲人之意』一句，説得點之事實；『胷次悠然』而下數句，又形容得點之樂處分曉。集註於此一段，

凡三次改削，然後得如此平實，學者當深味之。」○胡氏曰：「即其所居之位，樂其日用之常者，莫春融和之時，沂水祓除之事，與其朋儕游泳自得，乃其分之所宜爲，而目即之所可爲也。初無舍己爲人之意者，如必得國而治之然後見其用，則在我者輕，在人者重，人必知我，則方有以自見，人不我知，則將無所用於世矣，此晳之所以異於三子也。人欲淨盡，天理流行，動靜之閒無往非此，則上下與天地同流矣。達而在上，窮而在下，無所不在，無時不然，則與萬物各得其所。以晳之所對，雖未及此，而非倉猝之談，故可以由其言而觀其所存也。」**視三子之規規於事爲之末者，其氣象不侔矣，故夫子歎息而深許之。**語録曰：「曾點雖超然事物之外，而實不離乎事物之中，是箇無事無爲底道理，却做有事有爲底功業，此所謂大本，所謂忠，所謂一者是也。點操得柄欛，據著源頭，諸子則從支流上做功夫，諸子底小，他底大。」○輔氏曰：「不言三子之言志，固皆實事，使各極其才力而爲之，亦非常人所及。但以曾晳見處觀之，終是有所待於外而樂於見其能。又其才各有所偏，能於此者或不能於彼，若曾晳之志，則大以成大，小以成小，隨物賦形，無所不利，此夫子所以嘆息而深許之。」**而門人記其本末獨加詳焉，蓋亦有以識此矣。**

三子者出，曾晳後。曾晳曰：「夫三子者之言，何如？」子曰：「亦各言其

志也已矣。」夫，音扶。曰：「夫子何哂由也？」

點以子路之志乃所優爲，而夫子哂之，故請其說。輔氏曰：「子路才能非不足於此，今乃見哂於夫子，故請其說。」

曰：「爲國以禮，其言不讓，是故哂之。」

夫子蓋許其能，特哂其不遜。

「唯求則非邦也與？」「安見方六七十，如五六十，而非邦也者？」與，平聲，下同。

曾點以冉求亦欲爲國而不見哂，故微問之，而夫子之答無貶詞，蓋亦許之。

「唯赤則非邦也與？」「宗廟、會同，非諸侯而何？赤也爲之小，孰能爲之大？」

此亦曾皙問而夫子答也。孰能爲之大，言無能出其右者，亦許之之詞。○程子曰：「古之學者優柔厭飫，有先後之序。如子路、冉有、公西赤言志如此，夫子許之，亦以此自是實事。後之學者好高，如人游心千里之外，然自身却只在此。」輔氏曰：「優柔則無急迫之意，故不至於凌躐；厭飫則有飽足之心，故不至於虛妄。其於進學先後之序，皆身親經

歷之，必盈科而後進，成章而後達，自然步步著實，無有虛夸妄想之事。若後之學者好高，如人游心千里之外，然自身却只在此，則全是虛夸妄想者之所爲。此數語斷得古今學者得失最爲的當。」**又曰：「孔子與點，蓋與聖人之志同，便是堯舜氣象也。誠異三子者之撰，特行有不掩焉爾，此所謂狂也。子路等所見者小，子路只爲不達爲國以禮道理，是以哂之；若達，却便是這氣象也。」**文集曰：「行有不掩，非言行背馳之謂，但行不到所見處耳。倚門而歌，亦略見其狂處。只此舍瑟言志處，固是聖人所與，然亦不害其爲狂也，過此流入莊老去矣。」○語録曰：「曾點與聖人志同。蓋道體流行，無虧無欠，是天生自然如此，與聖人安老、懷少、信朋友底意思相似。聖人見老者合安便安之，朋友合信便信之，少者合懷便懷之，惟曾點見得到這裏，聖人做得到這裏。」○又曰：「且看莫春時物態舒暢如此，曾點情思又如此，便是各遂其性處。堯舜之心，亦只是要萬物皆如此爾。」○又曰：「三子所志雖皆是實，然未免局於一君一國之小，向上更進不得。若曾點所見，乃是大根大本，使推而行之，則將無所不能，雖其功用之大，如堯舜之治天下亦可爲矣，蓋言其所志者大而不可量也。然使點遂行其志，則恐未能掩其言，故以爲狂。」○又曰：「子路若達爲國道理時，事事都見得是自然底天理。既是天理，無許多費氣力生受。」問：「子路就使達得，却只是事爲之末，如何比得這箇？」曰：「理會得這道理，雖事爲之末，亦是道理。莫春者，春服既成，何嘗不是事爲來？」問：「三子皆事爲之末，何故子路達得便是這氣象？」曰：「子路才氣去得，雖粗暴些，纔理會這道理，便就這箇『比及三年，可使

有勇，且知方』上面，却是這箇氣象。求、赤二子雖是謹細，却只是安排來底，又更是他才氣小了。子路是甚麽樣才氣。」○又曰：「到『爲國以禮』分上，便自理明，自然有曾點氣象。」○永嘉陳氏曰：「天高地下，萬物散殊，而禮制行矣，曾點胷次正如此。子路參得此透時，即油然天理呈露，無許多麤骨氣矣。」○又曰：「爲國以禮，則君君、臣臣、父父、子子，事各當事，物各當物，終日在天理上行此堯舜氣象。」**又曰：「三子皆欲得國而治之，故孔子不取。曾點，狂者也，未必能爲聖人之事，而能知夫子之志。故曰『浴乎沂，風乎舞雩，詠而歸』，言樂而得其所也。孔子之志，在於『老者安之，朋友信之，少者懷之』，使萬物莫不遂其性。曾點知之，故孔子喟然嘆曰『吾與點也』。」**輔氏曰：「樂而得其所者，言隨所寓而樂，自其斂於一己者言也。使萬物莫不遂其性者，言物皆得其樂，自散於物者言也。此聖賢之分也，然人有得於曾晳之樂，然後可以進於聖人之樂，固不可凌節躐等而進也。」**又曰：「曾點、漆雕開已見大意。」**語録曰：「他只是見得這大綱意思，於細密處未必便理會得，如千兵萬馬，他只是見得這箇，其中隊伍未必知。」○又曰：「曾點見雖高，漆雕開却確實。」

顏淵第十二

凡二十四章。

顏淵問仁。子曰：「克己復禮爲仁。一日克己復禮，天下歸仁焉。爲仁由己，而由人乎哉？」

仁者，本心之全德。黄氏曰：「謂此心所具之理，如仁義禮智者，皆仁也。」○輔氏曰：「仁義禮智信，皆心之德，而仁實包義禮智信四者，故曰心之全德。」○蔡氏曰：「以其心之全得乎天者也。」**克，勝也。**語録曰：「聖人下箇克字，譬如相殺相似，定要克勝得他。」○又曰：「克訓治，緩了。且如睚得一分也是治，睚得二分也是治，勝便是打疊殺了他。」**己，謂身之私欲也。**語録曰：「己有兩義，物我亦是己，私欲亦是己。」○輔氏曰：「人有身，故有欲，如飢欲食、渴欲飲，皆是也。但欲有公私之不同，此所謂己，則指身之私欲者也。」○胡氏曰：「耳目口體之欲，皆因己而有，故謂之私。」**復，反也。**輔氏曰：「反，猶歸也，如行者之反歸於家也。」**禮者，天理之節文也。**黄氏曰：「謂此心所具之理莫非天理，而理之有節有文者，即禮也。」○胡氏曰：「天理，即全德也。節者，其限制等級也。文者，其儀章脉理也。不曰理而曰禮者，理虛而禮實，以其有

品節文章可以依據也。」**爲仁者，所以全其心之德也。蓋心之全德莫非天理，而亦不能不壞於人欲，故爲仁者必有以勝私欲而復於禮，則事皆天理，而本心之德復全於我矣。**

語録曰：「人只有天理人欲兩途，不是天理，即是人欲，即無不屬天理又不屬人欲底。且如坐如尸是天理，跛倚是人欲，克去跛倚而未能如尸，即是克得未盡，却不是未能如尸之時不係人欲也。須與立箇界限，將那未能復禮時底都把做人欲斷定。」○黄氏曰：「心之全德莫非天理，則言仁而禮在其中；事皆天理而心德復全，則言禮而仁在其中。蓋皆以天理爲言，則仁即禮，禮即仁，安有復禮而非仁也哉？其曰事皆天理者，以視聽言動之屬乎事也；復歸於禮，則事皆合乎天理矣。」○輔氏曰：「仁者，天理之會而心德之全也。禮者，天理之著而心德之則也。身之私欲，乃天理之反而心德之蔽也。克己者，有以勝夫私欲而不使之滋萌於念慮之間。復禮者，動静周旋，循規蹈矩，如行者之得反於家，委蛇自適而無有絲豪頃刻違叛之迹也。夫如是，則應事接物之際，無非天理之流行，而本心之德始復全於我矣。克己而不復禮，則譬如人雖無向外馳騖之意，然退而無家可歸，久則必至於横潰四出也。」○蔡氏曰：「人既有是軀殻，其耳目鼻口不能無私欲之累，視聽言動一有非禮，則本心全德存者鮮矣，所謂不能不壞於人欲之私。惟克去非禮，以復乎天理之節文，則仁即此而存，所謂事皆天理而本心之德復全於我者也。學者玩箇克字，便須求勇猛力戰決勝之意；玩箇復字，便須求天理復還之實。蓋仁即禮之全體，禮乃仁之子目，克己復禮，即所以爲仁也。」**歸，猶與也。又言一日克己復禮，則天下之人皆與其仁，極言**

其效之甚速而至大也。語録曰：「克己復禮，則事事皆是，天下之人聞之見之，莫不皆與其爲仁也。」○又曰：「今一日克己復禮，天下人來點檢他，一日内都是仁底事，則天下都以仁與之；一月能克己復禮，天下人來點檢他，一月内都無不仁底事，則一月以仁與之。若今日如此，明日不如此，便不會以仁與之也。」○輔氏曰：「一日，極言其效之甚速也。天下，極言其效之至大也。」○蔡氏曰：「天下之大，人人皆稟受得天所予之仁，若我真能一日克己復禮爲仁，即此仁便與天下之人都湊得著，所以天下皆以仁稱之。」**又言爲仁由己，而非他人所能預，又見其機之在我而無難也。**語録曰：「這裏都是自用著力，使他人不著。」○輔氏曰：「爲仁由己，而非他人所能與，則其機要實在於我矣。爲之則是，何難之有？」○又曰：「極言其效而深發其機，其效之甚速而至大者，實由其機之在我而無難也。」**日日克之，不以爲難，則私欲淨盡，天理流行，而仁不可勝用矣。**語録曰：「做到私欲淨盡，天理流行，便是仁。」○輔氏曰：「日日克之，不以爲難，此言克己之能果決也。私欲淨盡，天理流行，而仁不可勝用，則又言克己復禮之爲仁其效甚速而至大也。」○胡氏曰：「日日克之，不以爲難者，所謂一日非一日而止也。私欲淨盡，天理流行者，蓋私欲有一豪之未克，則天理必因是而有壅遏者矣。」**程子曰：「非禮處便是私意，既是私意，如何得仁？須是克盡己私，皆歸於禮，方始是仁。」**語録曰：「到私欲盡後，便粹然是天地生物之心。」又曰：「克己復禮，則事事皆仁，故曰天下歸仁。」語録

曰：「問：『集註云「歸，猶與也」，謂天下皆與其仁，後面却載程子語天下歸仁，謂事事皆仁，恰似兩般。』曰：『爲其事事皆仁，所以天下歸仁。』」○又曰：「於這事做得恁地，於那事亦做得恁地，所以天下皆稱其仁。若有一處做得不是，必被人看破了。」○又曰：「一日克己復禮了，雖無一事，亦不害其爲事事皆仁；雖不見一人，亦不害其爲天下歸仁。」○胡氏曰：「程子初説所以明天理界限之分，次説又明克復之功非一端而已也。」**謝氏曰：「克己，須從性偏難克處克將去。」**語録曰：「問：『此性是氣質之性否？』曰：『然，然亦無難易。凡氣質之偏處，皆須從頭克去。謝氏恐人只克得裏面小小不好底氣質而忘其難者，故云然。』」○又曰：「人之氣稟有偏，所見亦往往不同。如氣稟剛底人，則見剛處多，而處事必失之太剛；柔底人，則見柔處多，而處事必失之太柔。須先就氣稟偏處克治。」○又曰：「如偏底固是要克也，有不偏而事爲有不穩當底也當克。且如偏於嚴，克而就寬，那寬中又有多少不好處要克。」○胡氏曰：「謝氏之説，蓋欲使人先勝其難[二]，則易者退聽矣。」

顔淵曰：「請問其目。」子曰：「非禮勿視，非禮勿聽，非禮勿言，非禮勿動。」顔淵曰：「回雖不敏，請事斯語矣。」

[二] 難，原作「難難」，衍一「難」字，據通志堂經解本删。

目，條件也。顔淵聞夫子之言，則於天理人欲之際已判然矣，故不復有所疑問，而直請其條目也。語録曰：「聖人是一箇赤骨立底天理。顔子早是有箇物包裹了，但是其包裹者薄，剥去容易。聖人一爲指出這是天理，這是人欲，他便洞然都曉得了。」**非禮者，己之私也。**胡氏曰：「己與理對，非禮則爲己私矣。」**勿者，禁止之辭。是人心之所以爲主，而勝私復禮之機也。私勝，則動容周旋無不中禮，而日用之閒莫非天理之流行矣。**語録曰：「説文謂勿字似旗脚。此旗一麾，三軍盡退，功夫只在勿字上。纔見非禮來，則禁止之；纔禁止，便克去；纔克去，便能復禮。」○又曰：「只是勿，便是箇主宰。若恁地持守，勿令走作，也由他；若不收斂，一向放倒去，也由他。」○又曰：「主在勿字上。纔覺非禮意思萌作，便提起這勿字，一刀兩段，己私便可去。私去，則能復禮而仁矣。」○又曰：「今人與顔子只争箇勿字。」○輔氏曰：「勿者，禁止之辭，是釋勿字之義。人心所以爲主，而勝私復禮之機，是釋勿字之用也。必也心爲之主宰，然後能有所禁止而不爲，然後可以有爲，此所以爲勝私復禮之機也。能勝其私，則動容周旋無不復於禮，而日用之閒莫非天理之流行矣。」**事，如事事之事。請事斯語，顔子默識其理，又自知其力有以勝之，故直以爲己任而不疑也。**輔氏曰：「顔子之明，既能默識其理；顔子之健，又能遂致其勿，故不復再問，而直以事斯語爲己任而無所疑畏也。」○**程子曰：「顔淵問克己復禮之目，子曰『非禮勿視，非禮勿聽，非禮勿言，非禮勿動』，**

四者身之用也。蔡氏曰：「視聽言動，身之用也，心則其體也。」**由乎中而應乎外，制於外所以養其中也。**語録曰：「由乎中而應乎外，是推本視聽言動四者，皆是由中而出，泛言其理之如此耳，非謂從裏面做功夫也。制乎外所以養其中，方是説做功夫處，全是自外而内，自葉流根之意。」○問：「制於外所以養其中，此是説仁之體而不及用。」曰：「制於外便是用。」○問：「克己功夫從内面做去，反説制於外，如何？」曰：「制却在内。」○黄氏曰：「體用之相應，如人心手足一氣所貫，初非截然爲二物也。心所念慮，則手足隨之；手足痛痒，未有不達乎心者。仁之與禮，本未發之體也，一有私欲出於非禮，則天理之節文者亦爲之動，而心之全德亦不得以自全矣。故程子於四箴之序曰：『由乎中而應乎外，制於外所以養其中。』蓋謂此也。」**顔淵事斯語，所以進於聖人。後之學聖人者，宜服膺而勿失也，**輔氏曰：「禮乃仁之著，聖乃仁之極。欲爲聖人，當自求仁始；欲求夫仁，當自復禮始。」**因箴以自警。」其視箴曰：「心兮本虚，應物無迹。**語録曰：「問：『視箴何以特説心？』曰：『諺云開眼便錯，所以就心上説。』」○陳氏曰：「心之爲體，其中洞然，本無一物，只純是理而已，然理亦未嘗有形狀也。」○又曰：「心虚靈，知覺事物，纔觸即動，而應無縱跡之可尋捉處。」○胡氏曰：「心兮本虚者，體也；應物無迹者，用也。體無所窒，則用無所滯，此其本然也。」○蔡氏曰：「人之一心本自虚靈，雖酬酢萬

變[二]，而隨感隨應，更無留迹。此即無思無爲、寂而感之本體也。」**操之有要，視爲之則。**語録曰：「人之視聽言動，視最在先，是乃操心之準則。此兩句未是不好。」○輔氏曰：「人心出入無時，莫知其鄉，何有形迹可見？然操則存，舍則亡，而操之之要，則以視而爲則而已。蓋人之視最在先，遇不當視者，才起一念要視他，便是非禮，故當以是爲操心之則。」○陳氏曰：「即此處而操存之，庶乎得其要而有一定之準。」○葉氏曰：「目者，一身之昭鑒，五行精華之所聚，於心尤切。目動，心必隨，心動，目必注。心之虚靈，千變萬化，欲加檢防，先以視爲準則。」○蔡氏曰：「則，猶法則、準則之謂。」**蔽交於前，其中則遷。**語録曰：「至蔽交於前，方有非禮而視。」○輔氏曰：「此則所謂物交物而失之者也。」○陳氏曰：「蔽，指物欲之私而言。」○又曰：「中，指心之體而言，即天理之謂也。物欲之蔽接於前，則心體逐之而去矣。」○胡氏曰：「因有所見，而心爲之動也。」**制之於外，以安其内。**語録曰：「視是將這裏底引去，所以云以安其内。」○陳氏曰：「物欲克去於外，則無以侵撓吾内，而天理寧定矣。」○胡氏曰：「禁其視之非禮，則心得其平矣。」**克己復禮，久而誠矣。**語録曰：「如是功夫無間斷，則久而自從容不勉矣。」○輔氏曰：「常常克去己私以復於禮，久久不息，則其意誠實無歉，而不復有作輟之弊矣。」○陳氏曰：「上以

[二] 酬，原作「酧」，據通志堂經解本改。

一節言，此以全體言。」○又曰：「誠者，真實無妄之理也。克復工夫真積力久，則私欲淨盡，徹表裏一於誠純，是天理之流行而無非仁矣。」○胡氏曰：「克己復禮者，言上文乃所以用力於此也。久而誠矣者，非禮勿視未是仁，真積力久，自然誠實，則可以謂之仁也。」○蔡氏曰：「始而克己復禮，有以用其力，久而誠，則自無所用其力矣。」**其聽箴曰：「人有秉彝，本乎天性。**輔氏曰：「人心所秉之常性乃得之於天，而聽其所當聽，不聽其所不當聽者，即秉彝之性也。」○陳氏曰：「人均執此常道而生，其原出於天之所賦，而人受之以爲性者也。」○胡氏曰：「亦猶視箴原其本然也。彼以心言，此以性言，微有緩急之異也。」**知誘物化，遂亡其正。**語録曰：「樂記云：『人生而静，天之性也；感於物而動，性之欲也。物至知知，然後好惡形焉。好惡無節於内，知誘於外，不能反躬，天理滅矣。』人莫不有知，知者，所當有也。物至，則知足以知之而有好惡，這是自然如此。到得『好惡無節於内，知誘於外』，方始不好去。」○輔氏曰：「人雖有是性，而爲知所誘，爲物所化，然後有聽其所不當聽，而不聽其所當聽者焉。」○陳氏曰：「知指形氣之感而言，物欲至而知覺萌，遂爲之引去矣。化則與之相忘如一，而無彼我之間也。」○又曰：「正以理言。至是，則天理俱滅而無復存矣。」○胡氏曰：「知誘物化者，因有所聞而隨物以往也。」○又曰：「不言聽而言知者，聽者知之初，知者聽之後，因知而此心爲之動，故以知言，其實一也。」**卓彼先覺，知止有定。**陳氏曰：「悟此理之全而體之者。」○又曰：「事事物物各有所當止之處，即理之當然者是也。能一一知其然，則此心明徹，於日用應接皆有定理，不爲之誘而化矣。」○胡

氏曰：「每聽則審所當止而不爲物遷也。」○蔡氏曰：「常人失其本性，唯先覺者能知止於至善，而心有定向。」**閑邪存誠，非禮勿聽。**」語録曰：「問：『閑邪莫是爲防閑抵拒那外物，使不得侵近否？』曰：『固是。凡言邪，皆自外至者也。然只視聽言動無非禮，便是閑。』」○又曰：「聽得外面底來，所以云閑邪存誠。」○輔氏曰：「閑其邪，使不爲吾舍之入；存其誠，使不雜於人欲之私，則自然非禮勿聽也。」○蔡氏曰：「或疑聽箴之説似乎寬，亦可移爲視箴用。殊不知視是自内而引出外，所以云『以安其内』；聽是自外而引入内，所以云『閑邪存誠』。視爲先，聽次之，所以視箴説得尤力。」**其言箴曰：「人心之動，因言以宣。**文集曰：「言有不順理、不自得處，即是心有不順理、不自得處，故不得於言，須求之於心，就心上理會也。心氣和，則言理順矣，然亦須就言上做工夫，始得内外表裏照管無少空闕，始得相應。」○陳氏曰：「一念之動於中，或善或惡，必由言以聲之而後見於外。」○胡氏曰：「心有所感，必賴言以宣布也。」**發禁躁妄，内斯静專。**語録曰：「上四句是説身上最緊切處。須是不躁妄方始静專，纔不静專，自家這心自做主不成，如何去接物？」○輔氏曰：「躁屬氣，妄屬欲。不爲氣所動，故静；不爲欲所分，故專。」○陳氏曰：「疾而動曰躁。虚而亂曰妄。人之欲言，大槩不出此二者，皆人欲之所爲也，故必禁之。」○又曰：「静安專一，皆天理之所存也。外不躁則内静，外不妄則内專。此二句爲一篇之關要處。」**矧是樞機，興戎出好。**文集曰：「好，善也。戎，兵也。言發於口，則有二者之分。利害之

幾，可畏如此。」○陳氏曰：「門之闢闔所繫在樞，弩之張弛所繫在機。人心之動有善惡，由言以宣之而後見於外，是亦人之樞機也。」○又曰：「言非禮，則有躁妄而起爭；言以禮，則無躁妄而生愛。」**吉凶榮辱，惟其所召。**語録曰：「中四句却是説言底道理。」○胡氏曰：「『惟其所召』以上，謹於處己也。」○蔡氏曰：「出好則吉則榮，興戎則凶則辱。發於口者甚微，而召於彼者甚捷。可不畏哉？可不謹哉？」**傷易則誕，傷煩則支。**輔氏曰：「易則心不管攝，故必至於妄誕。煩則心不精一，故必至於支離。」○陳氏曰：「易者，輕快之謂，躁則傷於易。誕者，欺誑之謂，而易中之病也。煩者，多數之謂，妄則傷於煩。支，猶木之枝，從身之旁而迸出者，乃煩中之失也。」○胡氏曰：「『傷易則誕』以下，謹於接物也。」○蔡氏曰：「易則誕，由其妄而不專也；煩則支，由其躁而不静也。」**己肆物忤，出悖來違。**語録曰：「下四句却説四項病。」○又曰：「如言箴説許多，也是人口上有許多病痛，從頭起至『吉凶榮辱，惟其所召』，是就身上謹；『傷易則誕』至『出悖來違』，是當謹於接物閒都説得周備。」○輔氏曰：「己肆物忤，則人與己非兩物；出悖來違，則感與應非二事。」○陳氏曰：「傷易而誕，則無有成法，在己者肆而與物忤矣，内何復静之云？傷煩而支，則不合正理，所出者悖而來亦違矣，内何復專之云？」○蔡氏曰：「内不静，故己肆而物忤；内不專，故出悖而來違。」**非法不道，欽哉訓辭。」**陳氏曰：法，謂先王之格言。欽，謂敬謹其出而無躁妄也。」**其動箴曰：「哲人知幾，誠之於思。志士勵行，守之於爲。**語

録曰：「哲人便於思量閒便見得合做與不合做，志士便於做出了方見得。」○又曰：「思是動之於心，爲是動之於身。」○又曰：「思是動之微，爲是動之著，這箇是該動之精粗。爲處動，思處亦動。思是動於内，爲是動於外。蓋思於内不可不誠，爲於外不可不守。專誠於思而不守於爲，不可；專守於爲而不誠於思，亦不可。」○又曰：「非是兩般人。只是誠之於思底，却覺得速；守之於爲者，及其形於事爲，早是見得遲了。此却是覺得有遲速，不可道有兩般，却兩般做工夫去。」○又曰：「須著隨處照管，不應這裏失了，後面更不去照管。覺得思處失了，便著去事上看，便舍彼取此。須著如此方得。」○輔氏曰：「哲人知幾，誠之於思，顔子無形顯之過是也。志士勵行，守之於爲，如顔子不善未嘗復行是也。」○陳氏曰：「幾者，善惡欲動而未形之閒，其兆甚微。哲人心通理明，能燭之於先，於一念微動而未形之閒便已知覺，而實之無妄，則天理之本然者流行無壅矣。見於所行之謂行，志士激厲，能勇於有行，爲事動之已著也，至此方知覺而守之不放，則事亦中理而無過舉矣。」○蔡氏曰：「知幾其神乎！哲人其上也，見幾而作，不俟終日。志士其次也。」**順理則裕，從欲惟危。**語録曰：「哲人志士，雖則是有兩樣，大抵都是順理便安裕，從欲便危險。」○又曰：「此兩句是生死路頭。」○陳氏曰：「結上文。二者之動雖微顯不同，然循天理之公，則皆無餒於中，故裕；逐人欲之私，則易陷於下，故危。」○蔡氏曰：「哲人、志士雖有閒，然安危之機只在乎天理、人欲之閒耳。」**造次克念，戰兢自持。**輔氏曰：「造次克念，不息之誠也；戰兢自持，敬謹之體也。」○陳氏曰：「雖急遽苟且之時，亦必誠之於思，則其涵養之功密

矣；常恐懼戒謹，守之於爲，則其操存之力篤矣。」○蔡氏曰：「造次克念，以誠於思，言凡學者動於心，不可不存克念之誠；戰兢自持，以守於爲，言凡學者動於身，不可不加自持之念。」**習與性成，聖賢同歸。**」輔氏曰：「此兩句必於動上言之者，動則該夫三者，而君子之學，惟行之爲貴也。」○胡氏曰：「禁止之初，特爲仁之事，至於自然，則賢亦聖矣。」○蔡氏曰：「聖，性之也，謂哲人；賢，習之也，謂志士。及其成功，一也，故曰同歸。」**愚按：此章問答，乃傳授心法切要之言，非至明不能察其幾，非至健不能致其決，故唯顔子得聞之，而凡學者亦不可以不勉也。**輔氏曰：「非顔子之至明，則雖告之以『克己復禮，天下歸仁』之説，必不能察夫爲仁之機要在此而遂請其條目；非顔子之至健，則雖告之以『爲仁由己』與夫四勿之説，必不能致其勇決於此而遂以爲己任。此夫子所以獨以是告顔子，而他弟子有不與焉。然學者所以學爲聖人也，又豈可不加勉焉，而遂以爲智不足以及此，力不足以任此，而自棄哉？固當發憤，以致人一己百、人十己千之功，使雖愚必明，雖柔必强，以庶幾於聖人之事可也。」○愚謂：非至明，則不能察天理人欲邪正所由動之幾，將有誤認天理爲人欲、人欲爲天理，而不自覺於冥冥之中矣；非至健，則不能決天理人欲勝負所由分之勢，將有玩天理而不肯進，戀人欲而不忍割，而依違於二者之閒矣。**程子之箴，發明親切，學者尤宜深玩。**文集曰：「四箴旨意精密，真所謂一棒一條痕，一摑一掌血者。」○又曰：「四箴之意，蓋欲學者循其可見易守之法，以養其不可見不可

繫之心也。至於久而不懈，則表裏如一，而私意無所容矣。」

○仲弓問仁。子曰：「出門如見大賓，使民如承大祭。己所不欲，勿施於人。在邦無怨，在家無怨。」仲弓曰：「雍雖不敏，請事斯語矣。」

敬以持己，恕以及物，則私意無所容，而心德全矣。輔氏曰：「出門如見大賓，使民如承大祭，此是持敬工夫；己所不欲，勿施於人，此是强恕工夫。纔不敬，便私欲萬端，害仁之體；纔不恕，便徇己遺物，柅仁之用。敬以養之，恕以達之，則天理流行，不至閒斷，而私欲自無可萌之時、可著之處矣。」○陳氏曰：「敬者，吾心之所以生，而仁之存也；恕者，吾心之所以達，而仁之施也。主敬持己，則私意無所萌於內矣；行恕及物，則私意無所形於外矣。內外無私意，而仁在是矣。」內外無怨，亦以其效言之，使以自考也。輔氏曰：「蓋使之考其效以驗其實也。」○胡氏曰：「驗之於人而內外皆無所憾也，猶天下歸仁之意，借是以驗其所至，非有計效之心也。」○程子曰：「孔子言仁，只說『出門如見大賓，使民如承大祭』。看其氣象，便須心廣體胖，動容周旋中禮。唯謹獨，便是守之之法。」或問：「出門、使民之時如此可也，未出門、使民之時如之何？」曰：「此儼若思時也，有諸中而後見於外。觀其出門、使民之時，其敬如此，則前乎此者敬可知矣。非因出門、使民，然後有此敬也。」

語録曰：「程子答或人之說固是好，足以明聖人之說，見得前面有一段工夫。但是當初正不消恁

地答他，却好與他説今且就出門、使民時做，若是出門、使民時果能如見大賓、如承大祭，則他未出門、使民以前自住不得。」○輔氏曰：「程子二説實相通。心廣體胖，周旋中禮，便是仁者之氣象。熟於仁者，但説此氣象，則不須言仁而仁自可知。然出門、使民，是與物接時。獨是未與物接時，即後説所謂儼若思之時也。未與物接之時，能敬謹以守之，則與物接時，自然有此氣象矣。」○胡氏曰：「程子專主出門、使民二句而言，所以發不但此二事而已之意。此心未嘗不敬，應事之時則如是也。敬又恕之本，故專以敬爲言。而謹獨一語，專爲學者發也。」**愚按：克己復禮，乾道也；主敬行恕，坤道也。顔、冉之學，其高下淺深，於此可見。**語録曰：「克己復禮是一服藥，打疊了這病；主敬行恕是漸漸服藥，消磨了這病。」○又曰：「克己復禮，如撥亂反正；主敬行恕，如持盈守成。」○又曰：「乾卦自『君子進德脩業』，以至於『知至至之，可與幾也；知終終之，可與存義也』，從知處説來；如坤，則但是説『敬以直内，義以方外』，只就持守處説，只説得一截。如顔子克己復禮工夫，却是從頭做起來，是先要見得後却做去，工夫較大。仲弓不解做得那前一截，只據見在底道理持守將去。」○又曰：「乾道奮發而有爲，如『庸言之信，庸行之謹』『閑邪存其誠』之類是也；坤道静退而持守，如『敬以直内，義以方外』之類是也。觀夫子告二子氣象，各有所類。」○又曰：「仲弓資質温粹，顔子資質剛明。顔子之於仁，剛健果决，如天旋地轉，雷動風行做將去；仲弓則自斂藏嚴謹做將去。」○永嘉陳氏曰：「顔子工夫索性，豁開雲霧便見青天，故屬乾；仲弓工夫著力，淘盡泥沙方見清泉，故屬坤。此處最難認，須細心

玩聖賢氣象便會得。」○蔡氏曰：「克己復禮，是己與天對，做得到便純是天；持敬行恕，是己與人對，做得到猶是人。若又以應效言之，則又有大小淺深之不同，顏子底便可天下歸仁，仲弓底便只可邦家無怨。天下歸仁，其應廣而速；邦家無怨，其應狹而緩，氣象不侔矣。」**然學者誠能從事於敬恕之閒而有得焉，亦將無己之可克矣。**語録曰：「持敬行恕，雖不曾著力去克己復禮，然却與克己復禮只一般。蓋若是把這箇養來養去，那私意自是著不得。出門若見大賓，使民如承大祭時，也著私意不得；己所不欲，勿施於人時，也著私意不得。」

○司馬牛問仁。

司馬牛，孔子弟子，名犂，向魋之弟。宋人。

子曰：「仁者其言也訒。」訒，音刃。

訒，忍也，難也。胡氏曰：「忍者，禁止於將發之時。難者，欲發而不敢輕也。」**仁者心存而不放，故其言若有所忍而不易發，蓋其德之一端也。**語録曰：「仁者之人，言自然訒。在學仁者，則當自謹言語中以操持此心。且如而今人愛胡亂説話，輕易言語，是他此心不在，奔馳四出，如何有仁？」○輔氏曰：「言，心聲也，忍則心之用也，故心存而不放，則其言自然若有所忍而不易發。仁德固多端，而其言之訒則特其一端耳。」○胡氏曰：「仁者之人常有所主於中，動静語默皆合於理。其出言也不待禁止，亦非欲言而不敢輕發，故借以曉之。」**夫子以牛多言而**

躁，故告之以此，使其於此而謹之，則所以爲仁之方不外是矣。文集曰：「這是司馬牛身上一病，去得此病，則方好將息充養耳。」○輔氏曰：「仁者，本心之全德。惟已私盡去，天理渾然，是爲得之。一或役於氣，動於欲，則爲心德之病，而仁始虧矣。司馬牛多言而躁，正所謂役於氣、動於欲者，故因其問而即其病之反處告之。使牛因其言而深思以去其病，於此一端以加謹焉，則所以爲仁之方固不外此，所謂曲能有誠者是也。」○陳氏曰：「語司馬牛之説又下於雍，非祕其精義而不以語之也。以牛多言而躁，若不以其病之所切者而語之，則彼之躁必不能自覺，終身爲此心之累而無由可達。故必使之先致謹於此，去煩而簡，反躁而静，則心無所放而常定於中，然後入德次第皆可漸進，而仁可求矣。」

曰：「其言也訒，斯謂之仁矣乎？」子曰：「爲之難，言之得無訒乎？」

牛意仁道至大，不但如夫子之所言，輔氏曰：「此牛多言而躁之證也。蓋心麤氣暴，易視忽聽，惟知虛夸妄想，而不知反諸心以味其理之實，此最學者之大病也。」**故夫子又告之以此。蓋心常存，故事不苟，事不苟，故其言自有不得而易者，非彊閉之而不出也。**語録曰：「仁者常存此心，所以難其出。不仁者已不識痛痒，得説便説，如夢中讛語，豈復知是非善惡？」○輔氏曰：「心存，則行自然難而不苟動，言自然訒而不苟發，此心德之自然，豈易能哉？而牛之意，則以訒其言爲彊閉而不出，故易視之，而以爲仁道之大不但如此而已也。」**楊氏曰：**

「觀此及下章再問之語，牛之易其言可知。」○程子曰[一]：「雖爲司馬牛多言故及此，然聖人之言亦止此爲是。」愚謂：牛之爲人如此，若不告之以其病之所切，而汎以爲仁之大槩語之，則以彼之躁，必不能深思以去其病，而終無自以入德矣，故其告之如此。輔氏曰：「人之躁者，多忽小而慕大，舍近而騖遠，不察在己之實病而唯世之虚美是求。故教之者要當直指其病之所切，使之動心忍性以求去其病，而後可以入德。不然泛以爲仁之大槩告之，則彼亦將泛然聽，驟然領，多言而躁之病既足以痼其中，而妄想横騖之意又如無源之水，雖溝壑暴盈，其涸可立而待也。亦將何自而人德哉？」蓋聖人之言，雖有高下大小之不同，然其切於學者之身，而皆爲入德之要，則又初不異也。讀者其致思焉。

○司馬牛問君子。子曰：「君子不憂不懼。」

向魋作亂，牛常憂懼，故夫子告之以此。

曰：「不憂不懼，斯謂之君子已乎？」子曰：「内省不疚，夫何憂何懼？」夫，音扶。

[一] 子，原作「氏」，據通志堂經解本改。

牛之再問，猶前章之意，故復告之以此。輔氏曰：「牛之再問，雖可見其易於言，然亦足以發聖人未盡之藴，未可遂非也。」疚，病也。言由其平日所爲無愧於心，故能内省不疚而自無憂懼，未可遽以爲易而忽之也。○晁氏曰：「不憂不懼，由乎德全而無疵。故無入而不自得，非實有憂懼而强排遣之也。」輔氏曰：「不憂不懼者，疑若有之而强排遣之也。何憂何懼，則是自無憂懼耳，蓋君子自然之德也。」○又曰：「若於吾之德少有疵病，則不免於憂懼矣。憂是氣索，懼是氣歉，夫内省不疚，何憂何懼？與孟子集義生氣之意同。雖非勉强所能到，然在學者則亦不可以不加勉强之功也。」

○司馬牛憂曰：「人皆有兄弟，我獨亡。」

牛有兄弟而云然者，憂其爲亂而將死也。或問：「牛之無令兄弟，何也？」曰：「以傳考之，桓魋嘗欲弑宋公而殺孔子，其惡著矣，而其弟子頎、子車亦與之同惡，此牛之所以爲憂也。」○胡氏曰：「牛知其必不能保身，故言亡也。」

子夏曰：「商聞之矣：

蓋聞之夫子。輔氏曰：「觀子夏之言，有尊敬而不敢易言之意，是以知之。」

『死生有命，富貴在天。』

命稟於有生之初，非今所能移；天莫之爲而爲，非我所能必，但當順受而已。輔氏

曰：「稟於有生之初者，命也。有生必有死，是其生之所稟已有定矣，豈今之所能移哉？莫之爲而爲者，天也。富貴儻來之物，其所以遇之者，蓋莫知其所以然也，豈我之所能必哉？順謂不咈，受謂不拒，只此二字，便是處死生富貴之要訣。」○陳氏曰：「天者命之所自出，命則天之所賦於人者。故以理言之謂之天，自人言之謂之命，其實一而已。」

君子敬而無失，與人恭而有禮，四海之内皆兄弟也。君子何患乎無兄弟也？」

既安於命，又當脩其在己者。愚謂：安於命而不脩己，則是有命而無義，聽乎天而不盡乎人矣。**故又言苟能持己以敬而不閒斷，接人以恭而有節文，則天下之人皆愛敬之如兄弟矣。**輔氏曰：「持己以敬而更無閒斷，仁也；接人以恭而各有節文，禮也。仁者愛人，故人常愛之；有禮者敬人，故人常敬之，此所以如兄弟也。」**蓋子夏欲以寬牛之憂，故爲是不得已之辭，讀者不以辭害意可也。**輔氏曰：「有兄弟而爲惡怙，終日趨於死亡之地而不自知，則其以爲憂，是人情之常也。善其身以化率之，盡其心以教迪之，誠已至而彼方悍然不我聽，則致其憂思惻怛之意而不能已，是又君子之當然也。若夫憂之過而至於傷生失己，則爲之朋友者以義理開釋之。如子夏之於司馬牛，既詔之以安命，又勉之以脩身，使之兩盡其道，以致人之愛敬若兄弟然，則可以廣其意，寬其憂矣。但其言未免有激揚助長之病，或以啓夫人輕視天倫之心，故集註

戒讀者不可以辭害意。」○胡氏曰：「子夏『四海皆兄弟』之言，特以廣司馬牛之意，意圓而語滯者也，唯聖人則無此病矣。且子夏知此而以哭子喪明，則以蔽於愛而昧於理，是以不能踐其言爾。」語録曰：「問：『意圓語滯，以其近於二本否？』曰：『子夏當初之意，只謂在我者敬而無失，與人恭而有禮，如此則四海之内皆親愛之，何患乎無兄弟？要去開廣司馬牛之意。只不合下箇『皆兄弟』字，便成無差等了。』」○輔氏曰：「聖人無我，渾是義理，故口無擇言，言滿天下無口過。若夫賢者，則循理者也，心少有所倚著，則言語之閒便自有病痛出來。如子夏之言，不過是要廣司馬牛之意耳，不知不覺便有過差。意圓，謂説得自家意思却盡；語滯，謂言語滯著在那偏處，此君子所以謹言語也。以至哭子喪明之事，則牛之失乃移在子夏之身而不自知，故爲蔽於愛、昧於理而不能踐其言。由此觀之，則學者其可自恃其所已知而不務朝夕兢惕以自點檢也哉。」

○子張問明。子曰：「浸潤之譖，膚受之愬，不行焉，可謂明也已矣；浸潤之譖，膚受之愬，不行焉，可謂遠也已矣。」譖，莊蔭反。愬，蘇路反。

浸潤，如水之浸灌滋潤，漸漬而不驟也。譖，毁人之行也。膚受，謂肌膚所受，利害切身。如易所謂「剥牀以膚，切近災」者也。愬，愬己之冤也。毁人者漸漬而不驟，則聽者不覺其入而信之深矣；愬冤者急迫而切身，則聽者不及致詳而發之暴矣。或

問：「何以言膚受爲切於身？」曰：「易曰『剥牀以膚』，而傳以切近釋之，且傳亦有『揃爪及膚』之言，則凡言膚者，皆爲切於身無疑矣。蓋譖爲毁人之行，愬爲伸己之冤，若事本非實，而譖者遽然極言其事，愬者汎然不切於身，則亦不足以惑人矣。故以此二者之相爲反對而互言之，見其事變之不同，而明無不照矣。若以膚受爲微淺之意，則與浸潤何以異，而其不行不足以爲難矣。」〇語類：「譖，是譖人，是不干己底事。纔説得驟，便不能入他，須是閑言冷語，掉放那裏，説交來不覺。愬，是愬切己底事。纔説得緩慢，人便不將做事，須是説得緊切，要忽然間觸動他。如被人罵，便説被人打；被人打，便説人要殺。蓋不如此，不足以觸動他也。」**二者難察而能察之，則可見其心之明而不蔽於近矣。**黄氏曰：「集註所謂遠，特指明之遠而言，蓋不爲目前之言所惑，而深究乎人心之微，此所以爲遠。」**此亦必因子張之失而告之，故其詞繁而不殺，以致丁寧之意云。**輔氏曰：「即其詞之繁、意之複，固足以知之。然攷子張之爲人，亦宜不足於此。夫浸潤膚受，皆以巧譎而行其譖愬者也，然使之不行，則非文理密察、既明且遠者，有所不能。子張之爲人，務外好高，於事必有忽略自足之病，而無深潛縝密之功，是其平日之所謂明者，不過一觀其皮毛意象，便自以爲有得，於人情之細密、事理之精微，則未必能察也。故夫子因其問明，而姑舉此二條以告之，使子張因其言而反之身，則夫不覺其入而信之深，不及致詳而發之暴者，其必知有所不能免，而能有所戒矣。」〇**楊氏曰：「驟而語之，與利害不切於**

身者，不行焉，有不待明者能之也。故浸潤之譖、膚受之愬不行，然後謂之明，而又謂之遠，遠則明之至也。書曰：『視遠惟明。』」輔氏曰：「明，心之明也。遠，則明之至也。知其著，見其近，未足以爲至明也。惟察其微，照其遠，然後爲明之至耳。」

○子貢問政。子曰：「足食，足兵，民信之矣。」言倉廩實而武備修，然後教化行而民信於我，不離叛也。或問此一節。曰：「制其田里，薄其賦斂，使民有常産而不失時，則倉廩實而足於食矣。比其什伍，時其簡教，使民有勇而知方，則戎備飭而足於兵矣。有是二者，則民以信事其上，而無詐欺離叛之心，所謂民信之矣。」

子貢曰：「必不得已而去，於斯三者何先？」曰：「去兵。」去，上聲[一]，下同。言食足而信孚，則無兵而守固矣。或問此一節。曰：「食足而民信，則民親其上，死其長，如子弟之衛父兄，手足之捍頭目，可使制梃以撻秦楚之堅甲利兵矣。故必不得已而去，則兵或可無也。」

子貢曰：「必不得已而去，於斯二者何先？」曰：「去食。自古皆有死，民

[一] 聲，元本漫漶，此從通志堂經解本。

無信不立。」

民無食必死，然死者人之所必不免。無信則雖生而無以自立，不若死之爲安。故寧死而不失信於民，使民亦寧死而不失信於我也。文集曰：「安字極有味。」或問此一節。曰：「以序言之，則食爲先；以理言之，則信爲重。蓋死生常理，人之所必不免者，若民無信，則失其所以爲民者，而無以立乎天地之閒。是以必有以使民寧無食以死，而不失其尊君親上之心，則其政之所以得民心而善民俗者，可得而言矣。」○程子曰：「孔門弟子善問，直窮到底，如此章者。非子貢不能問，非聖人不能答也。」輔氏曰：「問必窮到底者，非於理已有所見而必欲究其精微之蘊者不能也，故惟子貢然後能如此問。答必極其至者，非據理之極而於膠轕肯綮之際如燭照數計無纖豪之疑者不能也，故必聖人然後能如此答。」愚謂：以人情而言，則兵食足而後吾之信可以孚於民；以民德而言，則信本人之所固有，非兵食所得而先也。是以爲政者當身率其民而以死守之，不以危急而可棄也。輔氏曰：「信本民德之固有，人若無信，則無以自立於世；上下相孚，然後足以爲國。是乃爲政之本，而尤不可後者，當身率其民以死守之，不以危急而可以棄去也。凡人於事之或有所棄者，是其心必以爲可以棄去耳。惟知其不可得而棄去，庶其寧死而終不棄之也。」

○棘子成曰：「君子質而已矣，何以文爲？」

棘子成，衛大夫。疾時人文勝，故爲此言。

子貢曰：「惜乎！夫子之説，君子也；駟不及舌。言子成之言，乃君子之意；然言出於舌，則駟馬不能追之，又惜其失言也。語録曰：「問：『古註只作一句説，集註作兩句説，如何？』曰：『若作一句説，則惜乎二字無著落。』」

文猶質也，質猶文也。虎豹之鞟猶犬羊之鞟。」鞟，其郭反。鞟，皮去毛者也。言文質等耳，不可相無。若必盡去其文而獨存其質，則君子小人無以辨矣。語録曰：「無世閒許多禮法，如何辨得君子小人？如老莊之徒，絶滅禮法，則都打箇没理會去。」○輔氏曰：「有質斯有文，有文須有質，二者不可相無，如陰陽晝夜之相須也。皮譬則質也，毛譬則文也，皮毛具在，然後虎豹犬羊之可辨；文質兼存，然後君子小人之可明。若盡去其毛，獨存其皮，譬則盡去其文，獨存其質耳，如是，則虎豹犬羊之貴賤、君子小人之賢否，皆不可辨矣。」夫棘子成矯當時之弊，固失之過；而子貢矯子成之弊，又無本末輕重之差，胥失之矣。或問：「何以言子貢之言有病？」曰：「子成之説偏矣，而子貢於文質之閒，又一視之而無本末輕重緩急之差焉，則又矯子成之失而過中者也。蓋立言之難如此，自非聖人，孰能無所偏倚而常適其平也哉。」○語録曰：「棘子成全説質，固未盡善；子貢全説文以矯子成，又錯。若虎皮、羊皮，雖除了毛，畢竟自別，事體不同。使一箇君子與屠販之人相對坐，並不以文

處之，畢竟兩人好惡自别。大率固不可無文，亦當以質爲本。」

○哀公問於有若曰：「年饑，用不足，如之何？」

稱有若者，君臣之詞。用，謂國用。公意蓋欲加賦以足用也。

有若對曰：「盍徹乎？」

徹，通也，均也。周制，一夫受田百畝，而與同溝共井之人通力合作，計畝均收。大率民得其九，公取其一，故謂之徹。語録曰：「徹是八家皆通出力合作九百畝田，收則計畝均收，公取其一。」魯自宣公稅畝，又逐畝什取其一，則爲什而取二矣。故有若請但專行徹法，欲公節用以厚民也。

曰：「二，吾猶不足，如之何其徹也？」

二，即所謂什二也。公以有若不諭其旨，故言此以示加賦之意。

對曰：「百姓足，君孰與不足？百姓不足，君孰與足？」

民富，則君不至獨貧；民貧，則君不能獨富。有若深言君民一體之意，以止公之厚斂，爲人上者所宜深念也。○楊氏曰：「仁政必自經界始。經界正，而後井地均，穀禄平，而軍國之須皆量是以爲出焉。故一徹而百度舉矣，上下寧憂不足乎？以二猶

不足而教之徹，疑若迂矣。然什一，天下之中正，多則桀，寡則貉，不可改也。後世不究其本，而唯末之圖，故征斂無藝，費出無經，而上下困矣。又惡知盍徹之當務而不爲迂乎？」或問：「魯哀公之所以不足者，非不足也，徒知什取其二，不知不歸於魯之公室，而歸於魯之三家也。然則雖徹，而何補於哀公之不足邪？」曰：「徹法行，則自一夫百畝等而上之，士、大夫、卿各有等差，以至於君什卿禄之制，皆可以次第而舉，蓋不惟野人之井地均，而君子之穀禄亦平矣。」○輔氏曰：「不特君子穀禄之平，至於軍國之須，皆量是以爲出。所入者少，則所出者不敢多，故雖百度具舉，而上下無不足之患也。」○又曰：「哀公欲加賦以足用，唯末是圖者也；有若所謂『盍徹乎』，則反本之論也。以私意而觀其目前，則反本之論爲迂，而圖末者有一旦之效；若以理而觀於長久，則一旦之效適所以重爲後日之憂，而反本之論實當務之急而經久之利也。大抵末流之弊，必愈求其末，不至於覆亡則不知反，古今一律也；有若之言，始末有序，而不失其本旨，此所謂似乎夫子者也。」

○子張問崇德、辨惑。子曰：「主忠信，徙義，崇德也。

主忠信，則本立；徙義，則日新。或問此一節。曰：「主忠信，則其徙義也有地而可據；能徙義，則其主忠信也有用而日新。内外本末，交相培養，此德之所以日積而益高也。」○語録曰：「忠信是箇基本，徙義又是進處。無基本，徙進不得；有基本矣，不徙義亦無緣得進。」○又曰：

「主忠信，是劄脚處；徙義，是進步處。漸漸進去，則德自崇矣。」○陳氏曰：「主忠信，則存無不誠而本以立；徙義，則動無非理而行以進。又互而言之，能主忠信，則所徙者溥博淵泉而時出；能徙義，則所主者篤實輝光而日新。此德所以日積而高[一]，自有不容已者。」

愛之欲其生，惡之欲其死，既欲其生，又欲其死，是惑也。」惡，去聲。

愛惡，人之常情也。然人之生死有命，非可得而欲也。以愛惡而欲其生死，則惑矣。既欲其生，又欲其死，則惑之甚也。或問此一節。曰：「溺於愛惡之私[二]，而以彼之死生定分爲可以隨己之所欲，且又不能自定，而一生一死交戰於胷中，虚用其力於所不能必之地，而實無所損益於彼也，可不謂之惑乎？」

誠不以富，亦祇以異。

此詩小雅我行其野之詞也。舊説夫子引之，以明欲其生死者不能使之生死，如此詩所言，不足以致富而適足以取異也。程子曰：「此錯簡，當在第十六篇『齊景公有馬千駟』之上，因此下文亦有齊景公字而誤也。」胡氏曰：「集註例以前説爲長，然以舊説而姑

[一] 積，原作「新」，據通志堂經解本改。

[二] 溺，原作「上」，據通志堂經解本改。

存之，非兩説並存之比也[二]。」○楊氏曰：「堂堂乎張也，難與並爲仁矣。則非誠善補過不蔽於私者，故告之如此。」輔氏曰：「誠善，主忠信之事。補過，徙義之事。不蔽於私，辨惑之事。堂堂乎張也，難與並爲仁，蓋務外而不務内者，故告之以此[三]。」

○齊景公問政於孔子。

齊景公，名杵臼。魯昭公末年，孔子適齊。

孔子對曰：「君君，臣臣，父父，子子。」

此人道之大經，政事之根本也。輔氏曰：「此乃三綱之大者，故以爲人道之經，政事之根本。」是時景公失政，而大夫陳氏厚施於國，景公又多内嬖而不立太子，其君臣父子之閒皆失其道，故夫子告之以此。

公曰：「善哉！信如君不君，臣不臣，父不父，子不子，雖有粟，吾得而食諸？」

景公善孔子之言而不能用，其後果以繼嗣不定，啓陳氏弒君篡國之禍。○楊氏曰：

[二] 比，原作「此」，據通志堂經解本改。

[三] 此，原作「比」，據通志堂經解本改。

「君之所以君，臣之所以臣，父之所以父，子之所以子，是必有道矣。景公知善夫子之言，而不知反求其所以然，蓋悦而不繹者，齊之所以卒於亂也。」或問：「景公審能悦夫子之言而繹之，則如之何？」曰：「舉齊國之政而授之夫子，則君臣之倫一日而正之有餘矣。惜乎其不能，此齊之所以卒於亂也。」

○子曰：「片言可以折獄者[二]，其由也與？」折，之舌反。與，平聲。片言，半言。或問「片言之爲半言」。曰：「辭未畢而人已信之也。」折，斷也。胡氏曰：「折者，析而二之也。治獄之道，兩辭具備，曲直未分，混爲一區，及乎別其孰爲曲、孰爲直，判然兩塗，所謂折也。」子路忠信明決，故言出而人信服之，不待其辭之畢也。輔氏曰：「忠信，表裏之誠也；明決，智勇之用也。忠信者，折獄之本；明決者，折獄之用。徒忠信而不明決，則於折獄之際無以致其斷；徒明決而不忠信，則於折獄之際無以盡其誠。子路之質篤實剛果，而又學於聖門，涵養有素，則其於是四者固兼之矣，此其所以於折獄之際，言出而人信之。」○愚謂：忠信所以立於中，明決足以照乎外。忠信則人不忍欺，明決則人不能欺。

子路無宿諾。

[二] 言，元本漫漶，此從通志堂經解本。

宿，留也，猶宿怨之宿。急於踐言，不留其諾也。輔氏曰：「留人之諾，則有時而不克副之矣。子路已諾於人，則不留於中。」○胡氏曰：「舊説以宿訓豫，乃宿戒之宿，然徒有拒人之心而無取信之實。惟宿怨之宿，訓留，則急於踐言，乃孚於人之端也。」記者因夫子之言而記此，以見子路之所以取信於人者，由其養之有素也。輔氏曰：「片言折獄，非可以取辦於言也，所以養其言之所自發者，必有其素，而人之信已在於未言之前也。不然，徒致力於言語之閒，而求人之信，則是頰舌之感也，其能動於人乎？」○尹氏曰：「小邾射以句繹奔魯，曰：『使季路要我，吾無盟矣。』千乘之國，不信其盟，而信子路之一言，其見信於人可知矣。一言而折獄者，信在言前，人自信之故也。不留諾，所以全其信也。」

○子曰：「聽訟，吾猶人也，必也使無訟乎！」

范氏曰：「聽訟者，治其末，塞其流也。正其本，清其源，則無訟矣。」○楊氏曰：「子路片言可以折獄，而不知以禮遜爲國，則未能使民無訟者也。故又記孔子之言，以見聖人不以聽訟爲難，而以使民無訟爲貴。」胡氏曰：「無訟者，躬行於上而人自不争，教化洽而仁義孚，非一日之所能至，故聖人以之爲難。楊氏因以見折獄之未足爲貴。」

○子張問政。子曰：「居之無倦，行之以忠。」

居，謂存諸心。無倦，則始終如一。行，謂發於事。以忠，則表裏如一。語録曰：「居之

無倦，在心上説；行之以忠，在事上説。居之無倦者，便是要此心長在做主，不可放倒，便事事都應得去；行之以忠者，是事事要著實。故集註云：『以忠則表裏如一。』謂心裏要如此者，便外面也如此，事事靠實去做也。」○問：「行固是行其所居，不知居是居箇甚物事？」曰：「常常恁地提省在這裏，若有頃刻放倒便不得。」○黄氏曰：「居之無倦，則心常在事而思無不周；行之以忠，則事本於心而用無不盡，二者爲政之大要。有志於及物者，當以是爲法則，雖不中不遠矣。」○程子曰：「子張少仁。無誠心愛民，則必倦而不盡心，故告之以此。」輔氏曰：「不曰不仁而曰少仁者，正與曾子所謂『然而未仁』『難與爲仁』之説同。聖人不輕絶人以不仁，況子張乎？唯其少仁，故慘怛之意不足，而無誠心愛民也，既無誠心愛民，則必倦而不盡心矣。盡心，則忠與無倦之本也。」

○子曰：「博學於文，約之以禮，亦可以弗畔矣夫。」

重出。

○子曰：「君子成人之美，不成人之惡。小人反是。」

成者，誘掖獎勸以成其事也。語録曰：「成字，只是欲他如此底意思。」○胡氏曰：「誘掖者，開導之於其先；獎勸者，從臾之於其後也。」君子小人，所存既有厚薄之殊，而其所好又有善惡之異，故其用心不同如此。輔氏曰：「厚者冀人之善，薄者幸人之惡。君子好善，小人

好惡。所存根於所好，所好發於所存。所好者著，所存者微。學者能知君子小人用心之所以不同，則知所當勉與所當戒者矣。」○胡氏曰：「存以心言，好以情言。君子存心本於厚，故待人者厚，而惟恐人之不美。小人存心本於薄，故待人者薄，而惟恐人之不惡。君子之好在於善，故己有是善，而亦欲人之趨於善。小人之好在於惡，故己有是惡，而亦欲人之濟其惡。」

○季康子問政於孔子。孔子對曰：「政者，正也。子帥以正，孰敢不正？」

范氏曰：「未有己不正而能正人者。」輔氏曰：「政之所以得名，以其能以正己者正人也。己不能正，烏能正人哉？」○胡氏曰：「魯自中葉，政由大夫，家臣效尤，據邑背叛，不正甚矣。故孔子以是告之，欲康子以正自克，而改三家之故。惜乎康子之溺於利欲而不能也。」

○季康子患盜，問於孔子。孔子對曰：「苟子之不欲，雖賞之不竊。」

言子不貪欲，則雖賞民使之爲盜，民亦知恥而不竊。輔氏曰：「欲有公私。貪欲云者，是欲之私也。上者，下之倡。在上者不貪欲，則民之視之，亦知以是爲貴矣。民知以不貪欲爲貴，則雖賞以誘之使爲盜竊，而其心愧恥，自不肯爲之矣，尚何盜之患哉？所謂雖賞之不竊者，乃假設之言，但以見夫必不肯爲耳。」○胡氏曰：「季氏竊柄，康子奪嫡，民之爲盜，固其所也。盍亦反其本邪？孔子以不欲啓之，其旨深矣。」奪嫡事，見春秋傳。蔡氏曰：「按春

秋傳：『季孫有疾，命正常曰：「南孺子之子，男也，則以告而立之；女也，則肥也可。」季孫卒，康子即位。既葬，康子在朝。南氏生男，正常載以如朝，告曰：『夫子有遺言曰：「南氏生男，則以告於君與大夫而立之。」今生矣，男也。敢告。』遂奔衛。康子請退。公使共劉視之，則或殺之矣。』」

○季康子問政於孔子曰：「如殺無道，以就有道，何如？」孔子對曰：「子爲政，焉用殺？子欲善，而民善矣。君子之德風，小人之德草，草上之風必偃。」焉，於虔反。

爲政者，民所視效，何以殺爲？欲善則民善矣。真氏曰：「民性本善，爲政者以善迪之，未有不趨於善矣。」上，一作尚，加也。偃，仆也。○尹氏曰：「殺之爲言，豈爲人上之語哉？以身教者從，以言教者訟，而況於殺乎？」輔氏曰：「尹氏言涵蓄，極有意味。爲人上者，有能熟味而深思之，則必當有所發矣。」

○子張問：「士何如斯可謂之達矣？」

達者，德孚於人而行無不得之謂。語録曰：「如事親則得乎親，事君則得乎君之類。」

子曰：「何哉爾所謂達者？」

子張務外，語録曰：「問：『孔門學者，如子張，全然務外，不知當初如何地學却如此。』曰：『也干他學甚事，他資質是箇務外底人，所以終身只是這意思。』」**夫子蓋已知其發問之意，故反詰之，將以發其病而藥之也。**輔氏曰：「聖人明睿之極，物無遺照，其於學者資品之高下，所學之醇醨，所造之深淺，無不洞徹於心目之閒，故其於答問之際，高下緩急雖或不同，然其所以切於學者之身而皆爲入德之要，則又初無異也。子張之學，務外多於務內，爲名切於爲實，故夫子一聞其言，而便知其意之所在，遂反詰之，以發其病而藥之。譬如良醫之治疾，既察其脉，又驗其證，必明知其疾之所以然，然後寒涼温熱之劑可得而施也。」

子張對曰：「在邦必聞，在家必聞。」

言名譽著聞也。

子曰：「是聞也，非達也。

聞與達相似而不同，乃誠僞之所以分，學者不可不審也。語録曰：「達者實有而不居，聞者却要做這模樣。」○又曰：「達者是自家實去做，而收斂近裏底；聞者是做作底，專務求人知而已。」○輔氏曰：「二者之始雖若相似，然所行通達者，名譽自然著聞；名譽著聞者，所行未必通達也，故其實則有不同者。且聞以名言，達以實言。務名者苟可以得名，則無不矯以爲之，名得而其意怠矣；務實者則無所爲而爲也，不以人之有無而作輟，不以事之始終而鋭怠，行吾義而

已。此誠僞之所以分也。」故夫子既明辯之，下文又詳言之。

夫達也者，質直而好義，察言而觀色，慮以下人。在邦必達，在家必達。

夫，音扶，下同。好、下，皆去聲。

内主忠信而所行合宜，審於接物而卑以自牧，皆自脩於内，不求人知之事。然德脩於己而人信之，則所行自無窒礙矣。語録曰：「質與直是兩件。」〇輔氏曰：「主忠信，質直也；所行合宜，好義也，此存乎中以應乎外也。審於接物，察言觀色；卑以自牧，慮以下人也，此審乎外以巽乎内也。内外交相養而厥德脩，罔覺此，豈求人知者之所爲哉？然德脩於己而人自信之，則行於邦家者自然無所窒礙矣。」

夫聞也者，色取仁而行違，居之不疑。在邦必聞，在家必聞。」行，去聲。

善其顔色以取於仁而行實背之，又自以爲是而無所忌憚。此不務實而專務求名者，故虚譽雖隆而實德則病矣。輔氏曰：「善其顔色以取仁而行實背之，所謂『色取仁而行違』也。只此一句，便是務名而不務實者之實證。真實爲仁者，豈肯從事於顔色之閒而又生襲取之心哉？區區從事於顔色而欲襲取夫仁，則其行自然違背而不相副也，又自以爲是而無所忌憚，所謂居之不疑也。使其色取行違而中不安焉，則務實之心猶未盡喪也。惟其自以爲是而無所忌憚，此所以見其專於務名。夫名生於實，則名亦何害？惟其無實而徒有虚譽，則驕矜之意日生，而進脩之力

日怠，故虛譽雖隆，而實德日病也。」○程子曰：「學者須是務實，不要近名。有意近名，大本已失，更學何事？爲名而學，則是僞也。今之學者大抵爲名，爲名與爲利雖清濁不同，然其利心則一也。」輔氏曰：「程子務實務名之論可謂切當。爲吾之未能事親也，故學事親；爲吾之未能事長也，故學事長；爲吾之未能正心誠意也，故學正心而誠意；爲吾之未能齊家治國也，故學齊家而治國，是之謂務實。務實而學，則其修爲之誠，踐履之功，淺深次序，如魚飲水，冷暖自知，忽不自知其入於聖賢之域矣。欲吾之有孝名也，故勉焉以爲孝；欲吾之有忠名也，故勉焉以爲忠；欲吾之有廉名也，故勉焉以爲廉；欲吾之有信名也，故勉焉以爲信，是之謂務名。務名而學，則唯欲其名之有聞而已，有人作而無人輟，鋭於始而怠於終，終亦必亡而已矣。所謂大本，即實理也。實理根於性，具於心，要在反求而自得。一有向外近名之意，則失之矣。爲名而學，則是僞者，謂其不循實理而騖外妄求也。爲名雖若清，爲利雖是濁，然一有爲之之意，則便是利心也。」尹氏曰：「子張之學，病在乎不務實，故孔子告之皆篤實之事，充乎內而發乎外者也。當時門人親受聖人之教，而差失有如此者，況後世乎？」輔氏曰：「世有耳剽目竊先生長者之言，未嘗窮究其旨而遂轉相授受，不惟誤己又且誤人者，聞尹氏之説，其亦當知所懼哉。」

○樊遲從遊於舞雩之下，曰：「敢問崇德、脩慝、辨惑。」慝，吐得反。

胡氏曰：「慝之字從心從匿，蓋惡之匿於心者。脩者，治而去之。」

子曰：「善哉問！

善其切於爲己。

先事後得，非崇德與？攻其惡，無攻人之惡，非脩慝與？一朝之忿，忘其身以及其親，非惑與？」與，平聲。

先事後得，猶言先難後獲也。爲所當爲而不計其功，則德日積而不自知矣。語録曰：「但做自家合做底事，不必望他功效。今做一件好事，便望他功效，則心便兩岐了，非惟是功效不見，連那所做底事都壞了。而今一向做將去，不望他功效，則德何緣不崇。」○輔氏曰：「先難，謂先從事於其所難。後獲，謂後其所得而不起計獲之心也。夫爲所當爲，本非難事，然自學者言之，則自惰而勤，自利而義，其機生，其勢矯，非勉彊則有所不能，故以爲難也。爲其事者固必有其功，然方其爲事之始而遽欲計其功焉，則是利心也。爲利之心一萌，則其大本已失，易盈易涸，輕得輕喜，尚何德之可崇哉[二]？故必爲所當爲而不計其功，則不亟不徐，循吾理，行吾義而已，此所以德日積而不自知也。」○陳氏曰：「先其事之所當爲，而後其效之所得，是不計功謀利

[二] 崇，原作「宗」，據通志堂經解本改。

也。只管爲所當爲，則德日積；不計效，則德崇而不自知矣。」**專於治己而不責人，則己之惡無所匿矣。**輔氏曰：「常情觀人則明，自觀則暗；責人則嚴，待己則恕，故惡常藏匿於其心。又才有心去攻人之惡，則於己之惡便鹵莽而不暇鋤治矣。」**知一朝之忿爲甚微，而禍及其親爲甚大，則有以辨惑而懲其忿矣。**輔氏曰：「人本無所惑，惟爲忿所蔽而不知利害之所在，故惑。蓋忿心之發，易得突兀而橫肆，苟不有以懲之於其始，則其終或至於忘其身以及其親，此辨惑者所以當懲其忿也。」**樊遲麤鄙近利，故告之以此，三者皆所以救其失也。**愚謂：麤故爲氣所使，鄙故吝於改過，近利故有計獲之心，三者之病亦反覆相因也。**○范氏曰：「先事後得，上義而下利也。人惟有利欲之心，故德不崇。惟不自省己過而知人之過，故慝不脩。感物而易動者莫如忿，忘其身以及其親，惑之甚者也。惑之甚者必起於細微，能辨之於早，則不至於大惑矣，故懲忿所以辨惑也。」**輔氏曰：「爲所當爲，便是義；才計其功，便是利。人唯有利欲之心，故德不崇，此語最切要。蓋人欲天理不能兩立也久矣。起於細微，謂一朝之忿也。至於大惑，則忘其身以及其親也。要當辨之於早，此忿之始發不可以不懲也。能懲其忿，則惑自辨矣。」

○樊遲問仁。子曰：「愛人。」問知。子曰：「知人。」上知字，去聲，下同。

愛人，仁之施。知人，知之務。輔氏曰：「仁主於愛，順而達之，則無不愛矣，故愛人則仁

德之所施。智者無不知也，急先務之爲貴，故知人則是智者之先務。觀此兩句，亦可以識仁智之用矣。」

樊遲未達。

曾氏曰：「遲之意，蓋以愛欲其周，而知有所擇，故疑二者之相悖爾。」曾氏，名幾，河南人。○語録曰：「愛人，則無所不愛；知人，則便有分別。兩箇意思自相反了，故疑之。」

子曰：「舉直錯諸枉，能使枉者直。」

舉直錯枉者，知也。使枉者直，則仁矣。如此，則二者不唯不相悖而反相爲用矣。語録曰：「每常説仁知，一箇是慈愛，一箇是辨別，各自向一路。惟是『舉直錯諸枉，能使枉者直』，方見得仁知合一處，仁裏面有知，知裏面有仁。」

樊遲退，見子夏，曰：「鄉也吾見於夫子而問知，子曰『舉直錯諸枉，能使枉者直』，何謂也？」鄉，去聲。見，賢遍反。

遲以夫子之言專爲知者之事，又未達所以能使枉者直之理。

子夏曰：「富哉言乎！

歎其所包者廣，不止言知。輔氏曰：「子夏一聞其説，便嘆聖人之言所包者富，不墮於一偏，不滯於一隅，即知人之中以見愛人之實，推夫智之用以極夫仁之功。其於仁知之體用，蓋已深體

而默識之矣，不然，何其言之明決精審，沛然無疑，而暗與聖人之言相發乎？」

舜有天下，選於衆，舉皋陶，不仁者遠矣。湯有天下，選於衆，舉伊尹，不仁者遠矣。」選，息戀反。陶，音遥。遠，如字。

伊尹，湯之相也。不仁者遠，言人皆化而爲仁，不見有不仁者，若其遠去爾，所謂使枉者直也。子夏蓋有以知夫子之兼仁智而言矣。○程子曰：「聖人之語，因人而變化。雖若有淺近者，而其包含無所不盡，觀於此章可見矣。非若他人之言，語近則遺遠，語遠則不知近也。」輔氏曰：「他人之言，皆出於一時之意見，故偏狹固滯。聖人之言，皆由此廣大心中流出，雖其深淺小大，因人而變化，然其包括自然，無所不盡，亦非有意而爲之，固非常人之所及也。」尹氏曰：「學者之問也，不獨欲聞其説，又必欲知其方；不獨欲知其方，又必欲爲其事。如樊遲之問仁知也，夫子告之盡矣。樊遲未達，故又問焉，而猶未知其何以爲之也。及退而問諸子夏，然後有以知之。使其未喻，則必將復問矣。既問於師，又辯諸友，當時學者之務實也如是。」輔氏曰：「聞其説，則知夫善之

可爲也[二]；知其方，則得其所以爲之之術也；爲其事，則力進以求其至也。徒聞其説而不知其方，徒知其方而不爲其事，則其於善也，如談河、如畫餅，終亦何益於事哉？使樊遲而未喻，則必將復問無疑矣。既問於師以啓其端，又辯諸友以究其義，非有意於踐脩之實者不能也。」

○子貢問友。子曰：「忠告而善道之，不可則止，無自辱焉。」告，工毒反。道，去聲。

友所以輔仁，故盡其心以告之，善其説以道之。語録曰：「告之之意固是忠了，須又教道得善始得。」然以義合者也，故不可則止。若以數而見疏，則自辱矣。

○曾子曰：「君子以文會友，以友輔仁。」

講學以會友，則道益明；輔氏曰：「知之事也。」取善以輔仁，則德日進。輔氏曰：「行之事也。爲人由己，由人乎哉？雖明友，但能輔助之而已。相觀以善，攝以威儀，切切偲偲，忠告善道，皆輔之之道。」

論語卷第六

[二] 夫，原作「大」，據通志堂經解本改。

論語卷第七

朱子集註　後學趙順孫纂疏

子路第十三

凡三十章。

子路問政。子曰：「先之，勞之。」勞，如字。

蘇氏曰：「凡民之行，以身先之，則不令而行。語録曰：「先，是率他。」○輔氏曰：「凡民之行，如孝弟忠信、仁義禮智，皆是也。爲政者必以身先行乎此，則民皆視效，不待誥令而自知行之矣。」凡民之事，以身勞之，則雖勤不怨。」語録曰：「勞，是爲他勤勞。」○輔氏曰：「以身勞民之事，如古人戴星而出，戴星而入，星言夙駕，説于桑田，與夫以時循行阡陌，躬行講武之類，爲政者於此不憚其勞，則民皆興起，雖極其勤苦而不怨矣。」

請益。曰：「無倦。」無，古本作毋。

吴氏曰：「勇者喜於有爲而不能持久，故以此告之。」輔氏曰：「勇者必喜事，然喜於有爲

者或不能持久，故又以無倦告之。無倦，則終始如一，誠之事也。」○程子曰：「子路問政，孔子既告之矣。及請益，則曰『無倦』而已。未嘗復有所告，姑使之深思也。」蔡氏曰：「夫子方答子路以『先之，勞之』，而子路遽請益，則其勇躁之意可見。故夫子但告之以『無倦』，所以救其勇躁之失也。吳氏所謂勇，程子所謂深思，正此意也。」

○仲弓爲季氏宰，問政。子曰：「先有司，赦小過，舉賢才。」有司，衆職也。宰兼衆職，輔氏曰：「宰，邑長、家臣之通號，故兼衆職。」然事必先之於彼，而後考其成功，則己不勞而事畢舉矣。語録曰：「凡爲政，隨其大小，各自有有司，須先教他理會，自家方可要其成。且如錢穀之事，其出入盈縮之數，須是教他自逐一具來，自家方可考其虛實之成。」過，失誤也。大者於事或有所害，不得不懲；小者赦之，則刑不濫而人心悦矣。輔氏曰：「虞書云『宥過無大』，而今曰『赦小過』，故集注發此『大者於事或有所害，不得不懲』之説。蓋舜爲天下，所治者廣，且論其大體，故可以宥過無大。仲弓爲季氏宰，所治者狹，須極其詳細。若人之誤無大小皆從寬宥，則於事或有害，而無以警其怠忽。唯於小者赦之，則刑不至於濫及，而人心悦矣。此亦時中也。且宥者寬之而已，亦未必盡除其罪。」賢，有德者。才，有能者。舉而用之，則有司皆得其人而政益脩矣。輔氏曰：「有司固非一職，而才德各有所宜，並舉而審用之，則有司皆得其人而政益脩矣。」

曰：「焉知賢才而舉之？」曰：「舉爾所知。爾所不知，人其舍諸？」焉，於虔反。舍上聲。

仲弓慮無以盡知一時之賢才，故孔子告之以此。程子曰：「人各親其親，然後不獨親其親。仲弓曰『焉知賢才而舉之』，子曰『舉爾所知，爾所不知，人其舍諸』，便見仲弓與聖人用心之大小。推此義，則一心可以興邦，一心可以喪邦，只在公私之間爾。」文集曰：「人各舉其所知，則天下之賢無不舉矣，不患無以知天下之賢才也。興邦、喪邦，蓋極言之，必自知而後舉之，則遺才多矣，未必不由此而喪邦也。」○語録曰：「仲弓只緣見識未極其開闊，故如此。人之心量本自大，緣私故小，蔽固之極，則可以喪邦矣。」○范氏曰：「不先有司，則君行臣職矣；不赦小過，則下無全人矣；不舉賢才，則百職廢矣。失此三者，不可以爲季氏宰，況天下乎？」輔氏曰：「蓋經筵勸講之説，其所以感切於君父者至矣。」

○子路曰：「衛君待子而爲政，子將奚先？」

衛君，謂出公輒也。是時魯哀公之十年，孔子自楚反乎衛。

子曰：「必也正名乎！」

是時出公不父其父而禰其祖，名實紊矣，故孔子以正名爲先。謝氏曰：「正名雖爲衛

君而言，然爲政之道，皆當以此爲先。」

子路曰：「有是哉，子之迂也！奚其正？」

迂，謂遠於事情，言非今日之急務也。

子曰：「野哉由也！君子於其所不知，蓋闕如也。

野，謂鄙俗。責其不能闕疑，而率爾妄對也。

名不正，則言不順；言不順，則事不成；

楊氏曰：「名不當其實，則言不順。言不順，則無以考實而事不成。」輔氏曰：「名者，實之賓。有是實，斯有是名。若其名不當其實，如以祖爲禰，則其言乖牾舛逆而不順。言既不順，則無以考其實，凡有所爲，皆苟且虛僞而已，故事無由得成。」

事不成，則禮樂不興；禮樂不興，則刑罰不中；刑罰不中，則民無所措手足。

中，去聲。

范氏曰：「事得其序之謂禮，物得其和之謂樂。事不成則無序而不和，故禮樂不興；禮樂不興，則施之政事皆失其道，故刑罰不中。」輔氏曰：「無一事無禮樂。禮只是一箇序，樂只是一箇和。事成而有序，則禮樂自興。不然，則隳壞乖舛，又焉得有禮樂哉？禮樂不興，則

凡施於政事者，無非私意，率皆倒行逆施，無序而不和。所謂刑罰不中，而民無所措手足，亦必然之理也。」

故君子名之必可言也，言之必可行也。君子於其言，無所苟而已矣。」

程子曰：「名貴相須。一事苟，則其餘皆苟矣。」語録曰：「衛輒，子也；蒯聵，父也。子以兵拒父，以父爲賊，是多少不順。其何以爲國，何以臨民？事既不成，則顛倒乖亂，禮樂如何而興，刑罰如何而中？程子所謂『一事苟，則其餘皆苟』，正謂此也。」〇胡氏曰：「衛世子蒯聵恥其母南子之淫亂，欲殺之，不果而出奔。靈公欲立公子郢，郢辭。公卒，夫人立之，又辭。乃立蒯聵之子輒，以拒蒯聵。夫蒯聵欲殺母，得罪於父，而輒據國以拒父，皆無父之人也，其不可有國也明矣。夫子爲政，而以正名爲先，必將具其事之本末，告諸天王，請于方伯，命公子郢而立之，則人倫正，天理得，名正言順而事成矣。夫子告之之詳如此，而子路終不喻也，故事輒不去，卒死其難。徒知食焉不避其難之爲義，而不知食輒之食爲非義也。」文集曰：「胡氏之言，乃聖人大用之全體，但其間曲折之微，聖人須更有隨宜裁處。」〇語録曰：「問：『胡氏只是論孔子爲政正名，合當如此。設若衛君輒用孔子，孔子既爲之臣而爲政，則此説亦可通否？』曰：『聖人必不肯北面無父之人。若輒有意改過遷善，則孔子須先與斷約，如此做方與他做。若輒不能然，則孔子決不爲之臣矣。」

○樊遲請學稼，子曰：「吾不如老農。」請學爲圃，曰：「吾不如老圃。」

種五穀曰稼，種蔬菜曰圃。

樊遲出。子曰：「小人哉，樊須也！

小人，謂細民，孟子所謂「小人之事」者也。

上好禮，則民莫敢不敬；上好義，則民莫敢不服；上好信，則民莫敢不用情。夫如是，則四方之民襁負其子而至矣，焉用稼？」好，去聲。夫，音扶。襁，居丈反。焉，於虔反。

禮、義、信，大人之事也。好義，則事合宜。情，誠實也。敬、服、用情，蓋各以其類而應也。輔氏曰：「在己者皆盡其道，在下者各以其所類應之，謂正己而物正者，非有大人之德，其孰能之？」襁，織縷爲之，以約小兒於背者。○楊氏曰：「樊須遊聖人之門，而問稼圃，志則陋矣，辭而闢之可也。待其出而後言其非，何也？蓋於其問也，自謂農圃之不如，則拒之者至矣。須之學疑不及此，而不能問。不能以三隅反矣，故不復。及其既出，則懼其終不喻也，求老農老圃而學焉，則其失愈遠矣。故復言之，使知前所言者意有在也。」

○子曰："誦詩三百，授之以政，不達；使於四方，不能專對；雖多，亦奚以爲？"使，去聲。

專，獨也。詩本人情，該物理，可以驗風俗之盛衰，見政治之得失，其言温厚和平，長於風諭，故誦之者，必達於政而能言也。輔氏曰："本人情，謂發乎情。該物理，謂多識鳥獸草木之名。驗風俗之盛衰，見政治之得失，謂正變風雅，或美或刺之類，故讀之者必達於政。其言温厚和平，謂詩皆自平易之心發出。長於風諭，謂能感發於人，故讀之者必能言而專對也。"○胡氏曰："詩之作也，雖有邪有正，皆原於人情。及諷詠其所言，則事物之理莫不具載，故其情合於事理之正，則可以知風俗之盛，政治之得；其情背於事物之正，則可以知風俗之衰，政治之失，因是而通爲政之方也。詩之言温厚，則不至於薄；和平，則不至於訐；能諷諭，則人皆易曉，因是故能專對也。"○程子曰："窮經將以致用也。世之誦詩者，果能從政而專對乎？然則其所學者，章句之末耳，此學者之大患也。"胡氏曰："程子謂'窮經將以致用'者，聖人立言之大旨也。然讀詩者每不能至此，豈非誦之而不能熟，熟之而不能思，思之而不能切歟？可不戒哉。"

○子曰："其身正，不令而行；其身不正，雖令不從。"

○子曰："魯、衛之政，兄弟也。"

魯，周公之後。衛，康叔之後。本兄弟之國，而是時衰亂，政亦相似，故孔子嘆之。

○子謂衛公子荆，「善居室。始有，曰『苟合矣』；少有，曰『苟完矣』；富有，曰『苟美矣』。」

公子荆，衛大夫。苟，聊且粗略之意。合，聚也。黄氏曰：「謂裒而斂之，使事事皆聚集也。」完，備也。黄氏曰：「謂補足其空闕，使無不備也。」言其循序而有節，不以欲速盡美累其心。○楊氏曰：「務爲全美，則累物而驕吝之心生。公子荆皆曰苟而已，則不以外物爲心，其欲易足故也。」輔氏曰：「居室而務爲全美，則是爲外物所累，得之則驕心生，失之則吝心生[一]，是皆生於欲之無厭也。公子荆其欲易足，故不以外物累心，曰合、曰全、曰美，皆曰苟而已。然究觀荆之所爲，亦非不事事者。蓋君子之於事，無巨細，一於敬而已。自合而全，自全而美，事之序也，所以使之得其序者，必有以也。在我者處得其宜，在彼者成之有序。然公子荆未嘗以是累其心，直以爲苟而已，此所以爲善居室也。若夫凡事忽畧，倒行逆施，則家亦隨敗而已，豈能至於全與美乎？」

○子適衛，冉有僕。

[一] 失，原作「矢」，據通志堂經解本改。

僕，御車也。

子曰：「庶矣哉！」

庶，衆也。

冉有曰：「既庶矣，又何加焉？」曰：「富之。」

庶而不富，則民生不遂，故制田里、薄賦斂以富之。

曰：「既富矣，又何加焉？」曰：「教之。」

富而不教，則近於禽獸。故必立學校、明禮義以教之。○胡氏曰：「天生斯民，立之司牧而寄以三事。然自三代之後，能舉此職者百無一二。漢之文、明，唐之太宗，亦云庶且富矣，西京之教無聞焉。明帝尊師重傅，臨雍拜老，宗戚子弟莫不受學；唐太宗大召名儒，增廣生員，教亦至矣，然而未知所以教也。三代之教，天子公卿躬行於上，言行政事皆可師法，彼二君者其能然乎？」輔氏曰：「寄以三事，謂父生之，師教之，君治之。司牧之職實兼是三者。所謂三代之教，則大學一書所載備矣。」

○子曰：「苟有用我者，朞月而已可也，三年有成。」

朞月，謂周一歲之月也。可者，僅辭，言綱紀布也。有成，治功成也。○尹氏曰：

「孔子歎當時莫能用己也，故云然。」愚按史記，此蓋爲衛靈公不能用而發。

○子曰：「善人爲邦百年，亦可以勝殘去殺矣。誠哉是言也！」勝，平聲。去，上聲。

爲邦百年，言相繼而久也。勝殘，化殘暴之人，使不爲惡也。去殺，謂民化於善，可以不用刑殺也。語録曰：「是他做百年工夫，積累到此，自是能使人興善，不陷於刑辟。」蓋古有是言，而夫子稱之。程子曰：「漢自高、惠至于文、景，黎民醇厚，幾致刑措，庶乎其近之矣。」○尹氏曰：「勝殘去殺，不爲惡而已，善人之功如是。若夫聖人，則不待百年，其化亦不止此。」

○子曰：「如有王者，必世而後仁。」

王者，謂聖人受命而興也。三十年爲一世。仁，謂教化浹也。程子曰：「周自文、武至于成王，而後禮樂興，即其效也。」或問此章。曰：「所謂仁者，以其天理流行，融液洞徹，而無一物之不體也。舉一世而言，固無一人之不然，即一人而言，又無一事之不然也。求之詩書，惟成康之世爲足以當之。」○或問：「三年、必世，遲速不同，何也？」程子曰：「三年有成，謂法度紀綱有成而化行也。漸民以仁，摩民以義，使之浹於肌膚，淪於骨髓，而禮樂可興，所謂仁也。此非積久，何以能致？」

○子曰：「苟正其身矣，於從政乎何有？不能正其身，如正人何？」

○冉子退朝。子曰：「何晏也？」對曰：「有政。」子曰：「其事也。如有政，雖不吾以，吾其與聞之。」朝，音潮。與，去聲。

冉有時爲季氏宰。朝，季氏之私朝也。輔氏曰：「公父文伯母謂季康子曰：『外朝子將業君之官職焉，内朝子將庀季氏之家政焉。』内朝，即所謂私朝也。」晏，晚也。政，國政。事，家事。輔氏曰：「君之官職，所謂政也；季氏之家事，所謂事也。」○愚謂：政者，正也，所以正人之不正也。故施於國者，謂之政。事有大小，自己事亦謂之事，故家事止可謂之事。以，用也。禮，大夫雖不治事，猶得與聞國政。是時季氏專魯，其於國政，蓋有不與同列議於公朝，而獨與家臣謀於私室者。故夫子爲不知者而言，此必季氏之家事耳。若是國政，我嘗爲大夫，雖不見用，猶當與聞。今既不聞，則是非國政也。語意與魏證獻陵之對畧相似。其所以正名分，抑季氏，而教冉有之意深矣。胡氏曰：「魏證獻陵之對若近於譎，今引以爲比，則言不必信，不可以常理言也。」

○定公問：「一言而可以興邦，有諸？」孔子對曰：「言不可以若是其幾也。幾，期也。詩曰：「如幾如式。」言一言之閒，未可以如此而必期其效。胡氏曰：「詩幾

音機，此失音也。舊説或以爲近，或以爲微。近與『不幾乎』之義同，與『若是其幾』之『幾』不協，微則文義皆不可讀，故不可從也。」

人之言曰：『爲君難，爲臣不易。』易，去聲。

當時有此言也。

如知爲君之難也，不幾乎一言而興邦乎？」

因此言而知爲君之難，則必戰戰兢兢，臨深履薄，而無一事之敢忽。然則此言也，豈不可以必期於興邦乎？爲定公言，故不及臣也。

曰：「一言而喪邦，有諸？」孔子對曰：「言不可以若是其幾也。人之言曰：『予無樂乎爲君，唯其言而莫予違也。』喪，去聲，下同。樂，音洛。

言他無所樂，惟樂此耳。

如其善而莫之違也，不亦善乎？如不善而莫之違也，不幾乎一言而喪邦乎？」

范氏曰：「言不善而莫之違，則忠言不至於耳。君日驕而臣日諂，未有不喪邦者也。」〇謝氏曰：「知爲君之難，則必敬謹以持之。惟其言而莫予違，則讒諂面諛之人至

矣。邦未必遽興喪也，而興喪之源分於此。然此非識微之君子，何足以知之？」胡氏曰：「謝氏說邦未必興喪，則似以幾訓近。又曰興喪之源分於此，非識微者不足以知之，則又似以幾訓微。終取之者，豈以其大旨有所發明歟？」

○葉公問政。音義並見第七篇。子曰：「近者說，遠者來。」說，音悅。

被其澤則悅，聞其風則來。然必近者說，而後遠者來也。

○子夏爲莒父宰，問政。子曰：「無欲速，無見小利。欲速則不達，見小利則大事不成。」父，音甫。

莒父，魯邑名。欲事之速成，則急遽無序，而反不達。見小者之爲利，則所就者小，而所失者大矣。黄氏曰：「事之久速，有自然之次第；事之小大，有自然之分量。循其自然之理而無所容心焉，可也。一有速成小利之心，則是私心，而非正理也。非正理，則心可私也，事豈得而强爲哉？宜其不達而大事不成也。」○程子曰：「子張問政，子曰：『居之無倦，行之以忠。』子夏問政，子曰：『無欲速，無見小利。』子張常過高而未仁，子夏之病常在近小，故各以切己之事告之。」輔氏曰：「居之而易得倦，行之而不盡心，此過高而未仁之證也。欲速、見小利，此近小而不及之證也。聖人之教人，如良醫之治疾，藥雖不同，效則一也。」

○葉公語孔子曰：「吾黨有直躬者，其父攘羊，而子證之。」語，去聲。

直躬，直身而行者。有因而盜曰攘。

孔子曰：「吾黨之直者異於是。父爲子隱，子爲父隱，直在其中矣。」爲，去聲。

父子相隱，天理人情之至也。故不求爲直，而直在其中。○謝氏曰：「順理爲直。父不爲子隱，子不爲父隱，於理順邪？瞽瞍殺人，舜竊負而逃，遵海濱而處。當是時，愛親之心勝，其於直不直何暇計哉？」輔氏曰：「於理順邪，說得極好，所以使人反求而自得之。又引舜事以推極人子之情，直到不暇計其直與不直處，其曉人以理可謂明且切矣。」○胡氏曰：「父子主恩，委曲以全其恩，雖不得正謂之直，然理所當然，順理而行，不失其爲直也。葉公徒知一偏一曲之異乎人者爲高，夫子則合全體大用而觀之也。夫一偏一曲之高非不足尚，於正理一有所虧，尚何言哉？謝氏所謂不暇計其直不直者，愛親之心勝，而區區細行不足論也。」

○樊遲問仁。子曰：「居處恭，執事敬，與人忠。雖之夷狄，不可棄也。」

恭主容，敬主事。恭見於外，敬主乎中。語録曰：「有事則著心做，不易其心而爲之，是敬。自誠身而言，則恭較緊；自行事而言，則敬爲切。」○又曰：「敬是主事，然專言則又如修己以敬，敬是直内，只偏言是主事。恭是容貌上說。」○又曰：「凡言發於外者，比似主於中者較大，蓋必充積盛滿而後發於外，則發於外者豈不大如主於中者？然主於中者却是本，不可不知。」○陳

氏曰：「恭就貌上説，敬就心上説。敬工夫細密，恭氣象闊大。敬意思卑屈，恭體貌尊嚴。」〇又曰：「身體嚴整，容貌端莊，此是恭底意。但恭只是敬之見於外者，敬只是恭之存於中者。敬與恭不是二物，如形影然。未有内無敬而外能恭者，亦未有外能恭而内無敬者。」**之夷狄不可棄，勉其固守而勿失也。**語録曰：「上三句散著，下一句方欏得緊。」〇程子曰：「**此是徹上徹下語。聖人初無二語也，充之則睟面盎背，推而達之則篤恭而天下平矣。**」輔氏曰：「聖人之言，貫徹上下，無有或遺。此數語者，自始學至成德，皆不過如此，但有勉强、自然之異耳。充之則有睟面盎背之驗，推而達之則篤恭而天下平，此仁聖之極功也。觀聖人以是爲仁，則又何嘗只要識其名義而已哉？唯躬行實踐之爲貴耳。」**胡氏曰：「樊遲問仁者三，此最先，『先難』次之，『愛人』其最後乎？」**語録曰：「胡氏説雖無明證，看得來是如此。若未嘗告之以恭、敬、忠之説，則所謂先難者，將何從下手乎？至於愛人，則又以其發於外者言之矣。」〇蔡氏曰：「諸子問仁而所答各異者，因其所稟之資而發也；樊遲問仁而所答各異者，因其所學之至而發也。聖人教人，猶化工之妙，物各付物，於此見之。」

〇子貢問曰：「何如斯可謂之士矣？」子曰：「行己有恥，使於四方不辱君命，可謂士矣。」使，去聲。

此其志有所不爲，而其材足以有爲者也。輔氏曰：「志存於隱，而才見於顯，且志易肆，而

才難彊。故常人之志，患在於無所不爲，而其才，則患在於無所能爲。行己有恥，則是其志有所不爲也；使於四方不辱君命，則是其才足以有爲也。唯其志有所不爲，然後才足以有爲也。」子貢能言，故以使事告之。蓋爲使之難，不獨貴於能言而已。

曰：「敢問其次。」曰：「宗族稱孝焉，鄉黨稱弟焉。」弟，去聲。

此本立而材不足者，故爲其次。語録曰：「宗族鄉黨皆稱孝弟，豈不是第一等人？然聖人未以爲士之至行者，僅能使其身無過，而無益於人之國，不足深貴也。」

曰：「敢問其次。」曰：「言必信，行必果，硜硜然小人哉，抑亦可以爲次矣。」行，去聲。硜，苦耕反。

果，必行也。硜，小石之堅確者。小人，言其識量之淺狹也。此其本末皆無足觀，然亦不害其爲自守也，故聖人猶有取焉。或問：「硜硜小人而亦可爲士，何也？」曰：「彼其識量雖淺，而非惡也，至其所守，則雖規規於信果之小節，然與夫誕謾苟賤之人，則不可同年語矣。」下此則市井之人，不復可爲士矣。

曰：「今之從政者何如？」子曰：「噫！斗筲之人，何足算也。」筲，所交反。算，亦作筭，悉亂反。

今之從政者，蓋如魯三家之屬。噫，心不平聲。斗，量名，容十升。筲，竹器，容

斗二升。斗筲之人，言鄙細也。算，數也。子貢之問每下，故夫子以是警之。○程子曰：「子貢之意，蓋欲爲皎皎之行聞於人者。夫子告之，皆篤實自得之事。」語録曰：「問『子貢欲爲皎皎之行』。曰：『子貢平日雖有此意思，然這一章却是大段平實了。蓋渠見「行己有恥，使於四方」不是些小事，故又問其次。至「宗族稱孝，鄉黨稱弟」，他亦未敢自信，故又問其次。凡此節次，皆是他要放平實處做功夫，故每問皆下。到下面問「今之從政者何如」，却是問錯了，聖人便云「何足算也」，乃是爲他截斷了。』」

○子曰：「不得中行而與之，必也狂狷乎！狂者進取，狷者有所不爲也。」

狷，音絹。

行，道也。胡氏曰：「道猶路也，故行亦道也。」狂者，志極高而行不掩。狷者，知未及而守有餘。文集曰：「狂者志高，可以有爲；狷者志潔，有所不爲，而可以有守。」○語録曰：「狂者知之過，狷者行之過。」○輔氏曰：「狂者志極高，直欲探取乎道，然其行則不揜；狷者守有餘，故能不爲其所不爲，然其知則未至。」○愚謂：志極高，狂者之過，行不掩，狂者之不及；知未及，狷者之不及，守有餘，狷者之過。蓋聖人本欲得中道之人而教之，然既不可得，而徒得謹厚之人，則未必能自振拔而有爲也。故不若得此狂狷之人，猶可因其志節而激厲裁抑之以進於道，非與其終於此而已也。語録曰：「謹厚者雖是好，又無益於事，故有取

於狂狷。然狂狷者又各墮於一偏。中道之人，有狂者之意，而所爲又精密；有狷者之節，又不至過激，此極難得之人。」〇黄氏曰：「孔子之門，從游之士皆極天下之選，夫子猶嘆中行之難得，思狂狷者而與之，蓋進道之難如此。狂狷雖不同，而其力量皆足以進於道者也。今持不逮之資，而悠悠以求進於學，是皆夫子之所棄也。」〇輔氏曰：「狂者之志，狷者之節，皆有進道之資者也。故孔子於不得中道而教之之際，與其得謹厚之人，柔懦弗彊，悠悠歲月，故不若得夫狂狷之士，因其志而裁抑之，使勉其所行，因其節以激厲之，使進其所知，則庶幾乎中行之事，非與其終於狂狷而已也。」〇愚謂：於其不及而激厲之，使之跂而及乎中也；於其過而裁抑之，使之俯而就乎中也。〇孟子曰：「孔子豈不欲中道哉？不可必得，故思其次也。如琴張、曾晳、牧皮者，孔子之所謂狂也。其志嘐嘐然，曰『古之人，古之人』，夷考其行而不掩焉者也。狂者又不可得，欲得不屑不潔之士而與之，是狷也，是又其次也。」

〇子曰：「南人有言曰：『人而無恒，不可以作巫醫。』善夫！」恒，胡登反。夫，音扶。

南人，南國之人。恒，常久也。巫，所以交鬼神。醫，所以寄死生。故雖賤役，而尤不可以無常，孔子稱其言而善之。輔氏曰：「無常之人，則在我者無定守矣，何所用而可？巫醫雖賤役，然必有常，乃可爲之。蓋交鬼神而無常，則鬼神不之享；治疾病而無常，則人

何敢寄以死生哉？孔子稱其言而善之，其所以警於人者深矣。」

不恒其德，或承之羞。

此易恒卦九三爻辭。承，進也。語録曰：「承，如人送與之也。」

子曰：「不占而已矣。」

復加「子曰」，以別易文也，其義未詳。楊氏曰：「君子於易，苟玩其占，則知無常之取羞矣。其爲無常也，蓋亦不占而已矣。」意亦略通。胡氏曰：「不占二字，如楊氏說，須增玩字，故集註猶以爲未詳。」

○子曰：「君子和而不同，小人同而不和。」

和者，無乖戾之心。同者，有阿比之意。○尹氏曰：「君子尚義，故有不同；小人尚利，安得而和？」輔氏曰：「尹氏本意，雖只是以義利二字說不同不和之意。然細推之，則君子之於事，唯欲合於義，故常和，然義有可否，故有不同；小人徇利之意，則固同矣，然利起争奪，安得而和？」○愚謂：尹氏之說，是推原其所以不同不和之故自義利上來，非以此訓不同不和也。

○子貢問曰：「鄉人皆好之，何如？」子曰：「未可也。」「鄉人皆惡之，何如？」子曰：「未可也。不如鄉人之善者好之，其不善者惡之。」好、惡，並去聲。

一鄉之人，宜有公論矣，然其間亦各以類自爲好惡也。故善者好之而惡者不惡，則必其有苟合之行；惡者惡之而善者不好，則必其無可好之實。黄氏曰：「不以鄉人皆好皆惡而定其人之賢，必取決於善者之好、不善者之惡。蓋善者循理，故所好者如己之循理者也；不善者徇欲，故所惡者不必如己之徇欲者也，此其所以爲賢也。至於善者好而惡者不惡，惡者惡而善者不好，則又推而言之耳。」○輔氏曰：「鄉人皆好之，恐是同流合汙之人，鄉人皆惡之，恐是詭世戾俗之人，故皆以爲未可。至於鄉人之善者以同乎己而好之，則有可好之實矣，其不善者以異乎己而惡之，則無苟合之行矣，則其人之善也爲可必矣。」

○子曰：「君子易事而難說也：說之不以道，不說也；及其使人也，器之。小人難事而易說也：說之雖不以道，說也；及其使人也，求備焉。」易，去聲。說，音悅。

器之，謂隨其材器而使之也。君子之心公而恕，小人之心私而刻。天理人欲之間，每相反而已矣。輔氏曰：「君子說人之順理，小人說人之順己。君子貴重人材，務盡在我用之之道，而不責人之皆可用，故隨其材器而使之，而天下無不可用之人；小人輕視人材，不求在我

用之之道，而唯欲人之皆如己意也，故求備責全，而卒至於無可用之人。君子持己之道甚嚴[二]，而待人之心甚恕；小人治己之方甚寬，而責人之意甚刻。惟公故恕，惟私故刻，天理人欲之間，每相反而已矣。」

○子曰：「君子泰而不驕，小人驕而不泰。」

君子循理，故安舒而不矜肆；小人逞欲，故反是。輔氏曰：「君子安處善，樂循理，故心廣而體胖；小人騖於氣，逞於欲，故言夸而行肆。」○胡氏曰：「循理者，泰之本也；逞欲者，驕之根也。君子惟理是循，富貴貧賤，安於所遇，無入而不自得，故常舒泰；小人惟欲是逞，貪求苟取，意得志滿，常欲以之自夸，故常驕矜。循理則惟恐欲心之肆，而卒至於無欲；逞欲則不知是理之正，而常至於背理，二者常相反。」

○子曰：「剛毅木訥，近仁。」

程子曰：「木者，質樸。訥者，遲鈍。四者，質之近乎仁者也。」楊氏曰：「剛毅則不屈於物欲，木訥則不至於外馳，故近仁。」輔氏曰：「有剛毅之質，則必不屈於物欲，不屈於物欲，則心常正。有木訥之質，則必不至於外馳，不至於外馳，則心常存。心正則常存，此所以

[二] 持，原作「待」，據通志堂經解本改。

近乎仁也。」○胡氏曰：「剛毅則有堅彊不已之意，木訥則無巧令外飾之資，故於仁爲近。然非論其問學功夫，即其資稟而言也。資稟之近，若合於仁矣，未可以爲仁也。蓋仁雖出於天性之本然，惟上智之資氣命於理，自然合於中和而不墮於一偏。其不屈於物欲，固剛毅矣，然待人接物未嘗不温然而和順也；其不至於外馳，固木訥矣，然威儀文辭未嘗不粲然而宣明也。若資質之美，則拘於一偏而已。大約言之，固於仁爲近，由學者言之，必庶幾其全體可也。」

○子路問曰：「何如斯可謂之士矣？」子曰：「切切、偲偲、怡怡如也，可謂士矣。朋友切切、偲偲，兄弟怡怡。」

胡氏曰：「切切，懇到也。偲偲，詳勉也。或問「切切偲偲」之義。曰：「切切者，教告懇惻，而不揚其過。偲偲者，勸勉詳盡，而不强其從。二者皆有忠愛之誠，而無勁訐之害[二]。」○語録曰：「懇到，有苦切之意。然一向如此而無浸灌之意，又不可。須詳細相勉，如此方有相親之意。」怡怡，和悦也。皆子路所不足，故告之。又恐其混於所施，則兄弟有賊恩之禍，朋友有善柔之損，故又别而言之。」語録曰：「聖人見子路有麄暴底氣象，故告之以切切、怡怡。又恐子路一向和悦去了，又告之以朋友則切切、偲偲，兄弟則怡怡。聖人之言是恁地密。」

[二] 訐，原作「訂」，據通志堂經解本改。

○子曰：「善人教民七年，亦可以即戎矣。」語録曰：「古人政事，大率本末兼具。」即，教民者，教之孝弟忠信之行，務農講武之法。就也。戎，兵也。民知親其上，死其長，故可以即戎。」○程子曰：「七年云者，聖人度其時可矣。如云朞月、三年、百年、一世、大國五年、小國七年之類，皆當思其作爲如何乃有益。」輔氏曰：「聖人度其時可矣，蓋致知格物之極功，不啻如燭照而數計，非臆度之謂也。」○蔡氏曰：「聖人作爲必須有分明界限，如古人謂三十年制國用，則有九年之食，恐當以此推之。」

○子曰：「以不教民戰，是謂棄之。」以，用也。言用不教之民以戰，必有敗亡之禍，是棄其民也。黄氏曰：「聖人未嘗不言兵也，言兵之最精者莫如聖人。蓋教之以親愛節義之風，坐作擊刺之法，要以必克而後用之，此聖人所以不輕棄其民也。」

憲問第十四

胡氏曰：「此篇疑原憲所記。」愚謂：首篇曰「憲問恥」，不書姓而直書名，其爲自記之證

一也。他章夫子稱弟子則名之，曾子、有子、冉子門人之所記，則以子稱，非其師者皆稱字，如「原思爲之宰」亦以字稱，而此書名，其爲自記之證二也。下章問「克伐怨欲不行」，不別起端而聯書之，其爲自記之證三也。凡四十七章。

憲問恥。子曰：「邦有道，穀；邦無道，穀，恥也。」

憲，原思名。穀，禄也。邦有道不能有爲，邦無道不能獨善，而但知食禄，皆可恥也。語録曰：「穀之一字，要人玩味。穀有食禄之義，言有道無道，只會食禄，略無建明，豈不可深恥。」**憲之狷介，其於邦無道穀之可恥，固知之矣；至於邦有道穀之可恥，則未必知也。故夫子因其問而并言之，以廣其志，使知所以自勉而進於有爲也。**或問此一章。曰：「原憲甘貧守道，其志卓然，能有不爲者也。其爲此問，固知邦無道而枉道得禄之爲恥矣，特欲質諸夫子以言其志耳。夫子深知其然，而亦知其學之未足以有爲也，則恐其或當有道之時，雖無枉道之羞，而未免於素餐之愧，故以是而并告之，使因其所已知而推之，以及其所未知者，庶乎其有以廣其業而益充其所爲爾。」〇胡氏曰：「狷介之人，自守常有餘，而見於事爲常不足。蓋以心之全體言之，循循自守猶爲一己之私行，必推而足以治國平天下，然後可以充此心本然之限量也。」〇愚謂：狷者有執守之意，介者有分別之意。

〇「克伐怨欲不行焉，可以爲仁矣？」

此亦原憲以其所能而問也。輔氏曰：「原思兩問，皆是以其所已能者而質之於聖人，故夫子之答，皆進之以其所未能。」克，好勝。伐，自矜。怨，忿恨。欲，貪欲。輔氏曰：「克，只訓勝，如克敵、克己之爲勝敵、勝己是也。然單言之，則爲好勝，如忮克、克伐是也。伐者，傷殘之意，自矜乃所以自殘也。忿見於外，恨藏於中，内恨外忿，則爲怨。欲有公私，貪欲則欲之私也。」○胡氏曰：「克伐怨欲，分而言之，則爲四事。對舉而互言之，則克伐者，因己之所有而生氣盈也，怨欲者，因己之所無而生氣歉也。推本而言之，又皆因有己而生也。」

子曰：「可以爲難矣，仁則吾不知也。」

有是四者而能制之，使不得行，可謂難矣。語録曰：「這箇也是他去做功夫，只是用功淺在。」仁則天理渾然，自無四者之累，不行不足以言之也。○程子曰：「人而無克伐怨欲，惟仁者能之。有之而能制其情使不行，斯亦難能也，謂之仁則未也。此聖人開示之深，惜乎憲之不能再問也。」或問：「使憲而再問，夫子告之奈何？」曰：「聖人未發之旨，夫孰能測之？然以程子之意而言，則四者之不行，亦制其末而不行於外爾，若其本則固著之於心而不能去也。譬之木焉，不去其根，則萌蘖之生自不能已，制而不行，日力亦不給矣。且雖

或能制之[一]，終身不見於外，而其鬱屈不平之意，乃日鬬進於胷中，則夫所謂仁者，亦且殫殘蔽害而不能以自存矣。必也絕其萌芽，蹙其根本，不使少有豪髮留於心念之間，則於仁也其庶幾乎。」○語録曰：「這便是他失問也，是他從來自見做好了如此。」○輔氏曰：「憲之所以僅能其難，固以其狷介有守，而至於不能復有所問，則亦以狷介之守痼之也。」**或曰：「四者不行，固不得爲仁矣。然亦豈非所謂克己之事、求仁之方乎？」曰：「克去己私以復乎禮，則私欲不留，而天理之本然者得矣。若但制而不行，則是未有拔去病根之意，而容其潛藏隱伏於胷中也，豈克己求仁之謂哉？學者察於二者之閒，則其所以求仁之功，益親切而無滲漏矣。」**語録曰：「克己者，一似就家中捉出箇賊，打殺了便沒事。若有克伐怨欲，而惟禁制之，使不發出來，猶關閉所謂賊者在家中，只是不放出去外頭作過，畢竟是窩藏。」○又曰：「克是抉去病根。不行是捺在這裏，且教莫出，然這病根在這裏。」○又曰：「如面前有一事相觸，雖能遏其怒，畢竟胷中有怒在，所以未得爲仁。所謂拔去病根，而不容其潛藏隱伏於胷中者，亦在乎格物、致知、誠意、正心，使其全體大用軒豁呈露，而四者之根株蹙拔，自不容或萌於其閒也。」○陳氏曰：「惟患不能自知己之病根所在耳。若果知，却合下便當下克己工夫，對境直截，

[一] 制，原作「者」，據通志堂經解本改。

與之拔去，一舉淨盡，然後爲快，豈有放緩第一著，且放第二著，且制之不行，待他時工夫稍熟後，乃漸次以拔之邪？若然，則恐病根轉深，不可得而拔。胷中一起一伏，轉爲之擾，非所謂篤志求仁之道也。」○胡氏曰：「人之一心，渾然至理，初無四者之累。今不思所以治之，病根常在，待其既發而以力制之，使不得行，則其病根未嘗不藏伏於內也，是豈可謂之仁哉？制其情而不行，與顏子四勿若相似而實不同。四勿者，分辨於天理人欲之閒而一循乎天理。不行者，禁制於人欲已發之後而不徇乎人欲。用力於初分之際者易，用力於已發之後者難，此所以雖不許其仁，而亦許其難也。苟志不勝氣，則藏伏於內者勃然而出，其難也有時而不可恃矣。」

○子曰：「士而懷居，不足以爲士矣。」

居，謂意所便安處也。輔氏曰：「懷吾意所便安處，便是利心。爲士者，正義而不謀利，若於意所使安者，戀戀而不能忘，則於義之所當爲者，必不能知所徙矣。內則損德，外則廢業，是尚足以爲士哉？」○胡氏曰：「居，以爲居室可也，然居室一事所該者狹，聖人既以之斷其不可爲士，則不止乎思念其居室之安而已，故以爲意所便安處皆是也。蓋不徇乎理之安，而徇乎情之安，則趨利而背義，以私而滅公，往往有之，安得謂之士乎？」

○子曰：「邦有道，危言危行；邦無道，危行言孫。」行、孫，並去聲。

危，高峻也。永嘉陳氏曰：「高峻者，廉角之稱，非詭險不平正之謂。」**孫，卑順也。**胡氏

曰：「卑順者，加謙恭耳，非阿諛之謂。」尹氏曰：「君子之持身不可變也，至於言則有時而不敢盡，以避禍也。然則爲國者使士言孫，豈不殆哉？」輔氏曰：「危言危行，君子之常也，然行以持身，則終無可變之理。言之應物，則或有當遜之時，使士孫言以辟禍，則時可知也。然謂之遜者，卑順而已，亦非違道以徇物也。」

○子曰：「有德者必有言，有言者不必有德；仁者必有勇，勇者不必有仁。」

有德者和順積中，英華發外，能言者或便佞口給而已。仁者心無私累，見義必爲，勇者或血氣之强而已。胡氏曰：「和順，德也。英華，言也。無私，仁也。必爲，勇也。便佞口給，無德之言也。血氣之强，不仁之勇也。必，則有此而於彼可知也。不必，則有此而於彼未可知也。以或字言之，所以見其不必也。」○尹氏曰：「有德者必有言，徒能言者未必有德也；仁者志必勇，徒能勇者未必有仁也。」輔氏曰：「有諸内者必形諸外，事其末者未必有其本。故自脩者當務其内，而觀人者必察其本。」

○南宫适問於孔子曰：「羿善射，奡盪舟，俱不得其死然；禹、稷躬稼，而有天下。」夫子不答，南宫适出。子曰：「君子哉若人！尚德哉若人！」适，古

活反。羿，音詣。奡，五報反。盪，土浪反[二]。

南宮适，即南容也。羿，有窮之君，善射，滅夏后相而篡其位。其臣寒浞又殺羿而代之。奡，春秋傳作澆，浞之子也，力能陸地行舟，後爲夏后少康所誅。禹平水土，暨稷播種，身親稼穡之事。禹受舜禪而有天下，稷之後至周武王亦有天下。适意蓋以羿、奡比當世之有權力者，而以禹、稷比孔子也。輔氏曰：「适素號能謹言，而以此質於夫子，其所以憫世悼俗、尊尚聖人之意，備見於言外。」○愚謂：權力二字，正指三家而言。适是孟懿子之弟，亦三家子孫，有此見識，尤所難得。故孔子不答。然适之言如此，可謂君子之人，而有尚德之心矣，不可以不與，故俟其出而贊美之。輔氏曰：「於此可見聖人處事之密而取善之周。」

○子曰：「君子而不仁者有矣夫，未有小人而仁者也。」夫，音扶。

謝氏曰：「君子志於仁矣，然豪忽之間心不在焉，則未免爲不仁也。」輔氏曰：「聖人渾然天理，無所間斷，所謂中心安仁者也。君子則志於仁矣，然斯須之間心不在焉，則未免爲不仁。若夫小人，則通體段是人欲，初不知有所謂仁者，尚何望其能仁哉？」

[二] 土，原作「士」，據通志堂經解本改。

○子曰：「愛之能勿勞乎？忠焉能勿誨乎？」

蘇氏曰：「愛而勿勞，禽犢之愛也；忠而勿誨，婦寺之忠也。愛而知勞之，則其爲愛也深矣；忠而知誨之，則其爲忠也大矣。」輔氏曰：「愛焉則自不能不勞以成之，忠焉則自不能不誨以益之，此天理人情之至，莫之爲而爲者也。觀慈父之於子，忠臣之於君，則可見矣。蘇氏發兩知字，尤有意味。蓋人之私情，往往不知勞之爲愛，誨之爲忠，故又言以明之。」

○子曰：「爲命，裨諶草創之，世叔討論之，行人子羽脩飾之，東里子產潤色之。」裨，婢之反。諶，時林反。

裨諶以下四人，皆鄭大夫。草，略也；創，造也。謂造爲草藁也。世叔，游吉也，春秋傳作子太叔。討，尋究也；論，講議也。行人，掌使之官。子羽，公孫揮也。脩飾，謂增損之。東里，地名，子產所居也。潤色，謂加以文采也。愚謂：裨諶能謀，故使之草創；世叔熟於典故，故使之討論；子羽善於應對，故使之脩飾；子產當國，不自用己見，直待三人草創、討論、脩飾後，却來潤色之。鄭國之爲辭命，必更此四賢之手而成，詳審精密，各盡所長。是以應對諸侯，鮮有敗事。孔子言此，蓋善之也。

○或問子產，子曰：「惠人也。」

子産之政，不專於寛，然其心則一以愛人爲主。故孔子以爲惠人，蓋舉其重而言也。

問子西，曰：「彼哉，彼哉。」

子西，楚公子申，能遜楚國，立昭王，而改紀其政，亦賢大夫也。然不能革其僭王之號。昭王欲用孔子，又沮止之。其後卒召白公以致禍亂，則其爲人可知矣。彼哉者，外之之詞。

問管仲，曰：「人也，奪伯氏駢邑三百，飯疏食，没齒無怨言。」

人也，猶言此人也。語録曰：「猶詩所謂『伊人』，莊子所謂『之人』也。」伯氏，齊大夫。駢邑，地名。齒，年也。蓋威公奪伯氏之邑以與管仲，伯氏自知己罪，而心服管仲之功，故窮約以終身而無怨言。荀卿所謂「與之書社三百，而富人莫之敢拒」者，即此事也。○或問：「管仲、子産孰優？」曰：「管仲之德不勝其才，子産之才不勝其德。然於聖人之學，則槩乎其未有聞也。」輔氏曰：「管仲德不勝才，子産才不勝德，皆以資質言也，故其事業亦各隨其資以爲之。使其知聖賢大學之道，循序而漸進，成己以成物，則子産之德當與顔閔同科，而仲之才當與伊吕並駕矣。」○陳氏曰：「二子皆無大學規模，須是大學規模乃爲王佐才，而伊、傅、周、召其人也。」

○子曰：「貧而無怨難，富而無驕易。」易，去聲。

處貧難，處富易，人之常情。然人當勉其難，而不可忽其易也。胡氏曰：「貧之境逆，而多不足之心；富之境順，而多有餘之意。然處不足而心未嘗不足者，非無所愧怍而真有所得則不能，故難；處有餘而心未嘗有餘者，苟自知收斂、矜夸不萌者能之，故易。聖人因人情事勢而別其難易如此，非謂但當勉其難，而易者不足言，故集註又申明其不可忽之意也。」

○子曰：「孟公綽爲趙魏老則優，不可以爲滕薛大夫。」

公綽，魯大夫。趙、魏，晉卿之家。老，家臣之長。大家勢重，而無諸侯之事；家老望尊，而無官守之責。優，有餘也。胡氏曰：「趙魏雖晉卿，孟子言『附之以韓魏之家』，則其家之大可知。晉卿執國之政，而家大如此，故勢尊。爲家臣之長者，苟能正己，則居其位有餘矣。」滕、薛，二國名。大夫，任國政者。滕薛國小政繁，大夫位高責重。胡氏曰：「滕薛雖諸侯，孟子言『滕絶長補短，將五十里』，則其國之小可知。征伐朝聘之事所不容已，大夫當國，非才智過人，則不足以勝其任。」然則公綽蓋廉靜寡慾，而短於才者也。胡氏曰：「公綽之爲人，以下章言其『不欲』觀之，故知其廉靜寡慾也。然律以成人，又須文之以禮樂方可，否則有所偏，而非才全德備者也。」○楊氏曰：「知之弗豫，枉其才而用之，則爲棄人矣，此君子所以患不知人也。言此，則孔子之用人可知矣。」

○子路問成人。子曰：「若臧武仲之知，公綽之不欲，卞莊子之勇，冉求之

藝，文之以禮樂，亦可以爲成人矣。」知，去聲。**成人，猶言全人。**輔氏曰：「謂全盡得人之道。全盡得人之道，則其爲人方可謂之成也。」**武仲，魯大夫，名紇。莊子，魯卞邑大夫。**或問「卞莊子」。曰：「莊子養母，戰而三北。及母死，齊伐魯，莊子赴鬭，三獲甲首以獻，曰『此塞三北』。遂赴齊師，殺十人而死。事見新序。」**言兼此四子之長，則知足以窮理，廉足以養心，勇足以力行，藝足以泛應，而又節之以禮，和之以樂，使德成於内，而文見乎外。則材全德備，渾然不見一善成名之迹；中正和樂，粹然無復偏倚駁雜之蔽，而其爲人也亦成矣。**或問：「必兼四子之長，而又必文之以禮樂，然後可以爲成人，何也？」曰：「四子各有所長，而不能相兼，又無禮樂以文之，故知者至於要君，勇者至於輕死，藝者至於聚斂，而不欲者又或不能於小國之大夫也，亦難以爲成人矣。故孔子言必兼此四人之能，而又文之以禮樂，則集其所長，去其所短，而後可以爲成人也。」○輔氏曰：「藝，謂六藝，皆至理所寓，而日用之不可闕者，通此則應務有餘矣。德成於内，則和之以樂之事也；文見乎外，則節之以禮之事也。至此，則内外兼全，而禮樂純備矣。才全則不偏，德備則無闕，不見一善成名之迹，則人不得以一德而名之，此其所以渾然也。中正者禮之則也，和樂者樂之用也；無偏倚之蔽則中正矣，無駁雜之蔽則和樂矣，此其所以粹然也。渾然粹然，則其爲人也亦成矣。」○胡氏曰：「四子之長，各有所偏，故必兼四子之長。四者相資，

猶未足以合乎道，又必須文之以禮樂。禮以節之，則其偏倚邪僻者去矣；樂以和之，則其乖戾矯激者消矣，此所以中正和樂渾然粹然而至於成人矣。」然「亦」之爲言，非其至者，胡氏曰：「可者，僅辭。亦可，則未至於僅也。」蓋就子路之所可及而語之也。若論其至，則非聖人之盡人道，不足以語此。語録曰：「問：『若聖人之盡人道，則何以加此？』曰：『聖人天理渾全，不待如此逐項説矣。』」

曰：「今之成人者何必然？見利思義，見危授命，久要不忘平生之言，亦可以爲成人矣。」

復加曰字者，既答而復言也。授命，言不愛其生，持以與人也。久要，舊約也。平生，平日也。有是忠信之實，輔氏曰：「見危授命之爲忠，久要不忘平生之言之爲信，宜也。而見利思義亦可以爲忠，何也？義本吾心之固有，苟因見利而遂忘其義以不思，則非所以盡吾心也。」則雖其才知禮樂有所未備，輔氏曰：「才生於氣，四子之能雖皆出於氣稟，然武仲之知又不可專以才言，故兼知以言之。」亦可以爲成人之次也。○程子曰：「知之明，信之篤，行之果，天下之達德也。若孔子所謂成人，亦不出此三者。武仲，知也；公綽，仁也；卞莊子，勇也；冉求，藝也。須是合此四人之能，文之以禮樂，亦可以爲成人矣。然而論其大成，則不止於此。若今之成人，有忠信而不及於禮樂，則又其次者

也。」輔氏曰：「知仁勇三者，天下之達德，人之所以爲人，以此而已。四子之能，雖未盡人道，然固亦達德之所發也。」又曰：「臧武仲之知，非正也，若文之以禮樂，則無不正矣。」輔氏曰：「程子蓋指要君之事言之，然亦舉武仲此一事以例其餘也。人之資稟雖善，然亦不能無偏，須是學以成之，然後協于中正而無疵也。」又曰：「語成人之名，非聖人孰能之？」孟子曰：『惟聖人然後可以踐形。』如此方可以稱成人之名。」輔氏曰：「有是性則具是形，須是踐得這形，方始全得是性，此惟聖人能之。雖合是四子之長，而文之以禮樂，至於踐形之事，則猶或歉也。」胡氏曰：「『今之成人』以下，乃子路之言。蓋不復聞斯行之之勇，而有終身誦之之固矣。未詳是否。」語録曰：「聖人不應只說向下去，且『見利思義』至『久要不忘平生之言』三句，自是子路已了得底事，亦不應只恁地說。蓋子路以其所能而自言，故胡氏以爲『有終身誦之之固』也。」問：「若如此，夫子安得無言以繼之？」曰：「却又恐是他退後說，也未可知。」○愚謂：「何必然」三字似以前説爲疑，三者又皆子路之所能，故胡氏疑其爲子路之言。

○子問公叔文子於公明賈曰：「信乎夫子不言、不笑、不取乎？」

公叔文子，衛大夫公孫枝也。公明姓，賈名，亦衛人。文子爲人，其詳不可知，然必廉静之士，故當時以三者稱之。

公明賈對曰：「以告者過也。夫子時然後言，人不厭其言；樂然後笑，人不

厭其笑；義然後取，人不厭其取。」子曰：「其然，豈其然乎？」

厭者，苦其多而惡之之辭。事適其可，則人不厭，而不覺其有是矣。是以稱之或過，而以爲不言、不笑、不取也。然此言也，非禮義充溢於中，得時措之宜者不能。輔氏曰：「此乃内外合一，自然而然，不待勉彊，所謂安而行之，聖人之事也。」文子雖賢，疑未及此，但君子與人爲善，不欲正言其非也。故曰「其然，豈其然乎」，蓋疑之也。

○子曰：「臧武仲以防求爲後於魯，雖曰不要君，吾不信也。」要，平聲。

防，地名，武仲所封邑也。要，有挾而求也。武仲得罪奔邾，自邾如防，使請立後而避邑，以示若不得請，則將據邑以叛，是要君也。○范氏曰：「要君者無上，罪之大者也。武仲之邑，受之於君。得罪出奔，則立後在君，非己所得專也。而據邑以請，由其好智而不好學也。」輔氏曰：「凡人溺於智而不知學，不鑿以爲私，則必蕩而失正。武仲二病皆有之，且意萌於中，迹著於外，雖欲欺人，而人之視己，如見其肺肝然。武仲之智而不足以知此，則亦以好智而不好學之故也。」楊氏曰：「武仲卑辭請後，其迹非要君者，而意實要之。夫子之言，亦春秋誅意之法也。」黄氏曰：「此章當以楊氏説爲主。其以防也，必未嘗有據防之言，使其果以防爲言而請後，則要君明矣，不待夫子之辯也。」

○子曰：「晉文公譎而不正，齊桓公正而不譎。」譎，古穴反。

晉文公，名重耳。齊桓公，名小白。譎，詭也。二公皆諸侯盟主，攘夷狄以尊周室者也。雖其以力假仁，心皆不正，然桓公伐楚，仗義執言，不由詭道，猶爲彼善於此。文公則伐衛以致楚，而陰謀以取勝，其譎甚矣。輔氏曰：「桓公責楚以包茅不貢及昭王不復二事，進次而不遂戰，既服而與之盟，是仗義執言，不由詭道也。文公始則伐曹、衛以致楚師之救，終則復曹、衛以攜二國之交，是伐衛以致楚，而陰謀以取勝也。就霸者之中論桓、文之事，則文譎而不正，桓正而不譎。若較之王者表裏無疵、粹然一出於正者，固不可同年而語矣。」二君他事亦多類此，故夫子言此以發其隱。

○子路曰：「桓公殺公子糾，召忽死之，管仲不死。」曰：「未仁乎？」糾，居黝反。召，音邵。

按春秋傳，齊襄公無道，鮑叔牙奉公子小白奔莒。及無知弑襄公，管夷吾、召忽奉公子糾奔魯。魯人納之，未克，而小白入，是爲桓公。使魯殺子糾而請管、召，召忽死之，管仲請囚。鮑叔牙言於桓公以爲相。子路疑管仲忘君事讎，忍心害理，不得爲仁也。語録曰：「傷其惻隱之心，便是忍心。如所謂無求生以害仁，害仁便是忍心也。」○輔氏曰：「忘君，謂不顧子糾之死。事讎，謂爲桓公之相。忍心，謂心所當爲，而忍之使不爲。害理，謂理所當然，而咈之使不然。忘君事讎，即忍心害理之事也。」

子曰：「桓公九合諸侯，不以兵車，管仲之力也。如其仁！如其仁！」

九，春秋傳作糾，督也，古字通用。或問「九之爲糾」。曰：「春秋傳展喜犒師之詞云爾，而『糾合宗族』之類若此者亦甚衆。説者不考其然，乃直以爲九會諸侯，至數桓公之會不止於九，則又因『不以兵車』之文而爲之説曰：『衣裳之會九耳，其餘則兵車之會也。』自公、穀以來皆爲是説，亦可謂鑿之甚矣。」不以兵車，言不假威力也。如其仁，言誰如其仁者，又再言以深許之。蓋管仲雖未得爲仁人，而其利澤及人，則有仁之功矣。語録曰：「問：『如其仁，何以言深許管仲？』曰：『看上面説得大了，下面豈是輕輕説過。聖人當時舉他許多功，故云誰如得他底仁。終不成便與許顔子底意相似？管仲莫説要他「三月不違」，若要他三日也不會如此。子貢、冉求諸人，豈不强似管仲哉。』」○輔氏曰：「仁者安仁，蓋天理渾然，無一息之不存，無一物之不體。管仲之於德，其違闕者多矣，顧何足以語此。然使桓公糾合諸侯，攘夷狄，尊周室，不假威力，無所殺傷，則利澤及人，是亦仁者之功效矣。蓋子路之論仁，舉體而遺用，故夫子以是廣其意，使推而達之於用也。」○永嘉陳氏曰：「仁有粗細。説細處，孔門諸子多有未能；説粗處，霸者之臣却能之。蓋管仲乃仁者之功，功雖可稱道，過自不可揜。」

○子貢曰：「管仲非仁者與？桓公殺公子糾，不能死，又相之。」與，平聲。相，去聲。

子貢意不死猶可，相之則已甚矣。輔氏曰：「子路，勇者也，故有取於召忽之死，而以管仲之不死爲未仁。子貢，知者也，故以管仲之不死爲猶可，而以其相桓爲已甚而非仁。」

子曰：「管仲相桓公，霸諸侯，一匡天下，民到于今受其賜。微管仲，吾其被髮左衽矣。被，皮寄反。衽，而審反。

霸，長也。匡，正也。尊周室，攘夷狄，皆所以正天下也。微，無也。衽，衣衿也。被髮左衽，夷狄之俗也。

豈若匹夫匹婦之爲諒也，自經於溝瀆而莫之知也。」

諒，小信也。經，縊也。莫之知，人不知也。後漢書引此文，莫字上有人字。○程子曰：「桓公，兄也。子糾，弟也。仲私於所事，輔之以争國，非義也。桓公殺之雖過，而糾之死實當。仲始與之同謀，遂與之同死，可也；知輔之争爲不義，將自免以圖後功，亦可也。故聖人不責其死，而稱其功。若使桓弟而糾兄，管仲所輔者正，桓奪其國而殺之，則管仲之與桓，不可同世之讎也。若計其後功而與其事桓，聖人之言無乃害義之甚，啓萬世反覆不忠之亂乎？如唐之王珪、魏證，不死建成之難，而從太宗，可謂害於義矣。後雖有功，何足贖哉？」愚謂：管仲有功而無罪，故聖人獨

稱其功。王、魏先有罪而後有功，則不以相掩可也。

○公叔文子之臣大夫僎，與文子同升諸公。僎，士免反。

臣，家臣。公，公朝。謂薦之與己同進爲公朝之臣也。

子聞之，曰：「可以爲文矣。」

文者，順理而成章之謂。謚法亦有所謂「錫民爵位曰文」者。胡氏曰：「其才德足以爲大夫而薦之爲大夫，順理也。以家臣之賤而與爲同列無慊焉，成章也。彼錫民爵位，特其迹耳。」○洪氏曰：「家臣之賤而引之使與己並，有三善焉：知人，一也；忘己，二也；事君，三也。」輔氏曰：「文之義，主於順理而成章。文王之文，則指其全體而言。公叔文子、孔文子之文，則取一事而言。雖聖人與人爲善之意，然亦非無事實者。知人，智也；忘己，公也；事君，忠也，具是三者，則於此一事理順章成而粲然可觀矣。安得不謂之文哉？」

○子言衛靈公之無道也，康子曰：「夫如是，奚而不喪？」夫，音扶。喪，去聲。

喪，失位也。

孔子曰：「仲叔圉治賓客，祝鮀治宗廟，王孫賈治軍旅。夫如是，奚其喪？」

仲叔圉，即孔文子也。三人皆衛臣，雖未必賢，而其才可用。靈公用之，又各當其才。胡氏曰：「圉，即敏學好問者。賈，則問奥竈者。鮀，則以佞而免於今之世者。如圉幾矣，賈之竊權、鮀之善佞，治世之罪人也，然事神治軍，各有一長，而用人得以盡其所長耳。」○尹氏曰：「衛靈公之無道，宜喪也，而能用此三人，猶足以保其國，而況有道之君，能用天下之賢才者乎？詩曰：『無競維人，四方其訓之。』」

○子曰：「其言之不怍，則爲之也難。」

大言不慙，則無必爲之志，而自不度其能否矣。欲踐其言，豈不難哉？

○陳成子弑簡公。

成子，齊大夫，名恒。簡公，齊君，名壬。事在春秋哀公十四年。

孔子沐浴而朝，告於哀公曰：「陳恒弑其君，請討之。」朝，音潮。

是時孔子致仕居魯，沐浴齊戒以告君，重其事而不敢忽也。輔氏曰：「齋戒必沐浴，此言沐浴，則齋戒可知。古人臨大事必致敬如此。」○又曰：「孔子因陳恒之事而正討賊之舉，此天下之大義也。斯事一正，亂臣賊子無所容迹，三綱可整，九法可序，而天下之事可以次第而舉，是豈可不以爲重而忽之乎？」臣弑其君，人倫之大變，天理所不容，人人得而誅之，況

鄰國乎？故夫子雖已告老，而猶請哀公討之。

公曰：「告夫三子。」夫，音扶，下告夫同。

三子，三家也。時政在三家，哀公不得自專，故使孔子告之。

孔子曰：「以吾從大夫之後，不敢不告也。君曰『告夫三子』者。」

孔子出而自言如此。意謂弑君之賊，法所必討。大夫謀國，義所當告。君乃不能自命三子，而使我告之邪？

之三子告，不可。孔子曰：「以吾從大夫之後，不敢不告也。」

以君命往告，而三子魯之彊臣，素有無君之心，實與陳氏聲勢相倚，故沮其謀。而夫子復以此應之，其所以警之者深矣。或問：「當是之時，魯之兵柄分屬三家。哀公雖欲從夫子之言，然不告三子，則兵不可出。而孔子之意，乃不欲往告，何哉？」曰：「哀公誠能聽孔子以討齊亂，則亦召夫三子而以大義詔之耳，理明義正，雖或不欲，而孰敢違之哉？今無成命，而反使孔子往而告之，則是可否之權決於三子，而不決於公也。況魯之三家，即齊之陳氏，其不欲討之必矣，是則不惟名義之不正，而事亦豈可得而成哉？然夫子以君命之重也，故不得已而一往焉，尚冀其萬一之或從也。而三子果以爲不可，則復正言之，以明從違在彼，雖不敢必，而君臣大倫所繫之重，雖欲不告而不敢以已，其所以警夫三子者亦深矣。」○語録曰：「夫子初告時，真

箇是欲討陳恒，未有此意。後人自流泝源，知聖人之言可以警三子無君之心，非是聖人托討陳恒以警三子耳。聖人之心術不如此枉曲。」○**程子曰：「左氏記孔子之言曰：『陳恒弑其君，民之不予者半。以魯之衆，加齊之半，可克也。』此非孔子之言。誠若此言，是「以力不以義也」。「若孔子之志，必將正名其罪，上告天子，下告方伯，而率與國以討之。至於所以勝齊者，孔子之餘事也，豈計魯人之衆寡哉？當是時，天下之亂極矣，因是足以正之，周室其復興乎？魯之君臣終不從之，可勝惜哉！」**或問：「程子以左氏所記爲非夫子之言，然則夫子之戰，將不復較其力之彊弱，而獨以大義驅之邪？」曰：「程子之言固有是矣，然其所謂『必有處置，謀而後行』者，則亦非不量力而浪戰也。但其意以爲夫子之告魯君，又當明君臣之大義，以見弑逆之大惡，天下所不容，人人得誅，況在鄰國而何可以不討之？而意其爲計，則必請其君以上告天子，下告方伯，而舉天下之兵以誅之也。以天下之兵討天下之賊，彼雖衆强，亦將奚以爲哉？固不當區區獨較齊魯之强弱，而以天下之義爲一國之私也。左氏所記，蓋當世傳聞之謬，以衆人之腹爲聖人之心者。而程氏門人記其師説，又不能盡其意之曲折，所以啓讀者之疑耳。」**胡氏曰：「春秋之法，弑君之賊，人得而討之。孔子此舉，先發後聞可也。」**或問：「程子以爲必告之天子，而胡氏乃有先發後聞之説，何邪？」曰：「考之春秋，先王之時，疑必自有此法，凡弑君者，人人得討之，如漢所謂天下共擊之者。晉李毅告王濬，以

爲弒君之賊爲惡尤大，當不拘常制者，則以當世本無此法而言爾。然事非一槩，告與不告，又在乎時義之如何。使其地近於天子而可以告也，其事之未至乎迫遽而得以告也，其力之不足以敵而不得不告也，則告之而俟命以行，甚則或不俟命而遂行，皆可也。使其地之相去也遠，其事機之來也不可以少緩，而吾之力又足以制之，而乃區區焉徇請命之小節，忘逆賊之大罪，使彼得以植其根，固其黨，或遂奔逸而不可以復得，則任其事者亦無以免乎春秋之責矣。」

○子路問事君。子曰：「勿欺也，而犯之。」

犯，謂犯顔諫争。語録曰：「犯，只是有犯無隱之犯，如三諫不聽之類，諫便是犯。」○范氏曰：「犯非子路之所難也，而以不欺爲難，故夫子教以先勿欺而後犯也。」語録曰：「問：『子路豈是欺君者？』曰：『子路性勇，凡言於人君，便要他聽，或至於説得太過，則近乎欺君。唐人諫敬宗遊驪山，謂驪山不可行，若行必有大禍。夫驪山固是不可行，以爲有大禍，則近於欺矣。要之，其實雖不失爲愛君，而其言則欺矣。』」○又曰：「以使門人爲臣一事觀之，子路之好勇必勝，恐未免於欺也。」○黄氏曰：「僞言不直謂之欺，直言無隱謂之犯，欺與犯正相反。」○輔氏曰：「犯顔諫諍，固非巽懦阿諛者之所能也，然事君之義要以忠敬爲主。使吾心一於忠敬，常恐其君有纖豪之失，或至於不得已而犯之，則庶其能感動。若忠敬有所未至，納交、要譽、惡其聲之意未能使之盡絶，而乃以犯顔爲事，則其公也所以爲私，其直也反所以爲曲，非特無益於

君，而徒有喪於己。子路之剛，蓋不難於犯也，而反己自盡之道，意者猶有未加意者焉，故因其問事君，而教以先勿欺而後犯，此如醫之治疾，因其證之有不足，而投之以所當用之劑也。若夫職有言之責，平日之學問不加，性情不治，道義之氣不勝乎權勢之威，天理之微反屈乎利欲之熾，阿諛從順，回互隱伏，見其爲政之失而不思救之，知其用人之非而不思正之，從君於昏，陷君於惡，而方且立言於人曰『吾當養吾之誠意以潛化而默移之』，是又子路之所不敢知。」

○子曰：「君子上達，小人下達。」

君子反天理，故日進乎高明；小人徇人欲，故日究乎汙下。文集曰：「凡百事上皆有達處，惟君子就中得箇高明底道理，小人就中得箇汙下底道理。」○語録曰：「君子一日長進似一日，小人一日沉淪似一日。」○[二]又曰：「究者，究竟之義，言究竟至於極也。初間只是差些子，少間究竟將去，越見差得多。今人做錯一件事，説錯一句話，不肯當下覺悟便改，却只管去救其失，少間救得過失越大，無不是如此。」○胡氏曰：「反天理、徇人欲，上達、下達之原也。進高明、究汙下，上達、下達之效也。天道流行，付與萬物，人之生也，萬理皆具，人欲或得以奪之，故有待於反之也。所謂天理者，仁義禮智之常也。能全乎仁義禮智之常，而不以一毫私欲自累，則高

[二]○，原脱，據通志堂經解本補。

矣；不以一豪私意自蔽，則明矣。所謂人欲者，耳目口鼻之好是也。惟徇乎耳目口鼻之好，益趍於貪濁之地，則汙矣；益流於苟賤之域，則下矣。進則升而愈崇，究則沈而愈卑。」

○子曰：「古之學者爲己，今之學者爲人。」爲，去聲。

程子曰：「爲己，欲得之於己也；爲人，欲見知於人也。」輔氏曰：「爲己、爲人之學，其差只在豪釐之閒。唯欲得之於己，則不必見知於人；纔欲見知於人，則不必得之於己。欲得於己者，收斂篤實；欲見知於人者，輕浮淺露。」○程子曰：「古之學者爲己，其終至於成物；今之學者爲人，其終至於喪己。」語録曰：「程子兩段，前段是低底爲人，後段是好底爲人。前爲人只是欲見知於人而已，後爲人却是真箇要爲人，然不曾先去自家身己上做得功夫，非惟是爲那人不得，末後連己也喪了。」愚按：聖賢論學者用心得失之際，其說多矣，然未有如此言之切而要者。於此明辨而日省之，則庶乎其不昧於所從矣。語録曰：「今學者且要分別箇路頭，要緊是爲己爲人之際。爲己者直拔要理會這箇物事，欲自家理會得，不是且恁地理會做好看，教人說道自家也曾理會來。這假饒理會得十分是當，也都不關自身己事。」

○蘧伯玉使人於孔子。使，去聲，下同。

蘧伯玉，衛大夫，名瑗。孔子居衛，嘗主於其家。既而反魯，故伯玉使人來也。

孔子與之坐而問焉，曰：「夫子何爲？」對曰：「夫子欲寡其過而未能也。」

使者出。子曰：「使乎！使乎！」

與之坐，敬其主以及其使也。夫子，指伯玉也。言其但欲寡過而猶未能，則其省身克己常若不及之意可見矣。使者之言愈自卑約，而其主之賢益彰，亦可謂深知君子之心，而善於詞令者矣。故夫子再言「使乎」以重美之。輔氏曰：「使者不以伯玉之德著見於外者言，而於伯玉之心克治於内者告，且曰欲而未能，不獨其言謙抑卑下，而又深有得於聖賢爲己之學常如不及之意，亦可謂知德而能言矣。」按莊周稱「伯玉行年五十而知四十九年之非」，又曰「伯玉行年六十而六十化」。語録曰：「化只是消融了無固滯。」〇又曰：「此句亦説得不切實，伯玉却是箇向裏做工夫，莊子之説自是過當處。」蓋其進德之功，老而不倦，是以踐履篤實，光輝宣著。不唯使者知之，而夫子亦信之矣。

〇子曰：「不在其位，不謀其政。」

重出。

〇曾子曰：「君子思不出其位。」

此艮卦之象也。曾子蓋嘗稱之，記者因上章之語而類記之也。輔氏曰：「『不在其位，不謀其政』，專指仕者職位而言。若艮象所謂『思不出其位』，則泛言物所當止之處耳。曾子蓋嘗稱

之，而記者以爲可證前説，故併記于此。」○范氏曰：「物各止其所，而天下之理得矣。故君子所思不出其位，而君臣上下大小皆得其職也。」

○子曰：「君子恥其言，而過其行。」行，去聲。

恥者，不敢盡之意。過者[二]，欲有餘之辭。文集曰：「過，猶行過恭、喪過哀之過。」○胡氏曰：「恥之義，不可謂之不敢盡，但其意如是；過之義，則爲有餘。故以辭言之，諸説皆以爲一事，謂恥其言之過於行也，於義固通，但須易『而』爲『之』字，乃可循言求義。必如集註釋爲兩事，斯得夫子立言之意。」

○子曰：「君子道者三，我無能焉：仁者不憂，知者不惑，勇者不懼。」知，去聲。

自責以勉人也。胡氏曰：「聖人自以爲無能，則學者當知於此致謹也。」

子貢曰：「夫子自道也。」

道，言也。自道，猶云謙辭。胡氏曰：「在夫子自言則如此，由他人觀之則不然，蓋聖人未

[二] 意過者，元本漫漶，此據通志堂經解本。

嘗有自足之心也。」○尹氏曰：「成德以仁爲先，進學以知爲先，故夫子之言，其序有不同者以此。」胡氏曰：「爲學之序以知爲先，若德之成，則仁又爲百行之首。」

○子貢方人。子曰：「賜也賢乎哉？夫我則不暇。」夫，音扶。

方，比也。乎哉，疑辭。比方人物而較其短長，雖亦窮理之事，然專務爲此，則心馳於外，而所以自治者疏矣。故褒之而疑其詞，復自貶以深抑之。○謝氏曰：「聖人責人，辭不迫切而意已獨至如此。」輔氏曰：「聖人發處渾涵詳密，自然如此，蓋非有意爲之也。」

○子曰：「不患人之不己知，患其不能也。」

凡章指同而文不異者，一言而重出也；文小異者，屢言而各出也。此章凡四見，而文皆有異，則聖人於此一事，蓋屢言之，其丁寧之意亦可見矣。胡氏曰：「此章與前後篇多同。學而篇則欲其反而知人之賢否也，里仁篇則欲其反而求取知之實也，此章與衛靈公篇同而文則異矣。蓋失於務外，爲學之通患，聖人每欲其反己以自力，故不一言而已也。」

○子曰：「不逆詐，不億不信。抑亦先覺者，是賢乎。」

逆，未至而迎之也。億，未見而意之也。詐，謂人欺己。不信，謂人疑己。胡氏曰：「逆與順爲對，蓋遡而上之，故以爲未至。億以意爲文，蓋推而度之，故以爲未見。逆、詐，雖人

之欺我者未至，而逆遡其欺也。億、不信，雖人之疑我者未見，而億度其疑也。」抑，反語辭。語録曰：「畧反上文之意。」言雖不逆不億，而於人之情僞自然先覺，乃爲賢也。語録曰：「雖是不逆詐，不億不信，然須要先覺方是賢。蓋逆詐、億不信，是纔見那人便逆度之。先覺，却是他詐與不信底情態已露見了，自家這裏便要先覺。若是在自家面前詐與不信却都不覺時，自家却在這裏做什麽？理會甚事？便是昏昧底相似。此章固是要人不得先去逆度，亦是要人自著些精采看方得。」○楊氏曰：「君子一於誠而已，然未有誠而不明者。故雖不逆詐、不億不信，而常先覺也。若夫不逆不億而卒爲小人所罔焉，斯亦不足觀也已。」語録曰：「楊氏『誠則明矣』之説大了，與本文自不相干。如説『待誠而明，其爲覺也後矣』，蓋此章於日用閒便要如此。」

○微生畝謂孔子曰：「丘何爲是栖栖者與？無乃爲佞乎？」與，平聲。

微生姓，畝名也。畝名呼夫子而辭甚倨，蓋有齒德而隱者。栖栖，依依也。愚謂：如鳥之栖木而不去。爲佞，言其務爲口給以悦人也。

孔子曰：「非敢爲佞也，疾固也。」

疾，惡也。固，執一而不通也。聖人之於達尊，禮恭而言直如此，其警之亦深矣。輔氏曰：「爲佞以説人者，失之不及；執一而不通者，失之過。聖人只在中道上行。然以大視小者

明而易，自下闚高者惑而難，故微生之言雖倨而疑，夫子之言雖恭而決。」○胡氏曰：「不恭則失長幼之序，不直則失義理之正。」

○子曰：「驥不稱其力，稱其德也。」

驥，善馬之名。德，謂調良也。胡氏曰：「調者，習熟而易控馭也。良者，順服而不踶齧也。驥未嘗無其力，任重致遠，非力不可，然詭銜泛駕，亦自其力爲之，故馬之有力者不足言，必言其調良也。」○尹氏曰：「驥雖有力，其稱在德。人有才而無德，則亦奚足尚哉？」輔氏曰：「才與德皆本於天然，才出於氣，德根於理，二者雖不可一闕，然出於氣者固不若根于理者之爲粹也。」○胡氏曰：「聖人豈徒以馬言哉？所以見於人不可無才，凡建功立業，皆才爲之，然不循繩檢，逸出於規矩之外者，亦才也。苟有德以將之，而惟理是循，則才皆德之用。故觀人者不當言其才，而當言其德。人亦不可徒恃其才，而當以德爲主也。」

○或曰：「以德報怨，何如？」

或人所稱，今見老子書。德，謂恩惠也。

子曰：「何以報德？

言於其所怨，既以德報之矣，則人之有德於我者，又將何以報之乎？

以直報怨，以德報德。」

於其所怨者，愛憎取舍，一以至公而無私，所謂直也。輔氏曰：「循理爲直，愛憎取舍，一順乎理，而不以一豪之私參焉，是之謂直。」於其所德者，則必以德報之，不可忘也。○或人之言，可謂厚矣。然以聖人之言觀之，則見其出於有意之私，而怨德之報皆不得其平也。或問：「以德報怨，亦可謂忠且厚矣，而夫子不之許，何哉？」曰：「是亦私意之所爲，而非天理之正也。夫有怨有德，人情之所不能忘，而所以報之，各有所當，亦天理之不能已也。顧德無大小，皆所當報，而怨則有公私曲直之不同，故聖人之教，使人以直報怨，以德報德。以直云者，不以私害公，不以曲勝直，當報則報，不當報則止，一視夫理之當然，而不以己之私意加焉爾。是則雖曰報怨，而豈害其爲公平而忠厚哉。然而聖人終不使人忘怨而没其報復之名者，亦以容夫君父之讎有不得不報者，而伸夫忠臣孝子之心耳。若或人之言，則以報怨爲薄，而必矯焉以避其名，故於其所怨而反報之以德，是則誠若忠且厚矣，而於所德又將何以報之邪？若等而上之，每欲益致其厚，則以德之上無復可加。若但如所以報怨者而已，則是所以報德者僅適其平，而所以報怨者反厚於德，且雖君父之讎，亦將有時而忘之也。是豈不反逆人情、悖天理之甚也哉？」○永嘉陳氏曰：「以德報怨，是爲嫌，故饒它一著，不是循理正大意思，却是私心。以直報怨，初無怨惡心，只看道理如何，當舉則舉，當廢則廢，却是公心。」必如夫子之言，然後二者之報各得其所。然怨有不讎，而德無不報，則又未嘗不厚也。此章之言明白

簡約，而其指意曲折反復，如造化之簡易易知而微妙無窮，學者所宜詳玩也。陳氏曰：「以德報怨之言，死定偏滯在一邊。若聖人之言，怨則以直報，德則以德報，二者各得其平，極是明白簡約，而其中旨意却反覆無窮。且如此人，舊於吾有怨，今適相值有罪邪，隨其罪之如何而公斷之。果賢邪，亦薦之；果不肖邪，則絶之。設若不肖者，後復能改而賢，則吾又薦之，一惟理之當然，而吾無容私焉，是之謂直，而於怨固未嘗汲汲以圖報也。如此人舊於吾有德，今適相值，果賢邪，吾固薦之以爲報；若不肖邪，吾則權其輕重，使公義行於上，而私恩伸於下，於德亦未嘗失其報也。」

○子曰：「莫我知也夫！」夫，音扶。

夫子自嘆以發子貢之問也。

子貢曰：「何爲其莫知子也？」子曰：「不怨天，不尤人，下學而上達，知我者其天乎！」

不得於天而不怨天，不合於人而不尤人，但知下學而自然上達。此但自言其反己自脩，循序漸進爾，無以甚異於人而致其知也。然深味其語意，則見其中自有人不及知而天獨知之之妙。或問：「何以人莫之知而天獨知之？」曰：「其不怨不尤也，則不責之人而責之己。其下學人事也，則又不求之遠而求之近，此固無與於人而不駭於俗矣，人亦何自而知之

邪？及其上達而與天爲一焉，則又有非人之所及知者，而獨於天理爲相關耳。」○黄氏曰：「窮通榮辱，天也。用舍予奪，人也。常人之情，不得所欲則怨天而尤人，蓋揚己之善而歸過於天人也。下學者，所學日用常行之事也。上達者，道德性命之理也。常人之情，置事於淺近，索理於渺茫，足以惑人之耳目而以爲能，此所以人知之也。聖人渾然天理，窮通榮辱，用舍予奪，皆理之所不能無者，順而受之，又何怨尤之有？人事之中便是天理，又何必捨人事而求之於渺茫哉？如是則泊然若不見其所長者，然天理流行，而聖人與之無閒如此，所以人不知而天知也。」**蓋在孔門，唯子貢之智幾足以及此，故特語以發之。惜乎其猶有所未達也。**語録曰：「子貢若有以達之，必須有説。惜乎見夫子如此説，便自住了。聖門自顔曾以下，惟子貢儘曉得，聖人多是將這般話與子貢説。他若未曉，聖人豈肯説與他，但他只知得箇頭耳。」○**程子曰：「不怨天，不尤人，在理當如此。」**輔氏曰：「己與天人只是一理，在己者既盡，則天人無有不應者。聖人與理爲一，自然無所怨尤。」**又曰：「下學上達，意在言表。」**語録曰：「如下學只是下學，如何便會上達？自是言語形容不得。」○又曰：「此亦無可説，説那下學上達，便是意在言表了。」**又曰：「學者須守下學上達之語，乃學之要。蓋凡下學人事，便是上達天理。然習而不察，則亦不能以上達矣。」**或問：「下學而上達者，言始也下學，而卒之上達云爾。今程子以爲下學人事，便是上達天理，何耶？」曰：「學者學夫人之事，形而下者也，而其事之理，則固

天之理也，形而上者也。學是事而通其理，即夫形而下者而得其形而上者焉，非達天理而何哉。」○語録曰：「下學、上達，雖是兩件，理會得透，斷合只是一件。下學是事，上達是理，理在事中，事不在理外。一物之中皆具一理，就那物中見得箇理，便是上達，如『大而化之之謂聖，聖而不可知之之謂神[二]』。然亦不離乎人倫日用之中，但恐人不能盡所謂學耳，果能學，安有不能上達者。」○又曰：「下學上達，只要於事物上見理，使邪正是非各有其辨。若非子細省察，則所謂理者，何從而見之？」

○公伯寮愬子路於季孫，子服景伯以告，曰：「夫子固有惑志於公伯寮，吾力猶能肆諸市朝。」朝，音潮。

公伯寮，魯人。愚按註疏、史記，皆以公伯寮爲弟子，胡氏嘗辨之，今觀夫子『如命何』之語，以常人待之，則胡氏之説然矣。故集註但云魯人。**子服氏，景謚，伯字，魯大夫子服何也。**愚按：孔註以爲「子服何忌」，左傳載吴將囚景伯，景伯曰：「何也立後於魯矣。」杜註云：「何，景伯名。」則景伯單名何。而孔註云「何忌」，誤矣。**夫子，指季孫。言其有疑於寮之言也。肆，陳尸也。**胡氏曰：「大夫以上於朝，士以下於市。」**言欲誅寮。**

[二]之之，原脱一「之」字，據通志堂經解本補。

子曰：「道之將行也與？命也。道之將廢也與？命也。公伯寮其如命何？」

與，平聲。

謝氏曰：「雖寮之愬行，亦命也，其實寮無如之何。」愚謂：言此以曉景伯，安子路，而警伯寮耳。聖人於利害之際，則不待決於命而後泰然也。輔氏曰：「聖人純是義理，義所當行則行，義所當止則止，其處利害之際，唯其義而已，更不問命之何如。今其所以言命者，直以曉景伯，警伯寮耳。」

○子曰：「賢者辟世，辟，去聲，下同。

天下無道而隱，若伯夷、太公是也。

其次辟地，

去亂國，適治邦。胡氏曰：「若夫子周游列國，不合則去是也。」

其次辟色，

禮貌衰而去。胡氏曰：「若夫子因衛靈公目視蜚鴈而去是也。」

其次辟言。」

有違言而後去也。胡氏曰：「若夫子因問陳而行是也。」○程子曰[二]：「四者雖以大小次第言之，然非有優劣也，所遇不同爾。」黄氏曰：「四者固非有優劣，然賢者之處世，豈不能超然高舉，見幾而作，乃至發見於言色而後辟之邪？曰出處之義，自非一端，隨其所居之位，而量其所處之宜可也。衛靈公顧蜚鴈，則辟色矣；問陳，則辟言矣，豈夫子於此爲劣乎？此所以不可以優劣言也。」

○子曰：「作者七人矣。」

李氏曰：「作，起也。言起而隱去者，今七人矣。不可知其誰何，必求其人以實之，則鑿矣。」輔氏曰：「凡書所載，有當深索者不深索之，則失之略；有不必過求者過求之，則失之鑿。所謂當深索者，義理是也；所謂不必過求者，此處是也。」

○子路宿於石門。晨門曰：「奚自？」子路曰：「自孔氏。」曰：「是知其不可而爲之者與？」與，平聲。

石門，地名。晨門，掌晨啓門，蓋賢人隱於抱關者也。自，從也，問其何所從來也。

[二] 程，原作「陳」，據通志堂經解本改。

胡氏曰：「晨門知世之不可而不爲，故以是譏孔子。然不知聖人之視天下，無不可爲之時也。」輔氏曰：「賢者之視天下，則有不可爲之時，其才力有限也。聖人之視天下，則無不可爲之時，其道無所不可也。」

○子擊磬於衛。有荷蕢而過孔氏之門者，曰：「有心哉，擊磬乎！」荷，去聲。

磬，樂器。荷，擔也。蕢，草器也。此荷蕢者，亦隱士也。聖人之心未嘗忘天下，此人聞其磬聲而知之，則亦非常人矣。輔氏曰：「荷蕢聞磬音而能知夫子之心，其存養純固，精神昭徹，不爲事物所汩亂，可謂賢於人一等矣。」

既而曰：「鄙哉，硜硜乎！莫己知也，斯已而已矣。深則厲，淺則揭。」硜，苦耕反。莫己之己，音紀，餘音以。揭，起例反。

硜硜，石聲，亦專確之意。以衣涉水曰厲，攝衣涉水曰揭。此兩句，衛風匏有苦葉之詩也。譏孔子人不知己而不止，不能適淺深之宜。蔡氏曰：「深則厲，淺則揭，言不問深淺而必欲渡也。匏有苦葉之詩意正如此，故荷蕢舉此兩句，以譏夫子人不知己而不止。」

子曰：「果哉！末之難矣。」

果哉，歎其果於忘世也。末，無也。聖人心同天地，視天下猶一家，中國猶一人，不能一日忘也。故聞荷蕢之言，而歎其果於忘世。且言人之出處若但如此，則亦無

所難矣。輔氏曰：「聖人之於天下，猶天地之於萬物，雖未嘗比之以爲私，然亦不能忘之以爲公也。夫豈以人之知不知而爲作輟哉？且果於忘世，決去不反者能之，何難之有？若夫聖人之出處，因時卷舒，與道消息，而憂世之心終不能已，濟世之用其出無窮，此豈荷蕢所能與哉？」

○子張曰：「書云：『高宗諒陰，三年不言。』何謂也？」

高宗，商王武丁也。諒陰，天子居喪之名，未詳其義。或問「諒陰」。曰：「諒，信也。陰，默也。信，或謂信任冢宰，或謂信能默而不言，爲説不同。或又讀作梁闇，言居倚廬。大抵古者天子居喪之名如此，其義則古今言殊，不可曉矣。」

子曰：「何必高宗，古之人皆然。君薨，百官總己以聽於冢宰三年。」

言君薨，則諸侯亦然。總己，謂總攝己職。冢宰，大宰也。百官聽於冢宰，故君得以三年不言也。○胡氏曰：「位有貴賤，而生於父母無以異者，故三年之喪，自天子達。子張非疑此也，殆以爲人君三年不言，則臣下無所稟令，禍亂或由以起也。孔子告以聽於冢宰，則禍亂非所憂矣。」

○子曰：「上好禮，則民易使也。」好、易，皆去聲。

謝氏曰：「禮達而分定，故民易使。」輔氏曰：「達，謂達於下也。上好禮，則品節分明而誠意退遜，故觀感於下者亦皆安己之分，聽上之命而易使。」

〇子路問君子。子曰：「脩己以敬。」曰：「如斯而已乎？」曰：「脩己以安人。」曰：「如斯而已乎？」曰：「脩己以安百姓。脩己以安百姓，堯舜其猶病諸。」

脩己以敬，夫子之言至矣盡矣。而子路少之，故再以其充積之盛、自然及物者告之，無他道也。人者，對己而言。百姓，則盡乎人矣。或問此章之説。曰：「脩己以敬者，語雖至約，而所以齊家、治國、平天下之本，舉積諸此。子路不喻而少其言，於是告以安人、安百姓之説。蓋言脩己以敬而極其至，則心平氣和，静虛動直，而所施爲無不自然，各當其理，是以其治之所及者，羣黎百姓，莫不各得其安也，是皆本於脩己以敬之一言。然所謂敬者，非若四端之善，始然始達而可擴，由敬而安人、安百姓；非若由格物致知，以至於正身及物，有待夫節節推之也；非若老老幼幼，由己及物，而待夫舉斯心以加諸彼也，亦謂其功效之自然及物者爲然耳。」〇黄氏曰：「充積之盛，非謂脩己以敬之外，又有充積之功也。脩己以敬，而可爲君子，則是充積之盛在其中矣。特言其功效之遠，則指夫充積之盛者而言之也。」堯舜猶病，言不可以有加於此，以抑子路，使反求諸近也。輔氏曰：「此又指聖人之心，無有窮已處，以警子路，使毋徒騖於虛遠，而不求之切近也。」蓋聖人之心無窮，世雖極治，然豈能必知四海之内，果無一物不得其所哉？故堯舜猶以安百姓爲病。若曰吾治已足，則非所以爲聖人矣。

○程子曰：「君子脩己以安百姓，篤恭而天下平。唯上下一於恭敬，則天地自位，萬物自育，氣無不和，而四靈畢至矣。此體信達順之道，聰明睿知皆由是出，以此事天饗帝。」語録曰：「惟上下一於恭敬，這却是上之人有以感發而興起之。」○又曰：「信只是實理，順只是和氣，體信是致中底意思，達順是致和底意思，言能恭敬則能體信達順。聰明睿知皆由此出者，言能恭敬，自然心便開明。」○又曰：「體信是真實無妄，達順是使萬物各得其所。」○又曰：「體信是實體此道於身，達順是發而中節，推之天下而無所不通也。」○又曰：「體信只盡這至誠道理，順即自此發出。體信達順，即是主忠行恕。」○又曰：「敬則自是聰明，人之所以不聰不明，止緣身心惰慢，便昏塞了。敬則虛静，自然通達。」○又曰：「且以一國之君看之，此心纔不專静，則姦聲佞辭雜進而不察，何以爲聰？亂色諛悦之容交蔽而莫辨，何以爲明？睿智皆出於心，心既無主，則應事接物之間，其何以思慮而得其宜？所以此心常要肅然虛明，然後物不能蔽。」○又曰：「聰明睿知皆由是出，是自誠而明意思。」○又曰：「此語非容易道得，是他曾因此出些聰明睿知來。」○愚謂：天地位、萬物育與安百姓，只是一事。若陰陽不和，五穀不熟，百姓何由而安？

○原壤夷俟。子曰：「幼而不孫弟，長而無述焉，老而不死，是爲賊。」以

杖叩其脛。孫、弟，並去聲。長，上聲。叩，音口。脛，其定反。

原壤，孔子之故人。魯人。母死而歌，蓋老氏之流，自放於禮法之外者。夷，蹲踞也。愚謂：鴟鳥始蹲，故或謂之蹲鴟，又或謂之鴟夷，夷即蹲也。俟，待也。言見孔子來而蹲踞以待之也。述，猶稱也。賊者，害人之名。以其自幼至長，無一善狀，而久生於世，徒足以敗常亂俗，則是賊而已矣。脛，足骨也。孔子既責之，而因以所曳之杖微擊其脛，若使勿蹲踞然。

○闕黨童子將命。或問之曰：「益者與？」與，平聲。

闕黨，黨名。童子，未冠者之稱。將命，謂傳賓主之言。或人疑此童子學有進益，故孔子使之傳命以寵異之也。

子曰：「吾見其居於位也，見其與先生並行也。非求益者也，欲速成者也。」

禮，童子當隅坐、隨行。胡氏曰：「隅坐，無位可居也。隨行，不敢並也。」孔子言吾見此童子不循此禮，非能求益，但欲速成爾。輔氏曰：「求益則浸長而不知，欲速則亟進而無序。聖門之教，雖以敏行爲先，而又以躐等爲戒。」故使之給使令之役，觀長少之序，習揖遜之

容，蓋所以抑而教之，非寵而異之也。

論語卷第七

論語卷第八

朱子集註　後學趙順孫纂疏

衛靈公第十五

凡四十一章。

衛靈公問陳於孔子。孔子對曰：「俎豆之事，則嘗聞之矣；軍旅之事，未之學也。」明日遂行。陳，去聲。

陳，謂軍師行伍之列。俎豆，禮器。尹氏曰：「衛靈公，無道之君也，復有志於戰伐之事，故答以未學而去之。」或問：「靈公問陳而夫子遽行，何也？」曰：「爲國以禮，戰陳之事，非人君所宜問也。況靈公無道，夫子固知之矣，特以其禮際之善，庶幾可與言者，是以往來於衛，爲日最久，而所以啓告之者，亦已詳矣。乃於夫子之言，一無所入，至是而猶問陳焉，則其志可知矣，故對以未學而去之。然不徒曰未學而已，猶以俎豆之事告之，則夫子之去蓋亦未有必然之意也。使靈公於此有以發悟於心而改事焉，則夫子之行，孰謂其不可留哉？故史記又云：

『明日與孔子語，見蜚鴈，仰視之，色不在孔子，孔子遂行。』則是夫子之行，又以禮際之不善而決，不專於問陳一事也。夫子既行，而靈公卒，衛國大亂，俎豆之對，其旨遠哉。」

在陳絶糧，從者病，莫能興。 從，去聲。

孔子去衛適陳。興，起也。

子路愠見，曰：「君子亦有窮乎？」子曰：「君子固窮，小人窮斯濫矣。」 見，賢遍反。

何氏曰：「濫，溢也。」言君子固有窮時，不若小人窮則放溢爲非。」程子曰：「固窮者，固守其窮。」亦通。語録曰：「問『固窮』二義。曰：『固守其窮，古人多如此説。但以上文觀之，則恐聖人一時答問之辭，未遽及此。蓋子路方問君子亦有窮乎，聖人答之曰君子固是有窮時，但不如小人窮則溢爾。以固字答上面有字，文勢乃相應。』」○愚謂：泛言其理，則何氏之説爲長；就子路言之，則程子之説爲切。故集註以爲皆通，而必以何氏之説爲先也。○愚謂：聖人當行而行，無所顧慮；處困而亨，無所怨悔。於此可見，學者宜深味之。輔氏曰：「當行而行，無所顧慮，義之勇也；處困而亨，無所怨悔，義之安也。此聖人之事，學者固宜深味。」○胡氏曰：「當行而行，惟理是視者，無所顧慮，不計其後之有無也。處困而亨，身雖窮而道則通也。無所怨悔，觀固窮之語可見也。學者一身之進退，能於是而取則焉，則不爲利害所奪、窮達所移

矣。」

〇子曰：「賜也，女以予爲多學而識之者與？」女，音汝。識，音志。與，平聲，下同。

子貢之學，多而能識矣，夫子欲其知所本也，故問以發之。輔氏曰：「子貢以通達之資，聞一知二，則其所學固多而能識矣。然務博者多徇外，如「方人」「屢中」之事可見。夫子每有以抑之，無非使之反求其本者。子貢至此，則真積力久，亦將有得矣，故夫子先設爲疑辭以發之，俟其言以觀其志，然後告之。」

對曰：「然，非與？」

方信而忽疑，蓋其積學功至，而亦將有得也。

曰：「非也，予一以貫之。」

説見第四篇。然彼以行言，而此以知言也。語録曰：「曾子發出忠恕，是就行事上説。孔子告子貢，初頭説多學而識之，便是就知上説。曾子是就源頭上面流下來，子貢是就下面推上去。」〇又曰：「曾子平日於事上都積累，做得來已周密，皆精察力行過了，只是未透，夫子纔點化便透。子貢却是資質明敏，能曉得，聖人多愛與他説話，所以亦告之。」〇又曰：「看上下語脈是如此。」〇謝氏曰：「聖人之道大矣，人不能徧觀而盡識，宜其以爲『多學而識之』也。然

聖人豈務博者哉？如天之於衆形，匪物物刻而雕之也。故曰：『予一以貫之。』『德輶如毛，毛猶有倫。上天之載，無聲無臭。至矣！』」語録曰：「問：『引此詩者，莫只是贊其理之密否？』曰：『固是。到此則無可得説了，然此須是去涵泳，只恁説過亦不濟事。「多學而識之」亦非不是，故子貢先曰「然」，又曰「非與」。學固有當學而識之者，然又自有一箇一貫底道理。但多學而識之，則可説；到一以貫之，則不可説矣。』」○又曰：「天則是一氣流行，萬物自生自長、自形自色，豈是逐一粧點得如此？聖人只是一箇大本大原裏發出，視自然明，聽自然聰，色自然温，貌自然恭，在父子則爲仁，在君臣則爲義。從大本中流出，便成許多道理。只是這箇一，便貫將去。所主是忠，發出去無非是恕。」○陳氏曰：「謝氏譬天之造化，發育萬物，亦是一元之氣流行貫徹，初無二理，末以中庸語證，乃形容天理自然流行之妙，無雕刻形迹，即以結前意爾。」尹氏曰：「孔子之於曾子，不待其問而直告之以此，曾子復深諭之曰唯。若子貢則先發其疑而後告之，而子貢終亦不能如曾子之唯也。二子所學之淺深，於此可見。」語録曰：「曾子與門人之言，便有箇結殺頭，亦見他符驗處。子貢多是説過曉得了便休，更没收殺。大率子貢緣曉得，聖人多與他説話，但都没收殺。或曰：『他言性與天道處，却是他有得處否？』曰：『然。』」愚案：夫子之於子貢，屢有以發之，而他人不與焉，則顔、曾以下諸子所學之淺深，又可見矣。輔氏曰：「是道之傳，蓋難其人。聖門諸弟子，唯顔、曾得

之，雖子貢之敏識猶有憾焉，則其餘諸子又可知矣。學者不可承虛接響，少有得而輕自大，非於博學、審問、謹思、明辨、篤行，致人一己百、人十己千之功，未可妄議其涯涘也。」

○子曰：「由，知德者鮮矣。」鮮，上聲。

由，呼子路之名而告之也。德，謂義理之得於己者。非己有之，不能知其意味之實也。輔氏曰：「聖門之學，不以徒知爲尚，要在實有諸己。」○自第一章至此，疑皆一時之言。此章蓋爲「愠見」發也。蔡氏曰：「案夫子阸於陳蔡之閒，子路則愠見，子貢則勸夫子少貶，唯顏子則曰『夫子之道至大，故天下莫能容。雖然，不容何害？不容然後見君子。』此與由、賜之見異矣。故夫子既告子路以『固窮』之説，而言未竟，復呼子貢告以『一貫』之説，謂女以予求爲多學以識之歟？我只有箇一，自然多貫了，所以釋其少貶之疑。又呼子路告以『知德者鮮矣』之説，謂義理有得於己，則死生、禍福、得喪自不能亂其所守，所以釋其愠見之惑。夫子當造次顛沛之中，所以教門人弟子者，各隨其所蔽而開發，無以異於洙泗雍容講論之素。吁，此其所以爲聖人也歟！」

○子曰：「無爲而治者，其舜也與？夫何爲哉？恭己正南面而已矣。」與，平聲。夫，音扶。

無爲而治者，聖人德盛而民化，不待其有所作爲也。獨稱舜者，紹堯之後，而又得

人以任衆職，故尤不見其有爲之迹也。恭己者，聖人敬德之容。既無所爲，則人之所見如此而已。或問：「恭己爲聖人敬德之容。」曰：「純敬不已，無事操修，自外觀之，見其恭己而已爾。」「其爲無爲之道，何也？」曰：「若是者，不言而信，不怒而威，有不知其所以然者也。」曰：「以書傳考之，舜之爲治，朝覲、巡狩、封山、濬川、舉元凱、誅四凶，非無事也，此其曰無爲而治者，何邪？」曰：「即書而考之，則舜之所以爲治之迹，皆在攝政二十八載之閒，及其踐天子位，則書之所載，不過命九官十二牧而已，其後無他事也。雖書之所記，簡古稀闊，然亦足以見當時之無事也。」曰：「若是則其治也，乃時事之適然，而非恭己之效也，奈何？」曰：「因其時事之適然也，而舜又恭己以臨之，是以其治益以久長而不替也。若後世之君，當無事之時，而不知聖人恭己之道，則必怠惰放肆，宴安鴆毒，而其所謂無事者，乃所以爲禍亂多事之媒也。」〇胡氏曰：「謂之敬德之容者，由外而知其內也。」

〇子張問行。

猶問達之意也。

子曰：「言忠信，行篤敬，雖蠻貊之邦行矣；言不忠信，行不篤敬，雖州里行乎哉？行篤、行不之行，去聲。貊，亡百反。

子張意在得行於外，故夫子反於身而言之，猶答「干祿」「問達」之意也。篤，厚也。

語録曰：「篤有重厚深沈之意。」蠻，南蠻。貊，北狄。二千五百家爲州。

立則見其參於前也，在輿則見其倚於衡也，夫然後行。」參，七南反。夫，音扶。

其者，指忠信篤敬而言。參，讀如「毋往參焉」之參，言與我相參也。衡，軛也。言其於忠信篤敬念念不忘，隨其所在，常若有見，文集曰：「此謂言必欲其忠信，行必欲其篤敬，念念不忘，而有以形於心目之閒耳。」○語録曰：「只是見得理如此，不成是有一塊物事，光輝輝地在那裏。」雖欲頃刻離之而不可得。然後一言一行，自然不離於忠信篤敬，而蠻貊可行也。輔氏曰：「言忠信，則言有物；行篤敬，則行有常，皆誠實自脩之事。人能如此，則心存而不放，何往而不可行哉？然或勉之於暫而不能常，有人作而無人輟，則又不可，故必持之於悠久之際而自彊不息，體之於心目之閒而未嘗或離，夫然後蠻貊可行也。」

子張書諸紳。

紳，大帶之垂者。書之，欲其不忘也。○程子曰：「學要鞭辟近裏著己而已。博學而篤志，切問而近思；言忠信，行篤敬；立則見其參於前，在輿則見其倚於衡，只此是學。質美者明得盡，查滓便渾化，却與天地同體。其次惟莊敬以持養之，及其至則一也。」語録曰：「鞭辟，是洛中語，一處説作鞭約，大抵是要鞭督向裏去。今人皆不是鞭督向裏，皆就外面做工夫，恰似一隻船，覆在水中，須勇猛著力翻將轉來始得。」○又曰：「辟如驅辟

一般。」○又曰：「只此是學，只爭箇做得徹與不徹耳。」○又曰：「明得盡者，一見便都明了，更無查滓。其次惟是莊敬持養，以消去其查滓而已。所謂持養，亦非是作意去穿鑿以求其明，但只此心常敬，則久自明矣。顏子則是明得盡者也，仲弓則是莊敬以持養之者也。」○又曰：「明得盡時，查滓自己化了。莊敬持養，未能與己合。」○又曰：「天地同體處是義理之精英。查滓是私意人欲之未消者。人與天地本一體，只緣查滓未去，所以有間隔。若無查滓，便與天地同體。『克己復禮爲仁』，己是查滓，復禮便是天地同體處。『有不善未嘗不知』，不善處是查滓。顏子『三月不違仁』，既有限，此外便未可知。如曾子『爲人謀而不忠，與朋友交而不信，傳而不習』，是曾子查滓處。漆雕開言『吾斯之未能信』，皆是有些查滓處。只是質美者也，見得透徹，那查滓處都盡化了。若未到此，須當莊敬持養，旋旋磨擦去教盡。」○輔氏曰：「自家本自與天地同體，唯爲氣稟物欲間隔昏蔽，故不能與之爲一。質美，謂氣質之純厚清明者，誠實做出，到得那其知既致，其欲不萌處，則查滓便渾化却，與天地同體。其次資質稍下者，則當且以莊敬持養之。莊以貌言，敬以心言，內外之符也。功夫到後，其至一也。」○胡氏曰：「只此是學，言正學者當用力之地也。明得盡查滓便渾化却者，天資高，則知之即能行之，而私意無所容也。莊敬持養者，莊主容，敬主心，內外交致，其力必常常操守以涵養之，然後可以致私意之消釋。此專爲學者言，不主乎釋經也。」

○子曰：「直哉史魚！邦有道，如矢；邦無道，如矢。

史，官名。魚，衛大夫，名鰌。如矢，言直也。史魚自以不能進賢退不肖，既死猶以尸諫，故夫子稱其直。事見家語。或問「尸諫之説」。曰：「案家語：衛靈公不用蘧伯玉而任彌子瑕，史魚諫不從。將卒，命其子曰：『吾生不能正君，死無以成禮，宜置尸牖下。』其子從之。靈公弔而問之，子以父言告，公曰：『是寡人之過也。』遂命殯於客位，而進伯玉退子瑕。」

君子哉蘧伯玉！邦有道，則仕；邦無道，則可卷而懷之。」

伯玉出處，合於聖人之道，故曰君子。卷，收也。懷，藏也。如於孫林父、甯殖放弑之謀，不對而出，亦其事也。○楊氏曰：「史魚之直，未盡君子之道。若蘧伯玉，然後可免於亂世。若史魚之如矢，則雖欲卷而懷之，有不可得也。」語録曰：「直固是好，然一向直，便是偏，豈得如蘧伯玉之君子。」○胡氏曰：「直者，德之一端。君子，則成德之名。」

○子曰：「可與言而不與之言，失人；不可與言而與之言，失言。知者不失人，亦不失言。」知，去聲。

○子曰：「志士仁人，無求生以害仁，有殺身以成仁。」

志士，有志之士。仁人，則成德之人也。理當死而求生，則於其心有不安矣，是害其心之德也。當死而死，則心安而德全矣。或問此章。曰：「仁者心之德，而萬理具焉。一

有不合於理，則心不能安，而害其德矣。順此理而不違，則身雖可殺，而此心之全，此理之正，浩然充塞天地之間，夫孰得而亡之哉？」曰：「其謂殺身成仁而不曰義，何也？」曰：「仁義體一而用殊，故君子之於事，有以仁決者，有以義決者。以仁決者，此章之言是也。以義決者，孟子謂『欲有甚於生，惡有甚於死』是也。蓋仁人不以所惡傷所好之體，義士不以所賤易所貴之宜。」○輔氏曰：「志士於此二者，勉之者也。仁人於此二者，安之者矣。心與理一，理當死而求生，則咈於天理，忍於吾心，而傷害於吾仁矣。心之德，即所謂仁也，理當死而死，則吾之心順適而無傷，則吾之仁亦全而無闕矣。」○**程子曰：「實理得之於心自別。實理者，實見得是，實見得非也。古人有捐軀隕命者，若不實見得，惡能如此？須是實見得生不重於義，生不安於死也。故有殺身以成仁者，只是成就一箇是而已。」**語録曰：「實理與實見不同。今合說，必記録有誤。若有那實理，人須是見得。見得恁地確定，便是實見，若不實見得，又都閑了。」○又曰：「見字上必有漏落。理自是理，見自是見。蓋物物有那實理，人須是實見得。或曰：『理在物，見在我。』曰：『是如此。』」○董氏曰：「所謂實理者，指理而言也。所謂實見得是，實見得非者，指見而言也。此有兩節意。」○輔氏曰：「程子之說，有知，有義，有仁，實見得是非者，知也；生不重於義者，義也；生不安於死者，仁也。三者體一而用殊。但論學則以知爲先，成德則以仁爲主。所謂一箇是，只是理之所當爲。心安而德全，則能成就得一箇是矣。」○胡氏曰：「所見者實，私意不存，當死而死，惟理是視，所謂只成就一箇是也。」○永嘉陳氏曰：「既

謂之成仁，則必如是而後天理人倫無虧欠處，生順死安無悔憾處。當此境界，但見義理，而不見己身，更管甚名譽邪。」

○子貢問爲仁。子曰：「工欲善其事，必先利其器。居是邦也，事其大夫之賢者，友其士之仁者。」

賢以事言，仁以德言。黄氏曰：「賢以事言，以大夫言賢者，見於有爲者也。仁以德言，以士言仁者，見於脩身者也。」夫子嘗謂子貢悦不若己者，故以是告之，欲其有所嚴憚切磋以成其德也。輔氏曰：「事大夫之賢者，則有所觀法而起嚴憚之心。友其士之仁者，則有所切磋而生勉勵之意。相示以禮，相觀以善，而在我者有敬畏而無怠惰焉，則其所以爲仁者力矣。」○程子曰：「子貢問爲仁，非問仁也，故孔子告之以爲仁之資而已。」

○顔淵問爲邦。

顔子王佐之才，故問治天下之道。曰爲邦者，謙辭。

子曰：「行夏之時，

夏時，謂以斗柄初昏建寅之月爲歲首也。天開於子，地闢於丑，人生於寅。語録曰：「此是邵子皇極經世中説，經世書以元統十二會爲一元，一萬八百年爲一會。初間一萬八百年而

天始開，又一萬八百年而地始成，又一萬八百年而人始生。邵子於寅上方始註一『開物』字，蓋初間未有物，只是氣塞，及天開些子後，便有一塊查滓在其中，初則溶軟，後漸堅實。今山形自高而下，便如水漾沙之勢，以此知必是先有天，方有地，有天地交感，方始生物出來。」**故斗柄建此三辰之月，皆可以爲歲首。而三代迭用之，夏以寅爲人正，商以丑爲地正，周以子爲天正也。**語録曰：「至子始有天，故曰天正；至丑始有地，故曰地正；至寅始有人，故曰人正。邵康節言到子上方始有天而未有地，到丑上方始有地而未有人，到寅上方始有人。子、丑、寅，皆天、地、人之始，故三代建以爲正。」**然時以作事，則歲月自當以人爲紀，故孔子嘗曰「吾得夏時焉」，而説者以爲謂夏小正之屬。蓋取其時之正與其令之善。**或問：「夏時之得其正。」曰：「陽氣雖始於黄鍾，而其月爲建子，然猶潛於地中，而未有以見其生物之功也。歷丑轉寅，而三陽始備，於是叶風乃至，盛德在木，而春氣應焉。古之聖人，以是爲生物之始，改歲之端，蓋以人之所共見者言之，未有知其所由始也。至商、周，始以征伐有天下，於是更其正朔，定爲一代之制，以新天下之耳目，而有三統之説。然以言乎天，則生物之功未著；以言乎地，則改歲之義不明。而凡四時五行之序，皆不得其中正，此孔子所以論考三王之制，而必行夏之時也。」○語録曰：「夫子以正月人可施功，故從其時。」**而於此又以告顔子也。**

乘殷之輅，輅，音路，亦作路。

商輅，木輅也。輅者，大車之名。古者以木爲車而已，至商而有輅之名，蓋始異其制也。周人飾以金玉，則過侈而易敗，或問「周輅爲過侈」。曰：「輅者，身之所乘，足之所履，其爲用也賤矣；運行振動，任重致遠，其爲物也勞矣；且一器而百工聚焉，則爲費也廣矣。賤用而貴飾之，則不稱物；勞而華飾之，則易壞；費廣而又增費之，則傷財。此周輅之所以爲過侈與。」不若商輅之朴素渾堅而等威已辨，爲質而得其中也。胡氏曰：「車之爲用也費廣，故商之木車質而得其中。」

服周之冕，

周冕有五，祭服之冠也。冠上有覆，前後有旒。黄帝以來蓋已有之，而制度儀等至周始備。然其爲物小，而加於衆體之上，故雖華而不爲靡，雖費而不及奢。或問「周冕之不爲侈」。曰：「加之首，則體嚴而用約；詳其制，則等辨而分明，此周冕所以雖文而不爲過也。夏、商之制，雖不可考，然意其必有未備者矣。」夫子取之，蓋亦以爲文而得其中也。胡氏曰：「冕之爲用也費寡，故周之五冕，文而得其中。」○永嘉陳氏曰：「禮有以文爲貴者，冕也；有以質爲貴者，車也。」

樂則韶舞。

取其盡善盡美。

放鄭聲，遠佞人。鄭聲淫，佞人殆。」遠，去聲。

放，謂禁絶之。鄭聲，鄭國之音。佞人，卑諂辨給之人。殆，危也。○程子曰：「問政多矣，惟顔淵告之以此。蓋三代之制皆因時損益，及其久也不能無弊。周衰，聖人不作，故孔子斟酌先王之禮，立萬世常行之道，發此以爲之兆爾。由是求之，則餘皆可考也。」語録曰：「兆，猶言準則也。非謂爲邦之道盡於此四者，略説四件事，做一箇準則，餘事皆可依倣此而推行之耳。」張子曰：「禮樂，治之法也。放鄭聲，遠佞人，法外意也。一日不謹，則法壞矣。虞夏君臣更相飭戒，意蓋如此。」又曰：「法立而能守，則德可久，業可大。鄭聲、佞人，能使人喪其所守，故放遠之。」輔氏曰：「治道成於樂，鄭聲樂之淫者，能摇蕩人之性情，以壞其成，故放絶之。治道保於人才，佞人人才之賊，利口辨給，能變亂是非，以移奪人之心志，喪其所守，故屏遠之。」尹氏曰：「此所謂百王不易之大法。孔子之作春秋，蓋此意也。孔顔雖不得行之於時，然其爲治之法可得而見矣。」語録曰：「三代制作極備，孔子更不可復作，故告以四代禮樂，只是集百王不易之大法。其作春秋，善者則取之，惡者則誅之，意亦只是如此。」○輔氏曰：「春秋大義數十，皆夫子斟酌三代之禮，而爲萬世常行不易之大法，孔顔雖不得行之於當時，然即此而觀，則其爲治之法可以見矣。」

○子曰：「人無遠慮，必有近憂。」

蘇氏曰：「人之所履者，容足之外皆爲無用之地，而不可廢也，故慮不在千里之外，則患在几席之下矣。」蔡氏曰：「案蘇氏之説，遠近以地言。若遠近以時言，恐亦可通。如國家立一法度，若不爲長遠之慮，則目前即有近憂矣。」

○子曰：「已矣乎！吾未見好德如好色者也。」好，去聲。

已矣乎，歎其終不得而見也。輔氏曰：「自恐其終不獲見，所以警人，使知自勉也。」

○子曰：「臧文仲其竊位者與？知柳下惠之賢，而不與立也。」者與之與，平聲。

竊位，言不稱其位而有愧於心，如盜得而陰據之也。輔氏曰：「爵位，天之所以待人才，有才德者之所宜居也，豈一己可得而私有哉？如盜得而陰據之，則蔽賢抑能，悖天行私而不自知其非矣。」○胡氏曰：「竊者，非所當得而陰私取之也。言不稱其位，則有非所當得者矣；言有愧於心，則有陰私取之者矣。」柳下惠，魯大夫展獲，字禽，食邑柳下，謚曰惠。與立，謂與之並立於朝。范氏曰：「臧文仲爲政於魯，若不知賢，是不明也；知而不舉，是蔽賢也。不明之罪小，蔽賢之罪大。故孔子以爲不仁，又以爲竊位。」

○子曰：「躬自厚而薄責於人，則遠怨矣。」遠，去聲。

責己厚，故身益脩；語録曰：「厚是自責得重，責了又責，積而不已之意。」責人薄，故人易

從，所以人不得而怨之。

○子曰：「不曰『如之何如之何』者，吾不如之何也已矣。」

如之何如之何者，熟思而審處之辭也。不如是而妄行，雖聖人亦無如之何矣。語録曰：「只是要再三反覆思量，若率意妄行，雖聖人亦無奈何。」

○子曰：「羣居終日，言不及義，好行小慧，難矣哉。」好，去聲。

小慧，私智也。或問「慧之爲智」。曰：「慧之爲言，固明智之稱也。特所謂小慧者，則不本於義理，而發於計較利欲之私也。」○愚謂：智本一，而發於用則有公私之不同。私智，則智之行於私者也。言不及義，則放辟邪侈之心滋；好行小慧，則行險僥倖之機熟。難矣哉者，言其無以入德而將有患害也。或問此章。曰：「君子羣居，將以講道義，進德業也。今終日之間，言不及義，則放辟邪侈之心滋；好行小慧，則行險僥倖之機熟，皆非所以存養善心而爲造道入德之資也。其自暴自棄至於如此，聖人得不爲之深憂哉？難矣哉者，憂其不入於道德，而將罹於患害之微辭也。」○胡氏曰：「言不及義，故無以入德；好行小慧，故將有患害。」

○子曰：「君子義以爲質，禮以行之，孫以出之，信以成之。君子哉！」孫，去聲。

義者制事之本，故以爲質幹，語録曰：「義是就事上説。」○又曰：「是制事先決其當否了。」○

愚謂：義主事而言，故以制事釋之。君子之於事，必裁之以義，義所當爲而後爲，所以謂之質幹也。**而行之必有節文，**語録曰：「行是大綱行時。」○又曰：「行是安排恁地行。」○又曰：「其間節文次第須要皆具。」**出之必以退遜，**語録曰：「出則始自此出去。」○又曰：「出是從此發出。」○又曰：「徒知盡其節文，而不能孫以出之，則亦不可。且如人知尊卑之分，須當遜他，然遜之之時，辭氣或不能婉順，便是不能孫。」**成之必在誠實，**語録曰：「信是朴實頭做，無信，則義、禮、孫皆是僞。」○又曰：「是終始誠實以成此一事，却非是孫以出之之後，方信以成之也。」○陳氏曰：「事到面前便斷可否，此在先，是『義以爲質』。可否既定，或從或違，所以區處須中節文，無過不及，是『禮以行之』。於其區處或出辭氣，須孫順而無峻厲，方不忤人，是『孫以出之』。其總歸須誠實，則此事之成無欠缺可悔處，是『信以成之』。四者皆一套事，只於日用間驗之自見。」**乃君子之道也。○程子曰：「義以爲質，如質幹然，禮行此，孫出此，信成此。此四句只是一事，以義爲本。」**輔氏曰：「此四句只是一事者，謂每事皆當如此，一有闕焉，則首尾不全矣。」**又曰：「敬以直内，則義以方外。義以爲質，則禮以行之，孫以出之，信以成之。」**語録曰：「只是一箇義。『義以爲質』，便是自『義以方外』處説起來，若無『敬以直内』，也不知義之所在。」○輔氏曰：「敬以直内，義以方外，是從内説出外。義以爲質，禮以行之，孫以出之，信以成之，是由外説入内。」○胡氏曰：「必敬存而後義立。義者事之質，而敬又義之質，

推而上之也。」○永嘉陳氏曰：「以敬爲主，則義乃方外，是敬爲體而義爲用。若以義爲質，則禮行此義者也，孫出此義者也，信成此義者也，是義爲體而三者爲用矣。」

○子曰：「君子病無能焉，不病人之不己知也。」

○子曰：「君子疾没世而名不稱焉。」

范氏曰：「君子學以爲己，不求人知。然没世而名不稱焉，則無爲善之實可知矣。」輔氏曰：「有實斯有名，名不稱，則無其實可知，故君子以爲恥，非恥無名也，恥無實也。」

○子曰：「君子求諸己，小人求諸人。」

謝氏曰：「君子無不反求諸己，小人反是，此君子小人所以分也。」○楊氏曰：「君子雖不病人之不己知，然亦疾没世而名不稱也。雖疾没世而名不稱，然所以求者，亦反諸己而已。小人求諸人，故違道干譽，無所不至。三者文不相蒙，而義實相足，亦記言者之意。」或問：「楊氏之説不太巧乎？」曰：「雖巧而有益於學者。」○胡氏曰：「范氏合上二章爲一意，楊氏於此又合三章爲一意，文意反覆，互相周備，雖非夫子立言之旨，或記者取而相足也。」

○子曰：「君子矜而不争，羣而不黨。」

莊以持己曰矜，然無乖戾之心，故不争。和以處衆曰群，然無阿比之意，故不黨。輔

氏曰：「莊以持己，理也，然用意或過，則便至乖戾之心生而與人爭。和以處衆，理也，然用意或過，則便至阿比之意起而與人黨。天理存亡，只在一息之間。夫子言君子如此，所以使學者於持己處衆之際戒謹恐懼，務盡其理，而防私意之或萌也。」

○子曰：「君子不以言舉人，不以人廢言。」

○子貢問曰：「有一言而可以終身行之者乎？」子曰：「其恕乎。己所不欲，勿施於人。」

推己及物，其施不窮，故可以終身行之。輔氏曰：「推己及物，即『己所不欲，勿施於人』之恕也，非有資於人，在我施之而已，烏有窮盡？故可以終身行之。此蓋指其用而言之。」○尹氏曰：「學貴於知要，子貢之問，可謂知要矣。孔子告以求仁之方也，推而極之，雖聖人之無我，不出乎此，終身行之，不亦宜乎？」輔氏曰：「始則推己及物，終則爲聖人之無我，不出乎一恕字而已，終身行之，豈不爲宜？此又極其效而言之。知要之説，尤爲有警於學者，蓋聖學以仁爲先，而恕則求仁之本也。」

○子曰：「吾之於人也，誰毁誰譽？如有所譽者，其有所試矣。譽，平聲。

毁者，稱人之惡而損其真。譽者，揚人之善而過其實。夫子無是也。然或有所譽者，則必嘗有以試之而知其將然矣。聖人善善之速而無所苟如此，若其惡惡則已緩矣。

是以雖有以前知其惡，而終無所毀也。或問「毀譽之說」。曰：「譽者，善未顯而亟稱之也。毀者，惡未著而遽詆之也。試云者，亦驗其將然而未見其已然之辭也。蓋聖人之心，光明正大，稱物平施，無豪髮之差，故人之善惡，稱之未嘗少有過其實者。然以欲人之善也，故但有試而知其賢，則善雖未顯，已進而譽之矣。不欲人之惡也，故惡之未著者，非有以決知其不善，而卒未嘗遽詆之也。此所以言譽而不及毀，蓋非若後世所謂恥言人過而全無黑白者。但見先褒之善，而無預詆之惡，是則聖人之心耳。」曰：「若有譽而無毀，則聖人之心爲有所倚矣。」曰：「有譽無毀，是乃善善速、惡惡緩之意，正書所謂『與其殺不辜，寧失不經』『罪疑惟輕，功疑惟重』，春秋傳所謂『善善長，惡惡短』『孔子樂道人之善，惡稱人之惡』之意。而仁包五常、元包四德之發見證驗也。聖人之心，雖至公至平，無私好惡，然此意則未嘗不存，是乃天地生物之心也。若以是爲有倚，而以夫恝然無情者爲至，則恐其高者入於老佛荒唐之説，而下者流於申商慘酷之科矣。」○語録曰：「毀者，那人本未有十分惡，自家將做十分説他，便是毀；若是只據他之惡而稱之，則不可謂之毀。譬如一物本全，自家打破了，便是毀；若是那物元來破了，則不可謂之毀。譽亦是稱獎得來過當。其有所試矣，那人雖未有十分善，自家却遂知得他將來如此。若毀人，則不可如此也。」○胡氏曰：「毀云損其真者，叔孫武叔之毀是也；譽云過其實者，孟子所謂聲聞過情是也，皆失其善善惡惡之正者也。」

斯民也，三代之所以直道而行也。」

斯民者，今此之人也。或問：「斯民爲今日之民。」曰：「以他文推之，如伊尹所謂此民、是民，皆指當日之民而言。況今先言斯民，而後言三代，則是正指今日之民，而上推三代以實之之詞也。且以斯民對三代之所以直道而行，則所謂斯民者，乃三代之時所嘗行其直道之民，又何疑哉？班固漢書贊引此文，以明秦漢不易民而化之意，亦爲粗得其文意者。豈西漢諸儒嘗有是説，而何晏失之也歟？」三代，夏、商、周也。直道，無私曲也。言吾之所以無所毁譽者，蓋以此民，即三代之時所以善其善、惡其惡而無所私曲之民，故我今亦不得而枉其是非之實也。語録曰：「所以字本虚，然意味乃在此。」○又曰：「此民乃是三代時直道而行之民，我今若有所毁譽，亦不得迂曲而枉其是非之實。」○尹氏曰：「孔子之於人也，豈有意於毁譽之哉？其所以譽之者，蓋試而知其美故也。斯民也，三代所以直道而行，豈得容私於其閒哉？」

○子曰：「吾猶及史之闕文也，有馬者借人乘之。今亡已夫。」夫，音扶。楊氏曰：「史闕文、馬借人，此二事孔子猶及見之。今亡已夫，悼時之益偷也。」愚謂：此必有爲而言。蓋雖細故，而時變之大者可知矣。○胡氏曰：「此章義疑，不可强解。」愚謂：史闕文，傳記不備，不敢參以己意，如「夏五」「郭公」之類也。馬借人，己偶有餘，不吝以自私，如『願車馬，與朋友共敝』之類也。二者公心之見於事爲者也，故楊氏以爲二事豈夫

子初年居魯，魯俗習於文學之化，猶有此事，晚年歸魯，政在三威，風俗日異，偶有所感而爲是言歟？亦借是以明時變之不如古也。然二事大小精粗實不相並，故又取胡氏之説于後，亦闕疑之意也。

○子曰：「巧言亂德，小不忍則亂大謀。」

巧言，變亂是非，聽之使人喪其所守。小不忍，如婦人之仁、匹夫之勇皆是。或問：「婦人之仁、匹夫之勇，强弱不同，而皆爲不忍，何也？」曰：「忍之爲義，有所禁而不發云爾。婦人之仁，不能忍其愛也；匹夫之勇，不能忍其暴也。」○輔氏曰：「婦人之仁，失於不斷；匹夫之勇，失於輕決。二者之失不同，而皆足以亂大謀。蓋大謀須斷，而輕決則又失之。」

○子曰：「衆惡之，必察焉；衆好之，必察焉。」好、惡，並去聲。

楊氏曰：「惟仁者能好惡人。衆好惡之而不察，則或蔽於私矣。」胡氏曰：「察者，詳審之辭，非謂衆之好惡爲皆非也，特恐其或蔽於私，故加以詳審耳。孟子於匡章、陳仲子是也。

○子曰：「人能弘道，非道弘人。」

弘，廓而大之也。人外無道，道外無人。然人心有覺，而道體無爲，故人能大其道，道不能大其人也。或問此章。曰：「人即道之所在，道即所以爲人之理，不可殊觀。但人有知思，則可以大其所有之理。道無方體，則豈能大其所託之人哉？」○輔氏曰：「人外無道，道外無

人，此合而言之，論其極致則然也。然析而言之，則人心有知覺，道體無作爲，故人能大其道，道不能大其人。」○張子曰：「心能盡性，人能弘道也；性不知檢其心，非道弘人也[二]。」語録曰：「問：『張子如此説，孟子集註却謂「盡其心者，必其能知性者也。知性是物格之事，盡心是知至之事」。如何？』曰：『心與性只一般，知與盡不同。所謂知，便是心了。』」

○子曰：「過而不改，是謂過矣。」

過而能改，則復於無過。唯不改則其過遂成，而將不及改矣。

○子曰：「吾嘗終日不食，終夜不寢，以思，句。無益，句。不如學也。」

此爲思而不學者言之。蓋勞心以必求，不如遜志而自得也。語録曰：「思，是硬要自去做底。學，是依這本子去做，便要小著心，隨順箇事理去做。而今人都是硬去做，要必得，所以更做不成。須是軟著心，貼就他去做。」○又曰：「遜志，是卑遜其志，放退一著，寬廣以求之。不忒恁地迫窄，便要一思而必得。」李氏曰：「夫子非思而不學者，特垂語以教人爾。」

○子曰：「君子謀道不謀食。耕也，餒在其中矣；學也，禄在其中矣。君子

[二] 弘道、弘人之弘，元鈔作「洪」。

憂道不憂貧。」餒，奴罪反。

耕所以謀食，而未必得食；學所以謀道，而祿在其中。然其學也，憂不得乎道而已；非爲憂貧之故，而欲爲是以得祿也。○尹氏曰：「君子治其本而不卹其末，豈以在外者爲憂樂哉？」

○子曰：「知及之，仁不能守之，雖得之，必失之。知，去聲。

知足以知此理，而私欲閒之，則無以有之於身矣。輔氏曰：「仁是本心之德，天理之全，無物不體，無時不然，元無虧闕閒斷。唯是私欲横生，則便遏絶痧痺而不得接續，雖曰知足以知之，而實不能有諸己矣。苟無私欲以閒之，則全體是仁，安而行之，不待强勉，而其所知自然在我而不失，此所以必於仁而言守也。」

知及之，仁能守之，不莊以涖之，則民不敬。

涖，臨也，謂臨民也。知此理，而無私欲以閒之，則所知者在我而不失矣。然猶有不莊者，蓋氣習之偏，或有厚於内而不嚴於外者，是以民不見其可畏而慢易之。語録曰：「今自有此心純粹，更不走失，而於接物應事時少些莊嚴底意思，闒闒翣翣底，自不足以使人敬他，此便是未善處。」下句放此。

知及之，仁能守之，莊以涖之，動之不以禮，未善也。」

動之，動民也，猶曰鼓舞而作興之云爾。語録曰：「這動字不是感動之動，是使民底意思。謂如使民去做這件事，亦有禮，是使之以禮。下稍禮字歸在民身上。」禮，謂義理之節文。○愚謂：學至於仁，則善有諸己而大本立矣。涖之不莊，動之不以禮，乃其氣稟學問之小疵，然亦非盡善之道也。語録曰：「固有生成底，然亦不可專主氣質，蓋亦有學底。」○輔氏曰：「不莊，氣質之偏也；不以禮，學問之闕也。」故夫子歷言之，使知德愈全則責愈備，不可以爲小節而忽之也。或問此章。曰：「太抵發明内外本末之序極爲完備，而其要以仁爲重。仁能守之，則大本已立，雖臨民不以莊，動民不以禮，亦其支節之小失耳，然亦不可不自警省，以求盡善而全其德也。」

○子曰：「君子不可小知，而可大受也；小人不可大受，而可小知也。」

此言觀人之法。知，我知之也。受，彼所受也。蓋君子於細事未必可觀，而材德足以任重；小人雖器量淺狹，而未必無一長可取。文集曰：「一事之能否，不足以盡君子之藴，故不可小知；任天下重而不懼，故可大受。小人一才之長亦可器而使，但不可以任大事耳。」

○子曰：「民之於仁也，甚於水火。水火，吾見蹈而死者矣，未見蹈仁而死者也。」

民之於水火，所賴以生，不可一日無，其於仁也亦然。但水火外物，而仁在己。無

水火不過害人之身，而不仁則失其心，是仁有甚於水火，而尤不可以一日無也。況水火或有時而殺人，仁則未嘗殺人，亦何憚而不爲哉？李氏曰：「此夫子勉人爲仁之語。」下章放此。

○子曰：「當仁不讓於師。」

當仁，以仁爲己任也。雖師亦無所遜，言當勇往而必爲也。蓋仁者，人所自有而自爲之，非有争也，何遜之有？或問「當仁不遜之説」。曰：「弟子之於師，每事必遜而不敢先者也。至於以仁爲己任，自當自勉而勇爲之，不可以有遜也。蓋仁者，己之所有而自爲之，非奪諸彼而先之也，何遜之有？」○程子曰：「爲仁在己，無所與遜。若善名在外，則不可不遜。」輔氏曰：「遜乃禮之實也，德之善也。凡自外來者，固不可不遜，如善名是也。至於爲仁在己，則何所遜哉？蓋非不遜也，乃無所與遜也。」

○子曰：「君子貞而不諒。」

貞，正而固也。諒，則不擇是非而必於信。或問「貞諒之别」。曰：「處義既精，不期固而自固者，貞也。不擇邪正，惟知必信而不易者，諒也。」○語録曰：「貞者，見得道理是如此，便須只恁地做，所謂『知斯二者弗去是也』。爲正字説不盡，故更加固字，如易所謂『貞固足以幹事』。若諒者，是不擇是非，必要如此。」○蔡氏曰：「諒有二訓，有止訓信者，友諒是也；有爲必

信者，此諒是也。諒似乎貞而實非，故夫子特別而言之。」

○子曰：「事君，敬其事而後其食。」

後，與後獲之後同。食，祿也。君子之仕也，有官守者脩其職，有言責者盡其忠，皆以敬吾之事而已，不可先有求祿之心也。輔氏曰：「有官守者脩其職，有言責者盡其忠，是皆天理之當然，而在人所當爲者也，豈可有一豪僥求覬幸之意於其先哉？一有僥求覬幸之意於其先，則其爲是事也，必至於有人則作，無人則輟，朝勤而夕怠，始銳而終衰，亦何能有所成乎？」○胡氏曰：「後其食者，蓋委而置之，不存乎念慮之閒，非纔任其事，而即有得祿之心繼之也。若曰先敬事而後有計祿之心，則義利雜糅，公私交戰，其不爲利心勝者幾希。豪氂之差，千里之謬，學者所當深辨也。」

○子曰：「有教無類。」

人性皆善，而其類有善惡之殊者，氣習之染也。故君子有教，則人皆可以復於善，而不當復論其類之惡矣。輔氏曰：「人之性同乎一理而已，然其品類則有善惡之異者，何哉？蓋於其始生也，已有氣稟清濁之分，及其少長也，又有習染邪正之異。苟欲合其異而反於同，則

在乎修道以爲教者何如耳。故君子有教化之妙[二]，則人皆可以復於善，而自無爲惡之人，豈可復論其類之惡哉？」

○子曰：「道不同，不相爲謀。」爲，去聲。

不同，如善惡邪正之異。

○子曰：「辭達而已矣。」

辭取達意而止，不以富麗爲工。胡氏曰：「辭，言也。達，通也。而已矣，止乎是之謂也。有是意，必假是言以通之，言虛而行實，故聖人教之，常使之謹於言。而不能不言者，亦惟假之以通其意耳，出乎意之外，非贅則誣也。富者欲其贍也，麗者欲其華也，皆徒言之弊也。」

○師冕見，及階，子曰：「階也。」及席，子曰：「席也。」皆坐，子告之曰：「某在斯，某在斯。」見，賢遍反。

師，樂師，瞽者。胡氏曰：「周禮，樂師、大師皆以師名。磬、鍾、笙、鎛、韎、籥，皆曰師。」冕，名。胡氏曰：「如春秋傳所記師筏、師慧之類。」再言某在斯，歷舉在坐之人以詔之。

[二]君子，元鈔作「君師」。

師冕出。子張問曰：「與師言之道與？」與，平聲。

聖門學者，於夫子之一言一動，無不存心省察如此。

子曰：「然，固相師之道也。」相，去聲。

相，助也。古者瞽必有相，其道如此。蓋聖人於此，非作意而爲之，但盡其道而已。」輔氏曰：「夫子相師之際，盡夫誠，行夫道，而已不與焉。此亦聖人之庸行也。」○胡氏曰：「瞽必有相者，荀子所謂『猶瞽無相』，春秋傳云『其相曰朝』也。冕之來見，適無相者，坐必作，過必趨，哀矜之念，乃聖人之素心，至此自不能已也，故代相者告之，使其有相，不必如是屑屑然矣。」○尹氏曰：「聖人處己爲人，其心一致，無不盡其誠故也。有志於學者，求聖人之心，於斯亦可見矣。」范氏曰：「聖人不侮鰥寡，不虐無告，可見於此。推之天下，無一物不得其所矣。」

季氏第十六

洪氏曰：「此篇或以爲齊論。」胡氏曰：「洪氏疑此篇爲齊論，以其皆稱孔子，且篇内十四章皆條列而詳備，與上下篇不同，然亦無他左驗也。」凡十四章。

季氏將伐顓臾。顓，音專。臾，音俞。

顓臾，國名，愚案春秋傳云：「顓臾，風姓也，實司太皞與有濟之祀。」杜註云：「伏羲之後，在泰山南、武陽縣東北。」魯附庸也。愚謂：附庸者，以國事附於大國，未能以其名通也。

冉有、季路見於孔子，曰：「季氏將有事於顓臾。」見，賢遍反。

案左傳、史記，二子仕季氏不同時。此云爾者，疑子路嘗從孔子自衛反魯，再仕季氏，不久而復之衛也。愚案：魯哀公十年，孔子自楚反乎衛。十一年，魯以幣召之，乃歸。子路從孔子反魯，當在此時。十四年，小邾射來奔，曰：「使季路要我，吾無盟矣。」使子路，子路辭。則子路尚在魯也。必是此年復之衛，次年死於孔悝之難。

孔子曰：「求，無乃爾是過與？與，平聲。

冉求爲季氏聚斂，尤用事，故夫子獨責之。

夫顓臾，昔者先王以爲東蒙主，且在邦域之中矣，是社稷之臣也。何以伐爲？」夫，音扶。

東蒙，山名。愚案：蒙山在泰山郡蒙陰縣西南，今沂州費縣也。顓臾在蒙山下。先王封顓臾於此山之下，使主其祭，在魯地七百里之中。語録曰：「問：『從孟子百里之説，則魯安得

七百里之地？』曰：『如左傳也有一同之説。每疑此處，若是百里，無此閒一縣地大，如何做得侯國？如何又容得顓臾在其中？所謂「錫之山川，土田附庸[一]，其勢必不止於百里。然此處亦難考究。』」**社稷，猶云公家。是時四分魯國，季氏取其二，孟孫、叔孫各有其一。獨附庸之國尚爲公臣，季氏又欲取以自益。**」故孔子言顓臾乃先王封國，則不可伐；在**邦域之中，則不必伐；是社稷之臣，則非季氏所當伐也。**輔氏曰：「不可伐而伐之，則不仁；不必伐而伐之，則不智；非當伐而伐之，則悖禮犯義。一舉而不仁、不智、無禮、無義如此，而季氏懵然不知，冉有又從而爲之辭，此聖人所以不得而默也。」**此事理之至當，不易之定體，而一言盡其曲折如此，非聖人不能也。**輔氏曰：「聖人會義理之歸，達明睿之照，則其遇事也，雖其曲折肯綮，皆軒豁呈露而無所隱遁，故其發而爲言，自然明切周盡如此。是豈從事於言語者所能及哉？」

冉有曰：「夫子欲之，吾二臣者皆不欲也。」

夫子，指季孫。冉有實與謀，以孔子非之，故歸咎於季氏。輔氏曰：「此亦常情之通病。蓋學未至於窮理盡性、物我並觀者，當此之際，未有不歸咎於人以自解釋也，然亦安能逃於聖人

[一] 土，原作「上」，據元鈔改。

之照哉？」

孔子曰：「求，周任有言曰：『陳力就列，不能者止。』危而不持，顛而不扶，則將焉用彼相矣？任，平聲。焉，於虔反。相，去聲，下同。

周任，古之良史。陳，布也。列，位也。相，瞽者之相也。語録曰：「看扶、持兩字，恐只是相瞽者之義。相夫子，亦是贊相之義[一]，瞽者之相亦是如此。」言二子不欲則當諫，諫而不聽則當去也。

且爾言過矣。虎兕出於柙，龜玉毁於櫝中，是誰之過與？」兕，徐履反。柙，户甲反。櫝，音獨。與，平聲。

兕，野牛也。愚謂：兕，似牛，一角，青毛，其皮堅厚，可制鎧。交州記謂：「角長三尺餘，形如馬鞭柄。」柙，檻也。愚謂：檻，櫳也，一曰圈，以藏虎兕。櫝，匵也。言在柙而逸，在櫝而毁，典守者不得辭其過。語録曰：「虎在山上，龜玉在他處，不干典守者事。今在柙中走了，在櫝中毁了，便是典守者之過。」明二子居其位而不去，則季氏之惡，己不得不任

[一] 贊，原作「瞽」，據元鈔改。

其責也。輔氏曰：「此可見聖人之言，委曲詳盡，蓋使之以類相況而自得之耳。」

冉有曰：「今夫顓臾，固而近於費，今不取，後世必爲子孫憂。」夫，音扶。

固，謂城郭完固。費，季氏之私邑。此則冉求之飾辭，亦可見其實與季氏之謀矣。

孔子曰：「求，君子疾夫舍曰欲之，而必爲之辭。夫，音扶。舍，上聲。

欲之，謂貪其利。

丘也聞有國有家者，不患寡而患不均，不患貧而患不安。蓋均無貧，和無寡，安無傾。

寡，謂民少。貧，謂財乏。均，謂各得其分。安，謂上下相安。季氏之欲取顓臾，患寡與貧耳。然是時季氏據國，而魯公無民，則不均矣。君弱臣强，互生嫌隙，則不安矣。均則不患於貧而和，和則不患於寡而安，安則不相疑忌而無傾覆之患。或問此一節。曰：「是時季氏據魯國之半，而公室無尺地一民之勢，不均甚矣。不均，則臣疑其君，而以貧爲憂矣；憂貧而求富不已，則君疑其臣，而至於不和矣。不和，則臣益自疑，而常懼於衆少矣；憂寡而求衆愈甚，則君益疑之，而至於不安矣。以臣亢君，而不安至此，則雖欲長保其祭祀而無傾危之患，其可得哉？必也痛自貶損，以復於諸侯千乘、大夫百乘之制，則均而不患於貧矣；君臣輯睦，則和而不患於寡矣；子孫長久，世守職業，則安而不至於傾矣。此在當時蓋有難

顯言者，故夫子微辭以告之。」

夫如是，故遠人不服，則脩文德以來之。既來之，則安之。夫，音扶。

内治脩，然後遠人服。有不服，則脩德以來之，亦不當勤兵於遠。

今由與求也，相夫子，遠人不服而不能來也，邦分崩離析而不能守也。

子路雖不與謀，而素不能輔之以義，亦不得爲無罪，故併責之。遠人，謂顓臾。分崩離析，謂四分公室，家臣屢叛。

而謀動干戈於邦内，吾恐季孫之憂，不在顓臾，而在蕭牆之内也。」

干，楯也。戈，戟也。蕭牆，屏也。言不均不和，内變將作。其後哀公果欲以越伐魯而去季氏。○謝氏曰：「當是時，三家强，公室弱，冉求又欲伐顓臾以附益之，夫子所以深罪之，爲其瘠魯以肥三家也。」洪氏曰：「二子仕於季氏，凡季氏所欲爲，必以告於夫子，則因夫子之言而救止者，宜亦多矣。伐顓臾之事，不見於經傳，其以夫子之言而止也與？」輔氏曰：「謝氏得夫子所以深責冉求之意。洪氏則又得夫子在當時雖不得位，而餘福亦有以及人之事。」

○孔子曰：「天下有道，則禮樂征伐自天子出；天下無道，則禮樂征伐自諸

侯出。自諸侯出，蓋十世希不失矣；自大夫出，五世希不失矣；陪臣執國命，三世希不失矣。

先王之制，諸侯不得變禮樂，專征伐。陪臣，家臣也。逆理愈甚，則其失之愈速。輔氏曰：「聖人見理而不見事。且言理，則勢在其中[一]，此亦尊德性而畏天命之一端也。」大約世數不過如此。輔氏曰：「聖人渾是義理，故理上看得精切如此，所謂大約縱有遲速，所争亦不多也。」

天下有道，則政不在大夫。

言不得專政。輔氏曰：「此因上面『天下無道，禮樂征伐自諸侯出』而言之也。天下有道，諸侯既不變禮樂、專征伐，則大夫亦豈得而專政哉？」

天下有道，則庶人不議。」

上無失政，則下無私議，非箝其口使不敢言也。輔氏曰：「此其有道之極致大驗也。使天下有一人竊議焉，則其道猶或慊，而人君不可不反求之身也。必至於庶人自然不議，然後爲有道

[一]「中」下元鈔有「矣」字。

之極。」○此章通論天下之勢。胡氏曰：「此章三舉天下有道言之，文不相蒙，故曰通論天下之勢。」

○孔子曰：「祿之去公室，五世矣；政逮於大夫，四世矣；故夫三桓之子孫，微矣。」夫，音扶。

魯自文公薨，公子遂殺子赤，立宣公，而君失其政。歷成襄昭定，凡五公。逮，及也。自季武子始專國政，歷悼平桓子，凡四世，而爲家臣陽虎所執。三桓，三家，皆桓公之後。此以前章之説推之，而知其當然也。○此章專論魯事，疑與前章皆定公時語。輔氏曰：「此二章想只是一時之言，分章者以前章通論天下之勢，後章專論魯事，故於其中加『孔子曰』三字而析爲二章爾。」蘇氏曰：「禮樂征伐自諸侯出，宜諸侯之强也，而魯以失政。政逮於大夫，宜大夫之强也，而三桓以微。何也？强生於安，安生於上下之分定，今諸侯大夫皆陵其上，則無以令其下矣，故皆不久而失之也。」輔氏曰：「蘇氏解文字，説得著處非常好，蓋緣他看得文勢出，又有筆力發得來精神。如此章之説，亦其一也。」○陳氏曰：「魯雖無威文專征伐之事，然征伐亦不無。案春秋可見，凡征伐皆天子之事，非諸侯所宜出，則魯亦豈得爲無僭者邪？」

○孔子曰：「益者三友，損者三友。友直，友諒，友多聞，益矣。友便辟，

友善柔，友便佞，損矣。」便，平聲。辟，婢亦反。友直，則聞其過。友諒，則進於誠。友多聞，則進於明。或問：「三友，盡於集註之説而已乎？」曰：「是亦釋其文之正意云爾。若推而言之，則是三者之於人，皆有薰陶漸漬之益焉，皆有嚴憚畏謹之益焉，皆有興起慕效之益焉，不但如彼之所言而已也。」○胡氏曰：「直者責善而無所回護，諒者固執而無所更易。多聞者有所參訂而不膠偏見，故可聞過而進於誠明也。言聞過，則真有所聞；言進於誠明，則猶有待於進。蓋諒與多聞未足以進於誠明，而誠明可由是而入也。」便，習熟也。胡氏曰：「便，順適也，字書云『安也』。順適且安，故云習熟也。」便辟，謂習於威儀而不直。善柔，謂工於媚説而不諒。便佞，謂習於口語而無聞見之實。三者損益正相反也。或問：「損者之相反，奈何？」曰：「便辟則無責善之誠矣，善柔則無固守之節矣，便佞則無貫通之意矣。」○胡氏曰：「便辟，書註以爲足恭是也。習於威儀則謬爲恭敬，工於媚説則巧相順從，習於口語則取辦於頰舌，故損益相反。」○尹氏曰：「自天子至於庶人，未有不須友以成者。而其損益有如是者，可不謹哉？」

○孔子曰：「益者三樂，損者三樂。樂節禮樂，樂道人之善，樂多賢友，益矣。樂驕樂，樂佚遊，樂宴樂，損矣。」樂，五教反。禮樂之樂，音岳。驕樂、宴樂之樂，音洛。

節，謂辨其制度聲容之節。胡氏曰：「禮樂皆有自然之節，因其節而分別之也。」驕樂，則侈肆而不知節。佚遊，則惰慢而惡聞善。宴樂，則淫溺而狎小人。三者損益亦相反也。或問「三者之爲益」。曰：「君子之於禮樂也，講明不置則存之熟，是非不謬則守之正。存之熟，則內有以養其莊敬和樂之實；守之正，則外有以善其威儀節奏之文。與夫道人善而悅慕勉强之意新，多賢友而直諒多聞之士集，樂是三者而不已焉，雖欲不收其放心以進於善，亦不可得矣，其爲益豈不大哉？」曰：「損者之相反，奈何？」曰：「驕樂，則不敬不和矣；佚遊，則忌人之善矣；宴樂，則憚親勝己矣。」○語録曰：「問：『佚遊如何與樂道人之善相反？』曰：『樂道人之善，則心常汲汲於好善。若是佚遊，則是放蕩閑過了日子。雖所損稍輕，亦非是小害。』問：『樂道人之善，則有勉思企及之意。佚遊，則一向懶惰無向善之心。此所以見其相反。』曰：『三者，如驕樂只是放恣侈靡，最害事；到得宴樂，便須狎近小人，疏遠君子。』」○黄氏曰：「三者損益相反，集註、或問微不同[一]。愚嘗拾其遺意而釋之曰：節禮樂者，欲其循規蹈矩而不敢縱肆也；道人善者，志於爲善以成其身也；多賢友者，樂於取友以自規正也[二]。驕樂者，恃氣以陵物，則不復循規蹈矩矣；佚遊者，怠惰而自適，則不復志於爲善矣；宴樂者，多欲以求安，則不復望人之規正矣。

[一] 微，原作「自」，據元鈔改。
[二] 自，原作「微」，據元鈔改。

此其所以相反也。」○尹氏曰：「君子之於好樂，可不謹哉？」

○孔子曰：「侍於君子有三愆。言未及之而言謂之躁，言及之而不言謂之隱，未見顏色而言謂之瞽。」

君子，有德位之通稱。胡氏曰：「不亦君子乎，以德言也。君子學道則愛人，以位言也。」愆，過也。瞽，無目，不能察言觀色。○尹氏曰：「時然後言，則無三者之過矣。」文集曰：「聖人此言，只是戒人言語以時，不可妄發。」

○孔子曰：「君子有三戒。少之時，血氣未定，戒之在色；及其壯也，血氣方剛，戒之在鬭；及其老也，血氣既衰，戒之在得。」

血氣，形之所待以生者，血陰而氣陽也。輔氏曰：「陰陽之氣塞乎兩間，而人所資以爲體者也。就其體而分之，則有氣有血焉。氣者，陽之爲也；血者，陰之爲也；而精，又氣血之精者也。陰陽、氣血，一而二，二而一者也。」得，貪得也。隨時知戒，以理勝之，則不爲血氣所使也。輔氏曰：「知者心之用也，理者性之藴也，血氣者形之資也。隨時知戒，以理勝之，不爲血氣所使，則心爲之宰，而性與質各得其分焉，是亦一本而已矣。」○范氏曰：「聖人同於人者血氣也，異於人者志氣也。血氣有時而衰，志氣則無時而衰也。少未定、壯而剛、

老而衰者，血氣也；戒於色、戒於鬭、戒於得者，志氣也。君子養其志氣，故不爲血氣所動，是以年彌高而德彌邵也。」語録曰：「到老而不屈者是志氣。」○又曰：「人之血氣固有强弱，然而志氣則無時而衰。苟常持得這志，縱血氣衰極也不由他。」○輔氏曰：「人之血氣未定，則常動而易流；方剛，則勇鋭而好勝；既衰，則收斂而多貪，此血氣之變也。常動而易流，則戒色；勇鋭而好勝，則戒鬭；收斂而多貪，則戒得，此志氣之常也。變者無知，常者常覺。覺者爲主，而使無知者不得肆焉，此聖賢之學，而君子終身之務也。」

○孔子曰：「君子有三畏：畏天命，畏大人，畏聖人之言。

畏者，嚴憚之意也。天命者，天所賦之正理也。知其可畏，則其戒謹恐懼自有不能已者，而付畀之重可以不失矣。語録曰：「畏天命三字好。自理會得道理，便謹去做，不敢違，便是畏之也。如非禮勿視、聽、言、動，與夫戒謹恐懼，皆所以畏天命也。然亦須理會得天命是恁地方得。」○問：「三畏要緊都在畏天命上？」曰：「然。纔畏天命，自是於大人、聖言皆畏之。」問：「固是當畏天命，但要緊又須是知得天命即是天理，若不先知這道理，自是懵然，何由知其可畏？」曰：「要緊全在知上。纔知得，便自不容不畏。」大人、聖言，皆天命所當畏，知畏天命，則不得不畏之矣。語録曰：「大人不止有位者，是指有位、有齒、有德者，皆謂之大人。」○愚謂：大人，有德位者之稱，是天命之所存。聖人之言，謂方册所載，是天命

之所發。

小人不知天命而不畏也，狎大人，侮聖人之言。」

侮，戲玩也。不知天命，故不識義理，而無所忌憚如此。○尹氏曰：「三畏者，脩己之誠當然也。小人不務脩身誠己，則何畏之有？」

○孔子曰：「生而知之者，上也；學而知之者，次也；困而學之，又其次也；困而不學，民斯爲下矣。」

困，謂有所不通。輔氏曰：「凡心思、智慮、行止、動作，有所窒塞而不得通，則困之謂也。」言人之氣質不同，大約有此四等。或問「氣質四等之説」。曰：「人之生也，氣質之稟清明純粹，絶無查滓，則於天地之性無所閒隔，而凡義理之當然，有不待學而了然於胷中者，所謂生而知之，聖人也。其不及此者，則以昏明、清濁、正偏、純駁之多少勝負爲差。其或得於清明純粹而不能無少查滓者，則雖未免乎小有閒隔，而其閒易達，其礙易通，故於其所未通者，必知學以通之，而其學也則亦無不通矣，所謂學而知之，大賢也。或得於昏濁偏駁之多，而不能無少清明純粹者，則必其窒塞不通然後知學，其學又未必無不通也，所謂困而學之，衆人也。至於昏濁偏駁之甚，而無復少有清明純粹之氣，則雖有不通，而懵然莫覺，以爲當然，終不知學以求其通也，此則下民而已矣。」○楊氏曰：「生知、學知以至困學，雖其質不同，然及其知之一也，

故君子惟學之爲貴。困而不學，然後爲下。」輔氏曰：「人之氣質不同，然及其知之則一者，蓋以人性之本善故耳。是以君子唯學之爲貴，學則昏濁者可使清明，偏駁者可使純粹。惟其昏濁之甚，自暴自棄而不自知有學焉，此則所謂下愚之民也。」

○孔子曰：「君子有九思：視思明，聽思聰，色思温，貌思恭，言思忠，事思敬，疑思問，忿思難，見得思義。」難，去聲。

視無所蔽，則明無不見。聽無所壅，則聰無不聞。語録曰：「視不爲惡色所蔽爲明，聽不爲姦人所欺爲聰。」色，見於面者。貌，舉身而言。思問，則疑不蓄。思難，則忿必懲。語録曰：「如一朝之忿，亡其身以及其親，此不思難之故也。」思義，則得不苟。○程子曰：「九思各專其一。」語録曰：「不是雜然而思。當這一件上，思這一件[二]。」○黄氏曰：「九思固各專其一，然隨其所當思而思焉，則亦泛然而無統矣。苟能以敬義爲主，戒懼謹獨而無頃刻之失，然後爲能隨其所當思而思矣。」謝氏曰：「未至於從容中道，無時而不自省察也，雖有不存焉者寡矣，此之謂思誠。」胡氏曰：「九者之則，義理曉然，纔思，則不差矣，故省察則能

[二]「思」上元鈔有「自」字。

中道也。」

○孔子曰：「見善如不及，見不善如探湯。吾見其人矣，吾聞其語矣。探，吐南反。

真知善惡而誠好惡之，顔、曾、閔、冉之徒，蓋能之矣。輔氏曰：「見善如不及，則表裏皆好，而無一念之不好，不患其不爲之矣。見不善如探湯，則表裏皆惡，而無一念之不惡，不患其或爲之矣。此唯知至意誠者能之，故顔、曾、閔、冉之徒足以當之也。」語，蓋古語也。

隱居以求其志，行義以達其道。吾聞其語矣，未見其人也。」

求其志，守其所達之道也。達其道，行其所求之志也。語録曰：「隱居以求之，使其道充足。行義，是得時得位而行其所當爲。臣之事君，行其所當爲而已。行所當爲，以達其所求之志。」蓋惟伊尹、太公之流，可以當之。當時若顔子，亦庶乎此。然隱而未見，又不幸而蚤死，故夫子言然。語録曰：「如伊尹耕於有莘之野，而樂堯舜之道，是『隱居以求其志』。及幡然而起，使是君爲堯舜之君，使是民爲堯舜之民，是『行義以達其道』。」○「問：『顔子所得，伊尹、太公恐無以過之，而云「亦庶乎此」，下語輕重抑揚處，疑若於顔子少貶者。』曰：『當時正以事言，非論其德之淺深也。然語意之間誠有如所論者，更俟詳之。』」

○齊景公有馬千駟，死之日，民無德而稱焉。伯夷、叔齊餓于首陽之下，民

到于今稱之。

駟，四馬也。胡氏曰：「駟，一車之用兩服兩驂也。」首陽，山名。胡氏曰：「首陽山，在河東蒲坂縣。」

其斯之謂與？與，平聲。

胡氏曰：「程子以爲第十二篇錯簡『誠不以富，亦衹以異』，當在此章之首。今詳文勢，似當在此句之上。言人之所稱，不在於富，而在於異也。」愚謂：富是言有馬千駟，異是言餓于首陽。古人引詩斷章，不必用詩之本指。愚謂：此說近是，而章首當有「孔子曰」字，蓋闕文耳。大抵此書後十篇多闕誤。

○陳亢問於伯魚曰：「子亦有異聞乎？」亢，音剛。

亢以私意窺聖人，疑必陰厚其子。

對曰：「未也。嘗獨立，鯉趨而過庭。曰：『學詩乎？』對曰：『未也。』『不學詩，無以言。』鯉退而學詩。

事理通達，而心氣和平，故能言。輔氏曰：「詩本人情，該物理，故學之者事理通達；其爲教，溫柔敦厚，使人不絞不訐，故學之者心氣和平。事理通達，則無昏塞之患；心氣和平，則無

躁急之失，此其所以能言[一]。」

他日又獨立，鯉趨而過庭。曰：『學禮乎？』對曰：『未也。』『不學禮，無以立。』鯉退而學禮。

品節詳明，而德性堅定，故能立。輔氏曰：「禮有三千三百之目，其序截然而不可亂，故學之者品節詳明；其爲教，恭儉莊敬，使人不淫不慴，故學之者德性堅定。品節詳明，則義精而事莫之惑；德性堅定，則守固而物莫之摇，此其所以能立。」○愚謂：通達詳明，以學詩禮之義言[二]；和平堅定，以學詩禮者之效言；興與立，又其效之著見者也。

聞斯二者。」

當獨立之時，所聞不過如此，其無異聞可知。

陳亢退而喜曰：「問一得三，聞詩，聞禮，又聞君子之遠其子也。」遠，去聲。

尹氏曰：「孔子之教其子，無異於門人，故陳亢以爲遠其子。」

○邦君之妻，君稱之曰夫人，夫人自稱曰小童，邦人稱之曰君夫人，稱諸

[一]「言」下元鈔有「哉」字。

[二]學，原脱，據元鈔補。

異邦曰寡小君，異邦人稱之亦曰君夫人。

寡，寡德，謙辭。吴氏曰：「凡語中所載如此類者，不知何謂。或古有之，或夫子嘗言之，不可攷也。」愚謂：當時諸侯嫡妾不正，稱號不審，故孔子正言其禮。

論語卷第八　後學成德挍訂

論語卷第九

朱子集註　後學趙順孫纂疏

陽貨第十七

凡二十六章。

陽貨欲見孔子，孔子不見，歸孔子豚。孔子時其亡也，而往拜之，遇諸塗。

歸，如字，一作饋。

陽貨，季氏家臣，名虎。嘗囚季桓子而專國政。欲令孔子來見己，而孔子不往。貨以禮，大夫有賜於士，不得受於其家，則往拜其門。故矙孔子之亡而歸之豚，欲令孔子來拜而見之也。

謂孔子曰：「來，予與爾言。」曰：「懷其寶而迷其邦，可謂仁乎？」曰：「不可。」「好從事而亟失時，可謂知乎？」曰：「不可。」「日月逝矣，歲不我與。」孔子曰：「諾，吾將仕矣。」好、亟、知，並去聲。

懷寶迷邦，謂懷藏道德，不救國之迷亂。亟，數也。失時，謂不及事幾之會。將者，且然而未必之辭。貨語皆譏孔子而諷使速仕。黄氏曰：「『日月逝矣，歲不我與』，此陽貨之言，集註所謂『諷使速仕』亦謂是也。其語意蓋謂夫子既老，可以有爲之日月已過矣，歲運而往，其去甚速，豈復與我而爲我少緩乎？是亦諷使速仕也。」**孔子固未嘗如此，而亦非不欲仕也，但不仕於貨耳。故直據理答之，不復與辯，若不諭其意者。**輔氏曰：「君子未嘗不欲仕，曰吾將仕矣，此所謂據理而答之也。不復與辯者，不與辯己固未嘗如此，亦非不欲仕，直不可仕於貨之意也。蓋陽虎雖暴戾，然其與夫子言，亦未嘗悖違乎理也。曰懷寶，則貴之矣。曰亟失時，則惜之矣。曰仁、曰知，則亦嘗聞其説，而非懵然全不曉矣。此固聖人盛德之容儀有以感之，故夫子亦據直理答之。若夫聖人之心事，則非虎之可知而可語也。」○**陽貨之欲見孔子，雖其善意，然不過欲使助己爲亂耳。**輔氏曰：「觀其懷寶、失時之説，有敬愛聖人之心，則知其爲善意。觀其欲見孔子而孔子不見，及見孔子而諷使速仕之説，則知其不過欲使助己爲亂也。」**故孔子不見者，義也。其往拜者，禮也。必時其亡而往者，欲其稱也。遇諸塗而不避者，不終絶也。隨問而對者，理之直也。對而不辯者，言之孫而亦無所詘也。**語録曰：「問：『陽貨之矙亡，此不足責，如孔子亦矙亡而往，則不幾於不誠乎？』曰：『非不誠也，據道理合當如此。彼以矙亡來，我以矙亡往，一往一來，禮甚相稱，但孔子不幸遇諸塗耳。』」○

輔氏曰：「禮無不答，亦無不稱。貨雖假禮，夫子自行禮以答之也。欲其往拜也，必時其亡而往焉，則又時措之求其稱也。」○又曰：「聖人之事，雖縱横曲折，千條萬緒，然無非義理之當然，固不可執其一節而論也，必周旋反覆而觀之，然後爲盡。愚亦謂不自往見者，義也；時其亡而往拜者，禮也；不終絶者，仁也；隨問而答、對而不辯者，智也；四者一出於誠，信也。只此一事，而五性具焉，夫然後見聖人之全備。」**楊氏曰：「揚雄謂孔子於陽貨也，敬所不敬，爲詘身以信道，非知孔子者。蓋道外無身，身外無道。身詘矣而可以信道，吾未之信也。」**語録曰：「陽貨是惡人，本不可見，孔子乃見之，亦近於詘身。却不知聖人是禮合去見他，不爲詘。到與他説話時，只把一兩字答他，辭温氣厚而不自失，非聖人斷不能如此。」○輔氏曰：「道外無身者，身乃道之所會也。身外無道者，道乃身之所出也。身詘則道詘矣，若曰詘身以信道，則是離身與道爲二物矣。此雄之所以黽勉於莽賢之閒而不去也。」

○子曰：「性相近也，習相遠也。」

此所謂性，兼氣質而言者也。或問「氣質之性」。曰：「張子有言：『形而後有氣質之性，善反之，則天地之性存焉，故氣質之性，君子有弗性者焉。』蓋天地之所以生物者，理也；其生物者，氣與質也。人物得是氣質以成形，而其理之在是者，則謂之性。然所謂氣質者，有偏正、純駁、昏明、厚薄之不齊，故性之在是者，其爲品亦不一，所謂氣質之性者也。告子所謂生之謂性，程子

所謂氣質之性、所稟之性、所謂才者，皆謂是也。然其本然之理，則純粹至善而已，所謂天地之性者也。孟子所謂性善，程子所謂性之本，所謂極本窮原之性，皆謂此者也。若夫子此章論性，而以相近爲言，則固指夫氣質而言之矣。」曰：「然則夫子不言性之本，何也？」曰：「於易大傳詳矣。」○語録曰：「性是天賦與人，只一同。氣質所稟，却自有厚薄。人只是一般人，厚於仁而薄於義，有餘於禮而不足於智，便自氣質上來。」○又曰：「天命之性，若無氣質，却無安頓處。且如一勺之水，非有物盛之，則水無歸著。」○又曰：「性非氣質則無所寄，氣非天性則無所成。」○又曰：「質並氣而言，則是形質之質。若生質，則是資質之質。」○又曰：「氣質之説起於張、程，極有功於聖門，有補於後學，讀之使人深有感。」○愚謂：此所謂性，固不可即指爲本然之性，然其所以相近者，正以本然之性不離乎氣質之中，故集註下一兼字。**氣質之性，固有美惡之不同矣，然以其初而言，則皆不甚相遠也。但習於善則善，習於惡則惡，於是始相遠耳。**或問「習之相遠」。曰：「自其常者而言之，則性之善者，習於善而日進乎高明；性之惡者，習於惡而日流乎汙下也。自其變者而言之，則性之善者，或習於惡而失其善；性之惡者，或習於善而失其惡也。凡是四者，始皆相近，而終則遠矣。」○**程子曰：「此言氣質之性，非言性之本也。若言其本，則性即是理，理無不善，孟子之言性善是也，何相近之有哉？」**語録曰：「性相近，是氣質之性。本然之性一般，無相近。」○又曰：「性相近，以氣質言。性善，以

理言。」○輔氏曰：「性之本，謂不兼乎氣質而言之也。既不兼乎氣質，則純指乎理而言耳。理則天地人物一而已矣，謂之同，謂之一，則言已贅矣，又何相近之可言哉？」

○子曰：「惟上知與下愚不移。」知，去聲。

此承上章而言。人之氣質相近之中，又有美惡一定，而非習之所能移者。語録曰：「性相近，是通善惡智愚説。上智下愚，是就中摘出懸絶者説。」○程子曰：「人性本善，有不可移者，何也？語其性則皆善也，語其才則有下愚之不移。所謂下愚有二焉，自暴、自棄也。人苟以善自治，則無不可移，雖昏愚之至，皆可漸磨而進也。惟自暴者拒之以不信，自棄者絶之以不爲，雖聖人與居，不能化而入也，仲尼之所謂下愚也。然其質非必昏且愚也，往往彊戾而才力有過人者，商辛是也。聖人以其自絶於善，謂之下愚，然考其歸則誠愚也。」語録曰：「問：『集註謂氣質相近之中，又有一定而不可易者，復舉程子無不可移之説，似不合。』曰：『且看孔子説底。如今却自有不移底人，如堯舜不可爲桀紂，桀紂不可使爲堯舜之類。夫子説底只如此，程子却又推其説，須知其異而不害其爲同。』」○又曰：「拒之以不信，只是説道没這道理。絶之以不爲，是知有道理，自割斷了，不肯做。自暴者，有彊悍意。自棄者，有懦弱意。」○又曰：「習與性成，而至於相遠，則固有不移之理。然人性本善，雖至惡之人，一日而能從善，則爲一日之善人，豈有終不可移之理？程子所謂雖戾如商辛之

人，亦有可移之理是也。」或曰：「此與上章當合爲一，『子曰』二字蓋衍文耳。」輔氏曰：「此必一時之言，但録之者以其兩意，故著一『子曰』字以分其章。然兩章既相承，則亦不害其爲一時之言也。」

○子之武城，聞絃歌之聲。

絃，琴瑟也。時子游爲武城宰，以禮樂爲教，故邑人皆絃歌也。黄氏曰：「絃歌，絃且歌也。合樂曰歌，人聲絲聲皆堂上之樂也。」

夫子莞爾而笑，曰：「割雞焉用牛刀？」莞，華版反。焉，於虔反。

莞爾，小笑貌。蓋喜之也，因言其治小邑，何必用此大道也。

子游對曰：「昔者偃也聞諸夫子曰：『君子學道則愛人，小人學道則易使也。』」易，去聲。

君子小人，以位言之。子游所稱，蓋夫子之常言，言君子小人皆不可以不學。黄氏曰：「上撫乎下，下順乎上，此道之當然也。君子在上者能學道，則知撫乎下矣。小人在下者能學道，則知順乎上矣。上撫乎下，下順乎上，安有不治者乎？」故武城雖小，亦必教以禮樂。

子曰：「二三子，偃之言是也，前言戲之耳。」

嘉子游之篤信，又以解門人之惑也。○治有大小，而其治之必用禮樂，則其爲道一也。輔氏曰：「治之用禮樂，如飢之必用食，渴之必用飲，豈謂小邑寡民而可無以禮樂爲哉？舍禮樂則必將專於刑罰，而民無措其手足矣，豈聖學之所尚耶？」但衆人多不能用，而子游獨行之，故夫子驟聞而深喜之，因反其言以戲之。而子游以正對，故復是其言，而自實其戲也。輔氏曰：「詳味集註章末之說，則於其辭氣抑揚之閒，真得聖人寬廣樂易之氣象。學者所宜深加玩索也。」

○公山弗擾以費畔，召，子欲往。

弗擾，季氏宰。與陽虎共執桓子，據邑以叛。

子路不說，曰：「末之也已，何必公山氏之之也。」說，音悅。

末，無也。言道既不行，無所往矣，何必公山氏之往乎？

子曰：「夫召我者而豈徒哉？如有用我者，吾其爲東周乎？」夫，音扶。

豈徒哉，言必用我也。爲東周，言興周道於東方。語録曰：「此是古註說。」○又曰：「問：『公山弗擾果能用夫子，夫子果往從之，亦不過勸得他改過自新，舍逆從順而已，亦如何便興得周道？』曰：『聖人自不可測。且是時名分亦未定，若謂弗擾既爲季氏臣，便不當畔季氏，所謂改過者，不過於臣順季氏而已，此只是常法，聖人須别有措置。』問：『如此，則必大有所更張

否？』曰：『聖人做得須驚天動地，然卒於不往者，亦料其做不得爾。』」○輔氏曰：「魯在周之東，故云爾也。蓋聖人無小成苟就之事，如獲用焉，不興周道以繼文武不已也。」○程子曰：「聖人以天下無不可有爲之人，亦無不可改過之人，故欲往。然而終不往者，知其必不能改故也。」

○子張問仁於孔子。孔子曰：「能行五者於天下，爲仁矣。」請問之。曰：「恭、寬、信、敏、惠。恭則不侮，寬則得衆，信則人任焉，敏則有功，惠則足以使人。」

行是五者，則心存而理得矣。黄氏曰：「心主於五者，則無非僻之雜，而心之德常存。以五者而施之事，則無悖繆之失，而事之理常得。」○輔氏曰：「五者皆吾心所具之理，而仁之發也。蓋恭則仁之著也，寬則仁之量也，信則仁之實也，敏則仁之力也，惠則仁之澤也。故能行是五者，則心存理得，而仁不外是也。」○胡氏曰：「心主於五者，則本心不失，故曰心存。以是五者施之事，則揆之於理而合，故曰理得。」於天下，言無適而不然，猶所謂「雖之夷狄，不可棄」者。輔氏曰：「行是五者，則固心存而理得矣。然是心一有間斷之時，則亡矣；是理一有虧闕之處，則失矣。故其行是五者，又必自一家一國以至於天下，無適而不然，然後其心公平，其理周遍，而仁之體用舉矣。」五者之目，蓋因子張所不足而言耳。輔氏曰：「仁道無所不該，

乃萬善之綱領也。今特以此五者言之，故以爲因子張所不足而言耳。」〇又曰：「堂堂乎張也，難與並爲仁矣，則疑其不足於恭也。愛之欲其生，惡之欲其死，疑其不足於寬也。問行而告以忠信，則疑其不足於信也。問政而告之以無倦，則疑其不足於敏也。以至於色取仁而行違，則疑其不足於惠也。五者咸備，則在子張爲仁矣。」〇胡氏曰：「五常百行，何莫非仁？而獨以是言，故疑其爲子張之所不足也。」**任，倚仗也。**語録曰：「任是堪倚靠。」〇又曰：「任，如謂任俠者，是能爲人檐當事也。」**又言其效如此。**黄氏曰：「通指『恭則不侮』以下五句而言也。」〇輔氏曰：「恭則無不敬，故能不侮於人；寬則無不容，故能得於人，信則誠實於己，而人知所倚仗；敏則專力於事，而功無不成；惠則有以浹洽於人心，故人皆易使，此皆以其效言也。」〇胡氏曰：「併及其效者，欲其因是而驗之。」〇**張敬夫曰：「能行此五者於天下，則其心公平而周徧可知矣，然恭其本與？」**輔氏曰：「所謂其心公平而周徧者，非體仁之深者不知此味也。所謂恭其本與者，所以指示學者尤切。蓋恭則此心收斂，不至於放縱。此心收斂不放縱，則夫寬、信、敏、惠自有所不能已者。」〇胡氏曰：「謂恭其本者，四者皆以事言，而恭則切於身也。」**李氏曰：「此章與六言六蔽、五美四惡之類，皆與前後文體大不相似。」**輔氏曰：「李氏於文體亦可謂密者，此必記者有工拙之不相同也。」

〇佛肸召，子欲往。佛，音弼。肸，許密反。

佛肸，晉大夫趙氏之中牟宰也。

子路曰：「昔者由也聞諸夫子曰：『親於其身爲不善者，君子不入也。』佛肸以中牟畔，子之往也，如之何？」

子路恐佛肸之浼夫子，故問此以止夫子之行。輔氏曰：「所謂親於其身爲不善而君子不入者，正恐其污己也。此固子路之所知也。至於人之不善不能浼聖人，則非子路之所能知也。故引此爲問，欲以止夫子之行耳。」親，猶自也。不入，不入其黨也。

子曰：「然，有是言也。不曰堅乎，磨而不磷；不曰白乎，涅而不緇。磷，力忍反。涅，乃結反。

磷，薄也。涅，染皁物。言人之不善，不能浼己。輔氏曰：「聖人道大德洪，所過者化。人之不善，一經聖人照臨之，則大者革心，小者革面之不暇，何至有浼於聖人？若夫昏頑之至，不可以常理化者，則聖人又自有以處之。在上則或若堯舜之待三苗，在下則若夫子之待陽貨、公山、佛肸，亦豈能浼於聖人哉？」楊氏曰：「磨不磷，涅不緇，而後無可無不可。堅白不足，而欲自試於磨涅，其不磷緇也者幾希。」輔氏曰：「『磨不磷，涅不緇，而後無可無不可者，聖人之事也。堅白不足而欲自試於磨涅，則後世不度德，不量力，輕舉妄動，始欲自附於聖人，而終則陷其身於不義之流也。」

吾豈匏瓜也哉，焉能繫而不食？」焉，於虔反。

匏，瓠也。匏瓜繫於一處而不能飲食，人則不如是也。黄氏曰：「匏瓜蠢然一物，繫則不能動，不食則無所知。吾乃人類，在天地間能動作，有思慮，自當見之於用而有益於人，豈微物之比哉？世之奔走以餬其口於四方者，往往借是言以自況，失聖人之旨矣。此不可以不辨。」○張敬夫曰：「子路昔者之所聞，君子守身之常法。夫子今日之所言，聖人體道之大權也。然夫子於公山、佛肸之召皆欲往者，以天下無不可變之人，無不可爲之事也。其卒不往者，知其人之終不可變，而事之終不可爲耳。一則生物之仁，一則知人之智也。」輔氏曰：「守身之常法，學者所當謹守。體道之大權，則學者所當致知而未可遽行也。至於論聖人之仁智，則又因程子之説而發明之。生物之仁，天地之心，無所擇也；知人之知，聖人之事，有所别也，二者蓋並行而不相悖焉。夫弗擾、佛肸之召，夫子欲往者，無不可也，不絶人之仁也。然而終不往者，無可也，明庶物之知也。自聖人觀之，則固無不可爲之時，亦無不可爲之事，亦無不可教之人，然其所遇則有不可必者。天未欲平治天下，則在時者有不可爲也；上之人不我用，則在事者有不可爲也；誨之諄諄，聽之藐藐，則在人者有不可教也。」

○子曰：「由也，女聞六言六蔽矣乎？」對曰：「未也。」女，音汝，下同。

蔽，遮掩也。黄氏曰：「遮掩，言有所不見之謂也。孟子言詖辭知其所蔽，詖者，跛躄之類，

謂倚於一偏也。所以倚於一偏者，見彼一偏而不見此一偏，是有所遮蔽也。」〇輔氏曰：「其所以遮掩者，謂各隨其意之所向，以遮掩其正理也。」〇胡氏曰：「亦猶爲物所遮掩，僅得其一偏而不見其全體也。」

「居，吾語女。語，去聲。

禮，君子問更端，則起而對。故夫子諭子路，使還坐而告之。

好仁不好學，其蔽也愚；好知不好學，其蔽也蕩；好信不好學，其蔽也賊；好直不好學，其蔽也絞；好勇不好學，其蔽也亂；好剛不好學，其蔽也狂。」好、知，並去聲。

六言皆美德，然徒好之而不學以明其理，則各有所蔽。黄氏曰：「仁、知、信、直、勇、剛，皆美德也，又必學以明夫理者，何也？六者，德之大目耳，輕重淺深，當施不當施之閒，其理固多端也。今但見其大目而篤好之，不復務學以究其理之曲折，則見其一而蔽其一，未有不流於一偏者也。」〇輔氏曰：「六言，謂仁、知、信、直、勇、剛之六言也。是六者，皆人之美德，苟能學以明之，則存於中者固有夫本然之理，而發於外者固有夫當然之則矣。人之好之，是秉彝之良心也，然徒好之而不知學以明其本然之理，則隨其意之所向而各有所蔽，是以其發也，皆失其當然之則，而又陷於惡焉。故好仁不好學，則蔽於愛，而爲可陷可罔之愚；好知不好學，則蔽於通，而

爲窮高極廣而不知止之蕩；好信不好學，則蔽於固守而賊害於物；好直不好學，則蔽於徑行而訐人之私；好勇不好學，則蔽於敢爲而或至於作亂；好剛不好學，則蔽於不屈而或至於爲狂，是以君子惟學之爲貴。」**愚，若可陷可罔之類。蕩，謂窮高極廣而無所止。賊，謂傷害於物。**輔氏曰：「人若固執，必信而不知學，則必至害物。」**勇者，剛之發。剛者，勇之體。**輔氏曰：「人之資稟得於陰陽者，唯有剛有柔而已，勇則剛之發出者也。」**狂，躁率也。**輔氏曰：「此狂字與狂狷之狂又不同，躁率則近乎剛惡也，故特釋之。」**○范氏曰：「子路勇於爲善，其失之者，未能好學以明之也，故告之以此。曰勇、曰剛、曰信、曰直，又皆所以救其偏也。」**輔氏曰：「范氏就子路身上發明得好。子路勇以爲善，且嘗有何必讀書之說，則其失在於未能學以明善也，宜矣。曰勇、曰剛、曰信、直，又皆子路氣質之偏，故夫子特告之。」

○子曰：「小子，何莫學夫詩？夫，音扶。

小子，弟子也。

詩，可以興，

感發志意。語録曰：「須是反復讀，使書與心相乎入，自然有感發處。」○輔氏曰：「詩所以吟咏情性，故可以感人之志意。志謂心之所之，意謂心之發動處也。」

可以觀，

考見得失。黄氏曰：「興、羣、怨，皆指學詩者而言，觀則似指詩而言，謂可考詩人之得失也。然以爲觀己得失，亦可通。下文既有多識，爲此以識彼，則此觀爲觀己，然後四語皆一意也。」○輔氏曰：「詩所以形四方之風，言天下之事，有古今治亂之變，人情物理之微，故可以觀。所謂考見得失者，合於理則爲得，悖於理則爲失也。」

可以羣，

和而不流。輔氏曰：「羣居之道雖止於和，和而無節以至於流，則又失己。詩之言，雖發乎情性而温厚和平，然止乎禮義而未嘗流失，故可以羣。」

可以怨。

怨而不怒。輔氏曰：「怨者，人情所不免。當怨而不怨，則失之疏；怨而至於怒，則又失之過，而或至於傷物。凡詩之所譏刺者，固不免於怨，然亦止乎禮義，而不失其温厚和平之意，故可以怨。程子所謂『小弁、擊鼓皆怨，而各當乎理』者是也。」

邇之事父，遠之事君。

人倫之道，詩無不備，二者舉重而言。輔氏曰：「父子、君臣、兄弟、夫婦、朋友之道，詩固備矣，五者之中，君臣、父子又其重者，故特舉而言之。其曰邇、曰遠，則所包者闊矣。」

多識於鳥獸草木之名。」

其緒餘又足以資多識。○學詩之法，此章盡之，讀是經者，所宜盡心也。輔氏曰：「論語之論及詩者多矣，而惟此章爲備，反覆周悉，無一或遺，學詩者其可以不盡心於此？苟於此而盡心焉，則有以感發其志意，而爲善不懈；有以考見其得失，而於事無惑；和而不流，則得羣居之道；怨而不怒，則盡人情之微。以至邇之事父，遠之事君，則於人倫之際，各盡其道。多識於鳥獸草木之名，則可以爲博物洽聞之君子。」

○子謂伯魚曰：「女爲周南、召南矣乎？人而不爲周南、召南，其猶正牆面而立也與？」女，音汝。與，平聲。

爲，猶學也。周南、召南，詩首篇名。或問：「二南何以爲詩之首篇？」曰：「周南之詩，言文王后妃閨門之化；召南之詩，言諸侯之國夫人、大夫妻被文王后妃之化而成德之事。蓋文王治岐而化行於江漢之域，自北而南，故其樂章以南名之，蓋詩之正風也。」所言皆脩身齊家之事。輔氏曰：「二南之詩，於文王齊家之事則見之矣，至於脩身之事則未嘗及也，今乃謂所言皆脩身齊家之事者，何也？曰身者，家之本也。聖人之化未有不本於身者，文王之化自內及外如此，則其脩身之事固在其中矣。」正牆面而立，言即其至近之地，而一物無所見，一步不可行。語録曰：「問：『若不脩身齊家，則自然推不去，是一步不可行也，如何是一物無所見？』曰：『自家一身一家，已自都理會不得，況其遠者乎？』問：『此可見知與行相須之義否？』曰：『然。』」

〇子曰：「禮云禮云，玉帛云乎哉？樂云樂云，鐘鼓云乎哉？」

敬而將之以玉帛，則爲禮；和而發之以鐘鼓，則爲樂。遺其本而專事其末，則豈禮樂之謂哉？輔氏曰：「敬者，在中之禮，禮之本也。玉帛則禮之器，所以將吾敬而播之於外者也，禮之末也。和者，在中之樂，樂之本也。鍾鼓，則樂之器，所以發吾和而播之於外者也，樂之末也。本末具舉，内外兼備，夫然後可謂禮樂之全。苟惟專務其本而不事於末，固爲不可；至於徒事其末而反遺其本，則又豈所謂禮樂者哉？云乎哉者，猶言此不得謂之禮樂也。」〇胡氏曰：「玉帛，五玉三帛，禮文之重者也。鍾，金聲；鼓，革聲，樂器之大者也。非玉帛無以爲禮，非鍾鼓無以爲樂。然禮樂有本有末，玉帛、鍾鼓，末也。禮之本在於敬，假玉帛以將之；樂之本在於和，假鍾鼓以發之。周末文滅其質，但以玉帛爲禮，鍾鼓爲樂。」〇程子曰：「禮只是一箇序，樂只是一箇和。只此兩字，含蓄多少義理。天下無一物無禮樂。且如置此兩椅，一不正，便是無序，無序便乖，乖便不和。又如盜賊至爲不道，然亦有禮樂。蓋必有總屬，必相聽順，乃能爲盜。不然，則叛亂無統，不能一日相聚而爲盜也。禮樂無處無之，學者須要識得。」黄氏曰：「程子、集註之言樂則同主於和。至於言禮，則集註主於敬，程子主於序，二説之不同，何也？曰不但敬與序之不同，雖言和則同，而所以爲和亦不同也。集註之敬與和，主人心而言也；程子之序與和，主事理而言也。然有人心之敬與和，則見於

事理者，始有序而和矣。」○輔氏曰：「禮樂之本雖細微之事，凶惡之人亦皆有之，蓋不特見於玉帛鍾鼓之間。要之，只是箇序與和底道理而已。人能識得此箇禮樂，則知天下無一物無禮樂，隨處體會，隨處受用，然其實不出序與和二字也。」○胡氏曰：「程子欲人知禮樂之理無所不在，然學者紀録雜以方言，至於盜賊亦有禮樂，姑借其近且粗者極言之，非真所謂禮樂也。然序和二字尤親切，又見禮爲樂之本也。」○愚謂：朱子以敬與和言，是就心上説；程子以序與和言，是就事上説。二説相須，其義始備。

○子曰：「色厲而内荏，譬諸小人，其猶穿窬之盜也與？」荏，而審反。與，平聲。

厲，威嚴也。荏，柔弱也。小人，細民也。穿，穿壁。窬，踰牆。言其無實盜名，而常畏人知也。語録曰：「爲他意在要瞞人，故其心常怕人知，如做賊然。」

○子曰：「鄉原，德之賊也。」

鄉者，鄙俗之意。黄氏曰：「鄉之得名，本以鄙俗爲言也，故曰我猶未免爲鄉人也。亦猶都鄙之稱，都之爲言美矣，鄙之爲言俗也。然則鄉者，亦鄙之類歟。」原，與愿同。荀子「原愨」，註讀作愿是也。輔氏曰：「原，若如字讀，則無義，故依荀子讀作愿，愿有謹信之意。」鄉原，鄉人之愿者也。蓋其同流合汙以媚於世，故在鄉人之中，獨以愿稱。黄氏曰：「其稱原

人而必加之以鄉者，以見其鄙俗，非公論之所在，故是非錯繆而稱之以爲愿也。○輔氏曰：「其同流合汙，不敢少異於人，而又居之似忠信，故在鄉人之中獨以愿稱也。」**夫子以其似德非德而反亂乎德，故以爲德之賊而深惡之。**黄氏曰：「德者，務合乎理者也。鄉原求媚於世，則不必皆合乎理，而委曲遷就，似乎理而實非理。使人之爲善者，莫知乎理之正，是天下之正理反爲鄉原所害也。如廉潔，理之正也，鄉原不欲爲廉潔以異俗，故亦同乎汙俗，而外爲説以自，蓋使人視之似廉潔，然實非廉潔，而反以害廉潔之正也。故貪夫不足以害夫廉，似廉非廉者乃所以害夫廉。夫子所以深惡之也。」○胡氏曰：「賊，害也。」**詳見孟子末篇。**

○子曰：「道聽而塗説，德之棄也。」

雖聞善言，不爲己有，是自棄其德也。輔氏曰：「聞一善，則當畜之於己，以成就其德，此學問自修之道也。若是採聽道塗之説，而復以道塗言之，務以悦人而不知爲己，則是自棄其德矣。」○胡氏曰：「『德之棄』，與上章『德之賊』文勢相類。彼似德而亂德，故云『德之賊』；此可以進德而不進，故云『德之棄』。」○**王氏曰：「君子多識前言往行以畜其德，道聽塗説則棄之矣。」**輔氏曰：「王氏引大畜之象以解此，甚爲的當，但於道聽塗説少分别耳。其意似以四字爲一意，只是箇輕聽易説而已。」

○子曰：「鄙夫可與事君也與哉？與，平聲。

鄙夫，庸惡陋劣之稱。輔氏曰：「庸，謂凡常。惡，只是惡。陋，謂猥瑣。劣，謂昏弱。四者皆鄙也。」

其未得之也，患得之；既得之，患失之。

何氏曰：「患得之，謂患不能得之。」胡氏曰：「蓋如『有周不顯，帝命不時』，語急而文省耳。」

苟患失之，無所不至矣。」

小則吮癰舐痔，大則弑父與君，皆生於患失而已。輔氏曰：「此解『無所不至矣』一句甚當。夫患得患失，則唯利欲是徇，而不復顧理義之所在矣，其可與之事君也哉？然其患得也，則求以得之而已，雖行險徼幸，乘閒抵巇，然其惡猶有底止也。至於患失，則無不至矣，小則吮癰舐痔，不惜身命，大則弑父與君，禍及國家。」○胡氏曰：「許昌靳裁之有言曰：『士之品大槩有三，志於道德者，功名不足以累其心；志於功名者，富貴不足以累其心；志於富貴而已者，則亦無所不至矣。』志於富貴，即孔子所謂鄙夫也。」輔氏曰：「志於道德，則功名不必外求而得，其或終無所成，則亦全吾道德而已矣，在我亦何所損哉？若夫志於功名，則其心已是謀利計功了，幸而得之則已矣，不然則行險徼幸，枉尺直尋，殆將不能免。志於富貴，則患得患失，終必至於無所不至矣，其爲庸惡陋劣之態，亦可想而見也。」○胡氏曰：「靳氏

三品之説，本非此章正意，然能推見鄙夫之所以若此。志於道德，聖賢之徒也。志於功名，豪傑之士也。志於富貴，即鄙夫也。聖賢非不事功名也，可爲則爲，不得爲則不爲，不害於道德也。豪傑非惡富貴也，視功名爲重，則富貴爲輕也。鄙夫則富貴之外，它無所志，故得失之爲患至於如此。」

○子曰：「古者民有三疾，今也或是之亡也。

氣失其平則爲疾，故氣稟之偏者亦謂之疾。輔氏曰：「氣稟之偏亦謂之疾，此以德言之也。人身之氣常平和[二]，則安寧，一失其平，則爲疾矣。人之德，氣稟得中，則爲善，一失之偏，則亦爲疾矣。」昔所謂疾，今亦無之，傷俗之益衰也。輔氏曰：「古今氣數固有箇大盛衰，而一代一世又各自有小盛衰，此之所言，蓋兼舉之。」

古之狂也肆，今之狂也蕩；古之矜也廉，今之矜也忿戾；古之愚也直，今之愚也詐而已矣。」

狂者志願太高，肆謂不拘小節，蕩則踰大閑矣。矜者持守太嚴，廉謂稜角陗厲，語録曰：「廉是側邊廉隅，這只是那分處。所謂廉者，爲是分得那義利去處，譬如物之側稜兩下分

[二] 常，原作「當」，據通志堂經解本改。

去。」忿戾則至於争矣。愚者暗昧不明，直謂徑行自遂，詐則挾私妄作矣[一]。○范氏曰：「末世滋僞，豈惟賢者不如古哉？民性之蔽，亦與古人異矣。」愚謂：論語中説古今處，皆是嘆今之不如古。

○子曰：「巧言令色，鮮矣仁。」

重出。

○子曰：「惡紫之奪朱也，惡鄭聲之亂雅樂也，惡利口之覆邦家者。」惡，去聲。覆，芳服反。

朱，正色。紫，閒色。陳氏曰：「朱是南方正火，色赤。紫是北方閒水[二]，尅火，赤黑，色似朱而非朱。」雅，正也。利口，捷給。覆，傾敗也。輔氏曰：「利口之可惡，雖堯舜之聖猶自畏之。凡天地之閒，是非賢不肖，一切變亂而移易之，且其持之有故，其言若有理。人君一或信之，則其危亡蓋有不覺其然而然者。自古以來，國家之傾敗，皆可覆也。」○范氏曰：「天下之理，正而勝者常少，不正而勝者常多，聖人所以惡之也。利口之人，以是爲非，以

[一] 則，原作「謂」，據通志堂經解本改。

[二] 北，原作「比」，據通志堂經解本改。

非爲是，以賢爲不肖，以不肖爲賢。人君苟悦而信之，則國家之覆也不難矣。」輔氏曰：「氣數難得相值，時節難得常好，故邪正相乘之際，而正常屈於邪。疑似之閒，每惡其雜亂而致詳焉，此亦贊天地之一端也。」

○子曰：「予欲無言。」

學者多以語言觀聖人，而不察其天理流行之實有不待言而著者，是以徒得其言而不得其所以言，故夫子發此以警之。輔氏曰：「此亦有兩意。一是天理流行之實，凡動静語默，皆是初不待言而著，學者惟不察乎此，而但以言語觀聖人，是以徒得其言而不得其所以言，故夫子發此以警之。一是以言而教人，固聖人之本心，因言以進道，亦學者之當務，但學者心麤氣暴，其於聖人之言，領略之意常多，而體察之意常少，是以徒得其言而不得其所以言，故夫子發此以警之。」

子貢曰：「子如不言，則小子何述焉？」

子貢正以言語觀聖人者，故疑而問之。輔氏曰：「觀子貢之説則可見矣，然此語必須在未聞性與天道之前也。」

子曰：「天何言哉？四時行焉，百物生焉。天何言哉？」

四時行，百物生，莫非天理發見流行之實，不待言而可見。聖人一動一静，莫非妙

道精義之發，亦天而已，豈待言而顯哉？輔氏曰：「百物生，是天理之發見也；四時行，是天理之流行也。又，發見則自其初而言之，流行則併舉其終也。妙道則言其體也，精義則言其用也；静而涵動，動不離静，自然而然，莫知其所以然，故謂之精義。夫子但言天之理，更不及己之事，則天人一貫，而天即己、己即天矣，此所謂聖人之言也。」此亦開示子貢之切，惜乎其終不喻也。○程子曰：「孔子之道，譬如日星之明，猶患門人未能盡曉，故曰『予欲無言』。若顔子則便默識，其他則未免疑問，故曰『小子何述』。又曰『天何言哉，四時行焉，百物生焉』，則可謂至明白矣。」愚按：此與前篇「無隱」之意相發，學者詳之。輔氏曰：「前篇所謂『吾無隱乎爾』『吾無行而不與二三子而已』，未及夫隱之事實也。今舉四時行、百物生，則夫無隱與無行而不與二三子者，益更明白。」○蔡氏曰：「集註以此章與前篇『無隱』之意相發，蓋四時行、百物生，莫非天理發見流行之實，正所以發夫子之無隱也。學者玩此而有得焉，不惟見聖人一動一静，純乎天理之妙，不待言而顯，便當反之於踐履事爲之實，俛焉孳孳，庶幾有得乎希聖希天之事。更玩四時行、百物生，尤見其體用一原，陰陽之理運行不息，而萬物各遂其生之妙，聖人亦天而已。」

○孺悲欲見孔子，孔子辭以疾。將命者出户，取瑟而歌，使之聞之。

孺悲，魯人，嘗學士喪禮於孔子。胡氏曰：「禮記：『恤由之喪，魯哀公使孺悲之孔子學士喪

禮。』」當是時必有以得罪者，故辭以疾，而又使知其非疾，以警教之也。輔氏曰：「聖人之門，來者不拒，儻非有故，未有卻之如此其峻者。然其所以得罪之事，不可知矣。辭之以疾者，義不當見也。歌瑟使聞者，仁不容絶也。夫子於此，仁義並行而不悖，然其愛人之心，則終無已也。」程子曰：「此孟子所謂不屑之教誨，所以深教之也。」胡氏曰：「聖人無疾而託以疾，則雖庸人亦能自省其所以見絶之由，是不屑之教誨也。」

○宰我問：「三年之喪，期已久矣。期，音基，下同。

期，周年也。

君子三年不爲禮，禮必壞；三年不爲樂，樂必崩。

恐居喪不習而崩壞也。輔氏曰：「此述宰我之意也。然禮樂自事親從兄而出，不能三年之喪，則禮樂之本蹙矣。宰我慮其崩壞，而急急於玉帛鍾鼓之間，則亦不知務甚矣。」

舊穀既没，新穀既升，鑽燧改火，期可已矣。」鑽，祖官反。

没，盡也。升，登也。燧，取火之木也。改火，春取榆柳之火，夏取棗杏之火，夏季取桑柘之火，秋取柞楢之火，冬取槐檀之火，亦一年而周也。愚謂：榆柳青，棗杏赤，桑柘黄，柞楢白，槐檀黑，各隨其時之方色取之。周禮司爟『掌行火之政令，四時變國火』，正此謂也。」已，止也。言期年則天運一周，時物皆變，喪至此可止矣。輔氏曰：「此亦

述宰我之意也。然天運固一周矣，時物固皆變矣，而吾心哀怛之實自有不能已者，又可因彼而廢此乎？」尹氏曰：「短喪之説，下愚且恥言之。宰我親學聖人之門，而以是爲問者，有所疑於心而不敢强焉爾。」輔氏曰：「尹氏説固忠厚，然宰我之失亦自在，但其致問之時猶出於情實，較之後世匿情行詐而口不相副者，則猶爲無隱耳。」

子曰：「食夫稻，衣夫錦，於女安乎？」曰：「安。」夫，音扶，下同。衣，去聲。女，音汝，下同。

禮，父母之喪，既殯，食粥、麤衰。既葬，疏食、水飲，受以成布。語録曰：「成布，是稍細成布，初來未成布也。八十縷爲一升。古尺一幅只闊二尺二寸，筭來斬衰三升，如今網一般，又如今漆布一般，所以爲未成布也。」**期而小祥，始食菜果，練冠縓緣。**語録曰：「縓，今淺絳色。小祥以縓爲緣。看古人小祥，縓緣者一入謂縓，禮有四入之説，亦是漸漸加深色耳。然古人亦不專把素色爲凶。蓋古人常用皮弁，皮弁純白，自今言之，則爲太凶矣。」**要絰不除，無食稻衣錦之理。夫子欲宰我反求諸心，自得其所以不忍者，故問之以此，而宰我不察也。**輔氏曰：「宰我二説，皆是其所執而欲以短喪者，然未嘗反其心哀怛之實自有不能已者。故夫子但以『食稻衣錦，於女安乎』問之，此蓋欲其反諸心以求其不忍之實也。」

「女安，則爲之。夫君子之居喪，食旨不甘，聞樂不樂，居處不安，故不爲

也。今女安，則爲之。」樂，上如字，下音洛。

此夫子之言也。旨，亦甘也。初言「女安則爲之」，絶之之辭。又發其不忍之端，以警其不察。而再言「女安則爲之」，以深責之。輔氏曰：「宰我蔽執之深，雖聞夫子之言，而不察其所以言之意，不反諸心以求其不忍之實，而遽以曰『安』爲答，則其不仁甚矣。故夫子又言，凡『君子之居喪，食旨不甘』，故不食；『聞樂不樂』，故不聞；『居處不安』，故不處。皆自然而然，以發其本心不忍之端，以警其不察。然後復言『女安則爲之』，以深責之也。」

宰我出。子曰：「予之不仁也。子生三年，然後免於父母之懷。夫三年之喪，天下之通喪也。予也有三年之愛於其父母乎？」

宰我既出，夫子懼其真以爲可安而遂行之，故深探其本而斥之。言由其不仁，故愛親之薄如此也。輔氏曰：「孝者，爲仁之本。於此而闕絶之使不行，則人之道息矣。且夫宰我之所謂安者，使其不求諸心隨口而言，則固已爲不仁矣；若其心誠以爲安，則其不仁又甚焉。此所以見其出，而深探其本以斥之，言由其不仁，故愛親之薄如此也。」懷，抱也。又言君子所以不忍於親，而喪必三年之故。使之聞之，或能反求而終得其本心也。輔氏曰：「子生三年，然後免於父母之懷，此君子所以不忍於親，而喪必三年之故，自天子達於庶人，而爲天下之通喪也。至於使之聞之，或能反求而終得其本心，則聖人之仁也。始也問以『食稻、衣錦，於汝

安乎』，所以使宰我反求諸心，自得其所以不忍。及宰我不察，則又言君子居喪之禮皆出於自然，以發其不忍於親，而喪必三年之故，使之聞之，尚庶幾其能反求而得其本心，不至於終迷而不反也。然則聖人之心，所以愛人無已者，於此亦可得而見矣。」○范氏曰：「喪雖止於三年，然賢者之情則無窮也，特以聖人爲之中制而不敢過，故必俯而就之，非以三年之喪爲足以報其親也。所謂三年而後免於父母之懷，特以責宰我之無恩，欲其有以跂而及之爾。」輔氏曰：「范氏發明『非以三年之喪爲足以報其親』之説，尤爲忠厚。所謂『喪三年以爲極亡，則弗之忘矣』者是也。至於聖人既於此爲之中制，則賢者必當俯而就，不肖者必當跂而及，夫如是，然後其説始圓，而宰我之失，夫子之意，始皆坦然明白矣。」

○子曰：「飽食終日，無所用心，難矣哉！不有博弈者乎，爲之猶賢乎已。」

博，局戲也。弈[二]，圍碁也。已，止也。李氏曰：「聖人非教人博弈也，所以甚言無所用心之不可爾。」文集曰：「此非是啓博弈之端，然聖人乃假此以其彼之辭。」

[二] 弈，原作「奕」，據通志堂經解本改。

〇子路曰：「君子尚勇乎？」子曰：「君子義以爲上。君子有勇而無義爲亂，小人有勇而無義爲盜。」

尚，上之也。君子爲亂，小人爲盜，皆以位而言者也。尹氏曰：「義以爲尚，則其勇也大矣。子路好勇，故夫子以此救其失也。」輔氏曰：「尚義而勇，義理之勇也。勇而無義，血氣之勇耳。唯血氣所使，而不以義理制之，則其爲害，隨所居而爲大小，故在上則逆理犯上而爲亂，在下則肆欲陵上而爲盜。子路好勇，故夫子以是告之。」胡氏曰：「疑此子路初見孔子時問答也。」輔氏曰：「詳味其言，尚有自負其勇之意，而始疑聖門之或不以勇爲尚耳。若子路後來進德地位煞高，必不復以此爲問也。」

〇子貢曰：「君子亦有惡乎？」子曰：「有惡。惡稱人之惡者，惡居下流而訕上者，惡勇而無禮者，惡果敢而窒者。」惡，去聲，下同。唯惡者之惡，如字。訕，所諫反。

訕，謗毁也。窒，不通也。稱人惡則無仁厚之意，下訕上則無忠敬之心，勇無禮則爲亂，果而窒則妄作，故夫子惡之。

曰：「賜也亦有惡乎？」「惡徼以爲知者，惡不孫以爲勇者，惡訐以爲直

者。」徼，古堯反。知、孫，並去聲。訐，居謁反。

「惡徼」以下，子貢之言也。徼，伺察也。訐，謂攻發人之陰私。○楊氏曰：「仁者無不愛，則君子疑若無惡矣。子貢之有是心也，故問焉以質其是非。」侯氏曰：「聖賢之所惡如此，所謂唯仁者能惡人也。」輔氏曰：「楊氏説得子貢所以發問之意出，侯氏説得聖賢不能無惡、要當於理之意明。然夫子因子貢之問，而又以『賜也亦有惡乎』發之，使之得以盡其説，又見聖人氣象從容，誠意審密，有以盡人之情如此。」

○子曰：「唯女子與小人爲難養也，近之則不孫，遠之則怨。」近、孫、遠，並去聲。

此小人，亦謂僕隸下人也。或問：「何以知其爲僕隸下人？」曰：「若爲惡之小人，則君子遠之惟恐不嚴，怨亦非所恤矣。」君子之於臣妾，莊以涖之，慈以畜之，則無二者之患矣。輔氏曰：「此正所謂不近不遠之閒道理也。夫小人、女子雖有難養之情，在君子則有善養之道。莊以涖之，則有以銷其不孫之心；慈以畜之，則有以弭其多怨之意。」

○子曰：「年四十而見惡焉，其終也已。」惡，去聲。

四十，成德之時。見惡於人，則止於此而已。勉人及時遷善改過也。蘇氏曰：「此亦有爲而言，不知其爲誰也。」輔氏曰：「聖人之言特限於四十，則可知矣。」

微子第十八

此篇多記聖賢之出處，凡十一章。

微子去之，箕子爲之奴，比干諫而死。

微、箕，二國名。胡氏曰：「皆圻内國名。」**子，爵也。微子，紂庶兄。箕子、比干，紂諸父。微子見紂無道，去之以存宗祀。箕子、比干皆諫，紂殺比干，囚箕子以爲奴，箕子因佯狂而受辱。**

孔子曰：「殷有三仁焉。」

三人之行不同，而同出於至誠惻怛之意，語録曰：「問：『微子之去，欲存宗祀，比干之死，欲紂改行，可見其至誠惻怛處。不知箕子至誠惻怛，何以見？』曰：『箕子、比干，都是一樣心。箕子偶然不衝著紂之怒，不殺他，然見比干恁地死，若更死諫，無益於國，徒使人君有殺諫臣之名，他處此最難。微子去却易，比干一向諫，死又却索性。箕子在半上落下，最是難處，被他監繫在那裏，不免佯狂，所以易中特説「箕子之明夷」，可見其難處。』」**故不咈乎愛之理，而有以全其心之德也。**輔氏曰：「愛之理，此分言之，仁也。心之德，此專言之，仁也。不咈乎愛

之理，指惻怛而言也。有以全其心之德，指至誠而言也。」○蔡氏曰：「比干之死，非沽名也；箕子之生，非懼禍也；微子之去，非要利以忘君也，此可見其同出於至誠惻怛之意。比干以諫死，猶庶幾感悟乎紂之心；箕子佯狂爲奴，意其猶有規諫之意；微子抱祭器而去，蓋不忍坐視其宗祀之絶，此可見不咈乎愛之理。三子之去就、死生，其志不在乎一身，而惟在乎愛君憂國，此可見有以全其心之德。」楊氏曰：「此三人者各得其本心，故同謂之仁。」愚謂：三人之事雖不同，而各得其本心則同，故同謂之仁。仁則本心之全德也。

○柳下惠爲士師，三黜。人曰：「子未可以去乎？」曰：「直道而事人，焉往而不三黜？枉道而事人，何必去父母之邦？」三，去聲。焉，於虔反。

士師，獄官。黜，退也。柳下惠三黜不去，而其辭氣雍容如此，可謂和矣。然其不能枉道之意，則有確乎其不可拔者，是則所謂必以其道而不自失焉者也。或問：「柳下惠仕而屢黜，黜而復仕，至於三黜，而又不去焉，何也？」曰：「進不隱賢，必以其道，不以三公易其介，所以屢黜而至於三。降志辱身，援而止之而止，雖袒裼裸裎於我側，不以爲浼，所以黜而復仕，既三黜而遂不去也。」或曰：「惠知直道之必黜而不去，然則其將枉道以事人乎？」曰：「不然也。惠之意，若曰我但能直道事人，則固不必去魯而適他國矣。其言泛然若無所指，蓋和者之氣象如此，而其道則固自信其不能枉道而事人矣。是以三黜之後，雖不屑去，然亦意其遂不

復仕，故孔子得以列之於逸民之目。」〇胡氏曰：「此必有孔子斷之之言而亡之矣。」輔氏曰：「以前章例之而知之也。」

〇齊景公待孔子，曰：「若季氏則吾不能，以季孟之閒待之。」曰：「吾老矣，不能用也。」孔子行。

魯三卿，季氏最貴，孟氏爲下卿。孔子去之，事見世家。然此言必非面語孔子，蓋自以告其臣，而孔子聞之爾。輔氏曰：「景公之言，雖實而失於率易。聖人德盛道尊，見者必加敬而盡禮。況景公素知聖人者，必不敢以是言而面瀆之，所謂『自以告其臣，而孔子聞之』之說當矣。」〇程子曰：「季氏强臣，君待之之禮極隆，然非所以待孔子也。以季孟之閒待之，則禮亦至矣。然復曰『吾老矣，不能用也』，故孔子去之。蓋不繫待之輕重，特以不用而去爾。」愚謂：苟以利心觀，則必以爲聖人之去，有繫乎待之輕重也，故特釋之。

〇齊人歸女樂，季桓子受之，三日不朝。孔子行。歸，如字，或作饋。朝，音潮。

季桓子，魯大夫，名斯。按史記，定公十四年，孔子爲魯司寇，攝行相事，齊人懼，歸女樂以沮之。尹氏曰：「受女樂而怠於政事如此，其簡賢棄禮，不足與有爲可知矣。夫子所以行也，所謂『見幾而作，不俟終日』者與？」或問：「史記載孔子之去魯也，

有『彼婦之口，可以出走』之歌，今尹氏直以爲知魯之君相無敬賢之心而去，何邪？」曰：「齊人之謀，固欲以是沮孔子矣。蓋欲以女子爲閒於魯之君相，使之先有以熒惑其耳目，感移其心志，遂乘閒而進説以沮敗其所爲，甚則或遂中以不測之禍，而不慮孔子之覺之早、去之速也。然孔子之覺之也，直以其無敬賢之心，知其不足與有爲耳，而其禍之將至者，則固亦不外乎此也。尹氏之言不及其他，其有得於孔子之初心與？」○范氏曰：「此篇記仁賢之出處，而折中以聖人之行，所以明中庸之道也。」輔氏曰：「仁謂三仁，賢謂柳下惠及下章隱逸之人皆是也。夫子於齊、於魯非不欲仕也，亦未嘗必於仕也，但可仕則仕，可止則止，此所以爲中庸之道也。三仁、柳下惠則庶幾矣，接輿以下則皆未免於偏也。」

○楚狂接輿歌而過孔子，曰：「鳳兮，鳳兮！何德之衰。往者不可諫，來者猶可追。已而，已而！今之從政者殆而。」

接輿，楚人，佯狂辟世。夫子時將適楚，故接輿歌而過其車前也。鳳有道則見，無道則隱，接輿以比孔子，而譏其不能隱爲德衰也。輔氏曰：「鳳，靈物也，有道則見，無道則隱，鳳固然也。至於無道而不隱，則鳳之德衰矣。然以此論君子守身之常法則可，至於聖人體道之大權，則又不可以此例論也。」來者可追，言及今尚可隱去。已，止也。而，語助辭。殆，危也。接輿蓋知尊夫子而趨不同者也。輔氏曰：「觀接輿之言，既比之以鳳，而

又疑其衰，既幸其或止，而又慮其殆，語意懇懃諄複，是誠知尊聖人者矣。然其所趨，則在於絶人逃世以遠害全身而已，其與聖人之心，蓋不啻如冰炭白黑之不同也。」〇胡氏曰：「接輿之於孔子，既比以鳳，又議其衰，既欲其已，又懼其殆，可謂知尊聖人矣。然曰『往者不可諫，來者猶可追』，則不知聖人無過之可悔，無善之可遷，是知尊聖人而未知聖人也。其趨不同者，有避世之心而無救世之意，有堅守之操而無變通之學也。」

孔子下，欲與之言。趨而避之，不得與之言。避，去聲。

孔子下車，蓋欲告之以出處之意。接輿自以爲是，故不欲聞而辟之也。

〇長沮、桀溺耦而耕，孔子過之，使子路問津焉。沮，七餘反。溺，乃歷反。

二人，隱者。耦，並耕也。時孔子自楚反乎蔡。津，濟渡處。

長沮曰：「夫執輿者爲誰？」子路曰：「爲孔丘。」曰：「是魯孔丘與？」曰：「是也。」曰：「是知津矣。」夫，音扶。與，平聲。

執輿，執轡在車也。蓋本子路御而執轡，今下問津，故夫子代之也。知津，言數周流，自知津處。

問於桀溺，桀溺曰：「子爲誰？」曰：「爲仲由。」曰：「是魯孔丘之徒與？」

對曰：「然。」曰：「滔滔者天下皆是也，而誰以易之？且而與其從辟人之士也，豈若從辟世之士哉？」耰而不輟。徒與之與，平聲。滔，吐刀反。辟，去聲。耰，音憂。

滔滔，流而不反之意。以，猶與也。言天下皆亂，將誰與變易之？輔氏曰：「桀溺之意以爲，夫人有反之之意，則夫子有易之之理，今天下皆亂，如水之流而不反，則誰肯聽夫子之言，行夫子之道，而夫子亦安能有所變易其人也哉？」而，汝也。辟人，謂孔子。辟世，桀溺自謂。輔氏曰：「夫子嘗去魯適衛、適楚，以至微服而過宋，以辟陽虎之難，此又其辟人之實也，故桀溺以夫子爲辟人。至於桀溺之見，則以爲天下皆滔滔而不反，則世人無一不可辟者，故絶人逃世以爲潔，而自謂其能避世。」耰，覆種也。胡氏曰：「孟子曰『播種而耰之』，既播布所種，乃耰以覆之。」亦不告以津處。

子路行以告，夫子憮然，曰：「鳥獸不可與同羣，吾非斯人之徒與而誰與？天下有道，丘不與易也。」憮，音武。與，如字。

憮然，猶悵然，惜其不喻己意也。言所當與同羣者，斯人而已，豈可絶人逃世以爲潔哉？天下若已平治，則我無用變易之，正爲天下無道，故欲以道易之耳。輔氏曰：

「天之生聖賢，欲其平治天下者，理之常也。其或雖生聖賢，而未欲平治天下者，理之變也。然既曰聖賢，則必以天地之常者爲心，而其所以平治天下之道又備盡於己，舉而措之，易亂爲治，易危爲安，固必有自然之應。而天果未欲平治天下也，則亦安於理而已矣。若天下既已平治，則亦何用聖人以易之哉？」○程子曰：「聖人不敢有忘天下之心，故其言如此也。」張子曰：「聖人之仁，不以無道必天下而棄之也。」愚謂：程子之言切，張子之言婉。

○子路從而後，遇丈人，以杖荷蓧。子路問曰：「子見夫子乎？」丈人曰：「四體不勤，五穀不分，孰爲夫子？」植其杖而芸。蓧，徒弔反。植，音值。

丈人，亦隱者。蓧，竹器。分，辨也。五穀不分，猶言不辨菽麥爾。責其不事農業，而從師遠遊也。植，立之也。芸，去草也。

子路拱而立。

知其隱者，敬之也。

止子路宿，殺雞爲黍而食之，見其二子焉。食，音嗣。見，賢遍反。

明日，子路行以告，子曰：「隱者也。」使子路反見之，至則行矣。

孔子使子路反見之，蓋欲告之以君臣之義。輔氏曰：「夫子所以使子路反見之，豈徒然哉？

必有以也。而丈人絶人逃世，藐然不復知有君臣之義，則夫子之欲告之，宜莫先於此也。觀子路所述，夫子之意則固可見矣。」而丈人意子路必將復來，故先去之以滅其跡，亦接輿之意也。

子路曰：「不仕無義。長幼之節，不可廢也；君臣之義，如之何其廢之？欲潔其身，而亂大倫。君子之仕也，行其義也。道之不行，已知之矣。」長，上聲。

子路述夫子之意如此。愚謂：子路所言，雖未可即以爲夫子之語，然使之反見，則必授以見之之意矣，故知其述夫子之意無疑也。蓋丈人之接子路甚倨，而子路益恭，丈人因見其二子焉，則於長幼之節，固知其不可廢矣，故因其所明以曉之。輔氏曰：「丈人之接子路雖倨，而子路益恭，此固子路學力之所致。丈人因見其二子，蓋因子路之敬長有以感發其心，而知長幼之節不可廢耳。夫長幼之節、君臣之義，皆天敘之典，人之所不能無也。丈人知長幼之節不可廢，而不知君臣之義不可廢，是其心必有所蔽，故一得一失，或明或暗，而不自知其然也。聖人於此，因其所明而曉之。」倫，序也。人之大倫有五：父子有親，君臣有義，夫婦有別，長幼有序，朋友有信是也。仕所以行君臣之義，故雖知道之不行而不可廢。然謂之義，則事之可否、身之去就亦自有不可苟者，是以雖不潔身以亂倫，亦非忘義以

徇祿也。或問：「知道之不行矣，而徒仕，可乎？」曰：「仕所以行義也，義則有可不可矣，義合而從，則道固不患於不行，不合而去，則道雖不行，而義亦未嘗廢也。是以君子雖知道之不行，而未嘗不仕，然亦未嘗懷私徇祿，而苟一時之安也。由此觀之，道義之未嘗相離也，亦可見矣。」○語録曰：「問：『仕所以行君臣之義，又云亦非忘義徇祿，此義字似有兩意。』曰：『只是一意。纔説義，便是總去就都説。道合則從，不合則去，即此是義，非但只説要出仕爲義。然合則從，不合則去，唯是出仕方見得。不仕無義，纔説不仕，便都無了這義。聖人憂世之心，固是急欲得君行道。到得靈公問陳，明日遂行；景公以季孟之閒待之，曰「吾老矣，不能用也」，孔子行；季桓子受女樂，孔子行。無一而非義。』」○又曰：「舊時人説此段，只説道合出仕纔仕，便是義。殊不知所謂仕，不是埋頭一向只要仕。如孟子説『所就三，所去三』，與『孔子有見行可之仕，有際可之仕，有公養之仕』，雖是未嘗不欲仕，亦未嘗不顧其義之如何。」○輔氏曰：「君臣之義雖本乎天，而具乎我者也；道雖存乎我，而其行止則繫乎天者也。具乎我者不可廢，而繫乎天者則非敢必也，故孔子雖卒老于行，而終不敢深藏固閉以自潔而廢君臣之義。然義之爲言，宜也，既曰義，則事便有可否，身便有去就，可則就之，否則去之，固有截然不可移易者。故聖人之法，君子之行，既不可以潔身而亂倫，如隱者之爲，亦不可以忘義而徇祿，如世俗之仕者也。」**福州有國初時寫本，「路」下有「反子」二字，以此爲子路反而夫子言之也，未知是否。○范氏曰：「隱者爲高，故往而不反；仕者爲通，故溺而不止。不與鳥獸同羣，則決性命**

之情以饕富貴。此二者皆惑也，是以依乎中庸者爲難。惟聖人不廢君臣之義，而必以其正，所以或出或處而終不離於道也。」輔氏曰：「范氏言隱與仕者之弊，詳且盡矣。與鳥獸同羣，隱者之弊也。決性命之情以饕富貴，此語出莊子，謂決絶其在我性命之情而不顧，而唯在外之富貴是貪，是欲者也。世之人苟不知學，則不陷乎此，必溺乎彼，夫然後知依乎中庸者爲難也。惟聖人之心渾是義理，故既不廢君臣之義，而必以其正，所以仕止久速，無可無不可，而終不離於中庸之道也。夫所謂依乎中庸之難者，蓋非義精仁熟，周旋中禮，而無一豪人欲之私者不能也。」

○逸民：伯夷、叔齊、虞仲、夷逸、朱張、柳下惠、少連。少，去聲，下同。逸，遺逸。民者，無位之稱。虞仲，即仲雍，與大伯同竄荆蠻者。夷逸、朱張，不見經傳。少連，東夷人。

子曰：「不降其志，不辱其身，伯夷、叔齊與。」與，平聲。謂柳下惠、少連，「降志辱身矣，言中倫，行中慮，其斯而已矣」。中，去聲，下同。柳下惠，事見上。倫，義理之次第也。慮，思慮也。中慮，言有意義合人心。輔氏曰：「慮對倫而言，倫是義理之次第，則慮亦人之正思慮也。言中倫，謂所言有得乎義理之次第。行中慮，謂所行犂然有當於人心也，即義理所在也。所謂有意義合人之心者，其味深矣，人心乃

人之公心也，諸説多以爲中我之思慮者，誤矣。」少連事不可考。然記稱其「善居喪，三日不怠，三月不解，朞悲哀，三年憂」，則行之中慮，亦可見矣。

謂虞仲、夷逸，「隱居放言，身中清，廢中權」。

仲雍居吴，斷髮文身，裸以爲飾。隱居獨善，合乎道之清；放言自廢，合乎道之權。輔氏曰：「遁處勾吴以獨善其身，此所以合乎道之清，清即伯夷之清也。放言以自示其不可用，此所以合乎道之權。放言事雖無所考，然觀其斷髮文身之爲，則放言自廢，固宜有之矣。」

「我則異於是，無可無不可。」

孟子曰：「孔子可以仕則仕，可以止則止，可以久則久，可以速則速。」所謂無可無不可也。輔氏曰：「孟子只言無不可而已，不言無可也，然反而觀之，則爲無可矣。知可仕而仕，則是無不可也；不可仕而不仕，則是無可也。要之，七人者皆是有可有不可之人，故其制行各異。孔子則無可無不可，唯其時與義而已。」○謝氏曰：「七人隱遯不汙則同，其立心造行則異。伯夷、叔齊，天子不得臣，諸侯不得友，蓋已遯世離羣矣，下聖人一等，此其最高與。柳下惠、少連，雖降志而不枉己，雖辱身而不求合，其心有不屑也，故言能中倫，行能中慮。虞仲、夷逸，隱居放言，則言不合先王之法者多矣，然清而不汙也，權而適宜也，與方外之士害義傷教而亂大倫者殊科。是以均謂之逸民。」輔氏曰：

「遯世、離羣，皆乾卦文言之辭。然遯世無悶，固聖人事，至於離羣二字，則似乎未善，今并言之者，但取二字以足遯世爲句耳，不取其義也。伯夷惟於清之一德極於聖耳，他固有未盡也，故曰下聖人一等。然視數子之性行，則固爲高矣。隱居雖非君子庸行，然身中乎清而不汙，然不汙而已，去伯夷之清則有逕庭矣。故言雖不合先王之法，然自廢則中乎權而得宜，權而得宜，則權不失正也。方外之士，蓋指接輿、沮、溺、丈人之徒。然此兩言實出莊子，所謂遊方之外不可拘於禮法也，故其弊必至於害君臣之義，傷先王之教，而賊亂人之大倫也。」尹氏曰：「七人各守其一節，孔子則無可無不可，此所以常適其可，而異於逸民之徒也。」揚雄曰：「觀乎聖人則見賢人，是以孟子語夷、惠，亦必以孔子斷之。」

○大師摯適齊，大，音泰。

大師，魯樂官之長。摯，其名也。

亞飯干適楚，三飯繚適蔡，四飯缺適秦，飯，扶晚反。繚，音了。

亞飯以下，以樂侑食之官。或問：「何以知爲侑食之官也？」曰：「白虎通曰：『王者平旦食，晝食，晡食，莫食，凡四飯。諸侯三飯。大夫再飯。』故魯之樂官自亞飯以下，蓋三飯也。」干、繚、缺，皆名也。

鼓方叔入於河，

鼓，擊鼓者。方叔，名。河，河內。

播鼗武入於漢，鼗，徒刀反。

播，摇也。鼗，小鼓，兩旁有耳，持其柄而摇之，則旁耳還自擊。武，名也。漢，漢中。

少師陽、擊磬襄入於海。少，去聲。

少師，樂官之佐。陽、襄，二人名。襄，即孔子所從學琴者。海，海島也。○此記賢人之隱遁以附前章，輔氏曰：「自大師而下，皆傷時之衰，禮樂僭妄，去而辟亂者，故以記逸民之後。」然未必夫子之言也。輔氏曰：「以章首皆無『子曰』二字，故知之。」末章放此。張子曰：「周衰樂廢，夫子自衛反魯，一嘗治之，其後伶人賤工識樂之正。及魯益衰，三桓僭妄，自大師以下，皆知散之四方，逾河蹈海以去亂。聖人俄頃之助，功化如此。如有用我，期月而可，豈虛語哉？」輔氏曰：「張子以爲記者及此，必有所謂，故推言如此。」

○周公謂魯公曰：「君子不施其親，不使大臣怨乎不以，故舊無大故則不棄也，無求備於一人。」

施，陸氏本作弛，詩紙反。福本同。或問「施之爲弛」。曰：「陸氏釋文云爾，而吳氏考開元五經文字，亦作弛，是唐本初未嘗誤也。然孔說已訓爲易，則漢本已作施，而讀如衛綰傳之『施易』者耳。此不可曉，然作弛者於義爲得。」○魯公，周公子伯禽也。弛，遺棄也。以，用也。大臣非其人則去之，在其位則不可不用。大故，謂惡逆。李氏曰：「四者皆君子之事，忠厚之至也。」輔氏曰：「四者皆君國子民之事。」○胡氏曰：「不弛其親，親親也。不使大臣怨不以，任賢也。故舊無大故不棄，敬故也。無求備於一人，用才也。親親而不遺，任賢而不貳，敬故而不忘，用才而不苛，皆忠厚之意。」○胡氏曰：「此伯禽受封之國，周公訓戒之辭，魯人傳誦，久而不忘也。其或夫子嘗與門弟子言之歟？」

周有八士：伯達、伯适、仲突、仲忽、叔夜、叔夏、季隨、季騧。騧，烏瓜反。

或曰成王時人，或曰宣王時人，蓋一母四乳而生八子也，輔氏曰：「謂母孕乳而二人也。古者以伯仲叔季爲長少之次，如仲孫、叔孫之類。今重複命名，故意其四乳也。」然不可考矣。○張子曰：「記善人之多也。」○愚按：此篇孔子於三仁、逸民、師摯、八士，既皆稱贊而品列之；於接輿、沮、溺、丈人，又每有惓惓接引之意，皆衰世之志也，其所感者深矣。在陳之嘆，蓋亦如此。三仁則無間然矣，其餘數君子者，亦皆一世之高士。若使得聞聖人之道，以裁其所過而勉其所不及，則其所立豈止於此而已哉？黄氏曰：「接

輿、沮、溺、丈人，此四子者，若律以聖人之中道，則誠不爲無病。然味其言，觀其容止，以想見其爲人，其清風高節，猶使人起敬起慕，恨不得識其面而端拜之。彼於聖人猶有所不滿於心如此，則其視世之貪利慕禄而不知止者真不啻若犬彘，求欲爲之奴隸而不可得也，是亦豈非當世之賢而特立者歟？惟夫子然後可以議其不合於聖人之道，未至於夫子者皆未可以妄議也。貪利慕禄之徒，求以自便其私，亦借四子而詆之，欲以見其不可以不仕，多見其不知量也。」

論語卷第九

論語卷第十

朱子集註　後學趙順孫纂疏

子張第十九

此篇皆記弟子之言，而子夏爲多，子貢次之。蓋孔門自顏子以下，穎悟莫若子貢；自曾子以下，篤實無若子夏。故特記之詳焉。輔氏曰：「詳考論語所載，二子之言行可見。然穎悟篤實皆以資質言也，子貢穎悟之質固次於顏子，子夏篤實之質固次於曾子矣，而顏、曾之學力又有非二子之所能及者。蓋顏子之穎悟，知之固徹，而行之又至；曾子之篤實，行之固至，而知之又徹。至於子貢之行，子夏之知，則皆未能有以充之而極其至也。」○胡氏曰：「以顏子之明睿，則穎悟不足言；以曾子之純誠，則篤實不足言，故但以稱子貢、子夏也。」凡二十五章。

子張曰：「士見危致命，見得思義，祭思敬，喪思哀，其可已矣。」

致命，謂委致其命，猶言授命也。語録曰：「致命，猶送這命與他，不復爲我之有。論語中

致命字，都是委致之致，見危授命，皆是此意。授亦致字之意，言將這命授與之也。」○真氏曰：「義、敬、哀皆言思，而致命獨不言思者，蓋死生之際，惟義是徇，有不待思而決也。」**四者立身之大節，一有不至，則餘無足觀，故言士能如此，則庶乎其可矣。**或問「其可已矣」與首篇「可也」之説。曰：「可則同，然曰『可也』，則其語抑；曰『其可已矣』，則其語揚。」○黄氏曰：「四者立身之大節。危，人所畏也；得，人所欲也；祭與喪，人所忽也，於此而各盡其道焉，是人之所難能者而獨能之也。其可已矣，若曰大節既得，爲人之道可以無憾矣。此與子夏『竭力致身，必謂之學』之意同。夫大節固所當盡，然斷之以『其可已矣』，則似失之快，而不類乎聖人之言也。集註以爲『庶乎其可』，則固惡其言之太快，然或問之意則又與集註不同，讀者兩存之可也。」

○**子張曰：「執德不弘，信道不篤，焉能爲有？焉能爲亡？」**焉，於虔反。亡，讀作無，下同。

有所得而守之太狹，則德孤；輔氏曰：「有所得，謂德也。守，謂執也。太狹，謂不弘也。德孤，蓋用坤卦文言之辭，言不能兼有衆德而孑然固守一節者也。弘以量言，然量有氣量，有德量，此蓋兼氣與德而言者也。德，得諸己，而居之不弘，則輕喜易足，有一善則自以爲天下莫己若矣。」**有所聞而信之不篤，則道廢。**輔氏曰：「有聞，謂道也。篤，謂專而厚也。道廢，則

猶言終亦必亡而已矣也。道有所聞，而信之不篤，則亦或作或輟，鋭始怠終，終亦必亡而已矣。」焉能爲有亡，猶言不足爲輕重。語録曰：「有此人，亦不當得是有；無此人，亦不當得是無，言皆不足爲輕重。」

○子夏之門人問交於子張。子張曰：「子夏云何？」對曰：「子夏曰：『可者與之，其不可者拒之。』」子張曰：「異乎吾所聞。君子尊賢而容衆，嘉善而矜不能。我之大賢與，於人何所不容？我之不賢與，人將拒我，如之何其拒人也？」賢與之與，平聲。

子夏之言迫狹。輔氏曰：「『可者與之』之言美矣，若曰『不可者拒之』，則傷亟過中而害義理之正矣。迫則不寬，狹則不廣。」子張譏之是也，但其所言亦有過高之病。黄氏曰：「以能容人爲高，故有不拒人之言，則其於善惡必有所不察。」蓋大賢雖無所不容，然大故亦所當絶；不賢固不可以拒人，然損友亦所當遠。學者不可不察。輔氏曰：「必如是，然後得義之中，無掠虚務高之意，而有切於學者爲己之實。」

○子夏曰：「雖小道，必有可觀者焉，致遠恐泥，是以君子不爲也。」泥，去聲。

小道，如農圃醫卜之屬。或問「小道爲農圃之屬」。曰：「小者對大之名。正心脩身以治人，道之大者也；專一家之業以治於人，道之小者也。然是皆用於世而不可無者，其始固皆聖人之作，而各有一物之理焉，是以必有可觀也。然能於此者，或不能於彼，而皆不可以達於君子之大道。」○黄氏曰：「聖人之道，自脩身而齊家、治國、平天下，與夫參天地、贊化育，無適而不通也。農圃醫卜之屬，施之目前，淺近不爲無益，然求其聖人之道無所不通，則不可也。許行欲以並耕而治天下，此孟子所以譏其相率而爲僞也。或曰安知所謂小道者不指楊墨佛老之類而言耶？曰小道者，合聖人之道而小者也；異端者，違聖人之道而異者也。小者猶可以施之近，異者則不可以頃刻而施也。楊墨老佛之無父無君，又何待致遠而後不通哉？所謂正牆面而立，跬步而不可行者也。」**泥，不通也。**○楊氏曰：「**百家衆技，猶耳目鼻口，皆有所明而不能相通，非無可觀也，致遠則泥矣，故君子不爲也。**」

○子夏曰：「**日知其所亡，月無忘其所能，可謂好學也已矣。**」亡，讀作無。好，去聲。

亡，無也。謂己之所未有。○尹氏曰：「**好學者日新而不失。**」黄氏曰：「求之敏則能日新，守之篤則能不失，進學之道無以復加於此矣。」

○子夏曰：「**博學而篤志，切問而近思，仁在其中矣。**」

四者皆學問思辨之事耳，未及乎力行而爲仁也。然從事於此，則心不外馳，而所存自熟，故曰仁在其中矣。語録曰：「此四者只是爲學功夫，未是爲仁。必如夫子所以語顔、冉者，乃正言爲仁耳。然人能『博學而篤志，切問而近思』，則心不放逸，天理可存，故曰『仁在其中』。」○黄氏曰：「集註初本謂『心不外馳而事皆有益』，後乃以『所存自熟』易之。蓋初本以博篤切近爲心不外馳，學志問思爲事皆有益，其後易之者，則專主於心之所存而言也。若以學志問思有益於事而爲言，乃是有所求而自得之，不可以爲求此而得彼也。以此見集註愈改而愈精也。或曰何以言四者之專主於心之所存而言？曰人惟無所用其心，則其心放逸而不收。學之博，則此心常有所繫著而不放逸矣。人惟所志苟簡而不堅也，則其心泛濫而不一。志之篤，則此心常有定向而不泛濫矣。問不切、思不近，則其所用心皆在吾身之外矣。切問而近思，則皆求其在己者而無復外馳之患矣。人能盡此四者，則雖學問思辨之事，而自有以得夫操存涵養之效，所以謂仁在其中矣。」○胡氏曰：「力行固所以爲仁，然學問思辨皆所以求爲仁之方。心存乎學問思辨，則雖未見於行，而已不外馳矣。心不外馳，則所存自熟，是乃力行之本，故曰仁在其中也。」○永嘉陳氏曰：「博而能篤，切而又近，如此學問儘鞭辟向裏，心不外馳，故言仁在其中。蓋心存則仁便存。指存心便喚做仁，固不可；但離了心，外更何處求仁？」○**程子曰：「博學而篤志，切問而近思，何以言仁在其中矣？學者要思得之，了此，便是徹上徹下之道。」**語録曰：「於是

四者中見得箇仁底道理，便是徹上徹下之道。」〇又曰：「徹上徹下，是這箇道理深説淺説都如此。」〇永嘉陳氏曰：「徹上徹下，謂下學中天理便在此，無兩箇塗轍。」又曰：「學不博則不能守約，志不篤則不能力行，切問近思在己者，則仁在其中矣。」輔氏曰：「必先盡乎博，然後有以得其約而守之，不然則寡聞謏見，將何以識其約哉？必先立其志，則自然住不得。須著去力行，不然則若有若亡，何能見於行哉？不惟如此，又見四者之中已具力行之意，若能切問近思在己者，則仁固在其中矣。所謂切與近，只是在己之事耳。」又曰：「近思者以類而推。」語録曰：「此語道得好。不要跳越望遠，亦不是縱横陡頓，只是就這裏近傍那曉得處挨將去。如這一件事理會得透了，便又因這件事推去做那一件事，知得亦是恁地。如親親，便推類去仁民，仁民是親親之類。仁民，便推類去愛物，愛物是仁民之類。如刑于寡妻，便推類去至于兄弟；至于兄弟，便推類去御于家邦。如脩身，便推去齊家；齊家，便推去治國。須是一步了，又一步。如升階，升第一級了，便因第一級進到第二級，又因第二級進到第三級。只管恁地挨將去，只管見易，不見其難，前面遠處只管近。若第一級便要跳到第三級，舉步闊了便費力，只管見難，只管見遠。」〇又曰：「今人不曾以類而推，蓋謂不曾先理會得一件，却又理會一件。若理會得一件，逐件推將去，相次亦不難。須是劈初頭要理會，直理會得分曉透徹。且如煮物事，合下便用慢火養，却煮得頑了，越不能得軟。政如義理，只理會得二三分，便道只恁地得了，却不知前面撞頭搕腦。人心裏若是思索得到時，遇事自不難，須是將心來一如鏖戰一番，見了行陳，便自然向前

得去，如何不教心經履這辛苦？經一番，便自知得許多道路，方能透徹。」蘇氏曰：「博學而志不篤，則大而無成；泛問遠思，則勞而無功。」

○子夏曰：「百工居肆以成其事，君子學以致其道。」

肆，謂官府造作之處。致，極也。文集曰：「致者，極其所至也。」工不居肆，則遷於異物而業不精；君子不學，則奪於外誘而志不篤。黄氏曰：「居肆之與學，二事若不相類，然以下文『成其事』『致其道』，以致訓極，則成猶極也，極猶成也。事之與道欲至於成，非用力之專，不可也。居肆如務學，則心不外用，而其業日廣，此事與道之所以成也。不然，則皆將半塗而廢矣。」尹氏曰：「學所以致其道也。百工居肆，必務成其事；君子之於學，可不知所務哉？」愚按：二説相須，其義始備。語録曰：「百工居肆，方能做得事成，不居肆則做事不成。君子學便可以致其道，不學則不能致其道。然而居肆亦有不能成其事，如閑坐打閧過日底。學亦有不能致其道，如學小道，與夫中道而廢之類。故後説云：『居肆必須務成其事，學必須務致其道。』是皆各説得一邊，故必二説相須而義始備也。」○輔氏曰：「由朱子之説，則見君子之欲致道，不可不由於學。由尹氏之説，則見君子之學，必當務致乎道。夫欲致道而不由學，則心志爲外物所遷誘而不能專一，固不足以致其道；然學而不足以致道，則其所學者又不過口耳之習耳。欲致其道則必由學，既曰爲學則必務致道，然後爲君子之事也。」○胡氏曰：「前説則重在

居肆與爲學，後説則重在成事與致道。一主於用功，一主於立志。然後知所以用功而志不立，不可也；知所以立志而功不精，亦不可也。故二説相須而備，非如他章存兩説之比也。」

○子夏曰：「小人之過也必文。」文，去聲。

文，飾之也。小人憚於改過，而不憚於自欺，故必文以重其過。黄氏曰：「不能謹身而至於有過者，過也；不能改悔而文以爲欺，又過也，故曰重其過。」○胡氏曰：「憚於改過而不憚於自欺者，以改悔爲難，而自昧其本然之善心，反不以爲難。重其過者，始焉不能審思而遂與理悖，過矣；而又飾之以爲欺，是再過也。」

○子夏曰：「君子有三變。望之儼然，即之也温，聽其言也厲。」

儼然者，貌之莊。温者，色之和。厲者，辭之確。黄氏曰：「儼者，手恭而足重。温者，心平而氣和。厲者，義精而辭確。」○程子曰：「他人儼然則不温，温則不厲，惟孔子全之。」謝氏曰：「此非有意於變，蓋並行而不相悖也，如良玉温潤而栗然。」輔氏曰：「謝氏發明得變字分曉，所以足程子之説。蓋他人所以儼然而不温，温則不厲者，皆有意爲之。蓋道並行而不相悖也，如良玉温潤而栗，此喻甚切。」

○子夏曰：「君子信而後勞其民，未信則以爲厲己也；信而後諫，未信則以爲謗己也。」

信，謂誠意惻怛而人信之也。輔氏曰：「信，謂上下交孚。己雖有信，而人或未之信，猶未可謂之信也。」**厲，猶病也。事上使下，皆必誠意交孚，而後可以有爲。**輔氏曰：「若上下未交孚，則君之勞民，所以安其生也，而反以爲厲己也；臣之諫君，所以成其德也，而反以爲謗己也。如湯武之使民，則可謂信而後勞之矣；如伊傅之告君，則可謂信而後諫之矣。」

○子夏曰：「大德不踰閑，小德出入可也。」

大德、小德，猶言大節、小節。胡氏曰：「書以細行對大德而言，細行即小德之類，故云猶大節小節，蓋以其所關有小大也。父子、君臣、夫婦、長幼、朋友之倫，大德之所在也；一動一靜，一語一默，與凡應對進退之文，小德之所在也。」**閑，闌也，所以止物之出入。言人能先立乎其大者，則小節雖或未盡合理，亦無害也。○吳氏曰：「此章之言不能無弊，學者詳之。」**語録曰：「大節既定，小節有差[二]，亦所不免。然吳氏謂此章不能無弊，學者正不可以自恕。一以小差爲無害，則於大節必將有枉尋而直尺者矣。」○黄氏曰：「子夏此語信有病矣。然大德小德皆不踰閑者，上也；大德盡善而小德未純者，猶其次也；若夫拘拘於小廉曲謹，而臨大節則顛倒錯亂者，無可觀也矣。子夏之言，豈有激而云乎？此又學者之不可不察。」○輔氏曰：「道

[二] 有，原脱，據通志堂經解本補。

理無空闕處，亦無間斷時。無小大精粗，一有空闕間斷，便是這裏欠少了，更無填補處。是以君子之學，戰戰兢兢，無時無處不然，直至死而已，豈有大小久近之間邪？子夏篤實次於曾子，而有小節出入可也之論，則是未免有自恕之意，此所以不及曾子歟。」○胡氏曰：「觀人之道，取大端而略小失，猶可也，若立心自處，但曰謹其大者而小節不致意焉，則併其大者失之矣。」

○子游曰：「子夏之門人小子，當洒埽、應對、進退則可矣，抑末也。本之則無，如之何？」洒，色賣反。埽，素報反。

子游譏子夏弟子，於威儀容節之間則可矣，然此小學之末耳。推其本，如大學正心誠意之事則無有。

子夏聞之，曰：「噫！言游過矣。君子之道，孰先傳焉？孰後倦焉？譬諸草木，區以別矣。君子之道，焉可誣也？有始有卒者，其惟聖人乎！」別，彼列反。焉，於虔反。

倦，如誨人不倦之倦。區，猶類也。言君子之道，非以其末爲先而傳之，非以其本爲後而倦教。但學者所至自有淺深，如草木之有大小，其類固有別矣。若不量其淺深，不問其生熟，而槩以高且遠者彊而語之，則是誣之而已。君子之道，豈可如此？輔氏曰：「窮理之至，知言之極，則學者所得之淺深，不啻白黑之易見，故如草木之有大有

小，其類各不同，而無不昭然在吾之目中，然後循其次第等級而教之。若夫先傳後倦，則君子無是心也，但時其可而已。至於言之未知，知之未至，不察學者淺深生熟之異，而一槩以子游之所謂本者彊而聒之，則學者漫而聽之，實不知其味，勉而行之，終不得其方，則是誣之而已。君子教人之道，豈有誣之之理？」若夫始終本末一以貫之，則惟聖人爲然，語録曰：「問：『聖人事是甚麽樣子？』曰：『如云下學而上達，當其下學，便上達天理是也。』」豈可責之門人小子乎？○程子曰：「君子教人有序，先傳以小者近者，而後教以大者遠者。非先傳以近小，而後不教以遠大也。」或問：「既以爲理無大小，而又以爲教人有序，何也？」曰：「無大小者，理也；有序者，事也。正以理無大小而無不在，是以教人者不可以不由其序而有所遺也。蓋由其序，則事之本末鉅細無不各得其理，而理之無大小者莫不隨其所在而無所遺。不由其序，而舍近求遠，處下窺高，則不惟其所妄意者不可得，而理之全體固已虧於切近細微之中矣。此所以理無大小，而教人者尤欲必由其序也。子游之説蓋失於此。故不知理之無大小，則以洒掃應對爲末而無本；不知教人之有序，故於門人小子而欲直教之精義入神之事，以盡夫形而上者之全體也。」○語録曰：「此章將謂無本末、無小大。後來忽然思得，乃知却是有本末小大。然若不得程子説得『君子教人有序』四五句，也無緣看得出。聖人有始有卒者，不是自始做到終，乃是合下便始終皆備。洒掃應對，精義入神，便都在這裏了。若學者便須從始做去方得，聖人則不待如此做

也。」○又曰：「理無大小，無乎不在，本末精粗皆要從頭做去，不可揀擇，此所謂教人有序也。非是謂洒掃應對便是精義入神，更不用做其他事也。」○陳氏曰：「須是先從事其小者近者，而後從事其遠者大者，是謂循序漸進，由末以達本，工夫不偏靠在一邊。」**又曰：「洒掃應對便是形而上者，理無大小故也，故君子只在謹獨。」**或問：「洒掃應對便是形而上者。」曰：「洒掃應對，所以習夫形而下之事也。精義入神，所以究夫形而上之理也。此其事之大小固不同矣，然以理言，則未嘗有大小之閒，而無不在也。程子之言，意蓋如此。但方舉洒掃應對之一端，未及乎精義入神之云者，而通以理無大小結之，故其詞若有所不足，而意亦難明耳。徐繹其緒，而以是説通之，則其詞備而意可得矣。抑程子之意，正謂理無大小，故君子之學不可不由其序，以盡夫小者近者，而後可以進夫遠者大者耳，故曰其要只在謹獨，此甚言小之不可忽也。而説者反以爲理無大小，故學者即是小者而可以并舉其大，則失之遠矣。其曰『便是』云者，亦曰『不離乎是』耳，非即以此爲形而上者也。」○文集曰：「洒掃應對是事，所以洒掃應對是理。事即理，理即事，道散在萬事，那箇不是？若事上有豪髮蹉過，則理上便有閒斷欠闕，故君子直是不放過，只在謹獨。但不知無事時當如何耳？謹獨須貫動静、做功夫始得。」○語録曰：「事有小大，理却無小大。合當理會處，便用與他理會，故君子只在謹獨。不問大事小事、精粗巨細，盡用理會，不可説箇是粗底事不理會，只理會那精底。既是合當做底事，便用做去。又不可説洒掃應對便是精義入神。洒掃應對只是粗底，精義入神自是精底，然道理却一般，須是從粗底小底理會起，方漸而至

於精者大者。或曰洒掃應對非道之全體，只是道中之一節。曰合起來便是道之全體，非大底是全體，小底不全體也。」○問：「此只是獨處少有不謹，則形而上下便相間斷否？」曰：「亦是。蓋不能謹獨，只管理會大處，小小底事便照管不到。理無小大，大處小處都是理。小處不到，理便不周匝。」○黄氏曰：「以易考之，其曰形而上者，蓋對形而下者而言。形非有象之可見，特因下文形而下者而爲文，言器乃形而下，而道則形而上也。形而上，謂超乎事物之表，專指夫事物之理而言也。洒掃應對，事物至粗，然其所以然者，便是至精之理。其曰理無大小者，非以洒掃應對爲小，形而上者爲大也，蓋不但至大之事方有形而上之理，雖至小之事亦有之矣，故曰理無大小也。」**又曰：「聖人之道，更無精粗。從洒掃應對，與精義入神，貫通只一理。雖洒掃應對，只看所以然如何。」**語録曰：「此言洒掃應對與精義入神是一樣道理。洒掃應對必有所以然，精義入神亦有所以然。其曰『貫通只一理』，言二者之理只一般，非謂洒掃應對便是精義入神。固是精義入神有形而上之理，即洒掃亦有形而上之理。」○黄氏曰：「其曰精義入神者，蓋言精究義理，極其微妙，以至入神。神者，理之妙而不可測者。今其所精之義至於入神，則義之至精者也，如夫子之言性與天道之類是也。程子引此，以與洒掃應對對言，蓋以至粗之事對至精之義也。至粗之事與至精之義固不同，然至粗之事其所以然者，即至精之義也。」**又曰：「凡物有本末，不可分本末爲兩段事。洒掃應對是其然，必有所以然。」**或問「其然、所以然之説」。

曰：「洒掃應對之事，其然也，形而下者也；洒掃應對之理，所以然也，形而上者也。自形而下者而言，則洒掃應對之與精義入神，本末精粗，不可同日而語矣；自夫形而上者言之，則未嘗以其事之不同，而有餘於此不足於彼也。」曰：「其曰物有本末，而本末不可分者，何也？」曰：「有本末者，其然之事也；不可分者，以其所以然之理也。」○語録曰：「治心脩身是本，洒掃應對是末，皆其然之事也，至於所以然則理也。理無精粗，本末皆是一貫。」○又曰：「須是就事上理會道理，非事何以識理？洒掃應對，末也；精義入神，本也。不可説這箇是末，不足理會，只理會那本，這便不得。又不可説這末便是本。但學其末，則本便在此也。」○黄氏曰：「然之爲言，猶曰如此也。其如此者，謂洒掃應對之節文也。所以如此者，謂有此理而後其節文之著見者如此也。」又曰：「自洒掃應對上，便可到聖人事。」黄氏曰：「洒掃應對雖至小，亦不過由天理之全體而著見於事物之節文。聖人之所以爲聖人者，初不外乎此理，特其事事物物皆由此理，而不勉不思，從容自中耳。」愚按：程子第一條，説此章文意最爲詳盡。其後四條，皆以明精粗本末，其分雖殊，而理則一。學者當循序而漸進，不可厭末而求本。蓋與第一條之意實相表裏，非謂末即是本，但學其末而本便在此也。黄氏曰：「以集註所引程子四段細推之，則首言理無大小，以見事有大小而理則一也。次言道無精粗，以見學有精粗而道則一也。又次言是其然必有所以然，所以發明上二段所以無大小無精粗之意。又次言便可至聖人事，

則亦以其所以然而無小大精粗者爲之也。亦足以見編次之意，至精而不苟矣。或曰集註又以程子第一條，説本章文意最爲詳盡者，然乎？曰此亦取其所釋傳與倦之義爲詳盡耳。然以先後二字考之，則程子先後以教者所施之次第而言，集註先後以義理之精粗而言，則程子之説又不若集註之説爲當也。」〇愚謂：學其末而本便在此者，理貫於萬事，不以事之近小而理有不該也。

〇子夏曰：「仕而優則學，學而優則仕。」

優，有餘力也。仕與學理同而事異，故當其事者，必先有以盡其事，而後可及其餘。

輔氏曰：「仕所以行其學，而學所以基其仕，故曰理同。然仕則以陳力就列、致君澤民爲事，學則以誦詩讀書、格物致知爲事，故曰事異。」〇胡氏曰：「仕與學理同者，皆所當然也；事異者，有治己治人之别也。學以爲仕之本，仕以見學之用，特治己治人之異耳。以理言，則學其本也。以事言，則當其事者，隨所主而爲之緩急，必先盡心於所主之事，有暇日則及其餘，非有所輕重於其閒也。」

然仕而學，則所以資其仕者益深；學而仕，則所以驗其學者益廣。

輔氏曰：「此又推極此章之義而言之也。仕而優則學，爲已仕者言也，謂仕有餘，則不可以不學，不學則無新之益，以資其仕。學而優則仕，爲未仕者言也，謂學有餘力，則不可以不仕，不仕則無行道之功，以驗其學。要之，學是終始事。」

〇子游曰：「喪致乎哀而止。」

致極其哀，不尚文飾也。楊氏曰：「『喪，與其易，寧戚』『不若禮不足而哀有餘』之意。」愚按：而止二字，亦微有過於高遠而簡略細微之弊，學者詳之。輔氏曰：「『喪，與其易也，寧戚。』『喪，與其哀不足而禮有餘，不若禮不足而哀有餘。』皆假設得失兩端而言之，故不害。子游直以爲喪致乎哀而止，則其言便有倚於高遠而簡忽禮文之意。要之，喪固貴乎哀，然禮不可廢，故曰『直情而徑行，戎狄之道也』。君子造次、顛沛不違乎仁，豈以哀戚之故而遂廢乎禮哉？」

○子游曰：「吾友張也，爲難能也，然而未仁。」

子張行過高，而少誠實惻怛之意。愚謂：不誠實則無真切之意，不惻怛則無隱痛之情。子張務外好高，故於此四字皆有所不足。

○曾子曰：「堂堂乎張也，難與並爲仁矣。」

堂堂，容貌之盛。言其務外自高，不可輔而爲仁，亦不能有以輔人之仁也。輔氏曰：「難與並爲仁，實具此兩意。蓋務外好高，則於己無體認密察之功，既不可輔之爲仁；於人無切偲觀感之助，亦不能有以輔人之仁。」○范氏曰：「子張外有餘而內不足，故門人皆不與其爲仁。子曰：『剛毅木訥近仁。』寧外不足而內有餘，庶可以爲仁矣。」

○曾子曰：「吾聞諸夫子：『人未有自致者也，必也親喪乎！』」

致，盡其極也。蓋人之真情所不能自已者。胡氏曰：「上智之資於理所當然者，固不待勉强而皆極其至。中人以下則罕能之。惟父母之喪，哀痛慘怛，蓋其真情之不能自已者，聖人指以示人，使之自識其良心，非專爲喪禮發也。」○尹氏曰：「親喪固所自盡也，於此不用其誠，惡乎用其誠？」

○曾子曰：「吾聞諸夫子：『孟莊子之孝也，其他可能也；其不改父之臣與父之政，是難能也。』」

孟莊子，魯大夫，名速。其父獻子，名蔑。獻子有賢德，而莊子能用其臣，守其政。故其他孝行雖有可稱，而皆不若此事之爲難。文集曰：「獻子，賢大夫，其臣必賢，其政必善。莊子之賢不及其父，而能守之終身不改，故夫子以爲難。蓋善之也。」○語録曰：「人固有用父之臣者，然稍拂他私意，便自容不得。亦有行父之政者，於私欲稍有不便處，自行不得。古今似此者甚多。如唐太宗爲高宗擇許多人，如長孫無忌、褚遂良之徒，高宗因立武昭儀事，便不能用。又季文子相三君，無衣帛之妾，無食粟之馬，到季武子便不如此，便是不能行父之政。以此知孟莊子豈不爲難能。」

○孟氏使陽膚爲士師，問於曾子。曾子曰：「上失其道，民散久矣。如得其情，則哀矜而勿喜。」

陽膚，曾子弟子。民散，謂情義乖離，不相維繫。或問「民散之説」。曰：「生業不厚，教化不脩，内則無尊君親上之心，外則無仰事俯育之賴，是以恩疏義薄，不相維繫，而日有離散之心耳。」謝氏曰：「民之散也，以使之無道，教之無素。故其犯法也，非迫於不得已，則陷於不知也。故得其情，則哀矜而勿喜。」黄氏曰：「得情而喜，則太刻之意，或溢於法之外；得情而矜，則不忍之意，常行於法之中。仁人之言蓋如此。」○輔氏曰：「民之犯罪有二。迫於不得已，則使之無其道故也；陷於不自知，則教之無其素故也。後世治獄之官，每患不得其情，苟得其情，則喜矣，豈知哀矜而勿喜之味哉？且人喜則意逸，逸則心放，放則哀矜之意不萌，其於斷獄剖訟之際，必至於過中失入有不自知者。唯能反思夫民情之所以然，則哀矜之意生而喜心忘矣。詳味曾子之言，至誠惻怛而體恤周盡如此，嗚呼仁哉！」

○子貢曰：「紂之不善，不如是之甚也。是以君子惡居下流，天下之惡皆歸焉。」惡居之惡，去聲。

下流，地形卑下之處，衆流之所歸。喻人身有汙賤之實，亦惡名之所聚也。子貢言此，欲人常自警省，不可一置其身於不善之地，非謂紂本無罪而虚被惡名也。輔氏曰：「此章之意全在下兩句，而世儒乃以上兩句生説。曰子貢服行恕之一字，故能見得紂之不善本不如是之甚；而或者又從而推衍其説，以爲真得子貢之心者。故朱子於此既述其正意，而又明

言或者之説而斥以爲非也。」

〇子貢曰：「君子之過也，如日月之食焉。過也，人皆見之；更也，人皆仰之。」更，平聲。

〇衛公孫朝問於子貢曰：「仲尼焉學？」朝，音潮。焉，於虔反。

公孫朝，衛大夫。

子貢曰：「文武之道，未墜於地，在人。賢者識其大者，不賢者識其小者，莫不有文武之道焉。夫子焉不學？而亦何常師之有？」識，音志。下焉字，於虔反。

文武之道，謂文王、武王之謨訓功烈，與凡周之禮樂文章，皆是也。在人，言人有能記之者。識，記也。或問「文武之道爲周之禮樂」。曰：「此固好高者之所不樂聞，然其文意不過如此，以『未墜』『在人』之云者考之，則可見矣。若曰道無適而非，唯所取而得，則又何時而墜地，且何必賢者識其大，不賢者識其小，而後得師邪？此所謂人，正謂老聃、萇弘、郯子、師襄之儔耳。若『入太廟，每事問焉』，則廟之祝史亦其一師也。大率近世學者習於老佛之言，皆有厭薄事實、貪鶩高遠之意，故其説常如此，不可以不戒也。然彼所謂無適而非者，亦豈離於文章禮樂之閒哉？但子貢本意，則正指其事實而言，不如是之空虛恍惚而無所據也。」

〇叔孫武叔語大夫於朝曰：「子貢賢於仲尼。」語，去聲。朝，音潮。

武叔，魯大夫，名州仇。

子服景伯以告子貢。子貢曰：「譬之宮牆，賜之牆也及肩，窺見室家之好。

牆卑室淺。

夫子之牆數仞，不得其門而入，不見宗廟之美，百官之富。

七尺曰仞。不入其門，則不見其中之所有，言牆高而宮廣也。

得其門者或寡矣，夫子之云，不亦宜乎？」

此夫子，指武叔。

○叔孫武叔毀仲尼。子貢曰：「無以爲也，仲尼不可毀也。他人之賢者，丘陵也，猶可踰也；仲尼，日月也，無得而踰焉。人雖欲自絶，其何傷於日月乎？多見其不知量也。」量，去聲。

無以爲，猶言無用爲此。土高曰丘，大阜曰陵。日月，喻其至高。自絶，謂以謗毀自絶於孔子。胡氏曰：「聖人之心，如化工之生物，未嘗不欲物物而生之也。彼傾者覆之，物自傾而不得受化工之生也。聖人未嘗有絶人之心，彼謗毀者自絶於聖人耳。」多，與祗同，適也。不知量，謂不自知其分量。

○陳子禽謂子貢曰：「子爲恭也，仲尼豈賢於子乎？」爲恭，謂爲恭敬推遜其師也。

子貢曰：「君子一言以爲知，一言以爲不知，言不可不慎也。知，去聲。責子禽不謹言。

夫子之不可及也，猶天之不可階而升也。階，梯也。大可爲也，化不可爲也，故曰不可階而升。輔氏曰：「大，則思勉之所可及，力行之所可至，故曰可爲。若化，非思勉之所可及，力行之所可至，故曰不可爲。唯其非人力之可爲，故曰不可階而升。」

夫子之得邦家者，所謂立之斯立，道之斯行，綏之斯來，動之斯和。其生也榮，其死也哀，如之何其可及也。」道，去聲。立之，謂植其生也。語録曰：「問：『那處見得？』曰：『「五畝之宅，樹之以桑，百畝之田，勿奪其時」便是。』」○胡氏曰：「植其生者，制民之産，使足以仰事俯育之類。斯立，則民即得以遂其生矣。」道，引也，謂教之也。行，從也。黄氏曰：「行謂惟命之從。」綏，安也。來，歸附也。黄氏曰：「綏謂撫安之，來謂來歸己。」動，謂鼓舞之也。和，所謂於變時雍。語録

曰：「問：『那處見得鼓舞？』曰：『放勳曰「勞之來之，又從而振德之」，振德處便是鼓舞。使之歡喜踴躍，遷善改過而不自知，如書之「俾予從欲以治」「惟動丕應徯志」，皆是動之斯和意思。』」

言其感應之妙，神速如此。陳氏曰：「感乃上四者，應乃下四者。」榮，謂莫不尊親。哀，則如喪考妣。程子曰：「此聖人之神化，上下與天地同流者也。」愚謂：神化，謂所存者神，所過者化也。上下與天地同流，此則非人力之所能爲，而所謂不可階而升者也。○謝氏曰：「觀子貢稱聖人語，乃知晚年進德蓋極於高遠也。夫子之得邦家者，其鼓舞羣動，捷於桴鼓影響。人雖見其變化，而莫窺其所以變化也。蓋不離於聖，而有不可知者存焉，此殆難以思勉及也。」輔氏曰：「謝氏既足以發明子貢之所謂，而又有以深探夫聖人動化之妙，則其所見蓋已極於高遠矣。學者所宜熟玩而深思也。」

堯曰第二十

凡三章。

堯曰：「咨，爾舜！天之曆數在爾躬，允執其中。四海困窮，天禄永終。」

此堯命舜而禪以帝位之辭。咨，嗟嘆聲。曆數，帝王相繼之次第，猶歲時氣節之先

後也。或問：「曆數之説，若後世讖緯之學者，奈何？」曰：「帝王相承，其次第之數，若曆之歲月日時，亦有先後之序也。然聖人所以知其序之屬於此人，則亦以其人之德知之，非若讖緯之説，徒以其姓名見於圖籙而爲言也。」允，信也。語録曰：「是真箇執得。」中者，無過不及之名。或問「執中之爲無過不及」。曰：「聖賢所言中，有二義：大本云者，喜怒哀樂未發之時之理，其氣象如此也；中庸云者，理之在事而無過不及之地也。曰允執其中，蓋以其在事者而言。若天下之大本，則不可得而執矣。且聖人之道，時止時行，夫豈專以塊然不動者爲是而守之哉？」四海之人困窮，則君禄亦永絶矣，戒之也。輔氏曰：「天禄，謂天所賦予人君之崇高富貴也。如人臣然，有職則有禄。天生民而立之君，使司牧之，則君之職在是矣。儻四海之人有困窮，則是君失其職，則天禄固當永絶矣。」

舜亦以命禹。

舜後遜位於禹，亦以此辭命之。今見於虞書大禹謨，比此加詳。

曰：「予小子履，敢用玄牡，敢昭告于皇皇后帝：有罪不敢赦，帝臣不蔽，簡在帝心。朕躬有罪，無以萬方；萬方有罪，罪在朕躬。」

此引商書湯誥之辭，蓋湯既放桀而告諸侯也。與書文大同小異。「曰」上當有「湯」字。履，蓋湯名。用玄牡，夏尚黑，未變其禮也。簡，閱也。語録曰：「善與罪，天皆知之，

如天點檢數過相似。爾之有善也，在帝心；我之有惡也，在帝心。」言桀有罪，己不敢赦；而天下賢人，皆上帝之臣，己不敢蔽。簡在帝心，惟帝所命。此述其初請命而伐桀之詞也。輔氏曰：「『桀有罪，己不敢赦』者，爲天吏而行天討也。『天下賢人，皆上帝之臣，己不敢蔽。簡在帝心，惟帝所命』者，不敢有一豪利天下之心也。」又言君有罪，非民所致；民有罪，實君所爲，見其厚於責己薄於責人之意。此其告諸侯之辭也。輔氏曰：「所以見其厚於責己薄於責人之意者，蓋以其身教之。湯曰『萬方有罪，罪在朕躬』，武王曰『百姓有過，在予一人』，誠是不關他事，此蓋言其實理然耳。後世以己私窺聖人者，曰此聖人以道媚天下也。聖人寧有是心哉？侮聖人之言甚矣。」

周有大賚，善人是富。賚，來代反。

此以下述武王事。賚，予也。武王克商，大賚于四海。見周書武成篇。此言其所富者皆善人也。詩序云「賚所以錫予善人」，蓋本於此。

「雖有周親，不如仁人。百姓有過，在予一人。」

此周書泰誓之詞。孔氏曰：「周，至也。言紂至親雖多，不如周家之多仁人。」

謹權量，審法度，脩廢官，四方之政行焉。

權，稱錘也。量，斗斛也。法度，禮樂制度皆是也。

興滅國，繼絶世，舉逸民，天下之民歸心焉。興滅、繼絶，謂封黄帝、堯、舜、夏、商之後。舉逸民，謂釋箕子之囚，復商容之位。三者皆人心之所欲也。輔氏曰：「興滅、繼絶，所以順天命而不忘前聖之功。舉逸民，所以順天理而不廢天下之才。此民心所由歸也。」

所重：民、食、喪、祭。武成曰：「重民五教，惟食喪祭。」蔡氏曰：「五教，君臣、父子、夫婦、兄弟、長幼，五典之教也。食以養生，喪以送死，祭以追遠。五教三事，所以立人紀而厚風俗，聖人之所甚重焉者。」

寬則得衆，信則民任焉，敏則有功，公則説。説，音悦。

此於武王之事無所見，恐或汎言帝王之道也。○楊氏曰：「論語之書，皆聖人微言，而其徒傳守之以明斯道者也，故於終篇具載堯舜咨命之言，湯武誓師之意，與夫施諸政事者，以明聖學之所傳者一於是而已，所以著明二十篇之大旨也。孟子於終篇亦歷敘堯、舜、湯、文、孔子相承之次，皆此意也。」輔氏曰：「記者以是終篇，則其慮後世遠矣。聖人之學始於格物，而終於國治天下平。本末具舉，體用不遺，其爲之有序，其成之有驗，固非如異端邪説之坐談空妙，展轉相迷，自以爲窮神知化，而不足以開物成務者之爲也。」

○子張問於孔子曰：「何如斯可以從政矣？」子曰：「尊五美，屏四惡，斯

可以從政矣。」子張曰：「何謂五美？」子曰：「君子惠而不費，勞而不怨，欲而不貪，泰而不驕，威而不猛。」費，芳味反。子張曰：「何謂惠而不費？」子曰：「因民之所利而利之，斯不亦惠而不費乎？擇可勞而勞之，又誰怨？欲仁而得仁，又焉貪？君子無衆寡，無小大，無敢慢，斯不亦泰而不驕乎？君子正其衣冠，尊其瞻視，儼然人望而畏之，斯不亦威而不猛乎？」焉，於虔反。子張曰：「何謂四惡？」子曰：「不教而殺謂之虐；不戒視成謂之暴；慢令致期謂之賊；猶之與人也，出納之吝，謂之有司。」出，去聲。

虐，謂殘酷不仁。暴，謂卒遽無漸。致期，刻期也。賊者，切害之意。緩於前而急於後，以誤其民，而必刑之，是賊害之也。陳氏曰：「暴與賊意相似，何以分別？上句是工役等事，下句是約束、立限、輸納及禁止等事。」猶之，猶言均之也。語録曰：「言一等是如此，史家多有此般字。」均之以物與人，而於其出納之際，乃或吝而不果，則是有司之事，而非爲政之體。所與雖多，人亦不懷其惠矣。項羽使人，有功當封，刻印刓，忍弗能予，卒以取敗，亦其驗也。語録曰：「只是戒人遲疑不決底意思。若當賞便用賞，當做便用做。若遲疑怠忽之閒，澀縮靳惜，便誤事機。如李絳勸唐憲宗速賞魏博將士，曰：『若待其來

請而後賞之，則恩不歸上矣。』正是此意。若有司出納之閒吝惜而不敢自專，却是本職當然。人君爲政大體，則凡事皆不可如此，當爲處便果決爲之也。」○尹氏曰：「告問政者多矣，未有如此之備者也，故記之以繼帝王之治，則夫子之爲政可知也。」愚謂：孔子論爲政之方莫詳於此，故門人取以附前章之後。夫子之爲政，蓋與帝王若合符節也。

○子曰：「不知命，無以爲君子也。

程子曰：「知命者，知有命而信之也。人不知命，則見害必避，見利必趨，何以爲君子？」語録曰：「學者所以學爲君子，若不知命，則做君子不成。死生自有定命，若合死於水火，須在水火裏死；合死於刀兵，須在刀兵裏死，看如何逃不得。此説雖甚麤，然所謂知命者，不過如此。若這裏信不及，纔見利便趨，見害便避，如何成得君子也。」○又曰：「此是至粗底，此處人都信不及，便講學得待如何，亦没安頓處。今人開口，亦解説一飲一啄自有定分，及遇小小利害，便生趨避計較之心。古人刀鋸在前，鼎鑊在後，視之如無者，蓋緣只見得道理，都不見那刀鋸鼎鑊。」○輔氏曰：「程子知而信之説甚善，此政孟子所謂『知而弗去』者是也。若知而未信，則知猶未至也；知而信之，則如人之知東西南北，無一豪疑惑之心也。命固天之所賦予也，然有指理而言者，有指氣而言者。此所謂命，則指氣而言，謂貧富、貴賤、窮通、得喪，一定而不可易者也。學者必知此命而信之，始有箇地盤可以進修，見害亦不苟避，見利亦不苟就，故全得在我之

義理，然後可以爲君子也。不然，隕穫於貧賤，怵迫於利害，倀倀然無容足之地，其可以爲君子乎？」

不知禮，無以立也。

不知禮，則耳目無所加，手足無所措。輔氏曰：「禮，謂三千三百之禮文，是乃天理之節文[二]，人事之儀則也。苟不知之，則耳目真無所加，手足真無所措，一視一聽，手持足履，皆冥行妄作而已矣，將何所據而能立乎？」

不知言，無以知人也。」

言之得失，可以知人之邪正。輔氏曰：「言者，心之聲也，故因言之得失，則可以知其人之邪正。繫辭所謂『吉人之辭寡，躁人之辭多』，孟子所謂『詖淫邪遁』云者，皆是也。此其工夫密矣，固非臆度意料者之所爲，必先格物窮理然後能之。」○**尹氏曰：「知斯三者，則君子之事備矣。弟子記此以終篇，得無意乎？學者少而讀之，老而不知一言爲可用，不幾於侮聖言者乎？夫子之罪人也，可不念哉？」**黄氏曰：「知命，知其在天者。知禮，知其在己者。知言，知其在人者。知天，則利害不能動乎外，而後可以脩諸己。知己，則義理有以養乎

[二] 理，原作「禮」，據通志堂經解本改。

内，而後可以察諸人。知天而不能知己者，未必能安乎天。知己而不能知人者，未必能益乎己。三言之簡，而其意無窮，列之論語之末，其旨遠矣。」○輔氏曰：「知命，則在我者有定見。知禮，則在我者有定守。知言，則在人者無遁情。能是三者，則内足以成己之德，外足以盡人之情，故尹氏以爲君子之事備矣。」

論語卷第十

四書纂疏

㈠

〔宋〕趙順孫 撰
陳静 點校

福建人民出版社
海峽出版發行集團
THE STRAITS PUBLISHING & DISTRIBUTING GROUP

整理前言

四書纂疏二十六卷，南宋趙順孫撰。趙順孫（1215—1276），字和仲，號格庵，處州縉雲（今屬浙江麗水）人。少聰穎，八歲能誦説九經，真德秀見而奇之。嘉定十五年（1222）賜童子出身，淳祐十年（1250）賜進士出身，調太平州學教授。改臨安府學教授。召試，除秘書省正字兼景獻府教授，陞校書郎，添差通判婺州。咸淳改元（1265），爲秘書郎兼崇政殿説書，擢監察御史，進侍御史兼侍讀。後忤賈似道，出知平江府兼淮浙發運使。五年，復召，陞吏部尚書。八年，進同知樞密院事兼參知政事。景炎元年（1276）卒，壽六十有二。元黄溍格菴先生阡表稱，順孫「位二府，法宜有謚于太常，有傳于國史，而公之殁也，兩宫北上九浹旬矣」。順孫殁於宋元易代之季，宋史無傳，而見於宰輔表。明初鄭真滎陽外史集卷三七讀趙格菴墓表言及「臨川危公以失節稱之」，而阡表謂其「奉身而退，以全其歸」。據阡表，「所著惟四書纂疏行於世，近思録精義若干卷、孝宗繫年録若干卷、中興名臣言行録若干卷、文集若干卷，並藏於家」。後世所傳

者，四書纂疏外，尚有格庵奏稿。

趙順孫父趙雷，師事朱子門人滕璘，順孫得家學焉，終身用力於四書，溯求考亭之原委，爲朱子三傳。自謂：「朱子四書注釋，其意精密，其語簡嚴，渾然猶經也……因偏取朱子諸書及門人講解有可發明註意者，悉彙于下……閒亦以鄙見一二附焉，因名曰纂疏。」纂疏備引朱子之説以翼章句集注，所旁引者，惟黄榦、輔廣、陳淳、陳孔碩、蔡淵、蔡沈、葉味道、胡泳、陳埴、潘柄、黄士毅、真德秀、蔡模十三家，皆爲朱子學者，不旁涉也。洪天錫序：「格庵趙公復取文公口授及門人高弟、退而私淑與集註相發者，纂而疏之，間以所聞附於其後，使讀之者如侍考亭師友之側。所問非一人，所答非一日，一開卷盡得之，博哉書乎！」應俊序：「格庵趙公始作纂疏，蒐輯一門師友之言，字字研覈，又爲推説其所未備，而後讀者涣然怡然，皆得其門而入。朱子有功於四書，格庵又有功於朱子矣。」闞文瑛通志堂經解提要：「其書旁徵曲引，於朱子之學實無遺憾，非但言義理而舍訓詁、名物者所可比擬也。」順孫及前輩真德秀推崇朱子之學，四書纂疏、四書集編於四書章句集注之經典化大有助成之功。

元延祐复科，朱子四書章句集注懸爲功令，四書纂疏因之盛行。趙公阡表稱「四方

學者，家有其書」，讀趙格菴墓表謂「趙公上承朱子之傳，所著四書纂疏，天下咸所傳誦」。胡炳文四書通、倪士毅四書輯釋、胡廣四書集注大全，於纂疏多所取裁。清初納蘭成德編刊通志堂經解，乾隆間編撰四庫全書，四書纂疏均收録其中。

考四書纂疏諸序，牟子才中庸章句序作於理宗寶祐四年（1256），序稱「既爲趙君序大學章句疏矣，趙君又疏中庸章句」，則學庸章句纂疏先後撰成當在寶祐年間。洪天錫理宗寶慶二年（1226）進士，卒於度宗咸淳八年（1272），序云「竊惟論、孟二書」「僕於集註纂疏亦云」「僕晚未聞道，加以衰聵廢學」，似晚年爲論孟集註纂疏而序，或又在學庸後。纂疏漸次成書之大略如此。

應俊咸淳間（1265—1274）知處州（唐括州，今浙江麗水），「守括，乃以邦人之志請入梓……論、孟成，會縉雲令王君既濟已刊中庸、大學，遂併列於學官」。可知四書纂疏之成帙在南宋末年。應俊梓行論、孟，合縉雲令王既濟已刊之學、庸，是爲四書纂疏後世諸本之祖本。日本東洋文庫藏有宋本論語纂疏十卷、首一卷。據沈曾植、傅增湘記載，此本半葉九行，行大字二十，小字雙行同，白口，左右雙邊。或即咸淳間處州刊成之宋應俊本，遺憾筆者未見。

四書纂疏之最早著録，見於袁桷編撰的延祐四明志，此志成書於延祐七年（1320），卷十三載「四書纂疏二十一册」「大學纂疏一册」。宋史修成於元惠宗至正五年（1345），藝文志僅載「趙順孫中庸纂疏三卷」。明文淵閣書目卷一黄字號第一橱「四書纂疏，一部二十册」。焦竑國史經籍志卷二載「論語集注纂疏十卷趙順孫」「孟子纂疏十四卷趙順孫」「四書纂疏□卷」。清初黄虞稷千頃堂書目卷三有「宋趙順孫論語集注纂疏十卷」「趙順孫孟子集注纂疏十四卷」，同卷所載之「四書纂疏」，失作者與卷數。季滄葦藏書目録著録「四書纂疏廿六卷宋趙順孫」。後來書録多著録爲二十六卷。

四書纂疏現存最早之足本，爲日本静嘉堂所藏元本。元本四書纂疏二十六卷，大學一卷、中庸一卷、論語十卷（卷八爲元重至元五年（1339）李永甫抄補）、孟子十四卷。半葉十行，行二十字，小字雙行二十四字。黑口，左右雙邊，雙黑魚尾。上魚尾上記字數，下卷次名，下魚尾下有頁碼，版心下方間有刻工名。刻工名有「公許」「子亭」「子才」「吴」「敏中」「吉」「文」等。藏書印則有「滄葦」「季振宜印」「季振宜字詵兮號滄葦」「振宜之印」「季振宜讀書」「應召珍藏」「揚州季氏」「句吴陳氏家藏圖書」「萬柳江邨」「郁泰峯己亥年所收書」「歸安陸樹聲叔桐父印」「歸安陸樹聲藏書之印」等。此本原爲季滄葦舊

藏，後入陸心源皕宋樓，民國時售静嘉堂。皕宋樓藏書志稱此本爲「元刊元印本」，傅增湘藏園群書經眼録以爲「此本源出宋刊」。

四書纂疏還有通志堂經解本，通志堂經解目録引何焯之説，稱底本爲「汲古宋本」。傅增湘「曾收宋刊論語纂疏，極精湛，爲毛氏汲古閣舊藏」，蓋即此「汲古宋本」。摛藻堂四庫全書薈要本底本爲内府所藏通志堂經解本，另據「元應俊本」校勘；文淵閣四庫全書本底本亦爲通志堂經解本。四庫總目著録「四書纂疏二十六卷」；文淵閣四庫本書前提要著録爲二十八卷，緣於中庸一分爲三卷故；薈要本亦實爲二十八卷，書前提要誤作二十七卷。四書纂疏復性書院本，二十六卷，係馬一浮據聖風書苑影印通志堂經解康熙初刊本於民國三十六年刊成。綜上所述，元刊本和通志堂經解本均據宋本重刻，近世諸本皆從通志堂經解本出，未見據元本翻刻者。

此次校點整理四書纂疏，以元本爲底本，通校通志堂經解康熙初刊本，（其中元本論語集註纂疏卷八抄補文字較爲粗疏，改以通志堂經解本爲底本，通校元抄。）參校摛藻堂四庫全書薈要本、文淵閣四庫全書本、復性書院本，必要時他校朱子語類（明成化九年陳煒刻本）、中庸輯略（宋本）、大學衍義（宋開慶元年湯漢等福州刊本）。底本原無目録，據正文編製，列

於書前。書末所附序跋札記、書録提要九篇並元黄溍格菴先生阡表，則有賴本書責編陳廷煒蒐集整理，供讀者參考。前輩有言，校書如掃落葉，隨掃旋落。雖然點校者始終小心翼翼，訛誤亦所難免，還望大方之家有以教我，是所望也。

陳静

二〇二〇年十二月五日初稿

二〇二五年二月十四日改定

目録

四書纂疏序

子朱子四書註釋，其意精密，其語簡嚴，渾然猶經也。順孫舊讀數百過，茫若望洋。因徧取子朱子諸書及諸高第講解有可發明註意者，悉彙于下，以便觀省，間亦以鄙見一二附焉，因名曰纂疏。顧子朱子之奥，順孫何足以知之，架屋下之屋，强陪於穎達、公彦後，祇不韙爾。遇大方之家，則斯疏也當在所削。後學趙順孫書。

四書纂疏引用總目

晦庵先生　易本義　啓蒙　詩集解　太極解　通書解　西銘解　文集　語録
三山黄氏　榦　直卿　論語通釋　孟子講義　諸經講義　文集　語録
慶源輔氏　廣　漢卿　論語答問　孟子答問
臨漳陳氏　淳　安卿　大學口義　中庸口義　字義　文集　語録
三山陳氏　孔碩　膚仲　大學講義　中庸講義
建安蔡氏　淵　伯静　易傳　中庸通旨　中庸思問　大學思問　化原問辨　性情幾要
建安蔡氏　沈　仲默　書傳
栝蒼葉氏　味道　知道　講義　文集
南康胡氏　泳　伯量　論語衍説
永嘉陳氏　埴　器之　經説　木鐘集
三山潘氏　柄　謙之　講説
莆田黄氏　士毅　子洪　講義

建安真氏 德秀 景元 大學衍義 讀書記 文集

建安蔡氏 模 仲覺 大學演説 論語集疏 孟子集疏 講義

纂疏所載二黄氏、三陳氏，惟勉齋、北溪不書郡，餘以郡書。若三蔡氏，則一門之言，更不別異。

大學章句序

後學趙順孫纂疏

大學之書，古之大學所以教人之法也。朱子語録曰：「大學之教，所以教人先要理會得箇道理。」**蓋自天降生民，則既莫不與之以仁、義、禮、智之性。**朱子文集曰：「天之生物，各付一性。性非有物，只是一箇道理之在我者耳。仁則是箇温和慈愛底道理，義則是箇斷制裁割底道理，禮則是箇恭敬撙節底道理，智則是箇分別是非底道理。凡此四者，具於人心，乃是性之本體。」**然其氣質之稟或不能齊，是以不能皆有以知其性之所有而全之也。**語録曰：「天地閒只是一箇道理，性便是理。人之所以有善有惡，只緣氣質之稟各有清濁。」○又曰：「氣出於天，理亦出於天。性是這箇理，氣則已屬於形象。性之善只一般，氣便有不齊處。」○問「既與之以仁、義、禮、智之性，又有氣質之稟」。曰：「氣是那初稟底，質是成這模樣了底。只一箇陰陽五行之氣衮在天地中，精英者爲人，查滓者爲物，精英之中又精英者爲聖爲賢，精英之中查滓者爲愚爲不肖。」○問：「氣質有昏濁不同，則天命之性有偏全否？」曰：「非有偏全。謂如日月之光，若在露地，則盡見之；若在蔀屋之下，有所蔽塞，有見有不見。昏濁者，是氣昏濁了，故自蔽塞。」○陳氏曰：「流行乎一身之閒

者是氣，凝定成形者是質。」**一有聰明睿智能盡其性者出於其閒，則天必命之以爲億兆之君師，使之治而教之，以復其性。**語録曰：「主宰底驀忽生得箇人，恁地聰明，便是要他作之君、作之師。書中多是説聰明，蓋不是聰明底人，則一箇説白，一箇説黑，如何遏伏得他。」○問：「何處見得天命處？」曰：「此也如何知得。只是纔生得一箇恁底人，定是爲億兆之君師，便是天命之也。他既有許多氣魄才德，決不但已，必統御億兆之衆，人亦自是歸他。如三代已前，聖人都是如此。及至孔子方不然，雖不爲帝王，然也閑他不得，也做出許多事來，以教天下後世，是亦天命也。」○又曰：「秦漢以來，講學不明，世之人君閒有因其才質之美做得功業，然無人能知明德新民之事，君道閒不得其一二，而師道則絶無矣。」**此伏羲、神農、黄帝、堯、舜所以繼天立極，**語録曰：「天只生得許多人物，與你許多道理，然天却自做不得，所以必得聖人爲脩道立教，以教化百姓。蓋天做不得底，却須聖人爲他做，此繼天立極也。」**而司徒之職、典樂之官所由設也。**語録曰：「古者教法，禮、樂、射、御、書、數，不可闕一。就中樂之教尤親切，夔教胄子只用樂，大司徒之職也是用樂，蓋是教人朝夕從事於此物，束得心長在這上面。蓋爲樂有節奏，學他底急也不得，慢也不得，久之都換了他情性。」**三代之隆，其法寖備，然後王宮、國都以及閭巷，莫不有學。人生八歲，則自王公以下至於庶人之子弟，皆入小學，**陳氏曰：「初閒未知智愚，皆當教之。」**而教之以灑掃、應對、進退之節，**語録曰：「古人初學，只是教他灑掃、應對、進退而已，未

便說到天理處。」**禮、樂、射、御、書、數之文；**語録曰：「古人如禮、樂、射、御、書、數，大綱都從小學中學了，大來都不費力。」○又曰：「今則無所用乎御，如禮、樂、射、書、數，也是合當理會底，皆是切用。」○問：「書莫只是字法否？」曰：「此類有數法，如日月字是象其形也，江河字是諧其聲也，考老字是假其類也。如此數法，若理會得，則天下之字皆可通矣。」○愚考之内則「成童學射御」，注謂「年十五以上」，以理推之，射、御非幼年之所能，小學先教其儀式爾。**及其十有五年，則自天子之元子、衆子，以至公、卿、大夫、元士之適子，與凡民之俊秀，皆入大學，**陳氏曰：「到十五年，則智愚可見矣，故入大學。須有別，天子之元子當有天下之責，衆子當建國爲侯，公、卿、大夫、元士之適子當有家之責，故皆在所教。庶人則唯俊秀者乃得與，以其可以任之以位也。」**而教之以窮理、正心、脩己、治人之道，此又學校之教、大小之節所以分也。**語録曰：「小學者，學其事。大學者，學其小學所學之事之所以。」○又曰：「只是一箇事，小學是學事親、學事長。大學便就上面講究委曲，其所以事親是如何，事長是如何。」○又曰：「小學只是教他依此規矩做去，大學是發明此事理。」○又曰：「古人小學教之以事，便自養得他心不覺自存了。到得漸長漸更歷，通達事物，將無所不能。」○又曰：「古者小學已自是聖賢坯樸子，但未有聖賢許多知見，及其長也，令入大學，使之格物致知，長許多知見。」○又曰：「古人於小學，存養已自熟了，根基已深厚了，到大學只就上點化出些精彩。」○又曰：「如小學，前面許多恰似勉强使人爲之，又須是恁地勉强。

到大學工夫，方知箇天理當然之則。」夫以學校之設，其廣如此；教之之術，其次第節目之詳又如此；而其所以爲教，則又皆本之人君躬行心得之餘，不待求之民生日用彝倫之外，是以當世之人無不學。其學焉者，無不有以知其性分之所固有，職分之所當爲，而各俛焉以盡其力。語録曰：「俛字，是刺著頭只管做將去底意思。」此古昔盛時，所以治隆於上，俗美於下，而非後世之所能及也。及周之衰，賢聖之君不作，學校之政不脩，教化陵夷，風俗頹敗。時則有若孔子之聖，而不得君師之位以行其政教，於是獨取先王之法，誦而傳之以詔後世。若曲禮、少儀、内則、弟子職諸篇，固小學之支流餘裔。三山陳氏曰：「觀其所記，皆弟子事父兄、童子事先生之禮，其條目品節甚悉，則知其爲小學之書明矣。」而此篇者，則因小學之成功，以著大學之明法，外有以極其規模之大，而内有以盡其節目之詳者也。語録曰：「明德、新民，便是節目。止於至善，便是規模之大。」〇又曰：「須先識得外面一箇規模如此大了，而内做工夫以實之。所謂規模之大，凡人爲學，便當以明明德、新民、止於至善及明明德於天下爲事，不成只要獨善其身便了？須是志於天下，所以大學第二句便説『在新民』。」三千之徒，蓋莫不聞其説，而曾氏之傳獨得其宗，於是作爲傳義，以發其意。及孟子没，而其傳泯焉，則其書雖存，而知者鮮矣。自是以來，俗儒記誦詞章之習，其功倍於小學而無用；文集曰：「自聖學不傳，爲士者不知學之有本，而所以求於書者，不越乎

記誦、訓詁、文詞之閒。是以天下之書愈多而理愈昧，學者之事愈勤而心愈放，詞章愈麗、議論愈高，而其德業事功之實愈無以逮乎古人。」異端虛無寂滅之教，其高過於大學而無實。語録曰：「吾儒更著讀書，逐一就事物上理會道理，他便都掃了，只恁地空寂寂，恁地便道事都了，若將些子事付之，便都没奈何。」其他權謀術數，一切以就功名之説，與夫百家衆技之流，所以惑世誣民、充塞仁義者，又紛然雜出乎其閒。文集曰：「秦漢以來，隨世以就功名者，未必自其本而推之，是以天理不明而人欲熾，道學不傳而異端起，人挾其私智以馳騖於一世。」使其君子不幸而不得聞大道之要，其小人不幸而不得蒙至治之澤，晦盲否塞，反覆沈痼，以及五季之衰，而壞亂極矣。天運循環，無往不復。宋德隆盛，治教休明。於是河南程氏兩夫子出，而有以接乎孟氏之傳。實始尊信此篇而表章之，既又爲之次其簡編，發其歸趣，然後古者大學教人之法、聖經賢傳之指，粲然復明於世。雖以熹之不敏，亦幸私淑而與有聞焉。顧其爲書猶頗放失，是以忘其固陋，采而輯之，閒亦竊附己意，補其闕略，以俟後之君子。極知僭踰，無所逃罪，然於國家化民成俗之意、學者脩己治人之方，則未必無小補云。淳熙己酉二月甲子新安朱熹序。

讀大學章句綱領

後學趙順孫纂録

看大學，且逐章理會。須先讀本文念得，次將章句來解本文，又將或問來參章句。須逐一令記得，反覆尋究，待他浹洽。既逐段曉得，却將來統看温尋過。朱子語録。

大學一書，有正經，有解，有或問。看來看去，不用或問，只看注解便了。久之，又只看正經便了。又久之，自有一部大學在我胷中，而正經亦不用矣。然不用某許多工夫，亦看某底不出；不用聖賢許多工夫，亦看聖賢底不出。語録。

伊川舊日教人先看大學。那時未解説，而今有注解，覺大段分曉了，只在子細去看。語録。○陳氏曰：「大學章句已示學者一定之準，只直按他見成底熟，就裏面看意思滋味，便見得無窮義理出焉。」

一日教看大學，曰：「我平生精力盡在此書，先須通此，方可讀他書。」語録。○又曰：「某一生只看得這文字透，見得前賢所未到處。」○黄氏曰：「朱子大學修改甚多，三四十年，日夜用工，不肯輕下，皆有深意寓乎其間。」○陳氏曰：「朱子一生精力在是，至屬纊而後絶筆，爲義

極精。」

大學解本文未詳者，於或問中則詳之。語録。○陳氏曰：大學約其旨於章句，已的確真切，而詳其義於或問，又明實敷暢。章句中太簡而或未喻，則易枯，必於或問詳之；或問中太博而或未貫，則易泛，必於章句約之。」

或問未要看，俟有疑處，方可去看。語録。○又曰：「某作或問，恐人有疑，所以設此，要他通曉。而今學者未有疑，却反被這箇生出疑。」○又曰：「大學章句次序得皆明白易曉，不必或問，但致知格物與誠意較難理會，不得不明辨之耳。」

大學

大，舊音泰，今讀如字。

朱子章句　後學趙順孫纂疏

子程子曰：「大學，孔氏之遺書，而初學入德之門也。於今可見古人爲學次第者，獨賴此篇之存。語録曰：「大學一書，如一部行程曆相似，皆有節次。今人看了，須是行去，今日行得到何處，明日行得到何處，方可漸到那田地。」**而論、孟次之。**語録曰：「大學、語、孟，最是聖賢爲人切要處。然語、孟却是隨事答問，難見要領，惟大學一書，是曾子述孔子説古人爲學之大方，而門人又傳述以明其旨，體統都具。玩味此書，知得古人爲學所鄉，却讀語、孟，便易入，後面工夫雖多，而大體已立矣。」**學者必由是而學焉，則庶乎其不差矣。」**

大學之道，在明明德，在親民，在止於至善。

程子曰：「親，當作新。」〇大學者，大人之學也。蔡氏曰：「大人之學，兼齒德而言也。」**明，明之也。**葉氏曰：「上一箇明字，謂用意去明此明德，故曰明之也。」〇蔡氏曰：「明之者，猶言澡雪揩磨也。」**明德者，人之所得乎天，**語録曰：「明德，是我得之於天，而方寸中光明底

物。」○陳氏曰：「是得乎天之理。」**而虛靈不昧，以具衆理而應萬事者也。**語録曰：「虛靈，自是心之本體，非我所能虛也。耳目之視聽所以視聽者，即其心也，豈有形象？然有耳目以視聽之，則猶有形象也。若心之虛靈，何嘗有物？」○又曰：「虛靈不昧，便是心。此理具足於中，無少欠闕，便是性。隨感而動，便是情。」○又曰：「禪家但以虛靈不昧者爲性，而無具衆理以下之事。」○黄氏曰：「虛靈不昧，明也。具衆理、應萬事，德也。具衆理者，德之體，未發者也。應萬事者，德之用，已發者也。而所以應萬事者，即其具衆理者之所爲也。以其所以爲德者皆虛靈而不昧，故謂之明德也。」○陳氏曰：「人生得天地之理，又得天地之氣，理與氣合，所以虛靈。然虛靈二字，只見得氣，未見得理，到得不昧處，便見得理。虛靈以氣言，不昧以理言。」○又曰：「只虛靈不昧四字說明德，意已足矣。更說具衆理、應萬事，包體用在其中，又却實而不爲虛。其言的確渾圓，無可破綻處。」○蔡氏曰：「虛靈謂知覺，不昧謂純瑩昭著也。知覺者，物格、知至也；純瑩昭著者，意誠、心正而可以齊家、治國、平天下也。德即理也，具衆理者，德之體；應萬事者，德之用。用固不離乎體也。」**但爲氣稟所拘，人欲所蔽，則有時而昏。**語録曰：「氣稟所拘，多只通得一路，或厚於此而薄於彼，或通於彼而塞於此。有人能盡通天下利害而不識義理，或工於百工技藝而不解讀書，或只知孝於親而薄於他人，便是有所通、有所蔽。是他性中只通得一路，故於他處皆礙。」○又曰：「物欲所亂，如目之於色，耳之於聲，口之於味，鼻之於臭，四肢之於安佚，所以不明。」○蔡氏曰：「上天以此而均賦乎人，但人之始生，氣以成形，而氣不

無清濁、厚薄、强弱之殊，此所謂氣稟所拘也。及人之既生，感物而動，則耳目口鼻四肢不能無欲，此所謂物欲所蔽也。氣稟拘之，物欲蔽之，則人之所得於天之本明者，於是乎有時而昏矣。」**然其本體之明，則有未嘗息者。**語録曰：「此是本領，不可不如此説破。」○又曰：「本是至明物事，終是遮不得。」○蔡氏曰：「雖昏蔽之極，而其本體之明終不可得而泯没，必有時而發露，此所謂未嘗息也。」**故學者當因有其所發而遂明之，以復其初也。**語録曰：「明德未嘗息，時時發見於日用之閒。如見非義而羞惡，見孺子入井而惻隱，見尊賢而恭敬，見善事而歎慕，皆明德之發見也。如此推之極多。」○又曰：「人之明德，未嘗不明。雖其昏蔽之極，而其善端之發終不可絶，但當於其所發之端而接續光明之，則其全體可以盡明。且如人知己德之不明而欲明之，只這知其不明而欲明之者，便是明德，就這裏便明將去。」○又曰：「明明德是明此明德，只見一點明，便於此明去。正如人醉醒，初閒少醒，至於大醒，亦只是一醒。學者貴復其初。至於已到地位，則不著箇復字[二]。」○黄氏曰：「明德者，一體一用，無時不已明也。因其所發，特言人雖昏憒，忽有醒時，初不分體用。」○又曰：「平旦之氣，好惡與人相近，固是發處。處事接物而行其所當然，讀書玩理而喜其所可法，皆是發處。因其發而遂明之，則若火然泉達，有不可禦

[二] 則，原作「莫」，據通志堂經解本改。

者。發者自發而不加明之之功，則雖有萌蘖之生，牛羊又從而牧之矣。明之如何？曰玩繹思索以盡吾格物、致知之功，戒謹恐懼以致吾誠意、正心、脩身之實，如此而後能明之，以復其初也。」○蔡氏曰：「學者當因其發端之明而遂明之，使超然不爲氣稟物欲所累，而有以全其本體之明，此所謂復其初也。」**新者，革其舊之謂也。言既自明其明德，又當推以及人，使之亦有以去其舊染之污也。**語録曰：「新是對舊染之污而言。新與舊，非是去外面討來，昨日之舊乃是今日之新。」○又曰：「既是明得此理，須當推以及人，使各明其德。」**止者，必至於是而不遷之意。**語録曰：「未至其地則求其至，既至其地則不當遷動而之他。」○又曰：「未到此便住，不可謂止；到得此而不能守，亦不可言止。」○蔡氏曰：「是者，指至善而言。」**至善，則事理當然之極也。**蔡氏曰：「凡事理皆有當然之則。其當然者，善也；其極則，至善也。不至於當然，不足以爲善；不至於當然之極，不足以爲至善。至者，極也。至善，猶言至極之理也。」**言明明德、新民，皆當至於至善之地而不遷。**語録曰：「止於至善，是包在明明德、在新民。己也要止於至善，人也要止於至善。蓋天下只是一箇道理，在他雖不能，在我之所以望他者，則不可不如是也。」○又曰：「明德、新民二者，皆要至於極處。明德不是只略略底明得便了，新民不是只略略底新得便休，須是要至於至極處。」**蓋必其有以盡夫天理之極，而無一毫人欲之私也。**蔡氏曰：「經言至善，雖若近指事物當然之理，而明德、新民推其至極之理，是即天命之性，而道之大

原大本固已涵蓄該貫於其中。章句釋至善，既曰事理當然之極，又曰盡其天理之極，則所謂事理當然之極者，即物物各具一太極也；所謂天理之極者，即萬物統體一太極也。」**此三者，大學之綱領也。**黄氏曰：「明明德、新民、止至善，此八字已括盡一篇之意。」

或問「大學之道，吾子以爲大人之學，何也？」曰：「此對小子之學言之也。」文集曰：「古之爲教者，有小子之學，有大人之學。小子之學，洒掃、應對、進退之節，詩、書、禮、樂、射、御、書、數之文是也。大人之學，窮理、脩身、齊家、治國、平天下之道是也。」**曰：「敢問其爲小子之學，何也？」曰：「愚於序文已略陳之，而古法之宜於今者，亦既輯而爲書矣。學者不可以不之考也。」**語録曰：「後生小子且看小學之書，那箇是做人底樣子。」○陳氏曰：「朱子小學書綱領甚好，最切於日用，雖至大學之成，亦不外是。」**曰：「吾聞君子務其遠者大者，小人務其近者小者，今子方將語人以大學之道，而又欲其考乎小學之書，何也？」曰：「學之大小，固有不同，然其爲道則一而已。是以方其幼也，不習之於小學，則無以收其放心，養其德性，而爲大學之基本。**語録曰：「問：『放心者，或心起邪思，意有妄念，耳聽邪言，目觀亂色，口談不道之言，至於手足動之不以禮，皆是放也。收者，便於邪思妄念處截斷不續，至於耳目言動皆然，此乃謂之收。既能收此放心，德性自然養得，不是收放心之外又養箇德性也。』曰：『然。』」○真氏曰：「德性，謂得之

于天者，仁、義、禮、智、信是也。收放心、養德性，雖云二事，其實一事。蓋德性在人，本皆全備，緣放縱其心，不知操存，是致賊害其性，若能收其放心，即是養其德性，非有二事也。」及其長也，不進之於大學，則無以察夫義理，措諸事業，而收小學之成功。文集曰：「古人由小學而進於大學，其於洒掃、應對、進退之閒，持守堅定，涵養純熟，固已久矣。大學之序，特因小學已成之功。」是則學之大小所以不同，特以少長所習之異宜，而有高下、淺深、先後、緩急之殊。文集曰：「小學之事，知之淺而行之小者也。大學之道，知之深而行之大者也。」非若古今之辨，義利之分，判然如薰蕕、冰炭之相反而不可以相入也。今使幼學之士，必先有以自盡乎洒掃、應對、進退之閒，禮、樂、射、御、書、數之習，俟其既長，而後進乎明德、新民以止於至善，是乃次第之當然，又何爲而不可哉。」文集曰：「古人之學，固以致知格物爲先，然其始也必養之於小學，則亦洒掃、應對、進退之節，禮、樂、射、御、書、數之習而已，是皆酬酢講量之事也。大抵聖賢開示後學進學門庭，先後次序，極爲明備。」曰：「幼學之士，以子之言而得循序漸進，以免於躐等陵節之病，則誠幸矣。若其年之既長而不及乎此者，欲反從事於小學，則恐其不免於扞格不勝、勤苦難成之患；欲直從事於大學，則又恐其失序無本而不能以自達也。則如之何？」曰：「是其歲月之已逝者，則固不可得而復追矣。若其功夫之次第條目，

則豈遂不可得而復補耶？蓋吾聞之，敬之一字，聖學所以成始而成終者也。文集曰：「敬字，真是學問始終，日用親切之妙。」**爲小學者不由乎此，固無以涵養本原，而謹夫洒掃、應對、進退之節，與夫六藝之教；爲大學者不由乎此，亦無以開發聰明，進德脩業，而致夫明德新民之功也。**語録曰：「敬已是包得小學，是徹上徹下工夫。」○又曰：「古人自少小時便做了敬工夫，故方其洒掃時加帚之禮。至於學詩、學樂、學舞、學絃誦，皆要專一。且如學射時，心若不在，何以能中？學御時，心若不在，何以使得他馬？書、數皆然。」○又曰：「今人不曾做得小學工夫，一旦學大學，是以無下手處。今且當自持敬始，使端的純一静專，然後能致知格物。」**是以程子發明格物之道，而必以是爲説焉。不幸過時而後學者，誠能用力於此，以進乎大而不害兼補乎其小，則其所以進者，將不患於無本而不能以自達矣。**語録曰：「問：『大學首云明德，却不曾説主敬，莫是已具於小學否？』曰：『然。自小學不傳，伊川却是帶補一敬字。』」○又曰：「小學而今都蹉過了，不成更轉去做得。只據而今地頭，便劄住立定脚跟做去，栽種後來根株，補填前日欠闕。如二十歲覺悟，便從二十歲立定脚跟做去；如三十歲覺悟，便從三十歲立定脚跟做去；便年八九十歲覺悟，亦當據現定劄住硬寨做出。」○陳氏曰：「程子説一箇主敬工夫，可以補小學之闕。蓋主敬工夫可以收放心而立大本，大本既立，然後大學工夫循次序而進，無往不通。大抵立敬之功，

貫始終，一動靜，合内外，小學大學，皆不可無。」**其或摧頹已甚，而不足以有所兼，則其所以固其肌膚之會、筋骸之束，而養其良知良能之本者，亦可以得之於此而不患其失之於前也。顧以七年之病而求三年之艾，非百倍其功，不足以致之。若徒歸咎於既往，而所以補之於後者又不能以自力，則吾見其扞格勤苦日有甚焉，而身心顛倒，眩瞀迷惑，終無以爲致知力行之地矣，況欲有以及乎天下國家也哉。」**語録曰：「失時而後學，必著如此趲補得許多欠闕處。人一能之，己百之；人十能之，己千之。若不如是，悠悠度日，一日不做得一日工夫，如何要補填前面。」**曰：「然則所謂敬者，又若何而用力耶？」曰：「程子於此，嘗以主一無適言之矣。**語録曰：「主一，只是心專一，不以他念亂之。無適，只是不走作。」○又曰：「了這一事，又做一事。今人一事未了，又要做一事，心下千頭萬緒。」○又曰：「主一又是敬字注解。要之，事無大無小，常令自家精神思慮盡在此。遇事時如此，無事時也如此。」○又曰：「且如這事當治不治，當爲不爲，便不是主一了。若主一時，坐則心坐，行則心行，身在這裏，心亦在這裏。」○問：「主一工夫兼動靜否？」曰：「若動時收斂心神在一事上，不胡亂思想，便是主一。」○問「作事時多不能主一」。曰：「只是心不定。人亦須是定其心，這箇須是習，須涵養本原，則自然別。」○或疑「主一則滯，滯則不能周流無窮」。曰：「所謂主一者，何嘗滯於一事？不主一，則方理會此事，而心留於彼，

這却是滯。」又問：「以大綱言之，有一人焉，方應此事未畢，復有一事至，則當何如？」曰：「也須是做這一件了，又理會一件，亦無雜然而應之理。但甚不得已，則權其輕重可也。」〇陳氏曰：「主一，是心只在此，所主惟一，不二不三。無適，是心只在此，亦不之東，亦不之西，亦不之南，亦不之北。然主一即是無適，只展轉相解釋，要分明非於主一之外又別有無適之功也。」**嘗以整齊嚴肅言之矣。**語録曰：「整齊嚴肅，是切至工夫説與人。」〇問：「主一無適與整齊嚴肅不同否？」曰：「如何有兩樣，只是箇敬。若語言不同，自是那時就那事説。」〇陳氏曰：「整齊嚴肅，敬之容。如坐傾側，衣冠落魄，便是不敬。」〇又曰：「須是整齊嚴肅，烏有外慢而中不放者？」**至其門人謝氏之説，則又有所謂常惺惺法者焉。**語録曰：「惺惺，乃心不昏昧之謂，只此便是敬。整齊嚴肅固是敬，然心昏昧，燭理不明，雖強把捉，豈得爲敬？」〇又曰：「今人將敬來別做一事，所以有厭倦，爲思慮引去。敬只是自家一箇心常惺惺便是，不可將來別做一事。又豈可指擎跽曲拳塊然在此而後爲敬？」〇又曰：「今人心聳然在此，尚無惰慢之氣，況心常能惺惺者乎？故心常惺惺，自無客慮。」〇問「佛氏亦有此語」。曰：「其喚醒此心則同，而其爲道則異。吾儒喚醒此心，欲他照管許多道理。佛氏則空喚醒在此，無所作爲，其異處在此。」〇陳氏曰：「是就心地上做工夫處。蓋心常醒在這裏，便常惺惺，恁地活；若不在，便死了。心纔在這裏，則萬理便森然於其中。」**尹氏之説則又有所謂其心收斂不容一物者焉。**語録曰：「這心都不著一物，便收斂緊密，都無些子空罅。若這事思量未了，

又走做那邊去，心便成兩路。」○又曰：「心主這一事，不爲他事攙亂，便是不容一物也。」**觀是數說，足以見其用力之方矣。」**語録曰：「程子、謝、尹説敬處，譬如此屋，四方皆入得，若從一方入到這裏，則那三方入處都在這裏了。」○問：「諸説有内外之分否？」曰：「不必分内外，都只一般，只認行著都是敬。」○黄氏曰：「且將自家身心去體察，見得如何是主一無適，如何是整齊嚴肅，如何是常惺惺，如何是其心收斂不容一物。是四者皆以有所畏而然。朱子晚年言敬字之義，惟畏字近之。其意精矣。」○真氏曰：「持敬之道，合三先生之言而用力焉，然後内外交相養之功始備。」**曰：「敬之所以爲學之始者然矣，其所以爲學之終也，奈何？」曰：「敬者，一心之主宰，而萬事之本根也。**陳氏曰：「心之爲物，虚靈知覺，所以爲一身之主宰也。身無此爲之主宰，則四肢百骸皆無所管攝矣。然所以爲心者，又當由我有以主宰之，我若何而主宰之乎？所謂敬者是又一心之主宰也。」**知其所以用力之方，則知小學之不能無賴於此以爲始，知小學之賴此以始，則夫大學之不能無賴乎此以爲終者，可以一以貫之而無疑矣。蓋此心既立，由是格物致知以盡事物之理，則所謂『尊德性而道問學』；由是誠意正心以脩其身，則所謂『先立其大者而小者不能奪』；由是齊家治國以及乎天下，則所謂『脩己以安百姓，篤恭而天下平』。是皆未始一日而離乎敬也。**語録曰：「敬，不是閉眼默坐便爲敬，當格物時便敬以格之，當誠意時

便敬以誠之，以至正心脩身以後，節節常要惺覺執持，令此心常在，方是能持敬。」○又曰：「敬字是徹頭徹尾工夫，自格物致知至治國平天下，皆不外此。」**然則敬之一字，豈非聖學始終之要也哉。**」語録曰：「敬之一字乃聖學始終之要，未知者非敬無以知，已知者非敬無以守。」○**曰：「然則此篇所謂『在明明德，在新民，在止於至善』者，亦可得而聞其説之詳乎？」曰：「天道流行，發育萬物，**語録曰：「問：『發育是理發育之否？』曰：『有這理便有這氣流行發育，理無形體。』」**其所以爲造化者，陰陽五行而已。**語録曰：「總而言之只是陰陽，分而言之有五。」○黄氏曰：「天道是理，陰陽五行是氣。合而言之，氣即是理，一陰一陽之謂道也。分而言之，理自爲理，氣自爲氣，形而上下是也。」○又曰：「未有五行，只得喚做陰陽，既有五行，則陰陽在五行之中矣。」**而所謂陰陽五行者，又必有是理而後有是氣。**文集曰：「天地之間，有理有氣。理也者，形而上之道也，生物之本也；氣也者，形而下之器也，生物之具也。」○語録曰：「此本無先後之可言，然必欲推其所從來，則須説先有是理。然理又非別爲一物，即存乎是氣之中，無是氣則是理亦無掛搭處。氣則爲金木水火，理則爲仁義禮智。」○又曰：「理未嘗離乎氣，然豈無先後？理無形，氣便粗，有查滓。」○黄氏曰：「理氣無先後。謂有是理方有是氣亦可，謂有是氣則具是理亦可，其實不可以先後言。但捨氣則理無安頓處，故有是氣則具是理。理無迹而氣有形，理無際而氣有限，理一本而氣萬

殊，故言理者常先乎氣。深思之，則無不通也。」○蔡氏曰：「先有理後有氣者，形而上爲道、形而下爲器之謂也。有則俱有者，道即器之謂也。蓋不分先後，則理氣不明；不合理氣，則判爲二物。如性之與情，未發已發，自有先後，固不可道性情同時也。然情之本實具於性，非先有此性而後别生一情，是有此性即有此情也。須著如此兩説。」**及其生物，則又必因是氣之聚而後有是形。**黄氏曰：「氣虚而形實。虚者聚，而後實者成，如人氣嘘呵而能成水也。」**故人物之生，必得是理，然後有以爲健順仁義禮智之性。**文集曰：「未分五性時，只謂之健順。及分而言之，則健爲仁、禮，順爲智、義。」○語録曰：「此承上文陰陽五行而言。健，陽也；順，陰也；四者，五行也。分而言之，仁、禮屬陽，義、智屬陰。」○又曰：「健是稟得那陽之氣，順是稟得那陰之氣，五常是稟得五行之理。人物皆稟得健順五常之性，如草木直底硬底，是稟得那剛底；軟底弱底，是稟得那順底。」**必得是氣，然後有以爲魂魄五藏百骸之身。**陳氏曰：「人始於氣，感則得魂爲先，既而體凝焉，則魄次之。魂主乎動，所以行乎此身之中，隨所貫而無不生也；魄主乎静，所以實乎此身之中，隨所注而無不定也。故自著者而言之，則口鼻靈於呼吸而不息者，魂也；耳目精於視聽而不散者，魄也。統而言之，則所以貫乎耳目視聽之閒，使之常靈而不匱者，亦魂也；至於四肢之靈於舉履，五臟六腑之靈於傳送，凡氣之所貫，常發越而有生意者，皆魂也。所以注乎口鼻呼吸之閒，使之常精而不爽者，亦魄

也；至於四肢之精於舉履，五臟六腑之精於傳送，凡體之所注，各凝實而有定理者，皆魄也。」

周子所謂『無極之真，二五之精，妙合而凝』者，正謂是也。太極圖解曰：「真以理言，無妄之謂也。精以氣言，不二之名也。」○語録曰：「無極是理，二五是氣，無極之理便是性，性爲之主，而二氣五行經緯錯綜於其閒也。凝只是此氣結聚，自然生物，若不如此結聚，亦何由造化得萬物出來。」**然以其理而言之，則萬物一原，固無人物貴賤之殊。以其氣而言之，則得其正且通者爲人，得其偏且塞者爲物，是以或貴或賤而不能齊也。**語録曰：「以理言之則無不全，以氣言之則不能無偏。」○又曰：「二氣五行交感萬變，故人物之生有精粗之不同。自一氣而言之，則人物皆受是氣而生。自精粗而言，則人得其氣之正且通者，物得其氣之偏且塞者。惟人得其正，故是理通而無所塞。物得其偏，故是理塞而無所知。且如人頭圓象天，足方象地，平正端直，以其受天地之正氣，所以識道理，有知識。物受天地之偏氣，所以禽獸横生，草木頭生向下，尾反在上。物之閒有知者不過只通得一路，人則無不知，無不能。」**彼賤而爲物者，既梏於形氣之偏塞，而無以充其本體之全矣。**語録曰：「惟其所受之氣只有許多，故其理亦只有許多，如犬馬，他這形氣如此，故只會得如此事。」**唯人之生，乃得其氣之正且通者，而其性爲最貴，故其方寸之閒，虛靈洞徹，萬理咸備。**陳氏曰：「此八字，只是再詳虛靈不昧而具萬理之義。」○又曰：「虛靈洞徹，蓋理與氣合

而有此妙用爾，非可專指氣。如心恙底人，只有其氣存，何故？昏迷顛錯，無此虛靈洞徹底意耶。」**蓋其所以異於禽獸者，正在於此。**語録曰：「人物之所以異，只是争這些子，若更不能存得，則與禽獸無以異矣。」**而其所以可爲堯舜，而能參天地以贊化育者，亦不外焉。是則所謂明德者也。**語録曰：「初言人之所以異於禽獸者，至下須是見己之所以參化育者。」愚謂：此人之所以獨謂之明德，而物不得與者也。**然其通也，或不能無清濁之異；其正也，或不能無美惡之殊。**語録曰：「天地之氣有清有濁，若值得晦暗昏濁底氣，這便不好了。」○又曰：「人雖皆是天地之正氣，但衮來衮去，便有昏明厚薄之異。蓋氣是有形之物，纔是有形之物，便自有美惡也。」○黄氏曰：「美惡是有生之初便分了，非以性言，是以氣言。譬如玉之與石，則美惡固分，而玉之中又有美惡分焉。」○或疑：「通如何有濁？正如何有惡？」愚謂：「通塞偏正，蓋判人物之大分而言。其清濁美惡，又就人中分别。」**故其所賦之質，清者智而濁者愚，美者賢而惡者不肖，又有不能同者。**文集曰：「問：『智愚賢不肖是所稟之氣有清濁美惡之不同也，不歸於所稟而歸於所賦，何耶？』曰：『賦，猶俗語云分俵均敷之意。』」○語録曰：「問：『世間有人聰明通曉，是稟其氣之清者矣，然却所謂過差，或流而爲小人之歸者，又有爲人賢而不甚聰明通曉，何也？』曰：『或問中所謂又有智愚賢不肖之殊是也。蓋其所賦之質，便有此四樣。聰明曉了者，智也，而或不賢，便是稟賦中欠了清和温恭之德。

又有人極温和而不甚曉事，便是賢而不智。爲學便是要克化，教此等氣質令恰好耳。』」必其上智大賢之資，乃能全其本體而無少不明。其有不及乎此，則其所謂明德者，已不能無蔽而失其全矣。語録曰：「上知，生知之資，是氣清明純粹而無一豪昏濁，所以生知安行，不待學而能，如堯舜是也。其次則亞於生知，必學而後知，必行而後至。又其次者，資稟既偏，又有所蔽，須是痛加工夫。」況乎又以氣質有蔽之心，接乎事物無窮之變，則其目之欲色，耳之欲聲，口之欲味，鼻之欲臭，四肢之欲安佚，所以害乎其德者，又豈可勝言也哉。真氏曰：「既有知識，與外物接，耳目鼻口之私欲一勝，則本心爲其所奪，遂流於不善。」二者相因，反覆深固，是以此德之明，日益昏昧，而此心之靈，其所知者不過情欲利害之私而已。是則雖曰有人之形，而實何以遠於禽獸。雖曰可以爲堯舜而參天地，而亦不能有以自充矣。然而本明之體得之於天，終有不可得而昧者，是以雖其昏蔽之極，而介然之頃一有覺焉，則即此空隙之中，而其本體已洞然矣。語録曰：「這些覺如擊石之火，只是些子，纔引著便可以燎原。若必欲等大覺了，方去格物致知，如何等得這般時節。那箇覺，是物格知至了，大徹悟，到恁地時，事都了。若是介然之覺，一日之閒其發也無時無數，只要人識認得，操持充養將去。」○又曰：「便是物欲昏蔽之極，也無時不醒覺。只是醒覺了自放過去，不曾存得耳。」是以聖人施教，既已養之於

小學之中，而後開之以大學之道。其必先之以格物、致知之説者，所以使之即其所養之中，而因其所發以啓其明之之端也。繼之以誠意、正心、脩身之目者，則又所以使之因其已明之端而反之於身，以致其明之之實也。語録曰：「如格物、致知、誠意、正心、脩身五者，皆明明德之事。格物、致知，便是要知得分明；誠意、正心、脩身，便是要行得分明。」夫既有以啓其明之之端，而又有以致其明之之實，則吾之所得於天而未嘗不明者，豈不超然無有氣質物欲之累，而復得其本體之全哉。是則所謂明明德者，而非有所作爲於性分之外也。語録曰：「性分是以理言之，此理聖愚賢否皆同。」然其所謂明德者，又人人之所同得，而非有我之得私也。語録曰：「此箇道理人人有之，不是自家可專獨之物。」向也俱爲物欲之所蔽，則其賢愚之分固無以大相遠者。今吾既幸有以自明矣，則視彼衆人之同得乎此而不能自明者，方且甘心迷惑没溺於卑污苟賤之中而不自知也，豈不爲之惻然而思有以救之哉。故必推吾之所自明者以及之。葉氏曰：「己德既明，視他人之悖理傷道者，未嘗不惻然于中，又必以我之既明開彼之未明。」始於齊家，中於治國，而終及於平天下。問：「齊家、治國、平天下中，所以新之之道，是只自明其明德而人自觀感爲善耶？或亦須有施爲，如禮樂刑政之類？」陳氏曰：「二者皆不可偏廢。」使彼有是明德而不能自明者，亦皆有以自明而去其舊染之污焉，是則所謂新民

者，而亦非有所付畀增益之也。陳氏曰：「新與舊對。明者暗，則舊矣。今爲之開導誘掖，使之改過遷善，去其舊染之污，又成一箇新底，然亦不過復明其本然之德爾。」然德之在己而當明，與其在民而當新者，則又皆非人力之所爲，而吾之所以明而新之者，又非可以私意苟且而爲也。語録曰：「纔苟且，如何得會到極處。」是其所以得之於天而見於日用之間者，固已莫不各有本然一定之則。真氏曰：「則者，法則也。天下之理，皆天實爲之，莫不有一定之法，非人力所可增損，故曰則。」程子所謂以其義理精微之極，有不可得而名者，故姑以至善目之。語録曰：「這是他見得十分極至。」○陳氏曰：「所謂姑以至善目之者，所以極形容其精微爾，非謂精微之不爲善，而借此以形容之也。」而傳所謂君之仁、臣之敬、子之孝、父之慈、與人交之信，乃其目之大者也。陳氏曰：「自其大者言之，如仁、敬、慈、孝，即君、臣、父、子所當止之處。自其小者言之，如足容重、手容恭，重與恭即手足所當止之處。視思明、聽思聰，聰與明亦視聽所當止之處。」衆人之心固莫不有是，而或不能知，學者雖或知之，而亦鮮能必至於是而不去，此爲大學之教者，所以慮其理雖粗復而有不純，己雖粗克而有不盡，且將無以盡夫修己治人之道，故必指是而言，以爲明德新民之標的也。欲明德而新民者，誠能求必至是，而不容其少有過不及之差焉，則其所以去人欲而復天理者，無毫髮之遺恨矣。語録曰：「明德新

民，初非是人力私意所爲，本自有一箇當然之則，過之不可，不及亦不可，須是要到當然之則田地而不遷，此方是止於至善。」大抵大學一篇之指，總而言之不出乎八事，而八事之要，總而言之又不出乎此三者，此愚所以斷然以爲大學之綱領而無疑也。然自孟子没，而道學不得其傳，世之君子各以其意之所便者爲學。於是乃有不務明其明德，而徒以政教法度爲足以新民者；語録曰：「如管仲之徒便是。」又有愛身獨善，自謂足以明其明德，而不屑乎新民者；語録曰：「如佛老便是。」又有略知二者之當務，顧乃安於小成，狃於近利，而不求止於至善之所在者。語録曰：「如王通於己分上亦甚脩飭，其論爲治本末亦有條理，甚有志於斯世，只是規模淺狹，不曾就本原上著功，便做不徹。」是皆不考乎此篇之過，其能成己成物而不謬者鮮矣。」○曰：「程子之改親爲新也，何所据？子之從之，又何所考而必其然耶？且以己意輕改經文，恐非傳疑之義，奈何？」曰：「若無所考而輒改之，則誠若吾子之譏矣。今親民云者，以文義推之則無理；新民云者，以傳文考之則有据。程子於此，其所以處之者亦已審矣。矧未嘗去其本文，而但曰某當作某，是乃漢儒釋經不得已之變例，而亦何害於傳疑耶？若必以不改爲是，則世蓋有承誤踵訛，心知非是，而故爲穿鑿附會，以求其説之必通者矣。其侮聖言而誤後學也益甚，亦何足取以爲法耶？」

知止而后有定，定而后能靜，靜而后能安，安而后能慮，慮而后能得。后，與後同，後放此。

止者，所當止之地，即至善之所在也。知之，則志有定向。語録曰：「知止，只是識得一箇去處，既已識得，即心中便定，更不他求。如求之彼，又求之此，即是未定。」○黄氏曰：「如知君止於仁，則胷中定以仁爲向。」○葉氏曰：「心之所之，只管望那道理邊，而他物不足以搖之。」**靜，謂心不妄動。**語録曰：「靜則外物自然無以動其心。」**安，謂所處而安。**語録曰：「安則所處而皆當，看扛做那裏去都移易他不得。」○又曰：「靜謂遇物來能不動，安謂隨所寓而安，安蓋深於靜也。」○潘氏曰：「靜謂未有事之時，此心常虚靜而不妄動。安謂當事物之來，隨其所處，安閑而不亂。」**慮，謂處事精詳。**語録曰：「慮是見於應事處。」○又曰：「慮者，思之精審。」○又曰：「是思之重複詳察者。」**得，謂得其所止。**陳氏曰：「得以實諸己而言，乃實得其所當止之地而止之。」

或問「『知止而后有定，定而后能靜，靜而后能安，安而后能慮，慮而后能得。』何也？」曰：「此推本上文之意，言明德、新民所以止於至善之由也。蓋明德、新民，

固皆欲其止於至善，然非有以知夫至善之所在[一]，則不能有以得其所當止者而止之。如射者固欲其中夫正鵠，然不先有以知其正鵠之所在，則不能有以得其所當中者而中之也。語録曰：「真箇是知得到至善處，便會到能得地位。」知止云者，物格知至，而於天下之事皆有以知其至善之所在，是則吾所當止之地也。陳氏曰：「物果格而無一理之不到，知果至而無一見之不盡，則於天下之事所謂至善所當止者，皆灼然有以知之矣。」能知所止，則方寸之閒事事物物皆有定理矣。語録曰：「問：『注謂「知之，則志有定向」，或問謂「能知所止，則方寸之閒事事物物皆有定理矣」，語似不同。』曰：『只一般。』」○又曰：「知得到時，見事物上各有箇合當底道理。」理既有定，則無以動其心而能静矣。語録曰：「定是理，静在心。既定於理，心便會静；若不定於理，則此心只是東走西去。」○陳氏曰：「理既有定，則心之所主更無外慕，凡外物皆無以動之而能静矣。」心既能静，則無所擇於地而能安矣。語録曰：「這箇本只是一意，但静是就心上説，安是就身上説。今人心才不得静時，雖有意在安頓那物事，自是不安。」○又曰：「既見得事物有定理，而此心恁地寧静了，看處在那裏，在這邊也安，在那邊也安，在富貴也安，在貧賤也安，在患難也安。」能安，則

[一]「有」上通志堂經解本有「先」字。

日用之間，從容閒暇，事至物來，有以揆之而能慮矣。陳氏曰：「身既能安，則向者知所當止之事物，或接乎吾前，而吾從容以應之，自能精於慮而不錯亂矣。」**能慮，則隨事觀理，極深研幾，無不各得其所止之地而止之矣。**語録曰：「極深研幾，是更審一審。當時下得四字未子細，要之只著得研幾字。」〇又曰：「到得臨事，又須研幾審處，方能得所止。」**然既真知所止，則其必得所止固已不甚相遠。**語録曰：「只是分箇知與得。知在外，得便在我。」〇又曰：「某事當如此，某事當如彼，如君當仁，此是知止。事至物來，對著胷中恰好底道理，將這箇去應他，此是得其所止。」**其間四節，蓋亦推言其所以然之故有此四者，**陳氏曰：「定、静、安、慮四節，只是就此一事中間細破。」**非如孔子之志學以至從心，孟子之善信以至聖神，實有等級之相懸，爲終身經歷之次序也。**語録曰：「也不是無等級，中間許多只是小階級，無那大階級。如志學至從心，中間許多便是大階級，步却闊。知止至能得，只如志學至立相似，立至不惑相似。能静安大抵皆相類，只是就中間細分恁地。」

物有本末，事有終始，知所先後，則近道矣。

明德爲本，新民爲末。知止爲始，能得爲終。三山陳氏曰：「新民者，自明德而推也。己德不明，未有能新民者，此明明德所以爲新民之本。能得者，原於知止而後致也，苟始焉不知止於至善，亦未見其卒於有得矣。此知止所以爲能得之始。」**本始所先，末終所後。**三山陳氏

曰：「曰知所先後云者，又以承本末終始而言，蓋本與始所當先者也，末與終所當後者也。」

此結上文兩節之意。

或問「『物有本末，事有終始，知所先後，則近道矣』，何也？」曰：「此結上文兩節之意也。明德、新民，兩物而内外相對，故曰本末。語録曰：「明德、新民是物，明德是理會己之物，新民是理會天下之萬物。以己之一物對天下萬物，便有箇内外本末。」知止、能得，一事而首尾相因，故曰終始。語録曰：「知止、能得是事，有箇首尾。如耕便種，種便耘，到秋成後便斂，這是事有箇首尾如此。」誠知先其本而後其末，先其始而後其終也，則其進爲有序，而至於道也不遠矣。」語録曰：「言知功夫先後次第，則進爲有序，不忽近務遠，處下窺高，而其入道爲不遠矣，所謂至道之近也。」○黄氏曰：「知所先後，方是曉得爲學之序，未能遂得夫道也。然既知其進爲之序，則有至之階矣，故云去道不遠。」

古之欲明明德於天下者，先治其國；欲治其國者，先齊其家；欲齊其家者，先脩其身；欲脩其身者，先正其心；欲正其心者，先誠其意；欲誠其意者，先致其知；致知在格物。治，平聲，後放此。

明明德於天下者，使天下之人皆有以明其明德也。陳氏曰：「明德本在我之物，而曰明明

德於天下者，蓋人皆有是德，欲使天下之人皆有以明其明德也。乃直指全提，蓋總大學之要，又在乎此也。」○真氏曰：「天下之人皆得其本心，皆復其本性，故曰明明德於天下，見得須是天下之人皆明其明德。」**心者，身之所主也。**文集曰：「心則人之所以主於身而具是理者也。」○又曰：「其主伊何？神變不測，發揮萬變，立此人極。」**誠，實也。**語録曰：「誠是自然底實。」○又曰：「是天理之實然，更無纖毫作爲。」○黄氏曰：「誠即是實。如一箇物，透頭透尾，裏面充足無一毫空闕處。」**意者，心之所發也。**語録曰：「心言其統體，意是就此中發出。」○陳氏曰：「意比心，則心大意小。心以全體言，意只是就全體上發起一念慮處。」**實其心之所發，欲其一於善而無自欺也。**語録曰：「爲善之意稍有不實，照管稍有不到處，便爲自欺。」○又曰：「只是一箇心，便是誠。纔有兩心，便是欺。」**致，推極也。**語録曰：「致，如以手推送去之謂。」**知，猶識也。推極吾之知識，欲其所知無不盡也。**語録曰：「人各有箇知識，須是推致而極其至，不然半上落下，終不濟事。」○黄氏曰：「章句本云『欲其所知無不切也』，今改切作盡。切與盡，意思自別。以致字文義觀之，則恐當爲盡。一物之中，固不可使有不知之理；萬物之中，亦不可使有不窮之物。」**格，至也。**語録曰：「所謂實到得那地頭。」**物，猶事也。窮至事物之理，欲其極處無不到也。**語録曰：「謂於事物之理各極其至，窮到盡頭。若是裏面核子未破，便是未極其至也。」○又曰：「有一物便有一理。窮得到後，觸事觸物皆撞著這道理。事君便遇忠，事

親便遇孝，居處便恭，執事便敬，以至在輿倚衡，無往不見這箇道理。」〇又曰：「窮理上須見得十分徹底，窮到極處，須是見得第一著方是，不可到第三第四著便休了。」〇陳氏曰：「窮至事物之理，表裏灼無遁情，如親到而見其然。」此八者，大學之條目也。

或問「『古之欲明明德於天下者，先治其國；欲治其國者，先齊其家；欲齊其家者，先修其身；欲修其身者，先正其心；欲正其心者，先誠其意；欲誠其意者，先致其知；致知在格物。』何也？」曰：「此言大學之序，其詳如此，蓋綱領之條目也。格物、致知、誠意、正心、修身者，明明德之事也。齊家、治國、平天下者，新民之事也。語録曰：「就此八者理會得透徹，明德新民都在這裏。」格物、致知，所以求知至善之所在。自誠意以至於平天下，所以求得夫至善而止之也。語録曰：「格物、致知，是求知其所止。誠意、正心、脩身、齊家、治國、平天下，是求得其所止。物格、知至，是知所止。意誠、心正、身脩、家齊、國治、天下平，是得其所止。」所謂明明德於天下者，自明其明德而推以新民，使天下之人皆有以明其明德也。人皆有以明其明德，則各誠其意，各正其心，各脩其身，各親其親，各長其長，而天下無不平矣。文集曰：「問『此處只言誠意、正心、脩身而不及致知，又益以親親、長長而不及齊家、治國、平天下』。曰：『致知所以明之親親、長長，即齊家之大者。』」〇問：「自昔明明德於天下者，亦須由格物致知功夫，次第曲

折，然後始能自明其明德也。今使天下之人皆有以明其明德，便能各誠其意，各正其心，各脩其身，各親其親，各長其長，而格物致知之功略不煩於用力焉。豈不墮於不擇其本而直圖其末之弊？」曰：「若欲正心誠意，須是格物致知。然若説道各格其物，各致其知，則似不成言語，只得如此説過。如云『壹是皆以脩身爲本』，豈是删了上四事耶？」**然天下之本在國，故欲平天下者，必先有以治其國。國之本在家，故欲治國者，必先有以齊其家。家之本在身，故欲齊家者，必先有以脩其身。至於身之主，則心也。一有不得其本然之正，則身無所主，雖欲勉强以脩之，亦不可得而脩矣。故欲脩身者，必先有以正其心。**文集曰：「心之爲物，至虚至靈，神妙不測，常爲一身之主，以提萬事之綱，而不可有頃刻之不存者也。一不自覺，而馳騖飛揚，以徇物欲於軀殼之外，則一身無主，萬事無綱，雖其俯仰顧盼之間，而已不自覺其身之所在。」**而心之發則意也，一有私欲雜乎其中，而爲善去惡或有未實，則心爲所累，雖欲勉强以正之，亦不可得而正矣。故欲正心者，必先有以誠其意。**語録曰：「心無形影，教人如何撑拄？須是從心之所發處下手，先須去了許多惡根。如人家裏有賊，先去了賊，方得家中寧；如種田，不先去了草，如何下種？」**若夫知，則心之神明，妙衆理而宰萬物者也。**語録曰：「神是恁地精彩，明是恁地光明。」○又曰：「大凡道理皆是我自有之物，非從外得。所謂知者，便只是知得我底道理，非是

以我之知去知彼道理也。道理固本有，用知方發得出來，若無知，道理何從而見？所以謂之妙衆理，猶言能運用衆理也。運用字有病，故只下得妙字。」○問：「知如何宰物？」曰：「無所知覺，則不足以宰制萬物，要宰制他，也須是知覺。」○問：「宰萬物，是主宰之宰、宰制之宰？」曰：「主便是宰，宰便是制。」○問：「孟子集註中言『心者，具衆理而應萬物』，比『妙衆理宰萬物』如何？」曰：「妙字稍精彩，但具字平穩。」○黄氏曰：「理是不動底物，不著妙字，如何發得許多理出來？」**人莫不有，而或不能使其表裏洞然無所不盡，則隱微之閒真妄錯雜，雖欲勉强以誠之，亦不可得而誠矣。故欲誠意者，必先有以致其知。**語録曰：「四方八面都見得周匝無遺，是表。又要逼就身上來，無一豪之不盡，是裏。」○陳氏曰：「致知言表裏洞然，以心之内外而言。」○又曰：「知不致，則無以識是非善惡之真，將從何而趨，從何而舍？必有錯認人欲作天理而不自覺者。」○三山陳氏曰：「欲意之誠，而不始於致知，則有善否未明，而誤於所向者多矣。」**致者，推致之謂，如喪致乎哀之致，言推之而至於盡也。**三山陳氏曰：「推之而至於盡，有所用力之辭。」**至於天下之物，則必各有所以然之故，與其所當然之則，所謂理也。**語録曰：「所以然之故，只是上面一層，如君之所以仁，蓋君是箇主腦，人民、土地皆屬他管，自是用仁愛。試不仁愛看，便行不得。非是説爲君了不得已用仁愛，自是理合如此。又如父之所以慈，子之所以孝，蓋父子本同一氣，只是一人

之身分成兩箇，其恩愛相屬，自有不期然而然者。其他大倫皆然，皆天理使之如此。」〇又曰：「如事親當孝，事兄當弟之類，便是當然之則。然事親如何却須要孝，從兄如何却須要弟，此即所以然之故。」人莫不知，而或不能使其精粗隱顯究極無餘，則理所未窮，知必有蔽，雖欲勉强以致之，亦不可得而致矣。故致知之道，在乎即事觀理以格夫物。陳氏曰：「格物，言精粗本末究極無餘，方周匝物之曲折。」〇葉氏曰：「但能隨事觀理，盡與理會將過，卒之天下事物之理，不惟知得一件兩件，若隱若顯，蓋將無所不知矣。一事一物之間，不惟知得一分兩分，若精若粗，蓋將無所不知矣。」格者，極至之謂，如格于文祖之格，言窮之而至其極也。三山陳氏曰：「窮之而至其極，身至此處之辭。」此大學之條目，聖賢相傳，所以教人爲學之次第至爲纖悉。然漢魏以來諸儒之論，未聞有及之者。至唐韓子乃能援以爲説，而見於原道之篇，則庶幾其有聞矣。然其言極於正心誠意，而無曰致知格物云者，則是不探其端而驟語其次，亦未免於擇焉不精、語焉不詳之病矣，何乃以是而議荀揚哉。」語録曰：「原道中舉大學，却不説致知格物一句；蘇氏古史舉中庸『不獲乎上』，却不説『不明乎善，不誠乎身』二句，這樣底都是箇無頭學問。」

物格而后知至，知至而后意誠，意誠而后心正，心正而后身脩，身脩而后家齊，家齊而后國治，國治而后天下平。治，去聲，後放此。

物格者，物理之極處無不到也。知至者，吾心之所知無不盡也。文集曰：「物格猶可以一事言，知至則指吾心所可知處不容更有未盡矣。」○語録曰：「物格是要得外面無不盡，知至是裏面亦清徹無不盡。」○又曰：「如親其所親，長其所長，而不能推之於天下，則是不能盡之於外。欲親其所親，長其所長，而自家裏面有所不到，則是不能盡之於內。須是外無不周，內無不具，方是知至。」○又曰：「若知一而不知二，知大而不知細，知高遠而不知幽深，皆非知之至也。」**知既盡，則意可得而實矣。**語録曰：「知得此理盡，則此箇意便實，若有知未透處，這裏面黑了。」**意既實，則心可得而正矣。**語録曰：「意誠後推盪得查滓盡，心總是義理。」**脩身以上，明明德之事也。齊家以下，新民之事也。物格知至，則知所止矣。意誠以下，則皆得所止之序也。**

或問「『物格而后知至，知至而后意誠，意誠而后心正，心正而后身脩，身脩而后家齊，家齊而后國治，國治而后天下平。』何也？」曰：「此覆説上文之意也。物格者，事物之理各有以詣其極而無餘之謂也。理之在物者，既詣其極而無餘，則知之在我者，亦隨所詣而無不盡矣。陳氏曰：「天下事物，無一之不格，幽明巨細，有以洞灼其表裏，其知之至也，瑩萬理於胷中。是極其所真是而不可移，非極其所真非而不容易。善極其本之所由來而無不徹，惡極其幾之所從起而無少遁。」知無不盡，則心之所發，能一於

理而無自欺矣。意不自欺，則心之本體，物不能動而無不正矣。心得其正，則身之所處不至陷於所偏而無不脩矣。陳氏曰：「物果格，知果至，由是而往，則意極其誠而無一念之或欺，心極其正而無一息之不存，身極其脩而無一動之或偏矣。」身無不脩，則推之天下國家亦舉而措之耳，豈外此而求之智謀功利之末哉。」陳氏曰：「大要自脩身而上，工夫最難；自齊家而下，工夫却易；至於治國平天下，特舉而措之耳。」曰：「篇首之言明明德，以新民爲對，則固專以自明爲言矣。後段於平天下者，復以明明德言之，則似新民之事亦在其中。何其言之不一而辨之不明邪？」曰：「篇首三言者，大學之綱領也。而以其賓主對待、先後次第言之，則明明德者又三言之綱領也。至此後段，然後極其體用之全而一言以舉之。陳氏曰：「此書首三言固當無所不盡，而所謂明明德者又通爲一篇之統體。」以見夫天下雖大，而吾心之體無不該；事物雖多，而吾心之用無不貫。陳氏曰：「體具於方寸之間，萬理無所不備，而無一物能出乎是理之外；用發於方寸之間，萬事無所不貫，而無一理不行乎其事之中。此心之所以爲妙。」蓋必析之有以極其精而不亂，然後合之有以盡其大而無餘。愚按：朱子嘗言「道體之全，渾然一致，而精粗本末之分粲然於其中，此聖賢之言所以或離或合，而乃所以爲道體之全也。若不知此，則卒爲無星之秤、無寸之尺而已」，正是此意。此又言之序也。」

自天子以至於庶人，壹是皆以脩身爲本。

壹是，一切也。語録曰：「一切，如以刀切物，取其整齊。」正心以上，皆所以脩身也。齊家以下，則舉此而錯之耳。葉氏曰：「八者條目，脩身居中。凡格物、致知、正心、誠意許多工夫，皆所以脩身。而齊家、治國、平天下，則又因此身之既脩而推之耳。」

其本亂而末治者否矣。其所厚者薄，而其所薄者厚，未之有也。

本，謂身也。所厚，謂家也。文集曰：「所厚，謂父子兄弟骨肉之恩，理之所當然，而人心之不能已者。」此兩節結上文兩節之意。文集曰：「大學條目凡八事，而章末獨以脩身、齊家二事結之，亦猶前章知所先後之云，而旨益深矣。」

或問「『自天子以至於庶人，壹是皆以脩身爲本。其本亂而末治者否矣。其所厚者薄，而其所薄者厚，未之有也。』何也？」曰：「此結上文兩節之意也。以身對天下國家而言，則身爲本，而天下、國家爲末。語録曰：「脩身是對天下、國家説，云此是本，此是末。」以家對國與天下而言，則其理雖未嘗不一，然其厚薄之分亦不容無等差矣。三山陳氏曰：「所厚者家也，國與天下本非所薄，自家言之，則爲薄耳。」故不能格物致知，以誠意正心而脩其身，則本必亂而末不可治。三山陳氏曰：「脩身者，自格物、致

知、誠意、正心而積也。不如是，則身不可脩。身之不脩，則其本亂矣。本之既亂，如天下、國家何？」不親其親，不長其長，則所厚者薄，而無以及人之親長，此皆必然之理也。三山陳氏曰：「事父母而不能孝，事兄長而不能弟，則是於其所厚者薄矣。所厚者猶薄，奚望其親天下之親、長天下之長哉？」孟子所謂『於所厚者薄，無所不薄』，其言蓋亦本於此云。」○曰：「治國平天下者，天子諸侯之事也，卿大夫以下蓋無與焉。今大學之教，乃例以明明德於天下爲言，豈不爲思出其位，犯非其分，而何以得爲爲己之學哉？」曰：「天之明命，有生之所同得，非有我之得私也。是以君子之心，豁然大公，其視天下，無一物而非吾心之所當愛，無一事而非吾職之所當爲，雖或勢在匹夫之賤，而所以堯舜其君、堯舜其民者，亦未嘗不在其分内也。語録曰：「小事大事，只是道我合當做便如此做。」○又曰：「那箇事不是分内事。」又況大學之教，乃爲天子之元子、衆子，公、侯、卿、大夫、士之適子，與國之俊選而設，是皆將有天下國家之責而不可辭者，則其所以素教而預養之者，安得不以天下國家爲己事之當然，而預求有以正其本、清其原哉。語録曰：「所謂天下之事皆我之所當爲者，只恁地强信不得，須是學問到那田地，經歷磨煉多後，方信得過。」後世教學不明，爲人君父者慮不足以及此，而苟徇於目前，是以天下之治日常少，亂日常多，而敗國之君、亡家之主

常接迹於當世，亦可悲矣。論者不此之監，而反以聖法爲疑，亦獨何哉？大抵以學者而視天下之事，以爲己事之所當然而爲之，則雖甲兵錢穀、籩豆有司之事，皆爲己也。語録曰：「學者須是爲己。聖人教人，只在大學明明德上。以此立心，則如今端己斂容，亦爲己也；讀書窮理，亦爲己也；做得一件事是實，亦爲己也。」〇又曰：「如甲兵錢穀、籩豆有司，當自家理會便理會，不是爲别人了理會。」以其可以求知於世而爲之，則雖割股廬墓、弊車羸馬，亦爲人耳。語録曰：「纔説要人知，便是有所爲。」〇又曰：「如割股、廬墓，一則是不忍其親之病，一則是不忍其親之死，這都是爲己。若因要人知了去恁地，便是爲人。」善乎張子敬夫之言曰：『爲己者，無所爲而然者也。』此其語意之深切，蓋有前賢所未發者。學者以是而日自省焉，則有以察乎善利之閒，而無毫釐之差矣。」語録曰：「無所爲，只是見得自家合當做，不是要人道好。」〇又曰：「張子此言，與孟子性善養氣之論同功。」

右經一章，蓋孔子之言而曾子述之。凡二百五字。其傳十章，則曾子之意而門人記之也。舊本頗有錯簡，今因程子所定，而更考經文，别爲序次如左。凡一千五百四十六字。

凡傳文，雜引經傳，若無統紀，然文理接續，血脉貫通，深淺始終，至爲精密。

熟讀詳味，久當見之，今不盡釋也。語録曰：「大學諸傳，有解經處，有只引經傳贊揚處，其意只是提起一事，使人讀著常惺惺底。」○葉氏曰：「古人只將經傳中句語排列，以發明其旨，中間義理却自貫通。」

或問「子謂正經蓋夫子之言而曾子述之，其傳則曾子之意而門人記之，何以知其然也？」曰：「正經辭約而理備，言近而指遠，非聖人不能及也，然以其無他左驗，且意其或出於古昔先民之言也，故疑之而不敢質。至於傳文，或引曾子之言，而又多與中庸、孟子者合，則知其成於曾子門人之手，而子思以授孟子無疑也。蓋中庸之所謂明善，即格物、致知之功；其曰誠身，即誠意、正心、脩身之效也。中庸或問曰：「擇善所以明善，固執所以誠身。擇之之明，則大學所謂物格而知至也；執之之固，則大學所謂意誠而心正、身脩也。」孟子之所謂知性者，物格也；盡心者，知至也；存心、養性、脩身者，誠意、正心、脩身也。語録曰：「物字對性字，知字對心字。」○又曰：「物理之極處無不到，知性也。吾心之所知無不盡，盡心也。」○又曰：「知得到時，必盡我這心去做。如事君必要極於忠，爲子必要極於孝，不是備禮如此，既知得到這裏，若於心有些子未盡處，便打不過，便不足。」其他如謹獨之云，不慊之説，義利之分，常言之序，亦無不脗合焉者。故程子以爲孔氏之遺書，學者之先務，而論、孟猶處其次焉，亦可見矣。」

曰：「程子之先是書而後論、孟，又且不及乎中庸，何也？」曰：「是書垂世立教之大典，通爲天下後世而言者也。論、孟應機接物之微言，或因一時而發者也[二]。是以是書之規橅雖大，然其首尾該備而綱領可尋，節目分明而工夫有序，無非切於學者之日用。陳氏曰：「大學規模廣大而本末不遺，節目詳明而始終不紊，學者所當最先講明者。」論、孟之爲人雖切，然而問者非一人，記者非一手，或先後淺深之無序，或抑揚進退之不齊，其閒蓋有非初學日用之所及者，此程子所以先是書而後論、孟。蓋以其難易緩急言之，而非以聖人之言爲有優劣也。至於中庸，則又聖門傳授極致之言，尤非後學之所易得而聞者，故程子之教未遽及之，豈不又以爲論、孟既通，然後可以及此乎？蓋不先乎大學，無以提挈綱領，而盡論、孟之精微；不參之論、孟，無以融貫會通，而極中庸之歸趣。然不會其極於中庸，則又何以建立大本，經綸大經，而讀天下之書，論天下之事哉。以是觀之，則務講學者固不可不急於四書，而讀四書者又不可不先於大學，亦已明矣。文集曰：「看大學首尾貫通，都

[二]「一時」下通志堂經解本有「一事」二字。

無所疑，然後可讀語、孟，又無所疑，然後可讀中庸。」○又曰：「先看大學，次語、孟，次中庸。果然下工夫，句句字字涵泳切己，看得透徹，一生受用不盡。只怕人不下工[二]，雖多讀古人書，無益。書只是明得道理，却要人做出書中所説聖賢工夫來。若果看此數書，他書可一見而決矣。」○陳氏曰：「讀書次序，自有其要。先須大學，以爲入德之門，以其中説明明德、新民具有條理，實群經之綱領也。次則論語，以爲操存涵養之實。又其次則孟子，以爲體驗充廣之端。三者既通，然後會其極於中庸。」**今之教者乃或棄此不務，而反以他説先焉，其不溺於虛空、流於功利而得罪於聖門者，幾希矣。」**

康誥曰：「克明德。」

康誥，周書。克，能也。語録曰：「此克字雖訓能字，然克字比能字有力。」○真氏曰：「要切處在克之一字。」

大甲曰：「顧諟天之明命。」大，讀曰泰。諟，古是字。

大甲，商書。顧，謂常目在之也。語録曰：「目在，如目存之，常知得有此理，不是親眼看，只要常常提撕在這裏，莫使他昏昧了。」○又曰：「常在視瞻之閒，存之而不忘。」○又曰：「常要

[二]「工」下通志堂經解本有「夫」字。

看，教他光明燦爛，昭然在目前。」○問：「天命至微，恐不可目在之，想只是顧其發見處。」曰：「只是見得長長地在面前樣，豈是有物可見？」諟，猶此也，語録曰：「顧諟，是看此也。」或曰審也。語録曰：「諟是詳審，顧諟乃見得子細。」天之明命，即天之所以與我，而我之所以爲德者也。愚謂：自天所與而言，則曰命；自我之所得而言，則曰德。常目在之，則無時不明矣。

帝典曰：「克明峻德。」峻，書作俊。

帝典，堯典，虞書。峻，大也。

皆自明也。

結所引書，皆言自明己德之意。

右傳之首章，釋明明德。

此通下三章至「止於信」，舊本誤在「沒世不忘」之下。

或問「一章而下以至三章之半，鄭本元在『沒世不忘』之下，而程子乃以次於『此謂知之至也』之文，子獨何以知其不然，而遂以爲傳之首章也？」曰：「以經統傳，以傳附經，則其次第可知，而二說之不然審矣。」三山陳氏曰：「以文勢與經傳之次序相統

而知之。」○曰：「然則其曰『克明德』者，何也？」曰：「此言文王能明其德也。蓋人莫不知德之當明而欲明之，然氣稟拘之於前，物欲蔽之於後，是以雖欲明之，而有不克也。真氏曰：「明德人所同有，其所以爲聖愚之分者，但以克明與不能明之異爾。常人所以不能明者，一則以氣稟昏弱之故，二則以物欲蔽塞之故。雖是蔽塞之餘，若一旦悔悟，欲自明其德，亦無不可者，患在自暴自棄而不肯爲耳。」文王之心，渾然天理，亦無待於克之而自明矣。然猶云爾者，亦見其獨能明之而他人不能，又以見夫未能明者之不可不致其克之之功也。」愚謂：文王自誠而明者，故其心渾然天理，表裏澄瑩，不待克之而自明。若大賢而下，未能如文王，則不可無克之之功矣。○曰：「『顧諟天之明命』，何也？」曰：「人受天地之中以生，故人之明德非他也，即天之所以命我而至善之所存也，是其全體大用蓋無時而不發見於日用之閒。語録曰：「體用元不相離。此身是體，動作處便是用；天是體，萬物資始處便是用；地是體，萬物資生處便是用。」○陳氏曰：「於寂然不動之時，則合萬殊爲一本，而渾然之全體常昭融於方寸閒。及感而遂通之際，則散一本爲萬殊，而縱横曲直莫非大用之所流行。」○又曰：「天理本體常生生而無一息之已，而其大用亦無一息不流行乎日用之閒。」○真氏曰：「全體，言性之本體，渾然全備，仁、義、禮、智、信是也。大用，言性之發用出來者，惻隱、羞惡、辭遜、是非之端是也。」人惟不察於此，是以

汩於人欲而不知所以自明，常目在之，而真若見其參於前倚於衡也，語録曰：「若見其參於前而倚於衡，此豈有物可見？但是凡人不知省察，常行日用每與是德相忘，亦不自知其有是也。今所謂顧諟者，只是心裏常常存著此理。一出言，則言必有當然之則，不可失也；一行事，則事又有當然之則，不可失也。不過如此耳，初豈實有一物之可以見其形象邪？」**則成性存存而道義出矣。**」語録曰：「成性如名，明德如表德相似，天命都一般。」○又曰：「成性[二]，不曾作壞底。存謂常在這裏，存之又存。」○真氏曰：「言天之與我者，自有混成之性，如今俗言見成渾淪之物是也。我但當存之又存，不令頃刻失之，則天下之道義無不從此出。道義，如事君忠、事親孝、事長弟之類皆是。」○又曰：「人只要存得這些，便見得此性發出底都是道理。若不存得這些，待做出，那箇會合道理？」曰：「『克明俊德』，何也？」曰：「言堯**能明其大德也。」**陳氏曰：「明德而至於大，如光被四表，使天下之人皆在吾盛德輝光之內。」○曰：「是三者，固皆自明之事也，然其言之亦有序乎？」曰：「康誥通言明德而已。大甲則明天之未始不爲人，而人之未始不爲天也。帝典則專言成德之事而極其大焉。其言之淺深亦略有序矣。」語録曰：「天即人，人即天。人之始生，得於天也，既

[二] 性，原作「且」，據通志堂經解本改。

生此人，則天又在人矣。凡語言、動作、視聽，皆天也。只今説話，天便在這裏。」〇又曰：「只是言人之性本無不善，而其日用之閒莫不有當然之則，則所謂天理也。人若每事做得是，則便合天理。天人本只一理，若理會得此意，則天何嘗大，人何嘗小也。」〇黄氏曰：「本文三引書，乃斷章取義，以明經文『明明德』之意。其言之序，則自淺而深，最爲有味。克明德者，泛言之；曰顧諟，則言明之之功；曰明命，則言明德之故；次之曰峻德，加一峻字，則又見明德之極，乃所謂止於至善者也。」

湯之盤銘曰：「苟日新，日日新，又日新。」

盤，沐浴之盤也。銘，名其器以自警之辭也。陳氏曰：「銘者，刻其辭於器，因外以警其中也。」**苟，誠也。**語録曰：「要緊在此一字。」**湯以人之洗濯其心以去惡，如沐浴其身以去垢，故銘其盤。**語録曰：「盤銘取沐浴之義者，蓋謂早閒盥濯，纔到晚下垢汚又生，所以常要日新。」〇真氏曰：「身之有垢，特形骸之礙耳，然人猶知沐浴以去之，惟恐塵垢存則其體汚穢。至於心者，神明之府，乃甘心爲利欲所昏，而不肯一用其力以去之。是以形體爲重，以心性爲輕也，豈不謬哉。」**言誠能一日有以滌其舊染之污而自新，則當因其已新者而日日新之，又日新之，不可略有閒斷也。**」陳氏曰：「誠能一日洗滌而新之，則當因其已新者日日新之，又日新之，工夫無有閒斷，必到那光明盛大處。」

康誥曰：「作新民。」

鼓之舞之之謂作。語録曰：「如擊鼓然，自然使人跳舞踴躍。」言振起其自新之民也。陳氏曰：「自新之民，已能改過遷善，又從而鼓舞振作之，使之亹亹不能自已，是作其自新之民也。此正新民用工夫處。」

詩曰：「周雖舊邦，其命惟新。」

詩，大雅文王之篇。言周國雖舊，至於文王，能新其德以及於民，而始受天命也。語録曰：「新民之極，和天命也新。」

是故君子無所不用其極。

自新、新民，皆欲止於至善也。語録曰：「明明德，便要如湯之『日新』；新民，便要如文王之『周雖舊邦，其命維新』，各求止於至善之地而後止也。」

右傳之二章，釋新民。

或問「盤之有銘，何也？」曰：「盤者，常用之器；銘者，自警之辭也。古之聖賢兢兢業業，固無時而不戒謹恐懼，然猶恐其有所怠忽而或忘之也，是以於其常用之器，各因其事而刻銘，以致戒焉。欲其常接乎目，每警乎心，而不至於忽忘

也。」曰：「然則沐浴之盤，而其所刻之辭如此，何也？」曰：「人之有是德，猶其有是身也，德之本明，猶其身之本潔也。德之明而利欲昏之，猶身之潔而塵垢污之也。一旦存養省察之功真有以去其前日利欲之昏而日新焉，則亦猶其疏瀹澡雪而有以去其前日塵垢之污也。然既新矣，而所以新之之功不繼，則利欲之交將復有如前日之昏，猶既潔矣，而所以潔之之功不繼，則塵垢之集將復有如前日之污也。故必因其已新而日日新之，又日新之，使其存養省察之功無少間斷，則明德常明，而不復爲利欲之昏，亦如人之一日沐浴而日日沐浴，又無日而不沐浴，使其疏瀹澡雪之功無少間斷，則身常潔清，而不復爲舊染之污也。愚謂：塵垢之污其害淺，利欲之昏其害深。塵垢之污，人知求以去之；而利欲之昏，則不知所以去之。惟聖人則以爲德之不可不新，甚於身之不可不潔也。且人之潔身也，既知疏瀹澡雪以去前日塵垢之污矣，然其潔之之功不繼，則塵垢復集，將又如前日之污。故必日加疏瀹澡雪之功，無少間斷，而後其身常潔而不污。況欲去利欲之昏，而復本然之明，則存養省察之功，其可一日而有間斷哉？昔成湯所以反之而至於聖者，正惟有得於此，故稱其德者，有曰『不邇聲色，不殖貨利』，又曰『以義制事，以禮制心』；有曰『從諫弗咈，改過不吝』，又曰『與人不求備，檢身若不及』，此皆足以見其日新之實。至於所謂『聖敬日躋』云者，則其言愈

約而意愈切矣。語録曰：「成湯功夫全是在敬字上，看得來大段是一箇脩飭底人。故當時人説他做功夫處，亦説得大段地著，如云『以義制事，以禮制心』『不邇聲色，不殖貨利』等語，可見日新之功。或問中所以特地詳載者，非説道人不知，亦欲學者經心耳。」**然本湯之所以得此，又其學於伊尹而有發焉。故伊尹自謂與湯『咸有一德』，而於復政大甲之初，復以『終始惟一，時乃日新』爲丁寧之戒。蓋於是時，大甲方且自怨自艾於桐，處仁遷義而歸，是亦所謂苟日新者。故復推其嘗以告于湯者告之，欲其日進乎此，無所閒斷，而有以繼其烈祖之成德也。其意亦深切矣。**真氏曰：「湯之於伊尹，學焉而後臣之。成湯之聖，蓋由學入，而其所以有一德者，伊尹輔佐之力也，又舉以告大甲焉。一者，純而不雜、常而不息之謂也。易以日新爲盛德。人之學不日進則日退，故德不可以不日新。不日新者，不一害之也。終始之閒，常一不變，則德日以新矣。」**其後周之武王，踐阼之初，受師尚父丹書之戒，曰『敬勝怠者吉，怠勝敬者滅；義勝欲者從，欲勝義者凶』。退而於其几席、觴豆、刀劍、户牖，莫不銘焉。蓋聞湯之風而興起者。今其遺語尚幸頗見於禮書，願治之君、志學之士，皆不可以莫之考也。」**語録曰：「敬便豎起，怠便放倒。以理從事是義，不以理從事便是欲。從，順也。這處敬與義是箇體用，亦猶坤卦説敬義。」○真氏曰：「武王之始踐阼也，訪丹書於太公，可謂急於聞道者矣。而太公望所告，不

出敬與義之二言。蓋敬則萬善俱立，怠則萬善俱廢；義則理爲之主，欲則物爲之主。上古聖人已致謹於此矣。武王聞之，惕若戒懼，而銘之器物以自警焉，蓋恐斯須不存，而怠與欲得乘其隙也。」曰：「此言新民，其引此，何也？」曰：「此自其本而言之，蓋以是爲自新之至而新民之端也。」陳氏曰：「三句本新民事，今引以證自新者，蓋自新乃新民之本也。」○葉氏曰：「上面既言能自新者如此，下面始言所以作新斯民者。」○曰：「康誥之言『作新民』，何也？」曰：「武王之封康叔也，以商之餘民染紂污俗而失其本心也，故作康誥之書而告之以此，欲其有以鼓舞而作興之，使之振奮踴躍，以去其惡而遷於善，舍其舊而進乎新也。然此豈聲色號令之所及哉？亦自新而已矣。」曰：「孔氏小序以康誥爲成王、周公之書，而子以武王言之，何也？」曰：「此五峯胡氏之説也。蓋嘗因而考之，其曰朕弟寡兄者，皆爲武王之自言，乃得事理之實，而其他證亦多。小序之言不足深信，於此可見。文集曰：「康誥，小序以爲成王封康叔之書。今考其詞，謂康叔爲弟，而自稱寡兄，又多述文王之德，而無一字及武王者，計乃是武王之書，而序者失之。」然非此書大義所關，故不暇於致詳，當別爲讀書者言之耳。」○曰：「詩之言『周雖舊邦，其命惟新』，何也？」曰：「言周之有邦，自后稷以來，千有餘年。至于文王，聖德日新，而民亦丕變，故天命之，以有天下。是其邦雖舊，而命則新

也。蓋民之視效在君，而天之視聽在民，君德既新，則民德必新，民德既新，則天命之新亦不旋日矣。」語録曰：「天豈曾有耳目視聽？只是自民之視聽便是天之視聽。若一件事民人皆以爲是，便是天以爲是；若民人皆歸往之，便是天命之也。」○曰：「所謂『君子無所不用其極』者，何也？」曰：「此結上文詩、書之意也。蓋盤銘言自新也，康誥言新民也，文王之詩，自新、新民之極也。故曰『君子無所不用其極』。極即至善之云也，用其極者，求其止於是而已矣。」文集曰：「二章兼明自新、新民之事，故通結之。」○又曰：「觀上文三引詩、書，而此以『無所』二字總而結之，則於自新、新民皆欲『用其極』可知矣。」

詩云：「邦畿千里，惟民所止。」

詩，商頌玄鳥之篇。邦畿，王者之都也。止，居也。言物各有所當止之處也。愚謂：此意重在止字上。

詩云：「緡蠻黄鳥，止于丘隅。」子曰：「於止，知其所止，可以人而不如鳥乎？」緡，詩作綿。

詩，小雅綿蠻之篇。緡蠻，鳥聲。丘隅，岑蔚之處。陳氏曰：「土高曰丘。隅是丘之一角危峻處。木植森蔚，人迹罕到，鳥止於此，其心甚安。」「子曰」以下，孔子説詩之辭。言人

當知所當止之處也。陳氏曰：「此意重在知字上。」

詩云：「穆穆文王，於緝熙敬止。」爲人君，止於仁；爲人臣，止於敬；爲人子，止於孝；爲人父，止於慈；與國人交，止於信。

詩，文王之篇。穆穆，深遠之意。於，歎美辭。緝，繼續也。語録曰：「緝，如緝麻之緝，連緝不已之意。」○陳氏曰：「連續而無一毫之閒。」熙，光明也。陳氏曰：「光明而無一物之蔽。」○真氏曰：「緝之與熙，非二事也，能緝則能熙矣。」敬止，言其無不敬而安所止也。黃氏曰：「敬止只得做兩字看，註之意却未必謂敬其所止。工夫全在緝熙字上，敬止却是緝熙之效，能接續光明，則自無不敬，而且安所止也。」○真氏曰：「此敬字舉全體而言，無不敬之敬也。爲人臣，止於敬，專指敬君而言，乃敬中之一事也。文王之敬，包得仁、敬、孝、慈、信。」引此而言聖人之止，無非至善，五者乃其目之大者也。蔡氏曰：「緝熙敬止者，所以爲止至善之本。仁、敬、孝、慈、信，所以爲止至善之目。」學者於此，究其精微之蘊，而又推類以盡其餘，語録曰：「大倫有五，此言其三。究其精微之蘊，是就三者裏面窮究其蘊。推類以通其餘，是外面推廣，如夫婦、兄弟之類，須是就君仁、臣敬、子孝、父慈、與國人信上推究精微，各無不盡之理。此章雖人倫大目，亦只舉得三件，必須就此上推廣，所以事上當如何，所以待下又如何，尊卑小大之閒，處之各要如此。」○真氏曰：「此二語乃是發聖人言外之意。蓋理之淺近者易見，而精微

者難知。若於義理只見得皮膚，往往便以未善爲已善，小善爲大善。惟是窮究到精微處，方知三分之善只是三分，七分之善只是七分，不至以下爲高、以淺爲深，此學者所以貴於致知也。推類云者，以五者大倫言之，此説君臣、父子、朋友而已，若夫婦則止於有別，長幼則止於有序，又推之萬事萬物，莫不有當止處。」則於天下之事皆有以知其所止而無疑矣。

詩云：「瞻彼淇澳，菉竹猗猗。有斐君子，如切如磋，如琢如磨。瑟兮僩兮，赫兮喧兮。有斐君子，終不可諠兮。」如切如磋者，道學也。如琢如磨者，自脩也。瑟兮僩兮者，恂慄也。赫兮喧兮者，威儀也。有斐君子，終不可諠兮者，道盛德至善，民之不能忘也。澳，於六反。菉，詩作緑。猗，叶韻，音阿。僩，下版反。喧，詩作咺；諠，詩作諼，並況晚反。恂，鄭氏讀作峻。

詩，衛風淇澳之篇。淇，水名。澳，隈也。猗猗，美盛貌。興也。詩傳曰：「以緑竹始生之美盛，興其學問自脩之進益也。」斐，文貌。詩傳曰：「文章著見之貌。」切以刀鋸，琢以椎鑿，皆裁物使成形質也。磋以鑢錫，磨以沙石，皆治物使其滑澤也。文集曰：「切者以刀或鋸裁截骨角，使成形質。磋則或鑢或盪，使之平治也。琢者以椎擊鑿鐫刻玉石，使成形質。磨則礱以沙石，使之平治也。」治骨角者，既切而復磋之。治玉石者，既琢而復磨之。皆言其治之有緒，而益致其精也。真氏曰：「凡製物爲器，須切琢成形質了，方可磋磨。若

未切琢，如何磋磨？此所謂治之有緒也。既切琢了，若不磋磨，如何得他精細潤澤？此所謂益致其精也。」瑟，嚴密之貌。語録曰：「此是就心言，只是不麄疏，須恁地縝密。」○陳氏曰：「瑟是存心細密。」僩，武毅之貌。語録曰：「能剛强卓立，不如此，怠惰闒颯。」○陳氏曰：「僩是武毅不困。」赫喧，宣著盛大之貌。語録曰：「古人直是嚴密，然後有威儀烜赫著見。」諠，忘也。道，言也。學，謂講習討論之事。陳氏曰：「致知、格物是也。」自脩者，省察克治之功。陳氏曰：「誠意、正心、脩身是也。」○真氏曰：「若只説過便了，何益於事？須是省察吾之言行有無未善，吾之過失有無當改，其合克去，此即所謂克己也。」○又曰：「學與自脩，二事相表裏，不學問固不能自脩，學問了又不可不自脩。」恂慄，戰懼也。語録曰：「問：『何以知其爲戰懼？』曰：『莊子云：木處則恂慄危懼。』」○問：「僩者武毅之貌，而恂慄則戰懼之貌，不知人當戰懼時，果有武毅意否？」曰：「人而懷戰懼之心，則必齋莊嚴肅，又烏可已。」威，可畏也。儀，可象也。真氏曰：「威，非徒事嚴猛而已，正衣冠，尊瞻視，儼然人望而畏之，夫是之謂威。儀，非徒事容飾而已，動容周旋，莫不中禮，夫是之謂儀。」引詩而釋之，以明明德者之止於至善。蔡氏曰：「此引詩以釋明明德之止於至善，功夫如此其縝密也。」道學、自脩，言其所以得之之由。恂慄、威儀，言其德容表裏之盛。卒乃指其實而嘆美之也。

詩云：「於戲前王不忘。」君子賢其賢而親其親，小人樂其樂而利其利，此

以没世不忘也。於戲，音烏呼。樂，音洛。

詩，周頌烈文之篇。於戲，嘆辭。前王，謂文武也。君子，謂其後賢後王。小人，謂後民也。此言前王所以新民者止於至善，能使天下後世無一物不得其所，所以既没世而人思慕之，愈久而不忘也。三山陳氏曰：「此又贊其新民之功，其效如此之長且久也。」○葉氏曰：「此非一時一世事也。所謂君子乃後之君子，小人乃後之小人，没世而猶慕之，愈久而愈不忘也。」**此兩節咏歎淫泆，其味深長，當熟玩之。**語録曰：「一章主意，只是説所以止於至善工夫，大槩是反覆嗟咏，其味深長。」

右傳之三章，釋止於至善。

此章内，自引淇澳詩以下，舊本誤在「誠意」章下。

或問「此引玄鳥之詩，何也？」曰：「此以民之止於邦畿，而明物之各有所止也。」葉氏曰：「傳引此詩，蓋言凡天下之物，莫不各有所當止，借邦畿以爲喻也。」**○曰：「引綿蠻之詩，而系以孔子之言，孔子何以有是言也？」曰：「此夫子説詩之辭也。蓋曰鳥於其欲止之時，猶知其當止之處，豈可人爲萬物之靈，而反不如鳥之能知所止而止之乎？其所以發明人當知止之義，亦深切矣。」○曰：「引文王之詩，而繼以君**

臣、父子、與國人交之所止，何也？」曰：「此因聖人之止，以明至善之所在也。蓋天生烝民，有物有則，是以萬物庶事，莫不各有當止之所。但所居之位不同，則所止之善不一。故爲人君，則其所當止者在於仁；爲人臣，則其所當止者在於敬；爲人子，則其所當止者在於孝；爲人父，則其所當止者在於慈；與國人交，則其所當止者在於信。是皆天理人倫之極致，發於人心之不容已者，而文王之所以爲法於天下、可傳於後世者，亦不能加豪末於是焉。但衆人類爲氣稟物欲之所昏，故不能常敬而失其所止，唯聖人之心表裏洞然，無有一豪之蔽，故連續光明，自無不敬，而所止者莫非至善，不待知所止而後得所止也。故傳引此詩而歷陳所止之實，使天下後世得以取法焉。學者於此，誠有以見其發於本心之不容已者，而緝熙之，使其連續光明，無少閒斷，則其敬止之功，是亦文王而已矣。」真氏曰：「常人之德業所以不能光明者，以其乍作乍輟，無繼續之功也。惟聖人之心與天同運，有緝熙之功。」詩所謂『上天之載，無聲無臭。儀刑文王，萬邦作孚』，正此意也。」愚謂：天無聲臭可求，苟儀刑文王，則天德全矣。萬邦所以信悦，正天下後世得以取法之意。曰：「子之説詩，既以敬止之止爲語助之辭，而於此書又以爲所止之義，何也？」曰：「古人引詩斷章，或姑借其辭以明己意，未必皆取本文之義也。」陳氏曰：「敬止之止，當

爲助語之辭，引而釋知止之義，蓋古人之言詩也，如是而已矣。商與賜之可與言詩者，於詩之訓詁無當也，而聖人嘉之，此非可與後世之學詩者言也。」曰：「五者之目，詞約而義該矣。子之說乃復有所謂究其精微之藴而推類以通之者，何其言之衍而不切耶？」曰：「舉其德之要而總名之，則一言足矣。論其所以爲是一言者，則其始終本末，豈一言之所能盡哉？得其名而不得其所以名，則仁或流於姑息，敬或墮於阿諛，孝或陷父，而慈或敗子，且其爲信亦未必不爲尾生、白公之爲也。又況傳之所陳，姑以見物各有止之凡例，其於大倫之目猶且闕其二焉，苟不推類以通之，則亦何以盡天下之理哉？」蔡氏曰：「所謂得其名而不得其所以名，若細推之，如爲人君止於仁，固同一仁也，然仁亦何止一端？生之育之固仁也，刑之威之亦仁也，若執著其仁之一端，不能隨處止其仁之所止，安得謂止於仁之至善？爲人臣止於敬，固同一敬也，然敬亦何止一端？鞠躬盡力固敬也，陳善閉邪亦敬也，若執著其敬之一端，不能隨處止其敬之所止，安得謂止於敬之至善？爲人子止於孝，固同一孝也，然孝亦何止一端？先意承志固孝也，幾諫不違亦孝也，若執著其孝之一端，不能隨處止其孝之所止，安得謂止於孝之至善？以至爲人父止於慈，與國人交止於信，皆當如此。而又推類以及其餘，則凡天下之事，無大無小，雖千條萬緒，皆有以知其所當止，而無不止於至善矣。」○曰：「復引淇澳之詩，何也？」曰：「上言止於至善之

理備矣。然其所以求之之方，與其得之之驗，則未之及，故又引此詩以發明之也。夫如切如磋，言其所以講於學者已精而益求其精也。如琢如磨，言其所以脩於身者已密而益求其密也。此其所以擇善固執，日就月將，而得止於至善之由也。語録曰：「學是起頭處，脩身是成就處，中間功夫[二]，既講求又復講求，既克治又復克治，此謂已精而求其益精，已密而求其益密也。」○又曰：「只切而不磋，亦未到至善處；只琢而不磨，亦未到至善處。」○陳氏曰：「切是窮究事物之理，逐件分析，有倫有敘。磋是講究到純熟處，道理瑩徹，所以如切而又磋。琢是克去物欲之私，使無瑕纇。磨是磨礲至那十分純粹處，所以如琢而又磨。」○又曰：「學是知止於至善所在，自脩是止於至善所在。」**恂慄者，嚴敬之存乎中也。威儀者，輝光之著乎外也。此其所以睟面盎背，施於四體，而爲止於至善之驗也。**語録曰：「有主於中而不能發於外，亦不是至善。務飾於外而無主於中，亦不是至善。」○又曰：「到這裏睟面盎背，發見於外，便是學與自脩之驗。」**盛德至善，民不能忘，蓋人心之所同然，聖人既先得之，而其充盛宣著又如此，是以民皆仰之而不能忘也。**語録曰：「若非十分至善，何以使民久而不能忘？只是一時不忘，亦不是至善。」○又曰：「問：

[二] 夫，原作「大」，據通志堂經解本改。

『大學引淇澳詩，是學者事，而盛德至善，或問指聖人言之，何也？』曰：『後面説得來大，非聖人不能。此是連上文文王「於緝熙敬止」説，聖人也不是插手掉臂做到那處，也須學始得。所謂生而知之者，便只是知得這箇。』」**盛德以身之所得而言也，至善以理之所極而言也，切磋琢磨，求其止於是而已矣。**」文集曰：「盛德至善，此言聖人事，蓋渾然一體，不可得而分者。但以人言則曰德，以理言則曰善，又不爲無辨耳。」曰：「**切磋琢磨，何以爲學問自脩之別**[二]**？**」曰：「**骨角脉理可尋，而切磋之功易，所謂始條理之事也。玉石渾全堅確，而琢磨之功難，所謂終條理之事也。**」語録曰：「骨角却易開解，玉石儘著得磨揩工夫。」○問：「切磋是始條理，琢磨是終條理，較密否？」曰：「始終條理都要密，講貫而益講貫，脩飭而益脩飭。」○曰：「**引烈文之詩，而言前王之没世不忘，何也？**」曰：「**賢其賢者，聞而知之，仰其德業之盛也；親其親者，子孫保之，思其覆育之恩也；樂其樂者，含哺鼓腹而安其樂也；利其利者，耕田鑿井而享其利也。此皆先王盛德至善之餘澤，故雖已没世而人猶思之，愈久而不能忘也。**」文集曰：「親賢樂利，上四字皆自後人而言，下四字或指前王之身，或指前王之澤。」○語録曰：「如孔子仰文武之德，

[二]「别」下通志堂經解本有「也」字。

是賢其賢；成康以後思其恩而保其基緒，便是親其親。」上文之引淇澳，以明明德之得所止言之，而發新民之端也。此引烈文，以新民之得所止言之，而著明明德之效也。」文集曰：「淇澳言明明德而可以新民，以見明德之極功。烈文因言非獨一時民不能忘，而後世之民亦不能忘，以見新民之極功。」○曰：「淇澳、烈文二節，鄭本元在「誠意」章後，而程子置之卒章之中，子獨何以知其不然而屬之此也？」曰：「二家所繫，文意不屬，故有不得而從者。且以所謂道盛德至善、没世不忘者推之，則知其當屬乎此也。」

子曰：「聽訟，吾猶人也，必也使無訟乎。無情者不得盡其辭，大畏民志。」此謂知本。

猶人，不異於人也。葉氏曰：「言吾亦若人耳。」情，實也。引夫子之言，而言聖人能使無實之人不敢盡其虚誕之辭，蓋我之明德既明，自然有以畏服民之心志，故訟不待聽而自無也。語録曰：「大有以畏服斯民自欺之志。」○又曰：「惟是先有以服其心志，所以能使之不得盡其虚誕之辭。」觀於此言，可以知本末之先後矣。黄氏曰：「聽訟無訟，亦大槩引此一端以見本末，其他皆然。論其所以然，固本於明德新民，然聖人不專以此一事爲足以盡本末也。」

右傳之四章，釋本末。

此章舊本誤在「止於信」下。

或問「『聽訟』一章，鄭本元在『止於信』之後、『正心脩身』之前，程子又進而寘之經文之下、『此謂知之至也』之上。子不之從，而寘之於此，何也？」曰：「以傳之結語考之，則其爲釋本末之義可知矣。以經之本文乘之，則其當屬於此可見矣。二家之説有未安者，故不得而從也。」曰：「然則聽訟無訟，於明德新民之義，何所當也？」曰：「聖人德盛仁熟，所以自明者，皆極天下之至善，故能大有以畏服其民之心志，而使之不敢盡其無實之辭。是以雖其聽訟無以異於衆人，而自無訟之可聽，蓋己德既明而民德自新，則得其本之明效也。或不能然，而欲區區於分争辯訟之閒以求新民之效，其亦末矣。此傳者釋經之意也。」陳氏曰：「聽訟，末也；明德，本也。不能明己之德而專以智能決訟者，抑末矣。」曰：「然則其不論夫終始者，何也？」曰：「古人釋經，取其大略，未必如是之屑屑也。且此章之下有闕文焉，又安知其非本有而并失之也耶？」

此謂知本。

程子曰：「衍文也。」

此謂知之至也。

此句之上別有闕文，此特其結語耳。

右傳之五章，蓋釋格物致知之義，而今亡矣。

此章舊本通下章誤在經文之下。

閒嘗竊取程子之意以補之曰：「所謂致知在格物者，言欲致吾之知，在即物而窮其理也。文集曰：「格物者，窮理之謂也。理無形而難知，物有迹而易覩，故因是物以求之。」○語録曰：「聖人不令人懸空窮理，須要格物者，是要人就那上見得道理破便實。」○又曰：「事事物物皆有其理，事物可見而其理難知，即事即物，便要見得此理。大學不曰窮理而謂之格物，只是使人就實處窮竟。事事物物上有許多道理，窮之不可不盡也。」○真氏曰：「大學教人以格物致知，蓋即物而理在焉，庶幾學者有著實用功之地，不至馳心於虛無之境。」**蓋人心之靈莫不有知，**語録曰：「靈底是心知覺處。」○又曰：「如孩提之童知愛其親，及其長也知敬其兄，以至於飢則知求食，渴則知求飲，是莫不有知也。但所知者止於大略，而不能推致其知以至於極耳。」○陳氏曰：「此句就致知上生。」**而天下之物莫不有理，**陳氏曰：「此句就格物上生。」○真氏曰：「凡天下之物有形有象者，皆器也，其理便在其中。大而天地，亦形而下者，乾坤

乃形而上者。天地以形體言，乾坤以性情言。日月星辰風雨霜露亦形而下者，其理即形而上者。以身言之，身之形體皆形而下者，曰性、曰心之理，乃形而上者。至於一物一器，莫不皆然。如燈燭器也，其所以能照物，形而上之理也。」**惟於理有未窮，故其知有不盡也。**語録曰：「所謂窮理者，窮之須要周盡，若得一邊不見，一邊便不該通。」○真氏曰：「若不就事物上推求義理，則極至處亦無緣知得盡。」**是以大學始教，必使學者即凡天下之物，莫不因其已知之理而益窮之，以求至乎其極。**語録曰：「問：『經文物格而後知至，却是知至在後，今云因其已知，則又在格物前。』曰：『知元自有，纔要去理會，便是這些知萌露。若懵然全不向著，便是知之端未曾通。』」○又曰：「窮理者，因其所已知而究其所未知。人之良知本所固有，然不能窮理以至於物格知至者，只是足於已知，而於其所未知者不能窮且盡也。故見得一截，却又不曾見得一截，此其所以於理不精。」**至於用力之久，而一旦豁然貫通焉，**語録曰：「亦須銖積寸累工夫，到後自然貫通。」○又曰：「知至只是到脱然貫通處，雖未能事事都知得，然理會得已極多，萬一有插一件差異底事來，也都識得他破。只是貫通，便不知底亦通將去。」**則衆物之表裏精粗無不到，**語録曰：「表者，人物之所共由；裏者，吾心之所獨得。表者如父慈子孝，雖九夷八蠻，出這道理不得；裏者乃是至隱至微至親至切處。」○又曰：「粗是大綱，精是裏面曲折處。」○問：「既有箇定理，如何又有表裏精粗？」曰：「理固自有表裏精

粗，人見識亦自有高低深淺。有人只理會得下許多，都不見得上面一截，這喚做知得表、知得粗。又有人合下便看得大體，都不就中閒細下工夫，這喚做知得裏、知得精。二者俱是偏。故大學必欲格物致知，到物格知至，則表裏精粗無不盡。」而吾心之全體大用無不明矣。陳氏曰：「必致知之功到，而吾本然之體皆有以周徧昭晰，本然之用皆無所隔絶閒斷，體常涵用，用不離體，其實非兩截事也。」此謂物格，此謂知之至也。」

或問「『此謂知本』，其一爲『聽訟』章之結語，則既聞命矣。其一鄭本元在經文之後、『此謂知之至也』之前，而程子以爲衍文，何也？」曰：「以其複出而他無所繫也。」曰：「『此謂知之至也』，鄭本元隨『此謂知本』繫於經文之後，而下屬『誠意』之前。程子則去其上句之複，而附此句於『聽訟知本』之章，以屬『明德』之上，是必皆有説矣。子獨何據以知其皆不盡然，而有所取舍於其閒耶？」曰：「此無以他求爲也。考之經文，初無再論知本、知至之云者，則知屬之經後者之不然矣。觀於『聽訟』之章，既以知本結之，而其中閒又無知至之説，則知再結聽訟者之不然矣。且其下文所屬『明德』之章，自當爲傳文之首，又安得以此而先之乎？故愚於此皆有所不能無疑者。獨程子上句之所刪，鄭氏下文之所屬，則以經傳之次求之而有合焉，是以不得而異也。」曰：「然則子何以知其爲釋知至之結語，而又知其上之當

有闕文也？」曰：「以文義與下文推之，而知其釋知至也；以句法推之，而知其爲結語也；以傳之例推之，而知其有闕文也。」○曰：「此經之序，自誠意以下，其義明而傳悉矣。獨其所謂格物致知者，字義不明，而傳復闕焉，且爲最初用力之地，而無復上文語緒之可尋也。子乃自謂取程子之意以補之，則程子之言何以見其必合於經意？而子之言又似不盡出於程子，何邪？」曰：「或問於程子曰：『學何爲而可以有覺也？』程子曰：『學莫先於致知，能致其知，則思日益明，至於久而後有覺爾。書所謂「思曰睿，睿作聖」，董子所謂「勉强學問，則聞見博而智益明」，正謂此也。學而無覺，則亦何以學爲也哉？』語録曰：「積累之多，自有箇覺悟時節。勉强學問，所以致其知也。聞見博而智益明，則其效著矣。」○愚謂：知是識其所當然，覺是悟其所以然。或問：『忠信則可勉矣，而致知爲難，奈何？』程子曰：『誠敬固不可以不勉，然天下之理不先知之，亦未有能勉以行之者也。故大學之序，先致知而後誠意，其等有不可躐者。苟無聖人之聰明睿智，而徒欲勉焉以踐其行事之迹，則亦安能如彼之動容周旋無不中禮也哉？惟其燭理之明，乃能不待勉强而自樂循理爾。夫人之性本無不善，循理而行，宜無難者。惟其知之不至，而但欲以力爲之，是以苦其難而不知其樂耳。知之而至，則循理爲樂，不循理爲不樂，何苦而不循理

以害吾樂邪？昔嘗見有談虎傷人者，衆莫不聞，而其間一人神色獨變，問其所以，乃嘗傷於虎者也。夫虎能傷人，人孰不知，然聞之有懼有不懼者，知之有真有不真也。學者之知道，必如此人之知虎，然後爲至耳。若曰知不善之不可爲而猶或爲之，則亦未嘗真知而已矣。』語録曰：「曾被虎傷者，便知得是可畏。未曾被虎傷底，須逐旋思量箇被傷底道理，見得與被傷者一般方是。」○又曰：「程子論知之淺深，從前未有人説到此。且虎能傷人，人所共知，而懼之有見於色者，以其知之深於衆人也。學者之於道，能如此人之於虎，真有以知之，則自有不容已者矣。」○又曰：「真知是要徹骨都見得透。」○又曰：「真知是知得真箇如此，不是聽得又説便喚做知。」○又曰：「今人有知不善之不當爲，及臨事又爲之，只是知之未至。人知烏喙之殺人不可食，斷然終於不食，是真知之也。知不善不可爲而猶或爲之，是特未能真知也。所以未能真知者，緣於道理上只就外面理會，裏面却未理會得十分瑩淨。」此兩條[一]，皆言格物致知所以當先而不可後之意也。語録曰：「致知是大學最初下手處，若理會得透徹，後面便容易。」又有問進脩之術何先者，程子曰：『莫先於正心誠意。然欲誠意，必先致知，而欲致知，又在格物。致，盡也。格，至也。凡

[一]「條」下通志堂經解本有「者」字。

有一物，必有一理，窮而至之，所謂格物者也。然而格物亦非一端，如或讀書講明道義，或論古今人物而別其是非，或應接事物而處其當否，皆窮理也。』語録曰：「物理無窮，故説得來亦自多端，如讀書以講明道義，則是理存於書；如論古今人物而別其是非邪正，則是理存於古今人物；如應接事物而審處其當否，則是理存於應接事物。所存既非一物能專，則所格亦非一端而盡。」○陳氏曰：「事事物物固皆有理，而聖賢書中又見成理義所萃，而皆事物之則也。在初學者入窮理工夫，先且就聖賢言語實處爲準則，於幽閒静一之中虚心而詳玩，隨章逐句，一一實下講明工夫，果實有得，則是非邪正大分已明，而胷中權度稍定。然後次而及於論古今人物以相參質，則其褒貶去取方可有定論。最其後也，乃及於應接事物，更相證訂，則其裁處剖決，方中節而不至於差繆。故以我之見有以照彼之情，而歷練感觸又有以長吾之見，内外交相發，將何所往而非吾窮格之益也。程子之言亦有序矣。」曰：『格物者，必物物而格之耶？將止格一物而萬理皆通耶？』曰：『一物格而萬理通，雖顔子亦未至此。唯今日而格一物焉，明日又格一物焉，積習既多，然後脱然有貫通處耳。』文集曰：「一日一件者，格物工夫次第也。脱然貫通者，知至效驗極致也。不循其序而遽責其全，則爲自罔。但求粗曉而不期貫通，則爲自畫。」○語録曰：「天下豈有一理通，解萬理皆通也？須積累將去。如顔子高明，不過聞一以知十，亦是大段聰明了。學却有漸，無急迫之

理。有人嘗説，學問只用窮究一箇大處，則其他皆通。某正不敢如此説，須是逐旋做將去。不成只用窮究一箇，其他更不用管，便都理會得。爲此説者，將謂是天理，不知都是人欲。」○又曰：「今日格一件，明日格一件，乃是零零碎碎湊合將來，不知不覺自然醒悟。其始固須用力，及得之也又却不假用力。」○又曰：「如讀書，今日看一段，明日看一段。又如今日理會一事，明日理會一事。積習多後，自然貫通。」○又曰：「程子此語是真實做功夫來，不説格一件便會通，不説盡格得天下物理後方始通，只云積習既多然後脱然有箇貫通處。」**又曰：『自一身之中，以至萬物之理，理會得多，自當豁然有箇覺處。』**語録曰：「一身之中，是仁、義、禮、智，惻隱、羞惡、辭遜、是非，與夫耳目手足，視聽言動，皆所當理會。至若萬物之榮悴，與夫動植小大，這底是可以如何使，那底是可以如何用，車之可以行陸，舟之可以行水，皆當理會。」○又曰：「此一段尤要切，學者所當深究，到得豁然處，非人力勉强而至者。」**又曰：『窮理者，非謂必盡窮天下之理，又非謂止窮得一理便到，但積累多後，自當脱然有悟處。』**語録曰：「今人務博者却要盡窮天下之理，務約者又謂反身而誠，則天下之物無不在我，此皆不是。如一百件事，理會得五六十件了，這三四十件雖未理會，大槩可曉了。」**又曰：『格物非欲盡窮天下之物，但於一事上窮盡，其他可以類推。至於言孝，則當求其所以爲孝者如何。若一事上窮不得，且别窮一事。或先其易者，或先其難者，**

各隨人淺深。譬如千蹊萬徑皆可以適國，但得一道而入，則可以推類而通其餘矣。蓋萬物各具一理，而萬理同出一原，此所以可推而無不通也。』語録曰：「所謂不必盡窮天下之物者，如十事已窮得八九，則其一二雖未窮得，將來湊會，都自見得。」○又曰：「類推是從已理會得處推將去，如此便不隔越。若遠去尋討，則不切於己。」○又曰：「若一事上窮未得，且别窮一事，這是言隨人之量，非曰遷延逃避也。蓋於此處既理會不得，若專一守在這裏，却轉昏了，須著别窮一事，或又可以因彼而明此也。」○又曰：「若謂窮一事不得，便掉了别窮一事，又輕忽了，也不得。程子爲見學者有恁地底，不得已説此話。」○問：「千蹊萬徑皆可以適國，恐是譬理之一原處，不知從一事上便可窮到一原處否？」曰：「未解便如此，只要以類推。理固是一理，然其閒曲折甚多，須是把這箇做樣子，却從這裏推去始得。且如事親，固當盡其事之之道，若得於親時是如何，不得於親時又當如何。以此而推之於事君，則知得於君時是如何，不得於君時又當如何。推以事長，亦是如此。自此推去，莫不皆然。」○又曰：「萬物皆有此理，理皆同出一原，但所居之位不同，則其理之用不一，如爲君須仁，爲臣須敬，爲子須孝，爲父須慈。物物各具此理，而物物各異其用，然莫非一理之流行也，聖人所以窮理盡性而至於命。凡世閒所有之物，莫不窮極其理，所以處置得物物各得其所，無一事一物不得其宜。」又曰：**『物必有理，皆所當窮，若天地之所以高深，鬼神之所以幽顯是也。若曰天吾知其高而已矣，地吾知其深而已矣，鬼神吾知其幽且顯而已矣，則是已然**

之詞，又何理之可窮哉？』語録曰：「此處甚緊切。學者須當知天如何而能高，地如何而能厚，鬼神如何而能幽顯，這方是格物。」〇又曰：「天只是氣，非獨是高，只今人在地上，便只見如此高。要之，他連那地下亦是天。天只管轉來旋去，天大了，故旋得許多查滓在中間，世間無一箇物事恁地大，地只是氣之查滓，故厚而深。鬼爲幽，神爲顯。鬼者陰也，神者陽也。氣之屈者謂之鬼，氣之只管恁地來者謂之神。洋洋然如在其上，焄蒿悽愴，此百物之精也，神之著也，這便是那發生之精神。神者是生底，以至長大，故見其顯，便是氣之伸者。今人謂人之死爲鬼，是死後收斂，無形無迹，不可理會，便是那氣之屈底。」又曰：『如欲爲孝，則當知所以爲孝之道，如何而爲奉養之宜，如何而爲溫凊之節，莫不窮究，然後能之，非獨守夫孝之一字而可得也。』陳氏曰：「如事親當孝，非是空守一箇孝字，必須窮格所以爲孝之理當如何，凡古人事親條目皆無一不講，然後可以實能盡孝。」或問：『觀物察己者，豈因見物而反求諸己乎？』曰：『不必然也。物我一理，纔明彼，即曉此，此合内外之道也。語其大，天地之所以高厚；語其小，至一物之所以然，皆學者所宜致思也。』曰：『然則先求之四端可乎？』曰：『求之情性固切於身，然一草一木亦皆有理，不可不察。』語録曰：「這理是天下公共之理，人人都一般，初無物我之分。不可道我是一般道理，人又是一般道理，將來相比。如赤子入井，皆有怵惕，知得人有這箇，便知自家亦

有這箇，更不消比並自知。」〇又曰：「内外未嘗不合。自家知得物之理如此，則因其理之自然而應之，便見合内外之理。」〇又曰：「天地之所以高厚，一物之所以然，只是舉其至大與其至細者言。學者之窮理，無一物而在所遺也。」〇又曰：「如一草一木皆有理，草木春生秋殺，好生惡死，仲夏斬陽木，仲冬斬陰木，皆自順陰陽道理。自家知得萬物均氣同體，非其時不伐一木，此便是合内外之理。」**又曰：『致知之要，當知至善之所在，如父止於慈、子止於孝之類。若不務此，而徒欲汎然以觀萬物之類，則吾恐其如大軍之遊騎，出太遠而無所歸也。』**語録曰：「且窮實理，令有切己工夫。若只汎窮天下萬物之理，不務切己，即所謂遊騎無所歸矣。兵陣須先立定家計[二]，然後以遊騎旋旋量力分，外面與敵人合，此便是合内外之道。若遊騎太遠，都歸不得。」〇問：「程子謂一草一木皆所當窮，又謂恐如大軍遊騎，出太遠而無所歸，何也？」曰：「便是此等語説得好，平正，不向一邊去。」**又曰：『格物，莫若察之於身，其得之尤切。』**語録曰：「前既説當察物理，不可專在情性，至此又言莫若得之於身爲尤切，皆是互相發處。」**此十條者，皆言格物致知所當用力之地，與其次第功程也。**陳氏曰：「格物諸條，其用功次第極爲明備。」又曰：**『格物窮理，但立誠意以格之，**

[二]「兵陣」前朱子語類卷十八有「程子曰」三字。

其遲速則在乎人之明暗耳。』語録曰：「問：『立誠意以格之，誠意如何却在致知之先？』曰：『這箇誠意，只是要著實用力，所以下立字。』」○問：「知至而後意誠，而此云格物窮理，立誠意以格之，何也？」曰：「此誠字説較淺，未説到深處，只是堅確其志，樸實去做工夫。」**又曰：『入道莫如敬，未有能致知而不在敬者。』**語録曰：「敬則心存，心存則理具[二]，於此而得失可驗。」○又曰：「心若走作不定，何緣見得道理。」**又曰：『涵養須用敬，進學則在致知。』**文集曰：「此二言者，實學者立身進步之要，而二者之功未嘗不交相發也。然程子教人持敬，不過以整衣冠、齊容貌爲先，而所謂致知者，此不過讀書史、應事物之閒求其理之所在而已，非如近世荒誕怪譎、不近人情之説也。」○語録曰：「知與行，須是齊頭做，方能互相發。程子下須字、在字，便是皆要齊頭著力，不可道知得了方始行。有一般人，儘聰明知得，而行不及，是資質弱；又有一般人，儘行得，而知不得。」○又曰：「無事時且存養在這裏，提撕警覺，不要放肆。到那講習應接，便當思量義理，用義理做將去。無事時便著存養，收拾此心。」○又曰：「涵養於未發見之初，窮格於已發見之後。」**又曰：『致知在乎所養，養知莫過於寡欲。』**語録曰：「致知者，推致其知識而至於盡也。將致知者，必先有以養其知。有以

[二] 心，原作「理」，據通志堂經解本改。

養之，則所見益明，所得益固。欲養其知者，惟寡欲而已矣。欲寡則無紛擾之患，而知益明矣；無變遷之患，而得益固矣。」○問：「是既知後便如此養否？」曰：「此不分先後。未知之前，若不養之，此知如何發得。既知之後，若不養，則又差了。不可道未知之前便不必如此。」○又曰：「三者自是箇兩頭説話，本若無相干，但得其道，則交相爲養，失其道則交相爲害。」**又曰：『格物者，適道之始，思欲格物，則固已近道矣。是何也？以收其心而不放也。』**愚謂：若非邪思妄念處截斷不續，如何胷次得明，可以格物。此朱子所以謂此段甚好。**此五條者，又言涵養本原之功，所以爲格物致知之本者也。**語録曰：「須先涵養清明，然後能格物。」**凡程子之爲説者不過如此，其於格物致知之傳詳矣。今也尋其義理既無可疑，考其字義亦皆有據。**語録曰：「程子説許多項，初間説不可不格物致知，中間却是指出格物箇地頭，又見節次格處，自『立誠意以格之』以下，却是做功夫合如此。」○又曰：「程子皆是因人資質説，故有説向外處，有説向内處。要知學者用功，六分内面四分外面，便好，一半已難，若六分外面則尤不可。今有一等人，甚明，且於道理亦分曉，却只恁地者，只是向外做功夫。」**至以他書論之，則文言所謂『學聚問辨』，中庸所謂『明善擇善』，孟子所謂『知性知天』，又皆在乎固守力行之先，而可以驗夫大學始教之功爲有在乎此也。**語録曰：「學聚問辨、明善擇善、盡心知性，此皆是知，皆始學之功也。」**愚嘗反覆考**

之，而有以信其必然，是以竊取其意以補傳文之闕。不然則又安敢犯不韙之罪，爲無證之言，以自託於聖經賢傳之閒乎。」曰：「然則吾子之意亦可得而悉聞之乎？」曰：「吾聞之也，天道流行，造化發育，凡有聲色貌象而盈於天地之閒者，皆物也。既有是物，則其所以爲是物者，莫不各有當然之則而自不容已，是皆得於天之所賦，而非人之所能爲也。語録曰：「物乃形氣，則乃理也，物之理方爲則。」○又曰：「理之所當爲者自不容已，如孩提之童無不知愛其親，及其長也無不知敬其兄，自是有住不得處。」○又曰：「今人未嘗看見當然而不容已者，只就上較量一箇好惡耳，如真見得這底是我合當爲，則自有所不可已者矣。」今且以其至切而近者言之，則心之爲物，實主於身，真氏曰：「圜外竅中者，心之形體，可以物言。備具衆理，神明不測，此心之理，不可以物言。然有此形體，方包得此理。」其體則有仁、義、禮、智之性，其用則有惻隱、羞惡、恭敬、是非之情，渾然在中，隨感而應，各有攸主而不可亂也。次而及於身之所具，則有口、鼻、耳、目、四肢之用。又次而及於身之所接，則有君臣、父子、夫婦、長幼、朋友之常。是皆必有當然之則而自不容已，所謂理也。語録曰：「論其體，則實是有仁、義、禮、智；論其用，則實是有惻隱、羞惡、恭敬、是非，更假僞不得。試看天下，豈有假做得仁，假做得義，假做得禮，假做得智？又如一身之中，裏面有五臟六腑，外面有耳目口鼻四肢，這是

人人都如此。存之爲仁、義、禮、智，發出來爲惻隱、羞惡、恭敬、是非，人人都有此。更自一身推之於家，實是有父子、有夫婦、有兄弟。推之天地之閒，實是有君有臣、有朋友。都不是待後人旋安排，是合下元有此。」○問「口鼻耳目四肢之用」。曰：「貌曰恭，言曰從，視明，聽聰。」又問「君臣、父子、夫婦、長幼、朋友之常」。曰：「事君忠，事親孝。」**外而至於人，則人之理不異於己也；遠而至於物，則物之理不異於人也。極其大，則天地之運、古今之變，不能外也；盡於小，則一塵之微、一息之頃，不能遺也。**愚謂：理無物不在，無時不然，大而天地之一開一闔，古今之一否一泰；小而一塵之或飛或伏，一息之或呼或吸，皆此理之所寓也。**是乃上帝所降之衷，**語録曰：「衷，只是箇無過不及之中。今人言折衷，折衷者，以中爲準則而取正也。」○又曰：「緊要字却在降字上。故自天而言，則謂之降衷；自人受此衷而言，則謂之性。如云天所賦爲命，物所受爲性。命便是那降字。至物所受則謂之性而不謂之衷，所以不同，緣各據他來處與所受處而言也。」**烝民所秉之彝，**真氏曰：「言衆民皆秉執此常理。」○又曰：「彝而言秉何也？渾然一理具於吾心，不可移奪，若秉執然。」**劉子所謂天地之中，**語録曰：「此是未發之中。」○黃氏曰：「是指天地而言，所謂命也。」**夫子所謂性與天道，**語録曰：「性便是自家底，天道便是上面腦子。上面有腦子，下面便有許多物事，徹底如此。」○又曰：「譬如一條長連底物事，其流行者是天道，人得之者爲性。」**子思所謂天命**

之性，陳氏曰：「天命，即天道之流行而付予於物者。受於天而爲我所有，故謂之性。」**孟子所謂仁義之心，**真氏曰：「人既得陰陽之理以爲性，則自然有仁義之心。只舉仁義二字者，仁包禮，義包智故也；禮是仁之著，智是義之藏。」**程子所謂天然自有之中，**語録曰：「此是時中。」○黄氏曰：「是以人言，所謂性也。」○真氏曰：「言凡百事物皆有箇恰好底道理，不可過，不可不及也。」**張子所謂萬物之一原，**語録曰：「所謂性者，人物之所同得，非惟己有是，而人亦有是，非惟人有是，而物亦有是。」○真氏曰：「凡人物之性，皆自此流出，如百川之同一源也。」**邵子所謂道之形體者。**語録曰：「天之付與其理，本不可見，其總要却在此。蓋人得之於天理，元無欠闕，只是其理却無形象，不於性上體認如何知得。」○又曰：「纔説出，只是虚空，更無形影。惟是説性者道之形體，却見得實有，不須談空説遠。欲知此道之實有者，當求之吾性分之内。」○陳氏曰：「道者，事物中所當然之理，人之所共由者也。性，即在我之理，具於吾心，而道之所總會也。所謂形體者正如此。」**但其氣質有清濁偏正之殊，物欲有淺深厚薄之異，是以人之與物、賢之與愚，相與懸絶而不能同耳。**文集曰：「問：『氣質、物欲分聖愚、人物，似覺可疑。若以清濁分聖愚，偏正分人物，則物欲厚薄淺深一句，復將何指？若謂指聖愚，則聖人無物欲之私；若謂説人物，則物又不可以淺深厚薄論。』曰：『清濁偏正等説，乃本正蒙中語，然亦是將人物、賢智愚不肖相對而分言之，即須如此。若

大槩而論，則人清而物濁，人正而物偏。又細别之，則智乃清之清，賢乃正之正，愚乃清之濁，不肖乃正之偏，而張子所謂物有近人之性者，又濁之清、偏之正也。物欲淺深厚薄，乃通爲衆人而言，若作有無，則此一等人甚少，難入羣隊，故只得且如此。下語若以爲疑，則不若改聖字作賢字，亦省得分解，而聖人自不妨超然出於其外也。』」以其理之同，故以一人之心，而於天下萬物之理無不能知；以其稟之異，故於其理或有所不能窮也。語録曰：「氣稟之偏者，自不求所以知。若或有這心要求，便即在這裏。緣本來箇仁義禮智，人人同有，只被氣稟物欲遮了，然這箇理未嘗亡，纔求便得。」理有未窮，故其知有不盡，知有不盡，則其心之所發必不能純於義理而無雜乎物欲之私。語録曰：「若知之有豪末未盡，則當做處便夾帶這不當做底意在。」此其所以意有不誠，心有不正，身有不脩，而天下、國家不可得而治也。昔者聖人蓋有憂之，是以於其始教爲之小學，而使之習於誠敬，則所以收其放心、養其德性者，已無所不用其至矣。及其進乎大學，則又使之即夫事物之中，因其所知之理推而究之，以各到乎其極，則吾之知識亦得以周遍精切而無不盡也。若其用力之方，則或考之事爲之著，或察之念慮之微，或求之文字之中，或索之講論之際。語録曰：「問：『關於事爲者不外乎念慮，而入於念慮者往

往是事爲，此分爲二，如何？」曰：「固是都相關，然也有做在外底[二]，也有念慮方動底。念慮方動，便須辨别那箇是正，那箇是不正，這只就始末上大約如此説。』」**使於身心性情之德，人倫日用之常，以至天地鬼神之變，鳥獸草木之宜，**語録曰：「天地鬼神之變，如春生秋殺，陽開陰閉，趲去自住不得。陽極了陰便生，陰極了陽便生，後面只管相趲，如何住得。」○陳氏曰：「在身，如手容合當恭，足容合當重之類；在心，如體合當寂，用合當感之類；性，如仁合當愛，義合當斷之類；情，如見赤子入井合當惻隱，見大賓合當恭敬之類。人倫，如君合當止仁，臣合當止敬之類；日用，如居處合當恭，執事合當敬之類。天地，如天合當高，地合當厚；鬼神二氣，如陽合當伸，陰合當屈；鳥獸，如牛合當耕，馬合當乘；草木，如春合當生，秋合當殺等類。皆有理存乎其間也。」**自其一物之中，莫不有以見其所當然而不容已，與其所以然而不可易者。**語録曰：「問：『上句是指理而言，下句是指人心而言？』曰：『下句只是指事而言。凡事固有所當然而不容已者，然又當求其所以然者，何故？其所以然，理也。理如此，故不可易。又如人見赤子入井，皆有怵惕惻隱之心，此其事所當然而不容已者也，然其所以者是何故？必有箇道理之不可易者。今之學者但止見其一邊，只據眼前理會

[二] 做，原作「故」，據通志堂經解本改。

得箇皮膚便休，爲不曾都會得那徹心徹髓處。』」○陳氏曰：「當然，是就目今直看其如此，是理之見定形狀也。所以然，是就上面委曲看其因甚如此，是理之來歷根源也。」○真氏曰：「如爲君當仁、爲臣當敬、爲子當孝、爲父當慈、與人交當信之類，此乃道理合當如此，不如此則不可，故曰所當然也。然仁敬孝慈之屬，非是人力强爲，有生之初即稟此理，是乃天之所與也，故曰所以然。所當然是知性，知其理當如此也。所以然是知天，謂知其理所自來也。」**必其表裏精粗無所不盡，而又益推其類以通之，至於一日脱然而貫通焉，則於天下之物皆有以究其義理精微之所極，而吾之聰明睿智亦皆有以極其心之本體而無不盡矣。**語録曰：「不可盡者，心之事；可盡者，心之理。理既盡後，謂如一物初不曾識，來到面前，便識得此物，盡吾心之理。」**此愚之所以補乎本傳闕文之意，雖不能盡用程子之言，然其指趣要歸，則不合者鮮矣。讀者其亦深考而實識之哉。」曰：「然則子之爲學，不求諸心而求諸迹，不求之内而求之外，吾恐聖賢之學不如是之淺近而支離也。」曰：「人之所以爲學，心與理而已矣。心雖主乎一身，而其體之虚靈足以管乎天下之理，理雖散在萬物，而其用之微妙實不外乎一人之心，初不可以内外精粗而論也。**語録曰：「心包萬理，萬理具於一心。」○又曰：「理遍在天地萬物之間，而心則管之，心既管之，則其用實不外乎此心矣。然則理之體在物，而其用在心也。」○又曰：「此是以身爲主，以物爲客，

故如此說。要之，理在物與在吾身，只一般。」〇問：「用之微妙，是心之用否？」曰：「理必有用，何必又說是心之用。夫心之體具乎是理，理則無所不該而無一物不在，然其用實不外乎人心，蓋理雖在物，而用實在心也。」**然或不知此心之靈而無以存之，則昏昧雜擾而無以窮衆理之妙，不知衆理之妙而無以窮之，則偏狹固滯而無以盡此心之全。此其理勢之相須，蓋亦有必然者。**語録曰：「不能存得心，不能窮得理；不能窮得理，不能存得心。」〇真氏曰：「存心、窮理二者，當表裏用功。蓋知窮理而不知存心，則思慮紛擾，物欲交攻，此心既昏且亂，如何窮得義理。但知存心而不務窮理，雖能執持静定，亦不過如禪家之空寂而已。故必二者交進，則心無不正而理無不通。學之大端，惟此而已。」**是以聖人設教，使人默識此心之靈，而存之於端莊静一之中，以爲窮理之本；**真氏曰：「窮理以此心爲主，必須以敬自持，使心有主宰，無私意邪念之紛擾，然後有以爲窮理之基本。」〇又曰：「端莊，主容貌而言；静一，主心而言。蓋表裏交正之義，合而言之則敬而已矣。」**使人知有衆理之妙，而窮之於學問思辨之際，以致盡心之功。**陳氏曰：「古人每言學必欲其博，所以極盡乎此心無窮之量也。所謂盡心者，須是盡得箇極大無窮之量，無一理一物之或遺，方是真能盡得心。」〇蔡氏曰：「盡心者，言其心之所存更無一豪之不盡也。然若要盡得，須先知得，所以學者要先窮理。」**巨細相涵，動静交養，初未嘗有内外精粗之擇，及其真積力久，**

而豁然貫通焉，則亦有以知其渾然一致，而果無内外精粗之可言矣。蔡氏曰：「存此心於端莊静一之中，以立其本；窮此理於學問思辨之際，以達其用。反之於身，以踐其實，則巨細相涵，動静交養，及其真積力久而豁然融會，然後可以造乎一之妙。」今必以是爲淺近支離，而欲藏形匿景，别爲一種幽深恍惚艱難阻絶之論，務使學者莽然措其心於文字言語之外，而曰道必如此然後可以得之，則是近世佛學詖淫邪遁之尤者，而欲移之以亂古人明德新民之實學，其亦誤矣。」陳氏曰：「吾道工夫有節目次第，非如釋氏，妄以一超直入相誑眩。須從下學，便可上達。須從格物致知，然後融會貫通。」○曰：「近世大儒有爲格物致知之説者曰：『格，猶扞也，禦也。能扞禦外物，而後能知至道也。』又有推其説者曰：『人生而静，其性本無不善，而有爲不善者，外物誘之也。所謂格物以致其知者，亦曰扞去外物之誘，而本然之善自明耳。』是其爲説不亦善乎？」曰：「天生烝民，有物有則，則物之與道固未始相離也。今曰禦外物而後可以知至道，則是絶父子而後可以知孝慈，離君臣然後可以知仁敬也，是安有此理哉。若曰所謂外物者，不善之誘耳，非指君臣父子而言也，則夫外物之誘人，莫甚於飲食男女之欲。然推其本，則固亦莫非人之所當有而不能無者也，但於其間自有天理人欲之辨，而不可以豪釐差耳。惟其徒有是物，而不能察於吾之所以行

乎其閒者，孰爲天理，孰爲人欲，是以無以致其克復之功，而物之誘於外者得以奪乎天理之本然耳。今不即物以窮其原，而徒惡物之誘乎己，乃欲一切扞而去之，則是必閉口枵腹然後可以得飲食之正，絶滅種類然後可以全夫婦之別也。是雖裔戎無君無父之教，有不能充其説者，況乎聖人大中至正之道而得以此亂之哉。」此評司馬温公之説。○愚謂：物與理未嘗相離，若離物以求理，則空虚而無據，豈得一切扞而去之？○曰：「自程子以格物爲窮理，而其學者傳之，見於文字多矣，是亦有以發其師説而有助於後學者耶？」曰：「程子之説，切於己而不遺於物，本於行事之實而不廢文字之功，極其大而不略其小，究其精而不忽其粗。學者循是而用力焉，則既不務博而陷於支離，亦不徑約而流於狂妄。既不舍其積累之漸，而其所謂豁然貫通者，又非見聞思慮之可及也。是於説經之意，入德之方，其亦可謂反復詳備而無俟於發明矣。若其門人，雖曰祖其師説，然以愚考之，則恐其皆未足以及此也。蓋有以必窮萬物之理同出於一爲格物，知萬物同出乎一理爲知至。如合内外之道，則天人物我爲一；通晝夜之道，則死生幽明爲一；達哀樂好惡之情，則人與鳥獸魚鼈爲一；求屈伸消長之變，則天地山川草木爲一者，似矣。然其欲必窮萬物之理，而專指外物，則於理之在己者，有不明矣；但求衆物比類之同，而不

究一物性情之異，則於理之精微者，有不察矣；不欲其異而不免乎四説之異，必欲其同而未極乎一原之同，則徒有牽合之勞，而不睹貫通之妙矣。其於程子之説何如哉。」此評藍田吕氏之説。○語録曰：「説許多一了，理自無可得窮，又格箇甚麽。固是出於一，只緣散了，千岐萬徑，今日窮理，所以要收拾歸於一。」又有以爲窮理只是尋箇是處，然必以恕爲本，而又先其大者，則一處理通而觸處皆通者。其曰尋箇是處者則得矣，而曰以恕爲本，則是求仁之方，而非窮理之務也；又曰先其大者，則不若先其近者之切也；又曰一處通而一切通，則又顔子之所不能及，程子之所不敢言，非若類推積累之可以循序而必至也。此評上蔡謝氏之説。○語録曰：「尋箇是處者，須是於其一二分是處直窮到十分是處方可。」○又曰：「窮理，自是我不曉這道理，所以要窮，如何説得恕字？他當初説恕字，大槩只是説要推我之心以窮理，便礙理了。」○又曰：「恕乃求仁之方。試看窮理如何著得恕？窮理蓋是合下工夫，恕則在窮理之後。」又有以爲天下之物不可勝窮，然皆備於我，而非從外得也，所謂格物，亦曰反身而誠，則天下之物無不在我者，是亦似矣。然反身而誠，乃爲物格知至以後之事，言其窮理之至無所不盡，故凡天下之理，反求諸身，皆有以見，其如目視、耳聽、手持、足行之畢具於此，而無豪髪之不實耳。固非以是方爲格物之事，亦不謂但務反求諸身，而天

下之理自然無不誠也。中庸之言明善即物格知至之事，其言誠身即意誠心正之功，故不明乎善，則有反諸身而不誠者，其功夫地位固有序而不可誣矣。今爲格物之説，又安得遽以是而爲言哉。此評龜山楊氏之説。○語録曰：「須是反身，乃見得道理分明。如孝如弟，須見得孝弟我元有在這裏，若能反身，争多少事。他又却説萬物皆備於我，不須外面求，此却錯了。」又有以今日格一物，明日格一物，爲非程子之言者。則諸家所記程子之言，此類非一，不容皆誤。且其爲説，正中庸『學問思辨，弗得弗措』之事，無所咈於理者，不知何所病而疑之也？豈其習於持敬之約而厭夫觀理之煩耶？抑直以己所未聞而不信他人之所聞也？夫持敬、觀理，不可偏廢，程子固已言之。若以己偶未聞而遂不之信，則以有子之似聖人，而速貧速朽之論猶不能無待於子游而後定，今又安得遽以一人之所未聞，而盡廢衆人之所共聞者哉。此評和静尹氏之説。○語録曰：「和静且是深信程子者，想是此等説話不曾聞得，或是其心不以爲然，故於此説有所不領會耳。」又有以爲物物致察而宛轉歸己，如察天行以自强，察地勢以厚德者，亦似矣。然其曰物物致察，則是不察程子所謂『不必盡窮天下之物』也；又曰宛轉歸己，則是不察程子所謂『物我一理，纔明彼，即曉此』之意也；又曰察天行以自强，察地勢以厚德，則是但欲因其已定之名，擬其已著之迹，而未嘗如

程子所謂『求其所以然與其所以爲』者之妙也。此評胡文定公之說。○語録曰：「所謂物物致察，只求之於外。如所謂察天行以自强，察地勢以厚德，祇因其物之如是而求之耳，初不知天如何而健，地如何而順也。所謂宛轉歸己，則是理本非已有，乃强委曲牽合，使他入來爾。這是隔陌多少。」**獨有所謂即事即物不厭不棄，而身親格之以精其知者，爲得致字向裏之意。而其曰格之之道，必立志以定其本，居敬以持其志，志立乎事物之表，敬行乎事物之内，而知乃可精者，又有以合乎所謂未有致知而不在敬者之指。但其語意頗傷急迫，既不能盡其全體規模之大，又無以見其從容潛玩、積久貫通之功耳。**此評五峯胡氏之說。○語録曰：「身親格之，說得親字急迫，格是自格，不成倩人格。」○又曰：「人之爲事，必先立志以爲本，志不立，則不能爲事。雖能立志，苟不能居敬以持之，此心亦泛然而無主，悠悠終日，亦只是虚言。」○又曰：「志立乎事物之表，看是甚麽都不能奪得他，又不恁地細細碎碎。敬行乎事物之内，這箇便是細密處，事事要這些子，言也須敬，動也須敬，坐也須敬，頃刻去他不得。」○又曰：「此段本說得極精，然却有病者，只說得向裏來，不曾說得外面，所以語意頗傷急迫。蓋致知本是廣大，須用說得表裏内外周徧兼該方得。其曰知乃可精，便有局蹙氣象，他便要就這裏便精其知。殊不知致知之道不如此急迫，須是寬其程限，大其度量，久久自然貫通。」○又曰：「他說知未到精處，方是可精，此是說格物以前底事。

後面説又是格物以後底事。中間正好用工曲折處，都不曾説，便是局蹙了。」嗚呼！程子之言，其答問反復之詳且明也如彼，而其門人之所以爲説者乃如此，雖或僅有一二之合焉，而不免於猶有所未盡也。是亦不待七十子喪而大義已乖矣，尚何望其能有所發而有助於後學哉。語録曰：「諸公説初都見好，後來段段録出，排在那裏，句句將來比對，逐字稱停過，方見得程子説攧撲不破，諸公説挨著便成粉碎了。」○又曰：「諸公致知格物之説，皆失了程子意，此正是入門欵。於此既差，則他可知矣。」間獨惟念昔聞延平先生之教，以爲爲學之初，且當常存此心，勿爲他事所勝，凡遇一事，即當且就此事反復推尋，以究其理，待此一事融釋脱落，然後循序少進，而別窮一事。如此既久，積累之多，胷中自當有洒然處，非文字言語之所及也。詳味此言，雖其規橅之大，條理之密，若不逮於程子，然其功夫之漸次，意味之深切，則有非他説所能及者。惟嘗實用力於此者，爲能有以識之，未易以口舌爭也。」語録曰：「李先生説，是教人若遇一事，即且就上理會，教爛熟，離析不待擘開，自然分解，久之自當有洒然處，自是見得快活。天下事無他，只是箇熟與不熟，若只一時恁地約摸得，都不與自家相干，久後皆忘却，如借得人家事一般，少間被人取將去，又濟自家甚事。」○愚謂：程子言「若一事窮未得，且別窮一事」，延平則言「且就一事推尋，待其融釋脱落，然後別窮一事」，其言不同。

蓋程子以人心各有明處，有暗處，若就明處推去，則易爲力，非謂一事未窮得，而可貳以二，參以三也。若延平則專爲不能主一者之戒，讀者不可以辭害意。曰：「然則所謂格物致知之學，與世之所謂博物洽聞者，奚以異？」曰：「此以反身窮理爲主，而必究其本末是非之極摯；語録曰：「反身是著實向自家體分上求。」彼以徇外誇多爲務，而不覈其表裏真妄之實。然必究其極，是以知愈博而心愈明；不覈其實，是以識愈多而心愈窒。永嘉陳氏曰：「格物致知，研窮義理，心學也。記誦博識，口耳外馳，喪心之學。二事正相反。」此正爲己爲人之所以分，不可不察也。」

所謂誠其意者，毋自欺也，如惡惡臭，如好好色，此之謂自謙，故君子必慎其獨也。 好、惡上字〔二〕，皆去聲。謙，讀爲慊，苦劫反。

誠其意者，自脩之首也。 語録曰：「誠意者，行之始。」毋者，禁止之辭。自欺云者，知爲善以去惡，而心之所發有未實也。語録曰：「且如爲善，自家也知得是合當爲，也勉强去做，只是心裏又有些便不消如此做也不妨底意思；如不爲不善，心裏也知得不當爲而不爲，雖是

〔二〕好惡，通志堂經解本作「惡好」。

不爲，然心中又有些便爲也不妨底意思，此便是自欺。便做九分九釐九毫要爲善，只那一毫不要爲底，便是自欺，便是意不實矣。」○永嘉陳氏曰：「才萌欺心，便落小人旋渦中，可畏之甚。」**慊，快也，足也。**語録曰：「慊，訓快意多。」○又曰：「慊者，無不足也。」**獨者，人所不知而己所獨知之地也。**語録曰：「如一片止水中間，忽有一點動處，此最緊要著功夫。」○又曰：「這獨也不只是恁獨時，如與衆人對坐，自心中起一念或正或不正，此亦是獨處。」**言欲自脩者，知爲善以去其惡，則當實用其力，而禁止其自欺。使其惡惡則如惡惡臭，好善則如好好色，皆務決去，而求必得之，以自快足於己，不可徒苟且以徇外而爲人也。**文集曰：「縱不自欺，即其好惡真如好好色、惡惡臭，只爲求以自快自足，如寒而思衣以自温，飢而思食以自飽，非有牽强苟且、姑以爲人之意。纔不如此，即其好惡皆是爲人而然，非有自求快足之意也。」**然其實與不實，蓋有他人所不及知而己獨知之者，故必謹之於此，以審其幾焉。**語録曰：「正當於幾微毫釐處做工夫，只幾微之間少有不實，便爲自欺。」○又曰：「幾者動之微，是欲動未動之間便有善惡，便須就這處理會。若到發出處，更怎生奈何得？所以聖賢説謹獨，是要就幾微處理會。」○又曰：「獨是幾之將然處，不可不精察而謹守之。」○又曰：「謹獨，則於善惡之幾察之，愈精愈密。」○黄氏曰：「獨也者，誠與不誠之本根，此又指本根以示人，使人即其本根而謹之。」

小人閒居爲不善，無所不至，見君子而后厭然，揜其不善而著其善。人之視己，如見其肺肝然，則何益矣。此謂誠於中形於外，故君子必慎其獨也。

閒，音閑。厭，鄭氏讀爲黶。

閒居，獨處也。厭然，銷沮閉藏之貌。此言小人陰爲不善，而陽欲揜之，沈僩録曰：「將那虛假之善來蓋覆真實之惡。」則是非不知善之當爲與惡之當去也，但不能實用其力以至此耳。然欲揜其惡而卒不可揜，欲詐爲善而卒不可詐，則亦何益之有哉。文集曰：「知其爲惡而揜之，則既不足以自欺，人之視己，如見其肺肝，則又不足以欺人，亦何益之有哉。」此君子所以重以爲戒，而必謹其獨也。

曾子曰：「十目所視，十手所指，其嚴乎。」

引此以明上文之意。言雖幽獨之中，而其善惡之不可揜如此，可畏之甚也。語録曰：「此是承上文『人之視己如見其肺肝』底意，不可道是人不知，人曉然共見如此。」

富潤屋，德潤身，心廣體胖，故君子必誠其意。胖，步丹反。

胖，安舒也。言富則能潤屋矣，德則能潤身矣。三山陳氏曰：「財積於中，則屋潤於外；德積於中，則身亦潤於外矣。潤，猶華澤也。」故心無愧怍，則廣大寬平而體常舒泰，語録

曰：「無愧怍，是無物欲之蔽，所以能廣大。」○又曰：「心本是闊大底物事，只是因愧怍了便卑狹，便被他隔礙了，只見得一邊，所以體不能得舒泰。」○三山陳氏曰：「心，在内者也，以理之無慊，故能廣大。體，在外者也，以心之既廣，故能舒泰。人之一心少有所慊，則視聽怵迫而舉動跼蹐，雖吾四體，將不得其所安矣，皆自然之應也。」**德之潤身者然也。蓋善之實於中而形於外者如此，**陳氏曰：「上説小人實有是惡，故其惡形見於外；此説君子實有是善，故其善亦形見於外。」**故又言此以結之。**

右傳之六章，釋誠意。語録曰：「意誠，便全然在天理上行；意未誠以前，尚汩在人欲裏。」○又曰：「過得此一關，方是人，不是賊。」

經曰：「欲誠其意，先致其知。」又曰：「知至而后意誠。」蓋心體之明有所未盡，則其所發，必有不能實用其力，而苟焉以自欺者。文集曰：「意雖心之所發，然誠意工夫却自致知上做來。」○又曰：「大學雖使人戒夫自欺，而推其本，則必其有以用力於格物致知之地，然後理明心一，而所發自然莫非真實。如其不然，則正念方萌，私欲隨起，亦非力之所能制矣。」**然或已明而不謹乎此，則其所明又非己有，而無以爲進德之基。**語録曰：「問：『知至以後，何由意有未誠處？』曰：『一念纔放下，便是失其正，所當深謹。』」○陳氏曰：「於知已至後，亦非聽之自誠，蓋無一刻不用其戒謹之功。」**故此章之指，**

必承上章而通考之，然後有以見其用力之始終，其序不可亂而功不可闕如此云。

蔡氏曰：「此章改定，實朱子之絕筆也，學者其深玩而精體之。」

或問「六章之指，其詳猶有可得而言者耶？」曰：「天下之道二，善與惡而已矣。是以然揆厥所先而循其次第，則善者天命所賦之本然，惡者物欲所生之邪穢也。是以人之常性莫不有善而無惡，其本心莫不好善而惡惡。陳氏曰：「造化流行，生育賦予，更無別物，只是箇善而已。所謂善者，以實理言，人受得此理以爲善，亦本善而無惡。」然既有是形體之累，而又爲氣稟之拘，是以物欲之私得以蔽之，而天命之本然者不得而著。其於事物之理，固有瞢然不知其善惡之所在者，亦有僅識其粗而不能真知其可好可惡之極者。陳氏曰：「一等未實見道理人，雖分明有好善之心，終是不能徹表裏。須是真知善惡分明，然後有真好真惡之切。」夫不知善之真可好，則其好善也，雖曰好之，而未能無不好者以拒之於內；不知惡之真可惡，則其惡惡也，雖曰惡之，而未能無不惡者以挽之於中。是以不免於苟焉以自欺，而意之所發有不誠者。語録曰：「如自家欲好善，後面又有箇心在這裏拗你莫去好善；欲惡惡，又似有箇心在這裏拗你莫要惡惡，此便是自欺。」夫好善而不誠，則非唯不足以爲善，而反有以賊乎其善；惡惡

而不誠，則非唯不足以去惡，而適所以長乎其惡。是則其爲害也，徒有甚焉，而何益之有哉。聖人於此，蓋有憂之。故爲大學之教，而必首之以格物致知之目，以開明其心術，使既有以識夫善惡之所在，與其可好可惡之必然矣，至此而復進之以必誠其意之説焉，則又欲其謹之於幽獨隱微之奥，以禁止其苟且自欺之萌。黄氏曰：「須是幽獨之中常致其謹，常爲善而不爲惡。九分爲善矣，而幽獨之中有一分不善，此一分不善處，便是一分自欺。有一分自欺，則在我爲善之意，便有一分不實。」而凡其心之所發，如曰好善，則必由中及外，無一豪之不好也；如曰惡惡，則必由中及外，無一豪之不惡也。陳氏曰：「如外好善而内不好善，外惡惡而内不惡惡，便是不真實。」夫好善而中無不好，則是其好之也，如好好色之真欲以快乎己之目，初非爲人而好之也；惡惡而中無不惡，則是其惡之也，如惡惡臭之真欲以足乎己之鼻，初非爲人而惡之也。葉氏曰：「今人一見好色，即真切好之，一聞惡臭，即真切惡之，此好此惡非是他人强之如此，亦非爲他人好之惡之，乃是自家真知其可好可惡不容自已。」所發之實既如此矣，而須臾之頃，纖芥之微，念念相承，又無敢有少間斷焉，則庶乎内外昭融，文集曰：「内，謂理之隱微處；外，謂理之周徧處。」表裏澄徹，而心無不正，身無不脩矣。黄氏曰：「此指表裏如一者而言。」若彼小人，幽隱之間，實爲不善，而猶欲外託於善以

自蓋，則亦不可謂其全然不知善惡之所在，但以不知其真可好惡，而又不能謹之於獨，以禁止其苟且自欺之萌，語録曰：「是箇半知半不知底人。不知不識，只喚做不知不識，却不喚做自欺。」是以淪陷至於如此而不自知耳。黄氏曰：「此指表裏異者而言。」此章之説，其詳如此，是固宜爲自脩之先務矣。然非有以開其知識之真，則不能有以致其好惡之實，故必曰：『欲誠其意者，先致其知。』又曰：『知至而后意誠。』然猶不敢恃其知之已至，而聽其所自爲也，故又曰：『必誠其意，必謹其獨，而毋自欺焉。』語録曰：「知既至，到這裏方可著手下工夫，不是知至後，下面許多一齊掃了。」則大學功夫，次第相承，首尾爲一，而不假他術以雜乎其閒，亦可見矣。後此皆然，今不復重出也。」○曰：「然則慊之爲義，或以爲少，又以爲恨，與此不同，何也？」曰：「慊之爲字，有作嗛者，而字書以爲口銜物也，然則慊亦但爲心有所銜之義，而其爲快、爲足、爲恨、爲少，則以所銜之異而别之耳。孟子所謂『慊於心』，樂毅所謂『慊於志』，則以銜其快與足之意而言者也。孟子所謂『吾何慊』，漢書所謂『嗛栗姬』，則以銜其恨與少之意而言者也。讀書各隨所

指而觀之[二]，則既並行而不悖矣。語録曰：「字有同一義而二用者。『吾何慊乎哉』，彼心中不以彼之富貴而懷不足也。『行有不慊於心』，謂義須充足於中，不然則餒也。如銜字，或爲銜恨，或爲銜恩，亦同此義。」字書又以其訓快與足者，讀與愜同，則義愈明而音又異，尤不患於無別也。」

所謂脩身在正其心者，身有所忿懥，則不得其正；有所恐懼，則不得其正；有所好樂，則不得其正；有所憂患，則不得其正。忿，弗粉反。懥，敕值反。好、樂，並去聲。

程子曰：「身有之身，當作心。」○忿懥，怒也。語録曰：「忿懥，是怒之甚者。」蓋是四者，皆心之用，而人所不能無者。陳氏曰：「心之用便是情，情亦人之所不能無者。」然一有之而不能察，則欲動情勝，而其用之所行或不能不失其正矣。陳氏曰：「章句緊要説一察字，此察字亦非從外撰來，蓋因下文『心不在焉』一句發出。察者，察乎理也。」○又曰：「當其接物之初，纔發便察其理當應與不當應，纔察則此心便存，在理便分明。當應而應，則喜怒隨物，各正其分，而此心無不得其正。不當應而應，則喜怒起吾私意，便有偏勝處，如此則欲動情

[二] 讀書，通志堂經解本作「讀者」。

勝，此心便逐物去了，何復能正之有？」

心不在焉，視而不見，聽而不聞，食而不知其味。

心有不存，則無以檢其身，語録曰：「人有此心，便知有此身，人昏昧不知有心，此便如人困睡不知有此身。」**是以君子必察乎此而敬以直之，**語録曰：「敬是常要此心在這裏，直是直上直下，無纖毫委曲。」〇陳氏曰：「主敬則私意不萌，更有甚蹺曲，所以謂之直也。」**然後此心常存而身無不脩也。**語録曰：「人心常烱烱在此，則四體不待羈束而自入規矩。」

此謂脩身在正其心。

右傳之七章，釋正心脩身。

此亦承上章以起下章。蓋意誠則真無惡而實有善矣，陳氏曰：「『誠意』章中，注意於誠善誠惡之辨，必透過此關，而後實有善而真無惡。」**所以能存是心以檢其身。**文集曰：「意誠然後心得其正，自有先後。」**然或但知誠意而不能密察此心之存否，則又無以直內而脩身也。**問：「心意未嘗離也，意特心之所發耳，今言『但知誠意而不能密察此心之存否』，毋乃心自心，意自意耶？」永嘉陳氏曰：「本是長疋無縫底物事，聖賢欲人警悟處剪下，逐段向人看，理會得時，仍是長疋無縫，不曾剪斷。」又問：「密察此心，不知又將一箇心密察耶？」曰：「密察處便是心，更復何處外討一箇來？」

自此以下，並以舊文爲正。

或問「人之有心，本以應物，而此章之傳以爲，有所喜怒憂懼，便爲不得其正，然則其爲心也，必如槁木之不復生，死灰之不復然，乃爲得其正耶？」曰：「人之一心，湛然虚明，如鑑之空，如衡之平，以爲一身之主者，固其真體之本然。而喜怒憂懼，隨感而應，妍蚩俯仰，因物賦形者，亦其用之所不能無者也。故其未感之時，至虚至静，所謂鑑空衡平之體，雖鬼神有不得窺其際者，固無得失之可議。及其感物之際，而所應者又皆中節，則其鑑空衡平之用，流行不滯，正大光明，是乃所以爲天下之達道，亦何不得其正之有哉。」陳氏曰：「感自外入，以彼物之至吾前而言；應由中出，以此心之接彼物而言。彼物之來，有千變萬狀之不齊，而吾心之應，各隨天則之自然爾。當好、當惡，當喜、當怒，輕重深淺分數，無毫髮差，是謂物各付物，各止其所，而我無與焉。然亦須吾胷中鑑空衡平之體素定，然後能如此，而非臨時區處之謂也。」○蔡氏曰：「鑑之空方能照人，若先有人形滯其中，則人之繼至者不復可得而照矣。衡之平方能稱物，若先有物重滯於上，則物之繼至者不復可得而稱矣。以鑑空衡平喻心體之虚明，最爲精切。」○真氏曰：「『鑑空衡平之體』『鑑空衡平之用』，此二句切須玩味。蓋未曾應物之時，此心只要清明虚静，不可先有一物，如鑑未照物，只是一箇空，衡未稱物，只有一箇平，此乃心之

本體。此即中庸所謂『喜怒哀樂之未發謂之中』，蓋喜怒哀樂未曾發動，渾然一理，不偏不倚，故謂之中，此所謂鑑空衡平之體也。及至事物之來，隨感而應，因其可喜而喜，因其可怒而怒，因其當憂而憂，因其當懼而懼，在我本未嘗先有此心，但隨物所感而感之耳，故其喜怒憂懼無不中節，此所謂鑑空衡平之用。」唯其事物之來有所不察，應之既或不能無失，且又不能不與俱往，則其喜怒憂懼必有動乎中者，而此心之用始有不得其正者耳。語録曰：「心不可有一物，外間酬酢萬變，只隨其分限應之，元不關自家心事。纔繫於物，心便爲其所動，如何會得其正。」〇陳氏曰：「此章只是四者感物，而應不中其節，則此心便爲四者所動而不得其正矣。」傳者之意，固非以心之應物便爲不得其正，而必如枯木死灰然後乃爲得其正也。真氏曰：「若如槁木死灰，則此心遂爲無用之物，此乃釋老之學。若吾道，則有體有用。」惟是此心之靈，既曰一身之主，苟得其正，而無不在是，則耳目鼻口、四肢百骸，莫不有所聽命以供其事，而其動静語默、出入起居，唯吾所使而無不合於理。愚謂：此范浚心箴所謂「天君泰然，百體順令」者也。如其不然，則身在於此，而心馳於彼，血肉之軀無所管攝，其不爲『仰面貪看鳥，回頭錯應人』者，幾希矣。陳氏曰：「若世俗心慮昏昏，莫克主宰，體用動静無復準則，目隨物視，耳隨物聽，行信足步，言信口説矣。」孔子所謂『操則存，舍則亡』，孟子所謂『求其放心，從其大體』者，蓋

皆謂此，學者可不深念而屢省之哉[二]。」

所謂齊其家在脩其身者，人之其所親愛而辟焉，之其所賤惡而辟焉，之其所畏敬而辟焉，之其所哀矜而辟焉，之其所敖惰而辟焉。故好而知其惡，惡而知其美者，天下鮮矣。辟，讀爲僻。惡而之惡、敖、好，並去聲。鮮，上聲。

人，謂衆人。之，猶於也。語録曰：「之其，亦如於其，即其所向處。」辟，猶偏也。黄氏曰：「偏字，只是或過或不及。」○真氏曰：「此一字爲脩身齊家之深病。」五者在人，本有當然之則，然常人之情，唯其所向而不加審焉，則必陷於一偏而身不脩矣。語録曰：「如愛其人之善，若愛之過，則不知其惡，便是因其所重而陷於所偏。惡惡亦然。」

故諺有之曰：「人莫知其子之惡，莫知其苗之碩。」諺，音彦。碩，叶韻，時若反。

諺，俗語也。溺愛者不明，貪得者無厭，愚謂：溺愛之深者，子有惡而弗知；貪得之甚者，苗已碩而弗知。此兩語，狀出偏之所由生，尤爲親切。是則偏之爲害，而家之所以不齊也。語録曰：「上面許多偏辟不除，必至於此。」

[二] 屢，原作「婁」，據通志堂經解本改。

此謂身不脩不可以齊其家。

右傳之八章，釋脩身齊家。

或問「八章之辟，舊讀爲譬，而今讀爲僻，何也？」曰：「舊音舊説，以上章例之而不合也，以下文逆之而不通也，是以閒者竊以類例文意求之，而得其説如此。」三山陳氏曰：「爲鄭氏之説云：『譬，喻也。言適彼而以心度之，曰：「吾何以親愛此人，非以其德美歟？吾何以敖惰此人，非以其志行薄歟？」反以喻己，則其身脩與否可自知也。』似亦可通矣。然而求之『不可齊其家』之義，則語意若不相貫。由此論之，朱子之説最爲切而有功。」蓋曰人之常情，於此五者一有所向，則失其好惡之平而陷於一偏，是以身有不脩不能齊其家耳。蓋偏於愛則溺焉，而不知其惡矣；偏於惡則阻焉，而不知其善矣。是其身之所接，好惡取舍之閒，將無一當於理者，而況於閨門之内，恩常掩義，亦何以勝其情愛暱比之私而能有以齊之哉？」陳氏曰：「若一偏於好，則懵然不知其人之有惡；一偏於惡，則人雖有美，亦不得而知，此只是行一己之私。好惡出於私，則身不可脩，身不脩，則家不可得而齊。身者，家之主也。大槩閨門之内，恩常掩義，常易至於偏，治家非如治國，治國則可用刑威，治家則刑威不可得而施，只是公其心而已耳。」〇愚謂：閨門之内，義常不勝乎恩，情愛暱比之私尤所難克。使一有偏焉，則長幼親疏，欲其心之齊一，不可得

矣。蓋至近至密之地，一豪之僞無所容欺，此常情之所易忽，而君子之所以甚謹也。曰：「凡是五者，皆身與物接，所不能無，而亦既有當然之則矣。今曰一有所向，便爲偏倚而身不脩，則是必其接物之際，此心漠然，都無親疏之等、貴賤之別，然後得免於偏也。且心既正矣，則宜其身之無不脩，今乃猶有若是之偏，何哉？」曰：「不然也。此章之義實承上章，其立言命意大抵相似[二]。蓋以爲身與事接而後或有所偏，非以爲一與事接而必有所偏。所謂心正而后身脩，亦曰心得其正乃能脩身，非謂此心一正則身不待檢而自脩也。」語録曰：「正心是就心上説，脩身是應事接物上説，那事不是心上做出來。但正心是萌芽上理會，若脩身以後，却是各就地頭上理會。」〇又曰：「大學所以有許多節次，正欲教人節節省察用功。經但言心正者，必自誠意而來，身脩者，必自正心而來。非謂意既誠而心無事乎正，心既正而身無事乎脩也。」〇曰：「親愛、賤惡、畏敬、哀矜，固人心之所宜有，若夫敖惰，則凶德也，曾謂本心而有如是之則哉？」曰：「敖之爲凶德也，正以其先有是心，不度所施而無所不敖爾。若因人之可敖而敖之，則是常情所宜有，而事理之當然也。今有人焉，其親且舊未至於可親而愛

[二] 言，通志堂經解本作「文」。

也，其位與德未至於可畏而敬也，其窮未至於可哀而其惡未至於可賤也，其言無足去取而其行無足是非也，則視之泛然如塗之人而已爾。又其下者，則夫子之取瑟而歌，孟子之隱几而卧，蓋亦因其有以自取，而非吾故有敖之之意，亦安得而遽謂之凶德哉？又況此章之指，乃爲慮其因有所重而陷於一偏者發，其言雖曰有所敖惰，而其意則正欲人之於此更加詳審；雖曰所當敖惰，而猶不敢肆其敖惰之心也，亦何病哉。」語録曰：「問：『如敖惰之心則豈可有？』曰：『此處亦當看文勢大意。敖惰只是一般人所爲，得人厭棄，不起人敬畏心。若把敖惰做不當有，則親愛、敬畏也不當有。』」〇又曰：「此如明鑑之懸，妍者自妍，醜者自醜，隨所來而應之，不成醜者至前須要唤作妍者？又敖惰是輕，賤惡是重，既得賤惡，如何却不得敖惰？然聖人猶戒其僻，則又須點檢，不可有過當處。」

所謂治國必先齊其家者，其家不可教而能教人者，無之。故君子不出家而成教於國，孝者所以事君也，弟者所以事長也，慈者所以使衆也。弟，去聲。長，上聲。

身脩，則家可教矣。孝、弟、慈，所以脩身而教於家者也。然而國之所以事君、事長、使衆之道不外乎此，此所以家齊於上而教成於下也。語録曰：「孝以事親，而使一家之人

皆孝；弟以事長，而使一家之人皆弟；慈以使衆，而使一家之人皆慈，是乃成教於國者也。」○陳氏曰：「在我事親之孝，即國之所以事君者；在我事兄之弟，即國之所以事長者；在我愛子之慈，即國之所以使衆者。能脩之於家，則教自行於國矣。」

康誥曰：「如保赤子。」心誠求之，雖不中不遠矣。未有學養子而后嫁者也。中，去聲。

此引書而釋之，又明立教之本，不假强爲，在識其端而推廣之耳。黄氏曰：「言但以誠心求之，則自然得赤子之意，不待勉强而後知之也。」陳氏曰：「在識其仁愛之端而推廣之耳。」

一家仁，一國興仁；一家讓，一國興讓；一人貪戾，一國作亂，其機如此。此謂一言僨事，一人定國。僨，音奮。

一人，謂君也。機，發動所由也。僨，覆敗也。三山陳氏曰：「僨，仆也。僨事，猶言敗事也。」愚謂：機，弩牙也，是發動之所由。**此言教成於國之效。**

堯舜帥天下以仁，而民從之；桀紂帥天下以暴，而民從之。其所令反其所好，而民不從。是故君子有諸己而后求諸人，無諸己而后非諸人。所藏乎身不恕而能喻諸人者，未之有也。好，去聲。

此又承上文一人定國而言。有善於己，然後可以責人之善；無惡於己，然後可以正人之惡。三山陳氏曰：「己有此善，而後可以求人有此善；己無此惡，而後可以非人有此惡，皆己先之也。」皆推己以及人，語録曰：「知得我是要恁地，想人亦要恁地，而今不可不教他恁地，三反五折，便是推己及物。」所謂恕也。陳氏曰：「恕，只是己心底流去到那物而已。」不如是，則所令反其所好，而民不從矣。喻，曉也。

故治國在齊其家。

通結上文。

詩云：「桃之夭夭，其葉蓁蓁。之子于歸，宜其家人。」宜其家人，而后可以教國人。夭，平聲。蓁，音臻。

詩，周南桃夭之篇。夭夭，少好貌。蓁蓁，美盛貌。興也。之子，猶言是子，此指女子之嫁者而言也。婦人謂嫁曰歸。宜，猶善也。詩傳曰：「宜者，和順之意。」

詩云：「宜兄宜弟。」宜兄宜弟，而后可以教國人。

詩，小雅蓼蕭篇。

詩云：「其儀不忒，正是四國。」其爲父子兄弟足法，而后民法之也。

詩，曹風鳲鳩篇。忒，差也。

此謂治國在齊其家。

此三引詩，皆以咏歎上文之事，而又結之如此。其味深長，最宜潛玩。

右傳之九章，釋齊家治國。

或問「『如保赤子』，何也？」曰：「程子有言：『赤子未能自言其意，而爲之母者，慈愛之心出於至誠，則凡所以求其意者，雖或不中，而不至於大相遠矣，豈待學而后能哉？』三山陳氏曰：「赤子雖有所欲，不能以自言，然慈母獨得其所欲，縱有不中，亦不甚相遠。此無他，愛出於誠，彼己不隔，以心求之，不待學而後能也。」若民則非如赤子之不能自言矣，而使之者反不能無失於其心，則以本無慈愛之實，而於此有不察耳。』三山陳氏曰：「長民者往往不能得下之情，蓋亦視之不切於己，不若慈母之心耳。」傳之言此，蓋以明夫使衆之道，不過自其慈幼者而推之，語録曰：「心誠求之者，求赤子之所欲也，於民亦當求其有不能自達者，此是推其慈幼之心以使衆也。」而慈幼之心又非外鑠而有待於强爲也。陳氏曰：「慈愛出於天性之所固有，非由外鑠我也。」事君之孝，事長之弟，亦何以異於此哉。既舉其細，則大者可知矣。」三山陳氏曰：「孝、弟與慈，初無二

心，苟自切己而推之，則舉慈可以見孝、弟矣。」〇曰：「仁、讓言家，貪戾言人，何也？」曰：「善必積而后成，惡雖小而可懼，古人之深戒也。三山陳氏曰：「仁、遜以家言，貪戾以人言者，言爲惡之效捷於爲善也。仁與遜必積而形於一家，而後可以化一國。若夫貪戾，則纔出於一人之身，而一國已作亂矣。以此見爲善者不可無悠久之積，爲惡者不可有斯須之暫，示深戒也。」書所謂『爾惟德罔小，萬邦惟慶。爾惟不德罔大，墜厥宗』，亦是意爾。」語録曰：「問：『所引書，下一句正合本文，而上一句不幾反乎？』曰：「爾惟德罔小，正言其不可小也，與此正合。』」〇曰：「此章本言上行下效有不期然而然者，今曰『有諸己而后求諸人，無諸己而后非諸人』，則是猶有待於勸勉程督而后化。且内適自脩而遽欲望人之皆有，己方僅免而遂欲責人以必無也。」曰：「此爲治其國者言之，則推吾所有，與民共由，其條教法令之施，賞善罰惡之政，固有理所當然而不可已者。語録曰：「是有天下國家者，勢不可以不責他。」但以所令反其所好，則民不從，故又推本言之，欲其先成於己而有以責人。固非謂其專務脩己，都不治人，而拱手以俟其自化；亦非謂其矜己之長，愧人之短，而脅之以必從也。故先君子之言曰：『有諸己，不必求諸人，以爲求諸人而無諸己，則不可也。無諸己，不必非諸人，以爲非諸人而有諸己，則不可也。』正此意也。」此韋齋朱公之説。〇語録曰：「大凡

治國，禁人爲惡，而勸人爲善，便是求諸人、非諸人。然須是在己有善無惡，然後可以求諸人、非諸人也。」曰：「然則未能有善而遂不求人之善，未能去惡而遂不非人之惡，斯不亦恕而終身可行乎哉？」曰：「恕字之指，以如心爲義，蓋曰如治己之心以治人，如愛己之心以愛人，而非苟然姑息之謂也。語録曰：「如，比也。比自家心推將去。」○輔氏曰：「謂如我之心而推之於外，無彼此之閒也。」然人之爲心，必嘗窮理以正之，使其所以治己愛己者皆出於正，然後可以即是推之以及於人，而恕之爲道有可言者。故大學之傳，最後兩章始及於此，則其用力之序亦可見矣。至即此章而論之，則欲如治己之心以治人者，又不過以强於自治爲本。蓋能强於自治，至於有善而可以求人之善，無惡而可以非人之惡，然後推以及人，使之亦如我之所以自治而自治焉，則表端景正，源潔流清，而治己治人無不盡其道矣，所以終身力此而無不可行之時也。今乃不然，而直欲以其不肖之身爲標準，視吾治教所當及者，一以姑息待之，不相訓誥，不相禁戒，將使天下之人皆如己之不肖而淪胥以陷焉。是乃大亂之道，而豈所謂終身可行之恕哉。葉氏曰：「苟此心未得其正，雖欲推以及人，斷未能恰好。譬如自己怠惰，遂恕他人之怠惰，以爲我既如此，何須過望於人；自己疏放，遂恕他人之疏放，以爲我既如此，何須苛責於人；自暴自棄，貪財好色，亦推此心以及人，則是以

其不肖之身而爲他人之準的，豈得謂之恕乎？子貢問『有一言可以終身行之者』，夫子告以『其恕乎』。若將不肖之心推以及人，以此爲恕，豈謂之終身可行？」近世名卿之言有曰：『人雖至愚，責人則明，雖有聰明，恕己則昏。苟能以責人之心責己，恕己之心恕人，則不患不至於聖賢矣。』此言近厚，世亦多稱之者。但恕字之義，本以如心而得，故可以施之於人，而不可以施之於己。今曰『恕己則昏』，則是已知其如此矣。而又曰『以恕己之心恕人』，則是既不知自治其昏，而遂推以及人，使其亦將如我之昏而後已也。乃欲由此以入聖賢之域，豈不誤哉。藉令其意但爲欲反此心以施於人，則亦止可以言下章愛人之事，而於此章治人之意，與夫中庸以人治人之説，則皆有未合者。蓋其爲恕雖同，而一以及人爲主，一以自治爲主，則二者之間毫釐之異，正學者所當深察而明辯也。此評范忠宣公之説。○語録曰：「『以恕己之心恕人』，此句未善，聖賢説恕，不曾如是倒説了。蓋恕是箇推出來底，今收入來，故恕己便成忽略了。不若張子説『以責人之心責己，以愛己之心愛人』，則是見他人不善，我亦當無是不善，我有是善，亦要他人有是善，推此計度之心，此乃恕也。於己不當下恕字。」若漢之光武亦賢君也，一旦以無罪黜其妻，其臣郅惲不能力陳大義以救其失，而姑爲緩辭以慰解之，是乃所謂不能三年而緦功是察，放飯流歠而齒決是憚者。光武乃謂惲爲善恕

己量主，則其失又甚遠，而大啓爲人臣者不肯責難陳善以賊其君之罪。一字之義有所不明，而其禍乃至於此，可不謹哉。」○曰：「既結上文，而復引詩者三，何也？」曰：「古人言必引詩，蓋取其嗟嘆詠歌，優游厭飫，有以感發人之善心，非徒取彼之文證此之義而已也。夫以此章所論齊家治國之事，文具而意足矣。復三引詩，非能於其所論之外別有所發明也，然嘗試讀之，則反復吟咏之間，意味深長，義理通暢，使人心融神會，有不知手舞而足蹈者，是則引詩之助與爲多焉。蓋不獨此，凡引詩云者[一]，皆以是而求之，則引者之意可見，而詩之爲用亦得矣。」三山陳氏曰：「古之人，凡辭有盡而意無窮者，多援詩以吟詠其餘意。此章言治國在齊其家，義不難釋也，上文言之備矣，至是復三援詩，幾於贅辭，然其味實深且長。」曰：「三詩亦有序乎？」曰：「首言家人，次言兄弟，終言四國，亦『刑于寡妻，至于兄弟，以御于家邦』之意也。」

所謂平天下在治其國者，上老老而民興孝，上長長而民興弟，上恤孤而民

[一] 通志堂經解本「凡」上有「他」字。

不倍，是以君子有絜矩之道也。長，上聲。弟，去聲。倍，與背同。絜，胡結反。老老，所謂老吾老也。興，謂有所感發而興起也。語録曰：「興，謂興起其善心。」孤者，幼而無父之稱。絜，度也。葉氏曰：「絜，蓋忖度之義。」矩，所以爲方也。真氏曰：「矩，製方之器，俗謂曲尺是也。天下之爲方器者，必以此爲則。」言此三者，上行下效，捷於影響，所謂家齊而國治也，亦可以見人心之所同，而不可使有一夫之不獲矣。語録曰：「此三節，見得上行而下效，又見得上下雖殊，而心則一。」○又曰：「老老、長長、恤孤，方是就自家身上切近處説，所謂家齊也。民興孝、興弟、不倍，此方是就民之感發興起處説，治國而國治之事。」○又曰：「人心之同然，我要恁地，彼亦要恁地。」○又曰：「不使一夫之不獲者，無一夫不得此理也。」是以君子必當因其所同，推以度物，使彼我之間各得分願，則上下四旁均齊方正，而天下平矣。語録曰：「人心之所同如此，君子見人之心與己之心同，故必以己之心度人之心，使皆得其平。」○愚謂：不言天下治而言天下平者，蓋欲無一物之不得其平也。

所惡於上，毋以使下；所惡於下，毋以事上；所惡於前，毋以先後；所惡於後，毋以從前；所惡於右，毋以交於左；所惡於左，毋以交於右：此之謂絜矩之道。惡、先，並去聲。

此覆解上文絜矩二字之義。如不欲上之無禮於我，則必以此度下之心，而亦不敢以

此無禮使之。不欲下之不忠於我，則必以此度上之心，而亦不敢以此不忠事之。至於前後左右，無不皆然。語録曰：「上下前後左右，都只一樣心，無彼己之異，只是將那頭折轉來比這頭。在我上者使我如此，而我惡之，更不將來待下人。如此，則自家在中央，上面也占許多地步，下面也占許多地步，便均平正方。若將所責上底人之心更來待下，上面長下面短，不方了。下之事我如此，而我惡之，若將去事上，便又下面長上面短。左右前後皆然。」則身之所處，上下四旁、長短廣狹，彼此如一而無不方矣。語録曰：「問：『在矩則可以彼此如一而無不方，在人則有天子、諸侯、大夫、士、庶人之分，何以使之均平？』曰：『非是言上下之分欲之均平，蓋事親、事長當使之均平，上下皆得行。上之人得事其親，下之人也得以事其親；上之人得長其長，下之人也得以長其長。』」彼同有是心而興起焉者，又豈有一夫不獲哉。所操者約，而所及者廣，此平天下之要道也。故章内之意，皆自此而推之。蔡氏曰：「大學末章，始終以絜矩言，蓋平天下之道，莫切於絜矩。此章節目雖多，無非發明絜矩二字。」

詩云：「樂只君子，民之父母。」民之所好好之，民之所惡惡之，此之謂民之父母。樂，音洛。只，音紙。好、惡，並去聲，下並同。

詩，小雅南山有臺之篇。只，語助辭。言能絜矩，而以民心爲己心，則是愛民如子，而民愛之如父母矣。葉氏曰：「此言能絜矩之美也。」

詩云：「節彼南山，維石巖巖。赫赫師尹，民具爾瞻。」有國者不可以不慎，辟則爲天下僇矣。節，讀爲截。辟，讀爲僻。僇，與戮同。

詩，小雅節南山之篇。節，截然高大貌。師尹，周太師尹氏也。具，俱也。辟，偏也。言在上者人所瞻仰，不可不謹。若不能絜矩，而好惡徇於一己之偏，則身弑國亡爲天下之大戮矣。葉氏曰：「此言不能絜矩之禍也。」

詩云：「殷之未喪師，克配上帝。儀監于殷，峻命不易。」道得衆則得國，失衆則失國。喪，去聲。儀，詩作宜。峻，詩作駿。易，去聲。

詩，文王篇。師，衆也。配，對也。配上帝，言其爲天下君而對乎上帝也。監，視也。峻，大也。不易，言難保也。道，言也。引詩而言此，以結上文兩節之意。葉氏曰：「上面既説兩項好惡之驗如此，下面又舉文王之詩總結之。言殷未喪衆時，猶能克配上帝，今日只以殷爲監視，便見得天命無常，甚不易保。」有天下者能存此心而不失，則所以絜矩而與民同欲者，自不能已矣。

是故君子先慎乎德。有德此有人，有人此有土，有土此有財，有財此有用。

先謹乎德，承上文不可不謹而言。德，即所謂明德。有人，謂得衆。有土，謂得國。

有國，則不患無財用矣。

德者本也，財者末也。

本上文而言。

外本内末，争民施奪。

人君以德爲外，以財爲内，則是争鬬其民，而施之以劫奪之教也。蓋財者人之所同欲，不能絜矩而欲專之，則民亦起而争奪矣。語録曰：「民本不是要如此，惟上之人以德爲外，而急於貨財，暴征横斂，民便效尤，相攘相奪，則是上教得他如此。」

是故財聚則民散，財散則民聚。

外本内末故財聚，争民施奪故民散，反是則有德而有人矣。葉氏曰：「爲國者豈可惟知聚財，而不思所以散財，此有天下者之大患也。」

是故言悖而出者亦悖而入，貨悖而入者亦悖而出。悖，布内反。

悖，逆也。此以言之出入明貨之出入也。三山陳氏曰：「以惡聲加人，人必以惡聲加己；以非道取人之財，人亦以非道奪之。言與貨，其出入雖不同，而皆歸諸理，其爲不可悖一也。」自「先謹乎德」以下至此，又因財貨以明能絜矩與不能者之得失也。語録曰：「絜矩之大者

又在於財用，所以後面只管説財。」

康誥曰：「惟命不于常。」道善則得之，不善則失之矣。

道，言也。因上文引文王詩之意而申言之，其丁寧反覆之意益深切矣。

楚書曰：「楚國無以爲寶，惟善以爲寶。」

楚書，楚語。三山陳氏曰：「楚史官所記之策書也。」言不寶金玉而寶善人也。

舅犯曰：「亡人無以爲寶，仁親以爲寶。」

舅犯，晉文公舅狐偃，字子犯。亡人，文公時爲公子，出亡在外也。仁，愛也。事見檀弓。此兩節，又明不外本而内末之意。三山陳氏曰：「舉此二事，以實上文財德本末之言。」

秦誓曰：「若有一个臣，斷斷兮無他技，其心休休焉，其如有容焉。人之有技，若己有之，人之彦聖，其心好之，不啻若自其口出，寔能容之，以能保我子孫黎民，尚亦有利哉。人之有技，媢疾以惡之，人之彦聖，而違之俾不通，寔不能容，以不能保我子孫黎民，亦曰殆哉。」个，古賀反，書作介。斷，丁亂反。媢，音冒。

秦誓，周書。斷斷，誠一之貌。彥，美士也。聖，通明也。三山陳氏曰：「聖之爲義，舉一事而言，則爲衆善之極；對衆善而言，則止於一事。」尚，庶幾也。媢，忌也。違，拂戾也。三山陳氏曰：「言逆沮之意。」殆，危也。

唯仁人放流之，迸諸四夷，不與同中國。此謂唯仁人爲能愛人，能惡人。迸，讀爲屏，古字通用。

迸，猶逐也。三山陳氏曰：「迸，屏遠也。」言有此媢疾之人，妨賢而病國，則仁人必深惡而痛絶之，以其至公無私，故能得好惡之正如此也。葉氏曰：「此蓋仁人深得好惡之正，始能如此決裂。」

見賢而不能舉，舉而不能先，命也；見不善而不能退，退而不能遠，過也。遠，去聲。

命，鄭氏云「當作慢」，程子云「當作怠」，未詳孰是。○若此者，知所愛惡矣，而未能盡愛惡之道，蓋君子而未仁者也。葉氏曰：「若見賢不能舉，縱能舉之，又不能推先之；見不善不能退，縱能退之，又不能遠絶之，是猶未免過失怠慢之機，而未能如仁者盡好惡之極也。」

好人之所惡，惡人之所好，是謂拂人之性，菑必逮夫身。菑，古灾字。夫，音

扶。

拂，逆也。好善而惡惡，人之性也。至於拂人之性，則不仁之甚者也。葉氏曰：「上一節雖未盡好惡之極，猶能知所好惡，尚不至於拂人好惡之常心。今有人焉，於人之所當好、所同好者，反從而惡之；於人之所當惡、所同惡者，反從而好之，如此等人不仁之甚。」自秦誓至此，又皆以申言好惡公私之極，以明上文所引南山有臺、節南山之意。

是故君子有大道，必忠信以得之，驕泰以失之。

君子，以位言之。道，謂居其位而脩己治人之術。發己自盡爲忠，文集曰：「謂凡出於己者必自竭盡，而不使其有苟簡不盡之意。」〇語録曰：「發己，是從這己上發生出來。盡，是盡己之誠，不是盡己之理，如十分話對人只説七分，便是不盡。」循物無違謂信。文集曰：「謂言語之發，循其物之真實而無所背戾，如大則言大，小則言小，言循於物而無所違耳。」驕者矜高，泰者侈肆。此因上所引文王、康誥之意而言。章內三言得失，而語益加切，蓋至此而天理存亡之幾決矣。語録曰：「此章初言得衆失衆，再言善不善，意已切矣，終之以忠信驕泰，分明是就心上説出得失之由以決之。忠信乃天理之所以存，驕泰乃天理之所以亡。」

生財有大道。生之者衆，食之者寡，爲之者疾，用之者舒，則財恒足矣。

恒，胡登反。

呂氏曰：「國無遊民，則生者衆矣；朝無幸位，則食者寡矣；不奪農時，則爲之疾矣；量入爲出，則用之舒矣。」三山陳氏曰：「此古人生財之政也，蓋與後世異矣。」愚按：此因有土有財而言，以明足國之道在乎務本而節用，非必外本内末而後財可聚也。自此以至終篇，皆一意也。

仁者以財發身，不仁者以身發財。

發，猶起也。仁者散財以得民，不仁者亡身以殖貨。

未有上好仁而下不好義者也，未有好義其事不終者也，未有府庫財非其財者也。

上好仁以愛其下，則下好義以忠其上，所以事必有終，而府庫之財無悖出之患也。陳氏曰：「惟上之人不妄取民財，而所好在仁，則下皆好義以忠其上矣。下既好義，則爲事無有不成遂者矣。天下之人皆能成遂其上之事，則府庫之財亦無悖出之患而爲我有矣。非若不好仁之人，財悖而入，亦悖而出也。

孟獻子曰：「畜馬乘不察於雞豚，伐冰之家不畜牛羊，百乘之家不畜聚斂之臣。與其有聚斂之臣，寧有盜臣。」此謂國不以利爲利，以義爲利也。畜，許

六反。乘、斂，並去聲。

孟獻子，魯之賢大夫仲孫蔑也。畜馬乘，士初試爲大夫者也。三山陳氏曰：「士之始爲大夫有車馬者也。」伐冰之家，卿大夫以上，喪祭用冰者也。百乘之家，有采地者也。君子寧亡己之財，而不忍傷民之力，故寧有盜臣，而不畜聚斂之臣。「此謂」以下，釋獻子之言也。

長國家而務財用者，必自小人矣。彼爲善之。小人之使爲國家，菑害並至。雖有善者，亦無如之何矣。此謂國不以利爲利，以義爲利也。長，上聲。

彼爲善之，此句上下疑有闕文誤字。○自，由也。言由小人導之也。陳氏曰：「小人導君於利，若長國家而專務財用者，皆自小人導而爲之。」此一節，深明以利爲利之害，而重言以結之，其丁寧之意切矣。

右傳之十章，釋治國平天下。

此章之義，務在與民同好惡而不專其利，皆推廣絜矩之意也。能如是，則親賢樂利，各得其所，而天下平矣。語録曰：「此章大槩是專從絜矩上來。蓋財者人之所同好也，而我欲專其利，則民有不得其所好者矣。大抵有國有家所以生起禍亂，皆是從這裏來。」○陳氏曰：「此章之義甚博，大意則在於絜矩。其所以說絜矩之道，在於分義利，別好

惡。其所惡者利，其所好者義，須是能公好惡，别義利，如此則天下均平，而無一夫不遂其所矣。」○三山陳氏曰：「此章反覆援引，出入經傳者幾千言，意若不一，然求其緒，卒不過好惡、義利之兩端，又從而要其歸，則亦不出於絜矩之道而已。絜矩之道，以己知彼，以彼反己，而好惡、義利之理明矣。」

凡傳十章，前四章統論綱領指趣，後六章細論條目功夫。其第五章乃明善之要，第六章乃誠身之本，在初學尤爲當務之急，讀者不可以其近而忽之也。蔡氏曰：「明善之要、誠身之本，朱子於篇末尤懇切爲學者言之，何耶？蓋道之浩浩，何處下手？學者用工夫之至要者，不過明善誠身而已。明善即致知也，誠身即力行也。始而致知，所以明萬理於心而使之無所疑；終而力行，所以復萬善於己而使之無不備。知不致，則真是真非莫辨，而將何所從適？行不力，則雖精義入神，亦徒爲空言。此大學第五章之明善、第六章之誠身所以爲學者用功之至切至要。」

或問「上章論齊家治國之道，既以孝、弟、慈爲言矣，此論治國平天下之道，而復以是爲言，何也？」曰：「三者人道之大端，衆心之所同得者也。自家以及國，自國以及天下，雖有大小之殊，然其道不過如此而已。但前章專以己推而人化爲言，此章又申言之，以見人心之所同而不能已者如此，是以君子不唯有以化之，而又

有以處之也。愚謂：上章孝、弟、慈，專以己推而人化爲言，是家齊而國治之事。此章就民之感發興起處説，謂人已感化之後，又當有以處之，使各得其所願，乃國治而天下平之事。絜矩而下，即處之之道，二章之所指不同。蓋人之所以爲心者，雖曰未嘗不同，然貴賤殊勢，賢愚異稟，苟非在上之君子，真知實蹈，有以倡之，則下之有是心者，亦無所感而興起矣。幸其有以倡焉而興起矣，然上之人乃或不能察彼之心，而失其所以處之之道，則彼其所興起者，或不得遂，而反有不均之歎。是以君子察其心之所同，而得夫絜矩之道，然後有以處此，而遂其興起之善端也。語録曰：「遂，謂成遂之遂。」○又曰：「能使人興起者，聖人之心也。能遂其人之興起者，聖人之政事也。」○又曰：「若但興起其善心，而不有以使之得遂其心，則雖能興起，終亦徒然。如政煩賦重，不得以養其父母，又安得以遂其善心？須是推己之心以及於彼，使之仰足以事父母，俯足以畜妻子方得。」曰：「何以言絜之爲度也？」曰：「此莊子所謂『絜之百圍』，語録曰：「莊子注云：『絜，圍束也。』是將一物圍束以爲之則也。」賈子所謂『度長絜大』者也。真氏曰：「度，謂以尺之長短。絜，謂以帶量物之小大，如今人之圍木也。」前此諸儒蓋莫之省，而强訓以挈，殊無意謂。先友太史范公乃獨推此以言之，而後其理可得而通也。文集曰：「此范公如圭之説，義理切當，援据分明，先儒訓説皆未及。」蓋絜，度也；矩，所以爲方也。

以己之心，度人之心，知人之所惡者不異乎己，則不敢以己之所惡者施之於人。使吾之身一處乎此，則上下四方，物我之際，各得其分，不相侵越，而各就其中，校其所占之地，則其廣狹長短，又皆平均如一，截然正方，而無有餘不足之處，是則所謂絜矩者也。文集曰：「問『各得其分不相侵越，廣狹長短平均如一』。曰：『所惡乎左，便是左邊人侵了自家左邊界分，而我惡之，故我亦不以此待右邊人，而不侵他右邊之左，如此方得左邊界分分明[一]。又以所惡乎右者度之[二]，方得右邊界分分明。上下前後，亦莫不然，則四至所向皆得均平，而界分方整無偏狹之病矣。』」夫爲天下國家而所以處心制事者，一出於此，則天地之間將無一物不得其所，而凡天下之欲爲孝弟不倍者，皆得以自盡其心而無不均之嘆矣，天下其有不平者乎？然君子之所以有此，亦豈自外至而强爲之哉？亦曰物格知至，故有以通天下之志，而知千萬人之心即一人之心。愚謂：天下之志萬殊，理則一也。物格知至者，能燭理，則視衆人之心猶一心，而明絜矩之義。意誠心正，故有以勝一己之私，而能以一人之心爲千萬人之心，愚謂：公則

[一] 分分，原作「分」，據通志堂經解本補。
[二] 又，原作「又又」，衍一「又」字，據通志堂經解本刪。

一，私則萬殊。意誠心正者，能克己，則以一心爲衆人之心，而盡絜矩之道。其如此而已矣。一有私意存乎其閒，則一膜之外便爲胡越，雖欲絜矩，亦將有所隔礙而不能通矣。若趙由之爲守則易尉，而爲尉則陵守；王肅之方於事上，而好人佞己。推其所由，蓋出於此，而充其類，則雖桀紂盜跖之所爲，亦將何所不至哉。」曰：「然則絜矩之云，是則所謂恕者已乎？」曰：「此固前章所謂如愛己之心以愛人者也。夫子所謂『終身可行』，程子所謂『充拓得去，則天地變化而草木蕃；充拓不去，則天地閉，賢人隱』，皆以其可以推之而無不通耳。語録曰：「推得去，則物我貫通，自有箇生生無窮底意思，便有天地變化草木蕃氣象。天地只是這樣道理。若推不去，物我隔絶，欲利於己，不利於人，欲己之富，欲人之貧，欲己之壽，欲人之夭，似這氣象，全然閉塞隔絶了，便似天地閉，賢人隱。」然必自窮理正心者而推之，則吾之愛惡取舍皆得其正，而其所推以及人者亦無不得其正，是以上下四方以此度之，而莫不截然各得其分。若於理有未明，而心有未正，則吾之所欲者未必其所當欲，吾之所惡者未必其所當惡。乃不察此，而遽欲以是爲施於人之準則，則其意雖公而事則私，是將見其物我相侵，彼此交病，而雖庭除之内，跬步之閒，亦且參商矛盾而不可行矣，尚何終身之望哉？是以聖賢凡言恕者，又必以忠爲本，而程子亦言：『忠恕兩言，如

形與影，欲去其一而不可得。』蓋唯忠，而後所如之心始得其正，是亦此篇先後本末之意也。語録曰：「忠是本體，恕是枝葉，非是别有枝葉，乃是本根中發出枝葉，枝葉即是本根。」○陳氏曰：「大槩忠恕只是一物，就中截作兩片，則爲二物。蓋存諸中者既忠，則發出外來便是恕。應事接物處不恕，則是在我者必不十分真實。故發出忠底心，便是恕底事；做成恕底事，便見忠底心。」然則君子之學，可不謹其序哉。」○曰：「自身而家，自家而國，自國而天下，均爲推己及人之事，而傳之所以釋之者，一事自爲一説，若有不能相通焉者，何也？」曰：「此以勢之遠邇，事之先後，而所施有不同耳，實非有異事也。蓋必審於接物，好惡不偏，然後有以正倫理，篤恩義，而齊其家；其家已齊，事皆可法，然後有以立標準，胥教誨，而治其國；其國已治，民知興起，然後可以推己度物，舉此加彼，而平天下。此以其遠近先後而施有不同者也。然自國以上，則治於内者，嚴密而精詳；自國以下，則治於外者，廣博而周徧。語録曰：「裏面事要細密，外面事要推闡。」○愚謂：嚴密周詳，乃所以爲廣博周徧之地。若治内者疏略而苟簡，則治外者雖欲廣博而周徧，其可得哉。可見其本末實一物，首尾實一身矣，何名爲異説哉。」○曰：「所謂『民之父母』者，何也？」曰：「君子有絜矩之道，故能以己之好惡，知民之好惡，又能以民之好惡，爲己之好惡也。夫好其所好，而

與之聚之，惡其所惡，而不以施焉，則上之愛下，真猶父母之愛其子矣，彼民之親其上，豈不亦猶子之愛其父母哉。」三山陳氏曰：「父母之於子，其所好惡無有不知者，體氣同也。至於民之好惡，其君常有所不知，無他，制於形體之異耳。能絜矩，則能以民之心爲心，而可以父母斯民，民亦父母之矣。」○曰：「此所引節南山之詩，何也？」曰：「言在尊位者，人所觀仰，不可不謹。若人君恣己徇私，不與天下同其好惡，則爲天下僇，如桀紂幽厲也。」○曰：「『得衆得國，失衆失國』，何也？」曰：「言能絜矩，則民父母之，而得衆得國矣；不能絜矩，則爲天下僇，而失衆失國矣。」○曰：「所謂『先慎乎德』，何也？」曰：「上言有國者不可不謹，此言其所謹而當先者尤在於德也。德即所謂明德，所以謹之，亦曰格物、致知、誠意、正心以脩其身而已矣。」○曰：「此其深言務財用而失民，何也？」曰：「有德而有人有土，則因天分地，不患乎無財用矣。然不知本末，而無絜矩之心，則未有不爭鬭其民，而施之以劫奪之教者也。易大傳曰：『何以聚人？曰財。』春秋外傳曰：『王人者，將以導利而布之上下者也。』故財聚於上，則民散於下矣；財散於下，則民歸於上矣。言悖而出者，亦悖而入，貨悖而入者，亦悖而出。鄭氏以爲：『君有逆命，則民有逆辭。上貪於利，則下人侵畔。』得其旨矣。」○曰：「前既言命之不易矣，此又言命之不常，何

也？」曰：「以天命之重而致其丁寧之意，亦承上文而言之也。蓋善則得之者，有德而有人之謂也；不善則失之者，悖入而悖出之謂也。三山陳氏曰：「善與不善，務德、務財之異耳。」然則命之不常，乃人之所自爲耳，可不謹哉。」三山陳氏曰：「命不于常，命非天命也，在人而已。天命視人心以爲去就，此理昭然，可不畏哉。」○曰：「其引秦誓，何也？」曰：「言好善之利及其子孫，不好善之害流於後世，亦由絜矩與否之異也。」曰：「媢疾之人誠可惡矣，然仁人惡之之深至於如此，得無疾之已甚之亂耶？」曰：「小人爲惡，千條萬端，其可惡者不但媢疾一事而已。仁人不深惡乎彼，而獨深惡乎此者，以其有害於善人，使民不得被其澤，而其流禍之長，及於後世而未已也。然非殺人于貨之盜，則罪不至死，故亦放流之而已。然又念夫彼此之勢雖殊，而苦樂之情則一，今此惡人放而不遠，則其爲害雖得不施於此，而彼所放之地其民復何罪焉，故不敢以己之所惡施之於人，而必遠而置之無人之境，以禦魑魅而後已。蓋不惟保安善人，使不蒙其害，亦所以禁伏凶人，使不得稔其惡。雖因彼之善惡而有好惡之殊，然所以仁之之意，亦未嘗不行乎其間也。此其爲禦亂之術至矣，而何致亂之有。」曰：「迸之爲屏，何也？」曰：「古字之通用者多矣，漢石刻詞有引『尊五美，屏四惡』者，而以尊爲遵，以屏爲迸，則其證也。」曰：「仁

人之能愛人，能惡人，何也？」曰：「仁人者，私欲不萌，而天下之公在我，是以是非不謬而舉措得宜也。」曰：「命之爲慢，與其爲怠也，孰得？」曰：「大凡疑義，所以決之，不過乎義理、文勢、事證三者而已。今此二字，欲以義理、文勢決之則皆通，欲以事證決之則無考，蓋不可以深求矣。若使其於義理事實之大者有所鄉背，而不可以不究，猶當視其緩急以爲先後，況於此等字既兩通，而於事義無大得失，則亦何必苦心極力以求之，徒費日而無所益乎。以是而推，他亦皆可見矣。」曰：「好善惡惡，人之性然也，有拂人之性者，何哉？」曰：「不仁之人，阿黨媢疾，有以陷溺其心，是以其所好惡戾於常性如此，與民之父母能好惡人者正相反。使其能勝私而絜矩，則不至於是矣。」〇曰：「忠信、驕泰之所以爲得、失者，何也？」曰：「忠信者，盡己之心而不違於物，絜矩之本也。驕泰，則恣己徇私，以人從欲，不得與人同好惡矣。」陳氏曰：「得失之道，惟在於忠信、驕泰二者之間。盡己之心而不違乎物，故好惡與人同，能絜矩者也。驕矜侈泰之人，任己自恣，好惡不與人同，不能絜矩者也。驕泰與忠信正相反。」〇曰：「上文深陳財用之失民矣，此復言生財之道，何也？」曰：「此所謂有土而有財者也。夫洪範八政，食貨爲先；子貢問政，而夫子告之亦以足食爲首。蓋生民之道不可一日而無者，聖人豈輕之哉？特以爲國者以利爲利，

則必至於剝民以自奉，而有悖出之禍，故深言其害以爲戒耳。至於崇本節用，有國之常政，所以厚下而足民者，則固未嘗廢也。呂氏之説，得其旨矣。有子曰：『百姓足，君孰與不足？』孟子曰：『無政事，則財用不足。』正此意也。然孟子所謂政事，則所以告齊梁之君使之制民之産者是已，豈若後世頭會箕斂厲民自養之云哉。」真氏曰：「近世所謂善理財者，何其憒乎此也。元元已病，而科斂日興，不知皮將盡而毛亡所傅也。出新巧以籠愚民，苟邀倍稱之人不知朝四莫三之亡益也。孟子曰：『我能爲君充府庫，今之所謂良臣，古之所謂民賊也。』」曰：「『仁者以財發身，不仁者以身發財』，何也？」曰：「仁者不私其有，故財散民聚而身尊；不仁者惟利是圖，故捐身賈禍以崇貨也。陳氏曰：「仁人財與民共，所以得民而身自尊矣。不仁之人，惟知有財，不知有身，雖能聚斂其財，而身反蹈於危亡矣。」然亦即財貨而以其效言之爾，非謂仁者真有以財發身之意也。」愚謂：仁人本無計效之意，而效自至。曰：「『未有府庫財非其財者』，何也？」曰：「上好仁則下好義矣，下好義則事有終矣，事有終則爲君者安富尊榮，而府庫之財可長保矣，此以財發身之效也。上不好仁則下不好義，下不好義則其事不終，是將爲天下僇之不暇，而況府庫之財又豈得爲吾之財乎？若商紂以自焚，而起鉅橋、鹿臺之財；德宗以出走，而豐瓊林、大盈之積，皆以身發財之效也。」愚

謂：財在天下本流通之物。下之供上，在九貢九職，自有常數，豈容取之無藝，專利自私，而爲一己之藏乎？若紂有鉅橋之粟、鹿臺之財，而終於自焚；德宗横斂於民，涇原軍士聞瓊林、大盈金帛盈溢，相與取之。其事之不終，直至於此，吁可戒哉。○曰：「其引孟獻子之言，何也？」曰：「雞豚牛羊，民之所畜養以爲利者也。既已食君之禄而享民之奉矣，則不當復與之争此。公儀子所以拔園葵、去織婦，而董子因有『與之齒者，去其角；傅之翼者，兩其足』之喻，皆絜矩之義也。聚斂之臣剥民之膏血以奉上，而民被其殃；盜臣竊君之府庫以自私，而禍不及下。陳氏曰：「聚斂之臣是横取民之財，盜臣是盜己府庫之私財。盜臣禍未及民，聚斂則禍及於民矣。」仁者之心至誠惻怛，寧亡己之財而不忍傷民之力，所以『與其有聚斂之臣，寧有盜臣』，亦絜矩之義也。昔孔子以臧文仲之妾織蒲而直斥其不仁，以冉求聚斂於季氏而欲鳴鼓以聲其罪。以聖人之宏大兼容、温良博愛，而所以責二子者疾痛深切，不少假借如此，其意亦可見矣。」三山陳氏曰：「織絍亦儉矣，而君子疾之，以其主於利也。冉求之聚斂，未必有後世掊克之事，但聚斂藏於季氏之家而不能布之於下，則聖人疾而欲攻之，況剥民力以自富乎。」○曰：「『國不以利爲利，以義爲利』，何也？」曰：「以利爲利，則上下交征，不奪不厭；以義爲利，則不遺其親，不後其君。蓋惟義之安，而自無所不利矣。程子

曰：『聖人以義爲利，義之所安，即利之所在。』正謂此也。語録曰：「惟義之安，則自無不利矣。」○問：「只是當然而然便安否？」曰：「是只萬物皆得其分便是利。君得其爲君，臣得其爲臣，父得其爲父，子得其爲子，何利如之。這利字即易所謂『利者義之和』，利便是義之和處。」孟子分別義利，拔本塞原之意，其傳蓋亦出於此云。語録曰：「如秦發閭左之戍也是利，隳名城，殺豪傑，銷鋒鏑，北築長城，皆是自要他利。利不必專指財利，所以孟子從頭截斷。」○曰：「此其言『菑害並至，無如之何』，何也？」曰：「怨已結於民心，則非一朝一夕之可解矣。聖賢深探其實而極言之，欲人有以審於未然，而不爲無及於事之悔也。以此爲防，人猶有用桑羊、孔僅、宇文融、楊慎矜、陳京、裴延齡之徒以敗其國者。故陸宣公之言曰：『民者，邦之本；財者，民之心。其心傷，則其本傷；其本傷，則枝榦凋瘁，而根柢蹷拔矣。』吕正獻公之言曰：『小人聚斂以佐人主之欲，人主不悟，以爲有利於國，而不知其終爲害也。賞其納忠，而不知其大不忠也；嘉其任怨，而不知其怨歸於上也。』嗚呼！若二公之言，則可謂深得此章之指者矣，有國家者可不監哉。」愚謂：興利之臣，不過以聚斂爲長策，以掊克爲匪躬，惟求取媚於上，而不顧結怨於下。人主以其奉己之欲，悦而寵之，不知其失民心而蠹國脉，菑害並至，匪一朝一夕之可解，有必然之理者。此桑羊之徒所以誤人之天下國家，至於極也。陸吕二

公之言，可謂當矣。如司馬公闢善理財者不加賦之說，則亦所當知。其言曰：「天地所生，財貨百物止有此數，不在民則在官，譬如雨澤，夏澇則秋旱。」此古今之至言也。後世之臣有以言利媒人主者，其尚以大學此章之指與三君子之言察之。○曰：「此章之文程子多所更定，而子獨以舊文爲正者，何也？」曰：「此章之義博，故傳言之詳，然其實則不過好惡、義利之兩端而已。但以欲致其詳，故所言已足，而復更端以廣其意，是以二義相循，間見層出，有似於易置而錯陳耳。然徐而考之，則其端緒接續，脉絡貫通，而丁寧反復，爲人深切之意，又自別見於言外，不可易也。必欲二說中判以類相從，自始至終畫爲兩節，則其界辨雖若有餘，而意味或反不足，此不可不察也。」

大學卷終

中庸章句序

後學趙順孫纂疏

中庸何爲而作也？子思子憂道學之失其傳而作也。朱子文集曰：「曾子學於孔子而得其傳，子思又學於曾子而得其所傳於孔子者。既而懼夫傳之久遠而或失其真也，於是推本所傳之意，質以所聞之言，更相反覆，作爲此書。」**蓋自上古聖神繼天立極，而道統之傳有自來矣。其見於經，則「允執厥中」者，堯之所以授舜也；**朱子語録曰：「中，只是箇恰好底道理。允，信也，是真箇執得。堯當時告舜只説這一句，是舜已曉得那箇了，所以不復更説。」**「人心惟危，道心惟微，惟精惟一，允執厥中」者，舜之所以授禹也。**語録曰：「舜禹相傳，只就這心上理會也，只在日用動静之閒求之，不是去虚空中討一箇物事來。」**堯之一言，至矣，盡矣。而舜復益之以三言者，則所以明夫堯之一言必如是而後可庶幾也。**語録曰：「舜告禹又添得三句，是舜説得又較子細。這三句是『允執厥中』以前事，是舜教禹做工夫處，便是怕那禹尚未曉得，故恁地説。」○葉氏曰：「堯只説一語，至舜演爲三言，舜之意以爲，必言其所以微、所以危，必精必一，而後可以執也。」**蓋嘗論之，心之虚靈、知覺，一而已矣。**語録曰：「虚靈自是心之本體，知覺便

是心之德。」○又曰：「所以覺者，心之理也。能覺者，氣之靈也。」○問：「知覺，是心之靈固如此，抑氣之爲邪？」曰：「不專是氣，是先有知覺之理，理未知覺。氣聚成形，理與氣合，便能知覺。譬如這燭火，是因得這脂膏，便有許多光焰。」曰：「心之發處是氣否？」曰：「也只是知覺。」**而以爲有人心、道心之異者，則以其或生於形氣之私，**文集曰：「如飢飽寒煖之類，皆生於吾之血氣形體，而他人無與焉，所謂私也，亦未便是不好，但不可一向徇之耳。」○語録曰：「問：『形氣是口耳鼻目四肢之屬？』曰：『固是。』問：『如此則未可便謂之私欲。』曰：『但此數件事屬自家體段上，便是私有底物，不比道便公共，故上面便有箇私底根本。』」○或以形氣之私爲未安，曰：「私即是惡，謂之上智不能無，可乎？」真氏曰：「私者猶言我之所獨耳，今人言私親私恩之類是也，其可謂之惡乎？」又問：「六經中曾有謂私非惡者否？」曰：「『雨我公田，遂及我私』『獻豜于公，言私其豵』，如此類，以惡言之可乎？」**或原於性命之正，**文集曰：「天生此民時，便已是命他以此性了。」**而所以爲知覺者不同。**語録曰：「人心惟危，是知覺口之於味、目之於色、耳之於聲底；道心，是知覺義理底。」○又曰：「只是這一箇心，知覺從耳目之欲上去，便是人心；知覺從義理上去，便是道心。」○陳氏曰：「人得天地之理爲性，得天地之氣爲體，理與氣合方成箇心。有箇虛靈知覺，便是身之所以爲主宰處。然虛靈知覺，有從理而發者，有從氣而發者，又各不同也。」**是以或危殆而不安，**語録曰：「危者，欲陷而未陷之辭。」○又曰：「危未便是不好，只是危險，在欲墮未墮之間

耳。」○陳氏曰：「人心方是就此軀殼上平說，未是不好底物，但此心最臲卼不安，易流於不好，故謂之危。如飢思食、渴思飲，此由形體而發，人心也，因而飲食，未害也；若窮口腹之欲，便陷矣。」**或微妙而難見耳。**語録曰：「微者難明，有時發見些子，使自家見得，有時又不見了。」○陳氏曰：「道心專是就理義上說，但此心本無形狀，至幽隱而難見，故謂之微。如嘑爾、蹴爾、嗟來等食皆不肯食，此由理義而發，道心也。若其嗟也可去，其謝也可食，則於理甚隱，至爲難知，非賢哲莫能識之。」**然人莫不有是形，故雖上智不能無人心，亦莫不有是性，故雖下愚不能無道心。**語録曰：「道心是義理上發出來底，人心是又身上發出來底，雖聖人不能無人心，如飢食渴飲之類，雖小人不能無道心，如惻隱之心是。」○問：「既云上智，何以更有人心？」曰：「掐著痛、抓著痒，此非人心而何？人自有人心、道心，一箇生於血氣，一箇生於理。飢寒、痛痒，此人心；惻隱、羞惡、是非、辭遜，此道心也。雖上知亦同。」**二者雜於方寸之間，**陳氏曰：「二者在方寸間本自不相紊亂。」○又曰：「二者無日無時不發見呈露，非是判然爲二物，不相交涉，只在人識別之。」**而不知所以治之，則危者愈危，微者愈微，而天理之公卒無以勝夫人欲之私矣。**文集曰：「人心之危者，人欲之萌也；道心之微者，天理之奧也。心則一也，以正不正而異其名耳。」**精則察夫二者之間而不雜也，**語録曰：「精是精察分明」。○又曰：「是識別得人心、道心。」○陳氏曰：「要分別二者界分分明，不相混雜。」**一則守其本心之正而不離也。**語録曰：「一是要守得不離。」○

陳氏曰：「專守道心之正，而無以人心二之。」**從事於斯，無少閒斷，必使道心常爲一身之主，而人心每聽命焉，**語録曰：「有道心，則人心爲之節制，人心皆道心也。」〇又曰：「道心是義理之心，可以爲人心之主宰，而人心據以爲準者也。且以飲食言之，凡飢渴而欲得飲食以充其飽且足者，皆人心也。然必有義理存焉，有可以食，有不可以食，如子路食於孔悝之類，此不可食者。又如父之慈其子，子之孝其父，常人亦能之，此道心之正也。苟父一虐其子，則子必狠然以悖其父，此人心之所以危也。惟舜則不然，雖其父欲殺之，而舜之孝則未嘗替，此道心也。故當使人心每聽道心之區處方可。」〇問：「人心可無否？」曰：「如何無得，但以道心爲主，而人心每聽命焉耳。」**則危者安，微者著，而動静云爲自無過不及之差矣。**文集曰：「不待擇於過不及之閒，而自然無不中矣。」〇陳氏曰：「如此則日用之閒無往而非中，凡聲之所發便合律，身之所行便合度。凡由人心而出者，莫非道心之流行。」**夫堯、舜、禹，天下之大聖也。以天下相傳，天下之大事也。以天下之大聖，行天下之大事，而其授受之際，丁寧告戒不過如此，則天下之理豈有以加於此哉。**陳氏曰：「此是大綱目處，堯、舜、禹之所以傳受天下，皆是此道理。」**自是以來，聖聖相承。若成湯、文、武之爲君，皋陶、伊、傅、周、召之爲臣，既皆以此而接夫道統之傳。若吾夫子，則雖不得其位，而所以繼往聖、開來學，其功反有賢於堯舜者。**孟子集註曰：「堯舜治天下，夫子又推其道以垂教萬世。堯舜之道非得孔子，則後世亦何所據哉。」**然當是時，**

見而知之者，惟顔氏、曾氏之傳得其宗。及曾氏之再傳，而復得夫子之孫子思，則去聖遠而異端起矣。子思懼夫愈久而愈失其真也，於是推本堯舜以來相傳之意，質以平日所聞父師之言，更互演繹，作爲此書，以詔後之學者。蓋其憂之也深，故其言之也切；其慮之也遠，故其説之也詳。其曰「天命率性」，則道心之謂也；語録曰：「性是心之道理。」其曰「擇善固執」，則精一之謂也；語録曰：「擇善即惟精，固執即惟一。」其曰「君子時中」，則執中之謂也。語録曰：「時中是無過不及底中，執中亦然。」世之相後千有餘年，而其言之不異，如合符節。歷選前聖之書，所以提挈綱維，開示緼奥，未有若是其明且盡者也。自是而又再傳以得孟氏，爲能推明是書，以承先聖之統，愚謂：中庸深處多見於孟子，如道性善，原於天命之謂性也；所謂存心、收放心，乃致中也；充廣其仁義之心，則致和也；至於「誠者天之道，思誠者人之道」一章，其義悉本於中庸，尤足以見淵源之所自。及其没而遂失其傳焉。則吾道之所寄不越乎言語文字之閒，而異端之説日新月盛，以至於老佛之徒出，則彌近理而大亂真矣。語録曰：「便是他那道理也有極相似處，只是説得來别，須是看得他那彌近理而大亂真處始得。」○陳氏曰：「彌近理而大亂真，甚相似而絶不同也。然非物格知至、理明義精者，不足以識破。」然而尚幸此書之不泯，故程夫子兄弟者出，得有所考，以續夫千載不傳之緒；得有所據，以斥夫二家似是之非。蓋子思之功於是爲大，而微程夫子，則

亦莫能因其語而得其心也。惜乎！其所以爲説者不傳，而凡石氏之所輯録，僅出於其門人之所記，是以大義雖明，而微言未析。文集曰：「明道不及爲書，世傳陳忠肅公所序者，乃吕氏所著别本也。伊川雖嘗言中庸已成書，然亦不傳於學者，或以問和靖尹公，則曰：『先生自以不滿其意而火之矣。』二夫子既皆無書，故今所傳，特出於門人記其平居問答之辭。」至其門人所自爲説，則雖頗詳盡而多所發明，然倍其師説而淫於老佛者亦有之矣。文集曰：「唯吕氏、游氏、楊氏、侯氏爲有成書，若謝氏、尹氏則亦或記其語之及此者耳，又皆别自爲編，或頗雜出他記。」熹自蚤歲即嘗受讀而竊疑之，沈潛反復，蓋亦有年，一旦恍然似有以得其要領者，然後敢會衆説而折其中，既爲定著章句一篇，以竢後之君子。而一二同志復取石氏書，删其繁亂，名以輯略；且記所嘗論辯取舍之意，别爲或問，以附其後。然後此書之旨，支分節解，脉絡貫通，詳略相因，巨細畢舉，而凡諸説之同異得失，亦得以曲暢旁通而各極其趣。雖於道統之傳不敢妄議，然初學之士或有取焉，則亦庶乎行遠升高之一助云爾。淳熙己酉春三月戊申新安朱熹序。

讀中庸章句綱領

後學趙順孫纂録

中庸一篇，某妄以己意分其章句，是書豈可以章句求哉。然學者之於經，未有不得於辭而能通其意者。朱子文集。

中庸自首章以下，多對説將來，直是整齊。某舊讀中庸，以爲子思做，又時復有箇「子曰」字，讀得熟後，方見得是子思參夫子之説著爲此書。自是沉潛反覆，遂漸得其旨趣，定得今章句，擺布得來直恁麼細密。朱子語録。○黄氏曰：「中庸與他書不同。如論語是一章説一事，大學亦然。中庸則成大片段，須是衮讀，方知首尾，然後解釋[一]，則理通矣。今莫若且以中庸衮讀，以章句子細一一玩味[二]，然後首尾貫通。」○三山陳氏曰：「中庸三十三章，其血脉貫通之處，朱子既爲之章句，又撮其宏綱，如言某章是援引先聖之言，某章是子思發明之

[一]「後」下通志堂經解本有「逐段」二字。
[二]一一，原作「後一」，據通志堂經解本改。

説，具有次序。

中庸看得甚精，章句大槩已改定多。

中庸全在章句，其或問中皆是辨諸家説，恐未必是。語録。○又曰：「中庸或問亦有未滿意處，如評論諸説處尚多粗。」

問：「中庸編集得如何？」曰：「便是難説。緣前輩諸公説得多了，其間儘有差舛處，又不欲盡剗難他底，所以難下手。不比大學，都未曾有人説。」語録。○黄氏曰：「中庸自是難看，石氏所集諸家説尤亂雜未易曉，須是胷中有權衡尺度，方始看得分明。今驟取而讀之，精神已先爲所亂，却不若子細將章句研究，令十分通曉，俟首尾該貫後，却取而觀之可也。」

中庸

朱子章句　後學趙順孫纂疏

中者，不偏不倚、無過不及之名。文集曰：「不偏者，明道體之自然，即無所倚著之意也。不倚，則以人而言，乃見其不倚於物耳。」○語録曰：「急些子便是過，慢些子便不及。」庸，平常也。語録曰：「庸是依本分，不爲怪異之事。堯、舜、孔子只是庸，夷、齊所爲都不是庸了。」○問：「以不偏不倚、無過不及説中，乃是精密切至之語，而以平常説庸，似不相黏著。」曰：「此其所以黏著，蓋緣處得極精極密，只是如此平常。若有些子差異，便不是極精極密，便不是中庸。」○陳氏曰：「庸只是日用平常之道，如君臣之義、父子之親、夫婦之別、長幼之序、朋友之信，皆日用事，便是平常道理。凡日用間人所常行而不可廢者，便是平常。」

或問「名篇之義，程子專以不偏爲言，吕氏專以無過不及爲説，二者固不同矣。子乃合而言之，何也？」曰：「中，一名而有二義，程子固言之矣。今以其説推之，不偏不倚云者，程子所謂在中之義，未發之前無所偏倚之名也；語録曰：「在中者，

未動時恰好處。纔發時，不偏於喜則偏於怒，不得謂之在中矣。」○又曰：「在中之義，是言在裏面底道理，非以在中釋中字。」無過不及者，程子所謂中之道也，見諸行事各得其中之名也。陳氏曰：「中之在事物，即其恰好處，而無過不及者也。」蓋不偏不倚，猶立而不近四旁，心之體、地之中也；無過不及，猶行而不先不後，理之當、事之中也。陳氏曰：「有在心之中，有在事物之中，所以朱子解中字，必合内外而言。」故於未發之大本，則取不偏不倚之名；於已發而時中，則取無過不及之義，語固各有當也。語録曰：「中庸之中，本是説無過不及之中，旨在時中上。若推其本，則自喜怒哀樂未發之中，而爲時中之中。」○陳氏曰：「未發之中，只可言不偏不倚，却下不得過不及字；及發出來，此事合當如此，彼事合當如彼，方有箇恰好準則，無太過不及處。」然方其未發，雖未有無過不及之可名，而所以爲無過不及之本體實在於是；及其發而得中也，雖其所主不能不偏於一事，然其所以無過不及者，是乃無偏倚者之所爲，而於一事之中亦未嘗有所偏倚也。語録曰：「只要就無所偏倚一事處之得恰好，則無過不及矣。」故程子又曰：「『言和則中在其中，言中則含喜怒哀樂在其中。』而吕氏亦云：『當其未發，此心至虚，無所偏倚，故謂之中。以此心而應萬物之變，無往而非中矣。』是則二義雖殊，而實相爲體用。語録曰：「未發之中是體，已發之中是用。」此愚於名篇之義所以不得取此而遺彼也。」○

曰：「庸字之義，程子以不易言之，而子以爲平常，何也？」曰：「唯其平常，故可常而不可易。若驚世駭俗之事，則可暫而不得爲常矣。二説雖殊，其致一也。但謂之不易，則必要於久而後見，不若謂之平常，則直驗於今之無所詭異，而其常久而不可易者可兼舉也。況中庸之云，上與高明爲對，而下與無忌憚者相反。其曰『庸德之行，庸言之謹』，又以見夫雖細微而不敢忽，則其名篇之義以不易而爲言者，又孰若平常之爲切乎。」語録曰：「譬如飲食，如五穀是常，自不可易，若是珍羞異味不常得之物，則暫一食之可也，焉能久乎。庸固是定理，若以爲定理，則却不見那平常底意思。今以平常言，則不易之定理自在其中矣。」○陳氏曰：「程子以不易解庸字，亦是謂萬古常然而不可易，但其義未盡，不若平常字最親切，可包得不易字。蓋天下事物之理，惟平常然後可以常而不易，若怪異之事，人所罕見，但可暫而不可以常耳。佛老説道理，便入於高遠玄妙，不知自堯舜三代以來，只是一箇平常底道理，所以萬世常然而不可易。平常、不易二字，本作一意看。」曰：「然則所謂平常，將不爲淺近苟且之云乎？」曰：「不然也。所謂平常，亦曰事理之當然而無所詭異云爾，是固非有甚高難行之事，而亦豈同流合汙之謂哉。既曰當然，則自君臣父子日用之常，推而至於堯舜之禪授、湯武之放伐，其變無窮，亦無適而非平常矣。」語録曰：「問：『堯舜禪授、湯武放伐，皆聖人非常之

變，而謂之平常，何耶？』曰：『事雖異常，然皆是合當如此，便只是常事。』」○曰：「此篇首章先明中和之義，次章乃及中庸之説，至其名篇，乃不曰中和而曰中庸者，何哉？」曰：「中和之中，其義雖精；而中庸之中，實兼體用。文集曰：「中和之中，專指未發而言；中庸之中，則兼體用而言。」且其所謂庸者，又有平常之意焉，則比之中和，其所該者尤廣，而於一篇大指，精粗本末無所不盡，此其所以不曰中和而曰中庸也。」語録曰：「中庸該得中和之義。庸是見於事，和是發於心，庸該得和。」○曰：「張子之言如何？」按張子曰：「學者如中庸文字輩，直須句句理會過，使其言互相發明。」曰：「其曰『須句句理會，使其言互相發明』者，真讀書之要法，不但可施於此篇也。」語録曰：「讀書須是逐句逐字要見去著，使互相發明，事事窮到極至處。」○曰：「吕氏爲己爲人之説如何？」按吕氏曰：「爲己者，心存乎德行而無意乎功名；爲人者，心存乎功名而未及乎德行。若後世學者，有未及乎爲人而濟其私欲者。今學聖人之道，而先以私欲害之，則語之而不入，導之而不行，教之者亦何望哉。聖人之學，不使人過，不使人不及，立喜怒哀樂未發之中以爲之本，使學者擇善而固執之，其學固有序矣，學者盍亦用心於此乎。用心於此，則義理必明，德行必脩。與夫自輕其身，涉獵無本，徼幸一旦之利者，果何如哉。」曰：「爲人者，程子以爲欲見知於人者是也；吕氏以志於功名言之，而謂今之學者未及乎此，則

是以爲人爲及物之事；而涉獵徼幸以求濟其私者，又下此一等也。殊不知夫子所謂爲人者，正指此下等人爾。若曰未能成己而遽欲成物，此特可坐以不能知所先後之罪，原其設心猶愛而公，視彼欲求人知以濟一己之私而後學者，不可同日語矣。至其所謂立喜怒哀樂未發之中以爲之本，使學者擇善而固執之者，亦曰欲使學者務先存養以爲窮理之地耳。而語之未瑩，乃似聖人强立此中以爲大本，使人以是爲準而取中焉，則中者豈聖人之所强立，而未發之際亦豈容學者有所擇取於其間哉。但其全章大指，則有以切中今時學者之病，覽者誠能三復而致思焉，亦可感悟而興起矣。」語録曰：「今學者且要分別箇路頭，要緊是爲己爲人之際。」

子程子曰：「不偏之謂中，不易之謂庸。中者，天下之正道；庸者，天下之定理。語録曰：「問：『正道、定理，恐道是總括之名，理是道裏面有許多條目，如天道有日月星辰、陰陽寒暑之條理，人道有仁義禮智、君臣父子之條理。』曰：『緊要在正字與定字上。中只是箇恰好道理，爲見不得是亘古今不可變易底，故更著箇庸字。』」此篇乃孔門傳授心法。陳氏曰：「卑不失之污賤，高不溺於空虛，蓋真孔門傳授心法。」子思恐其久而差也，故筆之於書以授孟子。其書始言一理，中散爲萬事，末復合爲一理。語録曰：「始合爲一理，指『天命謂性』；末復合爲一理，指『無聲無臭』。始合而開，其開也有漸；末開而合，其合也亦有漸。」〇又曰：「天下

萬事須要逐一理會過方得，所謂中散爲萬事，便是中庸。」○又曰：「中散爲萬事，如知仁勇許多爲學底道理，與爲天下國家有九經，與祭祀鬼神，中間無些子罅隙。」**放之則彌六合，卷之則退藏於密。**三山陳氏曰：「其大無際，其細無朕。」**其味無窮，皆實學也。**語録曰：「句句是實，無些子空闕處。」**善讀者玩索而有得焉，則終身用之有不能盡者矣。**」

天命之謂性，率性之謂道，脩道之謂教。

命，猶令也。陳氏曰：「似分付命令他一般。」**性，即理也。**文集曰：「有是性，便有許多道理總在裏許，性便是理之所會之地。」○語録曰：「性是天生成許多道理。」○又曰：「性是許多理散在處爲性。」○陳氏曰：「性即理也，何以不謂之理而謂之性？蓋理是汎言天地間人物公共之理，性是在我之理，只這道理受於天而爲我所有，故謂之性。」**天以陰陽五行化生萬物，氣以成形，而理亦賦焉，猶命令也。**陳氏曰：「天固是上天之天，要之即理是也。然天如何而命於人？蓋藉陰陽五行之氣，流行變化，以生萬物。理不外乎氣，氣以成形，而理亦賦焉，便是上天命令之也。」○又曰：「本只是一氣，分來有陰陽，又分來有五行，二與五只管分合運行去，萬古生生，不息不止。是箇氣，必有主宰之者，曰理是也。理在其中爲之樞紐，故大化流行，生生未嘗止息。命，即流行而賦予於物者。」○葉氏曰：「有理即有氣，有天即有萬物，故氣以成形，理亦寓焉。」**於是人物之生，因各得其所賦之理，以爲健順五常之德，所謂性也。**文集曰：「健

順之體，即性也。合而言之，則曰健順；分而言之，則曰仁義禮智，仁禮健而義智順也。」○語録曰：「此健順只是那陰陽之性。」○又曰：「如牛之性順，馬之性健，即健順之性，但只稟得來少，不似人稟得來全耳。」○又曰：「仁義禮智，雖尋常昆蟲之類皆有之，只偏而不全，濁氣間隔。」○真氏曰：「自昔言性者，曰五常而已，朱子乃益之以健順。蓋陽之性健，木火屬焉，在人則爲仁禮；陰之性順，金水屬焉，在人則爲義智；而土則二氣之沖和，信亦兼乎健順。陰陽不在五行之外，健順亦豈在五常之外乎。」**率，循也。**語録曰：「這循字是就道上説，不是就行道上説。」○陳氏曰：「循，猶隨也。」**道，猶路也。**文集曰：「道之得名，正以人生日用常然之理，猶四海九州百千萬人當行之路爾。」**人物各循其性之自然，則其日用事物之間莫不各有當行之路，是則所謂道也。**語録曰：「人與物之性皆同，故循人之性則爲人之道，循馬牛之性則爲馬牛之道。若不循其性，令馬耕牛馳，則失其性而非馬牛之道矣。」○陳氏曰：「是就人物已受得來處説，隨其所受之性，便自然有箇當行之路，不待安排著，只是日用人事所當然之理，所以名之曰道。」○永嘉陳氏曰：「人率循其人之性，物率循其物之性，此即人物各各當行道理，故謂之道。夫道若大路然。」○真氏曰：「朱子於『告子生之謂性』章深言人物之異，而於此章乃兼人物而言。生之謂性，以氣言者也；天命之謂性，以理言者也。以氣言之，則人物所稟之不同；以理言之，則天之所命一而已矣。然則虎狼之搏噬、馬牛之踶觸，亦道耶？曰子思之所謂率性云者，循其天命之

性也。若夫搏噬踶觸，則氣稟之所爲，而非天命之本然矣。豈獨物爲然。凡人之爲善者，皆循天命之性也；而爲不善，則發乎氣稟之性矣。以是而觀，則此章兼人物而言尚何疑哉。」脩，品節之也。潘氏曰：「品節之者，如親親之殺、尊賢之等，隨其厚薄輕重而爲之制，以矯其過不及之偏者也。雖若出於人爲，而實原於性命之正。」性道雖同，而氣稟或異，故不能無過不及之差。葉氏曰：「命於天曰性，人物受而循行之曰道，皆理之自然而然，本無過不及之差也。然陰陽五行迭運交禪，不免相勝，是以或厚或薄，或清或濁，賢智或失之過，愚不肖或失之不及。天之所受，人之所率，雖未嘗不善，而亦不能不差。」聖人因人物之所當行者而品節之，以爲法於天下，則謂之教，若禮樂刑政之屬是也。語録曰：「問：『品節及於物否？』曰：『也是如此，所以謂之盡物之性。但於人較詳，於物較略；人上較多，物上較少。』」○又曰：「所以咸若草木鳥獸，使庶類蕃殖，如周禮掌獸、掌山澤各有官，如周公驅虎豹犀象龍蛇，如『草木零落然後入山林，昆蟲未蟄不以火田』之類，各有箇品節，使萬物各得其所，所謂教也。」○黄氏曰：「脩道二字，須就道上及人氣稟上兼看。道是大綱之名，如孝是事父之道，然孝之中有多少曲折。人之氣稟不同，柔者過於和，剛者過於嚴，則於孝道雖大綱是孝，其曲折必有不中節者。此禮樂刑政所以著爲品節，使之盡其道也。」蓋人之所以爲人，道之所以爲道，聖人之所以爲教，原其所自，無一不本於天而備於我。學者知之，則其於學知所用力而自不能已矣。故

子思於此首發明之，讀者宜深體而默識也。語録曰：「子思説箇三句，乃天地萬物之大本大根，萬化皆從此出。人若能體察，方見聖賢所説道理皆從自己胷襟流出，不假他求。」○三山陳氏曰：「此章蓋中庸之綱領，而此三句又一章之綱領也。聖賢教人，必先使之知所自來，而後有用力之地。此三句蓋與孟子言性善同意，其示人切矣。」

或問「『天命之謂性，率性之謂道，脩道之謂教』，何也？」曰：「此先明性、道、教之所以名，以見其本皆出乎天而實不外於我也。天命之謂性，言天之所以命乎人者，是則人之所以爲性也。文集曰：「天之生此人，如朝廷之命此官，人之有此性，如官之有此職。」蓋天之所以賦與萬物而不能自已者，命也。吾之得乎是命以生而莫非全體者，性也。愚謂：天於賦予處周流而不已，斯之謂命；人於稟受處該全而不偏，斯之謂性。故以命言之，則曰元亨利貞，而四時五行，庶類萬化，莫不由是而出。以性言之，則曰仁義禮智，而四端五典，萬物萬事之理，無不統於其閒。文集曰：「元亨利貞，天道之常；仁義禮智，人性之綱。」○黄氏曰：「在天爲元亨利貞，在人爲仁義禮智，特殊其名，以別天人之分耳。理則同，故健順不必易也。」○又曰：「天地而非元亨利貞，不能以行四時，生萬物。人而非仁、義、禮、智，又何以充四端，制萬事哉。」○陳氏曰：「若就造化上論，則天命之大目，只是元亨利貞。此四者，就氣上論也得，就理上論也得。就氣上論，則物之初

生處爲元，於時爲春；物之發達處爲亨，於時爲夏；物之成遂處爲利，於時爲秋；物之斂藏處爲貞，於時爲冬。貞者，正而固也。自其生意之已定者而言，故謂之正；自其斂藏者而言，故謂之固。就理上論，則元者生理之始，亨者生理之通，利者生理之遂，貞者生理之固。」○又曰：「人性之大目，只是仁義禮智四者而已。得天命之元，在我謂之仁；得天命之亨，在我謂之禮；得天命之利，在我謂之義；得天命之貞，在我謂之智。人性之有仁義禮智，只是天地元亨利貞之理，真實一致，非引而譬之也。」**蓋在天在人，雖有性命之分，而其理則未嘗不一；**陳氏曰：「性與命本非二物，在天謂之命，在人謂之性。」○又曰：「性、命只是一箇道理。不分看，則不分曉；不合看，又離了不相干涉。須是就渾然一理中，看得有界分，不相亂。」**在人在物，雖有氣稟之異，而其理則未嘗不同。**文集曰：「論萬物之一原，則理同而氣異。」**此吾之性所以純粹至善，而非若荀、楊、韓子之所云也。**陳氏曰：「天所命於人以是理，本只善而無惡，故人所受以爲性，亦本善而無惡。荀子以性爲惡，楊子以性爲善惡混，韓子又以爲性有三品，都只是説得氣。若只論氣而不及大本，便只説得粗底，而道理全然不明。」

率性之謂道，言循其所得乎天以生者，則事事物物莫不自然各有當行之路，是則所謂道也。蓋天命之性，仁義禮智而已。循其仁之性，則自父子之親以至於仁民愛物，皆道也；循其義之性，則自君臣之分以至於敬長尊賢，亦道也；循其禮之

性，則恭敬辭讓之節文，皆道也；循其智之性，則是非邪正之分别，亦道也。陳氏曰：「仁義禮智四者，大處則大有，小處則小有。」蓋所謂性者，無一理之不具，故所謂道者，不待外求而無所不備。所謂性者，無一物之不得，故所謂道者，不假人爲而無所不周。語録曰：「性是體，道是用，道便是在裏面做出底道理。」雖鳥獸草木之生，僅得形氣之偏而不能有以通貫乎全體，然其知覺運動，榮悴開落，亦皆循其性而各有自然之理焉。陳氏曰：「隨物之性而言之，如牛之可耕，馬之可乘，雞之可司晨，犬之可司夜，其所發皆有箇自然之理。又循其草木之理而言，則桑麻之可衣，穀粟之可食，春宜耕，夏宜耘，秋宜穫，凡物皆有箇自然之理。」○永嘉陳氏曰：「飛潛動植，各一其性而不可移换，便是率處。若飛者潛之，動者植之，即是違其性，非物之所謂率性矣。」至於虎狼之父子，蜂蟻之君臣，豺獺之報本，雎鳩之有别，則其形氣之所偏，又反有以存其義理之所得。語録曰：「問：『虎狼螻蟻之類，雖得其一偏，然徹頭徹尾得義理之正；人合下具此天命之全體，乃爲物欲氣稟所昏，反不能如物之能通其一處而全盡，何也？』曰：『物只有這一處通，便却專；人却事事理會得些，便却泛泛，所以易昏。』」尤可以見天命之本然初無間隔，而所謂道者亦未嘗不在是也，是豈有待於人爲，而亦豈人之所得爲哉。永嘉陳氏曰：「此是懸空説，未著人事在。」脩道之謂教，言聖人因是道而品節之，以立法垂訓於

天下，是則所謂教也。蓋天命之性，率性之道，皆理之自然而人物之所同得者也。人雖得其形氣之正，然其清濁厚薄之稟亦有不能不異者。是以賢知者或失之過，愚不肖者或不能及，而得於此者亦或不能無失於彼，是以私意人欲或生其間，而於所謂性者不免有所昏蔽錯雜，而無以全其所受之正。性有不全，則於所謂道者因亦有所乖戾舛逆，而無以適乎所行之宜。惟聖人之心，清明純粹，天理渾然，無所虧闕，故能因其道之所在而爲之品節防範，以立教於天下，使夫過不及者有以取中焉。陳氏曰：「因人生氣質之異，而有過不及之差，故於性有昏蔽而不能全，而所謂道者亦乖戾而失其本然也。聖人清明純粹，見理分明，故因其性之自然者爲之品節而歸之中，使無過不及，以爲天下後世法，使萬世皆得以通行，是謂之教。」蓋有以辨其親疏之殺，而使之各盡其情，則仁之爲教立矣；陳氏曰：「如爲之立五服，自斬衰至緦麻之類。」有以別其貴賤之等，而使之各盡其分，則義之爲教行矣；陳氏曰：「如爲之立君臣上下長幼之序。」爲之制度文爲，使之有以守而不失，則禮之爲教得矣；陳氏曰：「如三千三百之儀，輕重疏密，各有等級之不同。」爲之開導禁止，使之有以別而不差，則知之爲教明矣。陳氏曰：「如司徒教民以任卹睦婣之行，及糾民以不孝不弟之刑。」夫如是，是以人無知愚，事無大小，皆得有所持循據守，以去其人欲之私而復乎天理之正。陳氏曰：

「天理者，上達之正途；人欲者，下達之邪徑。萬一把守不牢，則便是天理人欲勝負未分。」推而至於天下之物，則亦順其所欲，違其所惡，因其材質之宜以致其用，制其取用之節以遂其生，皆有政事之施焉。陳氏曰：「如教人春耕、夏耘、秋斂、冬藏，穿牛鼻、絡馬首之類。」此則聖人所以財成天地之道，而致其彌縫輔贊之功，然亦未始外乎人之所受乎天者而强爲之也。文集曰：「脩道之教當屬何處？亦出乎天耳。」子思以是三言著於篇首，雖曰姑以釋夫三者之名義，然學者能因其所指而反身以驗之，則其所知豈獨名義之閒而已哉。語録曰：「反身是著實向自家體分上求。」蓋有得乎天命之說，則知天之所以與我者無一理之不備，而釋氏所謂空者非性矣；有以得乎率性之說，則知我之所得乎天者無一物之不該，而老氏所謂無者非道矣；有以得乎脩道之說，則知聖人之所以教我者，莫非因其所固有而去其所本無，背其所至難而從其所甚易，而凡世儒之訓詁詞章，管商之權謀功利，老佛之清淨寂滅，與夫百家衆技之支離偏曲，皆非所以爲教矣。語録曰：「問：『佛氏之空與老子之無一般否？』曰：『不同。佛氏只是空，豁豁然和有都無了，所謂終日喫飯不曾咬破一粒米，終日著衣不曾掛著一條絲。若老氏猶骨自有，只是清淨無爲，一向恁地深藏固守，自爲玄妙，教人摸索不得，便是他有無做兩截看了。』」〇陳氏曰：「釋氏以空爲宗，以未有天地之先爲吾真體，以天地萬物皆爲幻，人

事都爲粗迹，盡欲屏除了，一歸於真空。老氏以無爲宗，說道都與人物不相干，以道爲超乎天地形器之外。如云道在太極之先，都是說未有天地萬物之初有箇空虛道理，且自家身今見在天地之後，只管想像未有天地之初一箇空虛底道理，與自家身有何干涉，不知道只是人事之理耳。」又曰：「老氏清虛厭事，釋氏屏棄人事，他都是把道理做事物頂頭玄妙底物看，把人事做下面粗底，便都要擺脱去了。」○又曰：「世儒或專於訓詁解析而理不明，或專於詞章綴緝而義不通。又如管商功利之徒，雖做得事業，亦只是權謀智術之私，而非胷中理義去做得底，皆非所謂教矣。」**由是以往，因其所固有之不可昧者，而益致其學問思辨之功；**語録曰：「今人把學問來做外面添底事看了。聖賢千言萬語，只是使人反其固有而復其性耳。」**因其所甚易之不能已者，而益致其持守推行之力。**語録曰：「是日用常行合做底道理，是不可已者，非空守著這一箇物事。」**則夫天命之性，率性之道，豈不昭然日用之間，而脩道之教，又將由我而後立矣。」○曰：「率性、脩道之説不同，孰爲是耶？」曰：「程子之論率性，正就私意人欲未萌之處，指其自然發見各有條理者而言，以見道之所以得名，非指脩爲而言也。**按程子曰：「生之謂性，人生而靜以上不容説，纔説性時便已不是性也。此理天命也，順而循之則道也。」○又曰：「天降衷於下，萬物流形，各正性命者，是所謂性也；循其性，是所謂道也。此亦通人物而言。循性者，馬則爲馬之性，又不做牛底性；牛

則爲牛底性，又不爲馬底性，此所謂率性也。」○文集曰：「程子説人生而靜以上，是人物未生時，只可謂之理，未可名爲性，所謂在天曰命也。纔説性時，便是人生以後，此理已墮在形氣之中，不全是性之本體矣，所謂在人曰性也。」○語録曰：「程子説物物各有箇道理，即此便是道。循性者，是循其理之自然。」○又曰：「道是性中分派條理，隨分派條理去，皆是道。」**呂氏『良心之發』以下至『安能致是』一節，亦甚精密。但謂『人雖受天地之中以生，而梏於形體，又爲私意小知所撓，故與天地不相似而發不中節，必有以不失其所受乎天者，然後爲道』，則所謂道者，又在脩爲之後，而反由教以得之，非復子思、程子所指人欲未萌、自然發見之意矣。**按呂氏曰：「性與天道，本無有異。但人雖受天地之中以生，而梏於蕞然之形體，常有私意小知撓乎其閒，故與天地不相似，所發遂至乎出入不齊而不中節。如使所得於天者不喪，則何患不中節乎。故良心所發，莫非道也。在我者，惻隱、羞惡、辭遜、是非皆道也；在彼者，君臣、父子、夫婦、昆弟、朋友之交亦道也。在物之分，則有彼我之殊；在性之分，則合乎内外一體而已。是皆人心所同然，乃吾性之所固有。隨喜怒哀樂之所發，則愛必有差等，敬必有節文。所感重者，其應也亦重；所感輕者，其應也亦輕。自斬至緦，喪服異等，而九族之情無所憾；自王公至皂隸，儀章異制，而上下之分莫敢争。非出於性之所有，安能致是乎？」○語録曰：「只是隨性去，皆是道。呂氏説以人行道，若然，則未

行之前便不是道乎？」○又曰：「不是人去循之，吕説未是。」○永嘉陳氏曰：「吕説只就人性起，蓋不見天地大化，故其説性、説道、説教皆不周普流通，此朱子所以不取。」**游氏所謂『無容私焉，則道在我』，楊氏所謂『率之而已』者，似亦皆有吕氏之病也。**按游氏曰：「天之命萬物者，道也，而性者，具道以生也。因其性之固然而無容私焉，則道在我矣。若出於人爲，則非道矣。」○楊氏曰：「性，天命也。命，天理也。道則性命之理而已。謂性有不善者，誣天也。性無不善，則不可加損也，無俟乎脩焉，率之而已。」**至於脩道，則程子『養之以福』『脩而求復之』云，却似未合子思本文之意。**按程子曰：「民受天地之中以生，天命之謂性也。人之生也直，意亦如此。若以生爲生養之生，却是脩道之謂教也。」至下文始自云：「能者養之以福，不能者敗以取禍。」○又曰：「脩道之謂教，此則專在人事。以失其本性，故脩而求復之，則入於學。若元不失，則何脩之有？」○語録曰：「程子一時意各有指，不可彊率合爲一説。」**獨其一條所謂『循此脩之，各得其分』，而引舜事以通結之者，爲得其旨，故其門人亦多祖之，但所引舜事或非論語本文之意耳。**按程子曰：「循此而脩之，各得其分，則教也。自天命以至於教，我無加損焉，此舜有天下而不與焉者也。」○文集曰：「脩道雖以人事言，然其所以脩之者，莫非天命之本然，非人私智所能爲也。然非聖人有不能盡，故程子以舜事明之。」○陵陽李氏謂：「此又自其性之本然者而推言之，所引論語雖非本文

之意，大率以爲一循其本然，非私智所能與耳。」黄氏曰：「此段辨析極精。」**吕氏所謂『先王制禮，達之天下，傳之後世』者得之。但其本説率性之道處，已失其指，而於此又推本之，以爲『率性而行，雖已中節，而所稟不能無過不及，若能心誠求之，自然不中不遠，但欲達之天下，傳之後世，所以又當脩道而立教焉』，則爲太繁複而失本文之意耳。**按吕氏曰：「循性而行[一]，無物撓之，雖無不中節者，然人稟於天者不能無厚薄昏明，則應於物者亦不能無小過小不及。故品節斯，斯之謂禮。閔子除喪而見孔子[二]，予之琴而彈之，切切而言曰：『先王制禮，不敢過也。』子夏除喪而見孔子[三]，予之琴而彈之，侃侃而言曰：『先王制禮，不敢不及也。』故心誠求之，雖不中，不遠矣。然將達之天下，傳之後世，慮其所終，稽其所敝，則其小過小不及者不可以不脩，此先王所以制禮。」**改本又以時位不同爲言，似亦不親切也。**」按改本云：「道之在人，有時與位之不同。必欲爲法於後世，不可不脩。」〇曰：「**楊氏所論王氏之失如何？**」按楊氏曰：「王氏云『天使我有是之謂命，命之在

[一] 循，原作「脩」，據通志堂經解本改。
[二] 閔子，原作「閭子」，據通志堂經解本及中庸輯略卷上改。
[三] 子夏，原作「子張」，據通志堂經解本及中庸輯略卷上改。

我之謂性』，是未知性命之理。其曰『使我』，正所謂使然也，使然者可以爲命乎？以命在我爲性，則命自一物。若中庸言『天命之謂性』，性即天命也，又豈二物哉？如云『在天爲命，在人爲性』，此語似無病，然亦不須如此説。性命初無二理，第所由之者異耳。『率性之謂道』，如易所謂『聖人之作易，將以順性命之理』是也。」曰：「王氏之言固爲多病，然此所云『天使我有是』者，猶曰『上帝降衷』云爾，豈真以爲有或使之者哉？其曰『在天爲命，在人爲性』，則程子亦云，而楊氏又自言之，蓋無悖於理者。今乃指爲王氏之失，不惟似同浴而譏裸裎，亦近於意有不平而反爲至公之累矣。且以率性之道爲順性命之理，文意亦不相似。若游氏以遁天倍情爲非性，按游氏曰：「惟皇上帝降衷于下民，則天命也。若遁天倍情，則非性矣。」則又不若楊氏『人欲非性』之云也。」按楊氏曰：「天命之謂性，人欲非性也。」○語録曰：「楊氏此語，却是直截。」○曰：「然則吕、游、楊、侯四子之説孰優？」曰：「此非後學所敢言也。但以程子之言論之，則於吕稱其深潛縝密；於游稱其穎悟温柔；謂楊不及游，而亦每稱其穎悟；謂侯生之言但可隔壁聽。今且熟復其言，究覈其意，而以此語證之，則其高下淺深亦可見矣。過此以往，則非後學所敢言也。」語録曰：「吕本是剛底氣質，涵養得到如此，其説得好處，如千兵萬馬，飽滿伉壯。」○又曰：「游、楊諸公皆才高，雖其説有疏略，然皆通明。」○又曰：「侯氏説前

後相反没理會。」

道也者，不可須臾離也，可離非道也。是故君子戒慎乎其所不睹，恐懼乎其所不聞。離，去聲。

道者，日用事物當行之理，皆性之德而具於心，陳氏曰：「道是日用事物所當行之路，即率性之謂，而得於天之所命者[二]，而其皆總會於吾心。」無物不有，無時不然，陳氏曰：「在父子，則父子所當親；在君臣，則君臣所當敬；在夫婦，則夫婦所當别；在朋友，則朋友所當信。微而起居飲食，蓋無物而不有；自古及今，流行乎天地之間，無一息之間，蓋無時而不然。」所以不可須臾離也。永嘉陳氏曰：「道只是眼前當然底，一時走離不得。」○蔡氏曰：「須臾，頃刻也。言道不可頃刻而離也。」若其可離，則爲外物而非道矣。陳氏曰：「纔可離，便是外物，而非本然矣。」○三山陳氏曰：「使其可離而去，則亦身外物耳。」○潘氏曰：「未發之前，固未有人欲之私可言，所以朱子特謂之外物。」是以君子之心常存敬畏，雖不見聞，亦不敢忽，語録曰：「不聞不見，全然無形，暗昧不可得知。只於此時便戒謹了，更不敢。」所以存天理之本

[二] 天，原作「大」，據通志堂經解本改。

然，陳氏曰：「未感物時，渾是天理。」而不使離於須臾之頃也。

莫見乎隱，莫顯乎微，故君子慎其獨也。見，音現。

隱，暗處也。微，細事也。語録載陸氏曰：「前後説者，一衮説了，更不見切體處。今如此分別，却是使人有點檢處。」**獨者，人所不知而己所獨知之地**[二]。語録曰：「如一片止水中間忽有一點動處，此最緊要著功夫。」○又曰：「這獨也不只是㑹獨時，如與衆人對坐，自心中發一念或不正，此亦是獨處。」**言幽暗之中，微細之事，跡雖未形而幾則已動，人雖不知而己獨知之，則是天下之事無有著見明顯而過於此者。**語録曰：「問：『莫見、莫顯，則已是先形了，如何却説迹未形幾已動？』曰：『莫見乎隱，莫顯乎微，這是大綱説。』」○黄氏曰：「莫見、莫顯，不特指他人之聞見，只是吾所獨知，已是十分顯見了，況人亦未必不知者乎。須是認得章句兩轉意。」**是以君子既常戒懼，而於此尤加謹焉，**語録曰：「戒謹恐懼是普説，到得隱微之間，人所易忽，又更用謹，這箇却是唤起説。」○又曰：「是從見聞處至不睹不聞處皆戒謹了，又就其中於獨處更加謹也。是無所不謹，而謹處更加謹也。」○陳氏曰：「雖是平時已常戒懼，至此又當十分加謹。纔加謹，則所發便都是善；不加謹，則所發便流於惡去。」**所以遏人欲於將萌，**

[二]「地」下通志堂經解本有「也」字。

文集曰：「人欲云者，正天理之反耳。天理中本無人欲，惟其流之有差，是以生出人欲來。」○問：「未發之前，無一豪私意之雜，此處無走作，只是存天理而已，未說到遏人欲處。已發之初，天理人欲由是而分，此處不放過，即是遏人欲，天理之存有不待言者。」曰：「此說分得好，然又須見不可分處，如兵家攻守相似，各是一事，而實相爲用也。」○語録曰：「問：『上一節能存天理了，則下面謹獨，似多了一截。』曰：『雖是存得天理，臨發時也須點檢，這便是他密處。』」而不使其滋長於隱微之中，以至離道之遠也。

或問「既曰『道也者，不可須臾離也，可離非道也，是故君子戒慎乎其所不睹，恐懼乎其所不聞』矣，而又曰『莫見乎隱，莫顯乎微，故君子慎其獨也』，何也？」曰：「此因論率性之道，以明由教而入者，其始當如此，蓋兩事也。其先言道不可離，而君子必戒謹恐懼乎其所不睹不聞者，所以言道之無所不在，無時不然，學者當無須臾毫忽之不謹而周防之，以全其本然之體也。語録曰：「是防之於未然以全其體。」又言莫見乎隱，莫顯乎微，而君子必謹其獨者，所以言隱微之間，人所不見而己獨知之，則其事之纖悉無不顯著，又有甚於他人之知者，學者尤當隨其念之方萌而致察焉，以謹其善惡之幾也。語録曰：「是察之於將然以審其幾。」○三山陳氏曰：「曰隱曰微，則此念已萌矣，特人未知之故，隱而未見，微而未顯耳。然人雖未知，而我已知

之，則固已甚見而甚顯耳，此正善惡之幾也。」蓋所謂道者，率性而已。性無不有，故道無不在，大而父子君臣，小而動静食息，不假人力之爲而莫不各有當然不易之理。所謂道也，是乃天下人物之所共由，充塞天地，貫徹古今，而取諸至近則常不外乎吾之一心。陳氏曰：「天下豈有性外之物而不統於吾心是理之中也哉？理之所在，大至於無際而無不通，細入於無倫而無不貫，前後乎萬古而無不知。」循之則治，失之則亂，蓋無須臾之頃可得而暫離也。若其可以暫合暫離，而於事無所損益，則是人力私智之所爲者，而非率性之謂矣。語録曰：「無時而非道，亦無適而非道，若之何而可須臾離也？可須臾離，則非率性之謂矣[二]。」聖人之所脩以爲教者，因其不可離者而品節之也；君子之所由以爲學者，因其不可離者而持守之也。三山陳氏曰：「君子必欲存養持守以保全之者，正爲其不可離而去之，如飢食渴飲之不可無也。」是以日用之閒，須臾之頃，持守工夫一有不至，則所謂不可離者雖未嘗不在我，而人欲閒之，則亦判然二物而不相管矣。是則雖曰有人之形，而其違禽獸也何遠哉。陳氏曰：「日用不可須

[二] 謂，原作「人」，據通志堂經解本改。

臾失，纔失之，便身心顛冥而入於夷狄禽獸矣。」是以君子戒慎乎其目之所不及見，恐懼乎其耳之所不及聞，瞭然心目之間，常若見其不可離者，而不敢有須臾之間，以流於人欲之私，而陷於禽獸之域。若書之言防怨而曰『不見是圖』，禮之言事親而曰『聽於無聲，視於無形』，蓋不待其徵於色，發於聲，然後有以用其力也。語録曰：「既是不見，安得有圖？只是要於未有兆朕、無可睹聞時，先戒懼取。」○又曰：「聽於無聲，視於無形，只是照管所不到、念慮所不及處，正如防賊相似，須要塞其來路。」夫既已如此矣，則又以謂道固無所不在，而幽隱之間，乃他人之所不見而己所獨見；道固無時不然，而細微之事，乃他人之所不聞而己所獨聞。是皆常情所忽，以爲可以欺天罔人而不必謹者，而不知吾心之靈皎如日月，既已知之，則其毫髮之間無所潛遁，又有甚於他人之知矣。又況既有是心，藏伏之久，則其見於聲音容貌之間，發於行事施爲之實，必有暴著而不可揜者，又不止於念慮之差而已也。語録曰：「隱微、顯著，未嘗有異，豈怠於顯而偏於獨哉？蓋獨者，致用之源而人所易忽，於此而必謹焉，則亦無所不謹矣。」○潘氏曰：「幽闇之中，微細之事，其是非善惡皆不能逃乎此心之靈，所以當此之時尤爲昭灼顯著也。若其發之既遠，爲之既力，則在他人，十目所視，十手所指，雖甚昭灼，而在我者，心意方注於事爲，精神方運於酬酢，其是非得失反有不自覺者矣。此所以獨於

隱微之際尤爲顯著，於此之時而能加省察之功，則凡不善之萌，其見之也明，其回之也易，不至潛藏隱伏於其中而不自知矣。」是以君子既戒懼乎耳目之所不及，則此心常明，不爲物蔽，而於此尤不敢不致其謹焉。必使其幾微之際，無一毫人欲之萌，而純乎義理之發，則下學之功盡善全美，而無須臾之閒矣。語録曰：「幾者動之微，是欲動未動之閒。聖賢説謹獨，便都是要就幾微處理會。」二者相須，皆反躬爲己，遏人欲、存天理之實事，蓋體道之功莫有先於此者，亦莫有切於此者。陳氏曰[二]：「此兩節，是做工夫處，見得聖賢體道之功甚密。」故子思於此首以爲言，以見君子之學必由此而入也。」

曰：「諸家之説，皆以戒慎不睹恐懼不聞即爲謹獨之意，子乃分之以爲兩事，無乃破碎支離之甚邪？」曰：「既言道不可離，則是無適而不在矣；而又言莫見乎隱，莫顯乎微，則是要切之處尤在於隱微也。語録曰：「道不可離，言道之至廣至大者；莫見乎隱，莫顯乎微，言道之至精至密者。」既言戒謹不睹，恐懼不聞，則是無處而不謹矣；又言謹獨，則是其所謹者尤在於獨也。語録曰：「戒謹不睹，恐懼不聞，此乃統同説；謹

[二] 陳氏，通志堂經解本作輔氏。

獨，又就中有一念萌動處説，最緊要著功夫處。」是固不容於不異矣，若其同爲一事，則其爲言又何必若是之重複邪？文集曰：「若果如此，則上段文意已足，不知何故又煩再説，曷嘗有如此煩絮底聖賢。」且此書卒章『潛雖伏矣』『不愧屋漏』，亦兩言之，正與此相首尾。陳氏曰：「『潛雖伏矣』一節，言人之所不見處，申明首章謹獨意。『不愧屋漏』一節，言己之所不見處，申明首章戒懼不睹不聞意。」但諸家皆不之察，獨程子嘗有『不愧屋漏與謹獨是持養氣象』之言，其於二者之閒特加與字，是固已分爲兩事，而當時聽者有未察耳。」按程子曰：「要脩持他這天理，則在德須有不言而信者，言難爲形狀，養之則須直，不愧屋漏與慎獨，這是箇持養底氣象也。」○語録曰：「此分明是兩節事。」曰：「子又安知不睹不聞之不爲獨乎？」曰：「其所不睹不聞者，己之所不睹不聞也，故上言道不可離，而下言君子自其平常之處無所不用其戒懼，而極言之以至於此也。獨者，人之所不睹不聞也，故上言莫見乎隱，莫顯乎微，而下言君子之所謹者尤在於此幽隱之地也。語録曰：「其之一字，便見得是説己不睹不聞處。」○又曰：「方不聞不睹之時，不惟人所不知，自家亦未有所知。若所謂獨，即人所不知而己所獨知，極是要戒懼。自來人説不睹不聞與謹獨只是一意，無分別，便不是。」○永嘉陳氏曰：「戒謹恐懼與謹獨是兩項地頭。戒謹恐懼，是自家不睹不聞之時養性如此；謹獨，是衆人不睹不聞之時存誠如此。」是其語勢

自相唱和，各有血脉，理甚分明。語録曰：「前段有是故字，後段有故字，聖賢不是要作文，只是逐節次説出許多道理，若是作一段説，亦成是何文字？」○陳氏曰：「『莫見乎隱，莫顯乎微』對『道不可須臾離，可離非道』句，『君子必謹其獨』對『戒謹其所不睹，恐懼其所不聞』句。惟其道不可須臾離，可離非道，所以戒謹其所不睹，恐懼其所不聞；惟其莫見乎隱，莫顯乎微，所以必謹其獨。」**如曰是兩條者皆爲謹獨之意，則是持守之功無所施於平常之處，而專在幽隱之間也，且雖免於破碎之譏，而其繁複偏滯而無所當亦甚矣。」○曰：「程子所謂隱微之際，若與吕氏改本及游、楊氏不同，而子一之，何耶？」曰：「以理言之，則三家不若程子之盡；以心言之，則程子不若三家之密，是固若有不同者矣。然必有是理然後有是心，有是心而後有是理，則亦初無異指也，合而言之，亦何不可之有哉？」**按程子曰：「人只以耳目所見聞者爲顯微，然不知理却甚顯也。且如昔人彈琴，見螳蜋捕蟬，而聞者以爲有殺聲。殺在心，而人聞其琴而知之，豈非顯乎。人有不善而自謂人不知之，然天地之理甚著不可欺也。」○吕氏曰：「此章明道之要，不可不誠。道之在我，猶飲食居處之不可去，可去皆外物也。誠以爲己，故不欺其心。人心至靈，一萌之思，善與不善，莫不知之，他人雖明，有所不與也，故慎其獨者，知爲己而已。」○游氏曰：「人所不睹，可謂隱矣，而心獨見之，不亦見乎；人所不聞，可謂微矣，而心獨聞之，不亦顯

乎。」○楊氏曰：「獨非交物之時有動于中，其違未遠也，雖非視聽所及，而其幾固已瞭然心目之閒矣。其爲顯見孰加焉。雖欲自蔽，吾誰欺，欺天乎。此君子必慎其獨也。」○語録曰：「問：『程子舉彈琴殺心處，是就人知處言；呂、游、楊氏所説，是就己自知處言，章句是合二者而言否？』曰：『有動於中，己固先自知，亦不能揜人之知，所謂誠之不可揜也。』」○問：「迹雖未形，幾則已動，上兩句是程子意；人雖不知，己獨知之，下兩句是游氏意否？」曰：「然。兩事只是一理，幾既動則己必知之，己既知則人必知之。」○曰：「他説如何？」曰：「呂氏舊本，所論道不可離者得之，但專以『過不及』爲『離道』，則似未盡耳。其論『天地之中性與天道』一節，最其用意深處。然經文所指不睹不聞、隱微之閒者，乃欲使人戒懼乎此，而不使人欲之私得以萌動於其閒耳；非欲使人虚空其心，反觀於此，以求見夫所謂中者而遂執之，以爲應事之準則也。呂氏既失其指，而所引用『不得於言』『必有事焉』『參前』『倚衡』之語，亦非論、孟本文之意。至謂『隱微之閒，有昭昭而不可欺、感之而能應者』，則固心之謂矣，而又曰『正惟虚心以求，則庶乎見之』，是又別以一心而求此一心，見此一心也，豈不誤之甚哉。」按呂氏曰：「率性之謂道，則四端之在我者，人倫之在彼者，皆吾性命之理，受乎天地之中，所以立人之道不可須臾離也。絶類離倫，無意乎君臣父子者，過而離乎此者也；賊恩害義，不知有君臣父

子者，不及而離乎此者也。雖過不及有差，而皆不可以行於世，故曰可離非道也。非道者，非天地之中而已。非天地之中而自謂有道，惑也。」〇又曰：「所謂中者，性與天道也。謂之有物，則不得於言；謂之無物，則必有事焉。不得於言者，視之不見，聽之不聞，無聲形接乎耳目而可以道也；必有事焉者，莫見乎隱，莫顯乎微，體物而不可遺者也。古之君子，立則見其參於前，在輿則見其倚於衡，是何所見乎？洋洋乎，如在其上，如在其左右，是果何物乎？學者見乎此，則庶乎能擇中庸而執之。隱微之閒，不可求之於耳目，不可道之於言語，然有所謂昭昭而不可欺、感之而能應者，正惟虛心以求之，則庶乎見之，故曰莫見乎隱，莫顯乎微。」〇文集曰：「心者，人之所以主乎身者也，一而不二者也，爲主而不爲客者也，命物而不命於物者也。故以心觀物，則物之理得。今復有物以反觀乎心，則是此心之外復有一心，而能管乎此心也。然則所謂心者，爲一耶？爲二耶？爲主耶？爲客耶？爲命物者耶？爲命於物者耶？若參前倚衡之云者，則爲忠信篤敬而發也。蓋曰忠信篤敬不忘乎心，則無所適而不見其在是云爾，亦非有以見夫心之謂也。且身在此而心參於前，身在輿而心倚於衡，是果何理也耶？」若楊氏『無適非道』之云則善矣，然其言似亦有所未盡。蓋衣食、作息、視聽、舉履，皆物也，其所以如此之義理準則，乃道也。若曰所謂道者不外乎物，而人在天地之閒不能違物而獨立，是以無適而不有義理之準則，不可頃刻去之而不由，則是中庸之旨也。

若便指物以爲道，而曰人不能頃刻而離此，百姓特日用而不知耳，則是不唯昧於形而上下之别，而墮於釋氏『作用是性』之失。且使學者誤謂道無不在，雖欲離之而不可得，吾既知之，則雖猖狂妄行亦無適而不爲道，則其爲害將有不可勝言者，不但文義之失而已也。」按楊氏曰：「夫盈天地之閒孰非道乎。道而可離[二]，則道有在矣。譬之四方有定位焉，適東則離乎西，適南則離乎北，斯則可離也。若夫無適而非道，則烏得而離耶。故寒而衣飢而食，日出而作晦而息，耳目之視聽，手足之舉履，無非道也，此百姓所以日用而不知。」○語録曰：「衣食動作即是物，物之理乃道也。楊氏將物便喚做道，則不可。」○又曰：「桀、紂亦會手持足履，目視耳聽，如何便喚做道？若便以爲道，是認欲爲理也。」○又曰：「釋氏所謂『作用是性』便是如此，他都不理會是和非，只認得那衣食、作息、視聽、舉履便是道，説我這箇會説話底、會作用底、叫著便應底，便是神通妙用，更不問道理如何。儒家則須是就這上尋討箇道理方是道。」○曰：「吕氏之書今有二本，子之所謂舊本則無疑矣，所謂改本，則陳忠肅公所謂程氏明道夫子之言而爲之序者。子於石氏集解雖嘗辨之，而論者猶或以爲非程夫子不能及也，奈何？」曰：「是則愚嘗聞之劉、李二先生矣。舊

[二] 道，原作「這」，據通志堂經解本改。

本者，吕氏太學講堂之初本也。改本者，其後所脩之别本也。陳公之序，蓋爲傳者所誤而失之，及其兄孫幾叟具以所聞告之，然後自覺其非，則其書已行而不及改矣。近見胡仁仲所記侯師聖語，亦與此合。蓋幾叟之師楊氏，實與吕氏同出程門，師聖則程子之内弟，而劉、李之於幾叟，仁仲之於師聖，又皆親見而親聞之，是豈胷臆私見、口舌浮辨所得而奪哉。若更以其言考之，則二書詳略雖或不同，然其語意實相表裏，如人之形貌昔腴今瘠，而其部位神采初不異也，豈可不察而遽謂之兩人哉？又況改本厭前之詳而有意於略，故其詞雖約，而未免反有刻露峭急之病。至於詞義之閒失其本指，則未能改於其舊者尚多有之。較之明道平日之言，平易從容而自然精切者，又不翅碔砆之與美玉也。於此而猶不辨焉，則其於道之淺深固不問而可知矣。」

喜怒哀樂之未發，謂之中；發而皆中節，謂之和。中也者，天下之大本也；和也者，天下之達道也。樂，音洛。中節之中，去聲。

喜怒哀樂，情也。語録曰：「情，只是所發之路陌。」其未發，則性也。陳氏曰：「在心裏面未發動底，是性。」無所偏倚，故謂之中。語録曰：「如處室中，東南西北不倚於一方，只是在

中間。」○陳氏曰：「未發之中，只可言不偏不倚，却下不得過不及字。」**發皆中節，情之正也。**陳氏曰：「情之中節，是從本性發來；其不中節，是感物欲而動。」○潘氏曰：「節者，限節也，其人情之準的乎。」**無所乖戾，故謂之和。**陳氏曰：「只是得其當然之理，無些過，無些不及，與是理不相咈戾，故名之曰和。」**大本者，天命之性，天下之理皆由此出，道之體也。**陳氏曰：「是渾淪一大本底，乃天下萬理所從出，是道之體。」**達道者，循性之謂，天下古今之所共由，道之用也。**陳氏曰：「是通衢達道一般，古今天下之所通行，是道之用。」**此言性情之德，**語録曰：「中，性之德；和，情之德。」**以明道不可離之意。**

致中和，天地位焉，萬物育焉。

致，推而極之也。語録曰：「致者，推至其極之謂。如射相似，有中帖者，有中垜者，有中紅心邊暈者，皆是未致；須是到那紅心中央，方始是致。」○又曰：「致字是只管挨排去之義，工夫極精密。」**位者，安其所也。育者，遂其生也。**語録曰：「此天地萬物真實效驗。」**自戒懼而約之，以至於至静之中，無少偏倚而其守不失，則極其中而天地位矣；自謹獨而精之，以至於應物之處，無少差謬而無適不然，則極其和而萬物育矣。**語録曰：「致中和，須兼表裏而言。致中，則欲其無少偏倚而又能守之不失；致和，則欲其無少差謬而又能無適不然。」○黄氏曰：「無少偏倚，無少差謬，是横致一致；其守不失，無適不然，是直致一致。横

致，如一箇物打迸了四圍恁地潔淨相似；直致，則是今日如此淨潔，後日亦如此，以至無頃刻不如此。」〇又曰：「譬如掘井，掘得深是直，掘得闊是橫。就一事上研窮到底，是直；推至萬事莫不皆到，是橫。一直一橫，無不窮究到極處。無少偏倚，無少乖戾，是就一時一事上直下功夫，使一時一事無纖悉不到處；其守不失，無適不然，是自始至終，自大至小，橫鋪點檢，無一時一事有纖悉不到處。」〇愚謂：約，是收斂近裏之意；精，是別得不雜之意，此二字尤朱子喫緊示人處。**蓋天地萬物本吾一體，吾之心正，則天地之心亦正矣；吾之氣順，則天地之氣亦順矣，故其效驗至於如此。**黃氏曰：「既是中和皆當致，則天地萬物之位育，皆隨其所致而見其效。」〇陳氏曰：「心既正，則天地自各安其所；氣既順，則萬物自各遂其生。其功效自然感格，須是到此地位，方真知之。」**此學問之極功，聖人之能事，**陳氏曰：「此乃有位者之功，非泛就君子說。」**初非有待於外，而脩道之教亦在其中矣。**陳氏曰：「致中，即天命之性；致和，即率性之道；及天地位，萬物育，則脩道之教亦在其中矣。」**是其一體一用雖有動靜之殊，然必其體立而後用有以行，則其實亦非有兩事也。**文集曰：「人之一身，知覺運用，莫非心之所爲，則心者，固所以主於身而無動靜之閒者也。然方其靜也，事物未至，思慮未萌，而一性渾然，道義全具。其所謂中，是乃心之所以爲體而寂然不動者也。及其動也，事物交至，思慮萌焉，則七情迭用，各有攸主。其所謂和，是乃心之所以爲用感而遂通者也。然性之靜也而不能不

動，情之動也而必有節焉，是則心之所以寂然感通，周流貫徹，而體用未嘗相離者也。」○三山陳氏曰：「體之立，所以爲用之行之地；用之行，所以爲體之立之驗。」○愚謂：中和本一理，位育非二事，然體立而後用行，則據其效而推本其所以然，各有所從來而不可紊耳。故於此合而言之，以結上文之意。

右第一章，子思述所傳之意以立言。葉氏曰：「蓋孔子之意而子思述以爲經。」首明道之本原出於天而不可易，其實體備於己而不可離，次言存養省察之要，終言聖神功化之極。黃氏曰：「此一章字數不多，而義理本原、工夫次第與夫效驗之大，無不該備。」蓋欲學者於此反求諸身而自得之，以去夫外誘之私而充其本然之善，楊氏所謂一篇之體要是也。陳氏曰：「此章乃子思總括一篇之義。」其下十章，蓋子思引夫子之言以終此章之義。

或問「『喜怒哀樂之未發，謂之中；發而皆中節，謂之和。中也者，天下之大本也；和也者，天下之達道也。致中和，天地位焉，萬物育焉。』何也？」曰：「此推本天命之性，以明由教而入者，其始之所發端，終之所至極，皆不外於吾心也。蓋天命之性，萬理具焉，喜怒哀樂各有攸當，方其未發，渾然在中，無所偏倚，

故謂之中；及其發而皆得其當，無所乖戾，故謂之和。陳氏曰：「未發則是道理渾然在心裏，不偏不倚，便是中，此即天命之性也；又發出來皆當然而然，與本然道理不相乖戾，便是和。」謂之中者，所以狀性之德、道之體也，以其天地萬物之理無所不該，故曰天下之大本；謂之和者，所以著情之正、道之用也，以其古今人物之所共由，故曰天下之達道。陳氏曰：「中和是就性情說。大抵心之體是性，性不是別箇物，只是心中所具之理耳，萬般道理都從這裏出，便爲大本；只這箇動出外來便是情，萬般應接而無所不通，是爲達道。」蓋天命之性，純粹至善而具於人心者，其體用之全本皆如此，不以聖愚而有加損也。然靜而不知所以存之，則天理昧而大本有所不立矣；動而不知所以節之，則人欲肆而達道有所不行矣。語録曰：「未發時，是那靜有箇體在裏了，若靜而不失其體，便是天下之大本立焉，或失其體，則大本便昏了；已發時，是那動有許多用，若動而不失其用，便是天下之達道行焉，或失其用，則達道便乖了。」○又曰：「大本不立，達道不行，則雖天理流行未嘗閒斷，而其在我者或幾乎息矣。」惟君子自其不睹不聞之前，而所以戒謹恐懼者，愈嚴愈敬，以至於無一毫之偏倚，而守之常不失焉，則爲有以致其中，而大本之立日以益固矣；尤於隱微幽獨之際，而所以謹其善惡之幾者，愈精愈密，以至於無一豪之差謬，而行之每不違焉，則爲有以致其和，而達道之行日以益廣

矣。永嘉陳氏曰：「戒謹於不睹不聞之時，此即未發時工夫；謹獨於隱微之時，此即既發時工夫。若曰致中，除戒懼一條，何以見其致處；若曰致和，除謹獨一條，又何以爲致。血脉相承如此，致之一字最是用工處。」○愚謂：愈嚴愈敬，是自其未發之體而存養之；愈精愈密，是自其已發之用而省察之。致者，用力推致而極其至之謂。致焉而極其至，至於静而無一息之不中，則吾心正，而天地之心亦正，故陰陽動静各止其所，而天地於此乎位矣；語録曰：「問：『言陰陽動静，何也？』曰：『天高地下，萬物散殊，各有定所，此未與物相感也。』」動而無一事之不和，則吾氣順，而天地之氣亦順，故充塞無閒，驩欣交通，而萬物於此乎育矣。語録曰：「和則交感而萬物育矣。」此萬化之本原，一心之妙用，聖神之能事，學問之極功，固有非始學所當議者。然射者之的，行者之歸，亦學者立志之初所當知也。故此章雖爲一篇開卷之首，然子思之言亦必至此而後已焉，其指深矣。」○曰：「然則中和果二物乎？」曰：「觀其一體一用之名，則安得不二？察其一體一用之實，則此爲彼體，彼爲此用，如耳目之能視聽，視聽之由耳目，初非有二物也。」語録曰：「體是這箇道理，用是他用處。如耳聽目視，自然如此，是理也；開眼看物，著耳聽聲，便是用。」○陳氏曰：「體用未嘗相離，有是體方有是用，有是用方見是體。」○曰：「天地位，萬物育，諸家皆以其理言，子獨以其事論。然則自古

衰亂之世，所以病乎中和者多矣，天地之位，萬物之育，豈以是而失其常耶？」曰：「三辰失行，山崩川竭，則不必天翻地覆然後爲不位矣；兵亂凶荒，胎殰卵殈，則不必人消物盡然後爲不育矣。凡若此者，豈非不中不和之所致，而又安可誣哉。今以事言者，固以爲有是理而後有是事；彼以理言者，亦非以爲無是事而徒有是理也。但其言之不備，有以啓後學之疑，不若直以事言，而理在其中之爲盡耳。」曰：「然則當其不位不育之時，豈無聖賢生於其世，而其所以致夫中和者乃不能有以救其一二，何耶？」曰：「善惡感通之理，亦及其力之所至而止耳。語録曰：「問：『力是力分之力？』曰：『然。』」彼達而在上者既曰有以病之，則夫災異之變，又豈窮而在下者所能救也哉。但能致中和於一身，則天下雖亂，而吾身之天地萬物不害爲安泰；其不能者，天下雖治，而吾身之天地萬物不害爲乖錯。其間一家一國，莫不皆然，此又不可不知耳。」語録曰：「問：『以孔子言之，如何是天地萬物安泰處？』曰：『在聖人之身，則天地萬物自然安泰。』曰：『此是以理言之否？』曰：『然。一家一國，莫不如是。』」〇又曰：「尊卑上下之大分，即吾身之天地也；應變曲折之萬端，即吾身之萬物也。」〇黄氏曰：「如達而在上，固是堯舜事業。窮而在下，只如在一鄉不擾，便是一鄉萬物育；在一家不擾，便是一家萬物育。」曰：「二者之爲實事可也，而分中和以屬焉，將不

又爲破碎之甚耶？」曰：「世固未有能致中而不足於和者，亦未有能致和而不本於中者也；未有天地已位而萬物不育者，亦未有天地不位而萬物自育者也。特據其效而推本其所以然，則各有所從來而不可紊耳。」陳氏曰：「天地位，便是大本立處；萬物育，便是達道行處。此事灼然分明，但二者常相須，無有能此而不能彼者耳。」○曰：「子思之言中和如此，而周子之言則曰『中者，和也，中節也，天下之達道也』，乃舉中而合之於和。然則又將何以爲天下之大本也耶？」曰：「子思之所謂中，以未發而言也；周子之所謂中，以時中而言也，愚於篇首已辨之矣。學者涵泳而別識之，見其並行而不相悖焉者可也。」語録曰：「中庸之中，是兼以其發而中節、無過不及者得名，若不識得此理，則周子之言更解不得。」○陳氏曰：「中有二義，有已發之中，有未發之中。未發是就性上論，已發是就事上論。已發之中，當喜而喜，當怒而怒，那恰好處無過不及，便是中。此中即所謂和也，所以周子曰『中者，和也』，是指已發之中而言也。」○曰：「程、吕問答如何？」曰：「考之文集，則是其書蓋不完矣。然夫子初謂『凡言心者，皆指已發而言』，而後書乃自以爲『未當』。向非吕氏問之之審，而不完之中又失此書，則此言之未當，學者何自而知之乎？以此又知聖賢之言，固有發端而未竟者，學者尤當虛心悉意以審其歸，未可執其一言而遽以爲定也。按吕氏問曰：「先生謂凡言心者，

皆指已發而言，然則未發之前，謂之無心可乎？竊謂未發之前，心體昭昭具在，已發乃心之用也。」程子曰：「凡言心者，指已發而言，此固未當。心一也，有指體而言者，寂然不動是也；有指用而言者，感而遂通天下之故是也，惟觀其所見何如耳。」○文集曰：「程子所謂凡言心者，皆指已發，此却指心體流行而言，非謂事物思慮之交也。然與中庸本文不合，故以爲未當而復正之。固不可執其已改之言，而盡疑論説之誤；又不可遂以爲當，而不究其所指之殊也。」○語録曰：「程子初謂心爲已發，吕氏只是辨此一句，程子後來又救前説，語甚圓無病。」其説中字，因過不及而立名，又似并指時中之中，而與在中之義少異。蓋未發之時，在中之義，謂之無所偏倚則可，謂之無過不及，則方此之時未有中節不中節之可言也，無過不及之名亦何自而立乎？又其下文皆以不偏不倚爲言，則此語者亦或未得爲定論也。按吕氏曰：「中即性也。」程子曰：「中也者，所以狀性之體段。蓋中之爲義，自過不及而立名，若只以中爲性，則中與性不合。」○語録曰：「問：『程子説中自過不及而立名，與平日異，只爲吕氏形容中太過，故就其既發告之？』曰：『然。』」吕氏又引『允執厥中』以明未發之旨，則程子之説書也，固謂『允執厥中，所以行之』，蓋其所謂中者，乃指時中之中，而非未發之中也。按吕氏曰：「大人不失其赤子之心，乃所謂允執厥中也。」○語録曰：「問：『吕氏引允執厥中，如何？』曰：『他把做已發言，故如此説。』」吕氏又謂

『求之喜怒哀樂未發之時』，則程子所以答蘇季明之問，又已有『既思即是已發』之説矣。凡此皆其決不以呂説爲然者，獨不知其於此何故略無所辨。學者亦當詳之，未可見其不辨而遽以爲是也。」按呂氏曰：「聖人之學以中爲大本。中者，無過不及之謂也。何所準則而知過不及乎？求之此心而已。此心之動，出入無時，何從而守之乎？求之於喜怒哀樂未發之際而已。」○又按蘇氏問：「於喜怒哀樂之前求中，可否？」程子曰：「不可。既思於喜怒哀樂未發之前求之，又却是思也，既思，即是已發。思與喜怒哀樂一般，纔發，便謂之和，不可謂之中也。」問：「呂氏言當求於喜怒未發之前，信斯言也，恐無著莫，如之何而可？」程子曰：「言存養於喜怒哀樂未發之時，則可；若言求中於喜怒哀樂未發之前，則不可。」○文集曰：「程子『纔思即是已發』一句，能發明子思言外之意。蓋言不待喜怒哀樂之發，但有所思，即爲已發。此意已極精微，説到未發界至十分盡頭，不可以有加矣。」曰：「然則程子卒以赤子之心爲已發，何也？」曰：「衆人之心莫不有未發之時，亦莫不有已發之時，不以老稚賢愚而有別也。但孟子所指赤子之心純一無僞者，乃因其發而後可見，若未發，則純一無僞又不足以名之，而亦非獨赤子之心爲然矣。是以夫子雖改夫心皆已發之一言，而以赤子之心爲已發則不可得而改也。」按呂氏曰：「喜怒哀樂之未發，則赤子之心，當求其未發，此心至虛，無所偏倚，故謂之中。」程子曰：「喜怒哀樂未發謂之中，

赤子之心，發而未遠乎中，若便謂之中，是不識大本也。」〇又按蘇氏問：「赤子之心爲已發，是否？」程子曰：「已發而去道未遠也。」曰：「大人不失赤子之心，如何？」程子曰：「取其純一近道也。」〇語録曰：「程子道赤子之心是已發而未遠，如赤子飢則啼渴則飲，便是已發。」〇又曰：「呂氏以赤子即是未發，則大失之。蓋赤子之心，動静無常，非寂然不動之謂，故不可謂之中，然無營欲知巧之思，故爲未遠乎中。未發之中，本體自然，不須窮索。」〇又曰：「未發時，僞不僞皆不可見，不特赤子如此，大人亦如此，只是大人有主宰，赤子則未有主宰。」〇三山陳氏曰：「指赤子之心爲未發者，非也。蓋自爲赤子，四者之心已動矣。未發既發，凡人一日之閒，無時無之。未發之時，湛如止水，未涉擬議。」曰：「程子『明鏡』『止水』之云，固以聖人之心爲異乎赤子之心矣，然則此其爲未發者耶？」曰：「聖人之心，未發則爲水鏡之體，既發則爲水鏡之用，亦非獨指未發而言也。」按蘇氏問：「赤子之心與聖人之心如何？」程子曰：「聖人之心，如明鏡，如止水。」曰：「諸説如何？」曰：「程子備矣。但其答蘇季明之後章，記録多失本真，答問不相對值，如『耳無聞，目無見』之答，以下文『若無事時，須見須聞』之説參之，其誤必矣。蓋未發之時，但爲未有喜怒哀樂之偏耳，若其目之有見，耳之有聞，則當愈益精明而不可亂，豈若心不在焉而遂廢耳目之用哉。按蘇氏問：「當中之時，耳無聞，目無見否？」程子曰：「雖耳

無聞，目無見，然見聞之理在始得。」〇文集曰：「心之有知，與耳之有聞、目之有見爲一等時節，雖未發，而未嘗無。心之有思，與耳之有聽、目之有視爲一等時節，一有此，則不得爲未發。故程子以有思爲已發，則可；而記者以無見無聞爲未發，則不可。」其言靜時既有知覺，豈可言靜？而引『復以動見天地之心』爲説，亦不可曉。蓋當至靜之時，但有能知覺者，而未有所知覺也。故以爲靜中有物則可，而便以才思即是已發爲比則未可；以爲坤卦純陰而不爲無陽則可，而便以復之一陽已動爲比則未可也。所謂無時不中者，所謂善觀者却於已發之際觀之者，則語雖要切，而其文意亦不能無斷續。至於動上求靜之云，則問者又轉而之它矣。按蘇氏問：「中是有時而中否？」程子曰：「何時而不中。以事言之，則有時而中；以道言之，何時而不中。」曰：「固是所爲皆中，然而觀於四者未發之時，靜時自有一般氣象，及至接事時又自別，何也？」程子曰：「善觀者不如此，却於喜怒哀樂已發之際觀之。賢且説靜時如何？」曰：「謂之無物則不可，然自有知覺處。」程子曰：「既有知覺，却是動也，怎生言靜？人説『復，其見天地之心』，皆以謂至靜能見天地之心，非也。復之卦下面一畫，便是動也，安得謂之靜？自古儒者皆言靜見天地之心，惟某言動而見天地之心。」或曰：「莫是於動上求靜否？」曰：「固是，然最難。」〇文集曰：「至靜之時，但有能知能覺者，而無所知所覺，此易卦爲純坤不爲無陽之象。若論復卦，則須以有所知覺者

當之，不得合爲一説矣。故邵子亦云『一陽初動處，萬物未生時』，此至微至妙處，須虛心静慮方始見得。」其答動字静字之問，答敬何以用功之問，答思慮不定之問，以至若無事時須見須聞之説，則皆精當。按或曰：「喜怒哀樂未發之前，下動字？下静字？」程子曰：「謂之静則可，然静中須有物始得。這裏便是難處，學者莫若且先理會得敬，能敬則自知此矣。」或曰：「敬何以用功？」程子曰：「莫若主一。」曰：「某嘗患思慮不定，或思一事未了，他事如麻又生，如何？」曰：「不可，此不誠之本。須是習能專一時便好，不拘思慮與應事，皆要求一。」或曰：「當静坐時，物之過乎前者，還見不見？」程子曰：「看事如何。若是大事，如祭祀，前旒蔽明，黈纊充耳，凡物之過者，不見不聞也。若無事時，目須見，耳須聞。」○語録曰：「静中有物者，只是知覺不昧。」或引程子語「纔有知覺便是動」爲問，曰：「若云知寒覺煖便是知覺已動，今未曾著於事物，但有知覺在，何妨其爲静。不成静坐便只是瞌睡。」○又曰：「有聞見之理在，即是静中有物。」但其曰當祭祀時無所見聞，則古人之制祭服而設旒纊，雖曰欲其不得廣視雜聽而致其精一，然非以是爲真足以全蔽其聰明，使之一無見聞也。若曰履之有絇以爲行戒，尊之有禁以爲酒戒，然初未嘗以是而遂不行不飲也。若使當祭之時，真爲旒纊所塞，遂如聾瞽，則是禮容樂節皆不能知，亦將何以致其誠意，交於鬼神哉？程子之言決不如是之過也。文集曰：「便是祭祀，若

耳無聞目無見，即其升降饋奠，皆不能知其時節之所宜，雖有贊引之人，亦不聞其告語之聲。故前旒黈纊之説，亦只是説欲其專一於此而不雜他事之意，非謂奉祭祀時都無見聞也。」至其答過而不留之問，則又有若不相直而可疑者。按或曰：「當敬時，雖見聞，莫過焉而不留否？」程子曰：「不説道非禮勿視勿聽，勿者禁止之辭，纔説弗字便不得也。」大抵此條最多謬誤，蓋聽他人之問而從旁竊記，非唯未了答者之意，而亦未悉問者之情，是以致此亂道而誤人耳。然而猶幸其間紕漏顯然，尚可尋繹以别其僞，獨微言之湮没者遂不復傳，爲可惜耳。文集曰：「此條記録前後差舛，都無理會，後來讀者若未敢便以爲非，亦且合存而不論。」吕氏此章之説尤多可疑，如引『屢空』『貨殖』及『心爲甚』者，其於彼此蓋兩失之。其曰『由空而後見夫中』，是又前章虚心以求之説也，其不陷而入於浮屠者幾希矣。蓋其病根，正在欲於未發之前求見夫所謂中者而執之，是以屢言之而病愈甚。殊不知經文所謂致中和者，亦曰當其未發，此心至虚，如鏡之明，如水之止，則但當敬以存之而不使其小有偏倚；至於事物之來，此心發見，喜怒哀樂各有攸當，則又當敬以察之而不使其小有差忒而已，未有如是之説也。且曰未發之前，則宜其不待著意推求，而瞭然心目之閒矣；一有求之之心，則是便爲已發，固已不得而見之，況欲從而執之，則其爲偏倚亦甚矣，又何中之可得

乎？且夫未發已發，日用之閒固有自然之機，不假人力。方其未發，本自寂然，固無所事於執；及其當發，則又當即事即物，隨感而應，亦安得塊然不動而執此未發之中耶？此爲義理之根本，於此有差，則無所不差矣。此呂氏之説所以條理紊亂，援引乖剌，而不勝其可疑也。程子譏之以爲不識大本，豈不信哉。按呂氏曰：「人莫不知理義之當，無過無不及之謂中，未及乎所以中也。喜怒哀樂未發之前，反求吾心，果何爲乎？『回也其庶乎，屢空。』惟空，然後可以見乎中，而空非中也，必有事焉。喜怒哀樂之未發，無私意小知撓乎其閒，乃所謂空，由空然後見乎中，實則不見也。若子貢聚聞見之多，其心已實，如『貨殖焉』，所蓄有素，所應有限，雖曰富有，亦有時而窮，故億則屢而未皆中也。『權然後知輕重，度然後知長短，物皆然，心爲甚。』則心之度物，甚於權度之審，其應物當無毫髮之差。然人應物不中節者常多，其故何也？由不得中而執之，有私意小知撓乎其閒，故理義不當，或過或不及，猶權度之法不精，則稱量百物不能無銖兩分寸之差也。此所謂性命之理出於天道之自然，非人私知所能爲也，故曰喜怒哀樂之未發謂之中。」○語録曰：「孟子乃是論心自度，非是心度物。」○又曰：「欲執喜怒哀樂未發之中，不知如何執得。那事來面前，只得應他，當喜便喜，當怒便怒，如何執得。」楊氏所謂：『未發之時，以心驗之，則中之義自見。執而勿失，無人欲之私焉，則發必中節矣。』又曰：『須於未發之際，

能體所謂中。』其曰『驗之』『體之』『執之』，則亦呂氏之失也。其曰『其慟其喜，中固自若』，疑與程子所云『言和則中在其中』者相似。然細推之，則程子之意，正謂喜怒哀樂已發之處，見得未發之理發見在此一事一物之中，各無偏倚過不及之差，乃時中之中，而非渾然在中之中也。若楊氏之云『中固自若』，而又引莊周『出怒不怒』之言以明之，則是以爲聖人方當喜怒哀樂之時，其心漠然同於木石，而姑外示如此之形，凡所云爲皆不復出於中心之誠矣。大抵楊氏之言多雜於老佛，故其失類如此。其曰『當論其中否，不當論其有無』，則至論也。」按楊氏曰：「但於喜怒哀樂未發之際，以心驗之，則中之義自見。非精一，烏能執之。」〇又曰：「執而勿失，無人欲之私焉，發必中節矣。發而中節，中固未嘗亡也。孔子之慟，孟子之喜，因其可慟可喜而已，於孔孟何有哉。其慟也，其喜也，中固自若也。鑑之茹物，因物而異形，而鑑之明未嘗異也。莊生所謂『出怒不怒，則怒出於不怒；出爲無爲，則爲出於不爲』，亦此意也。若聖人而無喜怒哀樂，則天下之達道廢矣。一横行於天下，武王亦不必恥也。故於是四者，當論其中節不中節，不當論其有無也。」〇又曰：「須是於喜怒哀樂未發之際，能體所謂中；於喜怒哀樂已發之後，能得所謂和。致中和，則天地可位，萬物可育。」〇語録曰：「楊氏少時先去看莊列等文字，後來雖見程子，然而此念熟了，不覺時發出來。」

仲尼曰：「君子中庸，小人反中庸。

中庸者，不偏不倚、無過不及而平常之理，乃天命所當然，精微之極致也。陳氏曰：「中庸止一箇底道理，所以不拆開説。」**唯君子爲能體之，小人反是。**黄氏曰：「人莫不具是性，亦莫不有是道，然陰陽五行之氣雜揉不齊，君子小人之分趨向亦異，故中庸之道，惟君子能之，而小人則反是。」

君子之中庸也，君子而時中；小人之中庸也，小人而無忌憚也。」

王肅本作「小人之反中庸也」，程子亦以爲然，今從之。○君子之所以爲中庸者，以其有君子之德，而又能隨時以處中也。語録曰：「君子，只是説箇好人；時中，只是説箇做得恰好底事。」○又曰：「有君子之德，而不能隨時以處中，則不免爲賢知之過；有君子之德，而又能隨時以處中，方是到恰好處。」**小人之所以反中庸者，以其有小人之心，而又無所忌憚也。**語録曰：「小人固是愚，所爲固是不肖，猶知忌憚，則爲惡猶較得些。」○又曰：「爲善者，君子之德；爲惡者，小人之心。君子而處不得中者有之，小人而不至於無忌憚者亦有之，惟其反中庸，則方見其無忌憚也。」○又曰：「既是君子，又要時中；既是小人，又無忌憚。」○又曰：「二又字，不用亦可，但恐讀者不覺，故特下此字，要得分明。」**蓋中無定體，隨時而在，是乃平常之理也。**語録曰：「堯授舜，舜授禹，都是當其時合當如此做，做得來恰好，所謂中也。中即

平常也。不如此便非中，便不是平常，湯武亦然。又如當盛夏時須要飲冷衣葛，此便是中，便是平常。隆冬時須用飲湯重裘，此便是中，便是平常。若極暑時重裘，盛寒時衣葛，便是差異，便是失其中矣。」君子知其在我，故能戒謹不睹，恐懼不聞，而無時不中。小人不知有此，則肆欲妄行而無所忌憚矣。潘氏曰：「君子致存養省察之功，是以無時而不中。小人放肆而無忌憚，是以與中庸相反。」

右第二章。

此下十章，皆論中庸以釋首章之義。文雖不屬，而意實相承也。變和言庸者，游氏曰：「以性情言之，則曰中和；以德行言之，則曰中庸。」是也。然中庸之中，實兼中和之義。黄氏曰：「性情天生底，德行人做底。性情人人一般，德行人人不同。中庸之中，本是和，然和自中出，故兼中和之義。」○陳氏曰：「中和以性情言，是分體用動静相對説；中庸以德行言，是兼行事相合説。」

或問「此其稱『仲尼曰』，何也？」曰：「首章夫子之意而子思言之，故此以下又引夫子之言以證之也。」曰：「孫可以字其祖乎？」曰：「古者生無爵，死無謚，則子孫之於祖考亦名之而已矣。周人冠則字而尊其名，死則謚而諱其名，則固已彌文矣，然未有諱其字者也。故儀禮饋食之祝詞曰『適爾皇祖伯某』，父乃直以字而面命之。

況孔子爵不應謚，而子孫又不得稱其字以别之，則將謂之何哉？若曰孔子，則外之之辭，而又孔姓之通稱；若曰夫子，則又當時衆人相呼之通號也；不曰仲尼而何以哉？」語録曰：「問：『子思稱夫子爲仲尼。』曰：『昔人未嘗諱其字，程子云「予年十四五從周茂叔」，本朝先輩尚如此，伊川亦嘗呼明道字。』」○曰：「君子所以中庸，小人之所以反之者，何也？」曰：「中庸者，無過不及而平常之理，蓋天命人心之正也。唯君子爲能知其在我，而戒謹恐懼以無失其當然，故能隨時而得中。小人則不知有此而無所忌憚，故其心每反乎此而不中不常也。」○曰：「『小人之中庸』，王肅、程子悉加『反』字，蓋疊上文之語。然諸説皆謂小人實反中庸，而不自知其爲非，乃敢自以爲中庸而居之不疑。如漢之胡廣，唐之吕温、柳宗元者，則其所謂中庸，是乃所以爲無忌憚也。如此則不煩增字而理亦通矣。」曰：「小人之情狀固有若此者矣，但以文勢考之，則恐未然。蓋論一篇之通體，則此章乃引夫子所言之首章，且當略舉大端以分别君子小人之趨向，未當遽及此意之隱微也。若論一章之語脉，則上文方言君子中庸而小人反之，其下且當平解兩句之義以盡其意，不應偏解上句而不解下句，又遽别生它説也。故疑王肅所傳之本爲得其正，而未必肅之所增；程子從之，亦不爲無所据而臆決也。按程子曰：「小人更有甚中庸？脱一反字。小人不主

於義理，則無忌憚，無忌憚，所以反中庸也。亦有其心畏謹而不中，亦是反中庸。語惡有淺深則可，謂之中庸則不可。」諸説皆從鄭本，雖非本文之意，然所以發明小人之情狀，則亦曲盡其妙，而足以警乎鄉原亂德之姦矣。今存呂氏以備觀考，它不能盡録也。」

按呂氏曰：「君子蹈乎中庸，小人反乎中庸者也。君子之中庸也，有君子之心，又達乎時中。小人之中庸也，有小人之心，反乎中庸，無所忌憚，而自謂之時中也。時中者，當其可之謂也。時止則止，時行則行，當其可也。可以仕則仕，可以止則止，可以速則速，可以久則久，當其可也。曾子、子思易地則皆然，禹稷、顔回同道，當其可也。舜不告而娶，周公殺管蔡，孔子以微罪行，當其可也。小人見君子之時中，唯變所適，而不知當其可，而欲肆其姦心，濟其私欲，或言不必信，行不必果，則曰『唯義所在』而已，然實未嘗知義之所在。有臨喪而歌，人或非之，則曰『是惡知禮意』，然實未嘗知乎禮意。猖狂妄行，不謹先王之法，以欺惑流俗，此小人之亂德，先王之所以必誅而不以聽者也。」

子曰：「中庸其至矣乎，民鮮能久矣。」鮮，上聲，下同。

過則失中，不及則未至，故惟中庸之德爲至。陳氏曰：「至者，天下之理無以加之謂。」然亦人所同得，初無難事，但世教衰，民不興行，故鮮能之，今已久耳。論語無「能」字。愚謂：論語有「之爲德也」四字，不必言能，而能在其中，故下句無能字。此章無「之爲德

也」四字，則有能知與不能知，能行與不能行，故下句有能字。意者論語是夫子本文，此章是子思隱括。

右第三章。

或問「『民鮮能久』，或以爲民鮮能久於中庸之德，而以下文『不能朞月守』者證之，何如？」曰：「不然。此章方承上章小人反中庸之意而泛論之，未遽及夫不能久也。下章自能擇中庸者言之，乃可責其不能久耳。兩章各是發明一義，不當遽以彼而證此也。且論語無『能』字，而所謂『矣』者又已然之辭，故程子釋之以爲『民鮮有此中庸之德』，則其與『不能朞月守』者不同，文意益明白矣。」語録曰：「緣下文有『不能朞月守』之説，故説者皆以爲『久於其道』之『久』。細考兩章，相去甚遠，自不相蒙，亦只合依論語説。蓋其下文正説道之不明、不行，鮮能知味，正與程子意合也。」曰：「此書非一時之言也，章之先後又安得有次序乎？」曰：「言之固無序矣，子思取之而著於此，則其次第行列決有意味，不應雜置而錯陳之也。故凡此書之例，皆文斷而意屬。讀者先因其文之所斷，以求本章之説，徐次其意之所屬，以考相承之序，則有以各盡其一章之意，而不失夫全篇之旨矣。陳氏曰：「子思此書分章亦有次序，皆是相接續發明去。」然程子亦有『久行』之説，則疑出於門人之所記，蓋不能無差謬。按程子

曰：「中庸之爲德，民不可須臾離，民鮮有久行其道者也。」而『自世教衰』之一條，乃論語解，而夫子之手筆也。按程子曰：「中庸，天下之至理，德合中庸，可謂至矣。自世教衰，民不興於行，鮮有中庸之德也。」諸家之説固皆不察乎此，然呂氏所謂『厭常喜新，質薄氣弱』者，則有以切中學者不能固守之病，讀者徙諸『朞月』之章而自省焉，則亦足以有警矣。按呂氏曰：「中庸者，天下之所共知，天下之所共行，猶寒而衣、飢而食、渴而飲，不可須臾離也。衆人之情，厭常而喜新，質薄而氣弱，雖知不可離，而亦不能久也。惟君子之學，自明而誠，明而未至乎誠，雖心悦而不去。然知不可不思，行不可不勉，在思勉之分，而氣不能無衰，志不能無懈，故有日月至焉者，有三月不違者，皆德之可久者也。若至乎誠，則不思不勉，至于常久而不息，非聖人其孰能之。」侯氏所謂『民不識中，故鮮能久，若識得中，則手動足履無非中者』，則其疏闊又益甚矣。如曰『若識得中，則手動足履皆有自然之中而不可離』，則庶幾耳。」按侯氏曰：「民不能識中，故鮮能久，若識得中，則手動足履無非中者，故能久。」

子曰：「道之不行也，我知之矣，知者過之，愚者不及也；道之不明也，我知之矣，賢者過之，不肖者不及也。知者之知，去聲。

道者，天理之當然，中而已矣。陳氏曰：「道即中而已，此乃天命之本然，率性之當然底。」

知愚賢不肖之過不及，則生稟之異而失其中也。陳氏曰：「凡具於人者，道理都一般，但氣質之不同，故有智愚賢不肖之别爾[二]。既有知愚賢不肖之别，所以有過不及之差。過與不及皆非中也。」**知者知之過，既以道爲不足行；愚者不及知，又不知所以行，此道之所以常不行也。**語録曰：「知者恃其見之高，而以道爲不足行。」○陳氏曰：「知者説道理太高，其實行不得；愚者則又懵然無知，不知所以行。」**賢者行之過，既以道爲不足知；不肖者不及行，又不求所以知，此道之所以常不明也。**語録曰：「賢者恃其行之過，而以道爲不足知。」○陳氏曰：「賢者所行過當，其實是見理未到；不肖者不能行，不求所以知。」○黄氏曰：「道曷嘗有過與不及之偏哉？過與不及，此道所以不明、不行也。然嘗竊有疑焉。賢與智，人品之最高者也，一有過焉，則無異於愚不肖，何哉？蓋道之在天下，中而已，過非中也，不及非中也。賢且智而失之過，則如楊墨，而其流至於無父無君，豈不深可畏哉。明有所未通，誠有所未立，雖謂之愚不肖可也。聖賢衛道之嚴，所以力勉夫人以大中之道者蓋若此。」

人莫不飲食也，鮮能知味也。」

道不可離，人自不察，三山陳氏曰：「道曷嘗離人哉，特百姓日用而不知耳。」**是以有過不及**

[二] 智，通志堂經解本作「知」。

之弊。

右第四章。

或問「此其言道之不行、不明，何也？」曰：「此亦承上章民鮮能久之意也。」三山陳氏曰：「惟民之鮮於中庸也既久，故知賢愚不肖各隨其氣質之偏而失焉。」曰：「知愚之過不及，宜若道之所以不明也；賢不肖之過不及，宜若道之所以不行也。今其互言之，何也？」語録曰：「此正分明交互説。」曰：「測度深微，揣摩事變，能知君子之所不必知者，知者之過乎中也；昏昧蹇淺，不能知君子之所當知者，愚者之不及乎中也。知之過者，既唯知是務，而以道爲不足行，愚者又不知所以行也，此道之所以不行也。三山陳氏曰：「世之高明洞達、識見絶人者，其持論常高，其視薄物細故若將浼焉，則必不屑於中庸之行。如老佛之徒，本知者也，求以達理而反滅人之類，非過乎。至於昏迷淺陋之人，則又蔽於一曲而暗於大理，是又不及矣。二者皆不能行道。」刻意尚行，驚世駭俗，能行君子之所不必行者，賢者之過乎中也；卑污苟賤，不能行君子之所當行者，不肖者之不及乎中也。賢之過者，既唯行是務，而以道爲不足知，不肖者又不求所以知也，此道之所以不明也。三山陳氏曰：「世之刻意厲行、勇於有爲者，其操行常高，

其視流俗污世若將浼焉，則必不復求知於中庸之理。如晨門、荷蓧之徒，本賢者也，果於潔身而反亂大倫，非過乎。至於闒茸卑污之人，則又安於故常而溺於物欲，是又不及矣。二者皆不能明道。」**然道之所謂中者，是乃天命人心之正，當然不易之理，固不外乎人生日用之閒，特行而不著，習而不察，是以不知其至而失之耳。故曰：『人莫不飲食也，鮮能知味也。』**陳氏曰：「人莫不飲食，是人閒日用不可闕處，但人鮮能知其味。譬如道乃天之命於我，性之所固有底，不可以須臾離，惟是人不自求知之，所以行矣而不著，習矣而不察。」**知味之正，則必嗜之而不厭矣；知道之中，則必守之而不失矣。**」

子曰：「道其不行矣夫。」夫，音扶。

由不明，故不行。陳氏曰：「人之所以不能行道者，以其不能知道也。」

右第五章。

此章承上章而舉其不行之端，以起下章之意。黄氏曰：「因知之過，愚之不及，以嘆道之不行也。」〇又曰：「是引起舜事。」〇三山陳氏曰：「此一句自爲一章。子思取夫子之言比而從之，蓋承上章以起下章之義。若曰道不遠人，猶日用飲食也，由而不知，故鮮能知味耳。惟其不知，是以不行，故以道其不行之言繼之，蓋所以承上章之義也。必如下章舜之事，則知而行，行而明矣，蓋又所以起下章之義。」

子曰：「舜其大知也與。舜好問而好察邇言，隱惡而揚善，執其兩端，用其中於民，其斯以爲舜乎。」知，去聲。與，平聲。好，去聲。

舜之所以爲大知者，以其不自用而取諸人也。愚謂：舜之知可謂大矣。其所以爲大者，是不自用而樂取諸人，所以常好問而好察邇言。若只據一己所有，便有窮盡，不得謂之大矣。邇言者，淺近之言，猶必察焉，其無遺善可知。文集曰：「淺近之言，猶所謂尋常言語也。尋常言語，人之所忽，而舜好察之。非洞見道體，無精粗差別，不能然也。」○語録曰：「雖淺近閑言語中，莫不有理，都要見得破。」然於其言之未善者則隱而不宣，其善者則播而不匿，其廣大光明又如此，則人孰不樂告以善哉。語録曰：「其言之善者播揚之，不善者隱而不宣，則善者愈樂告以善，而不善者亦無所愧而不惜言也[二]。若其言不善，我又揚之於人，説他説得不是，則其人愧恥，不復以言來告矣。此其求善之心廣大如此，人安得不盡以其言來告，而吾亦安有不盡聞之言乎。」兩端，謂衆論不同之極致。蓋凡物皆有兩端，如小大厚薄之類，於善之中又執其兩端，而量度以取中，然後用之，則其擇之審而行之至矣。然非在我

[二] 善者，元本漫漶，此據通志堂經解本。

之權度精切不差，何以與此。語録曰：「問：『如衆論有十分厚者，有十分薄者，取極厚極薄之二説而中摺之，則此爲中矣。』曰：『不然。此乃子莫執中矣，安得謂之中？自極厚以至極薄，自極大以至極小，自極重以至極輕，於此厚薄、大小、輕重之中，擇其説之是者而用之，是乃所謂中也。若但以極厚極薄爲兩端，而中摺其中閒以爲中，則其中閒如何見得便是？蓋或極厚者説得是，則用極厚之説；極薄之説是，則用極薄之説；厚薄之中者説得是，則用厚薄之中者之説。至於輕重、大小，莫不皆然。蓋惟其説之是者用之，不是棄其兩頭不用，而但取兩頭之中者用之也。』」○問：「所謂衆論不同，都是善一邊底。」曰：「惡底已自隱而不宣了。」○葉氏曰：「兩端，非如世俗説是非兩端、善惡兩端之謂，乃是事已是而不非，事已善而非惡，已皆當爲之事。自斯道之不明，往往以是非善惡爲兩端而執其中，則半是半非、半善半惡之論興。君子不必爲十分君子，小人不必爲十分小人，苟且酌中之習乃鄉原賊德之尤也，可不辨哉。」此知之所以無過不及，而道之所以行也。黄氏曰：「因道之不行起於知者之過、愚者之不及，故必知如大舜，而後可以冀斯道之行。」

右第六章。

或問「此其稱舜之大知，何也？」曰：「此亦承上章之意，言如舜之知而不過，則道之所以行也。三山陳氏曰：「上章既嘆道之不行，此章遂以道之行者明之。知者過之，又

鮮能知味，此道之所以不行也。若舜之大知，知而不過，則道行矣。」蓋不自恃其聰明而樂取諸人者如此，則非知者之過矣；又能執兩端而用其中，則非愚者之不及矣。此舜之知所以爲大，而非他人之所及也。兩端之說，呂、楊爲優。按呂氏曰：「兩端，過與不及也。執其兩端，乃所以用其時中，猶持權衡而稱物，輕重皆得其平。故舜之所以爲舜，取諸人，用諸民，皆以能執兩端而不失中也。」○楊氏曰：「執其兩端，所以權輕重而取中也，由是而用於民，雖愚者可及矣。」程子以爲『執持過不及之兩端，使民不得行』，則恐非文意矣。蓋當衆論不同之際，未知其孰爲過、孰爲不及而孰爲中也，故必兼總衆說，以執其不同之極處，而求其義理之至當，然後有以知夫無過不及之在此，而在所當行。若其未然，則又安能先識彼兩端者之爲過不及而不可行哉？」按蘇氏問：「舜執其兩端，註以爲過不及之兩端，是乎？」程子曰：「是。」曰：「既過不及，又何執乎？」程子曰：「執，猶今之所謂執持使不得行也。舜猶持過不及使民不得行，而用其中使民行之也。」

子曰：「人皆曰予知，驅而納諸罟擭陷阱之中，而莫之知辟也；人皆曰予知，擇乎中庸，而不能期月守也。」予知之知，去聲。罟，音古。擭，胡化反。阱，才性反。辟，避同。期，居之反。

罟，網也。擭，機檻也。陷阱，坑坎也。皆所以揜取禽獸者也。愚謂：此形容禍機之所

伏。擇乎中庸，辨别衆理以求所謂中庸，即上章好問、用中之事也。期月，匝一月也。言知禍而不知辟，以況能擇而不能守，皆不得爲知也。葉氏曰：「罟擭陷阱，人皆知其爲掩捕而設，而不能避之。此殆借此以興起能擇中庸而不能不變於旬月之後。」

右第七章。

承上章大知而言，又舉不明之端以起下章也。黄氏曰：「因賢者之過、不肖者之不及，以嘆道之不明也。」○又曰：「是引起顔子事。」

或問七章之説。曰：「此以上句起下句，如詩之興耳。或以二句各爲一事言之，則失之也。」

子曰：「回之爲人也，擇乎中庸，得一善則拳拳服膺而勿失之矣。」

回，孔子弟子顔淵名。拳拳，奉持之貌。服，猶著也。膺，胷也。奉持而著之心胸之間，言能守也。陳氏曰：「謂守之而牢固不失。」顔子蓋真知之，故能擇能守如此。陳氏曰：「惟其能擇而又能守之，乃爲真能知之。」此行之所以無過不及，而道之所以明也。黄氏曰：「因道之不明起於賢者之過、不肖者之不及，故必賢如顔子，而後可以望斯道之明。」

右第八章。

或問「此其稱回之賢，何也？」曰：「承上章不能朞月守者而言，如回之賢而不過，則道之所以明也。蓋能擇乎中庸，則無賢者之過矣；服膺弗失，則非不肖者之不及矣。然則兹賢也，乃其所以爲知也歟。」曰：「諸説如何？」曰：「程子所引『屢空』，張子所引『未見其止』，皆非論語之本意。按程子曰：「顔子所以大過人者，只是得一善則拳拳服膺與能屢空耳。」○張子曰：「顔子未至聖人而不已，故仲尼賢其進未得中而不居，故惜夫未見其止。」唯吕氏之論顔子，有曰：『隨其所至，盡其所得，據而守之，則拳拳服膺而不敢失；勉而進之，則既竭吾才而不敢緩。此所以恍惚前後而不可爲象，求見聖人之止，欲罷而不能也。』此數言者，乃爲親切確實，而足以見其深潛縝密之意，學者所宜諷誦而服行也。但『求見聖人之止』一句，文義亦未安耳。按吕氏曰：「如顔子者，可謂能擇而能守也。高明不可窮，博厚不可極，則中道不可識，故仰之彌高，鑽之彌堅，瞻之在前，忽焉在後。察其志也，非見聖人之卓，不足謂之中。隨其所至，盡其所得，據而守之，則拳拳服膺而不敢失；勉而進之，則既竭吾才而不敢緩。此所以恍惚前後而不可爲像，求見聖人之止，欲罷而不能也。」侯氏曰：『中庸豈可擇？擇則二矣。』其務爲過高而不顧經文義理之實也，亦甚矣哉。」按侯氏曰：「中庸豈可擇？擇則二矣。此云擇者，如博學之、審問之、明辨之，勉而中、思而得者也，故曰擇乎中庸。」

子曰：「天下國家可均也，爵禄可辭也，白刃可蹈也，中庸不可能也。」

均，平治也。三者亦知仁勇之事，陳氏曰：「可均似知，可辭似仁，可蹈似勇。」天下之至難也，然不必其合於中庸，則質之近似者皆能以力爲之。文集曰：「三者只知就其所長處著力做去，而不擇乎中庸耳。」○語録曰：「中庸便是三者之間，非是别有箇道理，只於三者做到那恰好處，便是中庸。」○陳氏曰：「天下國家，至大，難治也，而資稟明敏者能之；爵禄，人之所欲，難卻也，而資稟高潔者能之；白刃，人之所畏，難犯也，而資稟勇敢者能之。則是三者雖最難，而皆可以力爲。」若中庸，則雖不必皆如三者之難，然非義精仁熟而無一毫人欲之私者，不能及也。陳氏曰：「中庸乃天命人心之常然，不可以資質勉彊而爲之，須是學問工夫篤至，到那義精仁熟處，真有以自勝其人欲之私，方能盡得，此則若易而實難也。」三者難而易，中庸易而難，此民之所以鮮能也。黄氏曰：「天下至難之事，人或能之，而中庸則鮮能也。」

右第九章。

亦承上章以起下章。黄氏曰：「是引起子路事。」

或問「『中庸不可能』，何也？」曰：「此亦承上章之意，以三者之難明中庸之尤難也。蓋三者之事，亦知仁勇之屬，而人之所難，然皆取必於行而無擇於義，且或

出於氣質之偏、事勢之迫，未必從容而中節也。若曰中庸，則雖無難知難行之事，然天理渾然，無過不及，苟一豪之私意有所未盡，則雖欲擇而守之，而擬議之閒，忽已墮於過與不及之偏而不自知矣。此其所以雖若甚易，而實不可能也。故程子以『克己最難』言之，其旨深矣。按程子曰：「克己最難，故曰中庸不可能也。」游氏以舜爲『絶學無爲』，按游氏曰：「其曰其斯以爲舜，則絶學無爲矣。」而楊氏亦謂『有能斯有爲之者，其違道遠矣，循天下固然之理，而行其所無事焉，夫何能之有』，按此皆楊氏全文。則皆老佛之緒餘。而楊氏下章所論不知不能爲道遠人之意，亦非儒者之言也。二公學於程氏之門，號稱高第，而其言乃如此，殊不可曉也已。」

子路問强。

子路，孔子弟子仲由也。子路好勇，故問强。

子曰：「南方之强與？北方之强與？抑而强與？與，平聲。

抑，語辭。而，汝也。

寬柔以教，不報無道，南方之强也，君子居之。

寬柔以教，謂含容巽順，以誨人之不及也。不報無道，謂横逆之來，直受之而不報

也。南方風氣柔弱，故以含忍之力勝人爲强，語録曰：「忍耐得，便是南方之强。」○或曰：「南方之性，既曰寬柔矣，何强之云？」三山陳氏曰：「守其氣質而不變，是亦强也。」君子之道也。陳氏曰：「此君子只平説，如君子長者之謂。」

衽金革，死而不厭，北方之强也，而强者居之。

衽，席也。三山陳氏曰：「卧席曰衽。」金，戈兵之屬。革，甲冑之屬。北方風氣剛勁，故以果敢之力勝人爲强，强者之事也。

故君子和而不流，强哉矯；中立而不倚，强哉矯；國有道，不變塞焉，强哉矯；國無道，至死不變，强哉矯。」

此四者，汝之所當强也。陳氏曰：「四者之强，乃中庸之道所當强者。」矯，强貌。詩曰「矯矯虎臣」是也。詩傳曰：「矯矯，武貌。」倚，偏著也。語録曰：「如倚於勇、倚於智，皆是偏倚處。」塞，未達也。國有道，不變未達之所守；國無道，不變平生之所守也。語録曰：「未達時要行其所學，既達了却變其所學，當不變未達之所守也。」○又曰：「國有道，則有達之理，故不變其未達之所守；若國無道，則有不幸而死之理，故不變其平生之所守。不變其未達之所守易，不變其平生之所守難。」此則所謂中庸之不可能者，非有以自勝其人欲之私，不

能擇而守也。陳氏曰：「凡此皆有以自勝其人欲之私，能中庸之不可能者，是乃能擇而能守，所謂理義之勇而非血氣之勇矣。」君子之强，孰大於是。陳氏曰：「此君子是指成德之人。」夫子以是告子路者，所以抑其血氣之剛，而進之以德義之勇也。

右第十章。

或問「此其記子路之問强，何也？」曰：「亦承上章之意，以明擇中庸而守之，非强不能，而所謂强者，又非世俗之所謂强也。蓋强者，力有以勝人之名也。凡人和而無節，則必至於流；陳氏曰：「和則易至於和光同塵，失之太軟而流蕩。」中立而無依，則必至於倚；語録曰：「凡人中立而無所依，則必至於倚，不東而西。」國有道而富貴，或不能不改其平素；陳氏曰：「是富貴能淫。」國無道而貧賤，或不能久處乎窮約。陳氏曰：「是貧賤能移。」非持守之力有以勝人者，其孰能反之？故此四者，汝子路之所當强也。南方之强，不及强者也；北方之强，過乎强者也；四者之强，强之中也。三山陳氏曰：「南北之强雖不同，要之皆偏耳。至於汝之所當强者，則必當如下文之説，此則理義之强，得强之中矣。」子路好勇，故聖人之言所以長其善而救其失者類如此。」

曰：「和與物同，故疑於流，而以不流爲强。中立本無所依，又何疑於倚，而以不

倚爲强哉？」曰：「中立固無所依也，然凡物之情，唯强者爲能無所依而獨立，弱而無所依，則其不傾側而偃仆者幾希矣，此中立之所以疑於必倚，而不倚之所以爲强也。」語録曰：「如和便有流，若是中便自不倚，何必又説不倚？後思之，柔弱底中立則必欹倒，若能中立而不倚，方見硬健處。」○又曰：「唯强壯有力者乃能中立，不待所依而自無所倚。如有病底人，氣弱不能自持，他若中立，必有一物憑依乃能不倚，不然則傾倒而偃仆矣。」○永嘉陳氏曰：「中立者，四邊虚，剛立不住，易得求倚。惟强有力者，不假倚，自然中立。」曰：「諸説如何？」曰：「大意則皆得之。惟以矯爲矯揉之矯，按呂氏曰：「矯之爲言，猶揉木也。木之性能曲能直，將使成材而爲器，故曲者直者皆在所矯。人之才，有過有不及，將使合乎中庸，則過與不及皆在所矯。」以南方之强爲矯哉之强與顔子之强，以抑而强者爲子路之强與北方之强者，按侯氏曰：「南方之强，顔子之强似之，故曰君子居之。北方之强，子路之强似之，故曰而强者居之。君子以自勝爲强，故曰强哉矯。」爲未然耳。」

子曰：「素隱行怪，後世有述焉，吾弗爲之矣。

素，按漢書當作索，蓋字之誤也。索隱行怪，言深求隱僻之理而過爲詭異之行也。語録曰：「問：『深求隱僻之理，如漢儒災異之類否？』曰：『漢儒災異，猶自有説得是處，如戰國鄒

衍推五德之事，後漢讖緯之書，便是隱僻。』」○三山陳氏曰：「詭異之行，荀子所謂苟難者，於陵仲子、申屠狄、尾生之徒是也。」○愚謂：深求隱僻之理，是求知乎人之所不能知；過爲詭異之行，是求行乎人之所不能行。」然以其足以欺世而盜名，故後世或有稱述之者。此知之過而不擇乎善，行之過而不用其中，語録曰：「索隱是知者過之，行怪是賢者過之。」不當强而强者也，聖人豈爲之哉。

君子遵道而行，半塗而廢，吾弗能已矣。

遵道而行，則能擇乎善矣。半塗而廢，則力之不足也。此其知雖足以及之，而行有不逮，陳氏曰：「遵道而行，似乎能知，半塗而廢，實未能行。」當强而不强者也。已，止也。聖人於此，非勉焉而不敢廢，蓋至誠無息，自有所不能止也。

君子依乎中庸，遯世不見知而不悔，唯聖者能之。」

不爲索隱行怪，則依乎中庸而已。不能半塗而廢，是以遯世不見知而不悔也。語録曰：「此兩句結上文兩意。依乎中庸，便是吾弗爲之意。遯世不見知而不悔，便是吾弗能已之意。」此中庸之成德，知之盡，仁之至，不賴勇而裕如者，正吾夫子之事，而猶不自居也，故曰唯聖者能之而已。

右第十一章。

子思所引夫子之言以明首章之義者止此。蓋此篇大旨，以知仁勇三達德爲入道之門，故於篇首即以大舜、顔淵、子路之事明之。舜，知也；顔淵，仁也；子路，勇也。三者廢其一，則無以造道而成德矣。潘氏曰：「中庸之道，至精至微，非知者不足以知之；至公至正，非仁者不足以體之；其爲道也，非須臾可離，非一蹴可到，故惟勇者然後有以自强而不息焉。大抵知仁勇三者，皆此性之德也。中庸之道，即率性之行者也，非有是德則無以體是道。」餘見第二十章。

或問十一章「素隱」之説。曰：「呂氏從鄭注，以素爲傃，固有未安。按呂氏曰：「素，讀如傃鄉之傃，猶素其位之素也。」唯其舊説有謂『無德而隱』爲素隱者，於義略通；又以『遯世不見知』之説反之，似亦有據。但素字之義，與後章素其位之素，不應頓異，則又若有可疑者。獨漢書藝文志劉歆論神仙家流引此，而以素爲『索』，顔氏又釋之以爲『求索隱暗之事』，則二字之義既明，而與下文『行怪』二字語勢亦相類。其説近是。蓋當時所傳本猶未誤，至鄭氏時乃失之耳。語録曰：「漢志引中庸云『索隱行怪』。素、索二字相近，素隱從來解不分曉，作索隱讀亦有理。」游氏所謂『離人而立於獨』，與夫『未免有念』之云，皆非儒者之語也。」按游氏曰：「遁世不見知而不悔者，疑慮不萌於心，確乎其不可拔也，非離人而立於獨者，不足以與此。若不遠復者，未免於

有念也。」

君子之道費而隱。費，符味反。

費，用之廣也。隱，體之微也。語録曰：「道者，兼體用、該隱費而言也。」○或説形而下者爲費，形而上者爲隱。曰：「形而下者甚廣，其形而上者實行乎其間，而無物不具，無處不有，故曰費。就其中形而上者有非視聽所及，故曰隱。」○黄氏曰：「如今風雨之時，滿室皆陰氣，然不可見，此體之隱也。其著人衣服，則覺得濕潤，著人腠理，則覺得酸楚，此顯而可見者，用之廣也。然著人衣服身體，即是那滿室陰濕之氣耳。」

夫婦之愚，可以與知焉，及其至也，雖聖人亦有所不知焉；夫婦之不肖，可以能行焉，及其至也，雖聖人亦有所不能焉。天地之大也，人猶有所憾。故君子語大，天下莫能載焉；語小，天下莫能破焉。與，去聲。

君子之道，近自夫婦居室之閒，文集曰：「男女居室，人事之至近，而道行乎其閒。」**遠而至於聖人、天地之所不能盡，**語録曰：「道無所不在，無窮無盡，聖人亦做不盡，天地亦做不盡。」**其大無外，其小無内，**語録曰：「如云天下莫能載，是無外；天下莫能破，是無内。謂如物有至小而可破作兩者，是中著得一物在，若云無内，則是至小，更不容破了。」**可謂費矣。然其理之所以然，則隱而莫之見也。**文集曰：「大抵自夫婦之所能知能行，直至聖人、天地之所

不能盡，皆是説費處。而所謂隱者，不離於此也。」○語録曰：「費是道之用，隱是道之所以然而不可見處。」**蓋可知可能者，道中之一事。**陳氏曰：「是就日用間一二事論，如事親事長之類。」**及其至，而聖人不知不能，則舉全體而言，聖人固有所不能盡也。**語録曰：「人多以至爲道之精妙處，若是道之精妙有所不知不能，便與庸人無異，何足爲聖人？這至只是道之盡處，所不知所不能是没緊要底事。他大本大根元無欠闕，只是古今事變、禮樂制度便也須學。」○又曰：「聖人不能知不能行者，非至妙處聖人不能知而不能行。天地間固有不緊要底事，聖人不能盡知；緊要底，則聖人能知之、能行之。若至妙處聖人不能知、不能行，粗處却能之，非聖人，乃凡人也。」○又曰：「道無不包，若盡論之，聖人豈能纖悉盡知？」**侯氏曰：「聖人所不知，如孔子問禮問官之類；所不能，如孔子不得位、堯舜病博施之類。」**文集曰：「侯氏之説，是非全體中之不能者。」○語録曰：「問：『侯氏止尋得一二事，元不曾説著「及其至也」之意，此是聖人看得徹底，故於此理亦有未肯自居處。』曰：『夫婦之與知能行，是萬分中有一分；聖人不知不能，是萬分中欠得一分。』」○問：「以孔子不得位爲聖人所不能，禄位名壽，此在天者，聖人如何能必得？」曰：「中庸明説大德必得其位，孔子有大德而不得其位，如何不是不能？」**愚謂人所憾於天地，如覆載生成之偏，及寒暑災祥之不得其正者。**文集曰：「問：『所憾恐非謂

天能生覆而不能形載，地能[二]形載而不能生覆。恐只在於陰陽寒暑之或乖其常，吉凶災祥之或失其宜，品類之枯敗夭折而不能遂其理，此雖天地不能無憾。人固不能無憾此也。』曰：『既是不可必望其全，便是有未足處。』」

詩云：「鳶飛戾天，魚躍于淵。」言其上下察也。鳶，余專反。

詩，大雅旱麓之篇。鳶，鴟類。戾，至也。察，著也。文集曰：「察者，昭著之義，言道體之流行發見，昭著如此也。」○語録曰：「察，非審察之察，如天地明察之察。」**子思引此詩，以明化育流行，上下昭著，莫非此理之用，所謂費也。然其所以然者，則非見聞所及，所謂隱也。**語録曰：「鳶飛魚躍，上下昭著，莫非至理，但又視之不見，聽之不聞，捞將出來不得，須是於此自有所見。」○又曰：「如鳶飛亦是費，魚躍亦是費，而所以爲費者，試討箇物來看。」○又曰：「鳶飛魚躍，費也，必有一箇什麽物使得他如此，此便是隱。」○三山陳氏曰：「天地之間，有一物必有一理，有所謂已然者必有所謂所以然者。鳶則天而不能淵，魚則淵而不能天，此其用也，已然者也。是必有所謂所以然者以爲之體，然體之隱初不離於用之顯也。」**故程子曰：「此一節，子思喫緊爲人處，活潑潑地。」**語録曰：「活，只是不滯於一隅。」○永嘉

[二] 能，原作「非」，據通志堂經解本改。

陳氏曰：「大要不要人去昏默窈冥中求道理，處處平平，會得時多少分明快活。」讀者其致思焉。

君子之道，造端乎夫婦，及其至也，察乎天地。

結上文。

右第十二章。子思之言，蓋以申明首章道不可離之意也。其下八章，雜引孔子之言以明之。

或問十二章之説。曰：「道之用廣，而其體則微密而不可見，所謂費而隱也。即其近而言之，男女居室，人道之常，雖愚不肖亦能知而行之；極其遠而言之，則天下之大，事物之多，聖人亦容有不盡知盡能者也。永嘉陳氏曰：「自其明白坦蕩者言之，則雖夫婦之愚不肖，皆可得而知，可得而行；自其纖悉極全者言之，雖聖人有所不能盡知，不能盡行。」然非獨聖人有所不知不能也，天能生覆而不能形載，地能形載而不能生覆，至於氣化流行，則陰陽寒暑，吉凶災祥，不能盡得其正者尤多，此所以雖以天地之大，而人猶有憾也。或曰：「夫既謂之聖人矣，尚何不知不能之有？」三山陳氏曰：「天地之大也，尚有所憾焉，況聖人乎？水旱螟蝗，祁寒暑雨，人將怨咨，又不能使物物皆得其所欲，是有憾已。舉此以明聖人之所不知不能者也。」夫自夫婦之愚不肖所能知

行，至於聖人、天地之所不能盡，道蓋無所不在也。陳氏曰：「自夫婦之與知能行處，道固無所不在；及聖人之所不能知不能行處，而道亦無所不在；至於天地之大，猶有所憾處，而道亦無所不在。」故君子之語道也，其大至於天地、聖人之所不能盡，而道無不包，則天下莫能載矣；其小至於愚夫愚婦之所能知能行，而道無不體，則天下莫能破矣。道之在天下，其用之廣如此，可謂費矣；而其所用之體則不離乎此，而有非視聽之所及者，此所以爲費而隱也。黄氏曰：「道之見於用者，費也；其所以爲是用者，隱也。費猶木之有枝葉可見者，隱猶木之有根本不可見者也。」○永嘉陳氏曰：「語其大而天下莫能載，語其小而天下莫能破，凡此是説道之費處。其體之隱則在其中矣，故不言隱。非於費之外別有所謂隱也。使別有隱可見，有隱可言，則非體用一源，顯微無閒，已不足爲道矣。」子思之言至此極矣，然猶以爲不足以盡其意也，故又引詩以明之，曰『鳶飛戾天，魚躍于淵』，所以言道之體用，上下昭著而無所不在也。陳氏曰：「道之體用，甚昭朗流動，充滿上下之閒，無所不在。」造端乎夫婦，極其近小而言也；察乎天地，極其遠大而言也。文集曰：「君子之道，造端乎夫婦之微密，而語其極，則察乎天地之高深。」○三山陳氏曰：「造端乎夫婦，其道甚近而小也，然要其極以至於遠且大，則凡昭然天地之閒者，莫非此理之不可揜。」蓋夫婦之際，隱微之閒，尤見道之不可離處，知其造端乎此，則

其所以戒謹恐懼之實無不至矣。文集曰：「幽闇之中，衽席之上，人或褻而慢之，則天命有所不行矣。」易首乾、坤而重咸、恒，詩首關雎而戒淫佚，書記釐降，禮謹大昏，皆此意也。」〇曰：「諸說如何？」曰：「程子至矣。張子以聖人爲夷惠之徒，既已失之。按張子曰：「聖人若夷惠之徒，亦未知君子之道，若知君子之道，亦不入於偏。」又曰：『君子之道達諸天，故聖人有所不知；夫婦之智淆諸物，故聖人有所不與。』按此皆張子全語。則又析其所不知不能而兩之，皆不可曉也已。」曰：「諸家皆以夫婦之能知能行者爲道之費，聖人之所不知不能而天地有憾者爲道之隱，其於文義協矣。若從程子之說，則使章內專言費而不及隱，恐其有未安也。」曰：「謂不知不能爲隱，似矣。若天地有憾，鳶飛魚躍，察乎天地，而欲亦謂之隱，則恐未然。且隱之爲言，正以其非言語指陳之可及耳，故獨舉費，而隱常默具乎其中，若於費外別有隱而可言，則已不得爲隱矣。程子之云又何疑耶。」三山陳氏曰：「先儒有以聖人所不知不能與夫語小者明其爲隱矣，繹其義、反諸理而不安也。夫所謂隱者，而聖人不知不能，則聖人亦不足貴矣。謂小而莫能破者爲隱，則小之爲義，非要妙之謂也。曰費而隱者，費中有隱，非費之外別有隱者也。」〇曰：「然則程子所謂『鳶飛魚躍，子思喫緊爲人處，與必有事焉而勿正心之意同，活潑潑地』者，何也？」曰：「道之流行發見於天地之間，

無所不在。在上，則鳶之飛而戾于天者，此也；在下，則魚之躍而出于淵者，此也；其在人，則日用之閒，人倫之際，夫婦之所知所能，而聖人之所不知不能者，亦此也。此其流行發見於上下之閒者，可謂著矣。子思於此指而言之，惟欲學者於此默而識之，則爲有以洞見道體之妙而無疑。而程子以爲『子思喫緊爲人處』者，正以示人之意爲莫切於此也。文集曰：「喫緊爲人處，是要人就此瞥地，便見得箇天理全體。」其曰『與必有事焉而勿正心之意同，活潑潑地』，則又以明道之體用流行發見，充塞天地，亘古亘今，雖未嘗有一豪之空闕，一息之閒斷[二]，然其在人而見諸日用之閒者，則初不外乎此心，故必此心之存而後有以自覺也。文集曰：「必有事焉而勿正心者，乃指此心之存主處。活潑潑地者，方是形容天理流行無所滯礙之妙。蓋以道之體用流行發見，雖無閒息，然在人而見諸日用者，初不外乎此心，故必此心之存，然後方見其全體呈露，妙用顯行，活潑潑地，略無滯礙耳。若見得破，則即此須臾之頃，此體便已洞然。」○黄氏曰：「看中庸到此一章，若無所見，則亦不足以爲道矣。充塞天地閒，無非是理，無一豪空闕，無一息閒斷，是非拘牽文義者之所能識也。」『必有事焉而勿正心，活潑潑地』，亦曰此心

[二] 息，原作「意」，據通志堂經解本改。

之存，而全體呈露，妙用顯行，無所滯礙云爾。非必仰而視乎鳶之飛，俯而觀乎魚之躍，然後可以得之也。抑孟子此言固爲精密，然但爲學者集義養氣而發耳。至於程子借以爲言，則又以發明學者洞見道體之妙，非但如孟子之意而已也。文集曰：「程子借孟子之語，發明己意説不到處，後人却作實話看了。」蓋此一言雖若二事，然其實則『必有事焉』半詞之閒，已盡其意。善用力者，苟能於此超然默會，則道體之妙已躍如矣，何待下句而後足於言耶。聖賢特恐學者用力之過而反爲所累，故更以下句解之，欲其雖有所事而不爲所累耳。非謂必有事焉之外，又當別設此念以爲正心之防也。」永嘉陳氏曰：「今世做工夫人，心却不曾放去，又多失於迫切。不做工夫人，心裏自在，又却都没一事。」曰：「然則其所謂『活潑潑地』者，毋乃釋氏之遺意耶？」曰：「此但俚俗之常談。釋氏蓋嘗言之，而吾亦言之耳，彼固不得而專之也。況吾之所言雖與彼同，而所形容實與彼異。若出於吾之所謂，則夫道之體用固無不在，然鳶而必戾于天，魚而必躍于淵，是君君、臣臣、父父、子子各止其所而不可亂也。若如釋氏之云，則鳶可以躍淵，而魚可以戾天矣。是安可同日而語哉？」語録曰：「問：『引君臣父子爲言，此吾儒之所以異於佛者，如何？』曰：『鳶飛魚躍，只是言其發見耳。釋氏言發見，但渠言發見却一切混亂。至吾儒，須辨其定分，君臣父子皆定分也，鳶必

戾于天，魚必躍于淵。」且子思以夫婦言之，所以明人事之至近而天理在焉，釋氏則舉此而絶之矣。又安可同年而語哉？」〇曰：「吕氏以下，如何？」曰：「吕氏分『此以上論中，以下論庸』，又謂『費則常道，隱則至道』，恐皆未安。按吕氏曰：「此以上論中，此以下論庸，此章言常道之終始。費則常道，隱則至道，惟能盡常道，乃所以爲至道。」謝氏既曰『非是極其上下而言』矣，又曰『非指鳶魚而言』，蓋曰子思之引此詩，姑借二物以明道體無所不在之實。非以是爲窮其上下之極，而形其無所不包之量也。又非以是二物專爲形其無所不在之體，而欲學者之必觀乎此也。此其發明程子之意，蓋有非一時同門之士所得聞者，而又別以夫子與點之意明之，則其爲説益以精矣。但所謂察見天理者，恐非本文之訓，而於程子之意亦未免小失之耳。按謝氏曰：「鳶飛戾天，魚躍于淵，非是極其上下而言，蓋真箇見得如此，此正是子思喫緊道與人處。若從此解悟，便可入堯舜氣象。」〇又曰：「鳶飛戾天，魚躍于淵，無些私意。上下察，以明道體無所不在，非指鳶魚而言也。若指鳶魚言，則上面更有天，下面更有地在。知勿忘、勿助長，則知此。知此，則知夫子與點之意。」〇又曰：「詩云『鳶飛戾天，魚躍于淵』，猶韓愈所謂『魚川泳而鳥雲飛』，上下自然，各得其所也。子思之意，言『上下察』，猶孟子所謂『必有事焉而勿正』，察見天理，不用私意也。」游氏之説，其不可曉者尤多。如以『良知良能

之所自出』爲道之費，則良知良能者不得爲道，而在道之外矣。又以『不可知不可能』者爲道之隱，則所謂道者乃無用之長物，而人亦無所賴於道矣。所引『天地明察』，似於彼此文意兩皆失之。至於所謂『七聖皆迷之地』，則莊生邪遁荒唐之語，尤非所以論中庸也。按游氏曰：「唯費也，則良知良能所自出，故夫婦之愚不肖可以與知而能行焉。惟隱也，則非有思者所可知，非有爲者所可能，故聖人有所不知不能焉。蓋聖人者，德之成而業之大也，過此以往，則神矣。無方也不可知，無體也不可能，此七聖皆迷之地也。孝經曰：『事父孝，故事天明；事母孝，故事地察。』蓋事父母之心，雖夫婦之愚不肖亦與有焉，及其至也，天地明察，神明彰矣，則雖聖人之德又何以加此，此中庸所以爲至也。」○語録曰：「游氏有七聖皆迷之説，設如把『至』作『精妙』説[一]，則下文語大語小便如何分？」楊氏以『大而化之，非智力所及』，爲聖人不知不能；以『祁寒暑雨，雖天地不能易其節』，爲道之不可能，而人所以有憾於天地，則於文義既有所不通。而又曰『人雖有憾，而道固自若』，則其失愈遠矣。其曰『非體物而不遺者，其孰能察之』，其用體字察字，又皆非經文之正意也。按楊氏曰：「自可欲之善，至於充實輝光之大，致知力行之積

[一] 精，原作「情」，據通志堂經解本改。

也。大而化之，至於不可知之神，則非知力所及也，德盛仁熟而自至焉耳，故及其至也，聖人有所不知不能焉。」〇又曰：「祁寒暑雨之變，其機自爾，雖天地之大，不能易其節也。夫道之不可能也如是，而人雖猶有憾焉，道固自若也。」〇又曰：「鳶飛魚躍，非夫體物而不遺者，其孰能察之？」大抵此章若從諸家，以聖人所不知不能爲隱，則其爲説之弊必至於此而後已。嘗試循其説而體驗之，若有以使人神識飛揚，眩瞀迷惑，而無所底止。子思之意，其不出此也必矣。唯侯氏不知不能之説，最爲明白，但所引『聖而不可知』者，孟子本謂人所不能測耳，非此文之意也。其他又有大不可曉者，亦不足深論也。」按侯氏曰：「所不能者，如聖而不可知之神。」

子曰：「道不遠人。人之爲道而遠人，不可以爲道。

道者，率性而已，固衆人之所能知能行者也，故常不遠於人。黄氏曰：「率性之謂道，道何嘗遠人？此人字兼人己而言，乃一章之綱領也。自己觀之，己便具此道；自人觀之，人亦具此道。」若爲道者，厭其卑近以爲不足爲，而反務爲高遠難行之事，則非所以爲道矣。黄氏曰：「此指爲道之人己身而言，己之身便具此道，又豈可遠此身以爲道？」

詩云：『伐柯伐柯，其則不遠。』執柯以伐柯，睨而視之，猶以爲遠。故君子以人治人，改而止。睨，研計反。

詩，豳風伐柯之篇。柯，斧柄。則，法也。睨，邪視也。言人執柯伐木以爲柯者，彼柯長短之法，在此柯耳。語録曰：「執柯以伐柯，不用更別去討法則，只你那手中所執者便是則。」然猶有彼此之別，故伐者視之，猶以爲遠也。葉氏曰：「睨視所伐之柯，猶見其未施工治，與所執之柯未爲一體，則是猶有忖量之意。」若以人治人，則所以爲人之道各在當人之身，初無彼此之別。語録曰：「若此箇道理人人具有，纔要做底便是，初無彼此之別，放去收回，只在這些子間，何用別處討？」○三山陳氏曰：「以身爲道，道即在身，其近不止於以此柯視彼柯也，特人自不察耳。」故君子之治人也，即以其人之道還治其人之身，其人能改，即止不治。蓋責之以其所能知能行，非欲其遠人以爲道也。語録曰：「未改以前是失却人道，既改便是復得人道了，更何用治他。」○又曰：「人人本自有許多道理，只是不曾依得這道理，却做從不是道理處去。今欲治之，不是將他人底道理去治他，又不是分我底道理與他，他本有此道理，我但因其自有者還以治之而已。」○黃氏曰：「此指己所治之人，乃指他人而言。人之身亦具此道，故但以人所具之道還以導之，能改則止，亦不可外人以求道。」○又曰：「人即道也，以彼之道治彼之身，能改其不善，則本人之身還得本人之道矣，又安得不止而尚他求哉。」○陳氏曰：「君子之治人，只就本人身上當然道理還治本人之身，初無彼此之別也。及其人能改了，便止。如此則不以高遠難行底去責他人，只把他能知能行底去治他。」張子所謂「以衆人望人則易

從」是也。語録曰：「道者，衆人之道，衆人所能知能行者。今人自做未得衆人耳，此衆人不是説不好底人。」○永嘉陳氏曰：「衆人之説，即天生烝民、凡厥庶民之謂。亦是將他共有道理治他，乃天理人倫之類，若以蠢蠢昏昏爲衆人，非聖人意。」

忠恕違道不遠。施諸己而不願，亦勿施於人。

盡己之心爲忠，語録曰：「忠者，盡己之心，無少僞妄。」○又曰：「只是盡自家之心，不要有一豪不盡。」○又曰：「須是十分盡得，方始是盡。若七分盡得，三分未盡，也是不忠。」○陳氏曰：「忠是就心説，是盡己之心，無不真實者。」推己及人爲恕。語録曰：「恕者，推己及物，各得所欲。」○又曰：「知得我是要恁地，想人亦要恁地，而今不可不教他恁地，三反五折，便是推己及物。」○陳氏曰：「恕是就待人接物處説，只是推己心之所真實者以及人物而已。」○又曰：「推己心以及人，要如己心之所欲，便是恕。」違，去也，如春秋傳「齊師違穀七里」之違。言自此至彼，相去不遠，非背而去之之謂也。道，即其不遠人者是也。施諸己而不願，亦勿施於人，忠恕之事也。語録曰：「問：『此只是恕，何故將作忠恕説？』曰：『忠恕兩箇離不得，方忠時，未見得恕，及至恕時，忠行乎其閒。施諸己而不願，亦勿施諸人，非忠者不能也。』」以己之心度人之心，未嘗不同，則道之不遠於人者可見。故己之所不欲，則勿以施之於人，亦不遠人以爲道之事。黄氏曰：「此即己之身而得待人之道，待人之道不必遠求，

觀其施於己者而已。」張子所謂「以愛己之心愛人則盡仁」是也。語録曰：「凡人責人處急，責己處緩，愛己則急，愛人則緩。若拽轉頭來，便自道理流行。」○永嘉陳氏曰：「此因恕而言仁耳。恕是求仁之事，推愛己之心以愛人，恕者之事也；以愛己之心愛人，仁者之事也。忠恕違道不遠，轉一過，即仁矣，故張子以仁言。」

君子之道四，丘未能一焉：所求乎子，以事父未能也；所求乎臣，以事君未能也；所求乎弟，以事兄未能也；所求乎朋友，先施之未能也。庸德之行，庸言之謹，有所不足，不敢不勉，有餘不敢盡。言顧行，行顧言，君子胡不慥慥爾。」子、臣、弟、友，四字絶句。

求，猶責也。道不遠人，凡己之所以責人者，皆道之所當然也，故反之以自責而自脩焉。黄氏曰：「此即人之身而得治己之道，治己之道初不難見，觀其責於人者而已。」庸，平常也。行者，踐其實。謹者，擇其可。陳氏曰：「雖平常之行亦必踐其實，平常之言亦必致其謹。」德不足而勉，則行益力；言有餘而訒，則謹益至。謹之至則言顧行矣，行之力則行顧言矣。三山陳氏曰：「人之言常有餘於行，而其行常不足於言。苟言而顧其行，則言之有餘者將自損；行而顧其言，則行之不足者將自勉矣。」慥慥，篤實貌。愚謂：篤實者，篤厚而

真實也。言君子之言行如此，豈不慥慥乎，贊美之也。凡此皆不遠人以爲道之事。三山陳氏曰：「此一章起於道不遠人，至此而畢。語若雜出，而意脈貫通，反復於人己之閒者，詳盡明切而有序，其歸不過致謹於言行以盡其實耳。苟繹思而從事焉，則其於處人己之道，兩盡而無閒矣。」張子所謂「以責人之心責己則盡道」是也。愚謂：我之所望於人者，即我所當自盡之則，不是將他人道理來治我，蓋以得於天之所同然者而自治其身爾。」

右第十三章。

道不遠人者，夫婦所能；丘未能一者，聖人所不能，或疑四者乃聖人切身事。如前所援堯舜病博施之類，則聖人有不能處，若此四者，豈真有所不能耶？永嘉陳氏曰：「只此四者，纔處得不恰好，皆未能盡道，前章說聖人不能，即謂此類。如博施濟衆，豈真不能耶？或百中遺一，或千中遺一，亦聖人所病也，豈是都做不得。」皆費也。而其所以然者，則至隱存焉。輔氏曰：「即人之所行言之，故但及其費，而隱自存。」下章放此。

或問「十三章之說，子以爲以人治人，爲以彼人之道還治彼人，善矣。又謂責其所能知能行，而引張子之說以實之，則無乃流於姑息之論，而所謂人之道者不得爲道之全也耶？」曰：「上章固言之矣。夫婦之所能知能行者，道也；聖人之所不知不能而天地猶有憾者，亦道也。然自人而言，則夫婦之所能知能行者，人之所

切於身而不可須臾離者也；至於天地、聖人所不能及，則其求之當有漸次，而或非日用之所急矣。然則責人而先其切於身之不可離者，後其有漸而不急者，是乃行遠自邇、升高自卑之序，使其由是而不已焉，則人道之全亦將可以馴致。今必以是爲姑息，而遽欲盡道以責於人，吾見其失先後之序，違緩急之宜，人之受責者將至於有所不堪，而道之無窮，則終非一人一日之所能盡也，是亦兩失之而已焉爾。」〇曰：「子、臣、弟、友之絶句，何也？」曰：「夫子之意，蓋曰我之所責乎子之事己者如此，而反求乎己之所以事父則未能如此也；所責乎臣之事己者如此，而反求乎己之所以事君則未能如此也；所責乎弟之事己者如此，而反求乎己之所以事兄則未能如此也；所責乎朋友之施己者如此，而反求乎己之所以先施於彼者則未能如此也。於是以其所以責彼者自責於庸言庸行之閒，蓋不待求之於他，而吾之所以自脩之則具於此矣。」語録曰：「常人責子必欲其孝於我，然不知我之所以事父者曾孝否？以我責子之心而反推己之所以事父，此便是則也。常人責臣必欲其忠於我，然不知我之事君者盡忠否？以我責臣之心而反之於我，則其則在此矣。」〇黄氏曰：「或以『所求乎臣』一句

而有疑，非也。古人君臣字多通用，諸侯大夫有土者皆稱君[二]，其下皆稱臣。凡卑之於尊，僕隸之於主，便有臣義。」今或不得其讀，而以父、君、兄、之四字爲絶句，則於文意有所不通，而其義亦何所當哉。」文集曰：「此處主意立文，與大學『絜矩』一章相似，人多誤讀。」〇葉氏曰：「舊讀是以恕己之心恕人，今讀是以責人之心責己。若如舊說，當云『所求乎子以事父[三]』。以字全是起句意義，一讀之閒直繫利害如此。」〇曰：「諸說如何？」曰：「諸家說論語者，多引此章以明『一以貫之』之義；說此章者，又引論語以釋『違道不遠』之意。一矛一盾，終不相謀，而牽合不置，學者蓋深病之。及深考乎程子之言，有所謂動以天者，然後知二者之忠恕，其迹雖同，而所以爲忠恕者，其心實異。非其知德之深，知言之至，其孰能判然如此而無疑哉。然盡己推己，乃忠恕之所以名，而正爲此章『違道不遠』之事。若動以天而一以貫之，則不待盡己，而至誠者自無息；不待推己，而萬物已各得其所矣。曾子之言，蓋指其不可名之妙，而借其可名之粗以明之，學者默識於言意之表，則亦足以互相發明，而不害其爲

[二] 稱，原作「稱稱」，衍一「稱」字，據通志堂經解本删。
[三] 以，原作「之」，據通志堂經解本改。

同也。餘説雖多，大槩放此。推此意以觀之，則其爲得失自可見矣。按程子曰：「以己及物，忠也；推己及物，恕也，違道不遠是也。忠恕一以貫之：忠者天道，恕者人道；忠者無妄，恕者所以行乎忠也；忠者體，恕者用，大本達道也。此與違道不遠異者，動以天爾。」○語録曰：「論著忠恕名義，自合依子思『忠恕違道不遠』是也。曾子所説，却是移上一階，説聖人之忠恕。到程子又移上一階，説天地之忠恕。其實只一箇忠恕，須自看教有許多等級分明。」○又曰：「曾子忠恕與子思忠恕不同，曾子忠恕是天，子思尚是人在。」○黄氏曰：「今且把違道不遠之忠恕來看，便分曉聖人之忠恕，天道也，學者便是人道也。如何又説忠是天道，恕是人道？以聖人去比學者，聖人之忠是天之天，聖人之恕是天之人。畢竟忠唤做體，便是近那未發處，故雖學者亦有箇天；恕唤做用，便是推出外去了，雖聖人亦有箇人。忠只是盡自家心，便較易；恕是逐一去做，便著力。」○輔氏曰：「違道不遠者，學者之忠恕也；動以天者，聖人之忠恕也。曾子一貫之忠恕，雖借學者之事而言，其所以異者，只是動以天爾。所謂動以天爾者，蓋於忠上已全盡了，不待推而自然及物也，如所謂以己及物仁也，此則夫子之一貫，所謂動以天也。」○陳氏曰：「中庸説『忠恕違道不遠』，正是説學者之忠恕；曾子説『夫子之道忠恕』，乃是説聖人之忠恕。聖人忠恕是天道，學者忠恕是人道。」**違道不遠，如『齊師違穀七里』之違，非背而去之之謂，愚固已言之矣。諸説於此多所未合，則不察文義而强爲之説之過也。夫齊師違穀七里而穀人不知，則非昔已在穀而今始去之也，蓋曰**

自此而去以至於穀纔七里耳。孟子所云『夜氣不足以存，則其違禽獸不遠矣』，非謂昔本禽獸而今始違之也，亦曰自此而去以入於禽獸不遠耳。蓋所謂道者，當然之理而已，根於人心而見諸行事，不待勉而能也。然唯盡己之心而推以及人，可以得其當然之實，而施無不當，不然則求之愈遠而愈不近矣。此所以自是忠恕而往以至於道，獨爲不遠。其曰違者，非背而去之之謂也。三山陳氏曰：「非背違之違，乃相去之義，猶云某取某云爾。」程子又謂：『事上之道莫若忠，待下之道莫若恕。』按此乃程子全語。此則不可曉者。若姑以所重言之，則似亦不爲無理；若究其極，則忠之與恕初不相離，程子所謂『要除一箇除不得』。按程子曰：「忠恕兩字，要除一箇除不得。」而謝氏以爲『猶形影』者，按謝氏曰：「忠恕猶形影也，無忠做恕不出來。」意可見矣。今析爲二事而兩用之，則是果有無恕之忠、無忠之恕，而所以事上接下者皆出於強爲，而不由乎中矣，豈忠恕之謂哉。是於程子它説殊不相似，意其記録之或誤，不然則一時有爲言之，而非正爲忠恕發也。語録曰：「忠恕只是一件事，不可作兩箇看。」○又曰：「忠與恕，不可相離一步。」○陳氏曰：「大槩忠恕只是一物，就中截作兩片則爲二物。蓋存諸中者既忠，則發出外來便是恕；應事接物處不恕，則是在我者必不十分真實。故發出忠底心，便是恕底事；做成恕底事，便是忠底心。」張子二説皆深得之，按張子曰：「所

求乎君子之道四，是實未能。道何嘗有盡？聖人，人也，人則有限，是誠不能盡能也。聖人之心則直欲盡道，事則安能得盡？如博施濟衆，堯舜實病諸，堯舜之心，其施直欲至于無窮方爲博施，然安得若是；脩己以安百姓，是亦堯舜實病之，欲得人人如此，然安得如此。」〇又曰「責人之心責己」一條，已分入章句。**但『虚者仁之原，忠恕與仁俱生』之語，若未瑩耳。**按張子曰：「虚者，仁之原；忠恕者，與仁俱生；禮義者，仁之用。」**呂氏改本大略，不盡經意。舊本乃推張子之言而詳實有味。但『柯猶在外』以下爲未盡善，**按呂氏曰：「妙道精義，常存乎君臣、父子、夫婦、朋友之閒，不離乎交際、酬酢、應對之末，皆人心之所同然，未有不出於天者也。若絶乎人倫，外乎世務，窮其所不可知，議其所不可及，則有天人之分，内外之别，非所謂大而無外，一以貫之，安在其爲道也歟。執斧之柄，而求柯於木，其尺度之則固不遠矣，然柯猶在外，睨而視之，始得其則。若夫治己治人之道，於己取之，不必睨視之勞而自得於此矣。故君子推是心也，其治衆人也，以衆人之道而已。以衆人之所及知責其所知，以衆人之所能行責其所行，改而後止，不厚望也。其愛人也，以忠恕而已。忠者，誠有是心而不自欺；恕者，推待己之心以及人者也。忠恕不可謂之道，而道非忠恕不行，此所以言違道不遠者。其治己也，以求乎人者反於吾身，事父、事君、事兄、先施之朋友，皆衆人之所能。盡人倫之至，則雖聖人亦自謂未能，此舜所以盡事親之道必至瞽瞍厎豫者也。庸者，常道也。事父孝，事君忠，事兄弟，交朋友信，庸德也，必行而已；有問有答，有唱有和，不越乎此者，庸

言也，無易而已。不足而不勉，則德有止而不進；有餘而盡之，則道難繼而不行。無是行也，不敢苟言以自欺，故言顧行；有是言也，不敢不行而自棄，故行顧言。」若易之曰：『所謂則者，猶在所執之柯，而不在所伐之柯，故執柯者必有睨視之勞而猶以爲遠也。若夫以人治人，則異於是，蓋衆人之道止在衆人之身，若以其所及知者責其知，以其所能行者責其行，人改即止，不厚望焉，則不必睨視之勞，而所以治之之則不遠於彼而得之矣。忠者，誠有是心而不自欺也；恕者，推待己之心以及人也。推其誠心以及於人，則其所以愛人之道不遠於我而得之矣。至於事父、事君、事兄、交友，皆以所求乎人者責乎己之所未能，則其所以治己之道亦不遠於心而得之矣。夫四者固皆衆人之所能，而聖人乃自謂未能者，亦曰未能如其所以責人者耳。此見聖人之心純亦不已，而道之體用，其大天下莫能載，其小天下莫能破。舜之所以盡事親之道必至乎瞽叟底豫者，蓋爲此也。』如此然後屬乎『庸者常道』之云，則庶乎其無病矣。且其曰『有餘而盡之，則道難繼而不行』，又不若游氏所引『恥躬不逮』爲得其文意也。按游氏曰：「有所不足，不敢不勉，將以踐言也，則其行顧言矣；有餘不敢盡，恥躬之不逮也，則其言顧行矣。」謝氏、侯氏所論論語之忠恕，獨得程子之意。按謝氏曰：「以天地之理觀之，忠譬則流而不息，恕譬則萬物散殊，知此則可以知一貫之理

矣。」○侯氏曰：「忠恕一也，性分不同，夫子聖人也，故不待推。」但程子所謂『天地之不恕』，亦曰天地之化，生生不窮，特以氣機闔闢，有通有塞。故當其通也，天地變化草木蕃，則有似於恕；當其塞也，天地閉而賢人隱，則有似於不恕耳。其曰不恕，非若人之閉於私欲而實有忮害之心也。謝氏推明其説，乃謂天地之有不恕，乃因人而然，則其説有未究者。蓋若以爲人不致中，則天地有時而不位，人不致和，則萬物有時而不育，是謂天地之氣，因人之不恕而有似於不恕，則可。若曰天地因人之不恕而實有不恕之心，則是彼爲人者，既以忮心失恕而自絶於天矣，爲天地者反效其所爲，以自已其於穆之命也，豈不誤哉？按謝氏舉程子曰：「天地變化草木蕃，是天地之恕；天地閉賢人隱，是天地之不恕。」或言：「天地何故亦有不恕？」曰：「天因人者也，若不因人，何故人能與天地爲一？故有意、必、固、我，則與天地不相似。」游氏之説，其病尤多，至謂『道無物我之閒，而忠恕將以至於忘己忘物，則爲已違道而猶未遠也』，是則老莊之遺意，而遠人甚矣，豈中庸之旨哉？按游氏曰：「夫道一以貫之，無物我之閒也。既曰忠恕，則已違道矣。然忠以盡己，則將以至忘己也。恕以盡物，則將以至忘物也。則善爲道者莫近焉，故雖違道而不遠矣。」楊氏又謂『以人爲道，則與道二而遠於道』，故戒人不可以爲道，如執柯以伐柯，則與柯二，故睨而視之，猶以爲遠，

則其違經背理又有甚焉。使經而曰『人而爲道則遠人，故君子不可以爲道』，則其說信矣。今經文如此，而其説乃如彼，既於文義有所不通，而推其意，又將使道爲無用之物，人無入道之門。而聖人之教人以爲道者，反爲誤人而有害於道，是安有此理哉？既又曰『自道言之，則不可爲；自求仁言之，則忠恕者莫近焉』，則已自知其有所不通，而復爲是説以救之，然終亦矛盾而無所合，是皆流於異端之説，不但毫釐之差而已也。按楊氏曰：「仁者人也，合而言之道也。道豈嘗離人哉？人而爲道，與道二矣，道之所以遠。執柯以伐柯，與柯二矣，爲道之譬也。睨而視之，猶以爲遠，爲道而遠人之譬也。執柯以伐柯，其取譬可謂近矣，睨而視之，猶且以爲遠，況不能以近取譬乎？則其違道可知矣。故君子以人治人，改而止。以人治人，仁之也；改而止，不爲已甚也。蓋道一而已，仁是也，視天下無一物之非仁，則道其在是矣。然則道終不可爲乎？曰自道言之，則執柯伐柯，猶以爲遠也；自求仁言之，則唯忠恕莫近焉。故又言之以示進爲之方，庶乎學者可與入德矣。」侯氏固多疏闊，其引顔子樂道之説，愚於論語已辨之矣。按侯氏曰：「爲道，如言顔子樂道同。」至於四者未能之説，獨以爲若止謂恕己以及人，則是聖人將使天下皆無父子君臣矣，此則諸家皆所不及。按侯氏曰：「父子之仁天性也，君臣之義也，兄弟亦仁也，朋友亦義也，孔子自謂皆未能，何也？只謂恕己以及人，則聖人將使天

下皆無父子無君臣乎？蓋以責人之心責己則盡道也。」蓋近世果有不得其讀而輒爲之説，曰：『此君子以一己之難克，而知天下皆可恕之人也。』嗚呼！此非所謂將使天下皆無父子君臣者乎？侯氏之言於是乎驗矣。」此評横浦張氏之説。

君子素其位而行，不願乎其外。

素，猶見在也。言君子但因見在所居之位，而爲其所當爲，無慕乎其外之心也。三山陳氏曰：「因其見在所居之位而行之，其在外者非所願也。」

素富貴行乎富貴，素貧賤行乎貧賤，素夷狄行乎夷狄，素患難行乎患難，君子無入而不自得焉。難，去聲。

此言素其位而行也。陳氏曰：「素富貴行乎富貴，如舜之被袗鼓琴是也；素貧賤行乎貧賤，如舜之飯糗茹草若將終身是也；素夷狄行乎夷狄，如孔子欲居九夷，曰『君子居之，何陋之有』是也；素患難行乎患難，如孔子曰『天之未喪斯文也，匡人其如予何』是也。蓋君子無所往而不自得，惟爲吾之所當爲而已。此説素其位而行之意。」

在上位不陵下，在下位不援上，正己而不求於人則無怨。上不怨天，下不尤人。援，平聲。

此言不願乎其外也。陳氏曰：「吾居上位則不陵忽乎下，吾居下位則不攀援於上，惟反自責於己，初無求取於人之心，自然無怨。蓋有大責望於天，而天不副所望，則必怨天；有求取於人，而人不我應，則必歸罪於人。聖人無責望於天之心，無求取於人之意，又何怨尤之有？此處見聖人胷中多少洒落明瑩，真如光風霽月，無一點私累。此說不願乎其外之意。」

故君子居易以俟命，小人行險以徼幸。易，去聲。

易，平地也。居易，素位而行也。俟命，不願乎外也。愚謂：君子胷中甚平易，所居者安，素位而行也。富貴貧賤，惟聽於天之所命，不願乎外也。**徼，求也。幸，謂所不當得而得者。**語録曰：「行險徼幸，本是連上文『不願乎其外』説，言强生意智取所不當得。」

子曰：「射有似乎君子，失諸正鵠，反求諸其身。」正，音征。鵠，工毒反。

畫布曰正，棲皮曰鵠，皆侯之中，射之的也。詩傳曰：「侯，張布而射之者也。正，設的於侯中而射之者也。大射則張皮侯而設鵠，賓射則張布侯而設正。」**子思引此孔子之言以結上文之意。**陳氏曰：「如射法之有不中，只是自責，恐我步法之或不正，手法之或不端所致，曾不責之他人。此以證君子以求諸己，不願乎其外之意。」

右第十四章。

子思之言也，凡章首無「子曰」字者放此。

或問十四章之説。曰：「**此章文義無可疑者，而張子所謂『當知無天下國家皆非之理』者，尤爲切至。**按張子曰：「責己者，當知無天下國家皆非之理，故學至於不尤人，學之至也。」**吕氏説雖不免時有小失，然其大體則皆平正慤實而有餘味也。**按吕氏曰：「達則兼善天下，得志則澤加於民，素富貴行乎富貴也，不驕不淫不足以道之也。窮則獨善其身，不得志則脩身見於世，素貧賤行乎貧賤者也，不諂不懾不足以道之也。言忠信，行篤敬，雖蠻貊之邦行矣，素夷狄行乎夷狄者也。文王内文明而外柔順，以蒙大難，箕子内難而能正其志，素患難行乎患難者也。愛人不親反其仁，治人不治反其智，此在上位所以不陵下也。彼以其富我以吾仁，彼以其爵我以吾義，吾何慊乎哉，此在下位所以不援上也。陵下不從則罪其下，援上不得則非其上，是所謂尤人者也。庸德之行，庸言之謹，居易者也。國有道不變塞焉，國無道至死不變，心逸日休[一]，行其所無事，如子從父命，無所往而不受，俟命者也。若夫行險以儌一旦之幸，得之則貪爲己力，不得則不能反躬，是所謂怨天者也。故君子正己而不求於人，如射而已。射之不中，由吾巧之不至也，故失諸正鵠者，未有不反求諸身。如君子之治己，行有不得，亦反求諸身，則德之不進豈吾憂哉？」**游氏説亦條暢，而『存亡得喪』**

[一] 日，原作「行」，據通志堂經解本改。

『窮通好醜』之說尤善。按游氏曰：「素其位而行者，即其位而道行乎其中，若其素然也。舜之飯糗茹草，若將終身，此非素貧賤而道行乎貧賤，不能然也。及其爲天子，被袗衣鼓琴，若固有之，此非素富貴而道行乎富貴，不能然也。飯糗、袗衣，其位雖不同，而此道之行一也。至於夷狄、患難，亦若此而已。道無不行，則無入而不自得矣。蓋道之在天下，不以易世而有存亡，故無古今；則君子之行道，不以易地而有加損，故無得喪。至於在上位不陵下，知富貴之非泰也；在下位不援上，知貧賤之非約也。此惟正己而不求於人者能之，故能上不怨天，下不尤人。蓋君子爲能循理，故居易以俟命，居易未必不得也，故窮通皆好。小人反是，故行險以徼幸，行險未必常得也，故窮通皆醜。學者要當篤信而已。」**但楊氏以『反身而誠』爲『不願乎外』，則本文之意初未及此，而『詭遇得禽』亦非『行險徼幸』之謂也。**按楊氏曰：「君子居其位，若固有之，無出位之思，素其位也。萬物皆備於我，反身而誠，樂莫大焉，何願乎外之有？故能素其位而行，無入而不自得也。居易以俟命，行其所無事也。行險以徼幸，不受命者也。詭遇而得禽者，蓋有焉，君子不爲也。射有似乎君子者，射以容節比於禮樂爲善，内志正，外體直，然後持弓矢審固，持弓矢審固然後可以言中。射而失正鵠者，未能審固也，知射者豈他求哉？反而求諸身，以正吾志而已，此君子居易之道也。世之行險以徼幸者，一有失焉，益思所以詭遇也，則異於是矣。」**侯氏所辨常揔『默識』『自得』之說甚當。**

近世佛者妄以吾言傳著其説，而指意乖剌，如此類者多矣，甚可笑也。按常揔嘗問一士人曰：「論語云『默而識之』，識是識箇甚？子思言『君子無入不自得』，得是得箇甚？」或者無以對。侯氏曰：「是不識吾儒之道，猶以吾儒語爲釋氏用，在吾儒爲不成説話。既曰默識與無入不自得，更理會甚識甚得之事？是不成説話也。今人見筆墨須謂之筆墨，見人須謂之人，不須問默而識之是默識也。聖賢於道猶是也，庸言之信，庸行之謹，是自得也，豈可名爲所得所識之事乎？」但侯氏所以自爲説者却有未善。若曰『識者知其理之如此而已，得者無所不足於吾心而已』，則豈不明白真實而足以服其心乎？」

君子之道，辟如行遠必自邇，辟如登高必自卑。辟、譬同。詩曰：「妻子好合，如鼓瑟琴。兄弟既翕，和樂且耽。宜爾室家，樂爾妻帑。」好，去聲。耽，詩作湛，亦音耽。樂，音洛。

詩，小雅常棣之篇。鼓瑟琴，和也。翕，亦合也。耽，亦樂也。帑，子孫也。

子曰：「父母其順矣乎。」

夫子誦此詩而贊之，曰：「人能和於妻子、宜於兄弟如此，則父母其安樂之矣。」子思引詩及此語，以明行遠自邇、登高自卑之意。

右第十五章。

或問十五章之説。曰：「章首二句承上章而言，道雖無所不在，而其進之則有序也。其下引詩與夫子之言，乃指一事以明之，非以二句之義爲止於此也。諸説唯吕氏爲詳實，然亦不察此，而反以章首二言發明引詩之意，則失之矣。」按吕氏曰：「不得乎親不可以爲人，不順乎親不可以爲子。故君子之道莫大乎孝，孝之本莫大乎順父母。故仁人孝子欲順乎親，必先乎妻子不失其好，兄弟不失其和。室家宜之，妻帑樂之，致家道成，然後可以養父母之志而無違。行遠登高者，謂孝莫大乎順其親者也。自邇自卑者，謂本乎妻子兄弟者也。故身不行道，不行於妻子。文王刑于寡妻，至於兄弟，則治家之道必自妻子始。」○三山陳氏曰：「行遠自邇，登高自卑，凡君子之道，其推行之序皆然。中庸舉詩以明之，特指一事而言耳。或者以行遠登高辟順父母，以自邇自卑辟和妻子，則泥矣。」

子曰：「鬼神之爲德，其盛矣乎。

程子曰：「鬼神，天地之功用，語録曰：「功用兼精粗而言，天地是體，鬼神是用。」○又曰：「功用只是論發見者。」○又曰：「如寒來暑往，日往月來，春生夏長，秋收冬藏，皆鬼神之功用。」**而造化之迹也。」**語録曰：「鬼神是天地閒造化，只箇二氣屈伸往來。神屬陽，鬼屬陰，往者屈，來者伸，便有箇迹恁地。」○又曰：「雨風露雷，日月晝夜，此鬼神之迹也，此是白日公平正直之鬼神。若所謂有嘯于梁、觸吾躬，此則所謂不正邪暗、或有或無、或去或來、或聚或散者。又有所謂

禱之而應，祈之而獲，此亦所謂鬼神。同一理也，世間萬事皆此理，但精粗小大之不同耳。」○陳氏曰：「造化之迹，以陰陽流行著見於天地者言之。」**張子曰：「鬼神者，二氣之良能也。」**語録曰：「是説往來屈伸，乃理之自然，非有安排措置。」○又曰：「二氣，即陰陽也，良能是其靈處。」**愚謂以二氣言，則鬼者陰之靈也，神者陽之靈也。**語録曰：「二氣，謂陰陽對峙，各有所屬。」○陳氏曰：「靈云者，只是自然屈伸往來恁地活爾。」**以一氣言，則至而伸爲神，反而歸者爲鬼，**語録曰：「一氣，即陰陽運行之氣，至則皆至，去則皆去之謂也。」○又曰：「以一氣言，則方伸之氣亦有伸有屈，其方伸者，神之神，其既屈者，神之鬼；既屈之氣亦有屈有伸，其既屈者，鬼之鬼，其來格者，鬼之神。天地人物皆然，不離此氣之往來屈伸合散而已。」○陳氏曰：「自一氣言之，則氣之方伸而來者屬陽，爲神；氣之已屈而往者屬陰，爲鬼。如春夏是氣之方長，屬陽，爲神；秋冬是氣之已退，屬陰，爲鬼。」○又曰：「神之爲言伸也，伸是氣之方長者；鬼之爲言歸也，歸是氣之已退者。」**其實一物而已。**陳氏曰：「其實則一物，如手之正面屬陽，覆手則屬陰。」**爲德，猶言性情功效**[二]。語録曰：「性情乃鬼神之情狀，能使天下之人齊明盛服以承祭祀，便是功效。」○又曰：「視之而不見，聽之而不聞，是情性；體物而不可遺，是功

[二] 功，原作「之」，據通志堂經解本改。

效。」○問：「有性情便有功效，有功效便有性情。所謂性情者，莫便是二氣之良能否？所謂功效者，莫便是天地之功用否？」曰：「鬼神視之而不見，聽之而不聞，人須是於那良能與功用上認取其德。」○黄氏曰：「性情功效，只是造化之迹，日月自有日月之性情功效，風雷自有風雷之性情功效。」

視之而不見，聽之而不聞，體物而不可遺。

鬼神無形與聲，然物之終始莫非陰陽合散之所爲，是其爲物之體，而物所不能遺也。文集曰：「天地之升降，日月之盈縮，萬物之消息變化，無一非鬼神之所爲者。是以鬼神雖無形聲，而徧體乎萬物之中，物莫能遺。」○又曰：「鬼神者，氣之往來。須有此氣，方有此物，是爲物之體也。」○又曰：「物之聚散始終，無非二氣之往來伸屈，是鬼神之德爲物之體，而無物能遺之也。」○語録曰：「有是實理而後有是物，鬼神之德，所以爲物之體而不可遺也。」其言體物，猶易所謂幹事。語録曰：「體幹是主宰，體物是與物爲體，幹事是與事爲幹。」

使天下之人齊明盛服，以承祭祀。洋洋乎，如在其上，如在其左右。齊，側皆反。

齊之爲言，齊也，所以齊不齊而致其齊也。易本義曰：「湛然純一之謂齊。」○陳氏曰：「齊其思慮之不齊以至於齊。」明，猶潔也。陳氏曰：「是明潔其心。」洋洋，流動充滿之意。能

使人畏敬奉承而發見昭著如此，乃其體物而不可遺之驗也。陳氏曰：「言鬼神之德無所不在，能奉承畏敬，則此理昭然，流動充滿於上下左右間，此是鬼神陰陽之發見昭著處，蓋體物而不遺之驗也。」孔子曰：「其氣發揚于上，爲昭明、焄蒿、悽愴。此百物之精也，神之著也。」正謂此爾。語録曰：「如鬼神之露光處，是昭明；其氣蒸上處，是焄蒿；使人精神竦然，是悽愴。」○又曰：「昭明是光耀底，焄蒿是衮然底，悽愴是凛然底。」○又曰：「昭明乃光景之屬；焄蒿，氣之感觸人者；悽愴，如漢書所謂『神君至，其風颯然』之意。」○又曰：「焄蒿，是鬼神精氣交感處。」

詩曰：『神之格思，不可度思，矧可射思。』度，待洛反。射，音亦，詩作斁。詩，大雅抑之篇。格，來也。矧，況也。射，厭也，言厭怠而不敬也。陳氏曰：「言神明之來，視不見，聽不聞，皆不可得而測度，矧可厭射而不敬乎？」思，語辭。

夫微之顯，誠之不可揜如此夫。」夫，音扶。誠者，真實無妄之謂。陳氏曰：「誠字後世都説差了，到程子方云『無妄之謂』，誠字義始明。至朱子又增兩字，曰『真實無妄之謂』，尤見分曉。」陰陽合散，無非實者。故其發見之不可揜如此。文集曰：「鬼神只是氣之屈伸，其德則天命之實理，所謂誠也。」○又曰：「鬼神是實有者，屈是實屈，伸是實伸，屈伸合散，無非實者。」○又曰：「鬼神皆是實理處發見，故未有此氣

便有此理，既有此理必有此氣。」○陳氏曰：「此理雖隱微而甚顯，以陰陽之往來屈伸皆是真實而無妄，所以發見之不可揜如此。」

右第十六章。

不見不聞，隱也。體物如在，則亦費矣。此前三章，以其費之小者而言。此後三章，以其費之大者而言。此一章，兼費隱、包大小而言。語録曰：「不見不聞，此正指隱處，如前後章，只舉費以明隱也。」○愚謂：此前三章，曰「道不遠人」、曰「素位而行」、曰「行遠自邇」者，言日用之閒，事雖至近，而道無不在，此費之小者也。此後三章，曰「舜大孝」、曰「文王無憂」、曰「武王、周公達孝」者，言道雖至近，而推之則放乎至遠而無窮，此費之大者也。此章曰「不見不聞」者，即其體之隱，而又曰「體物如在」，所謂隱者又未嘗不昭著，此則兼費隱、包小大而言也。

或問「鬼神之説，其詳奈何？」曰：「鬼神之義，孔子所以告宰予者，見於祭義之篇，其説已詳，而鄭氏釋之亦已明矣。其以口鼻之嘘吸者爲魂，耳目之精明者爲魄，蓋指血氣之類以明之。語録曰：「口鼻之嘘吸，以氣言也。目之精明，以血言也。耳之精明，何故以血言？醫家以耳屬腎，精血盛則聽聰，精血耗則耳聵矣。氣爲魂，血爲魄。」○問：「眼，體也，眼之光爲魄。耳，體也，何以爲耳之魄？」曰：「能聽者便是。如老人耳重目

昏，便是魄漸要散。」程子、張子更以陰陽造化爲説，則其意又廣，而天地萬物之屈伸往來皆在其中矣。陳氏曰：「鬼神之義甚博，程子就陰陽二字發用之迹顯然可見者言之，張子亦言二氣自然能如此，大綱只是往來屈伸之謂耳。」蓋陽魂爲神，陰魄爲鬼。語録曰：「問：『魂魄如何是陰陽？』曰：『魂如火，魄如水。』」是以其在人也，陰陽合，則魄凝魂聚而有生，陰陽判，則魂升爲神，魄降爲鬼。語録曰：「大地陰陽之氣交合便成人，氣便是魂，精便是魄。到得將死，熱氣上出，所謂魂升，下體漸冷，所謂魄降。魂歸于天，魄降于地，而人死矣。」易大傳所謂『精氣爲物，遊魂爲變』，故知鬼神之情狀』者，正以明此。語録曰：「精氣爲物，精與氣合而生者。遊魂爲變，則氣散而死，其魄降矣。」○又曰：「精氣聚而爲物，何物而無鬼神；遊魂爲變，魂遊則魄之降可知。」○陳氏曰：「陰精陽氣，聚而生物，乃神之伸也，而屬乎陽；魂遊魄降，散而爲變，乃鬼之歸也，而屬乎陰。鬼神情狀大槩不過如此。」而書所謂『徂落』者，亦以其升降爲言耳。陳氏曰：「徂是魂之升上，落是魄之降下。」若又以其往來者言之，則來者方伸而爲神，往者既屈而爲鬼。陳氏曰：「氣之伸與來處，屬陽，爲神；氣之屈與往處，屬陰，爲鬼，蓋本上下氣耳。」蓋二氣之分，實一氣之運，故陽主伸，陰主屈，而錯綜以言，亦各得其義焉。學者熟玩而精察之。葉氏曰：「學者先看天地二氣之屈伸，若朝莫，若寒暑，若榮謝，大綱已明，却反驗之一身，自

父母成育之始及少長壯老之變，晝夜作息夢覺，熟體而精察之，無餘藴矣。」如謝氏所謂『做題目，入思議』者，則庶乎有以識之矣。」按謝氏曰：「這箇便是天地閒妙用，須是將來做箇題目，入思議始得，講說不濟事。」曰：「諸說如何？」曰：「吕氏推本張子之說尤爲詳備，按吕氏曰：「鬼神者，二氣之往來爾。物感雖微，無不通於二氣，故人有是心，雖自謂隱微，心未嘗不動，動則固已感於氣矣。鬼神安有不見乎？其心之動，又必見於聲色舉動之閒，人乘閒以知之，則感之著者也。」但改本有『所屈者不亡』一句，按吕氏曰：「往者屈也，來者伸也，所屈者不亡，所伸者無息。」乃『形潰反原』之意，張子它書亦有是說。按張子曰：「形聚爲物，形潰反原。反原者，其游魂爲變歟。」而程子數辨其非，東見録中所謂『不必以既反之氣復爲方伸之氣』者，其類可考也。按程子曰：「近取諸身，百理皆具，屈伸往來之義，只於鼻息之閒見之。屈伸往來只是理，不必將既屈之氣復爲方伸之氣。生生之理，自然不息，如復言『七日來復』，其閒元不斷續，陽已復生。物極必返，其理須如此，有生便有死，有始便有終。」〇又曰：「若謂既返之氣復將爲方伸之氣，必資於此，則殊與天地之化不相似。天地之化，自然生生不窮，更何復資於既斃之形、既返之氣以爲造化。近取諸身，其開闔往來，見之鼻息，然不必須假吸復入以爲呼，氣則自然生。人氣之生，生於真元，天之氣，亦自然生生不窮。至如海水因陽盛而涸，及陰盛而生，亦不是將已涸之氣却生水，自然能

生。往來屈伸，只是理也，盛則便有衰，晝則便有夜，往則便有來。」○愚謂：屈伸往來者，氣也；其所以屈伸往來者，理也。往而屈者，其氣已散；來而伸者，其氣方生。生生之理，自然不窮。若謂以既屈之氣復爲方伸之氣，則是天地間只有許多氣來來去去，是輪迴之説，而非理之本然也。」**謝氏説則善矣，但『歸根』之云，似亦微有反原之累耳。**按謝氏曰：「動而不已，其神乎；滯而有迹，其鬼乎。往來不息，神也；摧仆歸根，鬼也。致生之，故其鬼神；致死之，故其鬼不神，何也？人以爲神則神，以爲不神則不神矣。知死而致生之，不智；知死而致死之，不仁。聖人所爲，神明之也。」○語録曰：「歸根，本老氏語，畢竟無歸，這箇何曾動？此性只是天地之性，當初亦不是自彼來而入此，亦不是自往而復歸。如月影在這盆水裏，除了這盆水，這影便無了，豈是這月飛上天去歸那月？又如這花落，便無這花了，豈是歸去那裏，明年又復來生這枝上？」**游、楊之説皆有不可曉者。**按游氏曰：「道無不在。鬼神，具道之妙用也，其德顧不盛歟。夫欲知鬼神之德者，反求諸其心而已。神將來舍，則是神之格思也，若正心以度之，則乖矣，所謂不可度思也。正心度之猶不可，又況得而忘之乎？所謂不可射思也。不可度，故視不見，聽不聞；不可射，故如在其上，如在其左右也。夫微之顯如此，以其誠之不可揜也，誠則物物皆彰矣，故不可揜。微之顯者，其理也；誠之不可揜，以其德言也。」○楊氏曰：「鬼神之德，唯誠而已，誠無幽明之閒，故其不可揜如此。夫不誠則無物，所謂體物而不可遺者，尚何顯之有？知此，其知鬼神矣。」**唯『妙萬物而無不在』一語近是，**

而以其他語考之，不知其於是理之實果如何也？按楊氏曰：「鬼神體物而不可遺，蓋其妙萬物而無不在故也。」侯氏曰：『鬼神，形而下者，非誠也；鬼神之德，則誠也。』按經文本贊鬼神之德之盛，如下文所云而結之曰『誠之不可揜如此』，則是以爲鬼神之德所以盛者，蓋以其誠耳，非以誠自爲一物，而別爲鬼神之德也。今侯氏乃析鬼神與其德爲二物，而以形而上下言之，乍讀如可喜者，而細以經文事理求之，則失之遠矣。程子所謂『只好隔壁聽』者，其謂此類也夫。」按侯氏曰：「只是鬼神，非誠也。經不曰『鬼神』，而曰『鬼神之爲德，其盛矣乎』，鬼神之德，誠也。易曰：『形而上者謂之道，形而下者謂之器。』鬼神亦器也，形而下者也，學者心得之可也。」○語録曰：「侯氏解『鬼神之爲德』，謂鬼神爲形而下者，鬼神之德爲形而上者。且如『中庸之爲德』，不成説中庸形而下者，中庸之德爲形而上者？」曰：「子之以幹事明體物，何也？」曰：「天下之物，莫非鬼神之所爲也，故鬼神爲物之體，而物無不待是而有者。然曰爲物之體，則物先乎氣，必曰體物，然後見其氣先乎物，而言順耳。語録曰：「不是有此物時，便有此鬼神。凡是有這鬼神了，方有此物，及有此物了，又不能違乎鬼神也。體物，將鬼神做主，將物做賓，方看得出是鬼神去體那箇物，鬼神却是主也。」幹，猶木之有幹，必先有此，而後枝葉有所附而生焉。貞之幹事，亦猶是也。」

子曰：「舜其大孝也與。德爲聖人，尊爲天子，富有四海之内，宗廟饗之，子孫保之。與，平聲。

子孫，謂虞思、陳胡公之屬。

故大德必得其位，必得其禄，必得其名，必得其壽。

舜年百有十歲。

故天之生物，必因其材而篤焉。故栽者培之，傾者覆之。

材，質也。篤，厚也。語録曰：「是因材而加厚些子[一]。」栽，植也。氣至而滋息爲培。氣反而遊散則覆。語録曰：「物若扶植種在土中，自然生氣湊泊他，他若已傾倒，則生氣無所附著，從何處來相接？如人疾病，此身有生氣，則藥力之氣依之，而生意滋長；若已危殆，則生氣流散，而不復相湊矣。」○問：「上言德而受福，而以氣爲言者何？」曰：「道理是如此，亦非定定有箇物使之然。若是成時，自節節恁地長將去，恰似有箇物常扶助他；若是敗時，自節節恁地消磨將去，恰似有箇物來推倒他。道理都如此。」

[一] 而，原作「不」，據通志堂經解本改。

詩曰：『嘉樂君子，憲憲令德。宜民宜人，受祿于天，保佑命之，自天申之。』

詩，大雅假樂之篇。假，當依此作嘉。憲，當依詩作顯。申，重也。

故大德者必受命。」

受命者，受天命爲天子也。

右第十七章。

此由庸行之常，推之以極其至，見道之用廣也，而其所以然者，則爲體微矣。後二章亦此意。

或問十七章之說。曰：「程子、張子、吕氏之說備矣。按程子曰：『知天命，是達天理也；必受命，是得其應也。命者，是天之付與，如命令之命。天之報應皆如影響，得其報者是常理也，不得其報者非常理也。然而細推之，則須有報應，但人以淺狹之見求之，便爲差互。天命不可易也，然有可易者，唯有德者能之。如修養之引年，世祚之祈天永命，常人之至於聖賢，皆此道也。』○張子曰：『德不勝氣，性命於氣；德勝其氣，性命於德。窮理盡性，則性天命，命天德。氣之不可變者，獨死生脩夭而已。故論死生，則曰有命，以言其氣也；語富貴，

則曰在天，以言其理也。此大德所以必受命。」○呂氏曰：「天命之所屬，莫踰於大德，至于禄位名壽之皆極，則人事至矣，天命申矣。天之萬物，其所以爲吉凶之報，莫非因其所自取也。植之固者，加雨露之養，則其末必盛茂；植之不固者，震風淩雨，則其本先撥。至于人事，則得道者多助，失道者寡助，是皆因其材而篤焉，栽者培之傾者覆之者也。古之君子，既有憲憲之令德，而又有宜民宜人之大功，此宜受天禄矣。故天保佑之，申之以受天命，此大德所以必受命，是亦栽者培之之義與。」○又曰：「命雖不易，惟至誠不息亦足以移之，此大德所以必受命。」楊氏所辨孔子不受命之意，則亦程子所謂非常理者盡之。按楊氏曰：「孔子當衰周之時，猶之生非其地也，雖其雨露之滋，而牛羊斧斤相尋於其上，則其濯濯然也豈足怪哉。」而侯氏所推以謂舜得其常，而孔子不得其常者，尤明白也。按侯氏曰：「舜，匹夫也而有天下，此所謂必得者，先天而天弗違也；孔子，亦匹夫也，亦德爲聖人也，而不得者，後天而奉天時也。必得者，理之常也；不得者，非常也。得其常者，舜也；不得其常者，孔子也。」至於顔、跖壽夭之不齊，則亦不得其常而已。楊氏乃忘其所以論孔子之意，而更援老聃之言，以爲顔子雖夭而不亡者存，則反爲衍説，而非吾儒之所宜言矣。且其所謂不亡者果何物哉？若曰天命之性，則是古今聖愚公共之物，而非顔子所能專，若曰氣散而其精神魂魄猶有存者，則是物而不化之意，猶有滯於冥漠之間，

尤非所以語顔子也。按楊氏曰：「顔、跖之夭壽不齊，何也？老子曰：『死而不亡曰壽。』顔雖夭而不亡者猶在也，非夫知性知天者其孰能識之？」侯氏所謂孔子不得其常者，善矣。然又以爲天於孔子固已培之，則不免有自相矛盾處。蓋德爲聖人者，固孔子之所以爲栽者也。至於禄也、位也、壽也，則天之所當以培乎孔子者，而以適丁氣數之衰，是以雖欲培之，而有所不能及爾，是亦所謂不得其常者，何假復爲異説以汩之哉？」按侯氏曰：「天之生物，必因其材而篤焉，栽者培之，傾者覆之。如孔子者，培之耶？覆之耶？何其窮也。曰培之覆之，非謂如孔子者也。孔子德爲聖人，其名與禄壽孰禦焉？固已培之矣，孟子所謂天爵者也，何歉於人爵哉。」

子曰：「無憂者其惟文王乎。以王季爲父，以武王爲子，父作之，子述之。

此言文王之事。書言「王季其勤王家」，蓋其所作亦積功累仁之事也。語録曰：「自公劉、大王積功累仁，至文王適當天運恰好處。」

武王纘大王、王季、文王之緒，壹戎衣而有天下，身不失天下之顯名，尊爲天子，富有四海之内，宗廟饗之，子孫保之。大，音泰，下同。

此言武王之事。纘，繼也。大王，王季之父也。書云：「大王肇基王迹。」三山陳氏曰：「周家之業，自大王遷岐，從如歸市，是時人心天意已有爲王之基矣。」詩云：「至于大王，

實始翦商。」詩傳曰：「翦，斷也。」○蔡氏曰：「大王雖未始有翦商之志，然大王始得民心，王業之成實始於此。」**緒，業也。戎衣，甲冑之屬。壹戎衣，武成文，言一著戎衣以伐紂也。**三山陳氏曰：「武王一擐戎衣以有天下，此蓋天命人心之極不得而辭者。」

武王末受命，周公成文武之德，追王大王、王季，上祀先公以天子之禮。斯禮也，達乎諸侯大夫及士庶人。父爲大夫，子爲士，葬以大夫，祭以士；父爲士，子爲大夫，葬以士，祭以大夫。期之喪達乎大夫，三年之喪達乎天子，父母之喪無貴賤一也。」追王之王，去聲。

此言周公之事。末，猶老也。追王，蓋推文武之意以及乎王迹之所起也。語録曰：「問：『牧野之奠，追王大王、王季、文王，疑武王時已追王。』曰：『武王之時恐只是喚呼作王，至周公制禮樂方行其事，如今奉上册寶之類。然無可證，姑闕之可也。』」**先公，組紺以上至后稷也。**愚按：組紺，大王之父也。**上祀先公以天子之禮，又推大王、王季之意以及於無窮也。**語録曰：「禮家載，祀先王，服衮冕；祀先公，服鷩冕，諸侯之服。雖上祀先公以天子之禮，然不敢以天子之服臨其先公，但鷩冕七旒十二玉，與諸侯不同。」○愚謂：組紺以上，雖追王所不及，然又欲推大王、王季之意，故以天子之禮祀之。**制爲禮法，以及天下，使葬用死者之**

爵，祭用生者之禄，喪服自期以下，諸侯絶，大夫降，語録曰：「如期之喪，天子諸侯絶，大夫降。然諸侯大夫尊同，則亦不絶不降，姊妹姪在諸侯，則亦不絶不降。」而父母之喪上下同之，永嘉陳氏曰：「伸情於父母處，獨齊衰之喪，上同於天子，其他各有限節等衰，不可盡伸也。」推己以及人也。陳氏曰：「周公以文武之意追尊其先祖，又設爲禮法，通行此意於天下。」

右第十八章。

子曰：「武王、周公，其達孝矣乎。

達，通也。承上章而言武王、周公之孝，乃天下之人通謂之孝，陳氏曰：「通天下皆稱之，非一人私謂之孝也。」○真氏曰：「舜之孝，如天之不可名，故曰大；武王、周公之孝，天下稱之無異辭，故曰達。」猶孟子之言「達尊」也。

夫孝者，善繼人之志，善述人之事者也。

上章言武王纘大王、王季、文王之緒以有天下，而周公成文、武之德以追崇其先祖，此繼志述事之大者也。下文又以其所制祭祀之禮通于上下者言之。

春秋脩其祖廟，陳其宗器，設其裳衣，薦其時食。

祖廟，天子七，諸侯五，大夫三，適士二，官師一。文集曰：「王制：『天子七廟，三昭

三穆，與大祖之廟而七。諸侯大夫士，降殺以兩。』而祭法又有『適士二廟，官師一廟』之文。大抵士無大祖，而皆及其祖考也。」○語録曰：「適士二廟，而祭祖祭禰，皆不及高曾。大夫三廟，一昭一穆，與大祖廟而三，大夫亦有始封者。」○又曰：「官師，諸有司之長也，只是一廟，祭得父母，更不及祖矣。位卑則流澤淺，其理自然如此。問：『今雖士庶人家亦祭三代，如此却是違禮？』曰：『雖祭三代，却無廟，亦不可謂之僭。古之所謂廟者，其體面甚大，皆是門堂寢室，勝如所居之宮，非如今人，但以一室爲之。』」**宗器，先世所藏之重器，若周之赤刀、大訓、天球、河圖之屬也。**蔡氏曰：「赤刀，赤削也。大訓，三皇五帝之書，訓誥亦在焉，文武之訓亦曰大訓。球，鳴球也，玉磬名。河圖，伏羲時龍馬負圖出於河，所謂一六位北，二七位南，三八位東，四九位西，五十位中者，易大傳所謂『河出圖』是也。」**裳衣，先祖之遺衣服，祭則設之以授尸也。**愚謂：如守祧所藏者是也，祭以授尸，所以依神也。**時食，四時之食，各有其物，如春行羔豚膳膏香之類是也。**愚謂：四時之食，各有其物，以其所以奉諸人者薦諸神，蓋以生事之也。羔，稚羊也。豚，稚豕也。物嫩而肥，故用之於春。香，謂牛膏也。調膳之時，各以物之所便而和之。

宗廟之禮，所以序昭穆也；序爵，所以辨貴賤也；序事，所以辨賢也；旅酬下爲上，所以逮賤也；燕毛，所以序齒也。昭，如字。爲，去聲。

宗廟之次，左爲昭，右爲穆，而子孫亦以爲序。文集曰：「昭穆之次既定，則其子孫亦以爲序。禮所謂『昭與昭齒，穆與穆齒』者是也。」**有事於太廟，則子姓兄弟羣昭羣穆咸在而不失其倫焉。**愚謂：左昭右穆者，死者之昭穆也。羣昭羣穆者，生者之昭穆也。宗廟之禮，非特序死者之昭穆，亦所以序生者之昭穆。**爵，公、侯、卿、大夫也。事，宗祝有司之職事也。旅，衆也。酬，導飲也。旅酬之禮，賓弟子、兄弟之子各舉觶於其長而衆相酬，蓋宗廟之中以有事爲榮，故逮及賤者使亦得以申其敬也。**語録曰：「主人酌以獻賓，賓酢主人曰酢，主又自飲而復飲賓曰酬。其主人又自飲者，是導賓使飲也。賓受之，却不飲，奠於席前，至旅時亦不舉，又自別舉爵。」問：「行旅酬時，祭事已畢否？」曰：「其大節目則亦了，亦尚有零碎禮數未竟。」又問：「想在飲福受胙之後？」曰：「固是。古人酢賓，便是受胙，胙與酢字古通用。」○又曰：「旅酬者，以其家臣或鄉吏之屬大夫則有鄉吏[二]一人先舉觶獻賓，賓飲畢，即以觶受于執事者，執事者則以獻於其長，遞遞相承，獻及於沃盥者而止焉。沃盥，謂執盥洗之事，至賤者也。」**燕毛，祭畢而燕，則以毛髮之色別長幼爲坐次也。齒，年數也。**語録曰：「燕時，擇一人爲上賓，不與衆賓齒，餘者皆序齒。」

[二] 大夫則有鄉吏，原混同於疏語正文，通志堂經解本同，據朱子語類卷六十三改爲夾注小字。

踐其位，行其禮，奏其樂，敬其所尊，愛其所親，事死如事生，事亡如事存，孝之至也。

踐，猶履也。其，指先王也。葉氏曰：「其字，指文王而言。」所尊、所親，先王之祖考、子孫、臣庶也。始死謂之死，既葬則曰反而亡焉，皆指先王也。此結上文兩節，皆繼志述事之意也。

郊社之禮，所以事上帝也；宗廟之禮，所以祀乎其先也。明乎郊社之禮、禘嘗之義，治國其如示諸掌乎。」

郊，祀天。社，祭地。不言后土者，省文也。語録曰：「周禮只説『祀昊天上帝』，不説祀后土[二]，先儒説祭社便是。如郊特牲『社稷大牢』，又如『用牲于郊，牛二』，及『社于新邑』，此乃明驗。」禘，天子宗廟之大祭，追祭太祖之所自出於太廟，而以太祖配之也。語録曰：「禘，只祭始祖及所自出之帝，二者而已。」○又曰：「程子曰：『禘其祖之所自出，始封姓者也。其祖配之，以始祖配也。文武必以稷配，後世必以文王配。所出之祖無廟，於太祖之廟祀之

[二] 土，原作「上」，據通志堂經解本改。

而已。』」嘗，秋祭也。四時皆祭，舉其一耳。禮必有義，對舉之，互文也。示，與視同。視諸掌，言易見也。此與論語文意大同小異，記有詳略耳。

右第十九章。

或問十八章、十九章之說。曰：「呂氏、楊氏之說，於禮之節文度數詳矣，其間有不同者，讀者詳之可也。按呂氏曰：「期之喪達乎大夫者，期之喪有二，有正統之期，爲祖父母者也；有旁親之期，爲世父母、叔父母、衆子昆弟、昆弟之子是也。正統之期，雖天子、諸侯莫降；旁親之期，天子、諸侯絶服而大夫降。所謂尊不同，故或絶或降也。大夫雖降，猶服大功，不如天子、諸侯之絶服也。如旁親之期亦爲大夫，則大夫亦不降，所謂尊同則服其親之服也。諸侯雖絶服旁親，尊同亦不降，所不臣者猶服之，如始封之君不臣諸父、昆弟，封君之子不臣諸父而臣昆弟是也。三年之喪達乎天子者，三年之喪，爲父、爲母，適孫爲祖、爲長子、爲妻而已，天子達乎庶人，一也。父在，爲母及妻，雖服期，然本爲三年之喪，但爲父、爲夫屈者也。故與齊期之餘喪異者有三，服而加杖，一也；十一月而練，十三月而祥，十五月而禫，二也；夫必三年而後娶，三也。周穆后崩，太子壽卒，叔向曰：『王一歲而有三年之喪二』，則包后亦爲三年也。」○又曰：「宗廟之禮，所以序昭穆，別人倫也，親親之義也。父爲昭，子爲穆，父，親也，親者邇，則不可不別也。祖爲昭，孫亦爲昭，祖爲穆，孫亦爲穆，祖，尊也，

尊者遠，則不嫌於無別也。故孫可以爲王父尸，子不可以爲父尸，此昭穆之別於尸者也。喪禮，卒哭而祔，男祔于皇祖考，女祔于皇祖妣，婦祔于皇祖姑。喪服小記：『士、大夫不得祔于諸侯，祔于諸祖父之爲士、大夫者。亡則中一以上而祔，祔必以其昭穆。』此昭穆之別于祔者也。有事于太廟，子姓兄弟亦以昭穆別之，羣昭羣穆不失其倫。凡賜爵，昭與昭齒，穆與穆齒，此昭穆之別於宗者也。序爵者，序諸侯、諸臣與祭者之貴賤也，貴貴之義也。詩曰：『相維辟公，天子穆穆。』此諸侯之助祭者也。『於穆清廟，肅雝顯相。濟濟多士，秉文之德。』此諸臣之助祭者也。序事者，別賢與能而授之事也，尊賢之義也。孰可以爲宗而詔相，孰可以爲祝而祝嘏，孰可以贊裸獻，孰可以執籩豆，至于執爵沃盥，莫不辨其賢能之大小而序之也。旅酬下爲上者，使賤者亦得申其敬也，下下之義也。若特牲饋食之禮，賓弟子、兄弟弟子各舉觶於其長以行旅酬，於宗廟之中以有事爲榮也。燕毛者，既祭而燕，則尚齒也，長長之義也。毛，髮色也，以髮色別長少而爲之序也。祭則貴貴，貴貴則尚爵；燕則親親，親親則尚齒，其義一也。天下之大經，親親、長長、貴貴、尊賢而已；人君之至恩，下下而已。一祭之間，大經以正，至恩以宣，天下之事盡矣。」○楊氏曰：「祭有昭穆，所以別父子、遠近、長幼、親疏之序也。故有事于太廟，則羣昭羣穆咸在而不失其倫焉，此宗廟之禮所以序昭穆也。尸飲五，君洗玉爵獻卿；尸飲七，以瑤爵獻大夫；尸飲九，以散爵獻士及羣有司，此序爵而尊卑有等，所以辨貴賤也。玉幣，交神明也；裸鬯，求神於幽也。故天地不裸，則玉幣尊於鬯也，故太宰贊之；鬯則大宗

伯莅之；裸將又卑於邕也[一]，故小宰贊之。若此類，所謂序事也。先王量德授位，因能授職，此序事所以辨賢也。饋食之終，酳尸之獻，下逮羣有司[二]，更爲獻酬，此旅酬下爲上所以逮賤也。既祭而以燕毛爲序，所以序齒也。序昭穆，親親也；序爵，貴貴也；序事，尚德也；旅酬逮賤，燕毛序齒，尚恩也。敬親者不敢慢於人，況其所尊乎？愛親者不敢惡於人，況其所親乎？事死如事生，若餘閣之奠是也；事亡如事存，若齊必見其所祭者是也。」**游氏引泰誓、武成以爲文王未嘗稱王之證，深有補於名教。**按游氏曰：「武王於泰誓三篇[三]，稱文王爲文考，至武成而柴望，然後稱文考爲文王，仍稱其祖爲大王、王季。然則周公追王大王、王季者，乃文王之德、武王之志也，故曰成文武之德。不言文王者，武王既追王矣；武王既追王而不及大王、王季，以其未受命，而其序有未暇也。禮記大傳載牧野之奠，追王大王亶父、王季歷、文王昌，亦據武成之書，以明追王之意出於武王也。世之説者，因中庸無追王文王之文，遂以謂文王自稱王，豈未嘗考泰誓、武成之書乎？君臣之分，猶天尊地卑，紂未可去，而文王稱王，是二天子也。曾謂至德如文王，一言一動，順帝之則，而反盜虛名而拂天理乎？且武王

[一] 將，原作「時」，通志堂經解本同，據中庸輯略卷下改。
[二] 羣，原作「於」，據通志堂經解本改。
[三] 王，原作「成」，據通志堂經解本改。

觀政于商，而須暇之五年，非僞爲也。使紂一日有悛心[一]，則武王當與天下共尊之，必無牧野之事。然則文王已稱之名將安所歸乎？此天下之大戒，故不得不辨。」**然歐陽、蘇氏之書亦已有是説矣。**按歐陽氏曰：「孔子曰：『三分天下有其二，以服事商。』使西伯不稱臣而稱王，安能服事於商乎？伯夷、叔齊讓國而去，顧天下皆莫可歸，往歸西伯。當是時，紂雖無道，天子在上，諸侯不稱臣而稱王，是僭叛之國也。彼二子者，不非其父而非其子，此豈近於人情邪？由是言之，謂西伯受命稱王十年者，妄説也。泰誓稱十有一年，説者謂自文王受命九年及武王居喪二年并數之。是以聽虞芮之訟，謂之受命以爲元年。古者人君即位，必稱元年。西伯即位，已改元矣，中間不宜改元而又改元。至武王即位，宜改元而反不改元，乃上冒先君之元年并其居喪，稱十一年。及其滅商而得天下，其事大於聽訟遠矣，又不改元。由是言之，謂西伯以受命之年爲元年者，妄説也。」○按眉山二蘇氏説，與歐陽氏殊不同，朱子所引，未知何蘇氏也，當考。**郊禘，吕、游不同，然合而觀之，亦表裏之説也。**」按吕氏曰：「事上帝者，所以立天下之大本，道之所由出也。祀乎其先者，所以正天下之大經，仁義之所由始也。洋洋乎，如在其上，如在其左右，雖隱微之閒，恐懼戒謹而不敢欺，則所以養其誠心至矣。蓋以爲

[一] 一，原脱，據通志堂經解本補。

不如是，則不足以立身；身且不立，烏能治國家哉？」○游氏曰：「祭祀之義，非精義不足以究其說，非體道不足以致其義。蓋惟聖人爲能饗帝，爲其盡人道而與帝同德；孝子爲能饗親，爲其盡子道而與親同心也。仁孝之至，通乎神明，而神祇、祖考安樂之，則於郊社之禮、禘嘗之義，始可以言明矣。夫如是，則於爲天下國家也何有。」○曰：「昭穆之昭，世讀爲韶，今從本字，何也？」曰：「昭之爲言，明也，以其南面而向明也。其讀爲韶，先儒以爲晉避諱而改之，然禮書亦有作佋字者，則假借而通用耳。」愚按：晉避司馬昭之諱，故改昭爲韶。曰：「其爲向明，何也？」曰：「此不可以空言曉也，今且假設諸侯之廟以明之。蓋周禮，建國之神位左宗廟，則五廟皆當在公宮之東南矣，其制則孫毓以爲『外爲都宮，太祖在北，二昭二穆以次而南』是也。語録曰：「孫毓說，出江都集禮。」○愚按孫毓云：「宗廟之制，外爲都宮，内各有寢廟，別有門垣。太祖在北，左昭右穆，差次而南。」蓋太祖之廟，始封之君居之；昭之北廟，二世之君居之；穆之北廟，三世之君居之；昭之南廟，四世之君居之；穆之南廟，五世之君居之。廟皆南向，各有門堂室寢，而牆宇四周焉。文集曰：「一世各爲一廟，廟有門，有堂，有室，有房，有夾室，有寢，四面有牆。」太祖之廟，百世不遷。自餘四廟，則六世之後，每一易世而一遷。其遷之也，新主祔于其班之南廟，南廟之主遷於北廟，北廟親盡則遷其

主于太廟之西夾室，而謂之祧。語録曰：「古者始祖之廟有夾室，凡祧主皆藏之於夾室。」凡廟主在本廟之室中，皆東向，及其祫于太廟之室中，則惟太祖東向自如而爲最尊之位，羣昭之入乎此者皆列於北牖下而南向，羣穆之入乎此者皆列於南牖下而北向。文集曰：「古人廟堂南向，室在其北，東户西牖皆南向，室西南隅爲奥，尊者居之，故神主在焉，詩所謂『宗室牖下』者也。主既在西壁下，即須東向，故行事之際，主人入户，西向致敬。凡廟皆南向，而主皆東向。惟祫祭之時，羣廟之主皆升，合食于太祖之時，則太祖之主仍舊東向，而羣昭南向，羣穆北向，列於太祖之前。此前代禮官所謂太祖正東向之位者，爲祫祭時言也。非祫時，則羣廟之主在其廟中無不東向矣。」南向者，取其向明，故謂之昭；北向者，取其深遠，故謂之穆。蓋羣廟之列，則左爲昭而右爲穆。祫祭之位，則北爲昭而南爲穆也。」曰：「六世之後，二世之主既祧，則三世爲昭，而四世爲穆，五世爲昭，而六世爲穆乎？」曰：「不然也。昭常爲昭，穆常爲穆，禮家之説有明文矣。蓋二世祧，則四世遷昭之北廟，六世祔昭之南廟矣；三世祧，則五世遷穆之北廟，七世祔穆之南廟矣。昭者祔，則穆者不遷；穆者祔，則昭者不動。文集曰：「遷毁之序，則昭常爲昭，穆常爲穆。假令新死者當祔昭廟，則毁高祖之廟而祔其主於左祧，遷其祖之主于高祖之故廟，而祔新死者于祖之故廟。即當祔於穆者，其序亦然。蓋祔昭則

羣昭皆動，而穆不移；祔穆則羣穆皆移，而昭不動。」此所以祔必以班，文集曰：「儀禮所謂『以其班祔』，檀弓所謂『祔于祖父』是也。」尸必以孫，語録曰：「古者立尸必隔一位，孫可以爲祖尸，子不可以爲父尸，以昭穆不可亂。」而子孫之列亦以爲序。若武王謂文王爲穆考，成王稱武王爲昭考，則自其始祔而已然，而春秋傳以管、蔡、郕、霍爲文之昭，邘、晉、應、韓爲武之穆，則雖其既遠而猶不易也，豈其交錯彼此若是之紛紛哉。」愚按：后稷至文、武，十有六世，文王於廟次爲穆，故謂其子爲昭，管、蔡、郕、霍者，文王之子也；武王於廟次爲昭，故謂其子爲穆，邘、晉、應、韓者，武王之子也。曰：「廟之始立也，二世昭而三世穆，四世昭而五世穆，則固當以左爲尊而右爲卑矣。今乃三世穆而四世昭，五世穆而六世昭，是則右反爲尊而左反爲卑也，而可乎？」曰：「不然也。宗廟之制，但以左右爲昭穆，而不以昭穆爲尊卑。故五廟同爲都宮，則昭常在左，穆常在右，而外有以不失其序。一世自爲一廟，則昭不見穆，穆不見昭，而内有以各全其尊。文集曰：「諸廟別有門垣，足以各全其尊，初不以左右爲尊卑也。」必大祫而會於一室，然後序其尊卑之次，則凡已毁未毁之主，又畢陳而無所易。文集曰：「一昭一穆，固有定次，而其自相爲偶，亦不可易。但其散居本廟，各自爲主，而不相厭，則武王進居王季之位，而不嫌尊於文王，及其合食于祖，則王季雖遷，而武王自當與成王爲偶，未可

以遽進而居王季之處也。」**唯四時之祫，不陳毀廟之主，**愚謂祫祭有二。曾子問曰：「祫祭於祖，則祝迎四廟之主。」王制云：「天子祫嘗祫烝，諸侯嘗祫烝祫。」此時祭之祫也。公羊傳曰：「毀廟之主，陳于大祖，未毀廟之主皆升，合食于大祖。」此大祫毀廟未毀廟之主而祭之也。**則高祖有時而在穆，其禮未有考焉。意或如此則高之上無昭，而特設位於祖之西，禰之下無穆，而特設位於曾之東也與？**」語録曰：「高祖，四世祖也。世與太字古多互用，如太子爲世子，太室爲世室之類。」○問「高爲穆之義」。曰：「新死之主，新祔便在昭這一排。且如諸侯五廟，一是太祖，便居中，二昭二穆相對。今新死者祔，則高過昭穆這一排，對空坐，禰在昭一排，亦對坐。以意推之，當是如此，但禮經難考。」**曰：「然則毀廟云者，何也？」曰：「春秋傳曰：『壞廟之道，易檐可也，改塗可也。』説者以爲將納新主，示有所加耳，非盡撤而悉去之也。**」語録曰：「改塗易檐，言不是盡除，只改其灰飾，易其屋檐而已。」**曰：「然則天子之廟，其制若何？」曰：「唐之文祖，虞之神宗，商之七世三宗，其詳今不可考。獨周制猶有可言，然而漢儒之記又已有不同矣。謂后稷始封，文、武受命而王，故三廟不毀，與親廟四而七者，諸儒之説也。**文集曰：「韋元成等謂，王者始受命、諸侯始封之君，皆爲太祖。以下五世而迭毀，毀廟之主藏於太祖。周之所以七廟者，以后稷始封，文、武受命，三廟不毀，與親廟四而七。」**謂三昭三穆與太祖之廟**

而七，文、武爲宗，不在數中者，劉歆之説也。文集曰：「歆謂七者，其正法數，可常數者，宗不在此數中。宗，變也。苟有功德則宗之，不可預爲設數，故於殷有三宗，周公舉之以勸成王。由是言之，宗無數也。」雖其數之不同，然其位置遷次，宜亦與諸侯之廟無甚異者。但如諸儒之説，則武王初有天下之時，后稷爲太祖，而組紺居昭之北廟，太王居穆之北廟，王季居昭之南廟，文王居穆之南廟，猶爲五廟而已。至成王時，則組紺祧，王季遷，而武王祔。至康王時，則太王祧，文王遷，而成王祔。至昭王時，則王季祧，武王遷，而康王祔。自此以上亦皆且爲五廟，而祧者藏于太祖之廟。至穆王時，則文王親盡當祧，而以有功當宗，故別立一廟於西北，而謂之文世室，於是成王遷，昭王祔，而爲六廟矣。至共王時，則武王親盡當祧，而亦以有功當宗，故別立一廟於東北，謂之武世室，於是康王遷，穆王祔，而爲七廟矣。自是以後，則穆之祧者藏於文世室，昭之祧者藏於武世室，而不復藏於太廟矣。如劉歆之説，則周自武王克商，即增立二廟於二昭二穆之上，以祀高圉、亞圉，如前遞遷至于懿王，而始立文世室於三穆之上，至孝王時始立武世室於三昭之上，此爲少不同耳。」文集曰：「昭之二廟，親盡則毀，而遷其主于昭之宗，曾祖遷于昭之二，新入廟者祔于昭之三。而高祖及祖在穆，如穆廟親盡放此。新死者如當爲昭，則祔於昭之

近廟，而自近廟遷其祖於昭之次廟，而於主祭者爲曾祖；自次廟遷其高祖于昭之世室，蓋於主祭者爲五世而親盡故也。其穆之兩廟如故不動，其次廟於主祭者爲高祖，其近廟於主祭者爲祖也，主祭者没，則祔于穆之近廟而遞遷其主放此。」〇語録曰：「天子七廟，如周文、武之廟不祧。文爲穆，則凡後之屬乎穆者，皆歸於文之廟；武爲昭，則凡後之爲昭者，皆歸乎武之廟也。」〇愚謂：父昭子穆而有常數者，禮也；祖功宗德而無定法者，義也。周於三昭三穆之外，而有文、武之廟，觀春秋傳稱襄王致文武胙於齊侯，史記稱顯王致文武胙於秦孝公，方是時，文武固已遠矣，襄王、顯王猶且祀之，則其廟不毁可知矣。**曰：「然則諸儒與劉歆之説，孰爲是？」曰：「前代説者多是劉歆，愚亦意其或然也。」**語録曰：「歆説得較是，他謂宗不在七廟中者，恐有功德者多，則占了那七廟數也。」〇愚謂：若從諸儒之説，則王者不過立親廟四，與太祖爲五，其與諸侯五廟又何别乎？商書已云「七世之廟，可以觀德」，則自昔有七廟矣，故朱子以歆説爲是。**曰：「祖功宗德之説尚矣，而程子獨以爲如此則是爲子孫者得擇其先祖而祭之也，子亦嘗考之乎？」曰：「商之三宗，周之世室，見於經典，皆有明文。而功德有無之實，天下後世自有公論。若必以此爲嫌，則秦政之惡夫子議父、臣議君而除謚法者，不爲過矣。**語録曰：「商之三宗，若不是别立廟，只是親廟，時何不胡亂將三箇來立，如何恰曰取祖甲、太戊、高宗爲之？那箇祖有功，宗有德，天下後世自

有公論，不以揀擇爲嫌。所謂名之曰幽、厲，雖孝子慈孫，百世不能改。那箇好底，自是合當祭祀，如何毁得？」且程子晚年嘗論本朝廟制，亦謂太祖太宗皆當爲百世不遷之廟，以此而推，則知前説若非記者之誤，則或出於一時之言，而未必其終身之定論也。

按程子曰：「祖有功，宗有德，文武之廟永不祧也，所祧者文武以下廟。如本朝太祖、太宗，皆萬世不祧之廟，河東、閩、浙皆太宗取之，無可祧之理。」曰：「然則大夫、士之制奈何？」曰：「大夫三廟，則視諸侯而殺其二，然其太祖昭穆之位猶諸侯也。適士二廟，則視大夫而殺其一；官師一廟，則視大夫而殺其二，然其門堂室寢之備猶大夫也。」

語録曰：「古者各有始祖之廟，以藏祧主，如適士二廟，各有門堂寢各三間，是十八間。」曰：「廟之爲數降殺以兩，而其制不降，何也？」曰：「降也。天子之山節、藻梲、複廟、重檐，諸侯固有所不得爲者矣；愚按：山節，謂欂櫨刻爲山形，即今之斗拱。藻梲者，謂侏儒柱畫爲藻文，梁上短柱也。複廟者[二]，上下重屋也。重檐，重承壁材也，謂就外檐下壁，復安板檐，以辟風雨之灑壁。諸侯之黝、堊、斲、礱，大夫有不得爲矣；愚按：黝，黑也。堊，白也。地謂之黝，牆謂之堊。斲，削也。礱，磨也。大夫之倉楹、斲桷，士又不得爲

[二] 複，原作「復」，據通志堂經解本改。

矣。愚按：倉楹者，蒼其柱也。斵桷者，磨其榱也。曷爲而不降哉。獨門堂室寢之合，然後可名於宮，則其制有不得而殺耳。蓋由命士以上，父子皆異宮，生也異宮，而死不得異廟，則有不得盡其事生事存之心者，是以不得而降也。」曰：「然則後世公私之廟，皆爲同堂異室，而以西爲上者，何也？」曰：「由漢明帝始也。夫漢之爲禮略矣，然其始也，諸帝之廟皆自營之，各爲一處，雖其都宮之制、昭穆之位，不復如古，然猶不失其獨專一廟之尊也。語録曰：「西漢時，高帝廟、文帝顧成之廟，猶各在一處，但無法度不同一處。」○愚按：漢不特高、文有廟，景帝廟號德陽，武帝廟號龍淵，昭帝廟號徘徊，宣帝廟號樂游，元帝廟號長壽，成帝廟號陽池。至於明帝，不知禮義之正，而務爲抑損之私，遺詔藏主於光烈皇后更衣別室，而其臣子不敢有加焉。文集曰：「明帝又欲遵儉自抑，遺詔無起寢廟，但藏其主於光武廟中更衣別室，其後章帝又復如之。後世遂不敢加，而公私之廟皆爲同堂異室之制。」魏晉循之，遂不能革，而先王宗廟之禮始盡廢矣。降及近世，諸侯無國，大夫無邑，則雖同堂異室之制猶不能備，獨天子之尊可以無所不致，顧乃梏於漢明非禮之禮，而不得以致其備物之孝。蓋其別爲一室，則深廣之度或不足以陳鼎俎，而其合爲一廟，則所以尊其太祖者既褻而不嚴，所以事其親廟者又厭而不尊，是皆無以盡其事生事存之心，而當世宗廟之禮

亦爲虚文矣。文集曰：「更歷魏晉，下及隋唐，其閒非無奉先思孝之君，據經守禮之臣，而皆不能有所裁正其弊。至使太祖之位下同孫子，而更僻處於一隅，既無以見其爲七廟之尊、群廟之神，則又上厭祖考而不得自爲一廟之主。以人情而論之，則生居九重，窮極壯麗，而没祭一室，不過尋丈之閒，甚或無地以容鼎俎而陰損其數，子孫之心宜亦有所不安矣。」宗廟之禮既爲虚文，而事生事存之心有終不能以自已者，於是原廟之儀，不得不盛。然亦至于我朝，而後都宫别殿，前門後寢，始略如古者宗廟之制。文集曰：「本朝原廟之制，外爲都宫，而各爲寢廟門垣。」是其沿襲之變，不唯窮鄉賤士有不得聞。而自南渡之後，故都淪没，權宜草創，無復舊章，則雖朝廷之上禮官博士、老師宿儒，亦莫有能知其原者。幸而或有一二知經學古之人，乃能私議而竊歎之。然於前世，則徒知譏孝惠之飾非，責叔孫通之舞禮，而於孝明之亂命，與其臣子之苟從，則未有正其罪者。於今之世，則又徒知論其惑異端，徇流俗之爲陋，而不知本其事生事存之心，有不得伸於宗廟者，是以不能不自致於此也。文集曰：「不起寢廟之詔，明帝固不得爲無失，然使章帝有魏顆之孝，其羣臣有宋仲幾、楚子囊之忠，則於此别有處矣。況以一時之亂命而壞千古之彝制，其事體之輕重又非如三子者之所正者而已耶。」〇又曰：「如李氏所謂略于七廟之室而爲祠於佛老之側，不爲木主而爲之象，不爲禘祫烝嘗之祀而行一酌奠之

禮；楊氏所謂舍二帝三王之正禮而從一繆妄之叔孫通者，其言皆是也。然不知其所以致此，則由於宗廟不立而人心有所不安也，不議復此而徒欲廢彼，亦安得爲至當之論哉。」抑嘗觀於陸佃之議，而知神祖之嘗有意於此矣。然而考於史籍，則未見其有紀焉。若曰未及營表故不得書，則後日之秉史筆者，即前日承詔討論之臣也，所宜深探遺旨，特書總叙，以昭示來世，而略無一詞以及之，豈天未欲使斯人者復見二帝三王制作之盛，故尼其事而嗇其傳耶？嗚呼惜哉！文集曰：「神祖慨然，深詔儒臣討論舊典，蓋將以遠迹三代之隆，一正千古之繆，甚盛舉也。不幸未及營表，世莫得聞。秉筆之士又復不能特書其事以詔萬世，今獨其見於陸氏之文者爲可考耳。」然陸氏所定昭穆之次，又與前說不同。文集曰：「佃謂昭穆者，父子之號，昭以明下爲義，穆以恭上爲義。方其爲父則稱昭，取其昭以明下也；方其爲子則稱穆，取其穆以恭上也，豈可膠哉。殊不知昭穆本以廟之居東居西、主之向南向北而得名，初不爲父子之號也。必曰父子之號，則穆之子又安可復爲昭哉？且必如佃說，新死者必入穆廟，而自其父以上，穆遷於昭，昭遷於穆，祔一神而六廟皆爲之動，則其祔也，又何不直祔於父，而必隔越一世以祔于其所未應入之廟乎？」而張琥之議，庶幾近之，語録曰：「佃以爲祧廟、祔廟皆移一匝，琥以爲祧廟、祔廟只移一位。」讀者更詳考之，則當知所擇矣。」

哀公問政。

哀公，魯君，名蔣。

子曰：「文武之政，布在方策。其人存，則其政舉；其人亡，則其政息。

方，版也。策，簡也。愚謂：木曰方，竹曰策，策以衆聯，方一而已。先方而後策者，小大之序。聘禮：「束帛加書，百名以上書於策，不及百名書於方。」既夕禮：「書賵於方，若九若七若五。書遣於策。」息，猶滅也。有是君，有是臣，則有是政矣。

人道敏政，地道敏樹。夫政也者，蒲盧也。夫，音扶。

敏，速也。蒲盧，沈括以爲蒲葦，是也。以人立政，猶以地種樹，其成速矣。三山陳氏曰：「人有良心，人之道也，敏於從政，令之必行；地有生意，地之道也，敏於種樹，植之必生。」而蒲葦又易生之物，其成尤速也。三山陳氏曰：「人之易化，於政可見；物之易生，於蒲葦可見。」言人存政舉，其易如此。

故爲政在人，取人以身，脩身以道，脩道以仁。

此承上文「人道敏政」而言也。爲政在人，家語作「爲政在於得人」，語意尤備。人，謂賢臣。身，指君身。道者，天下之達道。文集曰：「道是統言義理公共之名。」仁者，天

地生物之心，而人得以生者，所謂「元者善之長也」。文集曰：「天地以生物爲心者也，而一物之生又各得夫天地之心以爲心者也[二]。」〇又曰：「仁乃天地生物之心而在人者，故特爲衆善之長。」〇語録曰：「元者，天地生物之端倪也，仁便是這意思。」〇又曰：「須先識得元與仁是箇甚物事，只是初底意思便是。」〇又曰：「元亨利貞皆是善，而元則爲善之長，亨利貞皆是那裏來。仁義禮智亦皆善也，而仁則爲萬善之首，義禮智皆從這裏出爾。」言人君爲政在於得人，而取人之則又在脩身。三山陳氏曰：「爲政雖在得賢，然使吾身有所未脩，則取舍不明，無以爲取人之則。」能仁其身，則有君有臣，而政無不舉矣。

仁者，人也，親親爲大；義者，宜也，尊賢爲大。親親之殺，尊賢之等，禮所生也。殺，去聲。

人，指人身而言。真氏曰：「人之所以爲人者，以其有是仁也。有是仁，而後命之曰人，不然則非人矣。」具此生理，自然便有惻怛慈愛之意，深體味之可見。語録曰：「以生字説仁，生自是上一節事，當來天地生我底意，我如今須要自體認得。」宜者，分別事理各有所宜也。

[二] 夫，原作「天」，據通志堂經解本改。

語録曰：「宜是指事物當然之理。」○又曰：「道理宜如此。」**禮者**[二]**，節文斯二者而已。**語録曰：「節者，等級也。文，不直回互之貌。」○又曰：「文是裝裹得好，如升降揖遜。」○陳氏曰：「節則無太過，文則無不及。」○三山陳氏曰：「親親之中有隆殺，觀五服之義可見矣；尊賢之中有等降，觀隆師親友之類可推矣。惟其有等殺，而後禮生焉，孟子所謂『節文斯二者是也』。」

在下位不獲乎上，民不可得而治矣。

鄭氏曰：「此句在下，誤重在此。」

故君子不可以不脩身；思脩身，不可以不事親；思事親，不可以不知人；思知人，不可以不知天。」

爲政在人，取人以身，故不可以不脩身。語録曰：「根本在脩身。」**脩身以道，脩道以仁，故思脩身不可以不事親。**語録曰：「事親是仁之根實處，最初發得來分曉。」○三山陳氏曰：「脩身而不本於事親，則施之無序，失爲仁之本矣。」**欲盡親親之仁，必由尊賢之義，故又當知人。**語録曰：「知人只如『知人則哲』之知，不是思欲事親先要知人，只是思欲事親更要知人。若不好底人與他處，豈不爲親之累？」○三山陳氏曰：「事親之仁，不由尊賢之義，則善惡不明，

[二] 者，通志堂經解本作「則」。

失事理之宜矣。」**親親之殺，尊賢之等，皆天理也，故又當知天。**語録曰：「脩身得力處却是知天，知天是知至物格，知得箇自然道理。學若不知天理，記得此又忘彼，得其一失其二。未知天，見事頭項多，既知天了，這裏便都定，這事也定，那事也定。」○又曰：「知天是起頭處，能知天，則知人、事親、脩身皆得其理矣。」○三山陳氏曰：「事親、知人而等殺不明，不知天理者也，書曰『天秩有禮』，故於此又當知天。自禮所生也，以上推其理之所由生；自君子不可不脩身，以下繹其義之所以貫。」

天下之達道五，所以行之者三。曰君臣也，父子也，夫婦也，昆弟也，朋友之交也，五者天下之達道也；知，仁，勇，三者天下之達德也，所以行之者一也。知，去聲。

達道者，天下古今所共由之路，即書所謂「五典」，孟子所謂「父子有親，君臣有義，夫婦有别，長幼有序，朋友有信」是也。三山陳氏曰：「書言五典，孟子言五者人之大倫。典，常也。倫，理也。出於天理而可以常行，其中庸達道之謂乎。」**知，所以知此也；仁，所以體此也；勇，所以强此也。**語録曰：「理會得底是知，行得底是仁，著力去做底是勇。」○潘氏曰：「體謂所存守處。」**謂之達德者，天下古今所同得之理也。一，則誠而已矣。**蔡氏曰：「達道本於達德，而達德又本於誠。誠者，達道達德之本，而一貫乎達道達德者也。」○真氏

曰：「一者，誠也。三者皆真實而无妄，是之謂誠。」**達道雖人所共由，然無是三德，則無以行之。**真氏曰：「道雖人所共由，然其知不足以及之，則君之當仁，臣之當敬，子之當孝，父之當慈，未必不昧其所以然。知雖及之，而仁不能守，仁雖能守，而勇不能斷，則於當行之理，或奪於私欲，或蔽於利害，以至蔑天常而敗人紀者多矣。」**達德雖人所同得，然一有不誠，則人欲間之，而德非其德矣。**真氏曰：「德雖人所同得，然或勉强焉，或矯飾焉，則智出於數術，仁流於姑息，勇過於彊暴，而德非其德矣，故行之必本於誠。」**程子曰：「所謂誠者，止是誠實此三者。三者之外，更別無誠。」**語録曰：「知仁勇是做底事，誠是行此三者都要實。」○陳氏曰：「只是實有是知，實有是仁，實有是勇而已。不誠實，則無三者之德矣。」

或生而知之，或學而知之，或困而知之，及其知之一也；或安而行之，或利而行之，或勉强而行之，及其成功一也。」强，上聲。

知之者之所知，行之者之所行，謂達道也。以其分而言，則所以知者知也，所以行者仁也，所以至於知之成功而一者勇也。以其等而言，則生知安行者知也，學知利行者仁也，困知勉行者勇也。語録曰：「生知安行，以知爲主；學知利行，以仁爲主；困知

勉行〔二〕，以勇爲主。」○又曰：「生知安行，主於知而言，不知如何行？安行者，只是安而行之，不用著力，然須是知得方能行得也。學知利行，主於仁而言，雖是學而知得，然須是著意去力行，則所學而知得者，不爲徒知也。」○陳氏曰：「就知仁勇等級而言之，生知安行爲知，知主於知，就知上放重，蓋先能知之而後能行之也。學知利行爲仁，仁主於行，以行處爲重，故知得須是行得也。困知勉行爲勇，此氣質昏懦之人，昏不能知，懦不能行，非勇則不足以進道。」**蓋人性雖無不善，而氣稟有不同者，故聞道有蚤莫，行道有難易，然能自强不息，則其至一也。**語録曰：「就人之所稟而言，又有昏明清濁之異，故上知生知之資，是氣清明純粹，而無一豪昏濁，所以生知安行，不待學而能，如堯舜是也。其次則亞於生知，必學而後知，必行而後至。又其次者，資稟既偏，又有所蔽，須是痛加工夫，人一己百，人十己千，然後方能及亞於生知〔三〕，而及進而不已，則成功一也。」呂氏曰：「所入之塗雖異，而所至之域則同，此所以爲中庸。**若乃企生知安行之資爲不可幾及，輕困知勉行謂不能有成，此道之所以不明不行也。**」語録曰：「今之學者，本是困知勉行底資質，却要學他生知安行底功夫。便是生

〔二〕勉，原作「力」，通志堂經解本同，據朱子語類卷六十四改。
〔三〕及，元本漫漶，此據通志堂經解本。

知安行底資質，亦用下困知勉行功夫，況是困知勉行底資質？」

子曰：「好學近乎知，力行近乎仁，知恥近乎勇。好、近乎知之知，並去聲。

「子曰」二字衍文。〇此言未及乎達德而求以入德之事。文集曰：「上既言達德之名，恐學者無所從入，故又言其不遠者以示之，使由是而求之，則可以入德也。聖人之言，淺深遠近之序，不可差次如此。」〇真氏曰：「既言三達德，又教人以入德之路。夫智必上智，仁必至仁，勇必大勇，然後爲至，然豈易遽及哉？苟能好學不倦，則亦近乎知矣；力行不已，則亦近乎仁矣；以不若人爲恥，則亦近乎勇矣。蓋好學所以明理也，力行所以進道也，知恥所以立志也，能於是三者用其功，則所謂三達德者庶乎可漸致矣。」〇愚謂：理之同得者爲達德，近此德者爲入德。**通上文三知爲知，三行爲仁，則此三近者，勇之次也。**語録曰：「交互説，三知都是知，三行都是仁，三近都是勇；生知、安行、好學又是知，學知、利行、力行又是仁，困知、勉行、知恥又是勇。」〇蔡氏曰：「三知主知，三行主仁，三近主勇。生知者，知之知也；學知者，仁之知也；困知者，勇之知也。安行者，仁之仁也；利行者，知之仁也；勉强行者，勇之仁也。好學者，知之勇也；力行者，仁之勇也；知恥者，勇之勇也。」**吕氏曰：「愚者自是而不求，自私者徇人欲而忘反，懦者甘爲人下而不辭。故好學非知，然足以破愚；力行非仁，然足以忘私；知恥非勇，然足以起懦。」**三山陳氏曰：「所謂力行足以忘私者，蓋世之怠惰不爲者皆所

以自便其所欲，故曰私。」

知斯三者，則知所以脩身；知所以脩身，則知所以治人；知所以治人，則知所以治天下國家矣。

斯三者，指三近而言。人者，對己之稱。天下國家，則盡乎人矣。言此以結上文脩身之意，起下文九經之端也。蔡氏曰：「言脩身而以治人、治天下國家結之，德必有道也；言天下國家九經而以脩身起之，道必本德也。」

凡爲天下國家有九經，曰脩身也，尊賢也，親親也，敬大臣也，體羣臣也，子庶民也，來百工也，柔遠人也，懷諸侯也。

經，常也。三山陳氏曰：「施之治天下國家可以常行不變，故曰經。」體，謂設以身處其地而察其心也。子，如父母之愛其子也。柔遠人，所謂無忘賓旅者也。陳氏曰：「遠人，非四夷之謂，如商賈賓旅之人，皆是離其家鄉而來，須寬柔恤之。」此列九經之目也。呂氏曰：「天下國家之本在身，故脩身爲九經之本。三山陳氏曰：「九經始於脩身，身既脩，則足以爲萬事之本。」然必親師友，然後脩身之道進，故尊賢次之。陳氏曰：「不與賢者相講磨，如何能脩身？惟知尊敬賢者，則見道理明。」○三山陳氏曰：「下文既有大臣又有群臣，而此又有

尊賢之别者，蓋此所謂尊者，非臣之謂，正書所謂『能自得師』，禮所謂『當其爲師則不臣』者也。」道之所進，莫先其家，故親親次之。陳氏曰：「欲行道，必先從家起。」由家以及朝廷，故敬大臣、體羣臣次之。陳氏曰：「由家而推之朝廷，則君使臣以禮。」由朝廷以及其國，故子庶民、來百工次之。由其國以及天下，故柔遠人、懷諸侯次之。此九經之序也。」陳氏曰：「九經亦鋪排有次序。」視羣臣猶吾四體，視百姓猶吾子，此視臣視民之别也。

脩身則道立，尊賢則不惑，親親則諸父昆弟不怨，敬大臣則不眩，體羣臣則士之報禮重，子庶民則百姓勸，來百工則財用足，柔遠人則四方歸之，懷諸侯則天下畏之。

此言九經之效也。道立，謂道成於己而可爲民表，所謂建其有極是也。愚謂：有此一句，方生得下面許多事。不惑，謂不疑於理。陳氏曰：「是理義昭著，無所疑也。」不眩，謂不迷於事。敬大臣，則信任專，而小臣不得以閒之，故臨事而不眩也。陳氏曰：「是信任專，政事舉，無所眩迷也。」來百工，則通功易事，農末相資，故財用足。語録曰：「既有箇國家，則百工所爲皆少不得，都要用。若百工聚，則事事皆有，豈不足以足財用乎？如織紝

可以足布帛，工匠可以足器皿之類。」柔遠人，則天下之旅皆悦，而願出於其塗，故四方歸。懷諸侯，則德之所施者博，而威之所制者廣矣，故曰天下畏之。

齊明盛服，非禮不動，所以脩身也；去讒遠色，賤貨而貴德，所以勸賢也；尊其位，重其禄，同其好惡，所以勸親親也；官盛任使，所以勸大臣也；忠信重禄，所以勸士也；時使薄斂，所以勸百姓也；日省月試，既稟稱事，所以勸百工也；送往迎來，嘉善而矜不能，所以柔遠人也；繼絶世，舉廢國，治亂持危，朝聘以時，厚往而薄來，所以懷諸侯也。齊，側皆反。去，上聲。遠、好、惡、斂，並去聲。既，許氣反。稟，彼錦、力錦二反。稱，去聲。朝，音潮。

此言九經之事也。陳氏曰：「九經之事是做工夫處。」官盛任使，謂官屬衆盛，足任使令也。蓋大臣不當親細事，故所以優之者如此。忠信重禄，謂待之誠而養之厚。蓋以身體之，而知其所賴乎上者如此也。既，讀曰餼。餼稟，稍食也。語録曰：「餼，牲餼也，如今官員請受有生羊肉。稟，即稟給，折送錢之類是也。」稱事，如周禮稾人職曰「考其弓弩，以上下其食」是也。往則爲之授節以送之，來則豐其委積以迎之。語録曰：「問『授節以送其往』。曰：『遠人來至，去時有節以授之，過所在爲照，如漢之出入關者用繻，唐謂

之給過所。』」朝，謂諸侯見於天子。聘，謂諸侯使大夫來獻。王制：「比年一小聘，三年一大聘，五年一朝。」厚往薄來，謂燕賜厚而納貢薄。

凡爲天下國家有九經，所以行之者一也。

一者，誠也。一有不誠，則是九者皆爲虛文矣。此九經之實也。潘氏曰：「一德行之者一，所以實其德；九經行之者一，所以實其事。」

凡事豫則立，不豫則廢。言前定則不跲，事前定則不困，行前定則不疚，道前定則不窮。跲，其劫反。行，去聲。

凡事，指達道、達德、九經之屬。豫，素定也。跲，躓也。愚謂：躓者，礙不行。疚，病也。此承上文，言凡事皆欲先立乎誠，如下文所推是也。

在下位不獲乎上，民不可得而治矣；獲乎上有道，不信乎朋友，不獲乎上矣；信乎朋友有道，不順乎親，不信乎朋友矣；順乎親有道，反諸身不誠，不順乎親矣；誠身有道，不明乎善，不誠乎身矣。

此又以在下位者推言素定之意。反諸身不誠，謂反求諸身而所存所發未能真實而無妄也。語録曰：「反諸身，是反求於心。不誠，是不曾實有此心。如事親以孝，須是實有這孝之

心，若外面假爲孝之事，裏面却無孝之心，便是不誠矣。」不明乎善，謂未能察於人心天命之本然而真知至善之所在也。潘氏曰：「雖無邪妄，苟不合乎正理，亦未免乎有眚。要之，此亦是未知至善之所在。」

誠者，天之道也；誠之者，人之道也。誠者，不勉而中，不思而得，從容中道，聖人也；誠之者，擇善而固執之者也。中，並去聲。從，七容反。

此承上文誠身而言。誠者，真實無妄之謂，天理之本然也。語録曰：「誠者，都是實理了。」○又曰：「是自然底實，是自然無妄之謂。」○又曰：「是天理之實然，更無纖豪作爲。」誠之者，未能真實無妄而欲其真實無妄之謂，人事之當然也。語録曰：「誠之者，是實其實理。」○又曰：「恐有不實處，便思去實他。」聖人之德，渾然天理，真實無妄，不待思勉，而從容中道，則亦天之道也。陳氏曰：「聖人純是天理，合下無欠缺處，渾然無變動，徹内外本末，皆真實無一豪之妄。不待思而自得，此生知也；不待勉而自中，此安行也。且如人行路，須是照管，方行出路中，不然則蹉向邊去；聖人如不看路，自然在路中閒行，所謂從容無不中道，此天道也。」未至於聖，則不能無人欲之私，而其爲德不能皆實。故未能不思而得，則必擇善，然後可以明善；未能不勉而中，則必固執，然後可以誠身，此則所謂人之道也。陳氏曰：「自大賢以下，氣稟不能純乎清明，道理未能渾然真實無妄，所以不能

無人欲之私。惟其未能生知，故知有不實，必思而後得；未能安行，故行有不實，必勉而後中。必思而得，故須做擇善工夫；必勉而中，故須做固執工夫。擇善是辨析衆理而求其所謂善，固執是所守之堅而不爲物移。未得善則精擇之，既得善則固守之。擇善是致知之功，固執是力行之功。須是二者並行，乃能至於真實無妄，此人道也。」○三山陳氏曰：「善而不擇，則有誤認人欲爲天理者矣；執之不固，則天理有時奪於人欲矣。」**不思而得，生知也；不勉而中，安行也。擇善，學知以下之事；固執，利行以下之事也。**蔡氏曰：「不勉而中，不思而得，先言仁後言知。擇善而固執之，先言知後言仁，亦可見聖人君子之德而不亂。」

博學之，審問之，慎思之，明辨之，篤行之。

此誠之之目也。學、問、思、辨，所以擇善而爲知，學而知也；篤行，所以固執而爲仁，利而行也。語録曰：「前面四項只是理會這物事，理會得後方去行。」○陳氏曰：「擇善有博學、審問、謹思、明辨工夫，是儘用功多，固執只有篤行一件工夫，是擇善處真能知之，則到行處功自易也。」**程子曰：「五者廢其一，非學也。」**語録曰：「五者無先後有緩急。不可謂博學時未暇審問，審問時未暇謹思，謹思時未暇明辨，明辨時未暇篤行。五者從頭做將下去，只微有差耳，初無先後也。」

有弗學，學之弗能弗措也；有弗問，問之弗知弗措也；有弗思，思之弗得

弗措也；有弗辨，辨之弗明弗措也；有弗行，行之弗篤弗措也。人一能之，己百之；人十能之，己千之。

君子之學，不爲則已，爲則必要其成，故常百倍其功。語録曰：「此是言下工夫，人做得一分，自己做百分。」此困而知、勉而行者也，勇之事也。語録曰：「弗措却是勇事，到得後面説人一己百、人十己千，此方正是説勇處[二]。」○陳氏曰：「學、問、思、辨，知之事；篤行，仁之事；弗措，勇之事。」

果能此道矣，雖愚必明，雖柔必强。

明者，擇善之功；强者，固執之效。語録曰：「雖愚必明，是致知之效；雖柔必强，是力行之效。」吕氏曰：「君子所以學者，爲能變化氣質而已。德勝氣質，則愚者可進於明，柔者可進於强。陳氏曰：「是雖氣稟十分愚而柔，至此德勝氣稟而能變化，向也愚而今則明，向也柔而今則强矣。故學問須是氣質變化，然後有以復其初。」不能勝之，則雖有志於學，亦愚不能明，柔不能立而已矣。蓋均善而無惡者，性也，人所同也；昏明强弱之稟不

[二] 此，原作「人」，據通志堂經解本改。

齊者，才也，人所異也。誠之者，所以反其同而變其異也。夫以不美之質，求變而美，非百倍其功不足以致之。今以鹵莽滅裂之學，或作或輟，以變其不美之質，及不能變，則曰天質不美，非學所能變，是果於自棄，其爲不仁甚矣。」語録曰：「吕氏解得此段痛快，讀之未嘗不悚然警厲奮發。人若有向學之志，須是如此做工夫方得。」

右第二十章。黄氏曰：「此章語極宏博，其閒語意若不相接而實倫理貫通。善讀者當細心以求之[二]，求之既得，則當優游玩味，使心理相涵，則大而天下國家，近而一身，無不曉然見其施爲之次第矣。」

此引孔子之言，以繼大舜、文、武、周公之緒，明其所傳之一致，舉而措之，亦猶是耳。陳氏曰：「前説舜、文、武、周公能盡中庸之道，此説孔子能盡中庸之道，子思引此以明羣聖道統之相傳。」**蓋包費隱，兼小大，以終十二章之意。**葉氏曰：「此章以孔子告哀公之言推廣中庸之道，包費隱，兼小大，以歸於問學之本原。」**章内語誠始詳，而所謂誠者實此篇之樞紐也。**黄氏曰：「中庸著个誠字鎖盡。」〇愚謂：中庸一篇無非説誠。自篇首至十六章，始露出『誠之不可揜』一句，然不過專説鬼神，是以天道言之。至此章説許

[二] 當，原作「常」，據通志堂經解本改。

多事，末乃説誠身工夫，便是人道。自此以下分説天道人道，極爲詳悉。又按孔子家語亦載此章，而其文尤詳。「成功一也」之下，有「公曰：子之言美矣，至矣！寡人實固，不足以成之也」，葉氏曰：「哀公能問以政而不能行其言，所謂從而不改，説而不繹，雖聖人末如之何也。」故其下復以「子曰」起答辭，今無此問詞而猶有「子曰」二字，蓋子思删其繁文以附于篇，而所删有不盡者，今當爲衍文也。「博學之」以下，家語無之，意彼有闕文，抑此或子思所補也歟？

或問「二十章蒲盧之説，何以廢舊説而從沈氏也？」曰：「蒲盧之爲果臝，他無所考，且於上下文義亦不甚通，唯沈氏之説乃與『地道敏樹』之云者相應，故不得而不從耳。」曰：「沈説固爲善矣，然夏小正『十月，玄雉入于淮爲蜃』，而其傳曰『蜃者，蒲盧也』，則似亦以蒲盧爲變化之意，而舊説未爲無所據也。」曰：「此亦彼書之傳文耳，其它蓋多穿鑿，不足據信，疑亦出於後世迂儒之筆。或反取諸此而附合之，決非孔子所見夏時之本文也。且又以蜃爲蒲盧，則不應二物而一名；若以蒲盧爲變化，則又不必解爲果臝矣。況此等瑣碎，既非大義所繫，又無明文可證，則姑闕之其亦可也，何必詳考而深辨之耶？」○曰：「達道達德有三知三行之不同，

而其致則一，何也？」曰：「此氣質之異，而性則同也。生而知者，生而神靈，不待教而於此無不知也；安而行者，安於義理，不待習而於此無所咈也。此人之稟氣清明，賦質純粹，天理渾然，無所虧喪者也。陳氏曰：「此謂聖人地位。」學而知者，有所不知則學以知之，雖非生知而不待困也；利而行者，真知其利而必行之，雖有未安而不待勉也。此得清之多而未能無蔽，得粹之多而未能無雜，天理小失而能亟反之者也。陳氏曰：「此是大賢地位。」困而知者，生而不明，學而未達，困心衡慮而後知之者也；勉强而行者，不獲所安，未知其利，勉力强矯而行之者也。此則昏蔽駁雜，天理幾亡，久而後能反之者也。陳氏曰：「此又次等人地位。」此三等者，其氣質之稟亦不同矣，然其性之本則善而已。故及其知之而成功也，則其所知所至無少異焉，亦復其初而已矣。」陳氏曰：「凡此皆隨其氣稟之不同，然本然之性無有不善。或生知，或學知，或困知，及已知處則一般；或安行，或利行，或勉行，及其行之成功則一般，至此爲能復其本然之初矣。」曰：「張子、吕、楊、侯氏皆以生知安行爲仁，學知利行爲知，困知勉行爲勇，其説善矣。子之不從，何也？」曰：「安行可以爲仁矣，然生而知之，則知之大，而非仁之屬也；利行可以爲知矣，然學而知之，則知之次，而非知之大也。且上文三者之目，固有次序，而篇首諸章，以舜明知，以回明仁，

以子路明勇，其語知也不卑矣。夫豈專以學知利行者爲足以當之乎？故今以其分而言，則三知爲智，三行爲仁，所以勉而不息以至於知之成功之一爲勇；以其等而言，則以生知安行者主於知而爲智，學知利行者主於行而爲仁，困知勉行者主於强而爲勇；又通三近而言，則又以三知爲智，三行爲仁，而三近爲勇之次，則亦庶乎其曲盡也歟。」語録曰：「問：『諸説皆以生知安行爲仁，學知利行爲知，今反是，何也？』曰：『論語説「仁者安仁，知者利仁」，與中庸説知仁勇意思自別。生知安行，便是仁在知中；學知利行，便是仁在知外。既是生知，必能安行，所以謂仁在知中；若是學知，便是知得淺些了，須是力行，方始至仁處，所以謂仁在知外。譬如卓子，論語説仁便是直脚處，説智便是横檔處；中庸説仁便是横檔處，説智又是直脚處。且將諸説録出看，看這一邊了，又看那一邊，便自見得不相礙。』」○曰：「九經之説，奈何？」曰：「不一其内，則無以制其外；不齊其外，則無以養其中。静而不存，則無以立其本；動而不察，則無以勝其私。故齊明盛服，非不動，則内外交養而動静不違，所以爲脩身之要也。」陳氏曰：「齊明以一於内，盛服以肅其外，内外交相養也。齊明盛服，是静而未應接之時；以禮而動，是動而已應接之時，動静交相養也。如此，所以脩其身。」○真氏曰：「齋戒明潔，所以正其心也；盛服儼然，所以正其容也。心正則容正，故曰正其内所以制其外；容正則心亦正，故

曰齊於外者所以養其中，此内外交致其功也。静者，未應物之時；動者，應物之際。静而存養，則有以全天理之本然；動而省察，則有以防人欲於將萌，此動静兼用其力也。然蔽以一言，曰敬而已矣。内外動静，無乎不敬，身安得而不脩乎。」**信讒邪，則任賢不專；徇貨色，則好賢不篤。賈捐之所謂『後宫盛色，則賢者隱微；佞人用事，則諍臣杜口』。蓋持衡之勢，此重則彼輕，理固然矣。故去讒遠色，賤貨而一於貴德，所以爲勸賢之道也。**三山陳氏曰：「有好賢之心，而爲讒諂之人、貨色之欲奪之，則好賢之心衰，而賢者去矣。故必去讒、遠色、賤貨，而惟德之爲貴，然後賢者肯爲我留也。」**親之欲其貴，愛之欲其富，兄弟婚姻欲其無相遠，故尊位重禄，同其好惡，所以爲勸親親之道也。**三山陳氏曰：「親之欲其貴，故必尊其位；愛之欲其富，故必重其禄；『寧適不來，微我弗顧』，兄弟昏姻無胥遠矣，故必同其好惡也。」**大臣不親細事，則以道事君者得以自盡，故官屬衆盛，足任使令，所以爲勸大臣之道也。**三山陳氏曰：「庶官無曠，則大臣得以總其凡於上，而以道佐人主。若官少不足以備任使，則大臣將親細務，而不暇於佐主矣。」**盡其誠而恤其私，則士無仰事俯育之累，而樂趨事功，故忠信重禄，所以爲勸士之道也。**三山陳氏曰：「士者，百官之總稱。待之不以誠，則士不肯盡其心。仕有時而爲貧，使仰事俯育之不給，則士不肯盡其力。此勸之之道，所以既先忠信而又當重禄也。」○愚謂：苟無忠信，而

謂爵禄可以驕士，則士有守死而不食其禄者，其所得不過庸才耳。人情莫不欲逸，亦莫不欲富，故時使薄斂，所以爲勸百姓之道也。三山陳氏曰：「使民以時而薄其税斂，則民有餘力餘財而樂於勸功矣。」日省月試以程其能，既稟稱事以償其勞，則不信度作淫巧者無所容，惰者勉而能者勸矣。三山陳氏曰：「辨其苦良而制其食，如『稾人春獻素，秋獻成，書其等以饗工，乘其事，考其功，以下上其食而誅賞之』之類，則工之不信度者既無所容，而能者亦以見知而勸矣。」爲之授節以送其往，待以委積以迎其來，因能授任以嘉其善，不强其所不欲以矜其不能，則天下之旅皆悦，而願出於其塗矣。語録曰：「因能授任以嘉其善，謂願留於其國者也。」無後者續之，已滅者封之，治其亂使上下相安，持其危使大小相恤，朝聘有節而不勞其力，貢賜有度而不匱其財，則天下諸侯皆竭其忠力以蕃衛王室，而無倍畔之心矣。真氏曰：「無後者續之，如周武王立夏商之後。已滅者封之，如齊桓公封衛國。」凡此九經，其事不同，然總其實，不出乎脩身、尊賢、親親三者而已。敬大臣、體群臣，則自尊賢之等而推之也；子庶民、來百工、柔遠人、懷諸侯，則自親親之殺而推之也。至於所以尊賢而親親，則又豈無所自而推之哉？亦曰脩身之至，然後有以各當其理而無所悖耳。」陳氏曰：「其經常有九，其實總者有三件，三件合來，其實歸一件。蓋敬大臣、體群臣，其本從尊賢來；子庶民、來百工、柔遠人、

懷諸侯，其本從親親來，而親親尊賢之本又從脩身來。」曰：「親親而不言任之以事者，何也？」曰：「此親親尊賢並行不悖之道也。苟以親親之故，不問賢否而輕屬任之，不幸而或不勝焉，治之則傷恩，不治則廢法，是以富之貴之，親之厚之，而不曰任之以事，是乃所以親愛而保全之也。若親而賢，則自當置之大臣之位而尊之敬之矣，豈但富貴之而已哉。觀於管、蔡監商而周公不免於有過，及其致辟之後，則惟康叔、聃季相與夾輔王室，而五叔者有土而無官焉，則聖人之意亦可見矣。」曰：「子謂信任大臣而無以間之，故臨事而不眩，使大臣而賢也則可，其或不幸而有趙高、朱异、虞世基、李林甫之徒焉，則鄒陽所謂『偏聽生姦，獨任成亂』，范雎所謂『妬賢疾能，御下蔽上，以成其私，而主不覺悟』者，亦安得而不慮耶？」曰：「不然也。彼其所以至此，正坐不知九經之義而然耳。使其明於此義而能以脩身爲本，則固視明聽聰而不可欺以賢否矣。能以尊賢爲先，則其所置以爲大臣者，必不雜以如是之人矣。不幸而或失之，則亦亟求其人以易之而已，豈有知其必能爲姦以敗國，顧猶置之大臣之位，使之姑以奉行文書爲職業，而又恃小臣之察以防之哉？夫勞於求賢，而逸於得人，任則不疑，而疑則不任，此古之聖君賢相，所以誠意交孚，兩盡其道，而有以共成正大光明之業也。如其不然，吾恐上之所以猜

防畏備者愈密，而其爲眩愈甚；下之所以欺罔蒙蔽者愈巧，而其爲害愈深。不幸而臣之姦遂，則其禍固有不可勝言者，幸而主之威勝，則夫所謂偏聽獨任御下蔽上之姦，將不在於大臣而移於左右，其爲國家之禍尤有不可勝言者矣。嗚呼危哉！」曰：「子何以言柔遠人之爲無忘賓旅也？」曰：「以其列於懷諸侯之上也。舊説以爲蕃國之諸侯，則以遠先近而非其序。書言『柔遠能邇』，而又言『蠻夷率服』，則所謂柔遠亦不止謂服四夷也。況愚所謂授節委積者，比長、遺人、懷方氏之官掌之，於經有明文耶。」○曰：「楊氏之説，有虚器之云者二，而其指意所出，若有不同者焉，何也？」曰：「固也。是其前段主於誠意，故以爲有法度而無誠意，則法度爲虚器，正言以發之也；其後段主於格物，故以爲若但知誠意而不知治天下國家之道，則是直以先王之典章文物爲虚器而不之講，反語以詰之也，此其不同審矣。但其下文所引明道先生之言，則又若主於誠意，而與前段相應，其於本段上文之意，則雖亦可以宛轉而説合之，然終不免於迂回而難通也，豈記者之誤耶？然楊氏它書，首尾衡決，亦多有類此者，殊不可曉也。」按楊氏曰：「天下國家之大，不誠，未有能動者也。雖法度彰明，無誠心以行之，皆虚器也。」○又曰：「九經行之者一，一者何？誠而已。然而非格物致知，烏足以知其道哉？若謂意誠便足以平天下，則先王之典章文

物，皆虛器也。故明道先生嘗謂『有關雎、麟趾之意，然後可以行周官之法度』，正謂此耳。」○曰：「所謂前定者，何也？」曰：「先立乎誠也。先立乎誠，則言有物而不躓矣，事有實而不困矣，行有常而不疚矣，道有本而不窮矣。陳氏曰：「此心之誠，平時常常存在，無少間斷，乃前定之謂。言據實物而出，則不跲躓矣；做事實有箇骨子，則不困敗矣；行終始如一，無破病處矣；道如原泉混混，不捨晝夜，自不窮竭矣。」諸説惟游氏『誠定』之云得其要。按游氏曰：「惟至誠爲能定，惟前定爲能應，故以言則必行，以事則必成，以行則無悔，以道則無方，誠定之效如此。」張子以『精義入神』爲言，是則所謂明善者也。」按張子曰：「事豫則立，必有教以先之。盡教之善，必精義以研之。精義入神，然後立斯立，動斯和矣。」○曰：「在下獲上、明善誠身之説，奈何？」曰：「夫在下位而不獲乎上，則無以安其位而行其志，故民不可治。然欲獲乎上，又不可以諛説取容也，其道在信乎友而已。蓋不信乎友，則志行不孚而名譽不聞，故上不見知。然欲信乎友，又不可以便佞苟合也，其道在悦乎親而已。蓋不悦乎親，則所厚者薄而無所不薄，故友不見信。然欲順乎親，又不可以阿意曲從也，其道在誠乎身而已。蓋反身不誠，則外有事親之禮而內無愛敬之實，故親不見悦。然欲誠乎身，又不可以襲取強爲也，其道在明乎善而已。蓋不能格物致知，以真知至善之所在，則好善必不

能如好好色，惡惡必不能如惡惡臭，雖欲勉焉以誠其身，而身不可得而誠矣，此必然之理也。三山陳氏曰：「此言必明善而後身可誠，必誠身而後親可順[二]，必順親而後友可信，必信乎友而後君信之，必得乎君而後民可治也。遡而言之，則君子之學，求爲有用，本欲及人，然不得乎君，則不能安其位以行其道。而得君之道非由容悦，必素行信於朋友，則名實加於上下矣。信於友之道又非可以苟合也，所厚者薄，於親而不順，朋友亦疑之矣。然悦親之道又非止於奉養無違而已，敬身所以敬親也，反諸身而無不誠，而後有愛敬之實矣。至於誠身之道，非真有見於此，則好之必不篤，辨之必不明，有時而入於不善矣，此誠身之道所以必始於明善也。」故夫子言此，而其下文即以天道、人道、擇善固執者繼之。蓋擇善所以明善，固執所以誠身。擇之之明，則大學所謂物格而知至也；執之之固，則大學所謂意誠而心正身脩也。知至，則反諸身者將無一豪之不實；意誠心正而身脩，則順親、信友、獲上、治民將無所施而不利，而達道達德、九經凡事亦一以貫之而無遺矣。」輔氏曰：「始則大學之次序，終則中庸之極功。」曰：「諸説如何？」曰：「此章之説雖多，然亦無大得失，唯楊氏『反身』之説爲未安耳。蓋反身而誠者，物格知至而

[二] 身，原作「意」，據通志堂經解本改。

反之於身，則所明之善無不實有，如前所謂如惡惡臭、如好好色者，而其所行自無内外隱顯之殊耳。若知有未至，則反之而不誠者多矣，安得直謂但能反求諸身，則不待求之於外，而萬物之理皆備於我而無不誠哉？況格物之功，正在即事即物而各求其理，今乃反欲離去事物而專務求之於身，尤非大學之本意矣。」按楊氏曰：「反身者，反求諸身也。蓋萬物皆備於我，非自外得，反諸身而已。反身而至於誠，則利仁者不足道也。」〇曰：「誠之爲義，其詳可得而聞乎？」曰：「難言也。姑以其名義言之，則真實無妄之云也。若事理之得此名，則亦隨其所指之大小，而皆有取乎真實無妄之意耳。蓋以自然之理言之，則天地之間，惟天理爲至實而無妄，故天理得誠之名，若所謂天之道、鬼神之德是也。以德言之，則有生之類，惟聖人之心爲至實而無妄，故聖人得誠之名，若所謂不勉而中、不思而得者是也。至於隨事而言，則一念之實亦誠也，一言之實亦誠也，一行之實亦誠也，是其大小雖有不同，然其義之所歸則未始不在於實也。」愚謂：誠之一字，有以自然之理言者，有以德言者，有以事言者。隨其所指之大小固有不同，然皆有取乎真實無妄之意。論其大者，天也只是一箇誠字，聖人也只是一箇誠字；論其小者，一物一事之實亦是誠，一言一行之實亦是誠。曰：「然則天理、聖人之所以若是其實者，何也？」曰：「一則純，二則雜，純則誠，雜則妄，

此常物之大情也。陳氏曰：「凡物一色謂之純。」○又曰：「只一箇誠，若不誠則二，雜之矣。」夫天之所以爲天也，沖漠無朕，而萬理兼該，無所不具，然其爲體則一而已矣，未始有物以雜之也。是以無聲無臭，無思無爲，而一元之氣，春秋冬夏，晝夜昏明，百千萬年，未嘗有一息之繆。天下之物，洪纖巨細，飛潛動植，亦莫不各得其性命之正以生，而未嘗有一毫之差。此天理之所以爲實而不妄者也。陳氏曰：「天道流行，自古及今無一毫之妄。暑往則寒來，日往則月來，春生了便夏長，秋殺了便冬藏。元亨利貞，終始循環，萬古常如此，皆理之真實處。凡天下之物，洪纖高下，飛潛動植，青黄黑白，萬古皆常然不易。如以木葉觀之，缺者常缺，圓者常圓，脩者常脩，短者常短，無一毫差錯，便待人力十分安排撰造來，終不相似。都是真實道理，自然而然。」若夫人物之生，性命之正，固亦莫非天理之實。但以氣質之偏，口鼻耳目四支之好得以蔽之，而私欲生焉。是以當其惻隱之發，而忮害雜之，則所以爲仁者有不實矣；當其羞惡之發，而貪昧雜之，則所以爲義者有不實矣。此常人之心所以雖欲勉於爲善，而内外隱顯常不免於二致，其甚至於詐僞欺罔而卒墮於小人之歸，則以其二者雜之故也。惟聖人氣質清純，渾然天理，初無人欲之私以病之。是以仁則表裏皆仁，而無一豪之不仁；義則表裏皆義，而無一豪之不義。語録曰：「聖人之生，

其稟受渾然，氣質清明純粹，全是此理，更不待修爲，而與天爲一。」〇又曰：「天無不實，寒便是寒，暑便是暑，更不待使它恁地。聖人仁便真箇是仁，義便真箇是義，無不實處。」其爲德也，固舉天下之善而無一事之或遺，而其爲善也，又極天下之實而無一豪之不滿，此其所以不勉不思，從容中道，而動容周旋，莫不中禮也。」曰：「然則常人未免於私欲而無以實其德者，奈何？」曰：「聖人固已言之，亦曰擇善而固執之耳。夫於天下之事，皆有以知其如是爲善而不能不爲，知其如是爲惡而不能不去，則其爲善去惡之心固已篤矣。於是而又加以固執之功，雖其不睹不聞之閒，亦必戒謹恐懼而不敢懈，則凡所謂私欲者，出而無所施於外，入而無所藏於中，自將消磨泯滅，不得以爲吾之病，而吾之德又何患於不實哉。是則所謂誠之者也。」曰：「然則大學論小人之陰惡陽善，而以誠於中者目之，何也？」曰：「若是者，自其天理之大體觀之，則其爲善也誠虛矣；自其人欲之私分觀之，則其爲惡也何實如之，而安得不謂之誠哉？但非天理真實無妄之本然，則其誠也，適所以虛其本然之善，而反爲不誠耳。」語録曰：「問：『誠於中，形於外，是實有惡於中，便形見於外。然誠者真實無妄，安得有惡？有惡不幾於妄乎？』曰：『此便是惡底真實無妄，善便虛了。誠只是實，而善惡不同，實有一分惡，便虛了一分善，實有二分惡，便虛了二分善。』」曰：「諸說如何？」

曰：「周子至矣，其上章以天道言，其下章以人道言。愚於通書之説，亦既略言之矣。按周子上章曰：「誠者，聖人之本。『大哉乾元，萬物資始』，誠之源也。『乾道變化，各正性命』，誠斯立焉。純粹至善者也。故曰：『一陰一陽之謂道，繼之者善也，成之者性也。』元、亨，誠之通；利、貞，誠之復。大哉易也，性命之源乎！」〇下章曰：「聖，誠而已矣。誠，五常之本，百行之源也。静無而動有，至正而明達也。五常百行非誠，則外邪暗塞也[二]。故誠則無事矣。至易而行難。果而確，無難焉。故曰『一日克己復禮，天下歸仁焉』。」〇愚按：朱子謂「上章言太極陰陽五行，下章言太極之在人者」，此兩語已括盡大意。程子『無妄』之云至矣。按程子曰：「無妄之謂誠，不欺其次矣。」〇語録曰：「無妄，是我無妄，故誠；不欺者，對物而言，故次之。無妄是自然之誠，不欺是著力去做底。」其它説亦各有所發明。按程子曰：「誠者天之道，敬者人事之本。敬者用也，敬則誠。」〇又曰：「主一之謂敬，一者之謂誠，敬則有意在。」讀者深玩而默識焉，則諸家之是非得失不能出乎此矣。」〇曰：「學、問、思、辨，亦有序乎？」曰：「學之博，然後有以備事物之理，故能參伍之以得所疑而有問；問之審，然後有以盡師友之情，故能反復之以發其端而可思；思之謹，則精而不雜，

[二] 則外，通志堂經解本作「非也」。

故能有所自得而可以施其辨；辨之明，則斷而不差，故能無所疑惑而可以見於行；行之篤，則凡所學問思辨而得之者，又皆必踐其實而不爲空言矣，此五者之序也。」陳氏曰：「學不止於博覽羣書，凡天下事事物物，道理皆須一一理會，故曰博。問不可粗略，須是詳審，凡事物之理，紛綸交錯，輕重淺深，看端的可疑是何處，然後問，乃能盡師友之情，而疑可釋，故曰審。思不可泛濫而失之放蕩，須是謹思，則能精而不雜，然後實有得於心。實有所得，則可以辨別衆理，毫分縷析，自然精明不差。自學問思辨至此，見得道理真實分曉[二]，然後篤力而行之，則可以踐其實而不爲空言。此五者不可廢一，然亦有次序，須從博學起，又須經四節目道理，方真知所謂至善所在，知得端的確然不可易，然後守之，方可牢固。」〇三山陳氏曰：「學之博然後有疑，有疑然後有問，既問而反求諸己，然後有思，思而有所未安，則必當辨析以精之，既精矣，然後可以從事於行。苟無志於學則已，志於學而不序進於此五者，則亦自棄之人耳。」曰：「呂氏之説之詳，不亦善乎？」曰：「呂氏此章最爲詳實，然深考之，則亦未免乎有病。蓋君子之於天下，必欲無一理之不通，無一事之不能，故不可以不學，而其學不可以不博，及其積累而貫通焉，然後有以深造乎約而一以

[二] 實，原作「是」，據通志堂經解本改。

貫之。非其博學之初已有造約之心，而姑從事於博以爲之地也。按呂氏曰：「君子將以造其約，則不可不學。學以聚之，聚不博，則約不可得。博學而詳説之，將以反説約也。爲學之道，造約爲功，約即誠也。不能至是，則多聞多見徒足以飾口耳而已，語誠則未也。」至於學而不能無疑，則不可以不問，而其問也或粗略而不審，則其疑不能盡決，而與不問無以異矣，故其問之不可以不審。若曰成心亡而後可進，則是疑之説也，非疑而問、問而審之説也。按呂氏曰：「學者不欲進則已，欲進則不可以有成心，有成心則不可與進乎道矣。故成心存，則自處以不疑，成心亡，然後知所疑矣。小疑必小進，大疑必大進，蓋疑者不安於故而進於新者也。如問之審，審而知，則進孰愈焉。」學也，問也，得於外者也，若專恃此而不反之心以驗其實，則察之不精，信之不篤，而守之不固矣。故必思索以精之，然後心與理熟而彼此爲一。然使其思也，或太多而不專，則亦泛濫而無益；或太深而不止，則又過苦而有傷，皆非思之善也。故其思也，又必貴於能謹，非獨爲反之於身知其爲何事何物而已也。按呂氏曰：「不致吾思以反諸身，則學問聞見非吾事也。故知所以爲性，知所以爲命，反之於我何物也？知所以名仁，知所以名義，反之於我何事也？故曰『思則得之，不思則不得也』。慎其所以思，必至于得而後已，則學問聞見皆非外鑠，是乃所謂誠也。」其餘則皆得之，而所論變化氣質者，尤有功也。」〇

曰：「何以言誠爲此篇之樞紐也？」曰：「誠者，實而已矣。語録曰：「誠是實理，自然不假脩爲者也。」天命云者，實理之原也。通書解義曰：「天之所賦，物之所受，皆實理之本然，無不善之雜。」性，其在物之實體。道，其當然之實用。而教也者，又因其體用之實而品節之也。不可離者，此理之實也。隱之見，微之顯，實之存亡而不可揜者也。戒謹恐懼而謹其獨焉，所以實乎此理之實也。中和云者，所以狀此實理之體用也。天地位，萬物育，則所以極此實理之功效也。中庸云者，實理之適可而平常者也。過與不及，不見實理而妄行者也。費而隱者，言實理之用廣而體微也。鳶飛魚躍，流動充滿，夫豈無實而有是哉？『道不遠人』以下，至於大舜、文、武、周公之事，孔子之言，皆實理應用之當然。而鬼神之不可揜，則又其發見之所以然也。陳氏曰：「自天地以至人物，小者大者，皆是真實道理如此。」○愚謂：朱子言萬理皆實[一]，又言實理者合當決定是如此，其誠之謂歟。」聖人於此，固以其無一豪之不實而至於如此之盛，其示人也，亦欲其必以其實而無一豪之僞也。蓋自然而實者，天也，

[一] 理，原作「物」，據通志堂經解本改。

必期於實者，人而天也。『誠明』以下累章之意，皆所以反復乎此而語其所以。至於正大經而立大本，參天地而贊化育，則亦真實無妄之極功也。通書解義曰：「聖人之所以聖，不過全此實理而已。」卒章『尚絅』之云，又本其務實之初心而言也。內省者，謹獨克己之功。不愧屋漏者，戒謹恐懼而無已。可克之事，皆所以實乎此之序也。時靡有争，變也。百辟刑之，化也。無聲無臭，又極乎天命之性、實理之原而言也。黄氏曰：「中庸前面教人做工夫，中庸又怕人做得不實，故教之以誠，到『衣錦尚絅』以後，又歸『天命之謂性』處。」蓋此篇大指，專以發明實理之本然，欲人之實此理而無妄，故其言雖多，而其樞紐不越乎誠之一言也。黄氏曰：「道皆實理，人惟誠足以盡道，至此中庸一篇之義盡矣。」嗚呼深哉！」

自誠明，謂之性。自明誠，謂之教。誠則明矣，明則誠矣。

自，由也。德無不實而明無不照者，聖人之德，所性而有者也，天道也。先明乎善，而後能實其善者，賢人之學，由教而入者也，人道也。語録曰：「此性，謂是性之也。此教字，是學知也。此一字却是轉一轉説，與首章『天命之謂性，脩道之謂教』二字義不同。」〇葉氏曰：「聖人全體無一不實，而明睿所照無一不盡，此自誠而明也。學者先明乎善，無不精察，故踐履之際始無不實，此自明而誠也。謂之性者，全於天之賦予。謂之教者，成於己之學習。」〇三

山陳氏曰：「自誠明者，由其内全所得之實理以照事物，如天開日明，自然無蔽，此性之所以名，天之道也。自明誠者，由窮理致知去其私欲，以復全其所得之實理，必由學而能，此教之所以立，人之道也。」誠則無不明矣，明則可以至於誠矣。語録曰：「以誠而論明，則誠明合而爲一；以明而論誠，則誠明分而爲二。」〇三山陳氏曰：「自誠明者，誠即明也，非曰誠而後至於明。自明誠者，尚須由明而後至於誠，雖然，及其成功一也。」

右第二十一章。子思承上章夫子天道、人道之意而立言也。語録曰：「中庸言天道處，皆自然無節次；言人道處，皆有下功夫節次。」自此以下十二章，皆子思之言，以反覆推明此章之意。

或問誠明之説。曰：「程子諸説，皆學者所傳録，其以内外道行爲誠明，似不親切。按程子曰：「自其外者學之而得於内者，謂之明。自其内者得之而兼於外者，謂之誠。誠與明一也。」〇又曰：「孔子之道發而爲行，如鄉黨之所載者，自誠而明也。由鄉黨之所載而學之，以至於孔子者，自明而誠也。及其至焉一也。」唯『先明諸心』一條，以知語明，以行語誠，爲得其訓，乃顔子好學論中語，而夫子之手筆也。亦可以見彼記録者之不能無失矣。按程子曰：「君子之學，必先明諸心，知所養，然後力行以求至，所謂自明而誠也。故學必盡其心，知其性，然後反而誠之，則聖人也。」張子蓋以性、教分爲學之兩塗，

而不以論聖賢之品第，故有『由誠至明』之語。程子之辨雖已得之，然未究其立言本意之所以失也，其曰『誠即明也』恐亦不能無誤。按程子曰：「自誠明者，先盡性以至于窮理也，謂先自其性理會來以至於理。自明誠者，先窮理以至于盡性也，謂先從學問理會以推達于天性也。」○程子曰：「張子言『由明以至誠』，此句却是。言『由誠以至明』，則不然。誠即明也。」呂氏性、教二字得之，而於誠字，以『至簡至易，行其所無事』爲說，則似未得其本旨也。且於性、教，皆以『至於實然不易之地』爲言，則『至於』云者非所以言『性之』之事，而『不易』云者亦非所以申『實然』之說也。按呂氏曰：「自誠明，性之者也；自明誠，反之者也。性之者，自成德而言，聖人之所性也；反之者，自志學而言，聖人之所教也。成德者，至于實然不易之地，理義皆此出也，天下之理如目睹耳聞，不慮而知，不言而喻，此之謂誠則明。志學者，致知以窮天下之理，則天下之理皆得，卒亦至於實然不易之地，至簡至易，行其所無事，此之謂明則誠。」然其過於游、楊則遠矣。」按游氏曰：「自誠明，由中出也，故可名於性；自明誠，自外入也，故可名於教。誠者因性，故無不明；明者致曲，故能有誠。」○楊氏曰：「自誠而明，天之道也，故謂之性。自明而誠，人之道也，故謂之教。天人一道，而心之所至有差焉，其歸則無二致也，故曰『誠則明矣，明則誠矣』。」

唯天下至誠，爲能盡其性；能盡其性，則能盡人之性；能盡人之性，則能

盡物之性；能盡物之性，則可以贊天地之化育；可以贊天地之化育，則可以與天地參矣。

天下至誠，謂聖人之德之實，天下莫能加也。文集曰：「至誠之至，乃極至之至，如至道、至德之比。」○陳氏曰：「至誠兩字，乃是真實至極而無一豪之不盡，惟聖人乃可當之。」○葉氏曰：「至誠者，蓋聖人之全德，無一之不實，而極其至之，謂舉天下無以加，亘古今莫能及者也。」盡其性者，德無不實，故無人欲之私。而天命之在我者，察之由之，巨細精粗，無毫髮之不盡也。語録曰：「且如十件事，能盡得五件而五件不能盡，亦是不能盡。如兩件事，盡得一件而一件不能盡，亦是不能盡。只這一事上，能盡其初而不能盡其終，亦是不能盡。能盡於蚤而不能盡於莫，亦是不能盡。」○陳氏曰：「知無不盡而行亦無不盡，朱子謂察之由之是也。」人物之性，亦我之性，但以所賦形氣不同而有異耳，能盡之者，謂知之無不明而處之無不當也。語録曰：「盡人物之性，非特是曉得盡，亦是要處之盡其道。凡所以養人教人之政，與夫利萬物之政，皆是也。」贊，猶助也。與天地參，謂與天地並立爲三也。語録曰：「若只明得盡，如何得與天地參去？這一箇是無不得底，故與天地參而爲三。」此自誠而明者之事也。

右第二十二章。

言天道也。或疑二十二章以後，天道、人道閒見迭出。永嘉陳氏曰：「道理縱橫，説之無盡，如何立定樣範，只合逐章體認。如天道、人道[二]，纔不費力處，便是天道，纔著力，便是人道。」

或問「至誠盡性諸説，如何？」曰：「程子以盡己之忠、盡物之信爲盡其性，蓋因其事而極言之，非正解此文之意，今不得而録也。按程子曰：「盡己爲忠，盡物爲信。極言之，則盡己者，盡己之性也；盡物者，盡物之性也。信者無僞而已，於天性有所損益則爲僞矣。」**其論贊天地之化育，而曰不可以贊助言；**按程子曰：「贊者，參贊之義，先天而天弗違，後天而奉天時之類也，非謂贊助。只有一箇誠，何助之有？」**論窮理盡性以至於命，而曰只窮理便是至於命，**按程子曰：「如言窮理以至於命，以序言之不得不然，其實只是窮理便能盡性至命也。」**則亦若有可疑者。蓋嘗竊論之，天下之理未嘗不一，而語其分則未嘗不殊，此自然之勢也。蓋人生天地之閒，稟天地之氣，其體即天地之體，其心即天地之心，以理而言，是豈有二物哉？故凡天下之事，雖若人之所爲，而其**

[二] 人道，原作「人道道」，衍一「道」字，據通志堂經解本删。

所以爲之者，莫非天地之所爲也。又況聖人純於義理，而無人欲之私，則其所以代天而理物者，乃以天地之心而贊天地之化，尤不見其有彼此之間也。若以其分言之，則天之所爲固非人之所及，而人之所爲又有天地之所不及者，其事固不同也。但分殊之狀人莫不知，而理一之致多或未察。故程子之言『發明理一之意多，而及於分殊者少』，蓋抑揚之勢不得不然，然亦不無小失其平矣。語録曰：「人在天地中間，雖只是一理，然人做得底，却有天做不得底。如天能生物，而耕種必用人；水能潤物，而灌溉必用人；火能熯物，而薪爨必用人。財成輔相，須是人做，非贊助而何？程子言參贊之義非謂贊助，此説非是。」唯其所謂『止是一理，而天人所爲各自有分』，乃爲全備而不偏，而讀者亦莫之省也。按程子曰：「自人而言之，從『盡其性』至『盡物之性』，然後『可以贊天地之化育，可以與天地參矣』，言人盡性所造如是。若只是至誠，更不須論。所謂『人者天地之心』及『天聰明』，止謂只是一理，而天人所爲各自有分。」至於窮理至命、盡人盡物之説，則程、張之論雖有不同，然亦以此推之，則其説初亦未嘗甚異也。蓋以理言之，則精粗本末初無二致，固不容有漸次，當如程子之論；若以其事而言，則其親疏、近遠、深淺、先後又不容於無別，當如張子之言也。按張子曰：「二程解窮理

盡性以至於命[二]，只窮理便是至於命，亦是失於太快。此義儘有次序，須是窮理，便能盡得己之性；既盡得己之性，則推類又盡人之性；既盡得人之性，須是并萬物之性一齊盡得，如此然後至於天道也。其閒煞有事，豈有當下理會了？學者須是窮理爲先，如此則方有學。今言『知命』與『至於命』，儘有近遠，豈可以知便謂之至也？」呂、游、楊説皆善，而呂尤確實。**楊氏萬物皆備云者，又前章格物誠身之意，然於此論之，則反求於身，又有所不足言也，胥失之矣。**」按呂氏曰：「至於實理之極，則吾生之所固有者不越乎是。吾生所有既一於理，則理之所有皆吾性也。人受天地之中，其生也具有天地之德，柔强昏明之質雖異，其心之所以者皆同。特蔽有淺深，故别而爲昏明；禀有多寡，故分而爲强柔。至於理之所同然，雖聖愚有所不異。盡己之性，則天下之性皆然，故能盡人之性。蔽有淺深，故爲昏明；蔽有開塞，故爲人物。禀有多寡，故爲强柔；禀有偏正，故爲人物。故物之性與人異者幾希，惟塞而不開，故知不若人之明；偏而不正，故才不若人之美。然人有近物之性者，物有近人之性者，亦繫乎此。於人之性，開塞偏正無所不盡，則物之性未有不能盡也。己也、人也、物也，莫不盡其性，則天地之化幾矣。故行其所無事，順以養之而已，是所謂贊天地之化育者也。如堯命羲

[二] 程，原作「陳」，據通志堂經解本改。

和，欽若昊天，至於民之析、因、夷、隩，鳥獸之孳尾、希革、毛毨、氄毛，無不與知，則所贊可知矣。天地之化育猶有所不及，必人贊之而後備，則天地非人不立，故人與天地並立爲三才，此之謂與天地參。」○游氏曰：「萬物皆備於我矣，反身而誠，樂莫大焉，故惟天下至誠，爲能盡其性。千萬人之性，一己之性是也，故能盡其性則能盡人之性。萬物之性，一人之性是也，故能盡人之性則能盡物之性。同焉皆得者，各安其常，則盡人之性也。至於盡物之性，則和氣充塞，故可以贊天地之化育。夫如是，則天覆地載，教化各任其職，而成位乎其中矣。」○楊氏曰：「性者，萬物之一源也。非夫體天德者，其孰能盡之？能盡其性，則人物之性斯盡矣，言有漸次也。贊化育，參天地，皆其分内耳。」○又曰：「孟子曰『萬物皆備於我』，則數雖多，反而求之於吾身可也，故曰『盡己之性則能盡人之性，盡人之性則能盡物之性』，以己與人物性無二故也。」

其次致曲。曲能有誠，誠則形，形則著，著則明，明則動，動則變，變則化。唯天下至誠爲能化。

其次，通大賢以下凡誠有未至者而言也。陳氏曰：「此說大賢以下，性之全體未知如聖人之渾然無欠缺者也。」**致，推致也。**語録曰：「凡事皆當推致其理，如事父母便來這裏推致其孝，事君便推致其忠，交朋友便推致其信。」**曲，一偏也。**語録曰：「曲不是全體，只是一偏之善。」

形者，積中而發外。陳氏曰：「和順積中而英華發外，便是形見。」著，則又加顯矣。語録曰：「如見面盎背是著。」明，則又有光輝發越之盛也。陳氏曰：「此明字，却與誠則明之意又別。彼明字是胷中通明，無所不照之謂，此乃充實而有輝光之明矣。」動者，誠能動物。變者，物從而變化，則有不知其所以然者。語録曰：「動是方感動他，變則已改其舊俗，然尚有痕瑕在，化則都消化了，無復痕迹矣。」蓋人之性無不同，而氣則有異，故惟聖人能舉其性之全體而盡之，其次則必自其善端發見之偏，而悉推致之以各造其極也。語録曰：「人所稟各有偏善，或稟得剛强，或稟得和柔，各有一偏之善，能一一推之以至乎其極，則能貫通乎全體矣。」○又曰：「是隨其善端發見處，於此更就此上推致以造其極。發見於彼，便就彼上推致以造其極，非是止就其發見一處推致之也。如從此惻隱處發，便從此發見處推至其極；從羞惡處發，便就此發見處推至其極。」曲無不致，則德無不實，而形、著、動、變之功自不能已，積而至於能化，則其至誠之妙亦不異於聖人矣。陳氏曰：「自形、著至變、化，以致曲之效言之，至此則人道極其至，亦如天之道也。」

右第二十三章。

言人道也。

或問致曲之説。曰：「人性雖同，而氣稟或異。自其性而言之，則人自孩提，聖

人之質悉已完具。以其氣而言之，則唯聖人爲能舉其全體而無所不盡，上章所言至誠盡性是也。若其次，則善端所發，隨其所稟之厚薄，或仁或義或孝或弟，而不能同矣。自非各因其發見之偏，一一推之以至乎其極，使其薄者厚而異者同，則不能有以貫通乎全體而復其初，即此章所謂致曲，而孟子所謂擴充其四端者是也。語録曰：「問：『既是四端，安得謂之曲？』曰：『四端先後互發，豈不是曲？孟子云「知皆廣而充之」，則是可見。若謂只有此一曲，則是夷惠之偏，如何得該偏？聖人具全體，一齊該了，而當用時，亦只是發一端。如用仁，則義禮智如何上來得？』問：『雖發一端，然其餘只平鋪在，要用即用，不似以下人有先後間斷之意，須待廣而後充。』曰：『然。』」程子之言，大意如此。按程子曰：「人自提孩，聖人之質已完，只先於偏勝處發，或仁或義或孝或弟。去氣偏處發，便是致曲；去性上脩，便是直養，然同歸于誠。」〇語録曰：「問：『程子説從一偏致[二]？』曰：『須件件致去。如孝弟，須件件致得到誠孝誠弟處；如仁義，須件件致到仁之誠、義之誠處。』」但其所論不詳，且以由基之射爲説，按程子曰：「曲，偏曲之謂，非大道也。

[二]致，原作「故」，據通志堂經解本改。

曲能有誠，就一事中用志不分，亦能有誠，且如技藝上可見，如養由基射之類是也[一]。」**故有疑於專務推致其氣質之所偏厚，而無隨事用力、悉有衆善之意。**語録曰：「問：『程子説致曲，先於偏勝處發，似未安，如此則專主一偏矣。』曰：『此説甚可疑，須於事上論，不當於人上論。』」**又以形爲參前倚衡、所立卓爾之意，則亦若以爲己之所自見而無與於人也，豈其記者之略而失之與？至於明動變化之説，則亦無以易矣。**按程子曰：「誠則形，誠後便有物，如立則見其參於前，在輿則見其倚於衡，如有所立卓爾，皆若有物方見。如無形，是見何物也？形則著，又著見也。著則明，是有輝光之時也。明則動，誠能動人也。君子所過者化，豈非動乎？」或曰：「變與化何别？」曰：「變如物方變而未化，化則更無舊迹，自然之謂也。莊子言變大於化[二]，非也。」**若張子之説，以明爲『兼照』，動爲『徙義』，變爲『通變』，化爲『無滯』，則皆以其進乎内者言之，失其指矣。蓋進德之序，由中達外，乃理之自然，如上章之説，亦自己而人，自人而物，各有次序，不應專於内而遺其外也。且夫進乎内之節目，亦安得如是之繁促哉？**按張子曰：「致曲不貳，

[一] 類，元本漫漶，此據通志堂經解本。
[二] 大，原作「人」，據通志堂經解本改。

則德有定體。體象誠定，則文節著見。一曲致文，則餘善兼照。明能兼照，則必將徙義。誠能徙義，則德自通變。能通其變，則圓神無滯。」**游氏説亦得之，但説致曲二字不同，非本意耳。**按游氏曰：「誠者，不思不勉，直心而徑行也。其次，則臨言而必思，不敢縱言也；臨行而必擇，不敢徑行也，故曰致曲，曲折而反諸心也。擬議之閒，鄙詐不萌，而忠信立矣，故曲能有誠。有諸中，必形諸外，故誠則形。形於身，必著於物，故形則著。誠至於著，則内外洞徹，清明在躬，故著則明。明則有以動衆，故明則動。動則有以易俗，故動則變。變則革污以爲清，革暴以爲良，然猶有迹也。化則其迹泯矣，日用飲食而已。至於化，則神之所爲也，非天下之至誠，孰能與於此？」**楊氏既以輝光發外爲明矣，而又引『明則誠矣』，則似以明爲通明之明；既以鶴鳴子和爲動矣，而又曰『化非學問篤行所及』，則似以化爲大而化之之化。此其上下文意不相承續，且於明動之閒，本文之外，别生無物不誠一節，以就至誠動物之意，尤不可曉。今固不能盡録，然亦不可不辨也。**按楊氏曰：「能盡其性者，誠也。其次致曲者，誠之也。學問思辨而篤行之，致曲也。用志不分，故能有誠。誠於中，形於外，參前倚衡，不可揜也，故形。形則有物，故著。著則輝光發於外，故明。明則誠矣。未有誠而不動，動而不變也，鳴鶴在陰，其子和之，非動乎？曲能有誠，誠在一曲也。明則誠矣，無物不誠也。至於化，則非學問思辨篤行之所及也，故惟天下至誠爲

能化。」

至誠之道，可以前知。國家將興，必有禎祥；國家將亡，必有妖孽；見乎蓍龜，動乎四體。禍福將至，善必先知之，不善必先知之，故至誠如神。

見，音現。

禎祥者，福之兆。妖孽者，禍之萌。蓍，所以筮。龜，所以卜。四體，謂動作威儀之閒，如執玉高卑，其容俯仰之類。凡此皆理之先見者也。然唯誠之至極而無一豪私僞留於心目之閒者，乃能有以察其幾焉。語録曰：「在我無一豪私僞，故常虚明，自能見得。如禎祥、妖孽與蓍龜所告、四體所動，皆是此理已形見，但人不能見耳。聖人至誠無私僞，所以自能見得。且如蓍龜所告之吉凶甚明，但非至誠人却不能見也。」○愚謂：天地萬物不離一氣，興亡之證見於妖祥、卜筮、動作之閒，禍福之來亦逆知其善否者，非異也，氣之感召，理之常耳。惟誠之至者，無一豪之不實，則萬物兆朕，無不形見。否則，已然之事且不覺悟，尚何能察其幾哉？神謂鬼神。

右第二十四章。

言天道也。

或問至誠如神之説。曰：「吕氏得之矣，其論動乎四體爲威儀之則者，尤爲確實。

按呂氏曰：「至誠與天地同德。與天地同德，則其氣化運行與天地同流矣。興亡之兆，禍福之來，感於吾心，動於吾氣，如有萌焉，無不前知。況乎誠心之至，求乎蓍龜而蓍龜告，察乎四體而四體應，所謂莫見乎隱，莫顯乎微者也。此至誠所以達乎神明而無閒，故曰至誠如神。動乎四體，如傳所謂『威儀之則以定命』者也。」**游氏『心合於氣，氣合於神』之云，非儒者之言也，且心無形而氣有物，若之何而反以是爲妙哉？**按游氏曰：「至誠之道，精一無閒，心合於氣，氣合於神，無聲無臭，而天地之閒，物莫得以遁其形矣，不既神矣乎。」**程子『用便近二』之論，蓋因異教之説，**按程子曰：「人固可以前知，然其理須是用則知，不用則不知，知不如不知之愈，蓋用便近二，所以釋子謂又不是野狐精也。」**如蜀山人董五經之徒，亦有能前知者，**按程子曰：「蜀山人不起念十年，便能前知。」○又嵩前有董五經，隱者也。程子聞其名，謂其亦窮經之士，特往造焉。董平日未嘗出，是日不值，還至中途，遇一老人負茶菓以歸，且曰：「君非程先生乎？」程子異之。曰：「先生欲來，信息甚大，某特入城置少茶菓將以奉待也。」程子以其誠意，復同至其舍。語甚欵，亦無大過人者，但久不與物接，心静而明也。**故就之而論其優劣，非以其不用而不知者爲真可貴，而賢於至誠之前知也。至誠前知，乃因其事理朕兆之已形而得之，如所謂不逆詐、不億、不信而常先覺者，非有術數推驗之煩，意想測度之私也，亦何害其爲一哉。」**

誠者自成也，而道自道也。道也之道，音導。

言誠者物之所以自成，而道者人之所當自行也。語録曰：「誠者是箇自然成就底道理，不是人去做作安排底物事。道却是箇無情底道理，却須是人自去行始得。」〇又曰：「誠者自成，如這箇草樹所以有許多根株枝葉條幹者，是自實有底，如人便有耳目鼻口手足百骸，都是你自實有底。道理雖是自然底道理，然却須你自去做始得。」**誠以心言，本也。**語録曰：「問：『既説物之所以自成，又云誠以心言，莫是心者物之所存主處否？』曰：『誠以心言者，是就一物上説。凡物必有是心，有是心然後有是事。』」**道以理言，用也。**

誠者，物之終始，不誠無物，是故君子誠之爲貴。

天下之物，皆實理之所爲，故必得是理然後有是物。語録曰：「有是理則有是物，徹頭徹尾，皆是此理所爲，未有無此理而有此物也。」**所得之理既盡，則是物亦盡而無有矣。**文集曰：「凡有一物，則其成也必有所始，其壞也必有所終。而其所以始者，實理之至而向於有也；其所以終者，實理之盡而向於無也。若無是理，則亦無是物矣。」**故人之心一有不實，則雖有所爲亦如無有。**語録曰：「且如而今對人説話，若句句説皆自心中流出，這便是有物。若是脱空誑誕，不説實話，雖有兩人相對話，其實如無物也。」〇陳氏曰：「凡人做事，自頭徹尾，純是一箇真實心，方有此一箇物。若此心間斷無誠實，雖做此一件事，如不做一般。」**而君子必以誠**

爲貴也，蓋人之心能無不實，乃爲有以自成，而道之在我者亦無不行矣。

誠者，非自成己而已也，所以成物也。成己，仁也；成物，知也。性之德也，合外内之道也，故時措之宜也。知，去聲。

誠雖所以成己，然既有以自成，則自然及物，而道亦行於彼矣。語録曰：「誠雖所以成己，然在我真實無僞，自能及物。」仁者，體之存，智者，用之發，是皆吾性之固有，而無内外之殊。陳氏曰：「仁之體，在我者也；知之用，見於外者也。仁與知皆非外物，乃性之所固有者，性之所有無内外之閒。」既得於己，則見於事者，以時措之，而皆得其宜也。語録曰：「成己成物，固無内外之殊，但必先成己，然後能成物，此道之所以當自行也。」

右第二十五章。

言人道也。

或問二十五章之説。曰：「自成自道，如程子説，乃與下文相應。按程子曰：「誠者自成，如至誠事親，則成人子，至誠事君，則成人臣。」〇又曰：「學者不可以不誠，雖然，誠者在知道本而誠之耳。」游、楊皆以無待而然論之，其説雖高，然於此爲無所當，且又老莊之遺意也。按游氏曰：「誠者非有成之者，自成而已；其爲道非有道之者，自道而已。

自成自道，猶言自本自根也。」○楊氏曰：「誠自成，道自道，無所待而然也。」『誠者，物之終始，不誠無物』之義，亦惟程子之言爲至當，然其言太略，故讀者或不能曉，請得而推言之。蓋誠之爲言，實而已矣。然此篇之言，有以理之實而言者，如曰『誠不可揜』之類是也；有以心之實而言者，如曰『反諸身不誠』之類是也。讀者各隨其文意之所指而尋之，則其義各得矣。所謂『誠者，物之終始，不誠無物』者，以理言之，則天地之理至實而無一息之妄，故自古至今，無一物之不實，而一物之中，自始至終，皆實理之所爲也；陳氏曰：「以造化言之，如天地間生成萬物，自古及今，無一物之不實，散殊上下，自古有是，到今亦有是，非古有而今無，皆是實理之所爲。大而觀之，自太始以至萬古，莫不皆然。若就物觀之，其徹始徹終，亦只是一實理如此。姑以一株花論來，春氣流注到則萌蘖生花，春氣盡則花亦盡。又單一就花蘂論，氣實行到此則花便開，氣消則花便謝亦盡了。方其花萌蘖，此實理之初也，至到謝而盡處，此實理之終也。」以心言之，則聖人之心亦至實而無一息之妄，故從生至死，無一事之不實，而一事之中，自始至終，皆實心之所爲也。陳氏曰：「自聖人論之，合下天理渾全，真實無妄，從生至死，無一事之不實。又就聖人做一事論之，自始至終，皆此心真實之理所爲。如祭義云：『其立之也敬以詘，其進之也敬以愉，其薦之也敬以欲。退而立，如將受命，已徹而退，敬齋之色，不

絶於面。』此是祭之終始，徹首徹尾，皆一箇真實之心所爲如此。」此所謂『誠者，物之終始』者然也。潘氏曰：「出於誠，則有始有終。」苟未至於聖人，而其本心之實者，猶未免於間斷。陳氏曰：「自大賢以下，真實無妄未能如聖人，故本心之實處不能無間斷。」則自其實有是心之初，以至未有間斷之前，所爲無不實者。及其間斷，則自其間斷之後，以至未相接續之前，凡所云爲皆無實之可言，雖有其事，亦無以異於無有矣。語録曰：「如人做事，未做得一半便棄了，即一半便不誠。」如曰『三月不違』，則三月之間所爲皆實，而三月之後未免於無實，蓋不違之終始，即其事之終始也。『日月至焉』，則至此之時所爲皆實，而去此之後未免於無實，蓋至焉之終始，即其物之終始也。陳氏曰：「如顔子三月不違仁，在三月之内，徹頭徹尾，皆是一箇誠心，若三月之後，則未免有間斷，而不實矣。故就三月不違言之，其三月乃顔子爲仁之終始，其餘則日月至焉之外，其間斷固多，只就日月至處觀之，其日月之間，徹頭徹尾，亦門人爲仁之終始也。」○或疑事之終始與物之終始何别？愚謂：心不違仁，就事見，故以事言；至其境界，是實地，故以物言。是則所謂『不誠無物』者然也。潘氏曰：「不誠，則非惟無終，而其始已非其有矣。」以是言之，則在天者本無不實之理，故凡物之生於理者，必有是理方有是物，未有無其理而徒有不實之物者也。在人者或有不實之心，故凡物之出於心者，必有是心之

實乃有是物之實，未有無其心之實而能有其物之實者也。程子所謂『徹頭徹尾』者蓋如此。按程子曰：「誠者，物之終始，猶俗語徹頭徹尾，不誠更有甚物也。」○葉氏曰：「程子所謂徹頭徹尾，便是不少間斷。」其餘諸説，大抵皆知誠之在天爲實理，而不知其在人爲實心，是以爲説太高，而往往至於交互差錯，以失經文之本意。正猶知愛之不足以盡仁，而凡言仁者，遂至於無字之可訓，其亦誤矣。吕氏所論子貢、子思所言之異，亦善而猶有未盡者。蓋子貢之言主於知，子思之言主於行，故各就其所重，而有賓主之分，亦不但爲成德、入德之殊而已也。按吕氏曰：「子貢曰：『學不厭，智也；教不倦，仁也。』學不厭，所以成己，此則成己爲仁；教不倦，所以成物，此則成物爲智。何也？夫盡性以成己，則仁之體也，推是以成物，則智之事也，自成德而言也；學不厭，所以致吾知，教不倦，所以廣吾愛，自入德而言也。此子思、子貢之言所以異也。」楊氏説物之終始，直以天行二字爲解，蓋本於易『終則有始，天行也』之説，假借依託，無所發明。楊氏之言蓋多類此，最説經之大病也。又謂『誠則形而有物』，『不誠則輟而無物』，亦未安。誠之有物，蓋不待形而有，不誠之無物，亦不待其輟而後無也。其曰『由四時之運已，則成物之功廢』，蓋亦輟而後無之意，而又直以天無不實之理喻夫人有不實之心，其取譬也亦不親切矣。彼四時之運，夫豈有時而已者

哉？」按楊氏曰：「其爲物終始，天行也。誠則形，形故有物，不誠而著乎僞，則有作輟，故息，息則無物矣。由四時之運已，則成物之功廢焉，尚何終始之有？故以習則不察，以行則不著，以進德則不可久，以脩業則不可大。故君子唯誠之爲貴。」

故至誠無息，

既無虚假，自無閒斷。陳氏曰：「凡假僞底物，久則易閒斷，真實則無閒斷。」

不息則久，久則徵，

久，常於中也。徵，驗於外也。語録曰：「久，然後有證驗。只一日兩日工夫，如何有證驗？」○陳氏曰：「道理真積力久，充實於内，自然昭著於外，如見面盎背之類，乃是證驗處。」

徵則悠遠，悠遠則博厚，博厚則高明。

此皆以其驗於外者言之。陳氏曰：「自徵以下至高明，皆是實德驗於外處。」鄭氏所謂「至誠之德，著於四方」者是也。語録曰：「此是言聖人功業，曰徵則悠遠，至博厚、高明、無疆，皆是功業著見如此，故云德著于四方。」存諸中者既久，則驗於外者益悠遠而無窮矣。語録曰：「久是就他骨子裏説鎮常如此之意，悠是自今觀後見其無終窮之意。」悠遠，故其積也廣博而深厚。博厚，故其發也高大而光明。語録曰：「譬如爲臺觀，須是大做根基，方始上面可以高大。又如萬物精氣蓄於下者深厚，則其發越于外者自然光明。」

博厚，所以載物也；高明，所以覆物也[二]；悠久，所以成物也。

悠久，即悠遠，兼内外而言之也。潘氏曰：「久是久於内，悠是久於外。」○永嘉陳氏曰：「不息則久，是誠積於内；證則悠遠，是誠積於外。下却變文爲悠久，則是兼上文内外而言。」本

以悠遠致高厚，而高厚又悠久也。語録曰：「問：『以存諸中者而言，則悠久在高明、博厚之前；見諸用者而言，則悠久在博厚、高明之後，如何？』曰：『此所以爲悠久也。若始初悠久，末梢不悠久，便是不悠久矣。』」○陳氏曰：「初頭本是悠遠方能至於高厚，今又由高厚以至於悠久也。」此言聖人與天地同用。

博厚配地，高明配天，悠久無疆。

此言聖人與天地同體。陳氏曰：「同用以功言，同體以德言。」

如此者，不見而章，不動而變，無爲而成。見，音現。

見，猶示也。不見而章，以配地而言也。不動而變，以配天而言也。無爲而成，以無疆而言也。陳氏曰：「不見而章，是不待有所示而功用自然章著，此處與地一般，不動而變。

[二] 覆，元本漫漶，此據通志堂經解本。

動則猶有形迹，至於不動，則如天之變化萬物無形迹，此處與天一般，無爲而成。有所爲而成，尚有形迹，無所爲而成，其功用至於悠久，自不見其形迹，此以悠久無疆言之也。」

天地之道，可一言而盡也：其爲物不貳，則其生物不測。

此以下復以天地明至誠無息之功用。天地之道，可一言而盡，不過曰誠而已。不貳，所以誠也。陳氏曰：「不二者，純一之意。」誠故不息，蔡氏曰：「不二則無間斷，所以不息。」而生物之多，有莫知其所以然者。陳氏曰：「自開闢以至于今，其生成萬物，無有窮已，蓋莫知其所以然。」

天地之道，博也，厚也，高也，明也，悠也，久也。

言天地之道，誠一不貳，故能各極其盛，而有下文生物之功。

今夫天，斯昭昭之多，及其無窮也，日月星辰繫焉，萬物覆焉。今夫地，一撮土之多，及其廣厚，載華嶽而不重，振河海而不洩，萬物載焉。今夫山，一卷石之多，及其廣大，草木生之，禽獸居之，寶藏興焉。今夫水，一勺之多，及其不測，黿鼉鮫龍魚鼈生焉，貨財殖焉。夫，音扶。華、藏，並去聲。卷，平聲。勺，市若反。

昭昭，猶耿耿，小明也。此指其一處而言之，及其無窮，猶十二章「及其至也」之意，蓋舉全體而言也。語録曰：「管中所見之天，也是天，恁地大底，也是天。」振，收也。卷，區也。此四條，皆以發明由其不二不息，以致盛大而能生物之意。三山陳氏曰：「大意蓋言天地聖人皆得此實理，無有駁雜，無有間斷，故能有此功用耳。」然天地山川實非由積累而後大，語録曰：「舉此全體而言，則其氣象功效自是如此。」讀者不以辭害意可也。

詩云：「維天之命，於穆不已。」蓋曰天之所以爲天也。「於乎不顯，文王之德之純。」蓋曰文王之所以爲文也，純亦不已。於，音烏。乎，音呼。

詩，周頌維天之命篇。於，歎辭。穆，深遠也。不顯，猶言豈不顯也。陳氏曰：「不顯者，言甚顯也。」純，純一不雜也。真氏曰：「純是至誠，無一豪人僞之雜。」引此以明至誠無息之意。黄氏曰：「誠便是維天之命，不息便是於穆不已。」程子曰：「天道不已，文王純於天道亦不已。純則無二無雜，不已則無閒先後。」真氏曰：「惟其純誠無雜，自然能不已。如天之春而夏，夏而秋，秋而冬，晝而夜，夜而晝，循環運轉，一息不停，以其誠也。聖人之自壯而老，自始而終，無一息之懈，亦以其誠也。既誠，自然能不已。」

右第二十六章。

言天道也。葉氏曰：「言聖人與天地合德，是爲天道。」

或問二十六章之説。曰：「此章之説最爲繁雜，如游、楊無息不息之辨，恐未然。若如其言，則『不息則久』以下至何地位然後爲無息耶？按游氏曰：「至誠無息，天行健也，若文王之德之純是也。未能無息而不息者，君子之自强也，若顔子三月不違仁是也。」○楊氏曰：「無息者，誠之體也。不息，所以體誠也。」○語録曰：「不息只如言無息。游、楊氏分無息爲至誠，不息所以體乎誠，非是。」○葉氏曰：「雖變文云不息，若就聖人至誠言之，只是自然無息，不可以不字爲學者用力事也。」游氏又以得一形容不貳之意，亦假借之類也，字雖密而意則疏矣。按游氏曰：「其爲物不貳，天地之得一也。一則不已，故覆載萬物、雕刻衆形而莫知其端也，故生物不測。」呂氏所謂『不已其命』『不已其德』，意雖無爽而語亦有病。蓋天道聖人之所以不息，皆實理之自然，雖欲已之而不可得。今曰『不已其命』『不已其德』，則是有意於不已，而非所以明聖人天道之自然矣。按呂氏曰：「天之所以爲天，不已其命而已。聖人之所以爲聖，不已其德而已。其爲天人德命則異，其所以不已則一，故聖人之道可以配天者如此而已。」又以積天之昭昭以至於無窮，譬夫人之充其良心以至於與天地合德，意則甚善。而此章所謂至誠無息以至於博厚高明，乃聖人久於其道而天下化成之事，其所積而成者乃其氣象功效之謂，若鄭氏所謂『至誠之德著於四方』者是已，非謂在己之德亦待積而後成也。故章末引文王之詩

以證之，夫豈積累漸次之謂哉？若如呂氏之説，則是因無息然後至於誠，由不已然後純於天道也，失其旨矣。按呂氏曰：「雖天之大，昭昭之多而已。雖地之廣，撮土之多而已。山之一拳，水之一勺，亦猶是矣。其所以高明博厚、神明不測者，積之之多而已。今夫人之有良心也，莫非受天地之中，是爲可欲之善。不充之，則不能與天地相似而至乎大。大而不化，則不能不勉不思與天地合德而至于聖。然所以至于聖者，充其良心，德盛仁熟而後爾也，故曰『過此以往，未之或知』也。窮神知化，德之盛也。如指人之良心而責之與天地合德，猶指撮土而求其載華岳、振河海之力，指一勺而求其生蛟龍殖貨財之功，是亦不思之甚也。」○語録曰：「諸家多將此章做進德次第説，只一箇至誠已該了，豈復有許多節次？」楊氏『動以天，故無息』之語甚善。按楊氏曰：「誠自成，非有假於物也，而其動以天，故無息。」其曰『天地之道，聖人之德，無二致焉』，故方論聖人之事，而又曰『天地之道可一言而盡』，蓋未覺其語之更端耳。按楊氏曰：「積而至於博厚高明，則覆載成物之能事備矣，其用則不可得而見也，故配天地無疆，言之所以著明之也。然天地之道，聖人之德，其爲覆載成物之功則無二致焉，故又曰天地之道可一言而盡也。所謂一言者，誠而已，互相明也。精一而不二，故能生物不測，不誠則無物矣。」至謂『天之所以爲天，文王之所以爲文，皆原於不已』，則亦猶呂氏之失也。按楊氏曰：「誠之一言，足以盡之不息之積也。若夫擇善而不

能固執之，若存若亡，而欲與天地合德，其可乎？故又繼之天之所以爲天，文王之所以爲文，皆原於不已。」大抵聖賢之言，内外精粗各有攸當，而無非極致。近世諸儒乃或不察乎此，而於其外者皆欲引而納之於内，於其粗者皆欲推而致之於精，若致曲之明動變化，此章之博厚高明，蓋不勝其繁碎穿鑿，而於其本指失之愈遠。學者不可不察也。」

大哉聖人之道！

包下文兩節而言。語録曰：「只章首便分兩節來。」

洋洋乎，發育萬物，峻極于天。

峻，高大也。此言道之極於至大而無外也。陳氏曰：「此一節言道體之大處。流動充滿乎天地之間而無所不在，蓋極於至大而無外也。」

優優大哉，禮儀三百，威儀三千。

優優，充足有餘之意。文集曰：「問：『以優優大哉冠於禮儀之上者，蓋言道體之大散於禮儀之末者如此。』曰：『得之。』」禮儀，經禮也。愚謂：如冠、昏、喪、祭、朝覲、會同之類。威儀，曲禮也。愚謂：如進退、升降、俯仰、揖遜之類。此言道之入於至小而無閒也。陳氏曰：「此

一節言道體之小處。雖三千三百之儀而無物不有，蓋入於至小而無閒也。」

待其人而後行。

總結上兩節。陳氏曰：「道之大處、小處皆須待其人而後行。」

故曰苟不至德，至道不凝焉。

至德，謂其人。至道，指上兩節而言也。文集曰：「大抵發育峻極、三千三百，皆至道。其人，則至德之人也。」凝，聚也，成也。黄氏曰：「天地閒有這箇物事，自家要凝他，須有此德。凝，是自家去聚他。」

故君子尊德性而道問學，致廣大而盡精微，極高明而道中庸，温故而知新，敦厚以崇禮。

尊者，恭敬奉持之意。德性者，吾所受於天之正理。道，由也。温，猶燖温之温，愚謂：燖，火熟物也。謂故學之矣，復時習之也。敦，加厚也。尊德性，所以存心而極乎道體之大也。道問學，所以致知而盡乎道體之細也。語録曰：「道之爲體，其大無外，其小無内，無一物之不在焉。故君子之學，既能尊德性以全其大，便須道問學以盡其小。」○黄氏曰：「存心，則一念存，萬理具。致知，則逐物皆當理會。」二者脩德凝道之大端也。陳氏曰：

「此說脩德凝道工夫。」**不以一豪私意自蔽，**語録曰：「謂心胷開闊，無此疆彼界之殊。」**不以一豪私欲自累，**語録曰：「謂無一豪人欲之私以累於己，纔汩於人欲，便卑汙矣。」○或疑不以一豪私欲自蔽，若可以移解高明；不以一豪私欲自累，若可以移解廣大。愚謂：雖總説尊德性，亦有先後之序[二]。意者，萌動之始，止可言蔽，一爲意所蔽，則廣大處已被窒塞了。欲則不止於意，而爲物所昏，無所謂高明者矣，所以方可言自累。**涵泳乎其所已知，**語録曰：「言涵養此已知底道理常在我也。」**敦篤乎其所已能，**陳氏曰：「加之篤厚，便守得有力。」**此皆存心之屬也。**陳氏曰：「此皆存心以極乎道體之大也。」**析理則不使有毫釐之差，**語録曰：「須是從洒掃、應對、進退間色色留意。」○陳氏曰：「是講究理義，毫分縷析，不可有一髮之差。」**處事則不使有過不及之謬，**語録曰：「是事事件件理會得到一箇恰好處，無些過與不及。」**理義則日知其所未知，**語録曰：「如今日讀這一段，所得如此，明日讀這一段，所得又如此，兩日之間所讀同而所得不同。」**節文則日謹其所未謹，**語録曰：「纔說一箇禮字，便有許多節文。」**此皆致知之屬也。**陳氏曰：「此皆致知以極道理之細也。」**蓋非存心無以致知，而存心者又不可以不致知。故此五句，大小相資，首尾相應，**語録曰：「此便是互相爲用處。『尊德性』至『敦

[二] 亦，元本漫漶，此據通志堂經解本。

厚』，此上一截，便是渾淪處；『道問學』至『崇禮』，此下一截，便是詳密處。道體之大處便是難守，細處又難窮究。若有上面一截而無下面一截，只管道是我渾淪，更不務致知，如此則茫然無覺；若有下面一截而無上面一截，只管要纖悉皆知，更不去行，如此則又空無所寄。」聖賢所示入德之方，莫詳於此，學者宜盡心焉。

是故居上不驕，爲下不倍，國有道其言足以興，國無道其默足以容。詩曰：「既明且哲，以保其身。」其此之謂與。倍，與背同。與，平聲。興，謂興起在位也。語録曰：「如興賢能之興。」詩，大雅烝民之篇。

右第二十七章。

言人道也。

或問二十七章之説。曰：「程、張備矣。」程子曰：「自『大哉聖人之道』至『至道不凝焉』，皆是一貫。」○又曰：「德性者，言性之可貴，與言性善，其實一也。」○又曰：「須是合内外之道，一天人，齊上下，下學而上達，極高明而道中庸。」○又曰：「極高明而道中庸，非二事。中庸，天理也，天理固高明；不極乎高明，不足以道中庸，中庸乃高明之極也。」○又曰：「理則極高明，行之只是中庸也。」○張子曰：「天體物而不遺，猶仁體事而無不在也。『禮儀三百，威儀三千』，無一物之非仁也；『昊天曰明，及爾出王。昊天曰旦，及爾遊衍』，無一物之不體

也。」○又曰：「不尊德性，則問學從而不道；不致廣大，則精微無所立其誠；不極高明，則擇乎中庸失時措之宜矣。」○又曰：「尊德性，猶據於德，德性須尊之。道，行也。問，問得者；學，行得者，猶學問也。尊德性，須是將前言往行所聞所知以參驗，恐行有錯。致廣大，須盡精微，不得鹵莽。極高明，須道中庸之道。」○又曰：「致廣大，極高明，此則儘遠大，所處則直是精約。」○又曰：「温故知新，多識前言往行以畜德，繹舊業而知新益，思昔未至而今至之，緣舊所見聞而察來，皆其義也。」**張子所論『逐句爲義』一條，甚爲切於文義。**按張子曰：「尊德性而道問學，致廣大而盡精微，極高明而道中庸，皆逐句爲一義，上言重，下語輕。」**故吕氏因之，**按吕氏曰：「道之在我者，德性而已，不先貴乎此，則所謂問學者，不免乎口耳爲人之事而已。道之全體者，廣大而已，不先充乎此，則所謂精微者，或偏或隘矣。道之上達者，高明而已，不先止乎此，則所謂中庸者，同汙合俗矣。」**然須更以游、楊二説足之，則其義始備耳。**按游氏曰：「懲忿窒慾，閑邪存誠，此尊德性也。非學以聚之，問以辨之，則擇善不明矣，故繼之以道問學。尊德性而道問學，然後能致廣大。尊其所聞，行其所知，充其德性之體，使無不該徧，此致廣大也。非盡精微，則無以極深而研幾，故繼而須盡精微。致廣大而盡精微，然後能極高明。始也未離乎方，今則無方矣；始也未離乎體，今則無體矣。離形去智，廓然大通，此極高明也。非道中庸，則無踐履可據之地，不幾於蕩而無執乎？故繼之以

道中庸。高明者，中庸之妙理；而中庸者，高明之實德也，其實非兩體也。」○楊氏曰：「尊德性而後能致廣大，致廣大而後能極高明，道問學而後能盡精微，盡精微而後能擇中庸而固執之，入德之序也。」○愚謂：張子言逐句爲義，呂氏因之，游氏以逐句相承接爲説，楊氏以逐句上一節承上一節，下一節承下一節爲説，兼而讀之，其義始備。游氏分別至道、至德爲得之，唯優優大哉之説爲未善。按游氏曰：「發育萬物，峻極于天，至道之功也。禮儀三百，威儀三千，至道之具也。洋洋乎，言上際於天，下蟠於地也。優優大哉，言動容周旋中禮也。夫以三百三千之多儀，非天下至誠孰能從容而盡中哉？故曰待其人然後行。蓋盛德之至者，人也，故曰苟不至德，至道不凝焉。至德非他，至誠而已矣。」而以無方無體、離形去智爲極高明之意，見上注。又以人德、地德、天德爲德性廣大、高明之分，則其失愈遠矣。按游氏曰：「尊其德性而道問學，人德也；致廣大而盡精微，地德也；極高明而道中庸，天德也。自人之天，則上達矣。」楊氏之説，亦不可曉。蓋道者自然之路，德者人之所得，故禮者道體之節文，必其人之有德然後乃能行之也。今乃以禮爲德，而欲以凝夫道，則既誤矣。而又曰『道非禮則蕩而無止，禮非道則梏於儀章器數之末而有所不行』，則是所謂道者乃爲虛無恍惚、元無準則之物，所謂德者又不足以凝道而反有所待於道也。其諸老氏之言乎？誤益甚矣。按楊氏曰：「道之峻極于天，道之至也，無禮以範圍

之，則蕩而無止，而天地之化或過矣。禮儀三百，威儀三千，所以體道而範圍之也，故曰『苟不至德，至道不凝焉』。所謂至德者，禮其是乎。夫禮，天所秩也，後世或以爲忠信之薄，或以爲僞，皆不知天者也，故曰『待其人而後行[一]』。蓋道非禮不止，禮非道不行，二者常相資也。苟非其人，而梏於儀章器數之末，則愚不肖者之不及也，尚何至道之凝哉？」**温故知新、敦厚崇禮諸説，但以二句相對，明其不可偏廢，大意固然。然細分之，則温故然後有以知新，而温故又不可不知新；敦厚然後有以崇禮，而敦厚又不可不崇禮。此則諸説之所遺也。大抵此五句，**承章首道體大小而言，故一句之内皆具大小二**意。如德性也、廣大也、高明也、故也、厚也，道之大也；問學也、精微也、中庸也、新也、禮也，道之小也；尊之、道之、致之、盡之、極之、道之、温之、知之、敦之、崇之，所以脩是德而凝是道也。**語録曰：「問：『温故恐做不得大看。』曰：『就知新言之，便是新來方理會得那枝分節解底，舊來已見得大體，與他温尋去，亦有大小之意。』」○黄氏曰：「至道大也有，小也有，至德大也盡，小也盡，君子所以貴修德。尊德性，是修大德，便凝得大道；道問學，是修小德，便凝得小道。」**以其於道之大小無所不體，故居上居下，在治在亂，**

[一] 而，原作「然」，據通志堂經解本改。

無所不宜。此又一章之通旨也。」

子曰：「愚而好自用，賤而好自專，生乎今之世，反古之道。如此者，烖及其身者也。」好，去聲。烖，古灾字。

以上孔子之言，子思引之。反，復也。語録曰：「以下文觀之，非不師古之謂也。」〇陳氏曰：「謂生今之世而欲復古之道。」

非天子，不議禮，不制度，不考文。

此以下，子思之言。禮，親疏貴賤相接之體也。愚謂：如有虞氏貴德而尚齒，夏后氏貴尊而尚齒，商人貴爵而尚齒，周人貴親而尚齒之類。度，品制。愚謂：如虞書「同律度量衡」之類，下文「車同軌」亦其一也。文，書名。語録曰：「如大字喚做大字，上字喚做上字，下字喚做下字，此之謂書名，是那字底名。」〇又曰：「古者人不甚識字，字易得差，所以每歲一番，使大行人之屬巡行天下，考過這字是正與不正。」

今天下車同軌，書同文，行同倫。行，去聲。

今，子思自謂當時也。軌，轍迹之度。陳氏曰：「古者造車，依在地之轍迹而爲之。」倫，次序之體。語録曰：「次序，如等威節文之類。體，如『辨上下，定民志』，君臣父子貴賤尊卑

相接之體皆是。天子制此禮，通天下共行之，故其次序之體、等威節文，皆如一也。」三者皆同，言天下一統也。

雖有其位，苟無其德，不敢作禮樂焉；雖有其德，苟無其位，亦不敢作禮樂焉。

鄭氏曰：「言作禮樂者，必聖人在天子之位。」

子曰：「吾説夏禮，杞不足徵也；吾學殷禮，有宋存焉；吾學周禮，今用之，吾從周。」

此又引孔子之言。杞，夏之後。徵，證也。宋，殷之後。三代之禮，孔子皆嘗學之而能言其意，但夏禮既不可考證，殷禮雖存，又非當世之法，惟周禮乃時王之制，今日所用。孔子既不得位，則從周而已。

右第二十八章。

承上章「爲下不倍」而言，亦人道也。

或問「子思之時，周室衰微，禮樂失官，制度不行於天下久矣，其曰同軌、同文者何？」曰：「當是之時，周室雖衰，而人猶以爲天下無二王。諸侯雖有不臣之心，

然方彼此争雄，不能相尚，下及六國之末亡，猶未有能更姓改物而定天下于一者也，則周之文軌孰得而變之哉？」三山陳氏曰：「按魯穆公元年，子思作中庸，蓋周威烈王之十七年也。是時列國雖强，猶用周制。」曰：「周之車軌書文，何以能若是其必同也？」曰：「古之有天下者，必改正朔，易服色，殊徽號，以新天下之耳目而一其心志，若三代之異尚，其見於書傳者詳矣。軌者，車之轍迹也。周人尚輿，而制作之法領於冬官，其輿之廣六尺六寸，故其轍迹之在地者，相距之間，廣狹如一，無有遠邇，莫不齊同。凡爲車者，必合乎此，然後可以行乎方内而無不通；不合乎此，則不惟有司得以討之，而其行於道路，自將偏倚杌隉而跬步不前，亦不待禁而自不爲矣。古語所謂『閉門造車，出門合轍』，蓋言其法之同。而春秋傳所謂『同軌畢至』者，則以言其四海之内，政令所及者無不來也。文者，書之點畫形象也。周禮司徒教民道藝，而書居其一，又有外史掌達書名於四方，而大行人之法則又每九歲而一喻焉。其制度之詳如此，是以雖其末流，海内分裂，而猶不得變也。必至於秦滅六國，而其號令法制有以同於天下，然後車以六尺爲度，書以小篆、隸書爲法，而周制始改爾。孰謂子思之時而遽然哉？」三山陳氏曰：「秦呑併後始用六爲紀。而輿六尺，是改車之軌，損於周者六寸矣。又命李斯、程邈更制小篆、隸書，而後書之文始

不同。」

王天下有三重焉，其寡過矣乎。王，去聲。

吕氏曰：「三重，謂議禮、制度、考文。惟天子得以行之，則國不異政，家不殊俗，而人得寡過矣。」

上焉者，雖善無徵，無徵不信，不信民弗從；下焉者，雖善不尊，不尊不信，不信民弗從。

上焉者，謂時王以前，如夏商之禮，雖善而皆不可考。下焉者，謂聖人在下，如孔子，雖善於禮而不在尊位也。三山陳氏曰：「上乎周而爲夏商，禮非不善，然既於今而無所證，則民將駭而不信矣。下而不獲用於周，如孔子者，德非不善，然不得顯位以行之，則民亦玩而不信矣。」

故君子之道，本諸身，徵諸庶民，考諸三王而不繆，建諸天地而不悖，質諸鬼神而無疑，百世以俟聖人而不惑。

此君子，指王天下者而言。其道，即議禮、制度、考文之事也。語録曰：「君子，指在上之人。上章言『雖有其德，苟無其位，不敢作禮樂』，就那身上説，只做得那般事看。」本諸身，

有其德也。徵諸庶民，驗其所信從也。建，立也，立於此而參於彼也。天地者，道也。語録曰：「問：『以上下文例之，此天地似乎是形氣之天地。蓋建諸天地之間，而其道不悖於我也。』曰：『此天地只是道耳，謂吾建於此，而於道不相悖也。』」鬼神者，造化之迹也。百世以俟聖人而不惑，所謂「聖人復起，不易吾言」者也。

質諸鬼神而無疑，知天也；百世以俟聖人而不惑，知人也。

知天、知人，知其理也。陳氏曰：「鬼神，天理之至也；聖人，人道之至也。惟知天理之至，所以無疑；惟知人道之至，所以不惑。」

是故君子動而世爲天下道，行而世爲天下法，言而世爲天下則，遠之則有望，近之則不厭。

動，兼言、行而言。道，兼法、則而言。法，法度也。則，準則也。潘氏曰：「行有成迹，故可效法。言只言其理，如此未有事迹之可據，必在人準則而推行之。」

詩曰：「在彼無惡，在此無射。庶幾夙夜，以永終譽。」君子未有不如此而蚤有譽於天下者也。惡，去聲。射，音妬，詩作斁。

詩，周頌振鷺之篇。射，厭也。所謂此者，指「本諸身」以下六事而言。

右第二十九章。

承上章「居上不驕」而言，亦人道也。

或問二十九章之說。曰：「三重，諸說不同，雖程子亦因鄭注，然於文義皆不通。按程子曰：「三重，即三王之禮。」此即鄭注之說。唯呂氏一說，爲得之耳。至於上、下焉者，則呂氏亦失之，惜乎其不因上句以推之，而爲是矛盾也。」按呂氏曰：「上焉謂上達之事，如性命道德之本，不驗之於民之行事，則徒言而近於荒唐。下焉者謂下達之事，如刑名度數之末，隨時變易，無所稽考，則臆見而出於穿鑿。二者皆無取信於民，是以民無所適從。」曰：「然則上焉者以時言，下焉者以位言，宜不得爲一說，且又安知下焉者之不爲霸者事耶？」曰：「以王天下者而言，則位不可以復上矣；以霸者之事而言，則其善又不足稱也，亦何疑哉。」曰：「此章文義，多近似而若可以相易者，其有辨乎？」曰：「有。三王以迹言者也，故曰不謬，言與其已行者無所差也。陳氏曰：「謂考質諸三王，驗其所已行之迹而不差繆。」天地以道言者也，故曰不悖，言與其自然者無所拂也。陳氏曰：「謂立諸天地之間，順其自然之理而不違悖。」鬼神無形而難知，故曰無疑，謂幽有以驗乎明也。後聖未至而難料，故曰不惑，謂遠有以驗乎近也。潘

氏曰：「通天下一理耳，無往不在，無時不然，是以達幽明，貫古今，而無所不通。」**動，舉一身兼行與言而言之也。道者，人所共由，兼法與則而言之也。法謂法度，人之所當守也。則謂準則，人之所取正也。遠者悦，其德之廣被，故企而慕之；近者習，其行之有常**[二]**，故久而安之也。」**

仲尼祖述堯舜，憲章文武，上律天時，下襲水土。

祖述者，遠宗其道。憲章者，近守其法。陳氏曰：「堯舜，人道之極，故宗之。法度，至周而備，故守之。」**律天時者，法其自然之運。襲水土者，因其一定之理。**陳氏曰：「天時者，春夏秋冬之四時，有自然之運，故聖人法之。水土者，東西南北之四方，各有一定之理，故聖人因之。」**皆兼内外、該本末而言也。**語録曰：「兼本末、内外、精粗而言，是言聖人功夫。」○永嘉陳氏曰：「祖述者，道法在其中。憲章者，法道在其中。律天時者，大則顯晦屈伸。襲水土者，小則採山釣水。細底道理爲本爲内，麄底爲末爲外。」

辟如天地之無不持載，無不覆幬，辟如四時之錯行，如日月之代明。辟，音

[二] 常，原作「當」，據通志堂經解本改。

譬。幬，徒報反。

錯，猶迭也。此言聖人之德。葉氏曰：「是述夫子之德同乎天也。」

萬物並育而不相害，道並行而不相悖，小德川流，大德敦化，此天地之所以爲大也。

悖，猶背也。天覆地載，萬物並育於其閒而不相害；陳氏曰：「天無不覆，地無不載，大化流行，萬物止其所而不相侵害。」○潘氏曰：「無不覆載者，廣大之義也。」四時日月，錯行代明而不相悖。陳氏曰：「四時錯行，日月代明，一寒一暑，一晝一暮，似乎相反，而其實非相違悖。」○潘氏曰：「錯行、代明者，變通之用也。」所以不害不悖者，小德之川流；所以並育並行者，大德之敦化。語録曰：「大德是敦那化底，小德是流出那敦化底出來。這便如忠便是做那恕底，恕便是流出那忠來底；如中和，中便是大德敦化，和便是小德川流。自古亘今，都只是這一箇道理。」小德者，全體之分；大德者，萬殊之本。黄氏曰：「大德是心之本體，無許多大底，亦做不得小底出來。」川流者，如川之流，脉絡分明而往不息也；敦化者，敦厚其化，根本盛大而出無窮也。葉氏曰：「川流者，言如川之流，有枝有派，觸處彌滿，流行不已也；敦化者，言藴蓄妙理，深厚盛大，其來無端，莫窺其自也。」此言天地之道，以見上

文取辟之意也。語録曰：「是言天地之大如此[二]，言天地則見聖人矣。」

右第三十章。

言天道也。

或問小德、大德之説。曰：「以天地言之，則高下散殊者，小德之川流；於穆不已者，大德之敦化。以聖人言之，則物各付物者，小德之川流；純亦不已者，大德之敦化。以此推之，可見諸説之得失矣。」陳氏曰：「大德是就造化渾淪大本處論，造化之大本處敦厚，則根本盛大，其出也流行而不窮。小德是就造化中間條貫處細碎論，造化之生成，其條理如川水之流，脉絡分明，而晝夜之流不息。若以天地言，則萬物之或高或下，或散或殊者，小德之川流；維天之命，於穆不已者，大德之敦化。若以本文言之，則萬物有許多種類，各正其所而不相害，四時日月之運行而不相悖，是小德之川流；天地覆載而萬物並育，四時日月其道並行，是大德之敦化。此説天地之道所以爲大，而孔子之德所以取譬於斯。」曰：「子之所謂兼内外、該本末而言者，何也？」曰：「是不可以一事言也，姑以夫子已

[二] 如，原脱，據通志堂經解本補。

行之迹言之，則由其書之有得夏時、贊周易也，由其行之有不時不食也，迅雷風烈必變也，以至於仕止久速之皆當其可也，而其所以律天時之意可見矣。由其書之有序禹貢、述職方也，由其行之有居魯而逢掖也，居宋而章甫也，以至於用舍行藏之所遇而安也，而其襲水土之意可見矣。若因是以推之，則古先聖王之所以迎日推筴，頒朔授民，而其大至於禪授放伐，各以其時者，皆律天時之事也。其所以體國經野，方設居方，而其廣至於昆蟲草木各遂其性者，皆襲水土之事也。使夫子而得邦家也，則亦何慊於是哉。」

唯天下至聖，爲能聰明睿知，足以有臨也；寬裕温柔，足以有容也；發强剛毅，足以有執也；齊莊中正，足以有敬也；文理密察，足以有別也。知，去聲。齊，側皆反。別，彼列反。

聰明睿知，生知之資。陳氏曰：「聰明睿知者，聖人生知安行之資，蓋首出庶民者也。聰是耳之所聽無不聞，明是目之所視無不見，睿是無所不通，知是無所不知。聰明以耳目言，睿知以心言。」**臨，謂居上而臨下也。**語録曰：「且如臨一人，須是强得那一人方得。至於百人、千人、萬人，皆然。若臨天下，便須强得天下方得。」**其下四者，乃仁義禮智之德。**陳氏曰：「寬是寬大，裕是優裕，温和而柔順，此仁也，仁則度量寬洪廣大，故曰有容。發是奮發，强是强而有

力，剛毅皆剛意，此義也，義則操執得牢固，故曰有執。齊是齊嚴，莊是端莊，中則無過不及，正則不偏，此言禮也，故曰有敬。文理密察，此知也，故曰有別。」**文，文章也。**語録曰：「如物之文縷。」○陳氏曰：「是燦然而有文章。」**理，條理也。**語録曰：「理是有條瓣逐一路子。以各有條，謂之理。」○又曰：「如竹木之文理相似，直是一般理，横是一般理。」**密，詳細也。**語録曰：「此是聖人於至纖至悉處無不詳審，且如一物，初破作兩箇，又破作四片，若未恰好，又破作八片，只管詳密。」**察，明辨也。**陳氏曰：「謂足以分別事物。」

溥博淵泉，而時出之。

溥博，周徧而廣闊也。淵泉，静深而有本也。語録曰：「溥，周徧。博，宏大。淵，深沈。泉，便有箇發達不已底意。」**出，發見也。言五者之德，充積於中，而以時發見於外也。**

溥博如天，淵泉如淵。見而民莫不敬，言而民莫不信，行而民莫不説。見，音現。説，音悦。

言其充積極其盛，陳氏曰：「此言上二句。」**而發見當其可也。**陳氏曰：「此言下三句。」○愚謂：當其可，即合理之謂也。見是方出而未形於言行之間，如下章所謂「不動而敬，不言而信」是也。下面方分言、行。

是以聲名洋溢乎中國，施及蠻貊，舟車所至，人力所通，天之所覆，地之

所載，日月所照，霜露所隊，凡有血氣者，莫不尊親，故曰配天。施，去聲。隊，音墜。

「舟車所至」以下，蓋極言之。配天，言其德之所及，廣大如天也。

右第三十一章。

承上章而言小德之川流，亦天道也。

唯天下至誠，爲能經綸天下之大經，立天下之大本，知天地之化育。夫焉有所倚？夫，音扶。焉，於虔反。

經、綸，皆治絲之事。經者，理其緒而分之；綸者，比其類而合之也。語録曰：「治絲者先須逐條理其頭緒而分之，所謂經也；然後比其類而合之，如打條者，必取所分之緒比類而合爲一，所謂綸也。」○陳氏曰：「一是分疏條理，一是牽聯相合。」經，常也。大經者，五品之人倫。陳氏曰：「即君臣、父子、兄弟、夫婦、朋友之大倫。」大本者，所性之全體也。陳氏曰：「即是中者，天下之大本一般。中乃未發之中，就性論；今所謂大本，以所性之全體論。」惟聖人之德極誠無妄，故於人倫各盡其當然之實，而皆可以爲天下後世法，所謂經綸之也。陳氏曰：「如君是君，臣是臣，父是父，子是子，兄是兄，弟是弟，夫是夫，婦是婦，各有條理，一定而不亂，故曰經。如君臣之相敬，父子之相親，夫婦之相唱和，兄弟之相友睦，朋友之相切

磋琢磨，牽比其倫類，自然相合，故曰綸。惟聖人極誠無妄，於人倫各盡其所當然之實，皆可以爲天下後世之標準，如使契教人倫，蓋吾身已有箇標準，故人皆取法之。」**其於所性之全體，無一毫人欲之僞以雜之，而天下之道，千變萬化皆由此出，所謂立之也。**陳氏曰：「聖人於所性之全體，初無一毫人欲之私，及發而應事接物，千條萬緒，千變萬化，皆從大本中流出，其本根所在甚宏大，非誠極其至，不能立之。」**其於天地之化育，則亦其極誠無妄者，有默契焉，非但聞見之知而已。**語録曰：「天地化育，如春夏秋冬、日月寒暑，無一息之差。知化者，真知其必然。所謂知者，至誠無僞，有以默契也。」○陳氏曰：「知字不可以聞見之知論，只如肝膽相照一般。聖人之德，極誠無妄，其生育變化萬物之功，與天地造化脗合交契，渾融一體，所謂知也。」**此皆至誠無妄自然之功用，夫豈有所倚著於物而後能哉？**語録曰：「堂堂然流出來，焉有倚靠？」

肫肫其仁，淵淵其淵，浩浩其天。肫，之純反。

肫肫，懇至貌，以經綸而言也。陳氏曰：「經綸大經，須加懇切詳細之功，不可有急迫操切之意。」**淵淵，静深貌，以立本而言也。**陳氏曰：「静深則有根本而不竭，故以立本言。」**浩浩，廣大貌，以知化而言也。**陳氏曰：「此誠之體與天同其大，故其生育變化與天同其功，故以知化言。」**其淵其天，則非特如之而已。**永嘉陳氏曰：「如天如淵，猶是二物；其天其淵，

即聖人便是天淵。」

苟不固聰明聖知達天德者，其孰能知之？聖知之知，去聲。

固，猶實也。鄭氏曰：「唯聖人能知聖人也。」語録曰：「問：『上面聖人是人，下面聖人是聖人之道？』曰：『亦是人也。惟有其人，而後至誠之道乃始實見耳。』」○陳氏曰：「非若此等人，則不能知得此等事。」

右第三十二章。

承上章而言大德之敦比，亦天道也。前章言至聖之德，此章言至誠之道。然至誠之道非至聖不能知，至聖之德非至誠不能爲，則亦非二物矣。語録曰：「至聖、至誠，只是以表裏言。至聖，是其德之發見乎外者；至誠，則是那裏面骨子。至誠處，非聖人不自知；至聖，則外人只見得到這處。或曰：『至誠、至聖，亦可以體用言否？』曰：『體用也不相似，只是説得表裏。』」○葉氏曰：「至聖，指發用神妙而言，仍上文小德川流之意；至誠，指大經大本之實理而言，仍上文大德敦化之意。非至聖無以顯至誠之全體，非至誠無以全至聖之妙用，其實非二物也。」○永嘉陳氏曰：「聖者，靈通變化之稱，人道之極功；誠者，真實無妄之謂，與天合德也。經中凡説天德處必曰至誠，凡論人倫之至處必曰至聖。」**此篇言聖人天道之極致，至此而無以加矣。**

或問至聖、至誠之説。曰：「楊氏以『聰明睿智』爲君德者，得之而未盡；其『寬裕』以下，則失之。蓋聰明睿智者，生知安行而首出庶物之姿也；容執敬别，則仁義禮智之事也。按楊氏曰：「書曰『惟天生聰明時乂』，易曰『知臨大君之宜吉』，則聰明睿智，人君之德也，故足以有臨；寬裕温柔，仁之質也，故足以有容；發强剛毅以致果，故有執；齊莊中正以直内，故有敬；文理密察理於義也，故有别。」○語録曰：「問理於義也。曰：『便是怕如此説這一句了未得，又添一句，都不可曉。』」『經綸』以下，諸家之説亦或得其文義。但不知經綸之爲致和，立本之爲致中，知化之爲窮理以至於命，且上於至誠者無所繫，下於焉有所倚者無所屬，則爲不得其綱領耳。游氏以上章爲言至聖之德，下章爲言至誠之道者，得之；按游氏曰：「聰明睿智，聖德也；寬裕温柔，仁德也；發强剛毅，義德也；齊莊中正，禮德也；文理密察，智德也。溥博者，其大無方；淵泉者，其深不測。或容以爲仁，或執以爲義，或敬以爲禮，或别以爲智，惟其時而已，此所謂時出之也。夫然，故外有以正天下之觀，内有以通天下之志，是以見而民敬，言而民信，行而民悦，自西自東，自南自北，莫不心悦而誠服，此至聖之德也。天下之大經，五品之民彝也。凡爲天下之常道，皆可名於經，而民彝爲大經。經綸者，因性循理而治之，無汩其序之謂也。立天下之大本者，建中于民也。淵淵其淵，非特如淵而已；浩浩其天，非特如天而已，此至誠之道也。」其

説自『德者其用』以下，皆善。」按游氏曰：「德者，其用也，有目者所共見，有心者所共知，故凡有血氣者，莫不尊親；道者，其本也，非道同志一莫窺其奥，故曰『苟不固聰明聖知達天德者，其孰能知之』。蓋至誠之道非至聖不能知，至聖之德非至誠不能爲，故其言之序相因如此。」

詩曰：「衣錦尚絅。」惡其文之著也。故君子之道，闇然而日章；小人之道，的然而日亡。君子之道，淡而不厭，簡而文，温而理，知遠之近，知風之自，知微之顯，可以入德矣[二]。衣，去聲。絅，口迥反。惡，去聲。闇，於感反。

前章言聖人之德極其盛矣，此復自下學立心之始言之，而下文又推之以至其極也。葉氏曰：「上三章極言孔子體天之德，與夫至聖至誠之功用，中庸之道至矣盡矣。子思又慮學者馳騖於高遠，而忘下學之功夫，而或失其指歸，故此章總論，必自下學務内至親至切言之，然後極於至精至微不可擬議之地。」詩國風衛碩人、鄭之丰皆作「衣錦褧衣」。褧、絅同，襌衣也。語録曰：「古註以爲襌衣所以襲錦衣者。問『襌與單字同異』。曰：『同。沈括謂絅與檾同，是用檾麻織疏布爲之，不知是否。」尚，加也。陳氏曰：「衣錦而加絅衣以蔽之。」古之學者爲己，故

[二] 以，據通志堂經解本作「與」。

其立心如此。黄氏曰：「惡其文之著，此君子之立心如此。」尚絅故闇然，衣錦故有日章之實。語録曰：「只暗暗地做工夫處，這理自掩蔽不得。」○陳氏曰：「衣錦者，美在其中；尚絅者，不求知於外。古之學者，只欲此道理實得於己，不是欲求人知。惟其不求人知，所以闇然。雖曰闇然，而道理自彰著而不可揜，猶衣錦尚絅，而錦之文采自然著見於外也。」淡、簡、温，絅之襲於外也；不厭而文且理焉，錦之美在中也。語録曰：「淡則必厭，簡則不文，温則不理。而今却不厭而文且理，只緣有錦在裏面。若上著布衫著布襖，便都内外黑淬淬地。」小人反是，則暴於外而無實以繼之，是以的然而日亡也。語録曰：「小人不曾做時[一]，已報得滿地人知，然實不曾做得[二]。」遠之近，見於彼者由於此也。語録曰：「是以己對物言之，知在彼之是非由在我之得失。」風之自，著乎外者本乎内也。語録曰：「是知其身之得失由乎心之邪正。」微之顯，有諸内者形諸外也。語録曰：「專指心説，就裏來。」有爲己之心，而又知此三者，則知所謹而可入德矣。陳氏曰：「君子立心，只是爲己。而又能知道理之見於遠者自近始，故自近而謹；見於風化者自身始，故自身而謹；有諸内者甚微，而著於外者甚顯，故自微而謹。既

[一] 曾，原作「會」，據通志堂經解本改。

[二] 曾，原作「會」，據通志堂經解本改。

知此三者而有所謹，則可與之入德矣。」故下文引詩言謹獨之事。

詩云：「潛雖伏矣，亦孔之昭。」故君子內省不疚，無惡於志。君子之所不可及者，其唯人之所不見乎。惡，去聲。

詩，小雅正月之篇。承上文言「莫見乎隱，莫顯乎微」也。疚，病也。無惡於志，猶言無愧於心，此君子謹獨之事也。陳氏曰：「正月詩『潛雖伏矣』，即首章隱微處；『亦孔之昭』，即首章莫見莫顯意，言隱伏之閒其理甚昭明。君子內省，此處須是無一豪疚病，如此則無愧於心。君子所以不可及者，只是能於人所不知而己獨知之地致其謹耳。」

詩云：「相在爾室，尚不愧于屋漏。」故君子不動而敬，不言而信。相，去聲。

詩，大雅抑之篇。相，視也。屋漏，室西北隅也。文集曰：「曾子問謂之『當室之白』，孫炎曰：『當室，日光所漏入也。』」○語録曰：「古人室在東南隅開門，東北隅爲突，西北隅爲屋漏，西南爲奥。人纔進，便先見東北隅，却到西北隅，然後始到西南隅，此是至深密之地。」承上文又言君子之戒謹恐懼，無時不然，不待言動而後敬信，陳氏曰：「抑詩即是首章戒謹其所不睹、恐懼其所不聞意。屋隅，人迹所不到之地，此處蓋己之所不睹，須是真實無妄，常加戒謹恐懼，方能無愧悚。君子爲己之功至此，不待於動而應事接物方始敬，蓋於未應接之前、無人處已無非敬矣；不待見於發言而後信實，蓋於未發言之前本來真實，無非信矣。」則其爲己之功益

加密矣。陳氏曰：「此處一節密一節。首章先説戒謹恐懼，後説謹獨，是自密而疏，蓋從内面發出來；此處先説謹獨，後説戒謹恐懼，是自疏而密，蓋從外面説入。」故下文引詩并言其效。

詩曰：「奏假無言，時靡有争。」是故君子不賞而民勸，不怒而民威於鈇鉞。假、格同。鈇，音夫。

詩，商頌烈祖之篇。奏，進也。承上文而遂及其效，言進而感格於神明之際，極其誠敬，無有言説而人自化之也。陳氏曰：「所以不待賞而民自勸，不待怒而民自畏之。」威，畏也。鈇，莝斫刀也。鉞，斧也。

詩曰：「不顯惟德，百辟其刑之。」是故君子篤恭而天下平。

詩，周頌烈文之篇。不顯，説見二十六章，此借引以爲幽深玄遠之意。承上文，言天子有不顯之德，而諸侯法之，則其德愈深而效愈遠矣。文集曰：「不顯二字，二十六章者别無他義，故只用詩意。卒章所引，緣自章首『尚絅』之云，與章末『無聲無臭』，皆有隱微深密之意，故知其當别爲一義，與詩不同也。」○語録曰：「問：『不顯其德，案詩中例是言豈不顯也，今借引此詩，真作不顯説，如何？』曰：『是箇幽深玄遠意，是不顯中之顯。』」篤，厚也。篤恭，言不顯其敬也。篤恭而天下平，乃聖人至德淵微自然之應，中庸之極功也。語録曰：「此章到篤恭而天下平，已是極處結局了。他人孰不恭敬，然不能平天下。聖

人篤恭，天下便平，都不可測耳。」○陳氏曰：「此章至此凡五引詩，頭節説學者須爲己不求人知；第二節説致謹於人所不見處；第三節説不特人所不見，雖己所不聞不見處亦當致敬；第四節説不待言説而人自化之；第五節説不顯篤恭，聖人至德功效，有自然之應，乃中庸之極功也。」

詩云：「予懷明德，不大聲以色。」子曰：「聲色之於以化民，末也。」詩曰「德輶如毛」，毛猶有倫。「上天之載，無聲無臭」，至矣。輶，由、酉二音。

詩，大雅皇矣之篇。引之以明上文所謂不顯之德者[二]，正以其不大聲與色也。語録曰：「只是説至德自無聲色。」又引孔子之言，以爲聲色乃化民之末務，今但言不大之而已，則猶有聲色者存，是未足以形容不顯之妙。三山陳氏曰：「是雖曰不大聲與色，然猶有聲色者在焉，特不大之耳。」○蔡氏曰：「是猶未足以盡此理之妙。」不若烝民之詩所言「德輶如毛」，則庶乎可以形容矣，而又自以爲謂之毛，則猶有可比者，是亦未盡其妙。三山陳氏曰：「苟謂之如毛，是尚容比類也。」○蔡氏曰：「是亦未足以盡此理之妙。」不若文王之詩所言，上天之事，無聲無臭，然後乃爲不顯之至耳。蓋聲臭有氣無形，在物最爲微

[二] 明，元本漫漶，此據通志堂經解本。

妙，而猶曰無之，故唯此可以形容不顯篤恭之妙。語録曰：「所謂不顯其德者，幽深玄遠，無可得而形容，雖不大聲以色，德輶如毛，皆不足以形容。直是無聲無臭到無迹之可尋，然後已。」非此德之外，又別有是三等，然後爲至也。陳氏曰：「非是德之外，又別有三等級如此。」

右第三十三章。子思因前章極致之言，反求其本，復自下學爲己謹獨之事推而言之，以馴致乎篤恭而天下平之盛，又贊其妙至於無聲無臭而後已焉。語録曰：「中庸後面愈説得向裏來，凡八引詩，一步退似一步，都用那般不言不動不顯不大底道理，説到無聲無臭則至矣。或曰：『到此裏還得本體。』曰：『然。』」○又曰：「此段自『衣錦尚絅，闇然日章』，漸漸收斂到後面，一段密似一段，直到聖而不可知處，曰『無聲無臭，至矣』。」蓋舉一篇之要而約言之，其反復丁寧示人之意至深切矣，學者其可不盡心乎。

或問 卒章之説。曰：「承上三章，既言聖人之德而極其盛矣，子思懼夫學者求之於高遠玄妙之域，輕自大而反失之也，故反於其至近者而言之，以示入德之方，欲學者先知用心於内，不求人知，然後可以謹獨誠身，而馴致乎其極也。君子篤恭而天下平，而其所以平者，無聲臭之可尋，此至誠盛德自然之效，而中庸之極功也，故以是而終篇焉。蓋以一篇而論之，則天命之性，率性之道，脩道之教，

與夫天地之所以位，萬物之所以育者，於此可見其實德。以此章論之，則所謂淡而不厭，簡而文，温而理，知遠之近，知風之自，知微之顯者，於此可見其成功，皆非空言也。然其所以入乎此者，則無它焉，亦曰反身以謹獨而已矣。故首章已發其意，此章又申明而極言之，其旨深哉。其曰不顯，亦充尚絅之心以至其極耳，與詩之訓義不同，蓋亦假借而言，若大學敬止之訓也。」「諸説如何？」曰：「程子至矣。按程子曰：「不愧屋漏，便是箇詩氣象。」○又曰：「不愧屋漏，則心安而體舒。」○又曰：「尚不愧于屋漏，是敬之事。」○又曰：「聖人脩己以安百姓，篤恭而天下平。惟上下一於恭敬，則天地自位，萬物自育，氣無不和，四靈何有不至。此體信達順之道，聰明睿智皆由此出，以此事天享帝。」○又曰：「道，一本也，知不二本，便是篤恭而天下平之道。」○又曰：「君子之遇事，無巨細，一於敬而已矣。簡細故以自崇，非敬也；飾私智以爲奇，非敬也；要之，無敢慢而已。語曰：『居處恭，執事敬，雖之夷狄，不可棄也。』然則執事敬者，固爲仁之端也，推是心而成之，則篤恭而天下平矣。」○又曰：「毛猶有倫，入毫釐絲忽終不盡。」○又曰：「中庸言道，只消道無聲無臭四字，總括了多少。」○又曰：「中庸之語，其本至於無聲無臭，其用至於禮儀三百、威儀三千，自禮儀三百、威儀三千復歸於無聲無臭，此言聖人心要處。」呂氏既失其章旨，又不得其綱領條貫，而於文義尤多未當。如此章，承上文聖誠之極致，

而反之以本乎下學之初心，遂推言之以至其極而後已也。而以爲『皆言德成反本』之事，則既失其章旨矣。按呂氏曰：「此章皆言德成反本以盡中庸之道。」此章凡八引詩，自『衣錦尚絅』以至『不顯惟德』，凡五條，始學成德疏密淺深之序也；自『不大聲色』以至『無聲無臭』，凡三條，皆所以贊夫不顯之德也。今以『不顯惟德』通前三義而并言之，又以後三條者亦通爲進德工夫淺深次第，則又失其條理矣。按呂氏曰：「不顯惟德，百辟其刑之者，蓋要其所以不動而敬，不言而信，不賞而勸，不怒而威。豈有他哉，在德而已。」○又曰：「德輶如毛，謂之德者，猶誠之者也，未至乎誠也。若至乎誠，則與天爲一，無意無我，非勉非思，渾然不可得而名者也。聲臭之於形，微矣，有物而不可見，猶曰無之，則上天之事可知矣。」○又曰：「不動而敬，不言而信，不賞而勸，不怒而威，則德孚於人而忘乎言動矣，然猶有德之聲色存焉。至于不大聲色，然後可以入於無聲無臭，而誠一於天。」至以知風之自爲知見聞、動作皆由心出，按呂氏曰：「以見聞之廣，動作之利，推所從來，莫非心之所出，其知風之自歟。」以知微之顯爲知心之精微明達暴著，按呂氏曰：「心之精微，至隱至妙，無聲無臭，然其理明達暴著，若懸日月，其知微之顯歟。」以不動而敬、不言而信爲人敬信之，按呂氏曰：「其中有本，不待言動而人敬信。」以貨色、親長達諸天下爲篤恭而天下平，按呂氏曰：「君子之善與人同，合内外之道，則爲德非特成己，

將以成物，故君子言貨色之欲、親長之私，必達於天下而後已，豈非篤恭而天下平者哉。」以德爲誠之之事而猶有聲色，至於無聲無臭然後誠一於天，已見上註。則又文義之未當者然也。然近世説者乃有深取乎其知風之自之説，而以爲非大程夫子不能言者，蓋習於佛氏作用是性之談，而不察乎了翁序文之誤耳。學之不講，其陋至此，亦可憐也。語録曰：「吕氏却是作用是性之意，於學無所統攝。」游氏所謂『無藏於中，無交於物，泊然純素，獨與神明居』，所謂『離人而立於獨』者，皆非儒者之言。按游氏曰：「無藏於中，無交於物，泊然純素，獨與神明居，此淡也，然因性而已，故不厭。」〇又曰：「無聲無臭，則離人而立於獨矣。」『不失足於人，不失色於人，不失口於人』，則又審於接物之事，而非簡之謂也。按游氏曰：「不失足於人，不失色於人，不失口於人，此簡也，然循理而已，故文。」其論三知，未免牽合之病。按游氏曰：「欲治其國，先齊其家，知遠之近也。人人親其親，長其長，而天下平，可不謂近矣乎。欲齊其家，先脩其身，知風之自也。易於家人曰：『風自火出，而君子以言有物，行有常。』可不謂所自乎。欲脩其身，先正其心，知微之顯也。夫道視之不見，聽之不聞，而常不離心術日用之閒，可不謂顯矣乎。」其論『德猶如毛』以下，則其失與吕氏同。按游氏曰：「所謂德者，非甚高而難知也，甚遠而難至也，舉之則是，故曰『德輶如毛』。既已有所舉矣，則必思而得，勉而中，是人道而有對

也，故曰『毛猶有倫』。若夫誠之至，則無思無爲，從容中道，是天道也，故曰『上天之載，無聲無臭』矣。」**楊氏『知風之自』，**按楊氏曰：「世之流風皆有所自，清之隘，和之不恭，知其自，此則君子不由也。」**與吕氏舊本之説略同，**按吕氏曰：「墨子兼愛，楊子爲我，其始未有害也，其風之末則至於無君無父，而近於禽獸。伯夷之不屑就以爲清，柳下惠之不屑去以爲和，其風之末不免乎隘與不恭，君子不由，則其端不可不慎也。故曰差之毫釐，繆以千里，其知風之自歟。」**而其取證又皆大遠。要當參取吕氏改本，去其所謂見聞者，而益以『言語之得失，動作之是非，皆知其有所從來而不可不謹』，則庶乎其可耳。**按吕氏見聞之説，已見上註。**以德輶如毛爲有德而未化，則又吕、游之失也。**按楊氏曰[二]：「德輶如毛，未至於無倫，猶有德也，有而不化，非其至也，故上天之載，無聲無臭，然後爲至。」**侯氏説多疏闊，惟以此章爲『再敘入德成德之序』者，獨爲得之也。」**按侯氏曰：「自『衣錦尚絅』至『無聲無臭，至矣』，子思再敘入德成德之序也。」

中庸章句終

[二] 氏，原作「民」，據通志堂經解本改。

四書纂疏（三）

〔宋〕趙順孫 撰
陳静 點校

海峽出版發行集團
THE STRAITS PUBLISHING & DISTRIBUTING GROUP
福建人民出版社

孟子朱子集註序説

後學趙順孫纂疏

史記列傳曰：「孟軻，趙氏曰：「孟子，魯公族孟孫之後。」漢書註云：「字子車。」一説字子輿。○趙氏，名岐，東漢京兆人。**騶人也，**騶，亦作鄒，本邾國也。○愚按：鄒，在漢魯國騶縣。**受業子思之門人。**子思，孔子之孫，名伋。○索隱云：「王邵以人爲衍字。」而趙氏註及孔叢子等書亦皆云：「孟子親受業於子思。」未知是否。○文集曰：「孔叢子雖僞書，然與趙岐未知其孰先後也，姑存之。」○輔氏曰：「子思之門人無有顯名於後者，而孟子真得子思之傳，則疑親受業於子思者爲是，而集註兩存其説。蓋自古聖賢固有聞而知之者，不必待耳傳面命而後得也。又以中庸一書觀之，所以傳授心法，開示蘊奥，如此其至，則當時門弟子中，豈無見而知之者哉？孟子從而受之，愈益光明，亦宜有之也。」**道既通，**趙氏曰：「孟子通五經，尤長於詩書。」程子曰：「孟子曰：『可以仕則仕，可以止則止，可以久則久，可以速則速。』『孔子，聖之時者也。』故知易者莫如孟子。又曰：『王者之迹熄而詩亡，詩亡然後春秋作。』又曰：『春秋無義戰。』又曰：『春秋，天子之事。』故知春秋者莫如孟子。」尹氏曰：「以此而言，則趙氏謂孟子長於詩書而已，豈知孟子者哉？」○輔氏曰：「趙氏但引詩書而云爾，非能有見於孟子之道也。至於程子知易、知春秋之說，則皆以其言而得之，非真有見於孟子之心與道者不能也。五經雖異，其理則一，其時又去孔子未遠，孟子必皆一一理會得透徹，又何有長短於其閒哉。」**游事齊宣王，宣王不能用。適梁，梁惠王不果所言，則見以爲迂遠而闊於事情。**按史記，梁惠王之三十五年乙酉，孟子始至梁。其後二十三年，當齊湣王之十年丁未，齊人伐燕，而孟子在齊。故古史謂孟子先事齊宣王，後乃見梁惠王、襄王、齊湣王。獨孟子以伐燕爲宣王時事，與史記、荀子等書皆不合。而通鑑以伐燕之歲爲宣王十九年，則是孟子先游梁而後至齊見宣王矣。然考異亦無它據，又未知孰是也。○輔氏曰：「詳攷朱子之說，則當以史記、古史爲正，伐燕實湣王時事，恐是後世傳寫，誤以湣作宣耳。」**當是之時，秦用商鞅，楚、魏用吳起，齊用孫子、田忌。天下方務於合從連衡，以攻伐爲賢。而孟軻乃述唐虞三代之德，**輔氏曰：「此是太史公所見，略與韓子論其所傳相似。」**是以所如者不合。退而與萬章之徒序詩書，述仲尼之意，作孟子七篇。**」趙氏曰：「凡二百六十一章，三萬四千六百八十五字。」韓子曰：「孟軻之書，非軻自著。軻既没，其徒萬章、公孫丑相與記軻所言焉耳。」愚按：二說不同，史記近是。○韓子，名愈，唐鄧州人。○文集曰：「問：『序說謂「史記近是」，而於滕文公首章註曰「門人不能盡記其辭」，又第四章註曰「記者之誤」，如何？』曰：『前說是，後兩處失之。熟讀七篇，觀其筆勢如鎔鑄而成，非綴緝可就也。

論語便是記録綴緝所爲，非一筆文字矣。』」

韓子曰：「堯以是傳之舜，舜以是傳之禹，禹以是傳之湯，湯以是傳之文、武、周公，文、武、周公傳之孔子，孔子傳之孟軻，軻之死不得其傳焉。荀與揚也，擇焉而不精，語焉而不詳。」程子曰：「韓子此語，非是蹈襲前人，又非鑿空撰得出，必有所見。若無所見，不知言所傳者何事。」○荀子，名況，楚蘭陵人。揚子，名雄，漢蜀郡人。○文集曰：「此非深知所傳者何事，則未易言也。堯、舜之所以爲堯、舜，以其盡此心之體而已。禹、湯、文、武、周公、孔子傳之，以至於孟子，其閒相望有或數百年者，非得口傳耳授密相付屬也。特此心之體，隱乎百姓日用之閒，賢者識其大，不賢者識其小，而體其全且盡者，則爲得其傳耳。」○又曰：「孟氏醇乎醇者也。荀與揚，大醇而小疵。」程子曰：「韓子論孟子甚善，非見得孟子意亦道不到。其論荀、揚則非也。荀子極偏駁，只一句性惡，大本已失。揚子雖少過，然亦不識性，更説甚道。」○文集曰：「韓子謂荀、揚大醇小疵，非是就他論性處説，只是泛説。其與田駢、慎到、申不害、韓非之徒觀之，則荀、揚爲大醇耳。韓子只是説那一邊，然以這邊觀之，則湊不著，故覺得爲非。若是會説底，説那一邊，亦自湊著這一邊。」○語録曰：「程子説荀、揚等語，是就分金秤上説下來。」○又曰：「孔子之道大而能博，門弟子不能徧觀而盡識也，故學焉而皆得其性之所近。其後離散，分處諸侯之國，又各以其所能授弟子，源遠而末益分。惟孟軻師子思，而子思之學出於曾子。自孔子没，獨孟軻氏之傳得其宗。故求觀聖人之道者，必自孟子始。」程子曰：「孔子言『參也魯』。然顔子没後，終得聖人之道者，曾子也。觀其啓手足時之言，可以見矣。所傳者子思、孟子，皆其學也。」○文集曰：「問：『大是就渾淪處説，博是就該實處説否？』曰：『韓子亦未必有此意，但如此看亦自好。』問：『學焉而皆得其性之所近。』曰：『政事者，就政事上學得。文學者，就文學上學得。德行、言語者，就德行、言語上學得。』」○輔氏曰：「韓子但言孔門諸子，唯曾子之學獨傳，而有子思、孟軻，然不言其所以獨傳之故。故程子又從而發明之，以爲曾子只緣資質魯鈍，故用功於内者深篤確實，觀其啓手足之言，所謂『一息尚存，此志不容少懈』者，此聖道之所以終傳，而有子思、孟子之學也。」又曰：「揚子雲曰：『古者楊墨塞路，孟子辭而闢之，廓如也。』夫楊墨行，正道廢。孟子雖賢聖，不得位。空言無施，雖切何補。然賴其言，而今之學者尚知宗孔氏，崇仁義，貴王賤霸而已。其大經大法，皆亡滅而不救，壞爛而不收。所謂存十一於千百，安在其能廓如也？然向無孟氏，則皆服左衽而言侏離矣。故愈嘗推尊孟氏，以爲功不在禹下者，爲此也。」

或問於程子曰：「孟子還可謂聖人否？」程子曰：「未敢便道他是聖人，然學已到至處。」

愚按：至字，恐當作聖字。○輔氏曰：「學已到聖處，以其知言也；未敢便道他是聖人，以其行言也。孟子論『大而化之之謂聖，聖而不可知之之謂神』，與夫聖知巧力之譬，精密切當，非想像臆度之所能及，是其學已到聖處也。然其英氣未化，有圭角見處，故未敢便道他是聖人，此其權度審矣。」**〇程子又曰：「孟子有功於聖門，不可勝言。仲尼只說一箇仁義，孟子開口便說仁義。仲尼只說一箇志，孟子便說許多養氣出來，只此二字，其功甚多。」**輔氏曰：「或疑二字當作二事，言仁義、養氣自是二事，言二字則包不盡矣。曰不然。『孟子有功於聖門，不可勝言』者，蓋總言仁義、善氣二事。若『只此二字，其功甚多』，則又專指養氣言也。蓋夫子只說一箇『立人之道曰仁義』而已，孟子則開口便說仁義，如對梁惠王與宋牼可見。義氣二字，則又發夫子之所未發，使夫氣質剛柔之不齊者，皆無有巽懦怯弱之態，勇猛奮發於道義，而各得以充滿夫仁義之量，其功多矣。」**〇又曰：「孟子有大功於世，以其言性善也。」**輔氏曰：「孟子言性善，使天下之人，資質之美者聞之，必求其所以善而復其本；資質之不善者聞之，則亦庶乎知所以自反而不流於惡，此其所以有大功於世也。」**〇又曰：「孟子性善、養氣之論，皆前聖所未發。」**輔氏曰：「孟子之學已到聖處，見得透徹，所以發明得出。」**〇又曰：「學者全要識時。若不識時，不足以言學。顏子陋巷自樂，以有孔子在焉。若孟子之時，世既無人，安可不以道自任。」**輔氏曰：「時固不可不識。記言『堯授舜，舜授禹，湯放桀，武王伐紂，時也』，此識時者也，與程子所論顏、孟之意同。若不識時，則以數聖賢之道爲不同矣。孟子謂孔子爲聖之時，又論禹、稷、顔回、曾子、子思同道，且曰『易地則皆然』，孟子可謂識時矣，則其以道自任者，宜也。」○又曰：「孟子有些英氣。才有英氣，便有圭角，英氣甚害事。如顔子便渾厚不同，顔子去聖人只豪髮間。孟子大賢，亞聖之次也。」或曰：「英氣見於甚處？」曰：「但以孔子之言比之便可見。且如冰與水精非不光，比之玉，自是有温潤含蓄氣象，無許多光耀也。」輔氏曰：「英氣是剛明秀發之氣，此自是好底氣質，然在學者分上，則不必論此。學要變化氣質，渾然純是義理。如張子所謂『德勝於氣，性命於德』，方始是成就處。雖是好氣質，若銷化未盡，猶有圭角，則有時而發，故於義理甚害事也。若顔子之質雖甚剛明，然其學力到後，便自渾厚不同，其去聖人只隔一膜，故可爲聖人之亞。而孟子地位，又爲其次也。」○又曰：「冰與水精及玉之比，固自精切，然却只以言語論之，何也？言，心聲也，德之符也，有德者必有言。若就言上看得分明，則其德無餘藴矣。玉有温潤含蓄氣象，所以爲寶；人有温潤含蓄氣象，所以爲聖，其理一也。」

楊氏曰：「孟子一書，只是要正人心，教人存心養性，收其放心。至論仁、義、禮、智，則以惻隱、羞惡、辭遜、是非之心爲之端。論邪説之害，則曰『生於其心，害於其政』。論事君，則曰『格君心之非』『一正君而國定』。千變萬化，只説從心上來。人能正心，則事無足爲者矣。大學之脩身、齊家、治國、平天下，其本只是正心、誠意而已。心得

其正，然後知性之善。故孟子遇人便道性善。或問：「心得其正，然後知性之善，語若倒置，何邪？」曰：「此語亦非無理，但文意不全，如有病者。蓋知性之善，然後能正其心；心得其正，然後有以真知性之爲善而不疑耳。」○輔氏曰：「楊氏發明孟子『千變萬化，只說從心上來』，甚說得孟子意，而又可以使學者知爲學之要。至論『人能正心，則事無足爲者』，則其語亦失之太快。觀大學正心之後，於脩身、齊家、治國、平天下，更有工夫在。後又說『大學之脩身、齊家、治國、平天下，其本只是正心、誠意而已』，却自說得好。『心得其正，然後知性之善』，此說尤精。心者，性之郛郭。心不得其正，則性亦不得其正矣，必使忿懥、恐懼、好樂、憂患一循其自然之則而不失其正，然後吾之性本然純粹至善可見矣。」**歐陽永叔却言『聖人之教人，性非所先』，可謂誤矣。**永叔，名脩，廬陵人。○輔氏曰：「歐陽子未及識孔孟之所謂性，而但見老釋氏清淨寂滅之云，故曰『聖人之教人，性非所先』耳。」**人性上不可添一物，堯舜所以爲萬世法，亦是率性而已。所謂率性，循天理是也。外邊用計用數，假饒立得功業，只是人欲之私。與聖賢作處，天地懸隔。**」輔氏曰：「此說判斷二帝三王及漢唐以後爲治之道所以不同，明白詳盡，真可以繼孟子之傳矣。」

孟子卷第一

朱子集註　後學趙順孫纂疏

梁惠王章句上

凡七章。

孟子見梁惠王。

梁惠王，魏侯罃也。都大梁。愚按：魏初都安邑，在漢河東郡安邑縣，至惠王徙大梁，在漢陳留郡浚儀縣。**僭稱王，謚曰「惠」。史記：「惠王三十五年，卑禮厚幣以招賢者，而孟軻至梁。」**或問：「孟子不見諸侯，此其見梁惠王，何也？」曰：「不見諸侯者，不先往見也。見梁惠王者，答其禮也。蓋先王之禮，未仕者不得見於諸侯。戰國之時，士鮮自重，而孟子猶守先王之禮，故其所居之國而不仕焉，則必其君先就見也，然後往見之。若異國之君，不得越境而來，則必以禮貌先焉，然後往答其禮耳。故史記以爲梁惠王卑禮厚幣以招賢者，而孟子至梁，得其事之實矣。」○語録曰：「此是梁惠王招之而至，孟子出處必不錯了。」

王曰：「叟不遠千里而來，亦將有以利吾國乎？」

叟，長老之稱。王所謂利，蓋富國彊兵之類。真氏曰：「孟子初見惠王，惠王首以利國爲問。蓋自春秋至于戰國，先王之道不明，人心陷溺，惟知有利而已。」

孟子對曰：「王何必曰利，亦有仁義而已矣。

仁者，心之德、愛之理。義者，心之制、事之宜也。語録曰：「問：『德與理，俱以體言，制與宜，俱以用言否？』曰：『心之德，是渾淪説；愛之理，方説到親切處；心之制，都是説義之體，程子所謂處物爲義是也。』」○又曰：「仁對義爲體用，仁又自有仁之體用，義又自有義之體用。」又曰：「心之制，是就義之全體處説；事之宜，是就千條萬緒各有所宜處説。事之宜，亦非是就在外之事説，凡事之來，其中皆有箇宜處，便是義。」○又曰：「仁言心之德，便見得可包四者。義言心之制，却只是説義而已。」○問：「心之制是裁制。」曰：「是。」問：「莫是以制其心？」曰：「制如利斧，事來劈將去，可底從這一邊去，不可底從那一邊去。」○又曰：「我才見箇事來，便知這箇事合恁地處，此便是事之宜也。義如刀相似，其鋒可以割制他物，才到面前，便判將去。然鋒與刀，初未嘗相離也。」○又曰：「事之宜，雖若在外，然所以制其義者，則在心也。」○又曰：「所謂事之宜，方是指事物當然之理，未説到處置合宜處。」○陳氏曰：「義就心上論，則是心之裁制決斷處。宜字乃裁斷後事，裁斷當理，然後得宜。凡事到面前，便須有剖判，是可是否，若可否都不能剖判，便是此心頑鈍無義了。」此二句乃一章之大指，真氏曰：「孟子七篇，以仁義爲首。程子有曰：『孔子言仁，未嘗兼義，獨於易曰「立人之道，曰仁與義」，而孟子言仁必以義配，可謂有功於聖門矣。』」下文乃詳言之。後多倣此。

王曰『何以利吾國』，大夫曰『何以利吾家』，士庶人曰『何以利吾身』，上下交征利而國危矣。萬乘之國弑其君者，必千乘之家；千乘之國弑其君者，必百乘之家。萬取千焉，千取百焉，不爲不多矣。苟爲後義而先利，不奪不饜。乘，去聲。饜，於豔反。

此言求利之害，以明上文「何必曰利」之意也。征，取也。上取乎下，下取乎上，故曰交征。國危，謂將有弑奪之禍。乘，車數也。萬乘之國者，天子畿内地方千里，出車萬乘。千乘之家者，天子之公卿，采地方百里，出車千乘也。千乘之國，諸侯之國。百乘之家，諸侯之大夫也。愚謂：古者方里爲井，四井爲邑，四邑爲丘，四丘爲甸，甸六十四井，五百十二家，通出甲士三人，步卒七十二人，牛十二頭，兵車一乘，故周禮甸讀爲乘。天子畿方千里，提封百萬井，除山川、溝壑、城池、邑居、園囿、街路之屬，定出賦六十四萬井，兵車萬乘，故稱萬乘之國。天子之公卿，采地在畿内，周禮所謂都鄙也，雖上公不過百里，出賦六萬四千井，兵車千乘，故稱千乘之家。諸侯之國則畿外，五等之封也，大國亦不過百里，出賦六萬四千井，兵車千乘，故稱千乘之國。諸侯之大夫，采地其大者，亦出賦六千四百井，兵車百乘，故稱百乘之家。**弑，下殺上也。饜，足也。言臣之於君，每十分而取其一分，亦已多矣。若又以義爲後而以利爲先，則不弑其君而盡奪之，其心未肯以爲足也。**輔氏曰：「此最説得人心求利之意出。蓋尚義則循理而有制，徇利則横流而無節，故雖弑其君而盡奪之，而其心猶有所不足也。」○真氏曰：「理明則尊卑上下之分定，不然則凡有血氣者，皆思自足其欲，非盡攘上之所有不止也，於是篡弑之事興，其害有不勝計者。吁！可畏哉。」

未有仁而遺其親者也，未有義而後其君者也。

此言仁義未嘗不利，以明上文「亦有仁義而已」之意也。或問：「仁義未嘗不利，則是所謂仁義者，乃所以爲求利之資乎？」曰：「不然也。仁義，天理之自然也，居仁由義，循天理而不得不然者也。然仁義得於此，則君臣父子之間，以至於天下之事，自無一物不得其所者，而初非有求利之心也。易所謂『利者義之和』，正謂此爾。」曰：「然則孟子何不以是爲言也？」曰：「仁義固無不利矣，然以是爲言，則人之爲仁義也不免有求利之心焉，一有求利之心，則利不可得而其害至矣。」**遺，猶棄也。後，不急也。言仁者必愛其親，義者必急其君。**或問：「或主於愛，或主於宜，而所施亦有君親之不同，何也？」曰：「仁者，人也，其發則主於愛，而愛莫切於愛親，故人仁則必不遺其親矣。義者，宜也，其發則事皆得宜，而所宜者莫大於尊君，故人義則必不後其君矣。」○輔氏曰：「愛親者，仁之實也，故仁者必愛其親。敬君者，義之實也，故義者必急其君。急，謂不後也，蓋於義言之，則莫急於君也。」**故人君躬行仁義而無求利之心，則其下化之，自親戴於己也。**蔡氏曰：「不遺其親、不後其君之説，不過推仁義中有自然之利耳，非謂方爲仁時，便計不遺其親之利；方爲義時，便計不後其君之利也。」○輔氏曰：「仁義，人心之固有。人君躬行仁義以感之，而無求利之心以誘之，則人心之固有者亦皆興起而自然尊君親上，有不待外求而勉强爲之者也。」

王亦曰仁義而已矣，何必曰利。」

重言之，以結上文兩節之意。○此章言仁義根於人心之固有，天理之公也；輔氏曰：「天以是理賦予於人，而人則具是理於其心者也。曰根者，如草木之根於地也。曰固有者，又見其非可移彼以植此。氣聚乎此，則理命乎此，未有此氣而先有此理也。人人具足，物物圓成，故曰天理之公也。」**利心生於物我之相形，人欲之私也。**輔氏曰：「利心，人本無之，只緣有己有物，彼此相形，便生出箇較短量長、争多競少之意來，遂欲己長人短、人少己多，偏詖反側，惟己是徇，故曰人欲之私也。」**循天理，則不求利而自無不利；**輔氏曰：「無所爲而爲，故不求利，然成己成物，各得其宜，故自無不利。」○蔡氏曰：「此發明『未有仁而遺其親，未有義而後其君』之意。」**徇人欲，則求利未得而害已隨之。**輔氏曰：「有所爲而爲，故雖求利而未必得，然妨人害物，招尤取禍，故害常隨之。」○蔡氏曰：「此發明『苟爲後義而先利，不奪不饜』之意。」所謂豪氂之差，千里之繆。此孟子之書所以造端託始之深意，學者所宜精察而明辯也。○太史公曰：「余讀孟子書，至梁惠王問『何以利吾國』，未嘗不廢書而歎也。曰嗟乎！利誠亂之始也。夫子罕言利，常防其源也，故曰『放於利而行，多怨』。自天子以至於庶人，好利之弊何以異哉。」司馬氏，名遷，西漢龍門人。爲太史令，自號太史公。○或問：「太史公之歎，其果知孟子之學耶？」曰：「未必知也。以其言之偶得其要，是以謹而著之耳。」○輔氏曰：「太史公之説，似疏而實密，似闊而實切，似淡泊而實有意味。嗟嘆而言，誠有以深發於人心，學者最宜深玩。其曰『自天子至於庶人，好利之弊何以異哉』者，正説得孟子『上下交征』『不奪不饜』之意也。」程子曰：「君子未嘗不欲利，但專以利爲心則有害。惟仁義則不求利而未嘗不利也。當是之時，天下之人惟利是求，而不復知有仁義，故孟子言仁義而不言利，所以拔本塞源而救其弊，此聖賢之心也。」輔氏曰：「利者，民生所不可無者也，故乾之四德曰利，書之三德曰利，此所謂君子未嘗不欲利也。但專欲求利，則不顧義理；專欲利己，則必害於人。惟能循仁義而行，則體順有常而自無不利。」

○孟子見梁惠王。王立於沼上，顧鴻鴈麋鹿，曰：「賢者亦樂此乎？」樂，音洛，篇内同。

沼，池也。鴻，鴈之大者。麋，鹿之大者。

孟子對曰：「賢者而後樂此，不賢者雖有此，不樂也。

此一章之大指。

詩云：『經始靈臺，經之營之。庶民攻之，不日成之。經始勿亟，庶民子來。王在靈囿，麀鹿攸伏。麀鹿濯濯，白鳥鶴鶴。王在靈沼，於牣魚躍。』文王以民力爲臺爲沼，而民歡樂之，謂其臺曰靈臺，謂其沼曰靈沼，樂其有麋鹿魚鼈。古之人與民偕樂，故能樂也。亟，音棘。麀，音憂。鶴，詩作翯，户角反。於，音烏。

此引詩而釋之，以明「賢者而後樂此」之意。詩，大雅靈臺之篇。經，量度也。靈臺，文王臺名也。詩傳曰：「國之有臺，所以望氛祲，察災祥，時觀游，節勞佚也。謂之靈者，言其倏然而成，如神靈之所爲也。」○愚按左傳云：「秦獲晉侯以歸，乃舍諸靈臺。」杜預云：「在京兆鄠縣，周之故臺也。」營，謀爲也。攻，治也。不日，不終日也。詩傳曰：「庶民來作之，不終日而成。」亟，速也。言文王戒以勿亟也。詩傳曰：「文王心恐煩民，戒令勿亟。」子來，如子來趨父事也。詩傳曰：「如子趨父事，不召自來也。」靈囿、靈沼，臺下有囿，囿中有沼也。詩傳曰：「臺下有囿，所以域養禽獸。」麀，牝鹿也。愚按：鹿，牡曰麚，牝曰麀。伏，安其所，不驚動也。愚謂：攸，所也。鹿至易驚動，不驚動而攸伏者，無害獸之心，鹿信之而弗疑也。濯濯，肥澤貌。鶴鶴，潔白貌。於，歎美辭。牣，滿也。孟子言文王雖用民力，而民反歡樂之，既加以美名，而又樂其所有。蓋由文王能愛其民，故民樂其樂，而文王亦得以享其樂也。

湯誓曰：『時日害喪？予及女偕亡。』民欲與之偕亡，雖有臺池鳥獸，豈能獨樂哉？」害，音曷。喪，去聲。女，音汝。

此引書而釋之，以明「不賢者雖有此，不樂」之意也。湯誓，商書篇名。時，是也。日，指夏桀。害，何也。桀嘗自言：「吾有天下，如天之有日，日亡吾乃亡耳。」愚按：此說出尚書大傳。民怨其虐，故因其自言而目之曰：「此日何時亡乎？若亡，則我寧與之俱亡。」蓋欲其亡之甚也。孟子引此，以明君獨樂而不恤其民，則民怨之而不能保其樂也。

○梁惠王曰：「寡人之於國也，盡心焉耳矣。河內凶，則移其民於河東，移其粟於河內。河東凶亦然。察鄰國之政，無如寡人之用心者。鄰國之民不加少，寡人之民不加多，何也？」

寡人，諸侯自稱，言寡德之人也。河内、河東，皆魏地。凶，歲不熟也。移民以就食，移粟以給其老稚之不能移者。

孟子對曰：「王好戰，請以戰喻。填然鼓之，兵刃既接，棄甲曳兵而走，或百步而後止，或五十步而後止。以五十步笑百步，則何如？」曰：「不可。直不百步耳，是亦走也。」曰：「王如知此，則無望民之多於鄰國也。好，去聲。填，音田。

填，鼓音也。愚謂：此言鼓音之塞滿也。兵以鼓進，以金退。直，猶但也。言此以譬鄰國不卹其民，惠王能行小惠，然皆不能行王道以養其民，不可以此而笑彼也。楊氏曰：「移民移粟，荒政之所不廢也。然不能行先王之道，而徒以是爲盡心焉，則末矣。」輔氏曰：「周禮以荒政十有二聚萬民，雖無所謂移粟之事，然大荒大札，則令邦國移民以辟災就賤。蓋在後世，歲或歉於此而豐於彼，則移民移粟固有所不可廢。若夫先王之道，所以制民之産，豐年固使之仰事俯育而無憾，又積三十年之耕而有九年之食，則雖有旱乾水溢，而民無菜色。其視區區移民移粟之事，顧何足以爲盡心，而望民之多於鄰國哉。」

不違農時，穀不可勝食也；數罟不入洿池，魚鼈不可勝食也；斧斤以時入山林，材木不可勝用也。穀與魚鼈不可勝食，材木不可勝用，是使民養生喪死無憾也。養生喪死無憾，王道之始也。勝，音升。數，音促。罟，音古。洿，音烏。農時，謂春耕夏耘秋收之時。凡有興作，不違此時，至冬乃役之也。不可勝食，言多也。數，密也。罟，網也。洿，窊下之地，水所聚也。愚謂：濁水不流之小坎也。古者網罟必用四寸之目，魚不滿尺，市不得粥，人不得食。山林川澤，與民共之，而有厲禁。草木零落，然後斧斤入焉。此皆爲治之初，法制未備，且因天地自然之利，而撙節愛養之事也。輔氏曰：「爲治之初，法制所以未大備者，一則民生淳厖，未用多爲之防；二則天下之事，要非一聖人之所能盡也。天地自然之利，謂五穀、魚鼈、材木之類。撙節愛養之事，謂不違農時、不用數罟、斧斤以時入山林之類。」然飲食宮室所以養生，祭祀棺槨所以送死，皆民所急而不可無者。今皆有以資之，則人無所恨矣。王道以得民心爲本，故以此爲王道之始。輔氏曰：「養生送死，乃人世之始終。於是二者皆有以濟之，則人世之始終一無所憾，而民心得矣。此其所以爲王道之始也。」

五畝之宅，樹之以桑，五十者可以衣帛矣；雞豚狗彘之畜，無失其時，七十者可以食肉矣；百畝之田，勿奪其時，數口之家可以無飢矣；謹庠序之教，申之以孝悌之義，頒白者不負戴於道路矣。七十者衣帛食肉，黎民不飢不寒，然而不王者，未之有也。衣，去聲。畜，敕六反。數，去聲。王，去聲。凡有天下者人稱之曰王，則平聲；據其身臨天下而言曰王，則去聲，後皆倣此。

五畝之宅，一夫所受，二畝半在田，二畝半在邑。愚謂：古者一夫一婦受私田百畝，公田十畝，是爲八百八十畝，餘二十畝，八家分之，得二畝半以爲廬舍，城邑之居亦各得二畝半。春令民畢出在野，冬則畢入於邑。在野曰廬，在邑曰里。廬各在其田中，而里聚居也。田中不得有木，恐妨五穀，故於牆下植桑以供蠶事。五十始衰，非帛不煖，未五十者不得衣也。畜，養也。時，謂孕字之時，如孟春犧牲毋用牝之類也。七十非肉不飽，未七十者不得食也。或問：「既曰魚鼈不可勝食矣，又言老者然後可以食肉，何也？」曰：「魚鼈自生之物，養其小而食其大，老幼之所同也。至於芻豢之畜，人力所爲，則非七十之老，不得以食之矣。先王制度之節，始於略而終於詳，大率如此。」曰：「必五十而後衣帛，七十而後食肉，何也？」曰：「此先王品節之意，所以教民尊長敬老而節用勤生也。若其意則豈不欲少者之皆帛衣而肉食哉？顧其財有不贍，則老者或反不得其所當得耳。」百畝之田，亦一夫所受。愚謂：古以百步爲畝，今以二百四十步爲畝，古之百畝當今之四十一畝也。至此則經界正，井地均，無不受田之家矣。愚謂：經界，謂治地分田，經畫其溝塗封植之界也。井地，即井田也。田有定分，故無不受之家。庠、序，皆學名也。文集曰：「閭有序而鄉有庠，序以明教，庠則行禮而視化焉。」申，重也，丁寧反覆之意。善事父母爲孝，善事兄長爲悌。頒，與斑同，老人頭半白黑者也。負，任在背。戴，任在首。夫民衣食不足，則不暇治禮義；而飽煖無教，則又近於禽獸。故既富而教以孝悌，則人知愛親敬長而代其勞，不使之負戴於道路矣。衣帛食肉但言七十，舉重以見輕也。黎，黑也。黎民，黑髮之人，猶秦言黔首也。少壯之人，雖不得衣帛食肉，然亦不至於飢寒也。此言盡法制品節之詳，極財成輔相之道，以左右民，是王道之成也。輔氏曰：「盡法制品節之詳，極財成輔相之道，則民情之變故已備見，聖人之制作已大成。以左右民，則不惟制民之産使之有以養其生，而又爲之學校之教使之得以全其性，如帝堯所謂『正之直之，輔之翼之，使自得之』，是爲王道之大成也。」

狗彘食人食而不知檢，塗有餓莩而不知發；人死，則曰『非我也，歲也』。是何異於刺人而殺之，曰『非我也，兵也』。王無罪歲，斯天下之民至焉。」

莩，平表反。刺，七亦反。

檢，制也。莩，餓死人也。發，發倉廩以賑貸也。歲，謂歲之豐凶也。惠王不能制民之産，又使狗彘得以食人之食，則與先王制度品節之意異矣。至於民飢而死猶不知發，則其所移特民閒之粟而已。乃以民不加多，歸罪於歲凶，是知刃之殺人，而不知操刃者之殺人也。不罪歲，則必能自反而益脩其政。天下之民至焉，則不但多於鄰國而已。○程子曰：「孟子之論王道不過如此，可謂實矣。」輔氏曰：「天下無理外之事，亦無事外之理。理貫於事，事統於理。唯物格知至，則理事一如，但言其事而理自無違矣，如孟子之論王道是也。」又曰：「孔子之時，周室雖微，天下猶知尊周之爲義，故春秋以尊周爲本。至孟子時，七國争雄，天下不復知有周，而生民之塗炭已極。當是時，諸侯能行王道，則可以王矣。此孟子所以勸齊梁之君也。蓋王者，天下之義主也。聖賢亦何心哉？視天命之改與未改耳。」文集曰：「問：『程子説天命之改，莫是大勢已去否？』曰：『然。』」○輔氏曰：「『王者，天下之義主』云者，在天下之義，當以爲主也。春秋之時，周室雖微，而天下猶知尊周之爲義，則是於義猶以爲主也，故孔子以尊周爲本。至七國時，天下已不復知有周，則是人心之義不以爲主矣，故孟子勸齊梁之君以行王道而王。孔孟亦何心哉？視天命之改與未改耳。然天命之改與未改，亦視人心之向背而已。人心猶知尊周之爲義，則是天命之未改也；人心不復知有周，則是天命之已改矣。又況生民之塗炭已極，仁者固不當坐視而莫之救，此則所謂『仁之至，義之盡也』。」○永嘉陳氏曰：「此是孔孟灼見天心，以天自處。周有一日天命，便當爲周文王，孔子是也；一日天命去周，便當爲周武王，孟子是也。」

○梁惠王曰：「寡人願安承教。」

承上章言願安意以受教。輔氏曰：「既著箇『梁惠王曰』字，則已是分爲兩章。雖分爲兩章，然其實只是一時説話，『以梃與刃，以刃與政，有以異乎』，皆所以重明殺人非兵與不可罪歲之意。」

孟子對曰：「殺人以梃與刃，有以異乎？」曰：「無以異也。」梃，徒頂反。

梃，杖也。

「以刃與政，有以異乎？」曰：「無以異也。」

孟子又問而王答也。

曰：「庖有肥肉，廄有肥馬，民有飢色，野有餓莩，此率獸而食人也。

厚斂於民以養禽獸，而使民飢以死，則無異於驅獸以食人矣。

獸相食，且人惡之。爲民父母，行政不免於率獸而食人，惡在其爲民父母也？惡之之惡，去聲。惡在之惡，平聲。

君者，民之父母也。惡在，猶言何在也。

仲尼曰：『始作俑者，其無後乎！』爲其象人而用之也。如之何其使斯民飢而死也？」俑，音勇。爲，去聲。

俑，從葬木偶人也。古之葬者，束草爲人，以爲從衛，謂之芻靈，略似人形而已。中古易之以俑，則有面目機發，而太似人矣。愚謂：以木人送葬，設機而能踊跳，故名之曰俑。故孔子惡其不仁，而言其必無後也。孟子言此作俑者，但用象人以葬，孔子猶惡之，況實使民飢而死乎？〇李氏曰：「爲人君者，固未嘗有率獸食人之心，然徇一己之欲，而不恤其民，則其流必至於此，故以爲民父母告之。夫父母之於子，爲之就利避害，未嘗頃刻而忘于懷，何至視之不如犬馬乎？」輔氏曰：「李氏發明得最好，雖大無道之君，亦孰有率獸食人之心？然徇一己之私欲，而不恤其民，則其流必至於此，人心之所以爲危也，故孟子以爲民父母告之。爲人上者，必能體父母於其子頃刻不忘之心，則庶幾其能盡保民之道矣。」

〇梁惠王曰：「晉國，天下莫强焉，叟之所知也。及寡人之身，東敗於齊，長子死焉；西喪地於秦七百里；南辱於楚。寡人恥之，願比死者一洒之，如之何則可？」長，上聲。喪，去聲。比，必二反。洒，與洗同。

魏本晉大夫魏斯，與韓氏、趙氏共分晉地，號曰三晉，故惠王猶自謂晉國。愚按：魏斯者，所謂文侯也。與趙籍、韓虔俱爲晉大夫，三分其地，號曰三晉。惠王，文侯之孫，故猶自謂晉國。**惠王三十年，齊擊魏，破其軍，虜太子申。十七年，秦取魏少梁，後魏又數獻地於秦。又與楚將昭陽戰敗，亡其七邑。比，猶爲也。言欲爲死者雪其恥也。**輔氏曰：「惠王之志，疑若剛勇而有爲者，然細考之史，則其敗於三國，皆非義舉也，徒以争城争地，不失之貪則失之繆。事既如此，猶不知所以自反，乃於見賢之際歷敘其喪敗，而欲與死者一洗之。此正如匹夫賤人勢出無聊，不勝其忿，而求一快者所爲耳，豈有君人之度，而知所謂大勇之理哉。」

孟子對曰：「地方百里而可以王。百里，小國也。然後行仁政[二]，則天下之民歸之矣。

王如施仁政於民，省刑罰，薄税斂，深耕易耨。壯者以暇日修其孝悌忠信，入以事其父兄，出以事其長上，可使制梃以撻秦楚之堅甲利兵矣。省，所梗反。斂、易，皆去聲。耨，奴豆反。長，上聲。

省刑罰，薄税斂，此二者仁政之大目也。輔氏曰：「仁政在於養民而已。省刑罰，則民不至

[二] 後，通志堂經解本作「能」。

無所措其手足，而得以安其生；薄稅斂，則民不至有所闕於衣食，而得以保其生，故孟子言仁政首及此二者。下面數句，則又其效驗也。深耕易耨，則薄稅斂之所致也。重稅厚斂，則民不聊生，民不聊生，則其於農事亦苟且鹵莽而已。壯者以暇日脩其孝弟忠信，入以事父兄，出以事長上，則省刑罰之所致也。嚴刑峻罰，則民不樂生，民不樂生，則其於人道亦何暇修爲之哉。」易，治也。耨，耘也。盡己之謂忠，以實之謂信。君行仁政，則民得盡力於農畝，而又有暇日以脩禮義，是以尊君親上而樂於效死也。

彼奪其民時，使不得耕耨以養其父母，父母凍餓，兄弟妻子離散。養，去聲。

彼，謂敵國也。

彼陷溺其民，王往而征之，夫誰與王敵？夫，音扶。

陷，陷於阱；溺，溺於水，暴虐之意。征，正也。以彼暴虐其民，而率吾尊君親上之民往正其罪，彼民方怨其上而樂歸於我，則誰與我爲敵哉？

故曰：『仁者無敵。』王請勿疑。」

仁者無敵，蓋古語也。百里可王，以此而已。恐王疑其迂闊，故勉使勿疑也。○孔氏曰：「惠王之志在於報怨，孟子之論在於救民。所謂唯天吏則可以伐之，蓋孟子之本意。」孔氏，名文仲，臨江人。○輔氏曰：「怨有當報者，亦有不當報者。若惠王之事，則所謂不當報者也。不當報而報，則是忿懥者之所爲耳，忿懥者之所爲，則其心熏灼焚燒，愈撲愈熾，不至於大敗極壞而不已。若所謂志於救民，則至誠惻怛，成己以成物，一日有一日之功。其曰『爲天吏則可以伐之』，則其所以自治者嚴矣。」

○孟子見梁襄王。

襄王，惠王子，名赫。

出，語人曰：「望之不似人君，就之而不見所畏焉，卒然問曰：『天下惡乎定？』吾對曰：『定于一。』語，去聲。卒，七没反。惡，平聲。

語，告也。不似人君，不見所畏，言其無威儀也。卒然，急遽之貌。蓋容貌詞氣乃德之符，其外如此，則其中之所存者可知。輔氏曰：「容貌詞氣形於外者，德則存於中者，形於外者則存於中者之符也。襄王望之不似人君，則容貌無可敬之儀也；就之而不見可畏，則容貌無可畏之威也；卒然而問，則其詞氣又急遽而無序也。其形於外者如此，則其中之輕脱荒肆可知矣。」王問列國分争，天下當何所定。孟子對以必合于一，然後定也。

『孰能一之？』

王問也。

對曰：『不嗜殺人者能一之。』

嗜，甘也。輔氏曰：「如人口之嗜美味也。」

『孰能與之？』

王復問也。與，猶歸也。

對曰：『天下莫不與也。王知夫苗乎？七八月之間旱，則苗槁矣。天油然作雲，沛然下雨，則苗浡然興之矣。其如是，孰能禦之？今夫天下之人牧，未有不嗜殺人者也，如有不嗜殺人者，則天下之民皆引領而望之矣。誠如是也，民歸之，由水之就下，沛然誰能禦之？』夫，音扶。浡，音勃。由，當作猶，古字借用，後多倣此。

周七八月，夏五六月也。油然，雲盛貌。沛然，雨盛貌。浡然，興起貌。禦，禁止也。人牧，謂牧民之君也。領，頸也。蓋好生惡死，人心所同，故人君不嗜殺人，則天下悅而歸之。輔氏曰：「言此以見理勢之當然，非有爲而爲之者也。蓋人君之心誠能不嗜殺人，則舉天下皆在吾仁愛之中，又孰有涣散乖離而不一歸於我哉。固非以不嗜殺人爲一天下之具也。」○蘇氏曰：「孟子之言，非苟爲大而已。然不深原其意而詳究其實，未有不以爲迂者矣。予觀孟子以來，自漢高祖及光武及唐太宗及我太祖皇帝，能一天下者四君，皆以不嗜殺人致之。其餘殺人愈多，而天下愈亂。秦、晉及隋，力能合之而好殺不已，故或合而復分，或遂以亡國。孟子之言，豈偶然而已哉。」輔氏曰：「蘇氏所謂『孟子之言，豈偶然而已哉』者，亦直據理而言之耳。然惟知學者知其爲實語也，不然須深原其意而詳究其實，然後知之，此亦窮理之一端。」

○齊宣王問曰：「齊桓、晉文之事可得聞乎？」

齊宣王，姓田氏，名辟彊。愚按：田氏，本陳公子完之後，初以陳爲氏，後改姓田，至田和始篡齊而有之。辟彊，和之曾孫，是爲宣王。諸侯僭稱王也。齊桓公，名小白。晉文公，名重耳。皆霸諸侯者。

孟子對曰：「仲尼之徒無道桓、文之事者，是以後世無傳焉，臣未之聞也。無以，則王乎？」

道，言也。董子曰：「仲尼之門，五尺童子羞稱五霸。爲其先詐力而後仁義也，亦此意也。」董子，名仲舒，西漢廣川人。○輔氏曰：「孟子之説略，董子之説詳，故引以爲説。夫仲尼門人，所學者，大學之序，所行者，先難後獲之仁，其心思念慮未嘗到功利上，自然無有道桓文之事者。」○真氏曰：「孟子之後，其能深闢五霸者，惟仲舒爲然。」以、已通用。無已，必欲言之而不止也。王，謂王天下之道。或問「王霸之辨」。曰：「古之聖人，致誠心以順天理，而天下自服，王者之道也。齊桓、晉文，則假仁義以濟私欲而已。」

曰：「德何如，則可以王矣？」曰：「保民而王，莫之能禦也。」

保，愛護也。輔氏曰：「保，如保赤子之保，有終始周旋之意。言其愛護斯民，始終無間斷，周旋無遺闕。」〇真氏曰：「保云者，愛護養育之意。王道不外乎保民，而保民又不外乎此心。」

曰：「若寡人者，可以保民乎哉？」曰：「可。」曰：「何由知吾可也？」曰：「臣聞之胡齕曰，王坐於堂上，有牽牛而過堂下者，王見之，曰：『牛何之？』對曰：『將以釁鍾。』王曰：『舍之。吾不忍其觳觫，若無罪而就死地。』對曰：『然則廢釁鍾與？』曰：『何可廢也？以羊易之。』不識有諸？」

齕，音核。舍，上聲。觳，音斛。觫，音速。與，平聲。

胡齕，齊臣也。釁鍾，新鑄鍾成，而殺牲取血以塗其釁郄也。愚謂：古者器成而釁以血，所以禳却不祥也。周禮云：「上春釁寶鎮及寶器。」觳觫，恐懼貌。孟子述所聞胡齕之語而問王，不知果有此事否？

曰：「有之。」曰：「是心足以王矣。百姓皆以王爲愛也，臣固知王之不忍也。」

王見牛之觳觫而不忍殺，即所謂惻隱之心，仁之端也，擴而充之，則可以保四海矣。故孟子指而言之，欲王察識於此而擴充之也。或問：「齊王不忍一牛之死，其事微矣，而孟子遽以是心爲足以王者，何也？」曰：「不忍者心之發，而仁者天地生物之心，而人之所以爲心者也。是心之存，則其於親也，必知所以親之；於民也，必知所以仁之；於物也，必知所以愛之矣。然人或蔽於物欲之私，而失其本心之正，故其所發有不然者，然其根於天地之性者，則終不可得而亡也。故閒而值其不蔽之時，則必隨事而發見焉。若齊王之興兵結怨而急於戰伐之功，則其所蔽爲不淺矣。然其不忍一牛之死，則不可不謂之惻隱之發，而仁之端也。古之聖王所以博施濟衆而仁覆天下，亦即是心以推之而已，豈自外至哉？王既不能自知，而反以桓文爲問，則孟子安得不指此以開示之耶？然戰國之時，舉世没於功利，而不知仁義之固有，齊之百姓又未見王之所以及民之功，是以疑其貪一牛之利。非孟子得其本心之正，而有以通天下之志，盡人物之情，亦孰知此爲本心之發，而足以王天下哉？」愛，猶吝也。

王曰：「然，誠有百姓者。齊國雖褊小，吾何愛一牛？即不忍其觳觫，若無罪而就死地，故以羊易之也。」

言以羊易牛，其迹似吝，實有如百姓所譏者。然我之心不如是也。輔氏曰：「使宣王而有學問之功，知體察之要，則因孟子之言反求而識其不忍之實矣，亦何暇更辯百姓之言。今宣王乃汲汲於百姓之譏是辯，而但略及其所以不忍者以自解，則是前日都不知講學也。」

曰：「王無異於百姓之以王爲愛也。以小易大，彼惡知之？王若隱其無罪而就死地，則牛羊何擇焉？」王笑曰：「是誠何心哉？我非愛其財，而易之以羊也。宜乎百姓之謂我愛也。」惡，平聲。

異，怪也。隱，痛也。擇，猶分也。言牛羊皆無罪而死，何所分别而以羊易牛乎？孟子故設此難，欲王反求而得其本心。王不能然，故卒無以自解於百姓之言也。輔氏曰：「宣王既無講學之功，不知反求之理，而徒自辯解於百姓之言。故孟子又設此以問難之，蓋欲王反求而得其本心不忍之實。而王猶不能然也，而但以百姓之言爲宜，是卒無以自解於百姓之言也。」

曰：「無傷也，是乃仁術也，見牛未見羊也。君子之於禽獸也，見其生，不忍見其死；聞其聲，不忍食其肉。是以君子遠庖厨也。」遠，去聲。

無傷，曰雖有百姓之言，不爲害也。輔氏曰：「宣王既無以自解於百姓之言，故孟子告以雖有百姓之言而不爲害，以解其心之所惑。然後告以其羊易牛者，是乃爲仁之術，而亦吾心本然之善，而宣王實不知也。」術，謂法之巧者。語録曰：「術字本非不好底字，只緣後人把做變詐看了，便道是不好。却不知天下事有難處處，須著有箇巧底道理始得。當齊宣王見牛之時，惻隱之心已發乎中，又見釁鍾事大似住不得，只得以不見者而易之。乃是他既周旋得那事，又不抑遏了這箇不忍之心，則此心乃得流行。若當此之時無箇措置，便抑遏了這箇不忍之心，遂不得而流行矣。此乃所謂術也。」○輔氏曰：「巧，亦非穿鑿以爲巧。蓋隨物賦形，逶迤曲折，而得以遂吾此心之用爾。」○真氏曰：「處事不可無法，雖有此心而無法以處之，則亦徒善而已。」**蓋殺牛既所不忍，釁鍾又不可廢，於此無以處之，則此心雖發而終不得施矣。然見牛則此心已發而不可遏，未見羊則其理未形而無所妨，故以羊易牛，則二者得以兩全而無害，此所以爲仁之術也。**輔氏曰：「殺牛既所不忍，釁鍾又不可廢，此乃事理膠轕之會，而人之所難處者也。苟或無以處之，則此心雖發而終不得施矣。此心雖發而終不得施，則是天命有時而不流行也，是以君子有貴於學問之功夫。見牛則此心已發，此心已發則不可遏其流行之體；未見羊則其理未形，其理未形則無所妨理，則心之所具者也。理既未形，而彼雖用之，則在我者不覺，故無所妨。此即下文所謂『君子之於禽獸，其不忍之心施於見聞之所及』者是也。見聞不及，則於我無妨矣。無妨，謂理事無礙也。於此之時而能以羊易牛，則二者得以兩全而無害，所謂仁義並行而不相悖，是乃爲仁之術也，所謂法之巧者也。宣王雖未嘗知學問，然其所爲能適其宜若此者，蓋其良心之發偶無物欲之蔽，而又習聞釁鍾之禮不可廢，是以能暗合於義理也。」**聲，謂將死而哀鳴也。蓋人之於禽獸，同生而異類，故用之以禮，而不忍之心施於見聞之所**

及。輔氏曰：「唯其生同而類異，故其待禽獸與待人不同。所謂用之以禮，則如記所言『國君無故不殺牛，大夫無故不殺羊，士無故不殺犬豕』，與『天子無故歲三田』之類，皆是所謂不忍之心施於見聞之所及。則如宣王見牛之觳觫而不忍殺，乃以羊易之，孟子所謂『見其生不忍見其死，聞其聲不忍食其肉，是以君子遠庖厨』之類皆是。然二者人固多由之而不自覺也。」**其所以必遠庖厨者，亦以預養是心，而廣爲仁之術也。**輔氏曰：「唯其不忍之心止施於見聞之所及，故古之君子知學問者必遠其庖厨，乃所以預養是不忍之心，不使之見其生，聞其聲，以推廣其爲仁之術，不必屑屑然以其所不見而易其所見也。孟子言此以見宣王之初心本無不善，以羊易牛，然後仁義之心得以兩全而無害也。」

王説曰：「詩云：『他人有心，予忖度之。』夫子之謂也。夫我乃行之，反而求之，不得吾心。夫子言之，於我心有戚戚焉。此心之所以合於王者，何也？」説，音悦。忖，七本反。度，待洛反。夫我之夫，音扶。

詩，小雅巧言之篇。戚戚，心動貌。輔氏曰：「戚戚，心動而有所慘傷也。」**王因孟子之言，而前日之心復萌，乃知此心不從外得，然猶未知所以反其本而推之也。**輔氏曰：「孟子所言，曲盡其理，故宣王前日之心復動于中，而委蛇曲折之意莫不盡見，而亦莫非吾心本然之善，非從外而得也。向非孟子據理之極，知言之要，深得夫開導誘掖之術，而抽其端緒以告之，則亦何能使宣王前日不忍之心復萌也哉。宣王此心雖發動，而其端尚微，其體未充，而又未知所以用力推廣之方也，故孟子此下復以用力、用明、用恩之説以曉切也。」

曰：「有復於王者曰：『吾力足以舉百鈞，而不足以舉一羽；明足以察秋毫之末，而不見輿薪。』則王許之乎？」曰：「否。」「今恩足以及禽獸，而功不至於百姓者，獨何與？然則一羽之不舉，爲不用力焉；輿薪之不見，爲不用明焉；百姓之不見保，爲不用恩焉。故王之不王，不爲也，非不能也。」

與，平聲。爲不之爲，去聲。

復，白也。鈞，三十斤。愚按：五權之法，二十四銖爲兩，十六兩爲斤，三十斤爲鈞，四鈞爲石。百鈞，至重難舉也。羽，鳥羽。一羽，至輕易舉也。秋毫之末，毛至秋而末鋭，小而難見也。輿薪，以車載薪，大而易見也。許，猶可也。「今恩」以下，又孟子之言也。蓋天地之性人爲貴，故人之與人，又爲同類而相親。是以惻隱之發，則於民切而於物緩，推廣仁術，則仁民易而愛物難。輔氏曰：「此與上文所謂人與禽獸同生而異類，故待之不同之説，皆是從分金等子上説將來。夫天地之性人爲貴，而人之與人，又爲同類而相親，故惻隱之發，於民切而於物緩，皆自然而然，雖至愚之人，亦莫不然。學者須是臨事體察，看教分曉，不可模糊率略，聽其自然，事過便休。若夫推廣仁術，則仁民易而愛物難。所以難、所以易者，且以凡人言之，推廣此心，愛及同類者，其勢便，其事易；至於物，則有不得已而資以爲用者，使之皆被吾之愛而無傷，則其勢遠，其事難。自君人者言之，發政施仁，使民得以遂其生者，其勢便，其事易；極輔相財成之道，使庶類繁殖，鳥獸魚鼈咸若者，其勢遠，其事難。」○真氏曰：「孟子爲一羽、輿薪之譬，以明愛物之難，而仁民之易。宣王既能爲其所難，乃不能爲其所易，何哉？」今王此心能及物矣，則其保民而王，非不能也，但自不肯爲耳。輔氏曰：「今王此心既發於見牛之際，而又有以處之，而使是心得以流行矣，則是於其勢遠而事難者既能有以及之。則以是心而施於勢近而事易，與之同類而相親，所謂保民而王者，則豈有不能者哉？但自不肯爲耳。」

曰：「不爲者與不能者之形，何以異？」曰：「挾太山以超北海，語人曰『我不能』，是誠不能也。爲長者折枝，語人曰『我不能』，是不爲也，非不能也。故王之不王，非挾太山以超北海之類也；王之不王，是折枝之類也。

語，去聲。爲長之爲，去聲。長，上聲。折，之舌反。

形，狀也。挾，以腋持物也。超，躍而過也。爲長者折枝，以長者之命折草木之枝，言不難也。是心固有，不待外求，擴而充之，在我而已，何難之有？輔氏曰：「是心乃我之固有，廣而充之，在我而已。如有耳目而自視自聽，有手足而自執自行，固不難也。」

老吾老以及人之老，幼吾幼以及人之幼，天下可運於掌。詩云：『刑于寡妻，至于兄弟，以御于家邦。』言舉斯心加諸彼而已。故推恩足以保四海，不推恩無以保妻子。古之人所以大過人者，無他焉，善推其所爲而已矣。今恩足以及禽獸，而功不至於百姓者，獨何與？與，平聲。

老，以老事之也。吾老，謂我之父兄。人之老，謂人之父兄。幼，以幼畜之也。吾幼，謂我之子弟。人之幼，謂人之子弟。運於掌，言易也。或問：「老吾老以及人之老，幼吾幼以及人之幼，而天下可運於掌，何也？」曰：「天地之閒，人物之衆，其理本一，而分未嘗不殊也。以其理一，故推己可以及人；以其分殊，故立愛必自親始。爲天下者，誠能以其心而不失其序，則雖天下之大，而親疏遠邇無一物而不得其所焉，其治豈不易哉。」詩，大雅思齊之篇。刑，法也。寡妻，寡德之妻，謙辭也。御，治也。不能推恩，則衆叛親離，故無以保妻子。蓋骨肉之親，本同一氣，又非但若人之同類而已。輔氏曰：「此與天之生物一本同意。蓋人之骨肉，本同一氣而生，又非但若人之同類而已。故於心爲至親至切，而行仁必自孝弟始，然後可以推而及民與物也。」故古人必由親親推之，然後及於仁民，又推其餘，然後及於愛物，皆由近以及遠，自易以及難。今王反之，則必有故矣，故復推

本而再問之。輔氏曰：「勢有近遠，當由近以及遠；事有難易，當自易以及難。老吾老，幼吾幼，以及人之老幼；刑寡妻，至兄弟，以御于家邦，此蓋自然之序，而人所不能自已者。若或反此，則必有其故矣，是不可不致其克復之功，使之循序而進。不然則倒行而逆施之，如無源之水，無根之木，不旋踵而乾涸枯瘁矣。」○真氏曰：「由親以及民，由民以及物，此古人之善推也。能及物而不能及民，此宣王之不善推也。」

權，然後知輕重；度，然後知長短。物皆然，心爲甚。王請度之。度之之度，待洛反。

權，稱錘也。愚謂：稱上謂之衡，稱錘謂之權。**度，丈尺也。**愚謂：分、寸、尺、丈、引，各以十累起，謂之五度。**度之，謂稱量之也。言物之輕重長短，人所難齊，必以權度度之而後可見。若心之應物，則其輕重長短之難齊，而不可不度以本然之權度，又有甚於物者。**或問：「心有輕重長短，而又曰當以心爲權度而稱量，何也？」曰：「輕重長短之當然，固本心之正理，其爲權度而稱量之者，亦以此心之用而反求之耳。」○語録曰：「物易見，心無形。度物之輕重長短易，度心之輕重長短難。度物差了，只是一事差；心差了時，萬事差，所以心爲甚。」○又曰：「本然之權度，亦只是此心。此心本然，萬理皆具。應物之時，須是子細看合如何，便是本然之權度也。如齊王見牛而不忍之心見，此是合權度處；及至興甲兵，危士臣，結怨於諸侯，又却忍爲之，便是不合權度，失其本心。」今王恩及禽獸，而功不至於百姓，是其愛物之心重且長，而仁民之心輕且短，失其當然之序而不自知也。輔氏曰：「此指宣王之心偏詖處言之也。必先見得其輕重長短如此分明了，然後究其所以然之故，則吾心之蔽始可去，而本然之理始可復。此孟子所以引物資權度之説，而使王自稱量其心也。」故上文既發其端，而於此請王度之也。

抑王興甲兵，危士臣，構怨於諸侯，然後快於心與？」與，平聲。

抑，發語辭。士，戰士也。構，結也。孟子以王愛民之心所以輕且短者，必其以是三者爲快也。然三事實非人心之所快，有甚於殺觳觫之牛者，故指以問王，欲其以此而度之也。輔氏曰：「孟子雖引物資權度之説，而請王稱量其心，然又恐不知所以稱量之要，故舉興甲兵、危士臣、結怨於諸侯三事，使王度之。蓋宣王愛民之心所以輕且短者，實以是三者之爲快蔽之也。夫此三事，乃人心之所不忍有甚於殺觳觫之牛者，王若以是爲快，則宜乎愛民之心輕且短也。」

王曰：「否。吾何快於是，將以求吾所大欲也。」

不快於此者，心之正也；而必爲此者，欲誘之也。欲之所誘者獨在於是，是以其心尚明於他而獨暗於此，此其愛民之心所以輕短，而功不至於百姓也。輔氏曰：「辟土地，朝秦楚，涖中國，撫四夷，是其本志也。興甲兵，危士臣，結怨於諸侯，則末流之禍耳。有是志，則有是禍矣。指其末流之禍，則以爲不快於此者，心之明也。而卒溺於初志之失而不知反者，欲誘之也。其心尚明於他者，謂不忍一牛之觳觫也。而獨暗於此者，謂功不至於百姓也。」

曰：「王之所大欲可得聞與？」王笑而不言。曰：「爲肥甘不足於口與？輕煖不足於體與？抑爲采色不足視於目與？聲音不足聽於耳與？便嬖不足使令於前與？王之諸臣皆足以供之，而王豈爲是哉？」曰：「否，吾不爲是也。」曰：「然則王之所大欲可知已。欲辟土地，朝秦楚，涖中國而撫四夷也。以若所爲求若所欲，猶緣木而求魚也。」與，平聲。爲肥、抑爲、豈爲、不爲之爲，皆去聲。便、令，皆平聲。辟，與闢同。朝，音潮。

便嬖，近習嬖幸之人也。已，語助辭。辟，開廣也。朝，致其來朝也。秦、楚，皆大國。愚按：秦跨有禹貢雍梁二州之地；楚盡有荆州，西接漢中，北至汝南，故皆爲大國。涖，臨也。若，如此也。所爲，指興兵結怨之事。緣木求魚，言必不可得。

王曰：「若是其甚與？」曰：「殆有甚焉。緣木求魚，雖不得魚，無後災。以若所爲求若所欲，盡心力而爲之，後必有災。」曰：「可得聞與？」曰：

「鄒人與楚人戰，則王以爲孰勝？」曰：「楚人勝。」曰：「然則小固不可以敵大，寡固不可以敵衆，弱固不可以敵彊。海内之地方千里者九，齊集有其一，以一服八，何以異於鄒敵楚哉？蓋亦反其本矣。甚與、聞與之與，平聲。

殆、蓋，皆發語辭。鄒，小國。楚，大國。齊集有其一，言集合齊地，其方千里，是有天下九分之一也。以一服八，必不能勝，所謂後災也。反本，説見下文。

今王發政施仁，使天下仕者皆欲立於王之朝，耕者皆欲耕於王之野，商賈皆欲藏於王之市，行旅皆欲出於王之塗，天下之欲疾其君者皆欲赴愬於王。其若是，孰能禦之？」朝，音潮。賈，音古。愬，與訴同。

行貨曰商，居貨曰賈。發政施仁，所以王天下之本也。近者悦，遠者來，則大小彊弱非所論矣。蓋力求所欲，則所欲者反不可得；能反其本，則所欲者不求而至。與首章意同。輔氏曰：「力求所欲，則徇欲也，有爲而爲之也。計獲求得，用力雖勞，而所欲者反不如所期。能反其本，則循理者也，無所爲而爲之也。先難後獲，先事後得，而可大之業自爾循至，此天理人欲之分也。」

王曰：「吾惛，不能進於是矣。願夫子輔吾志，明以教我，我雖不敏，請嘗試之。」惛，與昏同。曰：「無恒產而有恒心者，惟士爲能。若民，則無恒產因無恒心。苟無恒心，放辟邪侈，無不爲已。及陷於罪，然後從而刑之，是罔民也。焉有仁人在位，罔民而可爲也？恒，胡登反。辟，與僻同。焉，於虔反。恒，常也。產，生業也。常產，可常生之業也。常心，人所常有之善心也。輔氏曰：「常生之業，則下文所言五畝之宅、百畝之田是也。常有之善心，則下文所言善與禮義是也。善，又禮義之總名也。」士嘗學問，知義理，故雖無常產而有常心。民則不能然矣。罔，猶羅網，欺其不見而取之也。輔氏曰：「緣民無常產，所以無常心，故不知禮義而陷於放僻邪侈也。若遂從而刑之，是誠無異於以羅網罔民，欺其不見而取之也。」是故明君制民之產，必使仰足以事父母，俯足以畜妻子，樂歲終身飽，凶年免於死亡。然後驅而之善，故民之從之也輕。畜，許六反，下同。輕，猶易也。此言民有常產而有常心也。今也制民之產，仰不足以事父母，俯不足以畜妻子，樂歲終身苦，凶年不免於死亡。此惟救死而恐不贍，奚暇治禮義哉？治，平聲。凡治字，爲理物之義者，平聲；爲已理之義者，去聲，後皆倣此。

贍，足也。此所謂無常産而無常心者也。

王欲行之，則盍反其本矣？

盍，何不也。輔氏曰：「蓋亦反其本者，言其當反本也。則盍反其本者，責其何不反本也。其辭固有輕重矣。」使民有常産者，又發政施仁之本也。説具下文。

五畝之宅，樹之以桑，五十者可以衣帛矣；雞豚狗彘之畜，無失其時，七十者可以食肉矣；百畝之田，勿奪其時，八口之家可以無飢矣；謹庠序之教，申之以孝悌之義，頒白者不負戴於道路矣。老者衣帛食肉，黎民不飢不寒，然而不王者，未之有也。」音見前章。

此言制民之産之法也。趙氏曰：「八口之家，次上農夫也。此王政之本，常生之道，故孟子爲齊梁之君各陳之也。」輔氏曰：「八口，乃上次農夫，言此者，舉其次多者耳。所謂王政之本，常生之道，故以告齊梁之君者，其説亦得其要。」楊氏曰：「爲天下者，舉斯心加諸彼而已。然雖有仁心仁聞，而民不被其澤者，不行先王之道故也，故以制民之産告之。」輔氏曰：「楊氏之説，本末具舉，首尾該盡，亦深得孟子之意。」〇此章言人君當黜霸功，行王道。而王道之要，不過推其不忍之心，以行不忍之政而已。齊王非無此心，而奪於功利之私，不能擴充以行仁政。雖以孟子反覆曉告，精切如此，而蔽固已深，終不能悟，是可歎也。黄氏曰：「儒術之不見用於世，以其空言而無實用，故功利之説常易以求售於人。不知夫功利者乃空言，而儒術則皆實用也。爲功利者，則曰兵可强，國可富也。然挾區區之小數，而不知爲國之大體，相傾相詐，相戕相賊，不惟爲敵國之病，而吾國之民固亦不得安其生矣，豈不謂之空言乎？儒術則不然。自五畝之宅、百畝之田，使民養生喪死而無憾，然後教之以孝弟忠信，不惟吾之民皆知尊君親上，而天下之人亦皆引領而望之，其爲實用孰過於此。夫元后者，民之父母也。父母之於子，必先有以養之，而又有以教之，然後爲之子者，得以全其父母之身。今也爲民父母，聽其自生自死、自愚自智而莫之問也，又倡爲功利之説以斲喪之，豈爲民父母之道哉？虞氏九官、周官六典，無非儒者已試之效，孰謂其皆空言而無實用，必待管商之術而後可以爲國乎？」○輔氏曰：「集註所斷章指數語，尤包括得意盡，而深嘆孟子之精切，與宣王之不悟。熟讀而詳玩之，尤使人慨然於世變之衰，而聖賢之道不得行也。」

孟子卷第一

孟子卷第二

朱子集註　後學趙順孫纂疏

梁惠王章句下

凡十六章。

莊暴見孟子曰：「暴見於王，王語暴以好樂，暴未有以對也。」曰：「好樂何如？」孟子曰：「王之好樂甚，則齊國其庶幾乎。」見於之見，音現，下見於同。語，去聲，下同。好，去聲，篇內並同。

莊暴，齊臣也。庶幾，近辭也，言近於治。

他日見於王曰：「王嘗語莊子以好樂，有諸？」王變乎色曰：「寡人非能好先王之樂也，直好世俗之樂耳。」

變色者，慚其好之不正也。

曰：「王之好樂甚，則齊其庶幾乎。今之樂猶古之樂也。」

今樂，世俗之樂。古樂，先王之樂。

曰：「可得聞與？」曰：「獨樂樂，與人樂樂，孰樂？」曰：「不若與人。」曰：「與少樂樂，與衆樂樂，孰樂？」曰：「不若與衆。」聞與之與，平聲。樂樂，下字音洛。孰樂，亦音洛。

獨樂不若與人，與少樂不若與衆，亦人之常情也。

「臣請爲王言樂。爲，去聲。

此以下，皆孟子之言也。

今王鼓樂於此，百姓聞王鍾鼓之聲，管籥之音，舉疾首蹙頞而相告曰：『吾王之好鼓樂，夫何使我至於此極也？父子不相見，兄弟妻子離散。』今王田獵於此，百姓聞王車馬之音，見羽旄之美，舉疾首蹙頞而相告曰：『吾王之好田獵，夫何使我至於此極也？父子不相見，兄弟妻子離散。』此無他，不與民同樂也。蹙，子六反。頞，音遏。夫，音扶。同樂之樂，音洛。

鍾鼓管籥，皆樂器也。愚謂：管，笙也。籥，簫也。舉，皆也。疾首，頭痛也。蹙，聚也。頞，額也。人憂戚則蹙其額。極，窮也。羽旄，旌屬。愚按春秋傳：「范宣子假羽旄於齊。」「晉人假羽旄於鄭。」杜預曰：「以析羽爲旌，爲王者斿車之所建也。」又按周禮司常：「九旗之數，有全羽、析羽。」釋云：「全羽、析羽，直有羽而無帛也。」不與民同樂，謂獨樂其身而不恤其民，使之窮困也。

今王鼓樂於此，百姓聞王鍾鼓之聲，管籥之音，舉欣欣然有喜色而相告曰：『吾王庶幾無疾病與？何以能鼓樂也？』今王田獵於此，百姓聞王車馬之音，見羽旄之美，舉欣欣然有喜色而相告曰：『吾王庶幾無疾病與？何以能田獵也？』此無他，與民同樂也。病與之與，平聲。同樂之樂，音洛。

與民同樂者，推好樂之心以行仁政，使民各得其所也。

今王與百姓同樂，則王矣。」

好樂而能與百姓同之，則天下之民歸之矣，所謂「齊其庶幾」者如此。○范氏曰：「戰國之時，民窮財盡，人君獨以南面之樂自奉其身。孟子切於救民，故因齊王之好樂，開導其善心，深勸其與民同樂，而謂今樂猶古樂。其實今樂古樂，何可同也？但與民同樂之意，則無古今之異耳。若必欲以禮樂治天下，當如孔子之言，必用韶舞，必放鄭聲。蓋孔子之言，爲邦之正道；孟子之言，救時之急務，所以不同。」楊氏曰：「樂以和爲主，使人聞鍾鼓管絃之音而疾首蹙頞，則雖奏以咸、英、韶、濩，無補於治也，故孟子告齊王以此，姑正其本而已。」輔氏曰：「范氏辨孔子、孟子之説，可謂平正明白，無餘藴矣。而楊氏論樂以和爲主，及與民同樂爲樂之本，又可以足范氏之説。」

○齊宣王問曰：「文王之囿方七十里，有諸？」孟子對曰：「於傳有之。」囿，音又。傳，直戀反。

囿者，蕃育鳥獸之所。輔氏曰：「大宰九職，以園圃毓草木，藪牧養蕃鳥獸。今乃以囿爲蕃育鳥獸之所，何也？觀此章所言及文王靈囿所有，與衛獻公之『射鴻于囿』，春秋之書『築鹿囿』，則可知矣，況説文又有『養獸曰囿』之訓乎。」古者四時之田，皆於農隙以講武事，然不欲馳騖於稼穡場圃之中，故度閒曠之地以爲囿。然文王七十里之囿，其亦三分天下有其二之後也與。輔氏曰：「文王由方百里起，不應有七十里之囿，故疑其在三分天下有其二之後。」傳，謂古書。輔氏曰：「孟子時有之，今不復存矣。然孟子所謂『於傳有之』者，亦言據古書有此説耳，然亦未必其然否也。」

曰：「若是其大乎？」曰：「民猶以爲小也。」曰：「寡人之囿方四十里，民猶以爲大，何也？」曰：「文王之囿方七十里，芻蕘者往焉，雉兔者往焉，與民同之。民以爲小，不亦宜乎？芻，音初。蕘，音饒。

芻，草也。蕘，薪也。輔氏曰：「芻謂取草者，蕘謂取薪者。」臣始至於境，問國之大禁，然後敢入。臣聞郊關之内有囿方四十里，殺其麋鹿者如殺人之罪。則是方四十里爲阱於國中，民以爲大，不亦宜乎？」阱，才性反。

禮，入國而問禁。國外百里爲郊，郊外有關。愚謂：五十里爲近郊，百里爲遠郊。關者，蓋郊之門。阱，坎地以陷獸者，言陷民於死也。

○齊宣王問曰：「交鄰國有道乎？」孟子對曰：「有。惟仁者爲能以大事小，是故湯事葛，文王事昆夷；惟智者爲能以小事大，故大王事獯鬻，句踐事吴。獯，音熏。鬻，音育。句，音鈎。

仁人之心，寬洪惻怛，而無較計大小彊弱之私，故小國雖或不恭，而吾所以字之之心自不能已。輔氏曰：「此説足以盡仁人之心。寬洪者，仁之量也。惻怛者，仁之意也。仁與物無對，一視同仁，自不見大小彊弱之異也，豈復有較計之私哉？故小國雖或不恭，而吾之所以字之之心自不能已，尤更説得仁字體用分曉，蓋人心本無閒斷也[二]。」**智者明義理，識時勢，故大國雖見侵陵，而吾所以事之之禮尤不敢廢。**語録曰：「問：『仁者爲能以大事小，是仁者之心寬洪惻怛，便是小國不恭，亦撓他不動。智者爲能以小事大，蓋知者見得利害甚明，故祇得事大。』曰：『不特是見得利害明，道理自合恁地。小之事大，弱之事强，皆是道理合恁地。』」〇輔氏曰：「此説足以盡智者之用。明義理，謂明得吾心義理之原。識時勢，謂識得在外時勢之輕重。唯其知得，方能敬以循之，是以大國或見侵陵，則在我事之之禮自不敢廢。若元不知，則更論甚敢與不敢？所謂不敢廢，方始是知之極致也。」〇又曰：「集註只言義理、時勢而已。若言利害，便流於私欲，只要就利避害，更不顧義理當如何矣。」〇永嘉陳氏曰：「仁者無計較之私，忘其孰大而孰小。智者有量度之明，自知不能敵大。」**湯事，見後篇。文王事，見詩大雅。大王事，見後章。所謂狄人，即獯鬻也。**愚按：獯鬻者，匈奴之别號。**句踐，越王名，事見國語、史記。**蔡氏曰：「按國語、史記載，越王棲於會稽之上，使大夫種行成於吴。曰：『寡君之師徒不足以辱君矣，願以金玉子女賂君之辱。』夫差欲與之成，子胥諫。越人飾美女八人，納之太宰嚭，曰：『子苟赦越國之罪，又有美於此者進之。』嚭曰：『古之伐國者，服之而已。今已服

[二] 人，通志堂經解本作「仁」。

矣，又何求焉。』夫差與之成而去之。句踐後與范蠡深謀十年，而竟滅吳。」

以大事小者，樂天者也；以小事大者，畏天者也。樂天者保天下，畏天者保其國。樂，音洛。

天者，理而已矣。輔氏曰：「即程子所謂『天，專言之則道也』。」**大之字小，小之事大，皆理之當然也。**輔氏曰：「以道理言，則大者自當事小，此天之所以覆地也；小者自當事大，此坤之所以承乾也。」**自然合理，故曰樂天。不敢違理，故曰畏天。**語録曰：「仁者與天爲一，智者順天所命。與天爲一者，嘉人之善，矜人之惡，無所擇於利害，故能以大事小。聽天所命者，循理而行，順時而動，不敢用其私心，故能以小事大。然此亦各因一事而言，惟仁者能如此，智者能如此耳。非專以事大事小爲仁智之分、樂天畏天之别也。仁者固能事小，然豈不能事大？智者固能事大，然豈不能事小？但其事之之情，則有樂天畏天之異耳。」○輔氏曰：「自然合理，仁之事也，與天爲一，故曰樂天。不敢違理，智之事也，與天爲二，故曰畏天。」**包含偏覆，無不周遍，保天下之氣象也。制節謹度，不敢縱逸，保一國之規模也。**語録曰：「保天下、保一國，以其德之厚薄、量之大小而言，亦無一定之拘。」○輔氏曰：「言仁智者之氣象規模有此效也，非謂仁者智者之心欲其如此也。」

詩云：『畏天之威，于時保之。』

周頌我將之篇。時，是也。

王曰：「大哉言矣！寡人有疾，寡人好勇。」

言以好勇，故不能事大而恤小也。輔氏曰：「齊王唯其好勇，故但欲辟土地，朝秦楚，爭地爭城以刈其人民而已，故不能知事大之禮，又不能行恤小之仁。」

對曰：「王請無好小勇。夫撫劍疾視，曰『彼惡敢當我哉』，此匹夫之勇，敵一人者也。王請大之。夫撫之夫，音扶。惡，平聲。

疾視，怒目而視也。小勇，血氣所爲。大勇，義理所發。愚謂：血氣所爲之勇，如溝澮之水，暴集隨涸，故謂之小。義理所發之勇，如天開地闢，自不能已，故謂之大。

詩云：『王赫斯怒，爰整其旅，以遏徂莒，以篤周祜，以對于天下。』此文王之勇也。文王一怒而安天下之民。

詩，大雅皇矣篇。赫，赫然，怒貌。爰，於也。旅，衆也。遏，詩作按，止也。徂，往也。莒，詩作旅。徂旅，謂密人侵阮徂共之衆也。愚按：密國，在今寧州。阮國，在今涇州。共，阮地，今有共池。侵阮徂共，蓋侵阮直至共之地也。篤，厚也。祜，福也。對，答也，以答天下仰望之心也。此文王之大勇也。

書曰：『天降下民，作之君，作之師。惟曰其助上帝，寵之四方。有罪無罪，惟我在，天下曷敢有越厥志？』一人衡行於天下，武王恥之，此武王之勇也。而武王亦一怒而安天下之民。衡，與横同。

書，周書泰誓之篇也。然所引與今書文小異，今且依此解之。寵之四方，寵異之於四方也。輔氏曰：「謂天寵異武王於天下也。亶聰明，是以天德寵異之也。作元后，是以天位寵異之也。」有罪者我得而誅之，無罪者我得而安之。我既在此，則天下何敢有過越其心志而作亂者乎？輔氏曰：「心志，謂天下之心志也。人之作亂，皆過越其心志之故耳。若守其心志，無所過越，則何至有作亂之事乎？此武王以天下之重自任也。」衡行，謂作亂也。孟子釋書意如此，而言武王亦大勇也。

今王亦一怒而安天下之民，民惟恐王之不好勇也。」

王若能如文武之爲，則天下之民望其一怒以除暴亂，而拯己於水火之中，惟恐王之不好勇耳。○此章言人君能懲小忿，則能恤小事大以交鄰國；能養大勇，則能除暴救民以安天下。輔氏曰：「章旨之説，語簡意盡。君人者必能懲小忿，然後能養大勇，所謂人能有所不爲，然後可以有爲也。」張敬夫曰：「小勇者，血氣之怒也。大勇者，理義之怒也。血氣之怒不可有，理義之怒不可無。知此，則可以見性情之正，而識天理人欲之分矣。」輔氏曰：「此説發明先儒所未到。怒乃人情之所不能無者，情則性之動也，但所發有理義、血氣之不同。發於義理，則爲性情之正；發於血氣，則爲人欲而不正耳。理義、血氣，是乃天理、人欲之分也。」

○齊宣王見孟子於雪宮。王曰：「賢者亦有此樂乎？」孟子對曰：「有。人不得則非其上矣。樂，音洛，下同。

雪宮，離宮名。輔氏曰：「離，猶別也。別在其所居宮室之外，故曰離宮。」言人君能與民同樂，則人皆有此樂；輔氏曰：「此釋『有』之一字。」不然，則下之不得此樂者，必有非其君上之心。輔氏曰：「此釋『人不得則非其上矣』一句。」明人君當與民同樂，不可使人有不得者，非但當與賢者共之而已也。

不得而非其上者，非也；爲民上而不與民同樂者，亦非也。

下不安分，上不恤民，皆非理也。輔氏曰：「下不得而非其上者，不知命也，故謂之不安分；爲民上而不與民同樂者，不知義也，故謂之不恤民，皆不知理者也。」

樂民之樂者，民亦樂其樂；憂民之憂者，民亦憂其憂。樂以天下，憂以天下，然而不王者，未之有也。

樂民之樂而民樂其樂，則樂以天下矣；憂民之憂而民憂其憂，則憂以天下矣。輔氏曰：「君以民之樂爲樂，則民亦以君之樂爲樂，如是則樂不以一己而以天下。君以民之憂爲憂，而民亦以君之憂爲憂，如是則憂不以一己而以天下。憂樂皆不以己而以天下，則君以民爲體，民以君爲心。天下雖大，兆民雖多，然其懽忻愉怡，痾痒疾痛，舉切於吾之身矣。君能體仁如此，則天下之民其將何往？雖欲不王，不可得也。」〇真氏曰：「因己之樂而圖民之憂，是之謂與民同樂。因民之憂而不敢恣己之樂，是之謂與民同憂。君之憂樂與民同，而民不與君同其憂樂者鮮矣。故爲人君者，不以己之樂爲樂，而以天下之樂爲樂；不以己之憂爲憂，而以天下之憂爲憂。如此而天下不歸者，未之有也。」

昔者齊景公問於晏子曰：『吾欲觀於轉附、朝儛，遵海而南，放于琅邪。吾何脩而可以比於先王觀也？』朝，音潮。放，上聲。

晏子，齊臣，名嬰。轉附、朝儛，皆山名也。遵，循也。放，至也。琅邪，齊東南境上邑名。觀，游也。

晏子對曰：『善哉問也！天子適諸侯曰巡狩，巡狩者，巡所守也；諸侯朝於天子曰述職，述職者，述所職也，無非事者。春省耕而補不足，秋省斂而助不給。夏諺曰：「吾王不遊，吾何以休？吾王不豫，吾何以助？一遊一豫，爲諸侯度。」狩，舒救反。省，悉井反。

述，陳也。省，視也。斂，收穫也。給，亦足也。夏諺，夏時之俗語也。豫，樂也。巡所守，巡行諸侯所守之土也。述所職，陳其所受之職也。愚謂：巡所守者，自上察下也；述所職者，自下達上也。王十二歲一巡守，諸侯六年一朝。皆無有無事而空行者。而又春秋循行郊野，察民之所不足而補助之。故夏諺以爲，王者一遊一豫，皆有恩惠以及民，而諸侯皆取法焉，不敢無事慢遊以病其民也。

今也不然。師行而糧食，飢者弗食，勞者弗息。睊睊胥讒，民乃作慝。方命虐民，飲食若流。流連荒亡，爲諸侯憂。睊，古縣反。

今，謂晏子時也。師，衆也，二千五百人爲師，春秋傳曰：「君行師從。」糧，謂糗糒之屬。睊睊，側目貌。胥，相也。讒，謗也。慝，怨惡也。言民不勝其勞而起謗怨也。方，逆也。命，王命也。輔氏曰：「王者之命諸侯，豈固欲其如此哉？不過使之愛養斯民而已。逆王命，則虐必及其民矣。」若流，如水之流無窮極也。流連荒亡，解見下文。諸侯，謂附庸之國、縣邑之長。輔氏曰：「此主言齊事而云爲諸侯憂，故知爲附庸之君、縣邑之長也。」

從流下而忘反謂之流，從流上而忘反謂之連，從獸無厭謂之荒，樂酒無厭謂之亡。厭，平聲。

此釋上文之義也。從流下，謂放舟隨水而下。從流上，謂挽舟逆水而上。從獸，田獵也。荒，廢也。樂酒，以飲酒爲樂也。亡，猶失也，言廢時失事也。輔氏曰：「舊說以亡爲喪亡。然此四弊相等，不應樂酒之弊獨極言其喪國，且下文但言荒亡之行耳，亦未可便以爲喪亡之亡也，故集註創爲此說，當矣。」

先王無流連之樂，荒亡之行。行，去聲。惟君所行也。』

言先王之法，今時之弊，二者惟在君所行耳。

景公說，大戒於國，出舍於郊，於是始興發補不足。召太師曰：『爲我作君臣相說之樂。』蓋徵招、角招是也，其詩曰『畜君何尤』。畜君者，好君也。」說，音悅。爲，去聲。樂，如字。徵，陟里反。招，與韶同。畜，敕六反。

戒，告命也。出舍，自責以省民也。輔氏曰：「出舍於郊，則是欲行上文所謂循行郊野，察民之不足而補助之法，故下文即言興發倉廩以補不足也。」興發，發倉廩也。太師，樂官也。

君臣，己與晏子也。樂有五聲，三曰角，爲民，四曰徵，爲事。愚謂：樂有五聲，宫、商、角、徵、羽是也。角主木，木聲清濁中，其數多少中，故爲民。徵主火，火聲稍輕，其數稍少，故爲事。事謂人之所營事務也。招，舜樂也。輔氏曰：「韶樂蓋極於和樂，故取其名以見和樂之意。」其詩，徵招、角招之詩也。愚謂：徵、角皆以招名之，亦舜作歌以康庶事，鼓琴歌南風以阜民財之意。尤，過也。言晏子能畜止其君之欲，宜爲君之所尤，然其心則何過哉？孟子釋之以爲，臣能畜止其君之欲，乃是愛其君者也。真氏曰：「易之大小畜，皆以止爲義。凡止君之欲者，乃所以爲愛君也。縱君之欲者，其得爲愛君乎？忠臣之心，惟恐其君之有欲；姦臣之心，惟恐其君之無欲。」○尹氏曰：「君之與民，貴賤雖不同，然其心未始有異也。孟子之言，可謂深切矣。齊王不能推而用之，惜哉！」輔氏曰：「尹氏之言平淡有味，熟讀而詳玩之，自有感發於人心，而孟子之意亦無餘藴矣。」

○齊宣王問曰：「人皆謂我毁明堂。毁諸？已乎？」

趙氏曰：「明堂，太山明堂。周天子東巡守朝諸侯之處，漢時遺址尚在。輔氏曰：「漢書郊祀志：武帝元封元年『封泰山，泰山東北阯古時有明堂處』云。」人欲毁之者，蓋以天子不復巡守，諸侯又不當居之也。輔氏曰：「此正與子貢欲去告朔餼羊之意同，以其無用，故欲毁去之也。」王問當毁之乎？且止乎？」

孟子對曰：「夫明堂者，王者之堂也。王欲行王政，則勿毁之矣。」夫，音扶。明堂，王者所居以出政令之所也。能行王政，則亦可以王矣，何必毁哉？

王曰：「王政可得聞與？」對曰：「昔者文王之治岐也，耕者九一，仕者世禄，關市譏而不征，澤梁無禁，罪人不孥。老而無妻曰鰥，老而無夫曰寡，老而無子曰獨，幼而無父曰孤。此四者，天下之窮民而無告者。文王發政施仁，必先斯四者。詩云：『哿矣富人，哀此煢獨。』」與，平聲。孥，音奴。鰥，姑頑反。哿，工可反。煢，音瓊。

岐，周之舊國也。愚按：岐山，在漢右扶風美陽縣西北，唐屬岐州岐山縣，本朝屬鳳翔府，蓋箭括嶺也。岐山之南有周原，蓋周之舊國。九一者，井田之制也。方一里爲一井，其田九百畝。中畫井字，界爲九區，一區之中，爲田百畝。中百畝爲公田，外八百畝爲私田，八家各受私田百畝，而同養公田，是九分而税其一也。輔氏曰：「治岐之政，耕者九一，是助法也。及周禮，則易而爲徹。聖人之於法度，非有所不得已，則不應變易之。易助爲徹，雖不可知，要必出於不得已。若非斯民浸失先公後私之意，則必田畯之官漸有急於公而緩於私之失，故變其法。雖一夫受田百畝，而與同溝共井之人通力合作，計畝均收，大率民得其九，公取其一，故謂之徹。其以一分饒與民，則又變狹而之寬，因以寓厚民之意也。」世禄者，先王之世，仕者之子孫皆教之，教之而成材則官之。如不足用，亦使之不失其禄。蓋其先世嘗有功德於民，故報之如此，忠厚之至也。關，謂道路之關。市，謂都邑之市。譏，察也。征，税也。關市之吏，察異服異言之人，而不征商賈之税也。輔氏曰：「關市譏而不征，周禮則關市有征。周公之意，是必將以抑商賈而歸之農也。及其弊也，則有爲暴之譏焉。以此見變法易令之識，非易事也。」澤，謂瀦水。梁，謂魚梁。與民同利，不設禁也。輔氏曰：「澤梁不禁，至周禮則山澤皆有厲禁，亦禁其暴殄天物者，而使取之以其時而已。」○永嘉陳氏曰：「文王治岐，關市不征，澤梁無禁，因民所利而利之，乃王道之始。成周門關市廛皆有限守，山林川澤悉有厲禁，經制大備，乃王道之成。」孥，妻子也。惡惡止其身，不及妻子也。先王養民之政，導其妻子，使之養其老而恤其幼。不幸而有鰥寡孤獨之人，無父母妻子之養，則尤宜憐恤，故必以爲先也。輔氏曰：「先王以民爲體，雖無尺寸之膚不養，然於心腹腠理易於傷犯處，尤當有以愛護之。此又體仁之至，而王政之本也。」詩，小雅正月之篇。哿，可也。惸，困悴貌。

王曰：「善哉言乎！」曰：「王如善之，則何爲不行？」王曰：「寡人有疾，寡人好貨。」對曰：「昔者公劉好貨。詩云：『乃積乃倉。乃裹餱糧，于橐于囊，思戢用光。弓矢斯張，干戈戚揚，爰方啓行。』故居者有積倉，行者有裹糧也，然後可以爰方啓行。王如好貨，與百姓同之，於王何有？」餱，音侯。槖，音托。戢，詩作輯，音集。

王自以爲好貨，故取民無制，而不能行此王政。公劉，后稷之曾孫也。愚按：后稷生不窋，不窋生鞠陶，鞠陶生公劉，是后稷之曾孫。詩，大雅公劉之篇。積，露積也。餱，乾糧也。無底曰槖，有底曰囊，皆所以盛餱糧也。戢，安集也。言思安集其民人，以光大其國家也。戚，斧也。揚，鉞也。愚謂：鉞大而斧小。太公六韜云：「大柯斧，一名天鉞。」是鉞大於斧也。爰，於也。啓行，言往遷于豳也。愚按：舜封后稷于邰，不窋失其官守，而自竄於戎狄之閒，公劉始立國於豳之谷。豳，今邠州三水縣。何有，言不難也。孟子言公劉之民富足如此，是公劉好貨，而能推己之心以及民也。真氏曰：「人君豈能不事儲峙之富？惟能推此心，使民亦有餱糧之積可也。」今王好貨，亦能如此，則其於王天下也，何難之有？

王曰：「寡人有疾，寡人好色。」對曰：「昔者大王好色，愛厥妃。詩云：『古公亶甫，來朝走馬。率西水滸，至於岐下。爰及姜女，聿來胥宇。』當是時也，内無怨女，外無曠夫。王如好色，與百姓同之，於王何有？」大，音泰。

王又言此者，好色則心志蠱惑，用度奢侈，而不能行王政也。大王，公劉九世孫。愚按：公劉生慶節，慶節生皇僕，皇僕生差弗，差弗生毁喻，毁喻生公非，公非生高圉，高圉生亞圉，亞圉生公叔祖，公叔祖生大王，是公劉之九世孫。詩，大雅綿之篇也。古公，大王之本號，後乃追尊爲大王也。亶父，大王名也。愚謂：古公，猶言先公也。蓋未追王前之本號古公。當殷末時，猶尚質，故亶父以名言。來朝走馬，避狄人之難也。率，循也。滸，水厓也。岐下，岐山之下也。愚謂：古公避狄之難，其來以早朝之時，疾走其馬，循西方水涯漆沮之側，東行而至於岐山之下。姜女，大王之妃也。胥，相也。宇，居也。曠，空也。無怨曠者，是大王好色，而能推己之心以及民也。真氏曰：「人君豈能無妃匹之奉？惟能推此心，使民亦有配偶之安可也。」〇楊氏曰：「孟子與人君言，皆所以擴充其善心，而格其非心，不止就事論事。若使爲人臣者論事每如此，豈不能堯舜其君乎？」輔氏曰：「孟子對時君之言，其所以充其善而格其非者，乃陳善閉邪之事。若夫就事論事，則是後世不知學者之所爲，淺暗拘滯，徒以激其君，而使之拒吾説耳。若夫孟子之事，則亦勉强做不得，須是學到孟子地位，能如他知言養氣，然後自然有此等功用也。至所謂豈不能堯舜其君，則亦據理而言之耳。其君之聽與不聽，用與不用，則不可得而必也。」**愚謂：此篇自首章至此，大意皆同。蓋鐘鼓、苑囿、游觀之樂，與夫好勇、好貨、好色之心，皆天理之所有，而人情之所不能無者。然天理人欲，同行異情。循理而公於天下者，聖賢之所以盡其性也；縱欲而私於一己者，衆人之所以滅其天也。二者之間，不能以髮，而其是非得失之歸，相去遠矣。**輔氏曰：「鐘鼓、苑囿、遊觀之樂，與夫好勇、好貨、好色之心，以常情論之，則雖若不可爲，故齊王言之則以爲慊，而又自以爲疾，恐不足行王道。然以實理言之，則是固天理人情之所不能無者，但有理與欲、公與私之異耳。故集註舉胡氏知言之説，所謂『天理人欲，同行而異情』者而辨析之。夫聖賢之與衆人，其於好貨好色，其行雖同，而其情則異。循理而公天下者，聖賢之所以盡其性，此即公劉、大王與民同欲之事也。縱欲而私於一己者，衆人之所以滅其天理，此即齊王自以爲疾之事也。二者同異不過毫髮之間，而其終之是非得失，則其相去遂有盡性滅天、興王絶世之相反如此。集註言此，不但贊其理之密，正欲使學者因其言以反諸身，至誠體察於所謂毫髮之際，然後力求所以循夫理而克其欲耳。」**故孟子因時君之問，而剖析於幾微之際，皆所以遏人欲而存天理。其法似疏而實密，其事似易而實難。**輔氏曰：「不直禁其好貨好色，則似若疏且易矣。然必使之爲公劉、大王之事，推己之心以及夫民，循理而不縱欲，公天下而不私一己，則其實又甚密而且難矣。法，指孟子之説。事，指公劉、大王之事。非孟子據理之極，知言之要，何能辨析其精微如此哉。」學者以身體之，則有以識其非曲學阿世之言，而知所以克己復禮之端矣。輔氏曰：「讀之者徒既其文而不究其實，則亦不知夫其意之所在。故又欲學者體之以心，驗之以身，真有以見夫毫釐之辨，同行異情之實，與夫天理人欲界限之不可相入。然後識孟子真非曲學阿世之說，而己之所以克去私意，復歸於禮之端緒，亦可得而默諭矣。」

○孟子謂齊宣王曰：「王之臣有託其妻子於友而之楚遊者，比其反也，則凍餒其妻子，則如之何？」王曰：「棄之。」比，必二反。託，寄也。比，及也。棄，絶也。

曰：「士師不能治士，則如之何？」王曰：「已之。」士師，獄官也。其屬有鄉士、遂士之官，士師皆當治之。已，罷去也。

曰：「四境之内不治，則如之何？」王顧左右而言他。治，去聲。孟子將問此，而先設上二事以發之，輔氏曰：「常人之情，知人則明，自知則暗。孟子將以四境之内不治問王，故先設此二事以開其明，而使之自知其職有不舉也。」及此而王不能答也。其憚於自責，恥於下問如此，不足與有爲可知矣。輔氏曰：「王顧左右而言他，則亦自知其曠職爲可愧矣。然知之非艱，行之爲艱。使齊王沛然達其所愧，反躬自責，訪孟子所以治四境之道，而力行之，則齊國其庶幾矣。今乃不然，顧左右以釋其愧，言他事以亂其辭，有護疾忌醫之心，無責己求言之志，則其不足與有爲可知矣。」○趙氏曰：「言君臣上下各勤其任，無墮其職，乃安其身。」輔氏曰：「各勤其任，指心而言。無墮其職，指事而言。君臣上下，内盡其心，外盡其事，則其身乃安。」

○孟子見齊宣王曰：「所謂故國者，非謂有喬木之謂也，有世臣之謂也。王無親臣矣，昔者所進，今日不知其亡也。」

世臣，累世勳舊之臣，與國同休戚者也。輔氏曰：「謂如畢公弼亮四世之類是也。服勤王家，至歷累世，則自然與國同休戚矣。」親臣，君所親信之臣，與君同休戚者也。輔氏曰：「謂腹心之臣，如漢之蕭何，唐之房、杜是也。君臣一體，自然與之同休戚矣。」此言喬木、世臣皆故國所宜有，然所以爲故國者，則在此而不在彼也。輔氏曰：「齊之爲國舊矣，故曰故國。喬木乃年深高大之木，亦故國之所宜有。但所以爲故國者，則以其有世臣，而非以其有喬木也。」昨日所進用之人，今日有亡去而不知者，則無親臣矣。況世臣乎？輔氏曰：「故國不可無世臣，人君不可無親臣。今齊王之臣，昨日所進而用之者，今日亡去而不知，則雖親臣亦無之矣，況世臣乎？舊説皆以親臣便爲世臣，故其辭膠轕不分曉。集註始分爲兩人，然後其意明白。」

王曰：「吾何以識其不才而舍之？」舍，上聲。

王意以爲此亡去者，皆不才之人。我初不知而誤用之，故今不以其去爲意耳。因問何以先識其不才而舍之邪？輔氏曰：「若不先言齊王之意，則問此一句似無來歷也。蓋宣王於此始悟其始之所進者擇之不精，故問何以辨之於初也。宣王資質亦明快易曉者。」

曰：「國君進賢，如不得已，將使卑踰尊，疏踰戚，可不慎與？與，平聲。

如不得已，言謹之至也。蓋尊尊親親，禮之常也。然或尊者親者未必賢，則必進疏遠之賢而用之。是使卑者踰尊，疏者踰戚，非禮之常，故不可不謹也。輔氏曰：「先儒皆以『如不得已』一句連下文說。言不得已，則將使卑踰尊，疏踰戚，故不可不謹。雖若可通，然如此則是國君用人，唯於不得已之際方致其謹。且下文但言，因國人之言自察其賢否而用舍之，亦未嘗言其不得已之意。故集註直以『如不得已』一句連上文說，言『如不得已』是『至謹』之意。人君於進賢之際皆不可不謹，故於下段結之云『所謂進賢如不得已者如此』。至於尊者親者未必賢，則又將進其疏遠之賢者而用之，至使卑者踰尊，疏者踰戚，則又非禮之常，尤不可不謹也。」

左右皆曰賢，未可也；諸大夫皆曰賢，未可也；國人皆曰賢，然後察之；見賢焉，然後用之。左右皆曰不可，勿聽；諸大夫皆曰不可，勿聽；國人皆曰不可，然後察之；見不可焉，然後去之。去，上聲。

左右近臣，其言固未可信。諸大夫之言，宜可信矣，然猶恐其蔽於私也。至於國人，則其論公矣，然猶必察之者，蓋人有同俗而爲衆所悦者，亦有特立而爲俗所憎者。故必自察之而親見其賢否之實，然後從而用舍之，則於賢者知之深、任之重，而不才者不得以幸進矣。所謂「進賢如不得已」者如此。輔氏曰：「左右近臣未必盡賢，故其言未可以爲信。諸大夫則職位尊矣，不容有不賢者，然猶恐其或有蔽於私也。至於舉國之人皆以爲然，則其論公矣，然世又有同俗而爲衆所悦者，特立而爲俗所憎者，故又必自察之。所謂察之，則必因言以察其心，考迹以察其用，如孔子之視所以、觀所由、察所安，然後能親見其賢否之實，從而用舍之。則於賢者，非徒知之，知之必深而無所疑；非徒任之，任之必重而不可易。至於不才，亦不容於幸進矣。」

左右皆曰可殺，勿聽；諸大夫皆曰可殺，勿聽；國人皆曰可殺，然後察之；見可殺焉，然後殺之，故曰國人殺之也。

此言非獨以此進退人才，至於用刑亦以此道。蓋所謂天命天討，皆非人君之所得私也。輔氏曰：「命有德，討有罪，二事相反而實相連，故因論進退人才而併及於用刑。舜之於四凶，孔子之於少正卯，皆天理人情之至，所謂天討也。」

如此，然後可以爲民父母。」

傳曰：「民之所好好之，民之所惡惡之，此謂民之父母。」

○齊宣王問曰：「湯放桀，武王伐紂，有諸？」孟子對曰：「於傳有之。」傳，直戀反。

放，置也。書云：「成湯放桀于南巢。」蔡氏曰：「南巢，地名。廬江六縣有居巢城，桀奔于此，因以放之也。」

曰：「臣弑其君可乎？」

桀、紂，天子。湯、武，諸侯。

曰：「賊仁者謂之賊，賊義者謂之殘，殘賊之人謂之一夫。聞誅一夫紂矣，未聞弑君也。」

賊，害也。殘，傷也。害仁害義均是滅絶天理，然害仁則本心喪失已甚，害義則人事虧損必多[二]。語録曰：「賊仁之罪重，殘義之罪輕。仁義都是心之天理，仁是根本，賊仁則大倫大法虧滅了，便是殺人底人一般。義就一節一事上言，一事不合宜便傷義，似手足上傷損一

[二]「害仁害義」至「虧損必多」，通志堂經解本作：「害仁者凶暴淫虐，滅絶天理，故謂之賊；害義者顛倒錯亂，傷敗彝倫，故謂之殘。」據疏文，似當從通志堂經解本。

般，所傷者小，猶可補。」○又曰：「傷敗彝倫只是小小傷敗常理。如不以禮食、不親迎之類。若是那紾兄之臂、踰東家牆底〔二〕，便是絶滅天理。」○輔氏曰：「賊之爲害深，殘之爲害淺。凶暴淫虐，指發於中者而言；顛倒錯繆，指見於事者而言。然發於中者必見於外，見於事者實生於心。滅絶天理，則是殄闕其根本；傷敗彝倫，則是損害其枝葉。此賊仁賊義之害，又有輕重之不同也。」一夫，言衆叛親離，不復以爲君也。輔氏曰：「此賊仁賊義、衆惡皆備之證驗也。」書曰：「獨夫紂。」蓋四海歸之則爲天子，天下叛之則爲獨夫，所以深警齊王，垂戒後世也。○王勉曰：「斯言也，惟在下者有湯武之仁，而在上者有桀紂之暴，則可。不然，是未免爲篡弑之罪也。」勉，建陽人。○輔氏曰：「此事自人君言之，則理所當然；自臣下言之，則不得已之大變。故王氏下此數語，所以著萬世爲人臣者之戒。」

○孟子見齊宣王曰：「爲巨室，則必使工師求大木。工師得大木，則王喜，以爲能勝其任也。匠人斲而小之，則王怒，以爲不勝其任矣。夫人幼而學之，壯而欲行之，王曰『姑舍女所學而從我』，則何如？勝，平聲。夫，音扶。

〔二〕踰東家牆底，原作「踰東家底」，通志堂經解本作「踰東家牆」，朱子語類卷五一作「踰東家牆底」，疑脱「牆」字，據語類補。

舍，上聲。女，音汝，下同。

巨室，大宮也。工師，匠人之長。匠人，衆工人也。輔氏曰：「匠人爲衆工人，則工師乃衆工人之師，故知其爲長也。」姑，且也。言賢人所學者大，而王欲小之也。

今有璞玉於此，雖萬鎰，必使玉人彫琢之。至於治國家，則曰『姑舍女所學而從我』，則何以異於教玉人彫琢玉哉？」鎰，音益。

璞，玉之在石中者。鎰，二十兩也。愚謂：國語云：「二十四兩爲鎰。」禮云「朝一鎰米」，註亦謂二十四兩。趙岐始誤註爲二十兩。玉人，玉工也。不敢自治而付之能者，愛之甚也。治國家則徇私欲而不任賢，是愛國家不如愛玉也。輔氏曰：「人唯愛玉，唯恐損之，故不敢自治，而必付之能者。至於治國家，乃不任賢者，而循私欲以爲之[二]，則雖曰治之，乃所以害之。是愛國家反不如愛玉也。」○范氏曰：「古之賢者，常患人君不能行其所學；而世之庸君，亦常患賢者不能從其所好。是以君臣相遇，自古以爲難，孔孟終身而不遇，蓋以此耳。」輔氏曰：「德義則當責成於己，遇否則當聽命於天。」

[二] 循，通志堂經解本作「徇」。

〇齊人伐燕，勝之。

按史記，燕王噲讓國於其相子之，而國亂。齊因伐之，燕士卒不戰，城門不閉，遂大勝燕。

宣王問曰：「或謂寡人勿取，或謂寡人取之。以萬乘之國伐萬乘之國，五旬而舉之，人力不至於此。不取，必有天殃。取之，何如？」乘，去聲，下同。

以伐燕爲宣王事，與史記諸書不同，已見序説。輔氏曰：「伐燕實湣王事，序説辨之已明。今此作宣王者，後世傳寫之訛也。」

孟子對曰：「取之而燕民悦，則取之。古之人有行之者，武王是也。取之而燕民不悦，則勿取。古之人有行之者，文王是也。

商紂之世，文王三分天下有其二，以服事商。至武王十三年，乃伐紂而有天下。張子曰：「此事閒不容髮。一日之閒天命未絶，則是君臣。當日命絶，則爲獨夫。然命之絶否，何以知之？人情而已。諸侯不期而會者八百，武王安得而止之哉？」或問：「文武之事，與齊之取燕若不同者，而孟子引之，何耶？」曰：「張子詳矣。第深考之，則於文武之心、孟子之意其庶幾乎。」〇輔氏曰：「文王、武王豈有一豪利天下之心哉？亦順天命而不敢違焉耳。而張子之説爲尤嚴，所謂間不容髮之際，非理明義精、德至聖人者，孰能處之而無愧哉？才有一豪利心，則失之矣。然其命之絶否，則亦不過察於人情，則又與孟子之言實相表裏也。」

以萬乘之國伐萬乘之國，簞食壺漿，以迎王師。豈有他哉？避水火也。如水益深，如火益熱，亦運而已矣。」簞，音丹。食，音似。

簞，竹器。愚謂：圓曰簞，方曰笥，飯器也，以竹爲之。食，飯也。運，轉也。言齊若更爲暴虐，則民將轉而望救於他人矣。○趙氏曰：「征伐之道當順民心，民心悦則天意得矣。」輔氏曰：「趙氏發明得人心天意爲一之理亦明切。」

○齊人伐燕，取之。諸侯將謀救燕。宣王曰：「諸侯多謀伐寡人者，何以待之？」孟子對曰：「臣聞七十里爲政於天下者，湯是也。未聞以千里畏人者也。

千里畏人，指齊王也。

書曰：『湯一征，自葛始。』天下信之。『東面而征，西夷怨；南面而征，北狄怨，曰奚爲後我？』民望之，若大旱之望雲霓也，歸市者不止，耕者不變。誅其君而弔其民，若時雨降，民大悦。書曰：『徯我后，后來其蘇。』

霓，五稽反。徯，胡禮反。

兩引書，皆商書仲虺之誥文也，與今書文亦小異。一征，初征也。天下信之，信其志在救民，不爲暴也。奚爲後我，言湯何爲不先來征我之國也。蔡氏曰：「湯師之未加者，則怨望其來，曰何獨後予。」霓，虹也。雲合則雨，虹見則止。愚按爾雅云：「雲出天之正氣，霓出地之正氣。雄謂之虹，雌謂之霓，則雲陽物也。陰陽和而既雨，則雲散而霓見矣。」變，動也。徯，待也。后，君也。蘇，復生也。他國之民皆以湯爲我君而待其來，使己得蘇息也。蔡氏曰：「湯師之所往伐者，則曰待我后久矣，后來我其復生乎。他國之民皆以湯爲我君而望其來者如此。」此言湯之所以七十里而爲政於天下也。

今燕虐其民，王往而征之，民以爲將拯己於水火之中也，簞食壺漿以迎王師。若殺其父兄，係累其子弟，毀其宗廟，遷其重器，如之何其可也？天下固畏齊之彊也，今又倍地而不行仁政，是動天下之兵也。累，力追反。

拯，救也。係累，執縛也。重器，寶器也。畏，忌也。倍地，并燕而增一倍之地也。齊之取燕，若能如湯之征葛，則燕人悦之，而齊可以爲政於天下矣。今乃不行仁政而肆爲殘虐，則無以慰燕民之望，而服諸侯之心，是以不免乎以千里而畏人也。

王速出令，反其旄倪，止其重器，謀於燕衆，置君而後去之，則猶可及止也。」旄，與耄同。倪，五稽反。

反，還也。旄，老人也；倪，小兒也，謂所虜略之老小也。猶，尚也。及止，及其未發而止之也。○范氏曰：「孟子事齊梁之君，論道德則必稱堯舜，論征伐則必稱湯武。蓋治民不法堯舜，則是爲暴；行師不法湯武，則是爲亂。豈可謂吾君不能而舍所學以徇之哉？」輔氏曰：「范氏發明孟子此意甚好。蓋莫非道也，而堯舜之道，則正道也；莫非師也，而湯武之師則天討也。集註又益以『豈可謂吾君不能而舍所學以徇之哉』一句，尤爲有功於學者。此萬世臣子事君之大法也。」

○鄒與魯鬨。穆公問曰：「吾有司死者三十三人，而民莫之死也。誅之，則不可勝誅；不誅，則疾視其長上之死而不救。如之何則可也？」鬨，胡弄反。勝，平聲。長，上聲。下同。

鬨，鬭聲也。穆公，鄒君也。不可勝誅，言人衆不可盡誅也。長上，謂有司也。民怨其上，故疾視其死而不救也。

孟子對曰：「凶年饑歲，君之民老弱轉乎溝壑，壯者散而之四方者，幾千人矣；而君之倉廪實，府庫充，有司莫以告，是上慢而殘下也。曾子曰：『戒之戒之！出乎爾者，反乎爾者也。』夫民今而後得反之也，君無尤焉？幾，上聲。夫，音扶。

轉，飢餓輾轉而死也。充，滿也。上，謂君及有司也。尤，過也。

君行仁政，斯民親其上，死其長矣。」

君不仁而求富，是以有司知重斂而不知恤民。故君行仁政，則有司皆愛其民，而民亦愛之矣。○范氏曰：「書曰：『民惟邦本，本固邦寧。』有倉廪府庫，所以爲民也。豐年則斂之，凶年則散之，恤其飢寒，救其疾苦。是以民親愛其上，有危難則赴救之，如子弟之衛父兄，手足之捍頭目也。穆公不能反己，猶欲歸罪於民，豈不誤哉？」輔氏曰：「范氏説得君民相與之義甚明。且曰『穆公不能反己，而猶欲歸罪於民，豈不誤哉』，辭意深厚，最宜詳玩。」

○滕文公問曰：「滕，小國也，間於齊、楚。事齊乎？事楚乎？」間，去聲。

滕，國名。愚按：滕國，在漢沛郡公丘縣東南。

孟子對曰：「是謀非吾所能及也。無已，則有一焉：鑿斯池也，築斯城也，與民守之，效死而民弗去，則是可爲也。」

無已，見前篇。一，謂一説也。效，猶致也。國君死社稷，故致死以守國。至於民亦爲之死守而不去，則非有以深得其心者不能也。○此章言有國者當守義而愛民，不可僥倖而苟免。輔氏曰：「築城鑿池，致死以守者，守義也。使民亦爲之死守而不去，則非愛民者不能也。若夫閒於二國，而徒欲擇彊者而事之，以覬一日之安，則是僥倖而苟免也。」

○滕文公問曰：「齊人將築薛，吾甚恐。如之何則可？」

薛，國名，近滕。愚按：薛國，即漢魯國薛縣，與滕相密邇。齊取其地而城之，故文公以其偪己而恐也。

孟子對曰：「昔者大王居邠，狄人侵之，去之岐山之下居焉。非擇而取之，不得已也。

邠，地名。言大王非以岐下爲善，擇取而居之也。詳見下章。邠，與豳同。

苟爲善，後世子孫必有王者矣。君子創業垂統，爲可繼也。若夫成功，則天也。君如彼何哉？彊爲善而已矣。」夫，音扶。彊，上聲。

創，造。統，緒也。言能爲善，則如大王雖失其地，而其後世遂有天下，乃天理也。

然君子造基業於前，而垂統緒於後，但能不失其正，令後世可繼續而行耳。若夫成功，則豈可必乎？彼，齊也。君之力既無如之何，則但彊於爲善，使其可繼，而俟命於天耳。○此章言人君但當竭力於其所當爲，不可徼幸於其所難必。輔氏曰：「勉彊於其所當爲者，彊爲善之事也。僥倖於其所難必者，期後世之必興也。」

○滕文公問曰：「滕，小國也，竭力以事大國，則不得免焉。如之何則可？」孟子對曰：「昔者大王居邠，狄人侵之。事之以皮幣，不得免焉；事之以犬馬，不得免焉；事之以珠玉，不得免焉。乃屬其耆老而告之曰：『狄人之所欲者，吾土地也。吾聞之也：君子不以其所以養人者害人。二三子何患乎無君？我將去之。』去邠，踰梁山，邑于岐山之下居焉。邠人曰：『仁人也，不可失也。』從之者如歸市。屬，音燭。

皮，謂虎豹麋鹿之皮也。幣，帛也。屬，會集也。土地本生物以養人，今爭地而殺人，是以其所以養人者害人也。邑，作邑也。歸市，人衆而爭先也。

或曰：『世守也，非身之所能爲也，效死勿去。』

又言或謂土地乃先人所受而世守之者，非己所能專，但當致死守之，不可舍去。此國君死社稷之常法。傳所謂「國滅，君死之，正也」，正謂此也。

君請擇於斯二者。」

能如大王則避之，不能則謹守常法。蓋遷國以圖存者，權也；守正而俟死者，義也。審己量力，擇而處之可也。文集曰：「或請改義字作經字。曰：『義便近權，如或可以如此，或可以如彼，皆義也。經則一定而不可易，對權字說，須改作經字』。」○輔氏曰：「遷國以圖存者，大王是也；守正而俟死者，國君死社稷是也。在文公唯有此二法，故併舉以告之。然權非大賢以上不能爲，經則人皆當勉也，故使文公審己量力，擇而取其一焉。夫大王之事，非文公所能爲，然則孟子之意，固欲文公勉守其常法耳。」○楊氏曰：「孟子之於文公，始告之以效死而已，禮之正也。至其甚恐，則以大王之事告之，非得已也。然無大王之德而去，則民或不從而遂至於亡，則又不若效死之爲愈。故又請擇於斯二者。」又曰：「孟子所論，自世俗觀之，則可謂無謀矣，然理之可爲者不過如此，舍此則必爲儀秦之爲矣。凡事求可，功求成，取必於智謀之末，而不循天理之正者，非聖賢之道也。」輔氏曰：「楊氏二條說盡事理，而後條尤有補於世教。」

○魯平公將出。嬖人臧倉者請曰：「他日君出，則必命有司所之，今乘輿已駕矣，有司未知所之。敢請。」公曰：「將見孟子。」曰：「何哉？君所爲輕身以先於匹夫者，以爲賢乎？禮義由賢者出，而孟子之後喪踰前喪。君無見焉。」公曰：「諾。」乘，去聲。

乘輿，君車也。駕，駕馬也。孟子前喪父，後喪母。踰，過也。言其厚母薄父也。諾，應辭也。

樂正子入見曰：「君奚爲不見孟軻也？」曰：「或告寡人曰『孟子之後喪踰前喪』，是以不往見也。」曰：「何哉君所謂踰者？前以士，後以大夫；前以三鼎，而後以五鼎與？」曰：「否。謂棺槨衣衾之美也。」曰：「非所謂踰也，貧富不同也。」入見之見[二]，音現。與，平聲。

樂正子，孟子弟子也，仕於魯。三鼎，士祭禮。五鼎，大夫祭禮。愚謂：士爵卑而賤，大夫爵尊而貴。中庸曰：「子爲士，祭以士。子爲大夫，祭以大夫。」此祭鼎所以有三與五之異。

樂正子見孟子曰：「克告於君，君爲來見也，嬖人有臧倉者沮君，君是以不果來也。」曰：「行或使之，止或尼之，行止非人所能也。吾之不遇魯侯，

[二] 之見，原脱，據通志堂經解本補。

天也。臧氏之子焉能使予不遇哉？」爲，去聲。沮，慈呂反。尼，女乙反。焉，於虔反。克，樂正子名。沮、尼，皆止之之意也。言人之行，必有人使之者；其止，必有人尼之者。然其所以行、所以止，則固有天命，而非此人所能使，亦非此人所能尼也。然則我之不遇，豈臧倉之所能爲哉？輔氏曰：「凡人之行止，須有人使之尼之，故人多歸咎其使尼之人。然在君子觀之，則其人之所以行、所以止者，固自有天命存焉，實非是人之所能使、所能尼也。況孟子之出處，實關時運之盛衰，然則其所以不遇魯侯者，又豈臧倉所能爲哉？」〇此章言聖賢之出處，關時運之盛衰，乃天命之所爲，非人力之可及。輔氏曰：「章旨之說，深得聖賢出處之道。樂正子亦未免以世俗之心窺孟子，故孟子以此發之。」

孟子卷第三

朱子集註　後學趙順孫纂疏

公孫丑章句上

凡九章。

公孫丑問曰：「夫子當路於齊，管仲、晏子之功，可復許乎？」復，扶又反。

公孫丑，孟子弟子，齊人也。當路，居要地也。管仲，齊大夫[一]，名夷吾，相桓公，霸諸侯。許，猶期也。孟子未嘗得政[二]，丑蓋設辭以問也。輔氏曰：「此必是丑初見孟子時事。觀其語意，尚恐孟子不敢以管晏之功自期，是全未知孟子也。」○真氏曰：「齊宣王既慕桓文，而公孫丑復慕管晏。蓋霸者功利之説深入人心，爲日已久，故不惟時君慕之，而學者亦慕之也。」

[一] 齊，元本漫漶，此據通志堂經解本。
[二] 嘗，元本漫漶，此據通志堂經解本。

孟子曰：「子誠齊人也，知管仲、晏子而已矣。齊人但知其國有二子而已，不復知有聖賢之事。輔氏曰：「世衰道微，聖學不明。人不知有學問，則亦不復知有聖賢之事業。雖有英才美質，不過溺於時俗之見聞而已，此齊人之所以但知其國之有二子也。」

或問乎曾西曰：『吾子與子路孰賢？』曾西蹵然曰：『吾先子之所畏也。』曰：『然則吾子與管仲孰賢？』曾西艴然不悦曰：『爾何曾比予於管仲？管仲得君，如彼其專也；行乎國政，如彼其久也；功烈，如彼其卑也。爾何曾比予於是？』」蹵，子六反。艴，音拂，又音勃。曾，並音增。

孟子引曾西與或人問答如此。曾西，曾子之孫。蹵，不安貌。先子，曾子也。艴，怒色也。曾之言，則也。烈，猶光也。桓公獨任管仲四十餘年，是專且久也。管仲不知王道而行霸術，故言功烈之卑也。真氏曰：「晏子於齊固無功烈之足言，若管仲者，孔子蓋嘗以『如其仁』稱之。孟子，學孔子者也，何其言之異邪？孔子之稱，稱其攘夷狄而尊中夏也；孟子所譏，譏其舍王道而用霸術也，所指固不同矣。然孔子雖稱其功，而器小之譏，不知禮之議，固未嘗略。況世變日下，使孟子而不復議其舍王用霸之罪，則人將靡然趍於霸矣。波流滔滔，孰從而返之邪？以此防民，商鞅、申不害之流猶以詐力彊國而甘處於霸之下者。」楊氏曰：「孔子言子路之才曰：『千乘之國，可使治其賦也。』使其見於施爲，如是而已。其於九合諸侯，一正天下，固有所不逮也。然則曾西推尊子路如此，而羞比管仲者何哉？譬之御者，子路則範我馳驅而不獲者也；管仲之功，詭遇而獲禽耳。曾西，仲尼之徒也，故不道管仲之事。」輔氏曰：「楊氏斷置得極分明。子路之才，視管仲誠爲不及。然子路之所學，則聖人之道，其於管仲之事，蓋有所不屑爲者。或曰：『楊氏本說，但云子路譬之御者，則範我馳驅者，若管仲，蓋詭遇耳。此則是以御而譬其所爲，未說到功上。今集註增益之曰「子路則範我馳驅而不獲者也，管仲之功則詭遇而獲禽耳」，則是併與功都說了。然按孟子，範我馳驅是一人，不獲又是一人；詭遇是一人，獲禽又是一人。今若只作一人說，則似以子路爲御之善而射未善。然射御又非一人所能兼者。恐不若只從其本說之爲得也。』曰：『非是之謂也。集注之意，蓋謂子路是範我馳驅而不遇王者，故不獲耳；管仲則詭遇以逢桓公之爲，故得禽多耳。』」

曰：「管仲，曾西之所不爲也，而子爲我願之乎？」子爲之爲，去聲。

曰，孟子言也。願，望也。

曰：「管仲以其君霸，晏子以其君顯。管仲、晏子猶不足爲與？」與，平聲。

顯，顯名也。

曰：「以齊王，由反手也。」王，去聲。由、猶通。

反手，言易也。輔氏曰：「譬如人自以手反覆，此易爲耳。」

曰：「若是，則弟子之惑滋甚。且以文王之德，百年而後崩，猶未洽於天下；武王、周公繼之，然後大行。今言王若易然，則文王不足法與？」易，去聲。下同。與，平聲。

滋，益也。文王九十七而崩，言百年，舉成數也。文王三分天下才有其二；武王克商乃有天下；周公相成王，制禮作樂，然後教化大行。

曰：「文王何可當也？由湯至于武丁，賢聖之君六七作，天下歸殷久矣，久則難變也。武丁朝諸侯有天下，猶運之掌也。紂之去武丁未久也，其故家遺俗、流風善政猶有存者；又有微子、微仲、王子比干、箕子、膠鬲，皆賢人也，相與輔相之，故久而後失之也。尺地莫非其有也，一民莫非其臣也，然而文王猶方百里起，是以難也。朝，音潮。鬲，音隔，又音歷。輔相之相，去聲。猶方之猶，與由通。

當，猶敵也。商自成湯至于武丁，中閒太甲、太戊、祖乙、盤庚，皆賢聖之君。作，起也。自武丁至紂，凡七世。故家，舊臣之家也。

齊人有言曰：『雖有智慧，不如乘勢；雖有鎡基，不如待時。』今時則易然也。鎡，音兹。

鎡基，田器也。愚謂：蓋耒耜之屬，或云大鋤也。時，謂耕種之時。

夏后、殷、周之盛，地未有過千里者也，而齊有其地矣；雞鳴狗吠相聞，而達乎四境，而齊有其民矣。地不改辟矣，民不改聚矣，行仁政而王，莫之能禦也。辟，與闢同。

此言其勢之易也。三代盛時，王畿不過千里，今齊已有之，異於文王之百里。又雞犬之聲相聞，自國都以至于四境，言民居稠密也。

且王者之不作，未有疏於此時者也；民之憔悴於虐政，未有甚於此時者也。飢者易爲食，渴者易爲飲。

此言其時之易也。自文武至此，七百餘年，異於商之賢聖繼作；民苦虐政之甚，異於紂之猶有善政。易爲飲食，言飢渴之甚，不待甘美也。

孔子曰：『德之流行，速於置郵而傳命。』郵，音尤。置，驛也；郵，馹也，所以傳命也。孟子引孔子之言如此。當今之時，萬乘之國行仁政，民之悦之，猶解倒懸也。故事半古之人，功必倍之，惟此時爲然。」乘，去聲。倒懸，諭困苦也。所施之事半於古人，而功倍於古人，由時勢易而德行速也。愚謂：以德行之速，乘時勢之易，此真有所不難也。

〇公孫丑問曰：「夫子加齊之卿相，得行道焉，雖由此霸王不異矣。如此則動心否乎？」孟子曰：「否。我四十不動心。」相，去聲。此承上章，又設問孟子，若得位而行道，則雖由此而成霸王之業，亦不足怪。語録曰：「言雖由此而爲霸爲王，不是差異。」〇輔氏曰：「上章乃公孫丑設辭以問孟子，若當要路於齊國，管晏二子之功可復以自許否乎？孟子既言二子之功不足爲，而以齊王猶反手之説告之矣。故丑復設辭以問孟子，若遂得位以行道，則雖由此而成霸王之業，是亦宜然而不足怪矣。其併以王霸爲言者，丑方聞孟子之説而未能無疑，習於世俗之論而不肯遽捨也。」任大責重如此，亦有所恐懼疑惑而動其心乎？語録曰：「公孫丑問孟子『動心否乎』，非謂以卿相富貴動其心，謂霸王事大，恐孟子擔當不過，有所疑懼而動其心也。」○輔氏曰：「任大，謂加齊之卿相。責重，謂人望以霸王之業。凡人氣稟弱小而不知持養者，遇事便疑惑恐懼以動其心。況任大責重如此，其心豈有不動者哉？想公孫丑正未免此，故以爲問，蓋疑孟子擔當不去，有所疑懼而動心也。」**四十彊仕，君子道明德立之時。孔子四十而不惑，亦不動心之謂。**或問「孟子之不動心」。曰：「盡心知性，無所疑惑；動皆合義，無所畏怯。雖當盛位，行大道，亦沛然行其所無事而已，何心動之有？易所謂不疑其所行者蓋如此，而孔子之不惑亦其事也。」○輔氏曰：「曲禮：『四十曰彊，而仕。』非道明德立，則何以仕哉？孔子之不惑，則道明之謂也；孟子之不動心，則德立之謂也。唯其不惑，然後能不動心也。大抵人年四十，亦是箇大節指，所以使之出仕。而夫子亦嘗曰：『年四十而見惡焉，其終也已。』」○陵陽李氏問：「明則不疑，立則不懼，然未有不明而能立者。故知言、養氣雖二事並進，而其序必以知言爲先。孔子不惑，則自不動矣。」萬氏曰：「集註乃是借彼以明此，猶言孔子之不惑亦如此而已。今曰孔子不惑，亦不疑之謂，不疑則自不動矣。以不動爲聖人之不惑，以不惑而後能不動，似非所以言聖人，恐於集註之意不能無小差也。集註『不惑』章又云：『於事理之當然者皆無所疑，則知之明而無所事守矣。』既曰無所事守，則不動心乃其餘事，斯又足以見其道明德立非有次第也。」黄氏曰：「李説是也，萬之疑過矣。」

曰：「若是，則夫子過孟賁遠矣。」曰：「是不難，告子先我不動心。」賁，音奔。

孟賁，勇士。愚按：賁，齊人，能生拔牛角。秦武好多力之士，賁往歸之。告子，名不害。

孟賁血氣之勇，丑蓋借之以贊孟子不動心之難。輔氏曰：「孟賁血氣之勇，雖非孟子等倫，然時人莫不以賁爲難能，故丑借以贊孟子不動心之難耳。」孟子言告子未爲知道，乃能先我不動心，則此亦未足爲難也。語録曰：「孟子是義精理明，天下之物不足以動其心，不是把捉得定。告子不動心，是硬把定。」〇輔氏曰：「告子外義，未爲知道，然未四十時已能不動心，其不動心又先於孟子，以此觀之，則不動心未足爲難可知也。」

曰：「不動心有道乎？」曰：「有。

程子曰：「心有主，則能不動矣。」輔氏曰：「程子之説，本云不動心有道，如數子，皆中有所主，便心不動。所謂數子者，即併下文黝、舍言之。黝、舍二子，其麄厲又非告子比，然其心一以必勝爲主，一以不懼爲主，故其心亦皆不動。以此觀之，則程子正意可見。不然則如黝、舍二子事，皆有窒礙，説不合也。」

北宮黝之養勇也，不膚撓，不目逃，思以一豪挫於人，若撻之於市朝。不受於褐寬博，亦不受於萬乘之君。視刺萬乘之君若刺褐夫。無嚴諸侯。惡聲至，必反之。黝，伊糾反。撓，奴效反。朝，音潮。乘，去聲。

北宫姓，黝名。膚撓，肌膚被刺而撓屈也。目逃，目被刺而轉睛逃避也。挫，猶辱也。褐，毛布。寬博，寬大之衣，賤者之服也。不受者，不受其挫也。刺，殺也。嚴，畏憚也。言無可畏憚之諸侯也。黝蓋刺客之流，愚謂：以毳織布曰褐。輔氏曰：「以其言所謂『視刺萬乘之君若刺褐夫』而知之也。其心以必勝夫人爲主，故無有尊貴，視之一如匹夫，不受其挫，反報之。」以必勝爲主而不動心者也。輔氏曰：「亦以其言而知之也。」

孟施舍之所養勇也，曰：『視不勝猶勝也。量敵而後進，慮勝而後會，是畏三軍者也。舍豈能爲必勝哉？能無懼而已矣。』舍，去聲，下同。

孟，姓。施，發語聲。舍，名也。語録曰：「此是古註説。後面只稱『舍』字可見。問：『有何例可按？』曰：『如孟之反、舟之僑、尹公之他之類。』」會，合戰也。舍自言其戰雖不勝，亦無所懼。若量敵慮勝而後進戰，則是無勇而畏三軍矣。語録曰：「此孟施舍譏別人，舍自云我則能無懼而已。」舍蓋力戰之士，以無懼爲主而不動心者也。輔氏曰：「亦以其言而知之也。惟其心以無懼爲主，故不問其徒之衆寡，我之勝否，遇敵則戰也。」

孟施舍似曾子，北宫黝似子夏。夫二子之勇，未知其孰賢，然而孟施舍守約也。夫，音扶。

黝務敵人，舍專守己。輔氏曰：「黝務敵人，謂黝專以必勝於人爲主也。舍專守己，謂舍專以我無所懼爲主也。」**子夏篤信聖人，曾子反求諸己。**語録曰：「問：『曾子反求諸己，固有可見處，子夏篤信聖人，何以言之？』曰：『此因孟子説處文義推究，亦無事實可指，但將其平日所言詳味之，有篤信聖人氣象。』」〇又曰：「子夏篤信聖人，但看他言語，如博學、篤志、切問、近思之類，便見得他有箇緊要定底意思。」〇昭武李氏曰：「集註以子夏爲篤信聖人，至曾子則以爲明理。篤信者，特堅守不變之謂，於反身處未有以知其盡也。若反身而盡，則理無不明，行無不慊矣。」黄氏曰：「子夏未盡反身，蓋對曾子而言也。子夏之學，看著聖人篤信而進取之。曾子之學，只是點檢自身。」**故二子之與曾子、子夏，雖非等倫，然論其氣象，則各有所似。**或問：「孟施舍之於曾子，北宮黝之於子夏，奈何？」曰：「二人勇力之士耳。孟子特以其氣象之所似而明之，非以其道爲同乎二子也。」〇黄氏曰：「北宮黝之勇，只要與人鬭，故子夏之學似之；孟施舍之勇，只是要心能不懼，故曾子之學似之。」**賢，猶勝也。約，要也。言論二子之勇，則未知誰勝；論其所守，則舍比於黝爲得其要也。**輔氏曰：「黝務敵人，則不屈於外；舍專守己，則無懼於我，是舍之比黝所守爲得其要也。」

昔者曾子謂子襄曰：『子好勇乎？吾嘗聞大勇於夫子矣：「自反而不縮，雖褐寬博，吾不惴焉；自反而縮，雖千萬人，吾往矣。」』好，去聲。惴，之瑞反。

此言曾子之勇也。子襄，曾子弟子也。夫子，孔子也。縮，直也。文集曰：「儀禮、禮記多有此字，每與衡字作對，下文直養之説蓋本於此，乃一章大指所繫，不可失也。」**檀弓曰：「古者冠縮縫，今也衡縫。」**愚謂：凡物縮之則直，衡之則横。古尚質，故冠之吉凶相似，而惟直縫之同。今尚文，故冠之吉凶相反，而有横縫之異。**又曰：「棺束縮二衡三。」**愚謂：古者以皮束棺，蓋不用鐵故也，爲直者二，爲横者三。**惴，恐懼之也。往，往而敵之也。**

孟施舍之守氣，又不如曾子之守約也。」

言孟施舍雖似曾子，然其所守乃一身之氣，又不如曾子之反身循理，所守尤得其要也。或問：「既以孟施舍爲守約矣，又曰『舍之守氣不如曾子之守約』，何也？」曰：「守約云者，言其所守之得其要耳，非以約爲一物而可守也。蓋黝、舍皆守氣以養勇，然以黝比舍，則舍之守爲得其要。至以舍而比於曾子，則曾子之守尤爲得其要也。」○語録曰：「孟施舍就氣上做工夫，曾子就理上做工夫。」○輔氏曰：「論舍之氣象，雖大略有似於曾子，然舍之所守，不過是一身之血氣，固未嘗反之於心，以自顧其直與不直也。其視曾子之自反而以縮不縮爲勇怯，則其所守之要，非舍之所能知、所可比也。反身，謂自反。循理，謂直。**孟子之不動心，其原蓋出於此，下文詳之。**輔氏曰：「引曾子謂子襄之言，以明不動心之由，在於自反而縮，以見己之所以不動心，亦是如此。其意至此已足矣，下文則是緣公孫丑反復問難，故又説得如此詳盡。」

曰：「敢問夫子之不動心，與告子之不動心，可得聞與？」「告子曰：『不得於言，勿求於心；不得於心，勿求於氣。』不得於心，勿求於氣，可；不得於言，勿求於心，不可。夫志，氣之帥也；氣，體之充也。夫志至焉，氣次焉，故曰持其志，無暴其氣。」聞與之與，平聲。夫志之夫，音扶。

此一節，公孫丑之問，孟子誦告子之言，又斷以己意而告之也。告子謂於言有所不達，則當舍置其言而不必反求其理於心；於心有所不安，則當力制其心而不必更求其助於氣，此所以固守其心而不動之速也。語録曰：「不得於言，勿求於心，是心與言不相干[二]；不得於心，勿求於氣，是心與氣不相貫，此告子說也。告子只去守箇心得定，都不管外面事，外面是亦得，不是亦得。」〇又曰：「告子之意以爲，言語之失，當直求之於言，而不足以動吾心；念慮之失，當直求之於心，而不必更求之於氣。蓋其天資剛勁有過人者，力能堅忍固執以守其一偏之見，所以學雖不正，而能先孟子不動心也。」〇輔氏曰：「達字，與『辭達而已矣』之達同。言而不能通達，乃其所以失也。舍置其言，謂置其前言而別更爲說也。若言有所不達而反求

[二] 與，原作「於」，據通志堂經解本改。

其理於心，則是因言之失而自累其心也。安字，與『於汝安乎』之安同。心是鵕傂不安，則是失其心之正也。力制其心，謂硬把定其心也。若心有所不安而更求其助於氣[二]，則是舍其本而從事於末也。此四句，乃告子不動心之法。蓋告子只就心上整理，堅持其心，言與氣皆以爲末節而不理會。平居唯恐動著他心，故雖義理亦皆以爲在外而不敢認爲已有。程子所謂不知義在内者是也。此其所以未四十而能先孟子不動心也。」**孟子既誦其言而斷之曰：「彼謂不得於心而勿求諸氣者，急於本而緩於末，猶之可也；**語録曰：「不得於心，勿求於氣者，不失其本，則猶可也。」○又曰：「心之不正，未必皆氣使之，故勿求於氣未爲甚失。」○輔氏曰：「氣固有時而能動其心，然心之不正則未必皆氣使之。大抵心是本，氣是末。故程子亦曰：『人必有仁義之心，然後有仁義之氣，睟然達於外。』此『不得於心，勿求諸氣』，所以爲『急於本而緩其末，猶之可也』，猶言尚爲可也。」**謂不得於言而不求諸心，則既失於外而遂遺於内，其不可也必矣。」**語録曰：「不得於言而不求於心，以考其所失，則其中頑然而無所知覺，無以擇乎義之所安，故斷之以不可。」○又曰：「言之不當，未有不出於心者。而曰勿求於心，則有所不可矣。」○輔氏曰：「言，心聲也，雖發於口，而實出於心。言有不順理、不通達，即是心有不順理、不通達處也。不

[二] 更，原作「便」，據通志堂經解本改。

得於言，須就心上理會。心正而明，則言無不達矣。告子反之，是因其言之或失於外，而遂遺其所以然者於内而不求也，是則豈可哉？故曰『其不可也必矣』。」○永嘉陳氏曰：「言上有病，便是他心上有病，當反求諸心可也。告子乃言不求於心，此是它不知言處。孟子與告子正相反，故於詖淫邪遁之辭而知其所受病之處。蓋詖淫邪遁，言之病也；蔽陷離窮，心之病也。因其言之病，知其心之病，孟子所以爲知言。」**然凡曰可者，亦僅可而有所未盡之詞耳。**輔氏曰：「以下文氣志貴於交相養之説觀之，則勿求於氣之説尚未爲盡善。」**若論其極，則志固心之所之，而爲氣之將帥；然氣亦人之所以充滿於身，而爲志之卒徒者也。**輔氏曰：「心有知而氣無知，雖云氣一則能動志，然大抵是氣隨心動。故以志爲氣之將帥，氣從志所使，猶卒徒之聽命於將帥也。不言心而言志者，志者，心之動而有所之處，志即心也。但志則就其動處言，故尤切耳。下文又言『是氣也，而反動其心』，亦可見矣。心無形而氣有質，雖云心爲本、氣爲末，然人之所以充滿其身而不至餒乏者，實賴氣爲志之卒徒也。志而無氣，則志無所使，亦由將帥而無卒徒，則亦虚名而已。」**故志固爲至極，而氣即次之。**語録曰：「志最緊，氣亦不可緩。志至焉，則氣便在這裏，是氣亦至了。」○又曰：「只是一箇緩急底意思。志雖爲至，然氣亦次之。」○又曰：「志至氣次，只是先後。志至此，氣亦隨之。」**人固當敬守其志，然亦不可不致養其氣。蓋其内外本末，交相培養。**或問「持志養氣之爲交養」。曰：「持志所以直其内也，無暴其氣所以防於外也，兩者各致其功而無所偏廢焉，則志正而氣自完，氣完而志益正，其於存養之功且將無一息之不存矣。」○語録曰：「志是最要緊，氣亦不可緩。持其志，無暴其氣，是兩邊做工夫。」○輔氏曰：「志與氣雖有緩急，而實不争多，則兩下皆不可不理會。故人當敬守其志，而又不可不致養其氣。守即持也，敬則主一而無適也，欲持守其志，非敬不可。故程子謂『帥氣者在志，養志者在直内。切要之道，無如敬以直内也』。養即無暴也，凡氣發得暴者，皆失其養故也。必言致者，見養氣之難，須是以集義爲本，而又無正忘助長之病，方得其養也。」**此則孟子之心所以未嘗必其不動，而自然不動之大略也。**輔氏曰：「言與心雖有内外，心與氣雖有本末，而内外本末貴乎交相培養。孟子雖不及言上工夫，然朱子嘗謂言上亦不可無工夫。故程子有言：『發禁躁妄，内斯静專。』工夫兩下皆要到，然後言順氣平，而其心自然不動。孟子養氣，後面更有許多説話在，然其不動心之大略，則具見於此。其視告子外義而不顧言悖而氣麤，硬守定其心而不動者，殆不可同年而語矣。」

「既曰『志至焉，氣次焉』，又曰『持其志，無暴其氣』者，何也？」曰：「志壹則動氣，氣壹則動志也。今夫蹶者趨者，是氣也，而反動其心。」夫，音扶。

公孫丑見孟子言志至而氣次，故問如此則專持其志可矣，又言無暴其氣何也？語録曰：「公孫丑疑只就志理會。理會得志，氣自隨之，不必更問氣也。故又問曰：『持其志，無暴其氣何也？』」○輔氏曰：「此見丑之有志於學也。使其無志于學，則聞孟子之言亦漫聽之而已，必不能如是問之反覆也。」**壹，專一也。**輔氏曰：「此本程子説，但其説以爲壹與一字同。一動氣則動志，一動志則動氣，此爲養氣者言也。若成德者，志已堅定，則氣不能動志。末後雖分得好，但説一動氣則便動志，一動志則便動氣，亦太説得輕了。至第二説，以爲志專一則動氣，氣專一則動志。若志專在淫僻，則豈不動氣？氣專在喜怒，亦豈不動志？故蹶者趨者，反動其心，此却説得好。」**蹶，顛躓也。趨，走也。孟子言志之所向專一，則氣固從之；然氣之所在專一，則志亦反爲之動。**語録曰：「氣若併在一處，自然引動著志。」**如人顛躓趨走，則氣專在是，而反動其心焉。**語録曰：「問：『蹶趨反動其心，若是志養得堅定，莫須蹶趨，亦不能動得否？』曰：『蹶趨自是動其心，人之奔走如何心不動得。』曰：『蹶趨多遇於猝然不可支吾之際，所以易動得心。』曰：『是。』」○又曰：「今人奔走而來，偶喫一跌，其氣必逆而心不定，是氣之能動其心。如人於忙急之中理會甚事，亦是氣未定也。」○輔氏曰：「志者，心之所之，故可言向；氣則做出來底，便是不可以向言，只得下在字。如蹶者趨者，要如此者，是心；及其蹶趨，則是氣也。此其察理精矣。」**所以既持其志，而又必無暴其氣也。程子曰：「志動氣者什九，氣動志者什一。」**或問「程子之説」。曰：「此言其多少之分也。而孟子所以猶有取於勿求於氣之云者，而不盡善之，於此亦可見矣。」○輔氏曰：「什九、什一，所以極言其多與少耳。所以如此說者，只是要以志爲主，工夫須多在志上方可。故程子又有説曰：『志動氣者多，氣動志者少。雖氣亦能動志，然亦在持其志而已。』」

「敢問夫子惡乎長？」曰：「我知言，我善養吾浩然之氣。」惡，平聲。

公孫丑復問孟子之不動心，所以異於告子如此者，有何所長而能然，而孟子又詳告之以其故也。語録曰：「公孫丑既知告子之失，而未知孟子之所以得，故問焉，而孟子告之。」知言者，盡心知性，於凡天下之言，無不有以究極其理，而識其是非得失之所以然也。輔氏曰：「盡心，知至也。知性，物格也。物格知至，則凡天下之事過于吾前者，其理皆軒豁呈露，無所遁情。況言，心聲也，一接乎耳，則豈不能究極其理，而識其是非得失之所以然邪？言有是非得失，而所以然者則心也。心有蔽陷離窮之病，則言有詖淫邪遁之失矣。」浩然，盛大流行之貌。氣，即所謂體之充者。本自浩然，失養故餒。惟孟子爲善養之以復其初也。文集曰：「浩然之氣，乃指其本來體段而言。謂體之充者，泛言之耳。然亦非外此而别有浩然之氣也。」〇輔氏曰：「盛大，言其體；流行，言其用。才怯小，則便非氣之本體；才鬱塞，則便非氣之本用。氣即天地之氣，而人之所以充滿其身者。其本然之體用自是浩然，由失其養，故餒乏而不充乎體。唯孟子善養之，故復其初而成浩然也。」蓋惟知言則有以明夫道義，而於天下之事無所疑；養氣則有以配夫道義，而於天下之事無所懼，此其所以當大任而

不動心也。或問「知言養氣之説」。曰：「孟子之不動心，知言以開其前，故無所疑；養氣以培其後，故無所懾。如智勇之將，勝敗之形、得失之算已判然於胸中，而熊虎貔貅百萬之衆，又皆望其旌麾，聽其金鼓，爲之赴湯蹈火，有死無二，是以千里轉戰，所向無前。其視告子之不動心，正猶勇夫悍卒，初無制勝料敵之謀，又無蚍蜉蟻子之援，徒恃其勇而挺身以赴敵也，其不爲人所擒者，特幸而已。」〇輔氏曰：「疑、懼二字，以應此章第一節疑惑、恐懼字也。道，體也；義，用也，言道義以該體用也。知言，則於道義究極無餘，一事來則以一理應之，夫復何疑之有？養氣，則於道義貼襯得起，勇猛果決而不留行，夫復何懼之有？」**告子之學與此正相反，其不動心，殆亦冥然無覺，悍然不顧而已爾。**輔氏曰：「孟子能知人言之是非，告子乃自以其言爲外而不復考；孟子善養其氣，而告子乃以氣爲末而不知求，此所謂正相反也。其不動心者，不過是硬把定其心，冥冥然都無知覺，於一切事皆漠然，與之扞格而不顧耳，亦豈能終不動哉？然其所以能不動者，亦幸而已。」

「敢問何謂浩然之氣？」曰：「難言也。

孟子先言知言而丑先問氣者，承上文方論志氣而言也。難言者，蓋其心所獨得而無形聲之驗，有未易以言語形容者。愚謂：心所獨得，謂非人所與知。有形有聲，則有可指之驗，惟無形聲之可驗，則言語誠有未易形容者矣。**故程子曰：「觀此一言，則孟子之實有是氣可知矣。」

其爲氣也，至大至剛，以直養而無害，則塞于天地之閒。

至大初無限量，至剛不可屈撓。蓋天地之正氣，而人得以生者，其體段本如是也。語録曰：「問：『集註於剛字下點句，何也？』曰：『直字斷句，則養字全無骨肋，只是自反而縮，是以直養而無害也。至大至剛，氣之本也；以直養而無害，是用功處；塞乎天地之閒，乃其效也。』」○又曰：「氣雖有清濁厚薄之不齊，然論其本則未嘗異也。所謂至大至剛者，乃氣之本體如此。」○輔氏曰：「至大初無限量者，謂充塞宇宙，而無有邊表之處、窮盡之時也；至剛不可屈撓者，謂堅勁果決，雖金石亦透過，舉天下萬物不能沮抑之也，此乃天地之正氣，而人得以生者。人固是稟天地之正氣以生，然其閒亦不能無盛衰之異，此但言其盛者耳。其體段本如是者，孟子以至大至剛指言氣之本相也。初無限量，便是盛大；不可屈撓，便是流行，即所謂浩然之氣也。不言用者，舉體則足以該之矣。」**惟其自反而縮，則得其所養；而又無所作爲以害之，則其本體不虧而充塞無閒矣。**語録曰：「充塞，是遍滿之意。」○又曰：「有一豪不滿不足之意，則非塞矣。」○輔氏曰：「人雖是稟得此氣以生，然須是所爲凡事合義，自反而直，仰無所愧，俯無所怍，則乃爲得其所養。而又無所作爲，如正忘助長以爲之害，則是氣之體始爲無所虧欠，而充塞乎天地之中，更無有爲之閒隔者矣。」**程子曰：「天人一也，更不分别。浩然之氣，乃**

吾氣也。養而無害，則塞乎天地。一爲私意所蔽，則欿然而餒，知其小也。」語録曰：「天地之氣，無處不到，無處不透。是他氣剛，雖金石也透過去。人便是稟得這箇氣無欠闕，所以曰天人一也。」○又曰：「蔽是遮隔之意。氣自流通不息，一爲私意所遮隔，則便去不得。今且以麁言之，如項羽，一箇意氣如此，纔被漢王數其十罪，便覺沮屈去不得也。」○輔氏曰：「浩然之氣，本是天地之正氣，然天人一理，故孟子更不分别，直以爲己之氣也。養而無害，則全得其本體而塞乎天地。若不務集義，而所爲一有私意遮隔了，則便不流行而欿然餒乏，不足以充乎身而失其盛大之體也。」**謝氏曰：「浩然之氣，須於心得其正時識取。」又曰：「浩然是無虧欠時。」**輔氏曰：「心得其正，如大學所謂正心。無四者之累，則心始得其正矣。心得其正，則氣之盛大流行者自可見，故人當於此際體認取。盛大流行，則其氣方始無所虧欠也。」

其爲氣也，配義與道；無是，餒也。餒，奴罪反。

配者，合而有助之義。語録曰：「問：『配字從前只訓作合，今以助意釋之，有據否？』曰：『非謂配便是助，但養得那氣充不餒，方合得那道義，所以説有助之意。』」○又曰：「如有正將，又立箇副將以配他，乃所以助他。」○輔氏曰：「此意本於李先生曰『配是襯貼起來』，朱子謂襯貼二字説配字極親切。蓋道義是虚底物，本自孤單，得這氣襯貼起來，便自張大，無所不達。今人做事亦有合於道義者，若無此氣，則只是一箇衰底人。李先生又曰『氣與道義一衮出來』，朱子謂一衮出來説得道理好。孟子分明説配義與道，不是兩物相補貼，只是一衮發出來，故朱子用此意，而又就配字説出此句，蓋已極於精切矣。」**義者，人心之裁制。道者，天理之自然。**語録曰：「道，則是物我公共自然之理。義，則吾心之能斷制者，所用以處此理者也。」○又曰：「義者，人心節制之用。道者，人事當然之理。」**餒，飢乏而氣不充體也。**輔氏曰：「餒如人之不食而飢，餒便覺得其體虚乏而不充也。」**言人能養成此氣，則其氣合乎義道而爲之助，使其行之勇決，無所疑憚；若無此氣，則其一時所爲雖未必不出於道義，然其體有所不充，則亦不免於疑懼，而不足以有爲矣。**或問：「何以言氣之配義與道也？」曰：「道，體也；義，用也。二者皆理也，形而上者也。氣也者，器也，形而下者也。以本體言之，則有是理然後有是氣，而理之所以行又必因氣以爲質也。以人言之，則必明道集義然後能生浩然之氣，而義與道也又因是氣而後得以行焉。蓋三者雖有上下體用之殊，然其渾合而無間也乃如此。苟爲不知所以養焉而有以害之，則理自理，氣自氣，其浩然而充者且爲慊然之餒矣。或略知道義之爲貴而欲恃之而有爲，亦且散漫蕭索而不能以自振矣。」○語録曰：「謂養成浩然之氣，以配道義，方襯貼得起。不然雖有道義，其氣慴怯，安能有爲。」○又曰：「將這氣去助道義，方能行得去。若平時不養得此氣，自衰颯了，合當做底事也畏縮不敢去做。如朝廷欲去這小人，我道理直了，有甚怕他，不敢動著。知他是小人，不敢去他，只是我這氣自如此，便是合下無工夫。」○輔氏曰：

「氣合乎道義而爲之助，便是一衮出來之意。」

是集義所生者，非義襲而取之也。行有不慊於心，則餒矣。我故曰告子未嘗知義，以其外之也。慊，口簟反，又口劫反。

集義，猶言積善，蓋欲事事皆合於義也。語録曰：「集義是平時積累工夫。」〇又曰：「只是件件要合宜，自然積得多。」〇又曰：「只是無一事不求箇是而已矣。」〇輔氏曰：「集謂積集於此，不一而足。」**襲，掩取也，如齊侯襲莒之襲。**語録曰：「襲，如用兵之襲，有襲奪之意，如掩人不備而攻襲之者。謂如纔行得一件事合義，便將來壯吾氣，以爲浩然之氣可以攫拏而來，夫是之謂襲。」〇又曰：「襲如刼寨相似，非順理而行，有積習工夫者也。」〇又曰：「猶曰於一事一行之義，勇而爲之，以襲取其氣也。」**言氣雖可以配乎道義，而其養之之始，乃由事皆合義，自反常直，是以無所愧怍，而此氣自然發生於中。**文集曰：「此氣乃集義而生。事皆合義，則胷中浩然，俯仰無所愧怍矣。」〇語録曰：「事事都要合道理。纔有些子不合道理，心下便不足。纔事事合道理，便仰不愧，俯不怍。」〇輔氏曰：「氣雖可以配道義，使之張大，無所不達，然其養之之始，則在乎集義以生之。若我之所爲事事合義，自反而常直，則仰無所愧，俯無所怍，而浩然之氣自然發生於中也。所謂『自然發生於中』一句，甚要切，説得生字分明。蓋孟子之意，但謂集義乃是氣之所由生，非是要人切切然集夫義以養其氣。若切切然要集義以養氣，則便有行義以襲取之意。**非由只行一事偶合於義，便可掩襲於外而得之也。**語録曰：「非謂一事合宜，便可掩取其氣以歸於己也。」〇又曰：「不是行一二件合義底事能搏取浩然之氣也。集義是歲月之功，襲取是一朝一夕之事，從而掩取，終非己有也。」**慊，快也，足也。**輔氏曰：「慊是心有所銜之義。而此所謂慊者，則銜其快與足也。」**言所行一有不合於義，而自反不直，則不足於心，而其體有所不充矣。**輔氏曰：「氣是集衆義而生，故不可不積。若所行一有不合於義，則自反便不直。自反既不直，便自不足於心。才有不足於心，則氣之體便有所不充。」**然則義豈在外哉？告子不知此理，乃曰仁内義外，而不復以義爲事，則必不能集義以生浩然之氣矣。**文集曰：「告子之病，蓋不知心之慊處即是義之所安，其不慊處即是不合於義，故直以義爲外而不求。」〇輔氏曰：「所行一有不合於義，則自反便不直，心之理便不足，氣之體便不充，則義之不在外也明矣。今告子乃曰『仁，内也，非外也；義，外也，非内也』，直是將義屏除去，更不復以爲事，只就心上理會，則是全然不知此理矣。浩然之氣將何自而能生哉？」**上文「不得於言，勿求於心」，即外義之意。**語録曰：「問：『外義之意，蓋告子外之而不求，非欲求之於外也。』曰：『告子直是將義屏除去，只就心上理會。』」〇輔氏曰：「告子謂言有所不得於義，則當舍置其所言而别更爲説。若言有所不得而反求於心，則是因言之失而自累其心。平居唯恐動著他心，故雖義亦以爲在外，而不敢認爲己有，此即外義之意也。」**詳見告子上篇。**

必有事焉而勿正，心勿忘，勿助長也。無若宋人然。宋人有閔其苗之不長而揠之者，芒芒然歸，謂其人曰：『今日病矣，予助苗長矣。』其子趨而往視之，苗則槁矣。天下之不助苗長者寡矣。以爲無益而舍之者，不耘苗者也。助之長者，揠苗者也，非徒無益而又害之。」長，上聲。揠，烏八反。舍，上聲。

必有事焉而勿正，趙氏、程子以七字爲句。近世或并下文心字讀之者，亦通。必有事焉，有所事也，語録曰：「有所事，只是集義也。」〇黄氏曰：「猶言必有所作爲。」如「有事於顓臾」之有事。文集曰：「如言『有事於顓臾』之類，非是用力之地，乃言須當用力也。」正，預期也。文集曰：「正者，等待期望之意。」〇語録曰：「正，則有所待，蓋必之之意。古人言正字，皆謂必也。」春秋傳曰「戰不正勝」是也。語録曰：「公羊傳云：『師不正反，戰不正勝。』此正字與孟子説正心之正一般。彼言師出不可必期其反，戰不可必期其勝也。」如作正心，義亦同。此與大學之所謂正心者，語意自不同也。輔氏曰：「正，謂預期也。勿正，謂勿預期也。勿正心，謂勿以其心預期之也。若大學之所謂正心，則謂無忿懥、恐懼、好樂、憂患四者之累，而心體自得其正耳。其語意固不同也。」此言養氣者，必以集義爲事，而勿預期其效。其或未

充，則但當勿忘其所有事，而不可作爲以助其長，乃集義養氣之節度也。語録曰：「勿正者，勿待也。勿忘者，勿忘其以集義爲事也。助長者，是待之不得而拔之使長也。言人能集義以養其浩然之氣，故事物之來自有以應之，不可萌期待之心[二]。少間待之不得，則必出於私意有所作爲，而逆其天理矣，是助之長也。」○又曰：「集義是養氣之丹頭，必有事是集義之大法。言必有事者，是養氣之法度也。」○又曰：「是集義中小節目[三]，不要等待，不要催促。」○輔氏曰：「必有事焉者，謂必以集義爲事也。勿預期其效者，謂勿正也。勿忘，謂雖以集義爲事，或心生而未熟，或集義而未多，氣雖生而未至於充盛，則但當勿忘其所集義之事也。勿助長，謂不可用意作爲以助氣之長也。夫養氣固在於集義，然其所以集義之節度則又當如是也。」**閔，憂也。揠，拔也。芒芒，無知之貌。其人，家人也。病，疲倦也。舍之不耘者，忘其所有事。揠而助之長者，正之不得而妄有作爲者也。然不耘則失養而已，揠則反以害之。無是二者，則氣得其養而無所害矣。**輔氏曰：「舍之而不耘者，是忘其集義之事者也。助之長者，是預期之而不得，乃妄意作爲以助氣之長者也。然忘其集義之事，則氣失其養，不能發生

[二] 之，原作「之之」，衍一「之」字，據通志堂經解本删。
[三] 小，元本空一字，此據通志堂經解本補。

而已。至於妄有作爲以助氣之長，則氣反被害，將如苗之槁死而後已也。苟集義而不忘其所事，則氣得其養。勿正而不妄作爲，則氣無所害。如此則日引月長而充塞天地之體，沛然流行之用，將不期然而然矣。夫其所謂揠則反以害之者，正指告子而言也。蓋告子不能集義而欲彊制其心，則必不能免於正助之病，其於所謂浩然者，蓋不惟不善養，而又反害之矣。」**如告子不能集義而欲彊制其心，則必不能免於正助之病，其於所謂浩然者，蓋不惟不善養，而又反害之矣。**語録曰：「『養氣』一章在不動心，不動心在勇，勇在氣，氣在集義。勿忘、勿助長，又是那集義底節度。若告子，則更不理會言之得失、事之是非、氣之有平不平，只是硬制壓那心使不動，恰如説打硬修行一般。」〇愚謂：告子之事雖不可詳考，然即其以義爲外而彊制其心，與人辨論則自執己私，屢變其説，展轉求勝，即其狹陋蔽固有害於盛大流行之體，亦已多矣。

「何謂知言？」曰：「詖辭知其所蔽，淫辭知其所陷，邪辭知其所離，遁辭知其所窮。生於其心，害於其政；發於其政，害於其事。聖人復起，必從吾言矣。」詖，彼寄反。復，扶又反。

此公孫丑復問而孟子答之也。詖，偏陂也。語録曰：「詖，是説得一邊長一邊短。」〇又曰：「凡從皮，皆是一邊意，如跛是脚一長一短，坡是山一邊斜。」〇又曰：「如楊氏爲我，墨氏兼愛，各只見一邊。」**淫，放蕩也。**語録曰：「淫者，説得周遮浩瀚[二]。」〇輔氏曰：「放蕩，謂無檢，説得漸次夸張泛濫去。」**邪，邪僻也。**輔氏曰：「邪僻，謂不正，説得一向喎邪乖僻去[三]。」**遁，逃避也。**語録曰：「遁，如墨者夷之，他説愛無差等，却又説施由親始。楊朱不肯拔一毛以利天下，又遁處却説天下非拔一毛所能利，若人人不拔一毛，則天下利矣。如佛氏，他本無父母，却説父母經，這是他遁了。」〇輔氏曰：「逃避謂走閃，説得皆成回互走作去。」**四者相因，言之病也。**輔氏曰：「偏陂則必放蕩，放蕩則必邪僻，邪僻則必逃避，四者相因，皆言之病也。言形於外，故以病言。」**蔽，遮隔也。**語録曰：「心有所蔽，只見一邊，不見一邊。」**陷，沉溺也。**語録曰：「陷，是身溺在那裏，如陷溺於水，只見水而不見岸了。」**離，叛去也。**輔氏曰：「叛去，謂其心與正理違叛，愈去愈遠。」**窮，困屈也。**輔氏曰：「困屈，謂其心於理有不通而困躓鬱屈。」**四者亦相因，則心之失也。**語録曰：「問『四者相因之説』。曰：『詖辭初間只是偏了，所以偏者，止緣他蔽了一邊，如被有物隔了，只見一邊。初間是如此，後來只管陷入裏面去，漸只管説得闊了，支蔓淫溢，纔恁地陷入深了。於是一向背却正路，遂與正路相離了。既離

[二] 瀚，原作「澣」，據通志堂經解本改。
[三] 向，原作「句」，通志堂經解本同，據薈要本改。

去了正路，他那物事不成物事，畢竟用不得，其説必至於窮。爲是他説窮了，又爲一説以自遁。』」〇又曰：「有則四者俱有，其序自如此。」〇輔氏曰：「遮隔則必沈溺，沈溺則必叛去，叛去則必困屈，四者亦相因，則心之失也。心存於中，故以失言。」**人之有言，皆本於心。其心明乎正理而無蔽，然後其言平正通達而無病。苟爲不然，則必有是四者之病矣。**輔氏曰：「此又言言之四病與心之四失表裏又相因也。言，心聲也，故曰人之有言皆本於心。蔽則心之初失也。其心明乎正理而無蔽，則陷離窮之三失皆無之矣。」〇永嘉陳氏曰：「辭之偏詖者，由其心之蔽於理；辭之淫放者，由其心之陷於欲；辭之邪僻者，由其心之離於道；辭之逃遁者，由其心之窮屈於義理也。」**即其言之病而知其心之失，又知其害於政事之決然而不可易者如此。非心通於道而無疑於天下之理，其孰能之？**輔氏曰：「此言孟子之所以能知言也。因其言之病而知其心之失，是即其用而知其體也。又知其害於政事之決然而不可易者如此，是據其始而知其終也。非心與理一，其於天下之事如燭照數計、略無所疑者，何能如是哉？不然，則知其用者或不知其體，見其始者或不見其終者有矣。」**彼告子者，不得於言而不肯求之於心；至爲義外之説，則自不免於四者之病，其何以知天下之言而無所疑哉？**輔氏曰：「此言告子之學，離本末，隳内外，而不足以知夫道之實也。既不能知天下之言而無所疑，則所謂不動心，殆亦冥然不覺、悍然不顧而已矣。」程子曰：「**心通乎道，然後能辨是非，如持權衡以**

較輕重，孟子所謂知言是也。」又曰：「孟子知言，正如人在堂上，方能辨堂下人曲直。若猶未免雜於堂下衆人之中，則不能辨決矣。」語録曰：「程子只言高如衆人了，便見得衆人。與人一般低立在堂下，如何辨得人長短。」○問：「所謂在堂上者，莫只是喻那心通於道者否？」曰：「此只是言見識高似他，方能辨他是非得失。若見識與他一般，如何解辨得他。」○輔氏曰：「心通乎道，謂心與理一，則其於天下是非得失，真如持權衡於此，而輕重分毫之不差，蓋不待求而知、思而得也。至於見識不超出於衆人之上，則亦安能辨衆人之曲直邪？非親到孟子地位，則何能以是言之哉？」

「宰我、子貢善爲説辭，冉牛、閔子、顔淵善言德行，孔子兼之，曰：『我於辭命則不能也。』然則夫子既聖矣乎？」行，去聲。

此一節，林氏以爲皆公孫丑之問，是也。林氏，名之奇，三山人。○輔氏曰：「林氏之説當矣。先儒皆有所不及者，蓋惑於兩夫子字而然。今以此夫子字爲指孟子而言，下段夫子字爲指孔子而言，然後明白無疑也。」**説辭，言語也。德行，得於心而見於行事者也。三子善言德行者，身有之，故言之親切而有味也。**輔氏曰：「大凡非得於心、體於身而貌言之，其支離蔓衍、離真失正者，固不足論。政使偶合於理，則以輕虛浮淺，既無沈著痛快之意，又無含蓄有餘之味，不堪咀嚼、不堪涵泳必矣。惟冉、閔、顔三子者，心得之，身體之，所以言之親切而有味，可以涵泳而咀嚼，玆其所以爲善也。」公孫丑言數子各有所長，而孔子兼之，然猶自謂不能於辭命。今孟子乃自謂我能知言，又善養氣，則是兼言語、德行而有之，輔氏曰：「知言，則在我、在人一也。知其如此，則於言語辭命何患其不能哉？至於氣，則必將見於行事。況此章本爲當大事不動心而言，則夫養氣豈非德行乎？」然則豈不既聖矣乎？此夫子，指孟子也。○程子曰：「孔子自謂不能於辭命者，欲使學者務本而已。」輔氏曰：「辭命，在聖人豈有不能？所以如此説者，正欲教學者務本耳。與論語所謂『文，莫吾猶人也。躬行君子，則吾未之有得』同意。」

曰：「惡！是何言也？昔者子貢問於孔子曰：『夫子聖矣乎？』孔子曰：『聖則吾不能，我學不厭而教不倦也。』子貢曰：『學不厭，智也；教不倦，仁也。仁且智，夫子既聖矣。』夫聖，孔子不居。是何言也？」惡，平聲。夫聖之夫，音扶。

惡，驚歎辭也。昔者以下，孟子不敢當丑言，而引孔子、子貢問答之辭以告之也。此夫子，指孔子也。學不厭者，智之所以自明；教不倦者，仁之所以及物。再言「是何言也」，以深拒之。

「昔者竊聞之：『子夏、子游、子張皆有聖人之一體，冉牛、閔子、顔淵則具體

而微。』敢問所安。」

此一節，林氏亦以爲皆公孫丑之問，是也。一體，猶一肢也。具體而微，謂有其全體，但未廣大耳。或問「六子之不同」。曰：「聖人之道大而能博，門弟子不能偏觀而盡識也，故學焉而各得其性之所近。如游、夏得其文學，子張得其威儀，皆一體也。惟冉牛、閔子、顏淵，氣質不偏，理義完具，故其默而識之、不言而信者，獨能具有聖人之全體，但猶役於思勉，滯於形迹，未若聖人之大而化之、無復限量之可言，故以爲具體而微爾。」〇輔氏曰：「孟子謂人之有是四體，則一體猶一肢。具體，謂得其全體者宜也。夫游、夏以文學名，子張以高明稱，是固各得聖人之一體矣。至於冉、閔、顏子之德行，則具有聖人之全體，但養之未至，充之未全，故未極於廣大耳。使其極於廣大，則是固聖人天地之德也。然此論亦未得爲精細，蓋冉、閔、顏子雖皆以德行稱，然恐冉、閔二子之所至終未及於顏子也。至顏子之亞聖，則與聖人相去特一間耳。」**安，處也。公孫丑復問孟子，既不敢比孔子，則於此數子欲何所處也。**

曰：「姑舍是。」舍，上聲。

孟子言且置是者，不欲以數子所至者自處也。陵陽李氏問：「如集註之説，則孟子猶有不足於顏子歟？」天台潘氏曰：「孟子之志，願學孔子，是誠有不足於顏子者。蓋非不足於顏子，以顏子不幸短命而未至於聖人之域耳。前輩云：『纔遜第一等事與別人做，便是自暴自棄。』蓋古人之志，大率如此。然立志之後，要須力行以醻其志，不可徒有此志也。」〇愚謂：學未至於聖人，孟子之心終未慊也。觀下文「乃所願，學孔子」，則可見矣。

曰：「伯夷、伊尹何如？」曰：「不同道。非其君不事，非其民不使，治則進，亂則退，伯夷也。何事非君，何使非民，治亦進，亂亦進，伊尹也。可以仕則仕，可以止則止，可以久則久，可以速則速，孔子也。皆古聖人也，吾未能有行焉。乃所願，則學孔子也。」治，去聲。

伯夷，孤竹君之長子。兄弟遜國，避紂隱居，聞文王之德而歸之。及武王伐紂，去而餓死。伊尹，有莘之處士。湯聘而用之，使之就桀，桀不能用，復歸於湯。如是者五，乃相湯而伐桀也。三聖人事，詳見此篇之末及萬章下篇。

「伯夷、伊尹於孔子，若是班乎？」曰：「否。自有生民以來，未有孔子也。」

班，齊等之貌。公孫丑問，而孟子答之以不同也。輔氏曰：「自生民以來，未有孔子，則伯夷、伊尹固不得與之齊等矣。」

曰：「然則有同與？」曰：「有。得百里之地而君之，皆能以朝諸侯、有天下；行一不義、殺一不辜而得天下，皆不爲也，是則同。」與，平聲。朝，音潮。

有，言有同也。以百里而王天下，德之盛也。行一不義、殺一不辜而得天下，有所不爲，心之正也。聖人之所以爲聖人，其本根節目之大者，惟在於此。蔡氏曰：「此見孟子心通乎聖，而羣聖人之心所以不約而同者，惟在於此，故集註以爲根本節目之大者。」○輔氏曰：「得百里之地而君之，皆能以朝諸侯、有天下，非德之盛，何以及此，此即所謂本根之大者也。行一不義、殺一不辜而得天下不爲，非心得其正而不爲外物所動者，何以及此，此即所謂節目之大者也。本根之大不立，固無以爲節目之正；節目之大不正，則所謂本根者，又豈能至於若是之盛哉？」於此不同，則亦不足以爲聖人矣。

曰：「敢問其所以異？」曰：「宰我、子貢、有若，智足以知聖人，汙不至阿其所好。汙，音蛙。好，去聲。

汙，下也。語録曰：「汙，是汙下不平處，或當時方言，未可知，當屬上文讀。」三子智足以知夫子之道。假使汙下，必不阿私所好而空譽之，明其言之可信也。輔氏曰：「智足以知聖人，則其智識高明矣。阿私所好而空譽之[二]，則其識趣汙下矣。高明與汙下正相反，高明則必不至汙下矣。反覆極言之，以明三子之言必可信耳。」

[二] 空，原作「至」，據通志堂經解本改。

宰我曰：『以予觀於夫子，賢於堯舜遠矣。』

程子曰：「語聖則不異，事功則有異。夫子賢於堯舜，語事功也。蓋堯舜治天下，夫子又推其道以垂教萬世。堯舜之道，非得孔子，則後世亦何所據哉？」輔氏曰：「語聖則不異，以其德言也。事功則有異，就其所爲事與成功而言也。堯舜治天下，夫子又推其道以垂教萬世，此言事功久近之不同也。堯舜之道，非得孔子，則後世亦何所據哉，此言事功始終成就之不同也。」○永嘉陳氏曰：「衣於斯，食於斯，寢且處於斯，終身由而不自知，夫子之功所以與天長地久，雖堯舜不能與也。」○又曰：「當時若無孔子，今人連堯舜也不識。」

子貢曰：『見其禮而知其政，聞其樂而知其德。由百世之後，等百世之王，莫之能違也。自生民以來，未有夫子也。』

言大凡見人之禮則可以知其政，聞人之樂則可以知其德。輔氏曰：「禮者，政之本也。見人之禮則知其政者，遡其末而知其本也。樂者，德之發也[二]。聞人之樂而知其德者，因其發而知其蘊也。大凡者，泛言其理實如是也。」是以我從百世之後，差等百世之王，無有能遁其情者，而見其皆莫若夫子之盛也。輔氏曰：「惟其理之如是，故我從百世之後，以是等差百世

[二] 德，原作「禮」，據通志堂經解本改。

之王，其政之優劣，德之高下，莫不盡見，無有一人能遁其情，而見其皆莫若夫子也。」

有若曰：『豈惟民哉？麒麟之於走獸，鳳凰之於飛鳥，太山之於丘垤，河海之於行潦，類也。聖人之於民，亦類也。出於其類，拔乎其萃，自生民以來，未有盛於孔子也。』」垤，大結反。潦，音老。

麒麟，毛蟲之長。愚按：牝曰麒，牡曰麟，麕身、牛尾、一角，不踐生草。鳳凰，羽蟲之長。愚按：雄曰鳳，雌曰凰，狀如鶴，五色而文。垤，蟻封也。行潦，道上無源之水也。出，高出也。拔，特起也。萃，聚也。言自古聖人固皆異於衆人，然未有如孔子之尤盛者也。愚謂：三子所論皆以事功言，但宰我之所言者帝也，子貢之所言者王也，有若之所言者聖也，此其爲不同耳。○程子曰：「孟子此章，擴前聖所未發，學者所宜潛心而玩索也。」輔氏曰：「學者須是潛心玩索，庶幾有得於心。若泛然讀過，則亦何能有益哉？」

○孟子曰：「以力假仁者霸，霸必有大國；以德行仁者王，王不待大。湯以七十里，文王以百里。

力，謂土地、甲兵之力。假仁者，本無是心，而借其事以爲功者也。霸，若齊桓、晉文是也。輔氏曰：「力，如今人之言事力也，蓋生於己之所有。而霸者之所有其大者，則土地、甲兵也。假仁者，謂己本無是仁心，徒以其土地、甲兵之力，而借夫仁之一二事以圖彊霸之功，如齊桓、晉文也。五霸獨以桓、文言者，舉其盛者也。夫假仁者固不足道，然有土地、甲兵之力而不借仁以行之，則雖霸者之功亦無由可致矣。」以德行仁，則自吾之得於心者推之，無適而非仁也。輔氏曰：「德謂得於己而不失者也，仁則性之所固有也。自吾之得於己者推而行之，則唯吾之所爲，生殺予奪、闔闢斂散，自然無所往而非仁矣。」

以力服人者，非心服也，力不贍也；以德服人者，中心悅而誠服也，如七十子之服孔子也。詩云：『自西自東，自南自北，無思不服。』此之謂也。」贍，足也。詩，大雅文王有聲之篇。王霸之心，誠僞不同，故人所以應之者，其不同亦如此。輔氏曰：「以力假仁者，僞也。假而行之，終非己者，非僞而何？以德行仁者，誠也。所謂誠者，成己者也。己以僞感，人以僞應；己以誠感，人以誠應，如形聲影響之相隨，蓋不容於有異也。」○鄒氏曰：「以力服人者，有意於服人而人不敢不服；以德服人者，無意於服人而人不能不服。從古以來論王霸者多矣，未有若此章之深切而著明也。」鄒氏，名浩，毗陵人。○輔氏曰：「鄒氏以有意、無意釋力與德字，最爲簡要。然其所謂無意者，非如木石之無意者，無期必之私意耳。若夫正心脩身之道，則自有不可已者。至謂自古論王霸未有如是之深切著明者，亦爲得之。其視董子美玉、碔砆之諭，荀子隆禮尊賢、重法愛民與夫曰粹、曰駁諸說，皆爲優矣。」

〇孟子曰：「仁則榮，不仁則辱。今惡辱而居不仁，是猶惡濕而居下也。惡，去聲。下同。

好榮惡辱，人之常情。然徒惡之而不去其得之之道，不能免也。輔氏曰：「本天理者常安榮，徇人欲者常危辱，固人理之自然也。好榮而惡辱，亦人情之同然也。然心爲之宰，則以其情而順其理，好榮而居仁，惡辱而不居不仁者是也。心苟不宰，則肆其情而咈其理，好榮而不居仁，惡辱而居不仁者是也。夫惡辱而居不仁，其爲得失是非甚易見也，而情性之不治者每陷焉而不自知，故以惡濕而居下者曉之。夫惡濕而居下，此又易見之甚，而人未有不知避者，故以是曉之而欲其省覺也。夫惡辱者，義之端也。居不仁者，不仁不智者之所爲也。不仁則不足以安其守，不智則不足以決其行，故徒知惡辱而終不能免辱也。」

如惡之，莫如貴德而尊士，賢者在位，能者在職。國家閒暇，及是時明其政刑。雖大國，必畏之矣。閒，音閑。

此因其惡辱之情，而進之以彊仁之事也。輔氏曰：「彊仁者，勇者之仁，勉彊於行仁者也。所謂安行、利行之事，亦自此而造耳。」貴德，猶尚德也。士，則指其人而言之。賢，有德者，使之在位，則足以正君而善俗。能，有才者，使之在職，則足以修政而立事。

國家閒暇，可以有爲之時也。詳味及字，則惟日不足之意可見矣。輔氏曰：「春秋傳曰：『及，猶汲汲也。及，我欲之。』詳味此意，則惟日不足之意可見矣。」

詩云：『迨天之未陰雨，徹彼桑土，綢繆牖户。今此下民，或敢侮予？』孔子曰：『爲此詩者，其知道乎！能治其國家，誰敢侮之？』徹，直列反。土，音杜。綢，音稠。繆，武彪反。

詩，豳風鴟鴞之篇，周公之所作也。迨，及也。徹，取也。桑土，桑根之皮也。綢繆，纏綿補葺也。牖户，巢之通氣出入處也。予，鳥自謂也。言我之備患詳密如此，今此在下之人或敢有侮予者乎？詩傳曰：「託爲鳥言：『我及天未陰雨之時，而往取桑根，以纏綿巢之隙穴，使之堅固，以備陰雨之患。則此下土之民，誰敢有侮予者？』」周公以鳥之爲巢如此，比君之爲國，亦當思患而預防之。孔子讀而贊之，以爲知道也。輔氏曰：「鴟鴞之詩，則周公所作，所謂安仁者之事，而非彊仁者之所能也。故孔子讀之，以爲知道。知道，則仁矣。詳味思患預防之義，則仁之理亦自可識，非是心之存者，能之乎？」〇真氏曰：「孟子引鴟鴞之詩，以爲彼羽毛微類，而能於未雨之時，豫爲之備若此。今國家閒暇，不能修明政刑，顧乃翫細娛而忘大患，可乎？昔人有言：『燕雀處堂，母子相安，自以爲樂也，突決棟焚[二]，而母子恬然不知禍之將及。』是燕雀之智不及鴟鴞遠矣。爲國者必能憂勤兢畏以圖安，而不爲般樂怠傲以自禍，庶幾免於燕雀之譏乎。」

今國家閒暇，及是時般樂怠敖，是自求禍也。般，音盤。樂，音洛。敖，音傲。

謂其縱欲偷安，亦惟日不足也。輔氏曰：「縱欲則無緣得當乎理，偷安則是私心之所爲，其爲不仁甚矣。」

禍福無不自己求之者。

結上文之意。

詩云：『永言配命，自求多福。』太甲曰：『天作孽，猶可違；自作孽，不可活。』此之謂也。」孽，魚列反。

詩，大雅文王之篇。永，長也。言，猶念也。配，合也。命，天命也。此言福之自己求者。太甲，商書篇名。孽，禍也。違，避也。活，生也，書作逭，逭，猶緩也。

[二] 決，原作「如」，通志堂經解本同，據真德秀大學衍義卷三十一改。

此言禍之自己求者。

○孟子曰：「尊賢使能，俊傑在位，則天下之士皆悦而願立於其朝矣。朝，音潮。

俊傑，才德之異於衆者。

市廛而不征，法而不廛，則天下之商皆悦而願藏於其市矣。

廛，市宅也。張子曰：「或賦其市地之廛而不征其貨，或治之以市官之法而不賦其廛。蓋逐末者多則廛以抑之，少則不必廛也。」語録曰：「市廛而不征，謂使居市之廛者，各出廛賦若干，如今人賃鋪面相似，更不征税其所貨之物。法而不廛，則但治之以市官之法而已，雖廛賦亦不取之也。」問：「古之爲市者，以其所有易其所無者，有司者治之耳。此是周禮市官之法否？」曰：「然。如漢之獄市之類，皆是古之遺制。蓋自有一箇所在以爲市，其中自有許多事。」○問：「此市在何處？」曰：「此都邑之市，人君國都如井田樣，畫爲九區，面朝背市，左祖右社，中間一區則君之宫室。宫室前一區爲外朝，凡朝會、藏庫之屬皆在焉。後一區爲市，市四面有門，每日市門開，則商賈百物皆入焉。賦其廛者，謂收其市地錢，蓋逐末者多，則賦其廛以抑之；少則不廛，但治以市官之法，所以招徠之也。市官之法，如周禮司市平物價、治争訟、譏察異服異言之類。市中惟民乃得入，凡公卿大夫有爵位者及士者皆不得入，入則有罰。左右各三區，皆民所居。而外朝一區，左則宗廟，右則社稷在焉。此國君都邑規模之大槩。」〇輔氏曰：「此雖是張子以意度言之，然觀孟子所論『征商自此賤丈夫始』之説，則知先王之政必是如此。」

關譏而不征，則天下之旅皆悦而願出於其路矣。

解見前篇。

耕者助而不税，則天下之農皆悦而願耕於其野矣。

但使出力以助耕公田，而不税其私田也。輔氏曰：「助而不税，則是用助法而不用貢法。周之徹法，通用二者。」

廛無夫里之布，則天下之民皆悦而願爲之氓矣。氓，音盲。

周禮：「宅不毛者，有里布；民無職事者，出夫家之征。」鄭氏謂：「宅不種桑麻者，罰之使出一里二十五家之布；民無常業者，罰之使出一夫百畝之税、一家力役之征也。」語録曰：「問『一里二十五家之布』。曰：『亦不可考。』又問：『民無常業者罰之，如何罰得恁地重？』曰：『後世之法與此正相反。農民賦税丁錢却重，而游手浮浪之民泰然都不管他。』」〇輔氏曰：「先王之政，宅不種桑麻與閑民無職事者，上之人皆有法以抑之。此所以當其盛時，民皆著業而無游手與甚貧困者。所謂窮民，不過鰥寡孤獨四者而已。」今戰國時，一切取之。市宅之民已賦其廛，又令出此夫里之布，非先王之法也。輔氏曰：「此則是末流之害，縱人欲而滅天理者之所爲也。斯民何其不幸哉。」氓，民也。

信能行此五者，則鄰國之民仰之若父母矣。率其子弟，攻其父母，自生民以來，未有能濟者也。如此，則無敵於天下。無敵於天下者，天吏也。然而不王者，未之有也。」

呂氏曰：「奉行天命，謂之天吏。廢興存亡，惟天所命，不敢不從，若湯武是也。」輔氏曰：「『奉行天命，則謂之天之吏，廢興存亡，惟天所命，不敢不從』者，如栽培傾覆，推亡固存者是也。『若湯武者』，湯武以征伐得天下，其迹著故也。要之，聖人得位者皆能爲之，故曰『無敵於天下者，天吏也。』」○此章言能行王政，則寇戎爲父子；不行王政，則赤子爲仇讎。輔氏曰：「所以極言行王政與不行者之得失，使後之人君知所警勵也。」

○孟子曰：「人皆有不忍人之心。

天地以生物爲心，而所生之物因各得夫天地生物之心以爲心，所以人皆有不忍人之心也。語録曰：「天地以生物爲心，譬如飯甑蒸飯，氣從裏面蒸上到上面又下來，只管在裏面袞，便蒸得熟。天地即是包得許多氣在這裏無出處，袞一番便生一番物。他別無可勾當，只得生物，不似得人，便有許多應接。所謂爲心者，豈是切切然去做？如云天命，豈是諄諄然命之？似磨子相似，只管會磨出這物事。」○又曰：「天包著地，別無所作爲，只知生物而已。亘古亘今，生生不窮。人物則得此生物之心以爲心，所以箇箇肖他。本不須説以生物爲心，緣做箇語句難，故著箇以生物爲心。」○又曰：「天地生物，自是温暖和煦，這箇便是仁。所以人物得之，無不有慈愛惻怛之心。」○又曰：「無天地生物之心，則没這身。纔有這血氣之身，便具天地生物之心矣。」○真氏曰：「天地造物，無他作爲，惟以生物爲事。觀夫春夏秋冬、往古來今，生意同流，何嘗一息間斷？天地之心於此可見。萬物之生既從天地生意中出，故物物皆具此理，何況人爲最靈，宜乎皆有不忍人之心也。」

先王有不忍人之心，斯有不忍人之政矣。以不忍人之心，行不忍人之政，治天下可運之掌上。

言衆人雖有不忍人之心，然物欲害之，存焉者寡，故不能察識而推之政事之閒。惟聖人全體此心，隨感而應，故其所行無非不忍人之政也。輔氏曰：「孟子言先王如此，則便見得衆人不能如此。集註又發明衆人之所以不能然之故，與夫先王之所以能然之由，使學者得以致知而力行也。夫人皆有是不忍人之心，惟學然後能知之。衆人是指不知學者，故言物欲害之，存焉者寡，所以不能察其端緒而推廣之於政事之閒。先王則指聖人也，聖人更不言察識推廣之事，但言全體此心，隨感而應，故其所行無非不忍人之政也。此亦可見聖人之忠恕。夫以不忍人之心，行不忍人之政，則體用兼備。而天下雖大，皆在吾性分之中，治之固爲近且易耳。」○真氏曰：「人有是心，而私欲閒斷，故不能達之於用。惟聖人全體本心，私欲不雜，故有此仁心，便有此仁政，自然流出，更無壅遏，天下雖大，運以此心而有餘矣。」

所以謂人皆有不忍人之心者，今人乍見孺子將入於井，皆有怵惕惻隱之心。非所以内交於孺子之父母也，非所以要譽於鄉黨朋友也，非惡其聲而然也。

怵，音黜。内，讀爲納。要，平聲。惡，去聲，下同。

乍，猶忽也。怵惕，驚動貌。惻，傷之切也。隱，痛之深也。此即所謂不忍人之心也。語録曰：「惻是初頭子，隱是痛。」〇輔氏曰：「怵然惕然，皆是其心驚懼而念起之意。緣其卒乍而見，故其心有所驚懼而動也。惻，傷之切者，謂傷之切於己也。隱，痛之深者，謂痛之發於理也。始也怵惕，中也隱痛，自淺而深也。此皆所以名狀不忍人之心，亦可謂善於形容者矣。」〇蔡氏曰：「惻者傷其失仁於外也，隱者痛其失仁而不忍於中也。」**内，結。要，求。聲，名也。**語録曰：「是惡其被不救之名。」**言乍見之時，便有此心，隨見而發，非由此三者而然也。**語録曰：「方其乍見時也，著手脚不得，縱有許多私意，未暇思量到，但更遲霎時，則了不得也。」**程子曰：「滿腔子是惻隱之心。」**文集曰：「腔子，猶言軀殼耳。滿腔子，只是言充塞周徧，本來如此。」〇又曰：「此是就人身上指出理充塞處，最爲親切。若於此見得，即萬物一體，更無内外之别；若見不得，却去腔子外尋，即莽莽蕩蕩，無交涉矣。」〇語録曰：「腔子，只是此心内虚處。」○又曰：「只是滿這軀殼都是惻隱之心。纔築著，便是這箇物事出來，大感則大應，小感則小應。恰似大段痛傷固是痛，只如針子略挑血也出也便痛。故日用所當應接，更無些少間隔，癢痾疾痛，莫不相關。纔是有些少不通處，便是被些私意隔了。」○又曰：「腔子，身裏也，言滿身裏皆惻隱之心。在腔子裏，亦只云心在身裏也。」問：「心所發處不一，便説惻隱，如何？」曰：「惻隱之心，渾身皆是，無處不發。如見赤子有惻隱之心，見一蟻子亦豈無此心？」○陵陽李氏謂：「腔子，指人身言之。天地之間，充塞上下，渾然生物之意，無有空處。人得此以爲心，則亦四體百骸充塞遍滿，無非此惻隱之心，觸處即是，無有欠闕也。」黄氏曰：「極是。」謝氏曰：「人須是識其真心。方乍見孺子入井之時，其心怵惕，乃真心也。非思而得，非勉而中，天理之自然也。內交、要譽、惡其聲而然，即人欲之私矣。」輔氏曰：「謝氏要人識得此箇真心，學者先識得此心，然後有進步處。非思而得，非勉而中，所以言天理自然之妙。內交、要譽、惡其聲而然，所以言人欲造作之私。」○真氏曰：「孺子未有所知而將入于井，乍見之者，無間賢愚，皆有惻怛傷痛之心。方其此心驟發之時，非欲以此納交，非欲以此干譽，又非以避不仁之名也。倉猝之閒，無安排，無矯飾，而天機自動，此所謂真心也。」

由是觀之，無惻隱之心，非人也；無羞惡之心，非人也；無辭讓之心，非

人也；無是非之心，非人也。惡，去聲，下同。**羞，耻己之不善也。惡，憎人之不善也。辭，解使去己也。讓，推以與人也。是，知其善而以爲是也。非，知其惡而以爲非也。**語録曰：「四端八箇字，每字是一意。惻，是方惻然有此念起。隱，是惻然之後隱痛，比惻爲深。羞者，羞己之惡。惡者，惡人之惡。辭者，辭己之物。讓者，讓與他人。是非，自是兩樣分明。但仁是總名。若説仁義，便如陰陽；若説四端，便如四時；若分四端八字，便如八節。」〇蔡氏曰：「羞者，以其非義而耻之於内也。惡者，以其非義而憎之於外也。辭者，以其非禮而不受於己也。讓者，以其非禮而還之於人也。是者，以其善之未分而是之也。非者，以其惡之未分而非之也。」〇又曰：「每端兩字，有内外、人己之分，惟是非一端，則兩字皆在内而照乎外。蓋仁義禮皆在内而外接乎物，惟智則獨在内而外照乎物也。」**人之所以爲心，不外乎是四者，故因論惻隱而悉數之。言人若無此，則不得謂之人，所以明其必有也。**黄氏曰：「暴虐狠鷙[二]，傷人害物，則無復惻隱之心矣。頑鈍嗜利，寡廉鮮恥，則無復羞惡之心矣。驕淫矜誇，傲狠凌物，則無復辭讓之心矣。背善趨惡，舍正習邪，則無復是非之心矣。如此，則雖具人之形以生，亦何以異於禽獸哉。」〇輔氏曰：「人之所

[二] 虐，原作「虚」，據通志堂經解本改。

以爲心，雖不外是四者，然仁則又貫乎三者之中，故此因論惻隱而悉數之也。至於言人若無此心，則非人也者，所以明其必有，而使人知反求之於己也。」○真氏曰：「孟子始言惻隱之心，至此則兼羞惡、辭遜、是非而言者，蓋仁爲衆善之長，有惻隱則三者從之矣。惻隱不存，則三者亦何有哉？」○又曰：「賦形爲人，孰無此心？苟無此心，則非人矣。然所謂無者，豈其固然哉？私欲蔽塞而失其本真耳。」

惻隱之心，仁之端也；羞惡之心，義之端也；辭讓之心，禮之端也；是非之心，智之端也。

惻隱、羞惡、辭讓、是非，情也。仁、義、禮、智，性也。文集曰：「性非有物，只是一箇道理之在我者耳。仁則是箇温和慈愛底道理，義則是箇斷制裁割底道理，禮則是箇恭敬撙節底道理，智則是箇分別是非底道理，凡此四者，具於人心，乃是性之本體。方其未發，漠然無形象之可見。及其發而爲用，則仁者爲惻隱，義者爲羞惡，禮者爲辭遜，智者爲是非，隨事發見，各有苗脉，不相殽亂，所謂情也。」**心，統性情者也。**文集曰：「性爲體，情爲用，而心則貫之。」○語録曰：「性是理之總名，仁、義、禮、智皆性中一理之名。惻隱、羞惡、是非、辭遜是情之所發之名，其端所發甚微，皆從此心出來。性不是别有一箇物在心裏，此心具此性、情。」○又曰：「性情與心固是一理，然命之以心，却似包著這性情在裏面。」○又曰：「性是静，情是動，心則兼動静而言。

或指體，或指用，隨人所看。」○又曰：「統，猶兼也。」○又曰：「性者，心之理。情者，心之用。心者，性情之主。」○又曰：「性對情言，心對性、情言。合如此是性，動處是情，主宰是心。大抵心與性似一而二，似二而一，此處最當體認。」○又曰：「性情皆出於心，故心能統之。統，如統兵之統，言有以主之也。」○又曰：「統是主宰，如統百萬軍。心是渾然底物，性是有此理，情是動處。」○又曰：「心，主宰之謂也。動静皆主宰，非是静時無所用，及至動時方有主宰也。言主宰，則混然體統自在其中。心統攝性情，非儱侗與性情爲一物而不分別也。」○又曰：「心之全體，湛然虚明，萬理具足，無一豪私欲之閒，其流行該徧，貫乎動静，而妙用又無不在焉。故以其未發而全體者言之，則性也；以其已發而妙用者言之，則情也。然心統性情，只就渾淪一物之中指其已發未發而爲言爾，非是性是一箇地頭，情又是一箇地頭，如此懸隔也。」○又曰：「仁、義、禮、智，是心統性。惻隱、羞惡、辭遜、是非，是心統情。」○黄氏曰：「統字兼兩義，有訓總字者，有訓主字者。非性情之外別有心，只是總性情而謂之心。心雖便是性情，然又能爲性情之主宰，故兼此兩義而謂之統也。」○陳氏曰：「惻隱、羞惡等以情言，仁、義等以性言，必又言心在其中者，所以統性情而爲之主也。」**端，緒也。因其情之發，而性之本然可得而見，猶有物在中而緒見於外也。**文集曰：「謂之端者，猶有物在中而不可見，必因其端緒發見於外，然後可得而尋也。」○輔氏曰：「緒，謂頭緒也。因惻隱、羞惡、辭遜、是非之情發，而仁、義、禮、智本然之性可得而見。譬猶有物在中，而其頭緒見於外也。」○陳氏曰：「四端之説，是就外面可見底以驗其中之所有。惟是裏面有是四者之體，故四者端緒自然發見於外。」○又曰：「四者端緒日用間常常發見，只是人看理不明，故茫然不知得。」○蔡氏曰：「性不可見，以其初發之端緒而見其性之本然。」○永嘉陳氏曰：「端者，端倪也，物之緒也。譬之繭絲，外有一條緒，便知得內有一團絲，若其無絲在內，則緒何由而見於外？」

人之有是四端也，猶其有四體也。有是四端而自謂不能者，自賊者也；謂其君不能者，賊其君者也。

四體，四支，人之所必有者也。自謂不能者，物欲蔽之耳。輔氏曰：「人所必有，應上明其必有之說。物欲蔽之，應上物欲害之之說。」

凡有四端於我者，知皆擴而充之矣，若火之始然，泉之始達。苟能充之，足以保四海；苟不充之，不足以事父母。」擴，音廓。

擴，推廣之意。充，滿也。語録曰：「擴是脹開，充是放滿。」○又曰：「推是從這裏推將去，如『老吾老以及人之老，幼吾幼以及人之幼』。到得充，則填得來滿了，如注水相似。推是注下水去，充則注得這一器滿了。蓋仁義之性，本自充塞天地，若自家不能廣充，則無緣得這箇殼子滿，只是箇空殼子。」**四端在我，隨處發見。知皆即此推廣而充滿其本然之量，則其日新又新將有不能自已者矣。**語録曰：「此四者皆我所固有，其初發時，毫毛如也，及推廣將去充滿其量，則廣大無窮。」〇又曰：「此心之量本足以包括天地、兼利萬物，只是人自不能充滿其量，所以推不去。或能推之於一家而不能推之於一國，或能推之於一國而不足以治天下，此皆是未足以盡其本然之量。」〇又曰：「日新又新，常常如此無閒斷也。」**能由此而遂充之，則四海雖遠，亦吾度内，無難保者；不能充之，則雖事之至近而不能矣。**愚謂：足以保四海，極其遠而言之也；不足以事父母，極其近而言之也。**〇此章所論人之性情、心之體用，本然全具而各有條理如此。學者於此反求默識而拓充之，則天之所以與我者可以無不盡矣。**黄氏曰：「仁、義、禮、智，心之體也；惻隱、羞惡、辭遜、是非，心之用也。人稟五行之氣以生，有是氣則必有是理，仁、義、禮、智者，木、火、金、水之理也；有是體則必有是用，惻隱、羞惡、辭遜、是非者，仁、義、禮、智之用也。莫不有是氣，則莫不有是理；莫不有是體，則莫不有是用，此天之所以予我而人之所以爲人者也。天下之人，飢食而渴飲，趨利而避害，則知之矣，至於天之予我而人之所以爲人者，乃反不知焉，何哉？孟子憫斯人之愚而莫之覺也，既啓以孺子入井之端，又告之以火然泉達之始。知是理而充之，則足以保四海；不充之，則不足以事父母。充不充之閒，而功用之遼絶乃如此，其教人之意亦切矣。」〇輔氏曰：「反求默識者，格物、致知、窮理之事也。廣充之者，誠意、正心、力行之事也。既能窮理，又能力行，則天之所以予我仁義禮智之性，可以各各充滿其量而無遺憾矣。前言日新又新將有不能自已，所以言其推廣之意於其始也。此言天之所與我者可以無不盡矣，所以言充滿於其後之意也。」○程子曰：「人皆有是心，惟君子爲能擴而充之。不能然者，皆自棄也。然其充與不充，亦在我而已矣。」又曰：「四端不言信者，既有誠心爲四端，則信在其中矣。」語録曰：「信是誠實。此四者，實有是仁，實有是義，與禮、智皆然。」輔氏曰：「程子之説，乃爲仁由己之意。熟玩之，自有以啓人進德之誠。」○黄氏曰：「仁義禮智，莫非實理之所爲，故四端不言信而信在其中矣。」○永嘉陳氏曰：「信者，實有此者也。四端不得信，則不成四端。」愚按：四端之信，猶五行之土，無定位，無成名，無專氣，而水、火、金、木無不待是以生者。故土於四行無不在，於四時則寄王焉，其理亦猶是也。語録曰：「如五行之有土，非土則不足以載四者。又如土於四時，各寄王十八日，或謂王於戊己，然季夏乃土之本宫，故尤王於夏末。月令載『中央土』者，以此故也。」○永嘉陳氏曰：「五行無土位，位在四象之中。五常無信位，位在四端之中。」

○孟子曰：「矢人豈不仁於函人哉？矢人唯恐不傷人，函人唯恐傷人。巫、匠亦然。故術不可不慎也。函，音含。

函，甲也。愚謂：函之爲義，取其能包裹人身。惻隱之心，人皆有之，是矢人之心本非不如函人之仁也。巫者，爲人祈祝，利人之生。匠者，作爲棺槨，利人之死。

孔子曰：『里仁爲美。擇不處仁，焉得智？』夫仁，天之尊爵也，人之安宅也。莫之禦而不仁，是不智也。焉，於虔反。夫，音扶。里有仁厚之俗者猶以爲美。人擇所以自處而不於仁，安能爲智乎[二]？此孔子之言也。仁義禮智，皆天所與之良貴。而仁者天地生物之心，得之最先，而兼統四者，所謂元者善之長也，故曰尊爵。語録曰：「問：『如何是得之最先？』曰：『人先得那生底道理，所謂心生道也。有是心，斯具是形以生也。』」〇又曰：「元、亨、利、貞皆是善，而元則爲善之長，亨、利、貞皆是那裏來。仁、義、禮、智亦皆善也，而仁則爲萬善之首，義、禮、智皆從這裏出。」〇輔氏曰：「五性皆是天之賦與於人者，故曰良貴，謂天所予我自然之貴也。貴字正對爵字而言。」在人則爲本心全體之德，有天理自然之安，無人欲陷溺之危。人當常在其中而不可須臾離者也，故曰安宅。輔氏曰：「五性皆人心之德，而仁則周貫乎四者之中，故爲本心全體之德。天理有則而不流，故有自然之安。人欲橫流而無止，故有陷溺之危。克盡人欲，純是天理，方始是仁，此所以有安而無危也。人當常處其中而不可須臾離，即所謂依於仁，造次必於是，顛沛必於是之意，此聖門學者必以求仁爲先務也。」〇又曰：「仁者，天理之本然，無人欲之阽危，人當常居其中而不可有須臾之離，故曰安宅。」此又孟子釋孔子之意，以爲仁道之大如此，而自

[二] 能，通志堂經解本作「得」。

不爲之，豈非不智之甚乎？輔氏曰：「莫之禦而不仁，則是自不爲之耳。」○真氏曰：「仁者，我所自有，苟欲爲之，誰能止者？乃甘心於不仁，豈非不智乎？故仁智二者常相須焉，不仁斯不智矣，不智斯不仁矣。」

不仁不智，無禮無義，人役也。人役而恥爲役，由弓人而恥爲弓，矢人而恥爲矢也。由，與猶通。

以不仁故不智，不智故不知禮義之所在。輔氏曰：「不仁則頑然不覺，不智則懵然無知，故不仁則不智。而下句只言不智者，蒙上句，故不必言也。既頑然不覺，又懵然無知，則自然不知禮義之所在。」

如恥之，莫如爲仁。

此亦因人愧恥之心，而引之使志於仁也。不言智、禮、義者，仁該全體，能爲仁，則三者在其中矣。

仁者如射，射者正己而後發。發而不中，不怨勝己者，反求諸己而已矣。」中，去聲。

爲仁由己，而由人乎哉？

○孟子曰：「子路，人告之以有過則喜。

喜其得聞而改之，其勇於自脩如此。輔氏曰：「人受天地之中以生，本自無過，所以有過者，非出於氣稟之偏，則由乎物欲之誘。人能知而改之，則可以復於本然之善，不知則其過愈深，將陷溺焉，而失其所以爲人矣，是豈可不懼哉。人有告我以過，我因得而改之以復於善，則又豈可不以爲喜乎？然非子路之勇於自脩，則亦不能然也。自脩兩字雖出大學，而集註於此下此二字，極有意。」周子曰：「仲由喜聞過，令名無窮焉。今人有過，不喜人規，如諱疾而忌醫，寧滅其身而無悟也。噫！」周子，名惇頤，春陵人。程子曰：「子路，人告之以有過則喜，亦可謂百世之師矣。」輔氏曰：「周子是反說，程子是順說。亦可謂百世之師者，一以言喜得聞其過而改之，則必能全天之所以予我者，而階之以爲聖爲賢，故可以爲百世之師；一以見能勇於自脩如此者，實難其人，故可以爲百世之師。」

禹聞善言則拜。

書曰：「禹拜昌言。」蓋不待有過，而能屈己以受天下之善也。輔氏曰：「子路賢者也，故不能無過，但勇於自脩，是以喜於得聞而改之。禹則聖人也，其心純是天理本然之善，故不待其有過，但一聞善言，則至誠屈己，拜而受之。」

大舜有大焉，善與人同，舍己從人，樂取於人以爲善。舍，上聲。樂，音洛。

言舜之所爲，又有大於禹與子路者。善與人同，公天下之善而不爲私也。輔氏曰：

「舜、禹雖皆是聖人，然禹則學而知者，舜則生而知者，故亦不無大小之别。禹聞善言則拜，聞之者禹也，言之者人也，以我之聞，聞彼之善，拜以受之，猶有人己之分也。至於舜，則善與人同耳。善與人同者，蓋善乃天下之公，非人己所得而私者，故曰公天下之善而不爲私也。」**己未善，則無所係吝而舍以從人**[二]**；人有善，則不待勉彊而取之於己，此善與人同之目也。**或問「善與人同」。曰：「善者，天下之公理，本無在己在人之别，但人有身，不能無私於己，故有物我之分焉。惟舜之心，無一豪有我之私，是以能公天下之善以爲善，而不知其孰爲在己，孰爲在人，所謂善與人同也。舍己從人，言其不先立己，而虚心以聽乎天下之公，蓋不知善之在己也。樂取於人以爲善，言其見人之善，則至誠樂取而行之於身，蓋不知善之在人也。此二者，善與人同之目也。然謂之舍己者，特言其忘私順理而已，非謂己有不善而舍之也。謂之樂取者，又以見其心與理一，安而行之，非有彊勉之意也。此二句本一事，特交互言之，以見聖人之心表裏無閒如此耳。」〇輔氏曰：「此兩句，乃是善與人同之條目。凡人之情，己有不善，則必有係吝而不能舍以從人；人之有善，則雖欲勉彊而不能取之於己，是皆不能以善爲天下公共底道理，而各自以爲私。故唯大舜善與人同，公天下之善而不爲私。故己或未善，則無一豪係吝之私，而脱然

[二] 以，通志堂經解本作「己」。

舍以從人；人之有善，則不用一豪勉彊之意，而樂然取之於己。如是，則通天下唯善之同，而初無在己在人之異也。」

自耕稼陶漁以至爲帝，無非取於人者。

舜之側微，耕于歷山，愚按：歷山在河東。**陶于河濱，**愚按：濟陰定陶西南有陶丘亭。**漁于雷澤。**愚按：雷，夏兖州。澤在濟陰。

取諸人以爲善，是與人爲善者也，故君子莫大乎與人爲善。」

與，猶許也，助也。取彼之善而爲之於我，則彼益勸於爲善矣，是我助其爲善也。能使天下之人皆勸於爲善，君子之善孰大於此。輔氏曰：「舜之取人以爲善，初未嘗有助人爲善之意也。孟子推説其事，故以爲取諸人以爲善，乃是助人之爲善也。因吾取人之善以爲善，而使天下之人皆勸於爲善，則是尊人成己成物之事，故曰君子之善孰大於此。」〇**此章言聖賢樂善之誠，初無彼此之閒，故其在人者有以裕於己，在己者有以及於人。**輔氏曰：「聖賢云者，兼子路、禹、舜之事而言之也。三人者，雖有淺深之不同，然其樂善之誠皆無彼此之閒。使子路而有彼此之閒，則於人告其有過之時，未必不以爲詆訐而惡之矣，尚何喜之有哉？惟有樂善之誠，無彼此之閒，故在人之善有以裕於己，無非取於人者是也；在己之善有以及於人，是與人爲善者是也。」

○孟子曰：「伯夷，非其君不事，非其友不友。不立於惡人之朝，不與惡人言。立於惡人之朝，與惡人言，如以朝衣朝冠坐於塗炭。推惡惡之心，思與鄉人立，其冠不正，望望然去之，若將浼焉。是故諸侯雖有善其辭命而至者，不受也。不受也者，是亦不屑就已。朝，音潮。惡惡，上去聲，下如字。浼，莫罪反。

塗，泥也。鄉人，鄉里之常人也。望望，去而不顧之貌。浼，污也。屑，趙氏曰「潔也」，説文曰「動作切切也」。不屑就，言不以就之爲潔，而切切於是也。語録曰：「潔，猶美也。苟以其辭命禮意之美而就之，是切切於是也。然伯夷，雖有善其辭命而至者，亦不肯就，而況不道而無禮者，固速去之矣。世之所謂清者，不就惡人耳。若善辭令而來者，固有時而就之。惟伯夷不然，此其所以爲聖之清也，柳下惠不屑之意亦然。」○又曰：「動作切切，只是不汲汲於就，不汲汲於去。屑字却是重。」○輔氏曰：「如此解屑字，方説得夷、惠之意出。先儒多解屑爲輕者，不盡其義也。詩所謂『不屑髢也』者，亦是此意。」已，語助辭。

柳下惠，不羞汙君，不卑小官。進不隱賢，必以其道。遺佚而不怨，阨窮而不憫。故曰：『爾爲爾，我爲我，雖袒裼裸裎於我側，爾焉能浼我哉？』

故由由然與之偕而不自失焉，援而止之而止。援而止之而止者，是亦不屑去已。」佚，音逸。袒，音但。裼，音錫。裸，魯果反。裎，音程。焉能之焉，於虔反。

柳下惠，魯大夫展禽，居柳下，而謚「惠」也。不隱賢，不枉道也。語録曰：「不隱賢，謂不隱避其賢。如己當廉却以利自汙，己當勇却以怯自處之類，乃是隱賢，是枉道也。」問：「所以不解作不蔽賢，謂其下文云『必以其道』。若作不蔽賢説，則下文不同矣。」曰：「然。」○又曰：「進不隱賢，便是必以其道。人有所見，不肯發出，尚有所藏，便是枉道。」○又曰：「『進不隱賢，必以其道』兩句，相承只作一句讀。」遺佚，放棄也。阨，困也。憫，憂也。「爾爲爾」至「焉能浼我哉」，惠之言也。袒裼，露臂也。裸裎，露身也。由由，自得之貌。偕，並處也。不自失，不失其正也。援而止之而止者，言欲去而可留也。

孟子曰：「伯夷隘，柳下惠不恭。隘與不恭，君子不由也。」

隘，狹窄也。不恭，簡慢也。語録曰：「問：『不恭，是處己如此？是待人如此？』曰：『是待人如此。蓋其玩世，視他人如無也。』」夷、惠之行，固皆造乎至極之地。然既有所偏，則不能無弊，故不可由也。語録曰：「夷隘，惠不恭，不必言效之而不至者其弊乃如此，只二子所爲已有此弊矣。」○又曰：「以聖人觀二子，則二子多有欠闕處。纔有欠闕處，便有弊，所以孟子直説他隘與不恭，不曾説其末流如此。如不念舊惡、不以三公易其介，固是清、和好處，然十分只救得一分，救不得那九分清、和之偏處了。」〇輔氏曰：「由清、和而至於聖，則是造乎至極之地也。然其初不能無偏，故其終不免有弊。君子不由者，謂於理有不可由也。詳味二子之行，則所謂窄狹與簡慢者見矣。」〇永嘉陳氏曰：「夷、惠皆絶德而不合中庸，故好處直是可學，弊處却不當學。」

孟子卷第三

孟子卷第四

朱子集註　後學趙順孫纂疏

公孫丑章句下

凡十四章。自第二章以下，記孟子出處行實爲詳。

孟子曰：「天時不如地利，地利不如人和。

天時，謂時日支干、孤虛、王相之屬也。語録曰：「孤虛以方位言，如俗言向某方利、某方不利之類。王相指日時。」○輔氏曰：「時，十二時也。日，十日也。支，十二支也。干，十干也。孤虛，星也。王相，五氣之盛衰也。其法具於兵書，所由來者遠矣。」○蔡氏曰：「時，四時也。日，日辰也。史記註六甲孤虛法：『甲子旬，戌亥爲孤，辰巳爲虛；甲戌旬，申酉爲孤，寅卯爲虛；甲申旬，午未爲孤，子丑爲虛；甲午旬，辰巳爲孤，戌亥爲虛；甲辰旬，寅卯爲孤，申酉爲虛；甲寅旬，子丑爲孤，午未爲虛。』王相，如東方木王相於卯之類。」○愚謂：孤虛之法，以一畫爲孤，無畫爲虛，二畫爲實，以六十甲子日定東西南北四方，然後知其孤虛實而向背之，即知吉凶矣。**地利，險阻、城池之固也。人和，得民心之和也。**

三里之城，七里之郭，環而攻之而不勝。夫環而攻之，必有得天時者矣，然而不勝者，是天時不如地利也。夫，音扶。

三里、七里，城郭之小者。郭，外城。環，圍也。言四面攻圍，曠日持久，必有值天時之善者。

城非不高也，池非不深也，兵革非不堅利也，米粟非不多也，委而去之，是地利不如人和也。

革，甲也。愚謂：古者之甲以革爲之，故函人爲攻皮之工。後世始用金，曰鎧。粟，穀也。委，棄也。言不得民心，民不爲守也。

故曰域民不以封疆之界，固國不以山谿之險，威天下不以兵革之利。得道者多助，失道者寡助。寡助之至，親戚畔之；多助之至，天下順之。

域，界限也。

以天下之所順，攻親戚之所畔，故君子有不戰，戰必勝矣。」

言不戰則已，戰則必勝。輔氏曰：「此帝王常勝之道，而夫子所謂『我戰必克』者，皆爲是也。」〇尹氏曰：「言得天下者，凡以得民心而已。」

〇孟子將朝王，王使人來曰：「寡人如就見者，有寒疾，不可以風。朝將視朝，不識可使寡人得見乎？」對曰：「不幸而有疾，不能造朝。」章内朝，並音潮，唯朝將之朝，如字。造，七到反，下同。

王，齊王也。孟子本將朝王，王不知而託疾以召孟子，故孟子亦以疾辭也。或問：「孟子本欲朝王矣，王召之，則辭而不往，何也？」曰：「孟子於齊，實處賓師之位而未嘗受禄，蓋非齊王之所得臣也。其相見之節，王就而見孟子則可，孟子自往而見王則不可。王而召之則既失禮矣，而其託疾者又不誠也，則若之何而可往哉？」〇語録曰：「問：『莫是以齊王不合託疾否？』曰：『未論齊王託疾。看孟子之意，只説他不合來召。蓋在他國時，諸侯無越境之理，只得以幣來聘，故賢者受其幣而往見之，所謂答禮行義是也。如見梁惠王，是惠王先來聘之，既至其國，或爲賓師，有事則王自來見，或自往見王，但召之則不可。召之，則有自尊之意，故不往見也。答陳代：「如不待其招而往，何哉？」此以往他國而言。答萬章：「天子不召師，而況諸侯乎？」此以在其國而言。』」〇輔氏曰：「孟子本將朝王者，禮也。王不知，而託疾以召孟子，故孟子亦以疾辭者，義也。於此可見孟子之心，至公無私，因事制宜，如權衡然。物有重輕，則權亦從而前卻也。」

明日出弔於東郭氏。公孫丑曰：「昔者辭以病，今日弔，或者不可乎？」

曰：「昔者疾，今日愈，如之何不弔？」東郭氏，齊大夫家也。昔者，昨日也。或者，疑辭。辭疾而出弔，與孔子不見孺悲，取瑟而歌同意。輔氏曰：「孔子以疾辭孺悲而不出見，然又取瑟而歌，使之知其非疾，所以警教孺悲也。孟子以疾辭齊王而不往朝，然又出弔東郭，而使之知其非疾者，亦所以警教齊王也。此皆聖賢至誠應物而得乎時中之義也。」

王使人問疾，醫來。孟仲子對曰：「昔者有王命，有采薪之憂，不能造朝。今病小愈，趨造於朝，我不識能至否乎？」使數人要於路曰：「請必無歸，而造於朝。」要，平聲。

孟仲子，趙氏以爲孟子之從昆弟，學於孟子者也。采薪之憂，言病不能采薪，謙辭也。仲子權辭以對，又使人要孟子，令勿歸而造朝，以實己言。輔氏曰：「仲子雖學於孟子，然未免於世俗之習，懾於勢之尊而不知在己之有義，眩於儀之多而不察其意之不誠，故作此態，是亦世俗之常情也。」

不得已而之景丑氏宿焉。景子曰：「内則父子，外則君臣，人之大倫也。父子主恩，君臣主敬。丑見王之敬子也，未見所以敬王也。」曰：「惡！是何言也。齊人無以仁義與王言者，豈以仁義爲不美也？其心曰『是何足與言仁義也』云爾，則不敬莫大乎是。我非堯舜之道不敢以陳於王前，故齊人莫如我敬王也。」惡，平聲，下同。

景丑氏，齊大夫家也。景子，景丑也。惡，歎辭也。景丑所言，敬之小者也；孟子所言，敬之大者也。輔氏曰：「景丑之説，擎跽曲拳、奔走承順之敬，世俗之所知，故曰敬之小；孟子所言，陳善閉邪、責難於君之敬，聖賢之所行，故曰敬之大也。」○真氏曰：「景子但知聞命奔走爲敬其君，不知以堯舜之道告其君者乃敬之大者也。僕隸之臣，唯唯承命，外若敬其君，然心實薄之曰『是何足與言仁義』，此不敬之大者也。齊人之敬君以貌，孟子之敬君以心。」

景子曰：「否，非此之謂也。禮曰：『父召，無諾；君命召，不俟駕。』固將朝也，聞王命而遂不果，宜與夫禮若不相似然。」夫，音扶，下同。

禮曰：「父命呼，唯而不諾。」又曰：「君命召，在官不俟屨，在外不俟車。」言孟子本欲朝王，而聞命中止，似與此禮之意不同也。

曰：「豈謂是與？曾子曰：『晉楚之富，不可及也。彼以其富，我以吾仁；彼以其爵，我以吾義，吾何慊乎哉？』夫豈不義而曾子言之？是或一道也。

天下有達尊三：爵一，齒一，德一。朝廷莫如爵，鄉黨莫如齒，輔世長民莫如德。惡得有其一以慢其二哉？與，平聲。慊，口簟反。長，上聲。

慊，恨也，少也。或作嗛，字書以爲口銜物也。然則慊亦但爲心有所銜之義，其爲快、爲足、爲恨、爲少，則因其事而所銜有不同耳。大學或問曰：「孟子所謂『慊於心』，樂毅所謂『慊於志』，則以銜其快與足之意而言者也。孟子所謂「吾何慊」，漢書所謂『嗛栗姬』，則以銜其恨與少之意而言者也。讀者各隨所指而觀之，則並行而不悖矣。」孟子言我之意非如景子之所言者。因引曾子之言，而云夫此豈是不義而曾子肯以爲言，是或別有一種道理也。輔氏曰：「道雖一本，而其用則有萬不同。時異事殊，則聖人處之各自成一樣。禮經之説固是正理，然曾子之説又或別是一般道理也[二]。」達，通也。蓋通天下之所尊有此三者。曾子之説，蓋以德言之也。輔氏曰：「自『天下有達尊三』以下，則是孟子自説，而集註所謂『曾子之説，蓋以德言』者，特指『吾仁、吾義』云耳。」今齊王但有爵耳，安得以此慢於齒、德乎？

[二] 或，原作「也」，據通志堂經解本改。

故將大有爲之君，必有所不召之臣。欲有謀焉，則就之。其尊德樂道，不如是不足與有爲也。樂，音洛。

大有爲之君，大有作爲，非常之君也。程子曰：「古之人所以必待人君致敬盡禮而後往者，非欲自爲尊大也，爲是故耳。」輔氏曰：「以爲欲自尊大者，世俗之見也。不足與有爲者，君子之心也。君子之所爲，衆人固不識者，正謂此也。」

故湯之於伊尹，學焉而後臣之，故不勞而王；桓公之於管仲，學焉而後臣之，故不勞而霸。

先從受學，師之也。後以爲臣，任之也。

今天下地醜德齊，莫能相尚。無他，好臣其所教，而不好臣其所受教。好，去聲。

醜，類也。尚，過也。所教，謂聽從於己，可役使者也。所受教，謂己之所從學者也。

湯之於伊尹，桓公之於管仲，則不敢召。管仲且猶不可召，而況不爲管仲者乎？」

不爲管仲，孟子自謂也。輔氏曰：「孟子到此，不得已而直言之，不如是，則公孫丑之徒終不足以知此義也。」范氏曰：「孟子之於齊，處賓師之位，非當仕有官職者，故其言如此。」語録曰：「問：『賓師如何？』曰：『當時有所謂客卿者是也，大槩尊禮之而不居職任事。』」○此章見賓師不以趨走承順爲恭，而以責難陳善爲敬；人君不以崇高富貴爲重，而以貴德尊士爲賢，則上下交而德業成矣。輔氏曰：「天地交而後萬物遂[二]，上下交而後德業成，此自然之理也。世衰道微，君不能止於仁，而惟知恃勢以驕夫臣；臣不能止於敬，而惟知自屈以陷夫君。上下之情扞格而不接，德之與業涣散而無成，天下日趨於大亂極敗，而世俗猶以孟子爲迂闊於事，亦可悲矣。」

○陳臻問曰：「前日於齊，王餽兼金一百而不受；於宋，餽七十鎰而受；於薛，餽五十鎰而受。前日之不受是，則今日之受非也；今日之受是，則前日之不受非也。夫子必居一於此矣。」

陳臻，孟子弟子。兼金，好金也，其價兼倍於常者。一百，百鎰也。

[二] 後，原作「言」，據通志堂經解本改。

孟子曰：「皆是也。皆適於義也。輔氏曰：「以事言，則或受、或不受，固不一也；以義言，則受者義所當受也，不受者義所不當受也，故曰皆適於義也。陳臻只就事上校量，孟子則以義爲斷制也。」當在宋也，予將有遠行，行者必以贐，辭曰『餽贐』，予何爲不受？贐，徐刃反。贐，送行者之禮也。當在薛也，予有戒心，辭曰『聞戒』，故爲兵餽之，予何爲不受？爲兵之爲，去聲。時人有欲害孟子者，孟子設兵以戒備之。薛君以金餽孟子，爲兵備，辭曰「聞子之有戒心也」。若於齊，則未有處也。無處而餽之，是貨之也。焉有君子而可以貨取乎？」焉，於虔反。無遠行、戒心之事，是未有所處也。取，猶致也。○尹氏曰：「言君子之辭受取予，唯當於理而已。」輔氏曰：「理，體也；義，用也。當於理，則是適於義也。」○問：「孟子但有辭、有受、有取，初無予之事，而尹氏併言辭受取予者，何也？」曰：「學者玩此章，非特可以知辭受之義，而亦可以知所予矣。」

〇孟子之平陸，謂其大夫曰：「子之持戟之士，一日而三失伍，則去之否乎？」曰：「不待三。」去，上聲。

平陸，齊下邑也。大夫，邑宰也。戟，有枝兵也。士，戰士也。伍，行列也。去之，殺之也。

「然則子之失伍也亦多矣。凶年饑歲，子之民，老羸轉於溝壑，壯者散而之四方者，幾千人矣。」曰：「此非距心之所得爲也。」幾，上聲。

子之失伍，言其失職，猶士之失伍也。距心，大夫名。對言此乃王之大政使然，非我所得專爲也。

曰：「今有受人之牛羊而爲之牧之者，則必爲之求牧與芻矣。求牧與芻而不得，則反諸其人乎？抑亦立而視其死與？」曰：「此則距心之罪也。」爲，去聲。死與之與，平聲。

牧之，養之也。牧，牧地也。芻，草也。孟子言若不得自專，何不致其事而去。

他日，見於王曰：「王之爲都者，臣知五人焉。知其罪者，惟孔距心。」爲王誦之。王曰：「此則寡人之罪也。」見，音現。爲王之爲，去聲。

爲都，治邑也。邑有先君之廟曰都。語録曰：「古之王者嘗爲都處便自有廟。如大王廟在岐，文王廟在豐。武王祭大王，則於岐；祭文王，則於豐；鎬京却無二王之廟。又如晉獻公使申生祭於曲沃，武公雖自曲沃入晉，而其先君之廟則乃在曲沃而不徙。」孔，大夫姓也。爲王誦其語，欲以風曉王也。○陳氏曰：「孟子一言而齊之君臣舉知其罪，固足以興邦矣。然而齊卒不得爲善國者，豈非説而不繹、從而不改故邪？」陳氏，名暘，三山人。○輔氏曰：「孟子一言而齊之君臣舉知其罪者，理明辭達，長於譬喻，而能感發於人故也。然齊之君臣雖知其罪而終不能改繹者，志小氣輕。志小則易定，蓋元不曾有大底規模；氣輕則多率，多率則凡事説過便休，都無那自訟自責之意。如此則何緣會改。」

○孟子謂蚳鼃曰：「子之辭靈丘而請士師，似也，爲其可以言也。今既數月矣，未可以言與？」蚳，音遲。鼃，烏花反。爲，去聲。與，平聲。

蚳鼃，齊大夫也。靈丘，齊下邑。似也，言所爲近似有理。可以言，謂士師近王，得以諫刑罰之不中者。

蚳鼃諫於王而不用，致爲臣而去。

致，猶還也。

齊人曰：「所以爲蚳鼃，則善矣；所以自爲，則吾不知也。」爲，去聲。

譏孟子道不行而不能去也。

公都子以告。

公都子，孟子弟子也。

曰：「吾聞之也：『有官守者，不得其職則去；有言責者，不得其言則去。』我無官守，我無言責也，則吾進退豈不綽綽然有餘裕哉？」

官守，以官爲守者。言責，以言爲責者。綽綽，寬貌。裕，寬意也。孟子居賓師之位，**未嘗受禄，故其進退之際，寬裕如此。**輔氏曰：「在易晉之初六曰：『罔孚，裕無咎。』程子曰：『夫子恐後人不達寬裕之意，居位者廢職失守以爲裕，故特云初六『裕則无咎』者，始進未受命當職任故也。若有官守，不信於上而失其職，一日不可居也。』由是觀之，凡始進未受命者，苟上未見信，猶可以寬裕自守，況孟子處賓師之位，又未嘗受禄乎？宜其進退寬裕如此也。一有官守言責，則當自盡其職，不可如此矣。蚳鼃是有言責者，孔距心是有官守者。蚳鼃聞孟子之言，雖不自以爲罪，然遂諫於王而不用，致爲臣而去。孔距心雖知其爲罪，却只説過了便休。蚳鼃之資質賢於距心多矣。學者須當學蚳鼃，則改過勇而進德當日新也。」**尹氏曰：「進退久速，當於理而已。」**輔氏曰：「尹氏之説，與上章『君子之辭受取予，唯當於理而已』同意，言孟子之辭受取予、進退久速雖有不同，然非有所愛憎適莫於其間也，一當乎天理而已矣。玩味其言，可發深省。嘗謂聖賢之曉人，常寬裕委曲而無迫切之意，人見其如此也，則曰聖賢之術也，而不知聖賢初無心也，理當然耳，故其所爲無迹。後世妄意聖人之所爲，而挾術以諫君，故其迹露，如魏徵望獻陵之事可見。雖能濟一時之事，然懷是心以事君，則不恭甚矣。」

○孟子爲卿於齊，出弔於滕，王使蓋大夫王驩爲輔行。王驩朝暮見，反齊滕之路，未嘗與之言行事也。蓋，古盍反。見，音現。

蓋，齊下邑也。王驩，王嬖臣也。輔行，副使也。反，往而還也。行事，使事也。輔氏曰：「使事，謂弔祭之禮、邦交之儀，凡禮文制數皆是也。」

公孫丑曰：「齊卿之位，不爲小矣；齊滕之路，不爲近矣。反之而未嘗與言行事，何也？」曰：「夫既或治之，予何言哉？」夫，音扶。

王驩蓋攝卿以行，故曰齊卿。夫既或治之，言有司已治之矣。孟子之待小人，不惡而嚴如此。輔氏曰：「『夫既或治之』，正答公孫丑『未嘗與之言行事』一句也。孟子言所謂使事，有司既已治之而得其宜矣，自不須更與王驩言也。只此句，便見孟子之待小人不惡而嚴之意。使有司不能治其事，於禮儀制數有曠闕不齊整處，而孟子固不與驩言而正之，則非所謂不惡矣。今有司既已能治辨其事，而猶與之言，則便有徇之之意，而不可謂之嚴矣。然自常情觀之，則孟子之不與驩言，不以爲惡之而不欲與之言，則以爲易之而不足與之言矣。夫惡之而不欲與之言則隘，易之而不足與之言則忽。隘與忽，孟子無是心也。但言有司既已能治辦其事而不與之言，則亦是順理之事，而其中自有不惡而嚴之意耳。故愚嘗謂：君子之待小人，有正己而無屈意，有容德而無過禮，惡惡之心雖不能無，然亦不爲已甚之疾也。」

○孟子自齊葬於魯，反於齊，止於嬴。充虞請曰：「前日不知虞之不肖，使虞敦匠事。嚴，虞不敢請。今願竊有請也，木若以美然。」孟子仕於齊，喪母，歸葬於魯。嬴，齊南邑。充虞，孟子弟子，嘗董治作棺之事者也。嚴，急也。木，棺木也。以，已通。以美，太美也。

曰：「古者棺椁無度。中古棺七寸，椁稱之，自天子達於庶人。非直爲觀美也，然後盡於人心。稱，去聲。度，厚薄尺寸也。中古，周公制禮時也。輔氏曰：「古者棺椁無度者，想只是過於厚，觀十三卦喪葬取之大過可見。至周公制禮時，始爲七寸之制也。」「謂棺七寸，則椁亦七寸。」欲其堅厚久遠，非特爲人觀視之美而已。輔氏曰：「人子之喪親，所以爲之棺椁者，蓋欲其堅厚以歷久遠而已，非是欲爲人觀視之美也，蓋必如此，然後於人心爲盡耳。『盡於人心』此一句，須當自體之。若後世之厚葬，却只是欲爲人觀美之故也。」

不得，不可以爲悦；無財，不可以爲悦。得之爲有財，古之人皆用之，吾何爲獨不然？

不得，謂法制所不當得。得之爲有財，言得之而又爲有財也，或曰「爲當作而」。輔氏曰：「先儒多以『七寸之棺，自天子達於庶人』，與下文『得之爲有財』兩句礙，故解云『所以不得者，正爲無財之故耳』。集註不從者，此蓋孟子因而泛説葬禮，如重累之數、墻翣之飾，既有定制，則『不可得以爲悦』，非獨指棺椁言之也。兼孟子自做兩句分説下來，『得之爲有財』又是總説，必竟是兩意。或者又以『爲當作而』，則尤分曉。爲作而，是字誤也。」

且比化者，無使土親膚，於人心獨無恔乎？比，必二反。恔，音效。

比，猶爲也。化者，死者也。恔，快也。言爲死者不使土近其肌膚，於人子之心豈不快然無所恨乎？輔氏曰：「謂厚其棺椁者，正爲死者，不欲使土近其肌膚耳，惟如此，則人子之心始以爲快而無所慊恨也。有所恨，則是有所不快處，有不快處，則是其心有不盡也。」

吾聞之也，君子不以天下儉其親。」

送終之禮，所當得爲而不自盡，是爲天下愛惜此物而薄於吾親也。吕氏曰[二]：「如此則便是倒行逆施，不順理底。於所厚者薄，則無所不薄矣。墨子之葬以薄爲道者，即是此意。」

[二] 吕氏，通志堂經解本作輔氏。

○沈同以其私問曰：「燕可伐與？」孟子曰：「可。子噲不得與人燕，子之不得受燕於子噲。有仕於此，而子悦之，不告於王而私與之吾子之禄爵；夫士也，亦無王命而私受之於子，則可乎？何以異於是？」伐與之與，平聲，下伐與、殺與同。夫，音扶。

沈同，齊臣。以私問，非王命也。輔氏曰：「沈同問燕可伐否耳，固不問以齊伐燕爲如何也。若是以王命來問，孟子必當詳告之，不但曰『可』而已也。」子噲、子之，事見前篇。諸侯、土地、人民，受之天子，傳之先君。私以與人，則與者、受者皆有罪也。輔氏曰：「此謂不由其道，妄取妄予，如子噲、子之之徒者。由其道，則三聖之授受，乃先天而天弗違之事，不可以罪言矣。」仕，爲官也。士，即從仕之人也。

齊人伐燕。或問曰：「勸齊伐燕，有諸？」曰：「未也。沈同問『燕可伐與』，吾應之曰『可』，彼然而伐之也。彼如曰『孰可以伐之』，則將應之曰『爲天吏則可以伐之』。今有殺人者，或問之曰『人可殺與』，則將應之曰『可』。彼如曰『孰可以殺之』，則將應之曰『爲士師則可以殺之』。今以燕伐燕，何爲勸之哉？」

天吏，解見上篇。言齊無道，與燕無異，如以燕伐燕也。史記亦謂孟子勸齊伐燕，蓋傳聞此説之誤。語録曰：「孟子居齊許久，伐燕之事必親見之，齊王乃無一語謀於孟子，而孟子亦無一語諫之，何也？想得孟子亦必以伐之爲是，但不意齊師之暴虐耳。不然，齊有一大事如此，而齊王不相謀，孟子豈可更居齊邪？史記曰：『鄒人孟軻勸齊王伐燕云：「此湯武之舉也。」』想承此誤，然亦有不可曉者。」○又曰：「孟子言伐燕有四，須合而觀之。燕之父子君臣如此，固有可伐之理。然孟子不曾教齊不伐，亦不曾教齊必伐，但曰『爲天吏則可以伐之』。」○楊氏曰：「燕固可伐矣，故孟子曰可。使齊王能誅其君，弔其民，何不可之有？乃殺其父兄，虜其子弟，而後燕人畔之。乃以是歸咎孟子之言，則誤矣。」

○燕人畔。王曰：「吾甚慙於孟子。」

齊破燕後二年，燕人共立太子平爲王。

陳賈曰：「王無患焉。王自以爲與周公，孰仁且智？」王曰：「惡！是何言也。」曰：「周公使管叔監殷，管叔以殷畔。知而使之，是不仁也；不知而使之，是不智也。仁智，周公未之盡也，而況於王乎？賈請見而解之。」惡、監，皆平聲。

陳賈，齊大夫也。管叔，名鮮，武王弟，周公兄也。武王勝商殺紂，立紂子武庚，而使管叔與弟蔡叔、霍叔監其國。武王崩，成王幼，周公攝政。管叔與武庚畔，周公討而誅之。蔡氏曰：「周公攝政，管叔於周公爲兄，尤所覬覦，故流言公將不利於孺子。周公避位居東，後成王悟，迎周公歸。叔懼，遂與武庚叛，成王命周公征討而誅戮之。」

見孟子問曰：「周公何人也？」曰：「古聖人也。」曰：「使管叔監殷，管叔以殷畔也，有諸？」曰：「然。」曰：「周公知其將畔而使之與？」曰：「不知也。」「然則聖人且有過與？」曰：「周公，弟也；管叔，兄也。周公之過，不亦宜乎？與，平聲。

言周公乃管叔之弟，管叔乃周公之兄，然則周公不知管叔之將畔而使之，其過有所不免矣。語録曰：「周公當初也看那兄弟不過。本是怕武庚叛，故遣管蔡霍叔去監他，爲其至親可恃，不知他反去與那武庚同作一黨。」○輔氏曰：「周公以親之故，不忍料其兄之惡而使之，故不免有過。是以孟子亦以爲『周公之過，不亦宜乎』，不説周公爲無過也。」或曰：「周公之處管叔，不如舜之處象，何也？」游氏曰：「象之惡已著，而其志不過富貴而已，故舜得以是而全之。若管叔之惡則未著，而其志其才皆非象比也，周公詎忍逆探其兄之惡而棄之邪？周公愛兄，宜無不盡者，管叔之事，聖人之不幸也。舜誠信而喜象，周公誠信而任管叔，此天理人倫之至，其用心一也。」輔氏曰：「此是集註採程子、游氏兩說合而成之，可謂曲盡人情矣。舜與周公皆是處聖人之不幸，使其易地而處，則皆然也。此乃是以天理處人倫之極至處。」

且古之君子，過則改之。今之君子，過則順之。古之君子，其過也，如日月之食，民皆見之；及其更也，民皆仰之。今之君子，豈徒順之，又從爲之辭。」更，平聲。

順，猶遂也。更，改也。辭，辯也。更之則無損於明，故民仰之。順而爲之辭，則其過愈深矣。責賈不能勉其君以遷善改過，而教之以遂非文過也。○林氏曰：「齊王慙於孟子，蓋羞惡之心有不能自已者。使其臣有能因是心而將順之，則義不可勝用矣。而陳賈鄙夫，方且爲之曲爲辯說，而沮其遷善改過之心，長其飾非拒諫之惡，故孟子深責之。然此書記事，散出而無先後之次，故其說必參考而後通。若以第二篇十章、十一章置於前章之後、此章之前，則孟子之意不待論說而自明矣。」輔氏曰：「林氏說得齊王之心發處，與陳賈之意邪處，孟子責陳賈之言深切處，皆甚分明，有以啓發萬世之爲君臣者。有能因是心而將順之者，則如孟子因齊王見牛不忍之心而引之使保民者是也。」

○孟子致爲臣而歸。

孟子久於齊而道不行，故去也。

王就見孟子曰：「前日願見而不可得，得侍同朝甚喜。今又棄寡人而歸，不識可以繼此而得見乎？」對曰：「不敢請耳，固所願也。」朝，音潮。他日，王謂時子曰：「我欲中國而授孟子室，養弟子以萬鍾，使諸大夫國人皆有所矜式。子盍爲我言之？」爲，去聲。

時子，齊臣也。中國，當國之中也。萬鍾，穀祿之數也。鍾，量名，受六斛四斗。愚按：四豆爲區，區受斗六升。四區爲釜，釜受六斗四升。十釜爲鍾，受六斛四斗。矜，敬也。式，法也。盍，何不也。

時子因陳子而以告孟子，陳子以時子之言告孟子。

陳子，即陳臻也。

孟子曰：「然。夫時子惡知其不可也？如使予欲富，辭十萬而受萬，是爲欲富乎？夫，音扶。惡，平聲。

孟子既以道不行而去，則其義不可以復留，而時子不知，則又有難顯言者。輔氏曰：「顯言之，則訐揚齊王之失，而有戾於我『固所願』之仁。」故但言設使我欲富，則我前日爲卿，嘗辭十萬之禄，今乃受此萬鍾之饋，是我雖欲富，亦不爲此也。輔氏曰：「謂時子不知我之去，乃爲道之不行，而於義不可不去耳。今乃以是誘我[二]。設使我誠欲其富，則前日方辭十萬之禄[三]，今日乃受萬鍾之饋，則豈欲富者乎？齊王、時子之事，是皆就人欲計較中來。若孟子之意，則道合則從，不合則去，惡用是多端也哉。」季孫曰：『異哉子叔疑！使己爲政，不用，則亦已矣，又使其子弟爲卿。人亦孰不欲富貴？而獨於富貴之中，有私龍斷焉。』龍，音壟。此孟子引季孫之語也。季孫、子叔疑，不知何時人。龍斷，岡壟之斷而高也，義見下文。蓋子叔疑者嘗不用，而使其子弟爲卿。季孫譏其既不得於此，而又欲求得於彼，如下文賤丈夫登龍斷者之所爲也。孟子引此以明道既不行，復受其禄，則無以異此矣。輔氏曰：「舉季孫所譏子叔疑之事，以見我不敢效此之意。辭禄而受饋，雖多寡之不同，畢竟是既不得於此，而又求得於彼也。」古之爲市者，以其所有易其所無者，有司者治之耳。有賤丈夫焉，必求龍

[二] 誘，原作「也」，據通志堂經解本改。
[三] 日，原作「月」，據通志堂經解本改。

斷而登之，以左右望而罔市利。人皆以爲賤，故從而征之。征商，自此賤丈夫始矣。」

孟子釋龍斷之説如此。治之，謂治其爭訟。左右望者，欲得此而又取彼也。罔，謂罔羅取之也。從而征之，謂人惡其專利，故就征其税，後世緣此遂征商人也。輔氏曰：「文王關譏不征，是三代之初皆如是也。」○程子曰：「齊王所以處孟子者，未爲不可，孟子亦非不肯爲國人矜式者。但齊王實非欲尊孟子，乃欲以利誘之，故孟子拒而不受。」輔氏曰：「程子恐讀書者不察，誤認孟子之意，故辨明之。」

○孟子去齊，宿於晝。晝，如字，或曰「當作畫」，音獲，下同。

晝，齊西南近邑也。

有欲爲王留行者，坐而言。不應，隱几而卧。爲，去聲，下同。隱，於靳反。

隱，憑也。客坐而言，孟子不應而卧也。

客不悦，曰：「弟子齊宿而後敢言，夫子卧而不聽，請勿復敢見矣。」曰：「坐，我明語子。昔者魯繆公無人乎子思之側，則不能安子思；泄柳、申詳，無人乎繆公之側，則不能安其身。齊，側皆反。復，扶又反。語，去聲。

齊宿，齊戒越宿也。繆公尊禮子思，常使人候伺道達誠意於其側，乃能安而留之也。輔氏曰：「好賢之心切，唯恐有不當其意，故其計必出於此也。」**泄柳，魯人。申詳，子張之子也。繆公尊之不如子思，然二子義不苟容，非有賢者在其君之左右維持調護之，則亦不能安其身矣。**或問：「二子之賢，其心固如是乎？」曰：「非謂二子之心爲然也，語其勢則然耳。若二子之心如此，則與世之垢面汙行而事君側便嬖之人者，何以異乎？」○輔氏曰：「此李先生説也，謂若謂二人必欲常有人譽己於君側乃能自安，則是奸道也，豈足爲賢？況泄柳嘗閉門以避繆公，豈既仕而若此乎？蓋二子直道以事君，義不苟合，非有賢者爲之主側[二]，必不見容，非欲人之譽己者是也。『泄柳、申詳，無人乎繆公之側，則不能安其身』，恐繆公不察己之誠也。『繆公無人乎子思之側，則不能安子思』，恐子思弗察己之誠也。臣而惟恐君之弗察其誠，則其合也難，其行道也不易。使其君唯恐己之弗察其誠，則其合也易，其行道也不難。繆公之待二子固不若子思矣，然子思之與二子，事皆其所自取，如形影之相似也。德若子思，則自有此應，若只及得泄柳、申詳，則又只得如此耳。下是，則苟容以徇君者也。」

子爲長者慮，而不及子思，子絶長者乎？長者絶子乎？」長，上聲。

[二] 側，原作「則」，據通志堂經解本改。

長者，孟子自稱也。言齊王不使子來，而子自欲爲王留我，是所以爲我謀者，不及繆公留子思之事，而先絶我也。我之卧而不應，豈爲先絶子乎？輔氏曰：「孟子之自處不在子思之下，故意或人之爲我謀，不及繆公留子思之事也。蓋有欲爲王留行者，雖有愛賢之意，而不知待賢之禮，故孟子告之如此。」

〇孟子去齊。尹士語人曰：「不識王之不可以爲湯武，則是不明也；識其不可，然且至，則是干澤也。千里而見王，不遇故去，三宿而後出晝，是何濡滯也。士則兹不悦。」語，去聲。

尹士，齊人也。干，求也。澤，恩澤也。濡滯，遲留也。

高子以告。

高子，亦齊人，孟子弟子也。

曰：「夫尹士惡知予哉？千里而見王，是予所欲也；不遇故去，豈予所欲哉？予不得已也。夫，音扶，下同。惡，平聲。

見王，欲以行道也，今道不行，故不得已而去，非本欲如此也。

予三宿而出晝，於予心猶以爲速。王庶幾改之，王如改諸，則必反予。

所改必指一事而言，然今不可考矣。輔氏曰：「度孟子之於齊王，必有爲之兆者，王不能用，故去之。然孟子不言其事，故不可考。其所以不言者，或是當時人自知之也。」

夫出晝而王不予追也，予然後浩然有歸志。予雖然，豈舍王哉？王由足用爲善。王如用予，則豈徒齊民安，天下之民舉安。王庶幾改之，予日望之。

浩然，如水之流不可止也。楊氏曰：「齊王天資朴實，如好勇、好貨、好色、好世俗之樂，皆以直告而不隱於孟子，故足以爲善。若乃其心不然，而謬爲大言以欺人，是人終不可與入堯舜之道矣，何善之能爲？」輔氏曰：「齊宣王資質大略與齊桓公、漢高祖相似，樸實不欺，又與孟子問答不忍之心時亦有所發明，故孟子拳拳然以爲足用爲善。然終是志不足以帥氣，道不足以勝習，故孟子不得已而去之。」

予豈若是小丈夫然哉？諫於其君而不受則怒，悻悻然見於其面。去則窮日之力而後宿哉？」悻，形頂反。見，音現。

悻悻，怒意也。窮，盡也。

尹士聞之，曰：「士誠小人也。」

此章見聖賢行道濟時汲汲之本心，愛君澤民惓惓之餘意。輔氏曰：「本心，謂其初本欲如此也。餘意，則後來不得已之意耳。詳玩此兩句，便可見聖賢之心。『千里見王』『王如用予，豈特齊民安，天下之民舉安』，此其『行道濟時汲汲之本心』。『三宿出晝』『王庶幾改之，予日望之』，此其『愛君澤民惓惓之餘意』。」李氏曰：「於此見君子憂則違之之情，而荷蕢者所以爲果也。」語録曰：「孟子與荷蕢皆是憂則違之，但荷蕢果於去，不若孟子之遲遲吾行。蓋得時行道者，聖人之本心；不遇而去者，聖人之不得已，此與孔子去魯之心同。蓋聖賢憂世濟時之誠心，非若荷蕢之果於去也。」

○孟子去齊。充虞路問曰：「夫子若有不豫色然。前日虞聞諸夫子曰：『君子不怨天，不尤人。』」

路問，於路中問也。豫，悦也。尤，過也。此二句實孔子之言，蓋孟子嘗稱之以教人耳。

曰：「彼一時，此一時也。

彼，前日。此，今日。

五百年必有王者興，其閒必有名世者。

自堯、舜至湯，自湯至文、武，皆五百餘年而聖人出。名世，謂其人德業聞望可名於一世者，爲之輔佐，若皋陶、稷、契、伊尹、萊朱、太公望、散宜生之屬。

由周而來，七百有餘歲矣。以其數則過矣，以其時考之則可矣。

周，謂文、武之閒。數，謂五百年之期。時，謂亂極思治可以有爲之日。於是而不得一有所爲，此孟子所以不能無不豫也。

夫天未欲平治天下也，如欲平治天下，當今之世，舍我其誰也？吾何爲不豫哉？」夫，音扶。舍，上聲。

言當此之時，而使我不遇於齊，是天未欲平治天下也。然天意未可知，而其具又在我，我何爲不豫哉？然則孟子雖若有不豫然者，而實未嘗不豫也。輔氏曰：「自『五百年』至『則可矣』觀之，則孟子實未嘗不豫也。」蓋聖賢憂世之志，樂天之誠，有並行而不悖者，於此見矣。輔氏曰：「不能無不豫者，憂世之心也，所謂與民同患之仁也。實未嘗不豫者，樂天之事也，所謂與天爲一之誠也。憂樂，自常情觀之則相反，自聖賢言之，則並行而不悖也。即此章之事，則可見矣。」

○孟子去齊，居休。公孫丑問曰：「仕而不受禄，古之道乎？」

休，地名。

曰：「非也。於崇，吾得見王。退而有去志，不欲變，故不受也。

崇，亦地名。孟子始見齊王，必有所不合，故有去志。變，謂變其去志。

繼而有師命，不可以請。久於齊，非我志也。」

師命，師旅之命也。國既被兵，難請去也。語録曰：「或謂師友之師，非師旅之師。曰：『欲授孟子室，乃孟子辭去時。所謂「於崇，吾得見王」，則初見齊王時事。以此考之，則師旅爲當。』」○孔氏曰：「仕而受禄，禮也；不受齊禄，義也。義之所在，禮有時而變。公孫丑欲以一端裁之，不亦誤乎？」輔氏曰：「仕受禄，禮之常也。孟子之不受齊禄，禮之變也。君子以義起禮，故義之所在，禮有時而變也。蓋禮則一定，義則權其禮之可否者也。可則行，否則變，如此然後得乎時措之宜也。公孫丑之學未能造此，故欲以一端裁之，此其所以誤也。」

孟子卷第四

孟子卷第五

朱子集註　後學趙順孫纂疏

滕文公章句上

凡五章。

滕文公爲世子，將之楚，過宋而見孟子。

世子，太子也。

孟子道性善，言必稱堯舜。

道，言也。性者，人所稟於天以生之理也，渾然至善，未嘗有惡。人與堯舜初無少異，但衆人汩於私欲而失之，堯舜則無私欲之蔽而能充其性爾。故孟子與世子言，每道性善，而必稱堯舜以實之。欲其知仁義不假外求，聖人可學而至，而不懈於用力也。或問此一節。曰：「性善者，以理言之；稱堯舜者，質其事以實之，所以互相發也。其言蓋曰：知性善，則有以知堯舜之必可爲矣；知堯舜之可爲，則其於性善也，信之益篤，而守之益固矣。」○文集曰：「天之生此人，無不與之以仁義禮智之理，亦何嘗有不善。但欲生此物，必須有氣，然後此物有以聚而成質。而氣之爲物，有清濁昏明之不同。稟其清明之氣，而無物欲之累，則爲聖；稟其清明而未純全，則未免微有物欲之累，而能克以正之，則爲賢；稟其昏濁之氣，又爲物欲之所蔽而不能去，則爲愚爲不肖。是皆氣稟、物欲之所爲，而性之善未嘗不同也。堯舜之生，所受之性亦如是耳。但以其氣稟清明，自無物欲之蔽，故爲堯舜，初非有所增益於性分之外也。故學者知性善，則知堯舜之聖非是强爲；識得堯舜做處，則便識得性善底規模樣子。而凡吾日用之間，所以去人欲復天理者，皆吾分内當然之事，其勢至順而無難。此孟子所以首爲文公言之，而又稱堯舜以實之也。」○語録曰：「七篇論性處，只此處較説得盡，須是日日認一過。」○又曰：「『道性善』與『稱堯舜』二句，正相表裏。蓋人所以不至於堯舜者，是他力量不至，固無可奈何。然人須當以堯舜爲法，方做得箇人，無所欠闕，然也只是本分事。」○問：「惟堯舜爲能無物欲之蔽而充其性。人蓋有恬於嗜慾而不能充其性者，何故？」曰：「不蔽於彼，則蔽於此；不蔽於此，則蔽於彼，畢竟須有蔽處。物欲亦有多少般。如白日，須是雲遮方不見，若無雲豈應不見？然此等處，緊要在性字上。今且合思量如何是性？在我爲何物？反求吾心，有蔽無蔽？能充不能充？必論堯如何，舜又如何。」○黄氏曰：「性者，人之所得於天之理也。堯舜者，盡此性者也。苟盡此性，堯舜可爲也。道之不明久矣，舉天下之人汩没於利欲之中，貪夫殉財，烈士殉名，夸者死權，品庶馮生，天之所以與我而堯舜可爲者，慒然莫覺也。誠能深思孟子之言，而厲之以自彊之志，則將有超然獨立乎萬物之表，而天下之至貴，無以復加矣。」門人不能悉記其辭，而撮其大旨如此。輔氏曰：「朱子既斷孟子之書以爲孟子自著，則似此處皆當改，此是後來不曾改得。」程子曰：「性即理也。天下之理，原其所自，未有不善。喜怒哀樂未發，何嘗不善。發而中節，即無往而不善；發不中節，然後爲不善。故凡言善惡，皆先善而後惡；言吉凶，皆先吉而後凶；言是非，皆先是而後非。」文集曰：「天理固無對，然既有人欲，即天理便不得不與人欲爲消長。善亦本無對，然既有惡，即善便不得不與惡爲盛衰。譬如『普天之下，莫非王土；率土之濱，莫非王臣』，此本豈有對哉？至於晉有五胡，唐有三鎮，則華夷逆順，不得不相與爲對矣。但其初則有善而無惡，有天命而無人欲耳。」○語録曰：「性只是此理。」○又曰：「性是天生成許多道理。」○又曰：「性是許多理散在處爲性。」○又曰：「在心喚做性，在事喚做理。」○又曰：「性即理也，四字攧撲不破，實自己上發得出來。」○又曰：「如『性即理也』一語，直自孔子後，惟是伊川説得盡，是千萬世説性之根基。理是箇公共底物事，不解會不善。人做不是，自是失了性，却不是壞了著修。」○又曰：「性即理也，當然之理，無有不善者。」○問：「凡言善惡，必先善而後惡，何也？」曰：「先有理而後有氣也。」○真氏曰：「性即理也，乃自昔聖賢之所未言，萬世言性之標準。」

世子自楚反，復見孟子。孟子曰：「世子疑吾言乎？夫道一而已矣。復，扶又反。夫，音扶。

時人不知性之本善，而以聖賢爲不可企及，故世子於孟子之言不能無疑，而復來求見，蓋恐別有卑近易行之說也。孟子知之，故但告之如此，以明古今聖愚本同一性，前言已盡，無復有他說也。或問：「世子疑孟子之言，而孟子之不拒，何也？」曰：「孟子之言，非當時所常聞也，故聞者非徒不之信[二]，而亦莫之疑也。世子復來，則豈其思之未得而不舍於心與？故孟子雖若怪之，而實喜其能思，而將有以進乎此也。」〇文集曰：「當戰國之時，聖學不明，天下之人但知功利之可求，而不知己性之本善，聖賢之可學。聞是說者，非惟不信，往往亦不復致疑於其閒。若文公，則雖未能盡信，而已能有所疑矣，是其可與進善之萌芽也。故孟子於其去而復來，迎而謂之曰『世子疑吾言乎』，而又告之曰『夫道一而已矣』。蓋古今聖愚同此一性，則天下固不容有二道，但在篤信力行，則天下之理雖有至難，猶必可至。況善乃人之所本有，而爲之不難乎？」〇輔氏曰：「二說自不相礙。集註則言世子所以致疑者，其意如此；講義則言世子比當時之人，則尚能致疑於其閒。二說相須，其義始備。性本一理，則道無二致故也。」

[二] 信，原作「言」，據通志堂經解本改。

成覸謂齊景公曰：『彼丈夫也，我丈夫也，吾何畏彼哉？』顔淵曰：『舜何人也？予何人也？有爲者亦若是。』公明儀曰：『文王我師也，周公豈欺我哉？』覸，古莧反。

成覸，人姓名。彼，謂聖賢也。有爲者亦若是，言人能有爲，則皆如舜也。公明姓，儀名，魯賢人也。文王我師也，蓋周公之言。公明儀亦以文王爲必可師，故誦周公之言，而歎其不我欺也。孟子既告世子以道無二致，而復引此三言以明之，欲世子篤信力行以師聖賢，不當復求他説也。文集曰：「孟子引三段説話，教人如此發憤，勇猛向前，日用之閒不得存留一豪人欲之私在這裏，此外更無别法。若如此有箇奮迅興起處，方有田地可下工夫，不然即是畫脂鏤冰，無真實得力處也。」

今滕絶長補短，將五十里也，猶可以爲善國。書曰：『若藥不瞑眩，厥疾不瘳。』」瞑，莫甸反。眩，音縣。

絶，猶截也。書，商書説命篇。瞑眩，憒亂。文集曰：「如服瞑眩之藥，以除深錮之病，直是不可悠悠。」○又曰：「大要爲聖賢，須是猛喫瞑眩之藥相似，服教他麻了一上，及其定疊，病自退了。」○蔡氏曰：「方言曰：『飲藥而毒，海岱之閒謂之瞑眩。』」言滕國雖小，猶足爲治，但恐安於卑近，不能自克，則不足以去惡而爲善也。輔氏曰：「此可見孟子之所謂性與道，非外事與物而言之也。」〇愚按：孟子之言性善，始見於此，而詳具於告子之篇。然默識而旁通之，則七篇之中，無非此理。其所以擴前聖之未發，而有功於聖人之門，程子之言信矣。輔氏曰：「性善是那義理之綱領，識得性盡，則凡出處語默，言論風旨，凡孟子所説許多義理，皆自此流出，無有一事是在外者。但人不識其性善，故言不及。惟程子學已至到，故知得孟子此説真能擴前聖所未發，而有功於聖人之門也。」〇真氏曰：「七篇之中無非此意者，如言仁義，言四端，蓋其大者；至於因齊王之愛牛而勸之以行王政，亦因其性善而引之當道也。以此推之，他可識矣。」

〇滕定公薨。世子謂然友曰：「昔者孟子嘗與我言於宋，於心終不忘。今也不幸至於大故，吾欲使子問於孟子，然後行事。」

定公，文公父也。然友，世子之傅也。大故，大喪也。事，謂喪禮。

然友之鄒問於孟子。孟子曰：「不亦善乎！親喪，固所自盡也。曾子曰：『生，事之以禮；死，葬之以禮，祭之以禮，可謂孝矣。』諸侯之禮，吾未之學也，雖然，吾嘗聞之矣。三年之喪，齊疏之服，飦粥之食，自天子達於庶人，三代共之。」齊，音資。疏，所居反。飦，諸延反。

當時諸侯莫能行古喪禮，而文公獨能以此爲問，故孟子善之。又言父母之喪，固人子之心所自盡者。蓋悲哀之情，痛疾之意，非自外至，宜乎文公於此有所不能自已也。但所引曾子之言，本孔子告樊遲者，豈曾子嘗誦之以告其門人歟？三年之喪者，子生三年，然後免於父母之懷，故父母之喪必以三年也。或問「三年之喪」。曰：「人子之心無窮也，聖人以爲子生三年，而後免於父母之懷也，故爲之立中制節，使賢者不得過，不肖者不得不及也。」齊，衣下縫也。不緝曰斬衰，緝之曰齊衰。疏，麤也，麤布也。飦，糜也。喪禮，三日始食粥，既葬乃疏食。語録曰：「孟子答滕文公喪禮，不說到細碎上，只說『齊疏之服，飦粥之食，自天子達於庶人』這二項，便是大原大本。」此古今貴賤通行之禮也。愚謂：自天子達於庶人，是無貴賤之别；三代共之，是無古今之異。

然友反命，定爲三年之喪。父兄百官皆不欲，曰：「吾宗國魯先君莫之行，吾先君亦莫之行也，至於子之身而反之，不可。且志曰：『喪祭從先祖。』」曰：「吾有所受之也。」

父兄，同姓老臣也。滕與魯俱文王之後，而魯祖周公爲長，兄弟宗之，故滕謂魯爲宗國也。語録曰：「古宗法，如周公兄弟之爲諸侯者，則皆以魯國爲宗。至戰國時，滕猶稱魯爲宗國也。」然謂二國不行三年之喪者，乃其後世之失，非周公之法本然也。志，記也。引志之言而釋其意，以爲所以如此者，蓋爲上世以來有所傳受，雖或不同，不可改也。然志所言，本謂先王之世舊俗所傳，禮文小異而可以通行者耳，不謂後世失禮之甚者也。

謂然友曰：「吾他日未嘗學問，好馳馬試劍。今也父兄百官不我足也，恐其不能盡於大事，子爲我問孟子。」然友復之鄒問孟子。孟子曰：「然。不可以他求者也。孔子曰：『君薨，聽於冢宰，歠粥，面深墨，即位而哭，百官有司莫敢不哀，先之也。上有好者，下必有甚焉者矣。君子之德風也，小人之德草也，草尚之風必偃。』是在世子。」好、爲，皆去聲。復，扶又反。歠，川悦反。不我足，謂不以我滿足其意也。然者，然其不我足之言。不可他求者，言當責之於己。輔氏曰：「是應前面『固所自盡』之説。」冢宰，六卿之長也。歠，飲也。深墨，甚黑色也。即，就也。尚，加也，論語作上，古字通也。偃，伏也。孟子言但在世子自盡其哀而已。輔氏曰：「是應上句『不可他求』之意。」

然友反命。世子曰：「然，是誠在我。」五月居廬，未有命戒。百官族人可謂曰知。及至葬，四方來觀之，顏色之戚，哭泣之哀，弔者大悅。

諸侯五月而葬，未葬，居倚廬於中門之外。居喪不言，故未有命令教戒也。可謂曰知，疑有闕誤，或曰：「皆謂世子之知禮也。」輔氏曰：「若如或者之說，則可字當作皆字，若作可字則不成文理。」○林氏曰：「孟子之時，喪禮既壞，然三年之喪，惻隱之心，痛疾之意，出於人心之所固有者，初未嘗亡也。惟其溺於流俗之弊，是以喪其良心而不自知耳。文公見孟子而聞性善、堯舜之說，則固有以啓發其良心矣，是以至此而哀痛之誠心發焉。及其父兄百官皆不欲行，則亦反躬自責，悼其前行之不足以取信，而不敢有非其父兄百官之心。雖其資質有過人者，而學問之力亦不可誣也。及其斷然行之，而遠近見聞無不悅服，則以人心之所同然者，自我發之，而彼之心悅誠服，亦有所不期然而然者。人性之善，豈不信哉？」輔氏曰：「林氏之說雖集註翦截增益以成之，然辭順義精，說得人心事理坦然明白。學者苟能熟玩而深繹之，則必有所發於己，而知性善之旨矣。至論文公反躬自責，悼其前行之不足取信，而不敢有非其父兄百官之心，以爲學問之力，則尤有益於學者。大凡學者，必須知此理，然後有進而識古人爲己之學之意矣。」

○滕文公問爲國。

文公以禮聘孟子，故孟子至滕，而文公問之。輔氏曰：「前則云使然友問，後則云使畢戰問，此但言滕文公問，則知是文公親問孟子也。蓋文公既即位，固不可越國往見孟子，則必是以禮聘孟子至滕，而文公問之也。」

孟子曰：「民事不可緩也。詩云：『晝爾于茅，宵爾索綯。亟其乘屋，其始播百穀。』綯，音陶。亟，紀力反。

民事，謂農事。詩，豳風七月之篇。于，往取也。綯，絞也。亟，急也。乘，升也。播，布也。言農事至重，人君不可以爲緩而忽之。故引詩言治屋之急如此者，蓋以來春將復始播百穀而不暇爲此也。輔氏曰：「詩言謂：綯，繩之絞也，所用蓋野廬之屋者。詩傳曰：『晝往取茅，夜而絞索，亟升其屋而治之，不待督責而自相警戒，不敢休息如此。』○愚民之趨於農功，自然如此其亟，孟子引之以證其『民事不可緩』之説。然熟玩之，便見得民事真不可緩之意。人君者若能真知民事之不可緩，則於爲國也思過半矣。」

民之爲道也，有恒產者有恒心，無恒產者無恒心。苟無恒心，放僻邪侈，無不爲已。及陷乎罪，然後從而刑之，是罔民也。焉有仁人在位，罔民而可爲也？音義並見前篇。是故賢君必恭儉禮下，取於民有制。

恭則能以禮接下，儉則能取民以制。愚謂：人君纔恭敬，則自然能以禮接下；纔節儉，則自然能取民以制。禮下，所以開世禄及學校之事也；取民以制，所以開制民常産及貢助徹之法也。

陽虎曰：『爲富不仁矣，爲仁不富矣。』

陽虎，陽貨，魯季氏家臣也。天理人欲，不容並立。虎之言此，恐爲仁之害於富也；孟子引之，恐爲富之害於仁也。君子小人，每相反而已矣。輔氏曰：「天理人欲，固不容於並立。然先儒多以爲孟子取陽貨之言，是不以人廢言之公心。惟集註以爲所言雖同，而所取各異。君子小人，每相反而已者，其説尤爲的當。」

夏后氏五十而貢，殷人七十而助，周人百畝而徹，其實皆什一也。徹者，徹也；助者，藉也。徹，敕列反。藉，子夜反。

此以下乃言制民常産，與其取之之制也。夏時一夫受田五十畝，而每夫計其五畝之入以爲貢。商人始爲井田之制，以六百三十畝之地，畫爲九區，區七十畝，中爲公田，其外八家各授一區，但借其力以助耕公田，而不復税其私田。語録曰：「貢、助異法。貢則直計其五畝之入，自賦於官。助則須計公田之中，八家各助七畝，只得五十六畝，則十四畝須依古法折除，一家各得一畝若干步爲廬舍，方成八家各助耕公田七畝也。」〇永嘉陳氏曰：

「夏、商若同是井田，則皆八家同爲一井，但田有多寡耳。夏之井則爲五十畝者九，其中五十畝爲公田。商之井則爲七十畝者九，其中七十畝爲公田。此以周井田法約之。但孟子言唯助爲有公田，貢則什取其一，即是夏之貢不井，但於五十畝之中抽十之一以供貢。商之助則井，却於七十畝之外別取公田之什一以輸官。」周時一夫授田百畝，鄉遂用貢法，十夫有溝，都鄙用助法，八家同井，耕則通力而作，收則計畝而分，故謂之徹。語録曰：「先王疆理天下之初，做許多畎溝澮洫之類，大段是費人力了。若是自五十而增爲七十，自七十而增爲百畝，則田間許多疆理都合更改，恐無是理。孟子當時未必親見，只是傳聞如此，恐亦難盡信也。」○問：「『鄉遂用貢法，都鄙用助法，耕則通力而作，收則計畝而分。』永嘉諸人皆謂鄉遂、都鄙初無二制，不知何以考之也？」曰：「此亦不可詳知，但因洛陽議論中通徹而耕之説推之耳。或但耕則通力而耕，收則各得其畝，亦未可知也。鄉遂、都鄙田制不同，周禮分明。如近年新説，只教畫在紙上亦畫不成，如何行得？且若如此，則有田之家一處受田，一處應役，彼此交互，難相統一。官司既難稽考，民間易生弊病，公私煩擾不可勝言。聖人立法必不如此也。」○問：「『都鄙用助法，八家同井』『鄉遂用貢法，十夫有溝』，鄉遂所以不爲井者，何故？」曰：「都鄙以四起數，五六家始出一人，故甸出甲士三人，步卒七十二人。鄉遂以五起數，家出一人爲兵，以守衛王畿，役次必簡，故周禮惟挽匶則用之，此役之最輕者。」○陳氏曰：「周制，國中鄉遂之地用貢法，田不井授，但爲溝洫，一夫受田百畝，與同溝之人通力合作，計畝均收，大率什而賦其一。野外都鄙之地用助法，田以井授，中百畝爲公田，八家各私外百畝，同養公田。」○永嘉陳氏曰：「鄉遂用貢法，遂人是也。都鄙用助法，匠人是也。按遂人云『百夫有洫，十夫有溝』，溝即不見得包溝洫在内，若是在内，當云百夫十夫之閒矣。匠人溝洫却在内，故皆以閒言。方十里者，以開方法計之，爲九百夫；方百里者，以開方法計之，爲九萬夫。遂人、匠人，兩處各是一法，朱子總其説，謂貢法十夫有溝，助法八家同井，其言簡而盡矣。但不知其必分二法者何故？竊意鄉遂之地在近郊遠郊之閒，六軍之所從出，必是平原廣野，可畫爲萬夫之田，有溝有洫，又有途路，方圓可以如圖。蓋萬夫之地，所占不多，以井田一同法約之，止有九分之一，故以徑法攤算，逐一見其子數。若都鄙之地，謂之甸、稍、縣、都，乃公卿大夫之采地，包山林陵麓在内，難用溝洫法整齊分畫，故逐處畫爲井田，雖有溝洫，不能如圖，故但言在其閒。其地綿亘一同之地，爲萬夫者九，故以徑法紐算，但止言其母數。」**其實皆什一者，貢法固以十分之一爲常數。惟助法乃是九一，而商制不可考。周制則公田百畝，中以二十畝爲廬舍，一夫所耕公田實計十畝，通私田百畝，爲十一分而取其一，蓋又輕於十一矣。竊料商制亦當似此，而以十四畝爲廬舍，一夫實耕公田七畝，是亦不過什一也。**輔氏曰：「其曰『助法乃是九一』者，是以『文王治岐，耕者九一』及下文『請野九一而助』知其然也。而商制實無可考，其曰『竊料商制亦當如周制』，則一夫實耕公田七畝，通私田七十畝，亦爲十一分而取其一也，與九一之制亦不合。然十一而取其一，則亦與什一之制不争多，故曰『其實皆什一』也。」徹，通也，均也。輔氏曰：「謂徹法『耕則通力而共作，收則計畝而均分』也。」藉，借也。

龍子曰：『治地莫善於助，莫不善於貢。貢者校數歲之中以爲常。樂歲粒米狼戾，多取之而不爲虐，則寡取之；凶年糞其田而不足，則必取盈焉。爲民父母，使民盻盻然，將終歲勤動，不得以養其父母，又稱貸而益之，使老稚轉乎溝壑，惡在其爲民父母也？』樂，音洛。盻，五禮反，從目從兮，或音普莧反者，非。養，去聲。惡，平聲。

龍子，古賢人。狼戾，猶狼籍，言多也。糞，擁也。盈，滿也。愚謂：此言豐樂之歲，其粒米狼籍饒多，雖多取之而不爲暴虐，則以寡取之；凶荒之年，糞其田尚不足，則以取滿其常數焉，是則「校數歲之中以爲常」之意也。盻，恨視也。勤動，勞苦也。稱，舉也。貸，借也，取物於人而出息以償之也。益之，以足取盈之數也。稚，幼子也。

夫世禄，滕固行之矣。夫，音扶。

孟子嘗言文王治岐，耕者九一，仕者世禄，二者王政之本也。今世禄滕已行之，惟助法未行，故取於民者無制耳。蓋世禄者，授之土田，使之食其公田之入[二]，實與助法相爲表裏，所以使君子野人各有定業而上下相安者也，故下文遂言助法。

詩云：『雨我公田，遂及我私。』惟助爲有公田，由此觀之，雖周亦助也。

雨，于付反。

詩，小雅大田之篇。雨，降雨也。言願天雨於公田，而遂及私田，先公而後私也。詩傳曰：「言農夫之心，先公後私，故望此雨而曰：『天其雨我公田，而遂及我之私田乎。』」當時助法盡廢，典籍不存，惟有此詩可見周亦用助，故引之也。語録曰：「考之周禮，行助法處，有公田；行貢法處，無公田。」〇又曰：「孟子不曾見周禮，只據詩裏説，用詩意帶將去。」

設爲庠序學校以教之。庠者，養也；校者，教也；序者，射也。夏曰校，殷曰序，周曰庠，學則三代共之，皆所以明人倫也。人倫明於上，小民親於下。

庠以養老爲義，校以教民爲義，序以習射爲義，皆鄉學也。學，國學也。共之，無

[二] 使，元本漫漶，此據通志堂經解本。

異名也。倫，序也。父子有親，君臣有義，夫婦有別，長幼有序，朋友有信，此人之大倫也，庠序學校皆以明此而已。語録曰：「問：『鄉學如何？』曰：『皆於農隙而學。』曰：『孰與教之？』曰：『鄉大夫有德行而致其仕者教之。』」○輔氏曰：「養老序射，皆學校教人之事，特三代欲異其名，故取義不同耳。然此三者，皆鄉學也，故異名。至於國學，則但同謂之學而已。言學，則庠、校、序皆舉之矣。鄉學雖有異名，國學雖無異名，然其明人倫以教之之事則同也。」

有王者起，必來取法，是爲王者師也。

滕國褊小，雖行仁政，未必能興王業；然爲王者師，則雖不有天下，而其澤亦足以及天下矣。聖賢至公無我之心，於此可見。語録曰：「孟子只説『有王者起，必來取法，是爲王者師』，是亦要國大方做得，小底亦不奈何。」○輔氏曰：「所謂聖賢，則總五帝三王及輔佐之賢與夫孔子、孟子而言之也。恭儉，德也。禮，下取民有制，政事也；貢助徹，法度也；學校，教也，所以成終也。内外兩盡，政教具舉，本末始終有序，爲國之道備矣。國雖褊小，勢不能致王業之興，然有王者作，必來取法，爲王者師，則德澤亦足以及於天下矣。於此可見聖賢至公無我之心。而或者猶疑孟子不當勸齊王行王道者，何哉？齊梁地廣民衆，其不王者，不爲耳，故孟子勸以行王政。滕國壤地褊小，雖行仁政，未必能興王業也，故教以彊爲善，以爲王者師。以此見孟子之道能大能小，無不可爲之事也。」

詩云：『周雖舊邦，其命惟新。』文王之謂也。子力行之，亦以新子之國。」

詩，大雅文王之篇。言周雖后稷以來舊爲諸侯，其受天命而有天下則自文王始也。子，指文公，諸侯未踰年之稱也。

使畢戰問井地。孟子曰：「子之君將行仁政，選擇而使子，子必勉之。夫仁政必自經界始。經界不正，井地不鈞，穀禄不平，是故暴君汙吏必慢其經界。經界既正，分田制禄可坐而定也。

夫，音扶。

畢戰，滕臣。文公因孟子之言，而使畢戰主爲井地之事，故又使之來問其詳也。輔氏曰：「因其使畢戰來問，故知是使畢戰主爲其事，而因使之來問其詳也。度孟子之來滕國不久便去，故使畢戰往問之，若孟子尚留滕國，則文公亦必親與之商略矣。」井地，即井田也。愚謂：井地，則言其始以地而畫井耳；井田，則因其田既已成井而言之也。經界，謂治地分田，經畫其溝塗封植之界也。輔氏曰：「治地，謂開辟其方里爲井之地也。分田，謂分爲九百畝之田也。田側有溝，溝上有塗。封植，則封其所植之木，以爲界止也。」此法不修，則田無定分，而豪强得以兼并，故井地有不鈞。賦無定法，而貪暴得以多取，故穀禄有不平。輔氏曰：「經畫界止之法不修，則田無定制。不定爲一夫授田百畝之制，而民之豪强者惟其所取，得以兼并其他人之所有，我之所占者既多，則人之所得者或少，故於井地有不鈞。賦無定法，則不特取公田十一之賦，而暴君貪吏惟其所取，得以裒斂其私田之所入，此或得禄之多，此或得禄之少，故於穀禄有不平。」**此欲行仁政者之所以必從此始，而暴君汙吏則必欲慢而廢之也。**輔氏曰：「若有仁君欲行仁政，使彼此均平，田無多少之差，則必從經界之事做起。而暴君汙吏貪得務多，只知有我、不知有民，只知爲己、不知爲人者，則必欲慢而廢之也。凡事須是敬，則能立，才有慢心，事便日趨於弊壞也。」**有以正之，則分田制禄，可不勞而定矣。**

夫滕壤地褊小，將爲君子焉，將爲野人焉。無君子莫治野人，無野人莫養君子。夫，音扶。養，去聲。

言滕地雖小，然其閒亦必有爲君子而仕者，亦必有爲野人而耕者，是以分田制禄之法不可偏廢也。輔氏曰：「國無大小，雖小國亦有仕於朝爲君子者，亦必有耕於野而爲野人者。無君子，則孰治小人？無野人，則孰養君子？言此以見分田制禄之法不可偏廢，而有國者之於經畫誠不可以慢也。」

請野九一而助，國中什一使自賦。

此分田制禄之常法，所以治野人使養君子也。野，郊外都鄙之地也。九一而助，爲

公田而行助法也。國中，郊門之内鄉遂之地也。田不井授，但爲溝洫，使什而自賦其一，蓋用貢法也。周所謂徹法者蓋如此。語録曰：「野謂甸、稍、縣、都，行九一法。國中什一，以在王城，豐凶易察。」○又曰：「國中行鄉遂之法。如五家爲比，五比爲閭，四閭爲族，四族爲黨，五黨爲州。又如五人爲伍，五伍爲兩，四兩爲卒，五卒爲旅，五旅爲師，五師爲軍。皆五五相連屬，所以行不得那九一之法，故只得什一使自賦。如鄉遂却行井牧之法，鄉遂之法，次第是一家出一人兵，且如五家爲比，比便有一箇長了。井牧之法，次第是三十家方出得士十人，徒十人。」○輔氏曰：「郊外都鄙用助法，則收其公田之所入，以爲君子之禄食。國中鄉遂用貢法，則使耕者什而自賦其一，以充國家之所用。其遠近之所以不同者，詳已見前段，此周之所謂徹法也。前所謂『徹者，通也，均也』者，所以釋徹字之義。此則正言其法是如此。」**以此推之，當時非惟助法不行，其貢亦不止什一矣。**輔氏曰：「以其『請野九一而助』，則知助法之不行。又云『國中什一使自賦』，則當時之貢法亦有彊取其賦於什一之外者矣。」

卿以下必有圭田，圭田五十畝。

此世禄常制之外，又有圭田，所以厚君子也。語録曰：「卿受田六十邑，乃當二百四十井，此外又有圭田五十畝也。」○問：「卿士大夫之有圭田，必有耕之者，豈亦有耕屬可耕乎？恐圭田只是給公田之在民者，如井九百畝，而百畝爲公田之類。」曰：「其制未及詳考。大抵古者田禄，皆是助法之公田充，而八家因爲之屬，如『有田一成，有衆一旅』是也。圭田恐亦如此，故王制云『圭田無征』。」圭，潔也，所以奉祭祀也。不言世禄者，滕已行之，但此未備耳。

餘夫二十五畝。

程子曰：「一夫上父母下妻子，以五口八口爲率，受田百畝。如有弟，是餘夫也，年十六，别受田二十五畝，俟其壯而有室，然後更受百畝之田。」愚按：此百畝常制之外，又有餘夫之田，以厚野人也。語録曰：「餘夫二十五畝，乃是十六歲以前所受，在一夫百畝之外也。」

死徙無出鄉，鄉田同井。出入相友，守望相助，疾病相扶持，則百姓親睦。

死，謂葬也。徙，謂徙其居也。同井者，八家也。友，猶伴也。守望，防寇盗也。輔氏曰：「鄉，謂『萬二千五百人爲鄉』之鄉。死徙無出鄉者，死而葬者，徙而居者[一]，皆不可出其鄉也。鄉田同井者，同鄉之人，則八家同爲一井。一井之中，其出入則自相爲伴，防禦寇盗則自相爲助，疾病則自相扶持，此張子所謂『井田，救災恤患之事』也。如此則朝夕同處，自然親睦也。此又言助法之善也。」

[一] 徙，原作「陡」，據通志堂經解本改。

方里而井，井九百畝，其中爲公田，八家皆私百畝，同養公田。公事畢，然後敢治私事，所以別野人也。養，去聲。別，彼列反。

此詳言井田形體之制，乃周之助法也。輔氏曰：「上既言助法之善，故此下遂言周之助法也。『方里而井，井九百畝，其中爲公田』，便是井田形體之制也。」公田以爲君子之禄，而私田野人之所受。先公後私，所以別君子野人之分也。不言君子，據野人而言，省文耳。上言野及國中二法，此獨詳於治野者，國中貢法，當世已行，但取之過於什一爾。

此其大略也，若夫潤澤之，則在君與子矣。」夫，音扶。

井地之法，諸侯皆去其籍，此特其大略而已。潤澤，謂因時制宜，使合於人情，宜於土俗，而不失乎先王之意也。輔氏曰：「此非是解此二字之義，乃就井田之法上言，必能如此立法，然後可謂之潤澤也。」〇呂氏曰：「子張子慨然有意三代之治。論治人先務，未始不以經界爲急，講求法制，粲然備具。要之可以行于今，如有用我者，舉而措之耳。嘗曰：『仁政必自經界始。貧富不均，教養無法，雖欲言治，皆苟而已。世之病難行者，未始不以亟奪富人之田爲辭。然兹法之行，悦之者衆，苟處之有術，期以數年，不刑一人而可復。所病者，特上之未行耳。』乃言曰：『縱不能行之天下，猶可驗之一鄉。』方與學者議古之法，買田一方，畫爲數井。上不失公家之賦役。退以其私，正經界，分宅里，立斂法，廣儲蓄，興學校，成禮俗，救菑恤患，厚本抑末。足以推先王之遺法，明當今之可行。有志未就而卒。」輔氏曰：「張子之學，已到古聖人之心事，故見得治天下先務，必當以經界爲急。於是力攷詳究，知其法之行，『悦之者衆，苟行之有術，期以數年，不刑一人而可復。』既不得行，則又欲私爲而小驗之，以明先王之法無不可行者，以待後之君子。嗚呼仁哉！」○愚按：「喪禮」「經界」兩章，見孟子之學識其大者。是以雖當禮法廢壞之後，制度節文不可復考，而能因略以致詳，推舊而爲新，不屑屑於既往之迹，而能合乎先王之意，真可謂命世亞聖之才矣。輔氏曰：「常人而欲法古先哲王之事於後世者，往往不曾先得古人之心，屑屑然泥其既往之迹，到行不得處，則反出其私意，穿鑿杜撰，以求其必濟。甚者至於嚴刑峻法，以箝人之議，彊民之從。於是與先王之意背馳，非徒無益，而又害之者多矣。唯孟子之學識其大者，謂先得古先哲王之心也。是以雖當禮法廢壞之後，制度節文不可復考，而能因略而致詳，謂因其大體而詳其節目。推舊以爲新，謂推其既往以爲今日之制，雖不屑屑於已往之迹，而能合於先王之意。此與聖賢同一心事，同一軌轍，信非命世亞聖之大才不能爲也。」

〇有爲神農之言者許行，自楚之滕，踵門而告文公曰：「遠方之人聞君行仁政，願受一廛而爲氓。」文公與之處，其徒數十人，皆衣褐，捆屨織席以爲食。衣，去聲。捆，音閫。

神農，炎帝神農氏，始爲耒耜，教民稼穡者也。爲其言者，史遷所謂農家者流也。許姓，行名也。踵門，足至門也。仁政，上章所言井地之法也。輔氏曰：「此可見人心之所同，不獨孟子以爲仁政，而當時之人亦莫不以爲仁政也。」廛，民所居也。輔氏曰：「前言市廛，則爲市中之宅。此但言廛，則爲民所居而已。」氓，野人之稱。褐，毛布，賤者之服也。捆，扣㧌之欲其堅也。愚謂：織屨必扣㧌者，蓋擊之使堅實也。以爲食，賣以供食也。程子曰：「許行所謂神農之言，乃後世稱述上古之事失其義理者耳，猶陰陽、醫方稱黄帝之説也。」或問：「許行爲神農之言，而有君民並耕、市不二賈之説，何邪？」曰：「程子之言盡矣。然以易考之，二者皆神農之所爲也。當時民淳事簡，容或有如許行之説者。及乎世變風移，至於唐虞之際，則雖神農復生，亦當隨時以立政，而不容固守其舊矣，況許行之妄，乃欲以是而行於戰國之時乎？」〇輔氏曰：「陰陽、醫方所稱黄帝之説，如素問、靈樞之類是也。便真有神農、黄帝之言傳於世，孔孟豈得而不稱述之哉？」

陳良之徒陳相與其弟辛，負耒耜而自宋之滕，曰：「聞君行聖人之政，是亦聖人也，願爲聖人氓。」

陳良，楚之儒者。耜，所以起土；耒，其柄也。

陳相見許行而大悦，盡棄其學而學焉。陳相見孟子，道許行之言曰：「滕君則誠賢君也，雖然，未聞道也。賢者與民並耕而食，饔飧而治。今也滕有倉廩府庫，則是厲民而以自養也，惡得賢？」饔，音雍。飧，音孫。惡，平聲。

饔飧，熟食也。朝曰饔，夕曰飧。言當自炊爨以爲食，而兼治民事也。厲，病也。許行此言，蓋欲陰壞孟子分别君子野人之法。輔氏曰：「文公既有意於爲國而問於孟子，孟子既告之當以經界爲始，而文公又使畢戰主爲其事矣，故鄰國皆知之，而有志之士各欲以其所學來告，至於異端邪説亦皆欲來售其説，如許行是也。許行謂君民尚當並耕而食，則爲君子而仕者可知矣，是其説正與孟子分别君子野人相反，故知許行欲陰壞其法也。」

孟子曰：「許子必種粟而後食乎？」曰：「然。」「許子必織布而後衣乎？」曰：「否，許子衣褐。」「許子冠乎？」曰：「冠。」曰：「奚冠？」曰：「冠素。」曰：「自織之與？」曰：「否，以粟易之。」曰：「許子奚爲不自織？」曰：「害於耕。」曰：「許子以釜甑爨，以鐵耕乎？」曰：「然。」「自爲之與？」曰：

「否，以粟易之。」衣，去聲。與，平聲。
釜，所以煑。甑，所以炊。爨，然火也。鐵，耜屬也。此語八反，皆孟子問而陳相對也。

「以粟易械器者，不爲厲陶冶；陶冶亦以其械器易粟者，豈爲厲農夫哉？且許子何不爲陶冶，舍皆取諸其宮中而用之？何爲紛紛然與百工交易？何許子之不憚煩？」曰：「百工之事，固不可耕且爲也。」舍，去聲。
此孟子言而陳相對也。械器，釜甑之屬也。陶，爲甑者。冶，爲釜鐵者，舍，止也；或讀屬上句，舍，謂作陶冶之處也。

「然則治天下獨可耕且爲與？有大人之事，有小民之事。且一人之身，而百工之所爲備。如必自爲而後用之，是率天下而路也。故曰或勞心，或勞力。『勞心者治人，勞力者治於人；治於人者食人，治人者食於人。』天下之通義也。與，平聲。食，音嗣。
此以下皆孟子言也。路，謂奔走道路無時休息也。輔氏曰：「此但言其勞耳。若曰以一人之身而欲自爲百工之事以足其用，則譬如率天下之人奔走於道路而無時休息也，其可哉？」治於人者，見治於人也。食人者，出賦稅以給公上也。食於人者，見食於人也。此四句皆古語，而孟子引之也。君子無小人則飢，小人無君子則亂。以此相易，正猶農夫、陶冶以粟與械器相易，乃所以相濟而非所以相病也。輔氏曰：「君子勞心以治人而食於人，野人勞力以治於人而食人，此理天下萬世之所共由也。正猶農夫與陶冶相與易事而以相濟相成也，豈有相病之理乎？」治天下者，豈必耕且爲哉？

當堯之時，天下猶未平，洪水橫流，氾濫於天下，草木暢茂，禽獸繁殖，五穀不登，禽獸逼人，獸蹄鳥跡之道交於中國。堯獨憂之，舉舜而敷治焉。舜使益掌火，益烈山澤而焚之，禽獸逃匿。禹疏九河，瀹濟漯而注諸海，決汝漢、排淮泗而注之江，然後中國可得而食也。當是時也，禹八年於外，三過其門而不入，雖欲耕得乎？瀹，音藥。濟，子禮反。漯，他合反。

天下猶未平者，洪荒之世，生民之害多矣，聖人迭興，漸次除治，至此尚未盡平也。洪，大也。橫流，不由其道而散溢妄行也。氾濫，橫流之貌。暢茂，長盛也。繁殖，衆多也。五穀，稻、黍、稷、麥、菽也。登，成熟也。道，路也。獸蹄鳥跡交於中國，言禽獸多也。敷，布也。益，舜臣名。烈，熾也。禽獸逃匿，然後禹得施治水之功。

疏，通也，分也。九河，曰徒駭，曰太史，曰馬頰，曰覆釜，曰胡蘇，曰簡，曰潔，曰鉤盤，曰鬲津。蔡氏曰：「書傳按爾雅：『九河：一曰徒駭，二曰太史，三曰馬頰，四曰覆鬴，五曰胡蘇，六曰簡潔，七曰鉤盤，八曰鬲津，其一則河之經流也。』先儒不知河之經流，遂分簡潔爲二。書傳引此，與集註少異。書傳實經朱子晚年所訂正，當以爲定也。」**瀹，亦疏通之意。濟、漯，二水名。**愚按：濟水出河東郡垣縣王屋山，東南至武德入河，軼出滎陽北地中，又東至琅槐入海。漯水出東郡東武陽縣，東北至千乘入海。**決、排，皆去其壅塞也。汝、漢、淮、泗，亦皆水名也。據禹貢及今水路，惟漢水入江耳，汝、泗則入淮，而淮自入海。此謂四水皆入于江，記者之誤也。**語録曰：「決汝漢、排淮泗而注之江，此但作文取其字數以足對偶而云耳，若以水路之實論之便有不通。説者見其不通，便欲强爲之説，然亦徒爲穿鑿，而卒不能使之通也。如沈括引李翺來南録云『自淮沿流至于高郵，乃泝于江』，因謂淮、泗入江，乃禹之舊迹，故道宛然，但今江淮已深，不能至高郵耳。此説甚似，其實非也。按禹貢，淮水出桐栢，會泗、沂以入于海。故以小江而列於四瀆，正以其能專達于海耳。若如此説，則禹貢當云南入于江，不應言東入于海，而淮亦不得爲瀆矣。且翺沿、泝二字似亦未當。蓋古今往來淮南，只行邗溝運河，皆築埭置閘，儲閉潮汐以通漕運，非流水也。若使當時自有禹跡故道可通舟楫，則不須更開運河矣。故自淮至高郵，不得爲沿；自高郵以入江，不得爲泝。而翺又有『自淮順潮入新浦』之言，則是入運河時偶隨淮潮而入，有似於沿意，其過高郵後又迎江潮而出，故復有似於泝，而察之不審，致此謬誤。今人以是而説孟子，是以誤而益誤也。今按來南録中無此語，未詳其故。近世又有立説以爲，淮、泗本不入江，當洪水横流之時，排退淮、泗，然後能決汝、漢以入江。此語尤巧，而尤不通。蓋汝水入淮，泗水亦入淮，三水合而爲一。若排退淮、泗，則汝水亦見排退，而愈不得入江矣。漢水自嶓冢過襄陽，南流至漢陽軍乃入于江。淮自桐栢，東流會汝水、泗水以入于海。淮、漢之間自有大山。自唐、鄧、光、黄以下至於潛、霍，地勢隔驀，雖使淮、泗横流，亦與江、漢不相干涉，不待排退二水而後漢得入江也。大抵孟子之言只是行文之失，無害於義理，不必曲爲之説，閑費心力也。」

后稷教民稼穡，樹藝五穀，五穀熟而民人育。人之有道也，飽食、煖衣、逸居而無教，則近於禽獸。聖人有憂之，使契爲司徒，教以人倫：父子有親，君臣有義，夫婦有别，長幼有序，朋友有信。放勳曰：『勞之來之，匡之直之，輔之翼之，使自得之，又從而振德之。』聖人之憂民如此，而暇耕乎？

契，音薛。别，彼列反。長、放，皆上聲。勞、來，皆去聲。

言水土平，然後得以教稼穡；衣食足，然後得以施教化。后稷，官名，棄爲之。然言教民，則亦非並耕矣。樹，亦種也。藝，殖也。契，亦舜臣名也。司徒，官名也。

人之有道，言其皆有秉彝之性也。然無教則亦放逸怠惰而失之，故聖人設官而教以人倫，亦因其固有者而道之耳。真氏曰：「父子之親，君臣之義，夫婦之別，長幼之序，朋友之信，皆人性所自有。舜之命官敷教，亦因其有而導之耳，非强之以所無也。」書曰：「天叙五典，勑我五典五惇哉。」此之謂也。輔氏曰：「舉『書曰』以爲證者，天叙即所謂固有也，勑而厚之即所謂道之也。」放勳，本史臣贊堯之辭，孟子因以爲堯號也。德，猶惠也。堯言：「勞者勞之，來者來之，邪者正之，枉者直之，輔以立之，翼以行之，使自得其性矣，又從而提撕警覺以加惠焉，不使其放逸怠惰而或失之。」蓋命契之辭也。語録曰：「問：『振德是施惠否？』曰：『是。然不是財惠之惠，只是施之以教化，上文匡、直、輔、翼等事是也。彼既自得之，復從而教之。』」○輔氏曰：「勞者勞之，來者來之，所以安其生也。邪者正之，枉者直之，所以正其德也。輔以立之，翼以行之，所以助其行也。自得，謂自得其性也。振，謂提撕警省也。此乃大學新民之功也。德，謂加惠也。此數句，先儒註解皆只大綱提過，都無意味。至集註而後字字研究其理，如此方見聖人之用，又斷以爲堯命契之辭，始得允當。」

堯以不得舜爲己憂，舜以不得禹、皋陶爲己憂。夫以百畝之不易爲己憂者，農夫也。夫，音扶。易，去聲。

易，治也。堯、舜之憂民，非事事而憂之也，急先務而已。所以憂民者其大如此，則不惟不暇耕，而亦不必耕矣。輔氏曰：「舉農者之所憂以並堯舜之憂，見其小大廣狹之不倫，則不暇耕與不必耕者可知矣。」

分人以財謂之惠，教人以善謂之忠，爲天下得人者謂之仁。是故以天下與人易，爲天下得人難。爲、易，並去聲。

分人以財，小惠而已。教人以善，雖有愛民之實，然其所及亦有限而難久。輔氏曰：「以己之善而教人，使民皆爲善，則是有愛民之實矣。然其所及，亦止於吾力之所能與吾身之所及而已，故有限而難久也。」惟若堯之得舜，舜之得禹、皋陶，乃所謂爲天下得人者，而其恩惠廣大，教化無窮矣，此其所以爲仁也。輔氏曰：「堯之得舜，舜之得禹、皋陶，則能廣吾力之所能而俾恩惠極於廣大，繼吾身之所存而俾教化推於無窮矣，然後可以謂之仁。」

孔子曰：『大哉堯之爲君！惟天爲大，惟堯則之，蕩蕩乎民無能名焉！君哉舜也！巍巍乎有天下而不與焉！』堯舜之治天下，豈無所用其心哉？亦不用於耕耳。與，去聲。

則，法也。蕩蕩，廣大之貌。君哉，言盡君道也。巍巍，高大之貌。不與，猶曰不相關，言其不以位爲樂也。

吾聞用夏變夷者，未聞變於夷者也。陳良，楚産也，悦周公、仲尼之道，北學於中國，北方之學者未能或之先也，彼所謂豪傑之士也。子之兄弟事之數十年，師死而遂倍之。

此以下責陳相倍師而學許行也。夏，諸夏禮義之教也。變夷，變化蠻夷之人也。變於夷，反見變化於蠻夷之人也。産，生也。陳良生於楚，在中國之南，故北遊而學於中國也。先，過也。豪傑，才德出衆之稱，言其能自拔於流俗也。倍，與背同，言陳良用夏變夷，陳相變於夷也。輔氏曰：「陳良楚人而北學於中國，則是用夏變夷。陳相素學於陳良，乃爲許行所變，則是變於夷也。」

昔者孔子没，三年之外，門人治任將歸，入揖於子貢，相嚮而哭，皆失聲，然後歸。子貢反，築室於場，獨居三年，然後歸。他日子夏、子張、子游以有若似聖人，欲以所事孔子事之，彊曾子。曾子曰：『不可。江漢以濯之，秋陽以暴之，皜皜乎不可尚已。』任，平聲。彊，上聲。暴，蒲木反。皜，音杲。

三年，古者爲師心喪三年，若喪父而無服也。任，檐也。場，冢上之壇場也。愚按：

皇覽云：「孔子冢前，以瓴甓爲祠壇[一]，方六尺。」有若似聖人，蓋其言行氣象有似之者，如檀弓所記子游謂有若之言似夫子之類是也。所事孔子，所以事夫子之禮也。江漢水多，言濯之潔也。秋日燥烈，言暴之乾也。皜皜，潔白貌。尚，加也。言夫子道德明著光輝潔白，非有若所能彷彿也。輔氏曰：「此自是曾子見得如此，他人不知其味也。學者須是深思而熟玩之，直到曾子見處方知其味。」或曰此三語者，孟子贊美曾子之辭也。

今也南蠻鴃舌之人，非先王之道，子倍子之師而學之，亦異於曾子矣。鴃，亦作鵙[二]，古役反。

鴃，博勞也，惡聲之鳥。南蠻之聲似之，指許行也。

吾聞出於幽谷遷于喬木者，未聞下喬木而入於幽谷者。

小雅伐木之詩云：「伐木丁丁，鳥鳴嚶嚶。出自幽谷，遷于喬木。」詩傳曰：「丁丁，伐木聲。嚶嚶，鳥聲之和也。以伐木之丁丁，興鳥鳴之嚶嚶。幽，深。遷，升。喬[三]，高也。」

[一] 瓴，原作「瓴」，據通志堂經解本改。
[二] 鵙，原作「鵙」，據通志堂經解本改。
[三] 喬，原作「遷」，據通志堂經解本改。

魯頌曰：『戎狄是膺，荆舒是懲。』周公方且膺之，子是之學，亦爲不善變矣。」

魯頌，閟宫之篇也。膺，擊也。荆，楚本號也。愚謂：荆本州名，春秋初以州舉曰荆，後乃曰楚。舒，國名，近楚者也。愚按：春秋傳杜氏註：「舒國，今廬江舒縣。」懲，艾也。按今此詩爲僖公之頌，而孟子以周公言之，亦斷章取義也。

「從許子之道，則市賈不貳，國中無僞，雖使五尺之童適市，莫之或欺。布帛長短同則賈相若，麻縷絲絮輕重同則賈相若，五穀多寡同則賈相若，屨大小同則賈相若。」賈，音價，下同。

陳相又言許子之道如此。蓋神農始爲市井，故許行又託於神農而有是説也。輔氏曰：「下繫謂：『神農取噬嗑之象，日中爲市，交易而退，各得其所也。』」五尺之童，言幼小無知也。許行欲使市中所粥之物，皆不論精粗美惡，但以長短、輕重、多寡、大小爲價也。輔氏曰：「若不著得精粗好惡來説，則無由説得通。此義自孟子來，無人看得出，至集註而後其義始明。」

曰：「夫物之不齊，物之情也；或相倍蓰，或相什伯，或相千萬。子比而同之，是亂天下也。巨屨小屨同賈，人豈爲之哉？從許子之道，相率而爲僞者也，惡能治國家？」夫，音扶。蓰，音師，又山綺反。比，必二反。惡，平聲。倍，一倍也。蓰，五倍也。什、伯、千、萬，皆倍數也。比，次也。孟子言物之不齊，乃其自然之理，其有精粗，猶其有大小也。若大屨小屨同價，則人豈肯爲其大者哉？今不論精粗使之同價，是使天下之人皆不肯爲其精者，而競爲濫惡之物以相欺耳。

○墨者夷之因徐辟而求見孟子。孟子曰：「吾固願見，今吾尚病，病愈，我且往見，夷子不來。」辟，音壁，又音闢。墨者，治墨翟之道者。夷，姓，之，名。徐辟，孟子弟子。孟子稱疾，疑亦託辭以觀其意之誠否。輔氏曰：「初不言孟子有疾，而忽言『今吾尚病，病愈，我且往見』，則孟子之意可見。此亦所謂不屑之教誨也。」

他日又求見孟子。孟子曰：「吾今則可以見矣。不直則道不見，我且直之。吾聞夷子墨者，墨之治喪也，以薄爲其道也。夷子思以易天下，豈以爲非是而不貴也？然而夷子葬其親厚，則是以所賤事親也。」不見之見，音現。

又求見，則其意已誠矣，故因徐辟以質之如此。或問：「夷之請見而孟子不許，何也？」曰：「孟子雖以闢邪說爲己任，然不過講明其說，傳之當世，使聞者有以發寤於心而自得之耳。固不輕接其人，交口競辨，以屈吾道之尊也。譬如蠻夷寇賊之害，聖人固欲去之，然豈肯被甲執兵而親與之角哉？」直，盡言以相正也。莊子曰：「墨子生不歌，死無服，桐棺三寸而無椁。」是墨之治喪，以薄爲道也。易天下，謂移易天下之風俗也。夷子學於墨氏而不從其教，其心必有所不安者，故孟子因以詰之。輔氏曰：「先儒皆以『夷子葬其親厚，則是以所賤事親也』兩句爲孟子設爲此言以問夷子，蓋於其事親至切處感發之。今集註斷以爲夷子實嘗厚葬其親，不從墨子薄棺無柩之制者，蓋墨子之說本是失於兼愛二本耳，若薄葬，則特其教中一事。夷子雖受其教，而至於葬親之時，天理自然發動，有不得如其師之說者，故不用其制，而凡事從厚也。此於人情固宜有之，故孟子因舉此一事以詰之。而下文又專舉喪葬之說以發其意，此政夷子之天理一點明處也。」

徐子以告夷子。夷子曰：「儒者之道，古之人『若保赤子』，此言何謂也？之則以爲『愛無差等，施由親始』。」徐子以告孟子。孟子曰：「夫夷子信以爲人之親其兄之子爲若親其鄰之赤子乎？彼有取爾也。赤子匍匐將入井，非赤子之罪也。且天之生物也使之一本，而夷子二本故也。夫，音扶，下同。

匍，音蒲。匐，蒲北反。

若保赤子，周書康誥篇文。此儒者之言也，夷子引之，蓋欲援儒而入於墨，以拒孟子之非己。輔氏曰：「夷子蓋以儒者所謂『若保赤子』一句有似於墨子『愛無差等』之説，故舉之而問以『此言何謂也』，是其意欲援儒以歸墨，以拒孟子之非己也。」**又曰「愛無差等，施由親始」，則推墨而附於儒，以釋己所以厚葬其親之意。**語録曰：「『施由親始』一句，乃是夷子臨時撰出來湊孟子意，却不知『愛無差等』一句已自不是了。他所謂施由親始，便是把愛無差等之心施之，然把愛人之心推來愛親，是甚道理？」○輔氏曰：「夷子蓋以墨子所謂愛無差等之説，有似於儒者若保赤子之言，是欲彊推墨以附儒。又言施由親始，謂愛無差等則皆當致厚，但其所施則當自親始，以釋己之所以厚葬其親之意也。」**皆所謂遁辭也。**輔氏曰：「蓋孟子之問與説，已得夷子之心，是他於理已去不得，故彊爲此辭説以避免也。」**孟子言人之愛其兄子與鄰之子，本有差等。書之取譬，本爲小民無知而犯法，如赤子無知而入井耳。**輔氏曰：「『彼有取爾也』一句，先儒説皆不明白，今斷以爲書之取譬方説得通。云若，則是取譬也明矣。蓋書之取譬，本爲小民無知而犯法，正猶赤子無知而入井耳，非謂愛凡人之赤子與兄弟之子一般也。言兄弟之子而不言己子者，蓋兄弟之子即與己之子無異也。」**且人物之生，必各本於父母而無二，乃自然之理，若天使之然也。**輔氏曰：「此理乃自然而然，故若天使之若此。」**故**

其愛由此立，而推以及人，自有差等。輔氏曰：「書云：『立愛自親始。』蓋人之愛皆始於事親，因事親以立其愛，即所謂孝弟爲仁之本也。然後推以及民、及物，自有等差輕重，此仁義之道所以相爲用也。」**今如夷子之言，則是視其父母本無異於路人，但其施之之序姑自此始耳。非二本而何哉？**或問：「此一節曰天之生物，有血氣者本於父母，無血氣者本於根荄，皆出於一而無二者也。惟其本出於一，故其愛亦主於一焉。蓋一體而分，血氣連屬，眷戀之情自不能已，固非他人之可比也。自是之外，則因其分之親疏遠近，而所以爲愛者有差焉，此儒者之道，所以親親、仁民以至於愛物，而無不各得其所也。今夷之乃謂愛無差等，則是不知此身之所從出，而視其父母無以異於路人也。雖其施之先後稍不悖於正理，然於親而謂之施焉，則亦不知愛之所由立矣。是非二本而何哉？」○語録曰：「人多疑其知所先後，而不知此正是夷子錯處。人之有愛本由親立，推而及物自有等級。今夷子先以愛爲無差等，而施之則由親始，此夷子所以二本。夷子但以此解『厚葬其親』之一言，而不知『愛無差等』爲二本也。」○又曰：「既是一本，其中便自然有許多差等；若二本，則二者並立無差等矣。」○又曰：「愛有差等，此所謂一本。蓋親親、仁民、愛物，具有本末也。愛無差等，何止二本，蓋千萬本也。」○又曰：「事他人之親如己之親，則是兩箇一樣重了，如一木有兩根也。」**然其於先後之閒猶知所擇，則又其本心之明有終不得而息者，此其所以卒能受命而自覺其非也。**輔氏曰：「此則言夷子雖陷於墨子之教，而其天理一點之明終有不可息滅者，此蓋秉彝之心也，故其先親後疏之際，猶知有所擇而不至妄行錯施。故孟子之言得以因其明而入之，夷子亦得以因其明而受之也。」

蓋上世嘗有不葬其親者，其親死，則舉而委之於壑。他日過之，狐狸食之，蠅蚋姑嘬之，其顙有泚，睨而不視。夫泚也，非爲人泚，中心達於面目。蓋歸反虆梩而掩之。掩之誠是也，則孝子仁人之掩其親，亦必有道矣。」蚋，音汭。嘬，楚怪反。泚[二]，七禮反。睨，音詣。爲，去聲。虆，力追反。梩，力知反。

因夷子厚葬其親而言此，以深明一本之意。輔氏曰：「此又孟子略其遁辭，而專以其良心之發有不容已處，深明夫人惟一本，故其於親之喪哀痛迫切，非他人之所可得者，而因以見先王所制葬埋之禮『必誠必信，勿之有悔』者，固皆自然之理。而墨子二本，薄葬之説爲杜撰妄作而不可行也。」上世，謂太古也。委，棄也。壑，山水所趨也。蚋，蚊屬。姑，語助聲，或曰螻蛄也。嘬，攢共食之也。顙，額也。泚，泚然汗出之貌。睨，邪視也。視，正視也。不能不視，而又不忍正視，哀痛迫切，不能爲心之甚也。非爲人泚，言非爲他人見之而然也。所謂一本者，於此見之，尤爲親切。蓋惟至親故如此，在他人則雖

[二] 泚，原作「此」，據通志堂經解本改。

有不忍之心，而其哀痛迫切不至若此之甚矣。反，覆也。虆，土籠也。梩，土轝也。於是歸而掩覆其親之尸，此葬埋之禮所由起也。此掩其親者，若所當然，則孝子仁人所以掩其親者必有其道，而不以薄爲貴矣。

徐子以告夷子，夷子憮然，爲閒曰：「命之矣。」憮，音武。閒，如字。憮然，茫然自失之貌。爲閒者，有頃之閒也。命，猶教也，言孟子已教我矣。文集曰：「命之矣，之字作夷之名方成句法，若作虛字則不成句法。」蓋因其本心之明，以攻其所學之蔽，是以吾之言易入，而彼之惑易解也。輔氏曰：「此贊孟子之善於教人，能因其明而入之，得納約自牖之義，是以力不勞而功自倍也。」

孟子卷第五

孟子卷第六

朱子集註　後學趙順孫纂疏

滕文公章句下

凡十章。

陳代曰：「不見諸侯，宜若小然；今一見之，大則以王，小則以霸。且志曰『枉尺而直尋』，宜若可爲也。」王，去聲。

陳代，孟子弟子也。小，謂小節也。輔氏曰：「謂自局於小節也。此正對下文所謂『今一見之，大則以王，小則以霸』而言之也。言不見諸侯，比小則以霸，又爲小也。」枉，屈也。直，伸也。八尺曰尋。枉尺直尋，猶屈己一見諸侯而可以致王霸，所屈者小，所伸者大也。

孟子曰：「昔齊景公田，招虞人以旌，不至，將殺之。『志士不忘在溝壑，勇士不忘喪其元。』孔子奚取焉？取非其招不往也。如不待其招而往，何哉？喪，去聲。

田，獵也。虞人，守苑囿之吏也。招大夫以旌，招虞人以皮冠。元，首也。志士固窮，常念死無棺槨，棄溝壑而不恨；勇士輕生，常念戰鬭而死，喪其首而不顧也。此二句乃孔子歎美虞人之言。語録曰：「非其氣不餒，如何强得。」夫虞人招之不以其物，尚守死而不往，況君子豈可不待其招而自往見之邪？此以上告之以不可往見之意。輔氏曰：「讀孟子，須是就一章之中又斷置得如此分明，方可玩索。」

且夫枉尺而直尋者，以利言也。如以利，則枉尋直尺而利，亦可爲與？夫，音扶。與，平聲。

此以下正其所稱枉尺直尋之非。夫所謂枉小而所伸者大則爲之者，計其利耳。一有計利之心，則雖枉多伸少而有利，亦將爲之邪？甚言其不可也。語録曰：「天下事不可顧利害，凡人做事多要趨利避害，不知纔有利必有害。吾雖處得十分利，有害隨在背後，不如且在理上求之。且如臨難致死，義也。若不明其理而顧利害，則見危死事者反不如偷生苟免之人。」○輔氏曰：「人心不可二用，喻於義則昧於利，喻於利則昧於義。義，天理也；利，私欲也。天理有則而不流，人欲横流而不止。夫人一有計利之心，則惟利是務。方其始也，猶有枉小直大之辨，浸浸不已，殆其終也，則併與小大皆不復計，不至於滅天理而壞人紀不止也。此孟子所以極其流而言之，甚言其不可也。」

昔者趙簡子使王良與嬖奚乘，終日而不獲一禽。嬖奚反命曰：『天下之賤工也。』或以告王良，良曰：『請復之。』彊而後可，一朝而獲十禽。嬖奚反命曰：『天下之良工也。』簡子曰『我使掌與女乘』謂王良。良不可，曰：『吾爲之範我馳驅，終日不獲一；爲之詭遇，一朝而獲十。詩云：「不失其馳，舍矢如破。」我不貫與小人乘，請辭。』乘，去聲。彊，上聲。女，音汝。爲，去聲。舍，上聲。

趙簡子，晉大夫趙鞅也。王良，善御者也。嬖奚，簡子幸臣。與之乘，爲之御也。復之，再乘也。彊而後可，嬖奚不肯，彊之而後肯也。一朝，自晨至食時也。掌，專主也。範，法度也。詭遇，不正而與禽遇也。言奚不善射，以法馳驅則不獲，廢法詭遇而後中也。詩，小雅車攻之篇。言御者不失其馳驅之法，而射者發矢皆中而力。今嬖奚不能也。貫，習也。

御者且羞與射者比，比而得禽獸，雖若丘陵，弗爲也。如枉道而從彼，何也？且子過矣，枉己者未有能直人者也。」比，必二反。

比，阿黨也。若丘陵，言多也。○或曰：「居今之世，出處去就不必一一中節，欲其一一中節，則道不得行矣。」楊氏曰：「何其不自重也。枉己其能直人乎？古之人寧道之不行，而不輕其去就，是以孔孟雖在春秋戰國之時，而進必以正，以至終不得行而死也。使不卹其去就而可以行道，孔孟當先爲之矣。孔孟豈不欲道之行哉？」輔氏曰：「楊氏只說『何其不自重也』一句，便見得他是有諸己者。凡人不知立己，故不自重，徇利忘義，枉己從人，無所不至。唯君子明道正義，知所重在己，故寧道之不行，而不輕其去就也。其以孔孟爲言者，欲學者知所法也。欲道之行者，仁也；進必以正者，義也。仁義並行而不悖，此其所以爲聖賢也。」

○景春曰：「公孫衍、張儀豈不誠大丈夫哉？一怒而諸侯懼，安居而天下熄。」

景春，人姓名。公孫衍、張儀，皆魏人。怒則説諸侯使相攻伐，故諸侯懼也。輔氏曰：「儀、衍二子，皆破六國之從以爲横者也。故或有觸其怒者，則用其險譎之術交鬬六國之君，使相攻伐，故諸侯懼他。若安居不出，則天下熄然無事也。」

孟子曰：「是焉得爲大丈夫乎？子未學禮乎？丈夫之冠也，父命之。女子之嫁也，母命之，往送之門，戒之曰：『往之女家，必敬必戒，無違夫子。』

以順爲正者，妾婦之道也。焉，於虔反。冠，去聲。女家之女，音汝。加冠於首曰冠。女家，夫家也。婦人內夫家，以嫁爲歸也。夫子，夫也。女子從人，以順爲正道也。蓋言二子阿諛苟容，竊取權勢，乃妾婦順從之道耳，黄氏曰：「衍、儀，戰國之遊士也。『一怒而諸侯懼，安居而天下熄』，則其才亦有足稱者矣。以其無學而不知道也，一切求順於人，孟子以妾婦目之，況於學不及古人、才不及衍儀哉？夫順於人者，人之所喜也；不順於人者，人之所惡也。然順於人者非有他也，以其威福之權足以生殺榮辱乎我也，即是心而充之，則貪得嗜利、背君賣國者皆若人也，豈但妾婦之可羞而已哉？」〇輔氏曰：「二子之説諸侯，亦非能彊其所不欲也，不過阿諛苟容以逢其惡而順其意耳，是乃妾婦順從之道也。婦人之事夫，唯當以順爲正。其或夫有過失，亦當委曲巽順以開導之，使得於義可也。然亦或有彊矯其夫而得正者，要之非常道。」**非丈夫之事也。**

居天下之廣居，立天下之正位，行天下之大道。得志與民由之，不得志獨行其道。富貴不能淫，貧賤不能移，威武不能屈。此之謂大丈夫。」

廣居，仁也。正位，禮也。大道，義也。語録曰：「大槩只是無些子偏曲，且如此心廓然無一豪私意，直與天地同量，這箇便是居天下之廣居，便是居仁。到得自家立身，更無些子不當於理，這箇便是立天下之正位，便是守禮。及推而見於事，更無些子不合於義，這箇便是行天下之大道，便是由義。」與民由之，推其所得於人也。獨行其道，守其所得於己也。輔氏曰：「與民由之，則是推己之所得而與民共由之也。獨行其道，則是其道有不容推之於人，故但守其道於一己而已。守其道於己，則雖不得志，而其道未嘗不行於己也。」淫，蕩其心也。移，變其節也。屈，挫其志也。愚謂：富貴則求得欲從，故多致蕩其心；貧賤則居約處困，故多致變其節；遇威武則又易致隕穫震懼，故多挫懾其志氣。○何叔京曰：「戰國之時，聖賢道否，天下不復見其德業之盛，但見姦巧之徒，得志橫行，氣焰可畏，遂以爲大丈夫。不知由君子觀之，是乃妾婦之道耳，何足道哉？」叔京，名鎬，昭武人。○輔氏曰：「他說得當時風俗人情出，謂『聖賢道否，天下不見其德業之盛』者尤好。使聖賢之道得行，而人道立、天道成、地道平，萬物各得其所，則斯民也當安然自適於泰和之域，豈復以是區區者爲夸哉？既不復見聖賢之德業，宜乎以是『姦巧之人，得行其志，氣焰可畏』之爲大丈夫也。孟子力辨而深詆之，其所以正人心之功大矣。」

○周霄問曰：「古之君子仕乎？」孟子曰：「仕。傳曰：『孔子三月無君則皇皇如也，出疆必載質。』公明儀曰：『古之人三月無君則弔。』」傳，直戀反。質，與贄同，下同。

周霄，魏人。無君，謂不得仕而事君也。皇皇，如有求而弗得之意。出疆，謂失位而去國也。質，所執以見人者，如士則執雉也。出疆載之者，將以見所適國之君而事之也。

「三月無君則弔，不以急乎？」

周霄問也。以，已通，太也，後章放此。

曰：「士之失位也，猶諸侯之失國家也。禮曰：『諸侯耕助，以供粢盛；夫人蠶繅，以爲衣服。犧牲不成，粢盛不潔，衣服不備，不敢以祭。惟士無田，則亦不祭。』牲殺、器皿、衣服不備，不敢以祭，則不敢以宴，亦不足弔乎？」盛，音成。繅，素刀反。皿，武永反。

禮曰：「諸侯爲藉百畝，冕而青紘，躬秉耒以耕，而庶人助以終畝。收而藏之御廩，以供宗廟之粢盛。使世婦蠶于公桑蠶室，奉繭以示于君，遂獻于夫人。夫人副褘受之，繅三盆手，遂布于三宮世婦，使繅以爲黼黻文章，而服以祀先王先公。」輔氏曰：「此先王之制必如是，然後能自盡其心。至於不得奉祭祀，則祀不容以自安，而人亦以爲弔焉。古人之重祭祀也如此。」又曰：「士有田則祭，無田則薦。」黍稷曰粢，在器曰盛。牲殺，牲必特殺也。皿，所以覆器者。

「出疆必載質，何也？」

周霄問也。

曰：「士之仕也，猶農夫之耕也，農夫豈爲出疆舍其耒耜哉？」爲，去聲。舍，上聲。曰：「晉國亦仕國也，未嘗聞仕如此其急。仕如此其急也，君子之難仕，何也？」曰：「丈夫生而願爲之有室，女子生而願爲之有家。父母之心，人皆有之。不待父母之命、媒妁之言，鑽穴隙相窺，踰牆相從，則父母國人皆賤之。古之人未嘗不欲仕也，又惡不由其道。不由其道而往者，與鑽穴隙之類也。」爲，去聲。妁，音酌。隙，去逆反。惡，去聲。

晉國，解見首篇。仕國，謂君子游宦之國[二]。霄意以孟子不見諸侯爲難仕，故先問古之君子仕否，然後言此以風切之也。輔氏曰：「周霄亦頗有策士之風，但孟子據道之極，不爲其所動，但直述其義理以告之而已。」男以女爲室，女以男爲家。妁，亦媒也。言爲父母者，非不願其男女之有室家，而亦惡其不由道。蓋君子雖不潔身以亂倫，而亦不徇

[二] 宦，原作「官」，據通志堂經解本改。

利而忘義也。輔氏曰：「士之仕，猶男女之願有室家者[二]，此正理也。至於爲人男女而不待父母之命、媒妁之言，鑽穴隙相窺，踰牆相從，則父母國人皆賤之。爲士而仕者，不循天理之正，不俟人君之招，屈己以徇利，枉道以求君，則爲聖賢之學者皆賤之，直與兒女子相窺相從者無異。故君子之於仕，未嘗潔身以亂倫而長往不顧，亦未嘗徇利忘義而屈道以信身也。」

○彭更問曰：「後車數十乘，從者數百人，以傳食於諸侯，不以泰乎？」孟子曰：「非其道，則一簞食不可受於人。如其道，則舜受堯之天下不以爲泰，子以爲泰乎？」更，平聲。乘、從，皆去聲。傳，直戀反。簞，音丹。食，音嗣。

彭更，孟子弟子也。泰，侈也。

曰：「否。士無事而食，不可也。」

言不以舜爲泰，但謂今之士無功而食人之食，則不可也。愚謂：彭更之意，不以舜爲泰，蓋以士之無事，固不可虛食也。

曰：「子不通功易事，以羨補不足，則農有餘粟，女有餘布；子如通之，則梓匠輪輿皆得食於子。於此有人焉，入則孝，出則悌，守先王之道以待後

[二] 猶男，元本漫漶，此據通志堂經解本。

之學者，而不得食於子。子何尊梓匠輪輿而輕爲仁義者哉？」羨，延面反。通功易事，謂通人之功而交易其事。羨，餘也。有餘，言無所貿易而積於無用也。梓人、匠人，木工也。輪人、輿人，車工也。

曰：「梓匠輪輿，其志將以求食也。君子之爲道也，其志亦將以求食與？」曰：「子何以其志爲哉？其有功於子，可食而食之矣。且子食志乎？食功乎？」曰：「食志。」與，平聲。可食而食、食志、食功之食，皆音嗣，下同。孟子言自我而言，固不求食；自彼而言，凡有功者則當食之。

曰：「有人於此，毁瓦畫墁，其志將以求食也，則子食之乎？」曰：「否。」曰：「然則子非食志也，食功也。」墁，武安反。子食之食，亦音嗣。墁，牆壁之飾也。毁瓦畫墁，言無功而有害也。既曰食功，則以士爲無事而食者，真尊梓匠輪輿而輕爲仁義者矣。輔氏曰：「彭更至此，其辨已窮，不復有説，則既以爲食功矣。以爲食功，則以士爲無事而食者。是真尊梓匠輪輿，以爲有事而可與之食；輕爲仁義者，以爲無事而不可與之食矣。」

○萬章問曰：「宋，小國也。今將行王政，齊、楚惡而伐之，則如之何？」

惡，去聲。

萬章，孟子弟子。宋王偃嘗滅滕、伐薛、敗齊楚魏之兵，欲霸天下，疑即此時也。

孟子曰：「湯居亳，與葛爲鄰，葛伯放而不祀。湯使人問之曰：『何爲不祀？』曰：『無以供犧牲也。』湯使遺之牛羊。葛伯食之，又不以祀。湯又使人問之曰：『何爲不祀？』曰：『無以供粢盛也。』湯使亳衆往爲之耕，老弱饋食。葛伯率其民，要其有酒食黍稻者奪之，不授者殺之。有童子以黍肉餉，殺而奪之。書曰『葛伯仇餉』，此之謂也。遺，唯季反。盛，音成。往爲之爲，去聲。饋食、酒食之食，音嗣。要，平聲。餉，式亮反。

葛，國名。愚按：葛國，在梁國寧陵縣。伯，爵也。放而不祀，放縱無道，不祀先祖也。亳衆，湯之民。其民，葛民也。授，與也。餉，亦饋也。書，商書仲虺之誥也。仇餉，言與餉者爲仇也。

爲其殺是童子而征之，四海之内皆曰：『非富天下也，爲匹夫匹婦復讎也。』爲，去聲。

非富天下，言湯之心非以天下爲富而欲得之也。或問：「湯爲童子復讎，而四海之内皆知其非富天下，何也？」曰：「聖人之心，廓然大公，表裏洞達，故一有所爲，則天下信之，如雨暘寒暑，無不感、無不通也。」

『湯始征，自葛載。』十一征而無敵於天下。『東面而征，西夷怨；南面而征，北狄怨，曰奚爲後我？』民之望之，若大旱之望雨也，歸市者弗止，芸者不變。誅其君，弔其民，如時雨降，民大悦。書曰：『徯我后，后來其無罰。』

載，亦始也。十一征，所征十一國也。餘已見前篇。

『有攸不惟臣，東征，綏厥士女，匪厥玄黄，紹我周王見休，惟臣附于大邑周。』其君子實玄黄于匪以迎其君子，其小人簞食壺漿以迎其小人，救民於水火之中，取其殘而已矣。食，音嗣。

按周書武成篇載武王之言，孟子約其文如此。然其辭時與今書文不類，今姑依此文解之。有所不惟臣，謂助紂爲惡而不爲周臣者。匪，與篚同。玄黄，幣也。紹，繼也，猶言事也。言其士女以匪盛玄黄之幣，迎武王而事之也。商人而曰我周王，猶商書所謂我后也。休，美也。言武王能順天休命，而事之者皆見休也。臣附，歸服也。孟子又釋其意，言商人聞周師之來，各以其類相迎者，以武王能拯民於水火之中，取其殘民者誅之，而不爲暴虐耳。君子，謂在位之人。小人，謂細民也。太誓曰：『我武惟揚，侵于之疆，則取于殘，殺伐用張，于湯有光。』太誓，周書也，今書文亦小異。言武王威武奮揚，侵彼紂之疆界，取其殘賊，而殺伐之功因以張大，比於湯之伐桀又有光焉。引此以證上文「取其殘」之義。不行王政云爾，苟行王政，四海之内皆舉首而望之，欲以爲君。齊、楚雖大，何畏焉？」

宋實不能行王政，後果爲齊所滅，王偃走死。○尹氏曰：「爲國者能自治而得民心，則天下皆將歸往之，恨其征伐之不早也，尚何强國之足畏哉？苟不自治，而以强弱之勢言之，是可畏而已矣。」輔氏曰：「尹氏説盡後世爲國而不自彊、但以彊大爲畏者之病，誠能反是道而求之於己，則知仁者之果無敵，而帝王之道是誠在我而已。」

○孟子謂戴不勝曰：「子欲子之王之善與？我明告子。有楚大夫於此，欲其子之齊語也，則使齊人傅諸？使楚人傅諸？」曰：「使齊人傅之。」曰：「一齊人傅之，衆楚人咻之，雖日撻而求其齊也，不可得矣；引而置之莊嶽之閒數年，雖日撻而求其楚，亦不可得矣。與，平聲。咻，音休。

戴不勝，宋臣也。齊語，齊人語也。傅，教也。咻，讙也。齊，齊語也。莊嶽，齊街里名也。楚，楚語也。此先設譬以曉之也。

子謂薛居州，善士也，使之居於王所。在於王所者，長幼卑尊皆薛居州也，王誰與爲不善？在王所者，長幼卑尊皆非薛居州也，王誰與爲善？一薛居州，獨如宋王何？」長，上聲。

居州，亦宋人。言小人衆而君子獨，無以成正君之功。輔氏曰：「古之大臣欲正其君者，豈特取辦於一人一己而已哉？必也兼收並蓄，旁求廣取，使忠賢之士畢集于朝，在君之左右前後者，無非正人端士，然後可以薰陶漸染，以變化其氣質，成就其德性。是豈獨欲趨事赴功而已哉？置一小人於其閒，則便足以惑其君而敗其類，況於長幼卑尊皆非君子，而獨欲以一薛居州使王爲善，豈可得哉？」

○公孫丑問曰：「不見諸侯，何義？」孟子曰：「古者不爲臣不見。

不爲臣，謂未仕於其國者也。此不見諸侯之義也。

段干木踰垣而辟之，泄柳閉門而不内，是皆已甚。迫，斯可以見矣。辟，去聲。內，與納同。

段干木，魏文侯時人。泄柳，魯繆公時人。文侯、繆公欲見此二人，而二人不肯見之，蓋未爲臣也。已甚，過甚也。迫，謂求見之切也。輔氏曰：「士固當守義，而不可輒往見君。至於文侯、繆公屈己求見，其意已切，雖能聽用與否未可知，聖賢於此則必見之矣。至於踰垣開户，則不成舉措，亦爲過甚而非義矣。」

陽貨欲見孔子而惡無禮。大夫有賜於士，不得受於其家，則往拜其門。陽貨矙孔子之亡也而饋孔子蒸豚，孔子亦矙其亡也而往拜之。當是時，陽貨先，豈得不見？欲見之見，音現。惡，去聲。矙，音勘。

此又引孔子之事，以明可見之節也。欲見孔子，欲召孔子來見己也。惡無禮，畏人以己爲無禮也。受於其家，對使人拜受於家也。其門，大夫之門也。矙，窺也。陽貨於魯爲大夫，孔子爲士，故以此物及其不在而饋之，欲其來拜而見之也。先，謂先來加禮也。輔氏曰：「陽貨欲見孔子而惡無禮，雖小人，秉彝不可殄。貨既先來加禮於己，則己烏得而不答之？然貨之意則非誠矣，故但往答其禮，而不欲見其人，是亦不屑之教誨也。天地之施與萬物者，豈有差忒哉。」

曾子曰：『脅肩諂笑，病于夏畦。』子路曰：『未同而言，觀其色赧赧然，非由之所知也。』由是觀之，則君子之所養可知已矣。」脅，虚業反。赧，奴簡反。脅肩，竦體。諂笑，强笑。皆小人側媚之態也。愚謂：竦體者，竦縮其身。强笑者，强容而笑。病，勞也。夏畦，夏月治畦之人也。言爲此者其勞過於夏畦之人也。愚謂：治畦，灌園也。未同而言，與人未合而强與之言也。赧赧，慙而面赤之貌。由，子路名。言非己所知，甚惡之之辭也。孟子言由此二言觀之，則二子之所養可知，必不肯不俟其禮之至而輒往見之也。輔氏曰：「曾子厚重篤實，故視小人側媚之態，如病于夏畦之人，而深憐之。子路剛果勇決，故以未同而言赧赧其色者，爲非己所知而深惡之。知猶不知，況爲之乎？此子路守己之嚴而惡不仁之誠也。二子所守如此，雖各因其資質，然亦是學力所就也。」〇又曰：「言，心聲也。觀二子之言，而知其所憐、所惡者如此，則二子所養，决不肯枉道以徇人者可知矣。」〇此章言聖人禮義之中正，過之者傷於迫切而不洪，不及者淪於污賤而可恥。輔氏曰：「孔子之事，禮義之中正也，差以豪氂，則失之矣。干木、泄柳，則過乎禮義之中正矣，故傷於迫切而不洪。曾子、子路之所言，則不及乎禮義之中正者，故淪於污穢而可恥。此君子之行己，所以戰戰兢兢而唯恐有過不及之失也。然與其污賤之可恥，寧失於迫切而不洪，干木、泄柳，猶爲狷者也。」

〇戴盈之曰：「什一、去關市之征，今兹未能。請輕之，以待來年然後已，何如？」去，上聲。

盈之，亦宋大夫也。什一，井田之法也。關市之征，商賈之稅也。已，止也。

孟子曰：「今有人日攘其鄰之雞者，或告之曰：『是非君子之道。』曰：『請損之，月攘一雞，以待來年然後已。』攘，如羊反。

攘，物自來而取之也。輔氏曰：「因物自來而掩取之，則非盜竊者之比。若盜竊之爲，則又大不可也。」損，減也。

如知其非義，斯速已矣，何待來年？」

知義理之不可而不能速改，與月攘一雞何以異哉？輔氏曰：「天下事只有義利兩端，纔出義便以利言也，焉有兩存之理？若知義理之不可，而猶有吝惜之意，不肯速改，則亦終歸於悠悠，必不能自拔而日新矣。」

○公都子曰：「外人皆稱夫子好辯，敢問何也？」孟子曰：「予豈好辯哉？予不得已也。好，去聲，下同。天下之生久矣，一治一亂。治，去聲。

生，謂生民也。一治、一亂，氣化盛衰，人事得失，反覆相尋，理之常也。輔氏曰：「觀孟子說『天下之生久矣，一治一亂』，便見他胷中包括得宇宙過。先言氣化，後言人事者，氣化有盛衰，然後人事有得失，此理之常也。然亦有氣化衰，而人事之得可以轉移氣化而使之常盛者，亦有氣化盛，而人事之失有以戕敗氣化而使之遽衰者，此理之變也。蓋氣化無欲而有理，故盛則必衰，衰則必盛，猶晝夜反覆之相尋。人則有理有欲，順乎理則事得，從乎欲則事失，其得失雖亦反覆相尋，然人欲不行而唯理是順，則其事常得而無失，可併與氣化而轉移之，若堯舜與賢之事是也。若肆人欲以滅天理，則雖氣化之盛，亦可以戕賊之使遽衰。三苗弗格于有虞之世，三監弗靖於成周之時，而漢、唐之世一再傳之後，遽有呂、武之禍，皆是也。向非舜、禹、周公之聖及漢庭之賢佐有以平之，則豈不至於衰敗乎？集註則但言其理之常者耳。」

當堯之時，水逆行，氾濫於中國。蛇龍居之，民無所定，下者爲巢，上者爲營窟。書曰：『洚水警余。』洚水者，洪水也。洚，音降，又胡貢、胡工二反。

水逆行，下流壅塞，故水倒流而旁溢也。下，下地。上，高地也。營窟，穴處也。書，虞書大禹謨也。洚水，洚洞無涯之水也。警，戒也。此一亂也。輔氏曰：「此一亂，純由乎氣化也。」

使禹治之。禹掘地而注之海，驅蛇龍而放之菹。水由地中行，江、淮、河、漢是也。險阻既遠，鳥獸之害人者消，然後人得平土而居之。菹，側魚反。

掘地，掘去壅塞也。菹，澤生草者也。地中，兩涯之間也。險阻，謂水之氾濫也。

遠，去也。消，除也。此一治也。輔氏曰：「此一治，氣化、人事相參者也。夫人與鳥獸，亦相爲多寡，蓋同稟於氣故也。繁氣盛，則正氣衰，正氣多，則繁氣少，聖人於其間有造化之用，亦時焉而已。」

堯舜既没，聖人之道衰。暴君代作，壞宫室以爲汙池，民無所安息；棄田以爲園囿，使民不得衣食。邪説暴行又作，園囿、汙池、沛澤多而禽獸至。及紂之身，天下又大亂。壞，音怪。行，去聲，下同。沛，蒲内反。

暴君，謂夏太康、孔甲、履癸、商武乙之類也。宫室，民居也。沛，草木之所生也。澤，水所鍾也。自堯舜没至此，治亂非一，及紂而又一大亂也。輔氏曰：「此一亂，氣化、人事相符者也。自堯舜没，其中夏太康、孔甲、履癸、商武乙等暴君不一，難以屢數，至紂則大敗極亂而無以復加矣，故直推至紂時言之。想見夏桀之時，亦未必有飛廉等惡人與夫虎豹犀象之害也。」

周公相武王，誅紂伐奄，三年討其君，驅飛廉於海隅而戮之，滅國者五十，驅虎豹犀象而遠之，天下大悦。書曰：『丕顯哉，文王謨！丕承哉，武王烈！佑啓我後人，咸以正無缺。』相，去聲。奄，平聲。

奄，東方之國，助紂爲虐者也。愚按：奄國，在淮夷之北。**飛廉，紂幸臣也。**愚按：飛廉善走，以材力事紂，周武王伐紂，并殺之。**五十國，皆紂黨虐民者也。書，周書君牙之篇。丕，大也。顯，明也。謨，謀也。承，繼也。烈，光也。佑，助也。啓，開也。缺，壞也。此一治也。**輔氏曰：「此一治，又氣化、人事相參者也。舉書之説者，此言文王、武王謀謨之大，功業之光，所以佑助開迪夫後人者，莫非大正之道，周全盡美，而無有一豪壞缺之失也。蓋正可爲也，無缺爲難。無缺，謂禮樂刑政四達而不悖，三千三百之儀與至誠無倚之道並立而不偏，凡所以正德、利用、厚生之具無一之不備，防僞、禁邪、止慝之法無一之或隳，夫然後可以爲無缺。至春秋時，則道墜于地，而無復有存者矣。」

世衰道微，邪説暴行有作，臣弒其君者有之，子弒其父者有之。有作之有，讀爲又，古字通用。

此周室東遷之後。又一亂也。輔氏曰：「此一亂，又氣化、人事相符者也。前乎此者，雖曰世亂，然但禽獸繁殖，有以戕民之生，而猶未至賊人之性。至此以後，則遂至傷壞人倫，將使斯人盡爲禽獸之歸，其禍又慘矣。此一亂又甚於前日，是亦氣化、人事之使然也。」

孔子懼，作春秋。春秋，天子之事也。是故孔子曰：『知我者其惟春秋乎！罪我者其惟春秋乎！』

胡氏曰：「仲尼作春秋以寓王法。厚典、庸禮、命德、討罪，其大要皆天子之事也。知孔子者，謂此書之作，遏人欲於横流，存天理於既滅，爲後世慮至深遠也。罪孔子者，以謂無其位，而託二百四十二年南面之權，使亂臣賊子禁其欲而不得肆，則戚矣。」胡氏，名安國，建安人。○永嘉陳氏曰：「此謂聖人以王法繩諸侯，所褒所貶皆是奉行王法，既空言以寓行事，與天子無異。此聖人大用[二]，非孟子不能知。胡氏發明備矣。」愚謂：孔子作春秋以討亂賊，則致治之法垂於萬世，是亦一治也。語録曰：「問：『孔子作春秋，特載之空言，亂臣賊子何緣便懼？恐未足以爲春秋之一治。』曰：『非説當時便一治，只是存得箇治法，使道理光明粲爛，有能舉而行之，爲治不難。當時史書掌於史官，想人不得見，及孔子取而筆削之，而其義大明。如今之史書直書其事，善惡瞭然在目，觀者知所懲勸，故亂臣賊子有所懼而不敢犯爾。』」○輔氏曰：「此一治，又純乎人事者也。雖氣化不應，而不使夫子得位以撥亂而反之正，然作春秋以討亂賊，垂致治之法于萬世之下，則其功又大於舜禹矣。」

聖王不作，諸侯放恣，處士横議，楊朱、墨翟之言盈天下，天下之言不歸楊則歸墨。楊氏爲我，是無君也；墨氏兼愛，是無父也。無父無君，是禽獸

[二] 大，原作「矣」，據通志堂經解本改。

也。公明儀曰：『庖有肥肉，廄有肥馬，民有飢色，野有餓莩，此率獸而食人也。』楊墨之道不息，孔子之道不著，是邪説誣民，充塞仁義也。仁義充塞，則率獸食人，人將相食。横、爲，皆去聲。莩，皮表反。

楊朱但知愛身，而不復知有致身之義，故無君；墨子愛無差等，而視其至親無異衆人，故無父。無父無君，則人道滅絶，是亦禽獸而已。公明儀之言，義見首篇[二]。充塞仁義，謂邪説徧滿，妨於仁義也。孟子引儀之言，以明楊墨道行，則人皆無父無君以陷於禽獸，而大亂將起，是亦率獸食人，而人又相食也。此又一亂也。語録曰：「楊墨只是差些子，其末流遂至於無父無君。蓋楊氏見世間人營營於名利，埋没其身而不自知，故獨潔其身以自高，如荷蕢、接輿之徒是也。然使人皆如此潔身而自高，則天下事教誰理會？此便是無君也。墨氏見世間人自私自利，不能及人，故欲兼天下之人而盡愛之。然不知或有一患難，在君親則當先救之，在他人則後救之。若君親與他人不分先後，則是待君親猶他人也，此便是無父。此二者之所以爲禽獸也。」○問：「率獸食人，亦深探其弊而極言之，非真有此事也。」曰：「不然。即他之道，便能如此。楊氏是箇退步愛身、不理會事底人，墨氏兼愛，又弄得没合

[二] 首，元本漫漶，此據通志堂經解本。

殺，使天下倀倀然，必至於大亂而後已。非率獸食人而何？」○輔氏曰：「此一亂，又氣化、人事相符者也。聖人之道，非不愛身也，然有致身事君之義，有殺身成仁之時，故不至於無君；非不愛物也，然親親而仁民，仁民而愛物，有自然之序，故不至於無父。無君無父，則人道滅絶，又將視弑父與君而冥然不覺矣，是則人而反與禽獸無異也。故引公明儀之說，以言楊墨遂行，則人皆無父無君，安爲戕賊，以陷於禽獸，而大亂將起，是亦與公明儀所爲『率獸食人，人將相食』者類矣。楊墨之道不息，則邪説誣民；孔子之道不著，則充塞仁義也。此四句，只是說天理人欲不並立而已。所謂『邪説徧滿，妨於仁義』者，是解『邪説誣民，充塞仁義』兩句也，以徧滿字解充字，以妨字解塞字，但不曾解誣民兩字耳。其實謂邪説誣罔天下之人，其勢至於充盛窒塞人心固有之仁義，使不能發也。夫仁義具於人心，而爲邪説所誣而充塞之，使不能達於外，況能廣充之以全其量乎？嗚呼！人之始生也，既有氣稟之拘，其少長也，又有物欲之蔽，其既長也，又有異端邪説之誣，不有聖賢之教左右扶翼之，則幾何而能有所立於世哉。」

吾爲此懼，閑先聖之道，距楊墨，放淫辭，邪説者不得作。作於其心，害於其事；作於其事，害於其政。聖人復起，不易吾言矣。爲，去聲。復，扶又反。

閑，衛也。放，驅而遠之也。作，起也。事，所行。政，大體也。真氏曰：「事者，政之目；政者，事之綱。」孟子雖不得志於時，然楊墨之害自是滅息，而君臣父子之道賴以不墜。是亦一治也。輔氏曰：「此一治，又純乎人事也，故氣化不應，而孟子亦不得志於時。然因其言而楊墨之説滅息，君臣父子之道至今得以不墜，此孟子之功所以不在禹下，而亞於孔子也。」程子曰：「楊墨之害甚於申韓，佛氏之害甚於楊墨。蓋楊氏爲我，疑於義；墨氏兼愛，疑於仁；申韓則淺陋易見。故孟子止闢楊墨，爲其惑世之甚也。佛氏之言近理，又非楊墨之比，所以爲害尤甚。」語録曰：「問：『墨氏兼愛，疑於仁，此易見。楊氏爲我，何以疑於義？』曰：『楊朱看來不似義，他全是老子之學，只是箇逍遥物外、僅足其身、不屑世務之人。只是他自愛其身，界限齊整，不相侵越，微似義耳。然終不似也。』」○又曰：「楊墨只是硬恁地做，佛氏最有精微動得人處。本朝許多極好人，無不陷焉。」○真氏曰：「義者，任理而無情，楊朱自一身之外截然弗卹，故其迹似乎義；仁者尚恩而主愛，墨翟於親疏之閒無乎不愛，故其迹似乎仁。殊不知天下之理本一，而分則殊，故君子親親而仁民，仁民而愛物，心無不溥，而其施有序。心無不溥，則非爲我矣；其施有序，則非兼愛矣。楊朱專於爲我，則昧乎理之一；墨翟一於兼愛，則昧乎分之殊。若是而曰仁義，乃所以賊乎仁義也。」

昔者禹抑洪水而天下平，周公兼夷狄、驅猛獸而百姓寧，孔子成春秋而亂臣賊子懼。

抑，止也。兼，并之也。總結上文也。真氏曰：「三聖事雖不同，而其救天下之患、立生民之極則一。」

詩云：『戎狄是膺，荆舒是懲，則莫我敢承。』無父無君，是周公所膺也。説見上篇。承，當也。

我亦欲正人心，息邪説，距詖行，放淫辭，以承三聖者。豈好辯哉？予不得已也。行、好，皆去聲。

詖、淫，解見前篇。辭者，説之詳也。承，繼也。三聖，禹、周公、孔子也。蓋邪説横流，害人心術，甚於洪水、猛獸之災，慘於夷狄、篡弑之禍，故孟子深懼而力救之。輔氏曰：「洪水、猛獸，害人之身；夷狄、篡弑，賊人之性。害人之身，或專出於氣化，故曰災；賊人之性，則實出於人爲，故曰禍。然人而爲夷狄之行、篡弑之事者，但自賊夫己之性耳。至於邪説横流不能救止，則天下之心皆爲之蠱壞，將胥而爲夷狄、禽獸之歸矣，此其所以爲害愈慘。宜乎孟子之深排力詆而不少置也。」再言「豈好辯哉，予不得已也」，所以深致意焉。輔氏曰：「重言此以深致其意者，欲人之察其心而知邪説之真可畏也。」然非知道之君子，孰能真知其所以不得已之故哉？輔氏曰：「知道者，備人物於一身，通古今於一息，故知邪説之害特爲深切，而真有不得而不救之者也。學者苟能考三聖之心，味孟子之説，詳朱子之註，則非徒能真知其所以不得已之故，亦將併與斯道而得之矣。人徒見孟子爲一匹夫耳，而不知其所憂者如是之大，所任者如是之重也。且歷代聖人之所爲，皆不得已而爲之者也，得已，則聖人將無所爲矣，豈獨孟子之辯哉？」

能言距楊墨者，聖人之徒也。」

言苟有能爲此距楊墨之説者，則其所趨正矣，雖未必知道，是亦聖人之徒也。輔氏曰：「謂自今以後，不待有知道者真能息滅楊墨之害，然後可以繼聖人之事，但能爲説以距，則是亦聖人之徒矣。此可見孟子自任之重，而望人之切也。」○真氏曰：「所以勉天下學者，皆以闢異端、扶王道爲心，庶幾生人之類不淪胥於禽獸也。」孟子既答公都子之問，而意有未盡，故復言此。蓋邪説害正，人人得而攻之，不必聖賢。如春秋之法，亂臣賊子，人人得而討之，不必士師也。輔氏曰：「此義自朱子發之，若朱子，則真可謂以是道自任者，故言此以詔天下。使天下人人存是心，則異端之説將無所容，而聖人之道不復有蔽蝕之者矣。豈小補哉。」聖人救世立法之意，其切如此。若以此意推之，則不能攻討而又唱爲不必攻討之説者，其爲邪詖之徒、亂賊之黨可知矣。○尹氏曰：「學者於是非之原，豪釐有差，則害流於生民，禍及於後世，故孟子辯邪説如是之嚴，而自以爲承三聖之功也。當是時，方且以好辯目之，是以常人之心而度聖賢之心也。」輔氏曰：「尹氏所[二]謂『害流於生民，禍及於後世』者，其亦真知孟子不得已之故也。」

○匡章曰：「陳仲子豈不誠廉士哉？居於陵，三日不食，耳無聞，目無見也。井上有李，螬食實者過半矣，匍匐往將食之，三咽，然後耳有聞，目有見。」於，音烏，下於陵同。螬，音曹。咽，音宴。

匡章、陳仲子，皆齊人。廉，有分辨，不苟取也。於陵，地名。螬，蠐螬蟲也。匍匐，言無力不能行也。咽，吞也。

孟子曰：「於齊國之士，吾必以仲子爲巨擘焉。雖然，仲子惡能廉？充仲子之操，則蚓而後可者也。擘，薄厄反。惡，平聲。蚓，音引。

巨擘，大指也。言齊人中有仲子，如衆小指中有大指也。輔氏曰：「齊俗奢侈放縱，當戰國時，士之傷廉者必多有之，此康章之所以推仲子之廉，而孟子亦以爲齊人之巨擘也。其語意與『子誠齊人也者』相似。」充，推而滿之也。操，所守也。蚓，丘蚓也。言仲子未得爲廉

[二] 輔氏曰尹氏所，原作「輔尹氏所」，據通志堂經解本改。

也，必若滿其所守之志，則惟丘蚓之無求於世，然後可以爲廉耳。夫蚓，上食槁壤，下飲黄泉。仲子所居之室，伯夷之所築與？抑亦盜跖之所築與？所食之粟，伯夷之所樹與？抑亦盜跖之所樹與？是未可知也。」夫，音扶。與，平聲。

槁壤，乾土也。黄泉，濁水也。抑，發語辭也。言蚓無求於人而自足，而仲子未免居室食粟，若所從來或有非義，則是未能如蚓之廉也。

曰：「是何傷哉？彼身織屨，妻辟纑，以易之也。」辟，音璧。纑，音盧。

辟，績也。纑，練麻也。

曰：「仲子，齊之世家也。兄戴，蓋禄萬鍾。以兄之禄爲不義之禄而不食也，以兄之室爲不義之室而不居也，辟兄離母，處於於陵。他日歸，則有饋其兄生鵝者，己頻顣曰：『惡用是鶃鶃者爲哉？』他日，其母殺是鵝也，與之食之，其兄自外至，曰：『是鶃鶃之肉也。』出而哇之。蓋，音閤。辟，音避。頻，與顰同。顣，與蹙同，子六反。惡，平聲。鶃，魚一反。哇，音蛙。

世家，世卿之家。兄名戴，食采於蓋，其入萬鍾也。歸，自於陵歸也。己，仲子也。

鶃鶃，鵝聲也。頻顣而言，以其兄受饋爲不義也。哇，吐之也。以母則不食，以妻則食之；以兄之室則弗居，以於陵則居之。是尚爲能充其類也乎？若仲子者，蚓而後充其操者也。」

言仲子以母之食、兄之室爲不義而不食、不居，其操守如此。至於妻所易之粟，於陵所居之室，既未必伯夷之所爲，則亦不義之類耳。今仲子於此則不食不居，於彼則食之居之，豈爲能充滿其操守之類者乎？必其無求自足如丘蚓然，乃爲能滿其志而得爲廉耳，然豈人之所可爲哉？輔氏曰：「以仲子之孤介自守，足以高於一世之俗矣，而孟子所以力闢之者，蓋世衰道微，學者大抵因其資質之偏而固執一說，力行以取名，初不顧義理之如何。如告子『不得於言，勿求於心』，以至許行、陳仲子之徒，皆是物也。況如康章者，既已稱仲子爲誠廉而傾向之矣。此固以道自任者之所憂也，則孟子烏得而不與之辯哉？」〇又曰：「仲子之所守，不必驗之他人也，只自其身而推之，則已有不能自滿其志者，故孟子直以爲蚓而後能充其操焉者斥之，則仲子之行是豈人之所能爲哉？非人之所能爲，則是邪説詖行，又豈可不深辯而力攻之耶？」〇又曰：「聖賢之道充之，則至於與天地同功。仲子之道充之，則至於與丘蚓同操，是豈人理也哉？」范氏曰：「天之所生，地之所養，無人爲大。人之所以爲大者，以其有人倫也。仲子避兄離母，無親戚、君臣、上下，是無人倫也。豈有無人倫而可以爲

廉哉？」輔氏曰：「人倫，天彝也。人唯有人倫，然後可以與天地並立而爲三，此其所以爲大也。避兄離母，則是無人倫矣。雖有小廉僻行，適足以夸於亂世而惑夫人心也。可不謹哉！可不畏哉！」

孟子卷第六

孟子卷第七

朱子集註　後學趙順孫纂疏

離婁章句上

凡二十八章。

孟子曰：「離婁之明，公輸子之巧，不以規矩，不能成方員；師曠之聰，不以六律，不能正五音；堯舜之道，不以仁政，不能平治天下。

離婁，古之明目者。愚按：離婁，黄帝時人，能視於百步之外見秋毫之末。**公輸子，名班，魯之巧人也。**愚按：班，一作般，天下之巧工，嘗作雲梯之械以攻城。**規，所以爲員之器也。矩，所以爲方之器也。**愚按：規者，所以規圜器械，令得其類也。矩者，所以矩方器械，令不失其形也。**師曠，晉之樂師，知音者也。**愚按：師曠，字子野。晉平公之樂太師也，其聽至聰，平公鑄鍾，使工聽之，皆以爲調，師曠曰：「後世有知音者，將知不調，臣竊爲恥之。」至師涓，果知音之不調。**六律，截竹爲筩，陰陽各六，**愚按：黄帝使泠倫自大夏之西、崑崙之陰取竹於解谷，以生空竅厚大鈞者截兩節閒，而吹之以爲黄鍾之宫。制十二筩，比黄鍾之宫而皆可以生之，是爲律本。陽六爲律，陰六爲吕，言六律不言六吕者，陽統陰也。**以節五音之上下。**語録曰：「人聲自有高下，聖人制五聲以括之，又制十二律以節。五聲中又各有高下，每聲又分十二等，所謂律和聲也。」**黄鍾、太蔟、姑洗、蕤賓、夷則、無射，爲陽；大吕、夾鍾、仲吕、林鍾、南吕、應鍾，爲陰也。**語録曰：「樂律自黄鍾至仲吕，皆屬陽；自蕤賓至應鍾[二]，皆屬陰，此是一箇大陰陽。黄鍾爲陽，大吕爲陰，太蔟爲陽，夾鍾爲陰，每一陽閒一陰，又是一箇小陰陽。」**五音，宫、商、角、徵、羽也。**愚按：五音始於宫，宫數八十一，商數七十二，角數六十四，徵數五十四，羽數四十八，以數之多少爲尊卑，故曰宫、商、角、徵、羽。**范氏曰：「此言治天下不可無法度，仁政者，治天下之法度也。」**

今有仁心仁聞而民不被其澤，不可法於後世者，不行先王之道也。聞，去聲。

仁心，愛人之心也。仁聞者，有愛人之聲聞於人也。先王之道，仁政是也。或問：「孟子告齊宣王曰『是心足以王矣』，則仁心者，固王政之本也。今曰『有仁心仁聞而不行先王之道』，則是所謂仁心者，初不足恃，而所謂先王之道者，又在此心之外也。」曰：「『是心足以王』

[二] 自，原作「曰」，據通志堂經解本改。

者，言有是心而能廣充之，以行先王之道，如其篇末所論『制民之産』云者，可以王耳，非謂專恃此心而直可以王也。先王之道，固亦由是而推之以爲法耳，但其盡心知性而無私意小智之累，故其爲法也，盡天理，合人心，雖聖人復起而有所不能易者。後之人君當因吾心而廣之，以盡夫法制之善，而充吾心之固有者，非謂心外有法而俟於它求也。後人雖有是心，而不能無私意小智之累，苟不循是而之焉，則雖有仁心仁聞，而未免於徇私妄作之失。譬之蔑弃規矩而欲以手制方員，其器之不至於苦窳也幾希矣。」范氏曰：「齊宣王不忍一牛之死，以羊易之，可謂有仁心。梁武帝終日一食蔬素，宗廟以麪爲犧牲，斷死刑必爲之涕泣，天下知其慈仁，可謂有仁聞。然而宣王之時，齊國不治；武帝之末，江南大亂。其故何哉？有仁心仁聞而不行先王之道故也。」輔氏曰：「引齊宣王、梁武帝爲有仁心、仁聞之證，甚當。然論二君不能行先王之道則同，若論其所以不能行之故則異。宣王不學無術，奪於功利，而不能行先王之道者也；武帝則惑於異端，避罪要福，而不肯行先王之道者也。宣王有仁心而不能保，武帝有仁聞而非其真。」

故曰徒善不足以爲政，徒法不能以自行。

徒，猶空也。有其心，無其政，是謂徒善；有其政，無其心，是謂徒法。程子嘗言：「爲政須要有綱紀文章，謹權、審量、讀法、平價，皆不可闕。」而又曰：「必有關雎麟趾之意，然後可以行周官之法度。」正謂此也。語録曰：「所謂文章者，便是文飾那謹權、審量、讀法、平價之類耳。」○又曰：「須是自閨門衽席之微，積累到薰蒸洋溢，天下無一不被其化，然後可以行周官之法度。不然，則爲王莽矣。」○輔氏曰：「引程子前一説，所以證『徒善不足以爲政』；後一説，所以證『徒法不能以自行』。政須要詳備，心須要誠實。後世如漢文帝近於徒善，如武漢帝近於徒法。」

詩云：『不愆不忘，率由舊章。』遵先王之法而過者，未之有也。

詩，大雅假樂之篇。愆，過也。率，循也。章，典法也。詩傳曰：「先王之禮樂刑政也。」所行不過差、不遺忘者，以其循用舊典故也。輔氏曰：「過差，謂用意過當處。遺忘，謂照顧不及處。遵用舊典，則有所循，故不過差；有所據，故不遺忘。」

聖人既竭目力焉，繼之以規矩準繩，以爲方員平直不可勝用也；既竭耳力焉，繼之以六律，正五音不可勝用也；既竭心思焉，繼之以不忍人之政，而仁覆天下矣。勝，平聲。

準，所以爲平。繩，所以爲直。愚謂：準者，所以揆平取正也。繩者，上下端直，經緯四通也。覆，被也。此言古之聖人，既竭耳目心思之力，然猶以爲未足以偏天下及後世，故制爲法度以繼續之，則其用不窮，而仁之所被廣矣。輔氏曰：「規矩準繩，所以爲方員平直之法度也。六律六呂，所以正五音之法度也。不忍人之政，所以仁覆天下之法度也。不爲之法度，則聖人之耳目心思止於聖人之身而已，固不能徧天下與後世也。故聖人制爲法度以繼續之，使天下後世之爲方員平直、正五音、仁天下者，皆用是而不得違之，所謂不可勝用而仁覆天下也。止言覆天下而不言及後世者，舉大以該遠也，能覆天下則能及後世矣。百工之事皆聖人作，故規矩準繩、六律五音并與不忍人之政作一統説了。耳目言力、心言思者，耳目之視聽以力，而心之官則思也。」

故曰爲高必因丘陵，爲下必因川澤。爲政不因先王之道，可謂智乎？

丘陵本高，川澤本下，爲高下者因之，則用力少而成功多矣。鄒氏曰：「自章首至此，論以仁心仁聞行先王之道。」

是以惟仁者宜在高位。不仁而在高位，是播其惡於衆也。

仁者，有仁心仁聞而能擴而充之以行先王之道者也。播惡於衆，謂貽患於下也。

上無道揆也，下無法守也，朝不信道，工不信度，君子犯義，小人犯刑，國之所存者幸也。朝，音潮。

此言不仁而在高位之禍也。道，義理也。揆，度也。法，制度也。道揆，謂以義理度量事物而制其宜。法守，謂以法度自守。工，官也。度，即法也。君子、小人，以位而言也。由上無道揆，故下無法守。無道揆，則朝不信道，而君子犯義；無法守，則工不信度，而小人犯刑。有此六者，其國必亡，其不亡者僥倖而已。語録曰：「上無道揆，則下無法守，雖有奉法守一官者，亦將不能用而去之矣。信，如憑信之信。這箇道理只是要人信得及，若信得及，自然依那箇行，不敢逾越。惟其不信，所以妄作，如胥吏分明知得條法，只是冒法以爲姦，便是不信度也。」

故曰城郭不完，兵甲不多，非國之災也；田野不辟，貨財不聚，非國之害也；上無禮，下無學，賊民興，喪無日矣。辟，與闢同。喪，去聲。

上不知禮，則無以教民；下不知學，則易與爲亂。鄒氏曰：「自『是以惟仁者』至此，所以責其君。」

詩曰：『天之方蹶，無然泄泄。』蹶，居衛反。泄，弋制反。

詩，大雅板之篇。蹶，顛覆之意。泄泄，怠緩悦從之貌。詩傳曰：「泄泄，蓋弛緩之意。」言天欲顛覆周室，羣臣無得泄泄然不急救正之。詩傳曰：「蹶，動也。」輔氏曰：「天之方蹶，而國家有傾覆之勢，常情處此，消索震慴，易得怠緩苟從，故戒羣臣以無得泄泄然不急救正之。當此之際，自非君臣上下力加振作，於此奮發有爲，則何能救正也。責難陳善，便是振發底意，不然，則淪胥以亡而已。」

泄泄，猶沓沓也。沓，徒合反。

沓沓，即泄泄之意。蓋孟子時人語如此。輔氏曰：「泄泄，東周時語。沓沓，戰國時語。孟子以沓沓解泄泄，蓋以泄泄古語難曉，而以當時之言人所易曉者釋之也。」

事君無義，進退無禮，言則非先王之道者，猶沓沓也。

非，詆毁也。

故曰責難於君謂之恭，陳善閉邪謂之敬，吾君不能謂之賊。

范氏曰：「人臣以難事責於君，使其君爲堯舜之君者，尊君之大也；開陳善道以禁閉君之邪心，唯恐其君或陷於有過之地者，敬君之至也；謂其君不能行善道而不以告者，賊害其君之甚也。」或問：「所謂陳善閉邪者，奈何？」曰：「君有邪心，所當閉也。然不知所以閉之之道而逆閉之，則動有矯拂之患，其言不可得而入矣。故必爲之開陳善道，使之曉然知善道之所在，則所謂邪者亦不難乎閉之矣。」○語録曰：「恭、敬，大槩也一般，只是恭意思較闊大，敬意思較細密。如以堯舜三代望其君，不敢謂其不能，便是責難於君，便是恭。陳善閉邪，蓋不徒責之以難，凡事有善則陳之，邪則閉之，使其君不陷於惡，便是敬。責難之恭，是尊君之辭，先立箇大志，以先王之道爲可必信、可必行。陳善閉邪，是子細著功夫去照管，務引其君於當道。」○問：「人臣固當望君以堯舜，若度其君不足與爲善而不之諫，或謂君爲中才可以致小康而不足以致大治，或導之以功利而不輔之以仁義，此皆是賊其君否？」曰：「然。人臣之道，但當以極等之事望其君。責以十分事，臨了只做得二三分；若只責以二三分，少間做不得一分矣。若論才質之優劣，志趣之高下，固有不同，然吾所以導之者，則不可問其才志之高下優劣，但當以堯舜之道望之。」鄒氏曰：「自『詩云天之方蹶』至此，所以責其臣。」○鄒氏曰：「此章言爲治者，當有仁心仁聞以行先王之政，而君臣又當各任其責也。」輔氏曰：「孟子章長難看，首尾易得支離。此章唯鄒氏斷截得分明，見其章雖長，而首尾只是一意。爲治者固當以仁心仁聞而行先王之政，然非君臣同心、各任其責，則亦安能有成哉？」

○孟子曰：「規矩，方員之至也；聖人，人倫之至也。至，極也。人倫，説見前篇。規矩盡所以爲方員之理，猶聖人盡所以爲人之道。語録曰：「規矩是方員之極，聖人是人倫之極。蓋規矩便盡得方員，聖人便盡得人倫。故物之方員者有未盡處，以規矩爲之便見；於人倫有未盡處，以聖人觀之便見。惟聖人都盡，無一豪之不盡，故爲人倫之至。」

欲爲君盡君道，欲爲臣盡臣道，二者皆法堯舜而已矣。不以舜之所以事堯事君，不敬其君者也；不以堯之所以治民治民，賊其民者也。法堯舜以盡君臣之道，猶用規矩以盡方員之極，此孟子所以道性善而稱堯舜也。或問此章之説。曰：「人之生也，均有是性；均有是性，故均有是倫；均有是倫，故均有是道。然惟聖人能盡其性，故爲人倫之至，而所由莫不盡其道焉。此堯舜之爲君臣，所以各盡其道，而爲萬世之法，猶規矩之盡夫方員，而天下之爲方員者莫不出乎此也。」

孔子曰：『道二，仁與不仁而已矣。』

法堯舜，則盡君臣之道而仁矣；不法堯舜，則慢君賊民而不仁矣。二端之外，更無他道。出乎此，則入乎彼矣，可不謹哉？語録曰：「問：『不仁何以亦曰道？』曰：『譬如説有小路、有大路，何疑之有？』」○輔氏曰：「仁與不仁，只是一箇天理與人欲而已。纔出天理，便入人欲也，豈復更有他道哉？此古之聖賢所以兢兢業業而不敢不謹也。」

暴其民甚，則身弑國亡；不甚，則身危國削。名之曰『幽』『厲』，雖孝子慈孫，百世不能改也。

幽，暗；厲，虐，皆惡謚也。苟得其實，則雖有孝子慈孫，愛其祖考之甚者，亦不得廢公義而改之。言不仁之禍必至於此，可懼之甚也。輔氏曰：「不仁有淺深，而其禍有大小。以幽、厲視桀、紂，則幽、厲雖未至於身弑國亡，然死蒙惡謚，遺臭後來，孝子慈孫欲改不可。不仁之禍循致如此，豈不可懼之甚哉？」

詩云：『殷鑒不遠，在夏后之世。』此之謂也。」

詩，大雅蕩之篇。言商紂之所當鑒者，近在夏桀之世。而孟子引之，又欲後人以幽、厲爲鑒也。輔氏曰：「孟子雖是平說將去，不過是欲人以幽、厲爲鑒耳。然熟玩之，其提撕警省之功亦至切矣。」

○孟子曰：「三代之得天下也以仁，其失天下也以不仁。三代，謂夏、商、周也。禹、湯、文、武以仁得之，桀、紂、幽、厲以不仁失之。國之所以廢興存亡者亦然。國，謂諸侯之國。天子不仁，不保四海；諸侯不仁，不保社稷；卿大夫不仁，不保宗廟；士庶人不仁，不保四體。言必死亡。今惡死亡而樂不仁，是猶惡醉而强酒。」惡，去聲。樂，音洛。强，上聲。此承上章之意而推言之也。輔氏曰[二]：「上章第言道二，仁與不仁，與桀、紂、幽、厲之事而

[二] 曰，原脱，據通志堂經解本補。

已。此章又因其意而推及於諸侯、卿、大夫、士、庶人不仁之禍，皆必至之理也。」○真氏曰：「此章明白峻厲，自天子以至庶人，皆當佩服以自警也。然所謂不仁者非他，縱人欲以滅天理而已。人欲縱而天理滅，其禍至於如此，可不畏哉。」

○孟子曰：「愛人不親反其仁[二]，治人不治反其智，禮人不答反其敬。治人之治，平聲。不治之治，去聲。

我愛人而人不親我，則反求諸己，恐我之仁未至也。智、敬放此。語録曰：「孟子説都是擕向上去，更無退下來。如今人愛人不親，治人不治，禮人不答，更不反求諸己，教你不親、不治、不答也休，我也不解恁地得，大家做箇鶻突底人也。」

行有不得者皆反求諸己，其身正而天下歸之。

不得，謂不得其所欲，如不親、不治、不答是也。反求諸己，謂反其仁、反其智、反其敬也。如此則其自治益詳，而身無不正矣。天下歸之，極言其效也。輔氏曰：「自治詳則身無不正，身無不正則天下無不歸。雖極言其效，是亦必然之理也。爲治本乎自反，多福本乎自求，治國者能玩此，則知所本矣。」

[二] 人，原作「親」，據通志堂經解本改。

詩云：『永言配命，自求多福。』」

解見前篇。○亦承上章而言。輔氏曰：「此亦承上章『得天下以仁』而言之也。」

○孟子曰：「人有恒言，皆曰『天下國家』。天下之本在國，國之本在家，家之本在身。」恒，胡登反。

恒，常也。雖常言之，而未必知其言之有序也，故推言之，而又以家本乎身也。此亦承上章而言之，大學所謂「自天子至於庶人，壹是皆以修身爲本」，爲是故也。輔氏曰：「人之常言雖曰有序而但及其外，君子之論則必究其本而無有或遺。得其本，則末可舉矣，以是而質於大學之言，則曾子、子思、孟子相傳之學不可誣矣。」

○孟子曰：「爲政不難，不得罪於巨室。巨室之所慕，一國慕之；一國之所慕，天下慕之，故沛然德教溢乎四海。」

巨室，世臣大家也。得罪，謂身不正而取怨怒也。永嘉陳氏曰：「得罪，謂非理致怨。所謂不得罪者，謂合正理而不致怨於人，非曲法以奉之也。」麥丘邑人祝齊桓公曰：「願主君無得罪於羣臣百姓。」意蓋如此。慕，向也，心悦誠服之謂也。沛然，盛大流行之貌。溢，充滿也。蓋巨室之心難以力服，而國人素所取信。今既悦服，則國人皆服，而吾德教之所施，可以無遠而不至矣。此亦承上章而言。蓋君子不患人心之不服，而患吾身之不修，吾身既修，則人心之難服者先服，而無一人之不服矣。輔氏曰：「此亦承上章『家之本在身』而言也。君人者不正其身，所爲乖戾，則致人怨怒，其勢必自世臣大家而始，故麥丘邑人之言亦先及羣臣，而後及百姓也。」○林氏曰：「戰國之世，諸侯失德，巨室擅權，爲患甚矣。然或者不修其本而遽欲勝之，則未必能勝，而適以取禍。故孟子推本而言，惟務修德以服其心，彼既悦服，則吾之德教無所留礙，可以及乎天下矣。裴度所謂『韓弘輿疾討賊，承宗斂手削地，非朝廷之力能制其死命，特以處置得宜，能服其心故爾』，政此類也。」輔氏曰：「林氏謂『或者不修其本』者，亦指身而言爾。『未必能勝而適以取禍』者，如魯昭公之事是也。『吾之德教無所留礙』者，大凡人君施教令於下，其勢本甚易，苟其德不足以服夫人，則近而公卿大夫必懷疑議而有不肯奉行之心，遠而羣黎百姓必生怨誹而公肆沮格之意，如此則其爲留礙也大矣，安能有胥然胥效之應哉？今也內而巨室外而天下，無不傾心向慕，唯恐其德教之不下，則德行如置郵之速，令下如流水之源，無復有遮留窒礙之者矣。四海，極其遠而言之。裴度之言，亦非謂以係戀之私恩養其家，如遯之九三『畜臣妾』然也。行大公至正之道，可殺則殺，可生則生，殺之而彼自不怨，利之而彼自不庸，可也。夫然後能沛然德教溢乎四海。」

○孟子曰：「天下有道，小德役大德，小賢役大賢；天下無道，小役大，弱役强。斯二者天也，順天者存，逆天者亡。

有道之世，人皆修德，而位必稱其德之大小。天下無道，人不修德，則但以力相役而已。天者，理勢之當然也。語録曰：「小德役大德，小賢役大賢，是以賢德論。小役大，弱役强，只是以力論，全不睹是。」○問：「天下無道，小役大，弱役强，亦曰天，何也？」曰：「到那時不得不然，亦是理當如此。」○輔氏曰：「理無形，勢有形也，與夫『專言之則道也』之意同。天下有道，則以德爲大小；無道，則以力爲强弱。二者皆理勢之所當然也，順其理勢則存，逆其理勢則亡，必然之理也。」

齊景公曰：『既不能令，又不受命，是絶物也。』涕出而女於吴。女，去聲。

引此以言小役大、弱役强之事也。輔氏曰：「既不能令，是不能强也；又不受命，是不能弱也。既不能强於自治以昌其國而出令以使人，又不能因時勢之宜屈己自下以聽人之命，是與物揆絶也，絶於物則絶於天矣。景公之言，宜若可取也。然景公所用之國，乃桓公所以正天下、霸諸侯者也，雖時勢下衰，然振起而作新之，獨不在我乎？而顧爲是巽言，横涕以自，蓋何哉？孟子獨取此説以證小役大、弱役强之事，其萎薾自棄之罪未暇議也。」令，出令以使人也。受命，聽命於人也。物，猶人也。女，以女與人也。吴，蠻夷之國也。景公羞與爲昏，而畏其强，故涕泣而以女與之。

今也小國師大國而恥受命焉，是猶弟子而恥受命於先師也。言小國不修德以自强，其般樂怠敖，皆若效大國之所爲者，而獨恥受其教命，不可得也。

如恥之，莫若師文王。師文王，大國五年，小國七年，必爲政於天下矣。此因其愧恥之心而勉以修德也。輔氏曰：「小國師大國而恥受命焉，是不當恥而恥者也。然亦良心之苗裔所不能殄滅者，故孟子因其幾而曉之。」文王之政，布在方策，舉而行之，所謂師文王也。五年、七年，以其所乘之勢不同爲差。輔氏曰：「所乘之勢，指國之大小而言也。」蓋天下雖無道，然修德之至，則道自我行，而大國反爲吾役矣。輔氏曰：「文王自百里而興王業，其政布在方策，是必有道矣。師其人，行其政，則人心自悦，氣數自回，而小可大，弱可强，大國反爲吾役矣。敵國雖大，何畏焉？」程子曰：「五年、七年，聖人度其時則可矣。然凡此類，學者皆當思其作爲如何，乃有益耳。」輔氏曰：「程子之言，所以啓發學者至矣。惟聖人能知時，故曰『聖人度其時可矣』。學者燭理既明，而經歷之久，思慮之深，則自然見得。」

詩曰[一]：『商之孫子，其麗不億。上帝既命，侯于周服。侯服于周，天命靡常。殷士膚敏，祼將于京。』孔子曰：『仁不可爲衆也，夫國君好仁，天下無敵。』祼，音灌。夫，音扶。好，去聲[二]。

詩，大雅文王之篇。孟子引此詩及孔子之言，以言文王之事。麗，數也。十萬曰億。侯，維也。商士，商孫子之臣也。膚，大也。敏，達也。祼，宗廟之祭，以鬱鬯之酒灌地而降神也。說見論語「禘自既灌」章。將，助也。言商之孫子衆多，其數不但十萬而已。上帝既命周以天下，則凡此商之孫子皆臣服于周矣。所以然者，以天命不常，歸于有德故也。是以商士之膚大而敏達者，皆執祼獻之禮助王祭事于周之京師也。真氏曰：「以商之孫子而爲周之諸侯，以商之美士而奔走周廟之祭，天命何常之有哉？成湯惟其仁也，故天命歸于商；紂惟其不仁，故天命轉而歸周。」孔子因讀此詩，而言有仁者，則雖有十萬之衆不能當之，故國君好仁，則必無敵於天下也。不可爲衆，猶所謂「難爲兄，難爲弟」云爾。輔氏曰：「我賢則難於爲兄爲弟者也，我仁則難於爲衆者也。仁道之大，無物不

[一] 曰，通志堂經解本作「云」。
[二] 聲，原作「音」，據通志堂經解本改。

體，故難於爲衆而天下無敵也。」

今也欲無敵於天下而不以仁，是猶執熱而不以濯也。詩云：『誰能執熱，逝不以濯？』」

恥受命於大國，是欲無敵於天下也。乃師大國而不師文王，是不以仁也。詩，大雅桑柔之篇。逝，語辭也。言誰能執持熱物，而不以水自濯其手乎？○此章言不能自强則聽天所命，修德行仁則天命在我。語録曰：「今之爲國者論爲治，則曰不消得十分底事，只如此隨風俗做便得，不必須欲如堯舜，只恁地做，天下也治。爲學者，則曰做人也不須做得孔孟十分事，且做得一二分也得。盡是這般苟且之學，所謂『聽天所命』者也。」○輔氏曰：「不能自强，則聽命于天，而爲强大所役使。修德行仁如文王，則與天爲一，而小可大，弱可强，昔之强大者反爲役於我矣，豈非天命之在我乎？」

○孟子曰：「不仁者可與言哉？安其危而利其菑，樂其所以亡者。不仁而可與言，則何亡國敗家之有？

菑，與灾同。樂，音洛。

安其危利其菑者，不知其爲危菑而反以爲安利也。所以亡者，謂荒淫暴虐所以致亡之道也。不仁之人，私欲固蔽，失其本心，故其顛倒錯亂至於如此，所以不可告以忠言，而卒至於敗亡也。輔氏曰：「仁本吾心之固有，惟不知存養體認，故爲私欲所障蔽，而冥然無知，頑然無覺。雖處於危而反以爲安，雖淪於菑而反以爲利，雖陷於其所以亡而反以爲樂，其顛倒惑亂至於如此，故不可告語而敗亡隨之。自古危亂之君同出一轍，若本心尚有一點之明，可以爲受言之地，則其禍亂猶有可以救藥者也。」○真氏曰：「自昔危亂之世，未嘗無忠言。祖伊嘗諫紂矣，召穆公嘗諫厲王矣，而二君不之聽者，蓋其心既不仁，故顛倒迷繆，以危爲安，以菑爲利，以取亡之道爲可樂也。夫人君孰不欲安存而惡危亡，而其反易至此者，私欲蔽障而失其本心故爾。」

有孺子歌曰：『滄浪之水清兮，可以濯我纓；滄浪之水濁兮，可以濯我足。』浪，音郎。

滄浪，水名。蔡氏曰：「武當縣北四十里，漢水中有洲曰滄浪洲，水曰滄浪水。」○愚謂：滄浪，地名，漢水至其地，因以名之。**纓，冠系也。**

孔子曰：『小子聽之。清斯濯纓，濁斯濯足矣，自取之也。』

言水之清濁有以自取之也，聖人聲入心通，無非至理，此類可見。輔氏曰：「聖人之心純是義理，故人言纔入于耳，則便與其心相契而無非至理。如孔子一聞孺子之歌，而便知濯足濯纓皆水之清濁有以自取之者是也。夫不仁之人，則雖忠言至論，無自而入；聖人之仁，則雖常言俗語，聲入心通，是亦莫非自取之也。」

夫人必自侮，然後人侮之；家必自毁，而後人毁之；國必自伐，而後人伐之。夫，音扶。

所謂自取之者。

太甲曰：『天作孽，猶可違；自作孽，不可活。』此之謂也。」

解見前篇。○此章言心存則有以審夫得失之幾，不存則無以辨於存亡之著。禍福之來，皆其自取。輔氏曰：「人心存則仁，人心不存則不仁。得失之幾至微也，存亡之實至著也。安利樂，得失之幾也。亡國敗家，存亡之實也。禍福之來，皆其自取，即所謂禍福無不自己求之者。此亦承上章而言，仁與不仁，所取之不同也。」

○孟子曰：「桀、紂之失天下也，失其民也，失其民者，失其心也。得天下有道，得其民，斯得天下矣；得其民有道，得其心，斯得民矣；得其心有道，所欲與之聚之，所惡勿施爾也。惡，去聲。

民之所欲，皆爲致之，如聚斂然。輔氏曰：「天理、人欲，同行異情。聚斂雖是人欲，若能如此聚民之所欲，則便是天理也。」民之所惡，則勿施於民。真氏曰：「此章之要在於『所欲與聚，所惡勿施』之二言。」晁錯所謂：「人情莫不欲壽，三王生之而不傷；人情莫不欲富，三王厚之而不困；人情莫不欲安，三王扶之而不危；人情莫不欲逸，三王節其力而不盡。」輔氏曰：「晁錯説此幾句真能得三王之用心。」此類之謂也。

民之歸仁也，猶水之就下、獸之走壙也。走，音奏。

壙，廣野也。言民之所以歸乎此，以其所欲之在乎此也。

故爲淵敺魚者，獺也；爲叢敺爵者，鸇也；爲湯、武敺民者，桀與紂也。爲，去聲。敺，與驅同。獺，音闥。爵，與雀同。鸇，諸延反。

淵，深水也。獺，食魚者也。叢，茂林也。鸇，食雀者也。言民之所以去此，以其所欲在彼而所畏在此也。

今天下之君有好仁者，則諸侯皆爲之敺矣。雖欲無王，不可得已。好、爲、王，皆去聲。今之欲王者，猶七年之病求三年之艾也，苟爲不畜，終身不得，苟不志於仁，終身憂辱以陷於死亡。王，去聲。

艾，草名，所以灸者，乾久益善。夫病已深而欲求乾久之艾，固難卒辦，然自今畜之，則猶或可及，不然則病日益深，死日益迫，而艾終不可得矣。

詩云：『其何能淑，載胥及溺。』此之謂也。」

詩，大雅桑柔之篇。淑，善也。載，則也。胥，相也。言今之所爲其何能善，則相引以陷於亂亡而已。輔氏曰：「至此，則雖聖人亦末如之何矣。詳味此詩，則令人惕然警省有不容自已者矣。」

○孟子曰：「自暴者，不可與有言也；自棄者，不可與有爲也。言非禮義，謂之自暴也；吾身不能居仁由義，謂之自棄也。

暴，猶害也。語録曰：「問：『向説自暴，作「自粗暴」，與今註「暴，害也」不同。』曰：『「害」底是，如「暴其民甚」。』」非，猶毁也。語録曰：「非，如『言則非先王之道』之『非』[二]。」自害其身者，不知禮義之爲美而非毁之，雖與之言，必不見信也。語録曰：「謂所言必非詆禮義之説爲非道，是失之暴戾。我雖言，而彼必不肯聽，是不足與有言也。」自棄其身者，猶知禮義之爲美，但溺於怠惰，自謂必不能行，與之有爲必不能勉也。語録曰：「謂其意氣卑弱，志趣凡陋，甘心自絶以爲不能。我雖言其仁義之美，而彼以爲我必不能居仁由義，是不足有爲也。」程子曰：「人苟以善自治，則無不可移者，雖昏愚之至，皆可漸磨而進也。惟

[二] 王，原作「生」，據通志堂經解本改。

自暴者拒之以不信，自棄者絶之以不爲，雖聖人與居，不能化而入也。此所謂下愚之不移也。」語録曰：「拒之以不信，只是説道没這道理；絶之以不爲，是知有道理，自割斷了不肯做。自暴者有强鋭意，自棄者有懦弱意。」

仁，人之安宅也；義，人之正路也。

仁宅，已見前篇。義者，宜也，乃天理之當行，無人欲之邪曲，故曰正路。輔氏曰：「義者，天理之當然，無人欲之邪曲，又當常行於此而不可有適莫之意，故曰正路。」

曠安宅而弗居，舍正路而不由，哀哉！」舍，上聲。

曠，空也。由，行也。○此章言道本固有而人自絶之，是可哀已。此聖賢之深戒，學者所當猛省也。

○孟子曰：「道在爾而求諸遠，事在易而求之難。人人親其親、長其長而天下平。」爾、邇，古字通用。易，去聲。長，上聲。

親長在人爲甚邇，親之長之在人爲甚易，而道初不外是也。舍此而他求，則遠且難而反失之。但人人各親其親、各長其長，則天下自平矣。輔氏曰：「先儒皆以遠近難易爲泛説，以親親長長而天下平爲邇與易之事，獨朱子直以親長爲邇，親之長之爲易，極爲切當。

道，指道理言。事，指所事言。求諸遠，指在事者言之也。求之難，指在人者言之也。爲人上者獨自親其親、長其長，亦未能得天下平。唯在我者有以倡率之，而使天下之人皆各親其親、長其長，則天下自平矣。此又可見孟子之説周密無滲漏處。」

○孟子曰：「居下位而不獲於上，民不可得而治也。獲於上有道，不信於友，弗獲於上矣；信於友有道，事親弗悦，弗信於友矣；悦親有道，反身不誠，不悦於親矣；誠身有道，不明乎善，不誠其身矣。

獲於上，得其上之信任也。誠，實也。反身不誠，反求諸身，而其所以爲善之心有不實也。輔氏曰：「人孰無爲善之心，然隱微之際有一豪自欺之意，則其心便不實。」不明乎善，不能即事以窮理，無以真知善之所在也。輔氏曰：「人孰不知善之可爲，然不能即夫事以窮其理而推極吾之知識，則所知者或未必真。」游氏曰：「欲誠其意，先致其知。不明乎善，不誠乎身矣。學至於誠身，則安往而不致其極哉？以内則順乎親，以外則信乎友，以上則可以得君，以下則可以得民矣。」輔氏曰：「游氏之説，始則大學之次序，終則中庸之極功也。」

是故誠者，天之道也；思誠者，人之道也。

誠者，理之在我者皆實而無僞，天道之本然也。思誠者，欲此理之在我者皆實而無

僞，人道之當然也。語録曰：「誠者，都是實理了。思誠者，恐有不實處，便思去實他。誠者，天之道，天無不實，寒便是寒，暑便是暑，更不待使他恁地。聖人仁便真箇是仁，義真箇是義，更無不實處。在常人，説仁時恐猶有不仁處，説義時恐猶有不義處，便須著思有以實之始得。」○輔氏曰：「以欲字解思字，以本然二字解天道，當然二字解人道，自然分曉。維天之命，於穆不已，至誠之理，天道之本然也。審思明辨，自强不息，思誠之事，人道之當然也。」

至誠而不動者，未之有也；不誠，未有能動者也。」

至，極也。楊氏曰：「動便是驗處，若獲乎上、信乎友、悦於親之類是也。」輔氏曰：「有感必有應，驗便是應處。極其誠，則合内外、平物我，感與應皆非自外也，此其所以無有不動也。」○蔡氏曰：「動不動，只在誠不誠之閒，此是孟子以其徵驗處喫緊以告人。然子思以誠之言人之道，而孟子易之以思誠；子思言形著變動，而孟子止言動者。以思出於心，於學者用功尤爲有力；而動者，正指上文獲上、信友、悦親而言也。」**○此章述中庸孔子之言，見思誠爲脩身之本，而明善又爲思誠之本。乃子思所聞於曾子，而孟子所受乎子思者，亦與大學相表裏，學者宜潛心焉。**輔氏曰：「明善者，大學之本；誠身者，中庸之要。於此可見中庸、大學之相爲表裏，曾子、子思、孟子之相爲授受者，益不可誣矣。」○蔡氏曰：「此章見孔子、曾子、子思、孟子相傳無異道，而明善、誠身實傳道之要訣也。明善即致知，誠身即誠意。」

○孟子曰：「伯夷辟紂，居北海之濱，聞文王作興，曰：『盍歸乎來？吾聞西伯善養老者。』太公辟紂，居東海之濱，聞文王作興，曰：『盍歸乎來？吾聞西伯善養老者。』辟，去聲。

作、興，皆起也。盍，何不也。西伯，即文王也。紂命爲西方諸侯之長，得專征伐，故稱西伯。太公，姜姓，呂氏，名尚。文王發政，必先鰥寡孤獨，庶人之老皆無凍餒，故伯夷、太公來就其養，非求仕也。輔氏曰：「恐人見太公後來佐武王伐商，遂以作興爲有求仕之意，故明辨之。太公之初來，于周無是意也，故孟子將太公與伯夷並説，亦自可見。」

二老者，天下之大老也，而歸之，是天下之父歸之也。天下之父歸之，其子焉往？焉，於虔反。

二老，伯夷、太公也。大老，言非常人之老者。天下之父，言齒德皆尊，如衆父然。既得其心，則天下之心不能外矣。輔氏曰：「『衆父』二字出老子，集註借用之，其義則謂衆人之父耳。父子同氣至親，父既歸之，則其子焉往？」蕭何所謂養民致賢以圖天下者，暗與此合，但其意則有公私之辨，學者又不可以不察也。輔氏曰：「蕭何之説，是欲爲此以圖天下，有爲而爲，所謂私也。文王之爲此，則初無所爲也，行吾義而已，所謂公也。二老之歸[二]，乃其自然之應耳。學者不察此，而以文王之事與蕭何一般看，則不可也[三]。」

諸侯有行文王之政者，七年之内必爲政於天下矣。」

七年，以小國而言也，大國五年在其中矣。輔氏曰：「舉小國緩期言之，則大國之五年固在其中矣。」

○孟子曰：「求也爲季氏宰，無能改於其德，而賦粟倍他日。孔子曰：『求非我徒也，小子鳴鼓而攻之可也。』

求，孔子弟子冉求。季氏，魯卿。宰，家臣。賦，猶取也。取民之粟倍於他日也。小子，弟子也。鳴鼓而攻之，聲其罪而責之也。輔氏曰：「王者征伐必鳴鼓以聲其罪而顯然伐之，夫子蓋用此意以責冉求也。」

由此觀之，君不行仁政而富之，皆棄於孔子者也，況於爲之强戰？争地以戰，殺人盈野；争城以戰，殺人盈城。此所謂率土地而食人肉，罪不容於

[二] 老，原作「者」，據通志堂經解本改。
[三] 則，原作「見」，據通志堂經解本改。

死。爲，去聲。

林氏曰：「富其君者，奪民之財耳，而夫子猶惡之，況爲土地之故而殺人，使其肝腦塗地，則是率土地而食人之肉。其罪之大，雖至於死，猶不足以容之也。」輔氏曰：「率，猶循也、由也。『率土地而食人肉』，謂以土地之故殺人，而使之肝腦塗地，則是由土地而食人之肉也。『其罪之大，雖至於死，猶不足以容之』者，言罪大而刑小，是刑不足以容其罪也。」

故善戰者服上刑，連諸侯者次之，辟草萊、任土地者次之。」辟，與闢同。

善戰，如孫臏、吴起之徒。臏，齊威王臣。起，衛人，爲魏文侯將。連結諸侯，如蘇秦、張儀之類。秦，洛陽人。辟，開墾也。任土地，謂分土授民，使任耕稼之責，如李悝盡地力、悝，魏文侯臣，作盡地力之教，以爲地方百里，提封九萬頃，除山澤邑居三分去一，爲田六百萬畮。治田勤謹[二]，則畮益三升，不勤，則損亦如之。」○語録曰：「問：『若如李悝盡地力之類，不過亦教民而已，孟子何以謂任土地者亦次於刑？』曰：『只爲他是欲富國，不是欲爲民，但强占土地開墾將去，欲爲己物耳。皆爲君聚斂之徒也。』」商鞅開阡陌之類也。鞅，衛人，爲秦孝公相，封以商於之地，號曰商君，始廢井田，開阡陌。○語録曰：「阡陌便是井田，一横一

[二] 田，原作「日」，據通志堂經解本改。

直。如百夫有遂，遂上有涂，這涂便是陌；若十涂恁地直，在横頭又作一大溝[二]，謂之洫[三]，洫上有路，這便是阡。自阡陌之外有空地，則只閑在那裏。先王所以要如此者，乃是要正其疆界，恐人相侵占。今商鞅却破開了，遇可做田處便做田，更不要齊整。這『開』字非開創之開，乃開闢之開。蔡澤傳曰：『破壞井田，決裂阡陌。』觀此可見。」○輔氏曰：「集註引六人者當之，是矣。戰國之時，人君之所求與士之所以自任者，不過有此三等，故孟子因列之而言其罪，以遏其流。雖是救時之言，然士而以此三者得名，則世德下衰可知矣。」

○孟子曰：「存乎人者，莫良於眸子。眸子不能掩其惡。胸中正，則眸子瞭焉；胸中不正，則眸子眊焉。眸，音牟。瞭，音了。眊，音耄。**良，善也。眸子，目瞳子也。瞭，明也。眊者，蒙蒙目不明之貌。蓋人與物接之時，其神在目，**輔氏曰：「自體察之可見。神若不在，則目雖見物，猶無見也，都不能有所識別矣。」**故胸中正則神精而明，不正則神散而昏。**輔氏曰：「心正則安裕完固，故其神之見於目者精聚而明白；心不正則驚惕掩覆，故神之見於目者涣散而昏暗，此其所謂不能掩者也。」

[二] 大，原作「夫」，據通志堂經解本改。
[三] 之，原作「上」，據通志堂經解本改。

聽其言也，觀其眸子，人焉廋哉？」焉，於虔反。廋，音搜。

廋，匿也。言亦心之所發，故并此以觀，則人之邪正不可匿矣。然言猶可以僞爲，眸子則有不容僞者。輔氏曰：「言亦心之所發，雖或可以僞爲，然有德者必有言，如所謂多寡游屈、蔽陷離窮，亦皆因言而後可得。聽其言辭以驗其藴[二]，觀其眸子以察其神，則人之邪正有不可得而隱者也。」〇真氏曰：「目者精神之所發，而言者心術之所形，故審其言之邪正，驗其目之明昧，而其人之賢否不可掩焉。此觀人之一法也。」

〇孟子曰：「恭者不侮人，儉者不奪人。侮奪人之君，惟恐不順焉，惡得爲恭儉？恭儉豈可以聲音笑貌爲哉？」惡，平聲。

惟恐不順，言恐人之不順己。聲音笑貌，僞爲於外也。

〇淳于髡曰：「男女授受不親，禮與？」孟子曰：「禮也。」曰：「嫂溺則援之以手乎？」曰：「嫂溺不援，是豺狼也。男女授受不親，禮也；嫂溺援之以手者，權也。」與，平聲。援，音爰。

[二] 聽，原作「以」，據通志堂經解本改。

淳于姓，髡名，齊之辯士。授，與也。受，取也。古禮，男女不親授受，以遠別也。援，救之也。權，稱錘也，稱物輕重而往來以取中者也。陳氏曰：「『權』字乃就秤錘上取義，秤錘之爲物，能權輕重以取平，故名之曰『權』。權者，變也。在衡有星，兩之不齊，權便移來移去，隨物以取平，亦猶人之用權度揆度事物以取其中相似。」權而得中，是乃禮也。陳氏曰：「知中然後能權，由權然後得中。中者，理所當然而無過不及者也。權者，所以度事理而取其當然無過不及者也。」○輔氏曰：「若是經禮，更何須權？唯是那經禮有行不得處，故須用權以取中，權而得中，則是乃禮也。若權而不得乎中，則陷乎漢儒權術、權變之域矣，豈可便謂權只是經乎？」

曰：「今天下溺矣，夫子之不援，何也？」

言今天下大亂，民遭陷溺，亦當從權以援之，不可守先王之正道也。

曰：「天下溺，援之以道；嫂溺，援之以手。子欲手援天下乎？」

言天下溺，惟道可以捄之，非若嫂溺可手援也。今子欲援天下，乃欲使我枉道求合，則先失其所以援之之具矣。是欲使我以手援天下乎？語録曰：「吾之所以救世者，以其有道也。既自放倒矣，天下豈一手可援哉？」○此章言直己守道，所以濟時；枉道徇人，徒爲失己。輔氏曰：「必如此斷置得分曉，然後出來做事，則規模自我，所以有成。不然枉道徇人，未有能自立者也。」

○公孫丑曰：「君子之不教子，何也？」

不親教也。輔氏曰：「易子而教者，非不教也，但不親教耳。」

孟子曰：「勢不行也。教者必以正，以正不行，繼之以怒，繼之以怒，則反夷矣。『夫子教我以正，夫子未出於正也。』則是父子相夷也，父子相夷，則惡矣。

夷，傷也。教子者，本爲愛其子也，繼之以怒，則反傷其子矣。父既傷其子，子之心又責其父曰：「夫子教我以正道，而夫子之身未必自行正道。」則是子又傷其父也。

古者易子而教之。

易子而教，所以全父子之恩，而亦不失其爲教。

父子之閒不責善。責善則離，離則不祥莫大焉。」

責善，朋友之道也。○王氏曰：「父有争子，何也？所謂争者，非責善也，當不義則争之而已矣。父之於子也如何？曰當不義則亦戒之而已矣。」輔氏曰：「王氏最得孟子之正意。責善，謂責之使必爲善也。責之使必爲善，則便有使之捐其所能、彊其所劣之意，故必至於相傷。至其所爲或背理而害義，則豈可坐視而不管？故在子則當争，在父則亦當戒切之也。」

○孟子曰：「事孰爲大？事親爲大。守孰爲大？守身爲大。不失其身而能事其親者，吾聞之矣；失其身而能事其親者，吾未之聞也。

守身，持守其身使不陷於不義也。一失其身，則虧體辱親，雖日用三牲之養，亦不足以爲孝矣。輔氏曰：「味集註之言，則人之持守其身者，豈可有一豪一息之不謹哉？且身者親之枝也，枝葉茂盛，則得以庇其本根；枝葉傷殘，則本根殄瘁矣。不能守身，更說甚道義？」不能事親，更做甚人？

孰不爲事？事親，事之本也。孰不爲守？守身，守之本也。

事親孝，則忠可移於君，順可移於長。身正，則家齊、國治而天下平。

曾子養曾晳，必有酒肉；將徹，必請所與；問有餘，必曰『有』。曾晳死，曾元養曾子，必有酒肉；將徹，不請所與；問有餘，曰『亡矣』，將以復進也，此所謂養口體者也。若曾子，則可謂養志也。養，去聲。復，扶又反。

此承上文事親言之。曾晳，名點，曾子父也。曾元，曾子子也。曾子養其父，每食必有酒肉；食畢將徹去，必請於父曰「此餘者與誰」；或父問此物尚有餘否，必曰

「有」，恐親意更欲與人也。曾元不請所與，雖有言無，其意將以復進於親，不欲其與人也。此但能養父母之口體而已。曾子則能承順父母之志而不忍傷之也。輔氏曰：「養父母之口體者，其事淺；承順父母之心志者，其思深。夫子之於父，異體同氣，至親至密，故事之者當先意承事，必能聽於無聲，視於無形，然後爲至。若必待其言而後從，固已不可，況於先立其意以拂其親之欲，唯口體是養而不恤其心志之虧乎？」

事親若曾子者，可也。」

言當如曾子之養志，不可如曾元但養口體。程子曰：「子之身所能爲者，皆所當爲，無過分之事也。故事親若曾子可謂至矣，而孟子止曰『可也』，豈以曾子之孝爲有餘哉？」輔氏曰：「子之身即親之身也，故凡子之身所能爲者，皆所當爲也。但人爲物欲所昏蝕，多不能自盡其分耳，豈復有過分之事哉？孟子只平説去，曰『事親若曾子可也』，至程子，方看得『可也』二字有深意。以此知讀書者，不可不熟讀玩味，若但畧綽地看過，何緣見得他意思出。」

○孟子曰：「人不足與適也，政不足閒也。惟大人爲能格君心之非。君仁莫不仁，君義莫不義，君正莫不正。一正君而國定矣。」適，音謫。閒，去聲。

趙氏曰：「適，過也。閒，非也。格，正也。」徐氏曰：「格者，物之所取正也。書曰：『格其非心。』」徐氏，名度，睢陽人。○語録曰：「『格其非心』與『格君心之非』，格如合格之格，謂使之歸于正也。」○又曰：「只是將此一物格其不正者，如格其非心，是說得深者；大人格君心之非，是說得淺者。」○蔡氏曰：「非心，非僻之心也。」愚謂「閒」字上亦當有「與」字。言人君用人之非，不足過讁；行政之失，不足非閒。惟有大人之德，則能格其君心之不正以歸於正，而國無不治矣。大人者，大德之人，正己而物正者也。輔氏曰：「集註解得『格』字義分曉。所謂大人者，道全德備，譽望足以弭其邪心，容色足以消其逸志，非但取辨於頰舌之閒、諫争之際而已也。然無大人之德與學而有言責者，則又不可以是藉口。」○程子曰：「天下之治亂，繫乎人君之仁與不仁耳。心之非，即害於政，不待乎發之於外也。昔者孟子三見齊王而不言事，門人疑之。孟子曰：『我先攻其邪心，心既正，而後天下之事可從而理也。』夫政事之失，用人之非，知者能更之，直者能諫之。然非心存焉，則事事而更之，後復有其事，將不勝其更矣；人人而去之，後復用其人，將不勝其去矣。是以輔相之職，必在乎格君心之非，然後無所不正；而欲格君心之非者，非有大人之德，則亦莫之能也。」輔氏曰：「孟子言『君仁莫不仁，君義莫不義，君正莫不正，一正君而國定矣』，程子但言『天下之治亂，繫乎人君之仁與不仁』者，言仁則該乎義與正也。曰仁曰義而又曰正者，仁義乃所以正之也。一正君而國定，猶形影然也。」○又曰：「孟子三見齊王事，見荀子書。以此章觀之，必是孟子有此事。此一義，最是事君者之大節目，觀孟子之言如此，則孟子自任之重可知。程子發明其説已盡。」

○孟子曰：「有不虞之譽，有求全之毁。」

虞，度也。吕氏曰：「行不足以致譽而偶得譽，是謂不虞之譽。求免於毁而反致毁，是謂求全之毁。言毁譽之言，未必皆實，脩己者不可以是遽爲憂喜，觀人者不可以是輕爲進退。」輔氏曰：「毁譽出於公則固可信，出於私則固不可信。然公私之外又有是二者焉，不可不察。集註既得孟子之本意，而又於人己兩有所益焉。」

○孟子曰：「人之易其言也，無責耳矣。」易，去聲。

人之所以輕易其言者，以其未遭失言之責故耳。蓋常人之情，無所懲於前，則無所警於後。非以爲君子之學，必俟有責而後不敢易其言也。然此豈亦有爲而言之與？輔氏曰：「謹言語，自是君子之庸行，何待於有責而後然。孟子此言，必有所爲而發。」

○孟子曰：「人之患，在好爲人師。」好，去聲。

王勉曰：「學問有餘，人資於己，不得已而應之可也。若好爲人師，則自足而不復有進矣，此人之大患也。」輔氏曰：「先儒多以好爲人師爲自尊大之意，獨王氏解最善，故取之。」

○樂正子從於子敖之齊。

子敖，王驩字。

樂正子見孟子。孟子曰：「子亦來見我乎？」曰：「先生何爲出此言也？」曰：「子來幾日矣？」曰：「昔者。」曰：「昔者，則我出此言也，不亦宜乎？」曰：「舍館未定。」曰：「子聞之也，舍館定，然後求見長者乎？」長，上聲。

昔者，前日也。館，客舍也。王驩，孟子所不與言者，則其人可知矣。樂正子乃從之行，其失身之罪大矣；又不早見長者，則其罪又有甚者焉，故孟子姑以此責之。

曰：「克有罪。」

陳氏曰：「樂正子固不能無罪矣，然其勇於受責如此，非好善而篤信之，其能若是乎？世有强辯飾非、聞諫愈甚者，又樂正子之罪人也。」輔氏曰：「人之心一有偏係之私，則於其所當爲者，必不能勇於決爲，而於其所不當爲者，或苟且遲回，以至於浸淫而不覺其非。雖以樂正子之好善篤信，猶有所不免，必待孟子言之，然後知其有罪，況徇私背義、强辯飾非者乎？孟子可謂善教，樂正子可謂善學。」

○孟子謂樂正子曰：「子之從於子敖來，徒餔啜也。我不意子學古之道，而以餔啜也。」餔，博孤反。啜，昌悦反。

徒，但也。餔，食也。啜，飲也。言其不擇所從，但求食耳。此乃正其罪而切責之。

或問：「樂正子從子敖，何也？」曰：「嘗攷孟子之書，王驩，齊王之幸臣，蓋欲自託孟子以取重。故孟子使滕，則王必以驩爲介，孟子未嘗與言行事。至弔於公行子之家，又不與之言焉，則所以絶之者深矣。樂正子不察乎此，而輕身以從之，意者特藉其資糧輿馬以見孟子而已，故孟子以餔啜罪之。」○愚謂：樂正子能勇於受責，然後孟子正其罪而切責之，所謂可與言而後與之言者也。

○孟子曰：「不孝有三，無後爲大。

趙氏曰：「於禮有不孝者三事，謂阿意曲從，陷親不義，一也；家貧親老，不爲禄仕，二也；不娶無子，絶先祖祀，三也。三者之中，無後爲大。」輔氏曰：「此必見於古傳記，趙氏時其書尚存，故引之，今則不復存矣。阿意曲從，陷親不義者，懦也；家貧親老，不爲禄仕者，惰也；不娶無子，絶先祖祀，則因循苟且，亂常咈理，不仁之甚也，故於三者之中，最爲不孝之大者。」

舜不告而娶，爲無後也，君子以爲猶告也。」爲無之爲，去聲。

舜告焉，則不得娶而終於無後矣。告者，禮也；不告者，權也。猶告，言與告同也。蓋權而得中，則不離於正矣。輔氏曰：「告者，禮也；不告者，權也，則禮與權固爲二矣。

至以不告爲猶告，蓋權而得中，則不離於正故也。」○范氏曰：「天下之道，有正有權。正者萬世之常，權者一時之用。常道人皆可守，權非體道者不能用也。蓋權出於不得已者也，若父非瞽瞍，子非大舜，而欲不告而娶，則天下之罪人也。」

○孟子曰：「仁之實，事親是也；義之實，從兄是也。

仁主於愛，而愛莫切於事親；義主於敬，而敬莫先於從兄。故仁義之道，其用至廣，而其實不越於事親從兄之間，蓋良心之發最爲切近而精實者。或問「實之爲精實」。曰：「是有數義：有以實對虛而言者，有以實對僞而言者，有以實對華而言者。此所謂實，則以對華而言耳。以實對虛而言者，曰『仁義理也，孝弟事也，理虛而事實，此孝弟所以爲仁義之實也。』然以事爲實可矣，謂理爲虛，則理豈虛而無物之謂乎？以實對僞而言者，曰『莫非仁義也，惟孝弟發於人心之不僞，此孝弟所以爲仁義之實也。』然謂孝弟爲不僞可矣，謂凡惻隱、羞惡之發，皆人之所僞爲可乎？惟以實對華而言，則以爲『凡仁義之見於日用者，惟此爲本根精實之所在，必先立乎此，而後其光華枝葉有以發見於事業之閒。』此説爲得之耳。」○語録曰：「且如愛親、仁民、愛物，無非仁也，但是愛親乃是切近而真實者，乃是仁最先發處。義之實亦然。」○輔氏曰：「仁主於愛，然人之生便先知愛其親；義主於敬，及少長便先知敬其兄。未有知愛而不始於親者，亦未有知敬而不始於兄者，故事親從兄是良心所發最爲切近而精實者也。」○真氏曰：「仁義之道大矣，而其切實處止在於事親從兄。蓋二者人之良知良能，天性之真於焉發見。欲爲仁義者，惟致力乎此而已，否則悠悠然、汎汎然，非可據之實地矣。」**有子以孝弟爲爲仁之本，其意亦猶此也**[二]。蔡氏曰：「有子以孝弟爲爲仁之本，孟子乃以事親屬之仁，從兄屬之義，若不同矣，而朱子乃以爲其意亦猶此也，何邪？蓋有子言仁，即所謂專言之仁也。孟子所言仁義，即所謂偏言之仁也。事親主乎愛而已，義則愛之宜者也。合而言之，則推其事親者以從其兄，此孝弟所以爲爲仁之本也；分而言之，則事親而孝，從兄而弟，所以爲仁義之實也。」

智之實，知斯二者弗去是也；禮之實，節文斯二者是也；樂之實，樂斯二者，樂則生矣，生則惡可已也，惡可已則不知足之蹈之、手之舞之。」樂斯、樂則之樂，音洛。惡，平聲。

斯二者，指事親、從兄而言。知而弗去，則見之明而守之固矣。輔氏曰：「知而弗去，所謂四德之貞也，非是固爲弗去也。知既明，則自然弗去也，如人知水火之不可蹈，則自然不蹈也。若有一豪勉强之心，便是知之不明，便不謂之智也。故知而弗去，是智之實。且如人既知親之當愛，則孰肯舍其親而不愛；既知兄之當敬，則孰肯舍其兄而不敬。其有不愛其親、不敬其兄

［二］意，元本漫漶，此據通志堂經解本。

者，蓋其智爲物欲所昏，而遂忘其當愛、當敬故也。」**節文，謂品節文章。**輔氏曰：「事親、從兄，雖是良心真切，然事親自有事親之道理，粗言之，如冬温夏凊、昏定晨省是也；從兄自有從兄之道理，粗言之，如徐行後長、兄先弟從是也。各自品節其文理，便是禮之實。」**樂則生矣，謂和順從容，無所勉强，事親從兄之意油然自生，如草木之有生意也。**輔氏曰：「和順從容，不待勉强，事親從兄之意油然而生，如草木之有生意，是樂之實。」**既有生意，則其暢茂條達自有不可遏者，所謂惡可已也。**輔氏曰：「草木既有生意，則日長月茂，無一息之停，孰能遏而止之哉？事親、從兄之意油然自生，則亦如草木之有生意，自然日日暢滿茂盛，條理通達，自無一息之停，又烏得而遏止之哉？」**其又盛，則至於手舞足蹈而不自知矣。**輔氏曰：「此聖人之作樂所以必有舞也。樂之之意至於充盛之極，則不假言説，心意自然形見，血脉自然動盪，手舞足蹈皆自然而然，不待心使之然，故不自知也。在上如大舜、武王，在下如曾子，方是到此田地。尚有一豪勉强之意，則便有變遷止息之時矣，非所謂至孝矣。」○**此章言事親從兄，良心真切，天下之道皆原於此，然必知之明而守之固，然後節之密而樂之深也。**輔氏曰：「事親從兄，是良心之真切；曰仁與義，是斯道之統會。若便恁地説過，亦只是説話，須是以人體之方可。所謂必知之明而守之固，然後節之密而樂之深者，此正如魚之飲水，冷暖自知，非言語之能盡也。」

○孟子曰：「天下大悦而將歸己。視天下悦而歸己猶草芥也，惟舜爲然。不得乎親不可以爲人，不順乎親不可以爲子。

言舜視天下之歸己如草芥，而惟欲得其親而順之也。得者，曲爲承順以得其心之悦而已。順則有以諭之於道，心與之一而未始有違，尤人所難也。「爲人」蓋泛言之，「爲子」則愈密矣。語録曰：「人字只説大綱，子字却説得重。固有人承顔順色，看父母做事，不問是非，一向不逆其志，這是得親之心，然猶是淺事。惟順乎親，則親之心皆順乎理，必如此而後可以爲子。」

舜盡事親之道而瞽瞍厎豫，瞽瞍厎豫而天下化，瞽瞍厎豫而天下之爲父子者定，此之謂大孝。」厎，之爾反。

瞽瞍，舜父名。厎，致也。豫，悦樂也。瞽瞍至頑，嘗欲殺舜，至是而厎豫焉。書所謂「不格姦」「亦允若」是也。蓋舜至此而有以順乎親矣。是以天下之爲子者，知天下無不可事之親，顧吾所以事之者未若舜耳。於是莫不勉而爲孝，至於其親亦厎豫焉，則天下之爲父者亦莫不慈，所謂化也。真氏曰：「舜之所值者，至難事之親也，然積誠感動，猶能使之厎豫，況其不如瞽瞍者乎？故瞽瞍厎豫，而天下之爲人子者，皆知無不可事之親，而各勉於爲孝，此所謂天下化也。」子孝父慈，各止其所，而無不安其位之意，所謂定也。爲法於天下，可傳於後世，非止一身一家之孝而已，此所以爲大孝也。○李氏曰：「舜之所以能使瞽瞍底豫者，盡事親之道，共爲子職，不見父母之非而已。昔羅仲素語此云：『只爲天下無不是底父母。』了翁聞而善之曰：『唯如此而後天下之爲父子者定。彼臣弒其君、子弒其父者，常始於見其有不是處耳。』」仲素，名從彦，豫章人，後居延平。了翁，姓陳，名瓘；李氏，名侗，皆延平人。○輔氏曰：「孝子之心，與親爲一，凡親之過皆己之過，舜之所以負罪引慝者此也，故人子自不見父母有不是處。羅氏此語甚有力。蓋凡父母之不是，皆子之不是也，己既是，則父母豈有不是者哉？陳氏則又推其極而言之，亦事理之實也。」○真氏曰：「罪己而不非其親者，仁人孝子之心也；怨親而不反諸己者，亂臣賊子之志也。後之事難事之親者，其必以舜爲法。」

孟子卷第八

朱子集註　後學趙順孫纂疏

離婁章句下

凡三十三章。

孟子曰：「舜生於諸馮，遷於負夏，卒於鳴條，東夷之人也。

諸馮、負夏、鳴條，皆地名。或問：「舜卒於鳴條，則湯與桀戰之地也。而竹書有『南巡不反』、禮記有『葬於蒼梧』之説，何邪？」曰：「孟子之言，必有所據。二書駁雜，恐難盡信。然無他考驗，則亦論而闕之可也。」〇愚按：諸馮在冀州之分。負夏，春秋時衛地。鳴條在安邑之西。在

東方夷服之地。

文王生於岐周，卒於畢郢，西夷之人也。

岐周，岐山下周舊邑，近畎夷。畢郢，近豐、鎬，今有文王墓。愚按：畢、豐、鎬，俱在長安。豐，文王所都。鎬，武王所都。豐、鎬相去二十五里。書云：「周公薨，成王葬于畢。」史記

云：「文、武葬於畢。」皇覽云：「文王、周公冢皆在鎬聚東杜中。」則畢在鎬東矣。舊疏謂：「郢，故楚都，在南郡。」畢在郢之地者是也。

地之相去也，千有餘里；世之相後也，千有餘歲。得志行乎中國，若合符節。

得志行乎中國，謂舜爲天子，文王爲方伯，得行其道於天下也。符節，以玉爲之，篆刻文字而中分之，彼此各藏其半，有故則左右相合以爲信也。語録曰：「古人符節多以玉爲之，如牙璋，以起軍旅。又有竹符，又有英蕩符。蕩，小節竹，使者謂之蕩節也[二]。漢有銅虎符、竹使符。銅虎以起兵，竹使郡守用之。凡符節，右留君所，左以與其人，有故則君以其右合其左，以爲信也。曲禮曰：『獻田地者執右契。』右者，取物之券也。如發兵[三]、取物、徵召，皆以右取之也。」**若合符節，言其同也。**語録曰：「古人所爲，恰與我相合，只此便是至善。前乎千百世之已往，後乎千百世之未來，只是此箇道理。」

先聖後聖，其揆一也。」

[二] 者，原作「符」，據通志堂經解本改。
[三] 發，原作「徵」，據通志堂經解本改。

揆，度也。其揆一者，言度之而其道無不同也。輔氏曰：「不曾説著道字，言行則便是道了。」○范氏曰：「言聖人之生，雖有先後遠近之不同，然其道則一也。」輔氏曰：「先後，以世之相後言。遠近，以地之相去言。地雖相去千有餘里，世雖相後千有餘歲，然揆度其道，則一而已矣。」

○子產聽鄭國之政，以其乘輿濟人於溱、洧。乘，去聲。溱，音臻。洧，榮美反。子產，鄭大夫公孫僑也。溱、洧，二水名也。子產見人有徒涉此水者，以其所乘之車載而渡之。語録曰：「虎牢之下，即溱、洧之水，後又名汜水關，子產以乘輿濟人之所也。或以爲溱、洧之水，其深不可以施梁柱，其淺不可涉，豈可以濟乘輿？蓋溱、洧之水皆是沙，故不可以施梁柱，但可用舟渡而已。李先生以爲，疑或是偶然橋梁壞，故子產因用其車以渡人。然此類亦何必深考。」

孟子曰：「惠而不知爲政。惠，謂私恩小利。或問：「孔子以子產之惠爲君子之道，而子以私恩小利言之，何也？」曰：「孔子之言，通乎巨細，故不害其爲君子之道。此承上文乘輿濟人而言，則私恩小利而已矣。」○輔氏曰：「唯其恩之出於私，故其利之及者小，此正指乘輿濟人之事而言也。」政，則有公平正大之體，綱紀法度之施焉。輔氏曰：「公平正大之體，以理言。紀綱法度之施，以事言。言體，則知施之爲用。言施，則知體之爲本。下云『歲十一月徒杠成，十二月輿梁成』，這箇便可見其體之爲公平正大，其用之有法度紀綱也。」

歲十一月徒杠成，十二月輿梁成，民未病涉也。杠，音江。

杠，方橋也。徒杠，可通徒行者。梁，亦橋也。輿梁，可通車輿者。周十一月，夏九月也。周十二月，夏十月也。夏令曰：「十月成梁。」蓋農功已畢，可用民力，又時將寒沍，水有橋梁，則民不患於徒涉，亦王政之一事也。文集曰：「先王之政，細大具舉，而無事不合民心、順天理，故其公平正大之體，綱紀法度之施，雖纖悉之間，亦無遺恨如此。」

君子平其政，行辟人可也，焉得人人而濟之？辟，與闢同。焉，於虔反。

辟，辟除也，如周禮「閽人爲之辟」之「辟」。言能平其政，則出行之際，辟除行人，使之避己，亦不爲過。況國中之水，當涉者衆，豈能悉以乘輿濟之哉？文集曰：「辟除之辟，乃趙氏本説，與上下文意正相發明，蓋與舍車濟人正相反也。」○又曰：「君子能行先王之政，使細大之務無不畢舉，則惠之所及亦已廣矣。是其出入之際，雖辟除人，使之避己，亦上下之分，固所宜然。何必曲意行私，使人知自己出，然後爲惠？又況人民之衆，亦安得人人而濟之哉？」

故爲政者，每人而悦之，日亦不足矣。」

言每人皆欲致私恩以悦其意，則人多日少，亦不足於用矣。輔氏曰：「此則正説子産之用心錯處也。夫子産固賢，但以不知聖人之學，是以有時而内交要譽之私萌而不可揜。孟子明辨之，所以立教也。」諸葛武侯嘗言：「治世以大德，不以小惠。」得孟子之意矣。武侯，名亮，漢琅琊人。○文集曰：「武侯之治蜀也，官府次舍、橋梁道路莫不繕理，而民不告勞。其亦庶幾知爲政矣。」○輔氏曰：「此二句誠得孟子之意，而真有王佐之心。」

○孟子告齊宣王曰：「君之視臣如手足，則臣視君如腹心；君之視臣如犬馬，則臣視君如國人；君之視臣如土芥，則臣視君如寇讎。」

孔氏曰：「宣王之遇臣下，恩禮衰薄，至於昔者所進，今日不知其亡，則其於羣臣，可謂邈然無敬矣。故孟子告之以此。手足腹心，相待一體，恩義之至也。如犬馬，則輕賤之，然猶有豢養之恩焉。國人，猶言路人，言無怨無德也。土芥，則踐踏之而已矣，斬艾之而已矣，其賤惡之又甚矣[二]。寇讎之報，不亦宜乎？」輔氏曰：「孟子

[二] 甚，元本漫漶，此據通志堂經解本。

此説特爲宣王發，所謂有爲之言也，孔氏之説政解著此意。孟子之言雖是爲宣王而發，然臣之報君，視君之所施常加厚一等。手足之與腹心，雖爲同體，然有大小之辨。人類視犬馬爲尊，土芥視寇讎爲甚。其言雖若有迹，然亦理勢之實然也。」

王曰：「禮，爲舊君有服，何如斯可爲服矣？」爲，去聲，下爲之同。

儀禮曰：「以道去君而未絶者，服齊衰三月。」王疑孟子之言太甚，故以此禮爲問。

曰：「諫行言聽，膏澤下於民；有故而去，則君使人導之出疆，又先於其所往；去三年不反，然後收其田里，此之謂三有禮焉。如此，則爲之服矣。

導之出疆，防剽掠也。先於其所往，稱道其賢，欲其收用之也。三年而後收其田禄里居，前此猶望其歸也。輔氏曰：「導之出疆，所以盡防衛之道於在我之境。先於其所往，所以爲其禄仕之地於所往之國。去三年不反，然後收其田里，所以示拳拳屬望之恩義也。」

今也爲臣，諫則不行，言則不聽，膏澤不下於民；有故而去，則君搏執之，又極之於其所往；去之日，遂收其田里，此之謂寇讎。寇讎何服之有？」

極，窮也。窮之於其所往之國，如晉錮欒盈也。○潘興嗣曰：「孟子告齊王之言，猶孔子對定公之意也，而其言有迹，不若孔子之渾然也。蓋聖賢之别如此。」興嗣，豫章人。○輔氏曰：「就聖賢言上觀之，誠有差別，然此豈容勉强爲哉？」○真氏曰：「孔、孟之言，可以見聖賢氣象之分。雖然孟子爲齊王言則然也，而所以自處者則不然也。千里見王，不遇故去，而三宿出晝，未嘗有悻悻之心，猶幸王之一寤而追己也。曷嘗以寇讎視其君哉？」楊氏曰：「君臣以義合者也，故孟子爲齊王深言報施之道，使知爲君者不可不以禮遇其臣耳。若君子之自處，則豈處其薄乎？孟子曰『王庶幾改之，予日望之』，君子之言蓋如此。」輔氏曰：「楊氏發明得孟子所爲言此意尤分明。觀孟子於齊王，其言如此，則其視齊王也，豈有視以爲寇讎之心哉？君子固自不肯處其薄，然君人者則自不可不以禮遇其臣耳。」

○孟子曰：「無罪而殺士，則大夫可以去；無罪而戮民，則士可以徙。」

言君子當見幾而作，禍已迫，則不能去矣。輔氏曰：「可以者，在時義爲可也，失此幾，則有欲去而不能者矣。此明夷之初，所以不食而行；遯之初，所以有尾厲之戒；而孔子往趙，所以及河而復。彼昏不仁，猶或莫知轉身一路，此孟子所以致戒也。然此特言其常理耳，其閒更有多少義理在。時與位之不同，則所以處之者亦異。若執此一說以爲臣，則凡苟免自私之徒者得以藉口矣。」

○孟子曰：「君仁莫不仁，君義莫不義。」

張氏曰：「此章重出。然上篇主言人臣當以正君爲急，此章直戒人君，義亦小異耳。」

輔氏曰：「上篇言人臣當以正君爲急，此章言人君當以正己爲先，亦大學所謂『其機如此』之説也。」

○孟子曰：「非禮之禮，非義之義，大人弗爲。」察理不精，故有二者之蔽。文集曰：「擇焉不精，以爲善而爲之。」大人則隨事而順理，因時而處宜，豈爲是哉？輔氏曰：「如此則能盡時中之道矣。」

○孟子曰：「中也養不中，才也養不才，故人樂有賢父兄也。如中也棄不中，才也棄不才，則賢不肖之相去，其閒不能以寸。」樂，音洛。無過不及之謂中，足以有爲之謂才。輔氏曰：「中以德言，才以才言。德本於性，才出於氣。」養，謂涵育薰陶，俟其自化也。輔氏曰：「涵育以天地之生物言也，薰陶以工冶之成物言也，此循其理而彼自成其形焉，無心也。蓋父子兄弟之閒皆難於責善，正其在我者，使之自化而已。」賢，謂中而才者也。輔氏曰：「賢，則兼有才德者也。」樂有賢父兄者，樂其終能成己也。爲父兄者，若以子弟之不賢，遂遽絶之而不能教，則吾亦過中而不才矣。其相去之閒，能幾何哉？輔氏曰：「父兄之賢者，棄子弟之不賢者而不教，是其心固以爲賢不賢之相去爲甚遠而不可教也，而不知其自悖於教育成就之道，則是亦違乎中，傷乎德，而自陷於不才耳。故孟子以『其閒不能以寸』曉之，使之自省也。夫聖人有教無類，而不賢者至於棄子弟而不之教，天理人欲之相反也如此，哀哉！」

○孟子曰：「人有不爲也，而後可以有爲。」

程子曰：「有不爲，知所擇也。惟能有不爲，是以可以有爲。無所不爲者，安能有所爲邪？」輔氏曰：「人能不爲其所不當爲，則必能爲其所當爲矣。蓋人心不可二用，而精神氣力只有許多。苟專於爲善，則必無暇於爲惡；苟溺於好利，則必不能徇乎義矣。」

○孟子曰：「言人之不善，當如後患何？」

此亦有爲而言。或問：「所謂後患者，謂得罪於其人邪？抑恐其亦言己之不善邪？」曰：「是皆有之，然斯言必有爲而發，今不可知其所指矣。」○輔氏曰：「揚人之善，掩人之惡，自是君子忠厚之心，豈爲有後患然後如此哉？今言『如後患何』，故知其有所爲而言也。此必有人或訐人陰私，公肆詆誣而無所忌憚者，故孟子言此以警之。或是此等人既已被禍，故孟子嘆之，以警後人也。君子語默，惟其時與義而已。義所當言，是是非非，不苟默也，豈計後患哉？」

○孟子曰：「仲尼不爲已甚者。」

已，猶太也。楊氏曰：「言聖人所爲，本分之外，不加毫末。非孟子真知孔子，不能以是稱之。」或問「楊氏之説」。曰：「所謂本分者，乃義理之至當，非苟然而已也。學者於此宜深察之，一有小差，則流而入於鄉原之亂德矣。」○輔氏曰：「楊氏説盡聖人用處。聖人雖有過物之行，而無過禮之爲，其作用處雖曰高世絶俗，非人所能及，不過盡吾之性，由仁義行耳。」

○孟子曰：「大人者，言不必信，行不必果，惟義所在。」行，去聲。

必，猶期也。大人言行，不先期於信果，但義之所在，則必從之，卒亦未嘗不信果也。○尹氏曰：「主於義，則信果在其中矣；主於信果，則未必合義。」王勉曰：「若不合於義而不信不果，則妄人爾。」輔氏曰：「尹氏最得此章之指，而集註又述其意而著明之。以必爲期，尤更有功，不然，則無忌憚者或得以藉口。王氏則又有『不合於義而必信必果，則爲妄人』之説，尤盡其敝。尾生之信，徒狄之果，皆是物也。」

○孟子曰：「大人者，不失其赤子之心者也。」

大人之心，通達萬變；赤子之心，則純一無僞而已。然大人之所以爲大人，正以其不爲物誘，而有以全其純一無僞之本然。是以擴而充之，則無所不知，無所不能，而極其大也。文集曰：「赤子之心固無巧僞，但於理義未能知覺，渾然赤子之心而已。大人則有知覺廣充之功，而無巧僞安排之鑿，故曰不失。著箇不失字，便是不同處。」○語録曰：「大人無所不知，無所不能；赤子無所知，無所能。此兩句正相拗，如何無所不知、無所不能，却是不失其無所知、無所能做出？蓋赤子之心純一無僞，而大人之心亦純一無僞，但赤子是無知覺底純一無僞，大人是有知覺底純一無僞。」○又曰：「大人事事理會得，只是無許多巧僞曲折，便是赤子之心。」○輔氏曰：「大人之心通乎動静，體用兼全，譬如明鏡，萬物畢照，應變無窮。赤子之心雖已發動，而去本未遠，固不能如大人之通達萬變也，純一無僞而已。然大人之所以爲大者，正以其不爲物欲所誘，而有以全其純一無僞之本然，由是而致知格物，擴而充之，至於無所不知，無所不能，以極其德之大耳。夫不失其本之一而能極其用之妙者，大人之事也；溺於巧僞之末而遂失其純一之本然者，細人之事也。」

○孟子曰：「養生者不足以當大事，惟送死可以當大事。」養，去聲。

事生固當愛敬，然亦人道之常耳。至於送死，則人道之大變，孝子之事親，舍是無以用其力矣。故尤以爲大事，而必誠必信，不使少有後日之悔也。輔氏曰：「此指孝子之誠心而言之也。」

○孟子曰：「君子深造之以道，欲其自得之也。自得之，則居之安；居之安，則資之深；資之深，則取之左右逢其原。故君子欲其自得之也。」造，七到反。

造，詣也。深造之者，進而不已之意。語録曰：「是日日恁地做。」○又曰：「所謂深造者，當知非淺迫所可致。若欲淺迫求之，便是强探力取。只是既下工夫，又下工夫，直是深造。」道，則其進爲之方也。語録曰：「是事事皆要得合道理。」○輔氏曰：「道，猶道路之道。適燕則有適燕之道，適越則有適越之道，求仁則有求仁之道，爲義則有爲義之道。」**資，猶藉也。**語録曰：「資有資藉之意。」〇又曰：「資字恰似資給、資助一般。」**左右，身之兩旁，言至近而非一處也。逢，猶值也。原，本也，水之來處也。**語録曰：「若原頭深，則源源來不竭；若淺時，則易竭矣。」**言君子務於深造而必以其道者，欲其有所持循，以俟夫默識心通，自然而得之於己也。**或問此一節。曰：「學是理，則必是理之得於身也，不得於身，則口耳焉而已矣。然又不可以强探而力取也，必其深造之以道，然後有以默識心通，而自然得之也。蓋造道之不深者，用力於皮膚之外，而責效於日月之閒；不以其道者，從事於虛無之中，而妄意於言意之表，是皆不足以致夫默識心通之妙而自得之。必也多致其力而不急其功，必務其方而不躐其等，則雖不期於必得，而其自然得之將有不可禦者矣。」〇輔氏曰：「且以求仁言之，君子而深造乎仁，必自求仁之道，然後有所持循，進進不已，乃可俟其工夫至到而默識心通，不假思惟而自然得之於己，此正所謂『亦在乎熟之而已』也。」**自得於己，則所以處之者安固而不摇；**或問此一節。曰：「未得之，則固無可居之地。得而不出於自然，則雖有所居而不安。惟自得之，則理之在我者，吾皆得以居之。如人有室廬之安，動作起居，種種便適，自眷戀而不去也。」〇輔氏曰：「既能自得於己，則道已爲我所有矣，故處之安而無鯇𩨗之虞，處之固而無摇奪之患，外物不能移，横議不能惑矣。」**處之安固，則所藉者深遠而無盡；**或問此一節。曰：「未得其所居，則無所藉以爲用。居而未安，則其所藉以爲用者淺迫而易窮。惟居之安，則理之在我者，吾皆得藉以爲用而無窮，如富人蓄積之多，金珠穀帛，無求不獲，見其出而不見其盡也。」○輔氏曰：「所得在我而處之既安，則所藉以爲用者深遠浩博，取之而無盡，酌之而不竭也。」**所藉者深，則日用之間取之至近，無所往而不值其所資之本也。**或問此一節。曰：「無所資者，固無本之可求。資之淺者，取之艱遠，而或值或不值也。惟資之深者，不待遠求而所取無不得。如既取諸其身之左，而值其所資之本，又取其身之右，而復值其所資之本。以水譬之，苟其源之盛，則滔滔汩汩，不舍晝夜，或泝或沿，無不值其來處。」○輔氏曰：「所藉者深遠而無盡，則日用常行之處，頭頭上明，物物上顯，在谷滿谷，在坑滿坑。雖取之至近而非一，而其所資之本，無所往而不相值矣。」○**程子曰：「學不言而自得者，乃自得也；有安排布置者，皆非自得也。然必潛心積慮，優游厭飫於其間，然後可以有得。若急迫求之，則是私己而已，終不足以得之也。」**語録曰：「道理本自廣大，只是潛心積慮，緩緩養將去，自然透熟。若急迫求之，則是起意去趕趁他，只是私意而已，安足以入道？」○又曰：「必須以道方可。潛心積慮、優游厭飫若不以道，則潛心積慮、優游厭飫做甚底？」○輔氏曰：「此纂集程子三説合而爲一，非親到自得之境者，安能言此以覺人也？自得如子貢，悟性天之不可聞，曾子唯吾道一貫之語，此何待於言語而後見？正張子所謂『德性之知不萌於聞見』者也，豈容更有所安排布置哉？蓋其平日潛心積慮，優而游之，厭而飫之，全身在義理之中，及其真積力久，理與心融，物與性會，然後可以有得。若有一豪急迫之意，便是私，己與道便自間斷，更如何到得自得田地？」

○孟子曰：「博學而詳説之，將以反説約也。」言所以博學於文而詳説其理者，非欲以誇多而鬬靡也，欲其融會貫通，有以反而説到至約之地耳。輔氏曰：「文謂詩書六藝之文，理謂詩書六藝所載許多道理也。常人之博學詳説者，則欲以夸多鬬靡耳。若夫爲己之學則不然，所以博學於文詳説其理者，蓋欲其心理融會，貫通事物，然後反而説到至約之地。蓋必極其大，然後中可求；盡其博與詳，然後約可説。唯能如此，然後可説一以貫之也。」蓋承上章之意而言。輔氏曰：「博學詳説，則是深造之意也；反説約，則是自得之事也。但上章以行言，此章以知言，知與行，蓋互相發也。」學非欲其徒博，而亦不可以徑約也。輔氏曰：「徒博則泛而荒唐，徑約則亟而寡陋。」

○孟子曰：「以善服人者，未有能服人者也。以善養人，然後能服天下。天下不心服而王者，未之有也。」王，去聲。服人者，欲以取勝於人。養人者，欲其同歸於善。蓋心之公私小異，而人之嚮背頓殊，學者於此不可以不審也。文集曰：「以善服人者，惟恐人之進於善，如張華之對晉武帝『恐吴人更立令主，則江南不可取』之類是也。以善養人者，惟恐人之不入於善，若湯之事葛，遺之牛羊，又使人往爲之耕是也。」○輔氏曰：「以力服人、以德服人，其不同易見。至於以善服人、以善養人，其不同則難見也。孟子之言，至此則愈密矣。以德服人、以力服人，以事言也。以善服人、以善養人，以心言也。以善服人者，以善爲己私也；以善養人者，以善爲天下之公也，樂與人爲善者也。」

○孟子曰：「言無實不祥。不祥之實，蔽賢者當之。」或曰：「天下之言無有實不祥者，惟蔽賢爲不祥之實。」或曰：「言而無實者不祥，故蔽賢爲不祥之實。」二説不同，未知孰是，疑或有闕文焉。輔氏曰[二]：「『祥』下若有『者』字，則當從前説。『言』下若有『而』字，則當從後説。至於『蔽賢爲不祥之實』，則一也。」

○徐子曰：「仲尼亟稱於水，曰：『水哉，水哉！』何取於水也？」亟，去吏反。亟，數也。水哉水哉，歎美之辭。

孟子曰：「原泉混混，不舍晝夜，盈科而後進，放乎四海，有本者如是，是之取爾。舍、放，皆去聲。

[二] 輔氏曰，通志堂經解本作「愚謂」。

原泉，有原之水也。混混，湧出之貌。不舍晝夜，言常出不竭也。盈，滿也。科，坎也。言其進以漸也。放，至也。言水有原本，不已而漸進以至于海；如人有實行，則亦不已漸進以至于極也[二]。

苟爲無本，七八月之閒雨集，溝澮皆盈，其涸也可立而待也。故聲聞過情，君子恥之。」澮，古外反。涸，下各反。聞，去聲。

集，聚也。澮，田閒水道也。涸，乾也。如人無實行而暴得虚譽，不能長久也。聲聞，名譽也。情，實也。恥者，恥其無實而將不繼也。林氏曰：「徐子之爲人，必有躐等干譽之病，故孟子以是答之。」○鄒氏曰：「孔子之稱水，其旨微矣。孟子獨取此者，自徐子之所急者言之也。孔子嘗以聞達告子張矣，達者有本之謂也，聞則無本之謂也。然則學者其可以不務本乎？」輔氏曰：「此章指意都結在後兩句上，故集註只以虚名實行爲言，而引林氏、鄒氏之説以明之。蓋孟子之意，專欲救徐子躐等干譽之病耳，孔子之稱水，固不專在此也。然由是觀之，雖一物具一理，然亦隨人所取如何耳，理固無盡也。達者有

[二]「不已」下通志堂經解本有「而」字。

本，謂質直而好義。聞者無本，謂色取仁而行違。恥其無實而將不繼者，羞惡之良心也。能如是，則既知本而能務實矣；不以是爲恥，則失其本心，亦將何所不至哉。今人每見人來獻諂諛，則必有慚愧之心，此正是聲聞過情，羞惡之心發處，最好察。」

○孟子曰：「人之所以異於禽獸者幾希，庶民去之，君子存之。

幾希，少也。庶，衆也。人物之生，同得天地之理以爲性，同得天地之氣以爲形。其不同者，獨人於其閒得形氣之正，而能有以全其性，爲少異耳。雖曰少異，然人物之所以分，實在於此。衆人不知此而去之，則名雖爲人，而實無以異於禽獸。君子知此而存之，是以戰兢惕厲，而卒能有以全其所受之理也。語録曰：「存是存其所以異於禽獸之道理。今自謂能存，只是存其與禽獸同者，飢食渴飲之類，皆其與禽獸同者耳。」○真氏曰：「人之與物，相去亦遠矣，而孟子以爲幾希者，蓋人物均有一心，然人能存而物不能存，所不同者，惟此而已。人類之中有凡民者，亦有是心而不能存，是即禽獸也。惟君子能存之，所以異於物耳。」

舜明於庶物，察於人倫，由仁義行，非行仁義也。」

物，事物也。明，則有以識其理也。人倫，説見前篇。察，則有以盡其理之詳也。語録曰：「察深於明，明只是大槩明得這箇道理爾。」○輔氏曰：「明只是知，故以識字解之。至於察，則便有審底意思，故以盡其詳言之。」物理固非度外，而人倫尤切於身，故其知之有詳畧之異。輔氏曰：「天下無性外之物，故凡物之理，皆非在吾度外。至於人倫，則又是吾身至親切事，故其所知自然有明與察、詳與畧之異。然非特知之如此，至於行亦如此。親親而仁民，仁民而愛物，此則行之詳略也。」在舜則皆生而知之也。輔氏曰：「此言舜乃是生知之聖人，所以言知之事也。」由仁義行，非行仁義，則仁義已根於心，而所行皆從此出，非以仁義爲美而後勉强行之，所謂安而行之也。輔氏曰：「由仁義行，非行仁義，所以言行之事也。知既生知，則行自安行。」○真氏曰：「由仁義行，則身與理一。行仁義，則身與理二。」此則聖人之事，不待存之而無不存矣。○尹氏曰：「存之者，君子也。存者，聖人也。君子所存，存天理也。由仁義行，存者能之。」輔氏曰：「尹氏説精確而平易，辨君子聖人之分量，尤爲明切。」○真氏曰：「存之者，猶待於用力。舜則身即理，理即身，渾然無間，而不待於用力。」

○孟子曰：「禹惡旨酒而好善言。惡、好，皆去聲。戰國策曰：「儀狄作酒，禹飲而甘之，曰『後世必有以酒亡其國者』，遂疏儀狄而絶旨酒。」書曰：「禹拜昌言。」輔氏曰：「惡旨酒，則物欲不行。好善言，則天理昭著。」

湯執中，立賢無方。

執，謂守而不失。中者，無過不及之名。方，猶類也。立賢無方，惟賢則立之於位，不問其類也。輔氏曰：「執中，則處義精審。立賢無方，則用人公溥。」

文王視民如傷，望道而未之見。而，讀爲如，古字通用。民已安矣，而視之猶若有傷。道已至矣，而望之猶若未見。聖人之愛民深而求道切如此，不自滿足，終日乾乾之心也。或問：「以而爲如，亦有據乎？」曰：「詩曰：『垂帶而厲。』鄭箋曰：『而，亦如也。』此以而爲如也。春秋：『星隕如雨。』左氏曰：『與雨偕也。』此以如爲而也。則其混讀而互用之久矣。」曰：「是則然矣。然其曰求道之切者，恐非所以言聖人之心也，奈何？」曰：「爲是説者，止以其德爲聖人，而心不自足如此，是乃所以深明聖人之心也。且子胡不以視民如傷者例而觀之乎？夫文王之民，固已無凍餒者矣，而視之猶若有傷，則其於道雖已與之爲一，亦何害其望之如未見哉。」○輔氏曰：「民已安，而視之猶若有傷，則愛民深切。道已至，而望之猶若未見，則與道無窮。」

武王不泄邇，不忘遠。泄，狎也。邇者人所易狎而不泄，遠者人所易忘而不忘，德之盛，仁之至也。或問：「有謂武王之不泄邇、不忘遠，非仁也，勢不得不然也，信乎？」曰：「此以世俗計較利害之私心窺度聖人者之言也。聖人之心所以異於衆人者，以其大公至正，周流貫徹，無所偏倚，雖以天下之大，萬物之多，而視之無異於一身爾。是以其於人之痾癢疾痛，無有不知，而所以按摩而抑搔之者，無有不及，此武王之不泄邇、不忘遠，所以爲德之盛而仁之至也。今曰迫於勢而非仁，則不知其視聖人之心爲如何，而指所謂仁者爲何物哉？」○輔氏曰：「於人所易狎而不泄，則敬心常存。於人所易忘而不忘，則誠心不息。」

周公思兼三王，以施四事。其有不合者，仰而思之，夜以繼日，幸而得之，坐以待旦。」

三王，禹也，湯也，文、武也。四事，上四條之事也。時異勢殊，故其事或有所不合，思而得之，則其理初不異矣。坐以待旦，急於行也。輔氏曰：「周公思兼三王，則其於道也備矣；以施四事，則其於事也周矣。於道也備，所以成己；於事也周，所以及人。有道，然後能制事；成己，然後能及人。且聖人之事，同一軌轍，安得有異而云其有不合者。蓋以時異勢殊，故其施之或有未宜，行之或有未當，然盡誠以思，思之而通，慮之而得，則其事雖有時措從宜，而其理亦初無有異。坐以待旦，則又見其知無不行，行無不時，舉而錯之天下之民，謂之事業者，有不可失其幾者也。」○**此承上章言舜，因歷叙羣聖以繼之，而各舉其一事以見其憂勤惕厲之意，蓋天理之所以常存，而人心之所以不死也。**語録曰：「讀此一篇，使人心惕然而常存也。」○輔氏曰：「集註謂『各舉其一事以見其憂勤惕厲之意』者，是矣。而於其末又言周公所以備道以制事，遭變以濟時，皇皇汲汲，不已之誠如此。學者苟能深體而默識之，則聖人之心與理，昭昭常存不死而在吾心目之閒矣。」○程子曰：「孟子所稱，各因其一事而言，非謂武王不能執中立賢，湯却泄邇忘遠也。人謂各舉其盛，亦非也，聖人亦無不盛。」輔氏曰：「程子恐後人執孟子之言，而疑聖人於道互有得失，故發明如此。」○又曰：「聖人造道之極，凡有所爲，無不各極其至，豈容更以盛不盛言哉？」

○孟子曰：「王者之迹熄而詩亡，詩亡然後春秋作。王者之迹熄，謂平王東遷，而政教號令不及於天下也。詩亡，謂黍離降爲國風而雅亡也。語録曰：「王者之政存，則禮樂征伐自天子出，故雅之詩自作於上以教天下。王迹滅熄，則禮樂征伐不自天子出，故雅之詩不復作於上，而詩降而爲國風。」○問：「恐是孔子删詩之時降之。」曰：「亦是他當時自如此。要識此詩，便如周南、召南，當初在鎬豐之時，其詩爲二南，後來在洛邑之時，其詩爲黍離，只是自二南進而爲二雅，自二雅退而爲王風。二南之於二雅，便如登山，到得黍離時節，便是下坡了。」春秋，魯史記之名，孔子因而筆削之，始於魯隱公之元年，實平王之四十九年也。

晉之乘，楚之檮杌，魯之春秋，一也。乘，去聲。檮，音逃。杌，音兀。

乘，義未詳。趙氏以爲興於田賦乘馬之事。或曰：「取記載當時行事而名之也。」檮杌，惡獸名，古者因以爲凶人之號，取記惡垂戒之義也。輔氏曰：「古人以善爲常，多不記載，以惡爲反常，故特記之。如堯典之末，只載胤朱、驩兜、共、鯀數子而已。以楚史記之名觀之，則楚雖夷蠻，猶有古人遺意。後世之人，負大罪惡於身，而初不知愧恥，及一有小善，則沾沾自喜，以爲莫己若者，亦可哀已。」春秋者，記事者必表年以首事，年有四時，故錯舉以爲所記之名也。古者列國皆有史官，掌記時事。此三者皆其所記册書之名也。

其事則齊桓、晉文，其文則史。孔子曰：『其義則丘竊取之矣。』」

春秋之時，五霸迭興，而桓、文爲盛。史，史官也。竊取者，謙辭也。公羊傳作「其辭則丘有罪焉爾」，意亦如此。蓋言斷之在己，所謂「筆則筆，削則削，游、夏不能贊一辭」者也。尹氏曰：「言孔子作春秋，亦以史之文載當時之事也，而其義則定天下之邪正，爲百王之大法。」輔氏曰：「夫子之作春秋，不過以史之文載當時之事而已，而其竊取之義則在於定天下之邪正，爲百王之大法也。夫春秋善善惡惡，撥亂世而反之正，上明四代之禮樂，下示百王之法程。聖人之用，備見此書，而夫子之言，則又謙抑如此，畧無自居其功之意，此孟子所以因而述之，以繼羣聖之後也。」○此又承上章歷叙羣聖，因以孔子之事繼之，而孔子之事莫大於春秋，故特言之。

○孟子曰：「君子之澤五世而斬，小人之澤五世而斬。

澤，猶言流風餘韻也。輔氏曰：「流風，以風喻之也。餘韻，以聲喻之也。」父子相繼爲一世，三十年亦爲一世。斬，絶也。大約君子小人之澤，五世而絶也。輔氏曰：「父子五世，經歷百五十年，則君子小人之遺澤皆當絶也。」楊氏曰：「四世而緦，服之窮也；五世袒免，殺同姓也；六世親屬竭矣。服窮則遺澤寖微，故五世而斬。」輔氏曰：「五世則親盡服窮，其澤亦當斬絶矣。蓋親也、服也、澤也，實相因也。」

予未得爲孔子徒也，予私淑諸人也。」

私，猶竊也。淑，善也。李氏以爲方言，是也。輔氏曰：「獨孟子用此二字，而他無所見，故知是當時方言俗語耳[二]。」人，謂子思之徒也。自孔子卒至孟子遊梁時，方百四十餘年，而孟子已老，然則孟子之生去孔子未百年也。故孟子言予雖未得親受業於孔子之門，然聖人之澤尚存，猶有能傳其學者。故我得聞孔子之道於人，而私竊以善其身，蓋推尊孔子而自謙之辭也。〇此又承上三章，歷叙舜、禹，至於周、孔，而以是終之。其辭雖謙，然其所以自任之重，亦有不得而辭者矣。愚謂：雖是謙辭，然其所以

[二] 知，原作「如」，據通志堂經解本改。

自任之重，亦有不得而辭者，是非孟子之私言也，實天下之公論也。

○孟子曰：「可以取，可以無取，取傷廉。可以與，可以無與，與傷惠。可以死，可以無死，死傷勇。」

先言可以者，畧見而自許之辭也。後言可以無者，深察而自疑之辭也。過取固害於廉，然過與亦反害其惠，過死亦反害其勇，蓋過猶不及之意也。或問：「取者貪之屬，不取者廉之屬，猶與之爲惠，不與之爲嗇，死之爲勇，不死之爲怯也。今以過取者爲傷於廉，則宜以不與爲傷惠，不死爲傷勇矣。而反以與爲傷惠，死爲傷勇，何哉？」曰：「過取之傷廉，過於此而侵奪於彼者也。過與之傷惠，過死之傷勇，過於此而反病乎此者也。蓋奪乎彼者，其失爲易見，而病乎此者，其失爲難知，故孟子舉傷廉以例二者，是亦孔子過猶不及之意耳。」○語録曰：「看來可以取是其初略見得如此，可以無取是子細審察見得如此。下二聯倣此。」林氏曰：「公西華受五秉之粟，是傷廉也。冉子與之，是傷惠也。子路之死於衛，是傷勇也。」輔氏曰：「大凡擇善執中最爲難事，使心麤不得，須思慮入於精微方可。一有不審，則雖孔門高弟，亦或陷於過當之域矣。」

○逄蒙學射於羿，盡羿之道，思天下惟羿爲愈己，於是殺羿。孟子曰：「是亦羿有罪焉。」公明儀曰：「宜若無罪焉。」曰：「薄乎云爾，惡得無罪？逄，薄江反。惡，平聲。

羿，有窮后羿也。蔡氏曰：「窮，國名。羿，窮國君之名也。」逢蒙，羿之家衆也。羿善射，篡夏自立，後爲家衆所殺。愈，猶勝也。薄，言其罪差薄耳。

鄭人使子濯孺子侵衛，衛使庾公之斯追之。子濯孺子曰：『今日我疾作，不可以執弓，吾死矣夫。』問其僕曰：『追我者誰也？』其僕曰：『庾公之斯也。』曰：『吾生矣。』其僕曰：『庾公之斯，衛之善射者也，夫子曰「吾生」，何謂也？』曰：『庾公之斯學射於尹公之他，尹公之他學射於我。夫尹公之他，端人也，其取友必端矣。』庾公之斯至，曰：『夫子何爲不執弓？』曰：『今日我疾作，不可以執弓。』曰：『小人學射於尹公之他，尹公之他學射於夫子。我不忍以夫子之道反害夫子。雖然，今日之事，君事也，我不敢廢。』抽矢扣輪，去其金，發乘矢而後反。」他，徒何反。矣夫、夫尹之夫，並音扶。去，上聲。乘，去聲。

之，語助也。僕，御也。尹公他，亦衛人也。端，正也。孺子以尹公正人，知其取友必正，故度庾公必不害己。小人，庾公自稱也。金，鏃也。叩輪出鏃，令不害人，乃以射也。乘矢，四矢也。孟子言使羿如子濯孺子得尹公他而教之，則必無逢蒙之禍。然夷羿簒弑之賊，蒙乃逆儔。庾斯雖全私恩，亦廢公義。其事皆無足論者，孟子蓋特以取友而言耳。

○孟子曰：「西子蒙不潔，則人皆掩鼻而過之。

西子，美婦人。蒙，猶冒也。不潔，污穢物也。掩鼻，惡其臭也。

雖有惡人，齊戒沐浴，則可以祀上帝。」齊，側皆反。

惡人，醜貌者也。○尹氏曰：「此章戒人之喪善，而勉人以自新也。」輔氏曰：「西子之質本美，而蒙以不潔，則自喪其美，而反致人之惡。孟子言此，所以戒人之喪其本有之善。惡人之質本醜，而能齊戒沐浴而至誠自潔，則可以祀上帝。孟子言此，所以勉人以改過自新。深玩尹氏之言，令人惕然而懼，聳然而作。」

○孟子曰：「天下之言性也，則故而已矣，故者以利爲本。

性者，人物所得以生之理也。故者，其已然之跡，若所謂天下之故者也。語録曰：「性自是箇難言底物事，惟惻隱、羞惡之類却是已發見者，乃可得而言。只看這箇，便見得性，故集註下箇『迹』字。」○又曰：「故是箇已發見底物事，便分明易見。」○又曰：「故只是已然之迹，如水之潤下、火之炎上，便是故也。父子之所以親，君臣之所以義，夫婦之别，長幼之序，然皆有箇已然之迹。」〇又曰：「『故』字若不將『已然之迹』言之，則下文『苟求其故』之言如何可推？」**利，猶順也，語其自然之勢也。**語録曰：「利是不假人爲而自然者，如水之就下，是其性本就下，只得順他，若激之在山，是不順其性而以人爲之也。如無惻隱之心，非人，無羞惡之心，非人，皆是自然而然。惟智者知得此理，不假人爲，順之而行。」**言事物之理，雖若無形而難知，然其發見之已然，則必有迹而易見。**輔氏曰：「理即性也，雖曰無形而難知，然不能不感發而形見於外。既已形見，則必有迹而易見也。[二]且如仁之性雖難知，然其見赤子入井時，則怵惕惻隱發而形見於外，是則有迹而易見也。」**故天下之言性者，但言其故而理自明，**輔氏曰：「如言人性之仁，但言其發見而爲怵惕惻隱之迹，則仁之理自明也。」**猶所謂善言天者必有驗於人也。**輔氏曰：「此天字指天道而言。天道無形而難知，而其發動處則形而爲人，即其所以爲人者而驗之，則知其所以爲天者矣。」**然其所謂故者，又必本其自然之勢，如人之善、水之下，非有所矯揉造作而然者也。若人之爲惡、水之在山，則非自然之故矣。**輔氏曰：「所謂發見已然之迹，然亦有逆有順。自然而然，如人之善、水之下者，順也。凡有所矯揉造

[二] 元本此處空兩字，通志堂經解本作「〇又曰」。

作而然[二]，如人之爲惡、水之在山者，逆也。故言其故者，又當以順利爲本。言其故而不本於自然，則以人性爲惡、水性爲上者有矣。」〇永嘉陳氏曰：「善惡皆已然之迹，但順者爲本，則善者其初也，惡者非其初也。水無有不下者，水之本也，若夫搏之使過顙，激之使在山，豈其本也哉？」

所惡於智者，爲其鑿也。如智者若禹之行水也，則無惡於智矣。禹之行水也，行其所無事也。如智者亦行其所無事，則智亦大矣。惡、爲，皆去聲。

天下之理本皆順利，小智之人務爲穿鑿，所以失之。輔氏曰：「人物所得之理本皆順理，無待於矯揉造作於其閒，却緣世人不明吾性之智，而以私意爲智，於是每事務爲穿鑿，而失其順利之理。」〇歐陽氏曰：「言天下事物之理必自夫發見已然之迹者，蓋本於天下順利自然之勢也。天下事物之理莫不有順利自然之勢，又莫不有迹之可驗，自其已然之迹而驗之，然後實見夫理之自然者爲不可易，而其穿鑿造作者非徒無益而又害之也。」**禹之行水，則因其自然之勢而導之，未嘗以私智穿鑿而有所事，是以水得其潤下之性而不爲害也。**歐陽氏曰：「若禹之行水，順夫水性之自然，而不敢行夫己意之使然，此其所以行其所無事也。」

[二] 凡，原作「非」，據通志堂經解本改。

天之高也，星辰之遠也，苟求其故，千歲之日至可坐而致也。」

天雖高，星辰雖遠，然求其已然之跡，則其運有常，雖千歲之久，其日至之度可坐而得。況於事物之近，若因其故而求之，豈有不得其理者，而何以穿鑿爲哉？語録曰：「曆家自今日推筭而上極於太古開闢之時，更無差錯，只爲有此已然之迹可以推測耳。天與星辰閒或躔度有少差錯[二]，久之自復其常，以利爲本，亦猶天與星辰循常度而行。苟不如此，皆鑿之謂也。」必言日至者，造歷者以上古十一月甲子朔夜半冬至爲歷元也。愚按：古者必得甲子朔旦夜半冬至而日月五星皆會於子，謂之上元，以爲歷始。○程子曰：「此章專爲智而發。」輔氏曰：「此章先儒多只就性上説，故皆失之鑿。唯程子以爲此章專爲智而設，然後其義可明。」愚謂：事物之理，莫非自然，順而循之，則爲大智。若用小智而鑿以自私，則害於性，而反爲不智。輔氏曰：「『害於性』者應前『水得潤下之性』而言也。蓋性本順利，若不順其本然之理而求之，則反害其性也。」○歐陽氏曰：「天下之大智，無所自爲而常因天下之理；天下之小智，不知循理而常任一己之私。」程子之言，可謂深得此章之旨矣。

○公行子有子之喪，右師往弔，入門，有進而與右師言者，有就右師之位

[二] 躔，原作「纏」，據通志堂經解本改。

而與右師言者。

公行子，齊大夫。右師，王驩也。

孟子不與右師言，右師不悅，曰：「諸君子皆與驩言，孟子獨不與驩言，是簡驩也。」

簡，略也。

孟子聞之，曰：「禮，朝廷不歷位而相與言，不踰階而相揖也。我欲行禮，子敖以我爲簡，不亦異乎？」朝，音潮。

是時齊卿大夫以君命弔，各有位次。若周禮，凡有爵者之喪禮，則職喪涖其禁令，序其事，故云朝廷也。歷，更涉也。位，他人之位也。右師未就位而進與之言，則右師歷己之位矣；右師已就位而就與之言，則已歷右師之位矣。孟子、右師之位又不同階，孟子不敢失此禮，故不與右師言也。

○孟子曰：「君子所以異於人者，以其存心也。君子以仁存心，以禮存心。

以仁禮存心，言以是存於心而不忘也。語録曰：「問：『是本有此仁禮[二]，只要常存而不忘否？』曰：『非也。他這箇從存心上説下來，言君子所以異於小人者，以其存心不同耳。君子則以仁以禮而存之於心，小人則以不仁不禮而存之於心。這箇「存心」與「存其心，養其性」底不同。』」○輔氏曰：「以仁存心而不忘，如造次顛沛必於是也；以禮存心而不忘，如視聽言動必以禮也。」

仁者愛人，有禮者敬人。

此仁禮之施。輔氏曰：「由乎内以施外也。」

愛人者人恒愛之，敬人者人恒敬之。恒，胡登反。

此仁禮之驗。輔氏曰：「獲乎外以驗於内也。」

有人於此，其待我以横逆，則君子必自反也：『我必不仁也，必無禮也，此物奚宜至哉？』横，去聲，下同。

横逆，謂强暴不順理也。輔氏曰：「强暴，横也。不順理，逆也。」物，事也。

其自反而仁矣，自反而有禮矣，其横逆由是也，君子必自反也：『我必不

[二] 仁，原作「二」，據通志堂經解本改。

忠。』由，與猶同，下放此。

忠者，盡己之謂。我必不忠，恐所以愛敬人者有所不盡其心也。輔氏曰：「理無窮盡，人有作輟，一息不存，一物不體，便是不盡其心。」

自反而忠矣，其橫逆由是也，君子曰：『此亦妄人也已矣。如此則與禽獸奚擇哉？於禽獸又何難焉？』難，去聲。

奚擇，何異也。又何難焉，言不足與之校也。

是故君子有終身之憂，無一朝之患也。乃若所憂則有之：舜人也，我亦人也，舜爲法於天下，可傳於後世，我由未免爲鄉人也，是則可憂也。憂之如何？如舜而已矣。若夫君子所患則亡矣。非仁無爲也，非禮無行也。如有一朝之患，則君子不患矣。」夫，音扶。

鄉人，鄉里之常人也。君子存心不苟，故無後憂。愚謂：「不苟」二字不可淺看。心一不仁而不自覺、不自强，便是苟且也。

○禹、稷當平世，三過其門而不入，孔子賢之。

事見前篇。

顏子當亂世，居於陋巷，一簞食，一瓢飲，人不堪其憂，顏子不改其樂，孔子賢之。食，音似。樂，音洛。孟子曰：「禹稷、顏回同道。

聖賢之道，進則救民，退則脩己，其心一而已矣。輔氏曰：「道則以其所行言之也，心則以其所存言之也[二]。救民者，脩己之驗；脩己者，救民之本。有是心則有是道，有是本則有是驗。」

禹思天下有溺者，由己溺之也；稷思天下有飢者，由己飢之也，是以如是其急也。由，與猶同。

禹、稷身任其職，故以爲己責而救之急也。輔氏曰：「禹、稷既委質以事舜，而以身任拯溺救飢之責，故視斯民之有飢溺者，猶己使之飢溺，是以救之如是其急，所以盡其職分也。」

禹稷、顏子易地則皆然。

聖賢之心無所偏倚，隨感而應，各盡其道。故使禹、稷居顏子之地，則亦能樂顏子之樂；使顏子居禹、稷之任，亦能憂禹、稷之憂也。輔氏曰：「聖賢之心，其本然之體，亭亭當當，直上直下，無所偏無所倚，此其所謂中者，天下之大本也。然不能不感於物，故隨感而

[二] 存，原作「在」，據通志堂經解本改。

應。有可喜之事，感則喜心便應；有可怒之事，感則怒心便應。如進則便須救民，退則便須脩己，皆吾大本中自然之理，無或過、無或不及，各盡其道，此其所謂和者，天下之達道也。如是，故使禹、稷居顔子之地，亦能樂顔子之樂；使顔子居禹、稷之任，亦能憂禹、稷之憂，同一大本、同一達道故也。」

今有同室之人鬭者，救之，雖被髮纓冠而救之，可也。不暇束髮而結纓往救，言急也。以喻禹、稷。

鄉鄰有鬭者，被髮纓冠而往救之，則惑也，雖閉户可也。」喻顔子也。○此章言聖賢心無不同，事則所遭或異，然處之各當其理，是乃所以爲同也。輔氏曰：「聖賢之心無不同，一本也。事則所遭或異，萬殊也。然處之各當其理，是乃所以爲同者，所謂萬殊一本，吾道一以貫之也。」尹氏曰：「當其可之謂時。前聖後聖，其心一也，故所遇皆盡善。」輔氏曰：「事雖萬殊，心一以貫，則凡所以語默云爲，皆達道也，皆時中也，豈復有不盡善者哉？」

○公都子曰：「匡章，通國皆稱不孝焉。夫子與之遊，又從而禮貌之，敢問何也？」

匡章，齊人。通國，盡一國之人也。禮貌，敬之也。輔氏曰：「禮貌，猶所謂文貌，謂其容貌有禮文也。人心纔敬，則見人便自有禮貌也。」

孟子曰：「世俗所謂不孝者五：惰其四支，不顧父母之養，一不孝也；博弈，好飲酒，不顧父母之養，二不孝也；好貨財，私妻子，不顧父母之養，三不孝也；從耳目之欲，以爲父母戮，四不孝也；好勇鬭狠，以危父母，五不孝也。章子有一於是乎？好、養、從，皆去聲。狠，胡懇反。

戮，羞辱也。狠，忿戾也。

夫章子，子父責善而不相遇也。夫，音扶。

遇，合也。相責以善而不相合，故爲父所逐也。

責善，朋友之道也。父子責善，賊恩之大者。

賊，害也。朋友當相責以善。父子行之，則害天性之恩也。

夫章子，豈不欲有夫妻子母之屬哉？爲得罪於父，不得近。出妻屏子，終身不養焉。其設心以爲不若是，是則罪之大者，是則章子已矣。」夫章之夫，音扶。爲，去聲。屏，必井反。養，去聲。

言章子非不欲身有夫妻之配，子有子母之屬，但爲身不得近於父，故不敢受妻子之養，以自責罰。其心以爲不如此，則其罪益大也。○此章之旨，於衆所惡而必察焉，可以見聖賢至公至仁之心矣。輔氏曰：「衆惡之必察焉，此孔子之明訓也，而孟子之意正如此，故可以見其至公至仁之心。至公則無有私蔽於己，至仁則不忍苛責於人。必能至公然後能至仁，必能至仁然後能至公。」楊氏曰：「章子之行，孟子非取之也，特哀其志而不與之絶耳。」語録曰：「孟子之於康章，蓋憐之耳，非取其孝也。據章之所爲，固責善於父而不相遇，遂爲父所逐。雖是父不是己是，然便至如此[二]『出妻屏子，終身不養』，則豈得爲孝？故孟子言『父子責善，賊恩之大者』，此便是責之以不孝也，但其不孝之罪未至於可絶之地耳。然當時人則遂以爲不孝而絶之，故孟子舉世俗之不孝者五以曉之，若如此五者，則誠在所絶耳。後世因孟子不絶之，則又欲盡雪章子之不孝而以爲孝，此皆不公不正、倚於一偏。必若孟子之所處，然後可以見聖賢至公至仁之心矣。」

○曾子居武城，有越寇。或曰：「寇至，盍去諸？」曰：「無寓人於我室，毁傷其薪木。」寇退，則曰：「修我牆屋，我將反。」寇退，曾子反。左右曰：「待先生如此其忠且敬也。寇至則先去以爲民望，寇退則反，殆於不

[二] 便，原作「使」，據通志堂經解本改。

可。」沈猶行曰：「是非汝所知也。昔沈猶有負芻之禍，從先生者七十人，未有與焉。」與，去聲。

武城，魯邑名。盍，何不也。左右，曾子之門人也。忠誠恭敬也。爲民望，言使民望而效之。沈猶行，弟子姓名也。言曾子嘗舍於沈猶氏，時有負芻者作亂，來攻沈猶氏，曾子率其弟子去之，不與其難。言師賓不與臣同。輔氏曰：「師以父行也，賓則兄行也，故與爲人臣者不同。父兄則當尊也，臣則比二者爲微矣。君之所以待三者固異，而三者之所以自處亦不同也。」

子思居於衛，有齊寇。或曰：「寇至，盍去諸？」子思曰：「如伋去，君誰與守？」

言所以不去之意如此。

孟子曰：「曾子、子思同道。曾子，師也，父兄也；子思，臣也，微也。曾子、子思易地則皆然。」

微，猶賤也。尹氏曰：「或遠害，或死難，其事不同者，所處之地不同也。君子之心，不繫於利害，惟其是而已，故易地則皆能爲之。」輔氏曰：「曾子率弟子而去之，是遠害也。子思雖無死難之事，然寇至不去，則有死難之理也。其事如此不同者，蓋以曾子則處師賓之地，而子思則處爲臣之地，有不同焉故也。君子之心不論事之利與害，唯顧理之是者則爲之耳，故雖易地而處，皆能爲其所當然者。若其心一繫於利害，則有隕穫而無安裕，有苟且而無詳允。爲臣而死難者，處賓師之地則或不能遠乎害；爲師賓而遠害者，處爲臣之地則或不能死於難，變動遷徙或至於倒行逆施而不自知也。」○孔氏曰：「古之聖賢，言行不同，事業亦異，而其道未始不同也。學者知此，則因所遇而應之，若權衡之稱物，低昂屢變而不害其爲同也。」輔氏曰：「古人言行事業，皆就其所遇之時、所處之地爲之，故各自不同。至於道則一而已，惟歸于是耳。學者知此，則隨所遇之時、因所遇之地而應之，如權衡之稱物，物有輕重之不同，則衡有低昂之或異，我則進退其權以取平焉，豈有不同者哉？」

○儲子曰：「王使人瞯夫子，果有以異於人乎？」孟子曰：「何以異於人哉？堯、舜與人同耳。」瞯，古莧反。

儲子，齊人也。瞯，竊視也。聖人亦人耳，豈有異於人哉？輔氏曰：「謂『聖人亦人耳』，所以先解『堯、舜與人同』一句，然後却言『豈有異於人』，逆而解之，意愈明白。雖然堯、舜不獨與人同其形，至於其心所具之理，則亦與人無異也。孟子之言，固兼舉之矣。」

○齊人有一妻一妾而處室者，其良人出，則必饜酒肉而後反。其妻問所與飲食者，則盡富貴也。其妻告其妾曰：「良人出，則必饜酒肉而後反，問其與飲食者，盡富貴也，而未嘗有顯者來，吾將瞯良人之所之也。」蚤起，施從良人之所之，徧國中無與立談者。卒之東郭墦閒，之祭者乞其餘，不足，又顧而之他，此其爲饜足之道也。其妻歸，告其妾曰：「良人者，所仰望而終身也，今若此。」與其妾訕其良人，而相泣於中庭。而良人未之知也，施施從外來，驕其妻妾。施，音迤，又音易。墦，音燔。施施，如字。

章首當有「孟子曰」字，闕文也。良人，夫也。饜，飽也。顯者，富貴人也。施，邪施而行，不使良人知也。墦，冢也。顧，望也。訕，怨詈也。施施，喜悅自得之貌。

由君子觀之，則人之所以求富貴利達者，其妻妾不羞也而不相泣者，幾希矣。

孟子言自君子而觀，今之求富貴者，皆若此人耳，使其妻妾見之，不羞而泣者少矣，言可羞之甚也。○趙氏曰：「言今之求富貴者，皆以枉曲之道，昬夜乞哀以求之，而以驕人於白日，與斯人何以異哉？」

孟子卷第八

孟子卷第九

朱子集註　後學趙順孫纂疏

萬章章句上

凡九章。

萬章問曰：「舜往于田，號泣于旻天，何爲其號泣也？」孟子曰：「怨慕也。」號，平聲。

舜往于田，耕歷山時也。仁覆閔下，謂之旻天。愚按：此說出毛詩傳。號泣于旻天，呼天而泣也。事見虞書大禹謨篇。怨慕，怨己之不得其親而思慕也。輔氏曰：「怨者，怨咎己之不得其親而不能自已；慕者，思慕其親而不能自忘也。夫父慈子孝，理之常也，何有於怨慕哉？唯其遭事之變，故深惟其所以不得於親之故，而自怨自咎，其在我者有何罪戾而致然。又思慕其親，無頃刻之忘，必欲得其歡心而後已，此舜之所以怨慕也。」

萬章曰：「父母愛之，喜而不忘；父母惡之，勞而不怨。然則舜怨乎？」

曰：「長息問於公明高曰：『舜往于田，則吾既得聞命矣；號泣于旻天，于父母，則吾不知也。』公明高曰：『是非爾所知也。』夫公明高以孝子之心，爲不若是恝，我竭力耕田，共爲子職而已矣，父母之不我愛，於我何哉？

惡，去聲。夫，音扶。恝，苦八反。共，平聲。

長息，公明高弟子。公明高，曾子弟子。于父母，亦書辭，言呼父母而泣也。恝，無愁之貌。於我何哉，自責不知己有何罪耳，非怨父母也。楊氏曰：「非孟子深知舜之心，不能爲此言。蓋舜惟恐不順於父母，未嘗自以爲孝也，若自以爲孝，則非孝矣。」輔氏曰：「楊氏發明得舜之心。使舜自以是爲孝，則其心便自止息，且如人喫飯，纔覺飽則便止矣。」

帝使其子九男二女，百官牛羊倉廩備，以事舜於畎畝之中。天下之士多就之者，帝將胥天下而遷之焉。爲不順於父母，如窮人無所歸。爲，去聲。

帝，堯也。史記云：「二女妻之，以觀其内；文集曰：「二女，娥皇、女英也。蓋夫婦之閒，隱微之際，正始之道，所繫尤重，故觀人者於此爲尤切也。」九男事之，以觀其外。」又言：「一年所居成聚，二年成邑，三年成都。」是天下之士就之也。胥，相視也。遷之，移以與之也。如窮人之無所歸，言其怨慕迫切之甚也。愚謂：其怨慕之情迫切之至，一如窮人之無所歸託，其心焦然怵迫而無所底麗也。

天下之士悅之，人之所欲也，而不足以解憂；好色，人之所欲，妻帝之二女，而不足以解憂；富，人之所欲，富有天下，而不足以解憂；貴，人之所欲，貴爲天子，而不足以解憂。人悅之、好色、富貴，無足以解憂者，惟順於父母，可以解憂。

孟子推舜之心如此，以解上文之意。極天下之欲不足以解憂，而惟順於父母可以解憂。孟子真知舜之心哉！輔氏曰：「上文是說舜之實事，此又孟子推述舜之心以解上文之意，言舜之心事實有如此者耳。舉天下之所欲不足以解憂者，所性不存焉故也。惟順於父母可以解憂者，性之不可離而亦不可以不盡也。」

人少則慕父母，知好色則慕少艾，有妻子則慕妻子，仕則慕君，不得於君則熱中。大孝終身慕父母。五十而慕者，予於大舜見之矣。」少、好，皆去聲。

言常人之情，因物有遷，惟聖人爲能不失其本心也。艾，美好也，楚詞、戰國策所謂「幼艾」，義與此同。不得，失意也。熱中，躁急心熱也。言五十者，舜攝政時年五十也。五十而慕，則其終身慕可知矣。真氏曰：「五十始衰，禮所謂『不致毁』之時也。大舜於此猶慕焉，聖人純孝之心不以老而衰也，此其所以爲終身之慕。」〇此章言舜不以得衆人之所欲爲己樂，而以不順乎親之心爲己憂。非聖人之盡性，其孰能之？蔡氏曰：「衆人之所欲者，皆外物也。順親者，人之本心也。溺於外物而失其本心，則性不存矣，故集註有盡性之言。」〇輔氏曰：「心纔有一豪物欲之累，而於其親有一豪之不順，則於吾固有之性便有不盡處也。能盡其性，則能不失其本心，而爲人倫之至矣。」

〇萬章問曰：「詩云：『娶妻如之何？必告父母。』信斯言也，宜莫如舜。舜之不告而娶，何也？」孟子曰：「告則不得娶。男女居室，人之大倫也。如告，則廢人之大倫以懟父母，是以不告也。」懟，直類反。詩，齊國風南山之篇也。信，誠也。誠如此詩之言也。懟，讎怨也。舜父頑母嚚，常欲害舜，告則不聽其娶，是廢人之大倫以讎怨於父母也。輔氏曰：「人之大倫固不可廢，亦不容廢也，若由父母而廢之，則是陷父母於過失而讎怨於父母也。」

萬章曰：「舜之不告而娶，則吾既得聞命矣。帝之妻舜而不告，何也？」曰：「帝亦知告焉則不得妻也。」妻，去聲。

以女爲人妻曰妻。程子曰：「堯妻舜而不告者，以君治之而已，如今之官府治民之私者亦多。」輔氏曰：「謂以君命治之，不容瞽瞍之不聽也。如今之官府治民之私，或有牽制而不容聽者，則官司以法定使之如此耳。」

萬章曰：「父母使舜完廩，捐階，瞽瞍焚廩；使浚井，出，從而揜之。象曰：『謨蓋都君咸我績。牛羊父母，倉廩父母，干戈朕，琴朕，弤朕，二嫂使治朕棲。』象往入舜宮，舜在牀琴。象曰：『鬱陶思君爾。』忸怩。舜曰：『惟茲臣庶，汝其于予治。』不識舜不知象之將殺己與？」曰：「奚而不知也？象憂亦憂，象喜亦喜。」弤，都禮反。忸，女六反。怩，音尼。與，平聲。

完，治也。捐，去也。階，梯也。揜，蓋也。按史記曰：「使舜上塗廩，瞽瞍從下縱火焚廩，舜乃以兩笠自捍而下，去，得不死。後又使舜穿井，舜穿井爲匿空旁出，舜既入深，瞽瞍與象共下土實井，舜從匿空出，去。」即其事也。象，舜異母弟也。謨，謀也。蓋，蓋井也。舜所居三年成都，故謂之都君。咸，皆也。績，功也。舜既入井，象不知舜已出，欲以殺舜爲己功也。干，盾也。戈，戟也。琴，舜所彈五弦琴也。弤，琱弓也。象欲以舜之牛羊、倉廩與父母，而自取此物也。二嫂，堯二女也。棲，牀也。象欲使爲己妻也。象往舜宫，欲分取所有，見舜坐在牀彈琴，蓋既出即潛歸其宫也。鬱陶，思之甚而氣不得伸也。愚謂：此言憤結積聚之意。象言己思君之甚，故來見爾。忸怩，慙色也。臣庶，謂其百官也。象素憎舜，不至其宫，故舜見其來而喜，使之治其臣庶也。孟子言舜非不知其將殺己，但見其憂則憂，見其喜則喜，兄弟之情自有所不能已耳。真氏曰：「象欲殺舜之迹明甚，舜豈不知之？然見其憂則憂，見其喜則喜，略無一豪芥蔕於其中。後世骨肉之閒小有疑隙，則猜防萬端，惟恐發之不蚤，除之不亟。至此然後知聖人之心與天同量也。」萬章所言，其有無不可知，然舜之心則孟子有以知之矣，它亦不足辨也。真氏曰：「世儒以帝堯在上，二女嬪虞，象無殺舜之理，故以孟子爲疑。不知孟子特論大舜之心，使其有是，處之不過如此，豈必真有是哉？」程子曰：「象憂亦憂，象喜亦喜，人情天理於是爲至。」輔氏曰：「象日以殺舜爲事，肆人欲以絶兄弟之情者也；象憂亦憂，象喜亦喜，順天理以盡兄弟之情者也。象之人欲雖萬變而終有窮，舜之天理則一定而未嘗易，卒之，象不格姦而源源以來，則舜之天理勝，而象之人欲消矣。」

曰：「然則舜僞喜者與？」曰：「否。昔者有饋生魚於鄭子産，子産使校人畜之池。校人烹之，反命曰：『始舍之圉圉焉，少則洋洋焉，攸然而逝。』子産曰：『得其所哉！得其所哉！』校人出，曰：『孰謂子産智？予既烹而食之，曰：「得其所哉！得其所哉！」』故君子可欺以其方，難罔以非其道。彼以愛兄之道來，故誠信而喜之，奚僞焉？」與，平聲。校，音效，又音教。畜，許六反。

校人，主池沼小吏也。圉圉，困而未舒之貌。洋洋，則稍縱矣。攸然而逝者，自得而遠去也。方，亦道也。罔，蒙蔽也。欺以其方，謂誑之以理之所有。罔以非其道，謂昧之以理之所無。象以愛兄之道來，所謂欺之以其方也。舜本不知其僞，故實喜之，何僞之有？輔氏曰：「誑之以理之所有，在君子猶或可欺也；昧之以理之所無，在君子則必不可惑也。象以愛兄之道來，正是欺之以其方者。然彼以愛兄之道來，則舜以愛弟之道接，此皆誠實之事，何僞之有哉？」○此章又言舜遭人倫之變，而不失天理之常也。

○萬章問曰：「象日以殺舜爲事，立爲天子則放之，何也？」孟子曰：「封之也，或曰放焉。」

放，猶置也，置之於此，使不得去也。萬章疑舜何不誅之，孟子言舜實封之，而或者誤以爲放也。

萬章曰：「舜流共工于幽州，放驩兜于崇山，殺三苗于三危，殛鯀于羽山，四罪而天下咸服，誅不仁也。象至不仁，封之有庳。有庳之人奚罪焉？仁人固如是乎？在他人則誅之，在弟則封之。」曰：「仁人之於弟也，不藏怒焉，不宿怨焉，親愛之而已矣。親之欲其貴也，愛之欲其富也。封之有庳，富貴之也。身爲天子，弟爲匹夫，可謂親愛之乎？」庳，音鼻。

流，徙也。共工，官名。文集曰：「蓋古之世官族也。」驩兜，人名。二人比周，相與爲黨。三苗，國名，負固不服。文集曰：「三苗在江南荆揚之閒，恃險爲亂者也。」殺，殺其君也。殛，誅也。鯀，禹父名，文集曰：「鯀，崇伯名。」方命圮族，治水無功。蔡氏曰：「圓則行，方則止。方命者，逆命而不行，猶今言廢閣詔令也。蓋鯀之爲人，悻戾自用，不從上令也。圮敗族類也，言與衆不和，傷人害物也。楚辭言『鯀悻直』，是其方命圮族之證也。」皆不仁之人也。幽州、崇山、三危、羽山、有庳，皆地名也。愚按：幽州，北裔之地，舜分冀北爲幽州。崇山，南裔之山，在今澧州慈利縣。三危，西裔之地，禹貢在雍州，或以爲燉煌，未詳。羽山，東裔之山，在今海州朐山縣。或曰今道州鼻亭，即有庳之地也，未知是否。愚按：漢書顏師古註云：「有鼻在零陵，今鼻亭是也。」萬章疑舜不當封象，使彼有庳之民無罪而遭象之虐，非仁人之心也。藏怒，謂藏匿其怒。宿怨，謂留蓄其怨。

「敢問或曰放者，何謂也？」曰：「象不得有爲於其國，天子使吏治其國，而納其貢税焉，故謂之放。豈得暴彼民哉？雖然，欲常常而見之，故源源而來。『不及貢，以政接于有庫』，此之謂也。」

孟子言象雖封爲有庳之君，然不得治其國，天子使吏代之治，而納其所收之貢税於象。有似於放，故或者以爲放也。蓋象至不仁，處之如此，則既不失吾親愛之心，而彼亦不得虐有庳之民也。源源，若水之相繼也。來，謂來朝覲也。不及貢，以政接于有庳，謂不待及諸侯朝貢之期，而以政事接見有庳之君。蓋古書之辭，而孟子引以證「源源而來」之意，見其親愛之無已如此也。○吴氏曰：「言聖人不以公義廢私恩，亦不以私恩害公義。舜之於象，仁之至，義之盡也。」語録曰：「仁之至，自是仁之至。義之盡，自是義之盡。封之有庳，富貴之也，是仁之至。使吏治其國，而納其貢賦，是義之盡。後世如景帝之於梁王，始則縱之太過，不得謂之仁；後又窘治之甚峻，義又失之，皆不足道。」○輔氏曰：「吴氏説盡聖人事。以公義廢私恩，則不盡情，其流必至於不仁。以私恩害公義，則不盡義，其流必至於不義。舜之於象，封之有庳，富貴之也，是不以公義廢私恩。象不得有爲於其國，天子使吏治其國，而納其貢税焉，是不以私恩害公義。如是則仁義兩盡，而天理人情皆極其至矣。」

○咸丘蒙問曰：「語云：『盛德之士，君不得而臣，父不得而子。』舜南面而立，堯帥諸侯北面而朝之，瞽瞍亦北面而朝之，舜見瞽瞍，其容有蹙。孔子曰：『於斯時也，天下殆哉，岌岌乎！』不識此語誠然乎哉？」孟子曰：「否。此非君子之言，齊東野人之語也。堯老而舜攝也。堯典曰：『二十有八載，放勳乃徂落。百姓如喪考妣，三年，四海遏密八音。』孔子曰：『天無二日，民無二王。』舜既爲天子矣，又帥天下諸侯以爲堯三年喪，是二天子矣。」朝，音潮。岌，魚及反。

咸丘蒙，孟子弟子。語者，古語也。蹙，顰蹙不自安也。岌岌，不安貌也。言人倫乖亂，天下將危也。齊東，齊國之東鄙也。孟子言堯但老不治事，而舜攝天子之事耳。堯在時，舜未嘗即天子位，堯何由北面而朝乎？又引書及孔子之言以明之。堯典，虞書篇名。今此文乃見於舜典，蓋古書二篇，或合爲一耳。言舜攝位二十八年而堯死也。徂，升也。落，降也。人死則魂升而魄降，故古者謂死爲徂落。語録曰：「天地陰陽之氣交合便成人，氣便是魂，精便是魄。到得將死，熱氣上出，所謂魂升；下體漸冷，所謂魄降。魂歸于天，魄降于地，而人死矣。」○陳氏曰：「徂是魂之升上，落是魄之降下。」遏，止也。密，静也。八音，金、石、絲、竹、匏、土、革、木，樂器之音也。

咸丘蒙曰：「舜之不臣堯，則吾既得聞命矣。詩云：『普天之下，莫非王土；率土之濱，莫非王臣。』而舜既爲天子矣，敢問瞽瞍之非臣，如何？」曰：「是詩也，非是之謂也，勞於王事而不得養父母也。曰：『此莫非王事，我獨賢勞也。』故説詩者，不以文害辭，不以辭害志，以意逆志，是爲得之。如以辭而已矣，雲漢之詩曰『周餘黎民，靡有孑遺』，信斯言也，是周無遺民也。

不臣堯，不以堯爲臣，使北面而朝也。詩，小雅北山之篇也。普，徧也。率，循也。此詩今毛氏序云：「役使不均，己勞於王事而不得養其父母焉。」其詩下文亦云：「大夫不均，我從事獨賢。」乃作詩者自言天下皆王臣，何爲獨使我以賢才而勞苦乎？非謂天子可臣其父也。文，字也。辭，語也。逆，迎也。雲漢，大雅篇名也。孑，獨立之貌。遺，脱也。言説詩之法，不可以一字而害一句之義，不可以一句而害設辭之志，當以己意迎取作者之志，乃可得之。若但以其辭而已，則如雲漢所言，是周之民真無遺種矣。惟以意逆之，則知作詩者之志在於憂旱，而非真無遺民也。詩傳曰：「所謂迎者，其至否速遲不敢自必而聽於彼也。」○語録曰：「逆，是前去追迎之之意，蓋是將自家意思去前面等候詩人之志來。」○又曰：「譬如有一客來，自家去迎他，他來則接之，不來則已。若必去捉他來，則不可。」○輔氏曰：「以文害辭，是泥一字之文而害一句之辭也。以辭害意，是泥一句之辭而害詩人設辭之意也。」○又曰：「意，謂己意。志，謂詩人之志。以我之意迎取詩人之志，然後可以得之。」

孝子之至，莫大乎尊親；尊親之至，莫大乎以天下養。爲天子父，尊之至也；以天下養，養之至也。詩曰：『永言孝思，孝思維則。』此之謂也。養，去聲。

言瞽瞍既爲天子之父，則當享天下之養，此舜之所以爲尊親養親之至也。豈有使之北面而朝之理乎？詩，大雅下武之篇。言人能長言孝思而不忘，則可以爲天下法則也。輔氏曰：「上既言讀詩之法以破萬章之惑，此又言尊親養親之至以見舜無使父朝己之理。夫舜既爲天子，則瞽瞍實爲天子之父，備享四海九州之奉，而舜爲尊親養親之至矣。故引下武詩以咏嘆之，以謂如舜者，然後可謂能長言孝思而不忘，天下以爲法則者矣。舜盡事親之道而爲法於天下，即其事也。豈有使其父北面而朝之理乎？」

書曰：『祗載見瞽瞍，夔夔齊栗，瞽瞍亦允若。』是爲父不得而子也。」見，音現。齊，側皆反。

書，大禹謨篇也。祇，敬也。載，事也。蔡氏曰：「敬其子職之事也。」夔夔齊栗，敬謹恐懼之貌。蔡氏曰：「齊，莊敬也。栗，戰栗也。夔夔，莊敬戰栗之容也。」允，信也。若，順也。言舜敬事瞽瞍，往而見之，敬謹如此，瞽瞍亦信而順之也。蔡氏曰：「舜之敬畏小心而盡於事親者如此，瞽瞍頑愚亦且信順之，即孟子所謂底豫也。」孟子引此而言瞽瞍不能以不善及其子，而反見化於其子，則是所謂父不得而子者，而非如咸丘蒙之說也。

〇萬章曰：「堯以天下與舜，有諸？」孟子曰：「否。天子不能以天下與人。」

天下者，天下之天下，非一人之私有故也。

「然則舜有天下也，孰與之？」曰：「天與之。」

萬章問而孟子答也。

「天與之者，諄諄然命之乎？」諄，之淳反。

萬章問也。諄諄，詳語之貌。

曰：「否。天不言，以行與事示之而已矣。」行，去聲，下同。

行之於身謂之行，措諸天下謂之事。言但因舜之行事而示以與之之意耳。曰：「以行與事示之者如之何？」曰：「天子能薦人於天，不能使天與之天下；諸侯能薦人於天子，不能使天子與之諸侯；大夫能薦人於諸侯，不能使諸侯與之大夫。昔者堯薦舜於天而天受之，暴之於民而民受之，故曰：『天不言，以行與事示之而已矣。』」暴，步卜反，下同。暴，顯也。言下能薦人於上，不能令上必用之。輔氏曰：「下薦人於上，公心也，若有令上必用之之心，則便是私意矣。孟子此數句，不惟説得三聖受授之義明白，而於人臣薦賢達善之道，大公至正之心，亦無餘藴矣。彼竊位蔽賢之徒固不足深責，而進一善、達一能，上以必其君之用，下以示一己之恩者，皆私意也。」舜爲天人所受，是因舜之行與事而示之以與之之意也。輔氏曰：「上只言天，此又併民而言者，天人一理，而天實以民爲視聽也。舜相堯二十有八載，此固天也。至於朝覲、訟獄、謳歌，則人耳。而亦曰天者，以天統乎人，人與天一也。」

曰：「敢問薦之於天而天受之，暴之於民而民受之，如何？」曰：「使之主祭而百神享之，是天受之；使之主事而事治，百姓安之，是民受之也。天與之，人與之，故曰：『天子不能以天下與人。』治，去聲。舜相堯二十有八載，非人之所能爲也，天也。堯崩，三年之喪畢，舜避堯之子於南河之南。天下諸侯朝覲者不之堯之子而之舜，訟獄者不之堯之子而之舜，謳歌者不謳歌堯之子而謳歌舜，故曰天也。夫然後之中國，踐天子位焉。而居堯之宮，逼堯之子，是篡也，非天與也。相，去聲。朝，音潮。夫，音扶。

南河，在冀州之南，愚謂：冀州爲帝都，在帝都之西者謂之西河，在帝都之南者謂之南河，其實一河也。其南即豫州也。訟獄，謂獄不決而訟之也。

太誓曰：『天視自我民視，天聽自我民聽。』此之謂也。」

自，從也。天無形，其視聽皆從於民之視聽。民之歸舜如此，則天與之可知矣。輔氏曰：「天無形，則無耳目，安能有所視聽？而天人之理不閒豪髮，故其視聽皆因民之視聽，此又以人兼天也。」

○萬章問曰：「人有言：『至於禹而德衰，不傳於賢而傳於子。』有諸？」孟子曰：「否，不然也。天與賢則與賢，天與子則與子。昔者舜薦禹於天，十有七年，舜崩。三年之喪畢，禹避舜之子於陽城。天下之民從之，若堯崩之後，不從堯之子而從舜也。禹薦益於天，七年，禹崩。三年之喪畢，益避禹之子於箕山之陰。朝覲、訟獄者不之益而之啓，曰『吾君之子也』；謳歌者不謳歌益而謳歌啓，曰『吾君之子也』。朝，音潮。愚按：陽城山，在漢潁川郡。箕山，在嵩高之北。啓，禹之子也。楊氏曰：「此語孟子必有所受，然不可考矣。但云『天與賢則與賢，天與子則與子』，可以見堯、舜、禹之心皆無一豪私意也。」輔氏曰：「孟子發『天與賢則與賢，天與子則與子』兩句峻潔如此，便見得三聖人之心渾是一箇天理，更無有一豪私意爲之閒也。」

丹朱之不肖，舜之子亦不肖。舜之相堯，禹之相舜也，歷年多，施澤於民久。啓賢，能敬承繼禹之道。益之相禹也，歷年少，施澤於民未久。舜、禹、益相去久遠，其子之賢不肖皆天也，非人之所能爲也。莫之爲而爲者，天也；莫之致而至者，命也。之相之相，去聲。相去之相，如字。

堯、舜之子皆不肖，而舜、禹之爲相久，此堯、舜之子所以不有天下，而舜、禹有天下也。禹之子賢，而益相不久，此啓所以有天下，而益不有天下也。然此皆非人力所爲而自爲，非人力所致而自至者。蓋以理言之謂之天，自人言之謂之命，其實則一而已。輔氏曰：「天無爲，故非人力所爲而自爲者，天也。事未有無故而致者，故非人力所致而自至者，命也。『以理言之謂之天』，此所謂天，則『天，專言之則道』者是也。『以人言之謂之命』，此所謂命，則『天之命於人者』是也。理則天理之本體，命則天理之命於人者，皆非人力所爲所致，故曰『其實則一而已』也。」○陳氏曰：「天與命只一理，就其中却微有分別。爲以做事言，做事是人，對此而反之，非人所爲，便是天。至以吉凶禍福地頭言，有因而致，是人力，對此而反之，非力所致，便是命。天以全體言，命以其中妙用言。其曰『以理言之謂之天』，是專就天之正面訓義言，却包命在其中。其曰『自人言之謂之命』，命是天命，因人形之而後見。故吉凶禍福自天來，到於人然後爲命，乃是於天理中截斷命爲一邊，而言其指歸爾。若只就天一邊説，吉凶禍福未有人受來，如何見得是命？」

匹夫而有天下者，德必若舜、禹，而又有天子薦之者，故仲尼不有天下。

孟子因禹、益之事，歷舉此下兩條以推明之。言仲尼之德雖無愧於舜、禹，而無天子薦之者，故不有天下。

繼世以有天下，天之所廢，必若桀、紂者也，故益、伊尹、周公不有天下。

繼世而有天下者，其先世皆有大功德於民，故必有大惡如桀、紂，則天乃廢之。如啓及太甲、成王雖不及益、伊尹、周公之賢聖，但能嗣守先業，則天亦不廢之。故益、伊尹、周公雖有舜、禹之德，而亦不有天下。輔氏曰：「無天子薦之者，在孔子之氣數有不完也。繼世有賢君者，在益、伊尹、周公之所遇有不同也。亦皆莫之爲而爲，莫之致而至者也。」

伊尹相湯以王於天下。湯崩，太丁未立，外丙二年，仲壬四年。太甲顛覆湯之典刑，伊尹放之於桐。三年，太甲悔過，自怨自艾，於桐處仁遷義；三年，以聽伊尹之訓己也，復歸于亳。相、王，皆去聲。艾，音乂。

此承上文言伊尹不有天下之事。趙氏曰：「太丁，湯之太子，未立而死。外丙立二年，仲壬立四年，皆太丁弟也。太甲，太丁子也。」程氏曰：「古人謂歲爲年。湯崩時，外丙方二歲，仲壬方四歲，惟太甲差長，故立之也。」二說未知孰是。顛覆，壞亂也。典刑，常法也。桐，湯墓所在。艾，治也，說文云「芟草也」，蓋斬絕自新之意。亳，商所都也。

周公之不有天下，猶益之於夏，伊尹之於殷也。

此復言周公所以不有天下之意。輔氏曰：「前既言益與伊尹之事矣，故此復言以周公不有天下，亦若益與伊尹爾，所以足前義也。」

孔子曰：『唐、虞禪，夏后、殷、周繼，其義一也。』」禪，音擅。

禪，授也。或禪或繼，皆天命也，聖人豈有私意於其閒哉？○尹氏曰：「孔子曰：『唐、虞禪，夏后、商、周繼，其義一也。』孟子曰：『天與賢則與賢，天與子則與子。』知前聖之心者，無如孔子；繼孔子者，孟子而已矣。」輔氏曰：「孔子之言固斷置得好，又得孟子發明之，尤更明白，可謂真能得前聖之心者。知，即知而得之也。」

○萬章問曰：「人有言『伊尹以割烹要湯』，有諸？」要，平聲，下同。

要，求也。按史記：「伊尹欲行道以致君而無由，乃爲有莘氏之媵臣，愚按：湯妃，有莘氏之女。負鼎俎，以滋味説湯，致於王道。」蓋戰國時有爲此説者。輔氏曰：「戰國之時，去聖漸遠，人不知有義理之學。稍有才識者，則汲汲然志於功名事業，以求其富貴利達，雖枉己辱身有所不顧，故設爲此等議論，上以誣聖賢，下以便一己之私耳。」

孟子曰：「否，不然。伊尹耕於有莘之野，而樂堯舜之道焉。非其義也，非其道也，禄之以天下，弗顧也；繫馬千駟，弗視也。非其義也，非其道也，一介不以與人，一介不以取諸人。樂，音洛。

莘，國名。愚按：莘國，即今同州郃陽縣。樂堯舜之道者，誦其詩，讀其書，而欣慕愛樂之也。語録曰：「問：『是指其實事而言？』曰：『然。或謂耕田鑿井便是堯舜之道，此皆不實，不然，何以有「豈若吾身親見之哉」一句。』」駟，四匹也。介，與草芥之芥同。言其辭受取與，無大無細，一以道義而不苟也。輔氏曰：「道，體也。義，用也。既曰義又曰道者，兼體用言之也。先言義後言道者，自其用處察之而見其體一也。天下、千駟，所謂大也。一介，所謂細也。物有大細，而道義無大細，苟害道義，則豈問於大細哉？此伊尹之辭受取與所以無問於萬鍾之大、一介之細，而一以道義斷之，不以微細而苟於取與也。」

湯使人以幣聘之，囂囂然，曰：『我何以湯之聘幣爲哉？我豈若處畎畝之中，由是以樂堯舜之道哉？』囂，五高反，又户驕反。囂囂，無欲自得之貌。輔氏曰：「伊尹以堯舜之道自樂，故常無欲而自得。涵泳其言，則舉天下之物果何足以累其心哉？」

湯三使往聘之，既而幡然改，曰：『與我處畎畝之中，由是以樂堯舜之道，吾豈若使是君爲堯舜之君哉？吾豈若使是民爲堯舜之民哉？吾豈若於吾身親見之哉？

幡然，變動之貌。輔氏曰：「幡有反覆之意，故爲變動之貌。」於吾身親見之，言於我之身親見其道之行，不徒誦説向慕之而已也。輔氏曰：「此皆是樂道之事也。言我能使是君爲堯舜之君，使是民爲堯舜之民，則我之身親見其道之行，而其樂又不空見於誦説向慕之而已也。」

天之生此民也，使先知覺後知，使先覺覺後覺也。予天民之先覺者也，予將以斯道覺斯民也。非予覺之而誰也？』

此亦伊尹之言也。知，謂識其事之所當然。覺，謂悟其理之所以然。語録曰：「知只是知此一事，覺是忽然自理會得。」○又曰：「知者因事因物皆可以知，覺則是自心中有所覺悟。」○又曰：「如知得君之仁、臣之敬、子之孝、父之慈，是知此事。又知得君之所以仁、臣之所以敬、父之所以慈、子之所以孝，是覺此理。」○又曰：「覺是自悟之覺，如大學説格物致知豁然貫通處。今人知得此事，講解得這箇道理，皆知之之事。及至自悟，則又自有箇見解處。」○輔氏曰：「知淺而覺深，知有界限而覺無偏全。」覺後知後覺，如呼寐者而使之寤也。語録曰：「是我喚醒他。」○輔氏曰：「此述程子之意也。程子云：『譬之人睡，他人未覺而我先覺，以我先覺，故摇撼其未覺者，亦使之覺。及其已覺也，元無欠少，亦未嘗有增加，適一般耳。』此説説得箇覺字極爲全備，謂覺之而已，非有所增益之也。」言天使者，天理當然，若使之也。程子曰：「予天民之先覺，謂我乃天生此民中盡得民道而先覺者也。既爲先覺之民，豈可不覺其未覺者？及彼之覺，亦非分我所有以予之也，皆彼自有此理，我但能覺之而已。」輔氏曰：「『既爲先覺之民，豈可不覺其未覺者』，此解『非予覺之而誰也』一句。蓋大學之道，既明明德，則必在新民，到此地位，則自然住不得。正使不得時與位，亦須著如孔、孟著書立言以覺萬世始得。此皆是不容已者。」

思天下之民，匹夫匹婦有不被堯舜之澤者，若己推而内之溝中，其自任以天下之重如此，故就湯而説之以伐夏救民。推，吐回反。内，音納。説，音税。

書曰：「昔先正保衡，作我先王，曰：『予弗克俾厥后爲堯舜，其心愧恥，若撻于市。』一夫不獲，則曰：『時予之辜。』」孟子之言蓋取諸此。是時夏桀無道，暴虐其民，故欲使湯伐夏以救之。徐氏曰：「伊尹樂堯舜之道。堯、舜揖遜，而伊尹説湯以伐夏者，時之不同，義則一也。」輔氏曰：「徐氏於時義上看得分明，故集註取之。」

吾未聞枉己而正人者也，況辱己以正天下者乎？聖人之行不同也，或遠或近，或去或不去，歸潔其身而已矣。行，去聲。

辱己甚於枉己，輔氏曰：「枉己，謂枉其在己之道。辱己，則又有恥辱之事及於己矣。然辱己實由於枉己，固不可以爲未甚而有枉於己也。」正天下難於正人。輔氏曰：「人，則有所指而言。至於天下，則所該廣矣。以其廣狹，故有難易之辨。然正天下實自正人始，未有不能正人而能正天下者也。」若伊尹以割烹要湯，辱己甚矣，何以正天下乎？遠，謂隱遁也。近，謂仕近君也。言聖人之行雖不必同，然其要歸在潔其身而已。輔氏曰：「聖人之行本無不同，其所以不同者，所遭之時不同耳。故或隱遁而遠去，或留仕以近君，雖有不同，然其要歸則在於潔其身而已。所謂潔其身者，不使其身陷於不義耳。蓋身者萬事之本也，身之不潔，則事無綱領，舉皆紛亂而無可爲者矣。」伊尹豈肯以割烹要湯哉？

吾聞其以堯舜之道要湯，未聞以割烹也。

林氏曰：「以堯舜之道要湯者，非實以是要之也，道在此而湯之聘自來耳，猶子貢言『夫子之求之異乎人之求之』也。」輔氏曰：「要，求也。聖人本無求人之心，但道德充足於己，而人自來求我，亦如聖人之求之耳。故子貢謂『夫子之求之也，異乎人之求之與』，正與此意相似。」愚謂：此語亦猶前章所論「父不得而子」之意。輔氏曰：「前章所論父不得而子，謂爲天子則可臣其父，故孟子謂舜不爲瞽叟所化而反化於其子，此則所謂父不得而子。此章所問伊尹之要湯，謂其以割烹，故孟子謂非以割烹而乃以堯舜之道要湯，其意亦正同也。」

伊訓曰：『天誅造攻自牧宮，朕載自亳。』」

伊訓，商書篇名。孟子引以證伐夏救民之事也。輔氏曰：「此伊尹之所自言，於此可見其任重之義，則其不肯枉道以要君者必矣。事或理明義順，則雖犯天下之所甚疑，在聖賢則無掩覆之意也。」今書牧宮作鳴條。造、載，皆始也。伊尹言始攻桀無道，由我始其事於亳也。

○萬章問曰：「或謂孔子於衛主癰疽，於齊主侍人瘠環，有諸乎？」孟子曰：「否，不然也。好事者爲之也。癰，於容反。疽，七余反。好，去聲。主，謂舍於其家，以之爲主人也。癰疽，瘍醫也。侍人，奄人也。瘠姓，環名。皆時君所近狎之人也。好事，謂喜造言生事之人也。輔氏曰：「謂其喜好撰造言説以生起事端者。」

於衛主顏讎由。彌子之妻與子路之妻，兄弟也。彌子謂子路曰：『孔子主我，衛卿可得也。』子路以告，孔子曰：『有命。』孔子進以禮，退以義，得之不得曰『有命』。而主癰疽與侍人瘠環，是無義無命也。讎，如字，又音犨。顏讎由，衛之賢大夫也，史記作顏濁鄒。彌子，衛靈公幸臣彌子瑕也。徐氏曰：「禮主於辭遜，故進以禮；義主於制斷，故退以義。難進而易退者也，在我者有禮義而已，得之不得則有命存焉。」

孔子不悅於魯、衛，遭宋桓司馬將要而殺之，微服而過宋。是時孔子當阨，主司城貞子，爲陳侯周臣。要，平聲。不悅，不樂居其國也。桓司馬，宋大夫向魋也。司城貞子，亦宋大夫之賢者也。陳侯，名周。按史記：「孔子爲魯司寇，齊人饋女樂以閒之，孔子遂行。適衞月餘，去衞適宋。司馬魋欲殺孔子，孔子去至陳，主於司城正子。」孟子言孔子雖當阨難，然猶擇所主，況在齊、衞無事之時，豈有主癰疽、侍人之事乎？輔氏曰：「以『孔子進以禮，退以義，得之不得曰有命』觀之，則必無主癰疽、瘠環之理。以『孔子當阨，主司城貞子，爲陳侯周臣』觀之，則必無主癰疽、瘠環之事。」

吾聞觀近臣以其所爲主，觀遠臣以其所主。若孔子主癰疽與侍人瘠環，何以爲孔子？」

近臣，在朝之臣。遠臣，遠方來仕者。君子小人各從其類，故觀其所爲主與其所主者，而其人可知。

○萬章問曰：「或曰：『百里奚自鬻於秦養牲者，五羊之皮，食牛，以要秦穆公。』信乎？」孟子曰：「否，不然。好事者爲之也。食，音嗣。好，去聲，下同。

百里奚，虞之賢臣。人言其自賣於秦養牲者之家，得五羊之皮，而爲之食牛，因以干秦穆公也。

百里奚，虞人也。晉人以垂棘之璧與屈產之乘，假道於虞以伐虢，宮之奇諫，百里奚不諫。屈，求勿反。乘，去聲。虞、虢，皆國名。愚按：虞國，在漢河東郡大陽縣。虢國，在漢河南郡滎陽縣。垂棘之璧，垂棘之地所出之璧也。屈産之乘，屈地所生之良馬也。乘，四匹也。晉欲伐虢[二]，道經於虞，故以此物借道，其實欲并取虞。宫之奇，亦虞之賢臣，諫虞公令勿許，虞公不用，遂爲晉所滅。百里奚知其不可諫，故不諫而去之。

知虞公之不可諫而去之秦，年已七十矣，曾不知以食牛干秦穆公之爲汙也，可謂智乎？不可諫而不諫，可謂不智乎？知虞公之將亡而先去之，不可謂不智也。時舉於秦，知穆公之可與有行也而相之，可謂不智乎？相秦而顯其君於天下，可傳於後世，不賢而能之乎？自鬻以成其君，鄉黨自好者不爲，而謂賢者爲之乎？」相，去聲。

自好，自愛其身之人也。孟子言百里奚之智如此，必知食牛以干主之爲汙；其賢又如此，必不肯自鬻以成其君也。輔氏曰：「自鬻以成其君，謂自賣我之身以成彼之爲君，即

［二］欲，元本漫漶，此據通志堂經解本。

所謂『顯其君於天下』者是也。」然此事當孟子時已無所據，孟子直以事理反覆推之，而知其必不然耳。○范氏曰：「古之聖賢未遇之時，鄙賤之事不恥爲之，如百里奚爲人養牛，無足怪也。惟是人君不致敬盡禮，則不可得而見，豈有先自汙辱以要其君哉？」輔氏曰：「聖賢未遇，鄙賤之事不恥爲之，吾夫子猶曰『吾少也賤，故多能鄙事』。」莊周曰：『百里奚爵禄不入於心，故飯牛而牛肥，使穆公忘其賤而與之政。』亦可謂知百里奚矣。輔氏曰：「傳記載百里奚食牛之事亦多，但非是固欲爲此以要君耳，故莊子之言深得百里奚之意。」伊尹、百里奚之事，皆聖賢出處之大節，故孟子不得不辯。」輔氏曰：「聖賢出處之大節，當時好事者以己度人，妄爲議論，以蠱敗戕傷之，使人心之義理愈昏，私欲愈熾，波流風靡而未知底止。故孟子不得不辯，所以正人心，息邪説，距詖行，放淫辭，以立人極。豈好辯哉？不得已也。」尹氏曰：「當時好事者之論，大率類此，蓋以其不正之心度聖賢也。」蔡氏曰：「戰國之時，人不知道，惟知以功利爲急。以枉尺直尋、詭遇獲禽爲能，甚者敢自誣於聖賢，欲借以行其私。如伊尹割烹要湯，孔子主癰疽、瘠環，百里奚自鬻於秦，其見愈卑，其論愈下。雖萬章之徒亦不知其爲非，而猶不免於疑問。習俗移人之深如此，孟子安得不歷數而明辨之哉？」

孟子卷第九

孟子卷第十

朱子集註　後學趙順孫纂疏

萬章章句下

凡九章。

孟子曰：「伯夷，目不視惡色，耳不聽惡聲。非其君不事，非其民不使。治則進，亂則退。橫政之所出，橫民之所止，不忍居也。思與鄉人處，如以朝衣朝冠坐於塗炭也。當紂之時，居北海之濱，以待天下之清也。故聞伯夷之風者，頑夫廉，懦夫有立志。治，去聲，下同。橫，去聲。朝，音潮。

橫，謂不循法度。頑者，無知覺。廉者，有分辨。懦，柔弱也。餘並見前篇。

伊尹曰：『何事非君？何使非民？』治亦進，亂亦進。曰：『天之生斯民也，使先知覺後知，使先覺覺後覺。予天民之先覺者也，予將以此道覺此民也。』思天下之民，匹夫匹婦有不與被堯舜之澤者，若己推而內之溝中，其自任以天下之重也。與，音預。

何事非君，言所事即君。何使非民，言所使即民。無不可事之君，無不可使之民也。餘見前篇。

柳下惠，不羞汙君，不辭小官。進不隱賢，必以其道。遺佚而不怨，阨窮而不憫。與鄉人處，由由然不忍去也。『爾爲爾，我爲我，雖袒裼裸裎於我側，爾焉能浼我哉？』故聞柳下惠之風者，鄙夫寬，薄夫敦。

鄙，狹陋也。敦，厚也。餘見前篇。

孔子之去齊，接淅而行；去魯，曰『遲遲吾行也』，去父母國之道也。可以速而速，可以久而久，可以處而處，可以仕而仕，孔子也。」淅，先歷反。

接，猶承也。淅，漬米水也。漬米將炊，而欲去之速，故以手承水取米而行，不及炊也。舉此一端，以見其久、速、仕、止，各當其可也。或曰：「孔子去魯，不稅冕而行，豈得爲遲？」楊氏曰：「孔子欲去之意久矣，不欲苟去，故遲遲其行也。膰肉不至，則得以微罪行矣，故不稅冕而行，非速也。」

孟子曰：「伯夷，聖之清者也；伊尹，聖之任者也；柳下惠，聖之和者也；

孔子，聖之時者也。

張子曰：「無所雜者清之極，無所異者和之極。勉而清，非聖人之清；勉而和，非聖人之和。所謂聖者，不勉不思而至焉者也。」輔氏曰：「張子之說盡矣。清有所勉，則有時而雜；和有所勉，則有時而異。」孔氏曰：「任者，以天下爲己責也。」語録曰：「任，是自任以天下之重。」愚謂：孔子仕、止、久、速，各當其可，蓋兼三子之所以聖者而時出之，非如三子之可以一德名也。語録曰：「問：『清、任、和、時，皆以聖人名之。但曰清、曰和、曰任，則猶倚於一偏，而未得爲大聖。謂之時，則隨事制宜，而可以兼數子之大全，如斯而已耳[二]。』曰：『得之。』」或疑：「伊尹出處合乎孔子，而不得爲聖之時，何也？」程子曰：「終是任底意思在。」語録曰：「問：『伊尹終有任底意思在，謂他有擔當作爲底意思，只這些意思便非夫子氣象否？』曰：『然。然此處極難看，且放那裏，久之看道理熟自見，彊說不得。若謂伊尹有這些意思在，爲非聖人之至，則孔、孟皇皇汲汲，去齊、去魯、之梁、之滕，非無意者，其所以異伊尹者，何也？』」〇問：「聖人若處伊尹之地，也如他任，如何？」曰：「夫子若處此地，自是不同，不如此著意。」問：「伊尹治亦進亂亦進，無可無不可，似亦可以爲聖之時。」曰：「伊尹終是有

[二] 耳，原作「斯」，據通志堂經解本改。

任底意思在。」○輔氏曰：「伊尹唯其任底意思在，故未能與天爲一，而不得爲聖之時。若孔子，則雖視天下無不可爲之時，在己無不可行之道，然却無伊尹這些意思。曰『如有用我者，朞月而已可也』，『如有用我者，吾其爲東周乎』，多少含蓄意思，此其所以與天爲一，而謂之聖之時也。」

孔子之謂集大成。集大成也者，金聲而玉振之也。金聲也者，始條理也；玉振之也者，終條理也。始條理者，智之事也；終條理者，聖之事也。

此言孔子集三聖之事而爲一大聖之事，猶作樂者集衆音之小成而爲一大成也。成者，樂之一終，書所謂「簫韶九成」是也。金，鐘屬。聲，宣也，如「聲罪致討」之「聲」。玉，磬也。振，收也，如「振河海而不洩」之「振」。始，始之也。終，終之也。條理，猶言脉絡，指衆音而言也。語録曰：「問：『條理如所謂「始作，翕如也，皦如也，繹如也，以成」之類否？』言八音克諧，不相奪倫，各有條理脉絡也。』曰：『不然。條理脉絡，如一把草從中縛之，上截爲始條理，下截爲終條理。若上截少一莖，則下截亦少一莖；上截不少，則下截亦不少，此之謂始終條理。』」○問：「條理猶言脉絡，莫是猶一條路相似，初間下步時纔差，便行得雖力，終久是差否？」曰：「始條理猶箇絲線頭相似，孔子是挈得箇絲頭，故許多條絲都在這裏，三子者則是各拈得一邊耳。」**智者，知之所及；聖者，德之所就也。**文集曰：「智是見得徹之名，聖是行得徹之名。」**蓋樂有八音，金、石、絲、竹、匏、土、革、木，若獨奏一音，則其一音自爲始終，而爲一小成。**語録曰：「如樂器有一件相似，是金聲底，從頭到尾只是金聲；是玉聲底，從頭到尾只是玉聲；是絲竹聲底，從頭到尾只是絲竹之聲。」**猶三子之所知偏於一，而其所就亦偏於一也。**語録曰：「伯夷合下只見得清底，其終成就亦只成就得清底。伊尹合下只見得任底，其終成就亦只成就得任底。柳下惠合下只見得和底，其終成就亦只成就得和底。」**八音之中，金石爲重，故特爲衆音之綱紀。**輔氏曰：「八音以金石爲首，故八音迭奏而以金石爲之始終。」**又金始震而玉終詘然也，**語録曰：「金聲有洪殺，始震終細。玉聲則始終如一，叩之其聲，詘然而止。」○輔氏曰：「金始震動於始以作其聲，而玉於其終又詘然以止其韻也。」**故並奏八音，則於其未作而先擊鎛鐘以宣其聲，俟其既闋而後擊特磬以收其韻。**語録曰：「古人作樂，擊一聲鐘，衆音遂作；又擊一聲鍾，衆音又齊作，故金所以發衆音。末則以玉振之，所以收合衆音在裏面。」○又曰：「金聲初打聲高，其後漸低，於衆樂之作必以此聲之。玉聲先後一般，初打恁地響，到住時也恁地響。但玉聲住時，截然便住，於衆樂之終必以此振之。」**宣以始之，收以終之。**輔氏曰：「宣以始之，謂擊鎛鐘以始八音之聲。收以終之，謂擊特磬以終八音之韻也。」**二者之閒，脉絡通貫，無所不備，則合衆小成而爲一大成。**輔氏曰：「謂自始及終，中閒八音之脉絡相與貫通而共底於大成。」**猶孔子之知無不盡而德無不全也。**文集曰：「聖人之知，精粗大小無所不周；聖人之德，精粗大小無所不備，其始卒相成蓋如此。」○輔氏曰：「亦如孔子之事，智以始之，聖以終之，中間於三子清、任、和之脉絡亦無不通貫，故能時而出之以集其大成也。」金聲玉振，始終條理，疑古樂經之言。故兒寬云：「惟天子建中和之極，兼總條貫，金聲而玉振之。」亦此意也。語録曰：「如兒寬亦引金聲玉振，是時未有孟子之書，此必古曲中有此語。」

智，譬則巧也；聖，譬則力也。由射於百步之外也，其至爾力也，其中非爾力也。」中，去聲。

此復以射之巧、力發明智、聖二字之義。見孔子巧力俱全，而聖智兼備，三子則力有餘而巧不足，是以一節雖至於聖，而智不足以及乎時中也。語録曰：「伯夷、伊尹、柳下惠，力已至，但射不巧[二]。孔子則既聖且智，巧力兼全，故孔子箭箭中的[三]。三子皆中垜也。」○輔氏曰：「『一節雖至於聖』者，指清、任、和而言也。『智不足以及乎時之中』者，謂其始之智但知其清、任、和，而不得如孔子爲聖之時也。若孔子，則速、久、處、仕皆得乎時中，蓋由其始之智足

[二] 巧，原作「親」，通志堂經解本同，據朱子語類卷五八改。
[三] 的，原作「貼」，據通志堂經解本改。

以及乎時中故也。」○永嘉陳氏曰：「譬之射焉，均至於百步之外，而有中、不中者，蓋巧者知得到，則百發而百中，力者行得到，則至而未必中。由是觀之，學不難於行而難於知，猶射不難於力而難於巧。」○此章言三子之行各極其一偏，孔子之道兼全於衆理。或問：「三子之偏如此，而孟子以聖名之，何也？」曰：「三子之聖，因其氣質之偏而力行以造極，卒至乎不思不勉之地，而表裏洞然，無一豪人欲之私者。雖謂之聖，然於孔子則有不得而班者。就三子而論之，則伊尹之學又密於夷、惠矣。」**所以偏者，由其蔽於始，是以缺於終；所以全者，由其知之至，是以行之盡。**語録曰：「問：『三子合下少致知功夫，看得道理有偏，故其終之成也亦合至於一偏之極。孔子合下盡得致知工夫，看得道理周偏精切，無所不盡，故其德之成也亦兼該畢備，而無一德一行之或闕。使三子合下工夫不倚於一偏，安知其不如孔子也？』曰：『然。更子細看。』」○黄氏曰：「孔子之異於三子者，知之至而行之盡；三子之不及孔子者，知有所蔽於始而行有所闕於終也。此孔子之所以獨得其全，而三子僅得其偏也。知有不至，行有不盡，雖以伊尹、夷、惠之質，尚不能無愧於孔子，而況學者乎？」○輔氏曰：「三子者知有所偏，故其行亦有所偏，而其德之所成就亦有所偏。孔子則知無不至，故其行亦無不至，而其德之成就亦無不至。」○永嘉陳氏曰：「三子始焉之所知只見得一邊道理，後來亦只於那一邊上做得透徹。此三子智不及於全，故行到處亦只是一偏之聖。夫子知得天下道理，四方八面周匝普偏，故成就處兼總衆理，該貫萬善，不可以一節名。」三子猶春夏秋冬之各一其時[二]，孔子則太和元氣之流行於四時也。輔氏曰：「學者於此熟玩而有得焉，則三子之聖與夫子之聖所以不同者皆可默識矣。」

○北宮錡問曰：「周室班爵禄也，如之何？」錡，魚綺反。

北宫姓，錡名，衛人。班，列也。

孟子曰：「其詳不可得聞也。諸侯惡其害己也，而皆去其籍。然而軻也嘗聞其略也。惡，去聲。去，上聲。

當時諸侯兼并僭竊，故惡周制妨害己之所爲也。輔氏曰：「兼并則其國日大，僭竊則其禄日侈。」

天子一位，公一位，侯一位，伯一位，子、男同一位，凡五等也。君一位，卿一位，大夫一位，上士一位，中士一位，下士一位，凡六等。

此班爵之制也。輔氏曰：「位以爵定也。」五等通於天下，六等施於國中。

天子之制，地方千里，公、侯皆方百里，伯七十里，子、男五十里，凡四等。

[二] 猶，元本漫漶，此據通志堂經解本。

不能五十里，不達於天子，附於諸侯，曰附庸。此以下，班禄之制也。輔氏曰：「田以禄分也。按君以下，所食之禄皆助法之公田，藉農夫之力以耕而收其租者，此又可見周制都鄙用助法也。」不能，猶不足也。小國之地不足五十里者，不能自達於天子，因大國以姓名通，謂之附庸，若春秋邾儀父之類是也。

天子之卿受地視侯，大夫受地視伯，元士受地視子、男。視，比也。徐氏曰：「王畿之内，亦制都鄙受地也。元士，上士也。」愚謂：此言食采邑於畿内，禄之多少以外諸侯爲差也。愚謂：言上士而不言中、下士者，蓋以視附庸也。

大國地方百里，君十卿禄，卿禄四大夫，大夫倍上士，上士倍中士，中士倍下士，下士與庶人在官者同禄，禄足以代其耕也。十，十倍之也。四，四倍之也。倍，加一倍也。徐氏曰：「大國君田三萬二千畝，其入可食二千八百八十人。卿田三千二百畝，可食二百八十八人。大夫田八百畝，可食七十二人。上士田四百畝，可食三十六人。中士田二百畝，可食十八人。下士與庶人在官者田百畝，可食九人至五人。庶人在官，府史胥徒也。」語録曰：「問：『府史胥徒皆是庶人在官者，不知如何有許多？』曰：『嘗看蘇氏古史，他疑三事，其一謂府史胥徒太多。

當時却多是兼官，其實府史胥徒無許多。』」○問：「府史胥徒不知皆民爲之，抑別募游手爲之？」曰：「不可曉。想只是民爲之，然府史胥徒各自有禄以代耕，則又似別募游手矣。」愚按：君以下所食之禄，皆助法之公田，藉農夫之力以耕而收其租。士之無田與庶人在官者，則但受禄於官，如田之入而已。

次國地方七十里，君十卿禄，卿禄三大夫，大夫倍上士，上士倍中士，中士倍下士，下士與庶人在官者同禄，禄足以代其耕也。

三，謂三倍之也。徐氏曰：「次國君田二萬四千畝，可食二千一百六十人。卿田二千四百畝，可食二百十六人。」

小國地方五十里，君十卿禄，卿禄二大夫，大夫倍上士，上士倍中士，中士倍下士，下士與庶人在官者同禄，禄足以代其耕也。

二，即倍也。徐氏曰：「小國君田一萬六千畝，可食千四百四十人。卿田一千六百畝，可食百四十四人。」愚謂：由卿而上，三等之國異，由大夫而下，三等之國同者，蓋卿而上，其禄浸厚，苟不爲之殺，則地之所出不足以供；大夫而下，其禄浸薄，苟爲之殺，則臣之所養不能自給也。

耕者之所獲，一夫百畝。百畝之糞，上農夫食九人，上次食八人，中食七人，中次食六人，下食五人。庶人在官者，其禄以是爲差。」食，音嗣。

獲，得也。一夫一婦，佃田百畝。加之以糞，糞多而力勤者爲上農，其所收可供九人。其次用力不齊，故有此五等。庶人在官者，其受禄不同，亦有此五等也。語録曰：「問：『此等差别，是地有肥瘠耶，抑糞溉之不同也？』曰：『皆人力之不同爾，然亦大約如此。緣有此五等之禄，故百畝所食亦有此五等。』」○愚按：此章之説，與周禮、王制不同，蓋不可考，闕之可也。語録曰：「孟子論三代制度，多與周禮不合。蓋孟子後出，不及見王制之詳[二]，只是大綱約度而説。」程子曰：「孟子之時，去先王未遠，載籍未經秦火，然而班爵禄之制已不聞其詳。今之禮書，皆掇拾於煨燼之餘，而多出於漢儒一時之傅會，奈何欲盡信而句爲之解乎？然則其事固不可一一追復矣。」輔氏曰：「此説足以救陋儒泥古之失。但據其所傳而姑存之，使千百世之後一遇大聖，則必能因其大體而詳其節目，推其既往以爲一時之制，而先代聖王之法庶乎其可復見矣。」

[二] 詳，原作「禮」，據通志堂經解本改。

○萬章問曰：「敢問友。」孟子曰：「不挾長，不挾貴，不挾兄弟而友。友也者，友其德也，不可以有挾也。挾者，兼有而恃之之稱。輔氏曰：「謂其兼夫有與恃二者之意，方謂之挾也。若但有之而不恃，則猶未謂之挾也。」孟獻子，百乘之家也，有友五人焉：樂正裘、牧仲，其三人則予忘之矣。獻子之與此五人者友也，無獻子之家者也。此五人者亦有獻子之家，則不與之友矣。乘，去聲，下同。孟獻子，魯之賢大夫仲孫蔑也。張子曰：「獻子忘其勢，五人者忘人之勢。不資其勢而利其有，然後能忘人之勢。若五人者有獻子之家，則反爲獻子之所賤矣。」輔氏曰：「獻子忘其勢，不挾貴也。五人者忘人之勢，無獻子之家者也。無獻子之家者，不資其勢而利其有者也。孟子歷舉四人之事，自小至大，皆以見其不敢有所挾之意。而首於孟獻子之事詳之者，又以見上之友下，固不可有所挾，至於在下者爲上之所友，則亦不可資其勢以利其有也。一有資之利之之意，則便爲人所賤矣，又豈肯與之爲友哉？」非惟百乘之家爲然也，雖小國之君亦有之。費惠公曰：『吾於子思，則師之矣；吾於顏般，則友之矣；王順、長息，則事我者也。』費，音祕。般，音班。

惠公，費邑之君也。師，所尊也。友，所敬也。事我者，所使也。

非惟小國之君爲然也，雖大國之君亦有之。晉平公之於亥唐也，入云則入，坐云則坐，食云則食。雖疏食菜羹，未嘗不飽，蓋不敢不飽也。然終於此而已矣。弗與共天位也，弗與治天職也，弗與食天禄也，士之尊賢者也，非王公之尊賢也。疏食之食，音嗣。平公、王公下，諸本多無之字，疑闕文也。

亥唐，晉賢人也。平公造之，唐言入公乃入，言坐乃坐，言食乃食也。疏食，糲飯也。不敢不飽，敬賢者之命也。○范氏曰：「位曰天位，職曰天職，禄曰天禄，言天所以待賢人，使治天民，非人君所得專者也。」輔氏曰：「平公之於亥唐，則知所敬矣，然不能與之共天位、治天職、食天禄，則是不能推廣是心以體天而治民以及於國也。」○真氏曰：「位者，天位，所以處賢者也；職者，天職，所以命賢者也；禄者，天禄[二]，所以養賢者也。三者皆

[二] 者天禄，元本漫漶，此據通志堂經解本。

天所以待賢人，使治天民者也。而[二]晉平公之於亥唐，特虛尊之而已，未嘗處之以位，命之以職，食之以禄也。此豈王公尊賢之道哉？」

舜尚見帝，帝館甥于貳室，亦饗舜，迭爲賓主，是天子而友匹夫也。

尚，上也。舜上而見於帝堯也。館，舍也。禮，妻父曰外舅。謂我舅者，吾謂之甥。堯以女妻舜，故謂之甥。貳室，副宫也。堯舍舜於副宫，而就饗其食。

用下敬上，謂之貴貴；用上敬下，謂之尊賢。貴貴、尊賢，其義一也。」

貴貴、尊賢，皆事之宜者。然當時但知貴貴而不知尊賢，故孟子曰「其義一也」。輔氏曰：「戰國之時，惟知權勢之爲尊，而不知義理之爲貴，但知貴貴而不知尊賢。是以孟子因萬章之問而極言朋友之道，以見貴貴、尊賢之義未嘗不一也。」○此言朋友，人倫之一，所以輔仁，故以天子友匹夫而不爲詘，以匹夫友天子而不爲僭。此堯、舜所以爲人倫之至，而孟子言必稱之也。輔氏曰：「自天子至於匹夫，未有不須友以成者，故推至於極，則以堯爲天子而下友於舜不爲屈，以舜爲匹夫而上友於堯不爲僭，以見朋友爲人倫之一，不可以貴賤尊卑間也。必至於堯、舜，然後能盡其道耳。」

[二] 也而，元本漫漶，此據通志堂經解本。

○萬章問曰：「敢問交際何心也？」孟子曰：「恭也。」際，接也。交際，謂人以禮儀幣帛相交接也。

曰：「卻之卻之爲不恭，何哉？」曰：「尊者賜之，曰『其所取之者，義乎，不義乎』，而後受之，以是爲不恭，故弗卻也。」

卻，不受而還之也。再言之，未詳。萬章疑交際之閒有所卻者，人便以爲不恭，何哉？孟子言尊者之賜，而心竊計其所以得此物者，未知合義與否，必其合義然後可受，不然則卻之矣，所以卻之爲不恭也。輔氏曰：「孟子言尊者有所賜而既以禮矣，則是與之者恭也。與之者既恭，則只當恭以受之，豈可竊計其所與我之物，其初得之合義與否，然後爲辭受哉？如此，則若其不義，則遂卻之矣，一有是心，則不可謂之恭也。」

曰：「請無以辭卻之，以心卻之，曰『其取諸民之不義也』，而以他辭無受，不可乎？」曰：「其交也以道，其接也以禮，斯孔子受之矣。」

萬章以爲彼既得之不義，則其餽不可受。但無以言語問而卻之[二]，直以心度其不義，

[二] 問，通志堂經解本作「閒」。

而託於他辭以卻之，如此可否邪？輔氏曰：「萬章之意，言彼所餽我之物既得之不義，則我固不當受之。若言其不義而直卻之爲不恭，則但以心度其爲不義，而託爲他辭以卻之，不亦可邪？夫人之處事，要只在義理上行，過與不及皆非也。萬章交際之閒以辭卻之之説，其視貪名嗜利者固優矣，然其有意於卻，如此則亦失之過也，由是而極之，則必至爲於陵仲子之爲而後已。」

交以道，如餽賮、聞戒、周其飢餓之類。接以禮，謂辭命恭敬之節。輔氏曰：「交以道，謂來交我之有道理也。接以禮，謂來接我之有禮節也。」孔子受之，如受陽貨烝豚之類也。

萬章曰：「今有禦人於國門之外者，其交也以道，其餽也以禮，斯可受禦與？」曰：「不可。康誥曰：『殺越人于貨，閔不畏死，凡民罔不譈。』是不待教而誅者也。殷受夏，周受殷，所不辭也，於今爲烈。如之何其受之？」

與，平聲。譈，書作憝，徒對反。

禦，止也。止人而殺之，且奪其貨也。國門之外，無人之處也。萬章以爲苟不問其物之所從來，而但觀其交接之禮，則設有禦人者用其禦得之貨以禮餽我，則可受之乎？康誥，周書篇名。越，顛越也。今書「閔」作「愍」，無「凡民」二字。譈，怨也。言殺人而顛越之，因取其貨，愚謂：若劫人而殺傷者。閔然不知畏死，凡民無不怨之。孟子言此乃不待教戒而當即誅者也。如何而可受之乎？輔氏曰：「孟子既已開曉之如此，萬章猶不能反其意之偏以味孟子之言，而復爲此問，此正所謂詖辭。蓋陷於卻之之意而不覺也，故孟子又引康誥之説以曉之。」「商受」至「爲烈」十四字，語意不倫，李氏以爲此必有斷簡或闕文者近之，而愚意其直爲衍字耳。然不可考，姑闕之可也。或問：「『殷受夏，周受殷，所不辭也，於今爲烈』，趙氏謂三代相傳以此法，不須辭問也。於今爲烈，烈，明法。或者又謂若義在可受，則三代受人之天下而不辭。今禦人者乃爲暴烈不義如此，如何而可受其饋乎？烈，如詩序所謂『厲王之烈』者，暴虐之意云爾。或又以爲，烈，光也，三代相受而光烈至今也。是三説者擇一而從之可也，何至闕而不爲之説乎？」曰：「熟讀本文，此十四字自與上下文不相屬。如趙氏之説，則辭受二字與上下文亦不相似。或者二説亦覺費力，不若從李氏闕之之愈也。」

曰：「今之諸侯取之於民也，猶禦也。苟善其禮際矣，斯君子受之，敢問何説也？」曰：「子以爲有王者作，將比今之諸侯而誅之乎？其教之不改而後誅之乎？夫謂非其有而取之者盜也，充類至義之盡也。孔子之仕於魯也，魯人獵較，孔子亦獵較。獵較猶可，而況受其賜乎？」比，去聲。夫，音扶。較，音角。

比，連也。言今諸侯之取於民，固多不義，然有王者起，必不連合而盡誅之。必教之不改而後誅之，則其與禦人之盜不待教而誅者不同矣。夫禦人於國門之外與非其有而取之，二者固皆不義之類，然必禦人乃爲真盜。其謂非有而取爲盜者，乃推其類至於義之至精至密之處而極言之耳，非便以爲真盜也。然則今之諸侯雖曰取非其有，而豈可遽以同於禦人之盜也哉？輔氏曰：「萬章終不肯置其偏見而詳味孟子之説，至此則氣愈戾，意愈刻，説愈悖，而都無輕重之差矣。故孟子復問以有王者作，將遂連合今之諸侯而盡誅之乎？雖章之刻戾，亦必知其不然也。若必待其教之不改而後誅之，則與不待教而誅之者，固不可同日而語矣。」又引孔子之事，以明世俗所尚，猶或可從，況受其賜，何爲不可乎？輔氏曰：「世俗之所尚猶未合禮，聖人猶或從之，以小同於俗，而況於以禮來賜，何爲不可受乎？其教之不改而後誅之乎？於此可見孟子待人之恕。夫謂非其有而取之者盜也，充類至義之盡也，於此又可見孟子析理之精。夫執其充類盡義之説而欲一槩以繩人，幾何而不流於於陵仲子之爲哉？」獵較，未詳。趙氏以爲田獵相較，奪禽獸以祭，孔子不違，所以小同於俗也。張氏以爲獵而較所獲之多少也。二説未知孰是。

曰：「然則孔子之仕也，非事道與？」曰：「事道也。」「事道奚獵較也？」曰：「孔子先簿正祭器，不以四方之食供簿正。」曰：「奚不去也？」曰：「爲之兆也。兆足以行矣，而不行，而後去，是以未嘗有所終三年淹也。與，平聲。

此因孔子事而反覆辯論也。事道者，以行道爲事也。事道奚獵較也，萬章問也。先簿正祭器，未詳。徐氏曰：「先以簿書正其祭器，使有定數，不以四方難繼之物實之。夫器有常數，實有常品，則其本正矣。彼獵較者，將久而自廢矣。」未知是否也。兆，猶卜之兆，蓋事之端也。語録曰：「猶縫罅也。」孔子所以不去者，亦欲小試行道之端以示於人，使知吾道之果可行也。輔氏曰：「以孔子所謂『吾豈匏瓜也哉，焉能繫而不食』之説與夫『著之空言，不如載之行事』之説而觀之，則是乃聖人之心也。」若其端既可行，而人不能遂行之，然後不得已而必去之。蓋其去雖不輕，而亦未嘗不決，是以未嘗終三年留於一國也。輔氏曰：「魯人獵較，孔子亦獵較，于以見聖人同物之仁。簿正祭器，不以四方之食供簿正，于以見聖人處事之智。未嘗有所終三年之淹，于以見聖人制行之勇。」

孔子有見行可之仕，有際可之仕，有公養之仕。於季桓子，見行可之仕也；於衛靈公，際可之仕也；於衛孝公，公養之仕也。」

見行可，見其道之可行也。際可，接遇以禮也。公養，國君養賢之禮也。輔氏曰：「見行可，庶乎道之行也。際可，適其禮之宜也。公養，受其養之義也。」季桓子，魯卿季孫斯也。語録曰：「孔子仕於定公而言桓子，當時桓子執國柄，定公亦自做主不起。孔子之相，皆由桓子。及桓子受女樂，孔子便行矣。」衛靈公，衛侯元也。孝公，春秋、史記皆無之，疑出公輒也。輔氏曰：「或是字誤，或是所傳之誤，或是當時人呼出公爲『孝公』，皆不可攷也。」因孔子仕魯，而言其仕有此三者。故於魯，則兆足以行矣，而不行，然後去；而於衛之事，則又受其交際問餽而不卻之一驗也。○尹氏曰：「不聞孟子之義，則自好者爲於陵仲子而已。聖賢辭受進退，惟義所在。」愚按：此章文義多不可曉，不必强爲之說。

○孟子曰：「仕非爲貧也，而有時乎爲貧；娶妻非爲養也，而有時乎爲養。

爲、養，並去聲，下同。

仕本爲行道，而亦有家貧親老，或道與時違，而但爲禄仕者。如娶妻本爲繼嗣，而亦有爲不能親操井臼，而欲資其餽養者。

爲貧者，辭尊居卑，辭富居貧。

貧富，謂禄之厚薄。蓋仕不爲道，已非出處之正，故其所處但當如此。

辭尊居卑，辭富居貧，惡乎宜乎？抱關擊柝。惡，去聲。柝，音托。

柝，行夜所擊木也。蓋爲貧者，雖不主於行道，而亦不可以苟禄。故惟抱關擊柝之吏，位卑禄薄，其職易稱，爲所宜居也。李氏曰：「道不行矣，爲貧而仕者，此其律令也。若不能然，則是貪位慕禄而已矣。」

孔子嘗爲委吏矣，曰『會計當而已矣』；嘗爲乘田矣，曰『牛羊茁壯長而已矣』。委，烏僞反。會，工外反。當，丁浪反。乘，去聲。茁，阻刮反。長，上聲。

此孔子之爲貧而仕者也。委吏，主委積之吏也。乘田，主苑囿芻牧之吏也。茁，肥貌。言以孔子大聖，而嘗爲賤官不以爲辱者，所以爲貧而仕，官卑祿薄，而職易稱也。

位卑而言高，罪也；立乎人之本朝而道不行，恥也。」朝，音潮。

以出位爲罪，則無行道之責；以廢道爲恥，則非竊祿之官，此爲貧者之所以必辭尊富而寧處貧賤也。語録曰：「爲貧而仕，只要在下位，不當言責之地，若是合言處，便須當說，非是教人都不得言耳。若立乎人之本朝而道不行，則恥矣。故辭尊居卑，辭富居貧。」○尹氏曰：「言爲貧者不可以居尊，居尊者必欲以行道。」

○萬章曰：「士之不託諸侯，何也？」孟子曰：「不敢也。諸侯失國而後託於諸侯，禮也；士之託於諸侯，非禮也。」

託，寄也，謂不仕而食其祿也。古者諸侯出奔他國，食其廩餼，謂之寄公。士無爵土，不得比諸侯，不仕而食祿，則非禮也。輔氏曰：「諸侯之視諸侯，雖其爵有五等之殊，然其實則皆國君也。且本有爵土，不幸出奔而來適我國，則其國君以廩餼之，是乃禮之所宜也，故可受而謂之寄公。若士之於諸侯，則有尊卑貴賤之不同，又本無爵土，豈可自比於諸侯，故必仕而後當賦以禄。爲士者若不仕而食其禄，則非禮矣。」

萬章曰：「君餽之粟，則受之乎？」曰：「受之。」「受之何義也？」曰：「君之於氓也，固周之。」

周，救也。視其空乏，則周䘏之，無常數，君待民之禮也。輔氏曰：「天生民而立之君，所以養之也。既已制其常産而養之矣，然當常常視其有空乏者，則周救之，是亦禮也。」

曰：「周之則受，賜之則不受，何也？」曰：「不敢也。」曰：「敢問其不敢何也？」曰：「抱關擊柝者，皆有常職以食於上。無常職而賜於上者，以爲不恭也。」

賜，謂予之禄。有常數，君所以待臣之禮也。輔氏曰：「君擇賢而以爲臣[二]，將與之共治天職，則必與之共食天禄。雖至於抱關擊柝之微，亦皆有常職以食於上，則又當因其高卑勞逸，

[二] 君，原作「若」，據通志堂經解本改。

而爲之多少之定數，是亦其禮之宜也。」

曰：「君餽之則受之，不識可常繼乎？」曰：「繆公之於子思也，亟問，亟餽鼎肉。子思不悦。於卒也，摽使者出諸大門之外，北面稽首再拜而不受，曰：『今而後知君之犬馬畜伋。』蓋自是臺無餽也。悦賢不能舉，又不能養也，可謂悦賢乎？」亟，去聲，下同。摽，音杓。使，去聲。

亟，數也。鼎肉，熟肉也。卒，末也。摽，麾也。數以君命來餽，當拜受之，非養賢之禮，故不悦。而於其末後復來餽時，麾使者出，拜而辭之。犬馬畜伋，言不以人禮待己也。臺，賤官，主使令者。蓋繆公愧悟，自此不復令臺來致餽也。輔氏曰：「繆公之於子思，非不知所尊慕也，而猶若此者，一是思慮或有不至，一是敬心或有未盡。然敬心既盡，則思慮必無不至也。」舉，用也。能養者未必能用，況又不能養乎？輔氏曰：「悦而不能用，如晉平公於亥唐之類也。世有徒徇養賢之虚名而無用賢之實事者，固不足道，況於養之之道又有所不至乎？是焉能得賢者而臣之也。」

曰：「敢問國君欲養君子，如何斯可謂養矣？」曰：「以君命將之，再拜稽首而受。其後廩人繼粟，庖人繼肉，不以君命將之。子思以爲鼎肉使己僕僕爾亟拜也，非養君子之道也。初以君命來餽，則當拜受。其後有司各以其職繼續之，無復以君命來餽，不使賢者有亟拜之勞也。輔氏曰：「不使賢者有亟拜之勞，則敬心完而思慮到矣。」僕僕，煩猥貌。堯之於舜也，使其子九男事之，二女女焉，百官牛羊倉廩備，以養舜於畎畝之中，後舉而加諸上位。故曰王公之尊賢者也。」女下字，去聲。能養能尊[二]，悦賢之至也，唯堯、舜爲能盡之，而後世之所當法也。輔氏曰：「堯之於舜，則尊賢之極，養賢之至，用賢之周也。」

○萬章曰：「敢問不見諸侯，何義也？」孟子曰：「在國曰市井之臣，在野曰草莽之臣，皆謂庶人。庶人不傳質爲臣，不敢見於諸侯，禮也。」質，與贄同。傳，通也。質者，士執雉，庶人執鶩，相見以自通者也。國内莫非君臣，但未仕者與執贄在位之臣不同，故不敢見也。輔氏曰：「在國之内者，雖莫非君之臣，然唯傳執贄以

[二] 尊，通志堂經解本作「舉」。

自通於君，既仕而有祿位者，則正謂之臣。若其他，則雖隨所居而名爲之臣，其實皆庶人。庶人既未曾執贄在位，則不敢自同於已仕者以見於君，是乃禮之當然也。」

萬章曰：「庶人召之役，則往役；君欲見之，召之，則不往見之，何也？」曰：「往役，義也；往見，不義也。往役者，庶人之職。不往見者，士之禮。輔氏曰：「庶人則當服君之賤事，故召之役則往役者，庶人之職也。爲士則知學問，崇禮義，不惟士之自處當如此，而人君亦以此望之，故召之則不往見之者，士之禮也。」且君之欲見之也，何爲也哉？」曰：「爲其多聞也，爲其賢也。」曰：「爲其多聞也，則天子不召師，而況諸侯乎？爲其賢也，則吾未聞欲見賢而召之也。爲，並去聲。繆公亟見於子思，曰：『古千乘之國以友士，何如？』子思不悦，曰：『古之人有言：「曰事之云乎，豈曰友之云乎？」』子思之不悦也，豈不曰：『以位，則子君也，我臣也，何敢與君友也？以德，則子事我者也，奚可以與我友？』千乘之君求與之友而不可得也，而況可召與？亟、乘，皆去聲。召與之與，平聲。

孟子引子思之言而釋之，以明不可召之意。

齊景公田，招虞人以旌，不至，將殺之。『志士不忘在溝壑，勇士不忘喪其元。』孔子奚取焉？取非其招不往也。」喪，息浪反。

説見前篇。

曰：「敢問招虞人何以？」曰：「以皮冠。庶人以旃，士以旂，大夫以旌。皮冠，田獵之冠也。愚謂：皮冠，弁也，以鹿皮淺毛黃白者爲之。事見春秋傳。愚按春秋傳曰：「齊侯田于沛，招虞人以弓，不進，公使執之。辭曰：『昔我先君之田也，旃以招大夫，弓以招士，皮冠以招虞人。臣不見皮冠，故不敢進。』乃舍之。仲尼曰：『守道不如守官，君子韙之。』」然則皮冠者，虞人之所有事也，故以是招之。庶人，未仕之臣。通帛曰旃。愚謂：通帛，謂周大赤，從周，正色無飾。士，謂已仕者。交龍爲旂。愚謂：畫交龍於旂之上。析羽而注於旂干之首曰旌。愚謂：旂，取鳥羽注於干之首，全而用之名曰旞，析而用之名曰旌。

以大夫之招招虞人，虞人死不敢往。以士之招招庶人，庶人豈敢往哉？況乎以不賢人之招招賢人乎？

欲見而召之，是不賢人之招也。輔氏曰：「非是説不以招賢人之禮招之。蓋召之使見者，是招不賢人之法耳。」以士之招招庶人，則不敢往。以不賢人之招招賢人，則不可往矣。輔氏曰：「以貴者之招而招賤，則不敢往者，畏義也。以不賢之招而招賢，則不可往者，重禮也。」欲見賢人而不以其道，猶欲其入而閉之門也。夫義，路也；禮，門也。惟君子能由是路，出入是門也。詩云：『周道如底，其直如矢。君子所履，小人所視。』」夫，音扶。底，詩作砥，之履反。詩，小雅大東之篇。底，與砥同，礪石也，言其平也。矢，言其直也。視，視以爲法也。引此以證上文「能由是路」之義。輔氏曰：「以周道爲君子所履，而證義路爲賢者之所由也。」

萬章曰：「孔子，君命召，不俟駕而行。然則孔子非與？」曰：「孔子當仕有官職，而以其官召之也。」與，平聲。孔子方仕而任職，君以其官名召之，故不俟駕而行。輔氏曰：「謂如爲魯司寇時，魯公以司寇召之，故不俟駕而行，以敬君之命，而不敢慢也。」徐氏曰：「孔子、孟子，易地則皆然。」○此章言不見諸侯之義，最爲詳悉，更合陳代、公孫丑所問者而觀之，其說乃盡。輔氏曰：「觀『答陳代』章，則見孟子之不見諸侯，得不肯枉道從人之義。觀此章及『答公孫丑』章，則又見孟子之不見諸侯，得古者不爲臣不見之禮，與夫賢者有不可召之義。蓋君子之出處進退，一惟其禮與義而已，初無適莫也。」

○孟子謂萬章曰：「一鄉之善士，斯友一鄉之善士；一國之善士，斯友一國之善士；天下之善士，斯友天下之善士。言己之善蓋於一鄉，然後能盡友一鄉之善士。推而至於一國、天下皆然，隨其高下以爲廣狹也。輔氏曰：「善士雖有大小之不同，皆主於善者也。若在我之善不足以蓋一鄉之善士，則隨其所主而取之，必有偏而或遺者。惟在我之善足以蓋其一鄉，然後能盡友一鄉之善士，凡剛柔緩急無有或遺者矣。推而廣之至於一國、天下，皆隨其高下以爲廣狹耳。」以友天下之善士爲未足，又尚論古之人。頌其詩，讀其書，不知其人可乎？是以論其世也。是尚友也。」尚，上同，言進而上也。頌，誦通。論其世，論其當世行事之迹也。言既觀其言，則不可以不知其爲人之實，是以又考其行也。夫能友天下之善士，其所友衆矣，猶以爲未足，又進而取於古人。是能進其取友之道，而非止爲一世之士矣。輔氏曰：「士而至於友天下之善士，可謂取友之衆矣。然不過是一世之士，惟是進而友於古人，則其取友更無窮盡，而不可謂一世之士也。蓋在我之善愈備，則取於友者益廣。然善無窮盡也，故大而天下，遠而前古，無不在所取焉。蓋時雖有先後，而理則無古今也。」

○齊宣王問卿。孟子曰：「王何卿之問也？」王曰：「卿不同乎？」曰：「不同。有貴戚之卿，有異姓之卿。」王曰：「請問貴戚之卿。」曰：「君有大過則諫，反覆之而不聽則易位。」

大過，謂足以亡其國者。易位，易君之位，更立親戚之賢者。蓋與君有親親之恩，無可去之義，以宗廟爲重，不忍坐視其亡，故不得已而至於此也。

王勃然變乎色。

勃然，變色貌。

曰：「王勿異也，王問臣，臣不敢不以正對。」

孟子言也。

王色定，然後請問異姓之卿。曰：「君有過則諫，反覆之而不聽則去。」

君臣義合，不合則去。○此章言大臣之義，親疏不同，守經行權，各有其分。貴戚之卿，小過非不諫也，但必大過而不聽乃可易位。異姓之卿，大過非不諫也，雖小過而不聽，已可去矣。輔氏曰：「此說尤足以補孟子之說。蓋行權者，非至於甚不得已則不可爲。守經者，則日月常行而須臾不可離者也。」然三仁貴戚不能行之於紂，而霍光異姓乃能行之於昌邑，此乃委任權力之不同，不可以執一論也。

孟子卷第十

孟子卷第十一

朱子集註　後學趙順孫纂疏

告子章句上

凡二十章。

告子曰：「性，猶杞柳也；義，猶桮棬也。以人性爲仁義，猶以杞柳爲桮棬。」桮，音杯。棬，丘圓反。

性者，人生所稟之天理也。杞柳，柜柳。桮棬，屈木所爲，若巵匜之屬。語録曰：「桮棬，似今棬杉台子。杞柳，恐是今做合箱底柳，北人以此爲箭，謂之柳箭，即蒲柳也。」告子言人性本無仁義，必待矯揉而後成，如荀子性惡之說也。語録曰：「告子只是認氣爲性，見得性有不善，須拗他方善。」

孟子曰：「子能順杞柳之性而以爲桮棬乎？將戕賊杞柳而後以爲桮棬也。如將戕賊杞柳而以爲桮棬，則亦將戕賊人以爲仁義與？率天下之人而禍仁義

者，必子之言夫。」戕，音墻。與，平聲。夫，音扶。

言如此則天下之人皆以仁義爲害性而不肯爲，是因子之言而爲仁義之禍也。輔氏曰：「不言戕賊性而言戕賊人者，人之所以爲人者，性也。爲仁義之禍者，仁義何可禍哉？人自禍之耳，亦猶言『道非亡也，幽、厲不繇也』云耳。」○真氏曰：「告子之説，蓋謂人性本無仁義，必用力而强爲，若杞柳本非桮棬，必矯揉而後就也。何其昧於理邪！夫仁義即性也，告子乃曰『以人性爲仁義』，如此則性自性，仁義自仁義也，其可乎？夫以杞柳爲桮棬，必斬伐之，屈折之，乃克有成。若人之爲仁義，乃性之所固有。孩提之童，皆知受親，即所謂仁；及其長也，皆知敬兄，即所謂義。何勉强矯拂之有？使告子之言行，世之人必曰仁義乃戕賊人之物，將畏憚而不肯爲，是率天下而害仁義，其禍將不可勝計。此孟子所以不容不辯也。」

○告子曰：「性猶湍水也，決諸東方則東流，決諸西方則西流。人性之無分於善不善也，猶水之無分於東西也。」湍，他端反。

湍，波流瀠回之貌也。輔氏曰：「湍水者，水急流也。水急則波流自然作瀠回之貌。」**告子因前説而小變之，近於揚子善惡混之説。**或問「湍水即揚子之説」。曰：「告子以善惡皆性之所無而生於習，揚子以善惡皆性之所有而成於脩，此亦有小異也。」○輔氏曰：「告子本以氣爲性，此説亦然，故曰『因前説』。然所謂『小變之』者，但前説以性爲惡，必矯揉而後可爲善；而此説則以性爲本無善惡，但可以爲善可以爲惡耳，此其爲小變也。然揚子則謂人性實有善惡相混於中，此則謂性中實無善惡，但由人所爲而分善惡耳，亦不全同，故曰『近』也。」

孟子曰：「水信無分於東西，無分於上下乎？人性之善也，猶水之就下也。人無有不善，水無有不下。

言水誠不分東西矣，然豈不分上下乎？性即天理，未有不善者也。

今夫水，搏而躍之，可使過顙；激而行之，可使在山。是豈水之性哉？其勢則然也。人之可使爲不善，其性亦猶是也。」夫，音扶。搏，補各反。

搏，擊也。躍，跳也。顙，額也。水之過額、在山，皆不就下也。然其本性未嘗不就下，但爲搏激所使而逆其性耳。真氏曰：「水之性未嘗不就下，雖搏之過顙，激之在山，可暫違其本性，而終不能使不復其本性也。」〇此章言性本善，故順之而無不善；本無惡，故反之而後爲惡，非本無定體而可以無所不爲也。輔氏曰：「告子之見，正以爲人之性本無定體，可以爲善可以爲不善故也。夫善是順性而爲[二]，本非難事，而爲善者常若難；惡是反性而

[二] 夫，原作「故」，據通志堂經解本改。

爲，本是難事，而爲惡者常若易。此蓋由氣稟所拘，物欲所蔽，積習之久，以妄爲真而然。故學者須是主敬以涵養，放教生處漸漸熟，熟處漸漸生，然後可以復歸其本，順者自然易而逆者自然難也。」○真氏曰：「告子杞柳之喻既爲孟子所闢，則又小變其説而取喻於湍水。蓋前説專指人性爲惡，至是又謂可以爲善可以爲惡，而借水以明之。不知水之性未嘗不就下，雖搏之過顙，激之在山，可暫違其本性，而終不能使不復其本性也。人之爲不善者固有之矣，然其所以然者，往往爲物欲所誘，利害所移，而非其本然之性也。故雖甚愚無知之人，詈之以惡逆，斥之以盜賊，鮮不變色者，至於見赤子之入井，則莫不怵惕而救之。朱子章旨數言盡之矣。」

○告子曰：「生之謂性。」

生，指人物之所以知覺運動者而言。語録曰：「告子只説那生來底便是性，手足運行、耳目視聽與夫心有知覺之類。他却不知生便屬氣稟，自氣稟而言，人物便有不同處。若説理之謂性則可，然理之在人在物亦不可做一等説。」○又曰：「生之謂性，只是就氣上説得。蓋謂人也有許多知覺運動，物也有許多知覺運動，人物只一般。却不知人之所以異於物者，以其得正氣，故具得許多道理，如物則氣昏，而理亦昏了。」○黄氏曰：「知覺者，人之精神，非所以言性也。」○輔氏曰：「人物之生則有知覺能運動，死則無知覺不能運動也。」告子論性，前後四章，語雖不同，然其大指不外乎此。或問：「子以告子論性數章皆本乎『生之謂性』之一言，何也？」曰：「告子不知理之爲性，乃即人之身而指其能知覺運動者以當之，所謂生者是也。始而見其但能知覺運動，非教不成，故有杞柳之譬。既屈於孟子之言，而病其説之偏於惡也，則又繼而爲湍水之喻，以見其但能知覺運動，而非有善惡之分。又以孟子爲未喻己之意也，則又於此章極其立論之本意而索言之，至於孟子折之，則其説又窮，而終不悟其非也。其以食色爲言，蓋猶生之云耳，而公都子之所引，又湍水之餘論也。以是考之，凡告子之論性，其不外乎『生』之一字明矣。但前此未有深究其弊者，往往隨其所向，各爲一説以與之辯，而不察其所以失之之端獨在於此，是以其説雖多，而訖無一定之論也。」**與近世佛氏所謂「作用是性」者略相似。**語録曰：「禪家説『作用是性』，蓋謂目之視，耳之聽，手之捉執，足之運奔，皆性也。説來説去，只説得箇形而下者。」○又曰：「且如手能執捉，若執刀胡亂殺人，亦可爲性乎？」○陳氏曰：「佛氏把作用是性，便喚蠢動含靈皆有佛性，運水搬柴無非妙用，不過只認得箇氣，而不説著那理爾。」○輔氏曰：「謂略相似者，蓋釋氏又説得周遮無畔岸爾，大略則相類也。」

孟子曰：「生之謂性也，猶白之謂白與？」曰：「然。」「白羽之白也猶白雪之白，白雪之白猶白玉之白與？」曰：「然。」與，平聲，下同。

白之謂白，猶言凡物之白者同謂之白，更無差別也。「白羽」以下，孟子再問而告子曰「然」，則是謂凡有生者同是一性矣。文集曰：「今告子曰『生之謂性，如白之謂白』，而凡白無異白焉，則是指形氣之生者以爲性，而謂人物之所得於天者亦無不同矣。」

「然則犬之性猶牛之性，牛之性猶人之性與？」

孟子又言若果如此，則犬牛與人皆有知覺、皆能運動，其性皆無以異矣。於是告子自知其説之非而不能對也。黄氏曰：「告子既不知性與氣之所以分，而直以氣爲性；又不知氣或不齊，性因有異，而遂指凡有生者以爲同。是以孟子以此語之，而進退無所據也。」○輔氏曰：「以告子無答辭而知之也。孟子反復問之以盡告子之辭，然後告子自知其説之非而不能對。此孟子所以爲知言而善教也。」○愚按：性者，人之所得於天之理也；生者，人之所得於天之氣也。語録曰：「生之謂氣，生之理謂性。」性，形而上者也；氣，形而下者也。語録曰：「形而上者，一理渾然，無有不善；形而下者，則紛紜雜揉，善惡有所分矣。」人物之生，莫不有是性，亦莫不有是氣。然以氣言之，則知覺運動，人與物若不異也；以理言之，則仁義禮智之稟，豈物之所得而全哉？此人之性所以無不善而爲萬物之靈也。文集曰：「問：『中庸章句謂「人物之生，各得其所賦之理，以爲健順五常之性」，或問亦言「人物雖有氣稟之異，而理則未嘗不同」；孟子集註謂「以氣言之，則知覺運動，人與物若不異；以理言之，則仁義禮智之稟，豈物之所得而全哉」，二説似不同。豈氣既不齊，則所賦之理亦隨以異歟？』

曰：『論萬物之一原，則理同而氣異；觀萬物之異體[二]，則氣猶相近，而理絶不同也。氣之異者，粹駁之不齊；理之異者，偏全之或異。』」○又曰：「形氣既具而有知覺、能運動者，生也。有生雖同，然形氣既異，則其生而有得乎天之理亦異。蓋在人則得其全而無有不善，在物則有所蔽而不得其全，是乃所謂性也。」○語録曰：「氣相近，如知寒暖、識飢飽、好生惡死、趨利避害，人與物都一般。理不同，如蜂蟻之君臣，只是他義上有一點明；虎狼之父子，只是他仁上有一點明，其他更推不去。」○又曰：「知覺運動，人物皆異，而其中却有同處。仁義禮智是同，而其中却有異處。須是子細與看，梳理教有條理。」告子不知性之爲理，而以所謂氣者當之，是以杞柳、湍水之喻，食色、無善無不善之説，縱横繆戾，紛紜舛錯，而此章之誤乃其本根。所以然者，蓋徒知知覺運動之蠢然者，人與物同；而不知仁義禮智之粹然者，人與物異也。孟子以是折之，其義精矣。文集曰：「此章乃告子迷繆之本根，孟子開示之要切。蓋知覺運動者，形氣之所爲；仁義禮智者，天命之所賦。學者於此，正當審其偏正全闕，而求知所以自貴於物，不可以有生之同反自陷於禽獸，而不自知己性之大全也。」

○告子曰：「食色，性也。仁，内也，非外也；義，外也，非内也。」

[二] 異，原作「一」，據通志堂經解本改。

告子以人之知覺運動者爲性，故言人之甘食悦色者即其性。輔氏曰：「人之甘食者，知其食之美而甘之也。悦色者，知其色之美而悦之也。知，即知覺也。甘與悦，即運動也。」故仁愛之心生於內，而事物之宜由乎外。學者但當用力於仁，而不必求合於義也。輔氏曰：「告子以仁愛之心生於內，故以仁爲內；事物之宜由乎外，故以義爲外。殊不知愛雖生於心，而可愛之物則在外；事理之宜雖見乎外，而所以宜之者則在內。是於一物之中彊生此二見也。」

孟子曰：「何以謂仁內義外也？」曰：「彼長而我長之，非有長於我也，猶彼白而我白之，從其白於外也，故謂之外也。」長，上聲，下同。

我長之，我以彼爲長也。我白之，我以彼爲白也。語録曰：「告子只知得人心，却不知有道心。只見那趨利避害、飢食飽暖等處，而不知辯別那義利等處正是本然之性。所以道彼長而我長之，蓋謂我無長彼之心，由彼長，故不得不長之，所以指義爲外也。」

曰：「異於白馬之白也，無以異於白人之白也；不識長馬之長也，無以異於長人之長與？且謂長者義乎？長之者義乎？」與，平聲，下同。

張氏曰：「上『異於』二字宜衍。」李氏曰：「或有闕文焉。」愚按：白馬、白人，所謂彼白而我白之也；長馬、長人，所謂彼長而我長之也。白馬、白人不異，而長馬、長人不同，是乃所謂義也。義不在彼之長，而在我長之之心，則義之非外明矣。輔氏曰：「白馬、白人，則但同謂之白可也。至於長馬、長人，則不同矣。人孰肯以長人之心以長馬乎？其所以然者，是乃吾心之義有不同耳。以此觀之，則義不在彼之長而在我長之之心明也。豈可謂義爲外而不事哉？」

曰：「吾弟則愛之，秦人之弟則不愛也，是以我爲悦者也，故謂之内；長楚人之長，亦長吾之長，是以長爲悦者也，故謂之外也。」

言愛主於我，故仁在内；敬主於長，故義在外。

曰：「耆秦人之炙，無以異於耆吾炙，夫物則亦有然者也，然則耆炙亦有外與？」耆，與嗜同。夫，音扶。

言長之、耆之，皆出於心也。輔氏曰：「炙在外而耆之者在我，長在外而長之者在我，理初無異也。」林氏曰：「告子以食色爲性，故因其所明者而通之。」輔氏曰：「林氏正説著孟子意。孟子正欲就告子之説明處以通之也。」○自篇首至此四章，告子之辯屢屈，而屢變其説以求勝，卒不聞其能自反而有所疑也。此正其所謂「不得於言勿求於心」者，所以卒於鹵莽而不得其正也。輔氏曰：「告子自不見性，又不能因孟子之言以致思，徒守其舊所聞者以爲説，雖其辯屢屈，不過屢變其説以求勝。是其意只欲説得行便休，終不肯反求深體以造乎自得之地。皆其不得於言勿求於心者錮之，是以卒於鹵莽而墮於詖淫邪遁之流也。」

○孟季子問公都子曰：「何以謂義內也？」

孟季子，疑孟仲子之弟也。蓋聞孟子之言而未達，故私論之。

曰：「行吾敬，故謂之內也。」

所敬之人雖在外，然知其當敬而行吾心之敬以敬之，則不在外也。

「鄉人長於伯兄一歲，則誰敬？」曰：「敬兄。」「酌則誰先？」曰：「先酌鄉人。」「所敬在此，所長在彼，果在外，非由內也。」長，上聲。

伯，長也。酌，酌酒也。此皆季子問，公都子答，而季子又言，如此則敬長之心，果不由中出也。輔氏曰：「季子因公都子之言而復疑，敬雖在內，而長在外，故以伯兄、鄉人爲問，而曰所敬在此，所長在彼，則敬長之心果不由中出也。」

公都子不能答，以告孟子。孟子曰：「『敬叔父乎？敬弟乎？』彼將曰：『敬叔父。』曰：『弟爲尸，則誰敬？』彼將曰：『敬弟。』子曰：『惡在其敬叔父也？』彼將曰：『在位故也。』子亦曰：『在位故也。庸敬在兄，斯須之敬在鄉人。』」惡，平聲。

尸，祭祀所主以象神，雖子弟爲之，然敬之當如祖考也。在位，弟在尸位，鄉人在賓客之位也。庸，常也。斯須，暫時也。言因時制宜，皆由中出也。愚謂：因時制宜，乃義之事也。兄與叔父固所當敬，此理之常也。若弟在尸位，鄉人在賓客之位，則亦當敬，然此只是暫時之敬耳。或常或暫，因時制宜，則皆本於吾心爾，故曰由中出也。

季子聞之，曰：「敬叔父則敬，敬弟則敬，果在外，非由內也。」公都子曰：「冬日則飲湯，夏日則飲水，然則飲食亦在外也？」

此亦上章耆炙之義。○范氏曰：「二章問答，大指略同，皆反覆譬喻以曉當世，使明仁義之在內，則知人之性善，而皆可以爲堯舜矣。」輔氏曰：「若以義爲外，則便於性之本體偏枯了，安能知人性之本善？既不知人性之本善，則豈能知人皆可以爲堯舜也哉？」

○公都子曰：「告子曰：『性無善無不善也。』

此亦「生之謂性」「食色性也」之意。語録曰：「告子之意，説這性是不管善、不管惡底物事。他説『食色性也』，便見得他只道手能持、足能履、目能視、耳能聽便是物事。」近世蘇氏、胡氏之説蓋如此。蘇氏，名軾，眉山人。胡氏，名宏，安國子。○語録曰：「蘇氏論性，説自上古聖人以來至孔子，不得已而説中説一，未嘗分善惡言也；自孟子道性善，而一與中支矣。更不看道理，只認我説得行底便是。」○又曰：「胡氏知言云：『凡人之生，粹然天地之心，道義全具，無適無莫，不可以善惡辨，不可以是非分。』即告子『性無善無不善』之論。」

或曰：『性可以爲善，可以爲不善。是故文武興則民好善，幽厲興則民好暴。』好，去聲。

此即湍水之説也。

或曰：『有性善，有性不善。是故以堯爲君而有象，以瞽瞍爲父而有舜，以紂爲兄之子且以爲君，而有微子啓、王子比干。』

韓子性有三品之説蓋如此。語録曰：「韓子分三品，却只説得氣，不曾説得性。」○陳氏曰：「韓子謂人之所以爲性者五，曰仁義禮智信。此語似看得性字端的，但分爲三品又差了。三品之説只説得氣稟，然氣稟之不齊蓋或相什百千萬，豈但三品而已哉？他本要求勝荀、揚，却又與荀、揚無甚異。」按此文，則微子、比干皆紂之叔父，而書稱微子爲商王元子，疑此或有誤字。

今曰『性善』，然則彼皆非與？」與，平聲。孟子曰：「乃若其情，則可以爲善矣，乃所謂善也。

乃若，發語辭。輔氏曰：「先儒皆訓若爲順，言順其本然之情則無不善。恐不必如此説。蓋情自善，不待順之而善也。且此『若』字，正與下『若夫』字相對，故斷以爲發語詞。」情者，性之動

也。語録曰：「心如水，情即動處。」○又曰：「情是這心裏動出，有箇路脉，曲折隨物恁地去。」○陳氏曰：「在心裏面未發動底是性。事物觸著便發動出來底是情。這動底，只是就性中發出來，不是别物。」**人之情，本但可以爲善而不可以爲惡，則性之本善可知矣。**文集曰：「情未必皆善也，然而本則可以爲善而不可以爲惡，惟反其情，故爲惡耳。」○語録曰：「性不可説，情却可説，所以告子問性，孟子却答他情。」○輔氏曰：「情只是性之動，性既如此，則情亦如此也。但此則因其情之善，而可以知其性之本善耳。若程子謂：『天下之理，原其所自，無有不善。喜怒哀樂未發，何嘗不善？發而中節，亦何往而不善？』此則又因其性之善，而知其情之無不善也。」○陳氏曰：「情之中節，是從本性發來，便是善，更無不善。其不中節，是感物欲而動，不從本性發來，便有箇不善。孟子論情，有把做善者，是專指其本於性之發者言之。」

若夫爲不善，非才之罪也。夫，音扶。

才，猶材質，人之能也。語録曰：「問『才與材字之别』。曰：『才字是就理義上説，材字是就用上説。孟子説「人見其濯濯也，則以爲未嘗有材」，是用木旁材字，便是指適用底説。「非天之降才爾殊」，便是就理義上説。』問：『才字是以其能解作用底説[二]，材質是合形體説否？』曰：

[二] 才，原作「材」，據通志堂經解本改。

『是兼形體説，便是説那好底材。』問：『如説材料相似否？』曰：『是。』」○又曰：「才是能主張運動做事底。如這事有人會做得，有不會做得，有人會發揮得，有不會發揮得，這處可見其才。」○輔氏曰：「凡物之能爲是器、人之能爲是事者，皆其材質也。」**人有是性則有是才，性既善則才亦善。人之爲不善，乃物欲陷溺而然，非其才之罪也。**或問：「公都子問性，而孟子以情與才告之，何也？」曰：「性之本體，理而已。情則性之動而有爲。才則性之具而能爲者也。性無形象聲臭之可形容也，故以二者言之。誠知二者之本善，則性之爲善必矣。」○語録曰：「問：『孟子論才專言善，何也？』曰：『才本是善，但爲氣所染，故有善、不善，亦是人不能盡其才。人皆有許多才，聖人却做許多事，我不能做得些事出，故孟子謂「或相倍蓰而無筭者，不能盡其才者也」。』」○又曰：「孟子是説本來善底才。」○又曰：「孟子所謂才，止是指本性之發用無有不善處，如人之有才，事事做得出來。一性之中，萬善完備，發將出來，便是才也。」○問：「孟子言情與才皆善，如何？」曰：「情本自善，其發也未有染污，何嘗不善？才只是資質，亦無不善，譬物之白者，未染時只是白也。」○真氏曰：「善者性也，而能爲善者才也。性以體言，才以用言。才本可以爲善而不可以爲惡，今乃至於爲不善者，是豈才之罪哉？陷溺使然也。」

惻隱之心，人皆有之；羞惡之心，人皆有之；恭敬之心，人皆有之；是非之心，人皆有之。惻隱之心，仁也；羞惡之心，義也；恭敬之心，禮也；

是非之心，智也。仁義禮智，非由外鑠我也，我固有之也，弗思耳矣。故曰求則得之，舍則失之。或相倍蓰而無筭者，不能盡其才者也。惡，去聲。舍，上聲。蓰，音師。

恭者，敬之發於外者也。敬者，恭之主於中者也。陳氏曰：「恭就貌上説，敬就心上説。恭主容，敬主事。」鑠，以火消金之名，自外以至内也。筭，數也。言四者之心，人所固有，但人自不思而求之耳，所以善惡相去之遠，由不思不求而不能擴充以盡其才也。語録曰：「惻隱、羞惡，是心也；所以能惻隱、羞惡者，才也。」○輔氏曰：「仁、義、禮、智，性也；惻隱、羞惡、恭敬、辭遜、是非，情也。今但謂之心者，心統性、情者也。四者之心，人所固有，非猶火之鑠金，自外而至内也。但思而求之則常存，舍而不思則失之矣。存則善，失則惡。然有失之多者，有失之少者，有失之久者，有失之暫者，以至於相去之遠，一倍十倍而不可數者，皆由於不思不求而不能廣而充之以盡其才也。」○真氏曰：「性我所固有，非自外來，獨患夫人之弗思弗求爾。夫物有求而弗得者，在外故也。性則求其在我者，何不得之有？本然之才，初無限量，極天下之善，無不可爲者。今乃善惡相去之遠，由不能盡其才也。曰思曰求而又曰盡，此孟子教人用功之至要。」前篇言是四者爲仁義禮智之端，而此不言端者，彼欲其擴而充之，此直因用以著其本體，故言有不同耳。

詩曰：『天生蒸民，有物有則。民之秉夷，好是懿德。』孔子曰：『爲此詩者，其知道乎！故有物必有則，民之秉夷也[二]，故好是懿德。』」好，去聲。

詩，大雅蒸民之篇。蒸，詩作「烝」，衆也。物，事也。則，法也。夷，詩作「彝」，常也。懿，美也。有物必有法，如有耳目則有聰明之德，有父子則有慈孝之心，是民所秉執之常性也，故人之情無不好此懿德者。以此觀之，則人性之善可見。詩傳曰：「天生衆民，有是物必有是則。蓋自百骸、九竅、五藏而達之君臣、父子、夫婦、長幼、朋友，無非物也，而莫不有法焉，如視之明、聽之聰、貌之恭、言之順、君臣有義、父子有親之類是也，是乃民所執之常性，故其情無不好此美德者。」○輔氏曰：「莫非物也，獨舉其耳目、父子言者，蓋耳目則人身之所具而最切者，父子則人身之所接而最親者，故特舉其耳目、慈孝之則而言之，使人就其切近者體而認之，則餘皆可以類推，而性之本善可得而見。」○蔡氏曰：「末舉烝民之詩者，當然之則，無物不體，而此理之妙，實根於人性之本然。惟人之生，各稟其有常之性，所以應事接物皆好此懿美之德而不容已也。所謂『懿德』，即所謂物之則也。其曰『好是』者，即指上文『秉彝』而言也。天命之所賦者，謂之『則』；人性之所稟者，謂之『彝』；存於心而有所得者，則謂之

[二] 夷，原作「彝」，據通志堂經解本改。

『德』，其實一而已矣。孔子又加一『必』字於『有則』之上，加一「故」字於『好是』之上，其旨愈明矣。孟子舉此詩者，蓋謂秉彝好德，心之所好處，即是性之發動處，就性初發動處指出以示人，方見得此性之本善。」**而公都子所問之三說，皆不辨而自明矣。**語録曰：「三者雖同爲說氣質之性，然兩或之說猶知分别善惡，使其知以性而兼言之，則無病矣。惟告子無善無不善之說最無狀。他就此無善無惡之名，渾然無所分别，雖爲善爲惡總不妨也，與今世之不擇善惡而顛倒是非稱爲本性者，何以異哉？」○**程子曰：「性即理也，理則堯舜至於塗人一也。才稟於氣，氣有清濁，稟其清者爲賢，稟其濁者爲愚。學而知之，則氣無清濁，皆可至於善，而復性之本，湯武身之是也。孔子所言下愚不移者，則自暴自棄之人也。」**文集曰：「生而知者，氣極清而理無蔽也。學知以下，則氣之清濁有多寡，而理之全闕繫焉耳。」○語録曰：「天地間只是一道理，性便是理。人之所以有善有不善，只緣氣質之稟各有清濁。」○又曰：「性與氣皆出於天。性只是理，氣則已屬於形象。性之善固無不同，氣便有不齊處。」○問：「才稟於氣，如何？」曰：「氣亦天也。理精一，故純；氣粗，故雜。」○又曰：「理如寶珠，氣如水。有是理而後有是氣，有是氣則必有是理。但稟氣之清者爲聖爲賢，如珠落在清水中；稟氣之濁者爲愚爲暗，如珠落在濁水中。」○輔氏曰：「此所謂才，則是就氣質之性言，與孟子之說少異矣。學而知之，則氣無清濁，皆可至於善，而復性之本者，即張子所謂『善反之，則天地之性存焉』者是也。」又曰：「**論性不論氣，不備；論氣不論性，不明；二之則不是。**」或問「程子之説」。曰：「孟子之言性善者，前聖所未發也。而此言者，又孟子所未發也。」○文集曰：「論性不論氣，則無以見生質之異；論氣不論性，則無以見理義之同。」○語録曰：「本然之性只是至善，然不以氣質而論之，則莫知其有昏明、開塞、剛柔、强弱，故有所不備。徒論氣質之性，而不自本原言之，則雖知有昏明、開塞、剛柔、彊弱之不同，而不知至善之源未嘗有異，故有所不明。須合性與氣觀之，然後盡。」○又曰：「性自是性，氣自是氣，須是兩邊都説，理方明備。二之者，正指上兩句也。」○黄氏曰：「知有天地之性而不知有氣質之性，則得之天地者無以自别於氣質，則如三品之類包括不盡，故曰不備。知有氣質之性而不知有天地之性，則如三品之類包括不盡，故曰不明。然二者本非有異，特所從言之不同耳，故二之則非也。」○陳氏曰：「只論大本而不及氣稟，則所論有欠闕未備。若只論氣稟而不及大本，便只説得粗底，而道理全然不明。千萬世而下，學者只得按他説，更不可改易。」○蔡氏曰：「論性不論氣，是語上而遺下，故不備；論氣不論性，是語下而遺上，故不明。」張子曰：「**形而後有氣質之性，善反之，則天地之性存焉。故氣質之性，君子有弗性者焉。**」或問「氣質之性」。曰：「天地之所以生物者，理也。其生物者，氣與質也。人物得是氣質以成形，而其理之在是者則謂之性。然所謂氣質者，有偏正、純駁、昏明、厚薄之不齊，故性之在是者其爲品亦不一。所謂氣質之性者，告子所謂生之謂性，程子所謂生質之性、所稟之性、所謂才者，皆謂是也。然其本然之理，則純粹至善而已，所謂天地之性者也。孟子所謂性善，程子所謂性之本、所謂極本窮源之性，皆謂此者也。」○語録曰：「論天地之性，則專指理而言。論氣質之性，則以理與氣雜而言之。」○又曰：「天地之性是理也。纔到陰陽五行，便有氣質之性，至此便有昏明厚薄之殊，得其秀而最靈，乃氣質以後事。」○又曰：「天地之性，則太極本然之妙，萬殊之一本也。氣質之性，則二氣交運而生，一本而萬殊也。」○又曰：「氣質之性，便只是這箇天地之性，却從那裏過。好底性如水，氣質之性如殺些醬與鹽，便是一般滋味。」○又曰：「性只是理，然無那天氣地質，則此理没安頓處。但得氣之清明，則不蔽固，此理順發出來；蔽固少者，則天理勝發出來；蔽固多者，則私欲勝。便見得本原之性無有不善，只被氣質有昏濁則隔了，學以反之，則天地之性存矣。故説性須兼氣質言方備。」○又曰：「氣質，陰陽五行所爲。性，即太極之全體。但論氣質之性，即此體墮在氣質之中耳，非別有一性也。」○又曰：「氣質之説起於張、程，極有功於聖門，有補於聖學，讀之使人深有感。」○黄氏曰：「張子分爲天地之性、氣質之性，然後諸子之説定。性善者，天地之性也，餘則所謂氣質之性也。然嘗有疑焉，所謂氣質之性形而後有，則天地之性乃未受生以前天理之流行者，如此則可謂之命，而不可謂之性。曰非此之謂也。蓋自其理而言之，不雜乎氣質而爲言，則是乃天地賦與萬物之本然者而寓乎氣質之中也，故其言曰『善反之，則天地之性存焉』，蓋謂天地之性未嘗離乎氣質之中也。其以天地爲言，特指其純粹至善乃天地賦予之本然也。曰形而後有氣質之性，其所以有善惡之不同，何也？曰氣有偏正，則所受之理隨而偏正；氣有昏明，則所受之理隨而昏明。木之氣盛，則金之氣衰，故仁常多而義常少；金之氣盛，則木之氣衰，故義常多而仁常少。若此者，氣質之性有善惡也。」○陳氏曰：「氣質之性，是以氣稟言之。天地之性，是以大本言之。其實天地之性亦不離乎氣質之中，只是就那氣質中分别出天地之性，不與相雜爲言爾。」**愚按：程子此説「才」字，與孟子本文小異。蓋孟子專指其發於性者言之，故以爲才無不善；程子兼指其稟於氣者言之，則人之才固有昏明强弱之不同矣，張子所謂氣質之性是也。二説雖殊，各有所當，然以事理考之，程子爲密。蓋氣質所稟雖有不善，而不害性之本善；性雖本善，而不可以無省察矯揉之功，學者所當深玩也。**或問：「程子何以言才之有不善也？」曰：「此以其稟於氣者言之也。蓋性不自立，依氣而形，故形生質具，則性之在是者爲氣所拘，而其理之爲善者終不可得而變。但氣之不美者，則其情多流於不善，才亦有時而偏於不善。若其所以爲情與才之本然者，則初亦未嘗不善也。此孟子、程子之説所以小異，而不害其爲同也。」○文集曰：「集註中以程子爲密，即見得孟子所説未免少有疏處。今但以程子爲主而推其説，以陰補孟子之不足，則於理無遺矣。」○語録曰：「孟子所謂才，止是指本性之發用無有不善處，如人之有才，事事做得出來。一善之中萬善完備，發將出來便是才也。如程子論才，却是指氣質而言，所以云有善、不善。」○問：「孟、程所論才字同異。」曰：「才只一般能爲之謂才。才之初亦無不善，緣他氣稟有善惡，故其才亦有善惡。孟子自其同者言之，故以爲出於性。程子則自其異者言之，故以爲稟於氣。大抵孟子多是專以性言，故以爲性善，才亦無不善。到周子、程子、張子，方始説到氣上。要之，須兼是二者言之方備。」○又曰：「程子説才與孟子説才自不同，然不相妨，須是子細看始得。」○輔氏曰：「孟子專以其發於性者言之，故以爲性本善，情與才皆無不善，此固足以使人知性善而皆可爲堯舜矣。程子兼指其稟於氣者言之，則才雖有不善，而初本善。所謂本善，又可見性雖本善，而賦命受生之後，人不可不加省察矯揉之功也，故學者於程子之説尤當深玩。」

○孟子曰：「富歲，子弟多賴；凶歲，子弟多暴。非天之降才爾殊也，其所以陷溺其心者然也。

富歲，豐年也。賴，藉也。豐年衣食饒足，故有所顧藉而爲善；凶年衣食不足，故有以陷溺其心而爲暴。

今夫麰麥，播種而耰之，其地同，樹之時又同，浡然而生，至於日至之時，皆熟矣。雖有不同，則地有肥磽，雨露之養，人事之不齊也。夫，音扶。麰，音牟。耰，音憂。磽，苦交反。

麰，大麥也。耰，覆種也。日至之時，謂當成熟之期也。磽，瘠薄也。

故凡同類者，舉相似也，何獨至於人而疑之？聖人與我同類者。

聖人亦人耳，其性之善無不同也。

故龍子曰：『不知足而爲屨，我知其不爲蕢也。』屨之相似，天下之足同也。

蕢，音匱。

蕢，草器也。不知人足之大小而爲之屨，雖未必適中，然必似足形，不至成蕢也。

口之於味，有同耆也，易牙先得我口之所耆者也。如使口之於味也，其性與人殊，若犬馬之與我不同類也，則天下何耆皆從易牙之於味也？至於味，天下期於易牙，是天下之口相似也。

耆，與嗜同，下同。

易牙，古之知味者。愚按：易牙，齊桓公臣也。淄、澠二水爲食，易牙亦知二水之味，桓公試之輒驗。言易牙所調之味，則天下皆以爲美也。

惟耳亦然。至於聲，天下期於師曠，是天下之耳相似也。

師曠，能審音者也。言師曠所和之音，則天下皆以爲美也。

惟目亦然。至於子都，天下莫不知其姣也。不知子都之姣者，無目者也。

姣，古卯反。

子都，古之美人也。姣，好也。

故曰口之於味也，有同耆焉；耳之於聲也，有同聽焉；目之於色也，有同美焉。至於心，獨無所同然乎？心之所同然者何也？謂理也，義也。聖人先得我心之所同然耳。故理義之悦我心，猶芻豢之悦我口。」

然，猶可也。草食曰芻，牛羊是也。穀食曰豢，犬豕是也。程子曰：「在物爲理，處物爲義，體用之謂也。語録曰：「理是在此物上便有此理，義是於此物上自家處置合如此便是義，義便有箇區處。」○又曰：「凡物皆有理，蓋理不外乎事物之閒。處物爲義，義，宜也，是非可否處之得宜之謂義也。」○又曰：「且如這卓子是物，於理可以安頓物事，我把他如此用，便是義。」○又曰：「揚雄言『義以宜之』，韓愈言『行而宜之之謂義』，若以義爲宜，則義有在外意思。須如程子言『處物爲義』，是則處物者在心而非外也。」○又曰：「非『處物爲義』一句，則後來人恐未免有義外之見。蓋物之宜雖在外，而所以處之使得其宜者則在内也。」○輔氏曰：「事亦物也。凡一事一物，各有一理，理，體也。處其事物使之各得其理，則爲義，用也。此亦先儒之所未及，到程子而其義始明。」孟子言人心無不悦理義者，但聖人則先知先覺乎此耳，非有以異於人也。」輔氏曰：「雖聖人亦只是先知先覺乎此而已，無有不同也。」程子又曰：「理義之悦我心，猶芻豢之悦我口，此語親切有味。須實體察得理義之悦心，真猶芻豢之悦口，始得。」輔氏曰：「芻豢，謂蔬菜五穀也。人之口悦芻豢，自是相投入，相宜相悦，有不可形容者，心之悦理義也亦然，故程子以爲親切有味。學者須是著實體察其意味，方爲有益。」

○孟子曰：「牛山之木嘗美矣，以其郊於大國也，斧斤伐之，可以爲美乎？是其日夜之所息，雨露之所潤，非無萌蘖之生焉，牛羊又從而牧之，是以若彼濯濯也。人見其濯濯也，以爲未嘗有材焉，此豈山之性也哉？蘖，五割反。

牛山，齊之東南山也。邑外謂之郊。言牛山之木前此固嘗美矣，今爲大國之郊，伐之者衆，故失其美耳。息，生長也。日夜之所息，謂氣化流行，未嘗間斷，故日夜之間，凡物皆有所生長也。輔氏曰：「問：『此但言夫物耳，而人之良心亦係於氣化乎？』曰：『古者氣化盛而聖人多，後世氣化衰而聖人少，雖有之而又不得其時與位焉，是亦係乎氣化也。至於平旦之氣，清明之時，良心油然而生長者，則又係乎一身之氣耳，是亦一氣化也。』」萌，芽也。蘖，芽之旁出者也。濯濯，光潔之貌。材，材木也。言山木雖伐，猶有萌蘖，而牛羊又從而害之，是以至於光潔而無草木也。

雖存乎人者，豈無仁義之心哉？其所以放其良心者，亦猶斧斤之於木也，旦旦而伐之，可以爲美乎？其日夜之所息，平旦之氣，其好惡與人相近也者幾希，則其旦晝之所爲，有梏亡之矣。梏之反覆，則其夜氣不足以存；夜氣不足以存，則其違禽獸不遠矣。人見其禽獸也，而以爲未嘗有才焉者，是豈人之情也哉？好、惡，並去聲。

良心者，本然之善心，即所謂仁義之心也。愚謂：仁義，性也，而以心言者，心統乎性也。良心，即仁義之心，即所謂性也。平旦之氣，謂未與物接之時清明之氣也。語録曰：「平旦之氣，只是夜閒息得許多時節，不與事物接，纔惺來，便有得這些自然清明之氣。此心自恁地虚静，少閒纔與物接，依舊又汩没了。」好惡與人相近，言得人心之所同然也。幾希，不多也。語録曰：「其好惡與人相近，但此心存得不多時也。」○又曰：「幾希，不遠也。後人來就『幾希』字下註開了，便覺意不連。」○輔氏曰：「言一身之氣清明，則其良心自然發見，雖未能與聖人同其極致，然亦大綱與人相近，所争不多也。」梏，械也。語録曰：「如被他禁械在那裏，更不容轉動。」反覆，展轉也。文集曰：「反覆，非顛倒之謂，蓋有互换更迭之意。」○又曰：「反覆，只是循環。」言人之良心雖已放失，然其日夜之閒亦必有所生長。語録曰：「問：『凡物日夜固有生長，若良心既放，而無操存之功，則安得自能生長？』曰：『放去未遠，故亦能生長。』」故平旦未與物接，其氣清明之際，良心必猶有發見者。語録曰：「氣清則心清。其日夜之所息，平旦之氣，蓋是静時有這好處發見。」**但其發見至微，而旦晝所爲之不善，又已隨而梏亡之，**語録曰：「問：『平旦之氣甚微小，如何會養得完全？』曰：『不能存得夜氣，皆是旦晝所爲壞了。只是去旦晝理會，這兩字是箇大關鍵，這裏有工夫。」**如山木既伐，猶有萌蘖，而牛羊又牧之也。**語録曰：「牛山之木嘗美矣，是喻人仁義之心。斧斤伐之，猶人之放其良心。非無萌蘖之生，便是平旦之氣，其好惡與人相近處。旦晝之所梏亡，則又所謂牛羊又從而牧之，雖芽蘖之萌，亦且戕賊無餘矣。」**晝之所爲，既有以害其夜之所息；夜之所息，又不能勝其晝之所爲，是以展轉相害。至於夜氣之生日以浸薄，而不足以存其仁義之良心，則平旦之氣亦不能清，**語録曰：「氣只是這箇氣，日裏也生，夜閒也生。只是日閒生底，爲物欲梏亡，隨手又耗散了。夜閒生底，則聚得在那裏，不曾耗散，所以養得那良心。且如日閒目視、耳聽、口裏説話、手足運動，若不曾操存得，無非是耗散底時節。夜閒則停留得在那裏，如水之流，夜閒則關得許多水住在這裏，這一池水便滿，次日又放乾了，到夜裏又聚得些少。若從平旦起時便接續操存而不放，則此氣常生而不已。若日閒不存得此心，夜閒雖聚得些小，又不足以勝其旦晝之梏亡，少閒這氣都乾耗了，便不足以存其仁義之心。」〇又曰：「夜氣是母，所息者是子。蓋所息者本自微了，旦晝只管梏之，今日梏一分，明日梏一分，所謂梏之反覆而所息者泯。夜氣亦不足以存，若能存，便是息得仁義之良心。」〇又曰：「良心當初本有十分，被他展轉梏亡，則他長一分，自家止有九分。明日他又進一分，自家又退，止有八分。他日會進，自家日會退。」○又曰：「今若壞了一分，夜氣漸薄，明日又壞，便成壞兩分，漸漸消，只管無。到消得多，夜氣益薄，雖息一夜，也存不得。」○又曰：「氣清則能存固有之良心，如旦晝之所爲有以汨亂其氣，則良心爲之不存矣。然暮夜止息，稍不紛擾，則良心復生。譬如一井水，終日攪動，他便渾了，那水至夜稍静，便有清水出。所謂夜氣不足以存者，便是攪動得太甚，則雖有止息時，此水亦不能清矣。」而所好惡遂與人遠矣。

故苟得其養，無物不長；苟失其養，無物不消。長，上聲。

山木、人心，其理一也。輔氏曰：「此總結上二段意也。」

孔子曰：『操則存，舍則亡，出入無時，莫知其鄉。』惟心之謂與？」舍，音捨。與，平聲。

孔子言心，操之則在此，捨之則失去，其出入無定時，亦無定處如此。語録曰：「問：『既云操則常存，則疑若有一定之所矣。』曰：『無定所。此四句但言本心神明不測，不存即亡，不出即入，本無定所。如今處處常要操存，安得有定所？』」○陳氏曰：「忽然出，忽然入，無有定時。忽在此，忽在彼，亦無定處。操之便存在此，舍之便亡失了。」孟子引之，以明心之神明不測，得失之易，而保守之難，不可頃刻失其養。學者當無時而不用其力，使神清

氣定，常如平旦之時，則此心常存，無適而非仁義也。輔氏曰：「孔子之説，是直指人心言之。孟子引之，是言人心神明不測，得失之易，而保守之難，學者不可以無持養工夫也。」**程子曰：「心豈有出入？亦以操舍而言耳。操之之道，敬以直内而已。」**或問：「程子以爲心無出入，然則其有出入者，其無乃非心之正邪？」曰：「出而逐物者，固非本心之正，然不可謂本心之外别有出入之心也。但不能操而存之，則其出而逐物於外，與其偶存於内者，皆荒忽無常，莫知其定處耳。然所謂入者，亦非此心既出而復自外入也，亦曰逐物之心暫息，則此心未嘗不在内矣。學者於此苟能操而存之，則此心不放，而常爲主於内矣。」○語録曰：「心豈有出入？出只指外而言，入只指内而言，只是要人操而存之耳，非是如物之散失而後收之也。」○又曰：「操之之道，惟在敬以直内。如今做工夫，却只是這一事最緊要。這主一無適底道理，却是一箇大底，其他道理總包在裏面。」**○愚聞之師曰：「人理義之心未嘗無，唯持守之即在爾。若於旦晝之間不至梏亡，則夜氣愈清。夜氣清，則平旦未與物接之時，湛然虚明氣象自可見矣。」**語録曰：「氣與理本相依。旦晝之所爲不害其理，則夜氣之所養益厚。夜之所息既有助於理，則旦晝之所爲益無不當矣。日間梏亡者寡，則夜氣自然清明虚静，至平旦亦然，至旦暮應事接物時亦莫不然。」○永嘉陳氏曰：「此段境界，乃指示喪失良心者，欲其認取此時體段，從此養去也。蓋平旦之氣乃夜氣之所生，又關乎旦晝之所爲，惟旦晝之所爲者能不與物俱往，則夜氣方和平，既和平，則平旦之氣亦清明。那時有隙光半點萌蘖，便是良心發見處。人於此時能持循涵養，使其萌蘖漸漸光明，則雖當旦晝，也如平旦矣。今人但晨興略略見得微眇，轉步便去利欲血氣上走，終日昏昏，所以索然無有平旦之氣。形雖具而心則亡，於禽獸奚擇焉？」孟子發此夜氣之説，於學者極有力，宜熟玩而深省之也。

○孟子曰：「無或乎王之不智也。

或，與「惑」同，疑怪也。王，疑指齊王。

雖有天下易生之物也，一日暴之，十日寒之，未有能生者也。吾見亦罕矣，吾退而寒之者至矣，吾如有萌焉何哉？易，去聲。暴，步卜反。見，音現。

暴，温之也。我見王之時少，猶一日暴之也；我退則諂諛雜進之日多，是十日寒之也。雖有萌蘖之生，我亦安能如之何哉？真氏曰：「人主之心，養之以理義則明，蔽之以物欲則昏。猶草木然，煖之以陽則生，寒之以陰則悴。正人賢士進見之時常少，理義灌溉之益其能幾何？退而以邪説進者至矣。猶煖之日寡而寒之日多，雖有萌芽，旋復摧折，其如之何哉？」

今夫弈之爲數，小數也，不專心致志則不得也。弈秋，通國之善弈者也。使弈秋誨二人弈，其一人專心致志，惟弈秋之爲聽；一人雖聽之，一心以爲有鴻鵠將至，思援弓繳而射之，雖與之俱學，弗若之矣。爲是其智弗若與？曰非然也。」夫，音扶。繳，音灼。射，食亦反。爲是之爲，去聲。若與之與，平聲。

弈，圍棊也。數，技也。致，極也。弈秋，善奕者名秋也。繳，以繩繫矢而射也。

○程子爲講官，言於上曰：「人主一日之間接賢士大夫之時多，親宦官宮妾之時少，則可以涵養氣質而薰陶德性。」時不能用，識者恨之。范氏曰：「人君之心，惟在所養。君子養之以善則智，小人養之以惡則愚。然賢人易疏，小人易親，是以寡不能勝衆，正不能勝邪。自古國家治日常少而亂日常多，蓋以此也。」輔氏曰：「後世作事無本，知求治而不知正君，知攻過而不知養德。若程子、范氏之説，是乃所謂正君、養德之道。必如是，然後君德成而治有本，庶幾三代可復。不然，雖欲言治，亦苟而已。」

○孟子曰：「魚，我所欲也；熊掌，亦我所欲也。二者不可得兼，舍魚而取熊掌者也。生，亦我所欲也；義，亦我所欲也。二者不可得兼，舍生而取義者也。舍，上聲。

魚與熊掌皆美味，而熊掌尤美也。

生亦我所欲，所欲有甚於生者，故不爲苟得也；死亦我所惡，所惡有甚於死者，故患有所不辟也。惡、辟，皆去聲，下同。釋所以舍生取義之意。得，得生也。欲生惡死者，雖衆人利害之常情，而欲惡有甚於生死者，乃秉彝義理之良心。輔氏曰：「只此二句，便可盡得此一章意。利害者，天下之常情，即所謂私慾也。義理者，秉彝之良心，即所謂天理也。孟子只就欲惡二者之中分別出天理人欲，最爲明切，使學者易於體察也。」是以欲生而不爲苟得，惡死而有所不避也。

如使人之所欲莫甚於生，則凡可以得生者何不用也？使人之所惡莫甚於死者，則凡可以辟患者何不爲也？設使人無秉彝之良心，而但有利害之私情，則凡可以偷生免死者，皆將不顧禮義而爲之矣。輔氏曰：「偷，謂偷竊。免，謂苟免。此兩字說盡私情之意象。惟其不然，則知秉彝之良心乃吾所固有，而利害之私情乃因物而旋生出耳[二]。」

由是則生而有不用也，由是則可以辟患而有不爲也。由其必有秉彝之良心，是以其能舍生取義如此。輔氏曰：「由是之是，蓋指秉彝之良心而

[二] 利，原作「私」，據通志堂經解本改。

言也。」

是故所欲有甚於生者，所惡有甚於死者，非獨賢者有是心也，人皆有之，賢者能勿喪耳。喪，去聲。

羞惡之心人皆有之，但衆人汩於利欲而忘之，惟賢者能存之而不喪耳。輔氏曰：「羞惡之心，即所謂秉彝之良心也。秉彝之良心，是指其全體而言。羞惡之心，則又於全體之中指其所謂義者言之也。忘，猶失記也。義乃吾之性，不解忘失，人但汩没於利欲中而失記之耳。才失記，便與無相似，則是喪亡之矣。存則操而存也，喪則舍而亡也。存之之道，亦惟敬而已矣。」

一簞食，一豆羹，得之則生，弗得則死。嘑爾而與之，行道之人弗受；蹴爾而與之，乞人不屑也。食，音嗣。嘑，呼故反。蹴，子六反。

豆，木器也。嘑，咄啐之貌。行道之人，路中凡人也。蹴，踐踏也。乞人，丐乞之人也。不屑，不以爲潔也。言雖欲食之急而猶惡無禮，有寧死而不食者。是其羞惡之本心，欲惡有甚於生死者，人皆有之也。輔氏曰：「路人與乞丐，人之至微賤者也。簞食、豆羹，生死所繫，利害之至急切者也。於此而猶惡無禮，寧舍之而不食，則羞惡之本心欲惡有甚於生死者，可見人無有無是心者矣。言羞惡而併及夫欲者，羞惡則固爲惡矣，及反之而不羞惡焉者則是所欲也。」

萬鍾則不辨禮義而受之，萬鍾於我何加焉？爲宮室之美、妻妾之奉、所識窮乏者得我與？爲，去聲。與，平聲。

萬鍾於我何加，言於我身無所增益也。所識窮乏者得我，謂所知識之窮乏者感我之惠也。上言人皆有羞惡之心，此言衆人所以喪之由此三者。蓋理義之心雖曰固有，而物欲之蔽亦人所易昏也。輔氏曰：「凡人所以喪其良心者，固不止此三事，但姑舉其端而言之，則其他可以類推矣。理義之心雖是本來固有，然微妙而難存；物欲之蔽雖是旋旋生出，然污下而易溺。此君子所以貴於戰兢自持，而於窒欲克己不敢緩也。」

鄉爲身死而不受，今爲宮室之美爲之；鄉爲身死而不受，今爲妻妾之奉爲之；鄉爲身死而不受，今爲所識窮乏者得我而爲之，是亦不可以已乎？此之謂失其本心。」鄉、爲，並去聲。爲之之爲，並如字。

言三者身外之物，其得失比生死爲甚輕。鄉爲身死猶不肯受嘑蹴之食，今乃爲此三者而受無禮義之萬鍾，是豈不可以止乎？輔氏曰：「生死至重，三者至輕，今乃以重爲輕、以輕爲重者，蓋爲物欲所昏，是以倒行而逆施之，故以『是不可以已乎』警之。深味此言，自能使人惕然有省也。」本心，謂羞惡之心。○此章言羞惡之心人所固有，或能決死生於危迫之際，而不免計豐約於宴安之時，是以君子不可頃刻而不省察於斯焉。輔氏曰：「羞惡之心，雖人之所固有，但危迫之際，私慾未肆，三者之念都未萌芽，故天理之發，其不可遏有如此者。至於宴安之時，私慾紛紜，展轉不已，以至計較豐約，都忘義理之心，乃其勢之使然也。人能於此而省察焉，則知所以存天理而遏人慾矣。」

〇孟子曰：「仁，人心也；義，人路也。

仁者，心之德，程子所謂「心如穀種，仁則其生之性」是也。語録曰：「仁只是天地間一箇生底道理，程子所謂『譬如穀種，仁則其生之性』。玩此，則仁可識矣。」〇又曰：「生之性，便是愛之理。」〇黄氏曰：「心是穀種，心之德是穀種中生之性也。生之性便是理，謂其具此生理而未生也。」〇又曰：「若生出了後已是情，須認得生字不涉那喜怒哀樂去。」然但謂之仁，則人不知其切於己，故反而名之曰人心，則可以見其爲此身酬酢萬變之主，而不可須臾失矣。輔氏曰：「但謂之仁而不著人身上説，則人不知己之所自有，或不知求，或求之外。故反而名之曰人心，反謂反之於身也。既曰人心，則是吾身之所以酬酢萬變之主，豈可以須臾失哉？『失』對『放』字而言。」〇真氏曰：「仁者，心之德也，而孟子直以爲人心者，蓋有此心即有此仁心，而不仁則非人矣。孔門之言仁多矣，皆指其用功處而言。此則徑舉全體，使人知心即仁，仁即心，而不可以二視之也。」義者，行事之且，謂之人路，則可以見其爲出入往來必由之

道，而不可須臾舍矣。輔氏曰：「謂之人路，則是乃吾身出入往來之道，又豈可以須臾舍也。『舍』對『弗求』而言。」○問：「孟子謂『道若大路然』，又曰『義，路也』，道爲義體，義爲道用，均謂之路，何邪？」永嘉陳氏曰：「道以路言，謂事事物物各有當行之路；義亦言路者，謂處事處物各就他當行路上行，故各以路言。然道若大路，則取其明白易知；義爲人路，則取其往來必由。不知道之猶路，無目者也；不知義之猶路，無足者也。此孟子言意別處。」○真氏曰：「義者，人所當行之路，跬步而不由乎此，則陷於邪僻之徑矣。」

舍其路而弗由，放其心而不知求，哀哉！舍，上聲。

「哀哉」二字最宜詳味，令人惕然有深省處。輔氏曰：「集註拈起這兩字説，其警切學者至矣。惕然，則仁之發也。深省，則智之用也。」

人有雞犬放，則知求之；有放心，而不知求。

程子曰：「心至重，雞犬至輕。雞犬放則知求之，心放則不知求，豈愛其至輕而忘其至重哉？弗思而已矣。」輔氏曰：「程子重輕之説，正説著孟子意脉。夫人皆有是心，豈肯愛其至輕而忘其至重哉？特以不思之故，是以昧夫輕重之分如此也。」○真氏曰：「借至輕而喻至重，所以使人知警也。」**愚謂：上兼言仁義，而此下專論求放心者，能求放心則不違於仁而義在其中矣。**輔氏曰：『立人之道曰仁與義，仁，體也；義，用也。體用不可相離，故上兼言之。然仁義之理具於一心，若心放而不知求，則兩失之矣。能求其心則心存，心存則無適而非天理之流行，故曰『不違仁』。既曰無適而非天理之流行，則其應事接物之際必能合乎時措之宜矣，故曰『義在其中』。蓋有體則不能無用矣。」

學問之道無他，求其放心而已矣。」

學問之事固非一端，然其道則在於求其放心而已。語録曰：「學問亦多端矣，而孟子直以爲無他。蓋身如一屋子，心如一家主，有此家主，然後能洒掃門户，整頓事務；若是無主，則此屋不過一荒屋爾，實何用焉？且如中庸言學問思辯四者甚切，然而放心不收，則何者爲學問思辯哉？收斂此心，不容一物，乃是用功也。」○輔氏曰：「誦詩讀書，孝悌忠信，無非學之事也，然其道則皆只欲求其放心而已。」○蔡氏曰：「或者但見孟子有『無他』『而已矣』之語，便以爲不必讀書，不必窮理，只要存本心之説，所以卒流於異學。集註『學問之事固非一端，然其道則在於求放心而已』，正所以發明孟子之本意，以救異學之失[二]。學者切宜字字玩味，不可容易讀過也。」**蓋能如是，則志氣清明，義理昭著，而可以上達。不然，則昏昧放逸，雖曰從事於學，而終不能有所發明矣。**輔氏曰：「志者，心也。氣者，一身之氣，所謂夜氣與平旦之氣是

[二] 救，原作「指」，據通志堂經解本改。

也。志，氣之帥也。義理，則性之所具也。人心存，則志與氣皆清明，而義理自然昭著，由是而可以知性知天。不然，則志氣昏昧而不清明，放逸而不收斂，雖曰從事於學問，而終不能有所發明於己也。」故程子曰：「聖賢千言萬語，只是欲人將已放之心約之，使反復入身來，自能尋向上去，下學而上達也。」語録曰：「須就心上做得主定，方驗得聖賢之言有歸著，自然有契。」○又曰：「只是知求，則心便在，便是反復入身來。」○又曰：「自能尋向上去，這是已得此心方可做去，不是塊然守得這心便了。」○又曰：「看『自能尋向上去，下學而上達也』二句，必不至空守此心、無所用心。」○輔氏曰：「聖賢教人雖曰多方，然其道則不過欲人將已放之心收約之，使反復入身來，則志足以帥氣，無放逸之失，而日就於清明，道足以制欲，無晦蝕之病，而日趨於理義，自能尋向上去，下學而上達也。」此乃孟子開示要切之言，程子又發明之，曲盡其指，學者宜服膺而勿失也。

○孟子曰：「今有無名之指，屈而不信，非疾痛害事也，如有能信之者，則不遠秦楚之路，爲指之不若人也。信，與伸同。爲，去聲。

無名指，手之第四指也。

指不若人，則知惡之；心不若人，則不知惡，此之謂不知類也。」惡，去聲。

不知類，言其不知輕重之等也。

○孟子曰：「拱把之桐梓，人苟欲生之，皆知所以養之者。至於身，而不知所以養之者，豈愛身不若桐梓哉？弗思甚也。」

拱，兩手所圍也。把，一手所握也。桐、梓，二木名。

○孟子曰：「人之於身也，兼所愛。兼所愛，則兼所養也。無尺寸之膚不愛焉，則無尺寸之膚不養也。所以考其善不善者，豈有他哉？於己取之而已矣。

人於一身，固當兼養，然欲考其所養之善否者，惟在反之於身，以審其輕重而已矣。

愚謂：人之於身，無所不愛，則固當無所不養。然體有貴賤小大，養其貴且大者則善，養其賤且小者則不善，此豈待他人言之而後知哉？則亦反之於身而審其輕重於心焉，則自知矣。

體有貴賤，有小大。無以小害大，無以賤害貴。養其小者爲小人，養其大者爲大人。

賤而小者，口腹也。貴而大者，心志也。

今有場師，舍其梧檟，養其樲棘，則爲賤場師焉。舍，上聲。檟，音賈。樲，音貳。

場師，治場圃者。梧，桐也；檟，梓也，皆美材也。樲棘，小棗，非美材也。

養其一指而失其肩背而不知也，則爲狼疾人也。

狼善顧，疾則不能，故以爲失肩背之喻。

飲食之人，則人賤之矣，爲其養小以失大也。爲，去聲。

飲食之人，專養口腹者也。

飲食之人無有失也，則口腹豈適爲尺寸之膚哉？」

此言若使專養口腹，而能不失其大體，則口腹之養，軀命所關不但爲尺寸之膚而已。但養小之人無不失其大者，故口腹雖所當養，而終不可以小害大、賤害貴也。語録曰：「此章言身，則心具焉。『飲食之人無有失也，則口腹豈適爲尺寸之膚哉』，此數句説得倒了也自難曉。意謂使飲食之人真無所失，則口腹之養本無害，然人屑屑理會口腹，則必有所失無疑。是以當知養其大體，而口腹底他自會去討喫，不到得餓了也。」

○公都子問曰：「鈞是人也，或爲大人，或爲小人，何也？」孟子曰：「從其大體爲大人，從其小體爲小人。」

鈞，同也。從，隨也。大體，心也。小體，耳目之類也。

曰：「鈞是人也，或從其大體，或從其小體，何也？」曰：「耳目之官不思，而蔽於物，物交物，則引之而已矣。心之官則思，思則得之，不思則不得也。此天之所與我者，先立乎其大者，則其小者弗能奪也，此爲大人而已矣。」

官之爲言，司也。耳司聽，目司視，各有所職而不能思，是以蔽於外物。既不能思而蔽於外物，則亦一物而已。又以外物交於此物，其引之而去不難矣。語録曰：「問：『蔽是遮蔽否？』曰：『然。』問：『如目之視色，從他去時，便是爲他所蔽，若能思，則視其所當視，不視其所不當視，則不爲他所蔽矣。』曰：『然。若不思，則耳目亦只是一物。』」○又曰：「耳目一物也，外物一物也，以外物而交乎耳目之物，自然被他引去。」○又曰：「上箇物字主外物言，下箇物字主耳目言。」心則能思，而以思爲職。凡事物之來，心得其職，則得其理，而物不能蔽；失其職，則不得其理，而物來蔽之。語録曰：「心固是元有此思，只恃其有此，任他如何，却不得，須是去思則得之，不思則不得也。此是最要緊，須是人自主張起來。」此三者皆天之所以與我者，而心爲大。若能有以立之，則事無不思，而耳目之欲不能奪之矣，此所以爲大人也。語録曰：「立者，卓然竪起此心。」○又曰：「君子固當於思處用工，能不妄思，是能先立其大者。立字下得有力。夫然後耳目之官小者弗能奪也，是安得不爲大人哉？」然「此天」之「此」，舊本多作「比」，而趙註亦以「比方」釋之。今本既多作「此」，而註亦作「此」，乃未詳孰是。但作「比方」於義爲短，故且從今本云。○范浚心箴曰：「茫茫堪輿，俯仰無垠。人於其間，眇然有身。是身之微，太倉稊米。參爲三才，曰惟心耳。往古來今，孰無此心？心爲形役，乃獸乃禽。唯口耳目，手足動靜。投閒抵隙，爲厥心病。一心之微，衆欲攻之。其與存者，嗚呼幾希！君子存誠，克念克敬。天君泰然，百體從令。」浚，婺州人[二]。○或問此章之說。曰：「其要正在夫『先立乎其大者』之一言耳。蓋大者既立，則凡動靜云爲皆主於思而不隨於物，其不中理者鮮矣。范氏之箴蓋得其指，未可易之也。」

○孟子曰：「有天爵者，有人爵者。仁義忠信，樂善不倦，此天爵也；公卿大夫，此人爵也。樂，音洛。

天爵者，德義可尊，自然之貴也。

古之人脩其天爵，而人爵從之。

脩其天爵，以爲吾分之所當然者耳。人爵從之，蓋不待求之而自至也。或問：「有以爲

[二] 州，原作「女」，據通志堂經解本改。

從之者，猶言其任之云爾，如何？」曰：「是蓋嫌其猶有意於人爵之求耳。殊不知此章之意，所以爲天理人欲之別者，特在乎求與不求之閒。有意於求，則是乃所謂『脩天爵以要人爵』者，孟子固已斥之矣。其或不求而自至，則是乃理勢之必至者，而又何嫌之有哉？」

今之人脩其天爵以要人爵，既得人爵而棄其天爵，則惑之甚者也，終亦必亡而已矣。」要，音邀。

要，求也。脩天爵以要人爵，其心固已惑矣；得人爵而棄天爵，則其惑又甚焉，終必并其所得之人爵而亡之也。或問：「脩天爵以要人爵者，雖曰脩之，而實已棄之久矣，何待得人爵之後始謂之棄邪？」曰：「若是者，猶五霸之假仁，猶愈於不假而不脩耳。聖人之心寬宏平正，善善蚤而惡惡遲，不如是之急迫也。且若是言，則彼直棄而不脩者，又將何以處之邪？」

○孟子曰：「欲貴者，人之同心也。人人有貴於己者，弗思耳。

貴於己者，謂天爵也。

人之所貴者，非良貴也。趙孟之所貴，趙孟能賤之。

人之所貴，謂人以爵位加己而後貴也。良者，本然之善也。趙孟，晉卿也。能以爵禄與人而使之貴，則亦能奪之而使之賤矣。若良貴，則人安得而賤之哉？

詩云：『既醉以酒，既飽以德。』言飽乎仁義也，所以不願人之膏粱之味也；令聞廣譽施於身，所以不願人之文繡也。」聞，去聲。

詩，大雅既醉之篇。飽，充足也。願，欲也。膏，肥肉。粱，美穀。令，善也。聞，亦譽也。文繡，衣之美者也。仁義充足而聞譽彰著，皆所謂良貴也。○尹氏曰：「言在我者重，則外物輕。」黄氏曰：「善學者要當深明夫內外輕重之分。在內者重，則在外者輕；在外者愈輕，則在內者愈重。真積力久，胷中泰然，天理流行，一豪物欲不能爲之累。顏子之簞瓢陋巷，曾點之鼓瑟浴沂[二]，翛然悠然，蓋將與造物相爲酬酢，天下之至貴，無以復加於此矣。」

○孟子曰：「仁之勝不仁也，猶水勝火。今之爲仁者，猶以一杯水救一車薪之火也，不熄，則謂之水不勝火，此又與於不仁之甚者也。

與，猶助也。仁之能勝不仁，必然之理也。但爲之不力，則無以勝不仁，而人遂以爲真不能勝，是我之所爲有以深助於不仁者也。語録曰：「以理言之，則正之勝邪，天理之勝人欲，甚易；而邪之勝正，人欲之勝天理，若甚難。以事言之，則正之勝邪，天理之勝人欲，甚難；而邪之勝正，人欲之勝天理，却甚易。蓋纔是蹉跌一兩件事，便被邪來勝將去。若以

[二] 點，原作「子」，據通志堂經解本改。

正勝邪，則須是做得十分工夫方勝得他，然猶自恐，怕勝他未盡在。正如人身正氣稍不足，邪便得以干之矣。」○愚謂：「仁之勝不仁也，猶水勝火」，此以仁之理而言也。「今之爲仁者，猶以一杯水救一車薪之火」，此就人之爲仁者言也。「不熄[二]」，則謂之水不勝火，此又與於不仁之甚也」，此則指當時之人爲仁不至，不能反己，遂謂真不能勝，而自怠於爲仁者言也。如此則深有助於爲不仁者矣。

亦終必亡而已矣。」

言此人之心亦且自怠於爲仁，終必并與其所爲而亡之。○趙氏曰：「言爲仁不至而不反諸己也。」輔氏曰：「能反求諸己，則其身正而天下歸之，如水勝火，斯可見焉。趙氏雖未知夫仁，然以其能求句中意而得之。凡解經者，只當如此。」

○孟子曰：「五穀者，種之美者也，苟爲不熟，不如荑稗。夫仁亦在乎熟之而已矣。」荑，音蹄。稗，蒲賣反。夫，音扶。

荑稗，草之似穀者，其實亦可食，然不能如五穀之美也。但五穀不熟，則反不如荑稗之熟，猶爲仁而不熟，則反不如爲他道之有成。是以爲仁必貴乎熟，而不可徒恃

[二] 熄，原作「息」，據通志堂經解本改。

其種之美，又不可以仁之難熟，而甘爲他道之有成也。輔氏曰：「學者於上一病猶少，於下一病極多。」○尹氏曰：「日新而不已則熟。」輔氏曰：「日新者，日進也。不已者，無間斷也。必如是，然後能熟夫仁。」

○孟子曰：「羿之教人射，必志於彀，學者亦必志於彀。彀，古候反。羿，善射者也。志，猶期也。彀，弓滿也。滿而後發，射之法也。學，謂學射。大匠誨人，必以規矩，學者亦必以規矩。」

大匠，工師也。規矩，匠之法也。○此章言事必有法然後可成。師舍是則無以教，弟子舍是則無以學。曲藝且然，況聖人之道乎？輔氏曰：「集註謂『事必有法然後可成』者，當矣。然彀之所以爲射法者，蓋射必滿而後力始有則，故易於求中。規矩之爲匠法者，器必先正其方圓而無失，方可以言巧。故射者志乎彀，而真積力久焉，則能中矣。工者守乎規矩，而真積力久焉，則能巧矣。若夫教者與受教者，舍彀而言中，舍規矩而言巧，則皆所謂誣也。若夫欲學乎道，而處下闚高，舍近就遠，不務下學而徑欲上達者，則亦終無所成而已矣。」

孟子卷第十一

孟子卷第十二

朱子集註　後學趙順孫纂疏

告子章句下

凡十六章。

任人有問屋廬子曰：「禮與食孰重？」曰：「禮重。」任，平聲。

任，國名。愚按：任，薛同姓之國，在齊、楚之閒。屋廬子，名連，孟子弟子也。

「色與禮孰重？」

任人復問也。

曰：「禮重。」曰：「以禮食則飢而死，不以禮食則得食，必以禮乎？親迎則不得妻，不親迎則得妻，必親迎乎？」迎，去聲。屋廬子不能對。明日之鄒以告孟子。孟子曰：「於答是也何有。於，如字。

何有，不難也。

不揣其本而齊其末，方寸之木可使高於岑樓。揣，初委反。

本，謂下。末，謂上。方寸之木至卑，喻食色。岑樓，樓之高鋭似山者，至高，喻禮。若不取其下之平，而升寸木於岑樓之上，則寸木反高，岑樓反卑矣。輔氏曰：「物之不齊，固當揣其本以齊其末，不可只據其末以定其高卑。」

金重於羽者，豈謂一鉤金與一輿羽之謂哉？

鉤，帶鉤也。金本重而帶鉤小，故輕，喻禮有輕於食色者。羽本輕而一輿多，故重，喻食色有重於禮者。輔氏曰：「物固有重而有輕，然重者少而輕者多，則輕者反重而重者反輕矣。」

取食之重者與禮之輕者而比之，奚翅食重？取色之重者與禮之輕者而比之，奚翅色重？翅，與啻同，古字通用，施智反。

禮食、親迎，禮之輕者也。飢而死以滅其性、不得妻而廢人倫，食色之重者也。奚翅，猶言何但。言其相去懸絶，不但有輕重之差而已。

往應之曰：『紾兄之臂而奪之食則得食，不紾則不得食，則將紾之乎？踰東家牆而摟其處子則得妻，不摟則不得妻，則將摟之乎？』」紾，音軫。摟，音婁。

紾，戾也。摟，牽也。處子，處女也。此二者，禮與食色皆其重者，而以之相較，則禮爲尤重也。○此章言義理事物其輕重固有大分，然於其中又各自有輕重之别。聖賢於此錯綜斟酌，毫髮不差，固不肯枉尺而直尋，亦未嘗膠柱而調瑟。所以斷之，一視於理之當然而已矣。輔氏曰：「章旨之説，於聖賢處事之權度，固已深得其要矣。苟或義理未精，權度未審，則凡於事物膠轕難辨之際，巧者必至於枉尺而直尋，拙者必至於膠柱而調瑟，終不能得夫時措之宜矣。」

○曹交問曰：「人皆可以爲堯舜，有諸？」孟子曰：「然。」趙氏曰：「曹交，曹君之弟也。」愚謂：春秋末曹已滅矣，交特姓曹者爾，謂爲曹君之弟者，趙氏誤也。人皆可以爲堯舜，疑古語，或孟子所嘗言也。輔氏曰：「孟子言必稱堯舜，故恐或是孟子所嘗言。然曹交之問又初不言是孟子説，故疑是古語有之。」

「交聞文王十尺，湯九尺。今交九尺四寸以長，句。食粟而已，如何則可？」

曹交問也。食粟而已，言無他材能也。

曰：「奚有於是？亦爲之而已矣。有人於此，力不能勝一匹雛，則爲無力人矣。今曰舉百鈞，則爲有力人矣。然則舉烏獲之任，是亦爲烏獲而已矣。夫人豈以不勝爲患哉？弗爲耳。勝，平聲。

匹，字本作「鳴」，鴨也，從省作「匹」，禮記説「匹爲鶩」是也。烏獲，古之有力人也，愚按：秦武王好以力戲，力士烏獲至大官。能舉移千鈞。

徐行後長者謂之弟，疾行先長者謂之不弟。夫徐行者，豈人所不能哉？所不爲也。堯舜之道，孝弟而已矣。後，去聲。長，上聲。先，去聲。夫，音扶。

陳氏曰：「孝弟者，人之良知良能，自然之性也。堯舜，人倫之至，亦率是性而已，豈能加毫末於是哉？」輔氏曰：「孩提之童無不知愛其親者，及其長也無不知敬其兄者，是所謂良知良能也。本於性之自然，初非有所勉强矯揉而能也。雖堯舜之聖，爲人倫之至，亦不過率是性而充其量耳，豈能加毫末於其間哉。」楊氏曰：「堯舜之道大矣，而所以爲之，乃在夫行止疾徐之間，非有甚高難行之事也，百姓蓋日用而不知耳。」輔氏曰：「陳氏是就孝弟上説，而極於堯舜之聖。楊氏是就堯舜上説，而本於孝弟之道。二説互相發明，所謂『百姓蓋日用而不知』者，其警發於人尤爲切至也。」

子服堯之服，誦堯之言，行堯之行，是堯而已矣；子服桀之服，誦桀之言，行桀之行，是桀而已矣。」之、行，並去聲。

言爲善爲惡，皆在我而已。詳曹交之問，淺陋麤率，必其進見之時，禮貌衣冠言動之閒多不循理，輔氏曰：「此指其以身之長短與湯、文較也，人皆可以爲堯舜，豈謂是歟？觀此之問，則交蓋全未知夫學。又以孟子所告兩節言之，則其進見之時，禮貌、衣服、言語之不循乎理，其必有所不免矣。」故孟子告之如此兩節云。蔡氏曰：「孟子以人皆可爲堯舜，所以誘曹交之進也，然亦豈謂不假脩爲而即可爲堯舜邪？勉之以孝弟，又勉之以衣服言行之閒，固不以難而沮人，亦不以易而許人。惜乎曹交之不足以進此也。」

曰：「交得見於鄒君，可以假館，願留而受業於門。」見，音現。

假館而後受業，又可見其求道之不篤。輔氏曰：「此亦是富貴者之習氣，都未知那居無求安之味在。」

曰：「夫道，若大路然，豈難知哉？人病不求耳。子歸而求之，有餘師。」夫，音扶。

言道不難知，若歸而求之事親敬長之閒，則性分之内，萬理皆備，隨處發見，無不可師，不必留此而受業也。輔氏曰：「道若大路然，人所共由者也。初匪難知，但患人蔽於私，役於氣，自暴自棄而不肯求耳。誠能即其孝親弟長之良知良能而遡其自然之性，則一性之中，萬理皆備，日用之閒，隨所感處，無不發見，而察之，而體之，則師不必求於外，而得道不必索於外而存矣。」○曹交事長之禮既不至，求道之心又不篤，故孟子教之以孝弟，而不容其受業。蓋孔子餘力學文之意，亦不屑之教誨也。輔氏曰：「使交能因是而思孟子所以不容己受業之故，而得其説，則是亦所以教誨之也。」

○公孫丑問曰：「高子曰：『小弁，小人之詩也。』」孟子曰：「何以言之？」

曰：「怨。」弁，音盤。

高子，齊人也。小弁，小雅篇名。周幽王娶申后，生太子宜臼，又得褒姒，生伯服，而黜申后，廢宜臼。於是宜臼之傅爲作此詩，以敘其哀痛迫切之情也。

曰：「固哉，高叟之爲詩也！有人於此，越人關弓而射之，則己談笑而道之，無他，疏之也；其兄關弓而射之，則己垂涕泣而道之，無他，戚之也。小弁之怨，親親也。親親，仁也。固矣夫，高叟之爲詩也！」關，與彎同。射，食亦反。夫，音扶。

固，謂執滯不通也。爲，猶治也。越，蠻夷國名。道，語也。親親之心，仁之發也。

輔氏曰：「此正程子所謂『性中只有箇仁義禮智而已，曷嘗有孝弟來？仁主於愛，愛莫大於愛親』

者是也。」

曰：「凱風何以不怨？」

凱風，邶風篇名。衛有七子之母，不能安其室，七子作此以自責也。

曰：「凱風，親之過小者也；小弁，親之過大者也。親之過大而不怨，是愈疏也；親之過小而怨，是不可磯也。愈疏，不孝也；不可磯，亦不孝也。

磯，音機。

磯，水激石也。不可磯，言微激之而遽怒也。文集曰：「問：『親之過大，則傷天地之太和，戾父子之至愛，若此而不怨焉，則是坐視其親之陷於大惡，恝然不少動其心，而父子之情益薄矣，此之謂愈疏。親之過小，則特以一時之私心，而少有虧于父子之天性，若此而遽怨焉，則是水中不可容一激石，一有激石則叫號而奮怒矣，此之謂不可磯。故二者均爲不孝也。不可磯是如此否？』曰：『得之。』」

孔子曰：『舜其至孝矣，五十而慕。』」

言舜猶怨慕，小弁之怨，不爲不孝也。○趙氏曰：「生之膝下，一體而分。喘息呼吸，氣通於親。當親而疏，怨慕號天。是以小弁之怨，未足爲愆也。」輔氏曰：「趙氏下此數語，極切當，不易得他究到這裏，學者儘當玩繹。」

〇宋牼將之楚，孟子遇於石丘。牼，口莖反。

宋姓，牼名。石丘，地名。

曰：「先生將何之？」

趙氏曰：「學士年長者，故謂之先生。」

曰：「吾聞秦、楚構兵，我將見楚王說而罷之。楚王不悅，我將見秦王說而罷之。二王我將有所遇焉。」說，音稅。

時宋牼方欲見楚王，恐其不悅，則將見秦王也。遇，合也。按莊子書：「有宋鈃者，禁攻寢兵，救世之戰，上說下教，强聒不舍。」疏云：「齊宣王時人。」以事考之，疑即此人也。

曰：「軻也請無問其詳，願聞其指。說之將何如？」曰：「我將言其不利也。」曰：「先生之志則大矣，先生之號則不可。

徐氏曰：「能於戰國擾攘之中，而以罷兵息民爲說，其志可謂大矣。然以利爲名，則不可也。」輔氏曰：「當戰國擾攘之時，而爲罷兵息民之說，非志之大者固有所不能。然以利害爲說，則不可。此蓋聖學不明，人雖有善心，而不知所以爲之之道，故反陷於不善而不自知也。」

先生以利説秦、楚之王，秦、楚之王悦於利以罷三軍之師，是三軍之士樂罷而悦於利也。爲人臣者懷利以事其君，爲人子者懷利以事其父，爲人弟者懷利以事其兄，是君臣、父子、兄弟終去仁義，懷利以相接，然而不亡者，未之有也。樂，音洛，下同。先生以仁義説秦、楚之王，秦、楚之王悦於仁義而罷三軍之師，是三軍之士樂罷而悦於仁義也。爲人臣者懷仁義以事其君，爲人子者懷仁義以事其父，爲人弟者懷仁義以事其兄，是君臣、父子、兄弟去利，懷仁義以相接也，然而不王者，未之有也。何必曰利？」王，去聲。

此章言休兵息民，爲事則一，然其心有義利之殊，而其效有興亡之異，學者所當深察而明辨之也。真氏曰：「戰國交兵之禍烈矣，宋牼一言而罷之，豈非生民之福而仁人之所甚願者哉？顧利端一開，君臣、父子、兄弟大抵皆見利而動，其禍又有甚於交兵者，是以聖賢不得不嚴其防也。」

○孟子居鄒，季任爲任處守，以幣交，受之而不報。處於平陸，儲子爲相，以幣交，受之而不報。任，平聲。相，去聲，下同。

趙氏曰：「季任，任君之弟。任君朝會於鄰國，季任爲之居守其國也。儲子，齊相也。不報者，來見則當報之，但以幣交，則不必報也。」輔氏曰：「來見則禮意重，幣交則禮意輕也。」

他日由鄒之任，見季子；由平陸之齊，不見儲子。屋廬子喜曰：「連得閒矣。」

屋廬子知孟子之處此必有義理，故喜得其閒隙而問之。

問曰：「夫子之任見季子，之齊不見儲子，爲其爲相與？」爲其之爲，去聲，下同。與，平聲。

言儲子但爲齊相，不若季子攝守君位，故輕之邪？

曰：「非也。書曰：『享多儀，儀不及物曰不享，惟不役志于享。』

書，周書洛誥之篇。享，奉上也。儀，禮也。物，幣也。役，用也。言雖享，而禮意不及其幣，則是不享矣，以其不用志于享故也。蔡氏曰：「享，朝享也。享不在幣而在於禮，幣有餘而禮不足，亦所謂不享也。」〇愚謂：儀物相稱然後成享，一或偏勝，是心有慢上者矣，與不享同。

爲其不成享也。」

孟子釋書意如此。

屋廬子悅。或問之，屋廬子曰：「季子不得之鄒，儲子得之平陸。」

徐氏曰：「季子爲君居守，不得往他國以見孟子，則以幣交，而禮意已備。儲子爲齊相，可以至齊之境內而不來見，則雖以幣交，而禮意不及其物也。」輔氏曰：「不得之鄒而不來，則是制於禮者也。得之平陸而不至，則是簡於禮者也。制於禮者，欲爲而不可。簡於禮者，可爲而不欲。君子之所爲，一視其禮意之輕重，而行吾之義而已。」○蔡氏曰：「此章見孟子於禮意之閒、是否之際，權衡輕重，各稱其宜如此。然皆以幣交而皆受之，豈孟子當時亦有幣交之禮，而季子、儲子皆非惡人，而亦有可受之理歟？」

○淳于髡曰：「先名實者，爲人也；後名實者，自爲也。夫子在三卿之中，名實未加於上下而去之，仁者固如此乎？」先、後、爲，皆去聲。

名，聲譽也。實，事功也。言以名實爲先而爲之者，是有志於救民也；以名實爲後而不爲者，是欲獨善其身者也。名實未加於上下，言上未能正其君，下未能濟其民也。

孟子曰：「居下位，不以賢事不肖者，伯夷也。五就湯，五就桀者，伊尹也。不惡汙君，不辭小官者，柳下惠也。三子者不同道，其趨一也。一者何也？曰仁也。君子亦仁而已矣，何必同？」惡、趨，並去聲。

仁者，無私心而合天理之謂。輔氏曰：「無私心，以存諸心而言。合天理，以行諸外而言。人固有雖無私心而行事有不合天理者，唯仁則內外合、天人備矣。」○問：「論語於令尹子文、陳文子之事，集註引師說以爲，當理而無私心則仁矣；今又以爲仁者無私心而合天理。其先後不同，何也？」曰：「彼就二子之事而言，故以爲當理而無私心；此直指夫仁而言，故曰仁者無私心而合天理。」楊氏曰：「伊尹之就湯，以三聘之勤也。其就桀也，湯進之也。湯豈有伐桀之意哉？其進伊尹以事之也，欲其悔過遷善而已。伊尹既就湯，則以湯之心爲心矣，及其終也，人歸之，天命之，不得已而伐之耳。若湯初求伊尹即有伐桀之心，而伊尹遂相之以伐桀，是以取天下爲心也。以取天下爲心，豈聖人之心哉？」輔氏曰：「楊氏真得湯、伊尹之心，足以洗世儒之惑。」

曰：「魯繆公之時，公儀子爲政，子柳、子思爲臣，魯之削也滋甚。若是乎賢者之無益於國也。」

公儀子，名休，爲魯相。子柳，泄柳也。削，地見侵奪也。髡譏孟子雖不去，亦未必能有爲也。

曰：「虞不用百里奚而亡，秦穆公用之而霸。不用賢則亡，削何可得與？」與，平聲。

百里奚，事見前篇。

曰：「昔者王豹處於淇，而河西善謳。緜駒處於高唐，而齊右善歌。華周、杞梁之妻善哭其夫，而變國俗。有諸內必形諸外。爲其事而無其功者，髠未嘗覩之也。是故無賢者也，有則髠必識之。」華，去聲。

王豹，衛人，善謳。淇，水名。愚按：淇水出漢河內郡共縣北山，東至黎陽入河。緜駒，齊人，善歌。高唐，齊西邑。華周、杞梁，二人皆齊臣，戰死於莒，其妻哭之哀，國俗化之皆善哭。髠以此譏孟子仕齊無功，未足爲賢也。

曰：「孔子爲魯司寇，不用，從而祭，燔肉不至，不稅冕而行。不知者以爲爲肉也，其知者以爲爲無禮也。乃孔子則欲以微罪行，不欲爲苟去。君子之所爲，衆人固不識也。」稅，音脱。爲肉、爲無之爲，去聲。

按史記：「孔子爲魯司寇，攝行相事。齊人聞而懼，於是以女樂遺魯君。季桓子與魯君往觀之，怠於政事。子路曰：『夫子可以行矣。』孔子曰：『魯今且郊，如致膰于大夫，則吾猶可以止。』桓子卒受齊女樂，郊又不致膰俎于大夫，孔子遂行。」孟子言以爲爲肉者，固不足道；以爲爲無禮，則亦未爲深知孔子者。蓋聖人於父母之國，不欲顯其君相之失，又不欲爲無故而苟去，故不以女樂去，而以膰肉行。其見幾明決，而用意忠厚，固非衆人所能識也。然則孟子之所爲，豈髡之所能識哉？輔氏曰：「觀孟子引孔子之事以答淳于髡，則孟子之去齊，亦必有所爲而不欲言之者矣。至孔子之事，集註以『見幾明決，用意忠厚』兩語斷之，亦可謂善言聖人也。不曰『髡所不識』，但曰『衆人固不識』者，此又見孟子忠厚之意。」○尹氏曰：「淳于髡未嘗知仁，亦未嘗識賢也，宜乎其言若是。」輔氏曰：「尹氏斷髡甚當，唯其如此，故承當孟子之言不得也。」

○孟子曰：「五霸者，三王之罪人也。今之諸侯，五霸之罪人也。今之大夫，今之諸侯之罪人也。

趙氏曰：「五霸，齊桓、晉文、秦穆、宋襄、楚莊也。三王，夏禹、商湯、周文武也。」丁氏曰：「夏昆吾，商大彭、豕韋，周齊桓、晉文，謂之五霸。」丁氏，名公著，唐蘇州人。○輔氏曰：「此必有所傳授，決非臆説。夫齊桓、晉文之霸，亦恐非創始爲之，必有所自來，故取其説而附見之。」○愚謂：丁氏説本杜預春秋傳註。

天子適諸侯曰巡狩，諸侯朝於天子曰述職。春省耕而補不足，秋省斂而助不給。入其疆，土地辟，田野治，養老尊賢，俊傑在位，則有慶，慶以地。入其疆，土地荒蕪，遺老失賢，掊克在位，則有讓。一不朝，則貶其爵；再不朝，則削其地；三不朝，則六師移之。是故天子討而不伐，諸侯伐而不討。五霸者，摟諸侯以伐諸侯者也，故曰五霸者，三王之罪人也。朝，音潮。辟，與闢同。治，平聲。

慶，賞也，益其地以賞之也。掊克，聚斂也。讓，責也。移之者，誅其人而變置之也。討者，出命以討其罪，而使方伯連帥帥諸侯以伐之也。伐者，奉天子之命，聲其罪而伐之也。摟，牽也。五霸牽諸侯以伐諸侯，不用天子之命也。自「入其疆」至「則有責」，言巡狩之事。自「一不朝」至「六師移之」，言述職之事。

五霸，桓公爲盛。葵丘之會諸侯，束牲載書而不歃血。初命曰：『誅不孝，無易樹子，無以妾爲妻。』再命曰：『尊賢育才，以彰有德。』三命曰：『敬老慈幼，無忘賓旅。』四命曰：『士無世官，官事無攝，取士必得，無專殺大夫。』五命曰：『無曲防，無遏糴，無有封而不告。』曰：『凡我同盟之人，既盟之後，言歸于好。』今之諸侯皆犯此五禁，故曰今之諸侯，五霸之罪人也。

畝，所洽反。糴，音狄。好，去聲。

按春秋傳僖公九年：「葵丘之會，陳牲而不殺，讀書加於牲上，壹明天子之禁。」輔氏曰：「但一意以明天子之禁而已。」樹，立也。已立世子，不得擅易。初命三事，所以脩身正家之要也。輔氏曰：「不孝是惡之大者，故居首。世子必告於天子而後立，既立，則豈可擅自易之？不孝是不子，易樹子是不父，以妾爲妻則無夫婦之道。」賓，賓客也。旅，行旅也。皆當有以待之，不可忽忘也。士世祿而不世官，恐其未必賢也。官事無攝，當廣求賢才以充之，不可以闕人廢事也。取士必得，必得其人也。無專殺大夫，有罪則請命于天子而後殺之也。無曲防，不得曲爲隄防，壅泉激水，以專小利，病鄰國也。無遏糴，鄰國凶荒，不得閉糴也。無有封而不告者，不得專封國邑而不告天子也。長君之惡其罪小，逢君之惡其罪大。今之大夫皆逢君之惡，故曰今之大夫，今之諸侯之罪人也。」長，上聲。

君有過不能諫，又順之者，長君之惡也。君之過未萌，而先意導之者，逢君之惡也。輔氏曰：「長君之惡者，無能而巽懦，阿諛之人也。逢君之惡者，有才而傾險，陰邪之人也。」〇林氏曰：「邵子有言：『治春秋者，不先治五霸之功罪，則事無統理，而不得聖人之心。春秋之閒，有功者未有大於五霸，有過者亦未有大於五霸。故五霸者，功之首，罪之魁也。』孟子此章之義，其亦若此也與？」然五霸得罪於三王，今之諸侯得罪於五霸，皆出於異世，故得以逃其罪。至於今之大夫，宜得罪於今之諸侯，則同時矣。而諸侯非惟莫之罪也，乃反以爲良臣而厚禮之。不以爲罪而反以爲功，何其繆哉！」

輔氏曰：「邵子可謂善治春秋者，孟子雖取桓公之五命，而又以五霸爲三王之罪人，得春秋之大指矣。」

○魯欲使愼子爲將軍。

愼子，魯臣。

孟子曰：「不教民而用之，謂之殃民。殃民者，不容於堯舜之世。

教民者，教之禮義，使知入事父兄，出事長上也。用之，使之戰也。輔氏曰：「能如是而教其民，乃可以即戎使之敵愾禦侮，臨戰之際，皆如手足之扞頭目，子弟之衛父兄矣。不然，則是陷之於死地也，故謂之殃民。在堯舜之仁政，豈容之哉？」

一戰勝齊，遂有南陽，然且不可。」

是時魯蓋欲使愼子伐齊，取南陽也。輔氏曰：「只以孟子獨言『遂有南陽』，便可見也。」故孟子言就使愼子善戰有功如此，且猶不可。

慎子勃然不悅，曰：「此則滑釐所不識也。」滑，音骨。

滑釐，慎子名。

曰：「吾明告子。天子之地方千里，不千里，不足以待諸侯。諸侯之地方百里，不百里，不足以守宗廟之典籍。

待諸侯，謂待其朝覲聘問之禮。宗廟典籍，祭祀會同之常制也。輔氏曰：「觀此二句，則知先王之制，封國大小自有意義，豈私意可得而損益之哉？」

周公之封於魯，爲方百里也，地非不足，而儉於百里。太公之封於齊也，亦爲方百里也，地非不足也，而儉於百里。

二公有勳勞於天下，而其封國不過百里。語録曰：「問：『王制與孟子同，而周禮諸公之地封疆方五百里，諸侯方四百里，伯三百里，子二百里，男百里。鄭氏以王制爲夏、商制，謂夏、商中國方三千里，周公斥而大之，中國方七千里，所以不同。』曰：『鄭氏只文字上説得好看，然甚不曉事情。且如百里之國，周人欲增到五百里，須併四箇百里國地方做得一國。其所併四國，又當別列地以封之。如此，則天下諸侯東遷西移，改立宗廟社稷，皆爲之騷動矣。如此趲去，不數大國，便無地可容了，許多國何以處之？恐不其然。竊意其初只方百里，後來吞併，遂漸漸大。如禹會諸侯於塗山，執玉帛者萬國，到周時只千八百國，自非吞併，如何不見許多國？武王時，諸國地已大，武王亦不奈何，只得就而封之。當時封許多功臣之國，緣當初滅國者五十，得許多空地可封，不然，則周公、太公亦自無安頓處。孟子百里之說，亦只是大綱如此說，不是實攷得見古制。』」儉，止而不過之意也。

今魯方百里者五。子以爲有王者作，則魯在所損乎？在所益乎？魯地之大，皆并吞小國而得之。有王者作，則必在所損矣。

徒取諸彼以與此，然且仁者不爲，况於殺人以求之乎？徒，空也，言不殺人而取之也。輔氏曰：「不殺人而取彼與此，仁者猶且不爲，以其非所當得故也，況於殃民而求廣土地者乎？」

君子之事君也，務引其君以當道，志於仁而已。」當道，謂事合於理。志仁，謂心在於仁。輔氏曰：「事合於理，則必不敢并小以爲大。心在於仁，則必不肯殺人以從欲。然此亦内外之符也。心苟在於仁，則事必合於理矣。先言當道者，就事說故耳。」○真氏曰：「道之與仁，非有二也。以事之理而言，則曰道。以心之德而言，則曰仁。心存於仁，則其行無不合道矣。」

○孟子曰：「今之事君者曰：『我能爲君辟土地，充府庫。』今之所謂良臣，古之所謂民賊也。君不鄉道，不志於仁，而求富之，是富桀也。爲，去聲。

辟，與闢同。鄉，與向同，下皆同。

辟，開墾也。

『我能爲君約與國，戰必克。』今之所謂良臣，古之所謂民賊也。君不鄉道，不志於仁，而求爲之强戰，是輔桀也。

約，要結也。與國，和好相與之國也。

由今之道，無變今之俗，雖與之天下，不能一朝居也。」

言必争奪而至於危亡也。輔氏曰：「自當時觀之，孟子之説似若過當。然其後六國卒併於秦，而秦亦不二世而亡，則孟子之言驗矣。」

○白圭曰：「吾欲二十而取一，何如？」

白圭，名丹，周人也。欲更税法，二十分而取其一分。林氏曰：「按史記，白圭能薄飲食，忍嗜欲，與童僕同苦樂，樂觀時變，人棄我取，人取我與，以此居積致富。其爲此論，蓋欲以其術施之國家也。」

孟子曰：「子之道，貉道也。貉，音陌。

貉，北方夷狄之國名也。

萬室之國，一人陶，則可乎？」曰：「不可，器不足用也。」

孟子設喻以詰圭，而圭亦知其不可也。

曰：「夫貉，五穀不生，惟黍生之，無城郭宮室、宗廟祭祀之禮，無諸侯幣帛、饔飧，無百官有司，故二十取一而足也。夫，音扶。

北方地寒，不生五穀，黍早熟，故生之。饔飧，以飲食饋客之禮也。

今居中國，去人倫，無君子，如之何其可也？

無君臣、祭祀、交際之禮，是去人倫。無百官有司，是無君子。

陶以寡，且不可以爲國，況無君子乎？

因其辭以折之。

欲輕之於堯舜之道者，大貉小貉也；欲重之於堯舜之道者，大桀小桀也。」

什一而稅，堯舜之道也。多則桀，寡則貉。今欲輕重之，則是小貉小桀而已。輔氏曰：「什一，中正之制也，故以爲堯舜之道。三代聖人雖因時損益，有所不同，然一本於中正，則無以異也。惟其中正，所以行之天下而安，傳之萬世而無弊。周衰，王制盡廢，兼并之俗起，而貧富遂以不均。白圭屢身禁欲[二]，樂觀時變，知取知予，以此居積致富，此三代盛時所無有也。其犯先王之禁大矣，顧乃私憂過計，創爲輕賦之説，欲以其術施之國家，故孟子明辨其不可。觀其始，則取其事之易辨者以開其智，中則歷陳其不可之實以破其説，末則舉堯舜之道不可得而輕重者使之有所歸著，亦可謂委曲詳盡矣。」

○白圭曰：「丹之治水也愈於禹。」

趙氏曰：「當時諸侯有小水，白圭爲之築隄，壅而注之他國。」

孟子曰：「子過矣。禹之治水，水之道也。

順水之性也。

是故禹以四海爲壑，今吾子以鄰國爲壑。

壑，受水處也。

水逆行，謂之洚水，洚水者，洪水也，仁人之所惡也。吾子過矣。」惡，去聲。

水逆行者，下流壅塞，故水逆流。今乃壅水以害人，則與洪水之災無異矣。

[二] 白，原作「自」，據通志堂經解本改。

○孟子曰：「君子不亮，惡乎執？」惡，平聲。亮，信也，與諒同。輔氏曰：「以實之謂信，不信則不實，不實則無物，而輕飄浮揺，故凡事苟且，無所執守也。此與『論人而無信』章同意，此以守言，彼以行言也。」惡乎執，言凡事苟且，無所執持也。永嘉陳氏曰：「此可以言不敬，而却謂之不亮，蓋不信實者，必苟且自欺也。」

○魯欲使樂正子爲政。孟子曰：「吾聞之，喜而不寐。」喜其道之得行。

公孫丑曰：「樂正子强乎？」曰：「否。」「有知慮乎？」曰：「否。」「多聞識乎？」曰：「否。」知，去聲。

此三者，皆當世之所尚，而樂正子之所短，故丑疑而歷問之。輔氏曰：「强，謂有强力可辦事者，戰陳之事皆在其中。有智慮，謂能爲計謀，如縱横捭闔皆是也。多聞識，謂廣聞博識，多知而能言之士也。此三者，皆戰國之所尚，而善信之士所不屑也。」

「然則奚爲喜而不寐？」

丑問也。

曰：「其爲人也好善。」好，去聲，下同。「好善足乎？」

丑問也。

曰：「好善優於天下，而況魯國乎？

優，有餘裕也。言雖治天下尚有餘力也。愚謂：善取於己，則有盡；善取於人，則無窮，此其所以雖治天下猶有餘力也。

夫苟好善，則四海之内皆將輕千里而來告之以善。夫，音扶，下同。

輕，易也。言不以千里爲難也。輔氏曰：「上之人好善，則人有善者喜得其伸，故不以千里之遠爲難致而皆來告之也。」

夫苟不好善，則人將曰：『訑訑，予既已知之矣。』訑訑之聲音顔色，距人於千里之外。士止於千里之外，則讒諂面諛之人至矣。與讒諂面諛之人居，國欲治，可得乎？」訑，音移。治，去聲。

訑訑，自足其智，不嗜善言之貌。輔氏曰：「世閒此等人亦甚多，然其所謂智者，乃所以爲愚也。然原其始，則起於『予既已知之』之意萌于中而已，可不畏乎！」君子小人迭爲消長，直諒多聞之士遠，則讒諂面諛之人至，理勢然也。○此章言爲政，不在於用一己之長，而貴於有以來天下之善。輔氏曰：「公孫丑所問三者，不過是己之長而已。所謂『貴於有以來天下之善』者，蓋指四海之內輕千里而來而告之以善而言也。」

其目在下。

○陳子曰：「古之君子何如則仕？」孟子曰：「所就三，所去三。

迎之致敬以有禮，言將行其言也，則就之；禮貌未衰，言弗行也，則去之。所謂見行可之仕，若孔子於季桓子是也。受女樂而不朝，則去之矣。

其次，雖未行其言也，迎之致敬以有禮，則就之；禮貌衰，則去之。所謂際可之仕，若孔子於衛靈公是也。故與公遊於囿，公仰視蜚鴈，而後去之。

其下，朝不食，夕不食，飢餓不能出門户。君聞之，曰：『吾大者不能行其道，又不能從其言也，使飢餓於我土地，吾恥之。』周之，亦可受也，免死而已矣。」

所謂公養之仕也。君之於民，固有周之之義，況此又有悔過之言，所以可受。然未至於飢餓不能出門户，則猶不受也。其曰免死而已，則其所受亦有節矣。輔氏曰：「見行可之仕，謂見其可行之幾而仕也。際可之仕，謂因其交際之禮爲可而仕也。公養之仕，謂因君以周民爲義養己而仕也。見其有可行之幾而仕，故言之弗行則去之。以其交際之禮爲可而仕，故禮貌一衰則去之。此皆不以勢利而變其初心也。爲君以周民爲義養己而仕，則飢餓瀕死然後受之。然其受之，亦以免死無累其君則已矣，固不可苟安貪得而因以爲利也。言將行其言也，則就之，爲道而仕也。迎之致敬以盡禮，則就之，爲禮而仕也，道在我，禮在彼。至於周之，亦可受也，則享其意而已，此君子之不得已也。」○又曰：「集註恐後之貪利苟得者，以是藉口而全不顧彼己之義，遂流於欲而不自知也，故言此以防警之爾。然使上之賜下，正周其身，下受其賜，止以免其死，則時可知矣。」

○孟子曰：「舜發於畎畝之中，傅說舉於版築之間，膠鬲舉於魚鹽之中，管夷吾舉於士，孫叔敖舉於海，百里奚舉於市。說，音悦。

舜耕歷山，三十登庸。說築傅巖，武丁舉之。膠鬲遭亂，鬻販魚鹽，文王舉之。管仲囚於士官，桓公舉以相國。孫叔敖隱處海濱，楚莊王舉之爲令尹。百里奚事，見前篇。

故天將降大任於是人也，必先苦其心志，勞其筋骨，餓其體膚，空乏其身，行拂亂其所爲，所以動心忍性，曾益其所不能。曾，與增同。

降大任，使之任大事也，若舜以下是也。空，窮也。乏，絶也。拂，戾也。言使之所爲不遂，多背戾也。動心忍性，謂竦動其心，堅忍其性也。輔氏曰：「竦動其心則心活，堅忍其性則性定。心活則不爲欲所役，性定則不爲氣所動。」然所謂性，亦指氣稟食色而言耳。程子曰：「若要熟，也須從這裏過。」語録曰：「只是要事事經歷過，似一條路，須每日從上面往來，行得熟了，方認得許多險阻去處。若素不曾行，忽然一旦撞行取去，少間定墮坑落塹去也。」○輔氏曰：「人不經憂患困窮、頓挫摧屈，則心不平，氣不易，察理不盡，處事多率，故謂『人要熟，須從這裏過』。」○永嘉陳氏曰：「更嘗變故多，則閲義理之會熟。熟，謂義理與自家相便習，如履吾室中。」

人恒過，然後能改。困於心，衡於慮，而後作；徵於色，發於聲，而後喻。

衡，與横同。

恒，常也，猶言大率也。横，不順也。作，奮起也。徵，驗也。喻，曉也。此又言中人之性，常必有過，然後能改。蓋不能謹於平日，故必事勢窮蹙，以至困於心，横於慮，然後能奮發而興起；不能燭於幾微，故必事理暴著，以至驗於人之色，發於人之聲，然後能警悟而通曉也。語録曰：「困心衡慮者，人覺其有過。徵色發聲者，其過形於外。」○輔氏曰：「舜，大聖人之事也。傳説而下，則皆上智之事也。自『人常過』而下，則中人之事也。纔言『常過，而後能改』，便見是中人之性矣。下兩句只是改過之事，雖是不能謹於平日，至於事勢窮蹙，困心横慮，始能奮發而興起，然必竟是其才尚足以有爲；雖是不能燭於幾微，至於事理暴著，證色發聲，始能警悟而通曉，然必竟是其智尚足以有察，如此故亦可以進於善。若至是而猶不之覺焉，則下愚而已。」

入則無法家拂士，出則無敵國外患者，國恒亡。拂，與弼同。

此言國亦然也。輔氏曰：「上既言上智、中人之事矣，故此推言在國亦然。」法家，法度之世臣也。拂士，輔拂之賢士也。輔氏曰：「法度之世臣，則能正其失於事。輔拂之賢士，則能救其過於身。」

然後知生於憂患而死於安樂也。」樂，音洛。

以上文觀之，則知人之生全出於憂患，而死亡由於安樂矣。輔氏曰：「憂患則知儆戒，知儆戒則心體流行而不息，是生道也。安樂則怠肆，怠肆則心死矣，心死則身亦隨之。」○尹氏曰：「言困窮拂鬱，能堅人之志，而熟人之仁，以安樂失之者多矣。」輔氏曰：「此言深切，非深履而得其味者不能知。」

○孟子曰：「教亦多術矣。予不屑之教誨也者，是亦教誨之而已矣。」

多術，言非一端。屑，潔也。語録曰：「考孟子不屑就與不屑不潔之言，屑字皆當作潔字解。」不以其人爲潔而拒絶之，所謂不屑之教誨也。語録曰：「如『坐而言，不應』『隱几而臥』之類。」其人若能感此，退自脩省，則是亦我教誨之也。○尹氏曰：「言或抑或揚，或與或不與，各因其才而篤之，無非教也。」

孟子卷第十二

孟子卷第十三

朱子集註　後學趙順孫纂疏

盡心章句上

凡四十六章。

孟子曰：「盡其心者，知其性也。知其性，則知天矣。

心者，人之神明，所以具衆理而應萬事者也。語録曰：「這箇神明不測、至虛至靈，是甚次第！」○黄氏曰：「心也者，與生俱生者也，虛靈而善應，神妙而不測，主宰乎一身，總括乎衆理，應酬乎萬事。」性則心之所具之理。語録曰：「性，便是許多道理得之於天而具於心者。」而天又理之所從以出者也。文集曰：「天，以公共道理而言。」○輔氏曰：「此三語斷置得心、性、天三者可謂精密矣。」人有是心，莫非全體，然不窮理，則有所蔽而無以盡乎此心之量。故能極其心之全體而無不盡者，必其能窮夫理而無不知者也。或問：「心，無限量者也，此其言盡心，何也？」曰：「心之體無所不統，而其用無所不周者也。今窮理而貫通以至於無所不知，則固盡其無所不統之體，無所不周之用矣。是以平居静處，虚明洞達，固無毫髮疑慮存於胷中，至於事至物來，則雖舉天下之物，或素所未嘗接於耳目思慮之閒者，亦無不判然迎刃而解，此其所以爲盡心。而所謂心者，則固未嘗有限量也。」曰：「然則心之爲物，與其盡之之方，奈何？」曰：「由窮理致知積累其功，以至於盡心，則心之體用在我，不必先事揣量，著意想象，而別求所以盡之也。」○語録曰：「盡心如明鏡，無些子蔽翳，只看鏡子，若有些子照不見處，便是本身有些塵汙。此心本來虚靈，萬理具備，事事物物皆所當知。今人多是氣質偏了，又爲物欲所蔽，故昏而不能盡知。故聖賢所以貴於窮理。」○又曰：「心性本不可分，況其語脉是『盡其心者，知其性』。心只是包著這道理，盡知得其性之道理，便是盡其心。此句文義與『得其民者，得其心也』相似。性者，吾心之實理，若不知得，却盡箇甚？」○輔氏曰：「此數語説得知性始能盡心，尤爲明白。性雖是無形像，却是實理。心似乎有形像，然其體却虚，惟其虚，故神明不測，容受得衆理而應變不窮。性只是理，雖無形像，而實具於心，可以體認識察。若未能究窮得此實理，便要盡其心之體量，則懸空無下手處，將久不墮於虚無滉漾之中則無奈這心何，視之如寇賊而不可制矣。惟能於實理上窮究得一一分明，則心之神明都無所蔽，而運用酬酢可以盡其體量之大。且如性之實理莫大於仁義禮智，人須是就此四者上體認得明，各極其至，更無一毫蔽惑，然後吾心之體至通至明，隨其運量亦無一豪慊闕，斯爲盡其心矣。」○陵陽李氏曰：「舊説謂盡心則知性[二]，知性則知天，而集註異焉。信如舊説，當云『盡其心則知其性矣，知其性則知天矣』，而後文義相協。今乃不然，故集註别按本文，更定今説。程子曰：『自理言之謂之天，自稟受言之謂之性，自存諸人者言之謂之心。』三者蓋所從言之異耳，要之，性即理也，理則一而已矣。故凡能盡此心者，必其知此性者也。苟不知之，若之何其盡之？既知之矣，則所謂天者，豈外此而他求哉？世之學者每有心小性大之蔽，意謂必先盡其心，而後可以循致其極，以知天性。殊不知性與心初無閒，而知與盡則有序。性與心無閒，則謂知性故能盡心者，於義爲得。知與盡有序，則謂盡之爲先而知之爲後者，是失其先後之倫也。讀者可以曉然無疑矣。」○蔡氏曰：「李氏説於集註極有功。但心小性大之辨，特以性與心初無閒言之，則恐其猶未盡心統性情之辨耳。」**既知其理，則其所從出亦不外是矣。**語録曰：「天者，便脱模是一箇大底人，人便是一箇小底天。吾之仁義禮智，即是天之元亨利貞，凡吾之所有者，皆自彼而來也。故知吾性，則自然知天矣。」○輔氏曰：「知性而盡心者，譬如一家主，盡識得一家中所有之物，然後隨取隨有，隨用隨足，方盡得家主之職。知性而知天，則如家主既識得家中之物，則自然知其物所來處，此物是何從而來，此

[二] 謂，原作「得」，據通志堂經解本改。

物是何緣而有也。」以大學之序言之，知性則物格之謂，盡心則知至之謂也。語録曰：「物字對性字，知字對心字。」〇又曰：「物格者，物理之極處無不到，知性也。知至者，吾心之所知無不盡，盡心也。」〇又曰：「不知性不能以盡其心，物格而後知至也。」〇又曰：「知得到時，必盡我這心去做，如事君必要極於忠，爲子必要極於孝，不是備禮如此。既知得到這裏，若於心有些子未盡，便打不過，便不足。」

存其心，養其性，所以事天也。

存，謂操而不舍。養，謂順而不害。事，則奉承而不違也。輔氏曰：「心是活物，須是操則存，不然則便放去矣。性是實理，須當順之而不害。害，謂違悖而戕傷之。性本不可以戕傷言，但爲自家違悖了，便是戕傷之也。奉承之而不違，便只是存心養性事。」〇蔡氏曰：「操而不舍，如『居處恭，執事敬，與人忠』，便是存心之法。順而不害，如『戒謹乎其所不覩，恐懼乎其所不聞』，便是所以養性。奉承而不違，如『存，吾順事；没，吾寧也』，便是所以事天。但存之養之，又便是事心與性，又便是天非有二也。」

殀壽不貳，脩身以俟之，所以立命也。」

殀壽，命之短長也。貳，疑也。不貳者，知天之至，脩身以俟死，則事天以終身也。

語録曰：「既不以殀壽貳其心，又須脩身以俟，方始立得這命。自家有百年在世，百年之中須事事教是當；自家有一日在世，一日之内須教事事要是當始得。若既不以殀壽動其心，一向亂做又不可。」○輔氏曰：「天賦命於人，有長有短，雖若可疑，是亦理也，何疑之有？知天之至，則更無商量，不用計較，以道脩身，敬俟其死而已。脩身以俟死，便是事天以終身也。」**立命，謂全其天之所付，不以人爲害之。**輔氏曰：「天所賦爲命，物所受爲性。命與性，其實一也。事天，全其理也。立命，全其身也。曾子臨終而啓手足曰『吾知免夫』，兩全其極也。徇私以賊理，縱欲以傷生，皆所謂以人爲害之也。」○**程子曰：「心也、性也、天也，一理也。自理而言謂之天，自稟受而言謂之性，自存諸人而言謂之心。」**語録曰：「天者，理之自然，而人之所由以生者也。性者，理之全體，而人之所得以生者也。心，則人之所以主於身而具是理者也[二]。」○蔡氏曰：「曰心、曰性、曰天，一理而已。朱子曰：『心者，人之神明，所以具衆理而應萬事者也。性則心之所具之理。而天又理之所從以出者也。』先言心後言天，是遡流以窮其源。程子曰：『自理而言謂之天，自稟受而言謂之性，自存諸人而言謂之心。』先言天後言心，是推源以及其流。初無異旨也。」**張子曰：「由太虛，有天之名；由氣化，有道之名；合虛與氣，有性之名；合性與知覺，有心之名。」**語録曰：「『由太虛，有天之名』，這全說理。『由氣化，有道之

[二] 主，原作「生」，據通志堂經解本改。

名』，這説著事物上。如率性之謂道，性只是理，率性方見得許多道。且如君臣父子之道，有那君臣父子方見這箇道理。」○又曰：「『由太虛，有天之名』，是箇自然底。『由氣化，有道之名』，是虛底物在實上見，無形底物因有形而見。所謂道者，如天道、地道、人道是也。『合虛與氣，有性之名』，自然中包得許多物事。」○又曰：「『由太虛，有天之名；由氣化，有道之名』，此是總説。『合虛與氣，有性之名；合性與知覺，有心之名』，此就人上説。」○又曰：「四句本只是一箇太虛，漸細分説得密耳。『由太虛，有天之名』，便是四者之總體，而不雜乎四者而言。『由氣化，有道之名』，氣化者，那陰陽造化金木水火土皆是，只便是那太虛將氣化雜了説。雖雜氣化，實不離乎太虛，然亦未説到人物各具當然之理。太虛便是太極圖上面一圓圈，氣化便是陰静陽動。『合虛與氣，有性之名』，有這氣，便有這理隨在這裏，若無此氣，道理去甚處安頓？『合性與知覺，有心之名』，知覺又是那氣之虛處，聰明視聽、作爲運用，皆是知覺。」○問：「氣化何以謂之道？」曰：「天地間無有一物不由其道者。」○問：「合虛與氣，何以有性之名？」曰：「此語詳看亦得其意，然亦有未盡處。言虛即是性，氣即是人，以氣虛明，則性寓于中，故『合虛與氣，有性之名』。雖説略盡，而終有二意。」問：「如此，則莫是性離於道邪？」曰：「非此之謂。到這處則有是名，在人如何看，然豈有性離於道之理？」○又曰：「氣有形而虛無迹，以有形之氣具無迹之理，是之謂性。」○又曰：「虛只是説理，合虛與氣所以有人。」○問：「合性與知覺，有心之名。」曰：「亦有未瑩處。有心則有知覺，又何合性與知覺之有？」○又曰：「『太虛』而下四句，極精密。」○陳氏曰：「『由太虛，有天之名；由氣化，有道之名』，此是推原來歷，天即理也。古聖賢說天，多是就理上論，理無形狀，以其自然而言，故謂之天。若就天之形體論，也只是箇積氣，恁蒼蒼茫茫，實何有形質？但張子此『天』字是說理，理不成是死定在這裏？一元之氣，流出來生人生物，便有箇路脉，恁地便是人物所通行之道，此就造化推原其所從始如此。」○又曰：「虛是以理言，理與氣合，遂生人物。受得去成這性，於是乎方有性之名。性從理來，不離氣。知覺從氣來，不離理。合性與知覺，遂成這心，於是乎方有心之名。」○愚謂：集註並舉程子、張子二說，正欲學者於三者同處分析得異處分明，於異處體會得同處親切耳。**愚謂：盡心知性而知天，所以造其理也；存心養性以事天，所以履其事也。不知其理，固不能履其事；然徒造其理而不履其事，則亦無以有諸己矣。**輔氏曰：「聖學工夫，知與行兩下都要到。盡心知性而知天，則是知之事也；存心養性以事天，則是行之事也。不知其理而履其事，則是冥行妄作而已；然徒知其理而不履其事，則亦無以有諸己，甚則必至於妄想空虛，只務上達，不務下學，卒歸於異端而已。」**知天而不以殀壽貳其心，智之盡也；事天而能脩身以俟死，仁之至也。智有不盡，固不知所以爲仁；然智而不仁，則亦將流蕩不法，而不足以爲智矣。**

輔氏曰：「智所以知，仁所以守。知有不盡，則不知仁之爲仁，雖欲爲之，不陷於姑息，則流於兼愛，故以爲不知所以爲仁。然智而不仁，則又所謂『智及之，仁不能守之』，必將穿鑿創意，作起事端，以至流蕩忘反，與法度背馳，而不足以爲智矣。」○又曰：「須是如集註所謂造其理、履其事，仁智兩極其至，日用行事之閒無時無處而不用其力，直到聖人大而化之之地位，方無退轉。不然，則窮格之功不至，而所見日以昏蝕；踐履之功不力，而所得日以怠廢。若知而不盡，守之或渝，則終必爲異端曲學之所惑矣，學者豈可不自警哉？」

○孟子曰：「莫非命也，順受其正。

人物之生，吉凶禍福，皆天所命。然惟莫之致而至者，乃爲正命。語録曰：「在天言之，皆是正命。在人言之，便有正、有不正。如順其道而死者，是正命；桎梏死者，便是不正之命。」問：「有當然而或不然，不當然而或然者，如何？」曰：「如孔、孟老死不遇，須喚做不正之命始得。在孔、孟言之，亦是正命，然在天之命，却自有差。」○問：「此命是指氣言否？」曰：「然。若在我無以致之，則命之壽殀皆是合當如此者，如顏子之殀、伯牛之疾是也。」**故君子脩身以俟之，所以順受乎此也。**

是故知命者，不立乎巖牆之下。

命，謂正命。巖牆，牆之將覆者。知正命，則不處危地以取覆壓之禍。語録曰：「若先説道我自有命，雖立巖牆之下亦不妨，即是先指定一箇命如此，便是紂説『我生不有命在天』相似也。」○輔氏曰：「立乎巖牆之下以致覆壓而死，則乃是人所自取耳，非天爲之也。蓋巖牆有傾覆之勢，自家却去下面立地，便是自取其覆壓也。是故君子戰戰兢兢，如履薄冰，非禮勿動，擇地而行者，無他焉，知命而已。」

盡其道而死者，正命也。

盡其道，則所值之吉凶皆莫之致而至者矣。語録曰：「問：『人或死於干戈，死於患難，如比干之類，亦是正命乎？』曰：『固是正命。』問：『以理論之，則謂之正命；以死生論之，則非正命，如何？』曰：『如何恁地說？得盡其道而死者，正命也；當死而不死，却是失其正命。此處須當活看，古人所以「殺身成仁，舍生取義」，「志士不忘在溝壑，勇士不忘喪其元」，學者於此處見得，臨利害時便將自家斫剉了，直須是壁立萬仞始得。如今小有利害便生計較，便說道恁地死非正命，如何得。』」

桎梏死者，非正命也。」

桎梏，所以拘罪人者。言犯罪而死，與立巖牆之下者同，皆人所取，非天所爲也。語録曰：「問：『雖謂非正，然亦以命言，此乃自取，如何謂之命？』曰：『亦是自作而天殺之，但非正命耳。使文王死於羑里，孔子死於桓魋，却是命。』」**○此章與上章蓋一時之言，所以發其末句未盡之意。**輔氏曰：「上章止言壽殀而已，故集註於此又推言及吉凶禍福皆天所命，然惟人爲莫與而天所自至者，則爲正命。故上章所謂君子脩身以俟之者，正所謂順受乎此也。」

○孟子曰：「求則得之，舍則失之，是求有益於得也，求在我者也。舍，上聲。

在我者，謂仁義禮智，凡性之所有者。

求之有道，得之有命，是求無益於得也，求在外者也。」

有道，言不可妄求。有命，則不可必得。在外者，謂富貴利達，凡外物皆是。或問三章之說。曰：「在我者，如仁義禮智之屬，皆此理所當爲，以其求之得之，莫不有義，故曰義。在外者，如富貴利達之類，皆命有所制，以其求之雖有道，而得之則有命，故曰命。然聖人則力爲我之所當爲，而不問彼之所制也。」○趙氏曰：「言爲仁由己，富貴在天，如不可求，從吾所好。」輔氏曰：「四句正說著此章意，故集註取之。」

○孟子曰：「萬物皆備於我矣。

此言理之本然也。大則君臣父子，小則事物細微，其當然之理，無一不具於性分之內也。或問四章之說。曰：「萬物之生，同乎一本。其所以生此一物者，即其所以生萬物之理也，故一物之中莫不有萬物之理也。所謂萬物皆備云者，亦曰有其理而已矣。」○輔氏曰：「理之本然，即所謂性也。理之本然一而已，然於應事接物之際，則其分限品則各自不同。故極其大者言之，則如君臣父子；總其小者言之，則如事物之細微，其當然之理無一而不具於性分之內。蓋雖有萬之不同，然其理之本然則一而已。」

反身而誠，樂莫大焉。樂，音洛。

誠，實也。言反諸身，而所備之理，皆如惡惡臭、好好色之實然，則其行之不待勉强而無不利矣，其爲樂孰大於是。輔氏曰：「此言盡性之事也。夫萬物之理雖備於我，然反身不誠，則我自我，理自理。事物之來，千頭萬緒，而皆無以應之，但有紛擾震懼而已，豈能樂乎？須是見得到，信得及，反之於身而實有是理，爲君而實有仁，爲臣而實有敬，爲父而實有慈，爲子而實有孝，隨事而處，皆如吾之好好色、惡惡臭，真實如此，而無豪髮之或慊，則行之不待勉强，而自然無不利矣。其爲樂，孰有大於此者乎？」

强恕而行，求仁莫近焉。」强，上聲。

强，勉强也。恕，推己以及人也。反身而誠，則仁矣，其有未誠，則是猶有私意之隔，而理未純也。故當凡事勉强，推己及人，庶幾心公理得，而仁不遠也。語録曰：「恕便是推己及物，恕若不是推己及物，别又是箇什麽？然這箇强恕者，亦是他見得萬物皆備於我了，只争著一箇反身而誠，須便要强恕上做工夫。所謂强恕，蓋是他心裏不能推己及人，便須强勉行恕，拗轉這道理，然亦只是要去箇私意而已。私意既去，則萬物自無欠闕處。」○又曰：「如今人所以害事處，只是這些私意難除。纔有些私意隔著了，便只是見許多般。」○輔氏曰：「此言學者求仁之事也。反身而誠，則人與仁合矣。然其未誠者，非有他也，私意隔之，與理爲二，而未純乎一也。故當凡事勉强，推己及人，庶幾其心公平，得夫天理，而仁之道不遠矣。夫盡性莫先於誠身，誠身莫要於求仁，求仁莫切於强恕，其階級分明，其工夫有序，學者由是而進焉，則聖人之道庶乎其可至也。其與坐談高妙、馳志空虚而卒無所依據者，不可同年而語矣。」○**此章言萬物之理具於吾身，體之而實，則道在我而樂有餘；行之以恕，則私不容而仁可得。**輔氏曰：「章指之説，簡切明盡，所以直指聖賢盡性之實，開示學者求仁之方，其功大矣。」

○孟子曰：「行之而不著焉，習矣而不察焉，終身由之而不知其道者衆也。」

著者，知之明。察者，識之精。輔氏曰：「著有明意，故以爲知之明。察有密意，故以爲識之精。蓋著則明之而已，察則又加精焉。」**言方行之而不能明其所當然，既習矣而猶不識其所以然，所以終身由之而不知其道者多也。**語録曰：「方行之際，則明其當然之理，是行之而著。既行之後，則識其所以然，是習矣而察。初間是照管向前去，後來是回顧後面，看所行之道理如何。」○輔氏曰：「所當然，是就事上説；所以然，是就理上説。凡事皆有所當然，其所當然必有理也，理則是其所以然。人能於方行之時，明其事之所當然；既習之後，又識其理所以然，則能知夫道矣。但凡人不知此理，故方行之時，倒行逆施，而不能明其事之所當然；既習之後，鹵莽滅裂，而猶不識其理之所以然。然雖不著不察，而道實未嘗相離，所以終其身由乎道之中，而不知夫道之實體者比比皆是。此大學之道所以格物致知爲先也。」

〇孟子曰：「人不可以無恥。無恥之恥，無恥矣。」

趙氏曰：「人能恥己之無所恥，是能改行從善之人，終身無復有恥辱之累矣。」輔氏曰：「恥者，改過遷善之幾也，故人不可以無恥。又就無恥而言，人若能以己之無恥爲恥，則可以終其身無恥辱之累也。然則人豈可以無恥哉？」

〇孟子曰：「恥之於人大矣。

恥者，吾所固有羞惡之心也。存之則進於聖賢，失之則入於禽獸，故所繫爲甚大。輔氏曰：「恥乃人之羞惡之心，性之義也。存之則有所不爲，故可以進於聖賢；失之則無所不爲，故必至入於禽獸，其所繫豈不大哉？」

爲機變之巧者，無所用恥焉。

爲機械變詐之巧者，所爲之事皆人所深恥，而彼方且自以爲得計，故無所用其愧恥之心也。輔氏曰：「陷溺其心於機械變詐之巧，則是無所不爲者也。故人雖以爲深恥，而己方自以爲得計，其愧恥之心雖其固有，亦自窒塞而不復發見矣。」

不恥不若人，何若人有？」

但無恥一事不如人，則事事不如人矣。或曰：「不恥其不如人，則何能有如人之事？」其義亦通。輔氏曰：「前説指機變之人言之，後説則泛言人不可以無恥之意。前一説痛切，後一説較緩。」○或問「人有恥不能之心，如何？」程子曰：「恥其不能而爲之，可也；恥其不能而掩藏之，不可也。」輔氏曰：「程子是用第二説。然恥其不能而爲之，則無不能矣。恥其不能而掩藏之，則終不能矣。世之人往往不能强於爲善，故吝於改過甚至於護疾而忌醫者多矣，故程子因以是警之。」

○孟子曰：「古之賢王好善而忘勢，古之賢士何獨不然？樂其道而忘人之勢。故王公不致敬盡禮，則不得亟見之。見且由不得亟，而況得而臣之乎？」好，去聲。樂，音洛。亟，去吏反。

言君當屈己以下賢，士不枉道而求利。二者勢若相反而實則相成，蓋亦各盡其道而已。輔氏曰：「君好善則不知勢之在己，士樂道則不知勢之在人，兩盡其道，則勢雖相反而實相成。不然，君以勢而驕夫士，士以勢而徇乎君，則兩失其道矣，尚何足與有爲哉？」

○孟子謂宋句踐曰：「子好遊乎？吾語子遊。句，音鉤。好、語，皆去聲。

宋姓，句踐名。遊，遊説也。

人知之亦囂囂，人不知亦囂囂。」趙氏曰：「囂囂，自得無欲之貌。」輔氏曰：「遊説之士，大病是不識義理而唯欲其言之售，故往往以人之知不知爲輕重欣戚，是以孟子語以自得無欲之説。」

曰：「何如斯可以囂囂矣？」曰：「尊德樂義，則可以囂囂矣。樂，音洛。德，謂所得之善。尊之，則有以自重，而不慕乎人爵之榮。義，謂所守之正。樂之，則有以自安，而不徇乎外物之誘也。輔氏曰：「尊，如尊德性之尊，尊其德則有以自重。樂，如樂天知命之樂，樂其義則有以自安。夫人爵之榮、外物之誘，豈勉强矯揉之所能免哉？必在我者有所得而自重，有所守而自安，而後能之也。」

故士窮不失義，達不離道。離，力智反。言不以貧賤而移，不以富貴而淫，此尊德樂義見於行事之實也。

窮不失義，故士得己焉；達不離道，故民不失望焉。得己，言不失己也。民不失望，言人素望其興道致治，而今果如所望也。輔氏曰：「窮不失義，則在我者得其所守。達不離道，則能興道致治，以慰斯民平日之所望。」

古之人，得志，澤加於民；不得志，脩身見於世。窮則獨善其身，達則兼善天下。」見，音現。

見，謂名實之顯著也。此又言士得己、民不失望之實。輔氏曰：「古之人，得志，澤加於民，乃民不失望之實；不得志，則脩身見於世，乃士得己之實。又極其用而言之，則窮則獨善其身，達則兼善天下也[二]。」此章言内重而外輕，則無往而不善。

○孟子曰：「待文王而後興者，凡民也。若夫豪傑之士，雖無文王猶興。」夫，音扶。

興者，感動奮發之意。凡民，庸常之人也。豪傑，有過人之才知者也。蓋降衷秉彝，人所同得，唯上智之材無物欲之蔽，爲能無待於教，而自能感發以有爲也。輔氏曰：「文武興則民好善，幽厲興則民好暴，此皆中人以下之資，所謂凡民者是也。蓋無特立之操，教之善則爲善，不然則爲惡矣。若夫才智過人之士，則天理易明，物欲難蔽，故雖不待上之人有以教之，而自能感發而興起以有爲也。」

○孟子曰：「附之以韓魏之家，如其自視欿然，則過人遠矣。」欿，音坎。

附，益也。韓、魏，晉卿富家也。欿然，不自滿之意。尹氏曰：「言有過人之識，則

[二] 善，原作「言」，據通志堂經解本改。

不以富貴爲事。」輔氏曰：「尹氏説甚善。人而以區區富貴爲事者，皆凡庸之人，吝驕封閉，不足與有爲矣。」

〇孟子曰：「以佚道使民，雖勞不怨；以生道殺民，雖死不怨殺者。」

程子曰：「以佚道使民，謂本欲佚之也，播穀乘屋之類是也。以生道殺民，謂本欲生之也，除害去惡之類是也。蓋不得已而爲其所當爲，則雖咈民之欲而民不怨，其不然者反是。」輔氏曰：「播穀乘屋之類，雖不免於勞，然其本意則乃欲佚之而已，故雖勞而不怨。除害去惡之類，雖不免於殺，然其本意則乃欲生之而已，故雖死而不怨殺者。」〇又曰：「不得已者，事也；爲其所當爲者，理也。事雖不得已，而吾但爲其理之所當爲，故雖勞之殺之，可謂咈民之欲矣，而民自不怨。不然，則是私意妄作而已，民之怨怒其可得而逃乎？君子其亦謹其所謂勞與殺之事哉！」

〇孟子曰：「霸者之民，驩虞如也；王者之民，皞皞如也。皞，胡老反。

驩虞，與歡娱同。皞皞，廣大自得之貌。程子曰：「驩虞，有所造爲而然，豈能久也？耕田鑿井，帝力何有於我？如天之自然，乃王者之政。」楊氏曰：「所以致人驩虞，必有違道干譽之事；若王者則如天，亦不令人喜，亦不令人怒。」輔氏曰：「楊氏説即程子意也，但楊氏説得明切，程子説得渾全耳。霸者亟民之從，規模狹窄，故必至如此。時下雖得其民之歡娱，然豈能久哉？事過意息，則忘之矣。至於王者，則如天道之自然，當生則生，當殺則殺，而民自忘其喜怒也。」

殺之而不怨，利之而不庸，民日遷善而不知爲之者。

此所謂「皥皥如也」。庸，功也。豐氏曰：「因民之所惡而去之，非有心於殺之也，何怨之有？因民之所利而利之，非有心於利之也，何庸之有？輔其性之自然，使自得之，故民日遷善而不知誰之所爲也。」豐氏，名稷，四明人。○輔氏曰：「『因民之所利而利之，非有心於利之也，何庸有之』，此句所包甚闊。凡帝王之政教，皆是因民之性，輔其自然，使自得夫善，如堯所謂『正之直之輔之翼之，使自得之』是也。惟其如是，故民日遷於善而不知誰之使我如此也。此即程子所謂『耕田鑿井，帝力何有於我』之事。」

夫君子所過者化，所存者神，上下與天地同流，豈曰小補之哉？」夫，音扶。

君子，聖人之通稱也。所過者化，身所經歷之處，即人無不化，如舜之耕歷山而田者遜畔，陶河濱而器不苦窳也。文集曰：「經歷，亦不必爲經行之地，凡其身之所臨，政之所及，風聲氣化之所被，皆謂經歷也。」○語録曰：「不獨是所居久處，只曾經涉處，便皆化。」○又曰：「如舜耕歷山、陶河濱，略略做這裏過，便自感化，不待久留，言其化之速也。」所存者神，心所存主處便神妙不測，如孔子之「立斯立，道斯行，綏斯來，動斯和」，莫知其所

以然而然也。語録曰：「存是存主處，不是主宰，是存這事，這事便來應。」○又曰：「存是自家主意處，便不測，亦是人見其如此。」**是其德業之盛，乃與天地之化並行同運，舉一世而甄陶之，非如霸者但小小補塞其罅漏而已。此則王道之所以爲大，而學者所當盡心也。**輔氏曰：「德，以其得於己者而言；業，以其見於事者而言。聖人之德業，兩極其盛，故能與天地之化同運而並行也。舉一世而甄陶之，蓋言其功用之大，成就之廣，不可以一事一物而言也。豈若霸者之所爲，但隨事小小補塞其罅漏而已乎？」

○孟子曰：「仁言不如仁聲之入人深也。

程子曰：「仁言，謂以仁厚之言加於民。仁聲，謂仁聞，謂有仁之實而爲衆所稱道者也。此尤見仁德之昭著，故其感人尤深也。」輔氏曰：「仁言，如書所載訓誥誓命之類是也。仁聲仁聞，非聖人之仁聲，如邠人之聞大王之爲仁人，伯夷、太公之聞文王善養老之類是也。仁聲仁聞，非聖人之仁博厚悠遠、自然昭明，則不能有也，故其感於人也亦深，非止言語聲色之化而已。」

善政不如善教之得民也。

政，謂法度禁令，所以制其外也。教，謂道德齊禮，所以格其心也。輔氏曰：「善政亦非徒尚夫法度禁令也，固亦有德行乎其間。但『道之以政，齊之以刑』，終不若『道之以德，齊之以禮』者得民之心，感而誠服也。」

善政民畏之，善教民愛之；善政得民財，善教得民心。」

得民財者，百姓足而君無不足也。得民心者，不遺其親、不後其君者也。輔氏曰：「百姓足而君無不足者，取之有道，用之有節，故民先自足而君亦無不足也。不遺其親、不後其君，使民之於君，親之如父母，愛之如四體，尊而敬之，則得其財與無不足，又有不足道者也。」

○孟子曰：「人之所不學而能者，其良能也；所不慮而知者，其良知也。

良者，本然之善也。程子曰：「良知良能，皆無所由，乃出於天，不係於人。」輔氏曰：「本然之善，謂其善不知其所由來，自然而然，如所謂莫之爲而爲、莫之致而至，故程子以爲『皆無所由，乃得於天，不係於人』，其論切矣。」○真氏曰：「善出於性，故有本然之能，不待學而能；本然之知，不待學而知。」

孩提之童，無不知愛其親者；及其長也，無不知敬其兄也。長，上聲，下同。

孩提，二三歲之閒，知孩笑、可提抱者也。愛親敬長，所謂良知良能者也。輔氏曰：「『孩提』而下，又所以指其良知良能之在人者曉之，是豈待學而後能、慮而後知哉？」

親親，仁也；敬長，義也。無他，達之天下也。」

言親親、敬長，雖一人之私，然達之天下無不同者，所以爲仁義也。輔氏曰：「親親、敬長，雖若出於一人之私，然其所謂仁、所謂義，所以建立人極、綱紀人道，以至於不可勝用者，不過即是心而達之於天下耳。」

○孟子曰：「舜之居深山之中，與木石居，與鹿豕遊，其所以異於深山之野人者幾希。及其聞一善言，見一善行，若決江河，沛然莫之能禦也。」行，去聲。

居深山，謂耕歷山時也。蓋聖人之心，至虛至明，渾然之中萬理畢具，一有感觸，則其應甚速而無所不通。輔氏曰：「聖人渾是一團義理，感非自外，應非自中，故能至速而無不通也。」非孟子造道之深，不能形容至此也。

○孟子曰：「無爲其所不爲，無欲其所不欲，如此而已矣。」

李氏曰：「有所不爲、不欲，人皆有是心也。至於私意一萌，而不能以禮義制之，則爲所不爲、欲所不欲者多矣。能反是心，則所謂拓充其羞惡之心者，而義不可勝用矣，故曰『如此而已矣』。」語録曰：「人心至靈，其所不當爲、不當欲之事，何嘗不知？但初間自知了，到計較利害，却自以爲不妨，便自冒昧爲之、欲之耳。今既知其所不當爲、所不當欲者，便要從這裏截斷，斷然不爲、不欲，故曰『如此而已矣』。」○輔氏曰：「凡人有所不爲、有所不欲者，心爲之宰，而禮義有以制之也。若夫爲所不爲、欲所不欲，則心不在焉，而無禮義以制之耳。雖然，心非在外也，放而不知求，則若不在焉耳。能反是心，則是廣充其羞惡之心者，將見其義至於不可勝用矣。」〇又曰：「上言不能以禮義制之，而後又獨言羞惡與義者，所不可爲、所不可欲者，謂非禮也；至於不爲其所不可爲，不欲其所不可欲，則是羞惡之心，義而已矣。」

〇孟子曰：「人之有德慧術知者，恒存乎疢疾。知，去聲。疢，丑刃反。德慧者，德之慧。術知者，術之知。疢疾，猶災患也。言人必有疢疾，則能動心忍性，增益其所不能也。輔氏曰：「德之慧，謂慧德也，與昏正相反。術之智，謂智術也，與愚正相反。疢疾，則非真是病，故曰『猶災患也』。人惟有災患，竦動其仁義禮智之心，堅忍其食色臭味之性，故能增益其所不能，而有夫德慧術知也。」

獨孤臣孽子，其操心也危，其慮患也深，故達。」

孤臣，遠臣；孽子，庶子，皆不得於君親，而常有疢疾者也。達，謂達於事理，即所謂德慧術知也。輔氏曰：「孤臣孽子，皆宜不得於君親者，則是所謂常有乎疢疾災患者也。操心危、慮患深，故能動心忍性，而不至於昏愚。達夫事理之當然，而有所謂德慧術知矣。」

〇孟子曰：「有事君人者，事是君則爲容悦者也。阿徇以爲容，逢迎以爲悦，輔氏曰：「謂逢君之惡以求君之悦者。」此鄙夫之事、妾婦之道也。輔氏曰：「謂長君之惡以求容其身者。」

有安社稷臣者，以安社稷爲悦者也。

言大臣之計安社稷，如小人之務悦其君，眷眷於此而不忘也。輔氏曰：「此則所謂天理人欲同行而異情也。其眷眷不忘雖同，而其情則異。一則務爲容悦之私，一則務安社稷以爲忠也。」

有天民者，達可行於天下而後行之者也。

民者，無位之稱。以其全盡天理，乃天之民，故謂之天民。輔氏曰：「天之生民，其理無不具，而人之虧欠者多矣，故程子謂天民爲能踐形也。是指伊尹、太公未出之時而言。」必其道可行於天下，然後行之；輔氏曰：「是指伊尹、太公已出之時言也。」不然，則寧没世不見知而不悔，輔氏曰：「若使當時不遇湯與文王，則二子寧没身不見知而不悔，樂天知命也。」不肯小用其道以徇於人也。輔氏曰：「大匠不爲拙工改廢繩墨，以道事君，不可則止者也。」張子曰：「必功覆斯民然後出，如伊吕之徒。」輔氏曰：「張子之説，深得伊吕之心事也。」

有大人者，正己而物正者也。」

大人，德盛而上下化之，所謂「見龍在田，天下文明」者。輔氏曰：「上謂君，下謂民。大人德盛，故上而君，下而民，無不化也，乾之九二可以當之矣。蓋大人一出，而天下莫不文明，是聖人之事也。」○此章言人品不同，略有四等。容悦佞臣不足言。安社稷則忠矣，然猶一國之士也。天民則非一國之士矣，然猶有意也。無意無必，唯其所在而物無不化，唯聖者能之。輔氏曰：「孟子言此，所以品節人臣之品，有此四等。諛佞之臣，則是徇私而忘理者也，固不足道矣。安社稷者，則行理以盡忠者也，然猶是一國之士而已。所謂一國之士，知有其國而不知有天下也，春秋之賢大夫是矣。至於天民，則如伊呂之徒，非止一國之士也，可以大用而不可以小知者也。然猶微有意焉，必其道可行於天下，然後行之，不肯小用其道以徇於人，如程子所謂『伊尹，此聖人終是有任底意思』者是也。大人，則聖人矣，如周公、孔子方能當之。周公在上而能使天下文明者也，孔子在下而能使萬世文明者也，故曰『無意無必，唯其所在而物無不化，惟聖者能之』。至公不私，進退以道，周公之無意無必也；行止久速，無可無不可，孔子之無意無必也。」

○孟子曰：「君子有三樂，而王天下不與存焉。樂，音洛。王、與，皆去聲，下並同。

父母俱存，兄弟無故，一樂也。

此人所深願而不可必得者，今既得之，其樂可知。

仰不愧於天，俯不怍於人，二樂也。

程子曰：「人能克己，則仰不愧，俯不怍，心廣體胖，其樂可知，有息則餒矣。」語録曰：「此説極有味。」

得天下英才而教育之，三樂也。

盡得一世明睿之才，而以所樂乎己者教而養之，則斯道之傳得之者衆，而天下後世將無不被其澤矣。聖人之心所願欲者，莫大於此，今既得之，其樂爲如何哉？輔氏曰：「此樂與『有朋自遠方來』之樂同而又大焉，故以爲聖人之所願欲者，莫大乎是也。」

君子有三樂，而王天下不與存焉。」

林氏曰：「此三樂者，一係於天，一係於人，其可以自致者，惟不愧不怍而已，學者可不勉哉？」輔氏曰：「父母俱存，兄弟無故，皆天所與，非人所爲，故曰係於天。得天下英才而教育之，須是有那明睿之人相從，故己得以施其教，若無其人，則無所施矣，故曰係於人。至於仰不愧，俯不怍，則在我自致之而已，故學者不可不以是自勉也。又況自己不能不愧不怍，則雖有父母兄弟，而亦不能有其樂；雖有明睿之才，而亦何以爲教哉？」

○孟子曰：「廣土衆民，君子欲之，所樂不存焉。樂，音洛，下同。

地闢民聚，澤可遠施，故君子欲之，然未足以爲樂也。

中天下而立，定四海之民，君子樂之，所性不存焉。

其道大行，無一夫不被其澤，故君子樂之，然其所得於天者，則不在是也。輔氏曰：「地闢民聚，澤可遠施，則得以推吾之仁，故君子欲之。中天下而立，則其道大行，而地無遠近之限；定四海之民，則無一夫不被其澤，而民無衆寡之分，是又得以遂吾之仁，故君子樂之。要之，兩事皆只是仁，但有廣狹之辨，故所欲者未足以爲樂。至於樂，則所謂博施濟衆，聖人之事也。所得於天，則是指性而言也。所欲、所樂，固亦非性外之事，但於吾所受之全體，則有何增損哉？」

君子所性，雖大行不加焉，雖窮居不損焉，分定故也。分，去聲。

分者，所得於天之全體，故不以窮達而有異。輔氏曰：「事雖有窮達，而性之全體何嘗有一豪之加損。分定，蓋言性之全體固自有一定之分故也。」

君子所性，仁義禮智根於心。其生色也，睟然見於面，盎於背，施於四體，四體不言而喻。」睟，音粹。見，音現。盎，烏浪反。

上言所性之分，與所欲所樂不同，此乃言其藴也。輔氏曰：「此所以爲聖賢之樂也。若於此不發其藴，則性只是一懸空之物，都無實體，即與釋老之見無異矣。」**仁義禮智，性之四德也。根，本也。**文集曰：「四端根於心，便見得著在人心上相離不得，才有些子私意，便剗斷了那根。」**生，發見也。睟然，清和潤澤之貌。盎，豐厚盈溢之意。施於四體，謂見於動作威儀之閒也。喻，曉也。四體不言而喻，言四體不待吾言而自能曉吾意也。**文集曰：「其發見於容色者，自有睟然清和潤澤之貌見之於面，盎然豐厚盈溢之意見之於背，以至施於四體而形於動作威儀之閒，如此四體雖不待吾言而自曉吾意，如手容不待告語而自然恭，足容不待告語而自然重。」蓋氣稟清明，無物欲之累，則性之四德根本於心，其積之盛，則發而著見於外者，不待言而無不順也。語録曰：「君子氣宇清明，無物欲之累，故合下生時，這箇根便著土，所以生色形見於外。衆人則合下生時，便爲氣稟物欲一重隔了，這箇根便未著土在。蓋有殘忍底心，便没了仁之根；有頑鈍底心，便没了義之根；有忿狠底心，便没了禮之根；有黑暗底心，便没了智之根，都各有一重隔了。而今人便只要去其氣宇物欲之隔，教四者之根著土而已。」程子曰：「睟面盎背，皆積盛致然。四體不言而喻，惟有德者能之。」○此章言君子固欲其道之大行，然其所得於天者，則不以是而有所加損也。

○孟子曰：「伯夷辟紂，居北海之濱，聞文王作興，曰：『盍歸乎來？吾聞西伯善養老者。』大公辟紂，居東海之濱，聞文王作興，曰：『盍歸乎來？吾聞西伯善養老者。』天下有善養老，則仁人以爲己歸矣。辟，去聲，下同。大，他蓋反。

己歸，謂己之所歸。餘見前篇。

五畝之宅，樹牆下以桑，匹婦蠶之，則老者足以衣帛矣。五母雞，二母彘，無失其時，老者足以無失肉矣。百畝之田，匹夫耕之，八口之家足以無飢矣。衣，去聲。

此文王之政也。一家養母雞五、母彘二也，餘見前篇。輔氏曰：「『五畝之宅』而下，梁惠王上篇已言之矣。今又言之者，故集註以爲此是文王之政也。觀五雞二彘之事，則文王之政亦可謂周悉矣。若無此說，則人往往將文王之養只如後世尊養三老五更之禮文而已。」

所謂西伯善養老者，制其田里，教之樹畜，導其妻子，使養其老。五十非帛不煖，七十非肉不飽。不煖不飽，謂之凍餒。文王之民，無凍餒之老者，此之謂也。」

田，謂百畝之田。里，謂五畝之宅。樹，謂耕桑。畜，謂雞彘也。趙氏曰：「善養老者，教導之使可以養其老耳，非家賜而人益之也。」

○孟子曰：「易其田疇，薄其税斂，民可使富也。易、斂，皆去聲。

易，治也。疇，耕治之田也。

食之以時，用之以禮，財不可勝用也。勝，音升。

教民節儉，則財用足也。

民非水火不生活，昏暮叩人之門户求水火，無弗與者，至足矣。聖人治天下，使有菽粟如水火。菽粟如水火，而民焉有不仁者乎？」焉，於虔反。水火，民之所急，宜其愛之而反不愛者，多故也。尹氏曰：「言禮義生於富足，民無常產則無常心矣。」輔氏曰：「尹氏之説當矣。觀此，則人心本仁可知已。其或有不仁者，陷溺其本心焉耳。」

○孟子曰：「孔子登東山而小魯，登太山而小天下。故觀於海者難爲水[二]，遊於聖人之門者難爲言。

此言聖人之道大也。輔氏曰：「孟子因孔子之言以明聖道之大。」東山，蓋魯城東之高山，而太山則又高矣。此言所處益高，則其視下益小；輔氏曰：「以行而言也。」所見既大，則其小者不足觀也。輔氏曰：「以知而言也。」難爲水、難爲言，猶仁不可爲衆之意。輔氏曰：「觀於海，則天下之水皆不足以動吾之視；遊於聖人之門，則天下之言皆不足以入吾之聽。亦猶仁，則天下之衆皆莫能與之敵，故亦曰難爲衆也。」○永嘉陳氏曰：「仁不可爲衆，言仁者難爲衆。看有幾多人衆來到仁者面前，皆使不得。猶太山之前難爲山，大海之前難爲水。」

[二] 爲，原作「於」，據通志堂經解本改。

觀水有術，必觀其瀾；日月有明，容光必照焉。

此言道之有本也。瀾，水之湍急處也。愚按：大波爲瀾，小波爲湍。**明者，光之體；光者，明之用也。**愚謂：明者，虛瑩昭徹之本體；光者，即此明之發揮著見於外。**觀水之瀾，則知其源之有本矣；觀日月於容光之隙無不照，則知其明之有本矣。**輔氏曰：「以比聖人之道所以大者，以其有本也。然程子以此爲言道之無窮，而集註獨以爲言其有本者，蓋有本而後能無窮故也。」

流水之爲物也，不盈科不行；君子之志於道也，不成章不達。」

言學當以漸，乃能至也。成章，所積者厚，而文章外見也。語録曰：「是做得成片段，有文理可觀。如孝，真箇是做得孝成；忠，是真箇做得忠成。子貢之辯，子路之勇，都是真箇做得成了。不是半上落下，今日做得，明日又休也。」○輔氏曰：「即程子所謂『譬如珠玉，小積則有小光輝，大積則有大光輝』也。」**達者，足於此而通於彼也。**輔氏曰：「如自『有諸己之謂信』至於『大而化之之謂聖』，自『志學』至『從心不踰矩』，其閒次第皆是足於此而通於彼，須實體之，方知其味，非妄想虛空者所能測識也。」○**此章言聖人之道大而有本，學之者必以其漸，乃能至也。**輔氏曰：「聖道之大，固有其本矣。然自學者言之，則又豈能一蹴而遽至哉？故又以水必盈科而後行，君子之志於道，必成章而後達者曉之，以見學者當務實而有漸，不可躐等陵節，懸空妄想，而卒歸於無所得。」

○孟子曰：「雞鳴而起，孳孳爲善者，舜之徒也。

孳孳，勤勉之意。輔氏曰：「是勤勉不已之意。舜之爲善與跖之爲利皆云孳孳者，天理人欲同行而異情也。」言雖未至於聖人，亦是聖人之徒也。

雞鳴而起，孳孳爲利者，蹠之徒也。

蹠，盜蹠也。

欲知舜與蹠之分，無他，利與善之閒也。」

程子曰：「言閒者，謂相去不遠，所争毫末耳。善與利，公私而已矣。才出於善，便以利言也。」輔氏曰：「程子之説精切，使學者知致謹於毫釐之閒。」○楊氏曰：「舜、蹠之相去遠矣，而其分乃在利善之閒而已，是豈可以不謹？然講之不熟，見之不明，未有不以利爲義者，又學者所當深察也。」輔氏曰：「楊氏説尤爲有益，此大學所以始於致知，而中庸所以先於明善也。」或問：「雞鳴而起，若未接物，如何爲善？」程子曰：「只主於敬，便是爲善。」語録曰：「且須常存箇誠敬做主，學問方有所歸著，如有箇屋舍了，零零碎碎方有頓處。不然却似無家舍人，雖有千金之寶，亦無安頓處，今日放在東邊草裏，明日放在西邊草裏，終非己物。」○輔氏曰：「此又教學者以静時工夫也。動静相涵，敬義兩立，孳孳不已，則庶乎可以進於聖人之學矣。」

○孟子曰：「楊子取爲我，拔一毛而利天下，不爲也。爲我之爲，去聲。

楊子，名朱。取者，僅足之意。取爲我者，僅足於爲我而已，不及爲人也。列子稱其言曰「伯成子高不以一毫利物」是也。語録曰：「莊子數稱楊子。吾恐楊氏之學如今道流修鍊之士，其保嗇神氣，雖一句話也不妄與人説。」

墨子兼愛，摩頂放踵利天下，爲之。放，上聲。

墨子，名翟。兼愛，無所不愛也。摩頂，摩突其頂也。放，至也。

子莫執中，執中爲近之，執中無權，猶執一也。

子莫，魯之賢人也。知楊、墨之失中也，故度於二者之閒而執其中。近，近道也。權，稱錘也，所以稱物之輕重而取中也。執中而無權，則膠於一定之中而不知變，是亦執一而已矣。語録曰：「子莫見楊、墨皆偏在一處，要就二者之中而執之，正是安排尋討也。原其意思固好，只是見不分明，依舊不是。」○輔氏曰：「楊氏資質於理略偏於剛毅，墨子資質於理略偏於寬厚。只緣講學不明，不知至理之所在，克治不力，而各流於其所偏。淪胥不已，遂至於各極其偏，一則不肯拔一毛以利天下而僅足於爲我，一則欲摩頂至踵以利天下而遂至於兼愛。至於子莫，則又自其末流觀之，而知楊、墨之皆失中也。然無所師承，穿鑿杜撰，而度於爲我、兼愛二者之間而執其中，則其意固善，而於道亦近矣。然時有萬變，事有萬殊，物有萬類，而中無定體，若但膠於二者一定之中而執之，不能如稱錘然，因事物之輕重而前却以取平，則與二子之執一者，亦無異矣。」程子曰：「中字最難識，須是默識心通。且試言一廳，則中央爲中；一家，則廳非中而堂爲中；一國，則堂非中而國之中爲中，推此類可見矣。」又曰：「中不可執也，識得則事事物物皆有自然之中，不待安排，安排著則不中矣。」輔氏曰：「程子第一説言中爲難識，須是默識心通，故能隨物應變以取中。第二説又言中爲難執，須先識得，則事事物物天然有箇中在上面，不假人力安排，才涉安排計較，則便不中矣。蓋義理精微，豈人力之麤淺所能與哉？若子莫者，是要安排箇中來執之也。」

所惡執一者，爲其賊道也，舉一而廢百也。」惡、爲，皆去聲。

賊，害也。爲我害仁，兼愛害義，執中者害於時中，皆舉一而廢百者也。輔氏曰：「仁義所以立人之道，並行而不悖。爲我者，只知有我而不知有人，故役於私而遂至於害仁；兼愛者，只知有人而不知有我，故迷於愛而遂至於害義；執二者之間一定之中，則不能隨時逐事以取中，故兩失其仁義而害於時中，是皆舉一而廢百也。百只是言其多耳。」○**此章言道之所貴者中，中之所貴者權。**輔氏曰：「此兩句已盡一章之旨。」**楊氏曰：「禹、稷三過其門而不入，**

苟不當其可，則與墨子無異。顏子在陋巷不改其樂，苟不當其可，則與楊氏無異。子莫執爲我、兼愛之中而無權，鄉鄰有鬭而不知閉户，同室有鬭而不知救之，是亦猶執一耳，故孟子以爲賊道。禹稷、顏回易地則皆然，以其有權也，不然則是亦楊、墨而已矣。」語録曰：「居陋巷，則似楊氏；三過其門而不入[一]，則似墨氏。要之，禹稷似兼愛而非兼愛，顏子似爲我而非爲我。」○輔氏曰：「楊氏以禹稷、顏回之事，發明『中之所貴乎權』之義其爲明白。使禹稷、顏回不能易地皆然，便是無權，無權則是亦楊、墨而已矣。」

○孟子曰：「飢者甘食，渴者甘飲，是未得飲食之正也，飢渴害之也。豈惟口腹有飢渴之害？人心亦皆有害。

口腹爲飢渴所害，故於飲食不暇擇，而失其正味。人心爲貧賤所害，故於富貴不暇擇，而失其正理。輔氏曰：「飲食有美惡之正味，口腹固能辨之。然常人一爲飢渴所害，則不暇擇其美惡而皆以爲甘美，故失其正味。富貴有當得不當得之正理，人心固能辨之。然常人一爲貧賤所害，則不暇擇其當得不當得，而失其正理。」

[一] 三，原作「曰」，據通志堂經解本改。

人能無以飢渴之害爲心害，則不及人不爲憂矣。」

人能不以貧賤之故而動其心，則過人遠矣。輔氏曰：「人若能不以貧賤動其心，而於富貴辨其所當得而受之，其不當得則不受之，則過於常人遠矣。過人之遠，則不憂其不及人矣。」

○孟子曰：「柳下惠不以三公易其介。」

介，有分辨之意。輔氏曰：「如此則與界分之界同，凡事各有界限，甚分明，不可踰越。」柳下惠進不隱賢，必以其道，遺佚不怨，阨窮不憫，直道事人，至於三黜，是其介也。

○此章言柳下惠和而不流，與孔子論夷、齊「不念舊惡」意正相類，皆聖賢微顯闡幽之意也。輔氏曰：「程子論孔子於夷齊之清，却言其不念舊惡，以爲微顯闡幽之意。故集註亦以孟子此説爲發明下惠之和而不流。」

○孟子曰：「有爲者辟若掘井，掘井九軔而不及泉，猶爲棄井也。」辟，讀作譬。軔，音刃，與仞同。

八尺爲仞。言鑿井雖深，然未及泉而止，猶爲自棄其井也。○呂侍講曰：「仁不如堯，孝不如舜，學不如孔子，終未入於聖人之域，終未至於天道，未免爲半塗而廢、自棄前功也。」侍講，名希哲，河南人。○輔氏曰：「君子所爲凡百，皆要極其至而底於成。常人之情，則往往鋭始怠終，得少爲足，故中道而畫、半塗而廢者多矣。如此則皆爲自棄其前功也，故孟子發此說以警切之。呂氏推說廣矣，若夫爲人而未得爲聖人，言治而不及於堯舜，皆爲未及夫泉也。」

○孟子曰：「堯、舜，性之也；湯、武，身之也；五霸，假之也。

堯、舜天性渾全，不假脩習。湯、武脩身體道，以復其性。語録曰：「性之，合下如此。身之，是做到那田地。」○又曰：「性是自然有底，身是從身上做得來底，只是其初資稟有些子不相似耳。」○輔氏曰：「堯、舜，生而知之者也，故其氣質清明，天性昭著，自然渾全，何待脩習。湯、武，學而知之者也，故脩身體道，以復其本然之性。」五霸則假借仁義之名，以求濟其貪欲之私耳。輔氏曰：「五霸之事，皆矯竊詐僞者之所爲，與聖人用處天地懸隔。」

久假而不歸，惡知其非有也？」惡，平聲。

歸，還也。有，實有也。言竊其名以終身，而不自知其非真有。輔氏曰：「凡假之者無不然，其初不過以之欺人，而其終遂至以之自欺。」或曰：「蓋嘆世人莫覺其僞者。」亦通。輔氏曰：「此說雖通，然却說得來慢了。」舊說久假不歸，即爲真有，則誤矣。○尹氏曰：「性之者，與道一也；身之者，履之也，及其成功則一也。五霸則假之而已，是以功烈如彼其卑也。」輔氏曰：「與道一者，無氣稟之蔽也。履之者，以身履踐之而至也。及其成功一者，皆真切爲之，故有成，而氣稟不足以爲之間也。若但假而已，則已是作僞，其意思都別了，是以功烈如彼之卑也。」

○公孫丑曰：「伊尹曰：『予不狎于不順。』放太甲于桐，民大悦。太甲賢，又反之，民大悦。

予不狎于不順，太甲篇文。狎，習見也。不順，言太甲所爲不順義理也。餘見前篇。

賢者之爲人臣也，其君不賢，則固可放與？」與，平聲。孟子曰：「有伊尹之志則可，無伊尹之志則篡也。」

伊尹之志，公天下以爲心而無一豪之私者也。輔氏曰：「公天下以爲心，謂合天下之心以爲心，而在我無一豪適莫之私意也。然此豈一朝夕勉强而能哉？非道全德備，其素行有以信於人，至誠有以通於天者，不能也。」

○公孫丑曰：「詩曰『不素餐兮』，君子之不耕而食，何也？」孟子曰：「君子居是國也，其君用之，則安富尊榮；其子弟從之，則孝弟忠信。不素餐兮，孰大於是？」餐，七丹反。

詩，魏國風伐檀之篇。素，空也。無功而食禄，謂之素餐。此與告陳相、彭更之意同。

○王子墊問曰：「士何事？」墊，丁念反。

墊，齊王之子也。上則公卿大夫，下則農工商賈，皆有所事。而士居其閒，獨無所事，故王子問之也。

孟子曰：「尚志。」

尚，高尚也。志者，心之所之也。士既未得行公卿大夫之道，又不當爲農工商賈之業，則高尚其志而已。輔氏曰：「士雖未得位以行其道，而其志則須高尚方可。志於仁義則高尚，溺於利欲則卑污。」

曰：「何謂尚志？」曰：「仁義而已矣。殺一無罪，非仁也。非其有而取之，非義也。居惡在？仁是也。路惡在？義是也。居仁由義，大人之事備矣。」

惡，平聲。

非仁非義之事，雖小不爲。而所居所由，無不在於仁義，此士所以尚其志也。大人，謂公卿大夫。言士雖未得大人之位，而其志如此，則大人之事體用已全。若小人之事，則固非所當爲也。輔氏曰：「仁，體也；義，用也。大人之事，體用已全，得時得位，則舉而措之耳。」

○孟子曰：「仲子，不義與之齊國而弗受，人皆信之，是舍簞食豆羹之義也。人莫大焉亡親戚、君臣、上下。以其小者信其大者，奚可哉？」舍，音捨。食，音嗣。

仲子，陳仲子也。言仲子設若非義而與之齊國，必不肯受。齊人皆信其賢，然此但小廉耳。其辟兄離母，不食君禄，無人道之大倫，罪莫大焉。豈可以小廉信其大節，而遂以爲賢哉？輔氏曰：「觀前篇所論仲子之事，其介然自守如此，則不義而與之齊國必不肯受。此徇名而强矯者或能之，故孟子以爲是特『舍簞食豆羹之義』而已，蓋未以爲賢也。若夫安於人倫，使之各盡其道，則非盡性而樂循理者不能，故孟子言此以曉齊人，使之勿迷於小而不察其大耳。」

○桃應問曰：「舜爲天子，皋陶爲士，瞽瞍殺人，則如之何？」

桃應，孟子弟子也。其意以爲舜雖愛父，而不可以私害公；皋陶雖執法，而不可以刑天子之父。故設此問，以觀聖賢用心之所極，非以爲真有此事也。

孟子曰：「執之而已矣。」

言皋陶之心知有法而已，不知有天子之父也。語録曰：「法者，天下公共，在皋陶亦只得執。」

「然則舜不禁與？」與，平聲。

桃應問也。

曰：「夫舜惡得而禁之？夫有所受之也。」夫，音扶。惡，平聲。

言皋陶之法有所傳受，非所敢私，雖天子之命亦不得而廢之也。

「然則舜如之何？」

桃應問也。

曰：「舜視棄天下猶棄敝蹝也。竊負而逃，遵海濱而處，終身訢然，樂而忘天下。」蹝，音徙。訢，與欣同。樂，音洛。

蹝，草履也。遵，循也。言舜之心知有父而已，不知有天下也。孟子嘗言舜視天下猶草芥，而惟順於父母可以解憂，與此意互相發。○此章言爲士者但知有法，而不知天子父之爲尊；爲子者但知有父，而不知天下之爲大。蓋其所以爲心者，莫非天理之極、人倫之至，學者察此而有得焉，則不待較計論量，而天下無難處之事矣。輔氏曰：「集註謂桃應『故設此問，以觀聖賢用心之極，非以爲真有此事』者，既已得桃應問之之意，而又發明孟子所以告之之説，以爲是皆聖賢之心、天理之極、人倫之至者，可謂兩盡其旨矣。學者能致察乎此而有得於心，則天下萬事雖紛紜轇轕，沓至吾前，亦將如水到渠成，時至物熟，皆不待計較，不待安排，而舉無難處者也。」

○孟子自范之齊，望見齊王之子，喟然歎曰：「居移氣，養移體，大哉居乎！夫非盡人之子與？夫，音扶。與，平聲。

范，齊邑。居，謂所處之位。養，奉養也。言人之居處所繫甚大，王子亦人子耳，特以所居不同，故所養不同，而其氣體有異也。

孟子曰。

張、鄒皆云「羨文也」。

王子宮室、車馬、衣服多與人同，而王子若彼者，其居使之然也。況居天下之廣居者乎？

廣居，見前篇。尹氏曰：「睟然見於面，盎於背，居天下之廣居者然也。」

魯君之宋，呼於垤澤之門。守者曰：『此非吾君也，何其聲之似我君也？』此無他，居相似也。」呼，去聲。

垤澤，宋城門名也。孟子又引此事爲證。

○孟子曰：「食而弗愛，豕交之也；愛而不敬，獸畜之也。食，音嗣。畜，許六反。

交，接也。畜，養也。獸，謂犬馬之屬。

恭敬者，幣之未將者也。

將，猶奉也。詩曰：「承筐是將。」程子曰：「恭敬雖因威儀幣帛而後發見，然幣之未將時已有此恭敬之心，非因幣帛而後有也。」

恭敬而無實，君子不可虚拘。」

此言當時諸侯之待賢者，特以幣帛爲恭敬，而無其實也。拘，留也。輔氏曰：「世衰道微，在上者皆不知有恭敬待賢之誠，而惟恃其有幣帛之聘；在下者惟知有幣帛之可慕，而不知察夫上之人所以待之之誠。上下之情交騖於利而不知有義理焉，故孟子發此論以警之。」

○孟子曰：「形色，天性也。惟聖人，然後可以踐形。」

人之有形有色，無不各有自然之理，所謂天性也。語録曰：「形色上便有天性，視便有視之理，聽便有聽之理。」○問：「形是耳目鼻口之類，色是如何？」曰：「一顰一笑，皆有至理。」○愚謂：耳目，形也。視而明，聽而聰者，理也。形色，色也，或莊或愉，或有不可犯者。理也，理即性，性即理也。踐，如踐言之踐。文集曰：「踐，猶踐言、踐約之踐，非謂踐行所具之理也。」○語録曰：「踐，非踐履之謂，蓋言聖人所爲，便踏著這箇形色之性耳。」**蓋衆人有是形，而不能盡其理，故無以踐其形；惟聖人有是形，而又能盡其理，然後可以踐其形而無歉也。**或問「踐形」之説。曰：「人之生於天地之間也，莫不有形。其有是形也，莫不有色。而本其所得於天者，則是形是色莫不有所以然之故焉，莫不有所當然之則焉，是則所謂天性者也。然衆人梏於氣稟之偏，狃於習俗之蔽，而不能無人欲之私，是以視則不明，聽則不聰，貌則不恭，言則不從。蓋不能盡其形色本然之理，則雖有是形而無以踐其形也。惟聖人能盡其性，而無一豪人欲之私雜於其間，是以視則極明，聽則極聰，貌則極恭，言則極從。蓋凡形色本然之理無一不盡，既有是形而又有以踐其形焉，云其本有是物而又能脩其實以當之也。」○文集曰：「性即理之謂也。然衆人有是形而不能全其形之理，故其形雖人，而心實禽獸，是不足以踐其形矣。惟聖人能全其形之理，故可以踐其形也。」○又曰：「可以踐形，則無愧於形矣。」○**程子曰：「此言聖人盡得人道而能充其形也。蓋人得天地之正氣而生，與萬物不同。既爲人，須盡得人理，然後稱其名。衆人有之而不知，賢人踐之而未盡，能充其形，惟聖人也。」**文集曰：「充字極分明。」○輔氏曰：「人受天地之正氣以生，物受天地之偏氣以生，故物則有能有不能，人則無不能也。既是爲人[二]，則須盡得人之理，方稱人之名，不然則與物無異矣。然人雖得天地之正氣，故得天地之全理，然其氣稟亦有清濁昏明之異，如衆人則雖有之而不知，賢人則雖踐形而未盡，能充其形而全其理者，惟聖人而已。」○永嘉陳氏曰：「學未至於聖人，則於性分道理未免虧欠。才於性分有虧欠，即是空具此形色，不能充踐滿足也。」楊氏曰：「天生烝民，有物有則。物者，形色也。則者，性也。各盡其則，則可以踐形矣。」輔氏曰：「楊氏即程子意，『各盡其則』又説得周遍[三]。」

○齊宣王欲短喪。公孫丑曰：「爲朞之喪，猶愈於已乎？」

已，猶止也。

孟子曰：「是猶或紾其兄之臂，子謂之姑徐徐云爾。亦教之孝弟而已矣。」

紾，之忍反。

紾，戾也。教之以孝弟之道，則彼當自知兄之不可戾，而喪之不可短矣。孔子曰：「子生三年，然後免於父母之懷，予也有三年之愛於其父母乎？」所謂教之以孝弟者

[二] 既，原作「須」，據通志堂經解本改。
[三] 得，原作「待」，據通志堂經解本改。

如此。蓋示之以至情之不能已者，非强之也。

王子有其母死者，其傅爲之請數月之喪。公孫丑曰：「若此者，何如也？」

爲，去聲。

陳氏曰：「王子所生之母死，厭於嫡母而不敢終喪。其傅爲請於王，欲使得行數月之喪也。時又適有此事，丑問如此者是非何如？」按儀禮：「公子爲其母練冠、麻衣縓緣，既葬除之。」疑當時此禮已廢，或既葬而未忍即除，故請之也。

曰：「是欲終之而不可得也。雖加一日愈於已，謂夫莫之禁而弗爲者也。」

夫，音扶。

言王子欲終喪而不可得，其傅爲請，雖止得加一日，猶勝不加。我前所譏，乃謂夫莫之禁而自不爲者耳。○此章言三年通喪，天經地義，不容私意有所短長。示之至情，則不肖者有以企而及之矣。

○孟子曰：「君子之所以教者五：

下文五者，蓋因人品高下，或相去遠近先後之不同。輔氏曰：「如時雨化之者，品之高者也。成德達財者，品之次者也。答問者，品之下者也。相去之遠近先後，則言私淑艾者爾。蓋有雖同時而相去或遠或近者，又有或先或後而不同時者，故近與先者則得以親承其教，遠與後者則有不能及門而受業者也。」

有如時雨化之者，

時雨，及時之雨也。語録曰：「不先不後，適當其時而已。」草木之生，播種封植，人力已至而未能自化，所少者雨露之滋耳，及此時而雨之，則其化速矣。教人之妙，亦由是也，若孔子之於顔、曾是已。語録曰：「他地位已到，因而發之，孔子於顔、曾是也。」

有成德者，有達財者，

財，與材同。此各因其所長而教之者也。成德，如孔子之於冉、閔；達財，如孔子之於由、賜。語録曰：「成德，成就其德，如孔子於冉、閔，德則天資純粹者。達才，通達其才，如孔子於由、賜，才是明敏者。」

有答問者，

就所問而答之，若孔、孟之於樊遲、萬章也。語録曰：「答問，則是費言語。」○輔氏曰：「樊遲之麄鄙，萬章之淺率，孔、孟皆俟其問而後告教之是也。」

有私淑艾者。艾，音乂。

私，竊也。淑，善也。艾，治也。文集曰：「艾，芟草也。自艾、淑艾，皆有斬絶自新之意。

懲艾、創艾，亦取諸此。」人或不能及門受業，但聞君子之道於人，而竊以善治其身，是亦君子教誨之所及，若孔、孟之於陳亢、夷之是也。語録曰：「未嘗親見面授，只是或聞其風而師慕之，或私竊傳其善言善行，學之以善於其身，是亦君子之教誨也。」孟子亦曰：「予未得爲孔子徒也，予私淑諸人也。」

此五者，君子之所以教也。」

聖賢施教，各因其材，小以成小，大以成大，無棄人也。愚謂：君子之教人，如天地之生物，各因其才而篤之，故小以成小，大以成大。天地無棄物，聖賢無棄人。

〇公孫丑曰：「道則高矣美矣，宜若登天然，似不可及也。何不使彼爲可幾及而日孳孳也？」幾，音機。孟子曰：「大匠不爲拙工改廢繩墨，羿不爲拙射變其彀率。爲，去聲。彀，古候反。率，音律。

彀率，彎弓之限也。言教人者皆有不可易之法，不容自貶以徇學者之不能也。

君子引而不發，躍如也。中道而立，能者從之。」

引，引弓也。發，發矢也。躍如，如踊躍而出也。文集曰：「是道理活潑潑地發出在面前，如由中躍出。」〇語録曰：「義理昭著，如有物躍然於心目之閒。」因上文彀率而言君子教人，但授以學之之法，而不告以得之之妙，如射者之引弓而不發矢，然其所不告者已如踴躍而見於前矣。語録曰：「須知得引箇甚麽，是怎生地不發，又是甚麽物事躍在面前，須是聳起這心與他看，教人心精一無些子夾雜，方見得他那精微妙處。」○又曰：「道理散在天下事物之間，聖賢也不是不説，然也全説不得，自是那妙處不容説。然雖不説，只纔挑動那頭了時，那箇物事自跌蕩在面前。如張弓十分滿而不發箭，雖不發，然已知得真箇是中這物事了。」○輔氏曰：「引，謂但授之以學之之法。不發，謂不告以得之之妙。」中者，無過不及之謂。中道而立，言其非難非易。能者從之，言學者當自勉也。輔氏曰：「過乎中，則苟難而不可及。不及乎中，則又苟易者之所便也。唯中道而立，是以無難無易。能者從之，則又學者所當自勉也。中道而立，成己之事。能者從之，又所以成物也。」○此章言道有定體，教有成法；卑不可抗，高不可貶；語不能顯，默不能藏。輔氏曰：「道有定體，率性而已；教有成法，脩道而已。唯其道有定體，故教有成法。卑者不可抗而隆，禮卑法地是也；高者不可貶而下，知崇效天是也。不因有言而可以益其顯，不因無説而可以晦其藏，中道而立，能者從之而已。」

○孟子曰：「天下有道，以道殉身；天下無道，以身殉道。殉，如殉葬之殉，以死隨物之名也。身出則道在必行，道屈則身在必退，以死相從而不離也。愚謂：道不可離也，雖時有治亂，已有窮達，非道殉身，即身殉道，以死相從，豈可得而離哉？

未聞以道殉乎人者也。」

以道從人，妾婦之道。輔氏曰：「此正如莊子所謂『盜亦有道』者，言是亦道耳。但只是妾婦之道，妾婦以順悅爲道者也。」

○公都子曰：「滕更之在門也，若在所禮，而不答，何也？」更，平聲。

趙氏曰：「滕更，滕君之弟，來學者也。」

孟子曰：「挾貴而問，挾賢而問，挾長而問，挾有勳勞而問，挾故而問，皆所不答也。滕更有二焉。」長，上聲。

趙氏曰：「二，謂挾貴、挾賢也。」輔氏曰：「更乃滕君之弟，則知其挾貴矣。而肯來學於孟子，則知其挾賢矣。」○尹氏曰：「有所挾，則受道之心不專，所以不答也。」輔氏曰：「學者之心須是專一，方有受教之地。有所挾則二三也。」○此言君子雖誨人不倦，又惡夫意之不誠者。輔氏曰：「誠則一，二則不誠矣。」

○孟子曰：「於不可已而已者，無所不已。於所厚者薄，無所不薄也。

已，止也。不可止，謂所不得不爲者也。所厚，所當厚者也。此言不及者之弊。

其進鋭者，其退速。」

進鋭者，用心太過，其氣易衰，故退速。○三者之弊，理勢必然，雖過不及之不同，然卒同歸於廢弛。輔氏曰：「不及者之弊，則愈見其不及，流於欲者之所爲也。過者之弊，則其退也可立而待，役於氣者之所爲也。欲肆則無極，氣過則易衰。循理而行，則有則而可繼也。」

○孟子曰：「君子之於物也，愛之而弗仁；於民也，仁之而弗親。親親而仁民，仁民而愛物。」

物，謂禽獸草木。愛，謂取之有時，用之有節。○程子曰：「仁，推己及人，如老吾老以及人之老。於民則可，於物則不可。統而言之則皆仁，分而言之則有序。」輔氏曰：「統而言之則皆自吾一性之仁，分而言之則有輕重之序。然在學者言之，則於此三者之序，有由之而不知者，有得於此而失於彼者，又有倒行逆施、雜亂無次者。要當因聖賢之言，反求之心，涵養於未發之前，體察於已發之後，毋惑於異端，毋汩於私慾，安處善，樂循理，凡形於愛物、仁民、親親之際，一皆與聖賢之説自然脗合而無差，然後是聖學工夫。」楊氏曰：「其分不同，故所施不能無差等，所謂理一而分殊者也。」真氏曰：「凡生於天壤之閒者，莫非天地之子，而吾之同氣者也，是之謂理一。然親者吾之同體，民者吾之同類，而物則異類矣，是之謂分殊。以其理一，故仁愛之施無不徧；以其分殊，故仁愛之施則有差。」尹氏曰：「何以有是差等？一本故也，無僞也。」輔氏曰：「尹氏說尤要切。一本故無僞而有差等，若無差等，則是僞而二本也。」

〇孟子曰：「知者無不知也，當務之爲急；仁者無不愛也，急親賢之爲務。堯舜之知而不徧物，急先務也；堯舜之仁不徧愛人，急親賢也。知者之知，並去聲。

知者固無不知，然常以所當務者爲急，則事無不治，而其爲知者大矣。語録曰：「當務之急，如所謂『勞心者治人，勞力者治於人。堯舜之治天下，豈無所用其心？亦不用於耕耳』，又如夫子言『務民之義』，應係所當爲者，皆是也。」仁者固無不愛，然常急於親賢，則恩無不洽，而其爲仁也博矣。

不能三年之喪，而緦小功之察；放飯流歠，而問無齒決，是之謂不知務。」

飯，扶晚反。歠，昌悅反。

三年之喪，服之重者也。緦麻三月，小功五月，服之輕者也。察，致詳也。放飯，大飯；流歠，長歠，不敬之大者也。齒決，齧斷乾肉，不敬之小者也。問，講求之意。〇此章言君子之於道，識其全體，則心不狹；輔氏曰：「此是言仁。」知所先後，則事有序。輔氏曰：「此是言知。」豐氏曰：「智不急於先務，雖徧知人之所知，徧能人之所能，徒弊精神，而無益於天下之治矣。仁不急於親賢，雖有仁民愛物之心，小人在位，無由下達，聰明日蔽於上，而惡政日加於下，此孟子所謂不知務也。」輔氏曰：「豐氏是講筵之説，故推言之如此。然孟子之意，亦是如此。」

孟子卷第十三

孟子卷第十四

朱子集註　後學趙順孫纂疏

盡心章句下

凡三十八章。

孟子曰：「不仁哉，梁惠王也。仁者以其所愛及其所不愛，不仁者以其所不愛及其所愛。」

親親而仁民，仁民而愛物，所謂以其所愛及其所不愛也。

公孫丑曰：「何謂也？」「梁惠王以土地之故，糜爛其民而戰之，大敗，將復之，恐不能勝，故驅其所愛子弟以殉之，是之謂以其所不愛及其所愛也。」

「梁惠王」以下，孟子答辭也。糜爛其民，使之戰鬭，糜爛其血肉也。復之，復戰也。子弟，謂大子申也。以土地之故及其民，以民之故及其子，皆以其所不愛及其所愛也。○此承前篇之末三章之意，言仁人之恩，自内及外；不仁之禍，由疏逮親。輔氏曰：「仁人之恩，自内以及外者，自本而推之也。惟其自本而推之，故雖無所不愛，而輕重等差蓋不可紊也。不仁之禍，由疏逮親者，徇欲而從流者也。惟其徇欲而從流，故横放逆施，莫之紀極也。始也糜爛其人民而殘賊其子弟，終不至殺身覆族不已也。」

○孟子曰：「春秋無義戰。彼善於此，則有之矣。

春秋每書諸侯戰伐之事，必加譏貶，以著其擅興之罪，無有以爲合於義而許之者。但就中彼善於此者則有之，如召陵之師之類是也。

征者上伐下也，敵國不相征也。」

征，所以正人也。諸侯有罪，則天子討而正之，此春秋所以無義戰也。

○孟子曰：「盡信書，則不如無書。

程子曰：「載事之辭，容有重稱而過其實者，學者當識其義而已。苟執於辭，則時或有害於義，不如無書之愈也。」

吾於武成，取二三策而已矣。

武成，周書篇名，武王伐紂歸而記事之書也。策，竹簡也。取其二三策之言，其餘不可盡信也。程子曰：「取其奉天伐暴之意，反政施仁之法而已。」

仁人無敵於天下。以至仁伐至不仁，而何其血之流杵也？」

杵，舂杵也；或作「鹵」，楯也。武成言武王伐紂，紂之前徒倒戈攻于後以北，血流漂杵。孟子言此則其不可信者。然書本意，乃謂商人自相殺，非謂武王殺之也。孟子之設是言，懼後世之惑，且長不仁之心耳。輔氏曰：「如血流漂杵一語，雖是商人之自殺，然畢竟過乎實。武王伐紂，遇此等事，亦必自處置，豈肯使之殺人至於如此之多？此而不辯，竊恐後世惑之，以爲聖人在上，亦或有時殺人如此，則將長其不仁之心，其爲害大矣。」

○孟子曰：「有人曰：『我善爲陳，我善爲戰。』大罪也。陳，去聲。

制行伍曰陳，交兵曰戰。

國君好仁，天下無敵焉。好，去聲。南面而征，北狄怨；東面而征，西夷怨，

曰奚爲後我？

此引湯之事以明之，解見前篇。

武王之伐殷也，革車三百兩，虎賁三千人。兩，去聲。賁，音奔。

又以武王之事明之也。兩，車數，一車兩輪也。愚按風俗通云：「車有兩輪，故一車謂之

一兩。」千，書序作百。

王曰：『無畏，寧爾也，非敵百姓也。』若崩厥角稽首。書泰誓文與此小異。孟子之意當云：「王謂商人曰：『無畏我也。我來伐紂，本爲安寧汝，非敵商之百姓也。』於是商人稽首至地，如角之崩也。」征之爲言，正也，各欲正己也，焉用戰？」焉，於虔反。

民爲暴君所虐，皆欲仁者來正己之國也。

〇孟子曰：「梓匠輪輿能與人規矩，不能使人巧。」

尹氏曰：「規矩，法度可告者也。巧則在其人，雖大匠亦末如之何也已。」輔氏曰：「巧，謂熟後自得之妙。」蓋下學可以言傳，上達必由心悟，莊周所論斲輪之意蓋如此。」

〇孟子曰：「舜之飯糗茹草也，若將終身焉。及其爲天子也，被袗衣，鼓琴，二女果，若固有之。」飯，上聲。糗，去久反。茹，音汝。袗，之忍反。果，説文作婐，烏果反。

飯，食也。糗，乾糒也。茹，亦食也。袗，畫衣也。愚謂：畫衣者，畫黼黻絺繡之衣也。二女，堯二女也。果，女侍也。語録曰：「趙氏以果爲侍。廣韻從女從果者，亦曰侍也。」言聖人之心，不以貧賤而有慕於外，不以富貴而有動於中，隨遇而安，無預於己，所性分定故也。輔氏曰：「所性，謂天所予我之性也。分定，謂雖大行不加，窮居不損也。夫貧富貴賤，皆外物之儻來寄也。聖人盡性，故其心湛然，而無所厭羨欣戚於其間，隨遇而安，是不以物動己也。無預於己，是不以己隨物也。」

○孟子曰：「吾今而後知殺人親之重也。殺人之父，人亦殺其父；殺人之兄，人亦殺其兄。然則非自殺之也，一閒耳。」閒，去聲。

言吾今然後知者，必有所爲而感發也。一閒者，我往彼來，閒一人耳，其實與自害其親無異也。輔氏曰：「閒字說分明，其感發於人尤切。」范氏曰：「知此則愛敬人之親，人亦愛敬其親矣。」

○孟子曰：「古之爲關也，將以禦暴；

譏察非常。

今之爲關也，將以爲暴。」

征稅出入。輔氏曰：「關則一，而古今所以爲關之意則不同。譏察非常，爲義也；征稅出入，爲利也。」○范氏曰：「古之耕者什一，後世或收太半之稅，此以賦斂爲暴也。文王之囿與民同之，齊宣王之囿爲阱國中，此以園囿爲暴也。後世爲暴，不止於關，若使孟子用於諸侯，必行文王之政，凡此之類，皆不終日而改也。」輔氏曰：「先王制其本者，天理也。後世流於末者，人欲也。天下之事莫不然，孟子舉關之一事言之，故范氏推言及賦斂、苑囿之事。且曰『使孟子用於諸侯，必行文王之政』者，尤說得孟子之事實。蓋孟子之言句句是事實，言之則必行之矣。」

○孟子曰：「身不行道，不行於妻子；使人不以道，不能行於妻子。」身不行道者，以行言之。不行者，道不行也。使人不以道者，以事言之。不能行者，令不行也。

○孟子曰：「周于利者，凶年不能殺；周于德者，邪世不能亂。」周，足也。言積之厚，則用有餘。輔氏曰：「德貴積蓄，然後有餘用，而外物不足以亂之。若夫挾一善一長自以爲足，而欲以游於邪世，則鮮有不爲其所亂者矣。故良農不患乎年之有凶，而惟患乎蓄糧之不厚；君子不患乎世之難處，而惟患乎積德之不周[二]。戰兢自持[三]，死而後已，

[二] 不，原衍作「不不」，據通志堂經解本删。
[三] 持，原作「特」，據通志堂經解本改。

凡皆以周其德也。」

○孟子曰：「好名之人，能讓千乘之國；苟非其人，簞食豆羹見於色。」好、乘、食，皆去聲。見，音現。

好名之人，矯情干譽，是以能讓千乘之國；然若本非能輕富貴之人，則於得失之小者，反不覺其真情之發見矣。蓋觀人不於其所勉，而於其所忽，然後可以見其所安之實也。或問：「好名之人能讓國矣，而不能忘情於小物，何哉？」曰：「千乘之國，辭受之間，十目所視，十手所指之地也。簞食豆羹，得失之際，則微矣，人亦何暇注其耳目於斯哉？此好名之士所以飾情於彼以取美名，而不意其鄙吝之真情實態乃發露於忽易而不虞之地也。」○語録曰：「能讓千乘之國，惟賢人能之，然好名之人亦有時而能之。然若不是真箇能讓之人，本非真能讓國也，徒出一時之慕名而勉强爲之耳。然這邊雖能讓千乘之國，那邊簞食豆羹必見於色。」○又曰：「是好名之心勝，大處打得過，小處漏綻也。」○輔氏曰：「矯情者，務勉於其大而難久；至誠者，不忽於其小而有常是。故觀人之法，不於其所勉而於其所忽，人之誠與僞見矣。所安，即誠也。」

○孟子曰：「不信仁賢，則國空虛；

空虛，言若無人然。

無禮義，則上下亂；

禮義，所以辨上下，定民志。

無政事，則財用不足。」

生之無道，取之無度，用之無節故也。○尹氏曰：「三者以仁賢爲本。無仁賢，則禮義、政事處之皆不以其道矣。」輔氏曰：「仁者，德之首，賢則總言其有德耳。國以賢而立，無仁賢，則其國虛矣。有之而不能信任之，則與無同。尹氏謂三者以仁賢爲本者，當矣。禮義由賢者出，政事以得人爲本，故無仁賢，則處之皆不得其當。禮義，則以非禮爲禮，非義爲義；政事之施，則先後無序，寬猛失宜也。」

○孟子曰：「不仁而得國者，有之矣；不仁而得天下，未之有也。」

言不仁之人，騁其私智，可以盜千乘之國，而不可以得丘民之心。鄒氏曰：「自秦以來，不仁而得天下者有矣，然皆一再傳而失之，猶不得也。所謂得天下者，必如三代而後可。」輔氏曰：「不仁而得天下，如曹操、司馬氏及五代之君皆是也。鄒氏斷以得天下必如三代而後可者，得孟子之旨也。」

○孟子曰：「民爲貴，社稷次之，君爲輕。

社，土神；稷，穀神，建國則立壇壝以祀之。愚謂：社所以祭五土之神，稷所以祭五穀之神。稷非土無以生，土非稷無以見生生之效，故祭社必及稷，以其同功均利以養人故也。周禮大司徒：「設其社稷之壝。」壝者，累土以爲高也，不屋而壇，社壇在東，稷壇在西。」**蓋國以民爲本，社稷亦爲民而立，而君之尊又係於二者之存亡，故其輕重如此。**或問：「民貴君輕之説，得不啓後世簒奪之端乎？」曰：「以理言之，則民貴；以分言之，則君貴。此固兼行而不悖也，各於其時視其輕重之所在而已爾。若不惟其是，而姑借聖賢之説，則亦何詞之不可借，而所以啓後人之禍者，又豈止於斯乎？」

是故得乎丘民而爲天子，得乎天子爲諸侯，得乎諸侯爲大夫。

丘民，田野之民，至微賤也，然得其心，則天下歸之。天子，至尊貴也，而得其心者，不過爲諸侯耳，是民爲重也。

諸侯危社稷，則變置。

諸侯無道，將使社稷爲人所滅，則當更立賢君，是君輕於社稷也。

犧牲既成，粢盛既潔，祭祀以時，然而旱乾水溢，則變置社稷。」盛，音成。

祭祀不失禮，而土穀之神不能爲民禦災捍患，則毁其壇壝而更置之，語録曰：「非謂易其人而祀之，蓋言遷社稷壇場於他處耳。」亦「年不順成，八蜡不通」之意，**是社稷雖重於君而輕於民也。**輔氏曰：「天生民，而立之君以司牧之，是君爲民而立也。世衰道微，至戰國之時，爲君者不知其職，而反視其民如草芥而不之恤也，故孟子發此輕重之論，而并及夫社稷焉，蓋社稷亦爲民而立故也。於是反覆明辨之，其丁寧警切之意，可謂仁矣。」

○孟子曰：「聖人，百世之師也，伯夷、柳下惠是也。故聞伯夷之風者，頑夫廉，懦夫有立志；聞柳下惠之風者，薄夫敦，鄙夫寬。奮乎百世之上，百世之下聞者莫不興起也。非聖人而能若是乎？而況於親炙之者乎？」

興起，感動奮發也。親炙，親近而熏炙之也。餘見前篇。

○孟子曰：「仁也者，人也。合而言之，道也。」

仁者，人之所以爲人之理也。語録曰：「此『仁』字不是別物，即是這人底道理。」然仁，理也；人，物也。以仁之理合於人之身而言之，乃所謂道者也。或問此章之說。曰：「言人而不及仁，則血氣物欲之私而已。言仁而不即人之身以明之，則又徒爲虚言，而無以見天理流行之實。故必以仁之理合於人之身而言，然後仁之爲道可見。蓋仁則性而已矣，道則父子之親、君臣之分見於人之身而尤著也。」程子曰：「中庸所謂『率性之謂道』是也。」○或曰外國本「人也」之下有「義也者宜也，禮也者履也，智也者知也，信也者實也」，凡二十字。今按：如此則理極分明，然未詳其是否也。或問：「外國別本十五字信乎？」曰：「不可知也，姑記之以俟知者。」

○孟子曰：「孔子之去魯，曰『遲遲吾行也』，去父母國之道也；去齊，接淅而行，去他國之道也。」

重出。

○孟子曰：「君子之戹於陳、蔡之閒，無上下之交也。」

君子，孔子也。戹，與厄同。君臣皆惡，無所與交也。輔氏曰：「陳蔡之厄，聖人之極否也。故孟子特原其事，以爲蓋緣君臣俱惡，無所與交之故。是亦氣數之窮，在聖人則何與焉？」

○貉稽曰：「稽大不理於口。」貉，音陌。

趙氏曰：「貉姓，稽名。爲衆口所訕。理，賴也。」輔氏曰：「理雖訓賴，而曰『大不賴於口』者，言大爲衆口所訕，不見理於衆口，是無所賴於衆口也。」今按漢書「無俚」，方言亦訓賴。

孟子曰：「無傷也。士憎兹多口。

趙氏曰：「爲士者益多爲衆口所訕。」按此，則憎當從土，今本皆從心，蓋傳寫之誤。

詩云：『憂心悄悄，慍于羣小。』孔子也。『肆不殄厥慍，亦不隕厥問。』文王也。」

詩，邶風柏舟及大雅緜之篇也。悄悄，憂貌。慍，怒也。本言衛之仁人見怒於羣小，孟子以爲孔子之事可以當之。肆，發語辭。殞，墜也。問，聲問也。本言太王事昆夷，雖不能殄絶其慍怒，亦不自墜其聲問之美，孟子以爲文王之事可以當之。語録曰：「問：『衛邶柏舟之詩何與孔子？而孟子以此稱孔子，何也？』曰：『此不必疑，如見毁於叔孫，幾害於桓魋，皆慍于羣小也。辭則衛詩，意似孔子之事，故孟子以此言孔子。至於緜詩「肆不殄厥慍」之語，註謂説文王。以詩考之，上文方説太王，下文豈得便言文王？如此，意其閒須有闕文。』」○尹氏曰：「言人顧自處如何，盡其在我者而已。」輔氏曰：「尹氏深得此章之旨。孔子、文王之心，亦如是而已矣。」

○孟子曰：「賢者以其昭昭，使人昭昭；今以其昏昏，使人昭昭。」

昭昭，明也。昏昏，闇也。尹氏曰：「大學之道，在自昭明德而施於天下國家，其有不順者寡矣。」輔氏曰：「以己昭昭使人昭昭者，求之己也。以己昏昏使人昭昭者，求之人也。尹氏引大學之説當矣。能明明德，則施於天下國家其有不順者寡矣。若不自明其德，則如面牆，一物無所見，一步不可移，雖至近如妻子，亦且不順之矣，況他人乎？」

○孟子謂高子曰：「山徑之蹊閒，句。介然用之而成路[二]。爲閒不用，則茅塞之矣。今茅塞子之心矣。」介，音戛。

徑，小路也。蹊，人行處也。介然，倏然之頃也。用，由也。路，大路也。爲閒，少頃也。茅塞，茅草生而塞之也。言理義之心不可少有閒斷也。輔氏曰：「理義之心，人所固有，雖易發，而亦易窒。日用之閒才有所感，其端固未嘗不發見也。此正猶山中之小徑，人能由之，則倏然之閒遂可以成路。亦如人於善端發處，體察而力行之，則亦可以成德。若或少頃之閒不能由之，則茅草生而塞之矣。亦如善端雖發，若或不能體察而力充之，則內爲氣習所蔽，外爲物欲所誘，而遂窒之矣。孟子言此，蓋以見學者於理義之心不可少有閒斷也。」

○高子曰：「禹之聲，尚文王之聲。」

尚，加尚也。豐氏曰：「言禹之樂，過於文王之樂。」

孟子曰：「何以言之？」曰：「以追蠡。」追，音堆。蠡，音禮。

豐氏曰：「追，鍾紐也，周禮所謂旋蟲是也。愚按考工記：「鍾縣謂之旋，旋蟲謂之幹。」蓋

[二]「路」下通志堂經解本有小字注：「句」。

懸鍾之紐也，其形如環，環則有盤旋之義。縣鍾則假物以爲之，附著鍾偃於此，若盤旋，然於旋之上爲蟲形以飾之。自漢以來，鍾旋之上以銅篆作蹲熊及盤龍，獸名辟邪，皆旋蟲之類也。蠡者，齧木蟲也。言禹時鍾在者，鍾紐如蟲齧而欲絶，蓋用之者多，而文王之鍾不然，是以知禹之樂過於文王之樂也。」

曰：「是奚足哉？城門之軌，兩馬之力與？」與，平聲。

豐氏曰：「奚足，言此何足以知之也。軌，車轍迹也。兩馬，一車所駕也。城中之涂容九軌，車可散行，故其轍迹淺；城門惟容一車，車皆由之，故其轍迹深。蓋日久車多所致，非一車兩馬之力能使之然也。言禹在文王前千餘年，故鍾久而紐絶，文王之鍾則未久而紐全，不可以此而議優劣也。」〇此章文義本不可曉，舊說相承如此，而豐氏差明白，故今存之，亦未知其是否也。

〇齊饑。陳臻曰：「國人皆以夫子將復爲發棠，殆不可復。」復，扶又反。

先時齊國嘗饑，孟子勸王發棠邑之倉以賑貧窮。至此又饑，陳臻問言齊人望孟子復勸王發棠，而又自言恐其不可也。

孟子曰：「是爲馮婦也。晉人有馮婦者，善搏虎，卒爲善士。則之野，有衆逐虎。虎負嵎，莫之敢攖。望見馮婦，趨而迎之。馮婦攘臂下車。衆皆悦之，其爲士者笑之。」

手執曰搏。卒爲善士，後能改行爲善也。之，適也。負，依也。山曲曰嵎。攖，觸也。笑之，笑其不知止也。疑此時齊王已不能用孟子，而孟子亦將去矣，故其言如此。輔氏曰：「齊人之所望於孟子者，利也。而孟子之所以自守者，義也。夫告君以發粟振民，是亦美事，固君子所樂爲者，但是時齊王已不能用孟子，而孟子亦將去矣，故其義不當復有所言耳。君子之所爲，與時變化，不主故常，唯義理如何耳。顧豈徇其常所爲者以取人之屢快哉？」

○孟子曰：「口之於味也，目之於色也，耳之於聲也，鼻之於臭也，四肢之於安佚也，性也，有命焉，君子不謂性也。

程子曰：「五者之欲，性也。然有分，不能皆如其願，則是命也。不可謂我性之所有而求必得之也。」語録曰：「此性字指氣質而言，此命字却合理與氣而言。」○輔氏曰：「程子『不謂性』之説固已盡之，其曰『不可謂我性之所有而求必得之』，便是解『不謂性』一句也。」愚按：不能皆如其願，不止爲貧賤。蓋雖富貴之極，亦有品節限制，則是亦有命也。語録曰：「五者之欲，固是人性，然有命分。既不可謂我性之所有而必求得之，又不可謂我分可以得而必極其欲。如貧賤不能如願，此固分也。富貴之極，可以無所不爲，然亦有限制裁節，又當安之於理。如紂之酒池肉林，却是富貴之極而不知限節之意。若以其分言之，固無不可爲，但道理却恁地不得。今人只說得一邊，不知合而言之，未嘗不同也。」○輔氏曰：「若爲貧賤，故五者不能如其所願，則只說得一邊。如武帝之千門萬户，却是不知限節。」

仁之於父子也，義之於君臣也，禮之於賓主也，智之於賢者也，聖人之於天道也，命也，有性焉，君子不謂命也。

程子曰：「仁、義、禮、智、天道，在人則賦於命者，所稟有厚薄清濁，然而性善可學而盡，故不謂之命也。」語録曰：「此命字專指氣而言，此性字却指理而言。如舜遇瞽瞍，固是所遇氣數。然舜惟盡事親之道，期於底豫，此所謂盡性。大凡清濁厚薄之稟，皆命也。一以所稟言之，一以所值言之。所造之有淺有深，所感之有應有不應，皆厚薄清濁之分不同。且如聖人之於天道，如堯、舜則是性之，湯、武則是反之，禹則入聖域而不優，此是合下所稟有清濁，而所造有淺深不同。文王之囚羑里，夫子之不得位，此是合下所稟有厚薄，而所遇有應有不應。但其命雖如此，又有性焉，故當盡性。」○又曰：「『以厚薄言命，則是天之降才爲有殊矣。』曰：『孟子言降才，且如此說。若命則誠有兩般，由稟受有厚薄也，又不可謂稟受爲非命也。大抵天命流行，物各有得，不謂之命不可也。命，如人有貧富貴賤，豈不是有厚薄？』」**張子曰：「晏嬰智矣，而**

不知仲尼，是非命耶？」語録曰：「若作所稟之命，則是嬰稟得智之淺者。若作命分之命，則是嬰偶然蔽於此，遂不識夫子。此當作兩般看。」愚按：所稟者厚而清，則其仁之於父子也至，義之於君臣也盡，禮之於賓主也恭，智之於賢否也哲，聖人之於天道也無不脗合而純亦不已焉。薄而濁則反是。是皆所謂命也。語録曰：「清而厚，則仁之於父子也至，若瞽瞍之於舜，則薄於仁矣；義之於君臣也盡，若桀、紂之於逢、干，則薄於義矣。禮薄而至於賓主之失其歡，智薄而至於賢者之不能盡知其極。至於聖人之於天道，有性之、反之之不同。是皆所謂命也。」○陳氏曰：「是就稟氣之清濁不齊上論，是説人之智愚賢否。」或曰「者」當作「否」，「人」衍字，更詳之。○愚聞之師曰：「此二條者，皆性之所有而命於天者也。然世之人，以前五者爲性，雖有不得，而必欲求之；以後五者爲命，一有不至，則不復致力。故孟子各就其重處言之，以伸此而抑彼也。或問：「所謂性、命者何不同？」曰：「性者，人之所受乎天者，其體則不過仁義禮智之理而已，其發則雖食色意欲之私，亦無不本於是也。命，則因夫氣之厚薄而賦於人之名也，不惟智愚賢否之所繫，雖貧富貴賤之所值亦無不由於是也。故君子於食色意欲之私，則不謂之性，而安於貧富貴賤之有命；於智愚賢否之殊，則不謂之命，而勉於仁義禮智之有性也。」曰：「然則此其專爲貧賤愚不肖者言之耶？抑其通言之也？」曰：「孟子之意似若專爲貧賤愚不肖者而言者，而其推之則亦無不通矣。蓋富且貴者，雖所求之必得，而亦必有制度之節；聖且賢者，雖所稟之已厚，而亦未嘗不勉其所當勉也。」○語録曰：「此章只要遏人慾、長天理。前一節，人以爲性我所有，須要必得；後一節，人以爲命則在天，多委之而不脩。所以孟子到人説性處，却曰有命；人説命處，却曰有性。」○永嘉陳氏曰：「世人以上五者爲性，則見血氣而不見道理；以下五者爲命，則見氣數而不見道理。孟子於常人説性處，却以命言，則人之所嗜慾雖所同有，却有品節限制，不可必得；於常人説命處，却以性言，則人之於義理，其氣稟雖有清濁不齊，須是著力自做工夫，不可一委之天。大要，上是人心，人皆知循其在人，而君子則斷之以天；下是道心，人皆知委其在天，而君子則斷之以人。此君子言知命盡性之學，所以異乎常人之言也歟。」**張子所謂『養則付命於天，道則責成於己』，其言約而盡矣。**」語録曰：「『口之於味』五者，此固性之所欲，然在人則有所付之分，在理則有不易之則，皆命也，是以不謂之性，而付命於天。『仁之於父子』五者，在我則有厚薄之稟，在彼則有遇不遇之殊，是皆命也，然有性焉，是以君子不謂之命，而責成於己。須如此看，意思方圓，無欠闕處。」

○浩生不害問曰：「樂正子何人也？」孟子曰：「善人也，信人也。」

趙氏曰：「浩生姓，不害名，齊人也。」

「何謂善？何謂信？」

不害問也。

曰：「可欲之爲善，

天下之理，其善者必可欲，其惡者必可惡。其爲人也，可欲而不可惡，則可謂善人矣。或問此一節。曰：「善者，人之所欲。惡者，人之所惡。其爲人也，處心造事，行己接物，凡其所爲，一皆可欲而不可惡，則是可謂善人矣。」○語録曰：「可欲，是説這人可愛也。」○又曰：「只是渾全一箇好人，都可愛可欲，更無些憎嫌處。」○又曰：「人之所同愛而自爲好人者，謂之善人。」○輔氏曰：「先儒多以可欲爲己之欲，如書所謂『敬修其可願』之意。獨集註不然，可欲是别人以爲可欲。蓋若以爲己之欲，則説得太輕，且人之欲有善惡不同故也。」

有諸己之謂信。

凡所謂善，皆實有之，如惡惡臭，如好好色，是則可謂信人矣。或問此一節。曰：「善人者，或其天資之美，或其知及而勉慕焉，未必其真以爲然而果能不失也。必其用力之久，一旦脱然有以真知其善之在己而不得不然，決定真實而無一毫虚僞之意，然後可以謂之信人矣。」○輔氏曰：「善固多端，故言『凡所謂善』以該之，如惡惡臭，如好好色，則表裏誠實，無一毫勉彊假托之意也。」○張子曰：「志仁無惡之謂善，誠善於身之謂信。」

充實之謂美。

力行其善，至於充滿而積實，則美在其中而無待於外矣。或問此一節。曰：「信足以自信於心而已，未必其行之充足飽滿而無歉於身也。然既信之，則其行必力，其守必固。如是而不可已焉，則其所有之善充足飽滿於其身，雖其隱微曲折之閒，亦皆清和淳懿而無不善之雜，是則所謂美者也。」○語録曰：「無待於外，都是裏面流出來。」○輔氏曰：「有諸己，則已是知至意誠之事，然又須見於履踐方得，故云『力行其善』。至於充滿其量，蓄積成實，然後美在其中而無所待於外矣。」

充實而有光輝之謂大。

和順積中，而英華發外；美在其中，而暢於四支，發於事業，則德業至盛而不可加矣。或問此一節。曰：「美足以充於其内而已，而未必其能發見於外也。又如是而不已焉，則其善充於内者，彌滿布濩，洋溢四出而不可禦；其在躬也，則睟面盎背而施於四體；其在事也，則德盛仁熟而天下文明，是則所謂大人者也。」○輔氏曰：「大則形見於外矣，故以『德業至盛不可加』言之[二]。」

大而化之之謂聖。

[二] 加，原作「知」，通志堂經解本同，據四庫本、復性書院本改。

大而能化，使其大者泯然無復可見之迹，則不思不勉，從容中道，而非人力之所能爲矣。或問此一節。曰：「大而不化，則其所謂大者，未能離乎方體形迹之閒[二]。必其德之盛者日以益盛，仁之熟者日以益熟，則向之所謂大者，且將春融凍解，混然無迹，而與天地合德，日月合明，四時合序，鬼神合其吉凶矣，是則所謂聖人者也。」○輔氏曰：「大，則猶可以目見而指言。至於化，則無迹，不可以目見，不可以言傳，無待於思惟，無假於勉彊，從容自然，與道爲一，而非人之智力所能及矣。」○張子曰：「大可爲也，化不可爲也，在熟之而已矣。」

聖而不可知之之謂神。

程子曰：「聖不可知，謂聖之至妙，人所不能測。非聖人之上又有一等神人也。」或問此一節。曰：「至於聖，則造道入德之功至矣，盡矣，不可以有加矣。是其盛德至善之極，無聲無臭之妙，必有非耳目所能制，心思所能測者，是則所謂神者，而非聖人之上復有神人也。」

樂正子，二之中，四之下也。」

蓋在善信之閒，觀其從於子敖，則其有諸己者或未實也。或問：「樂正子以善名矣，而以餔歠從子敖，先館舍後長者，何也？」曰：「言在二者之中，則有餘於善，而不足於信矣。」○語録

[二] 能，原作「必」，據通志堂經解本改。

曰：「樂正子，二之中，是知好善而未能有諸己，故有從子敖之失。」○輔氏曰：「意者樂正子雖能明善，而亦工夫未到，於善未誠。使其誠有諸己，則於從子敖之事，當如惡惡臭而自不嚮邇也。」張子曰：「顔淵、樂正子皆知好仁矣。樂正子志仁無惡而不致於學，所以但爲善人信人而已；顔子好學不倦，合仁與智，具體聖人，獨未至聖人之止耳。」輔氏曰：「張子并顔子言之，以見學之不可已如此。」○程子曰：「士之所難者，在有諸己而已。能有諸己，則居之安，資之深，而美且大可以馴致矣。徒知可欲之善，而若存若亡而已，則能不受變於俗者鮮矣。」輔氏曰：「程子又發明學者只要有諸己，有諸己則住不得，自然趲將去，故美且大可以循致。不然，徒知其善而若存若亡，則爲流俗所變，而終亦必亡之矣。」尹氏曰：「自可欲之善至於聖而不可知之神，上下一理，擴充之至於神，則不可得而名矣。」輔氏曰：「尹氏上下一理之説，尤得其要。惟其不可得而名，故謂之神也。」

○孟子曰：「逃墨必歸於楊，逃楊必歸於儒。歸，斯受之而已矣。

墨氏務外而不情，楊氏太簡而近實，故其反正之漸大畧如此。輔氏曰：「兼愛固仁之事，若泛然而無差等，則反至於徇外。爲我固義之事，若徒知有己而不知有人，則遂至於太簡。徇外則不能若其情，故有所彊，有所彊故不情。太簡則畧於外，故猶近實，近實則反正爲易矣。自其外而觀之，則兼愛若勝於爲我；自其心而觀之，則兼愛之失爲甚，而爲我之失猶近也。」歸斯受之者，閔其陷溺之久，而取其悔悟之新也。

今之與楊墨辯者，如追放豚，既入其苙，又從而招之。」

放豚，放逸之豕豚也。苙，闌也。招，罥也，羈其足也。言彼既來歸，而又追咎其既往之失也。〇此章見聖賢之於異端，距之甚嚴，而於其來歸，待之甚恕。距之嚴，故人知彼説之爲邪；待之恕，故人知此道之可反。仁之至，義之盡也。輔氏曰：「集註發明聖賢待異端之道，以拒之甚嚴爲義之盡，以待之甚恕爲仁之至，其亦異乎楊墨之所謂仁義者矣。」

〇孟子曰：「有布縷之征，粟米之征，力役之征。君子用其一，緩其二。用其二而民有殍，用其三而父子離。」

征賦之法，歲有常數，然布縷取之於夏，粟米取之於秋，力役取之於冬，當各以其時；若并取之，則民力有所不堪矣。今兩税三限之法，亦此意也。輔氏曰：「此乃孟子言之以警夫取民無度者。今兩税三限之法，其意亦如此，而有司乃有預借之名、重催之弊，其不仁甚矣。」〇問：「布縷、粟米、力役之征，周禮皆取之，而孟子言用其一而緩其二，朱子乃有夏秋之辨。夫秋夏之説始出於唐，不知何所據而云？」永嘉陳氏曰：「緩非廢其征，但不作一時併征之耳。月令，孟夏，蠶畢而獻繭税，孟秋，農乃登穀，始收穀。布縷征之夏，粟米征之秋，乃古法。若唐分兩稅，非止布縷、粟米之征，乃是取大曆十四年應干賦斂之數，併而爲兩稅。名同實異，失孟子之意矣。」尹氏曰：「言民爲邦本，取之無度，則其國危矣。」

○孟子曰：「諸侯之寶三：土地、人民、政事。寶珠玉者，殃必及身。」

尹氏曰：「言寶得其寶者安，寶失其寶者危。」

○盆成括仕於齊。孟子曰：「死矣盆成括。」盆成括見殺。門人問曰：「夫子何以知其將見殺？」曰：「其爲人也小有才，未聞君子之大道也，則足以殺其軀而已矣。」

盆成姓，括名也。恃才妄作，所以取禍。語録曰：「恃才妄作，謂不循理了，硬要胡做。」○輔氏曰：「才出於氣而有限，故曰小。道本於性而無方，故曰大。況曰小才，則又才之小者也。夫道者，義理之總名也。不顧義理而惟才是逞，則行險僥倖，無所不至，不至於顛覆不已也。」徐氏曰：「君子道其常而已。括有死之道焉，設使幸而獲免，孟子之言猶信也。」輔氏曰：「孟子之言，但述其理之當然耳，不以是爲奇中也。學者不達，而以是爲奇，則必以料事爲明，而駸駸然入於逆詐億不信矣。」

○孟子之滕，館於上宫。有業屨於牖上，館人求之弗得。

館，舍也。上宫，别宫名。業屨，織之有次業而未成者，蓋館人所作，置之牖上而失之也。

或問之曰：「若是乎從者之廋也？」曰：「子以是爲竊屨來與？」曰：「殆非也。夫子之設科也，往者不追，來者不距。苟以是心至，斯受之而已矣。」

或問之者，問於孟子也。廋，匿也。言子之從者乃匿人之物如此乎？孟子答之，而或人自悟其失。因言此從者固不爲竊屨而來，但夫子設置科條以待學者，苟以是向道之心而來，則受之耳，雖夫子亦不能保其往也。門人取其言有合於聖賢之指，故記之。輔氏曰：「先儒多讀夫子作扶予，而以爲孟子自説。若以爲孟子之言，則不惟露筋骨，且非所以待學者，將使學者不自重。惟以爲問者之言，則可取。愚嘗謂近世好議論者，往往以學者之失而議先生長者，是其識量又不逮於當時織屨者矣。苟以是心至，斯受之者，與人爲善之公心也。至於孺悲之欲見則辭以疾，滕更之在門則不見答，是又義之所當然也，然教亦固在於中矣。」

從、爲，去聲。與，平聲。夫子，如字，舊讀爲扶余者非。

○孟子曰：「人皆有所不忍，達之於其所忍，仁也；人皆有所不爲，達之於其所爲，義也。

惻隱羞惡之心，人皆有之，故莫不有所不忍不爲，此仁義之端也。然以氣質之偏、物欲之蔽，則於他事或有不能者。但推所能達之於所不能，則無非仁義矣。輔氏曰：「此一節言凡人皆有所不忍、有所不爲。夫不忍者，惻隱之事也；不爲者，羞惡之事也。是皆本於性，發於情，而統於心，人之所固有者也。但爲氣稟所拘，物欲所蔽，則心失其正，而不能統夫性與情。故有所當發而不發，亦有所不當發而反發，遂至於其所不忍者或有時而忍，於其所不爲者或有時而爲，而性亦從而梏亡之矣。今教之以推所不忍以達於所忍，推所不爲以達於所爲，如是則心得其職，情得其正，而性之所以爲仁義者得矣。」○真氏曰：「有所不忍、有所不爲者，此心之正也。能即是心而推之，雖所忍者亦不忍，即仁也；雖所爲者亦不爲，即義也。」

人能充無欲害人之心，而仁不可勝用也；人能充無穿踰之心，而義不可勝用也。勝，平聲。

充，滿也。穿，穿穴；踰，踰牆，皆爲盜之事也。能推所不忍以達於所忍，則能滿其無欲害人之心，而無不仁矣；能推其所不爲以達於所爲，則能滿其無穿踰之心，而無不義矣。輔氏曰：「此一節因前説而教人以充滿其本心之量。無欲害人之心，即是所不忍也。無穿踰之心，即是所不爲也。是心也，其量甚大，其用有常。人能推所不忍以達於其所忍，然後能充滿其無欲害人之心量；推所不爲以達於其所爲，然後能充滿其無穿踰之心量。能充滿其心量，則其用有常，而仁義不可勝用矣。」

人能充無受爾汝之實，無所往而不爲義也。

此申說上文「充無穿踰之心」之意也。蓋爾汝，人所輕賤之稱，人雖或有所貪昧隱忍而甘受之者，然其中心必有慚忿而不肯受之之實。人能即此而推之，使其充滿無所虧缺，則無適而非義矣。語録曰：「不欲人以爾汝之稱加諸我，是惡爾汝之名也。然反之於身，而去其無可爾汝之行，是能充其無受爾汝之實也。若我身有未是處，則雖惡人以爾汝相稱，亦自有所愧矣。」○輔氏曰：「此一節事愈微而理愈密。夫人不肯受爾汝之稱，其事雖微，然皆是其羞惡之實心。存養之不加，體察之不至，則不受之心雖有得於此，而或遂失於彼，則亦不能充滿其實心之量，而義有時而不行矣。唯能推所不受而達之於所受，不以事之微而不察，不以迹之麄而姑自恕，亦必推所不受以達於所受而無所滲漏，然後能充滿其無受爾汝實心之量，無所適而不爲義也。」

士未可以言而言，是以言餂之也；可以言而不言，是以不言餂之也，是皆穿踰之類也。」餂，音忝。

餂，探取之也。語録曰：「問：『探取猶言探試之探否？』曰：『是鉤致之意。』」**今人以舌取物曰餂，即此意也。便佞隱默，皆有意探取於人，是亦穿踰之類。**語録曰：「『如本不必説，自家却强説幾句，要去動人，要去悦人[二]，是以言餂之也。如合當與他説，却不説，須故爲要難，要使他來問我，是以不言餂之也。』問：『政使當言而言，苟有悦人之意，是亦穿踰之類否？』曰：『固是。』」**然其事隱微，人所忽易，故特舉以見例。明必推無穿踰之心，以達於此而悉去之，然後爲能充其無穿踰之心也。**輔氏曰：「此一節事之微而理之密又有甚於前者，故以士言之。夫不爲穿踰，無受爾汝，在士則有所不足道。然一語一默之微，發於計較安排而有意探取於人，則是亦穿踰之類。故集註亦以爲其事隱微，人所忽易，故特舉以見例，必推無穿踰之心，而達之於此類至纖至悉處，亦不容有不盡，方始能充其無穿踰之心也。其義亦精矣。」

○孟子曰：「言近而指遠者，善言也；守約而施博者，善道也。君子之言也，不下帶而道存焉[三]。

古人視不下於帶，則帶之上，乃目前常見至近之處也。舉目前之近事，而至理存焉，所以爲言近而指遠也。輔氏曰：「言近而指遠，故測之而益深，窮之而益遠，是君子教人之

[二] 悦，原作「詵」，通志堂經解本、薈要本、復性書院本作「説」，四庫本及朱子語類卷六一作「悦」，據改。
[三] 經文下通志堂經解本有小字音注：「施，去聲。」

事。」

君子之守，脩其身而天下平。

此所謂守約而施博也。輔氏曰：「守約而施博，故推之而無不準，動之而無不化，是君子治天下之事。」

人病舍其田而芸人之田，所求於人者重而所以自任者輕。」舍，音捨。

此言不守約而務博施之病。

○孟子曰：「堯舜，性者也；湯武，反之也。

性者，得全於天，無所污壞，不假脩爲，聖之至也。輔氏曰：「此言生而知之者也。氣稟清明，故其所得之天理無所污壞，既無所污壞，則自然不假脩爲，此乃聖人之極致也。」反之者，脩爲以復其性而至於聖人也。輔氏曰：「此謂學而知之者也。其初氣稟不能無所偏，故其所得之天理亦不能無遮蔽處，必賴人力脩爲克治，去其偏而復其全，及其全也，則亦與聖人無異矣。」程子曰：「性之、反之，古未有此語，蓋自孟子發之。」呂氏曰：「無意而安行，性也。有意利行而至於無意，復性者也。堯舜不失其性，湯武善反其性，及其成功則一也。」語録曰：「無意而安行，性也。性下合添『之者』二字。」○輔氏曰：「前説是明生知學知合下有此不同。呂氏則又自其生知學知之後，有意無意、安行利行處説耳。復性則是反之者也。堯舜不失其性，則是生而知之者。湯武善反其性，則是學而知之者。初雖不同，及其至於聖，則無不同矣，故曰『及其成功一也』。」

動容周旋中禮者，盛德之至也；哭死而哀，非爲生者也；經德不回，非以干祿也；言語必信，非以正行也。中、爲、行，並去聲。

細微曲折無不中禮，乃其盛德之至，自然而中，而非有意於中也。輔氏曰：「若有意於中，則必有勉彊持守之意，力懈意弛，則必有所不中者矣。觀鄉黨所載孔子之事，則可以當之矣。」**經，常也。回，曲也。三者亦皆自然而然，非有意而爲之也，皆聖人之事，性之之德也。**輔氏曰：「三者又特舉聖人之庸行、人所易曉者以例其餘。聖人之動，無不時也，豈有意而爲之者哉？故集註斷以爲『皆聖人之事，性之之德也』。」

君子行法以俟命而已矣。」

法者，天理之當然者也。君子行之，而吉凶禍福有所不計，蓋雖未至於自然，而已非有所爲而爲矣，此反之之事。董子所謂「正其義不謀其利，明其道不計其功」，正此意也。輔氏曰：「法者，凡古聖賢之所制者皆是也。蓋莫非天理之當然，如爲君而仁，爲臣而敬，爲子而孝，爲父而慈，皆是也。君子行之，而吉凶禍福有所不計，是則所謂俟命者也。雖未至於聖人，自然而不爲惡也，但知所謂行吾之法以俟天之命而已。此反之之事，正與董子之論合也。」○程子曰：「動容周旋中禮者，盛德之至。行法以俟命者，『朝聞道，夕死可矣』之意也。」輔氏曰：「聞道，故能行法；行吾之法，則雖夕死可矣。」呂氏曰：「法由此立，命由此出，聖人也；行法以俟命，君子也。聖人性之，君子所以復其性也。」

○孟子曰：「說大人，則藐之，勿視其巍巍然。說，音稅。藐，音眇。趙氏曰：「大人，當時尊貴者也。藐，輕之也。巍巍，富貴高顯之貌。藐焉而不畏之，則志意舒展，言語得盡也。」語録曰：「爲世上有人把大人許多崇高富貴當事，有言不敢出口，故孟子云爾。」○輔氏曰：「若不藐視之，則是爲其巍巍者所動矣。志氣一有所懾怯，則必不能展盡底藴，剛彊者有懷或不敢盡，柔弱者則必至於變其所欲言而反徇之矣。」堂高數仞，榱題數尺，我得志弗爲也；食前方丈，侍妾數百人，我得志弗爲也；般樂飲酒，驅騁田獵，後車千乘，我得志弗爲也。在彼者，皆我所不爲也；在我者，皆古之制也，吾何畏彼哉？」榱，楚危反。般，音盤。樂，音洛。乘，去聲。

榱，桷也。題，頭也。食前方丈，饌食列於前者方一丈也。此皆其所謂巍巍然者，我雖得志有所不爲，而所守者皆古聖賢之法，則彼之巍巍者何足道哉？輔氏曰：「在我者，皆古之制，以理爲守也。在彼之所恃者，不過區區之物欲耳，何足道哉？」○楊氏曰：「孟子此章，以己之長，方人之短，猶有此等氣象，在孔子則無此矣。」輔氏曰：「孟子有泰山岩岩然之氣象，便是指此等處言也。若聖人，則大而化之，泯然不見其大之迹，故不至如此。然非聖人覺此而不爲也，德盛仁熟，大而化之，則自然不至有此等氣象矣。」

○孟子曰：「養心莫善於寡欲。其爲人也寡欲，雖有不存焉者寡矣；其爲人也多欲，雖有存焉者寡矣。」

欲，如口鼻耳目四支之欲。雖人之所不能無，然多而不節，未有不失其本心者，學者所當深戒也。輔氏曰：「口鼻耳目四支之欲，即前面『不謂性』章所言。要之，人之欲亦不過此五事，但有淺深耳。此即所謂人心也，人雖不能無，然須是以道心爲主，有以宰制節約之，方得。不然，即轉而他之，則氣勢周張浩大，而反勝夫道心。此學者所當深戒。」程子曰：「所欲不必沉溺，只有所向便是欲。」輔氏曰：「程子又極其微細言之，學者須是於欲有所向處克治，若待其周張，則用力又難矣。」

○曾皙嗜羊棗，而曾子不忍食羊棗。

羊棗，實小黑而圓，又謂之羊矢棗。語録曰：「只是北邊小棗，如羊矢大者。」曾子以父嗜之，父没之後，食必思親，故不忍食也。

公孫丑問曰：「膾炙與羊棗孰美？」孟子曰：「膾炙哉。」公孫丑曰：「然則曾子何爲食膾炙而不食羊棗？」曰：「膾炙所同也，羊棗所獨也。諱名不諱姓，姓所同也，名所獨也。」

肉聶而切之爲膾。炙，炙肉也。

○萬章問曰：「孔子在陳曰：『盍歸乎來？吾黨之士狂簡，進取，不忘其初。』孔子在陳，何思魯之狂士？」

盍，何不也。狂簡，謂志大而略於事。進取，謂求望高遠。不忘其初，謂不能改其舊也。此語與論語小異。輔氏曰：「此語雖與論語異，然以曾晳言志之事觀之，則此語尤切。異乎三子之撰，則志大而略於事可知；直欲躐乎聖人之樂處，則期望高遠可知；終不肯做下學工夫，後至於臨人之喪而歌，不能改其舊可知。然論語狂簡二字又却該括得下兩句，進取即是志大，不忘其初即是略於事也。」

孟子曰：「孔子『不得中道而與之，必也狂獧乎！狂者進取，獧者有所不爲也』。孔子豈不欲中道哉？不可必得，故思其次也。」獧，音絹。

「不得中道」至「有所不爲」，據論語亦孔子之言。然則「孔子」字下當有「曰」字。輔氏曰：「不惟論語可據，此蓋孟子答萬章之問，固當引孔子之言以告之，而後方自言以釋之也。」論語「道」作「行」，「獧」作「狷」。有所不爲者，知恥自好，不爲不善之人也。「孔子豈不欲中道」以下，孟子言也。

「敢問何如斯可謂狂矣？」

萬章問。

曰：「如琴張、曾皙、牧皮者，孔子之所謂狂矣。」

琴張，名牢，字子張。子桑户死，琴張臨其喪而歌，事見莊子。雖未必盡然，要必有近似者。曾皙，見前篇。季武子死，曾皙倚其門而歌，事見檀弓。又言志異乎三子者之撰，事見論語。牧皮，未詳。輔氏曰：「琴張止有莊子所載一事，故朱子以爲其他言行雖未必盡然，必有近似者。若曾皙二事，則盡備狂者之態。至於牧皮，則固無所考而不可知矣。」

「何以謂之狂也？」

萬章問。

曰：「其志嘐嘐然，曰古之人古之人，夷考其行而不掩焉者也。嘐，火交反。

行，去聲。

嘐嘐，志大言大也。重言「古之人」，見其動輒稱之，不一稱而已也。夷，平也。掩，覆也。言平考其行，則不能覆其言也。程子曰：「曾晳言志，而夫子與之，蓋與聖人之志同，便是堯舜氣象也。特行有不掩焉耳，此所謂狂也。輔氏曰：「曾晳之志，固不止於如此，然其不屑之於事爲，而直欲徑探乎聖人之樂處，則與所謂『嘐嘐然曰古之人古之人』之意亦不相遠，而其行有不能掩其言者，則又自有不可誣者也，故集註取程子之說以釋之。夫子與之者，是與其志大言大也，便是堯舜氣象者，是亦所謂『古之人古之人』之類也。」

狂者又不可得，欲得不屑不潔之士而與之，是獧也，是又其次也。」

此因上文所引，遂解所以思得獧者之意。輔氏曰：「狂者，是合下氣質高明，便自有所見者；獧者，是合下氣質貞固，便自有所守者。狂者則於知上所得分數多，獧者則於行上所得分數多。聖門學者，必皆中與和合德，知與行並進，然後爲貴，所謂中道者是也。此等人既不可得，故不得已而與夫狂獧也。然必先知而後能行，故獧又爲狂之次。」**狂，有志者也；獧，有守者也。有志者能進於道，有守者不失其身。**輔氏曰：「其所志大，則是其所知之大也，故可與進於道。守之固，則行之力，故不至於失其身[二]。」屑，潔也。輔氏曰：「不屑不潔，即前所謂知恥自好而不爲不善之人也。」

「孔子曰：『過我門而不入我室，我不憾焉者，其惟鄉原乎！鄉原，德之賊也。』曰何如斯可謂之鄉原矣？」

鄉原，非有識者。原，與愿同。荀子「原慤」，字皆讀作愿，謂謹愿之人也。故鄉里所謂愿人，謂之鄉原。孔子以其似德而非德，故以爲德之賊。過門不入而不恨之，以其不見親就爲幸，深惡而痛絶之也。輔氏曰：「先儒皆以原爲善，不惟無所據，又善字所包廣，既曰善人，則不應遂以爲德之賊。故集註引荀子爲證，以原爲愿，且曰鄉人無知，其所謂愿人，謂之鄉原。愿字固淺狹，又鄉人以爲愿，則亦未爲真愿者也。孔子以其似德而非德，而遂斥以爲德之賊，深惡而痛絶之，是亦聖人性情之正也。」萬章又引孔子之言而問也。

曰：「『何以是嘐嘐也？言不顧行，行不顧言，則曰古之人古之人。行何爲踽踽涼涼？生斯世也，爲斯世也，善斯可矣。』閹然媚於世也者，是鄉原

[二] 身，原作「序」，據通志堂經解本改。

也。」行，去聲。踽，其禹反。閹，音奄。

踽踽，獨行不進之貌。涼涼，薄也，不見親厚於人也。鄉原譏狂者曰：「何用如此嘐嘐然？行不掩其言，而徒每事必稱古人耶。」又譏狷者曰：「何必如此踽踽涼涼，無所親厚哉？人既生於此世，則當但爲此世之人，使當世之人皆以爲善則可矣。」此鄉原之志也。閹，如奄人之奄，閉藏之意也。媚，求悦於人也。孟子言此深自閉藏，以求親媚於世，是鄉原之行也。語録曰：「鄉原務爲謹愿，不欲忤俗以取容，專務徇俗，欲使人無所非刺。既不肯做狂，又不肯做狷，一心只要得人説好，更不理會自己所見所得，與夫理之是非。彼狂者嘐嘐然以古人爲志，雖行之未至，而所知亦甚遠矣。狷者便只是有志力行，不爲不善。二者皆能不顧流俗汙世之是非，雖是不得中道，却都自是爲己，不爲他人。彼鄉原便反非笑之。其實所向，則是閹然媚於世而已。」○輔氏曰：「閹然媚於世，此是鄉原之隱情匿志。」

萬章曰：「一鄉皆稱原人焉，無所往而不爲原人，孔子以爲德之賊，何哉？」

原，亦謹厚之稱，而孔子以爲德之賊，故萬章疑之。

曰：「非之無舉也，刺之無刺也；同乎流俗，合乎汙世；居之似忠信，行之似廉潔；衆皆悦之，自以爲是，而不可與入堯舜之道，故曰德之賊也。吕侍講曰：「言此等之人，欲非之則無可舉，欲刺之則無可刺也。」流俗者，風俗頽靡，如水之下流，衆莫不然也。汙，濁也。非忠信而似忠信，非廉潔而似廉潔。輔氏曰：「鄉原既欲人以爲謹愿，故欲非之則無可舉，欲刺之則無可刺；同乎流俗而不敢自異，合乎汙世而不能自拔；雖或勉爲忠信廉潔，而其心則實不然，不過欲徇俗諧世而已；惟其如是，故衆皆悦之，自以爲是，則又迷而不知反，故不可與入堯舜大中至正真實之道也。」

孔子曰：『惡似而非者：惡莠，恐其亂苗也；惡佞，恐其亂義也；惡利口，恐其亂信也；惡鄭聲，恐其亂樂也；惡紫，恐其亂朱也；惡鄉原，恐其亂德也。』惡，去聲。莠，音有。

孟子又引孔子之言以明之。輔氏曰：「據論語所載，亦與此不同。雖有詳略，然其惡是而非之意則一也。」莠，似苗之草也。佞，才智之稱，其言似義而非義也。輔氏曰：「佞者，有口才，能辨説，故以爲才智之稱。惟其能言，則其説多似義而實則有不然者，故以爲害義。」利口，多言而不實者也。輔氏曰：「巧言之人，徒尚口而初無誠實者，故以爲害信。」鄭聲，淫樂也。樂，正樂也。紫，閒色。朱，正色也。鄉原，不狂不獧，人皆以爲善，有似乎中道而實非也，故恐其亂德。輔氏曰：「鄉原既譏狂者，故不狂；又譏獧者，故不獧；衆皆悦之，故人皆以爲善；而不可與入堯舜之道，故有似乎中道而實非。此聖人所以恐其亂德而深惡之也。」

君子反經而已矣。經正，則庶民興；庶民興，斯無邪慝矣。」

反，復也。經，常也，萬世不易之常道也。陳氏曰：「經是日用常行之理。」興，興起於善也。邪慝，如鄉原之屬是也。世衰道微，大經不正，故人人得爲異説以濟其私，而邪慝並起，不可勝正。君子於此，亦復其常道而已。常道既復，則民興於善，而是非明白，無所回互，雖有邪慝，不足以惑之矣。輔氏曰：「此辨異端、息邪説之大權也。」

○尹氏曰：「君子取夫狂狷者，蓋以狂者志大而可與進道，狷者有所不爲而可與有爲也。所惡於鄉原而欲痛絶之者，爲其似是而非，惑人之深也。絶之之術無他焉，亦曰反經而已矣。」

○孟子曰：「由堯、舜至於湯，五百有餘歲，若禹、皋陶則見而知之，若湯則聞而知之。

趙氏曰：「五百歲而聖人出，天道之常，然亦有遲速，不能正五百年，故言有餘也。」輔氏曰：「天道固有常矣，然亦不能截然整齊，須有先後遲速。」尹氏曰：「知，謂知其道也。」

由湯至於文王，五百有餘歲，若伊尹、萊朱則見而知之，若文王則聞而知之。

趙氏曰：「萊朱，湯賢臣。或曰即仲虺也，爲湯左相。」

由文王至於孔子，五百有餘歲，若太公望、散宜生則見而知之，若孔子則聞而知之。散，素亶反。

散氏，宜生名，文王賢臣也。子貢曰：「文武之道，未墜於地，在人。賢者識其大者，不賢者識其小者，莫不有文武之道焉。夫子焉不學？」此所謂聞而知之也。

由孔子而來至於今，百有餘歲，去聖人之世若此其未遠也，近聖人之居若此其甚也，然而無有乎爾，則亦無有乎爾。」

林氏曰：「孟子言孔子至今時未遠，鄒、魯相去又近，然而已無有見而知之者矣，則五百餘歲之後，又豈復有聞而知之者乎？」輔氏曰：「若非前面人見而知得，後之人如何聞而知之？孟子去孔子之世如此其未遠，近聖人之居如此其近，然而無有見而知之，則今恐不能聞而知之耳。」愚按：此言雖若不敢自謂已得其傳，而憂後世遂失其傳，然乃所以自見其不得辭者[二]，而又以見夫天理民彝不可泯滅，百世之下，必將有神會而心得之者耳。故於篇終歷序群聖之統，而終之以此，所以明其傳之有在，而又以俟後聖於無窮也，其指深哉！輔氏曰：「孟子雖不敢自謂已得其傳，而憂後世遂失其傳，然乃所以自見其有不得辭者，而又以見夫天理民彝不可泯滅，百世而下，必將有神會而心得之者，使萬世之下，學者即夫在己之不可泯滅者以求夫聖賢之言，則道統可得而傳。其仁天下後世深且遠矣！」○有宋元豐八年，河南程顥伯淳卒。潞公文彦博題其墓曰「明道先生」。而其弟頤正叔序之曰：「周公没，聖人之道不行；孟軻死，聖人之學不傳。道不行，百世無善治；學不傳，千載無真儒。無善治，士猶得以明夫善治之道，以淑諸人，以傳諸後；無真儒，則天下貿貿焉莫知所之，人欲肆而天理滅矣。先生生乎千四百年之後，得不傳之學於遺經，以興起斯文爲己任，辨異端，闢邪説，使聖人之道焕然復明於世。蓋自孟子之後，一人而已。然學者於道不知所向，則孰知斯人之爲功？不知所至，則孰知斯

[二]「其」下通志堂經解本有「有」字。

名之稱情也哉？」輔氏曰：「係以程子之説者，見程子果得其傳於遺經，而孟子之説至是而遂驗也。」

孟子卷第十四

附録

序跋札記

中庸纂疏序*

［宋］牟子才

予既爲趙君序大學章句疏矣，趙君又疏中庸章句以胥教誨。嗚呼！士惟無志則已，苟有志焉，則何書之不可讀也。予至是益嘆趙君之用工何其專，而工夫至到，文理密察，又何其不苟也。然嘗伏讀中庸章句之書，因有以見孔門傳授之正，本朝諸子解説之詳矣。蓋自皇王以來，繼天立極，丁寧告戒，不出是道。今觀堯之告舜，則曰「允執其中」；舜之命禹，則曰「人心」「道心」；湯之誥民，則曰「民有常性」；武之誓師，則曰「人爲物靈」；以至成王之言「生厚」，尹吉甫之言「秉彝」，劉子之言「天地中」，世之相去有久近，而聖賢之言先後一揆，未嘗少殊也。吾夫子生於春秋之世，雖不得其位，

* 録自通志堂經解本四書纂疏。

而爲往聖繼絶學，幾若過於有位者。越是時，朝夕講貫，則又有顔子、曾子見而知之，再傳而復得孔子之孫子思，則又聞而知之。子思子又懼此道之失其傳也，乃推本古先聖人之意，而質以平日所聞父師之言，作爲是書，以詔來世，若有不能自已者焉，此作書之本義也。自是而後，又再傳而爲孟氏。孟氏殁，此道寥寥千五百年，至我朝而濂谿周了者出，始得所傳之要，以著于篇。河南二程夫子，又得其遺旨而發揮之，然明道不及爲書，伊川雖爲書，又心不慊意而火之，今所傳者，特其門人所記平居問答之辭。而横渠張子，若謝氏、尹氏，亦皆記其語之及此者耳。惟吕氏、游氏、楊氏、侯氏，則有成書，然或過於高，或隣於淺，或語多差失，或意轉支離，或背其師説，或入於釋氏，具見於石君子重所編。新安朱文公有憂之，乃沈潛反復，考其異，會其同，忝考究極，以審訂之，著爲章句一篇。既又删石氏編次繁亂之語，名曰輯略；記嘗所論辯去取之意，名曰或問，以附其後。然後中庸之旨始大白於天下，可謂至矣盡矣。今趙君又纂文公文集、語録及諸高弟言及章句者，而益之以己見；至於或問，則取其評論諸子之説而附註之，是亦文公之意也。學者觀乎此而有意於深造，則群言萃於一編，易以忝訂，既有以見文公取舍折衷之詳，又有以見門人講明論辯之當。俟其首尾該貫，義理充足，而後學中庸焉，則得尺吾尺，得寸吾寸，雖遠可近，雖高可升，而所自得者多矣。不寧惟是，厥既知之，又將以其所知者而見之素履實踐焉，則知與行互相發見，豈不能爲聖爲賢乎。然則纂疏之作，雖出於編輯之屬，而發明中庸大義，將以迪民彝，厚世教也，豈訓故云乎哉。寶祐四年十一月吉日陵陽牟子才序。

四書纂疏序*

［宋］洪天錫

或問尹和静讀易傳之法，和静曰：「體用一源，顯微無間。」李延平聞之曰：「此語固好，然學者須理會六十四卦、三百六十四爻皆有歸着，方可及此。」二先生豈異旨哉？言各有當也。蓋學不可以徒博，亦不可以徑約。徒博則雜，徑約則孤。此約禮必先之以博文，而詳說乃所以反約也。文公朱子之於論、孟，既成集義，又作詳說；既約其精者爲集註，又疏其所以去取之意爲或問。其後集註删改日以精密，而或問遂不復修。文公自謂「集註乃集義之精髓，一字秤輕等重，不可增減。讀論、孟者，取足是書焉可也」。格菴趙公復取文公口授及門人高弟、退而私淑與集註相發者，纂而疏之，間以所聞附於其

* 録自通志堂經解本四書纂疏。

後，使讀之者如侍考亭師友之側。所問非一人，所答非一日，一開卷盡得之，博哉書乎！然非約之外有所謂博也。人莫不飲食也，知味者鮮。文公一生精力多在此書，一章之旨，一字之義，或數年更易而後定，或終夜思索而未安，學者以易心讀之，豈能得聖賢之意哉？如援先儒與諸家之説，有隨文直解，不以先後爲高下者；有二説俱通，終以前説爲正者；有二説相須，其義始備，不可分先後者。設非親聞，未易意逆，此纂疏所以有功於後學也。僕晚未聞道，加以衰聵廢學，公不鄙辱教，且命之曰序以幸子。竊惟論、孟二書，文公凡幾序矣。僕於要義而得「熟讀深思，優游涵泳」之説，於訓蒙而得「本末精粗，無敢偏廢」之説，又於集義而得「操存涵養，體驗充廣」之説。終身受持，猶懼不莬，何敢復措一辭。抑文公曾有言曰：「大學一書，有正經，有註解，有或問。看來看去，不用或問，只註解足矣。久之，不用註解，只正經足矣。又久之，自有一部大學在吾胷中，正經亦不用矣。」此文公喫緊教人處也。僕於集註纂疏亦云。

清源洪天錫序。

［宋應俊序］*

朱子四書如日星麗天，萬象昭著，然學者儻不精體深驗而以易心讀之，則毫釐之差，違道已遠。蓋其語脈流行之處，辭氣抑揚之間，皆精義至理之所寓也。格庵趙公始作纂疏，蒐輯一門師友之言，字字研覈，又爲推説其所未備，而後讀者涣然怡然，皆得其門而入。朱子有功於四書，格庵又有功於朱子矣。俊叨恩守括，乃以邦人之志請入梓，教授倪君澄、王君慶高先後爲校讐，且涖其役。論、孟成，會縉雲令王君既濟已刊中庸、大學，遂併列於學官云。

趙氏四書纂疏序**

［清］納蘭成德

格菴趙氏四書纂疏共二十六卷。前有清源洪天錫序，而陵陽牟子才又分序之。其書一以朱子爲歸，不雜異論。於大學、中庸，先之以章句，次以或問，間以所聞附其後，又

* 録自經義考卷二五二。

** 録自通志堂經解本四書纂疏。

以語録暨諸儒發明大義者注其下。於論語、孟子，則一本集注，而采或問、集義、詳説、語録所載分注焉。昔朱子之爲章句也，大學則宗程子，會衆説而折其中；中庸則以己意分之，復取石子重集解删其繁，名以輯略。其爲集注也，取二程、張、范、二吕、謝、游、楊、侯、尹十一家之説，輯爲要義，更名之曰精義，載更集義；又本注疏參説，又會諸家之言爲訓蒙口義，更名之曰詳説，然後約其精粹爲集注。而於集注、章句之外，記其所辨論取舍之意，别爲或問。若是其嚴密也。朱子自言「集注如稱上稱來無異，不高不低」，又言「添減一字不得」。然學者非由集義、詳説、或問、語録以觀其全，無由審章句、集注之精粹，則是書之有功於朱子多矣。今學宫所頒四書大全，蓋即倪仲弘之輯釋，而是編之流傳者少，乃較而刊行之，俾相爲表裏云。康熙丁巳納蘭成德容若序。

四書纂疏札記*

馬一浮

顧炎武日知録云：「自朱子作大學中庸章句或問、論語孟子集注，之後黄氏榦勉齋有論語

* 據民國二十一年十月出版之志學第十期整理，並參考馬一浮全集雜著（浙江古籍出版社 2012 年版）修正。按全集注，此爲馬先生一九二五年冬聖風書苑景印通志堂經解本四書纂疏時所寫，後有跋（即下文）。

通釋。而采語録附于朱子章句之下，則始於真氏德秀西山，名曰集義，止大學一書。祝氏洙宗道乃倣而足之，爲四書附録。後有蔡氏模覺軒四書集疏、趙氏順孫格菴四書纂疏、吳氏真子克齋四書集成。昔之論者病其泛濫，于是陳氏櫟定宇作四書發明，胡氏炳文雲峯作四書通，而定宇之門人倪氏士毅道川合二書爲一，頗有删正，名曰四書集釋。自永樂中，名儒臣纂修四書大全，頒之學官，而諸書皆廢。」又云：「倪氏集釋，今見于劉用章剡所刻四書通義中，永樂中所纂四書大全特小有增删，其詳其簡或多不如倪氏。」

按亭林所舉諸書，今唯真氏集編、蔡氏集疏、趙氏纂疏、胡氏通四家尚存，而黄氏通釋、祝氏附録、吳氏集成、陳氏發明四家並佚。倪氏集釋、劉氏通義亦未見傳本。大全既依倪氏集釋而成，今其增删處雖不得倪氏本書互勘，以大全準之，則倪氏書亦多未能盡善。真氏集編成于西山手訂者，有中庸、大學，論、孟則出劉承樸溪補輯，題曰集編，不曰集義，亭林謂止大學一書，亦誤。蔡氏集疏，今四庫著録本唯存孟子，未知亭林所見是否完書，刊本亦罕覯。然則學者欲詳究朱子章句集注之義，唯求之趙氏纂疏、胡氏通二家爲較備矣。二家之書亦未可同年而語。鄧文原爲胡氏四書通序，謂「纂疏、集成博采諸儒之言數十百家，使學者貿亂而無所折衷。今雲峯胡先生爲是書，悉取纂疏、集成之戾於朱子者，删而去之」。吳氏集成今未見，置勿論，若具有淵源，並承師説。若雲峯於此外增至七十餘家，前乎朱子者則如陸農師之出於王氏新經，蔡少藴、張子韶之傅會禪學；同時如葉正則、陳同父之溺於功利；後乎朱子者如袁蒙齋、錢融堂之祖述象山，皆灼然與朱子異趣，斯其擇之未精。至元代諸家，亦不免近雜。故文原所譏，雲峯之書或有之，不可以是加之格菴也。

清紀昀等四庫全書總目經部四書類：「四書纂疏二十六卷，内府藏本，宋趙順孫撰。順孫，字格菴，括蒼人。考黄溍集有順孫阡表，曰：『自考亭朱子合四書而爲之説，其微詞奥旨散見於門人所記録者，莫克互見，公始採集以爲纂疏。蓋公父少傅魏公雷，師事考亭門人滕先生璘，授以尊所聞集，公以得於家庭者溯求考亭之原委，纂疏所由作也。』則順孫距朱子三傳矣。故是書備引朱子之説，以翼章句集注。所旁引者，惟黄榦、輔廣、陳淳、陳孔碩、蔡淵、蔡沈、葉味道、胡泳、陳埴、潘柄、黄士毅、真德秀、蔡模一十三家，亦皆爲朱子之學者，不旁涉也。鄧文原作胡炳文四書通序，頗病順孫此書之冗濫，炳文亦頗摘其失。然經師所述，體例各殊，注者詞尚簡明，疏者義存曲證。順孫書以『疏』爲名，而自序云『陪穎達、公彦後』，則固疏體矣，繁而不殺，於理亦宜。文原殆未考孔、賈以來之舊式，故少見而多怪歟。」

按黄文獻格菴先生阡表：順孫字和仲，韓忠獻王普之後。有光禄卿期者，始自亳遷處之縉雲，六世而至順孫，當曰縉雲人。括州自唐天寶已改處州，不當云括蒼也。八歲能誦説九經。嘉定十五年，賜童子出身，真文忠公見而奇之。其仕履具詳阡表。咸淳間，致位兩府，與賈似道不合，丐疾去。德祐二年卒於里，宋史無傳，獨見宰輔表，與阡文合。所著唯四書纂疏行於世，尚有近思録精義、孝宗繫年録、中興名臣言行録、文集若干卷，俱藏於家。提要略而不及。又按：滕璘字德粹，婺源人，與弟珙俱學於朱子。李性傳續編朱子語録，饒州刻有滕璘録一卷，今散在語類。纂疏所引一十三家，自黄勉齋迄黄子洪，皆親受學於朱子，唯西山在私淑之列，蔡中覺則九峰之子，傳其父學者。其書今唯黄勉齋文集、陳安卿北溪集、陳潛室木鐘集、真西山全集、輔漢卿詩童子問、蔡節齋周易統傳訓解、易象意言、蔡九峰書集傳具存。而格菴所采四書諸説，泰半亡佚。勉齋論語通釋，僅見於直齋書録解題。朱彝尊經義考，載黄氏榦四書紀聞、葉氏味道四書説、潘氏柄四書講義、黄氏士毅四書講義，皆僅存其目，並注云「未見」，然則諸家佚説皆賴纂疏而存。

清朱彝尊經義考引應俊序曰：「朱子四書如日星麗天，萬象昭著，然學者倘不精體深驗而以易心讀之，則毫釐之差，違道已遠。蓋其語脈流行之處，詞氣抑揚之間，皆精義至理之所寓也。格庵趙公始作纂疏，蒐輯一門師友之言，字字研覈，又爲推説其所未備，而後讀者涣然怡然，皆得其門而入。朱子有功於四書，格菴又有功於朱子矣。俊叨恩守括，乃以邦人之志請入梓，教授倪君澄、王君慶高先後爲校讎，且莅其役。論、孟成，會縉雲令王君既濟已刊中庸、大學，遂併列於學官云。」

按朱氏録是序，未出年代，檢雍正重修處州府志職官表，宋咸淳時有知州應俊，次朱李雷陳後[二]，而不詳其鄉里。明凌迪知萬姓統譜云：「應俊，天台人，號東野，景定中知新昌，政教兼舉，有琴堂諭俗編行世。」而不言其知處州。以時考之，當是一人。據牟子才中庸纂疏序，署寶祐四年，在景定改元前四年，知格菴書成已久。理宗終於景定五年，然則俊之擢知處州而刻是書，必在咸淳初無疑。序云「俊叨恩守括，以邦人之志請入梓」，又云「會縉雲令王君既濟已刊中庸、大學，遂併列於學官」，似前此未有刊本。格菴以元至元十三年卒（宋恭帝德祐二年），而黄文獻以至元十四年始生（宋文憲黄先生行狀），其撰格菴阡表距格菴之殁已五十餘年。阡表云今四方學者

[二] 按雍正處州府志卷八官秩志，宋咸淳知州有李雷奮、吴芾，無應俊。光緒志卷十三職官志上有應俊，次李雷奮、陳橐後。

家有其書，又云涪於公纂疏之書童而習之，則知纂疏之行，元初甚盛，或當不止一刻。今通志堂經解本無應序，不詳其所從出。檢翁方綱通志堂經解目録，纂疏下注「何焯曰汲古宋本」，蓋本毛晉舊藏，未知與朱氏所見是否同出。然即據繙刻别本，要必以應刊爲祖本可知也。因録存此序，以志其朔。（又按明周弘祖古今書刻目，建寧府書坊有四書纂疏。弘祖爲嘉萬間人，知是時坊間尚有雕本也。）

四書纂疏跋*

馬一浮

爲學必先治經，治經必先四書，讀四書必以朱子章句集注爲主，而用論孟精義、中庸輯略、或問、語類參互尋繹，然後知朱子下語精切，真字字稱量而出，碻乎其不可易也。康成、仲達持簣土於瞽宗，何晏、皇侃亂淄澠於異學，比而觀之，則知略存古義之功不敵濫入玄言之失。不有洛學導其先河，考亭揚其墜緒，則聖學之要曷由而明哉。趙岐致力孟子，遠勝何晏，而於道性善之旨不能有所發揮。蓋漢儒論性多出荀卿，魏晉以下涉入佛老，至濂洛繼興，始宗孟氏，洙泗之業因以大明。故謂直接孔孟，信爲不誣，

* 據民國三十一年十月出版之志學第十期整理，並參考馬一浮全集文集（浙江古籍出版社 2012 年版）修正。

特未聞道者難與共喻耳。近世若戴震、阮元、劉寶楠、焦循之徒，所謂碎義逃難，便辭巧說，而毛奇齡尤嫥事詆諆。類此，雖其書充棟，何益於學？大抵明人好泛濫，務縣解，近二氏之奢；清人矜家法，習嫥固，成博士之陋。或以經就己，或舍本求末，其於義寡當，均也。學者欲通四書，其或于精義、輯略、或問、語類不能備覽，苟得趙氏纂疏而詳究之，則于朱子之説，亦思過半矣。友人之好仁者，深慨俗敝之久，由於學術衰息，義理不明，思設聖風書苑印行經籍，霑溉方來，一以義理爲歸。爰初發簡，纂疏居首，可謂知所先務矣。經義如日月，朱注如江河，無俟於贅言，獨趙氏之書其有功於朱子，譬猶行遠之賴車航、入室之由門户。後生蒙求或未知擇，爲出札記數條，系之卷末，以告初學。若夫博達之士，固無資焉。乙丑冬十一月馬浮識。

書録提要九篇

四庫全書總目

四書纂疏二十六卷 内府藏本

宋趙順孫撰。順孫，字格菴，括蒼人。考黄溍集有順孫阡表，曰：「自考亭朱子合四書而爲之説，其微詞奥旨散見於門人所記録者，莫克互見，公始采集以爲纂疏。蓋公父少傅魏公雷，師事考亭門人滕先生璘，授以尊所聞集，公以得於家庭者溯求考亭之原委，纂疏所由作也。」則順孫距朱子三傳矣。故是書備引朱子之説，以翼章句集注。所旁引者，惟黄榦、輔廣、陳淳、陳孔碩、蔡淵、蔡沈、葉味道、胡泳、陳埴、潘柄、黄士毅、真德秀、蔡模一十三家，亦皆爲朱子之學者，不旁涉也。鄧文原作胡炳文四書通序，頗病順孫此書之冗濫，炳文亦頗摘其失。然經師所述，體例各殊，注者詞尚簡明，疏者義存曲證。順孫書以「疏」爲名，而自序云「陪穎達、公彦後」，則固疏體矣，繁而不殺，於理亦宜。文原殆未考孔、賈以來之舊式，故少見而多怪歟。

鄭堂讀書記

［清］周中孚

四書纂疏二十六卷 通志堂經解本

宋趙順孫撰。順孫，字仲和，號格庵，縉雲人，官至資政殿大學士。四庫全書著録，宋志失載，倪氏補元志、朱氏經義考俱載之，但倪氏宋志補不載，入之補元志，殊誤。其書一以朱子爲歸，不雜異論。于大學、中庸，先之以章句，次以或問，間以所聞附于後，又以語録暨諸儒發明大義者分注其下。于論語、孟子，則一本集注，而采或問、集義、詳説、語録及諸儒之説分注焉。所謂諸儒之説，不外引用總目所列黄氏榦、輔氏廣、陳氏孔碩、蔡氏淵、蔡氏沈、葉氏味道、胡氏泳、陳氏埴、潘氏柄、黄氏士毅、真氏德秀、蔡氏模十三家，皆恪守朱子之學不旁涉他家者也。考真西山集編，專采朱子之説以疏朱注，此編則又兼采諸儒爲朱子之學者之説以疏朱注，至元倪氏士毅輯釋、明胡氏廣大全，更擴而充之，冗濫益甚。是書尚繁而不殺，可備宋學之一種焉。前有自序及洪天錫、應俊二序，學、庸前各有牟子才序，又各有讀章句綱領。論語前有讀論孟集註綱領，俱纂朱子之説爲之。又有讀論語孟子法，則纂程子之説爲之，而各以朱子及諸儒之説注于其下，亦如學庸章句序、論孟序説體焉。前又有康熙丁巳納蘭容若序。

皕宋樓藏書志　［清］陸心源

四書纂疏二十六卷　元刊元印本，季滄葦舊藏。

宋後學趙順孫纂疏。

「子朱子四書註釋，其意精密，其語簡嚴，渾然猶經也。順孫舊讀數百過，茫若望洋。因徧取子朱子諸書及諸高第講解有可發明註意者，悉彙於下，以便觀省，閒亦以鄙見一二附焉，因名曰纂疏。顧子朱子之奥，順孫何足以知之，架屋下之屋，强陪於穎達、公彦後，祇不韙爾。遇大方之家，則斯疏也當在所削。後學趙順孫書。」

引用書目。

案此元刊元印本，每葉二十行，每行二十字，小字雙行，每行二十四字，卷中有「振宜之印」朱文方印、「揚州季氏」朱文長印、「滄葦」朱文長印、「季振宜讀書」朱文長印。

静嘉堂秘籍志　［日］河田羆

四書纂疏　宋趙順孫　**元刊**元印二十本

志四書纂疏二十六卷元刊元印，季滄葦舊藏。

宋後學趙順孫纂疏。

自序。引用書目。

按此元刊元印本，每葉二十行，每行二十字，小字雙行，每行二十四字，卷中有「振宜之印」朱文方印、「揚州季氏」朱文長印、「滄葦」朱文長印、「季振宜讀書」朱文長印。

海日樓題跋集　沈曾植

按提要云：順孫，字格菴，括蒼人。考黄溍集有順孫阡表。

宋本四書纂疏書録

趙順孫四書纂疏，宋本，半頁九行，行大二十字，注文小字同，魚尾上記字數，毛氏藏印。

通志堂經解提要　闞文瑛

四書纂疏二十六卷　宋趙順孫撰　有成德序一首

【提要】謹案：宋趙順孫四書纂疏二十六卷，蓋闡發朱子之四書者也。本爲朱子集註作疏，故曰纂疏，自序所謂「强陪於潁達、公彦後」也。大抵其書備引朱子之説，以翼章句集注。所旁引者爲三山黄氏、慶源輔氏、臨漳陳氏、三山陳氏、建安諸蔡氏、括蒼葉氏、南康胡氏、永嘉陳氏、三山潘氏、莆田黄氏、建安真氏諸家，亦皆爲朱子之學者。應俊序曰：「朱子四書如日星麗天，萬象昭著，然學者儻易心讀之，則毫釐之差，違道已遠。格庵趙公始作纂疏，蒐輯一門師友之言，字字研覈，又爲推説其所未備，而後讀者涣然怡然，皆得其門而入。朱子有功於四書，格庵又有功於朱子矣。」其書旁徵曲引，於朱子之學實無遺憾，非但言義理而舍訓詁、名物者所可比擬也。鄧文原作胡炳文四書通序，頗以順孫冗濫爲病，炳文亦頗摘其失，是則各尊所聞，成見在胸，非定評也。

【趙順孫小傳】趙順孫，字和仲，縉雲人。父雷，學於溪齋滕氏，授以尊所聞集，遂傳於順孫。既長，爲四書纂疏，學者盛傳之。淳祐十年進士，自秘書郎五遷至侍御史，皆兼講讀之職。度宗時，官同知樞密院事、兼參政。所著四書纂疏外，有近思録精義、孝宗繫年録、格齋集等，學者稱爲格齋先生。以上本宋元學案。

五十萬卷樓藏書目録初編

莫伯驥

四書纂疏二十六卷 元刊本，安麓村舊藏。

宋趙順孫纂疏。前有自序云：「子朱子四書註釋，其意精密，其語簡嚴，渾然猶經也。順孫舊讀數百過，茫若望洋。因偏取子朱子諸書及諸高第講解有可發明注意者，悉彙於下，以便觀省，間亦以鄙見一二附焉，因名纂疏。顧子朱子之奥，順孫何足以知之，架屋下之屋，强陪於穎達、公彦後，滋不韙爾。遇大方之家，則斯疏也當在所削。後學趙順孫書。」次列引用書目。此爲元刊本，半葉十行，行二十字，小字雙行，行二十四字。每卷前有麓村安氏章。按：安岐，字儀周，號麓村，高麗人。從貢使入都，因得故相明珠家窖金鈔本書，雖係隱語，細加研索，能盡得其數與地址所在地，即俗所稱爲大觀園是也。乃求見明公子孫，告以窖藏所在。盡發之，用其金爲母，往天津、淮南業鹽，富甲天下。儀周復好賓客，雅善鑒别，收藏之富，亦甲於一時，撰墨緣彙觀四卷，刊入粤雅堂叢書中。初不知爲儀周物也，儀周後盡載收藏回高麗，其子孫留中國者，仍爲安氏。詳見富陽周芸皋凱内自訟齋文鈔書安儀周事中。近人劉氏稱儀周在揚州置巨宅，豪侈不可言。事閲百餘年，揚州人尚知有安二達子者，有地名盧刮刮巷，原係安家夾巷，因俗呼而訛，雖屢經兵燹，仍未易稱，可見安氏在當日赫赫在人耳目云。

藏園訂補郘亭知見傳本書目 〔清〕莫友芝 撰　傅增湘 訂補

四書纂疏二十六卷 宋趙順孫撰

通志堂本。

〔補〕**論語纂疏十卷** 宋朱熹集註，趙順孫纂疏

宋刊本。九行二十字，注雙行同，白口，左右雙闌。避宋諱至「廓」字。集註中「慎」作「謹」，「匡」作「康」，「讓」作「避」。余藏。

〔補〕**四書纂疏二十六卷** 宋朱熹集註，趙順孫纂疏

元刊本。十行二十字，註雙行二十四字。日本静嘉堂文庫藏書。

藏園群書經眼録 傅增湘

四書纂疏二十六卷

元刊本。十行二十字，注雙行二十四字。季振宜舊藏。

按：此本源出宋刊。余曾收宋刊論語纂疏，極精湛，爲毛氏汲古閣舊藏，行款正與此同。日本静嘉堂文庫藏書，己巳十一月十三日閲。

格菴先生阡表*

［元］黄溍

格菴先生趙公，宋執政也。公之志業未及盡展於一時，而淑艾之私有足惠幸乎百世。讀其書者，知爲吾先生而已。蓋自考亭朱子合四書而爲之説，其微辭奥旨散出於門人所紀録者，莫克互見。公始采集以爲纂疏。今四方學者既家有其書，以故弗論。若公之世系、出處，固不可俾後之君子無述也。按趙氏之先薊人，齊國公迴遷居洛。齊公之子，是爲韓忠獻王，族人以衍，派分而三。居亳者曰光禄卿期，又遷，處之縉雲。由光禄三世至公之曾祖考諱濟，贈太子太保、博平郡公。祖考諱軫，贈太子太師、東萊郡公。考諱雷，以再薦于鄉，特贈開府儀同三司、少傅、衛國公。妣田氏，贈蘄國太夫人。公諱順孫，字和仲。八歲能誦説九經。嘉定十五年，賜童子出身。真文忠公見而奇之，謂少傅曰：「大君之門者，必此子也。」公不以自矜，益務親師取友，而求其所未至。朝淬夕礪，幾三十年，乃以春秋試于鄉、于禮部，皆第一。淳祐十年，賜進士出身，調太

* 録自四部叢刊初編本金華黄先生文集卷三十。

平州學教授。秩滿，差江東常平司幹官。未上，改臨安府學教授。召試，除秘書省正字、兼景獻府教授，陞校書郎，添差通判婺州，以内憂去。咸淳改元，入爲秘書郎、兼崇政殿説書。公因進講言：「今兹建元伊始，正治亂相承之機。」度宗竦聽，諭公曰：「卿老儒，議論似富弼、蘇軾。」公退，有旨擢監察御史，仍兼説書。歷右正言、左司諫，遂爲殿中侍御史，皆兼侍講。進侍御史、兼侍讀。公久當言路，凡日食震雹水火爲災，必援據經傳及累朝故實，爲危亡可畏之説，隨事致戒。時帑藏枵乏，而人主不知；宫掖汰侈，而大臣不問。公疏奏者八，面奏者三，謂：「周官九式，均節財用，冢宰實總之。今之大臣未聞過而問也，豈不曰錢穀出入，當如陳平問之主者乎？大臣自處，不在周公下，而以陳平爲足法乎？真宗嘗令三司具中外錢穀大數，陳恕以天子富於春秋，若知府庫充實，恐生侈心，竟不進。恕慮先朝知其有，臣慮陛下不知其無也。」度宗不以爲忤，令内外諸司條具申省以聞。公又言：「内廷之怒，不可輕發；恩賞之濫，有所謂特除、特轉、特補、特贈者，不可輕徇。庶僚上殿，過爲瑟縮，專求瑣細，以備對揚。當申儆之，以格習諛踵陋之風。」累疏乞召洪天錫、陳宗禮、陳宜中還居言職。劾龔日新昏鄙，不宜爲察官。它所薦湯漢、李伯玉、何基、徐宗仁、吕圻、歐陽守道、吕大圭等數十人，多朝廷宿望及當世知名士。度宗皆嘉納焉。美人楊氏進封淑妃，公率同列言：「美人父楊纘，上遺表未半月，進封之命已下，獨不念其有葛覃之情、蓼莪之感乎？」疏入，遣中使問公以正謝之期、降制之日何時而可。俄又宣諭欲以百日爲制，公復奏請以朞年爲期。時雖不能悉如公言，猶久之乃成禮。謝堂以從官導旨樞庭，出入宫禁，權傾中外。公奏：「外戚用事，漢祚中微，長此不已，禍有不可勝言者。」歷疏其奸於榻前，以去就争之，度宗諭解至再，公執之益堅，卒免堂官。堂弟垕，以節鉞奉朝請，居近市，其家僮日伺於闤闠間，細民以物求售，輒攘之。公奏其狀，度宗以東朝故，猶豫而不報。公抗疏不已，卒罷垕朝請，仍徙其居。似道以太傅平章軍國重事，公力陳其買田變楮之弊，乞討論之。似道上章自辨，且求謝事。會其姪蕃世守廣德，負勢貪虐，公奏黜之。似道滋不悦。公屢以疾丐去，皆不允。新宫之建，議毁民廬以廣衢路，雖用公疏，令帥漕兩司相度，指定奏聞，而帥漕希旨，持兩端之説。公再疏言：「力争堅挽於事將形之初者，耳目官之責；陰消潛格於人不知之中者，有股肱之大臣在。今之師臣相臣，有諫玉清昭應如王旦之密疏乎？」似道復上章自辨，且乞骸骨。公亦以疾丐去，除吏部侍郎、兼國子祭酒、兼同修國史實録院同修撰，仍兼侍讀。公猶不自安，求去益力，遂以顯文閣待制知平江府兼淮浙轉運使，四年八月也。先是，郡庾赤立，率以夏初徵民租。公謂：「古者十月納禾稼，今先期半載，民何以堪？」僉曰：「此例行之三十年，不然，將有乏興之憂。」公不聽。首以俸入及例卷所供助糴本，而抑浮費以繼之，糴幾二十萬斛，迄免預徵。郡既大治，創學道書院，俾諸生肄業焉。五年，復以吏部侍郎召，尋陞尚書，兼職如故。於是似道方諱言邊事，言援襄者尤惡之。公之入對，首言：「今所謂危急存亡之秋，毋曰端平失襄，他時可以復襄。今日之事與端平異，不亟援襄，禍至無日。許翰有言：『治世諱危亡之事，而不諱危亡之言；亂世諱危亡之言，而不諱危亡之事。』人臣知危亡而不言，則人主處危亡而不知矣。『入則無法家拂士，出則無敵國外患者，國恒亡。』今敵國外患有古之所無，而法家拂士無古之所有，臣甚爲國家凜凜也。」度宗爲愀然變色。似道笑曰：「此書生腐語爾。襄縱不守，何至不可立國？遽以亡言，不亦甚乎？」公雖莫能與似道合，而似道以公時望所屬，每倚重焉。六年，由吏部尚書拜端明殿學士、同簽書樞密院事，進簽書院事、兼權參知政事。八年，同知樞密院事、兼參知政事。公自躋政地，數建守備之策，似道自詭知兵，終不以爲意。馬丞相廷鸞辭位去，公獨知省院印。度宗欲遂拜公右揆兼元樞，公聞之，歎曰：「不早用吾言，國將亡而吾相，吾其爲張悌矣。」比降麻，公適中末疾，乃弗果拜。中使傳旨宣問，趣御醫診視，旁午於道。疾少間，除資政殿大學士、提舉臨安府洞霄宮，仍書御扇，出尚方物以寵其行。公舟次富陽，謂所知曰：「吾一疾勝二十四考矣。」

十年，依舊職，知福州、福建安撫使，爲州民代輸夏、秋二税錢，以緡計者四十餘萬，而寛催特放蠲減之數、禮士犒軍之費不與焉。代還之日，其士人争以詩文誦遺愛，軍民焚香夾道，持綵旗擁車不忍去者數千人。公既歸，知旹事不可爲，憂懣成疾。醫以藥進，公麾使去，曰：「吾可死矣。」以至元十三年四月二十又三日薨于里第之正寢，壽六十有二，某年某月某日葬縣南鄉憩雲之原。公階止太中大夫，爵止縉雲郡開國公，食邑二千五百户，食實封五百户。配胡氏，贈魏郡夫人。子男三人：長曰鞏，次曰瑾，次曰華。惟華以承奉郎、直秘閣終。鞏仕皇朝，歷南劍、建昌、邵武、福、信五路總管，積官通議大夫，贈兩浙都轉運鹽使、上輕車都尉，追封天水郡侯，謚「懋康」。瑾承事郎、南劍路光澤縣尹。女一人，婿曰東平呂汲。孫男八人：長曰桂，承德郎、湖州路烏程縣尹；次曰楠，曰機，曰棣，曰權，曰椅，曰某，曰某。女八人：長適懷遠大將軍、芍陂屯田萬户陳爕；次適葉可大、應大圭、陳璋、胡衡、陳允德、杜龍；幼在室。曾孫男七人，女三人。玄孫男五人。公幼孤，謹於事母，而持身以嚴，嗜好殊簡薄。踐歷中外餘二十年，家無留貲焉。初，少傅師事考亭門人滕先生璘，授以尊所聞集。公既脱去場屋，遲次里居，因以得於家庭者遡考亭之原委，纂疏所由作也。後雖成書，猶不廢考訂，至易簀乃已。公處館職，秉史筆者或質所疑，輒口占其本末以授之，其博敏又如此。

奏草存可見者二十有九，所著惟四書纂疏行於世，近思録精義若干卷、孝宗繫年録若干卷、中興名臣言行録若干卷、文集若干卷，並藏於家。公位二府，法宜有謚于太常，有傳于國史。而公之歿也，兩宫北上九浹旬矣。後五十有五年，公之孫機，以墓隧之石未有刻文，爰以狀授滔，俾譔次以備闕軼。滔於公纂疏之書，童而習之，而我曾大父户部府君又與公有同年好，施及後人，不敢以不敏辭。惟公夙受主知，以言事官論是非殿陛，上方嚮用，而輒自引去，晚執事樞，國步已棘。范希文修京城之策不用於慶曆，李伯紀經制兩河之策不用於建炎，而公援襄之策不用於咸淳。天之所棄，孰能興之？是誠有非人力所及者。奉身而退，以全其歸，則公之自處，可無憾矣。銘曰：

道之不行，託于空言。顯顯趙公，則既有聞。言路之闢，衆正所聚。山川出雲，膏澤在下。夫豈弗逢，止或尼之。瀆則不告，斂藏蓍龜。善非爲名，禮進義退。靖共夙夜，罔聞外內。有命來覲，宵衣以須。蹇蹇匪躬，終始弗渝。孰尸其功，不自爲政。時遊廟堂，勞以二柄。念彼多壘，瞻彼四方。曰其殆而，繫于苞桑。執之仇仇，聽之藐藐。獨安其危，而以爲樂。大厦之騫，孰持孰扶。當宁一曰噫，其遂相予。天胡嗇之，弗俾卒相。了以晉陽，爲國保障。允矣明哲，歸潔其身。碩果不食，曰惟斯文。若昔大臣，飾終有禮。謚在奉常，傳在太史。公則不逮，公多遺書。銘以昭之，過者式諸。

鄭真讀趙格菴墓表*：故宋格庵先生趙公，上承朱子之傳，所著四書纂疏，天下咸所傳誦。而臨川危公以失節稱之，清容袁公亦言宋季賫降者多道學之士，雖不專指公言，意公當内附之日必有降志辱身之事。而金華黄公著墓表有曰：「范希文修京城之策不行于慶曆，李伯紀經制兩河之策不行于建炎，而公救襄之策不行于咸淳。天之所廢，孰能興之？」其所以稱譽之者甚重，畧無有一言及失節者，豈墓上之文，本其孝子慈孫之情，揚其美而不揚其惡耶？危公既譏其失節，至於其身乃不免焉，是所謂大義責人而不能律己，所以卒爲名教之罪人歟。

* 録自文淵閣四庫全書本滎陽外史集卷三七。

圖書在版編目（CIP）數據

四書纂疏／（宋）趙順孫撰；陳静點校．—福州：福建人民出版社，2025.6
（四書注疏叢刊／朱傑人，郭曉東主編）

ISBN 978-7-211-09179-9

Ⅰ．①四…　Ⅱ．①趙…　②陳…　Ⅲ．①四書—研究　Ⅳ．① B222.15

中國國家版本館 CIP 數據核字（2023）第 182505 號

四書纂疏（全三册）

作　　者：〔宋〕趙順孫　撰　　陳静　點校
責任編輯：陳廷煒
美術編輯：白玫
出版發行：福建人民出版社
電　　話：0591-87533169（發行部）
地　　址：福建省福州市東水路 76 號
印　　刷：恒美印務（廣州）有限公司
開　　本：889 毫米 ×1194 毫米　1/32
印　　張：48.625
字　　數：928 千字
版　　次：2025 年 6 月第 1 版第 1 次印刷
書　　號：ISBN 978-7-211-09179-9
定　　價：358.00 圓